KB122185

자미두수 이론과 실제

장정림 저

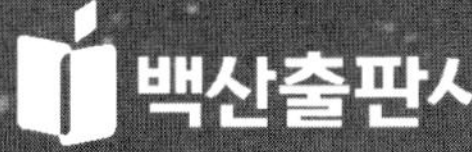

머리말

명학(命學)의 종류가 다양하지만 우리의 경우 자미두수는 아직까지 대중화되지 않은 학문에 속한다. 자미두수에 관한 이론서나 추론서도 귀한 것이 현실이다. 역학 선진국이라 할 수 있는 대만이나 홍콩에서는 자미두수가 이미 수십 년 이전부터 운명학의 대세로 확실히 자리매김하고 있는 실정이다. 출판되는 서적도 동양오술(東洋五術)을 전체적으로 볼 때 현공풍수(玄空風水)와 더불어 자미두수의 출판물이 가장 많은 편이다. 연구하는 학파도 남파·북파·중주파 등 많은 학파가 활동하고 있다. 이는 그 만큼 자미두수가 일침견혈(一針見血)하는 징험함이 있다는 반증이다.

우리나라의 경우 그 동안 운명학의 대세는 사주명리학이었다. 연구 증진하는 동학(同學)도 가장 많은 것을 부정할 수 없다. 그러나 머지않은 미래에는 자미두수가 그 중심에 서게 될 것이다. 이는 앞서 논한 대만이나 홍콩의 경우를 보면 알 수 있다. 이들 나라의 경우 1980년을 전후하여 자미두수가 서서히 드러나기 시작하였는데, 1990년대 초반 자미두수이론의 결정판이라고 할 수 있는 중주파(中州派) 책들이 본격적으로 선을 보이면서 뒤이어 다른 학파나 연구자들이 상당히 많은 책을 출판하고 있다. 이후 연구하고 실제 추론하는 사람들도 아주 많아졌다. 이렇게 진행된 상황을 우리도 분명 간과해선 안 될 것이다.

혹자는 자미두수가 너무 난해하고 산만하며 추론을 맥을 잡기 어렵다고 단정하여 포기하거나 자미두수를 폄하하는 경우가 있는데, 이는 한마디로 그 사람이 제대로 공부를 하지 않고서 내린 결론이다. 필자가 그 동안 자미두수강의를 하면서 많은 후학들을 만났지만 하나같이 여타 명학을 뛰어넘는 징험함이 있다고 하였다. 자미두수를 도전하는 대부분의 사람들은 명리학에 상당한 조예가 있다. 이러한 사람들이 자미두수를 접한 이후 크게 감명을 받았다는 것은 자미두수가 분명 매력이 있다는 것을 말해준다. 농으로 하는 말이, 자미공부1년이 명리 10년을 앞선다고 한다. 물론 우스갯소리로 하는 말이지만 자미두수가 명운(命運)을 간파하는데 있어 여타 명학에 비해 선명하게 그려지는 것은 사실이다. 그렇지만 사주명리학을 소홀히 해선 절대로 안 될 것이다. 음양오행학의 근본이자 기본이라 할 수 있는 명리 이론을 간과하면 다른 학문도 그 만큼 기대하기 어렵기 때문이다. 가장 바람직한 것은 명리와 자미두수를 겸간(兼看)하면 더없이 좋을 것이다. 필자의 경우 명리와 자미두수를 겸간하는 것을 원칙으로 하고, 유년(流年)이나 월운 등 섬세한 부분은 기문둔갑을 응용하고 있다. 역학이 방대하고 난해한 분야지만 그래도 어떻게 하겠는가! 문리(文理)를 깨치기 위해선 동양오술 전반에 걸쳐 노력을 경주해야 할 것이다.

본서를 구성하는데 있어 실제사례부분에 상당한 지면을 할애하였다. 각 단원마다 기본이론을 논하고 바로 확인이 가능하도록 실제사례를 예로 들어 논하는 형식으로 하였다. 말미에는 실증사례의 장을 따로 마련하여 다시 폭 넓은 공부가 되도록 하였다.

대만이나 홍콩의 경우 이론을 다룬 책이 대부분이다. 사례를 다룬 책이 몇 권 있기는 하지만 그 내용이 소홀하거나 너무 지엽적이라 부족함이 많다. 하여 초학자나 독학을 하는 경우를 생각하여 되도록 많은 사례를 통하여 현장감 있게 구성하였다. 명반이 많은 관계로 지면이 늘어나는 단점은 있지만 실제사례는 두수의 전체적인 논리를 응용하고 이론을 확립하는데 있어 상당한 도움이 되리라 생각한다.

본서의 또 하나의 특징은 십사정성을 비롯한 각 성계에 대한 특성을 상당히 심도 있게 논하였다는 것이다. 자미두수의 핵심이자 기본은 뭐라 해도 성의 특성을 많이 이해하는데 있다. 기타 자미두수를 공부함에 있어 부족함이 없도록 전반적으로 많은 자료를 실었지만 그래도 부족함이 많다고 생각한다.

주역 계사전에서 공자가 이르길 '글은 말을 다하지 못하고 말은 생각을 다하지 못한다'라고 했는데, 지면과 글이 많다고 하여 책이 완성되거나 두수에 대한 모든 정보를 담았다고 생각하진 않는다. 책보다는 강의가 나을 것이다. 그렇다고 강의를 한들 자신의 생각을 모두 피력하기 힘들 것이다. 다만 바라는 것은 본서가 자미두수에 관하여 많은 정보를 제공하기 위해 노력한 흔적이 있음을 발견해 주었으면 한다.

아무튼 부족하나마 본서가 자미두수를 입문하고 연구하는데 있어 조그마한 단초를 제공할 수 있었으면 하는 작은 바램을 가져본다.

마지막으로 출판을 흔쾌히 허락해 주신 백산출판사 진욱상 사장님과 우작(愚作)임에도 불구하고 추천의 글을 올려주신 백암 정국용 교수님과 박영창 교수님께도 감사의 말씀을 드린다. 그리고 많은 날을 교정하느라 노고를 아끼지 않으신 지산 김종헌 선생님과 서향이 선생께도 지면을 빌어 감사의 말씀 드린다.

2008년 大雪之節에 수생목오행연구소에서

벽겸 장정림 識

추천사

자미두수하면 동양의 미래예측학 영역에서 나름대로 일가견을 가진 학인(學人)들 간에도 아직 생소한 분야이면서 어쩌면 앞으로 새롭게 개척해 나가야할 신기루 같은 하나의 탐구영역이라 생각된다.

우리나라에 자미두수가 알려진지 수십 년이 되었다고 하나, 그간 동학(同學)을 연구하는 우리들에게 수용될 수 있는 여건의 결핍으로 이론 정립이나 실체적 접근 면에서 볼 때, 극히 소수 학인들의 독행(獨行)과 산중은사나 야인(野人)들 사이에서 마치 척박한 돌 자갈밭을 일구어 가는 것처럼 수행과 겸행하면서 연구하는 정도였음이 사실이다. 본인도 이러한 한계에서 맴돌 수밖에 없었던 점을 자인하는데, 자연과 인관과의 관계성에서 도출되는 동양명리부분에서는 '사주명리의 이론보다 더 설득력 있는 운명해석학은 없다'라는 일념으로 거의 평생을 사주명리탐구에만 외눈박이로 몰두해 왔기 때문이다. 그러나 현대에 와서는 대만이나 홍콩의 추세가 이미 사주명리학보다 자미두수가 더 각광 받고 있는 현실이니 명리학 분야를 연구하고 있는 우리 동학들에게 시사 하는바가 자못 크다고 할 수 있다.

어떤 학문이든 한 영역이 많은 사람들에게 수용되고 꽃피우게 되는 것은 마치 춘하추동 사계절의 순환처럼 그 시대가 요구하는 가치관이나 사조(思潮)와 궤를 같이 한다 할 수 있다.

따라서 상대성의 세계 안에서 대자연과 호흡을 같이하는 미미한 인간으로서는 완벽이란 있을 수 없고 독단(獨斷)도 있어서는 안 된다. 또한 학문의 세계에서 볼 때 체제성만 고수하거나 연구영역의 배타적정서 등 현학적으로 폐쇄된 묵은 아집들은 하루속히 씻어내어 새로운 교류의 장으로 펼쳐나가야 할 것이다.

오로지 나만 옳고 바른 것이 아니라 남도 나보다 더한 옳고 바름이 있을 수 있다는 가능성을 허심탄회하게 인정하고 공유할 수 있는 도량이 곧 진정한 학인의 자세라 보아진다.

평소 교분이 두터운 장정림 선생이 오랜 세월 탐구 끝에 일궈놓은 '자미두수 이론과 실제'를 접하고 우선 크게 놀라웠고 불철주야(不撤晝夜) 집필에 애쓴 노고에 대하여 깊은 사의를 표한다.

방대한 이론의 체계화와 실제사례를 엮는 자상함과 치밀성에 감탄치 않을 수 없으며 추호의 꾸밈이나 흐트러짐이 없는 역작으로 저자의 숨결이 느껴지기도 한다. 실로 자미두수의 體와 用을 아울러 정립시킨 보감(寶鑑)이라 할 수 있다. 모쪼록 본서가 국내뿐만 아니라 나아가 동양문화권 전역으로 선양되어지기를 기대해 본다.

동양명리에 뜻을 둔 강호제현의 아낌없는 충고와 격려가 늘 저자와 같이 호흡하기를 바라면서...

2008년 11월 부산 蓮菴齋에서

경영학 박사 정국용 識

추천사

벽겸 장정림 선생님의 본서 출간을 진심으로 축하드리며, 추천의 글을 쓰게 된 나에게는 대단히 영광스러운 일이 아닐 수 없다. 본인 역시 오래 전부터 자미두수에 관심을 가지고 제법 많은 날을 공부한 적이 있었는데, 두수의 그 높은 적중률에 놀란 적이 한 두 번이 아니었다. 그러나 깊이 공부할 인연을 얻지 못해서 항상 아쉬움이 남아 있었다. 하지만 개인적으로 연구 하지는 못하지만 벽겸 선생처럼 훌륭한 분이 오랫동안 연구한 핵심 내용을 본서에 숨김없이 공개하였으니 자미두수에 관심을 가지고 있는 한 사람으로서 강호제현의 학인과 더불어 크나큰 기쁨을 느끼지 않을 수 없다.

벽겸 선생을 곁에서 지켜본 바의 의하면 인간적으로 고매한 인품을 지니고 있으며 두수에 대한 실력이 탁월한 경지에 이르렀다고 본다. 또한 선생은 남다른 열정으로 학과 술을 두루 겸비한 자미두수의 일가를 이룬 분으로 평가되는 인물이다. 그리고 누구에게나 자상하며 모든 사람들로부터 신망을 얻고 좋은 평판을 받는 분이다. 원고를 일독 해본 결과 벽겸 선생의 성정과 같이 섬세하고 자상한 설명이 곳곳에 배어있음을 느낄 수 있었다.

이번에 출판하는 본서는 자미두수의 기초이론과 추론에 대한 이론 그리고 실제사례 등 자미두수에 필요한 모든 정보를 집대성한 책이라 해도 과언이 아니라고 본다. 자미두수 학습에 꼭 필요한 용어의 정립과 십이궁에 대한 명쾌한 해설 및 실제사례를 통한 증명, 십사정성의 특징에 대한 탁월한 견해, 삼합법 · 사화법 · 역추론법 등 두수에서 응용되는 종합적인 운추론법 제시, 재물 · 육친 · 건강 · 명예 · 직업 · 이사 · 매매 등 상담을 하면서 가장 많은 질문을 받는 제반 문제에 대한 실증사례 모음, 아울러 두수의 격국에 대한 일목요연한 해설 등등 자미두수 학습에 필요한 모든 항목을 알기 쉽고 정확하게 설명하고 있다. 하여 본서만 제대로 정독하면 자미두수로운 추론이 충분하도록 이론적 깊이와 함께 실전에 직접 응용 가능한 실용적 가치를 겸비하고 있는 대작이라고 할 수 있다.

이 책과 인연이 있는 모든 분들이 자미두수의 실력이 함양되어 경이로운 적중률에 대하여 직접 체험해보길 바란다. 또한 본서가 삶의 기로에서 방황하는 많은 사람들에게 올바른 길을 제시해 줄 수 있는 훌륭한 지침서가 될 줄로 확신하면서 기쁜 마음으로 일독을 권하는 바이다.

2008년 12월

성북동 연구실에서 박영창 謹拜

목차

제1장 자미두수 입문과 추론에 대하여

제2장 각 성의 특성

제3장 본격적인 운 추론법

제4장 실증사례

제5장 격 국

제1장 자미두수 입문과 추론에 대하여

1. 자미두수 공부를 위한 기본 사항

자미두수를 제대로 추단하거나 공부하기 위해서는 먼저 기본적인 음양오행 정도는 알고 있어야 한다. 명리학의 기본 이론이라고 할 수 있는 십간·십이지의 음양오행과 합(삼합·암합 등)·충(沖) 등의 이론은 자미두수를 공부하기 위해서도 최소한 알고 있어야할 사항이다. 혹 이와 같은 사항들을 모르고 있다면, 먼저 이해를 한 후에 자미두수를 하면 더 쉽게 진행되리라 본다. 그럼 자미두수 공부를 위한 기본적인 요소들을 알아본다.

1) 자미두수 약자 및 용어이해

먼저 자미두수와 친숙해지기 위해서는 자미두수학에서 사용하는 기본 용어들에 대하여 살펴볼 필요가 있다. 흔히 하나의 학문과 가까워지기 위에서는 그 학문에서 사용하고 있는 기본 용어들을 이해하고 숙지하는 것이 가장 중요하다고 생각한다. 아래 나열된 용어들은 자미두수 전문용어라고 해도 과언이 아닐 것이다. 물론 다른 동양오술(東洋五術)에서 사용하고 있는 것도 있겠지만, 자미두수에 관련한 필수적인 용어를 따로 정리하였으므로 참고하기 바란다.

❖ 십이궁(十二宮) …… 십이궁이란 12개의 칸을 의미하는데 자미두수에서는 이를 '궁(宮)'이라 칭한다. 그리고 각각의 궁마다 12지지가 기본적으로 배치가 되는데 이때 지지의 용어를 빌려서, 자궁(子宮)·축궁(丑宮)·인궁(寅宮)· · · · 해궁(亥宮), 등으로 부르게 된다. 참고로 아래 그림을'명반(命盤)'이라고 하는데, 전체적인 명반이 작성되기 이전의 상태이다. 이를 '기본명반'이라 한다.

巳	午	未	申
辰			酉
卯			戌
寅	丑	子	亥

❖ 본궁(本宮) …… 본궁이라는 용어는 일종의 대명사이다. 명궁 이하 모든 12궁(12궁에 대해서는 90p "12궁의 이해와 사례" 참고)이 본궁이 될 수 있다. 명궁을 기준으로 추단할 때는 당연히 명궁이 본궁이 될 것이요, 부처궁을 기준

으로 본다면 부처궁이 그 본궁이 된다.

❖ 대궁(對宮) …… 본궁의 정 반대편(명리로 보면 본궁과 沖이 되는 궁)궁을 말한다. 대충궁(對沖宮)이라고도 한다. 만약 인궁(寅宮)이 명궁이면 신궁(申宮)이 그 대궁이 되고, 자궁(子宮)이 명궁이면 오궁(午宮)이 대궁이 된다.

❖ 삼방사정(三方四正) …… 삼방(三方)이란 12궁 중 어느 한 궁을 기준으로 하여 그 궁을 중심으로 삼합(三合)이 되는 궁을 말한다. 예를 들어 亥궁이 명궁이라고 하면 亥卯未는 삼합을 형성하는바, 이렇게 만나는 3개의 궁을 삼방이라고 한다. 이때 未궁은 재백궁이 되고 卯궁은 관록궁이 된다. 사정(四正)은 인신사해·자오묘유·진술축미의 각각 네 개의 궁을 의미한다. 예를 들어 亥궁이 명궁이라 하면 인신사해의 4개 궁이 합쳐 사정이 된다. 그런데 사정 중에서 실제 추론에 영향을 주는 궁은 본궁과 대궁이므로 본궁과 대궁을 중요시한다. 만약 亥궁이 명궁이면 대궁인 巳궁과 亥궁을 주로 四正으로 본다는 뜻이며, 寅궁과 申궁은 사실상 제외한다.

❖ 합궁(合宮) …… 합궁은 주로 삼합궁을 의미한다. 예를 들면 寅궁이 선천 명궁이면 寅午戌은 삼합이 되어 합궁의 역할을 하게 된다. 넓게 보면 육합(六合)이나 암합(暗合)궁도 합궁의 요소에 포함된다.

❖ 협궁(夾宮) …… 협궁이란 어느 한 궁을 양옆에서 협하는 궁들을 말한다. 예를 들어 午궁이 본궁이라고 하면 巳궁과 未궁은 午궁을 협하므로 협궁이 된다. 대만이나 홍콩의 서적들을 보면 협궁을 인궁(隣宮) 또는 방궁(旁宮)이라 부르기도 한다.

❖ 정성(正星) …… 자미두수 14개의 기본이 되는 星을 말하는 것으로, 자미·천기·태양·무곡·천동·염정(이상 자미 성계), 천부·태음·탐랑·거문·천상·천량·칠살·파군·천부(이상 천부 성계)를 말한다. 이를 14정성(正星) 이라고 하며, 또는 14정요(正曜)라고 하기도 한다.

❖ 주성(主星) …… 14정성 중 네 개의 별(자미·천부·태양·태음)을 따로 주성

이라고 한다. 자미두수는 이 네 가지 星의 동태를 더 중요시 하는 경향이 있는데, 자미·천부·태양·태음의 동태가 격국의 고저에 영향을 많이 주므로 따로 주성이라고 부르게 되었다. 다만 본서의 내용 중에서는 정성과 주성을 큰 구분 없이 사용하였으므로 주성이라고 하면 정성과 같다고 생각하면 되겠다.

❖ **보좌살화성**(輔佐煞化星) …… 보성(輔星)과 좌성(佐星)·살성(煞星)·화성(化星 : 사화성<四化星>을 말함)을 통틀어 보좌살화성이라고 한다. 따로 정리하면 다음과 같다. 보성(輔星 : 좌보·우필, 천괴·천월) / 좌성(佐星 : 문창·문곡, 녹존·천마) / 살성(煞星 : 경양·타라, 화성·영성) / 화성(化星 : 화록·화권·화과·화기)

❖ **육길성**(六吉星) …… 6개의 길한 작용을 하는 성을 말한다. 천괴(天魁)·천월(天鉞)·좌보(左輔)·우필(右弼)·문창(文昌)·문곡(文曲)을 육길성이라 한다.

❖ **육살성**(六煞星) …… 흉작용을 하는 6개의 성을 말한다. 경양(擎羊)·타라(陀羅)·화성(火星)·영성(鈴星)·지공(地空)·지겁(地劫)을 육살성이라고 한다.

❖ **살기형모성**(煞忌刑耗星) …… 살성(육살성을 의미)과 화기(化忌)·천형(天刑)·대모(大耗)를 묶어서 말한다. 살성과 화기만 있으면 줄여서 살기(煞忌)라고 하기도 한다.

❖ **쌍성**(雙星) …… 짝성이라고도 한다. 쌍성의 성질을 가진 星이 어느 궁을 협하거나 삼방사정으로 들어오거나 대궁에서 마주하면 그 역량이 더 강하게 나타난다. 물론 길성이 협하거나 삼방사정으로 들어오면 길하며, 흉성이 협하거나 삼방사정으로 비치면 그만큼 흉하게 작용한다. 쌍성 조합들을 정리하면 다음과 같다.

자미·천부 / 자미·천상 / 천부·천상 / 태양·태음 / 문창·문곡 / 좌보·우필 / 경양·타라 / 화성·영성 / 천괴·천월 / 지공·지겁 / 삼태·팔좌 / 천곡·천허 / 용지·봉각 / 홍란·천희 / 고신·과수 / 은광·천귀 / 록존·화록 / 화록·화권 / 화록·화과 / 화권·화과 / 화록·천마 / 록존·천마 등

❖ 정성(正星)조합의 약자 …… 자부염무상(紫府廉武相 : 자미·천부·염정·무곡·천상) / 살파랑(殺破狼 : 칠살·파군·탐랑) / 기월동량(機月同梁 : 천기·태음·천동·천량) / 자파상(紫破相 : 자미·파군·천상) / 무부살(武府殺 : 무곡·천부·칠살) / 일월(日月 : 태양·태음) / 거일(巨日 : 거문·태양) / 기거(機巨 : 천기·거문) / 기량(機梁 : 천기·천량) / 자부(紫府 : 자미·천부) / 거동(巨同 : 거문·천동) / 염탐(廉貪 : 염정·탐랑) 등이 있는데, 기타 나머지 조합구성도 14정성의 첫 글자나 두 번째 글자 중 하나를 택하여 조합의 약어로 주로 사용하고 있다.

❖ 육길성과 육살성의 약자 …… 보필(輔弼 : 좌보·우필)·괴월(魁鉞 : 천괴·천월)·창곡(昌曲 : 문창·문곡) 이상 육길성 / 양타(羊陀 : 경양·타라)·화령(火鈴 : 화성·영성)·공겁(空劫 : 지공·지겁) 이상 육살성

❖ 성계(星係) …… 星이 서로 묶여 있는 상황이나 또는 삼방사정에서 회조하여 특별한 星의 집단을 이루는 것을 의미한다. 예를 들면 자미·천부·염정·무곡·천상이 삼방사정으로 회조하면 이것을 묶어서 자무염무상성계를 이루고 있다 하고, 칠살·파군·탐랑이 조합을 이루면 살파랑 조합이라 하는데, 다른 표현으로 살파랑성계 라고 하기도 한다. 기타 자미두수는 크게 남두성계·북두성계·중천성계 등으로 구분하고 있기도 하다.

❖ 공궁(空宮) …… 어떤 궁에 잡성만 있고 14정성이 없는 경우를 말한다.

❖ 차성안궁(借星安宮) …… 차성(借星)이라는 말은 별을 빌려온다는 의미를 담고 있다. 어떠한 궁에 정성(正星)이 없을 경우(공궁을 의미함) 대궁에 있는 별을 빌려온다는 뜻이다. 가령 午궁에 정성이 없고 대궁인 子궁에 천동·태음이 동궁하고 있다면, 子궁의 同月을 午궁으로 빌려오게 된다. 이를 차성안궁이라 하는데 이 경우 同月 뿐만 아니라 子궁에 동궁하고 있는 기타 星들과 그 성들이 가지고 있는 힘과 분위기도 그대로 가져오게 된다.

❖ 묘왕리함(廟旺利陷) …… 星들이 가지고 있는 힘의 강약을 의미하는 것이다.

묘(廟)는 힘이 가장 강하고, 그 다음으로 왕(旺) → 지(地) → 평(平) → 한(閑) → 함(陷)의 순서로 보면 된다. 어떤 星이 廟궁에 들어가면 입묘(入廟)했다고 하거나 묘지(廟地)에 거한다고 한다. 성계가 묘(廟)나 왕(旺)의 궁에 거하면 별의 힘이 강하며 좋게 본다. 살기형성에 대한 저항력도 가지게 된다. 함(陷)은 힘이 가장 약하다는 뜻이다. 추론 중에는 함약(陷弱) 또는 함지(陷地)에 거하였다는 표현을 한다. 또는 낙함(落陷)이라고 하기도 한다. 星이 낙함하면 일반적으로 불리하고 살기형성에 대한 방어력이 약하여 길격을 구성하기 어렵다. 나머지는 거의 보통의 힘을 가지고 있다고 보면 된다.

❖ **조합**(組合) …… 星과 星이 서로 만나 이루어지는 관계를 뜻하는 것으로, 주로 어떠한 궁에 두 정성(正星)이 동궁하거나 대궁 또는 삼방사정으로 회조하는 모든 星을 통칭하여 부르기도 한다. 예를 들어 丑궁에 자미·파군이 안명(安命)하면 未궁에는 천상이 들어가는데 이를 간단하게 丑未궁의 자파상(紫破相)조합 이라고 한다.

❖ **동궁**(同宮) : 동도(同度)라고도 하는데 어느 궁에 星이 같이 들어가는 경우를 말한다. 만약 해궁에 자미가 거하면 반드시 칠살과 동궁하게 되는데, 이렇게 한 궁에 다른 별과 같이 들어가는 상황을 동궁이라 한다.

❖ **대조**(對照) …… 본궁의 대궁에서 별이 비추는 것을 말한다. 공조(拱照) 또는 정조(正照)도 같은 뜻이라고 보면 된다.

❖ **회조**(會照) : 본궁의 입장에서 삼방사정의 어떠한 성계들이 본궁을 향하여 비추는 것을 말한다. 회집(會集)이라고도 하는데, 대조(對照)나 정조(正照) 등도 광의의 회조라고 볼 수 있다.

❖ **살**(殺)**과 살**(煞) …… 두 한자는 같은 뜻을 담고 있지만, 본서에서 추론이나 별을 설명하는 부분에 있어서는 殺은 칠살을 의미하고, 煞은 경양·타라·화성·영성·지공·지겁 등 육살과 천형·천요 등을 말할 때 사용하기로 한다.

❖ **화록**(化祿)·**화권**(化權)·**화과**(化科)·**화기**(化忌) …… 화록은 주로 祿으로

표시하였다. 화권은 權으로, 화과는 科로, 화기는 忌로 표기하였다.

❖ **사화길성**(四化吉星) …… 사화(四化)란 화록·화권·화과·화기를 말하는데 화기(化忌)를 제외한 나머지 화록·화권·화과는 주로 吉작용을 하기 때문에 길성(吉星)의 범주에 포함하여 사화길성이라 하였다.

❖ **록마**(祿馬) …… 록존·천마 또는 화록과 천마를 의미한다.

❖ **쌍록**(雙祿)·**쌍기**(雙忌) …… 쌍록은 2개의 록이 서로 동궁하거나 대조 또는 회조하는 상황을 의미한다. 가령 선천의 화록과 대한의 화록이 동궁, 대조하는 경우 또는 화록과 록존이 동궁하거나 대조해도 쌍록이라고 한다. 쌍기는 화기가 2개 겹치거나 대조하는 경우를 말한다. 예를 들어 寅궁에 선천화기가 있는데 대한에서 재차 화기가 들어가면 쌍기를 만나는 것이다. 쌍화권이나 쌍화과도 이와 같은 이치이다.

❖ **도화성계**(桃花星係) …… 정성 중에는 염정·탐랑이 도화성이 되고, 잡성 중에는 천요(天姚)·홍란(紅鸞)·천희(天喜)·함지(咸池)·목욕(沐浴)·대모(大耗) 등을 말한다. 기타 문창(文昌)·문곡(文曲)과 용지(龍池)·봉각(鳳閣)·은광(恩光)·천귀(天貴)·천재(天才)·천덕(天德)·월덕(月德) 등도 경우에 따라서는 도화로 化할 수 있는 별이다. 이러한 별들을 통칭 도화제성(桃花諸星)이라고도 한다.

❖ **문성**(文星) …… 화과(化科)·문창(文昌)·문곡(文曲)·용지(龍池)·봉각(鳳閣)·천재(天才) 등을 말하는데, 흔히 문성은 총명다재하여 학문연구나 교육 등 머리를 쓰는 직업군과 관계가 깊다.

❖ **질병성계**(疾病星係) …… 질병성계는 주로 건강·사고 등 身적인 문제와 직접적인 연관이 있다. 기타 진행사의 장애·좌절·손모(損耗)·고극(孤剋) 등으로도 통변할 수 있다. 천월(天月)이 가장 대표적인 질병성계이며 겁살(劫煞)과 박사십이신 중 병부(病符)·복병(伏病), 태세십이신의 병부(病符)·상문(喪門)·백호(白虎)·조객(弔客), 장전십이신의 겁살(劫煞)·재살(災煞), 십이운성

의 병(病)·사(死) 등이 질병성계에 포함된다. 그리고 살성 중에서 양타·화령·공겁·천형·천요·화기(化忌) 등은 언제라도 사고·질병과 관련이 될 수 있는데, 이러한 성계가 질병성계와 만나면 더욱 불리하다.

❖ **형성**(刑星) …… 경양과 천형을 형성이라 한다. 형벌과 고극(孤剋)·상해(傷害)·구설·관재 등의 의미가 있다.

❖ **기성**(忌星) …… 화기(化忌)와 타라를 기성(忌星)이라고 한다. 기성은 시비구설과 지체·장애·좌절·손재·고극·사고·질병 등의 의미가 있다.

❖ **공망성**(空亡星) …… 지공·지겁·절공·순공·천공 등을 의미한다. 이러한 공망성은 재물 적으로는 손재를, 정신적으로는 공허함을 의미 하는 경우가 많다. 그리고 어떠한 상황에 대하여 저항력이 적은 경우로 많이 나타나기도 한다.

❖ **궁주사**(宮主事) …… 어느 궁에서 성계가 의미하고 있는 분위기나 또는 그 상황들을 말한다. 가령 戌궁에 무곡이 거하고 있고, 동시에 양타(羊陀)나 화기(化忌)·화령(火鈴) 등의 간섭을 받는다고 할 경우, 이때 戌궁이 선천이나 대한배우자 궁이면 그 궁의 궁주사는 주로 생리사별(生利死別)이나 고독을 의미하는 것이다. 또는 戌궁이 선천이나 대한의 재백궁이라 하면 戌궁의 궁주사는 주로 재물손재라고 보는 것이다.

❖ **궁선**(宮線) …… 본궁과 대궁의 관계를 말한다. 가령 卯酉궁이 형노선이라고 할 경우, 卯궁과 대궁인 酉궁은 하나의 유기적인 선(line)을 형성하는바, 이를 묘유궁선이나 묘유라인이라고 한다.

❖ **인동**(引動) …… 대한이나 유년의 화록이 어느 궁에 들어가게 되면 그 궁에서 의미하는 궁주사(宮主事)가 길이든 흉이든 비로소 발현하게 되는 바, 이와 같이 화록은 정적으로 존재하고 있는 어느 궁의 상황들을 동(動)하게 하여 해당 대한이나 유년에 영향을 주거나 어떠한 사안들을 발현시키게 한다. 이것을 인동이라고 한다. 화기(化忌)도 마찬가지로 인동을 하는 힘을 가지고 있다.

❖ **자사화**(自四化) …… 자사화는 선천명반상의 12궁에 배치되는 선천의 간지

중 천간의 사화를 말한다. 어떠한 궁이 가지고 있는 분위기는 기본적으로 성계의 속성으로 간파하여야 한다. 하지만 자사화는 추론과정에서는 궁이 함축하고 있는 비밀을 캐는 또 하나의 단초를 제공하는 결정적인 역할을 하는 경우가 많으므로 상당히 중요하다. 한마디로 궁이 의미하고 있는 사항을 더 세밀하게 분석할 수 있는 요인을 제공한다고 보면 될 것이다.

❖ **대한**(大限) …… 대운(大運)과 같은 뜻으로 매 10년간의 운을 말한다.

❖ 유년(流年) …… 선천운을 제외한 대한의 운과 매년, 매월, 매일 등의 운을 말한다.

❖ 유년(幼年) …… 비교적 어린 시절의 운을 의미한다.

❖ 독좌(獨坐) …… 한 궁에 다른 별 없이 하나의 별만 있는 것을 말하는 것으로 주로 정성이나 육길, 육살성 정도의 星중에서 하나만 들어가면 독좌라는 표현을 한다.

❖ **삼멸관**(三滅關) …… 삼멸관은 두관(頭關)·중관(中關)·말관(末關)을 말하는데, 예로서 4~ 13세의 대한이라고 하면 대한이 시작되는 4세를 두관, 대한의 중간인 9세를 중관, 대한의 마지막 해인 13세를 말관이라고 한다. 자미두수 추론시 실제 중요한 포인트가 되기도 하는데, 삼멸관 중 특히 두관과 말관에서 길흉화복의 현상이 극명하게 나타나는 경우가 많으므로 참고해야 할 것이다.

❖ **천라**(天羅)·**지망**(地網) …… 명반 중 辰궁이 천라궁이며 戌궁이 지망궁이다. 참고로 같은 조건이라고 할 경우 남자는 천라궁을 꺼리고 여자는 지망궁을 꺼린다.

❖ **명천선**(命遷線) …… 명궁과 천이궁

❖ **형노선**(兄奴線) …… 형제궁과 노복궁

❖ **부관선**(夫官線) …… 부처궁과 관록궁

❖ 자전선(子田線) …… 자녀궁과 전택궁

❖ 재복선(財福線) …… 재백궁과 복덕궁

❖ 부질선(父疾線) …… 부모궁과 질액궁

❖ 재관궁(財官宮) …… 재백궁과 관록궁

2) 명반 작성에 앞서 알아둘 것

앞서 자미두수에 대한 기본용어들을 살펴보았다. 물론 그 용어 자체도 무엇을 의미하는지 아직 이해가 되는 않은 부분도 있을 것이다. 하지만 앞으로 공부를 진행하다 보면 더 구체적으로 개념정리가 되리라 본다.

자미두수를 해석하기 위해서는 먼저 명반을 작성해야 한다. 사주 명리학(命理學)도 명운(命運)을 통변하기 위해서는 먼저 사주를 세워야 하듯이, 자미두수도 명반을 작성해야 하는 것이다. 명반작성이 약간 까다롭고 시간을 많이 소요하기는 하지만, 그래도 자미두수 초학자라면 자미두수 명반을 직접 작성해 보는 것이 바람직하다. 처음부터 너무 프로그램을 의지하지 않기를 바란다.

자미두수 명반을 작성하기 위해 최소한 기본적으로 알고 있어야 될 사항을 먼저 짚고 넘어가보기로 한다.

❂ 당사자의 생년월시를 정확히 알아야 한다.

자미두수는 시간을 정확히 알아야 명반작성을 완성할 수 있다. 만약 시간이 다르면 전혀 다른 명반이 나오므로 주의해야 한다. 그리고 자미두수는 음력을 기준으로 명반작성을 하게 되므로 유의하기 바란다. 명리나 하락이수(河洛理數) 등은 태양력을 중심으로 하는 반면, 자미두수는 음력 생년월일시를 가지고 작성되므로 태음력 기준 학문이라는 것을 다시 각인해야 한다.

❁ 시간 정하기

시간은 우리가 일반적으로 사용하는 시간이다. 하루 12시간을 12지지(地支)에 대응하여 사용하게 된다. 중국의 중주파(中州派)는 한 시진(時辰)을 다시 천반(天盤)·지반(地盤)·인반(人盤)으로 나누어 더 정밀하게 명반을 작성하여 통변하는 것이 비전으로 내려오기는 하지만, 그러나 이 방식이 얼마나 징험한지는 아직 미지수이며, 대만이나 홍콩의 대부분의 학파들은 모두 전통적인 시간 법에 따라서 명반을 작성하고 있다.

① 우리가 일반적으로 알고 있는 시간(동경 127도 30분의 표준시에 해당)

子 時	23~01시	辰 時	07시~09시	申 時	15시~17시
丑 時	01~03시	巳 時	09시~11시	酉 時	17시~19시
寅 時	03~05시	午 時	11시~13시	戌 時	19시~21시
卯 時	05~07시	未 時	13시~15시	亥 時	21시~23시

② 우리나라 표준시가 변경된 시기

우리나라의 표준시는 현재 동경 135도를 기준으로 하고 있다. 실제 우리나라 경도의 중심은 127도 30분이다. 그런데 이렇게 표준시를 동경 135도를 기준으로 하고 있으므로, 실제 시간을 계산할 때는 약 30분의 오차가 생긴다(1도는 4분의 시간에 해당하는데, 동경 135도와 우리나라 표준경도 127도 30분과는 7도 30분의 차이가 있으므로, 계산하면 30분의 시간에 해당한다). 하여 현재 우리가 쓰고 있는 시간에서 30분을 더해야만 정확한 시간이 되는 것이다. 예를 들어, 인시라고 한다면 실제시간상으로는 03시30분~05시30분의 시간대가 정확한 인시가 되는 것이다.

그런데 문제는 우리나라가 동경 135도를 기준으로 하는 시기가 있었고, 또한 127도 30분을 기준으로 하는 시기도 있었는데, 다음 도표를 참고하기 바란다. 만약 127도 30분을 적용한 시기에는 흔히 우리가 보편적으로 알고 있는 시간인 ①의 도표시간을 참고하면 되겠다.

표준시 기준경선	기 간(양력 기준)
동경 135도	1910년 8월 30일 자정부터~1954년 3월 20일 까지
동경 127도 30분	1954년 3월 21일 자정~1961년 8월 10일 자정까지
동경 135도	1961년 8월 10일 자정~현재까지

여기서 주의해야 할 것은 1954년 3월 21일 자정부터 1961년 8월 10일 자정까지의 시기에 태어난 사람은 우리가 흔히 알고 있는 동경 127도 30분의 시간으로 해야 한다. 그 이전에 1908년~1910년 8월 29일까지의 시기도 동경 127도 30분의 표준시를 사용하였다.

③ 서머타임에 대하여

서머타임은 일조시간이 긴 여름의 낮 시간을 효율적으로 사용하기 위해서 인위적으로 시간을 앞당겨서 조정한 것을 말한다. 흔히 일광절약 시간제라고 하는 것인데, 시간을 정하는데 중요한 변수가 되므로 간과해선 안 될 것이다. 일광절약시간제가 실시되었던 기간은 다음과 같다.

- 1948년 5월 31일 자정~1948년 9월 22일 자정까지
- 1949년 3월 31일 자정~1949년 9월 30일 자정까지
- 1950년 4월 1일 자정~1950년 9월 10일 자정까지
- 1951년 5월 6일 자정~1951년 9월 9일 자정까지
- 1954년 3월 21일 자정~1954년 9월 5일 자정까지
- 1955년 4월 6일 자정~1955년 9월 22일 자정까지
- 1956년 5월 20일 자정~1956년 9월 30일 자정까지
- 1957년 5월 5일 자정~1957년 9월 22일 자정까지
- 1958년 5월 4일 자정~1958년 9월 21일 자정까지

- 1959년 5월 4일 자정~1959년 9월 20일 자정까지
- 1960년 5월 1일 자정~1960년 9월 18일 자정까지
- 1987년 5월 10일 02시~1987년 10월 11일 03시까지
- 1988년 5월 8일 02시~1988년 10월 9일 03시까지

이와 같이 서머타임을 부정기적으로 시행하다 보니 시간을 계산할 때 상당히 난감한 경우가 많다. 예를 들어 1987년 8월 23일(양력) 새벽 3시 50분에 태어났다고 하면, 실제적으로는 인시에 해당한다. 그러나 이때는 서머타임을 시행한 기간이므로 한 시간을 빼야 하는데, 그렇게 되면 새벽 2시 50분에 태어난 것으로 되어 실제적으로는 축시에 태어난 것으로 봐야 한다. 그리고 이 시기는 동경 135도를 기준으로 하므로 축시는 01시 30분~03시 30분까지의 시간에 해당한다.

하나 더 예를 들면 1960년 7월 15일(양력) 오전 11시 40분에 생했다고 할 경우, 이 사람도 역시 서머타임 시기에 태어났기 때문에 한 시간을 앞당기면, 실제로 오전 10시 40분에 태어난 것으로 된다. 또한 이시기는 동경 127도 30분을 사용하고 있던 시기이므로, 오전 10시 40분은 사시에 해당하는 것이다.

이렇게 시간을 제대로 파악하는 것부터 복잡하게 진행되는 경우가 많이 있으므로 유의해야 한다. 어떤 경우는 자신이 태어난 시간이 서머타임을 계산한 시간인지 그냥 보편적으로 쓰고 고 있는 시간인지도 모르는 경우가 허다하므로 독자는 다시 한 번 물어보고 필히 당사자의 생시를 정확하게 알고 추론에 들어가야 할 것이다.

④ 균시차(均時差) 적용문제

지구의 공전궤도는 타원형인 까닭에 각(角)속도가 일정하지 않다. 그리고 지구의 지축은 23.5도 기울어져 경사각을 이루고 있기 때문에 지구상에서 보는 태양의 운동속도는 다르게 된다. 이러한 영향으로 인하여 남중시각의 간격은 하루 24시간보다 35초 정도 길거나 짧다. 지구 공전궤도가 타원이므로 근일점 부근을 지날 때는 각속

도가 크고, 원일점 부근을 지날 때는 각속도가 작아진다. 평균태양시(인간이 인위적으로 정한 기계적인 시간)는 이렇게 일정하지 않은 시태양시(해시계로 읽는 시간)의 길이를 1년간 집계하여 균일하게 만든 것인데, 균시차는 바로 시태양시와 평균태양시의 차이를 말한다. 평균태양시를 채용하게 되면 시간의 오차가 날 수 밖에 없다.

그러니까 우리가 알고 있는 매일의 시간들은 균시차 이론을 토대로 하면 엄밀하게 시간상의 오차가 있게 되는 것이다. 균시차는 연 2회에 걸쳐 극대·극소가 있다. 극대 값은 5월 15일경의 3분 7초 및 11월 3일경의 16분 24초이고, 극소 값은 2월 11일 경의 -14분 19초 및 7월 27일 경의 -6분 4초이다. 이렇게 균시차는 15분 이상 차이가 나는 기간이 있으므로 유의해야 할 것이다. 균시차 보정표를 참고하기 바란다.

월 \ 일	1일	8일	15일	22일	29일
1월	−3	−7	−9	−11	−13
2월	−14	−14	−14	−14	−13
3월	−13	−11	−9	−7	−5
4월	−4	−2	0	+2	+3
5월	+3	+3	+4	+3	+2
6월	+2	+1	0	−2	−3
7월	−4	−5	−6	−6	−6
8월	−6	−5	−4	−3	−1
9월	0	+3	+5	+8	+10
10월	+11	+13	+14	+15	+16
11월	+16	+16	+15	+14	+12
12월	+11	+8	+5	+2	−2

(2월은 28일 기준임)

예를 들면, 양력 11월 1일 경에는 거의 16분 이상 시간이 남게 된다. 이렇게 되면 우리가 알고 있는 시간에 16분가량 더해주어야 하는데, 만약 이날 寅시라고 한다면 03시 46분부터 05시 45분 까지가 되는 것이다. 흔히 우리가 알고 있는 03시 30분부터 05시 29분과는 많은 차이가 난다. 또한 양력 2월 8일경이라고 할 경우, 이날

辰시라고 한다면 -14가 되므로 14분을 줄여서 계산해야 한다. 만약 이날 辰시라고 한다면 07시 15분부터 09시 14분까지가 된다.

중요한 것은 균시차 이론을 적용하여 시간을 정한 명반이 완벽하게 적중한다고 장담하기 어렵다. 그렇다고 무조건 30분을 경계로 하여 시간이 정확하게 나누어지는 것도 아니므로 이러한 이론은 더 연구하여 정론을 이끌어 내야 할 부분이다.

그리고 필자의 경험상 시간의 분기점에 생한 사람의 대부분은 그 다음 시간일 확률이 높다. 가령 대전에서 오전 9시 30분에 생했다고 가정했을 경우(균시차 이론을 배제함), 辰시보다 巳시일 가능성이 월등이 높은 것이다. 어떤 경우는 오전 9시 15분 정도에 생했는데도 분명 巳시인 경우가 있었다. 이러한 사례는 무수히 많다. 하여 시간의 분기점 보다 일 이 십분 먼저 태어났다고 해도 현재의 시간과 그 다음 시간을 모두 적용하여 시간을 먼저 가려낸 이후 비로소 간명을 해야 할 것이다. 이렇게 보면 균시차 이론을 적용하기 어려운 것도 사실인데, 아무튼 정확하게 시간을 정하는 것은 명반작성 뿐만 아니라 육임학이나 육효점 등 점사를 볼 때도 상당히 중요하게 작용하기 때문에 많은 연구와 임상이 필요하다.

3) 명반작성과 기본성계 이해

모두 완성된 두 개의 명반을 기초로 하여 명반 작성법을 설명하기로 한다.

예 1)

破祿天 碎存梁 廟陷 傅亡病 22~31 36丁 士身符 【福德】 絶巳	天八天恩解陰擎七 廚座貴光神煞羊殺 平旺 力將太 32~41 37戊 士星歲 【田宅】 胎午	天天天 空刑鉞 旺 青攀晦 42~51 38己 龍鞍氣 【官祿】 養未	天孤三地天廉 傷辰台劫馬貞 廟旺廟 小歲喪 52~61 39庚 耗驛門 【奴僕】 生申
鳳寡紅年陀天紫 閣宿艶解羅相微 廟旺陷 官月弔 12~21 35丙 府煞客 【父母】 墓辰	乾命 : 1978年(戊午) 11月 7日 酉時 命局 : 水2局, 大溪水 命主 : 文曲 身主 : 火星		天紅 才鸞 將息貫 62~71 40辛 軍神索 【身 遷移】 浴酉
天天天天天台巨天 德壽喜官福輔門機 廟旺 忌 伏咸天 2~11 34乙 兵池德 【命宮】 死卯			天龍天火破 使池月星軍 廟旺 奏華官 72~81 41壬 書蓋符 【疾厄】 帶戌
蜚天地左貪 廉巫空輔狼 陷廟平 祿 大指白 33甲 耗背虎 【兄弟】 病寅	大天文文太太 耗魁昌曲陰陽 旺廟廟廟陷 權 病天龍 32乙 符煞德 【夫妻】 衰丑	天天旬截鈴右天武 哭虛空空星弼府曲 陷廟廟旺 科 喜災歲 92~ 31甲 神煞破 【子女】 旺子	月封天天 德誥姚同 廟 飛劫小 82~91 42癸 廉煞耗 【財帛】 建亥

예시된 두 가지의 완성된 명반을 보면 상당히 복잡하게 느껴질 것이다. 자미두수는 정성을 비롯한 보좌길성과 살성 그리고 각 잡성이 많으므로 명반작성이 까다롭기도 하지만 완성된 명반을 보면 언 듯 복잡하게 보이기도 한다.

예 2)

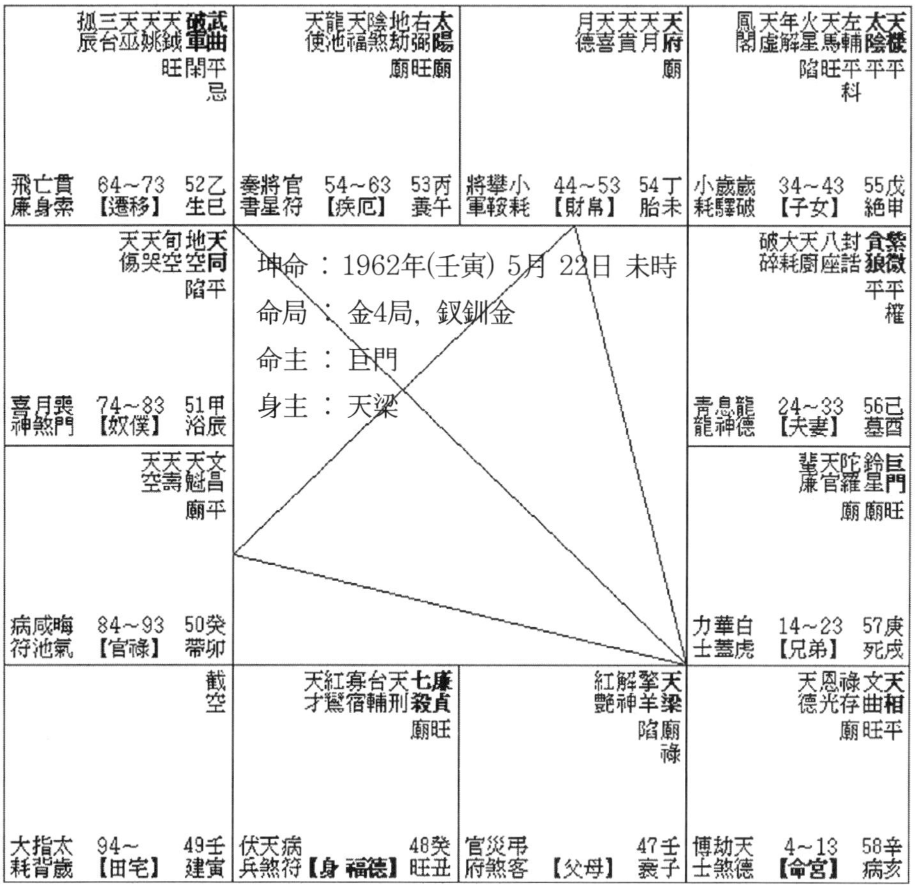

<table>
<tr>
<td>孤三天天天破武
辰台巫姚鉞軍曲
旺閑平
忌
飛亡貫 64~73 52乙
廉身索 【遷移】 生巳</td>
<td>天龍天陰地右太
使池福煞劫弼陽
廟旺廟
奏將官 54~63 53丙
書星符 【疾厄】 養午</td>
<td>月天天天天
德喜貴月府
廟
將攀小 44~53 54丁
軍鞍耗 【財帛】 胎未</td>
<td>鳳天年火天左太天
閣虛解星馬輔陰機
陷旺平平平
科
小歲歲 34~43 55戊
耗驛破 【子女】 絶申</td>
</tr>
<tr>
<td>天天旬地天
傷哭空空同
陷平
喜月喪 74~83 51甲
神煞門 【奴僕】 浴辰</td>
<td colspan="2" rowspan="2">坤命 : 1962年(壬寅) 5月 22日 未時
命局 : 金4局, 釵釧金
命主 : 巨門
身主 : 天梁</td>
<td>破大天八封貪紫
碎耗廚座誥狼微
平平
權
青息龍 24~33 56己
龍神德 【夫妻】 墓酉</td>
</tr>
<tr>
<td>天天天文
空壽魁昌
廟平
病咸晦 84~93 50癸
符池氣 【官祿】 帶卯</td>
<td>蜚天陀鈴巨
廉官羅星門
廟廟旺
力華白 14~23 57庚
士蓋虎 【兄弟】 死戌</td>
</tr>
<tr>
<td>截
空
大指太 94~ 49壬
耗背歲 【田宅】 建寅</td>
<td>天紅寡台天七廉
才鸞宿輔刑殺貞
廟旺
伏天病 48癸
兵煞符 【身 福德】 旺丑</td>
<td>紅解擎天
艶神羊梁
陷廟
祿
官災弔 47壬
府煞客 【父母】 衰子</td>
<td>天恩祿文天
德光存曲相
廟旺平
博劫天 4~13 58辛
士煞德 【命宮】 病亥</td>
</tr>
</table>

명반 작성에 앞서 우선 위 명반에 배치된 제반 星들이 과연 어떠한 의미를 담고 있는지 그 핵심적인 내용을 간략하게 소개한다. 필자가 그 동안 연구하고 상담하면서 경험한 사항을 일목요연하게 정리하였으므로 독자는 최소한 별의 특징 중 이정도의 의미는 알아두어야 할 것이다. 그리고 각 星들이 의미하고 있는 상세한 내용은 제2장 '각星의 특성' 편에서 자세하게 논하였으니 참고하길 바란다.

14정성

星名	斗分	五行	化氣	主事	특성
紫微	主星	己	帝座	官祿	主尊貴, 高尙, 貴人, 忠厚, 解厄, 겸손, 올곧음, 책임감 자존심 강, 자기관리 잘함, 어른스러움, 체통 명분을 중시, 지도력 있고 타인의 간섭 싫어함, 이상이 높음, 길성 보면 富貴雙全, 煞星 많으면 孤君·독단독행·배타적·귀가 얇고 言行이 급함
天機	南一	乙	善	兄弟	孝義, 지혜, 총명, 학자, 好學好動, 순수, 민감, 임기응변, 다재다능, 계략, 적응력 강, 암기력 강, 일처리 확실하고 조리 있음, 처세술 있음, 煞星 보면 민감·불안·초조하고 나서며 박이부정(博而不精)의 경향, 인색, 계산적, 생각 많으나 얕음
太陽	中天星	丙	貴	官祿	主貴, 主명예, 광명정대, 박애, 인품 있고 이타적, 솔직, 담백, 강개(慷慨), 입바른 소리, 공직, 정치, 功名, 보수적, 정직, 신중하고 규율적임. 煞星 보면 독단독행 성격 강하고 거칠다. 태양은 남자 육친을 상징(부친·남편·남자형제·아들)
武曲	北六	辛	財	財帛	主權位, 권력, 용맹, 堅剛, 財富, 실천력 강, 차가운 성질, 태도가 분명, 일처리 확실, 목소리 행동 크고 웅장, 여명은 여장부·奪夫權, 사업가·軍·警, 속내는 소탈, 살성 보면 탈속, 煞忌刑星 보면 독단독행·안하무인·고집 강·성격 강렬
天同	南四	壬	福	福德	主정서, 향수, 福祿의 성, 온화, 친화력, 인자하고 정직·겸손, 逢凶化吉, 문학·예술, 물질보다 정신 중시, 추진력 약, 나태함, 의지박약, 요령, 午궁에서 경양 보면 강렬, 煞忌刑星 보면 감정좌절 심리불안·우울, 桃花 보면 색정 이성문제

廉 貞	北 五	丁	殺·囚	官 祿	次桃花, 결백, 예의, 민감, 관리 행정능력 탁월, 목표 뚜렷, 사악, 고고하며 도도함, 자존심 경쟁심 강, 신사, 여명 공주병, 조직 중시, 추진력 강, 강박관념, 煞忌刑星 보면 성질 강렬·殺氣·專橫·독단독행·심리 복잡, 도화 보면 주색잡기
天 府	主 星	戊	賢 能	財 帛	主尊榮, 관용의 星, 財帛과 田宅 主, 財庫, 재능, 자비, 후덕, 수동적, 귀인, 자존심 강, 신중, 소극적, 답답함, 보수적, 안정지향, 추진력 약, 理財에 밝음, 煞忌刑星 보면 적대심 강·성격 민감, 劫空 보면 손재·공상적, 살성과 천요 보면 奸邪·권모술수
太 陰	中天星	癸	富	財 帛 田 宅	主財帛, 결백, 낭만, 정신, 예술 문학의 별, 친화력, 인자함, 미인, 동안(童顔), 사려심, 온화, 보수적, 추진력 약, 정신과 풍요 모두 원함, 煞忌刑星 보면 육친 인연 無·감정좌절·損財·권모술수·잔꾀 많음·중심 없음, 도화 살성 보면 酒色
貪 狼	北 一	甲	桃 花	禍 福	正桃花, 主욕망, 물욕, 정욕, 기예, 재주, 예능, 審美眼, 겉치레, 사교력, 호기심 강, 취미다양, 비상한 수완, 言行이 유연, 心地약함, 기호 많음, 살성 보면 감정좌절·우유부단·환상적, 도화성 보면 주색잡기·도박·여명 의지박약, 火星·鈴星·天刑 좋아함
巨 門	北 二	癸	暗	是 非	主是非, 변설가, 비평적, 口才, 경쟁심, 눈치 직관력 강, 의심 많음, 자기주장 자존심 강함, 논리정연, 공공적 일, 속이 깊으나 답답, 남의 단점 잘 봄, 사상이 혁신적, 살성 보면 自虐·염세적·시비구설·성격 강렬·거만·사상계 인연, 인간관계 初善終惡
天 相	南 二	壬	印	官 祿	主신용, 문서, 의리, 자상, 교양미, 慈愛, 服務, 참모 형, 寬厚, 미인, 恒心, 의협심, 법과 질서 존중, 동정심 강, 근검절약, 융통성 無, 心地 약, 자기중심 부족, 귀가 얇다, 추진력 약, 살성 보면 예민·성격 강·신체장애·손재, 도화와 살성 보면 酒色·한량

天梁	南三	戊	蔭	壽星	主恒心, 長壽, 영도력, 청고, 어른스러움, 원칙적, 솔직, 사심 없음, 시원함, 풍헌적, 名師, 도량, 服藥, 잔소리, 나서기도 함, 과단, 酒邪, 나태한 면 있음, 노파심, 吉星 보면 仁慈·신중·소심, 煞星 보면 성격 강렬·독단적·孤剋·산만·정신세계
七殺	南五	丁辛	權	將星	主風憲, 大將星, 위엄, 기백, 격렬, 추진력, 자기주장 강, 권력, 독립성, 소탈, 지략풍부, 군·경·운동·외과의사, 겉은 견강 속은 진퇴 多, 煞星 보면 독단적·안하무인·성격 냉정·고독·탈속·육친 인연불리, 여장부, 자미 보면 化殺爲權
破軍	北七	癸	耗	損耗 變動 妻子	主激變, 雙, 兼, 파손, 변동의 星, 추진력, 주관적, 창조력 강, 권위, 역마성향, 예술 소질, 겸업, 입묘하면 관후·도량·군자 풍, 함약하면 완강·성급·대담성, 여장부, 스케일 大, 살성 보면 독단독행·시비·고극·일생 변화 多·군·경·외국관련업

⊛ 육길성(六吉星)과 록존·천마

록존(祿存)과 천마(天馬)는 육길성에 해당하지는 않지만 성계의 특성상 吉작용이 많고, 육길성 못지않게 중요한 역할을 하므로 같이 포함하였다.

星名	斗分	五行	化氣	主事	특성
天魁	南助	陽火	天乙貴人	才名	총명, 고시, 求名, 수려, 윗사람 조력(長輩貴人), 직접조력, 陽貴, 총애, 기회, 발탁, 제도적 이익, 화합, 富貴
天鉞	南助	陰火	玉堂貴人	才名	총명, 고시, 求名, 수려, 윗사람 조력(長輩貴人), 간접조력, 陰貴, 총애, 기회, 발탁, 제도적 이익, 화합, 富貴
左輔	北助	陽土	善	조력	친구나 형제의 조력(平輩貴人), 안정, 계획, 성실, 福, 돈후(敦厚), 강개(慷慨), 풍류, 지위, 명예, 富貴

右 弼	北 助	陰 土	善	조 력	친구나 형제의 조력(平輩貴人), 안정, 계획, 성실, 복, 돈후, 강개(慷慨), 풍류, 지위, 명예, 富貴
文 昌	南 助	陰 金	科 甲	명 성	고시, 연구, 학문, 총명, 재치, 명예, 정도출신, 계획, 技藝, 표현, 문서, 길하면 희경사 흉하면 상례(喪禮)나 손해
文 曲	北 助	陰 水	科 甲	명 성	고시, 연구, 학문, 총명, 언어, 명예, 이로공명, 계획, 재예(才藝), 표현, 문서, 길하면 희경사 흉하면 상례나 손해
祿 存	北 三	陰 土	爵 祿	복 록	재물, 명예, 해액, 존귀, 보수, 안정, 신중, 靜的, 총명, 수려, 장수, 煞忌刑星 보면 손재·질병·구설 등 파동 많음
天 馬	男 北	陽 火	역 마	遷 移	이동, 변화, 활동, 여행, 행락(行樂), 역동적, 록존이나 화록 보면 록마교치(祿馬交馳), 살성 보면 파동 많음

❁ 육살성(六煞星)과 천형·천요

천형(天刑)과 천요(天姚)는 육살성에 해당하지는 않지만 성계의 특성상 凶작용이 많고, 육살성 못지않게 중요한 역할을 하므로 같이 포함하였다.

星 名	斗 分	五 行	化 氣	主 事	특 성
擎 羊	北 助	陽 金	刑	刑 傷	刑剋, 고독, 육친無緣, 사고, 질병, 시비, 災禍, 성격 강렬, 강압, 분투, 탈속, 자존심, 손재, 화성은 길·영성은 흉
陀 羅	北 助	陰 金	忌	시 비	시비, 형극, 고독, 사고, 질병, 부정적, 성격 완고, 奪夫權, 자존심, 심리불안, 우울, 노심초사, 섬세, 신중, 영성은 길
火 星	南 助	陽 火	殺	災 禍	형극, 파동, 災禍, 고극, 성격 강렬, 민첩, 다급, 총명, 질병, 사고, 손재, 시비구설, 탐랑 보면 길, 외부적 파동

鈴 星	南 助	陰 火	殺	災 禍	형극, 파동, 災禍, 고극, 성격 완고, 고독, 노심초사, 민감, 질병, 사고, 손재, 구설, 탐랑 보면 길, 내부적 파동
地 空	南 北	陰 火	空 亡	損 耗	손모(정신적), 정신적 타격, 분리, 고독, 탈속, 정신세계, 허무, 허상, 사고력 강, 심지 깊음, 무정, 반전통(反傳統)
地 劫	南 北	陽 火	劫 殺	損 耗	손재(물질적), 물질적 타격, 분리, 고독, 탈속, 정신세계, 허무, 허상, 추진력 장애, 무정, 반조류(反潮流)
天 刑	南 北	陽 火	孤 剋	刑 殺	형극, 고독, 형벌, 법률, 의료, 질병, 사고, 탈속, 무정, 자율, 극기, 총명, 성격 강렬, 독단, 殺氣, 배타, 축미궁 흉
天 姚	南 北	陰 水	風 流	桃 花	도화, 기예, 우아, 친화력, 재치, 심미안, 기호 多, 간교, 방종, 환상적, 총명, 길하면 문예·의료 길, 축미궁 불리

사화성(四化星)과 잡성(雜星)

두수에서 사화성의 비중은 대단히 크게 나타난다. 사화성은 사화(四化)가 의미하고 있는 기본 특징 외에, 어떠한 사안의 길흉여하를 따질 때도 상당히 중요한 작용을 한다. 이 장에서는 사화가 의미하고 있는 기본 특징만 나열하기로 하고, 사화를 운용하는 요령과 깊이있는 해설은 뒤에 논하기로 한다. 그리고 두수를 추론하다 보면 제잡성의 중요성도 무시할 수 없는데, 때로는 잡성이 길흉의 대세를 쥐고 있는 경우도 있다. 제잡성이 의미하고 있는 중요한 핵심 부분을 논하여 본다.

星 名	斗 分	五 行	化 氣	특 성
化 祿	南 北	陰 土	財 祿	재물, 복덕, 풍요, 관록, 지위, 활동, 추진력, 살성 보면 흉변
化 權	南 北	陽 木	權 勢	권위, 완고, 주관, 추진력, 명예, 지위, 主生殺, 살성 보면 강직
化 科	南 北	陽 水	聲 名	학문, 명예, 문장, 연구, 지위, 희경사, 主貴, 총명, 계약
化 忌	南 北	陽 水	災 禍	재앙, 구설시비, 손재, 사고, 건강, 좌절, 고독, 파괴, 곤란, 지체

台 輔	南 北	陽 土	貴	主貴, 지위, 명예, 좌보 역량을 증가, 록과 재성(財星) 보면 부유
封 誥	南 北	陰 土	貴	主貴, 명예, 인지도, 우필의 역량을 증가, 표창, 재성 보면 부유
三 台	南 北	陽 土	貴	지위, 명예, 재물, 보필·괴월 역량 증가, 팔좌를 보면 길
八 座	南 北	陰 土	貴	지위, 명예, 재물, 보필·괴월 역량 증가, 삼태 보면 길
恩 光	南 北	陽 火	榮 譽	主貴, 명예, 원조, 귀인상봉, 창곡·괴월 보면 길, 명예 재물
天 貴	南 北	陽 土	聲 名	主貴, 지위, 귀인상봉, 발전, 창곡·괴월 보면 길, 도화 보면 흉
龍 池	南 北	陽 水	主 藝	才藝, 貴, 총명, 신중, 예술적 소질, 장인(匠人), 武적인 속성
鳳 閣	南 北	陽 土	主 才	才藝, 貴, 총명, 지위증가, 창곡·화과 보면 길, 文적인 속성
紅 鸞	南 北	陰 水	혼 인	主婚姻, 희경사, 자녀출산, 도화 성향, 우아, 도화성 보면 주색
天 喜	南 北	陽 水	생 육	主生育, 희경사, 자녀출산, 도화성, 냉정한 도화, 도화 보면 주색
沐 浴			도 화	도화성, 우아, 독단, 흉하면 이성분란 파재, 자오묘유 도화 강
咸 池			도 화	불량도화, 好色, 主變愛, 길하면 異性 生財, 흉하면 주색·파재
大 耗		火	損 耗	주손모, 불량도화, 도화 보면 주색으로 파재, 공망성 보면 손재
天 官	南 北	陽 土	貴	주영예, 청귀(淸貴), 승천(陞遷), 천량·태양·자미 보면 길
天 福	南 北	陽 土	福 壽	主福祿, 영화(榮華), 귀인, 천동 보면 길
天 才	南 北	陰 木	才 藝	주총명, 기예, 재능, 민첩, 기획, 임기응변, 천기 보면 길
天 壽	南 北	陽 土	수 명	主長壽, 연령차이, 세대차이, 충후, 온화, 돈후, 길하면 안정감
天 德			음 덕	해액(解厄), 남자 윗사람의 음덕, 기회, 복, 길하면 遺産 상속
月 德			음 덕	해액, 여자 윗사람의 음덕, 복, 액을 제화, 괴월 보면 길
龍 德			喜 慶	천거(薦擧), 명예, 경영이익, 해액, 안전, 공적인 이익이나 길상
天 廚			음 식	미식가, 요리, 음식, 봉록(俸祿), 혜택, 화성 보면 요리관련 업종
天 巫	南 北		陞 遷	영예, 지위, 상속, 貴, 유전(遺傳), 명예나 권력, 학문연구
解 神	南 北		해 액	흉을 화해, 분쟁 완화, 흉하면 손재·형극
天 哭	南 北	陽 金	형 극	刑傷, 우려, 비애, 슬픔, 시비, 고독, 내심 고통, 복덕궁은 흉
天 虛	南 北	陰 土	공 망	우려, 수심, 공상, 허무, 감정좌절, 고독, 재백궁은 흉
陰 煞	南 北		음 해	소인의 음해, 지체, 구설, 시기, 의심, 음귀(陰鬼), 신병(神病)
劫 煞	南 北		耗 損	손해, 장애, 관재송사, 질병, 사기, 음살 보면 역량 강
孤 辰	南 北	陽 火	孤	고독, 형극, 분가(分家), 공허, 독립, 육친궁은 흉
寡 宿	南 北	陰 火	寡	고독, 형극, 분가, 공허, 무정, 독립심, 육친궁은 흉
天 月	南 北		질 병	질병, 사고, 고질병, 유행병, 지체, 좌절

蜚 廉		陽 火	小 人	소인배, 도화, 벌레, 곤충, 비방, 구설, 음손(陰損), 소모, 고독
破 碎	南 北	陰 火	損 耗	손해, 상심, 정서 파동, 실의, 성격 편협, 예민, 장애(障碍)
華 蓋			철 리	고독, 철리적, 문예, 종교, 정신세계, 상(喪), 관재를 화해
天 傷	南 北	陽 水	虛 耗	파재, 지체, 지연, 구설, 질병, 사고
天 使	南 北	陰 水	災 禍	손재, 구설, 형극, 지체

장생십이신

星 名	五 行	化 氣	특 징
長 生		生 發	생기(生氣), 활동, 출발, 총명, 온화, 장수, 공망성 꺼림
沐 浴		도 화	도화성, 친화력, 부처궁은 길, 살성 보면 연애좌절·파재·실직
冠 帶		喜 慶	경사(慶事), 권귀(權貴), 명성
臨 官		喜 慶	명예, 권귀, 추진력, 부귀(富貴)
帝 王		權 貴	권위, 부귀, 영도력, 독립, 독단적, 고강한 기질
衰		침 체	무력, 약화, 후퇴, 고극, 생기가 소진
病		질 액	질병, 무력, 심약, 명·신궁과 질액궁은 흉, 육친 불리
死		사 망	사고, 질병, 고독, 관재, 구설, 파재, 완고, 우유부단
墓		저 장	생명력 저장, 고독, 휴식, 질액, 氣는 약하나 生氣를 보관
絕		절 멸	정지, 단절, 소멸, 고독, 소극적, 육친궁은 흉
胎		생 명	생명력, 생기(生氣), 유약(柔弱), 희망, 임신관련
養		배 양	생육, 평안, 복록(福祿), 전진, 활동

❁ 장전십이신

將 星		武 貴	권귀, 무사(武士), 해액, 기상, 경쟁
攀 鞍		공 명	귀인상봉, 명예, 세력, 승천(陞遷)
歲 驛		이 동	역마, 변화, 여행, 전직, 이사, 화록 보면 길
息 神		소 침	의기소침, 유약, 무력, 소극, 생기가 없음
華 蓋		孤 高	철리, 재예, 고독, 정신세계, 탈속, 해액
劫 煞		손 재	손해, 재난, 겁탈, 재물 파동
災 煞		災 禍	실물, 재난, 질병, 사고, 구설, 손재
天 煞		형 극	극부(剋父), 극부(剋夫), 분리, 원행(遠行), 부친 등 남자 윗사람 불리
指 背		비 방	배후시비, 비난, 구설, 질투, 오해, 소인침해
咸 池		도 화	도화성, 호색, 변애(變愛), 대모 보면 色으로 파재
月 煞		형 극	극모(剋母), 극처(剋妻), 구설시비, 고독, 분리
亡 神		실 물	손재, 소모, 낭비, 살성 보면 더욱 흉

❁ 박사십이신

博 士	水	총 명	主총명, 문장, 명예, 장수, 권위, 貴, 괴월 보면 영예와 귀인 원조
力 士	火	권 세	主권위, 권력, 화권 좋아함
靑 龍	水	喜 事	희경사, 財運 상승, 명예, 귀인
小 耗	火	損 耗	손재, 실물, 낭비, 사기주의
將 軍	木	위 맹	위무(威武), 강직, 지도력, 화과·화권 보면 길
奏 書	金	복 록	文士, 문서의 일, 길성 보면 귀인 지원, 흉하면 관재소송
飛 廉	火	孤 剋	고독, 형극, 구설시비, 송사, 심신불안
喜 神	火	慶 事	희경사, 길성 보면 승천·합격·혼사, 살성 보면 지체·지연·불안
病 符	水	災 病	주질병,
大 耗	火	耗 損	주손해, 실물, 도화성, 도화 보면 주색으로 파재
伏 兵	火	시 비	음모, 권모술수, 관재구설, 질병
官 府	火	관 재	관재구설, 송사, 대립, 파재

❁ 태세십이신

太 歲	火	禍 福	1년 동안의 화복을 관장, 살기형성 보면 관재구설, 길성 보면 吉事
晦 氣		災 厄	암매, 정신소모, 불안정, 구설, 길성 보면 화해
喪 門	木	喪 亡	사망, 질병, 사고, 고독, 형극, 육친궁은 불리
貫 索		관 재	관재소송, 투옥, 지연, 착오, 손재, 살성 보면 더욱 흉
官 符	火	관 재	관재소송, 살기형성 보면 관재·시비·손재, 길성 보면 화해
小 耗	火	손 재	재물손재, 낭비, 비용증가, 도화 보면 주색으로 파재
歲 破	火	災 禍	주손재, 살기형성 보면 관재구설, 육친궁은 형극, 일명 대모(大耗)
龍 德		喜 慶	천거(薦擧), 명예, 경영이익, 해액, 안전, 공적인 이익이나 길상
白 虎	金	喪 病	사망, 질병, 사고, 관재구설, 좌절, 재난
天 德		음 덕	해액(解厄), 남자 윗사람의 음덕, 기회, 복, 길하면 遺産 상속
弔 客	火	孝 服	상례, 길성 보면 화해
病 符		災 病	질병, 사고, 흉하면 질병으로 손재, 천월(天月) 보면 만성 질병

지금까지 간략하게 요약한 각 성계의 특징은 되도록이면 많이 암기하고 이해하는 것이 좋다. 그러면 본격적인 명반작성에 대하여 알아보자.

(1) 먼저 십이궁에 천간을 배치한다.

기본명반위에 각 궁마다 천간을 붙인다. 명리학에서 사주를 적을 때 월두법(月頭法)과 같은 요령이다.

- 甲·己年生은 丙寅
- 乙·庚年生은 戊寅
- 丙·辛年生은 庚寅
- 丁·壬年生은 壬寅
- 戊·癸年生은 甲寅

예를 들면, 당사자의 생년 천간이 甲年이나 己年에 生하였으면 寅궁의 지지위에 丙을 붙여 丙寅이 되는 것이다. 그리고 묘궁은 丁이 붙어 丁卯가 되는데, 이런 식으로 시계방향으로 계속 천간을 순행하여 배치하면 된다.

예1) 의 명반은 戊午 생이며, 戊干의 해에 생하였다. 고로 인궁에 甲을 붙여서 시계방향으로 천간을 붙여 나가면 된다.

예2) 의 명반은 壬寅 생이며, 壬干의 해에 생하였다. 丁干과 壬干에 생한 사람은 寅궁에 壬이 붙게 되므로 壬寅이 된다.

(2) 명궁과 신궁 배치하기

명궁(命宮)을 정하는 법은 다음과 같다. 먼저 寅궁에서 시작하여 자신이 태어난 달(음력 월을 의미함)까지의 숫자만큼 순행(시계방향)으로 간 다음, 다시 자신이 태어난 시간(생시를 의미함)까지 역행한 곳이 명궁이 된다.

예1) 의 경우, 음력 11월생이므로 寅궁에서 11칸을 시계방향으로 가면 子궁에 닿는다. 그 다음 태어난 시간이 酉時이므로 子궁에서 子를 시작하여 역행으로 酉까지 진행하면 卯궁에 닿는다. 하여 卯궁이 선천명궁이 되는 것이다.

예2) 의 경우, 음력 5월생이므로 寅궁에서 5칸을 진행하면 午궁에 닿는다. 그리고 생시가 未時이므로 午궁에서 子를 일으켜 未까지 역행하면 亥궁에 닿게 된다. 고로 亥궁이 선천 명궁이 된다.

신궁(身宮)은 寅궁에서 자기가 태어난 월까지 순행한 다음, 그 궁에서 자신이 태어난 시간만큼 다시 순행(이때 역행이 아님)하면 된다.

예1) 명반의 경우, 생월이 子궁에 닿고, 그 곳에서 子를 시작하여 태어난 생시인 酉까지 순행하면 酉궁에 닿게 된다. 하여 酉궁이 身궁이 된다.

예2) 의 경우, 생월이 午궁에 닿고, 그 곳에서 子를 시작하여 생시인 未까지 순행하면 丑궁에 머물게 된다. 하여 丑궁이 身궁이 된다.

중요한 것은 身궁은 홀수 궁에만 배치된다는 것이다. 명궁이 1이라고 가정할 경우 형제궁은 2가 되고 부처궁은 3···· 부모궁은 12가 된다. 정리하면 身궁은 명궁이나 부처궁, 재백궁, 천이궁, 관록궁, 복덕궁 등 홀수를 의미하는 궁에만 붙게 된다.

명궁과 身궁 찾는 표를 참고하면 더 쉽게 찾을 수 있다. 주의해야 할 것은 子時나 午時생은 명궁과 身궁이 같은 궁에 들어가게 된다는 것이다.

(3) 십이궁 배치하기

生時	生月 / 命身	正月	二月	三月	四月	五月	六月	七月	八月	九月	十月	十一月	十二月
子	命身	寅	卯	辰	巳	午	未	申	酉	戌	亥	子	丑
丑	命	丑	寅	卯	辰	巳	午	未	申	酉	戌	亥	子
	身	卯	辰	巳	午	未	申	酉	戌	亥	子	丑	寅
寅	命	子	丑	寅	卯	辰	巳	午	未	申	酉	戌	亥
	身	辰	巳	午	未	申	酉	戌	亥	子	丑	寅	卯
卯	命	亥	子	丑	寅	卯	辰	巳	午	未	申	酉	戌
	身	巳	午	未	申	酉	戌	亥	子	丑	寅	卯	辰
辰	命	辰	巳	午	未	申	酉	戌	亥	子	丑	寅	卯
	身	午	未	申	酉	戌	亥	子	丑	寅	卯	辰	巳
巳	命	酉	戌	亥	子	丑	寅	卯	辰	巳	午	未	申
	身	未	申	酉	戌	亥	子	丑	寅	卯	辰	巳	午
午	命身	申	酉	戌	亥	子	丑	寅	卯	辰	巳	午	未
未	命	未	申	酉	戌	亥	子	丑	寅	卯	辰	巳	午
	身	酉	戌	亥	子	丑	寅	卯	辰	巳	午	未	申
申	命	午	未	申	酉	戌	亥	子	丑	寅	卯	辰	巳
	身	戌	亥	子	丑	寅	卯	辰	巳	午	未	申	酉
酉	命	巳	午	未	申	酉	戌	亥	子	丑	寅	卯	辰
	身	亥	子	丑	寅	卯	辰	巳	午	未	申	酉	戌
戌	命	辰	巳	午	未	申	酉	戌	亥	子	丑	寅	卯
	身	子	丑	寅	卯	辰	巳	午	未	申	酉	戌	亥
亥	命	卯	辰	巳	午	未	申	酉	戌	亥	子	丑	寅
	身	丑	寅	卯	辰	巳	午	未	申	酉	戌	亥	子

명궁을 기준으로 나머지 열한 개의 궁을 정해야 하는데, 명궁에서 시작하여 역행(남여 모두 동일함)으로 배치하면 된다. 순서는 다음과 같다.

명궁(命宮)·형제궁(兄弟宮)·부처궁(夫妻宮)·자녀궁(子女宮)·재백궁(財帛宮)·질액궁(疾厄宮)·천이궁(遷移宮)·노복궁(奴僕宮)·관록궁(官祿宮)·전택궁(田宅宮)·복덕궁(福德宮)·부모궁(父母宮)

자미두수 해석에서 가장 중요한 부분을 차지하고 있는 것이 바로 12궁이므로 각 궁이 의미하고 있는 내용과 배열순서는 외우고 있는 것이 좋다. 궁이 의미하고 있는 내용은 나중에 논하기로 하고, 먼저 배열순서는 다음과 같다. 주로 앞 단어 하나만 외우면 된다.

명(命)→형(兄)→부(父)→자(子)→재(財)→질(疾)→천(遷)→노(奴)→관(官)→전(田)→복(福)→부(父)

예1) 명반의 경우, 선천명궁이 卯궁이다. 卯궁에서 역행(시계 반대방향)으로 진행하면 형제궁은 寅궁이 되고, 부처궁은 丑궁, 자녀궁은 子궁……마지막으로 부모궁은 辰궁이 배치된다.

예2) 의 경우, 선천명궁이 亥궁이다. 역시 역행으로 배치하면 형제궁은 戌궁이 되고, 부처궁은 酉궁, 자녀궁은 申궁……부모궁은 子궁이 된다.

(4) 오행국 정하는 법

자미두수에서 오행국은 대운수의 기준이 되고, 또한 자미성이 배치되는 곳을 찾기 위해 필수적으로 알아야 될 요소이다.

먼저 선천명궁의 간지를 기준으로 하여 납음오행을 찾아야 된다(선천명궁의 간지임을 유의해야 한다). 그리고 나서 납음오행에 따라서 오행의 국수가 정해진다. 만약 납음오행이 木이면 목3국이 되고, 火이면 화6국, 土면 토5국, 金이면 금4국, 水이면 수2국이 된다.

〈육십갑자 납음표〉

甲子.乙丑	丙寅.丁卯	戊辰.己巳	庚午.辛未	壬申.癸酉	甲戌.乙亥
해중금 (海中金)	노중화 (爐中火)	대림목 (大林木)	노방토 (路傍土)	검봉금 (劍鋒金)	산두화 (山頭火)
丙子.丁丑	戊寅.己卯	庚辰.辛巳	壬午.癸未	甲申.乙酉	丙戌.丁亥
윤하수 (潤下水)	성두토 (城頭土)	백랍금 (白蠟金)	양류목 (楊柳木)	정천수 (井泉水)	옥상토 (屋上土)
戊子.己丑	庚寅.辛卯	壬辰.癸巳	甲午.乙未	丙申.丁酉	戊戌.己亥
벽력화 (霹靂火)	송백목 (松柏木)	장류수 (長流水)	사중금 (沙中金)	산하화 (山下火)	평지목 (平地木)
庚子.辛丑	壬寅.癸卯	甲辰.乙巳	丙午.丁未	戊申.己酉	庚戌.辛亥
벽상토 (壁上土)	금박금 (金箔金)	복등화 (覆燈火)	천하수 (天河水)	대역토 (大驛土)	차천금 (釵釧金)
壬子.癸丑	甲寅.乙卯	丙辰.丁巳	戊午.己未	庚申.辛酉	壬戌.癸亥
상자목 (桑柘木)	대계수 (大溪水)	사중토 (沙中土)	천상화 (天上火)	석류목 (石榴木)	대해수 (大海水)

예1) 명반의 경우, 선천명궁의 간지가 乙卯이다. 납음표에서 甲寅·乙卯는 대계수(大溪水)가 되어 납음오행이 水이다. 水는 2국에 해당되므로, 위명은 대한이 2세부터 시작되는 것이다.

예2) 의 경우, 선천명궁의 간지는 辛亥이다. 납음표를 보면 庚戌·辛亥는 차천금이 되어 오행이 金이 된다. 金은 4국에 해당하므로 본명은 대한이 4세부터 시작되는 것이다.

〈명궁간지에 의한 오행국표〉

命宮支地 / 命宮天干	子·丑	寅·卯	辰·巳	午·未	申·酉	戌·亥
甲·乙	金4局	水2局	火6局	金4局	水2局	火6局
丙·丁	水2局	火6局	土5局	水2局	火6局	土5局
戊·己	火6局	土5局	木3局	火6局	土5局	木3局
庚·辛	土5局	木3局	金4局	土5局	木3局	金4局
壬·癸	木3局	金4局	水2局	木3局	金4局	水2局

(5) 십사정성 배치하는 법

명·신궁과 국수 등이 정해지고 나면 이제부터 본격적으로 14정성을 비롯한 나머지 제성의 배치를 해야 한다. 별을 배치하는 방법이 약간 까다롭기는 하지만 서두르지 말고 하나씩 알아보도록 하자. 자미두수 초학이라면 처음부터 되도록 직접 명반을 작성하는 것이 좋은데, 이는 나중에 깊이있게 공부할 수 있는 단초가 된다.

14개 정성을 각궁에 배치하기 위해서는 우선 자미성을 찾고 배치하는 방법을 알아야 한다. 먼저 자미를 찾는 간단한 공식을 이해하여야 한다.

공식 : 몫수 = (생일 + 보수) ÷ 국수

우선 寅궁에서 몫수만큼 시계방향으로 z진행한다. 여기서 보수는 생일의 숫자에 더하여 주는 수를 의미하는데, 더하는 수가 홀수가 될 수도 있고 짝수가 될 수도 있다. 그리고 몫 수는 반드시 0보다 커야 된다. 또한 보수는 0보다 크거나 같아야 하고 국수보다는 반드시 작아야 한다.

보수(더하는 수)가 홀수이면, 寅궁에서 1을 일으켜 몫수만큼 순행(시계방향)하고, 그곳에서 다시 보수만큼 역행(시계반대방향)한 곳에 자미가 배치된다(보수만큼 진행할 때는 그 다음 궁을 1로 본다).

보수가 짝수이면, 寅궁에서 1을 일으켜 몫 수만큼 순행(시계방향)하고 그 곳에서 다시 보수만큼 순행한 곳에 자미가 배치된다.

예1) 명반의 경우, 수2국에 생일이 7일이다. 공식으로 나타내면 다음과 같다.

$$4 = (7 + 1) \div 2$$

이 경우에는 몫수가 4이므로 寅궁에서 몫수 4만큼 순행한 곳은 巳궁이다. 그리고 보수1은 홀수이므로 巳궁에서 역행으로 한 칸 진행하면 辰궁이 된다. 고로 辰궁에 자미가 배치되는 것이다.

예2) 의 경우, 금4국에 생일이 22일이다.

$$6 = (22 + 2) \div 4$$

이 경우 몫수가 6이므로 寅궁에서 6칸을 순행하면 未궁에 닿게 된다. 그리고 더하는 수 보수가 2가 되어 짝수이므로 2칸을 순행하면 酉궁에 닿게 된다. 하여 유궁에 자미가 들어가게 되는 것이다.

이렇게 자미성이 배치되고 나면, 이제는 나머지 13개의 정성을 차례로 배치해야 한다. 자미두수에서 사용하는 성은 크게 14정성·보좌길성과 살성·사화성·잡성의 네 가지로 대별할 수 있다. 그 가운데 14정성이 가지고 있는 영향력이 가장 크며, 운세의 대세나 승패·길흉의 향방은 14정성과 나머지성계가 어우러져 발현하게 된다.

〈생일별 자미성 배치도〉

生日 \ 五行局	水2국	木3국	金4국	土2국	火6국
1	丑	辰	亥	午	酉
2	寅	丑	辰	亥	午
3	寅	寅	丑	辰	亥
4	卯	巳	寅	丑	辰
5	卯	寅	子	寅	丑
6	辰	卯	巳	未	寅
7	辰	午	寅	子	戌
8	巳	卯	卯	巳	未
9	巳	辰	丑	寅	子
10	午	未	午	卯	巳
11	午	辰	卯	申	寅
12	未	巳	辰	丑	卯
13	未	申	寅	午	亥
14	申	巳	未	卯	申
15	申	午	辰	辰	丑
16	酉	酉	巳	酉	午
17	酉	午	卯	寅	卯
18	戌	未	申	未	辰
19	戌	戌	巳	辰	子
20	亥	未	午	巳	酉
21	亥	申	辰	戌	寅
22	子	亥	酉	卯	未
23	子	申	午	申	辰
24	丑	酉	未	巳	巳
25	丑	子	巳	午	丑
26	寅	酉	戌	戌	戌
27	寅	戌	未	辰	卯
28	卯	丑	申	酉	申
29	卯	戌	午	午	巳
30	辰	亥	亥	未	午

자미성계 배치법

어느 궁에 자미가 배치되고 나면 나머지 정성들을 배치한다. 먼저 자미성계 배치 순서는 아래와 같다. 중요한 것은 자미성계는 6개의 정성이 있는데 이는 시계 반대 방향으로 배치해야 한다. 이 순서는 남녀를 가리지 않고 공통으로 적용된다. ○표시는 한 칸을 건너뛴다.

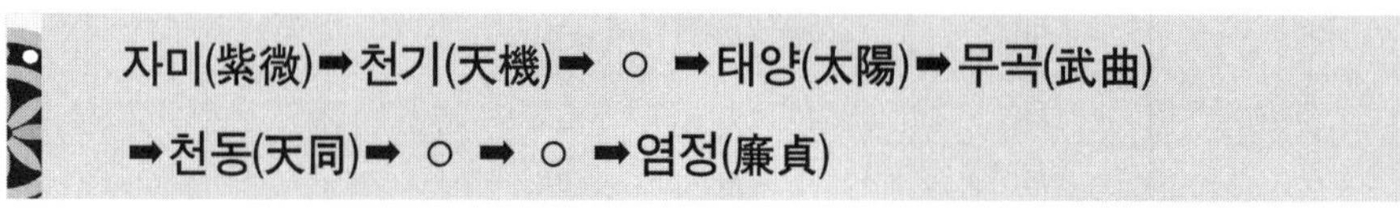

〈천부성계 배치법〉

府	府	府	紫 / 府
府			紫
府			紫
紫 / 府	紫	紫	紫

紫	紫	紫	府 / 紫
紫			府
紫			府
紫 / 府	府	府	府

천부성계는 8개의 정성이 있는데, 천부성계를 배치하기 위해서는 자미가 어느 궁에 있는 지를 먼저 알아야 한다. 천부는 자미와 대칭되거나 사선으로 만나는 곳에 들어가게 된다. 그림을 참고하라.

위 그림의 경우 만약 자미가 戌궁이면 천부가 午궁에 배치되고, 자미가 巳궁이면 천부가 亥궁에 배치된다. 寅궁과 申궁에 자미가 들어가면 천부와 동궁하게 된다. 천부를 배치하고 나면 천부성계 8개를 시계방향으로 배치하면 된다. ○표시는 한 칸을 건너뛴다.

> 천부(天府)➡태음(太陰)➡탐랑(貪狼)➡거문(巨門)➡천상(天相)➡
> 천량(天梁)➡칠살(七殺) ➡ ○ ➡ ○ ➡ ○ ➡파군(破軍)

예1) 명반의 경우 자미가 辰궁에 있으므로 子궁에 천부가 배치된다.

예2) 명반의 경우 자미가 酉궁에 있으므로 未궁에 천부가 배치된다.

(6) 생시 기준으로 배치하는 성

생시 기준으로 배치하는 별은 문창(文昌)·문곡(文曲)·화성(火星)·영성(鈴星)·지공(地空)·지겁(地劫)·태보(台輔)·봉고(封誥) 등이 있다. 배치하는 기준을 설명하면 다음과 같다.

① 문창은 戌궁에서 시작하여 생시까지 역행하고, 문곡은 辰궁에서 생시까지 순행한다.

예1) 명반의 경우, 문창은 戌궁에서 시작하여 생시인 酉시까지 역행하면, 丑궁에 문창이 들어가게 된다. 문곡은 辰궁에서 시작하여 생시까지 순행하면 역시 丑궁에 들어가게 된다.

예2) 명반의 경우, 문창은 戌궁에서 역행으로 未시까지 진행하면 卯궁에 들어간다. 문곡은 辰궁에서 未시까지 순행하면 亥궁에 들어간다.

② 화성과 영성은 생년지지에 따라서 다르다. 표를 보면 쉽게 알 수 있는데, 당사자의 생년 지지를 보고 해당하는 지지의 궁에서 시작하여 자신의 생시까지 무조건 순행한다.

年支 / 星名	寅·午·戌	申·子·辰	巳·酉·丑	亥·卯·未
火星	丑	寅	卯	酉
鈴星	卯	戌	戌	戌

예1) 명반의 경우, 戊午生이므로 화성은 丑궁에서 시작하게 된다. 그 다음 생시인 酉시까지 순행하면, 戌궁에 화성이 들어간다. 영성은 卯궁에서 시작하여 생시인 酉시까지 순행하면 子궁에 들어간다.

예2) 명반은 임인생이므로, 역시 丑궁에서 화성을 卯궁에서 영성을 생시까지 순행하면 화성은 申궁에 영성은 戌궁에 들어가게 된다.

③ 지공은 亥궁에서 시작하여 생시까지 역행하고, 지겁은 亥궁에서 생시까지 순행한다.

예1) 명반의 경우, 지공을 배치하려면 생시가 酉시이므로 亥궁에서 子를 일으켜 酉시까지 역행하면, 寅궁에 지공이 들어간다. 지겁은 亥궁에서 酉시까지 순행하므로 申궁에 들어가게 된다.

예2) 명반은, 지공은 생시가 未시이므로 亥궁에서 子를 일으켜 역행으로 未시까지 가면 辰궁에 들어간다. 지겁은 亥궁에서 未시까지 순행하면 午궁에 들어가게 된다.

④ 태보는 午궁에서, 봉고는 寅궁에서 시작하여 순행으로 출생 時에 해당하는 곳이다.

예1) 명반의 경우, 태보는 午궁에서 시작하여 생시인 酉시까지 순행하면, 卯궁에 태보가 들어가게 된다. 봉고는 寅궁에서 생시인 酉시까지 순행하면 亥궁에 들어가게 된다.

예2) 의 경우, 태보는 午궁에서 시작하여 생시인 未시까지 순행하면, 丑궁에 들어간다. 봉고는 寅궁에서 未시까지 순행하면 酉궁에 들어간다.

〈생시기준 성계의 배치표〉

生年支↓	生時→	子	丑	寅	卯	辰	巳	午	未	申	酉	戌	亥
寅午戌	火星	丑	寅	卯	辰	巳	午	未	申	酉	戌	亥	子
	鈴星	卯	辰	巳	午	未	申	酉	戌	亥	子	丑	寅
申子辰	火星	寅	卯	辰	巳	午	未	申	酉	戌	亥	子	丑
	鈴星	戌	亥	子	丑	寅	卯	辰	巳	午	未	申	酉
巳酉丑	火星	卯	辰	巳	午	未	申	酉	戌	亥	子	丑	寅
	鈴星	戌	亥	子	丑	寅	卯	辰	巳	午	未	申	酉
亥卯未	火星	酉	戌	亥	子	丑	寅	卯	辰	巳	午	未	申
	鈴星	戌	亥	子	丑	寅	卯	辰	巳	午	未	申	酉
文 昌		戌	酉	申	未	午	巳	辰	卯	寅	丑	子	亥
文 曲		辰	巳	午	未	申	酉	戌	亥	子	丑	寅	卯
地 劫		亥	子	丑	寅	卯	辰	巳	午	未	申	酉	戌
地 空		亥	戌	酉	申	未	午	巳	辰	卯	寅	丑	子
台 輔		午	未	申	酉	戌	亥	子	丑	寅	卯	辰	巳
封 誥		寅	卯	辰	巳	午	未	申	酉	戌	亥	子	丑

(7) 생월 기준으로 배치하는 성

자신이 태어난 월을 기준으로 배치하는 성이다. 좌보(左輔)·우필(右弼)·천형(天刑)·천요(天姚)·천무(天巫)·해신(解神)·천월(天月)·음살(陰煞) 등이 있다. 중요한 것은 자미두수는 태음력을 기준으로 하기에 절기의 기준이 아닌 음력기준의 월을 말한다. 혼돈하지 않기를 바란다.

① 좌보·우필의 배치법은, 좌보는 辰궁에서 시작하여 생월까지 순행하고, 우필은

戌궁에서 생월까지 역행한다.

예1) 명반의 경우, 좌보는 辰궁에서 시작하여 자신의 음력 생월인 11월까지 순행하면 寅궁에 들어간다. 우필은 戌궁에서 역행으로 11월까지 진행하면 子궁에 들어간다.

예2) 명반의 경우, 좌보는 辰궁에서 자신의 생월인 5월까지 순행하면 申궁에 들어간다. 우필은 戌궁에서 역행으로 5칸을 진행하면 午궁에 들어간다.

② 천형은 酉궁에서 시작하여 생월까지 순행한다.

예1) 명반의 경우, 酉궁에서 시작하여 11월까지 순행하면 未궁에 천형이 들어간다.

예2) 명반의 경우, 酉궁에서 음력 생월인 5월까지 순행하면 丑궁에 천형이 들어간다.

③ 천요는 丑궁에서 시작하여 생월까지 순행한다. 천형과 천요는 배치법 상 삼방에서 서로 만나게 된다.

예1) 명반의 경우, 丑궁에서 시작하여 음력 생월인 11월까지 순행하면 亥궁에 천요가 들어간다.

예2) 의 경우, 丑궁에서 음력 생월인 5월까지 순행하면 巳궁에 들어간다.

④ 해신은 월을 기준으로 찾는 해신과, 년을 기준으로 하는 해신이 있다. 두 星이 의미하는 뜻은 같다. 참고로 월의 해신을 그냥 해신이라 하고, 년의 해신을 년해(年解)라고 표시한다. 작용력은 월의 해신이 비교적 크다.

解 神	1·2월	3·4월	5·6월	7·8월	9·10월	11·12월
	申	戌	子	寅	辰	午
年 解	戌궁에서 시작하여 생년지 까지 역행					

예1) 명반의 경우, 11월생이므로 해신은 午궁에, 년해는 戌궁에서 子를 일으켜 자신의 생년지가 되는 午까지 역행하면 辰궁에 들어간다.

예2) 의 경우, 해신은 음력 5월생이므로 子궁에 들어간다. 년해는 戌궁에서 생년지지인 寅까지 역행하면 申궁에 자리하게 된다.

⑤ 천월도 생월 기준으로 찾는 성이다.

天 月	1·11월	2월	3월	4·9·12월	5·8월	6월	7월	10월
	戌	巳	辰	寅	未	卯	亥	午

예1) 의 경우, 음력 11월생이므로 戌궁에 천월이 들어간다.

예2) 는 음력 5월생이므로 未궁에 천월이 들어간다.

⑥ 음살은 다음 표를 참고하라.

陰 煞	1·7월	2·8월	3·9월	4·10월	5·11월	6·12월
	寅	子	戌	申	午	辰

예1) 의 경우, 음력 11월생이므로 음살은 午궁에 들어간다.

예2) 의 경우, 5월생이므로 역시 午궁에 음살이 들어간다.

⑦ 천무는 표를 참고하라. 표를 보면 천무는 인신사해궁만 들어간다는 것을 알 수 있다.

예1) 의 경우, 생월이 11월이므로 표에서 보면 천무는 寅궁에 들어간다.

예2) 의 경우, 생월이 5월이므로 천무는 巳궁에 들어간다.

〈생월기준 성계 배치표〉

諸星 / 生月	左輔	右弼	天刑	天姚	天巫	解神	天月	陰煞
1	辰	戌	酉	丑	巳	申	戌	寅
2	巳	酉	戌	寅	申	申	巳	子
3	午	申	亥	卯	寅	戌	辰	戌
4	未	未	子	辰	亥	戌	寅	申
5	申	午	丑	巳	巳	子	未	午
6	酉	巳	寅	午	申	子	卯	辰
7	戌	辰	卯	未	寅	寅	亥	寅
8	亥	卯	辰	申	亥	寅	未	子
9	子	寅	巳	酉	巳	辰	寅	戌
10	丑	丑	午	戌	申	辰	午	申
11	寅	子	未	亥	寅	午	戌	午
12	卯	亥	申	子	亥	午	寅	辰

(8) 생일 기준으로 배치하는 성

생일기준으로 찾는 성은 삼태(三台)·팔좌(八座)·은광(恩光)·천귀(天貴)의 4개 星이 있다.

三 台	左輔에서 1일 시작하여 생일까지 순행
八 座	右弼에서 1일 시작하여 생일까지 역행
恩 光	文昌에서 1일 시작하여 생일까지 순행 후 1궁 후퇴
天 貴	文曲에서 1일 시작하여 생일까지 순행 후 1궁 후퇴

예1) 명반의 경우, 삼태는 좌보가 있는 寅궁에서 생일의 숫자인 7일까지 순행하면 申궁에 들어가게 된다. 팔좌는 우필이 있는 子궁에서 시작하여 생일인 7일까지 역행하면 午궁에 자리하게 된다. 은광은 문창이 있는 丑궁에서 생

일인 7까지 순행하면 未궁이 되는데 여기서 재차 한 칸을 후퇴하면 午궁에 은광이 들어간다. 천귀는 문곡이 있는 丑궁에서 생일인 7일까지 순행한 후에 한 궁을 후퇴하면 역시 午궁에 자리하게 된다.

예2) 의 명반도 같은 요령으로 작성하면 된다.

(9) 년간 기준으로 배치하는 성

연간 기준으로 찾는 성은 사화(四化 : 화록·화권·화과·화기)를 비롯한, 천괴(天魁)·천월(天鉞)·타라(陀羅)·록존(祿存)·경양(擎羊)·천관(天官)·천복(天福)·천주(天廚)·절로공망(截路空亡)·순중공망(旬中空亡) 등이 있다.

① 사화(四化)

사화는 화록(化祿)·화권(化權)·화과(化科)·화기(化忌)의 네 개의 星을 말한다. 사화자체가 가지고 있는 기본적인 뜻도 있지만, 사화는 십사정성을 비롯한 좌보·우필·문창·문곡 등의 별에 붙어서 새로운 작용력을 만드는데, 주로 星이 가지고 있는 뜻을 변화시킨다. 또한 사화는 자미두수를 통변하거나 추론하는 과정에서 길흉사나 일의 성패가부에 결정적인 영향력을 행사하기도 하므로 독자들은 반드시 사화가 배치되는 요령을 알고 또한 암기하는 것이 필수이다.

年干 / 諸星	甲	乙	丙	丁	戊	己	庚	辛	壬	癸
化祿	廉貞	天機	天同	太陰	貪狼	武曲	太陽	巨門	天梁	破軍
化權	破軍	天梁	天機	天同	太陰	貪狼	武曲	太陽	紫微	巨門
化科	武曲	紫微	文昌	天機	右弼	天梁	太陰	文曲	左輔	太陰
化忌	太陽	太陰	廉貞	巨門	天機	文曲	天同	文昌	武曲	貪狼

다음과 같은 방식으로 외우면 편리한데, 주로 성의 앞이나 끝 자중에서 하나만 정하여 외우면 된다.

※ 갑 염파무양, 을 기량자월, 병 동기창염, 정 월동기거, 무 탐월필기, 기 무탐량곡, 경 일무음동, 신 거일곡창, 임 량자보무, 계 파거음탐(편리상 태양을 日로, 태음을 月로 표시하였다.)

위 표에서 예를 보면, 병간(丙干)에 해당하는 해에 태어난 사람일 경우, 천동에 화록이 붙고, 천기에 화권, 문창에 화과, 염정에 화기가 붙게 된다. 또한 병간의 대한이거나 병간의 유년에 해당되는 경우에도 이와 같이 사화를 배치하게 된다. 나머지 천간도 같은 요령으로 사화를 붙이면 된다.

예1) 명반의 경우, 생년이 戊午생이므로 탐랑에 화록이 붙고, 태음에 화권, 우필에 화과, 천기에 화기가 붙게 된다.

예2) 는 壬寅생이므로 천량에 화록, 자미에 화권, 좌보에 화과, 무곡에 화기가 붙게 된다.

사화배치에 있어서 꼭 알아야 될 중요한 사항이 있다. 그것은 사화의 배치가 학파나 연구하는 학자에 따라 아직도 동일하지 않다는 점이다. 특히 대만이나 홍콩에서 자미두수를 연구하는 각 학파마다 사화의 배치가 서로 다르다. 그 중에 戊干·庚干·壬干의 배치법이 서로 상이한 경우가 많다. 이렇게 이론이 분분한 것은 사화배치에 대한 몇 가지의 학설이 있기 때문인데, 고전에 보면 서로 내용이 상이하여 정확한 해답을 제시하지 못하고 있기 때문에 후학들이 아직도 시행착오를 겪고 있다고 본다.

참고로 필자는 자미두수전집의 사화법을 따르고 있는데, 이유는 다른 배치법에 비하여 그 적중률이 높고 이론적인 모순도 적었기 때문이다. 이 부분은 후학들이 더 연구 증진하여 확실한 정론을 밝혀주길 바란다.

아래 자미두수 고전에서 밝힌 사화법과 대만이나 홍콩의 자미두수 연구가들이 현재 쓰고 있는 사화배치 법을 몇 가지 소개 한다.

❖ 자미두수전집

무간 - 탐랑화록 · 태음화권 · 우필화과 · 천기화기

경간 - 태양화록 · 무곡화권 · 태음화과 · 천동화기

임간 - 천량화록 · 자미화권 · 좌보화과 · 무곡화기

❖ 자미두수전서

무간 - 탐랑화록 · 태음화권 · 우필화과 · 천기화기

경간 - 태양화록 · 무곡화권 · 천동화과 · 태음화기

임간 - 천량화록 · 자미화권 · 천부화과 · 무곡화기

❖ 철판신수

무간 - 탐랑화록 · 태음화권 · 우필화과 · 천기화기

경간 - 태양화록 · 무곡화권 · 천동화과 · 천상화기

❖ 중주파(홍콩)

무간 - 탐랑화록 · 태음화권 · 태양화과 · 천기화기

경간 - 태양화록 · 무곡화권 · 천부화과 · 천동화기

임간 - 천량화록 · 자미화권 · 천부화과 · 무곡화기

이 중에서 경간사화에 대한 이견이 가장 많은 편이다. 대만의 종의명 선생이 저술한 자미수필(紫微隨筆)에 보면, 대만이나 홍콩의 학자들이 가장 많은 견해 차이를 주장하고 있는 것이 바로 경간사화라고 한다. 그 중에서 화과와 화기성의 배치법이 극명하게 나누어지는데 주로 아래 두 가지의 경우가 있다. 참고로 필자의 상담경험상 경간사화의 화과는 태음화과가 되고 화기는 천동화기가 적중했다. 이 부분은 이론의 여지가 없다고 본다.

화과 - 천동 · 태음 · 천부

화기 - 태음 · 문곡 · 천동 · 천상

❖ 경간 - 태양화록·무곡화권·천동화과·태음화기로 쓰고 있는 연구가나 책들을 보면, 자미두수전서·혜심제주·초황 등이 있다.

❖ 경간 - 태양화록·무곡화권·태음화과·천동화기로 쓰고 있는 사람이나 책을 보면, 자미두수전집·장개권·포여명·양상윤·심평산·자미양·비성산인 그리고 일본의 아부태산 등이 있다.

❖ 경간 - 태양화록·무곡화권·천부화과·천동화기로 쓰고 있는 사람을 보면, 왕정지(중주파)·관운주인·장휘문 등이 있다.

❖ **한편 반자어는 경간** - 태양화록·무곡화권·천부화과·천상화기를 쓰고 있으며, 진악기는 경간 - 태양화록·무곡화권·천동화과·천상화기를 쓰고 있다.

② 타라·록존·경양

타라(陀羅)·록존(祿存)·경양(擎羊)은 서로 연관이 많은 성인데, 록존을 사이에 두고 타라와 경양이 양궁에서 항상 협하게 된다. 시계방향으로 일정하게 타라·록존·경양의 순서로 배치된다. 록존은 재물을 대표하는 별이고 또한 안정·보수·벼슬 등의 의미도 있는데, 협으로 경양과 타라가 호시탐탐 재물을 노리고 있는 긴장된 형국이다. 좋게 보면 경양과 타라가 록존(재물)을 지켜주는 방어적인 수단도 된다. 록존을 배치하는 요령을 먼저 알고 있으면 편리한데, 록존은 명리학에서 말하는 건록(建祿)에 해당하는 지지이다.

年干 / 諸星	甲	乙	丙	丁	戊	己	庚	辛	壬	癸
陀 羅	丑	寅	辰	巳	辰	巳	未	申	戌	亥
祿 存	寅	卯	巳	午	巳	午	申	酉	亥	子
擎 羊	卯	辰	午	未	午	未	酉	戌	子	丑

예1) 명반의 경우, 무오생이므로 巳궁에 록존이 들어가고, 辰궁에 타라, 午궁

에 경양이 배치된다.

예2) 의 경우, 임인생이므로 亥궁에 록존이 들어가고, 戌궁에 타라, 子궁에 경양이 배치된다.

③ 천괴·천월

천괴(天魁)·천월(天鉞) 역시 연간으로 배치하는 성계이다. 괴월은 명리학의 신살 중 천을귀인(天乙貴人)을 말한다. 그런데 천괴·천월 배치법은 각 학파마다 다른 경우가 많다. 또한 육임학이나 기타 명리학에서 배치하는 요령과 약간의 차이가 있기도 한데, 필자는 자미두수에서 주로 배치하는 방법을 쓰고 있으므로 참고하기 바란다.

年干 / 星名	甲·戊·庚	乙·己	丙·丁	辛	壬·癸
天 魁	丑	子	亥	寅	卯
天 鉞	未	申	酉	午	巳

예1) 명반의 경우, 무오생이므로 축궁에 천괴, 미궁에 천월이 들어간다.

예2) 명반의 경우, 임인생이므로 묘궁에 천괴, 사궁에 천월이 들어간다.

④ 천관·천복·천주 배치법

천관(天官)·천복(天福)·천주(天廚)는 잡성에 해당한다.

年干 / 諸星	甲	乙	丙	丁	戊	己	庚	辛	壬	癸
天 官	未	辰	巳	寅	卯	酉	亥	酉	戌	午
天 福	酉	申	子	亥	卯	寅	午	巳	午	巳
天 廚	巳	午	子	巳	午	申	寅	午	酉	亥

⑤ 절로공망과 순중공망

절로공망(截路空亡)과 순중공망(旬中空亡)은 모두 공망성계이다. 줄여서 절공(截空)과 순공(旬空)이라고 한다. 두 성은 배치법이 다르다.

❖ 절로공망

年 干	甲·己	乙·庚	丙·辛	丁·壬	戊·癸
截路空亡	申·酉	午·未	辰·巳	寅·卯	子·丑

위 표에서 보면 甲·己년 모두 申酉궁에 절공이 들어가게 되어 있다. 그러나 양간(陽干)에 해당하는 甲年에 태어나면 申궁에, 음간(陰干)인 己年에 태어나면 酉궁에 절공을 배치하는 것을 원칙으로 한다. 이렇게 배치하는 것을 정공이라 한다. 그런데 생년간이 양간일 때 음의 지지에 절공을 배치하거나, 생년간이 음간일 때 양의 지지에 배치하는 것은 방공이라 한다. 추단시 일반적으로 정공을 중요하게 보고 정공만 주로 쓴다.

예1) 의 경우, 무오생은 양간이므로 子궁에 절공이 배치된다.

예2) 의 경우, 임인생 역시 양간이므로 양의 지지인 寅궁에 배치된다.

❖ 순중공망

순중공망은 생년의 간지를 기준으로 찾는다. 순중공망은 명리학에서 흔히 말하는 공망살을 의미한다. 아래 표를 참고하라.

순공도 정공과 방공이 있는데, 주로 정공만 취용한다. 예로서 정축생이라면 申궁과 酉궁에 순공이 들어가게 된다. 그런데 정축생은 음의 간지에 생하였으므로, 음의 지지인 酉궁에 순공을 배치하게 된다.

生年干支	旬中空亡宮
甲子·乙丑·丙寅·丁卯·戊辰·己巳·丙午·辛未·壬申·癸酉	戌·亥
甲戌·乙亥·丙子·丁丑·戊寅·己卯·庚辰·辛巳·壬午·癸未	申·酉
甲申·乙酉·丙戌·丁亥·戊子·己丑·庚寅·辛卯·壬辰·癸巳	午·未
甲午·乙未·丙申·丁酉·戊戌·己亥·庚子·辛丑·壬寅·癸卯	辰·巳
甲辰·乙巳·丙午·丁未·戊申·己酉·庚戌·辛亥·壬子·癸丑	寅·卯
甲寅·乙卯·丙辰·丁巳·戊午·己未·庚申·辛酉·壬戌·癸亥	子·丑

예1) 은 무오생이므로 양의 간지에 해당한다. 하여 子궁에 순공이 들어가 정공이 되고, 丑궁은 방공에 해당한다.

예2) 는 임인생이므로 역시 양의 간지이다. 하여 辰궁과 巳궁 중 辰궁에 순공이 배치된다.

(10) 년지 기준으로 배치하는 성

년지 기준으로 찾는 성은 주로 잡성에 포함되는 것이지만, 추단시 중요한 역할을 하는 성이 비교적 많은 편이다.

生年支 / 諸星	子	丑	寅	卯	辰	巳	午	未	申	酉	戌	亥
天哭	午	巳	辰	卯	寅	丑	子	亥	戌	酉	申	未
天虛	午	未	申	酉	戌	亥	子	丑	寅	卯	辰	巳
龍池	辰	巳	午	未	申	酉	戌	亥	子	丑	寅	卯
鳳閣	戌	酉	申	未	午	巳	辰	卯	寅	丑	子	亥
紅鸞	卯	寅	丑	子	亥	戌	酉	申	未	午	巳	辰
天喜	酉	申	未	午	巳	辰	卯	寅	丑	子	亥	戌
孤辰	寅	寅	巳	巳	巳	申	申	申	亥	亥	亥	寅
寡宿	戌	戌	丑	丑	丑	辰	辰	辰	未	未	未	戌
蜚廉	申	酉	戌	巳	午	未	寅	卯	辰	亥	子	丑
破碎	巳	丑	酉	巳	丑	酉	巳	丑	酉	巳	丑	酉
大耗	丑	午	酉	申	亥	戌	丑	子	卯	寅	巳	辰
解神	戌	酉	申	未	午	巳	辰	卯	寅	丑	子	亥
咸池	酉	午	卯	子	酉	午	卯	子	酉	午	卯	子
華蓋	辰	丑	戌	未	辰	丑	戌	未	辰	丑	戌	未
劫煞	巳	寅	亥	申	巳	寅	亥	申	巳	寅	亥	申
災煞	午	卯	子	酉	午	卯	子	酉	午	卯	子	酉
天煞	未	辰	丑	戌	未	辰	丑	戌	未	辰	丑	戌
月煞	戌	未	辰	丑	戌	未	辰	丑	戌	未	辰	丑
天馬	寅	申	巳	亥	寅	申	巳	亥	寅	申	巳	亥
天德	酉	戌	亥	子	丑	寅	卯	辰	巳	午	未	申
月德	巳	午	未	申	酉	戌	亥	子	丑	寅	卯	辰
天才	命宮에서 子를 일으켜 생년지 까지 순행											
天壽	身宮에서 子를 일으켜 생년지 까지 순행											

(11) 장생십이신

장생십이신(長生十二神)은 흔히 알고 있는 십이운성을 말한다. 국수에 따라서 먼저 장생이 들어갈 궁이 정해지고, 그 다음 생년간지의 음양에 의해 배치된다.

❖ 양남음녀(陽男陰女)와 음남양녀(陰男陽女)의 구별

- 남자의 경우 甲·丙·戊·庚·壬년에 생하면 양남(陽男)이고, 乙·丁·己·辛·癸년에 생하면 음남(陰男)이 된다.
- 여자의 경우 甲·丙·戊·庚·壬년에 생하면 양녀(陽女)이고, 乙·丁·己·辛·癸년에 생하면 음녀(陰女)가 된다.

五行局 / 男女 / 諸星	水2국		木3국		金4국		土5국		火6국	
	陽男陰女	陰男陽女	陽男陰女	陰男陽女	陽男陰女	陰男陽女	陽男陰女	陰男陽女	陽男陰女	陰男陽女
長生	申		亥		巳		申		寅	
木浴	酉	未	子	戌	午	辰	酉	未	卯	丑
冠帶	戌	午	丑	酉	未	卯	戌	午	辰	子
臨官	亥	巳	寅	申	申	寅	亥	巳	巳	亥
帝旺	子	辰	卯	未	酉	丑	子	辰	午	戌
衰	丑	卯	辰	午	戌	子	丑	卯	未	酉
病	寅	寅	巳	巳	亥	亥	寅	寅	申	申
死	卯	丑	午	辰	子	戌	卯	丑	酉	未
墓	辰	子	未	卯	丑	酉	辰	子	戌	午
絕	巳	亥	申	寅	寅	申	巳	亥	亥	巳
胎	午	戌	酉	丑	卯	未	午	戌	子	辰
養	未	酉	戌	子	辰	午	未	酉	丑	卯

(12) 박사십이신

박사십이신(博士十二神)은 자신의 명반에서 록존이 있는 궁에 들어가며, 박사를 시작으로 하여 아래의 순서대로 배치된다. 다만 양남음녀는 순행, 음남양녀는 역행으로 배치한다.

박사(博士) · 역사(力士) · 청룡(青龍) · 소모(小耗) · 장군(將軍) · 주서(奏書) · 비렴(飛廉) · 희신(喜神) · 병부(病符) · 대모(大耗) · 복병(伏兵) · 관부(官符)

(13) 태세십이신

태세십이신(太歲十二神)은 자신의 생년지지궁에 먼저 태세(태세 혹은 세건)를 배치하고, 그 다음 나머지 별들을 붙여나간다. 남녀 모두 순행으로 배치한다.

生年支 / 星名	子	丑	寅	卯	辰	巳	午	未	申	酉	戌	亥
太 歲	子	丑	寅	卯	辰	巳	午	未	申	酉	戌	亥
晦 氣	丑	寅	卯	辰	巳	午	未	申	酉	戌	亥	子
喪 門	寅	卯	辰	巳	午	未	申	酉	戌	亥	子	丑
貫 索	卯	辰	巳	午	未	申	酉	戌	亥	子	丑	寅
官 符	辰	巳	午	未	申	酉	戌	亥	子	丑	寅	卯
小 耗	巳	午	未	申	酉	戌	亥	子	丑	寅	卯	辰
歲 破	午	未	申	酉	戌	亥	子	丑	寅	卯	辰	巳
龍 德	未	申	酉	戌	亥	子	丑	寅	卯	辰	巳	午
白 虎	申	酉	戌	亥	子	丑	寅	卯	辰	巳	午	未
天 德	酉	戌	亥	子	丑	寅	卯	辰	巳	午	未	申
弔 客	戌	亥	子	丑	寅	卯	辰	巳	午	未	申	酉
病 符	亥	子	丑	寅	卯	辰	巳	午	未	申	酉	戌

(14) 장전십이신

장전십이신(將前十二神)은 자신이 태어난 삼합지지의 궁에서 시작하여 배치하게 된다. 표를 참고하라.

生年支 / 諸星	寅午戌	申子辰	巳酉丑	亥卯未
將星	午	子	酉	卯
攀鞍	未	丑	戌	辰
歲驛	申	寅	亥	巳
息神	酉	卯	子	午
華蓋	戌	辰	丑	未
劫煞	亥	巳	寅	申
災煞	子	午	卯	酉
天煞	丑	未	辰	戌
指背	寅	申	巳	亥
咸池	卯	酉	午	子
月煞	辰	戌	未	丑
亡神	巳	亥	申	寅

(15) 성의 묘왕평한함을 표시한다.

지금까지 정성을 비롯한 보좌살화성 및 잡성의 배치를 해보았다. 그 다음으로 성의 묘왕평한함(廟旺平閑陷)을 표시해야 한다. 묘왕리함은 星이 가지고 있는 기운이나 힘의 강약을 의미하고 있는데 자미두수 격국을 공부하거나 추론에 들어가면 상당히 중요한 역할을 하게 되므로 독자는 꼭 인식하고 있어야 할 것이다.

힘의 크기는 묘(廟)·왕(旺)·평(平)·한(閑)·함(陷)의 순서로 되는데, 일반적으로 볼 때 묘왕은 같이 묶어서 보고, 평과 한은 힘의 세기가 중간 정도로 이해하면 되겠다. 함은 힘의 세기가 가장 약하여 불리한 측면이 많다. 자미두수의 수많은 격국들을 보면 정성이나 보좌성들이 묘왕지에 들어가면 주로 길격이 많고, 함지에 거하면 흉격들이 대부분이다.

묘왕리함은 십사정성과 보좌성을 포함한 사화성과 살성 및 천형·천요 등의 중요 성계에만 붙인다. 잡성급의 성계는 추론에서 크게 작용하지 않기 때문에 제외한다.

〈십사정성의 묘왕리함표〉

宮 \ 星	紫微	天機	太陽	武曲	天同	廉貞	天府	太陰	貪狼	巨門	天相	天梁	七殺	破軍
子	平	廟	陷	旺	旺	平	廟	廟	旺	旺	廟	廟	旺	廟
丑	廟	陷	陷	廟	陷	旺	廟	廟	廟	旺	廟	旺	廟	旺
寅	廟	旺	旺	閑	閑	廟	廟	閑	平	廟	廟	廟	廟	陷
卯	旺	旺	廟	陷	廟	閑	平	陷	地	廟	陷	廟	陷	旺
辰	陷	廟	旺	廟	平	旺	廟	閑	廟	平	旺	旺	旺	旺
巳	旺	平	旺	平	廟	陷	平	陷	陷	平	平	陷	平	閑
午	廟	廟	廟	旺	陷	平	旺	陷	旺	旺	旺	廟	旺	廟
未	廟	陷	平	廟	陷	廟	廟	平	廟	陷	閑	旺	旺	廟
申	旺	平	閑	平	旺	廟	平	平	平	廟	廟	陷	廟	陷
酉	平	旺	閑	旺	平	平	陷	旺	平	廟	陷	地	閑	陷
戌	閑	廟	陷	廟	平	旺	廟	旺	廟	旺	閑	旺	廟	旺
亥	旺	平	陷	平	廟	陷	旺	廟	陷	旺	平	陷	平	平

〈보좌성과 육살성·사화·형요성의 묘왕리함표〉

宮 \ 星	보좌길성								살성						사화				형요	
	天魁	天鉞	左輔	右弼	文昌	文曲	祿存	天馬	擎羊	陀羅	火星	鈴星	地空	地劫	化祿	化權	化科	化忌	天姚	天刑
子	旺	/	旺	廟	旺	廟	旺	/	陷	/	平	陷	平	陷	平	閑	旺	旺	陷	平
丑	旺	/	廟	廟	廟	廟	/	/	廟	廟	旺	陷	陷	陷	廟	廟	旺	廟	平	陷
寅	/	旺	廟	旺	陷	平	廟	旺	/	陷	廟	廟	陷	平	平	旺	旺	陷	旺	廟
卯	廟	/	陷	陷	平	旺	旺	/	陷	/	平	廟	平	平	陷	旺	廟	旺	廟	廟
辰	/	/	廟	廟	旺	廟	/	/	廟	廟	閑	旺	陷	陷	廟	平	廟	閑	陷	平
巳	/	旺	平	平	廟	廟	廟	平	/	陷	旺	旺	廟	閑	地	平	閑	陷	平	陷
午	廟	/	旺	旺	陷	陷	旺	/	平	/	廟	廟	廟	廟	平	廟	廟	陷	平	平
未	/	旺	廟	廟	平	旺	/	/	廟	廟	閑	旺	平	平	廟	旺	旺	旺	旺	陷
申	/	廟	平	閑	旺	平	廟	旺	/	陷	陷	旺	廟	廟	廟	旺	廟	陷	閑	陷
酉	/	廟	陷	陷	廟	廟	旺	/	陷	/	陷	陷	廟	平	平	平	平	陷	廟	廟
戌	/	/	廟	廟	陷	陷	/	/	廟	廟	廟	廟	陷	平	廟	廟	旺	陷	廟	廟
亥	旺	/	閑	旺	旺	旺	廟	平	/	陷	平	廟	陷	旺	廟	旺	旺	陷	陷	陷

(16) 명주(命主) 배치법

명궁위치	子	丑	寅	卯	辰	巳	午	未	申	酉	戌	亥
命主	貪狼	巨門	祿存	文曲	廉貞	武曲	破軍	武曲	廉貞	文曲	祿存	巨門

(17) 신주(身主) 배치법

출생년지	子	丑	寅	卯	辰	巳	午	未	申	酉	戌	亥
身主	火星	天相	天梁	天同	文昌	天機	火星	天相	天梁	天同	文昌	天機

(18) 유성배치법

유성(流星)이란 선천을 제외한 매 대한과 유년(流年)·유월(流月)·유일(流日)·유시(流時)를 볼 때마다 따로 배치하는 성들을 말한다. 이 유성들은 격국과 운세의 길흉에 영향을 많이 주므로 유의해야 한다.

① 사화

사화(화록·화권·화과·화기)는 선천을 비롯한 매 대한·유년·유월·유시 등에 모두 붙인다. 요령은 선천의 사화배치법과 동일하다. 예를 들어 壬干의 대한이나 유년일 경우, 천량에 화록, 자미에 화권, 좌보에 화과, 무곡에 화기가 붙게 된다.

② 천괴·천월

천괴·천월은 대한·유년·유월·유일·유시에 모두 붙이는 성이다. 배치법은 선천 괴월을 배치하는 요령과 같다. 예를 들면 대한이나 유년의 천간이 庚이면 축궁에 천괴, 미궁에 천월을 배치한다.

③ 타라·록존·경양

타라·록존·경양 역시 대한·유년·유일·유시에 모두 붙인다. 배치 요령은 선천과 같다.

④ 문창·문곡

문창·문곡 역시 대한·유년·유일·유시에 모두 붙인다. 배치법은 선천의 배치법과 약간 차이가 있다. 유창(流昌)은 유년 록존궁에서 순행으로 세 번째 궁에 들어간다.

流干	甲	乙	丙	丁	戊	己	庚	辛	壬	癸
流昌	巳	午	申	酉	申	酉	亥	子	寅	卯
流曲	酉	申	午	巳	午	巳	卯	寅	子	亥

4) 육십성계도와 묘왕리함

육십성계도(六十星系圖)는 십사정성의 전체적인 배치상황을 한 눈에 확인할 수 있다. 여기서 보면 자미두수는 12개의 기본명반이 있다는 것을 알 수 있다. 누구나 12개의 기본명반 중에 하나가 자신의 명반과 구조가 같게 된다. 그러나 명반의 구조는 같을 지라도 명궁의 위치는 다르기 때문에 명격과 운로는 판이하게 다르게 나타나는 것이다.

그러면 자신과 명궁까지 같을 확률은 144분의 1이다. 그러니까 12개의 기본명반 중 하나는 자신의 명반과 동일하고, 명궁은 12궁 중 하나일 것이므로 12×12=144가 되어 수치적인 계산으로 보면 144명 중 한명은 자신과 명반이 동일하고 명궁까지 같다. 그러면 144명중 한 명은 자신과 똑같은 삶을 살게 되는가? 하는 의문이 있을 수 있다. 하지만 그렇게 단정하기 어렵다. 이유는 다른 보좌살성 및 사화·잡성 등의 배치는 또 다르게 나타나기 때문이다. 이것은 단순히 십사정성의 배치를 기준으로 계산한 것이지 기타 성계들은 포함한 수치가 아니다. 정성의 배치가 자신과 동일하다고 하여 명과 운이 유사할 가능성은 그렇게 높지 않다는 것이다. 다음 육십성계도를 참고하라.

巳 紫微旺 七殺平	午	未	申
辰 天機廟 天梁旺	6 紫微		酉 廉貞平 破軍陷
卯 天相陷	巳宮		戌
寅 太陽旺 巨門廟	丑 武曲廟 貪狼廟	天同旺 太陰廟	亥 天府旺

巳 天機平	午 紫微廟	未	申 破軍陷
辰 七殺旺	7 紫微		酉
卯 太陽廟 天梁廟	午宮		戌 廉貞旺 天府廟
寅 武曲閑 天相廟	丑 天同陷 巨門旺	子 貪狼旺	亥 太陰廟

巳 天梁陷	午 七殺旺	未	申 廉貞廟
辰 紫微陷 天相旺	5 紫微		酉
卯 天機旺 巨門廟	辰宮		戌 破軍旺
寅 貪狼平	丑 太陽陷 太陰廟	子 武曲旺 天府廟	亥 天同廟

巳 天相平	午 天梁廟	未 廉貞廟 七殺旺	申
辰 巨門平	4 紫微		酉
卯 紫微旺 貪狼地	卯宮		戌 天同平
寅 天機旺 太陰閑	丑 天府廟	子 太陽陷	亥 武曲平 破軍平

巳 巨門平	午 廉貞平 天相旺	未 天梁旺	申 七殺廟
辰 貪狼廟	3 紫微		酉 天同平
卯 太陰陷	寅宮		戌 武曲廟
寅 紫微廟 天府廟	丑 天機陷	子 破軍廟	亥 太陽陷

巳 廉貞陷 貪狼陷	午 巨門旺	未 天相閑	申 天同旺 天梁陷
辰 太陰閑	2 紫微		酉 武曲旺 七殺閑
卯 天府平	丑宮		戌 太陽陷
寅	丑 紫微廟 破軍旺	子 天機廟	亥

巳	午 天機 廟	未 紫微 廟 破軍 廟	申
辰 太陽 旺	8 紫微	未宮	酉 天府 陷
卯 武曲 陷 七殺 陷			戌 太陰 旺
寅 天同 閑 天梁 廟	丑 天相 廟	子 巨門 旺	亥 廉貞 陷 貪狼 陷

巳 太陽 旺	午 破軍 廟	未 天機 陷	申 紫微 旺 天府 平
辰 武曲 廟	9 紫微	申宮	酉 太陰 旺
卯 天同 廟			戌 貪狼 廟
寅 七殺 廟	丑 天梁 旺	子 廉貞 平 天相 廟	亥 巨門 旺

巳 武曲 平 破軍 閑	午 太陽 廟	未 天府 廟	申 天機 平 太陰 閑
辰 天同 平	10 紫微	酉宮	酉 紫微 平 貪狼 平
卯			戌 巨門 旺
寅	丑 廉貞 旺 七殺 廟	子 天梁 廟	亥 天相 平

巳 天同 廟	午 武曲 旺 天府 旺	未 太陽 平 太陰 平	申 貪狼 平
辰 破軍 旺	11 紫微	戌宮	酉 天機 旺 巨門 廟
卯			戌 紫微 閑 天相 閑
寅 廉貞 廟	丑	子 七殺 旺	亥 天梁 陷

巳 太陰 陷	午 貪狼 旺	未 天同 陷 巨門 陷	申 武曲 平 天相 廟
辰 廉貞 旺 天府 廟	1 紫微	子宮	酉 太陽 閑 天梁 地
卯			戌 七殺 廟
寅 破軍 陷	丑	子 紫微 平	亥 天機 平

巳 天府 平	午 天同 陷 太陰 陷	未 武曲 廟 貪狼 廟	申 太陽 閑 巨門 廟
辰	12 紫微	亥宮	酉 天相 陷
卯 廉貞 閑 破軍 旺			戌 天機 廟 天梁 旺
寅	丑	子	亥 紫微 旺 七殺 平

5) 명반배치상의 원칙

앞에서 논한 육십성계도를 보면 십사정성의 배치에 있어서 몇 가지 원칙을 발견할 수 있다. 이러한 원칙을 알고 있으면 자미두수를 이해하는데 도움이 되고 명반배치도 쉽게 할 수 있을 것이다. 성계배치에 있어서 나타나는 중요한 원칙을 몇 가지 알아보자.

❖ 자미·무곡·염정은 항상 삼방사정에서 만난다.

만약 자미가 명궁이면 재백궁에는 무곡이 관록궁에는 염정이 배치된다. 무곡이 명궁이면 재백궁에는 염정이 관록궁에는 자미가 배치된다. 염정이 명궁이라면 재백궁에는 자미가 관록궁에는 무곡이 배치된다.

❖ 칠살·파군·염정은 항상 삼방사정에서 만난다.

칠살이 명궁이면 재백궁에는 탐랑이 관록궁에는 파군이 배치된다. 탐랑이 명궁이면 재백궁에는 파군이 관록궁에는 칠살이 배치된다. 파군이 명궁이면 재백궁에는 칠살이 관록궁에는 탐랑이 배치된다. 이 세 가지의 정성을 일명 '살파랑'이라 한다.

❖ 천부와 천상은 반드시 삼방에서 만난다.

천부가 명궁이면 관록궁에는 반드시 천상이 배치된다. 반대로 천상이 명궁이면 재백궁에 반드시 천부가 배치된다.

❖ 태음과 천량은 반드시 삼방에서 만난다.

만약 태음이 명궁이면 관록궁에 천량이 배치된다. 천량이 명궁이면 재백궁에 반드시 태음이 배치된다.

❖ 천기와 천동은 반드시 삼방에서 만난다.

천기가 명궁이면 재백궁에 천동이 배치되고, 천동이 명궁이면 관록에에 반드시 천기가 배치된다.

❖ 파군의 대궁에는 반드시 천상이 배치되고, 반대로 천상의 대궁에는 반드시 파군을 보게 된다.

❖ 칠살의 대궁에는 반드시 천부가 배치되고, 반대로 천부의 대궁에는 반드시 칠살을 보게 된다.

6) 십사정성의 4대 계통

앞에서 살펴보았듯이 십사정성은 일정한 원칙성을 보이며 각 궁에 배치가 된다. 그런데 또 하나 중요한 것은 삼방사정에서 회조하는 십사정성을 보면 서로 연관성을 가지고 있다는 것이다. 이를 크게 4가지의 성계군으로 나눌 수 있다.

① 자부염무상(紫府廉武相 : 자미·천부·염정·무곡·천상) 계통

② 살파랑(殺破狼 : 칠살·파군·탐랑) 계통

③ 거일(巨日 : 거문·태양) 계통

④ 기월동량(機月同梁 : 천기·태음·천동·천량) 계통

십사정성은 위 4가지 계통으로 나눌 수 있는데, 각 성계군들은 삼방사정에서 서로 만날 수 있는 성들을 조합한 것이다.

또한 중요한 것은, 자부염무상과 살파랑 성계는 삼방사정에서 서로 만나거나 동궁할 수 있다. 그러나 거일과 기월동량과는 절대 만나지 않는다. 반면 기월동량과 거일은 서로 동궁하거나 삼방에서 만날 수 있다. 그러나 자부염무상이나 살파랑 조합과 만날 수 없다. 이는 명반배치 뿐만 아니라 명반해석의 기본 틀을 잡는데 중요한 포인트가 되므로 꼭 인식하고 있어야 한다.

7) 대한·유년·소한·두군에 대하여

명반을 작성하고 나면 명반해석을 위한 몇 가지 기본 사항을 알아야 한다. 그 중에 대한·유년·소한·두군은 기본적으로 인식하고 있어야 될 항목이다.

(1) 대한

대한(大限)은 10년의 운을 보는 것으로 일반적으로 대운(大運)이라고도 한다. 선천명반이 정해지고 나면 매 대한이 진행되면서 운세의 변화를 읽을 수 있다. 대한의 나이를 정하는 기준은 자신의 국수가 기준이 되는데, 앞에서 공부한 오행국 정하는 법에서 간단하게 설명한 바와 같다.

자신의 국수가 수2국이면 2가 대한의 기준수가 되며, 목3국이면 3, 금4국이면 4, 토5국이면 5, 화6국이면 6이 대한의 기준수가 된다. 예를 들어 국수가 목3국인 양남의 경우, 명궁은 3세~12세의 대한에 해당하며, 형제궁은 13세~22세, 부처궁은 23세~32세, 자녀궁은 33세~42세가 대한의 기준수가 된다.(양남·음녀는 대한이 명궁에서부터 순행하고, 음남·양녀는 역행한다.)

첫 대한의 출발점이 명궁이 아니라 부모궁이나 형제궁에서 시작한다고 주장하는 사람이 있는데, 이는 잘못된 학설이다.

(2) 유년과 소한

대한이 정해지고 나면 1년의 운세를 추론해야 하는데, 1년의 운세를 보는 것을 바로 유년(流年)이라 한다. 그런데 1년의 운을 보는 방법은 유년과 소한(小限) 두 가지가 있다.

유년법은 당해 연도의 년지궁이 바로 유년 명궁이 된다. 예를 들어 당해연도가

丁亥년이면 亥궁이 유년 명궁이 되고, 술궁이 유년 형제궁, 유궁이 유년 부처궁·자궁이 유년 부모궁이 된다. 또한 유년이 甲寅년이면 寅궁이 유년의 명궁이 된다(유년 12궁은 양남음녀·음남양녀 할 것 없이 모두 역행으로 배치된다). 이 유년 법은 우리가 일반적으로 사용하고 있는 방법이다. 소한은 필자의 경우 사용하지 않는다.

소한으로 보는 방법은 유년과 다른데, 소한을 정하는 기준이 약간 복잡하다. 소한을 찾기 위해서는 우선 자신의 생년지지와 삼합이 되는 지지 중 마지막 지지를 충하는 지지를 찾아야 된다.

寅·午·戌생은 辰궁에서 1세가 시작됨.

申·子·辰생은 戌궁에서 1세가 시작됨.

巳·酉·丑생은 未궁에서 1세가 시작됨.

亥·卯·未생은 丑궁에서 1세가 시작됨.

예를 들어 亥·卯·未생 남자의 경우, 丑궁이 1세의 명궁이 되고, 寅궁이 2세의 명궁, 卯궁이 3세의 명궁이 된다. 소한의 진행은 남명은 무조건 순행으로, 여명은 무조건 역행으로 나이가 시작된다(양남음녀·음남양녀를 가리지 않음).

〈소한 찾는 표〉

년지	소한궁·성별 \ 소한세수	1 13 25 37 49 61 73 85 97 109	2 14 26 38 50 62 74 86 98 110	3 15 27 39 51 63 75 87 99 111	4 16 28 40 52 64 76 88 100 112	5 17 29 41 53 65 77 89 101 113	6 18 30 42 54 66 78 90 102 114	7 19 31 43 55 67 79 91 103 115	8 20 32 44 56 68 80 92 104 116	9 21 33 45 57 69 81 93 105 117	10 22 34 46 58 70 82 94 106 118	11 23 35 47 59 71 83 95 107 119	12 24 36 48 60 72 84 96 108 120
인오술	남	진	사	오	미	신	유	술	해	자	축	인	묘
	여	진	묘	인	축	자	해	술	유	신	미	오	사
신자진	남	술	해	자	축	인	묘	진	사	오	미	신	유
	여	술	유	신	미	오	사	진	묘	인	축	자	해
사유축	남	미	신	유	술	해	자	축	인	묘	진	사	오
	여	미	오	사	진	묘	인	축	자	해	술	유	신
해묘미	남	축	인	묘	진	사	오	미	신	유	술	해	자
	여	축	자	해	술	유	신	미	오	사	진	묘	인

(3) 두군과 유월·유일·유시 찾는 법

① 두군

두군(斗君)은 그 해의 1월(음력)이 시작되는 궁을 말한다. 두군을 먼저 정하고 나서 유월을 순서대로 찾게 되고 각 월의 향방을 살피게 된다.

두군을 찾는 법은 유년의 명궁에서 자신이 태어난 생월까지 역행한 후, 그 궁에서 자기가 태어난 생시까지 순행하여 닿는 곳이 두군이다.

두군을 쉽게 찾는 방법이 있다. 선천의 寅궁이 십이궁 중에서 어떤 궁인지 알고 있으면 되는데, 매 유년의 유년12궁 중에서 선천 寅궁에 해당하는 곳이 바로 두군이 시작되는 곳이다. 예를 들어 선천 寅궁이 부모궁이라 할 경우 당해 유년의 유년부모궁이 바로 음력 1월이 시작되는 곳이다. 또한 예를 들면, 선천 寅궁이 선천 부처궁이라 할 경우, 당해 유년의 유년부처궁이 음력1월이 된다.

이렇게 두군이 정해지면 남녀 할 것 없이 모두 순행으로 나머지 11개의 월이 정해진다. 즉 두군이 辰궁이라면 음력2월은 巳궁, 음력3월은 午궁, 음력4월은 未궁, 음력12월은 卯궁이 되는 것이다.

② 유월

유월(流月)은 당해 연도의 매 월의 운을 보는 것으로, 일단 음력1월이 시작되는 두군이 정해지면 시계방향으로 매 월이 진행된다. 그런데 중요한 것은 월의 사화 및 유성들을 붙이기 위해서는 월에서 사용되는 천간을 찾아야 한다. 이는 명리에서 쓰고 있는 월두법과 같다.(월두법은 앞에서 설명한'(1) 먼저 십이궁의 천간을 배치한다'부분을 참고하라)

예를 들어 丁亥년에 巳궁이 그 해의 두군이 되었다고 하면, 巳궁은 음력 1월에 해당한다. 그 다음으로 음력1월에 월의 천간을 붙여야 하는데, 丁亥년은 천간이 丁이므로 丁·壬年은 壬寅頭가되어 巳궁에 임간(壬干)이 붙게 된다. 그리고 나서 임간으로 사화를 돌리고(임간 사화는 천량화록·자미화권·좌보화과·무곡화기가 됨) 기타 나머지 월에서 사용하는 유성들을 배치하게 된다. 음력2월은 午궁이 되며 2월의 천간은 계간(癸干)이 되므로 계간으로 유성들을 배치하고, 음력3월은 갑간(甲干)이 되므로 갑간으로 월의 사화를 포함한 나머지 유성들을 배치한다. 이런 식으로 매 월별로 월에서 사용되는 유성들을 따로 배치하는 것이다.

③ 유일

유일(流日)은 매일의 운을 보는 것이다. 한 마디로 당일의 길흉여하를 판단하기 위한 것이다. 유일이 시작되는 궁을 찾는 방법은, 먼저 유월궁이 정해지면 그 궁이 그 달의 1일이 된다. 그리고 순행으로 2일 3일 4일··· 30일의 순서로 진행된다.

당일의 길흉은 해당일진의 간지로 유일의 사화를 비롯한 유성을 붙여서 그 길흉여하를 판단한다.

유일을 가지고 대세적인 추론이나 깊이 있는 해석은 어렵지만, 뭔가 특징적인 사건이나 그날 어떤 일을 계획하고 있다면 유일의 일진으로 추론하면 징험한 면이 있다. 예를 들어 오늘 멀리 여행을 가거나 출장을 간다고 할 경우, 만약 유일의 천이궁이 흉상으로 되어 있으면 여행이나 출장 가서 힘든 일이 있거나 흉사를 겪게 된다. 아니면 출발이 늦어지거나 아예 출발하지 못하는 일도 생기게 된다. 일진을 추단하는 요령이 대체로 이러하니 독자는 연구해 보길 바란다.

④ 유시

유시(流時)는 당일 중 어느 시에 어떠한 일이 발생할 것인가를 보는 것이다. 유시를 찾는 요령은, 먼저 해당일이 시작되는 그 궁이 그날의 자시가 되고 순행으로 축시·인시·묘시··· 해시로 진행한다. 그리고 해당하는 시간이 시의 명궁이 되며 나머지 11개의 궁을 역행으로 배치한다.

유시의 천간은 그 날의 일진에 의해 결정된다. 그리고 시간의 간지를 정하는 방법은 시두법(時頭法)을 사용하고 있다.

- 甲·己日은 甲子時
- 乙·庚日은 丙子時
- 丙·辛日은 戊子時
- 丁·壬日은 庚子時
- 戊·癸日은 壬子時

예를 들어 壬戌일에 巳시의 시운(時運)을 보기 위해서는, 우선 일진에 해당하는 戌궁이 子시가 되고 순행으로 亥궁이 丑시, 子궁이 寅시··· 로 진행하는데, 巳시에 해당하는 궁은 卯궁이 된다. 그 다음 丁·壬 日干은 庚子時가 되므로(子궁위에 천간 庚이 붙는다) 戌궁에 천간 庚이 붙고 순행으로 亥궁에 辛, 子궁에 壬··· 이런 식으로 巳시에 해당하는 卯궁까지 진행하면 묘궁의 천간은 乙이 붙게 된다. 하여 임술일 사시의 시운(時運)은 천간 乙을 사화로 돌리고 기타 유시(流時)에 해당하는 별을 배치하여 추단하게 된다.

필자의 경우 월운은 원칙적으로 적용을 하고, 일운은 필요한 경우 간혹 참고하지만 시운은 사실상 잘 쓰지 않는다.

8) 천반(天盤)·지반(地盤)·인반(人盤)에 대하여

자미두수에서는 명반을 작성하는 법이 3가지가 있다. 지금까지 설명한 명반작성법은 천반법으로 주로 우리가 사용하고 있는 방법이다. 그러나 지반과 인반은 천반과 명반배치법이 다르다. 서로의 차이점을 보면 다음과 같다.

- 지반은 기존의 천반으로 배치한 명반 상에서 身궁이 자리한 궁이 명궁이 된다. 그리고 身궁에 있는 간지에 따라서 납음을 찾고 국수를 정하여 명반을 작성하게 되는 것이다. 상황이 이렇게 되면 십이궁이 변하고 십사정성의 배치가 다르게 되며 대운 및 장생십이신 등도 다르게 된다. 한마디로 천반과 완전히 다른 명반이 되는 것이다. 그리고 身궁이 명궁이 되니 명궁과 身궁은 항상 동궁하게 된다.
- 인반은 기존의 천반에서 복덕궁이 자리한 궁이 명궁으로 된다. 그리고 복덕궁에 있는 간지에 따라 납음오행과 국수가 정해져 명반을 작성하게 된다. 인반 역시 십이궁과 십사정성이 다르게 배치되고, 대운 및 장생십이신 등이 천반과 다르게 된다.

- 자시와 오시생은 천반과 지반이 같게 된다.
- 축시와 미시생은 지반과 인반이 같게 된다.

자미두수를 연구하거나 추명하는 대부분의 사람은 천반을 중요시 하는데, 홍콩의 중주파에 의해 지반과 인반의 이론이 제기되기 시작하였다. 대만이나 홍콩의 두수가들은 천지인반이 존재하는 것은 사실이나 거의 대부분의 사람들이(약 95% 내외) 천반의 명운에 해당하며 나머지 5% 내외의 사람은 지반이나 인반에 해당한다고 한다. 그러나 필자의 경험으로 보면 지반과 인반이 존재하는 명이 있는 것은 사실이나 찾아보기 어렵고, 천반이 대부분이었다. 그리고 중요한 것은 지반과 인반을 자주 적용하다 보면 천반으로 작성된 명운(命運)을 자주 의심할 수도 있다는 것이다. 천반상으로 나타나는 명운 추론에 자신이 없거나 뭔가 의심이 가면 바로 지반이나 인반으로 보는 버릇이 생긴다는 것이다. 추론시 당사자의 명운에 많은 차이가 날 때 대부분 태어난 시간의 정보가 잘못되어 발생하는 경우가 많았다. 되도록 천반에서 해결을 보는 습관을 기르고 자칫 지반과 인반을 너무 기웃거리지 않아야 한다. 잘못하면 지반, 인반 추종자가 될 수도 있다.

2. 자미두수 추론을 위한 제반 사항

자미두수 명반을 보면 너무 많은 성계가 배치되어 있기 때문에 얼핏 상당히 산만하고 운추론의 포인트를 찾기가 어렵다. 또한 각12궁의 색깔이 분명하게 나타나지 않은 경우가 많기 때문에 통변에 따라서 전혀 다른 말을 전할 수가 있다. 때문에 추명에 있어서 하나의 요소라도 주의 깊게 관찰하지 않으면 안 된다. 이 장에서는 본격적인 자미두수 추론을 하기 위하여 12궁의 의미를 비롯한 기타 제반 요소들을 자세히 살펴보기로 한다.

1) 자미두수 기본 용어를 다시 한 번 이해할 것

먼저 자미두수와 가까워지고 제대로 이해하기 위해서는 자미두수에 필요한 용어들을 다시 정리하고 암기할 필요가 있다. 자미두수 기본용어 정리는 앞에서 논한'1) 자미두수 약자 및 용어이해' 부분을 참고하기 바란다.

2) 성의 속성을 제대로 숙지할 것

십사정성을 비롯한 육길·육살·천형·천요·사화(四化)의 특성은 기본적으로 섭렵하고, 나아가서 제잡성까지 가능하면 성계의 속성을 많이 외우고 이해하는 것이 자미를 명쾌하게 추론하는데 무엇보다 큰 재산이 된다. 전체적인 성계의 속성에 대한 것은 앞에서 도표로 간단하게 정리해 놓았지만, 성계에 대한 더 구체적이고 깊이 있는 내용은 '제2장 각 성의 특성'을 참고하기 바란다.

3) 궁의 가차에 대하여

궁의 가차(假借)란 매 대한이나 유년마다 새로이 12궁을 만들어 배치하는 것을 말한다. 선천12궁은 일생 고정적으로 변함이 없이 그대로 존재하지만, 매 대한 10년마다 그리고 매 유년·유월·유일·유시마다 따로 12궁을 배치하여 판단해야 한다. 궁의 가차는 운 추론을 하기 위한 가장 기초적인 이론에 해당하며 중요한 부분이다. 다음 명반을 예로 들어 본다.

예

<table>
<tr>
<td>奏流龍天天恩天右天
書祿池哭福光鉞弼相
旺平平
博劫小
士煞耗 科
喜指官 62~71 41丁
神背符 【遷移】 建巳
【大子】【流奴】</td>
<td>天流流月大天天天鈴天
哭廚羊德耗使官姚星梁
飛流 廟廟
財曲
官災歲
府煞破
飛咸小 52~61 42戊
廉池耗 【疾厄】 帶午
【大配】【流遷】</td>
<td>暴天流大大天地七廉
敗虛鉞陀鉞虛劫殺貞
平旺廟
伏天龍
兵煞德
奏月歲 42~51 43己
書煞破 【財帛】 浴未
【大兄】【流疾】</td>
<td>流大天紅天
昌祿喜艷巫
大指白
耗背虎
將亡龍 32~41 44庚
軍身德 【子女】 生申
【大命】【流財】</td>
</tr>
<tr>
<td>官血流天天陰巨
符蠱陀傷壽煞門
平
權
力華官
士蓋符
病天貫 72~81 40丙
符煞索 【奴僕】 旺辰
【大財】【流官】</td>
<td colspan="2" rowspan="2">乾命 : 1973年(癸丑) 6月 ○日 ○時
命局 : 水2局, 大海水
命主 : 巨門
身主 : 天相</td>
<td>將劵天大蜚鳳年左
軍舌喜羊廉閣解輔
陷
病咸天
符池德
小將白 22~31 45辛
耗星虎 【夫妻】 養酉
【大父】【流子】</td>
</tr>
<tr>
<td>勾紅大旬天天地天貪紫
絞鸞曲空貴月空魁狼微
平廟地旺
忌
青息貫
龍神索 祿
大災喪 82~91 39乙
耗煞門【身 官祿】 衰卯
【大疾】【流田】</td>
<td>血解寡天寡封天
刃神宿德宿誥同
平
喜月弔 忌
神煞客
青攀天 12~21 46壬
龍鞍德 【兄弟】 胎戌
【大福】【流配】</td>
</tr>
<tr>
<td>流大天紅孤台天文太天
馬馬空鸞辰輔刑昌陰機
孤 陷閑旺
辰 科
小歲喪 科
耗驛門 權忌
伏劫晦 92~ 38甲
兵煞氣 【田宅】 病寅
【大遷】【流福】</td>
<td>直火流大破截八三擎天
符血魁魁碎空座台羊府
廟廟
將攀晦
軍鞍氣
官華太 37乙
府蓋歲 【福德】 死丑
【大奴】【流父】</td>
<td>天解祿文太
才神存曲陽
旺廟陷
奏將太 祿
書星歲
博息病 36甲
士神符 【父母】 墓子
【大官】【流命】</td>
<td>大天陀火天破武
昌廚羅星馬軍曲
陷平平平平
祿
飛亡病 權
廉身符
力歲弔 2~11 47癸
士驛客 【命宮】 絕亥
【大田】【流兄】</td>
</tr>
</table>

본명의 명반을 보면 선천명궁은 亥궁이며 무곡·파군이 동궁하고 있다. 그런데 예로서 36세(戊子)에 해당하는 유년 운을 보기로 하자. 그러기 위해선 우선 대한부터 살펴보아야 할 것이다. 명반에서 보면 36세(戊子)는 경신대한(32세~41세) 중에 해당하는 나이가 된다. 32세부터 庚申대한이 시작되므로 申궁은 대한의 명궁이 되며 역행으로 대한형제궁(未궁)·대한부처궁(午궁)··· 대한부모궁(酉궁)까지 대한의 12궁이 선천12궁위에 따로 하나 더 배치되는 것이다. 그리고 36세는 戊子년에 해당하므로 子궁이 유년명궁이 된다. 그러면 나머지 유년의 11개의 궁을 배치해야 하는데, 역행으로 유년형제궁은 亥궁이 되고, 유년부처궁은 戌궁이 되며··· 유년부모궁은 丑궁이 된다. 이렇게 선천의 명반위에 대한·유년·유월·유일 등의 12궁을 따로 배치하는 것이 바로 궁의 가차이다.

그런데 대한과 유년 그리고 경우에 따라서 유월까지 궁 가차를 하다보면 명반이 너무 복잡하고 산만하게 느껴지는데, 자미두수 초학자나 독학으로 연구하는 사람들이 모두 이 부분에서 고민하게 되고 포기하는 경우가 많다.

명반을 보는 요령과 추론은 차후에 따로 설명하겠지만, 자미두수 운 추론의 핵심은 선천과 대한 그리고 유년이 서로 그물코처럼 관련되는 가운데 판단할 수 있는 단서가 제공되므로 궁의 가차에 대한 전반적인 이해는 필수요소가 된다.

4) 어느 궁을 중심으로 볼 것인가

자미두수의 명반을 보면 12궁 중 과연 어느 궁을 그 중심으로 놓고 판단해야 할지 난감한 경우가 많다. 그리고 정성과 보좌성·사화성·잡성 등이 한 궁에 동궁하게 되는 경우가 허다하므로 성계들이 가지고 있는 특징을 한마디로 꼬집어 판단하기도 어렵다. 하여 흐릿한 통변을 하게 되고 경우에 따라서는 사건의 본말과 전혀 다른 답이 나올 수도 있다. 이러한 혼란을 피하기 위해서 체계적으로 명반을 읽는 방법을 논하기로 한다.

자미두수는 어느 한 궁이나 하나의 성이 길흉의 대세를 관장할 수도 있고, 아니면 여러 궁이 연관성을 가지고 움직여 길흉이 발생할 수도 있다. 또는 여러 성계들의 요소들이 어우러져 결정이 날 수도 있다. 이렇게 복잡다단한 상황들을 현명하게 그리고 효과적으로 분석해 내기 위해서는 궁의 중심에 대한 이해가 필요하리라 본다.

① 선천명과 운을 볼 때 먼저 명궁과 천이궁을 가장 먼저 관찰한다.

당사자의 기본적인 모든 특징은 명궁에 거한 성계들이 가장 절대적인 영향력을 행사하게 된다. 명궁은 당사자의 성격·체질·사고방식·취미·재물과 육친관계·사회성·학문 등 인생의 모든 분야에 영향력을 행사할 수 있다. 고로 선천 명격을 읽을 때는 먼저 명궁의 동태를 잘 살펴야 한다. 그 다음으로 천이궁의 동태를 살펴야 한다. 대한·유년을 분석할 때도 마찬가지로 대한이나 유년의 분위기를 먼저 파악하고 천이궁을 살핀다.

② 재백궁과 관록궁의 향방을 본다.

명궁과 천이궁의 정황을 본 후 그 다음 재백궁과 관록궁을 관찰한다. 이는 결국 두수에서 명궁을 포함한 삼방사정이 중요하다는 말이다. 선천과 대한·유년 모두 이러한 순서로 분석을 하게 된다. 그리고 삼방사중 중 특별히 길하거나 흉하면 그 궁이 선천이나 당 대한의 주요한 이슈가 되어 나타나게 된다. 예를 들어 선천이나 대한의 명천선은 좋은데, 재백궁이 흉하다고 하면 주로 손재를 경험하게 되므로 재물적인 문제가 주요 사안이 될 것이다.

③ 삼방사정 이외 특별하게 길하거나 흉한 궁을 중점적으로 관찰한다.

삼방사정이 아니더라도 특별히 길하거나 흉한 궁이 있게 마련이다. 삼방사정이 아무리 좋다고 해도, 가령 부처궁이 흉하다면 일생 부부해로를 못하거나 감정창상을 겪게 되는 것이다. 그리고 대한이나 유년의 삼방사정이 아무리 길하다고 해도 나머지 궁 중에서 흉상이 강하게 나타나면 대한이 불리하게 전개될 수도 있다. 그 중에서 특히 부처궁과·복덕궁·형제궁·전택궁의 정황은 삼방사정의 길흉대세에 강하게 관여하므로 유의해서 관찰해야 한다.

④ 12궁의 영향력 비교

두수는 12개 궁 모두 중요하지 않은 궁이 없다. 그래도 삼방사정에 해당하는 궁이 제반 길흉사의 큰 틀을 형성하게 되며 그 영향력이 가장 크다고 할 수 있다. 12궁이 명반에서 차지하는 힘의 비중이나 대세를 결정하는 기준을 수치적으로 나타낼 수도 있지만, 그러나 이러한 기준은 자칫 이론적인 모순을 불러오게 되고 명반해석에 있어서 오판을 할 수 있다.

예를 들어 전업주부인 여성이 배우자 문제를 문의했다고 하자, 그런데 당사자의 삼방사정은 길한데 선천과 대한부처궁이 흉하다고 하면, 이 경우 삼방사정이 비록 좋다고 해도 배우자로 인한 문제(배우자의 건강·사고·손재·생리사별 등)가 발생하게 된다. 자신이 사회적인 능력을 발휘하기 어려운 상황이면 배우자의 길흉이 자신의 생에 더욱 많은 부분을 차지할 수 있는 것이다. 상황이 이렇게 되면 부처궁이 비록 자신의 삼방사정은 아니지만 인생에 있어서 그 만큼 큰 타격을 자신이 받게 되는 것이다. 그러나 자신의 삼방사정은 좋으므로 남편에게 힘이 되는 일을 하거나 스스로 재적인 역량은 발휘할 수는 있을 것이다. 이처럼 삼방사정에 해당하는 궁이 아닐 지라도 얼마든지 자신의 명운에 결정적인 영향을 줄 수 있기에 항상 명반을 전체적으로 간명(看命)해야 한다.

5) 협궁과 짝성의 중요성

자미는 본궁을 중심으로 양 궁에서 협하는 궁의 동태가 중하게 작용하기도 한다. 본궁이 아무리 길하다고 해도 양 궁에서 흉성이 협하면 그 만큼 타격을 입게 된다.

반대로 본궁이 약간 불리하다 할지라도 보좌길성이나 사화길성 등이 협하면 그 불리함을 완화시키거나 오히려 길하게 작용할 수 있다. 특히 육길성과 육살성은 모두 짝성의 성질이 있기 때문에 이러한 성계들이 협하면 그 만큼 본궁이 가지고 있는 명격의 길흉에 강한 영향력을 행사하게 된다.

괴월·보필·창곡 등의 육길성이 어느 궁을 협하면 보편적으로 길한 작용을 하게 된다. 그러나 창곡은 경우에 따라서 문제가 될 소지도 있다. 예를 들면 본궁에 탐랑이 화기를 맞고 있는데, 창곡이 협하면 작사전도(作事顚倒)가 되어 불리하게 본다. 또한 창곡이 화기가 된 가운데 협하여도 좋지 않다. 상황이 이러하면 화기의 기운이 협하게 되어 충격을 주게 되는 것이다.

양타·화령·겁공 등 육살성이 협하면 그 궁은 기본적으로 문제가 될 소지가 높다. 그러나 경양과 타라는 항상 록존이 거한 궁을 협하므로 잘 판단해야 하는데, 만약 록존이 자리한 궁이 살성이나 기타 화기성이 없으면 경양·타라는 재물(록존)을 지키는 수비대의 역할을 하여 길하게 본다. 그러나 록존이 거하는 궁에 살기형성 등이 거하면 경양·타라는 악살의 형태로 나타나 록존궁을 파괴하게 된다. 나머지 화령과 공겁 역시 어느 궁을 협하면 문제가 되어 충격을 주게 된다. 특히 화령은 12궁 모두 그 파괴력을 발휘하게 된다. 만약 화령이 어느 궁을 협하면 그 궁은 일생 가장 충격을 많이 받는 궁에 해당하게 된다. 공겁도 문제가 되는데 공겁은 특히 재백궁을 포함한 관록궁과 명궁·천이궁 등을 협하면 좋지 않다. 특히 재백궁과 관록궁에서는 불리하게 작용한다.

❁ 짝성의 영향력을 판단하는 기준

육길성이나 육살성·사화성 등이 어느 궁을 협하거나 마주하거나 삼방사정에서 회조하면 본궁에 지대한 영향을 미치게 되는데, 그 영향력을 판단하는 기준을 보면 대략 다음과 같다. 영향력이 강한 순서대로 나열하였는데, 이렇게 논하는 방법이 모두 옳다고는 할 수 없지만 그래도 전체적인 힘을 보면 다음과 같이 나눌 수 있다. 그리고 짝성에 대한 기본적인 이해는'1) 자미두수 약자 및 용어이해'를 참고하기 바란다.

1. 짝성이 한 궁에 모두 동궁하는 경우
2. 짝성이 대궁에 동궁하면서 본궁으로 대조하는 경우
3. 짝성 중 하나는 본궁에 있고 하나는 대조하는 경우
4. 짝성이 삼방에서 회조하는 경우
5. 짝성이 서로 협하는 경우
6. 짝성 중 하나는 본궁에 있고 하나는 삼방에서 비치는 경우
7. 짝성이 하나는 대궁에 하나는 삼방에서 회조하는 경우

이 중에서 2와 3항은 그 차이가 많지 않고, 4와 5항 역시 그 차이가 극명하지 않으므로 참고하기 바란다.

6) 차성안궁의 중요성

차성안궁(借星安宮)에 대해서는'1) 자미두수 약자 및 용어이해'에서 설명하였지만, 본격적인 추론을 위해서는 절대 간과하면 안 된다. 차성안궁이란 어느 궁에 정성이 없을 경우 대궁에 있는 정성과 기타 제성을 모두 빌려온다는 뜻이다. 하나의 명반을 예를 들어 보자.

사례 1)

본명은 탤런트의 명이다. 경신대한(32~41세)을 보면 대한명궁은 공궁(空宮)이며 대궁의 천기·태음을 차성안궁한다. 그런데 천기가 선천화기가 되어 차성되어 술궁의 대한천동화기와 선천부처궁(酉)을 협하게 된다. 소위 쌍기가 酉궁을 협하는 상황이 된 것이다. 이렇게 되면 배우자 문제가 발생하기 쉽다. 하여 당 대한에 이혼을 하였다. 대한부처궁(午)에 고극(孤剋)을 주하는 경양이 거하니 문제를 가중시키고,

그리고 대한부처궁의 삼방(寅·戌궁)으로 화기가 회집하니 더 불리했던 것이다. 또한 대한 천동화기가 선천 형제궁으로 들어가 경신대한은 형제가 하는 일도 모두 실패하고 힘들었는데, 이는 卯궁의 화성이 酉궁으로 차성되어 亥궁의 영성과 형제궁을 협하게 되어 흉을 배가시키는 역할을 한 것이다. 화령은 짝성에 해당하므로 흉상이 더 강렬하게 나타난다(만약 酉궁에 화성이 있고 亥궁의 영성과 직접적으로 戌궁을 협하면 더 불리하고, 차성안궁되어 협하면 그 흉이 덜하다).

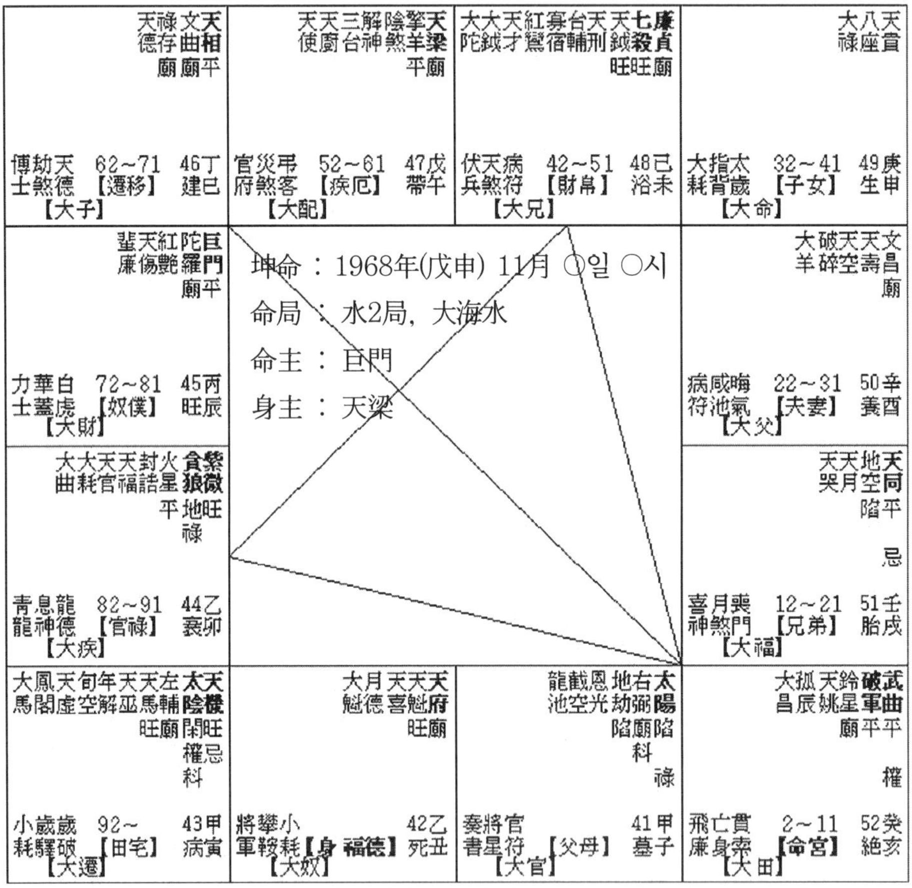

<table>
<tr>
<td>天祿文天
德存曲相
廟廟平

博劫天 62~71 46丁
士煞德 【遷移】 建巳
【大子】</td>
<td>天天三解陰擎天
使廚台神煞羊梁
平廟

官災弔 52~61 47戊
府煞客 【疾厄】 帶午
【大配】</td>
<td>大大天紅寡台天天七廉
陀鉞才鸞宿輔刑鉞殺貞
旺旺廟

伏天病 42~51 48己
兵煞符 【財帛】 浴未
【大兄】</td>
<td>大八天
祿座貴

大指太 32~41 49庚
耗背歲 【子女】 生申
【大命】</td>
</tr>
<tr>
<td>蜚天紅陀巨
廉傷艶羅門
廟平

力華白 72~81 45丙
士蓋虎 【奴僕】 旺辰
【大財】</td>
<td colspan="2" rowspan="2">坤命 : 1968年(戊申) 11月 ○일 ○시
命局 : 水2局, 大海水
命主 : 巨門
身主 : 天梁</td>
<td>大破天天文
羊碎空壽昌
廟

病咸晦 22~31 50辛
符池氣 【夫妻】 養酉
【大父】</td>
</tr>
<tr>
<td>大大天天封火貪紫
曲耗官福誥星狼微
平地旺
祿

青息龍 82~91 44乙
龍神德 【官祿】 衰卯
【大疾】</td>
<td>天天地天
哭月空同
陷平
忌

喜月喪 12~21 51壬
神煞門 【兄弟】 胎戌
【大福】</td>
</tr>
<tr>
<td>大鳳天旬年天天左太天
馬閣虛空解巫馬輔陰機
旺廟閑旺
權忌
科

小歲歲 92~ 43甲
耗驛破 【田宅】 病寅
【大遷】</td>
<td>大月天天天
魁德喜魁府
旺廟

將攀小 42乙
軍鞍耗【身 福德】 死丑
【大奴】</td>
<td>龍截恩地右太
池空光劫弼陽
陷廟陷
科
祿

奏將官 41甲
書星符 【父母】 墓子
【大官】</td>
<td>大孤天鈴破武
昌辰姚星軍曲
廟平平
權

飛亡貫 2~11 52癸
廉身索 【命宮】 絶亥
【大田】</td>
</tr>
</table>

사례 2)

본명의 계사대한(33세~42세)을 보면 대한명궁(巳)의 천부가 록존과 동궁하여 재적으로 길한 대한이라고 볼 수 있다. 그러나 대한의 탐랑화기가 未궁에 들어가 丑궁으로 차성안궁된다. 그런데 축궁은 대한재백궁이 되므로 재물적으로 손재를 면하기 어렵다. 게다가 축궁은 선천의 화성·영성이 협하여 기본적으로 상당한 부담을 안고 있는 궁이다. 하여 차명은 계사대한 중 주식으로 거의 전 재산을 파재하게 된 것이다. 또 하나 중요한 사실은 미궁의 탐랑화기가 축궁으로 차성되면 묘궁에 있는 선천 염정화기와 선천명궁(寅)을 협하게 되는 효과를 나타낸다. 선천명궁으로 쌍기가 협하게 되는 것이다. 이렇게 선천명궁으로 쌍기가 협하니 차명의 계사대한이 더 불리한 상황으로 전개된 것이다.

이처럼 얼핏 보면 어느 궁에 특별한 이상이 없는 것처럼 보이지만, 차성안궁을 하면 그 상황이 극명하게 다르게 나타나는 경우가 허다하므로 주의해서 관찰해야 한다.

<table>
<tr>
<td>大破天台祿天
鉞碎官輔存府
廟平

博亡病　33~42　48癸
士身符　【田宅】　病巳
【大命】</td>
<td>天解擎太天
壽神羊陰同
平陷陷
祿
科

力將太　43~52　37甲
士星歲　【官祿】　死午
【大父】</td>
<td>天天恩貪武
空傷光狼曲
廟廟
忌

青攀晦　53~62　38乙
龍鞍氣　【奴僕】　墓未
【大福】</td>
<td>天孤天天巨太
才辰刑馬門陽
旺廟閑
權

小歲喪　63~72　39丙
耗驛門　【遷移】　絶申
【大田】</td>
</tr>
<tr>
<td>鳳寡截年陰陀
閣宿空解煞羅
廟

官月弔　23~32　47壬
府煞客　【福德】　衰辰
【大兄】</td>
<td colspan="2" rowspan="2">乾命 : 1966年(丙午) 12月 ○日 ○時
命局 : 木3局, 松柏木
命主 : 祿存
身主 : 火星</td>
<td>天紅天天
使鸞鉞相
廟陷

將息貫　73~82　40丁
軍神索　【疾厄】　胎酉
【大官】</td>
</tr>
<tr>
<td>大大天天左文破廉
昌魁德喜輔曲軍貞
陷旺旺閑
忌
祿

伏咸天　13~22　46辛
兵池德　【父母】　旺卯
【大配】</td>
<td>龍地天天
池劫梁機
平旺廟
權

奏華官　83~92　41戊
書蓋符　【財帛】　養戌
【大奴】</td>
</tr>
<tr>
<td>蜚紅旬八天鈴
廉艶空座月星
廟

大指白　3~12　45庚
耗背虎　【命宮】　建寅
【大子】</td>
<td>大大封
羊耗誥

病天龍　44辛
符煞德　【兄弟】　帶丑
【大財】</td>
<td>大天天天天三天火地
祿哭虛廚福台姚星空
平平

喜災歲　43庚
神煞破　【身 夫妻】　浴子
【大疾】</td>
<td>大大月天天天右文七紫
曲陀德貴巫魁弼昌殺微
大　旺平旺平旺
馬　科

飛劫小　93~　42已
廉煞耗　【子女】　生亥
【大遷】</td>
</tr>
</table>

3. 십이궁의 이해와 사례

십이궁은 자미두수로 보는 명운의 제반 길흉여하를 판단하는 가장 중요한 부분이다. 명궁을 비롯한 나머지 11개 궁은 고유한 자기만의 특징을 함축하고 있으며, 어느 성계와 만나느냐에 따라서 그 상황들이 적나라하게 드러나게 된다. 자미두수가 명궁을 포함한 12개의 궁이 있다는 것은 그만큼 정밀하고 구체적인 통변을 할 수 있다는 요소가 되는 것이다. 이는 다른 명학에 비해 더 깊이 있고 세밀한 추론을 해낼 수 있는 장점이 된다. 십이궁이 가지고 있는 기본특성과 실제사례를 참고로 하여 통변요령을 간략하게 짚어본다.

1) 명·신궁

자미두수에서의 명궁(命宮)은 그 사람의 실질적이고 전체적인 명격(命格)의 고저를 판단하는 명운(命運)의 기준점이다. 당사자의 기본적인 모든 특징은 명궁에 거한 성계들이 가장 절대적인 영향력을 행사하게 된다. 명궁은 당사자의 성격·체질·사고방식·취미·재물과 육친관계·사회성·학문이나 학과선택 등 인생의 모든 분야에 관여하고 영향력을 행사할 수 있다. 고로 선천명과 대한·유년 등을 읽을 때는 먼저 명궁의 동태를 잘 살펴야 한다.

그래서 명궁의 격국(格局)이 높고 안정이 되어 있으면 대한과 유년의 운세가 흉할지라도 어느 정도 제화(制化)가 되어서 버틸 수 있는 역량을 가지고 있다고 보며, 이와 반대로 선천 명궁의 격국이 흉하고 낮으면 비록 좋은 운세를 맞이할 지라도 충분하게 역량을 과시할 수가 없게 되는 것이다. 그래서 선천 명궁의 조합을 보면 그 사람의 일생의 운세의 향방을 거의 판단할 수 있는 것이다.

명궁은 항상 대궁인 천이궁과 삼방(三方)에서 재백궁·관록궁을 동시에 보기 때문에 어떤 경우이든 운의 흐름이나 명격의 추단은 명궁과 더불어 천이궁과 재백궁·

관록궁을 같이 보고 종합하여 판단해야 한다. 이것은 명궁이 비록 격국이 낮아도 대궁과 재관궁에서 회조하는 성계의 역량에 따라서 얼마든지 그 명의 격국을 양호한 상태로 변화를 줄 수 있다는 의미이다.

신궁(身宮)에 대해서는 일반적으로 그 사람의 후천적인 기질이나 운세의 영향을 주관한다고 볼 수 있다. 이런 의미에서 본다면 身궁은 몇 가지 중요한 의미를 가지고 있으므로 주의해야 하는데, 예를 들어 선천 명궁의 격이 양호하고 身궁이 좋다고 하면 당연히 일생 순탄함이 많다고 보면 될 것이고, 명궁은 좋은데 身궁이 나쁘면 옥에 흠이 하나 있는 것과 같아서 약간의 문제가 있고, 또한 명궁은 불길한데 身궁이 길하다고 보면 비록 선천의 명은 흠은 있지만 후천적인 노력이나 기회로 말미암아 좋은 결과를 기대할 수가 있는 것이다. 이처럼 명신궁은 선천이나 운세의 항로에 있어서 서로 표리관계에 있으면서 조정적인 역할을 담당한다고 보면 되겠다.

그리고 身궁은 말 그대로 몸의 궁이 된다. 선천의 명궁이 양호할 지라도 身궁에 악살이 동궁(同宮)하거나 또는 십사정성이 없거나 함약(陷弱)하면 어김없이 건강이나 선천적인 신체장애가 있거나 나아가서 사고의 징조까지 관여하기도 한다. 또한 대한이나 유년의 발생, 결과의 과정에서 身궁이 악살과 같이 인동(引動)되거나 하면 질액(疾厄)적으로 문제가 된다. 그리고 身궁의 궁으로 운세가 진행될 때 사고나 건강 문제가 발생하는 경우가 많으므로 이 역시 주의를 요한다.

선천의 명신궁이 인생 전반을 주관한다고 하면 대한의 명궁은 당사자의 십년 운세의 향방을 주관하는 잣대가 되는 것이다. 사람들은 흔히 선천의 명격도 중요하지만 운세가 좋아야 그것을 부릴 수가 있다고 말하기도 한다. 어느 정도 일리가 있다고 해야겠는데, 이유는 선천의 명신궁이 아무리 길격이라고 해도 대한의 정황이 흉하다고 하면 마치 유능한 인재가 할 일이 없거나 한파를 한번 맞이하여 난관에 부딪히는 것과 같다고 하겠다. 반대로 선천의 명격이 흉하다 할지라도 운세가 길하다고 하면 이것은 그만큼 좋은 기회를 맞이한다는 말과 같다. 어쩌면 이처럼 시시각각으로 다가오는 운세의 향방이 진정 행복의 척도가 된다는 의미와도 같으므로 대운이나 유년운의 길흉이 그만큼 중요하다는 것이다.

명궁 사례 1)

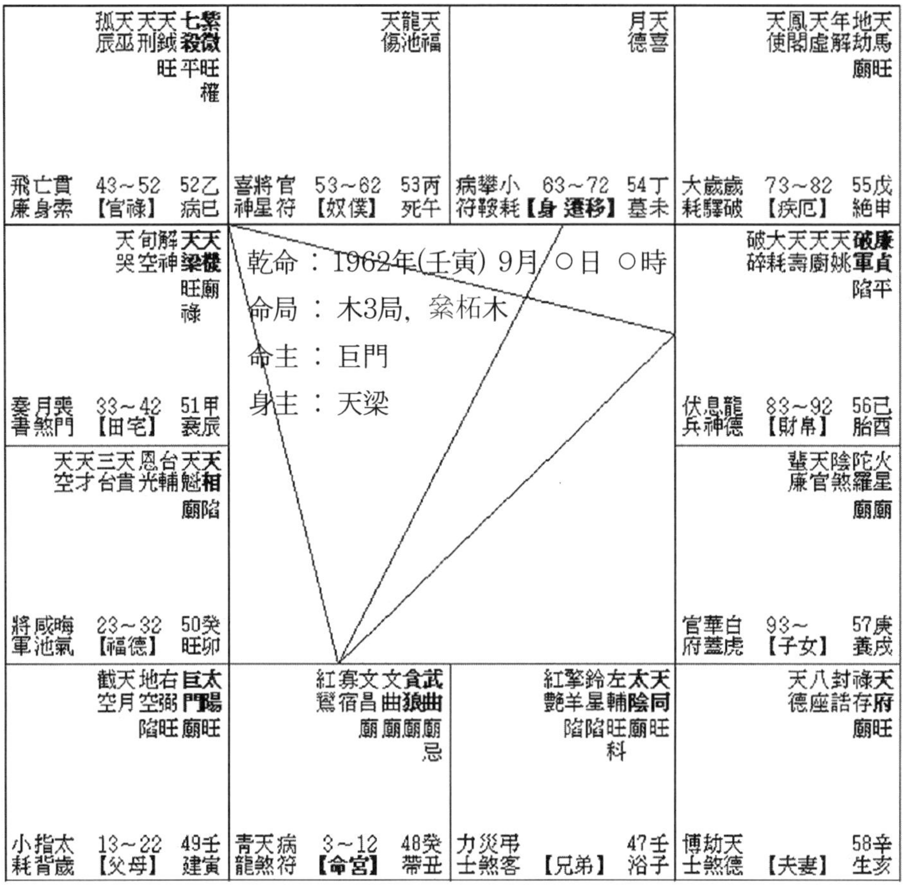

<table>
<tr>
<td>孤天天天七紫
辰巫刑鉞殺微
旺平旺
權
飛亡貫 43~52 52乙
廉身索 【官祿】 病巳</td>
<td>天龍天
傷池福
喜將官 53~62 53丙
神星符 【奴僕】 死午</td>
<td>月天
德喜
病攀小 63~72 54丁
符鞍耗 【身 遷移】 墓未</td>
<td>天鳳天年地天
使閣虛解劫馬
廟旺
大歲歲 73~82 55戊
耗驛破 【疾厄】 絶申</td>
</tr>
<tr>
<td>天旬解天天
哭空神梁機
旺廟
祿
奏月喪 33~42 51甲
書煞門 【田宅】 衰辰</td>
<td colspan="2" rowspan="2">乾命 : 1962年(壬寅) 9月 ○日 ○時
命局 : 木3局, 桑柘木
命主 : 巨門
身主 : 天梁</td>
<td>破大天天天破廉
碎耗壽廚姚軍貞
陷平
伏息龍 83~92 56己
兵神德 【財帛】 胎酉</td>
</tr>
<tr>
<td>天天三天恩台天天
空才台貴光輔魁相
廟陷
將咸晦 23~32 50癸
軍池氣 【福德】 旺卯</td>
<td>蜚天陰陀火
廉官煞羅星
廟廟
官華白 93~ 57庚
府蓋虎 【子女】 養戌</td>
</tr>
<tr>
<td>截天地右巨太
空月空弼門陽
陷旺廟旺
小指太 13~22 49壬
耗背歲 【父母】 建寅</td>
<td>紅寡文文貪武
鸞宿昌曲狼曲
廟廟廟廟
忌
青天病 3~12 48癸
龍煞符 【命宮】 帶丑</td>
<td>紅擎鈴左太天
艷羊星輔陰同
陷陷旺廟旺
科
力災弔 47壬
士煞客 【兄弟】 浴子</td>
<td>天八封祿天
德座誥存府
廟旺
博劫天 58辛
士煞德 【夫妻】 生亥</td>
</tr>
</table>

물리학과 교수로 재직 중인 명반이다. 선천명궁(丑)이 무탐조합이다. 축미궁의 무탐을 묵사(墨士)라 했는데, 문성(文星)인 창곡이 동궁하니 학문연구에 더 길하다. 게다가 보필 협을 얻어 격국이 더욱 안정되었다. 보필을 보면 주변사람과 관계가 좋다. 그리고 보필은 조력을 의미하는 성이기도 하지만, 지위와 명예를 주하기도 한다. 선천관록궁(巳)의 자미·칠살은 자미화권과 천월 귀인성을 얻었으니 화살위권(化殺爲權 : 巳亥궁의 자미·칠살이 록성과 길성을 보면 권위를 얻는다)이 되어 권귀(權貴)를 누릴 수 있다.

차명은 언행이 소탈하고 생각이 깊다. 또한 청고하며 매사 순응하는 편이다. 그런데 선천명궁에 무곡화기를 맞았는데, 명궁의 화기는 어떤 형태로든 인생에 있어서 부담을 주기 마련이다. 차명이 간이 좋지 않아 늘 피로함을 빨리 느끼는 것도 무곡화기의 영향이다.

앞으로 정미대한(63세~72세)은 각별히 건강에 신경을 써야 할 것이다. 未궁은 身궁이자 선천화기가 차성되므로 건강문제가 주요 사안이 된다. 그리고 대한거문화기는 질액궁(申)을 타격한다.

명궁 사례 2)

<table>
<tr>
<td>天天孤天八天天地地天
空喜辰廚座巫刑空劫府
大大 廟閑平
陀曲

大劫晦 50己
耗煞氣 【父母】 病巳
【大官】</td>
<td>大蜚鳳紅天年太天
祿廉閣艷貴解陰同
陷陷
祿權

病災喪 39庚
符煞門 【福德】 衰午
【大奴】</td>
<td>大天天貪武
羊官鉞狼曲
旺廟廟
科

喜天貫 93~ 40辛
神煞索 【田宅】 旺未
【大遷】</td>
<td>天天龍截封火巨太
壽才池空誥星門陽
陷廟閑
忌
忌

飛指官 83~92 41壬
廉背符 【官祿】 建申
【大疾】</td>
</tr>
<tr>
<td>解鈴文
神星昌
旺旺

伏華太 3~12 49戊
兵蓋歲 【身 命宮】 死辰
【大田】</td>
<td colspan="2" rowspan="2">坤命 : 1964年(甲辰) 9月 ○日 ○時
命局 : 木3局, 大林木
命主 : 廉貞
身主 : 文昌</td>
<td>大大月天天三天天
昌鉞德傷福台姚相
陷

奏咸小 73~82 42癸
書池耗 【奴僕】 帶酉
【大財】</td>
</tr>
<tr>
<td>擎破廉
羊軍貞
陷旺閑
權祿

官息病 13~22 48丁
府神符 【兄弟】 墓卯
【大福】</td>
<td>天陰文天天
虛煞曲梁機
陷旺廟
科

將月歲 63~72 43甲
軍煞破 【遷移】 浴戌
【大子】</td>
</tr>
<tr>
<td>天旬天祿天右
哭空月存馬弼
廟旺旺

博歲弔 23~32 47丙
士驛客 【夫妻】 絶寅
【大父】</td>
<td>天破寡陀天
德碎宿羅魁
廟旺

力攀天 33~42 46丁
士鞍德 【子女】 胎丑
【大命】</td>
<td>恩台左
光輔輔
旺

青將白 43~52 45丙
龍星虎 【財帛】 養子
【大兄】</td>
<td>大大大天紅七紫
馬魁耗使鸞殺微
平旺

小亡龍 53~62 44乙
耗身德 【疾厄】 生亥
【大配】</td>
</tr>
</table>

차명은 개그우먼으로 유명했던 김모씨의 명반이다. 현재는 주로 방송진행을 하고 있는데, 시사프로그램 관련 방송을 주로 하고 있다. 또한 비영리 사회단체 등에서 활동도 많이 하고 있다.

선천명천선으로 문창·문곡이 마주하니 사고가 논리적이고 호학(好學)하는 분위기다. 기량조합은 기본적으로 임기응변이 강하고 순발력이 좋은데, 이렇게 입담 좋은 창곡과 마주하니 코미디프로 및 방송언론에 적합한 명격이라 볼 수 있다. 그리고 辰戌궁의 기량은 고담준론(高談峻論)을 좋아하므로 정치나 경제 등 어느 정도 전문성을 요하는 프로그램에서도 활약할 수 있는 것이다.

그런데 차명은 정축대한(33세~42세) 중 배우자와 이혼하였는데, 이는 선천부처궁(寅)으로 申궁의 쌍기가 충파하기 때문이다. 선천부처궁(寅)이 록존·우필·천마 등이 동궁하여 비록 길하지만, 대궁에서 태양화기와 화성이 충조하고 있으니 늘 부담을 안고 있다. 그런데 정축대한은 대한거문화기가 申궁에 떨어져 쌍기가 되므로 부처궁의 입장에서는 그 정황이 더욱 엄중하다. 대한명궁의 타라는 생의 고단함을 의미하고, 대한부처궁(亥) 대궁으로 겁공·천형 등이 마주하니 선천과 대한부처궁이 모두 불리하게 되었다.

명궁 사례 3)

차명은 기사대한(44세~53세) 중 주식투자로 전 재산을 파재하였다.

대한명궁(巳)은 선천문곡화기가 자리하고 있어 재물적인 파동을 암시하고 있다. 동궁한 타라·천형으로 인하여 더 치명적이다. 재백궁의 정황이 이 정도면 일생 사업이나 투기·투자·불안전한 돈거래 등은 금지해야 한다. 천형·화기·타라·관부 등은 파재뿐만 아니라 관재구설을 주한다. 고로 차명은 신용카드를 과도하게 이용하여 주식을 하다가 결국엔 부동산을 차압당하고 신용불량자까지 된 것이다.

선천명궁(酉)이 비록 흉상은 아니지만 선천재백궁(巳)의 정황이 심각함을 알 수 있는데, 대한명궁이 巳궁으로 진행하므로 기사대한은 재물 손재를 면하기 어렵다.

大龍天八恩天天陀文天 祿池哭座光巫刑羅曲機 陷廟平 忌 忌 力指官 44~53 65己 士背符 【財帛】 生巳 【大父】	大大月大祿紫 曲羊德耗存微 旺廟 傅咸小 34~43 66庚 士池耗 【子女】 養午 【大福】	大天旬台擎 鉞虛空輔羊 廟 官月歲 24~33 67辛 府煞破 【夫妻】 胎未 【大田】	大天天天破 昌喜廚鉞軍 廟陷 伏亡龍 14~23 68壬 兵身德 【兄弟】 絶申 【大官】
大天紅解火七 陀使艷神星殺 閑旺 青天貫 54~63 64戊 龍煞索 【疾厄】 浴辰 【大命】	乾命 : 1949年(己丑) 9月 ○日 ○時 命局 : 金4局, 劍鋒金 命主 : 文曲 身主 : 天相		蜚鳳截天三年天文 廉閣空官台解姚昌 廟 大將白 4~13 69癸 耗星虎 【命宮】 墓酉 【大奴】
封天太 誥梁陽 廟廟 科 小災喪 64~73 63丁 耗煞門 【遷移】 帶卯 【大兄】			天天寡陰地天廉 德才宿煞空府貞 陷廟旺 病攀天 70甲 符鞍德 【父母】 死戌 【大遷】
大天天紅孤天天右天武 馬空傷鸞辰福月弼相曲 旺廟閑 祿 科 將劫晦 74~83 62丙 軍煞氣 【奴僕】 建寅 【大配】	大破天巨天 魁碎貴門同 旺陷 奏華太 84~93 61丁 書蓋歲 【官祿】 旺丑 【大子】	天地天左貪 壽劫魁輔狼 陷旺旺旺 權 祿 飛息病 94~ 60丙 廉神符 【田宅】 衰子 【大財】	鈴天太 星馬陰 廟平廟 權 喜歲弔 71乙 神驛客 【身福德】 病亥 【大疾】

身궁 사례 1)

차명은 58세(丁亥) 자궁암 진단을 받고 급히 수술을 하게 되었다.

선천명궁(寅)에 영성과 질병성계인 천월과 십이운성 병 등이 동궁하는 가운데, 대궁(申)으로 천형이 부담을 주니 문제다. 그리고 身궁은 무곡·천부가 비록 입묘하면서 무곡화권을 보고 있지만, 화성·지공·천요·병부 등 살성이 중하니 身궁은 더 위험하다. 선천명궁과 身궁의 정황이 질액적으로 불리하다는 것을 알 수 있다.

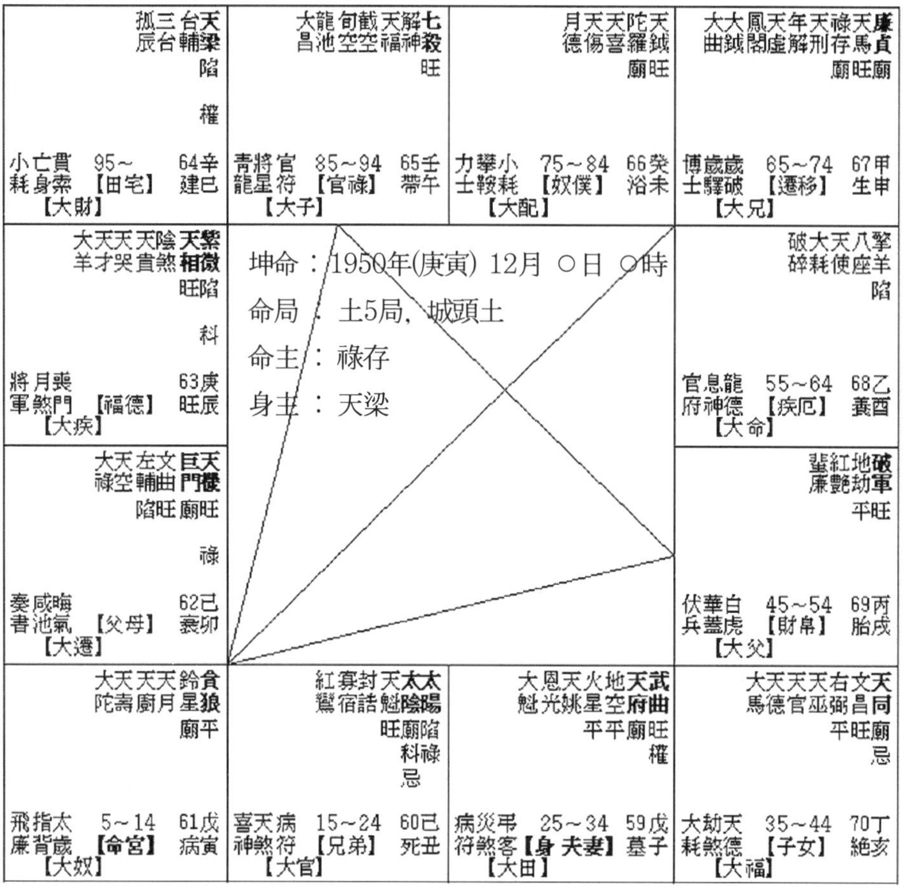

孤三 台**天** 辰台 輔**梁** 陷 權 小亡貫 95~ 64辛 耗身索 【田宅】 建巳 【大財】	大龍 旬截 天解**七** 昌池 空空 福神**殺** 旺 青將官 85~94 65壬 龍星符 【官祿】 帶午 【大子】	月天天陀天 德傷喜羅鉞 廟旺 力攀小 75~84 66癸 士鞍耗 【奴僕】 浴未 【大配】	大大鳳天年天祿天**廉** 曲鉞閣虛解刑存馬**貞** 廟旺廟 博歲歲 65~74 67甲 士驛破 【遷移】 生申 【大兄】
大天天天陰 **天紫** 羊才哭貴煞 **相微** 旺陷 科 將月喪 63庚 軍煞門 【福德】 旺辰 【大疾】	坤命 : 1950年(庚寅) 12月 ○日 ○時 命局 : 土5局, 城頭土 命主 : 祿存 身主 : 天梁		破大天八擎 碎耗使座羊 陷 官息龍 55~64 68乙 府神德 【疾厄】 養酉 【大命】
大天 左文 **巨天** 祿空 輔曲 **門機** 陷旺 廟旺 祿 奏咸晦 62己 書池氣 【父母】 衰卯 【大遷】			蜚紅地**破** 廉艷劫**軍** 平旺 伏華白 45~54 69丙 兵蓋虎 【財帛】 胎戌 【大父】
大天天天 鈴**貪** 陀壽廚月 星**狼** 廟平 飛指太 5~14 61戊 廉背歲 **【命宮】** 病寅 【大奴】	紅寡封天**太太** 鸞宿誥魁**陰陽** 旺廟陷 科祿 忌 喜天病 15~24 60己 神煞符 【兄弟】 死丑 【大官】	大恩天火地**天武** 魁光姚星空**府曲** 平平廟旺 權 病災弔 25~34 59戊 符煞客 **【身 夫妻】** 墓子 【大田】	大天天天右文**天** 馬德官巫弼昌**同** 平旺廟 忌 大劫天 35~44 70丁 耗煞德 【子女】 絶亥 【大福】

을유대한이 되면 대한명궁(酉)에 사고·질병·고독을 주하는 경양이 독좌하니 불길한 운로이다. 그런데 더 중요한 것은 선천身궁을 쌍기가 협한다는 것이다. 을유대한의 대한태음화기가 丑궁에 떨어지면 亥궁의 천동화기와 身궁을 쌍기 협하게 되는 것이다. 그렇지 않아도 子궁은 살성이 중하여 문제가 되기 쉬운 궁인데, 이처럼 쌍기가 협하니 중병을 얻게 된 것이다. 필자의 조언으로 미리 검진하여 큰 화는 면했지만, 만약 모르고 지나쳤다면 더 큰 재화를 당할 뻔했다.

身궁 사례 2)

<table>
<tr>
<td>大紅天地地祿天
耗鸞官空劫存機
廟閑廟平
權
博亡龍 2~11 8癸
士身德【身命宮】絶巳</td>
<td>旬天天擎紫
空月刑羊微
平廟
力將白 12~21 9甲
士星虎 【父母】 胎午</td>
<td>天寡天火
德宿貴星
閑
青攀天 22~31 10乙
龍鞍德 【福德】 養未</td>
<td>天天陰封天破
哭巫煞誥馬軍
旺陷
小歲弔 32~41 11丙
耗驛客 【田宅】 生申</td>
</tr>
<tr>
<td>天截解陀文七
虛空神羅昌殺
廟旺旺
科
官月歲 7壬
府煞破 【兄弟】 墓辰</td>
<td colspan="2" rowspan="2">乾命 : 2006年(丙戌) 10月 ○日 ○時
命局 : 水2局, 長流水
命主 : 武曲
身主 : 文昌</td>
<td>鈴天
星鉞
陷廟
將息病 42~51 12丁
軍神符 【官祿】 浴酉</td>
</tr>
<tr>
<td>月天天八天太
德壽才座梁陽
廟廟
伏咸小 6辛
兵池耗 【夫妻】 死卯</td>
<td>天天文天廉
傷姚曲府貞
陷廟旺
忌
奏華太 52~61 13戊
書蓋歲 【奴僕】 帶戌</td>
</tr>
<tr>
<td>龍紅天武
池艷相曲
廟閑
大指官 92~ 5庚
耗背符 【子女】 病寅</td>
<td>破恩右左巨天
碎光弼輔門同
廟廟旺陷
祿
病天貫 82~91 4辛
符煞索 【財帛】 衰丑</td>
<td>蜚天鳳天天年台貪
廉使閣廚福解輔狼
旺
喜災喪 72~81 3庚
神煞門 【疾厄】 旺子</td>
<td>天天孤三天太
空喜辰台魁陰
旺廟
飛劫晦 62~71 14己
廉煞氣 【遷移】 建亥</td>
</tr>
</table>

선천명궁이자 身궁인 巳궁에 함지의 천기가 좌하고 있다. 그런데 지공·지겁이 동궁하고 있어 정신적으로 육체적으로 고허(孤虛)한 명이다. 천기가 비록 화권을 얻었다고 하지만 큰 도움이 되지 않는다. 그런데 巳궁에 록존이 동궁하면서 양타를 불러들이게 된다. 문제는 겁공 등 살성이 동궁하는 가운데 양타가 협하면 더 흉험하다는 것이다. 소위'양타협기위패국(羊陀夾忌爲敗局)'이 되는 것이다. 삶이 곤고하고 여의치 않음을 알 수 있다.

차명은 다운증후군을 앓고 있다. 태어날 당시부터 그러했는데, 체질도 기본적으로 신약한 편이라고 한다. 차명의 경우 선천명궁과 身궁이 동궁하니 더 불리할 수 있다. 이때 身궁이라도 좋은 궁에 배치되면 어느 정도 도움이 될 수 있는데, 子시와 午시생은 명신궁이 동궁하게 되므로 어쩔 도리가 없다. 선천질액궁(子)도 대궁으로 경양·천형·천월 등의 질병성계들이 충조하니 문제가 된다.

2) 형제궁

형제궁(兄弟宮)은 형제의 수를 비롯한 형제의 전반적인 길흉 그리고 형제간의 우애와 인연의 후박 등을 볼 수 있다. 그런데 형제의 수를 판단한다는 것은 현대의 소가족 제도에서는 그렇게 유용하지 못할 수도 있으므로 참고 정도로 하는 것이 좋다. 자미두수전서에 보면 형제궁에 거하는 정성이나 보좌길성과 살성의 상황에 따라서 형제의 수를 보기도 하고 여러 상황을 판단하기도 하는데, 다만 형제의 전반적인 정황을 살펴보는 것은 기본적으로 중요한 의미가 있으므로 놓치면 안 된다.

형제궁은 형제의 정황뿐만 아니라 교우 및 사회 동년배와의 관계도 형제궁을 보고 판단한다. 회사에서는 동료나 직원관계 그리고 자신과 가까운 지인들은 모두 형제궁의 동태로 파악한다. 동업을 하거나 합작으로 일을 진행할 때도 형제궁의 정황을 참고한다.

형제궁은 모친을 의미하는 궁이기도 한데, 이것은 명반에서 부모궁을 체로 놓고 보면 형제궁은 부모궁의 입장에서는 부처궁이 된다. 고로 父의 입장에서 부처궁은 곧 나의 어머니기 때문에 형제궁을 母궁으로 통용하기도 하는 것이다. 실제로 형제궁의 성계를 보고 母의 성격이나 기본적인 상황을 추론해보면 상당히 잘 맞는 경우를 본다. 하지만 형제궁은 일차적으로 형제와 제반 인간관계에서의 전반적인 길흉여부를 보는 것이 우선이다. 母의 사항은 부모궁과 형제궁을 아울러 참고하는 것이 많은 도움이 된다.

형제궁 사례 1)

大龍天旬截天天 祿池哭空空福同 廟 病指官 41癸 符背符 【夫妻】 生巳 【大疾】	大天恩天封天天文天武 耗廚光月誥刑鉞昌府曲 月大大 陷旺旺 德羊曲 忌 大咸小 42甲 耗池耗 【兄弟】 浴午 【大財】	大天火地太太 鉞虛星空陰陽 閑平平平 權 權 伏月歲 4~13 43乙 兵煞破 【命宮】 帶未 【大子】	大大天天天天陰陀文貪 馬昌才喜貴巫煞羅曲狼 陷平平 科 祿 官亡龍 14~23 44丙 府身德 【父母】 建申 【大配】
大天解破 陀壽神軍 旺 喜天貫 94~ 40壬 神煞索 【子女】 養辰 【大遷】	坤命 : 1961年(辛丑) 10月 ○日 ○時 命局 : 金4局, 沙中金 命主 : 武曲 身主 : 天相		蜚鳳紅天年祿巨天 廉閣艷官解存門機 旺廟旺 祿 忌 博將白 24~33 45丁 士星虎 【福德】 旺酉 【大兄】
地劫 平 飛災喪 84~93 39辛 廉煞門【身財帛】 胎卯 【大奴】			天寡台天擎天紫 德宿輔姚羊相微 廟閑閑 力攀天 34~43 46戊 士鞍德 【田宅】 衰戌 【大命】
天天紅孤三鈴天廉 空使鸞辰台星魁貞 廟 廟 奏劫晦 74~83 50庚 書煞氣 【疾厄】 絕寅 【大官】	大破右左 魁碎弼輔 廟廟 科 將華太 64~73 49辛 軍蓋歲 【遷移】 墓丑 【大田】	天八七 傷座殺 旺 小息病 54~63 48庚 耗神符 【奴僕】 死子 【大福】	天天 馬梁 平陷 青歲弔 44~53 47己 龍驛客 【官祿】 病亥 【大父】

선천형제궁(午)에 무곡·천부가 입묘하면서 문성(文星)인 문창과 귀인성인 천월을 보고 있다. 이렇게 자오궁의 무부살조합이 길성을 보면 권귀(權貴)를 이룬다고 하였다.

차명의 형제들은 대학교수와 전문직에 종사하는데 사회적으로 명리(名利)를 얻었다. 그러나 결혼한 동생이 늘 부부사이가 여의치 않고, 남동생은 학위취득과정 중 한쪽 눈을 실명하기도 하였다. 선천형제궁에 문창화기가 작용하니 파동은 면하기 어려운데, 질병성계인 천월(天月)과 천형이 동궁하니 건강에 문제가 생기는 것이다. 그리고 화기와 천형은 고극(孤剋)을 주하므로 형제 중에서 혼인에 실패하거나 집안이 시끄러운 형제가 있게 된다.

차명의 무술대한(34세~43세) 중 남동생이 학위를 취득하고 교수임용을 받았다. 그러나 눈을 실명하였고, 또한 결혼한 여동생은 가정이 여의치 않았다. 卯궁이 身궁이 되므로 형제 중 몸에 이상이 있는 것이다. 전체적으로 보면 대한형제궁(酉)으로 천기화기가 충파하니 당 대한은 형제문제가 주요 사안이 된다. 그리고 대한재백궁(午)이 흉한데다가 선천재백궁(卯)으로 대한천기화기가 충파하여 차명의 재운(財運)도 좋지 않았다.

형제궁 사례 2)

<table>
<tr>
<td>大天天天天祿天
祿德官巫姚存府
廟平
博劫天 12~21 58癸
士煞德 【父母】 絕巳
【大子】</td>
<td>大大陰擎右文太天
曲羊煞羊弼曲陰同
平旺陷陷陷
祿
祿
力災弔 22~31 59甲
士煞客 【福德】 胎午
【大配】</td>
<td>紅寡天貪武
鸞宿月狼曲
廟廟
青天病 32~41 48乙
龍煞符 【田宅】 養未
【大兄】</td>
<td>大台左文巨太
昌輔輔昌門陽
平旺廟閑
科
科
小指太 42~51 49丙
耗背歲【身官祿】 生申
【大命】</td>
</tr>
<tr>
<td>大蜚天旬截三封陀火
陀廉壽空空台誥羅星
廟閑
官華白 2~11 57壬
府蓋虎 【命宮】 墓辰
【大財】</td>
<td colspan="2" rowspan="2">乾命 : 1956年(丙申) 5月 ○日 ○時
命局 : 水2局, 長流水
命主 : 廉貞
身主 : 天梁</td>
<td>大破天天地天天
鉞碎空傷空鉞相
廟廟陷
將咸晦 52~61 50丁
軍池氣 【奴僕】 浴酉
【大父】</td>
</tr>
<tr>
<td>大恩破廉
耗光軍貞
旺閑
忌
忌
伏息龍 56辛
兵神德 【兄弟】 死卯
【大疾】</td>
<td>天八天天
哭座梁機
旺廟
權
權
奏月喪 62~71 51戊
書煞門 【遷移】 帶戌
【大福】</td>
</tr>
<tr>
<td>大鳳天紅年天
馬閣虛艷解馬
旺
大歲歲 55庚
耗驛破 【夫妻】 病寅
【大遷】</td>
<td>月天天天地
德喜貴刑劫
陷
病攀小 92~ 54辛
符鞍耗 【子女】 衰丑
【大奴】</td>
<td>天龍天天解鈴
才池廚福神星
陷
喜將官 82~91 53庚
神星符 【財帛】 旺子
【大官】</td>
<td>大天孤天七紫
魁使辰魁殺微
旺平旺
飛亡貫 72~81 52己
廉身索 【疾厄】 建亥
【大田】</td>
</tr>
</table>

병신대한(42세~51세) 중 사업을 하는 형이 경영이 어려워 결국 전 재산을 모두 파산하였다. 선천형제궁(卯)을 보면 함지의 염정이 선천화기를 맞았다. 형제의 제반 인생사가 순탄치 않음을 알 수 있다. 그런데 병신대한이 되면 대한염정화기가 재차 선천형제궁을 타격하여 쌍화기로 부담을 주니, 당 대한은 형제가 파동을 면하기 어렵다. 대한형제궁(未)은 보필이 협하여 일견 좋아 보이지만, 그러나 未궁의 삼방사정으로 염정쌍기·천형·지겁 등이 동회하므로 未궁의 정황도 그렇게 좋은 편은 아니다.

형제궁 사례 3)

<table>
<tr>
<td>大破天天天恩祿
馬碎傷官貴光存
廟

博亡病 55~64 48癸
士身符 【奴僕】 絶巳
【大福】</td>
<td>大天擎天
鉞才羊機
平廟
權

力將太 65~74 49甲
士星歲【身 遷移】胎午
【大田】</td>
<td>天天天破紫
空使月軍微
廟廟

青攀晦 75~84 50乙
龍鞍氣 【疾厄】 養未
【大官】</td>
<td>大孤天地天
陀辰姚劫馬
廟旺

小歲喪 85~94 51丙
耗驛門 【財帛】 生申
【大奴】</td>
</tr>
<tr>
<td>鳳寡截三年天陀太
閣宿空台解刑羅陽
廟旺
權

官月弔 45~54 47壬
府煞客 【官祿】 墓辰
【大父】</td>
<td colspan="2" rowspan="2">乾命 : 1966年(丙午) 8月 ○日 ○時
命局 : 土5局, 壁上土
命主 : 貪狼
身主 : 火星</td>
<td>大紅天天
祿鸞鉞府
廟陷

將息貫 95~ 52丁
軍神索 【子女】 浴酉
【大遷】</td>
</tr>
<tr>
<td>天天台右七武
德喜輔弼殺曲
陷陷陷

伏咸天 35~44 46辛
兵池德 【田宅】 死卯
【大命】</td>
<td>大龍八火太
羊池座星陰
廟旺

奏華官 53戊
書蓋符 【夫妻】 帶戌
【大疾】</td>
</tr>
<tr>
<td>大大蜚紅旬解地天天
曲魁廉艷空神空梁同
陷廟閑
祿

大指白 25~34 45庚
耗背虎 【福德】 病寅
【大兄】</td>
<td>大文文天
耗昌曲相
廟廟廟
科
忌科

病天龍 15~24 44辛
符煞德 【父母】 衰丑
【大配】</td>
<td>大天天天天天陰鈴巨
昌壽哭虛廚福煞星門
陷旺
祿

喜災歲 5~14 43庚
神煞破 【命宮】 旺子
【大子】</td>
<td>月天封天左貪廉
德巫誥魁輔狼貞
旺閑陷陷
忌

飛劫小 54己
廉煞耗 【兄弟】 建亥
【大財】</td>
</tr>
</table>

차명은 일생 형제 복이 없는 명이다. 형제들 모두 삶이 곤고하여 차명의 도움이 항상 필요할 정도이다. 그런데 차명의 신묘대한(35세~44세)중에는 형이 교통사고를 당하여 사망하는 일도 있었다. 형은 이혼하여 혼자 살고 있었다고 한다.

선천형제궁(亥)을 보면 형제의 명운(命運)이 고단함을 알 수 있다. 亥궁의 염탐은 함지에 해당하여 염탐성이 가지고 있는 불리한 조건이 많이 발생하기 쉽다. 그런데 차명의 경우처럼 염정이 화기를 맞으면 더 불리하여, 형제가 손재·질병·사고·파혼 등 파란 많은 삶을 살게 된다. 게다가 화성·영성이 亥궁을 협하여 '화령협명위패국(火鈴夾命爲敗局)'을 형성하니 그 흉상이나 충격은 더 심하게 나타난다.

3)부처궁

부처궁(夫妻宮)은 배우자에 대한 모든 것을 보는 궁이다. 미혼이라면 이성 운을 보는 곳이다. 부처궁으로 배우자나 이성과의 인연의 후박(厚薄)을 기본적으로 관찰할 수 있고, 기타 배우자나 이성의 성격, 기호 등 심리적 요소를 알 수 있다. 경우에 따라서는 배우자의 직업적인 부분과 배우자의 체형, 배우자의 집안환경까지 파악 할 수 있다. 육친 중에서 가장 중요한 부분을 차지하는 배우자의 상황을 보는 궁이니 만큼 정확한 분석이 필요한데, 일단 부처궁에서 가장 꺼리는 성계의 조합은 고독격국의 조합이나 살(煞)의 간섭이 적어야 한다는 것이다.

예를 들면 선천 또는 대한의 부처궁에 機梁이 양타(경양·타라)를 보고 있으면 '조유형극만견고(早有刑剋晩見孤)'라 하여 육친의 분리를 주로하고 고독하게 되는 작용을 하므로 부처궁에서는 나쁘게 보고 있다. 또한 태양이 함지에서 양타를 만나도 육친의 연은 불리하고 여기에 살을 보고 화기까지 가세하면 상망 당하는 일까지 있고 女命은 더욱 불리하다. 명궁이나 부처궁에서 무곡이 화령을 봐도 과수격이라 하여 여명에게는 불길하게 작용한다.

이외에도 여러 가지 상황이 있을 수 있는데, 아무래도 육친궁이므로 살성을 싫어하고, 또한 고극(孤剋)한 격으로 이루어져 있는 것을 일단 꺼린다고 보면 되겠다.

그리고 부처궁으로 도화성이 동도해도 문제가 되기 쉬운데, 이렇게 되면 혼인 중 다른 이성의 간섭과 감정상의 변화가 올 가능성이 많다. 선천의 정황이 이러한데 게다가 대한 유년에서 도화를 보면 더욱 그 대한에서 문제가 있을 수 있는 것이다. 물론 이렇게 되기 위해서는 선천 또는 대한의 부처궁이 살기형(煞忌刑) 등의 간섭을 받는 경우에 비로소 그러한 흉상이 더 강하게 발현된다고 보면 된다.

중요한 것은 부처궁의 好, 不好를 더욱 정확하게 평가하기 위해서는 남녀 모두의 명반을 같이 참조하여 관찰해야 할 것이며 부처궁에 길성이 안주한다고 해서 꼭 유리한 것만은 아니다. 예를 들면 문창·문곡은 배우자의 성격은 보수적이고 알뜰하지만 감정이 약하여 외도의 원인도 될 수 있다. 또한 타라는 비록 살성이지만 록마(祿馬)를 보면 배우자가 고향을 떠나 발재(發財)할 수 있는 격이기도 하다. 이것 외에 부처궁의 상황을 추단하기 위해서는 십사정성과 보좌살성의 기본성질을 잘 숙지하여 참고하면 좋다.

부처궁 사례 1)

남편이 법조계에 있으며 부부해로의 명이다. 선천부처궁(巳)에 거문이 자리하고 있다. 거문은 시비구설과 고극 등 어두운 특성이 있는 고로, 고인들은 부처궁에 거문이 좌하는 것을 싫어하였다. 그러나 차명의 경우 거문이 천월 귀인성과 동궁하고, 亥궁에서 록존이 대조하니 명리(名利)를 얻을 수 있는 구조이다. 그리고 선천부처궁의 삼방사정으로 보필과 화과 등 길성이 동회하여 격국에 안정감이 있다.

차명의 선천명천선이나 삼방사정도 겁공 이외에 고극을 주하는 살기형성들이 회집하지 않으므로 부부해로를 하게 된다.

天天孤天**巨** 空喜辰鉞**門** 旺平 飛劫晦 22~31 62乙 廉煞氣 【夫妻】 建巳	天恩年天封天火文**天廉** 福光解月誥刑星昌**相貞** 旬鳳蜚 廟陷旺平 空閣廉 奏災喪 12~21 63丙 書煞門 【兄弟】 帶午	天地**天** 壽空**梁** 平旺 祿 將天貫 2~11 64丁 軍煞索 **【命宮】** 浴未	龍天天陰文**七** 池貴巫煞曲**殺** 平廟 小指官 65戊 耗背符 【父母】 生申
解**貪** 神**狼** 廟 喜華太 32~41 61甲 神蓋歲 【子女】 旺辰	坤命 : 1952(壬辰) 10月 ○日 ○時 命局 : 水2局, 天河水 命主 : 武曲 身主 : 文昌		月天**天** 德廚**同** 平 青咸小 66己 龍池耗 【福德】 養酉
地天**太** 劫魁**陰** 平廟陷 病息病 42~51 60癸 符神符 **【身 財帛】** 衰卯			天天台天陀**武** 虛官輔姚羅**曲** 廟廟 忌 力月歲 92~ 67庚 士煞破 【田宅】 胎戌
天天截三鈴天**天紫** 使哭空台星馬**府微** 廟旺廟廟 權 大歲弔 52~61 59壬 耗驛客 【疾厄】 病寅	天破寡右左**天** 德碎宿弼輔**機** 廟廟陷 科 伏攀天 62~71 58癸 兵鞍德 【遷移】 死丑	天紅八擎**破** 傷艷座羊**軍** 陷廟 官將白 72~81 57壬 府星虎 【奴僕】 墓子	大天紅祿**太** 耗才鸞存**陽** 廟陷 博亡龍 82~91 68辛 士身德 【官祿】 絶亥

부처궁 사례 2)

차명도 부부해로의 명반이다. 남편이 대기업에 다니고 있으며 평소 부부금실이 좋다.

선천부처궁(寅)에 파군이 거한다. 파군 역시 부처궁에서는 비교적 불리하게 평가하는데, 차명의 경우 좌보·문창·록존·화권 등 길성과 동궁하고 있으므로 파군이 자신의 역량을 과시하게 된다. 申궁에서 화과가 대조하고 천마가 록존과 만나 록마교치를 이루기도 하므로 寅궁이 부귀를 누릴 수 있는 구조이다. 寅궁의 삼방사정의 정황도 나쁘지 않다. 다만 파군이 역마지에 거하면서 천마를 보면 그 역동성이 증가하게 되는데, 이러한 연유로 남편이 늘 지방이나 해외로 출장이 잦다. 차명 선천명궁은 '요금우차부(腰金又且富 : 진술궁의 염정·천부가 길성을 보면 부귀를 이룸)' 조합을 이루고 있고, 기타 삼방사정의 정황도 길하니 인생이 화평하다.

破天太 碎廚陰 陷 大亡病 60己 耗身符 【父母】 病巳	紅解陰貪 艷神煞狼 旺 病將太 61庚 符星歲 【福德】 衰午	天天天地天巨天 空官刑劫鉞門同 平旺陷陷 喜攀晦 93~ 62辛 神鞍氣 【田宅】 旺未	孤截天天武 辰空馬相曲 旺廟平 科 飛歲喪 83~92 63壬 廉驛門 【身 官祿】 建申
鳳寡旬年天廉 閣宿空解府貞 廟旺 祿 伏月弔 3~12 59戊 兵煞客 【命宮】 死辰	坤命 : 1954年(甲午) 11月 ○日 ○時 命局 : 木3局, 大林木 命主 : 廉貞 身主 : 火星		天紅天火天太 傷鸞福星梁陽 陷地閑 忌 奏息貫 73~82 64癸 書神索 【奴僕】 帶酉
天天擎地 德喜羊空 陷平 官咸天 13~22 58丁 府池德 【兄弟】 墓卯			天龍天封七 才池月誥殺 廟 將華官 63~72 65甲 軍蓋符 【遷移】 浴戌
蜚天三天台祿左文破 廉壽台巫輔存輔昌軍 廟廟陷陷 權 博指白 23~32 57丙 士背虎 【夫妻】 絶寅	大恩陀天 耗光羅魁 廟旺 力天龍 33~42 56丁 士煞德 【子女】 胎丑	天天八右文紫 哭虛座弼曲微 廟廟平 青災歲 43~52 55丙 龍煞破 【財帛】 養子	月天天天鈴天 德使貴姚星機 廟平 小劫小 53~62 66乙 耗煞耗 【疾厄】 生亥

부처궁 사례 3)

<table>
<tr>
<td>大龍天旬截天天天鈴天
昌池哭空空福巫刑星梁
旺陷
病指官 23~32 41癸
符背符【身福德】病巳
【大兄】</td>
<td>月大天天八天地天七
德耗壽廚座貴劫鉞殺
廟 旺
大咸小 33~42 42甲
耗池耗 【田宅】 死午
【大命】</td>
<td>大天
鉞虛
伏月歲 43~52 43乙
兵煞破 【官祿】 墓未
【大父】</td>
<td>大天天三陀廉
馬傷喜台羅貞
陷廟
祿
官亡龍 53~62 44丙
府身德 【奴僕】 絶申
【大福】</td>
</tr>
<tr>
<td>天解地天紫
才神空相微
陷旺陷
喜天貫 13~22 40壬
神煞索 【父母】 衰辰
【大配】</td>
<td colspan="2" rowspan="2">坤命 : 1961年(辛丑) 9月 ○日 ○時
命局 : 木3局, 松柏木
命主 : 文曲
身主 : 天相</td>
<td>大蜚鳳紅天年封天祿
曲廉閣艷官解誥姚存
旺
傅將白 63~72 45丁
士星虎 【遷移】 胎酉
【大田】</td>
</tr>
<tr>
<td>大文巨天
羊昌門機
平廟旺
忌祿
飛災喪 3~12 51辛
廉煞門 【命宮】 旺卯
【大子】</td>
<td>天天寡恩陰擎火破
德使宿光煞羊星軍
廟廟旺
權
力攀天 73~82 46戊
士鞍德 【疾厄】 養戌
【大官】</td>
</tr>
<tr>
<td>大天紅孤天天右貪
祿空鸞辰月魁弼狼
旺平
奏劫晦 50庚
書煞氣 【兄弟】 建寅
【大財】</td>
<td>大大破台太太
陀魁碎輔陰陽
廟陷
權
忌
將華太 49辛
軍蓋歲 【夫妻】 帶丑
【大疾】</td>
<td>左天武
輔府曲
旺廟旺
科
小息病 93~ 48庚
耗神符 【子女】 浴子
【大遷】</td>
<td>天文天
馬曲同
平旺廟
科
青歲弔 83~92 47己
龍驛客 【財帛】 生亥
【大奴】</td>
</tr>
</table>

차명은 30대 중반에 남편의 사업이 부도가 나서 상당히 어려운 시기를 지냈다.

갑오대한(33세~42세)은 대한의 태양화기가 선천부처궁(丑)으로 들어간다. 고로 당 대한은 남편문제가 주요 사인이다. 함지의 태양은 화기에 더 민감하게 작용한다. 하여 남편이 하는 일이 여의치 않은 것이다. 하지만 차명이 남편의 사업에 관여하여 사업을 정상화시키고 나중에는 차명이 더 성공하는 계기가 되었다. 차명의 갑오대한의 대한명궁(午)과 삼방사정의 정성이 힘이 있는 가운데, 보필·괴월·화권·화과 등의 길성이 동회하여 성세(成勢)가 있음을 알 수 있다.

부처궁 사례 4)

<table>
<tr>
<td>大蜚破孤截天三天文太
陀廉碎辰空福台馬昌陽
大 平廟旺
曲 忌權
病歲喪 39癸
符驛門【身 夫妻】生巳
【大財】</td>
<td>大天天解陰地天破
祿喜廚神煞空鉞軍
廟 廟
大息貫 40甲
耗神索 【兄弟】 浴午
【大子】</td>
<td>大鳳龍旬恩年封天天
羊閣池空光解誥刑機
陷
科
伏華官 4~13 41乙
兵蓋符 【命宮】 帶未
【大配】</td>
<td>月大天陀天紫
德耗壽羅府微
陷平旺
官劫小 14~23 42丙
府煞耗 【父母】 建申
【大兄】</td>
</tr>
<tr>
<td>天地武
空劫曲
陷廟
喜攀晦 94~ 38壬
神鞍氣 【子女】 養辰
【大疾】</td>
<td colspan="2" rowspan="2">坤命 : 1951年(辛卯) 11月 ○日 ○時
命局 : 金4局, 沙中金
命主 : 武曲
身主 : 天同</td>
<td>大大天紅天八祿文太
昌鉞虛艷官座存曲陰
旺廟旺
科
祿
傅災歲 24~33 31丁
士煞破 【福德】 旺酉
【大命】</td>
</tr>
<tr>
<td>天鈴天
哭星同
廟廟
權
飛將太 84~93 37辛
廉星歲 【財帛】 胎卯
【大遷】</td>
<td>天天擎貪
才月羊狼
廟廟
力天龍 34~43 32戊
士煞德 【田宅】 衰戌
【大父】</td>
</tr>
<tr>
<td>天天火天左七
使巫星魁輔殺
廟 廟廟
奏亡病 74~83 36庚
書身符 【疾厄】 絶寅
【大奴】</td>
<td>寡天
宿梁
旺
將月弔 64~73 35辛
軍煞客 【遷移】 墓丑
【大官】</td>
<td>天天紅右天廉
德傷鸞弼相貞
廟廟平
小咸天 54~63 34庚
耗池德 【奴僕】 死子
【大田】</td>
<td>大大天台天巨
馬魁貴輔姚門
旺
祿
忌
青指白 44~53 33己
龍背虎 【官祿】 病亥
【大福】</td>
</tr>
</table>

차명은 정유대한(24세~33세)중 결혼하였다. 그러나 33세(癸亥)에 이혼하였다. 남편은 무능력한데다가 언행이 폭력적이고 늘 술로서 지냈다고 한다.

선천부처궁(巳)은 입묘한 태양이 화권을 얻어 유리해 보인다. 그러나 문창화기에 겁공이 협하는 상황이라 문제가 된다. 천마가 이처럼 화기나 겁공을 보면, 사망마(死亡馬)라 하여 격국이 심히 흉하다. 부처궁의 대궁(亥)으로 천요까지 가세하는 상황이다. 천요가 천마를 보니 주색잡기로 일관하기 쉽고, 화기 맞은 궁을 지공·지겁이 협공하니 재적으로 곤고하다. 부처궁은 身궁이면서 질병과 사망과 관계가 많은 화기·상문·백호·병부·병 등이 巳亥궁선으로 중중하니 경우에 따라서는 남편과 사별할 가능성도 높다.

정유대한은 대한거문화기가 亥궁에 떨어져 선천부처궁을 타격하니 당 대한은 배우자문제가 주요 사안이다. 대한부처궁(未) 역시 육친궁에서는 우흉(又凶)한 천형이 자리하니 파동이 더욱 크다. 未궁은 차명의 선천명궁인데, 함지의 천기가 천형과 동궁하여 선천명격이 고극을 주하는 분위기다. 함지의 천형이 명궁이면 '고형빈요복불전(孤刑貧夭福不全)'이라 하여 더욱 흉하게 본다.

4)자녀궁

자녀궁(子女宮)은 자녀의 전반적인 길흉여하를 판별하는 궁이다. 자녀의 성격이나 기호·체질·재물·명예사·건강·사고 그리고 자녀의 사회적인 배경이나, 자녀의 배우자 문제까지 살필 수 있다. 기본적으로는 자녀와 자신과의 관계를 판단할 수 있고, 자녀를 몇 명이나 출산할지 등을 살펴볼 수 있다. 그리고 자녀궁은 주로 아랫사람과의 인간관계를 추단하기도 한다. 또한 나이어린 후배나 제자 등의 관계도 자녀궁으로 판단한다.

자녀궁 역시 살기형성(煞忌刑星)과 고독의 격국을 이루고 있으면 그만큼 자녀와의 인연이 박하게 되고, 혹 자녀가 있다 하더라도 부모의 기대에 못 미치거나 항상 자녀로 인한 심리적인 고충을 안고 살아가게 된다. 이것은 앞에서 설명한 사회후배 제자 등의 관계에 있어서도 확대해석이 가능하다.

자미두수전서에 보면 자녀궁의 성계를 보고 자녀의 수를 알 수 있게 설명을 하는데 이는 현대 핵가족 사회에서는 잘 맞지 않는 경우가 많으므로 참고정도로 하면 되겠다. 하지만 다산(多産)을 한다거나 혹은 자녀가 귀한 경우 등은 성계의 특성을 보면 구체적인 동태를 파악할 수 있으므로 판단에 신중을 기해야 할 것이다.

자녀궁으로 자신의 중년 운을 볼 수도 있다. 이 부분은 중요한 의미가 있는데, 만약 부모궁과 형제궁이 모두 불길하고 자녀궁이 길하다고 하면 그 사람은 초년에 고생하고 중년이후에는 자수성가할 가능성이 높다. 마땅히 자녀의 후광도 기대해도 될 것이다. 이처럼 자녀궁은 또 다른 운세의 길흉을 예고하는 궁이므로 잘 참조해야 한다. 그리고 자녀궁은 전택궁을 마주하고 있는데 주로 이사나 부동산의 매매거래가 있는 경우에는 대한이나 유년에서 꼭 자전선이 움직이는 경우가 많으므로 추단시 확인을 요한다.

자녀궁 사례 1)

<table>
<tr>
<td>蜚破天孤截天天天
廉碎傷辰空福馬同
平廟

病歲喪 55~64 63癸
符驛門 【奴僕】 絶巳</td>
<td>天天封天左文天武
喜廚誥鉞輔昌府曲
旺陷旺旺
忌
大息貫 65~74 64甲
耗神索 【遷移】 胎午</td>
<td>天鳳龍旬年地太太
使閣池空解空陰陽
平平平
權
伏華官 75~84 65乙
兵蓋符 【疾厄】 養未</td>
<td>月大陀右文貪
德耗羅弼曲狼
陷閑平平
科
官劫小 85~94 66丙
府煞耗 【身 財帛】 生申</td>
</tr>
<tr>
<td>天天破
空月軍
旺

喜攀晦 45~54 62壬
神鞍氣 【官祿】 墓辰</td>
<td colspan="2" rowspan="2">坤命 : 1951年(辛卯) 3月 ○日 ○時
命局 : 土5局, 壁上土
命主 : 貪狼
身主 : 天同</td>
<td>天紅天祿巨天
虛艷官存門機
旺廟旺
祿
博災歲 95~ 67丁
士煞破 【子女】 浴酉</td>
</tr>
<tr>
<td>天天天天地
才哭貴姚劫
平

飛將太 35~44 61辛
廉星歲 【田宅】 死卯</td>
<td>解陰台擎天紫
神煞輔羊相微
廟閑閑

力天龍 68戊
士煞德 【夫妻】 帶戌</td>
</tr>
<tr>
<td>三天鈴天廉
台巫星魁貞
廟 廟

奏亡病 25~34 60庚
書身符 【福德】 病寅</td>
<td>寡恩火
宿光星
旺

將月弔 15~24 59辛
軍煞客 【父母】 衰丑</td>
<td>天紅八七
德鸞座殺
旺

小咸天 5~14 58庚
耗池德 【命宮】 旺子</td>
<td>天天天
壽刑梁
陷

青指白 69己
龍背虎 【兄弟】 建亥</td>
</tr>
</table>

선천자녀궁(酉)에 기거조합이 화록과 록존이 동궁하고 있다. 록존은 작록(爵祿)을

주한다. 이처럼 묘유궁의 기거조합이 살이 없는 가운데 록성을 보면, '필퇴조이자흥(必退祖而自興)'이라 하여 스스로 자수성가하는 경우가 많다. 酉궁에 거하는 천관과 대궁의 천귀는 명예를 주한다. 그리고 卯궁에 천재가 있는데, 천기성이 천재를 만나면 총명호학(聰明好學)하고 학문이 높다고 하였다.

차명의 여식은 일류대를 졸업하고 행정고시를 패스하여 현재 공직에 근무하고 있다. 아들은 외국 유명대학에 진학하여 수학 중이다.

자녀궁 사례 2)

<table>
<tr>
<td>大破三鈴
祿碎台星
旺

青指白 82~91 57辛
龍背虎 【財帛】 絶巳
【大田】</td>
<td>大大天天紅天地左天
曲羊德才鸞廚劫輔機
廟旺廟
祿
忌
小咸天 92~ 58壬
耗池德 【子女】 胎午
【大官】</td>
<td>大寡旬截破紫
鉞宿空空軍微
廟廟
科

將月弔 59癸
軍煞客 【夫妻】 養未
【大奴】</td>
<td>大大天紅天天右
馬昌壽艶福鉞弼
廟閑
科

奏亡病 60甲
書身符 【兄弟】 生申
【大遷】</td>
</tr>
<tr>
<td>大天天天擎地太
陀使官月羊空陽
廟陷旺

力天龍 72~81 68庚
士煞德 【疾厄】 墓辰
【大福】</td>
<td colspan="2" rowspan="2">坤命 : 1945年(乙酉) 3月 ○日 ○時
命局 : 水2局, 泉中水
命主 : 文曲
身主 : 天同</td>
<td>天八天封天
哭座貴誥府
陷

飛將太 2~11 61乙
廉星歲 【命宮】 浴酉
【大疾】</td>
</tr>
<tr>
<td>天天祿文七武
虛姚存昌殺曲
旺平陷陷

博災歲 62~71 67己
士煞破 【遷移】 死卯
【大父】</td>
<td>天解陰火太
空神煞星陰
廟旺
忌
權
喜攀晦 12~21 62丙
神鞍氣 【父母】 帶戌
【大財】</td>
</tr>
<tr>
<td>月大天天陀天天
德耗傷巫羅梁同
陷廟閑
權
官劫小 52~61 66戊
府煞耗 【奴僕】 病寅
【大命】</td>
<td>大鳳龍恩年台天
魁閣池光解輔相
廟

伏華官 42~51 65己
兵蓋符 【官祿】 衰丑
【大兄】</td>
<td>天天巨
喜魁門
旺旺

大息貫 32~41 64戊
耗神索 【田宅】 旺子
【大配】</td>
<td>蜚孤天天文貪廉
廉辰刑馬曲狼貞
平旺陷陷
祿
病歲喪 22~31 63丁
符驛門【身 福德】 建亥
【大子】</td>
</tr>
</table>

무인대한(52세~61세) 중 아들 둘이 이혼하였다. 아들의 사업도 파재하여 자녀 때문에 바람 잘날 없는 대한이었다.

대한명궁(寅) 동량은 감정이나 정서를 주하는 조합인데, 시비구설의 타라가 거하니 감정적으로 곡절이 있음을 알 수 있다. 대한자녀궁(亥)이 염탐조합인데, 탐랑은 창곡과 동궁하는 것을 싫어한다. 그리고 천마와 천형이 동궁하여 부시마(負尸馬)가 되고, 고독을 주하는 고신(孤辰)이 거하니 자녀가 홀로 된 것이다. 더 중요한 것은 선천자녀궁(午)으로 대한의 천기화기가 충파한다는 것이다. 자녀의 운로가 순탄치 않음을 알 수 있다.

그런데 차명의 차남은 당 대한 중 사회적으로 부귀를 얻고 혼사도 좋았다. 대한자녀궁(亥)이 비록 고독의 암시는 있지만, 탐랑화록과 천마가 록마교치(祿馬交馳)를 이루니 분명 재적으로 유리한 자녀도 있게 된다. 선천자녀궁도 천기가 화록을 보는 가운데, 삼방사정으로 천괴·화권 등이 동회하니 기본적으로 차명의 자녀궁은 명리(名利)를 얻을 수 있는 조합이다. 차명의 경우처럼 선천과 대한자녀궁의 길흉이 서로 상반되는 경우가 많은데, 이 경우 불리한 자녀가 있다면 반드시 성공하는 자녀도 있기 때문에 추단에 신중을 기해야 한다.

자녀궁 사례 3)

차명은 갑진대한(32세~41세) 중 처가 임신이 잘 되지 않아 인공수정을 열 번이나 시도하여 겨우 아들 하나를 얻었다.

선천자녀궁(辰)을 보면 거문이 선천화기를 맞았다. 자녀사가 순탄치 않음을 암시하고 있다. 동궁한 천형은 고극(孤剋)과 형벌을 주하는데, 자녀궁을 비롯한 육친궁에 천형이 거하면 해당 육친과 고극하고 인연이 없다. 과수 역시 잡성이지만 인연의 소홀함을 의미한다. 차명 선천자녀궁이 이처럼 자녀수가 적거나 문제가 있다는 것을 알 수 있다. 한명이라도 얻은 것이 천만 다행일 정도다. 과거라고 하면 무자식의 명이라고 본다. 앞으로 자녀 잔질(殘疾)에 각별히 유의해야 할 것이다.

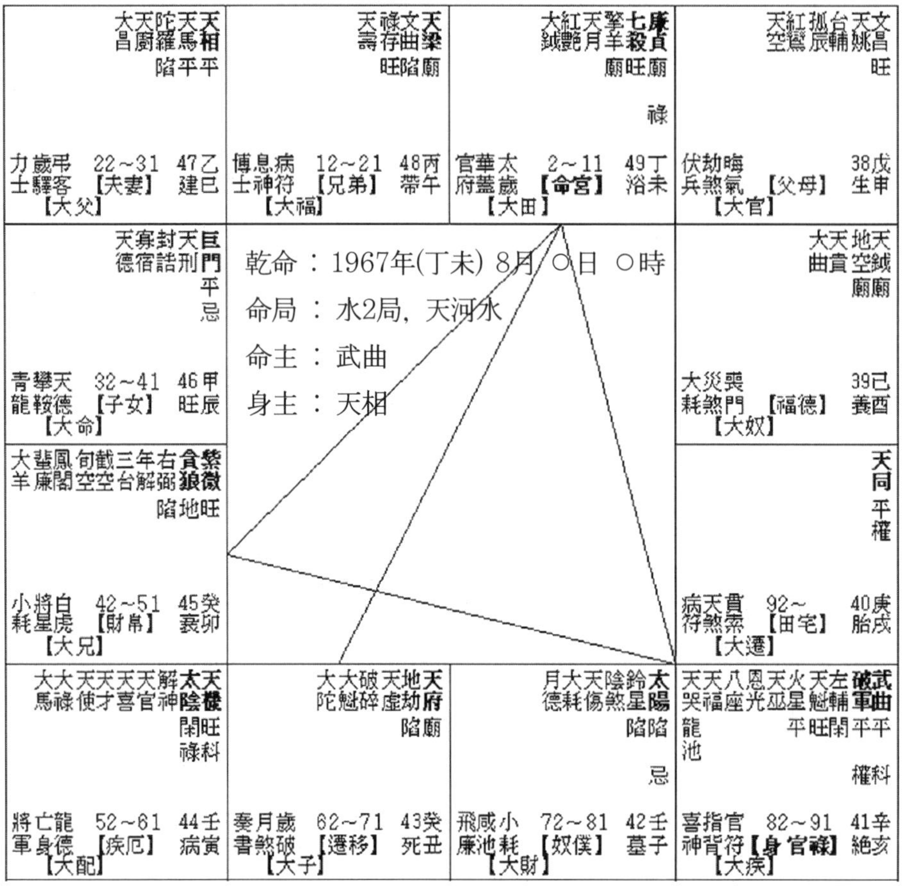

<table>
<tr>
<td>大天陀天天
昌廚羅馬相
陷平平

力歲弔　22~31　47乙
士驛客　【夫妻】　建巳
【大父】</td>
<td>天祿文天
壽存曲梁
旺陷廟

博息病　12~21　48丙
士神符　【兄弟】　帶午
【大福】</td>
<td>大紅天擎七廉
鉞艷月羊殺貞
廟旺廟
祿
官華太　2~11　49丁
府蓋歲　【命宮】　浴未
【大田】</td>
<td>天紅孤台天文
空鸞辰輔姚昌
旺

伏劫晦　38戊
兵煞氣　【父母】　生申
【大官】</td>
</tr>
<tr>
<td>天寡封天巨
德宿誥刑門
平
忌
青攀天　32~41　46甲
龍鞍德　【子女】　旺辰
【大命】</td>
<td colspan="2" rowspan="2">乾命 : 1967年(丁未) 8月 ○日 ○時
命局 : 水2局, 天河水
命主 : 武曲
身主 : 天相</td>
<td>大天地天
曲貴空鉞
廟廟

大災喪　39己
耗煞門　【福德】　養酉
【大奴】</td>
</tr>
<tr>
<td>大蜚鳳旬截三年右貪紫
羊廉閣空空台解弼狼微
陷地旺

小將白　42~51　45癸
耗星虎　【財帛】　衰卯
【大兄】</td>
<td>天
同
平
權
病天貫　92~　40庚
符煞索　【田宅】　胎戌
【大遷】</td>
</tr>
<tr>
<td>大大天天天天解太天
馬祿使才喜官神陰機
閑旺
祿科
將亡龍　52~61　44壬
軍身德　【疾厄】　病寅
【大配】</td>
<td>大大破天地天
陀魁碎虛劫府
陷廟

奏月歲　62~71　43癸
書煞破　【遷移】　死丑
【大子】</td>
<td>月大天陰鈴太
德耗傷煞星陽
陷陷
忌
飛咸小　72~81　42壬
廉池耗　【奴僕】　墓子
【大財】</td>
<td>天天八恩天火天左破武
哭福座光巫星魁輔軍曲
龍　平旺閑平平
池
權科
喜指官　82~91　41辛
神背符【身 官祿】絶亥
【大疾】</td>
</tr>
</table>

자녀궁 사례 4)

선천자녀궁(酉)을 보면 약지의 천동이 육친궁에서 꺼리는 천형을 보고 있다. 천형은 고극을 주하는데, 사고나 질병·관재의 별이기도 하다. 대궁으로 태음화기가 대조하여 정황이 엄중하다. 물론 지공도 인연의 후박을 따질 때는 불리하게 작용하게 된다. 묘유궁선으로 상망(喪亡)을 주하는 상문·백호·死 등이 작용을 하여 자녀궁이 사실 패국(敗局)이 되었다.

차명의 나이로 36세(庚午)에 아들 둘이 연탄가스로 그만 유명(幽明)을 달리하였다. 선천격국의 흉상이 발현된 것이다. 36세면 기묘대한(36세~45세) 두관(頭關)에 해당하는데, 대한자녀궁(子)의 파군이 영성과 동궁하고 대궁(午)으로 대한문곡화기가 충파하게 되므로 당 대한은 자녀흉사를 면하기 어려운 것이다. 그렇지 않아도 자녀들은 유년(幼年)부터 사고나 잔질로 고생을 많이 하였다고 한다. 선천자녀궁의 정황이 사고나 질병에 많이 불리하다는 것을 알 수 있다. 경오년은 유년자녀궁(卯)이 선천자전선과 겹치는 동시에 유년화기가 묘유궁을 재차 충파하니 당 년이 가장 문제가 된다.

大大大天旬天天巨 馬曲陀傷空巫馬門 平平 青歲弔 56~65 47辛 龍驛客 【奴僕】 建巳 【大福】	大天文天廉 祿廚曲相貞 陷旺平 忌 小息病 66~75 48壬 耗神符 【遷移】 旺午 【大田】	大天天截天 羊使才空梁 旺 權 科 將華太 76~85 49癸 軍蓋歲 【疾厄】 衰未 【大官】	天紅孤紅天解台天文七 空鸞辰艷福神輔鉞昌殺 大 廟旺廟 鉞 奏劫晦 86~95 50甲 書煞氣 【財帛】 病申 【大奴】
天寡天封擎左貪 德宿官誥羊輔狼 廟廟廟 權 力攀天 46~55 46庚 士鞍德 【身官祿】 帶辰 【大父】	坤命 : 1955年(乙未) 1月 ○日 ○時 命局 : 火6局, 霹靂火 命主 : 貪狼 身主 : 天相		大天地天 昌刑空同 廟平 飛災喪 96~ 51乙 廉煞門 【子女】 死酉 【大遷】
蜚鳳恩年祿太 廉閣光解存陰 旺陷 忌 博將白 36~45 45己 士星虎 【田宅】 浴卯 【大命】			天右武 月弼曲 廟廟 祿 喜天貫 52丙 神煞索 【夫妻】 墓戌 【大疾】
天八陰陀天紫 喜座煞羅府微 陷廟廟 科 官亡龍 26~35 44戊 府身德 【福德】 生寅 【大兄】	破天天天地天 碎虛貴姚劫機 陷陷 祿 伏月歲 16~25 43己 兵煞破 【父母】 養丑 【大配】	大月大三鈴天破 魁德耗台星魁軍 陷旺廟 大咸小 6~15 42戊 耗池耗 【命宮】 胎子 【大子】	天龍天火太 壽池哭星陽 平陷 病指官 53丁 符背符 【兄弟】 絶亥 【大財】

5)재백궁

재백궁(財帛宮)은 기본적으로 재물의 향방을 가늠하는 궁이다. 재물의 대소, 재물을 얻는 방법, 언제 재물을 축적할 수 있는지 등등 재물에 대한 전반적인 정황을 판단한다. 그리고 재백궁은 사회적인 지위까지 가늠해 볼 수 있는 궁이기도 하다. 이렇게 해석하는 것은 현대사회는 사회적인 명예나 지위가 재부(財富)의 상황으로 결정이 나는 경우가 많기 때문이다. 물론 모두가 이렇다고 볼 수 없지만 어느 정도는 공감이 가는 대목이다.

재백궁을 볼 때는 재백궁을 기준으로 삼방사정의 동태와 구조도 잘 살펴야 된다. 재백궁의 대궁에는 복덕궁이 있고 삼방으로 관록궁과 명궁이 회조한다. 이 말을 풀이하자면 대궁의 복덕궁은 당사자의 사상과 정신향수를 주하므로, 재물의 빈부(貧富)는 당연히 감정이나 정신생활의 만족을 주는데 역할이 크다는 의미이고, 관록궁이 회조하는 것은 사업이나 직업을 가지는 이유가 재를 축적하기 위한 수단이므로 관록궁을 보는 것이며, 명궁은 주로 명격의 고저나 선천적인 격국의 틀을 정하는 궁이므로 격국의 고저는 당연히 재백의 후박(厚薄)이 그만큼 중요한 구실을 한다는 뜻이다.

이렇게 보면 십이궁 모두 그에 해당하는 삼방사정이 그냥 정해지는 것이 아니라는 것을 알 수 있다. 나머지 궁들도 모두 이와 같은 방법으로 삼방사정의 틀이 정해진다. 그러므로 각 궁의 삼방사정의 정황을 다시 한 번 생각해보고 추단해야 할 것이다.

재백궁은 그야말로 재물과 관련된 궁이므로 財를 의미하는 록존이나 화록이 동궁하는 것을 가장 좋아한다. 십사정성 중에서는 財를 주하는 무곡·태음·천부 등이 居하면 유리하다고 할 수 있는데, 다른 정성이라도 묘왕지에 거하면서 록존이나 화록이 되면 일단 재백궁에서는 좋다고 본다. 하지만 이러한 정황은 하나의 기본적인 추단법칙일 뿐 아무리 무곡이나 태음이 록존이나 화록을 본다고 할지라도 겁공 등의 살을 영향을 강하게 받고 있거나 하면 그 또한 그렇게 길한 상황은 아니다. 재백궁에서는 특히 지공·지겁·절공·순공·대모·파쇄 등 공망성계와 모성(耗星)을 싫어한다. 나머지 사살(四煞)과 화기도 당연히 좋지 않다.

선천재백궁의 상황이 길할지라도 대한명궁의 삼방사정이나 대한재백궁이 흉하면 오히려 크게 손재를 하는 경우가 많은데, 이것은 재물의 그릇이 큰 사람이 더 크게 파재하는 경우이다. 반대로 선천의 재백궁이 길하면서 대한에서도 힘이 있으면 다른 사람보다 그 만큼 득재(得財) 상황이 크고 좋다고 보면 되겠다. 부자의 명이 더 많이 번다는 뜻이다. 양자 모두 잘 살펴 판단할 일이다.

재백궁 사례 1)

<table>
<tr>
<td>月破天天祿左
德碎才月存輔
廟平
傅劫小 5~14 54丁
士煞耗 【命宮】 絶巳
【大財】</td>
<td>大天天旬天天擎天
鉞哭虛空廚貴羊機
平廟
忌
力災歲 15~24 55戊
士煞破 【父母】 胎午
【大子】</td>
<td>大天破紫
耗鉞軍微
旺廟廟
青天龍 25~34 56己
龍煞德 【福德】 養未
【大配】</td>
<td>大蜚解天鈴
陀廉神巫星
旺
小指白 35~44 57庚
耗背虎 【田宅】 生申
【大兄】</td>
</tr>
<tr>
<td>龍紅八恩台陀太
池艷座光輔羅陽
廟旺
權
官華官 53丙
府蓋符 【兄弟】 墓辰
【大疾】</td>
<td rowspan="2" colspan="2">乾命 : 1948年(戊子) 2月 ○日 ○時
命局 : 土5局, 沙中土
命主 : 武曲
身主 : 火星</td>
<td>大天天地右天
祿德喜劫弼府
平陷陷
科
將咸天 45~54 58辛
軍池德 【官祿】 浴酉
【大命】</td>
</tr>
<tr>
<td>紅天天七武
鸞官福殺曲
陷陷
伏息貫 64乙
兵神索 【夫妻】 死卯
【大遷】</td>
<td>大天鳳寡三年天太
羊傷閣宿台解刑陰
旺
權
奏月弔 55~64 59壬
書煞客 【奴僕】 帶戌
【大父】</td>
</tr>
<tr>
<td>大大孤天天文天天
曲魁辰姚馬曲梁同
旺平廟閑
科
大歲喪 95~ 63甲
耗驛門 【子女】 病寅
【大奴】</td>
<td>天天地天天
空壽空魁相
陷旺廟
病攀晦 85~94 62乙
符鞍氣【身 財帛】 衰丑
【大官】</td>
<td>大天截陰封火文巨
昌使空煞誥星昌門
平旺旺
忌祿
喜將太 75~84 61甲
神星歲 【疾厄】 旺子
【大田】</td>
<td>大貪廉
馬狼貞
陷陷
祿
飛亡病 65~74 60癸
廉身符 【遷移】 建亥
【大福】</td>
</tr>
</table>

건설업을 하고 있는 명이다. 신유대한(45세~54세) 중 외환위기가 닥쳤는데, 본명도 약간 충격은 있었으나, 곧 회복하였고 이후 경영이 더욱 좋아졌다고 한다.

대한재백궁(巳)을 보면 재록을 주하는 록존이 좌보와 동궁하고 있다. 재백궁에 보필이 거하면 경영이나 득재(得財)에 도움이 된다. 그리고 대궁(亥)의 탐랑화록이 巳궁으로 차성되어 대한재백궁이 쌍록이 된다. 더 길한 것은 亥궁의 대한천마가 록성과 만나, 록마교치(祿馬交馳)격을 이루게 되어 재적으로 더욱 길하다. 대한명궁(酉)의 천부는 재고(財庫)인데, 지겁과 동궁하여 일시적인 손재는 있으나, 우필화과를 얻어 계약사에 유리한 면도 있다.

대한관록궁(丑)은 선천재백궁이기도 한데, 대한거문화록이 대한관록궁을 재음협인(財蔭夾印)을 하여 사업궁의 정황이 길하다. 그리고 축미궁의 괴월은 명예뿐만 아니라 재적으로도 힘을 발휘한다. 다만 창곡이 협하는데, 子궁의 문창이 대한화기를 맞고 협하므로 丑궁의 입장에서는 일시적인 파동은 있게 된다.

재백궁 사례 2)

차명은 대기업을 다니다가 갑술대한(46세~55세) 중 퇴사하여 사업을 개창하였다. 그런데 얼마가지 않아 경영부실로 모두 파산하였다. 주변사람에게 사기피해도 입었다고 한다.

차명의 경우 우선 선천재백궁(戌)이 문제가 심각하다는 것을 알 수 있다. 함지의 태양이 문곡화기와 동궁하기 때문이다. 재백궁의 화기는 기본적으로 파재가 따르게 된다. 하여 투기·투자·창업·돈거래 등에 항시 주의해야 하는 것이다. 그런데 갑술대한(46세~55세)은 흉세가 강한 선천재백궁으로 운로가 진행하니 당 대한은 기본적으로 손재를 면할 수 없다. 게다가 대한의 태양화기까지 가세하여 쌍기로 충파하니 그 충격은 더욱 엄중한 것이다. 정황이 이 정도면 재물뿐만 아니라 목숨을 부재하기 어려운 경우도 많다. 대한재백궁(午)으로 선천록존과 대한관록궁(寅)으로 대한록존 등이 동회하지만 이는 큰 도움이 안 된다. 하지만 그나마 록존을 보는 고로 기사회생할 수 있는 여력은 미미하게나마 있었던 것이다.

<table>
<tr>
<td>破天天孤陀地地天貪廉
碎壽才辰羅空劫馬狼貞
蜚大 陷廟閑平陷陷
廉昌 權
祿
力歲喪 96~ 63己
士驛門 【田宅】 絶巳
【大疾】</td>
<td>天祿巨
喜存門
旺旺
博息貫 86~95 64庚
士神索 【官祿】 墓午
【大財】</td>
<td>大天鳳龍年天擎天
鉞傷閣池解姚羊相
廟閑
官華官 76~85 65辛
府蓋符 【奴僕】 死未
【大子】</td>
<td>大月大天封天天天
馬德耗廚誥鉞梁同
廟陷旺
科
伏劫小 66~75 66壬
兵煞耗 【遷移】 病申
【大配】</td>
</tr>
<tr>
<td>天紅八鈴右文太
空艷座星弼昌陰
旺廟旺閑
青攀晦 62戊
龍鞍氣 【福德】 胎辰
【大遷】</td>
<td colspan="2" rowspan="2">乾命 : 1939年(己卯) 7月 ○日 ○時
命局 : 火6局, 爐中火
命主 : 祿存
身主 : 天同</td>
<td>大天天旬截天天七武
曲使虛空空官貴殺曲
閑旺
祿
科
大災歲 56~65 55癸
耗煞破 【疾厄】 衰酉
【大兄】</td>
</tr>
<tr>
<td>大天恩天火天
羊哭光刑星府
平平
小將太 61丁
耗星歲 【父母】 養卯
【大奴】</td>
<td>三左文太
台輔曲陽
廟陷陷
忌
忌
病天龍 46~55 56甲
符煞德 【財帛】 旺戌
【大命】</td>
</tr>
<tr>
<td>大天解天陰
祿福神巫煞
將亡病 6~15 60丙
軍身符【身 命宮】 生寅
【大官】</td>
<td>大大寡破紫
陀魁宿軍微
旺廟
權
奏月弔 16~25 59丁
書煞客 【兄弟】 浴丑
【大田】</td>
<td>天紅台天天
德鸞輔魁機
旺廟
飛咸天 26~35 58丙
廉池德 【夫妻】 帶子
【大福】</td>
<td>天
月
喜指白 36~45 57乙
神背虎 【子女】 建亥
【大父】</td>
</tr>
</table>

재백궁 사례 3)

공기업에 종사하고 있는 명이다. 병자대한(34세~43세)은 직장생활이 비교적 순탄하였고, 재적으로도 무난하였다. 대한명궁(子)의 천기가 화권이 되고, 대한천이궁(午)으로 문창화과를 보니 진급과 계약사 등에서 유리함을 알 수 있다. 대한재백궁(申)의 천동은 대한화록이 되어 재적으로 길하다.

그런데 병자대한 중 차명의 부인이 형부의 사업에 거액을 투자했다가 모두 파재하는 일이 발생하였다. 형부의 사업이 부도가 났기 때문이다. 문제가 심각하여 거의

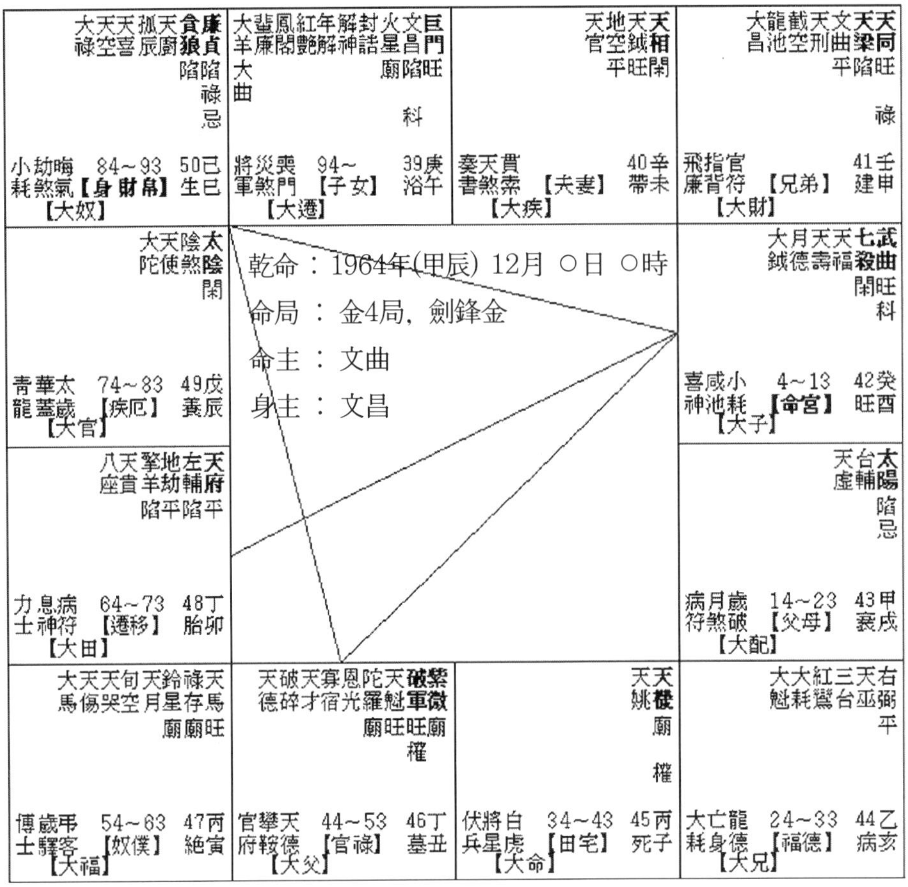

<table>
<tr>
<td>大天天孤天貪廉
祿空喜辰廚狼貞
陷陷
祿
忌

小劫晦　84~93　50己
耗煞氣【身 財帛】生巳
【大奴】</td>
<td>大蜚鳳紅年解封火文巨
羊廉閣艷解神誥星昌門
大　廟陷旺
曲
科

將災喪　94~　39庚
軍煞門　【子女】　浴午
【大遷】</td>
<td>天地天天
官空鉞相
平旺閑

奏天貫　40辛
書煞索　【夫妻】　帶未
【大疾】</td>
<td>大龍截天文天天
昌池空刑曲梁同
平陷旺
祿

飛指官　41壬
廉背符　【兄弟】　建申
【大財】</td>
</tr>
<tr>
<td>大天陰太
陀使煞陰
閑

青華太　74~83　49戊
龍蓋歲　【疾厄】　養辰
【大官】</td>
<td colspan="2" rowspan="2">乾命 : 1964年(甲辰) 12月 ○日 ○時
命局 : 金4局, 劍鋒金
命主 : 文曲
身主 : 文昌</td>
<td>大月天天七武
鉞德壽福殺曲
閑旺
科

喜咸小　4~13　42癸
神池耗　【命宮】　旺酉
【大子】</td>
</tr>
<tr>
<td>八天擎地左天
座貴羊劫輔府
陷平陷平

力息病　64~73　48丁
士神符　【遷移】　胎卯
【大田】</td>
<td>天台太
虛輔陽
陷
忌

病月歲　14~23　43甲
符煞破　【父母】　衰戌
【大配】</td>
</tr>
<tr>
<td>大天天旬天鈴祿天
馬傷哭空月星存馬
廟廟旺

博歲弔　54~63　47丙
士驛客　【奴僕】　絶寅
【大福】</td>
<td>天破天寡恩陀天破紫
德碎才宿光羅魁軍微
廟旺旺廟
權

官攀天　44~53　46丁
府鞍德　【官祿】　墓丑
【大父】</td>
<td>天天
姚機
廟
權

伏將白　34~43　45丙
兵星虎　【田宅】　死子
【大命】</td>
<td>大大紅三天右
魁耗鸞台巫弼
平

大亡龍　24~33　44乙
耗身德　【福德】　病亥
【大兄】</td>
</tr>
</table>

이혼위기까지 갔었다고 한다. 대한부처궁(戌)은 함지의 태양이 선천화기를 보니 당 대한은 부부연이 여의치 않음을 알 수 있다. 부처궁의 정황이 이러하면 두 사람의 감정 문제뿐만 아니라 배우자의 재물운용과 질병부분도 항시 유의해야 한다.

중요한 것은 대한염정화기가 선천재백궁(巳)으로 들어가 당 대한은 재적인 파동을 이미 예고하고 있다는 것이다. 선천재백궁이 대한삼방사정이 아니라고 해도 대한에서 선천재백궁을 화기로 충파하면 당 대한 중 손재는 나타나게 된다. 巳亥궁선은 대한형노선이기도 하므로 형제나 친구 등 주변사람과 돈거래나 계약 등도 유의해야 한다. 만약 부인이 투자를 하지 않았다면 차명이 큰 실수를 하는 상황이 된다.

6)질액궁

질액궁(疾厄宮)은 질병과 재액(災厄)을 주한다. 여기서 疾은 주로 선천이나 운세의 진행과정에서 나타나는 신체의 결함이나 질병을 의미한다고 보면 되고, 厄은 사고적인 측면을 의미한다고 보면 된다. 하여 질액궁은 건강이나 사고 등의 여부를 판단하는 궁이다. 그런데 질액의 유무를 오로지 질액궁만 보고 판단하면 실수를 자주 하게 되는데, 이것은 선천의 命身궁이 있기 때문이다. 질액궁이 비록 흉상일 지라도 선천의 명궁과 身궁이 길하다면 질병이나 사고의 우려가 적거나 경미하다. 건강이나 사고 등의 문제는 오히려 명신궁으로 추단하는 것이 더 직접적이고 또한 중요하다.

그러나 질액궁이 문제가 있으면 선천의 명신궁이 비록 길하다고 할지라도 신체 중 한 군데 정도는 꼭 흠이 있거나 고질병 등이 있기 쉽다. 질병의 분류나 길흉 여하는 질액궁에 좌하는 성계의 오행과 궁과의 상생·상극의 이치, 그리고 동궁하는 제잡성 및 질액궁의 고유 오행의 상생·상극 등을 보고 추론을 해야 한다. 그리고 질액궁은 부모궁을 마주하고 있으므로 부모의 길흉여하를 판단할 때도 질액궁을 본다.

두수에서 질병성계를 대표하는 것은 천월(天月)·병부(病符)·천형(天刑) 등이 있다. 또한 화기나 살성 등은 항상 질액을 내포하고 있는 星이므로 이러한 성계들이 회조하면 더 치명적이다. 그런데 명궁과 身궁의 조합이 유리한 가운데 한두 개의 질병성계를 보면 오히려 의료계통에서 종사하는 경우도 많다.

현재 오행가들이 질병을 추단할 때 쓰는 오행과 오장육부와의 관계성을 보면 대체로 다음과 같다.

- 心과 小腸은 火에 속하고, 화는 순환계통과 신경계통이며 五官으로는 혀다.
- 肝과 膽은 木에 속하고, 목은 내분비계통이며 五官으로는 눈이다.

- 脾와 胃는 土에 속하고, 토는 소화계통이며 五官은 입이다.
- 肺와 大腸은 金에 속하고, 금은 호흡계통이고 五官으로는 코다.
- 腎과 膀胱은 水에 속하고, 수는 배설계통과 생식계통이며 五官으로는 귀다.

이러한 각 오행을 근거로 질환의 유무와 이상 부위를 관찰하면 되는데, 예를 들어 무곡이 질액궁에 좌하면서 살성이 간섭을 하면 폐나 대장에 이상을 있을 수 있다. 폐나 대장은 금의 오행인데 무곡이 陰金에 해당하므로 이러한 증상을 읽을 수 있는 것이다. 반대로 무곡이 동궁하는 성계의 영향 등으로 지나치게 강하게 되면 오히려 금은 목을 극하므로 목을 관장하는 간담의 이상이 올 수도 있다. 그런데 이러한 추단법은 하나의 원칙으로 통하지만 이것이 모두 맞지는 않다. 생극 뿐만 아니라 태과·허실 나아가 명신궁의 정황까지 파악해야 어느 정도 질병에 대한 맥을 잡을 수 있다.

현재 두수에서 활용하고 있는 십사정성의 오행과 음양 및 그에 따른 주된 병증을 보면 다음과 같다. 중요한 것은 십사정성에 해당하는 오행과 각 기관을 참고로 궁과 정성과의 상생상극, 성계와 성계와의 상생상극 그리고 운의 진행에서 오는 함수관계 등을 참조하여 추론하면 질병을 추단하는데 많은 도움이 될 것이다.

- 자미 …… 음토, 비위(脾胃)를 주함, 소화기관련 질환 많음
- 천기 …… 음목, 간담(懇談), 내분비 병
- 태양 …… 양화, 심목(心目), 순환기 신경계 병
- 무곡 …… 음금, 폐(肺), 기관(氣管), 호흡기계통의 병
- 천동 …… 양수, 방광(膀胱), 배설계통 병
- 염정 …… 음화, 심화(心火), 산부인과, 순환계통 병
- 천부 …… 양토, 위병胃病, 구강병
- 태음…… 음수, 음허(陰虛), 신병(腎病), 생식계통 병
- 탐랑 …… 양목, 간담(肝膽), 내분비계통 병
- 거문 …… 음토, 비병(脾病)

- 천상 …… 양수, 담병(膽病), 혹 배설계통 병
- 천량 …… 양토, 위(胃)와 유방 병
- 칠살 …… 음금, 호흡기(呼吸氣)계통 병
- 파군 …… 음수, 빈혈과 생식계통의 병

질액궁 사례 1)

<table>
<tr>
<td>大天天天陀天文天
鉞廚巫姚羅馬曲梁
陷平廟陷
祿
力歲弔　6~15　47乙
士驛客　【命宮】　絶巳
【大田】</td>
<td>陰祿右七
煞存弼殺
旺旺旺
博息病　　48丙
士神符　【父母】　墓午
【大官】</td>
<td>紅天天台擎
艷貴月輔羊
廟
官華太　　49丁
府蓋歲【身 福德】死未
【大奴】</td>
<td>大天紅孤左廉
馬空鸞辰輔貞
平廟
科
伏劫晦　96~　50戊
兵煞氣　【田宅】　病申
【大遷】</td>
</tr>
<tr>
<td>天寡天紫
德宿相微
旺陷
權
青攀天　16~25　46甲
龍鞍德　【兄弟】　胎辰
【大福】</td>
<td colspan="2" rowspan="2">乾命 : 1967年(丁未) 5月 ○日 ○時
命局 : 火6局, 覆燈火
命主 : 武曲
身主 : 天相</td>
<td>天文
鉞昌
廟廟
大災喪　86~95　51己
耗煞門　【官祿】　衰酉
【大疾】</td>
</tr>
<tr>
<td>大蜚鳳旬截八年封巨天
魁廉閣空空座解誥門機
廟旺
忌科
小將白　26~35　45癸
耗星虎　【夫妻】　養卯
【大父】</td>
<td>大天火地破
陀傷星空軍
廟陷旺
病天貫　76~85　52庚
符煞索　【奴僕】　旺戌
【大財】</td>
</tr>
<tr>
<td>大天天天貪
昌壽喜官狼
平
將亡龍　36~45　44壬
軍身德　【子女】　生寅
【大命】</td>
<td>破天天太太
碎虛刑陰陽
廟陷
祿
奏月歲　46~55　43癸
書煞破　【財帛】　浴丑
【大兄】</td>
<td>大大月大天天解地天武
曲羊德耗使才神劫府曲
陷廟旺
忌
飛咸小　56~65　42壬
廉池耗　【疾厄】　帶子
【大配】</td>
<td>大龍天天三恩鈴天天
祿池哭福台光星魁同
廟旺廟
權
喜指官　66~75　53辛
神背符　【遷移】　建亥
【大子】</td>
</tr>
</table>

차명은 임인대한(36세~45세) 중 신체적으로 잦은 부상을 입었다. 운동하다가 허리를 다쳐 수술 하였고, 41세(丁亥)는 자녀와 놀다가 다리 골절 및 인대가 끊어지는 부상을 당하기도 하였다.

선천명궁(巳)에 타라·천마가 만나 절족마(折足馬)를 이루고 있어 다른 사람에 비하여 신체적으로 부상을 당할 가능성이 높다. 명궁이나 천이궁·질액궁·身궁 등이 이처럼 절족마가 되면 사고나 질병의 우려가 있는데, 살기형성이 가하면 더욱 불리하다.

임인대한의 대한명천선은 질액적으로 불리하지 않다. 그러나 대한무곡화기가 선천질액궁(子)을 충파하니 문제가 된다. 게다가 대한천량화록은 선천명궁의 절족마를 인동하였으니 당 대한 중 사고나 건강 문제가 발현하게 된다. 물론 巳궁은 록마교치가 되어 부동산으로 인한 득재(得財)도 있었다. 대한질액궁(酉)으로 선천거문화기가 충파하는 것도 간과해선 안 된다. 이렇게 보면 선천과 대한질액궁이 모두 화기의 간섭을 받고 있음을 알 수 있다.

정해년은 유년천이궁이 절족마가 되어, 질액적으로 그만큼 불리한 유년이다. 그런데 유년질액궁(午)으로 무곡화기가 충파하고, 유년의 거문화기가 대한질액궁을 재차 타격하니 당 년에 큰 부상을 입게 된 것이다.

질액궁 사례 2)

차명은 47세(癸未)에 서울에서 지방으로 이사를 하였다. 그런데 이사한 후부터 안면에 마비가 오고 신체적으로 원인모를 질병을 계속 앓게 되었는데, 나중에는 안면마비로 인하여 말도 제대로 하지 못할 지경에 이르렀다.

선천명궁(辰)을 보면 질병성계인 천형·복병·천살 등이 거하고 살성인 지겁까지 가세하고 있다. 그만큼 사고나 질병에 노출될 가능성이 높은 것이다. 대한명궁(申)의 무곡·천상은 질병을 주하는 화성·병부·병 등과 동궁하고 있다. 물론 천요도 이 경우 불리한 작용을 하게 된다. 대궁(寅)으로 재차 병부가 거하고 있다. 대한천이궁(寅)은 선천 身궁이기도 하다. 이처럼 천이궁이 身궁이 되면 혹 밖에서 사고나 질병을 얻을 수 있는데, 살성이 중하면 징험하다. 중요한 것은 대한천기화기가 선천질액궁(亥)을 타격하고 있다는 것이다. 대한의 삼방사정으로 살성이 중한 가운데, 선천

질액궁을 충파하니 잔질(殘疾)이 발생하는 것이다.

大破旬天陀文太 祿碎空廚羅昌陰 陷廟陷 祿 權 官指白 16~25 57乙 府背虎 【父母】 建巳 【大子】	大大天紅地祿貪 曲羊德鸞空存狼 廟旺旺 祿 博咸天 26~35 58丙 士池德 【福德】 旺午 【大配】	大寡紅八三天封擎巨天 鉞宿艷座台月誥羊門同 廟陷陷 忌權 力月弔 36~45 59丁 士煞客 【田宅】 衰未 【大兄】	大天火天武 昌姚星相曲 陷廟平 青亡病 46~55 60戊 龍身符 【官祿】 病申 【大命】
大天天地天廉 陀貴刑劫府貞 陷廟旺 伏天龍 6~15 56甲 兵煞德 【命宮】 帶辰 【大財】	坤命 : 1957年(丁酉) 8月 ○日 ○時 命局 : 火6局, 覆燈火 命主 : 廉貞 身主 : 天同		天天天文天太 傷哭鉞曲梁陽 廟廟地閑 小將太 56~65 61己 耗星歲 【奴僕】 死酉 【大父】
天截鈴右 虛空星弼 廟陷 科 大災歲 55癸 耗煞破 【兄弟】 浴卯 【大疾】			天七 空殺 廟 將攀晦 66~75 62庚 軍鞍氣 【遷移】 墓戌 【大福】
大月大天解破 馬德耗官神軍 陷 病劫小 54壬 符煞耗 【身 夫妻】 生寅 【大遷】	大天鳳龍年 魁才閣池解 喜華官 96~ 53癸 神蓋符 【子女】 養丑 【大奴】	天恩陰紫 喜光煞微 平 飛息貫 86~95 52壬 廉神索 【財帛】 胎子 【大官】	天天孤天天台天天左天 使壽辰福巫輔馬魁輔機 蜚 平旺閑平 廉 科 忌 奏歲喪 76~85 63辛 書驛門 【疾厄】 絶亥 【大田】

더 중요한 사실은 亥궁은 대한전택궁이기도 하다는 것이다. 이처럼 전택궁으로 화기나 살성이 중하면 부동산으로 인한 화를 입기 쉬운데, 주로 이사를 잘못하거나 부동산 때문에 손해를 보는 일이 생긴다. 그리고 자신이 거주하는 공간이 풍수적으로 불리하여 화를 입기도 한다. 하여 전택궁이 불리하면 풍수적인 감정을 해보는 것이 좋다. 차명은 이사한 집이 맘에 들지 않아 늘 고민이 많았다고 한다. 그리고 무신대한 중 부동산투자를 하였는데, 이익은 없고 오히려 마음만 상했다고 한다.

7) 천이궁

천이궁(遷移宮)은 명궁의 대궁으로 명궁에 지대한 영향을 미치는 궁이다. 주로 이동이나 외부적인 활동관계에 있어서 길흉승패를 볼 때 참고한다. 또한 이사를 비롯한 여행·출장·외출 등 주로 외부에서 일어나는 전체적인 일은 천이궁의 정황을 보고 판단한다. 한마디로 천이궁은 출문(出門)하여 생활하는 광범위한 사회관계를 의미하기도 한다. 밖에서 만나는 사람의 길흉여하나 기타 일의 성패가부 등을 판단할 때도 천이궁이 중요하다. 그리고 천이궁은 무엇보다 명궁과 대조하기 때문에 명궁의 길흉여하에 가장 큰 영향력을 행사하는 궁이다. 천이궁은 개인의 성격이나 체질·재물·명예 등을 판단할 때도 참고한다.

만약 직업의 특성이 動적이거나 많이 옮겨 다니는 경우라면 천이궁의 중요도는 더해진다. 천이궁에서 살성을 많이 보고 성계의 조합이 불리하면 사고나 질병의 징조가 강하다. 상황이 이러하면 출행할 때 각별한 주의를 요한다. 대한이나 유년에서 천이궁을 볼 때도 같은 방법으로 추단한다. 또한 천이궁에서 살기형성이 중하면 이사나 이동하여 고민과 구설이 따르기 쉽고, 물질적인 손해도 발생하게 된다. 주로 사람관계나 주거지 등으로 인한 번뇌가 따른다.

반대로 천이궁이 육길성을 비롯한 사화길성이 거하거나 회집하면 밖에서 귀인을 만나고 지원을 입는다. 또한 자신의 역량을 과시하게 되며 전반적으로 사람관계가 좋아진다. 천이궁이 전반적으로 길하면 정적인 직업보다는 많은 사람을 만나거나 역마적인 업종이 유리하다(무역·유통업·운송업·여행관련업·언론이나 통신 분야 등). 천이궁이 길하면 출문(出門)하고 이향(離鄕 : 고향을 떠남)하라는 뜻을 되새겨 봄 직하다.

대한에서 천이궁의 성계가 살파랑이나 기월조합·일월조합 등이면 그 대한은 항상 바쁘게 움직이는 일이 많다. 그리고 역마대한(寅申巳亥궁을 말함)으로 진행할 경우 이동이 잦거나 원행(遠行)을 많이 하는 경향이 있다.

천이궁 사례 1)

<table>
<tr>
<td>天天地地祿
德使空劫存
廟閑廟

傅劫天 72~81 46丁
士煞德 【疾厄】 絶巳
【大官】</td>
<td>大天天天三擎左天
昌壽才廚台羊輔機
平旺廟
忌
祿
力災弔 82~91 47戊
士煞客 【財帛】 胎午
【大奴】</td>
<td>紅寡天破紫
鸞宿鉞軍微
旺廟廟
科
青天病 92~ 48己
龍煞符 【子女】 養未
【大遷】</td>
<td>太大八封火右
曲鉞座誥星弼
陷閑
科
小指太 49庚
耗背歲 【夫妻】 生申
【大疾】</td>
</tr>
<tr>
<td>大蜚紅天陀鈴文太
羊廉艶月羅星昌陽
廟旺旺旺

官華白 62~71 45丙
府蓋虎 【遷移】 墓辰
【大田】</td>
<td colspan="2" rowspan="2">乾命 : 1968年(戊申) 3月 ○日 ○時
命局 : 水2局, 大海水
命主 : 祿存
身主 : 天梁</td>
<td>破天天天
碎空貴府
陷

將咸晦 50辛
軍池氣 【兄弟】 浴酉
【大財】</td>
</tr>
<tr>
<td>大大天天天恩天七武
祿耗傷官福光姚殺曲
陷陷

伏息龍 52~61 44乙
兵神德 【奴僕】 死卯
【大福】</td>
<td>天解陰文太
哭神煞曲陰
陷旺
權
忌
奏月喪 2~11 51壬
書煞門 【身命宮】 帶戌
【大子】</td>
</tr>
<tr>
<td>大鳳天旬年天天天天
陀閣虛空解巫馬梁同
旺廟閑
權
大歲歲 42~51 43甲
耗驛破 【官祿】 病寅
【大父】</td>
<td>月天天天
德喜魁相
旺廟

病攀小 32~41 42乙
符鞍耗 【田宅】 衰丑
【大命】</td>
<td>大龍截台巨
魁池空輔門
旺

喜將官 22~31 41甲
神星符 【福德】 旺子
【大兄】</td>
<td>大孤天貪廉
馬辰刑狼貞
陷陷
祿
飛亡貫 12~21 52癸
廉身索 【父母】 建亥
【大配】</td>
</tr>
</table>

전기공학을 전공한 학자이다. 을축대한(32세~41세)에 미국유학을 하여 박사학위를 패스하고, 현재 외국의 유명대학에서 강의를 하고 있다.

대한천이궁(未)에 학문성계인 화과가 거하고 있으니, 당 대한은 유학하기에 알맞은 대한이다. 천이궁에 문성(文星)이나 학문을 주하는 성계가 비치면 당 대한 중 해외유학을 하면 소기의 목적을 달성하게 된다. 차명은 대한천이궁으로 좌보·우필이 협하여 더 힘을 받는다. 축미궁으로 괴월까지 더하니 명예를 얻기에 충분한 대한이다. 명궁이나 천이궁으로 괴월을 보면 '개세문장(蓋世文章)·위지태보(位至台輔)'라

하여 학문과 지위 등 명예를 득하는데 이롭다. 직업을 의미하는 선천관록궁(寅)으로 천량화권과 우필화과가 서로 마주하니 더욱 길하다.

천이궁 사례 2)

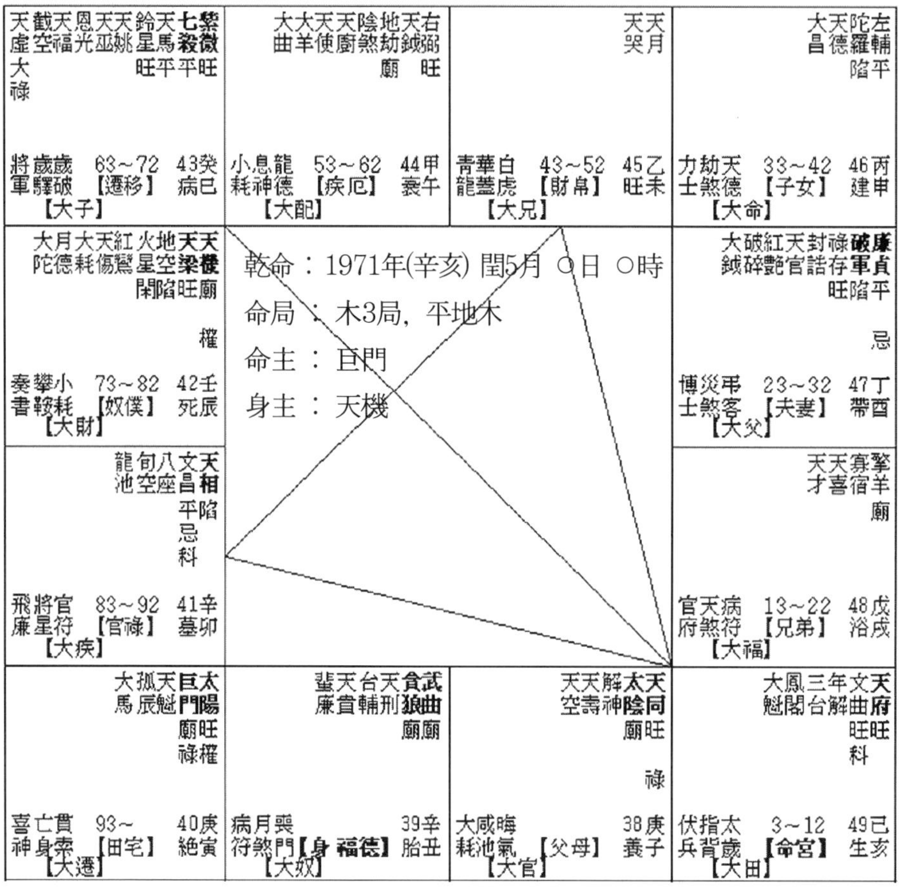

<table>
<tr><td>天截天恩天天鈴天七紫
虛空福光巫姚星馬殺微
大 旺平平旺
祿
將歲歲 63~72 43癸
軍驛破 【遷移】 病巳
【大子】</td><td>大大天天陰地天右
曲羊使廚煞劫鉞弼
廟 旺
小息龍 53~62 44甲
耗神德 【疾厄】 衰午
【大配】</td><td>天天
哭月
青華白 43~52 45乙
龍蓋虎 【財帛】 旺未
【大兄】</td><td>大天陀左
昌德羅輔
陷平
力劫天 33~42 46丙
士煞德 【子女】 建申
【大命】</td></tr>
<tr><td>大月大天紅火地天天
陀德耗傷鸞星空梁機
閑陷旺廟
權
奏攀小 73~82 42壬
書鞍耗 【奴僕】 死辰
【大財】</td><td colspan="2" rowspan="2">乾命 : 1971年(辛亥) 閏5月 ○日 ○時
命局 : 木3局, 平地木
命主 : 巨門
身主 : 天機</td><td>大破紅天封祿破廉
鉞碎艶官誥存軍貞
旺陷平
忌
博災弔 23~32 47丁
士煞客 【夫妻】 帶酉
【大父】</td></tr>
<tr><td>龍旬八文天
池空座昌相
平陷
忌
科
飛將官 83~92 41辛
廉星符 【官祿】 墓卯
【大疾】</td><td>天天寡擎
才喜宿羊
廟
官天病 13~22 48戊
府煞符 【兄弟】 浴戌
【大福】</td></tr>
<tr><td>大孤天巨太
馬辰魁門陽
廟旺
祿權
喜亡貫 93~ 40庚
神身索 【田宅】 絶寅
【大遷】</td><td>蜚天台天貪武
廉貴輔刑狼曲
廟廟
病月喪 39辛
符煞門【身 福德】 胎丑
【大奴】</td><td>天天解太天
空壽神陰同
廟旺
祿
大咸晦 38庚
耗池氣 【父母】 養子
【大官】</td><td>大鳳三年文天
魁閣台解曲府
旺旺
科
伏指太 3~12 49己
兵背歲 【命宮】 生亥
【大田】</td></tr>
</table>

병신대한(33세~42세) 중 대형음식점과 유흥업소를 운영하여 부자가 되었다. 대한명궁(申)은 타라가 거하여 부담이 된다. 동궁한 좌보는 평배귀인(平輩貴人)이라 주변사람의 지원이나 음덕은 기대할 수 있다.

병신대한은 대한천이궁(寅)의 정황이 가장 길하다. 거문·태양이 선천화록과 화권을 보고 있는 가운데, 대한천마가 더해져 록마교치격(祿馬交馳格)을 이룬다. 동궁한

천괴는 이러한 길상에 더 힘을 실어준다. 대한천이궁이 횡발을 기대할 수 있는 구조다. 사업궁인 대한관록궁(子)도 대한천동화록이 자리하니 더욱 기대가 되는 것이다. 선천천이궁에 도화성계인 천마·은광 등이 자리하고 있는 가운데, 대한관록궁(子)으로 도화색이 강한 동월이 함지의 도화성과 동궁하니 유흥업과 관련된 사업을 하게 된다.

그런데 병신대한은 대한염정화기가 선천부처궁이자 대한부모궁(酉)을 충파하니, 당 대한은 부부문제를 비롯한 여란(女亂)을 주의해야 하며, 부모의 건강도 각별이 주의해야 한다. 대한명궁의 타라는 이러한 파동을 이미 예고하고 있다.

천이궁 사례 3)

<table>
<tr>
<td>大破天恩祿文天
祿碎官光存昌同
廟廟廟
科祿
科祿
博亡病 36癸
士身符 【兄弟】 生巳
【大子】</td>
<td>大大天天擎火地天武
曲羊月刑羊星空府曲
平廟廟旺旺
力將太 4~13 37甲
士星歲 【命宮】 浴午
【大配】</td>
<td>天封太太
空誥陰陽
平平
青攀晦 14~23 38乙
龍鞍氣 【父母】 帶未
【大兄】</td>
<td>大孤天陰鈴天貪
昌辰巫煞星馬狼
旺旺平
小歲喪 24~33 39丙
耗驛門 【福德】 建申
【大命】</td>
</tr>
<tr>
<td>大鳳寡截年解陀地破
陀閣宿空解神羅劫軍
廟陷旺
官月弔 35壬
府煞客 【身夫妻】 養辰
【大財】</td>
<td colspan="2" rowspan="2">乾命 : 1966年(丙午) 10月 ○日 ○時
命局 : 金4局, 沙中金
命主 : 破軍
身主 : 火星</td>
<td>大紅天天文巨天
鉞鸞貴鉞曲門機
廟廟廟旺
權
權
將息貫 34~43 40丁
軍神索 【田宅】 旺酉
【大父】</td>
</tr>
<tr>
<td>天天
德喜
伏咸天 94~ 34辛
兵池德 【子女】 胎卯
【大疾】</td>
<td>天龍天天紫
壽池姚相微
閑閑
奏華官 44~53 41戊
書蓋符 【官祿】 衰戌
【大福】</td>
</tr>
<tr>
<td>大蜚紅旬三廉
馬廉艷空台貞
廟
忌
忌
大指白 84~93 33庚
耗背虎 【財帛】 絶寅
【大遷】</td>
<td>大天右左
耗使弼輔
廟廟
病天龍 74~83 32辛
符煞德 【疾厄】 墓丑
【大奴】</td>
<td>天天天天天八七
才哭虛廚福座殺
旺
喜災歲 64~73 43庚
神煞破 【遷移】 死子
【大官】</td>
<td>大月天台天天
魁德傷輔魁梁
旺陷
飛劫小 54~63 42己
廉煞耗 【奴僕】 病亥
【大田】</td>
</tr>
</table>

병신대한(24세~33세)의 천이궁에 염정이 좌하고 있다. 그런데 쌍화기를 맞았다. 대한명궁(申)도 천마와 영성이 동궁하여 전마(戰馬)가 되어 불리한데, 대한천이궁의 정황이 이렇게 엄중하니 당 대한이 어찌 무사하겠는가. 대한재백궁(辰)의 파군도 타라·지겁과 동궁하여 패국을 이루었고, 대한관록궁의 칠살도 지원군 없이 홀로 고전하는 형국이다.

병신대한 중 언론사에 취업하여 잘 나갔으나, 주변사람과의 관계가 여의치 않아 곧 다른 곳으로 이직을 하게 되었다. 이후 여러 번 직장을 옮기게 되었는데, 병신대한은 이처럼 직업적으로 항상 불안정하였다고 한다. 천이궁이 불리하니 어디를 가도 환영받기 어렵다.

병신대한 중 손재도 많았다고 한다. 차명이 투자를 하여 손재하기도 했지만, 다른 사람의 배신이나 속임수로 인하여 손재를 많이 당하기도 하였다. 대한천이궁은 선천재백궁이기도 하므로 이처럼 재물적인 손재도 따르게 된다.

천이궁 사례 4)

차명은 51세(丁亥)에 오토바이를 타고 가다가 사고를 당하여 그만 유명(幽明)을 달리하였다.

계묘대한(42세~51세)의 천이궁(酉)은 흉살이 관여하지 않는다. 다만 천이궁이 身궁이라는 사실에 주목해야 한다. 이처럼 대한명궁이나 천이궁이 身궁이면 당 대한에 사고나 질병이 발생할 가능성이 높은 것이다. 차명은 비록 대한천이궁은 큰 문제가 없다고 해도, 대한명궁(卯)에 천형이 거하여 당 대한은 신체적인 살상(殺傷)을 당할 수 있다.

중요한 것은 대한의 탐랑화기가 선천천이궁을 충파한다는 것이다. 선천명궁의 경양·천요는 질액을 주하는 속성도 있기 때문에, 이처럼 천이궁이 화기를 맞으면 명천선이 흔들리게 되어 사고나 질병을 얻을 수 있다.

정해년은 유년명궁(亥)이 전마(戰馬)에 사망마(死亡馬 : 천마가 공망성을 보면 해당됨. 차명의 경우 겁공이 亥궁을 협하여 사망마가 됨)가 되었다. 유년천이궁(巳)은 대한천마와 선천타라가 만나 절족마(折足馬)를 이룬다. 유년명천선이 사고가 나기 쉬운 해이다. 그리고 유년거문화기가 질액궁(寅)을 충파하는 동시에 대한명궁(卯)으로 형기협인(刑忌夾印)하여 결국 身궁을 파괴하는 형국이다.

<table>
<tr>
<td>大大破旬天陀文七紫
馬鉞碎空廚羅曲殺微
陷廟平旺

力指白 22~31 57乙
士背虎 【夫妻】 建巳
【大福】</td>
<td>天天紅三祿
德壽鸞台存
旺

傅咸天 12~21 46丙
士池德 【兄弟】 帶午
【大田】</td>
<td>寡紅台天擎
宿艷輔姚羊
廟

官月弔 2~11 47丁
府煞客 【命宮】 浴未
【大官】</td>
<td>八
座

伏亡病 48戊
兵身符 【父母】 生申
【大奴】</td>
</tr>
<tr>
<td>天恩火右天天
才光星弼梁機
閑廟旺廟
科

靑天龍 32~41 56甲
龍煞德 【子女】 旺辰
【大父】</td>
<td colspan="2" rowspan="2">乾命 : 1957年(丁酉) 7月 ○日 ○時
命局 : 水2局, 天河水
命主 : 武曲
身主 : 天同</td>
<td>天天文破廉
哭鉞昌軍貞
廟廟陷平
祿

大將太 49己
耗星歲 【身 福德】 養酉
【大遷】</td>
</tr>
<tr>
<td>大大天截封天天
昌魁虛空誥刑相
陷

小災歲 42~51 55癸
耗煞破 【財帛】 衰卯
【大命】</td>
<td>天地左
空空輔
陷廟

病攀晦 92~ 50庚
符鞍氣 【田宅】 胎戌
【大疾】</td>
</tr>
<tr>
<td>月大天天解天陰巨太
德耗使官神巫煞門陽
廟旺
忌
權

將劫小 52~61 54壬
軍煞耗 【疾厄】 病寅
【大兄】</td>
<td>大鳳龍年貪武
羊閣池解狼曲
廟廟
忌

奏華官 62~71 53癸
書蓋符 【遷移】 死丑
【大配】</td>
<td>大天天天地太天
祿傷喜貴劫陰同
陷廟旺
祿權
科

飛息貫 72~81 52壬
廉神索 【奴僕】 墓子
【大子】</td>
<td>大大蜚孤天天鈴天天天
曲陀廉辰福月星馬魁府
廟平旺旺

喜歲喪 82~91 51辛
神驛門 【官祿】 絶亥
【大財】</td>
</tr>
</table>

8) 노복궁

노복궁(奴僕宮)은 교우궁(交友宮)이라고도 하는데, 친구나 형제·동료·선후배 등 주로 주변사람과 관계된 궁이다. 노복이라는 말은 종이나 노예 등을 의미하는데, 고대의 배경으로 보면 주인과 종의 관계가 성립했으므로 이렇게 명명한 것이라고 본다. 하지만 현대사회는 주인과 종의 관계는 없으므로 교우궁도 어느 정도 일리가 있다고 생각한다.

하지만 노복이라는 말은 비록 주인과 종의 관계는 아닐지라도, 어차피 인간은 선천의 격과 운세의 길흉여하에 따라서 주종의 관계로 살아간다고 말해도 어색하지 않을 것이다. 이 말은 현대에도 사회구조가 지배층과 피지배층, 핵심세력과 주변세력, 사장과 종업원 등 알게 모르게 주종으로 즉 노복의 형태로 구분되어 있다는 것이다. 하여 노복궁을 비롯한 형노선이 좋지 않으면 형제나 주변사람을 비롯한 종업원이나 부하직원 등으로 인하여 좋지 않은 일이 발생하게 된다.

노복궁의 삼방사정을 보면 대궁에 형제궁이 있고 삼방에서 부모궁과 자녀궁을 만나는데 이것은 조상과·자녀·노복 등을 하나로 보는 고대의 가족구조를 보는 틀이라고 생각할 수 있다. 형노선이 흉하면 기본적으로 형제나 친구를 비롯한 가까운 사람과 거래나 동업·계약에 유의해야 한다. 그리고 직장이나 제반 인간관계에서 시비구설이 따르거나 손해를 보게 되어 낙심하는 일이 많아지며, 주변 가까운 사람 중에 삶이 힘든 경우가 있게 된다.

노복궁 사례 1)

사업가의 명이다. 신미대한(52세~61세)은 직원들로 인하여 고단함이 많다. 회사 공금을 개인용도로 이용하여 문제가 된 직원도 있고, 업무적으로 불성실한 직원도 있는 등 회사 내에서 직원과 마찰이 많아 늘 고민이다.

대한명궁(未)과 천이궁은 길하다. 다만 명궁으로 화령이 협하니 주변사람과 많이 부딪히고 여러 가지로 부담이 많은 대한이다. 대한문창화기가 선천노복궁(巳)에 배

<table>
<tr>
<td>大破天天八文巨
馬碎傷廚座昌門
廟平
忌祿
大亡病 72~81 60己
耗身符 【奴僕】 建巳
【大配】</td>
<td>大天紅恩火地天廉
鉞才艷光星空相貞
廟廟旺平
祿
病將太 62~71 61庚
符星歲 【遷移】 帶午
【大兄】</td>
<td>天天天封天右左天
空使官誥鉞弼輔梁
旺廟廟旺
喜攀晦 52~61 62辛
神鞍氣 【疾厄】 浴未
【大命】</td>
<td>大孤截陰鈴天七
陀辰空煞星馬殺
旺旺廟
飛歲喪 42~51 63壬
廉驛門 【財帛】 生申
【大父】</td>
</tr>
<tr>
<td>天鳳寡旬年天地貪
壽閣宿空解姚劫狼
陷廟
伏月弔 82~91 59戊
兵煞客 【官祿】 旺辰
【大子】</td>
<td colspan="2" rowspan="2">坤命 : 1954年(甲午) 4月 ○日 ○時
命局 : 水2局, 潤下水
命主 : 貪狼
身主 : 火星</td>
<td>大紅天三文天
祿鸞福台曲同
廟平
科
奏息貫 32~41 64癸
書神索 【子女】 養酉
【大福】</td>
</tr>
<tr>
<td>天天擎太
德喜羊陰
陷陷
官咸天 92~ 58丁
府池德 【田宅】 衰卯
【大財】</td>
<td>大龍天解武
羊池貴神曲
廟
科
將華官 22~31 65甲
軍蓋符 【身夫妻】 胎戌
【大田】</td>
</tr>
<tr>
<td>大大蜚天祿天紫
曲魁廉月存府微
廟廟廟
博指白 57丙
士背虎 【福德】 病寅
【大疾】</td>
<td>大陀天天
耗羅魁機
廟旺陷
力天龍 56丁
士煞德 【父母】 死丑
【大遷】</td>
<td>大天天天破
昌哭虛刑軍
廟
權
青災歲 2~11 55丙
龍煞破 【命宮】 墓子
【大奴】</td>
<td>月天台太
德巫輔陽
陷
忌
權
小劫小 12~21 66乙
耗煞耗 【兄弟】 絶亥
【大官】</td>
</tr>
</table>

치되므로 직원으로 인한 고민은 면하기 어렵다. 또한 겁공이 巳궁을 협하는 가운데, 대궁(亥)에서 태양화기까지 대조하므로 더 치명적이다. 대한노복궁(子)의 파군은 화권이라 직원이 오히려 주인 행세하고, 천형과 동궁하니 서로 반감이 생길 수밖에 없는 구조이다.

대한관록궁(亥)에 태양화기가 거하고 게다가 함지이다. 회사 경영과 직원과의 관계가 여의치 않음을 알 수 있다.

노복궁 사례 2)

<table>
<tr>
<td>大紅台祿天
耗鸞輔存梁
廟陷

博亡龍　　　　44丁
士身德　【兄弟】　建巳
【大財】</td>
<td>大天擎七
鉞廚羊殺
平旺

力將白　6~15　45戊
士星虎　【命宮】　旺午
【大子】</td>
<td>天寡天天右左
德宿貴鉞弼輔
旺廟廟
科

青攀天　16~25　46己
龍鞍德　【父母】　衰未
【大配】</td>
<td>大天陰天廉
陀哭煞馬貞
旺廟

小歲弔　26~35　47庚
耗驛客　【福德】　病申
【大兄】</td>
</tr>
<tr>
<td>天天紅旬天陀天紫
才虛艷空姚羅相微
廟旺陷

官月歲　　　　43丙
府煞破【身 夫妻】帶辰
【大疾】</td>
<td colspan="2" rowspan="2">乾命 ： 1958年(戊戌) 4月 ○日 ○時
命局 ： 火6局, 天上火
命主 ： 破軍
身主 ： 文昌</td>
<td>大
祿

將息病　36~45　48辛
軍神符　【田宅】　死酉
【大命】</td>
</tr>
<tr>
<td>月天天恩文巨天
德官福光曲門機
旺廟旺
忌
科祿

伏咸小　96~　　42乙
兵池耗　【子女】　浴卯
【大遷】</td>
<td>大解地破
羊神劫軍
平旺

奏華太　46~55　37壬
書蓋歲　【官祿】　墓戌
【大父】</td>
</tr>
<tr>
<td>大大天龍八天鈴貪
曲魁壽池座月星狼
廟平
祿

大指官　86~95　41甲
耗背符　【財帛】　生寅
【大奴】</td>
<td>破天封天太太
碎使誥魁陰陽
旺廟陷
權
權

病天貫　76~85　40乙
符煞索　【疾厄】　養丑
【大官】</td>
<td>蜚鳳截三年天火地天武
廉閣空台解刑星空府曲
大　　平平廟旺
昌

喜災喪　66~75　39甲
神煞門　【遷移】　胎子
【大田】</td>
<td>大天天天孤天文天
馬空傷喜辰巫昌同
旺廟

忌

飛劫晦　56~65　38癸
廉煞氣　【奴僕】　絶亥
【大福】</td>
</tr>
</table>

차명은 호텔에서 지배인으로 근무하다가 45세(壬午)에 퇴사하였다. 신유대한(36세~45세)은 부하직원을 포함한 직장 내에서 주변사람과 마찰이 많았는데, 결국 감내하지 못하고 스스로 퇴사하게 된 것이다.

대한형제궁(申)과 노복궁(寅)은 문제가 없다. 탐랑은 영성을 꺼리지 않는다. 탐랑화록과 영성이 만나면 오히려 득재하기에 좋은 조건이기 때문이다. 그런데 대한문창화기가 선천노복궁(亥)을 충파하는 것을 알 수 있다. 겁공이 협하니 부담이 가중된다. 동궁한 천동은 감정성계이므로 살기(煞忌)를 보면 정서적으로 많은 갈등을 겪게 된다. 게다가 해궁은 대한복덕궁이기도 하여 주변사람으로 인하여 심한 정신적 고통이 있었음을 알 수 있다. 퇴사 후 아는 지인이 운영하는 병원에서 근무하게 되었는데, 비교적 무난하게 지내고 있다. 대한형노선(寅申)이 록마교치를 이루고, 대한관록궁(丑)이 길하여 무난하게 새로운 출발을 하게 된 것이다. 물론 대한명궁(酉)으로 천기화기가 충파하고, 대한관록궁으로 화령이 협하니 당 대한은 직업적으로 파동을 겪는 것이다.

노복궁 사례 3)

大大大月破天恩破武 馬曲陀德碎傷光軍曲 閑平 權 祿 大劫小 56~65 42辛 耗煞耗 【奴僕】 建巳 【大福】	天天截天三封火左文太 哭虛空福台誥星輔昌陽 大 廟旺陷廟 祿 祿 伏災歲 66~75 43壬 兵煞破 【遷移】 旺午 【大田】	大大天天陀地天天 羊耗使貴羅空鉞府 廟平旺廟 官天龍 76~85 44癸 府煞德 【疾厄】 衰未 【大官】	大蜚天八祿右文太天 鉞廉壽座存弼曲陰機 廟閑平平平 科 忌 博指白 86~95 45甲 士背虎 【身財帛】 病申 【大奴】
龍旬天天 池空月同 平 忌 病華官 46~55 41庚 符蓋符 【官祿】 帶辰 【大父】	乾命 : 1960年(庚子) 3月 ○日 ○時 命局 : 火6局, 霹靂火 命主 : 貪狼 身主 : 火星		大天天擎貪紫 昌德喜羊狼微 陷平平 權 力咸天 96~ 46乙 士池德 【子女】 死酉 【大遷】
紅天地 鸞姚劫 平 喜息貫 36~45 52己 神神索 【田宅】 浴卯 【大命】			鳳寡紅年解陰台巨 閣宿艷解神煞輔門 旺 青月弔 47丙 龍煞客 【夫妻】 墓戌 【大疾】
孤天天鈴天 辰廚巫星馬 廟旺 飛歲喪 26~35 51戊 廉驛門 【福德】 生寅 【大兄】	天天七廉 空魁殺貞 旺廟旺 奏攀晦 16~25 50己 書鞍氣 【父母】 養丑 【大配】	大天天 魁才梁 廟 科 將將太 6~15 49戊 軍星歲 【命宮】 胎子 【大子】	天天天 官刑相 平 小亡病 48丁 耗身符 【兄弟】 絶亥 【大財】

차명은 건설업을 운영하였다. 지난 기묘대한(36세~45세)은 일은 많았지만 정작 실속이 없었다. 그런데 회사 재정을 담당하는 이사가 중간에서 거액의 공금을 횡령

하는 일이 있었다. 이후 사업은 결국 부도가 나고 기묘대한 말관에는 도피생활을 하기에 이르렀다.

대한노복궁(申)으로 대한의 문곡화기가 충하였다. 申궁은 록존이 거하는데, 록존궁이 살기형성이 중하면 재물손재가 따르며 관재구설도 유의해야 한다. 申궁은 선천재백궁이기도 하므로 당 대한은 재적으로 치명적인 대한이다. 재백궁이 형노선과 만나는 가운데 화기를 맞으므로 가까운 사람 때문에 손해를 보는 것이다.

대한명궁(卯)은 지겁·천요가 동궁하니 명무정요고요빈(命無正曜孤夭貧)이다. 대책이 없는 분위기다. 대한재백궁(亥) 역시 약지의 천상이 천형과 동궁하여 암울하다. 대한관록궁(未) 천부가 그나마 괴월이 마주하는 가운데 보필협의 지원을 입었다. 그러나 타라·지공으로 인하여 크게 믿을 만한 상황이 못 된다.

9) 관록궁

관록궁(官綠宮)은 사업궁(事業宮)이라고도 한다. 관록궁으로 직장이나 사업의 길흉성부여하를 판단한다. 더 구체적으로 직업의 형태, 직업의 만족도, 직업의 종류 나아가서 재물적인 만족도까지 관록궁으로 판단할 수 있다.

관록궁을 현대에서는 사업궁으로 부르기도 하는데 이것은 고대에는 관직을 최고의 직업으로 인정했지만 현대에서는 사회구조의 변화로 인하여 사업가나 상인의 지위나 역할이 상당히 중요하게 자리 잡고 있으므로 이렇게 궁의 명칭도 변화 하는 것이 아닌가 생각된다.

관록궁을 볼 때 당사자의 직업이 관직이라면 명예나 승진 등에 유리한 조합으로 이루어져 있으면 길하다, 장사나 사업을 하는 명이라면 역시 록존이나 화록 등이 동궁하면서 정성도 재부(財富)에 유리한 성계이면 길하다고 볼 수 있다. 기타 보좌길성을 비롯한 사화길성의 동조가 있으면 더 길하다.

관록궁에 거하는 성계의 조합으로 그 사람이 어떤 직업에 종사하는지 어느 정도 추론이 가능하다. 하지만 직업의 종류를 더 정확하게 분석해 내기 위해서는 십사정성과 보좌길성 및 육살성을 기본으로 참고해야 하며 또한 직업의 선택이나 성향은 가능한 선천명궁과 천이궁 그리고 재백궁과 관록궁 등에 좌한 성계의 특성을 모두 읽어야만 더 세밀하게 알 수 있다.

관록궁에 살성을 비롯한 화기 등이 동도하면 사업이나 직장에서 파동을 겪는데, 중하면 파직이나 사업적인 파재를 면하기 어렵다. 정황이 이러하면 대체적으로 직업적으로 만족이 없거나 직장에서 업무나 사람관계 때문에 상당한 고통이 따르기도 한다. 또한 본의 아니게 직장 내에서 심한 스트레스를 받거나 구설·관재 등에 휘말릴 수도 있다.

관록궁 사례 1)

차명은 요식업과 사우나를 운영하고 있는데, 43세 이후 상당한 득재를 하였다.

선천관록궁(子)을 보면 입묘한 파군이 선천화록이 되고, 록존과 동궁하니 사업으로 성공하기에 알맞은 구조다. 파군은 록성을 좋아한다. 특히 화록을 좋아하는데, 이렇게 쌍록이 동궁하니 더 길하다. 자오궁의 파군이 이렇게 정황이 길하면 '영성입묘격(英星入廟格)'이라 하여 권귀(權貴)를 누린다고 하였다.

대한명궁(子)이 선천관록궁으로 진행하니 갑자대한은 사업적으로 성공하게 된다. 실제로 차명은 갑자대한부터 갑자기 수입이 많아졌다고 한다. 대한관록궁(辰)이 비록 탐랑화기의 부담은 있지만, 대한천이궁(午)으로 염정화록까지 얻었으니 재적으로 길한 것이다. 그런데 차명은 여러 가지 사업을 동시에 운영하고 있는데, 이는 선천관록궁이자 대한명궁으로 파군화록을 보기 때문이다. 파군은 쌍·겸 등 복수적인 의미가 있는데, 관록궁에 파군화록이므로 두 가지 이상의 직업과 관계가 있는 것이다. 그리고 대한관록궁(辰)의 천요는 한 가지 직업을 오랫동안 유지하지 못하고 변화가 많은 특징이 있다. 선천이나 대한관록궁의 정황이 여러 가지 사업을 경험할 수 있는 구조이다.

<table>
<tr>
<td>大蜚破天孤旬天天天巨
昌廉碎壽辰空福馬鉞門
平旺平
權

奏歲喪 93~ 51丁
書驛門 【子女】 病巳
【大奴】</td>
<td>天天火天廉
喜官星相貞
廟旺平

祿

飛息貫 52戊
廉神索 【夫妻】 死午
【大遷】</td>
<td>大鳳龍年鈴右左天
鉞閣池解星弼輔梁
旺廟廟旺

喜華官 53己
神蓋符 【兄弟】 墓未
【大疾】</td>
<td>月大紅陰地七
德耗艷煞劫殺
廟廟

病劫小 3~12 54庚
符煞耗 【命宮】 絶申
【大財】</td>
</tr>
<tr>
<td>天天恩天貪
空貴光姚狼
廟
忌

將攀晦 83~92 50丙
軍鞍氣 【財帛】 衰辰
【大官】</td>
<td colspan="2" rowspan="2">坤命 : 1963年(癸卯) 閏4月 ○日 ○時
命局 : 木3局, 石榴木
命主 : 廉貞
身主 : 天同</td>
<td>大天天
曲虛同
平

大災歲 13~22 55辛
耗煞破 【父母】 胎酉
【大子】</td>
</tr>
<tr>
<td>大天天八台天太
羊使哭座輔魁陰
廟陷
科

小將太 73~82 49乙
耗星歲 【疾厄】 旺卯
【大田】</td>
<td>解武
神曲
廟

科

伏天龍 23~32 56壬
兵煞德 【福德】 養戌
【大配】</td>
</tr>
<tr>
<td>大大天地天紫
馬祿月空府微
陷廟廟

青亡病 63~72 48甲
龍身符 【身 遷移】 建寅
【大福】</td>
<td>大大天寡截擎文文天
陀魁傷宿空羊昌曲機
廟廟廟陷

力月弔 53~62 47乙
士煞客 【奴僕】 帶丑
【大父】</td>
<td>天紅天祿破
德鸞刑存軍
旺廟
祿
權

博咸天 43~52 46甲
士池德 【官祿】 浴子
【大命】</td>
<td>天天三天封陀太
才廚台巫誥羅陽
陷陷

忌

官指白 33~42 57癸
府背虎 【田宅】 生亥
【大兄】</td>
</tr>
</table>

관록궁 사례 2)

판사로 재직 중인 명이다. 선천관록궁(寅)을 보면 물욕·정욕을 주하는 탐랑이 화록을 보고 있어 권귀(權貴)와 거리가 있어 보인다. 그러나 파군이 문성(文星)과 살성(경양·타라 등이 회조함)을 동시에 보면 군·경·사법기관·의료 등에 종사하는 경우가 많다. 차명은 선천관록궁을 본궁으로 놓고 삼방사정을 관찰하면 정황이 상당히 길하다는 것을 알게 된다. 우선 탐랑화록이 대궁(申)의 천마와 만나 록마교치를 이루고 우필화과가 지원한다. 그리고 午궁의 좌보가 寅궁으로 동회하여 보필을 모두 보게 되는 것이다.

갑자대한(22세~31세)의 대한관록궁(辰)은 상황이 더 길하다. 자미·천상이 비록 타라와 동궁하지만 창곡을 마주하고 있고, 더 중요한 것은 辰궁의 삼방사정으로 대한의 록권과가 모두 회조하여 '삼기가회격(三奇嘉會格)'을 이루고 있다는 것이다.

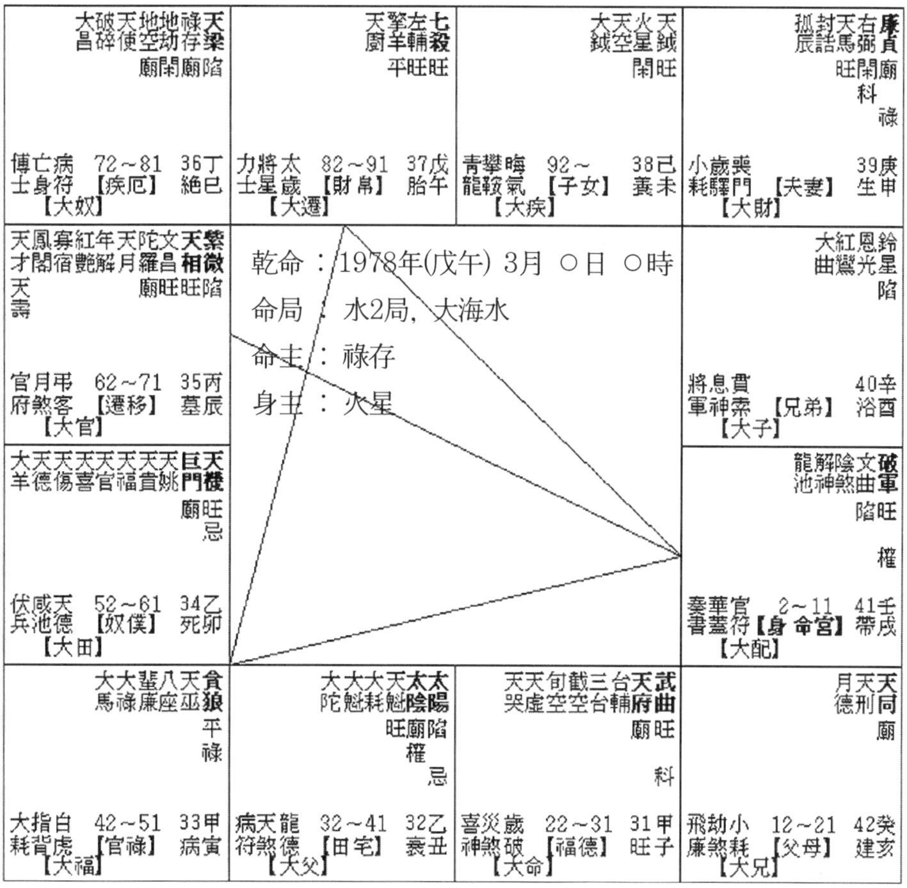

<table>
<tr>
<td>大破天地地祿天
昌碎使空劫存梁
廟閑廟陷

傅亡病 72~81 36丁
士身符 【疾厄】 絶巳
【大奴】</td>
<td>天擎左七
廚羊輔殺
平旺旺

力將太 82~91 37戊
士星歲 【財帛】 胎午
【大遷】</td>
<td>大天火天
鉞空星鉞
閑旺

青擎晦 92~ 38己
龍鞍氣 【子女】 養未
【大疾】</td>
<td>孤封天右廉
辰誥馬弼貞
旺閑廟
科
祿

小歲喪 39庚
耗驛門 【夫妻】 生申
【大財】</td>
</tr>
<tr>
<td>天鳳寡紅年天陀文天紫
才閣宿艶解月羅昌相微
天 廟旺旺陷
壽

官月弔 62~71 35丙
府煞客 【遷移】 墓辰
【大官】</td>
<td colspan="2" rowspan="2">乾命 : 1978年(戊午) 3月 ○日 ○時
命局 : 水2局, 大海水
命主 : 祿存
身主 : 火星</td>
<td>大紅恩鈴
曲鸞光星
陷

將息貫 40辛
軍神索 【兄弟】 浴酉
【大子】</td>
</tr>
<tr>
<td>大天天天天天天天巨天
羊德傷喜官福貴姚門機
廟旺
忌

伏咸天 52~61 34乙
兵池德 【奴僕】 死卯
【大田】</td>
<td>龍解陰文破
池神煞曲軍
陷旺
權

奏華官 2~11 41壬
書蓋符 【身 命宮】 帶戌
【大配】</td>
</tr>
<tr>
<td>大大蜚八天貪
馬祿廉座巫狼
平
祿

大指白 42~51 33甲
耗背虎 【官祿】 病寅
【大福】</td>
<td>大大大天太太
陀魁耗魁陰陽
旺廟陷
權
忌

病天龍 32~41 32乙
符煞德 【田宅】 衰丑
【大父】</td>
<td>天天旬截三台天武
哭虛空空台輔府曲
廟旺
科

喜災歲 22~31 31甲
神煞破 【福德】 旺子
【大命】</td>
<td>月天天
德刑同
廟

飛劫小 12~21 42癸
廉煞耗 【父母】 建亥
【大兄】</td>
</tr>
</table>

본격은 두수에서 부귀쌍전하는 길격(吉格) 중의 하나이다. 차명이 갑자대한 중 사법고시에 합격하여 좋은 성적으로 판사직에 임명되었는데, 이는 대한명궁(子) 이하 대한관록궁의 정황이 우수하기 때문이다.

관록궁 사례 3)

의대를 졸업한 명이다. 내과를 전공하였다. 그런데 차명은 24세 이후 원하는 일이 제대로 된 적이 없었다고 한다. 박사학위를 패스하기 위해 열심히 하였지만, 학교에서는 다른 사람을 우선시하여 차명은 늘 제외되곤 하였다. 계사대한(24세~33세)이 끝날 때까지 학위취득은 안 되고, 남자인연도 없었다. 그리고 집안의 형제들도 어렵고 도움이 안 된다고 한다.

<table>
<tr>
<td>大天天孤天祿
鉞空喜辰官存
廟
博劫晦 24~33 38癸
士煞氣 【夫妻】 生巳
【大命】</td>
<td>蜚鳳天年擎文天
廉閣貴解羊曲機
平陷廟
權
官災喪 14~23 39甲
府煞門 【兄弟】 養午
【大父】</td>
<td>天破紫
月軍微
廟廟
祿
伏天貫 4~13 40乙
兵煞索 【命宮】 胎未
【大福】</td>
<td>龍恩台天文
池光輔姚昌
旺
科
大指官 41丙
耗背符 【父母】 絶申
【大田】</td>
</tr>
<tr>
<td>截封天陀火太
空誥刑羅星陽
廟閑旺
力華太 34~43 37壬
士蓋歲 【子女】 浴辰
【大兄】</td>
<td colspan="2" rowspan="2">坤命 : 1976年(丙辰) 8月 ○日 ○時
命局 : 金4局, 沙中金
命主 : 武曲
身主 : 文昌</td>
<td>月地天天
德空鉞府
廟廟陷
病咸小 42丁
符池耗 【福德】 墓酉
【大官】</td>
</tr>
<tr>
<td>大大天右七武
昌魁壽弼殺曲
陷陷陷
青息病 44~53 36辛
龍神符 【財帛】 帶卯
【大配】</td>
<td>天太
虛陰
旺
科
喜月歲 94~ 43戊
神煞破 【田宅】 死戌
【大奴】</td>
</tr>
<tr>
<td>天天紅八解天天天
使哭艷座神馬梁同
旺廟閑
祿
小歲弔 54~63 35庚
耗驛客 【疾厄】 建寅
【大子】</td>
<td>大天破寡地天
羊德碎宿劫相
陷廟
將攀天 64~73 34辛
軍鞍德 【遷移】 旺丑
【大財】</td>
<td>大天旬天天三陰鈴巨
祿傷空廚福台煞星門
陷旺
權
奏將白 74~83 33庚
書星虎 【奴僕】 衰子
【大疾】</td>
<td>大大大天紅天天左貪廉
曲陀耗才鸞巫魁輔狼貞
大 旺閑陷陷
馬 忌
忌
飛亡龍 84~93 44己
廉身德 【身 官祿】 病亥
【大遷】</td>
</tr>
</table>

우선 차명의 선천관록궁(亥)을 살펴보면, 염정·탐랑이 동궁하는 가운데 염정화기가 자리하니 정황이 여의치 않다. 관록궁은 직장이나 사업뿐만 아니라 학교나 학문의 길흉여하를 보는 곳이기도 한데, 이렇게 화기의 간섭을 받고 있으니 직업이나 학문적으로 늘 불안하고 지연되며 구설도 따르게 된다. 그런데다가 계사대한(24세~33세)의 대한탐랑화기가 재차 亥궁에 들어가 쌍화기가 되니 문제가 더욱 심각하

다. 혹 직장을 가지고 있는 상황이라면 늘 직장문제가 불안하여 변동이 심하거나 직장을 나오기도 한다. 사업가라면 심각한 경영위기에 노출되어 사업을 유지하기 어렵다.

해궁의 쌍기는 대한명궁이자 선천부처궁(巳)으로 차성되어 연애나 혼사도 여의치 않은 것이다. 대한형제궁(辰)은 타라·화성·천형 등 살성이 중하니 주변사람과의 관계가 원만하기 어렵고, 오히려 부담으로 다가온다.

관록궁 사례 4)

<table>
<tr>
<td>大大天旬封陀天天
曲陀虛空誥羅馬府
陷平平
力歲歲 3~12 55己
士驛破 【命宮】 病巳
【大官】</td>
<td>大祿太天
祿存陰同
旺陷陷
祿權
傅息龍 56庚
士神德 【父母】 衰午
【大奴】</td>
<td>大天八三天擎文文貪武
羊哭座台姚羊昌曲狼曲
廟平旺廟廟
忌權祿
官華白 57辛
府蓋虎 【福德】 旺未
【大遷】</td>
<td>天天地天巨太
德廚空鉞門陽
廟廟廟閑
忌
伏劫天 93~ 58壬
兵煞德 【田宅】 建申
【大疾】</td>
</tr>
<tr>
<td>月大天紅紅右
德耗才鸞艶弼
廟
青攀小 13~22 54戊
龍鞍耗 【兄弟】 死辰
【大田】</td>
<td colspan="2" rowspan="2">乾命 : 1959年(己亥) 7月 ○日 ○時
命局 : 木3局, 大林木
命主 : 武曲
身主 : 天機</td>
<td>大大破截天台天
昌鉞碎空官輔相
陷
大災弔 83~92 59癸
耗煞客 【官祿】 帶酉
【大財】</td>
</tr>
<tr>
<td>龍天恩天破廉
池貴光刑軍貞
旺閑
小將官 23~32 53丁
耗星符 【夫妻】 墓卯
【大福】</td>
<td>天天天寡左天天
傷壽喜宿輔梁機
廟旺廟
科
科
病天病 73~82 60甲
符煞符 【奴僕】 浴戌
【大子】</td>
</tr>
<tr>
<td>孤天解天陰地
辰福神巫煞劫
平
將亡貫 33~42 52丙
軍身索 【子女】 絶寅
【大父】</td>
<td>蜚鈴
廉星
陷
奏月喪 43~52 51丁
書煞門 【財帛】 胎丑
【大命】</td>
<td>天天火天
空使星魁
平旺
飛咸晦 53~62 50丙
廉池氣 【疾厄】 養子
【大兄】</td>
<td>大大鳳年天七紫
馬魁閣解月殺微
平旺
喜指太 63~72 61乙
神背歲 【身 遷移】 生亥
【大配】</td>
</tr>
</table>

보석관련 사업을 하고 있다. 보석을 가공·생산·판매·전시 등을 주로 하고 있는

데, 병인대한(33세~42세)에 사업이 급성장하여 경영이 상당히 좋았다. 병인대한의 대한관록궁(午)은 록존과 대한천동화록 등 쌍록이 동궁하게 되므로 길하다. 대한재백궁(戌)도 길하다.

그런데 정축대한(43세~52세)이 되자 경영에 심각한 위기가 왔다. 거의 파산할 지경인데 겨우 명맥을 유지하고 있을 정도다. 정축대한의 대한관록궁(巳)은 타라·천마가 만나 절족마(折足馬)를 이루고 있다. 천부가 살성이 중하면 노고(露庫 : 재물창고가 드러남)라 하여 재적으로 치명적이다. 巳궁은 선천명궁이기도 한데, 차명의 선천명궁이 노고에 절족마가 형성되어 있으니 선천적으로 파동이 심한 삶을 살게 되는 것이다.

선천관록궁(酉)도 함지의 천상이 삼방사정으로 양타·천형 등이 동회하여 문제가 심각하다. 게다가 대한의 거문화기가 酉궁으로 형기협인(刑忌夾印)하고 있는 상황이니 그 분위기가 실로 엄중하다. 대한관록궁과 선천관록궁 모두 강력한 살기의 영향을 받는다. 만약 차명이 정축대한 중 직장을 나와서 창업을 했다면 이유여하를 막론하고 거의 파산하게 된다. 병인대한에 그나마 재부(財富)를 얻었기에 그 여력으로 정축대한을 버티고 있는 것이다.

10) 전택궁

전택궁(田宅宮)은 기본적으로 부동산과 관련한 궁이지만 몇 가지의 의미가 더 있다.

첫째, 전택궁으로 일생 자신의 부동산(거주지 및 사무실·공장·전답·임야 등) 운이 어떠한가를 판단하는 기준으로 볼 수 있다. 부동산의 많고 적음과 부동산으로 인한 득재(得財) 여부, 나아가서 부모로부터 유산을 받을지 등을 보고, 자신이 살고 있는 주거지의 전반적인 길흉 분석을 전택궁으로 할 수 있다.

두 번째, 해당 대한이나 유년에서 부동산의 취득여부와 매매운 그리고 이사를 비롯한 부동산의 변동 사항도 전택궁으로 추단한다. 흔히 운에서 주거지나 사무실 이동 등 부동산의 변동이 있으면 꼭 대한이나 유년에서 전택궁이 움직이는 것을 많이 볼 수 있는데, 이는 전택궁이 부동산을 주하기 때문이다. 그래서 대한이나 유년에서 전택궁이 살성이나 화기의 간섭을 많이 받는 상황이면 가급적 이사나 계약을 보류하는 것이 좋고, 기타 주거지나 부동산으로 인한 문제가 발생할 수 있는지의 여부도 확인 하는 것이 피흉취길(避凶取吉)이라 하겠다. 반대로 대한이나 유년의 전택궁으로 길성과 록성의 영향을 받으면 부동산에 투자를 해두거나 매매나 이사를 하는 것이 유리한데, 주로 양택풍수적인 측면에서도 득을 보게 된다.

세 번째, 전택궁은 한 가정의 보편적인 여러 가지 상황을 의미하기도 한다. 전택궁은 광의의 부동산 궁이지만 보편적으로 가정의 전체적인 분위기나 환경 등을 나타내기도 한다. 하여 전택궁으로 살기형성이 가하면 가정적으로 어둡고 어려운 환경에 노출되고, 또한 집안에 상사(喪事)가 발생하기도 한다. 이는 가족 구성원 중에 주로 건강이나 사고로 인하여 상해를 입던지 심하면 상을 당할 수도 있다는 것이다.

네 번째, 전택궁으로 여성의 질병 여부를 가늠할 수 있다. 전택이 부동산을 의미하기도 하지만, 고인들은 전택궁을 여성의 자궁(子宮)으로 보았다(반대로 자녀궁은 남자의 생식기로 판단함). 하여 전택궁이 흉험하면 여성 질환(신장을 비롯한 자궁계 질병과 유방 병 등)이 발생하기도 한다(당사자의 命身궁으로 살성이 회집하면 더욱 문제가 된다). 또한 자녀를 갖기 어렵거나 유산이나 낙태가 있을 수 있다.

다섯 번째, 전택궁은 학교나 직장을 의미하기도 한다. 학생의 입장에서 보면 두 번째 대한까지는 전택궁이 가정을 비롯한 학교의 상황을 동시에 포함하고 있는 경우가 많다. 학교나 직장은 기본적으로 관록궁으로 보는데, 전택궁도 관여하는 성질이 있으므로 같이 참조하면 더 정확한 분석이 가능하다. 하여 초년에 전택궁이 불리하면 가정에 불만이 많거나 집을 나갈 수 있으며, 또한 학업문제가 있고 학교가기 싫어한다. 직장인이나 사업가 역시 전택궁과 관록궁의 정황으로 직장의 길흉여하를 판단하여야 한다. 그리고 이직(移職)·전직(轉職)·창업 등 직장의 변화 여부도 전택궁의 정황을 보고 판단한다. 물론 직장이나 사업적인 부분은 관록궁이 우선이지만 전택궁도 관계가 있으므로 두 개의 궁을 모두 참조해야 한다.

전택궁 사례 1)

<table>
<tr>
<td>大天天天天天陀天七紫
鉞才虛廚巫刑羅馬殺微
陷平平旺
力歲歲 12~21 67乙
士驛破 【兄弟】 建巳
【大官】</td>
<td>八封祿文
座誥存昌
旺陷
博息龍 2~11 56丙
士神德 【命宮】 帶午
【大奴】</td>
<td>天紅旬擎地
哭艷空羊空
廟平
官華白 57丁
府蓋虎 【父母】 浴未
【大遷】</td>
<td>天三文
德台曲
平
伏劫天 58戊
兵煞德 【福德】 生申
【大疾】</td>
</tr>
<tr>
<td>月大紅解天天
德耗鸞神梁機
旺廟
科
青攀小 22~31 66甲
龍鞍耗 【夫妻】 旺辰
【大田】</td>
<td colspan="2" rowspan="2">乾命 : 1947年(丁亥) 9月 ○日 ○時
命局 : 水2局, 天河水
命主 : 破軍
身主 : 天機</td>
<td>破天天破廉
碎姚鉞軍貞
廟陷平
祿
大災弔 92~ 59己
耗煞客 【田宅】 養酉
【大財】</td>
</tr>
<tr>
<td>大大龍截天地天
昌魁池空貴劫相
平陷
小將官 32~41 65癸
耗星符 【子女】 衰卯
【大福】</td>
<td>天寡陰台
喜宿煞輔
病天病 82~91 60庚
符煞符 【官祿】 胎戌
【大子】</td>
</tr>
<tr>
<td>孤天天鈴右巨太
辰官月星弼門陽
廟旺廟旺
忌
權
將亡貫 42~51 64壬
軍身索【身 財帛】 病寅
【大父】</td>
<td>大蜚天天恩火貪武
羊廉使壽光星狼曲
旺廟廟
忌
奏月喪 52~61 63癸
書煞門 【疾厄】 死丑
【大命】</td>
<td>大天左太天
祿空輔陰同
旺廟旺
祿權
科
飛咸晦 62~71 62壬
廉池氣 【遷移】 墓子
【大兄】</td>
<td>大大大天鳳天年天天
馬曲陀傷閣福解魁府
旺旺
喜指太 72~81 61辛
神背歲 【奴僕】 絶亥
【大配】</td>
</tr>
</table>

차명은 계축대한(52세~61세) 중 부동산으로 인한 득재(得財)가 많았다. 임야와 상가 등에 집중적으로 투자하였는데, 모두 상당한 수익을 남겼다. 거주하는 아파트도 가격이 몇 배로 올라 매매를 하고 다른 곳으로 이사를 하였다.

선천전택궁(酉)으로 파군화록이 떨어진다. 고로 부동산으로 인한 수익이 발생하게 된다. 파군화록은 쌍·겸·변화 등의 뜻이 있으므로 투자한 부동산이 많았으며, 이사도 하게 된 것이다. 동궁한 천월은 정황을 더 좋게 한다. 酉궁은 대한재백궁이기도

하므로, 당 대한은 부동산이 주요 득재수단이 될 수 있는 상황이다. 대한전택궁(辰)도 기량이 선천화과를 보니 계약이나 매매가 유리하게 전개된다. 대궁(戌)으로 괴월이 협하여 회조하니 더 길하다.

전택궁 사례 2)

<table>
<tr>
<td>大大大天 旬陀天天
馬曲陀虛 空羅馬同
陷平廟
權
官歲歲 66~75 55己
府驛破【身 遷移】 建巳
【大福】</td>
<td>大天天恩火 祿天武
祿使貴光星 存府曲
廟旺旺旺
祿
博息龍 76~85 56庚
士神德 【疾厄】 旺午
【大田】</td>
<td>大天天擎鈴太太
羊哭姚羊星陰陽
廟旺平平
祿
力華白 86~95 57辛
士蓋虎 【財帛】 衰未
【大官】</td>
<td>天天地天貪
德廚劫鉞狼
廟廟平
權
青劫天 96~ 58壬
龍煞德 【子女】 病申
【大奴】</td>
</tr>
<tr>
<td>月大天天紅紅三右破
德耗傷壽鸞艷台弼軍
廟旺
伏攀小 56~65 54戊
兵鞍耗 【奴僕】 帶辰
【大父】</td>
<td colspan="2" rowspan="2">坤命 : 1959年(己亥) 7月 ○日 ○時
命局 : 火6局, 山頭火
命主 : 巨門
身主 : 天機</td>
<td>大大破截天巨天
昌鉞碎空官門機
廟旺
忌科
小災弔 59癸
耗煞客 【夫妻】 死酉
【大遷】</td>
</tr>
<tr>
<td>龍台天
池輔刑
大將官 46~55 53丁
耗星符 【官祿】 浴卯
【大命】</td>
<td>天天寡八左天紫
才喜宿座輔相微
廟閑閑
將天病 60甲
軍煞符 【兄弟】 墓戌
【大疾】</td>
</tr>
<tr>
<td>孤天解天陰地廉
辰福神巫煞空貞
陷廟
病亡貫 36~45 52丙
符身索 【田宅】 生寅
【大兄】</td>
<td>蜚文文
廉昌曲
廟廟
忌
喜月喪 26~35 51丁
神煞門 【福德】 養丑
【大配】</td>
<td>天天七
空魁殺
旺旺
飛咸晦 16~25 50丙
廉池氣 【父母】 胎子
【大子】</td>
<td>大鳳年天封天
魁閣解月誥梁
陷
科
奏指太 6~15 61乙
書背歲 【命宮】 絶亥
【大財】</td>
</tr>
</table>

차명은 정묘대한(46세~55세)이 되면서부터 부동산 투자에 많은 관심을 가졌는데, 주로 상가와 재개발지역에 투자를 하였다. 그런데 차명이 투자한 곳 모두 가격이 상승하여 상당한 시세차익을 남겼다. 48세(丙戌)에는 신도시 아파트 분양에 당첨되기도 하였다.

선천전택궁(寅)은 염정이 지공과 동궁하는 가운데 지겁이 대조하여 그렇게 길상이 아니다. 그러나 대한전택궁(午)으로 선천무록화록·선천록존·대한록존 등 록성이 중중하니 정묘대한은 필시 부동산으로 인한 수익이나 기타 길사를 예단할 수 있다. 그리고 午궁으로 대한천동화권과 태음화록이 협한다. 또한 巳궁의 천마와 未궁의 태음화록이 午궁을 협하여 록마교치(祿馬交馳)를 이루니 재적으로 더 탄력을 받는다. 물론 이와 같이 록성과 천마가 어느 궁을 협하여 록마교치가 되면 재적으로 강력하진 않지만, 그래도 약간의 효과는 나타나는 법이다.

전택궁 사례 3)

<table>
<tr>
<td>大龍天旬截天右天
馬池哭空空福弼府
平平
病指官 63~72 53癸
符背符 【遷移】 病巳
【大福】</td>
<td>月大天天三天鈴天太天
德耗使廚台姚星鉞陰同
大 廟 陷陷
鉞
大咸小 73~82 54甲
耗池耗 【疾厄】 死午
【大田】</td>
<td>天地貪武
虛劫狼曲
平廟廟
伏月歲 83~92 55乙
兵煞破 【財帛】 墓未
【大官】</td>
<td>大天八天天陀巨太
陀喜座貴巫羅門陽
陷廟閑
祿權
祿權
官亡龍 93~ 56丙
府身德 【子女】 絶申
【大奴】</td>
</tr>
<tr>
<td>天天陰
傷壽煞
喜天貫 53~62 52壬
神煞索 【奴僕】 衰辰
【大父】</td>
<td colspan="2" rowspan="2">坤命 : 1961年(辛丑) 6月 ○日 ○時
命局 : 木3局, 平地木
命主 : 巨門
身主 : 天相</td>
<td>大蜚鳳紅天年祿左天
祿廉閣艶官解存輔相
旺陷陷
博將白 57丁
士星虎 【夫妻】 胎酉
【大遷】</td>
</tr>
<tr>
<td>天地破廉
月空軍貞
平旺閑
飛災喪 43~52 51辛
廉煞門【身 官祿】 旺卯
【大命】</td>
<td>大天寡恩封擎天天
羊德宿光誥羊梁機
廟旺廟
力攀天 58戊
士鞍德 【兄弟】 養戌
【大疾】</td>
</tr>
<tr>
<td>大大天紅孤台天天文
曲魁空鸞辰輔刑鉞昌
陷
忌
忌
奏劫晦 33~42 50庚
書煞氣 【田宅】 建寅
【大兄】</td>
<td>破
碎
將華太 23~32 49辛
軍蓋歲 【福德】 帶丑
【大配】</td>
<td>大天解文
昌才神曲
廟
科
科
小息病 13~22 48庚
耗神符 【父母】 浴子
【大子】</td>
<td>火天七紫
星馬殺微
平平平旺
青歲弔 3~12 59己
龍驛客 【命宮】 生亥
【大財】</td>
</tr>
</table>

신묘대한(43세~52세)은 대한문창화기가 선천전택궁(寅)으로 떨어진다. 寅궁은 선천화기가 거하고 있어 그렇지 않아도 충파를 당하고 있는 궁인데, 신묘대한은 대한화기까지 가세하여 쌍기가 되므로 정황이 더욱 엄중하다. 필시 부동산으로 인한 손재나 시비구설을 방비해야 하는 대한이다. 그리고 전택궁은 신(腎)·자궁을 의미하기도 하므로 부인과질병도 유의해야 한다. 또한 寅궁은 대한형제궁이기도 하므로 형제나 주변사람으로 인하여 상당한 부담을 받는 대운이다. 실제로 차명은 신묘대한이 되자 지인과 친구 등 몇 사람과 동업으로 찜질방을 제법 크게 운영하게 되었다. 그러나 2년을 넘기지 못하고 문을 닫고 말았다. 이후 부동산소유권 문제로 동업한 사람들과 분쟁이 발생하기도 하였다. 결국에는 차명이 손해를 감수하고 해결을 보았다. 그리고 신묘대한 중 주변사람들에게 많은 돈을 빌려주었는데, 제대로 받은 적은 한 번도 없다고 한다. 배우자의 형제들도 경제적으로 문제가 많아 늘 지원을 해야 하는 입장이다. 형제궁과 전택궁의 흉상이 그대로 드러나는 대한이다.

전택궁 사례 4)

47세(丙戌)년 자궁암 수술을 하였다. 병술대한(45세~54세)의 대한전택궁(丑)을 보면 천괴가 거하고 있어 특별한 문제는 없어 보인다. 그러나 대궁(未)에 있는 천동화기·화성·타라 등 살기성이 차성되므로 문제가 된다. 이처럼 대한이나 선천의 자전선으로 흉살이 중하면 부인과질병을 의심해봐야 한다. 명천선이나 身궁에 하자가 있으면 더욱 징험하다. 차명의 경우 대한명궁(戌)은 비록 칠살이 입묘하여 문제가 없지만, 대궁(辰)으로 대한염정화기가 충파하여 명궁을 직접적으로 타격하고 있다는 것을 알아야 한다. 그리고 자전선이 불리하면 경우에 따라서는 유산이나 낙태 등이 있을 수 있다. 본명의 경우 여성 질환뿐만 아니라 자녀의 대학입시 문제로 고민이 많았다. 대한자녀궁(未)의 흉상이 발현된 것이다.

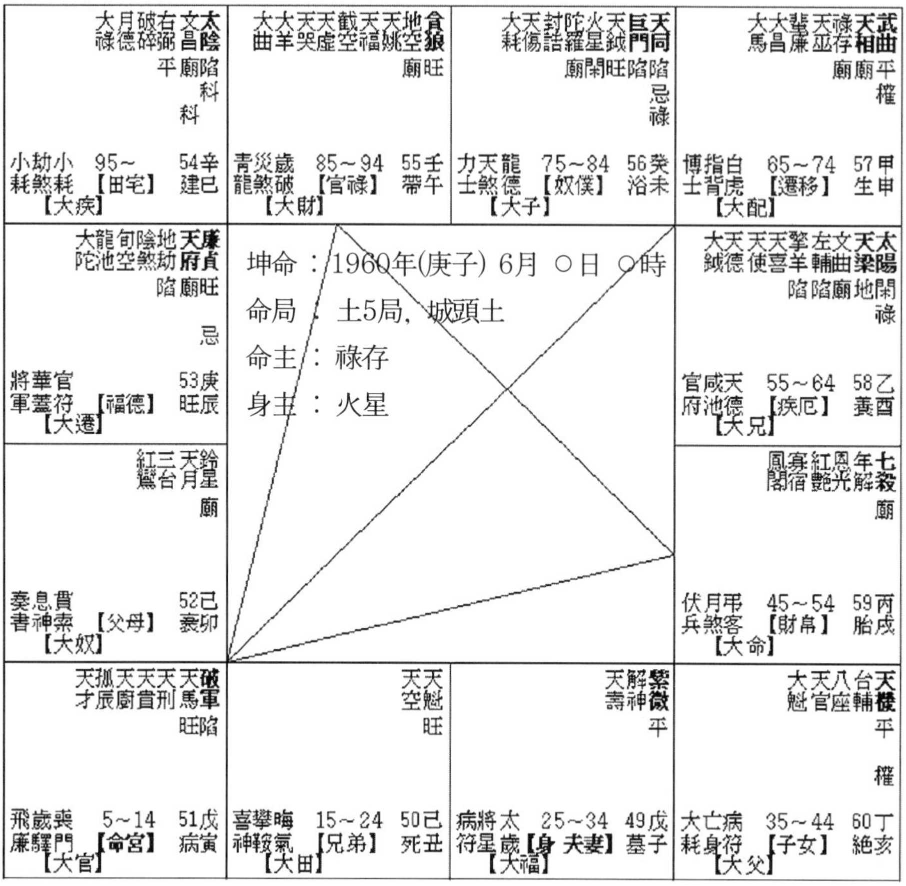

<table>
<tr>
<td>大月破右文太
祿德碎弼昌陰
平廟陷
科
科

小劫小　95~　54辛
耗煞耗　【田宅】　建巳
【大疾】</td>
<td>大大天天截天天地貪
曲羊哭虛空福姚空狼
廟旺

青災歲　85~94　55壬
龍煞破　【官祿】　帶午
【大財】</td>
<td>大天封陀火天巨天
耗傷誥羅星鉞門同
廟閑旺陷陷
忌
祿

力天龍　75~84　56癸
士煞德　【奴僕】　浴未
【大子】</td>
<td>大大蜚天祿天武
馬昌廉巫存相曲
廟廟平
權

博指白　65~74　57甲
士背虎　【遷移】　生申
【大配】</td>
</tr>
<tr>
<td>大龍旬陰地天廉
陀池空煞劫府貞
陷廟旺
忌

將華官　53庚
軍蓋符　【福德】　旺辰
【大遷】</td>
<td colspan="2" rowspan="2">坤命 : 1960年(庚子) 6月 ○日 ○時
命局 : 土5局, 城頭土
命主 : 祿存
身主 : 火星</td>
<td>大天天天擎左文天太
鉞德使喜羊輔曲梁陽
陷陷廟地閑
祿

官咸天　55~64　58乙
府池德　【疾厄】　養酉
【大兄】</td>
</tr>
<tr>
<td>紅三天鈴
鸞台月星
廟

奏息貫　52己
書神索　【父母】　衰卯
【大奴】</td>
<td>鳳寡紅恩年七
閣宿艶光解殺
廟

伏月弔　45~54　59丙
兵煞客　【財帛】　胎戌
【大命】</td>
</tr>
<tr>
<td>天孤天天天天破
才辰廚貴刑馬軍
旺陷

飛歲喪　5~14　51戊
廉驛門　【命宮】　病寅
【大官】</td>
<td>天天
空魁
旺

喜攀晦　15~24　50己
神鞍氣　【兄弟】　死丑
【大田】</td>
<td>天解紫
壽神微
平

病將太　25~34　49戊
符星歲【身 夫妻】墓子
【大福】</td>
<td>大天八台天
魁官座輔機
平
權

大亡病　35~44　60丁
耗身符　【子女】　絶亥
【大父】</td>
</tr>
</table>

11) 복덕궁

복덕궁(福德宮)은 개인의 정신향수와 사상 그리고 내재된 성격이나 기호 등을 추단하는 궁이다. 명궁과 身궁이 명격의 고저를 비롯한 선천운과 유년운의 전체적인 길흉사에 직접적으로 관여한다고 하면, 복덕궁은 비교적 추상적이고 감성적인 길흉을 판단하는 기준으로 보면 되겠다. 하여 복덕궁이 흉하면 우울한 생각에 빠지기 쉬운데, 삶이 허무하고 자신의 삶에 불안과 불만이 많으며 노심초사하는 성격으로 변할 수 있다. 심하면 정신적인 문제가 나타나 약물복용이나 술 등에 의지한다. 더 흉하면 우울증이나 대인기피증 등 정신질환에 시달리고 자살의 충동에 휩싸이기도 한다.

복덕궁은 대궁이 재백궁이므로 정신이나 감정의 호 불호 여부는 재백의 상황, 다시 말해 재물의 대소에 따라서 결정이 난다는 것을 삼방사정을 통해서 엿볼 수 있다. 역시 재물이 많으면 마음이 편한 이치일 것이다. 하지만 복덕궁은 이같은 재물의 정황과는 다르게 움직일 수도 있는데, 인간생활의 정신향수가 재물이 많다고 해서 모두 만족하다고 말할 수는 없기 때문이다.

복덕궁이 살기형성의 간섭을 받고 있는 상황이라면 비록 그 사람의 선천命身궁이 길하여 명리(名利)를 얻었다고 해도 내심 고통이 있을 수도 있다. 이것이 바로 복덕궁이 흉하여 일어날 수 있는 현상이다. 반대로 어떤 이는 겨우 연명을 하면서 살고 있지만 그래도 만족한 삶을 사는 것처럼 보이는 것은 바로 정신향수를 주하는 복덕궁의 상황이 좋기 때문이다. 복덕궁이 좋으면 비록 굶주려도 웃음을 잃지 않는다는 말이 있다.

복덕궁은 정신향수 뿐만 아니라 그 사람의 취미나 기호·성격·직업적인 선택여부 등에도 관여하므로 당사자의 주관이나 사상을 제대로 알기 위해서는 선천의 명신궁과 함께 반드시 복덕궁을 같이 참조해야 한다.

女命은 특히 복덕궁을 중요하게 여기는 부분이 있는데, 선천 명신궁의 성계가 감정상 결함이 있거나 심리적인 고통을 겪는 상황이라면 더욱 복덕궁의 향방이 중요하다. 만약, 선천의 명신궁이 흉한데 복덕궁까지 불리하면, 쉽게 좌절하고 항상 피해의식이나 과대망상에 사로잡혀 우울한 삶을 살 수도 있다.

복덕궁 사례 1)

<table>
<tr>
<td>大紅文天
耗鸞昌機
廟平
大亡龍 65~74 44辛
耗身德 【遷移】 絶巳</td>
<td>天截天三火地左紫
使空福台星空輔微
廟廟旺廟
伏將白 75~84 45壬
兵星虎 【疾厄】 胎午</td>
<td>天天寡封陀天
德壽宿誥羅鉞
廟旺
官攀天 85~94 46癸
府鞍德 【財帛】 養未</td>
<td>天八天鈴祿天右破
哭座貴星存馬弼軍
旺廟旺閑陷
博歲弔 95~ 47甲
士驛客 【子女】 生申</td>
</tr>
<tr>
<td>天天恩天地七
傷虛光月劫殺
陷旺
病月歲 55~64 43庚
符煞破 【奴僕】 墓辰</td>
<td colspan="2" rowspan="2">乾命 : 1970年(庚戌) 3月 ○日 ○時
命局 : 土5局, 壁上土
命主 : 巨門
身主 : 文昌</td>
<td>天擎文
才羊曲
陷廟
力息病 48乙
士神符 【身 夫妻】 浴酉</td>
</tr>
<tr>
<td>月天天太
德姚梁陽
廟廟
祿
喜咸小 45~54 42己
神池耗 【官祿】 死卯</td>
<td>紅解陰天廉
艷神煞府貞
廟旺
青華太 49丙
龍蓋歲 【兄弟】 帶戌</td>
</tr>
<tr>
<td>龍旬天天天武
池空廚巫相曲
廟閑
權
飛指官 35~44 41戊
廉背符 【田宅】 病寅</td>
<td>破天巨天
碎魁門同
旺旺陷
忌
奏天貫 25~34 40己
書煞索 【福德】 衰丑</td>
<td>蜚鳳年貪
廉閣解狼
旺
將災喪 15~24 39戊
軍煞門 【父母】 旺子</td>
<td>天天孤天台天太
空喜辰官輔刑陰
廟
科
小劫晦 5~14 50丁
耗煞氣 【命宮】 建亥</td>
</tr>
</table>

의사의 명이다. 선천복덕궁(丑)으로 거문·천동이 동궁하는데, 천동화기를 맞았다. 원래 거동조합이 어둡고 폐쇄적인 부분이 있는데, 이렇게 화기까지 가세하니 정신향수에 문제가 있게 된다. 대궁(未)으로 타라가 비치고 화령까지 未궁을 협하고 있는 상황이다. 정신적인 고뇌 등 삶에 곡절이 많음을 암시하고 있다.

실제 차명은 지난 기축대한(25세~34세) 중 직업적인 불안정과 배우자와 이혼하는 등 파동이 겹쳐 심각한 우울 증세를 겪었다. 이후 자살소동 까지 있었고, 결국 정신과 치료를 받기도 하였다. 물론 기축대한은 선천부처궁(酉)으로 문곡화기를 맞아 부부문제가 여의치 않음을 알 수 있는데, 차명의 경우 복덕궁의 정황이 엄중하므로 이러한 충격에서 쉽게 벗어나지 못하고 더 심한 충격이나 좌절을 겪는 것이다. 차명의 성정도 고독하고 탈속적인 면이 강하다. 가끔 사람들과 인연을 끊기도 하는데, 거의 몇 개월을 두문불출하기도 한다.

복덕궁 사례 2)

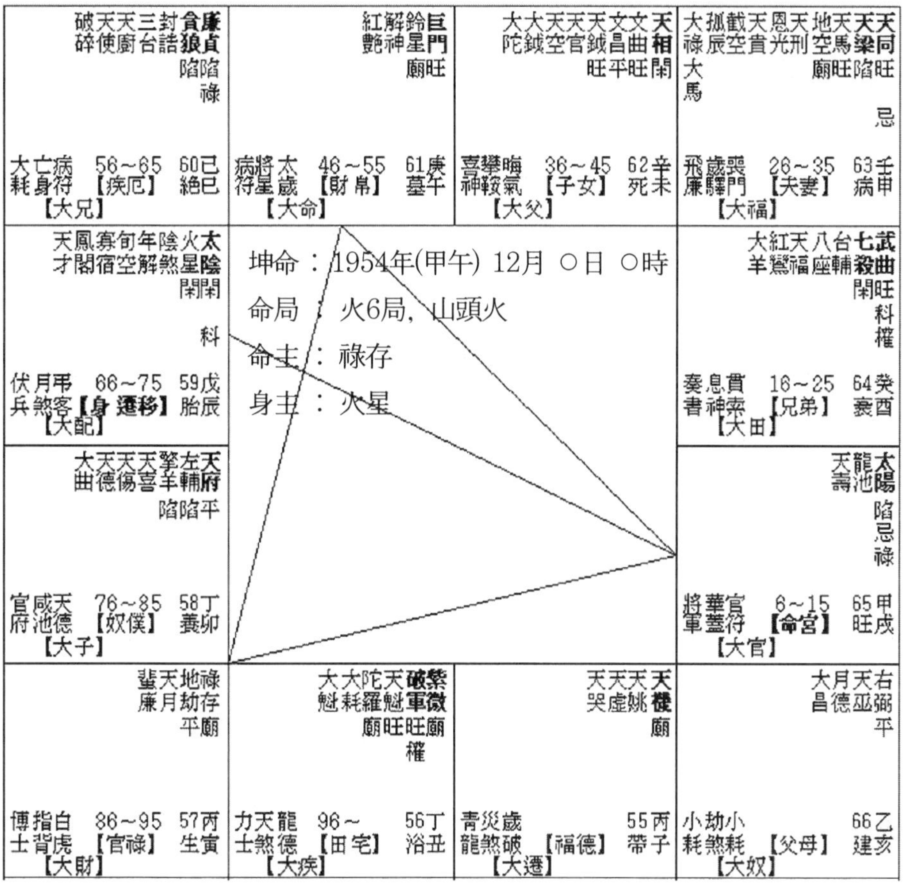

<table>
<tr>
<td>破天天三封貪廉
碎使廚台誥狼貞
陷陷
祿

大亡病　56~65　60己
耗身符　【疾厄】　絶巳
【大兄】</td>
<td>紅解鈴巨
艷神星門
廟旺

病將太　46~55　61庚
符星歲　【財帛】　墓午
【大命】</td>
<td>大大天天天文文天
陀鉞空官鉞昌曲相
旺平旺閑

喜攀晦　36~45　62辛
神鞍氣　【子女】　死未
【大父】</td>
<td>大孤截天恩天地天天天
祿辰空貴光刑空馬梁同
大　廟旺陷旺
馬
忌

飛歲喪　26~35　63壬
廉驛門　【夫妻】　病申
【大福】</td>
</tr>
<tr>
<td>天鳳寡旬年陰火太
才閣宿空解煞星陰
閑閑
科

伏月弔　66~75　59戊
兵煞客【身 遷移】胎辰
【大配】</td>
<td colspan="2" rowspan="2">坤命 : 1954年(甲午) 12月 ○日 ○時
命局 : 火6局, 山頭火
命主 : 祿存
身主 : 火星</td>
<td>大紅天八台七武
羊鸞福座輔殺曲
閑旺
科
權

奏息貫　16~25　64癸
書神索　【兄弟】　衰酉
【大田】</td>
</tr>
<tr>
<td>大天天天擎左天
曲德傷喜羊輔府
陷陷平

官咸天　76~85　58丁
府池德　【奴僕】　養卯
【大子】</td>
<td>天龍太
壽池陽
陷
忌
祿

將華官　6~15　65甲
軍蓋符　【命宮】　旺戌
【大官】</td>
</tr>
<tr>
<td>蜚天地祿
廉月劫存
平廟

博指白　86~95　57丙
士背虎　【官祿】　生寅
【大財】</td>
<td>大大陀天破紫
魁耗羅魁軍微
廟旺旺廟
權

力天龍　96~　56丁
士煞德　【田宅】　浴丑
【大疾】</td>
<td>天天天天
哭虛姚機
廟

青災歲　55丙
龍煞破　【福德】　帶子
【大遷】</td>
<td>大月天右
昌德巫弼
平

小劫小　66乙
耗煞耗　【父母】　建亥
【大奴】</td>
</tr>
</table>

경오대한(46세~55세)의 대한복덕궁(申)은 동량이 지공·천형과 동궁하고 있다. 천마는 천형이나 겁공을 싫어한다. 사망마(死亡馬)가 되기 때문이다. 게다가 대한천동화기가 충파하고 있다. 그렇지 않아도 동량은 정신향수를 주하는 조합인데, 정황

이 이러하니 당 대한은 심각한 정신적인 고통이나 파동을 경험하게 된다. 이러한 연고로 차명의 배우자가 외도를 하여 이혼 위기가 오랫동안 지속되었다. 申궁은 선천부처궁이기도 하므로 남편 때문에 마음상하는 일이 발생한 것이다.

차명의 대한명궁(午)의 거문이 영성과 동궁하니, 시비구설을 면하기 어려운 대한이다. 선천복덕궁에 천요가 거하고 있는데, 복덕궁에 천요는 신망심란(身忙心亂 : 몸은 바쁘고 마음은 심란함)이라 하여 불리하게 보았다. 동궁한 천곡·천허는 어둡고 우울한 속성으로 나타난다.

복덕궁 사례 3)

<table>
<tr>
<td>大大大破天天台祿巨
馬曲陀碎壽官輔存門
廟平

博亡病 85~94 36癸
士身符 【官祿】 建巳
【大遷】</td>
<td>大天三天解陰擎天廉
祿傷台貴神煞羊相貞
平旺平
忌

官將太 75~84 37甲
府星歲 【奴僕】 帶午
【大疾】</td>
<td>大天天天天
羊空才刑梁
旺
科

伏攀晦 65~74 38乙
兵鞍氣 【遷移】 浴未
【大財】</td>
<td>大天孤八天七
鉞使辰座馬殺
旺廟

大歲喪 55~64 39丙
耗驛門 【疾厄】 生申
【大子】</td>
</tr>
<tr>
<td>鳳寡截年陀貪
閣宿空解羅狼
廟廟
權

力月弔 95~ 35壬
士煞客 【田宅】 旺辰
【大奴】</td>
<td colspan="2" rowspan="2">坤命 : 1966年(丙午) 11月 ○日 ○時
命局 : 土5局, 壁上土
命主 : 巨門
身主 : 火星</td>
<td>大紅天天
昌鸞鉞同
廟平
祿

病息貫 45~54 40丁
符神索 【財帛】 養酉
【大配】</td>
</tr>
<tr>
<td>天天文太
德喜曲陰
旺陷
忌

青咸天 34辛
龍池德 【福德】 衰卯
【大官】</td>
<td>龍天地武
池月劫曲
平廟
祿

喜華官 35~44 41戊
神蓋符 【子女】 胎戌
【大兄】</td>
</tr>
<tr>
<td>蜚紅旬恩天鈴左天紫
廉艷空光巫星輔府微
廟廟廟廟

小指白 33庚
耗背虎 【父母】 病寅
【大田】</td>
<td>大封天
耗誥機
陷
權

將天龍 5~14 32辛
軍煞德 【命宮】 死丑
【大福】</td>
<td>大天天天天火地右破
魁哭虛廚福星空弼軍
平平廟廟

奏災歲 15~24 43庚
書煞破 【兄弟】 墓子
【大父】</td>
<td>月天天文太
德姚魁昌陽
旺旺陷
科

飛劫小 25~34 42己
廉煞耗 【身 夫妻】 絶亥
【大命】</td>
</tr>
</table>

기해대한(25세~34세)부터 정신분열증세가 심하여 계속 치료를 받고 있다.

차명의 경우 대한을 추단하기 이전에 우선 선천명천선을 살펴볼 필요가 있다. 선천명궁(丑)은 함지의 천기가 거하고 있다. 그런데 화성·영성이 명궁을 협한다. 천기는 화령을 가장 싫어하는데, 이처럼 함지이면 더욱 흉험하다. 소위 '화령협명위패국(火鈴夾命爲敗局)'이 된 것이다. 그런데 대궁(未)으로 천형이 재차 부담을 준다. 축미궁의 천형은 '고형빈요복불전(孤刑貧夭福不全)'이라 하여 가장 흉하게 평가한다. 완벽하고 예민한 천기가 이렇게 살성이 중하니 정서적으로 심각한 일이 발생할 수 있다.

기해대한이 되면 대한문곡화기가 선천복덕궁(卯)으로 떨어져 감정창상을 비롯한 심리적인 스트레스가 가중된다. 물론 卯궁은 대한관록궁이기도 하여 직장도 제대로 다니지 못했다. 더 중요한 것은 대한복덕궁(丑)의 정황이다. 丑궁은 선천명궁이므로, 앞서 논한 바와 같이 패국을 이루고 있는 궁이다. 이처럼 대한과 선천의 복덕궁이 모두 살기형성이 엄중하니 정신과 질환이 발생하는 것이다.

12) 부모궁

부모궁(父母宮)은 부모의 성격·직업·부모의 질병 등 부모의 신상에 대하여 전체적으로 판단하는 궁이며, 나아가 부모와 자신의 인연의 후박(厚薄)과 부모(아버지와 어머니와의 관계)의 인연까지도 추단 할 수 있다. 물론 다른 육친궁(형제·부처·자녀궁 등)들도 이와 같은 맥락으로 이해하면 되겠다. 부모궁으로 또 다른 부분을 추단할 수 있는데, 부모궁은 인간관계에 있어서 윗사람을 의미하는 궁이기도 하다. 그래서 부모궁이 좋으면 직장이나 사회에서 윗사람의 총애를 받고 신임을 얻는다. 나이가 많은 선배나 스승과의 관계도 부모궁으로 추단한다.

부모궁과 형제궁은 당사자의 명궁을 협하고 있는 상황이므로 명궁의 입장에선 부모·형제궁의 정황이 더욱 중요시된다고 보는데, 만약 부모·형제궁에서 겁공·양타·화령 등 살기형성이 자신의 명궁을 협하면 실질적으로 부모형제의 도움은 적고 오히려 당사자가 평생 도움을 주든지 아니면 인연이 소홀해질 수 있다.

또한 부모궁이 좋다고 할지라도 당사자의 명궁이 흉하다면 부모의 음덕은 있지만 정작 본인의 운세는 불리하게 전개된다. 아니면 부모의 정황이 좋을 지라도 자신은 후광을 입지 못하게 된다.

우리가 두수를 추단할 때 중요하게 여기는 하나는, 길성이 어느 한 궁에 집중적으로 많이 포진하는 것은 꺼린다. 삼방에서 골고루 회조하거나 협하는 것을 오히려 더욱 좋게 본다. 이렇게 되면 운세가 진행되는 매 대한마다 골고루 길성의 영향권 안에서 안정을 기할 수 있기 때문이다. 만약 한 궁에 길성이 집중되면 그만큼 길흉의 격차가 커지고 우여곡절이 심하다. 살성도 같은 맥락으로 이해하면 될 것이다.

부모궁 사례 1)

天天封火天巨 德使誥星鉞門 旺旺平 飛劫天 74~83 22乙 廉煞德 【疾厄】 生巳	天天天恩解天廉 才福貴光神相貞 旺平 喜災弔 84~93 23丙 神煞客 【財帛】 浴午	紅寡文文天 鸞宿昌曲梁 平旺旺 祿 病天病 94~ 24丁 符煞符 【子女】 帶未	天地七 刑空殺 廟廟 大指太 25戊 耗背歲 【夫妻】 建申
蜚陰貪 廉煞狼 廟 奏華白 64~73 21甲 書蓋虎 【身 遷移】 養辰	乾命 : 1992年(壬申) 12月 ○日 ○時 命局 : 金4局, 釵釧金 命主 : 祿存 身主 : 天梁		破天天台天 碎空廚輔同 平 伏咸晦 26己 兵池氣 【兄弟】 旺酉
大天三天左太 耗傷台魁輔陰 廟陷陷 科 將息龍 54~63 20癸 軍神德 【奴僕】 胎卯			天旬天陀武 哭空官羅曲 廟廟 忌 官月喪 4~13 27庚 府煞門 【命宮】 衰戌
鳳天截年天地天天紫 閣虛空解月劫馬府微 平旺廟廟 權 小歲歲 44~53 19壬 耗驛破 【官祿】 絶寅	月天鈴天 德喜星機 陷陷 青攀小 34~43 18癸 龍鞍耗 【田宅】 墓丑	天龍紅天擎破 壽池艷姚羊軍 陷廟 力將官 24~33 17壬 士星符 【福德】 死子	孤八天祿右太 辰座巫存弼陽 廟平陷 博亡貫 14~23 28辛 士身索 【父母】 病亥

선천부모궁(亥) 태양이 비록 함지에 거하지만 우필·록존과 동궁하여 힘이 된다. 태양은 貴를 주로 하고, 록존은 작록(爵祿)을 주하는데, 이렇게 태양이 록존과 동궁하면 명리(名利)를 얻는다. 우필 역시 명예나 지위향상에 도움이 된다. 그리고 선천부모궁의 삼방사정으로 화록·화과 등 사화길성을 포함한 창곡·괴월·좌보 등이 동회하여 육길성을 모두 보게 된다. 부모궁의 정황이 길하다는 것을 알 수 있다. 실제 차명의 부친은 명문대를 졸업하고, 행시에 합격하여 공직에서 요직(要職)으로 근무하고 있다.

부모궁 사례 2)

<table>
<tr>
<td>天天孤祿文破武
空喜辰存昌軍曲
廟廟閑平
傅劫晦 33~42 26丁
士煞氣 【子女】 病巳</td>
<td>蜚鳳天年解擎地太
廉閣廚解神羊空陽
平廟廟
官災喪 23~32 27戊
府煞門【身 夫妻】衰午</td>
<td>天封火天天
貴誥星鉞府
閑旺廟
伏天貫 13~22 28己
兵煞索 【兄弟】 旺未</td>
<td>龍天太天
池刑陰機
平平
權忌
大指官 3~12 29庚
耗背符 【命宮】 建申</td>
</tr>
<tr>
<td>紅陰陀地天
艷煞羅劫同
廟陷平
力華太 43~52 25丙
士蓋歲 【財帛】 死辰</td>
<td colspan="2" rowspan="2">坤命 ： 1988年(戊辰) 12月 ○日 ○時
命局 ： 木3局, 石榴木
命主 ： 廉貞
身主 ： 文昌</td>
<td>月文貪紫
德曲狼微
廟平平
祿
病咸小 30辛
符池耗 【父母】 帶酉</td>
</tr>
<tr>
<td>天天天恩鈴左
使官福光星輔
廟陷
青息病 53~62 24乙
龍神符 【疾厄】 墓卯</td>
<td>天天旬巨
壽虛空門
旺
喜月歲 31壬
神煞破 【福德】 浴戌</td>
</tr>
<tr>
<td>天三天天
哭台月馬
旺
小歲弔 63~72 23甲
耗驛客 【遷移】 絶寅</td>
<td>天破天寡天七廉
德碎傷宿魁殺貞
旺廟旺
將攀天 73~82 22乙
軍鞍德 【奴僕】 胎丑</td>
<td>天截八天天
才空座姚梁
廟
奏將白 83~92 21甲
書星虎 【官祿】 養子</td>
<td>大紅天台右天
耗鸞巫輔弼相
平平
科
飛亡龍 93~ 32癸
廉身德 【田宅】 生亥</td>
</tr>
</table>

선천부모궁(酉)의 자탐조합이 탐랑화록·문곡이 동궁한다. 화록은 재적으로 길하고, 문곡은 학문적으로 길하다. 대궁(卯)으로 좌보도 지원 한다. 巳궁에서 록존과 문창이 동회하고, 丑궁에서는 천괴가 부모궁으로 동회한다. 선천부모궁이하 삼방사정의 분위기가 길한데, 부모가 부귀를 얻을 수 있는 상황이다. 차명의 부친은 내과의사이다. 개인병원을 운영하고 있는데, 경영이 잘되어 명리(名利)를 모두 이루었다.

부모궁 사례 3)

大大大天陀天文破武 馬曲陀貴羅馬曲軍曲 陷平廟閑平 忌 祿 力歲弔 23己 士驛客 【父母】 病巳 【大福】	大八祿太 祿座存陽 旺廟 博息病 24庚 士神符【身 福德】衰午 【大田】	大台擎右左天 羊輔羊弼輔府 廟廟廟廟 官華太 93~ 25辛 府蓋歲 【田宅】 旺未 【大官】	天紅孤天三陰天太天 空鸞辰廚台煞鉞陰機 廟平平 祿科 伏劫晦 83~92 26壬 兵煞氣 【官祿】 建申 【大奴】
天寡紅天天 德宿艶姚同 平 權 青攀天 3~12 22戊 龍鞍德 【命宮】 死辰 【大父】	乾命 : 1979年(己未) 4月 ○日 ○時 命局 : 木3局, 大林木 命主 : 廉貞 身主 : 天相		大大天截天恩文貪紫 昌鉞傷空官光昌狼微 廟平平 權 大災喪 73~82 27癸 耗煞門 【奴僕】 帶酉 【大遷】
蜚鳳年封 廉閣解誥 小將白 13~22 21丁 耗星虎 【兄弟】 墓卯 【大命】			解火地巨 神星空門 廟陷旺 忌 病天貫 63~72 28甲 符煞索 【遷移】 浴戌 【大疾】
天天天 喜福月 將亡龍 23~32 20丙 軍身德 【夫妻】 絶寅 【大兄】	破天天旬七廉 碎壽虛空殺貞 廟旺 奏月歲 33~42 19丁 書煞破 【子女】 胎丑 【大配】	月大天地天天 德耗刑劫魁梁 陷旺廟 科 飛咸小 43~52 30丙 廉池耗 【財帛】 養子 【大子】	大天天龍天天鈴天 魁使才池哭巫星相 廟平 喜指官 53~62 29乙 神背符 【疾厄】 生亥 【大財】

선천부모궁(巳)에 무곡·파군이 동궁한다. 무곡은 재성이라 화록을 보면 재적으로 길하다. 그러나 선천화기가 떨어진 가운데, 절족마를 이루고 있어 분위기가 흉하다.

대궁(亥)은 함지의 천상이 영성과 동궁하여 불리한데, 겁공까지 협하여 패국이 되었다. 巳亥궁선의 정황이 치명적이다. 이때 무곡화록은 큰 의미가 없다. 정황이 이러하면 부모의 인연이 없을뿐더러 부모의 삶도 질곡이 많게 된다.

차명의 부모는 무진대한(3세~12세) 중 이혼하였으며 이후 부친과 살게 되었다. 그런데 정묘대한(13세~22세) 중 부친의 사업실패로 부친과 헤어지고, 이후 다시 모친을 만나 살고 있다.

정묘대한은 대한부모궁(辰)으로 천요가 거하고, 대궁(戌)으로 거문화기·화성·지공 등이 부담을 준다. 그리고 거문화기는 亥궁으로 형기협인(刑忌夾印)하여 선천부모궁을 강하게 충파한다. 부친의 사업이 여의치 않음을 알 수 있다. 亥궁은 차명의 대한재백궁이기도 하여 재적으로 곤고하게 된다.

부모궁 사례 4)

39세(戊寅)에 부친이 뇌출혈로 갑자기 졸하였다.

선천부모궁(戌)은 무곡이 화권을 보고, 보필이 마주하는 가운데 길격을 이룬다. 삼방사정도 비교적 무난하다. 선천부모궁만 놓고 보면 부모의 질액을 추단하기 어렵다. 다만 술궁에 질병성계인 천월(天月)·복병 등으로 인하여, 부모가 고질병을 가지고 있거나 운로가 좋지 않으면 혹 문제가 될 수 있는 정도다.

임오대한(32세~41세) 중 부친상을 당하였는데, 대한부모궁(未)으로 화성·타라가 동궁하고 있다. 이렇게 화타가 동궁하는 궁은 그 충격이 크게 나타난다. 未궁은 身궁이기도 하므로 부친의 건강에 이상이 발생하게 된다. 그러나 가장 중요한 사실은 대한의 무곡화기가 선천부모궁(戌)으로 떨어져 충파한다는 것이다. 이때 동궁하고 있던 질병성계가 더해져 갑자기 졸하게 된 것이다.

<table>
<tr>
<td>大月破三恩天文巨
鉞德碎台光巫昌門
廟平

小劫小 42~51 42辛
耗煞耗 【財帛】 建巳
【大兄】</td>
<td>天天截天地天廉
哭虛空福空相貞
廟旺平

青災歲 32~41 43壬
龍煞破 【子女】 帶午
【大命】</td>
<td>大天封陀火天天
耗壽詰羅星鉞梁
廟閑旺旺
祿
力天龍 22~31 44癸
士煞德 【身 夫妻】 浴未
【大父】</td>
<td>大蜚解祿七
馬廉神存殺
廟廟

傅指白 12~21 45甲
士背虎 【兄弟】 生申
【大福】</td>
</tr>
<tr>
<td>天龍旬地左貪
使池空劫輔狼
陷廟廟
科
將華官 52~61 41庚
軍蓋符 【疾厄】 旺辰
【大配】</td>
<td colspan="2" rowspan="2">坤命 : 1960年(庚子) 1月 ○日 ○時
命局 : 水2局, 泉中水
命主 : 文曲
身主 : 火星</td>
<td>天天天八天天擎文天
德才喜座貴刑羊曲同
陷廟平
忌
官咸天 2~11 46乙
府池德 【命宮】 養酉
【大田】</td>
</tr>
<tr>
<td>大紅鈴太
魁鸞星陰
廟陷
科
奏息貫 62~71 40己
書神索 【遷移】 衰卯
【大子】</td>
<td>大鳳寡紅年天右武
陀閣宿艷解月弼曲
廟廟
權
忌
伏月弔 47丙
兵煞客 【父母】 胎戌
【大官】</td>
</tr>
<tr>
<td>大天孤天陰天天紫
昌傷辰廚煞馬府微
旺廟廟
權
飛歲喪 72~81 39戊
廉驛門 【奴僕】 病寅
【大財】</td>
<td>天天天天
空姚魁機
旺陷

喜攀晦 82~91 38己
神鞍氣 【官祿】 死丑
【大疾】</td>
<td>大大破
曲羊軍
廟

病將太 92~ 49戊
符星歲 【田宅】 墓子
【大遷】</td>
<td>大天台太
祿官輔陽
陷
祿
大亡病 48丁
耗身符 【福德】 絶亥
【大奴】</td>
</tr>
</table>

제2장 각 성의 특성

1. 십사정성의 특성

자미두수는 14정성(正星) 이외 육길(六吉)·육살(六煞)성 그리고 정성 못지않은 영향력과 힘을 가지고 있는 록존·천마·천형·천요 등의 향방도 매우 중요하다. 14정성은 이러한 성계들과 함께 어우러져 명격의 기본적인 대세를 좌우한다. 또한 사화성(四化星) 역시 14정성과 문창·문곡·좌보·우필 등에 붙어다니면서 별이 가지고 있는 성계의 기본속성을 많이 변화시킨다. 그렇다고 제잡성(諸雜星)의 동향도 절대 무시할 수는 없다. 이렇게 자미두수는 여러 星이 동시에 한 궁에 동궁하여 다양한 색채를 나타내므로 각 성계가 가지고 있는 기본특징 이외에 星이 서로 동궁하거나 대조하면서 나타나는 현상을 많이 간파해야 비로소 자미의 문리를 얻을 수 있다.

그런데 정성이나 보좌살화성(輔佐煞化星)의 성계들이 12궁 중 어떤 궁에 안명(安命)하고 居하느냐에 따라서 많은 변화를 일으킨다. 예를 들면 태양·태음은 진술궁에서는 서로 마주하는데 辰궁의 태양이 명궁일 경우와 戌궁의 태양이 명궁일 경우를 비교해 보면 그 사람의 성정이나 기호, 육친문제 나아가 운세의 길흉 등에서 상당한 차이를 가지게 된다. 이것은 단순하게 정성의 자리바꿈에 따른 변화로 인하여 이렇게 큰 결과를 가져오게 되는 것이다. 여기에 육길·육살성을 포함한 사화성·록존·천마·천형·천요 기타 잡성의 동궁과 회조 그리고 그러한 성계의 힘의 강약 여부에 따라 성계들의 특성이 더욱 천변만화(千變萬化)하여 나타난다.

이처럼 자미두수는 성계의 동궁 또는 기타의 星이 회조하는 정황에 따라서 많은 차이를 나타내기 때문에 단순하게 그 별이 가지고 있는 기본 특징 하나만을 알고 있다고 하여 명반의 상황을 정확하게 분석해 내기란 어려운 것이다. 따라서 이 모든 정황들을 숙지하기 위해서는 14정성의 기본적인 특성과 다른 성계와 동궁하거나 회조 또는 협하면서 나타나는 별의 특성을 고려하여 전방위적으로 판단해야 비로소 깊이있는 추론이 된다. 이렇게 하지 않으면 자칫 맹인모상(盲人摸象)의 우를 범하게 될 가능성이 많을 수밖에 없다. 하지만 이러한 변화는 모든 성계의 기본 특성에서 파생하는 것이므로 결국 성계의 기본 특징과 오행 등은 자세하게 관철하고 있어야 할 것이다.

본 장에서는 이렇게 14정성을 기본으로 하는 가운데, 기타 제반 성계들이 14정성과 동궁, 회조, 협하여 나타나는 모든 상황들을 일목요연하게 정리하여 깊이 있는 명반해석이 가능하도록 하였다. 그렇기 때문에 성계의 대체적인 속성도 단성위주의 논리가 아닌 성계와 성계들이 동궁, 대조, 회조하면서 나타나는 상황들을 종합하여 논한 경우가 많고, 성계들이 상호 교섭하여 나타나는 쌍성위주의 논리도 많다고 보면 되겠다. 다만 문제는 본 장에서 경우의 수를 하나도 빠짐없이 모두 수용하여 논하지 못하였으므로 약간 부족한 점도 있으리라 생각한다. 하지만 여러 가지 정황을 가능한 많이 입체적으로 정리하였으므로 도움이 되었으면 하는 바람이다.

1) 자미성

(1) 자미의 기본적인 성정

자미(紫微)는 오행으로 음토(陰土)이며 북두의 주성(主星)이다. 화기(化氣)는 제좌(帝座)이며 주사(主司)는 관록(官綠)이다.

두수에서 자미는 지극히 존귀하다는 지존지귀(至尊至貴)의 의미를 부여하고 있으며, 일국(一國)의 임금으로 비유한다. 이렇게 君의 의미를 가지고 있는 자미는 한나라의 통치자로서 생살대권(生殺大權)을 장악하여 지위와 권한이 모두 지고무상(至高無上)이며 봉흉화길(逢凶化吉 : 흉을 만나도 길로 화하게 함)의 기본 속성도 있다. 하여 자미가 명궁에 거하면 주로 높고 웅대한 기상과 품위가 있다. 태도가 침착하고 은중하며 도량이 넓고 안 밖으로 관리능력이 있다. 지배적이거나 지도자적인 위치를 선호하고 그러한 직업을 원한다. 낮은 위치의 상황이나 구속 등 지배받는 것을 싫어한다(이러한 면은 자미가 힘이 있는 묘왕지일 때 더욱 많이 나타난다). 보수적이며 어른스럽고 겸손하기도 하며 정직하다. 대신 자존심이 강하여 자신의 비위를 건드리는 것은 용납하지 못한다. 또한 책임감이 강하여 주위 사람들로부터 신뢰감을 받으며 박학다능(博學多能)한 여러 특징을 가지고 있다.

기타 자미의 속성으로는 이타적이면서 명령형이고 두뇌의 반응이 민첩하며 여러 방면에 호기심을 가지고 있는데, 문제는 자미가 살기형요(煞忌刑姚)의 간섭이 지나치면 성격이 급할 뿐만 아니라 횡폭하고 직선적이며 간사하여 무도지군(無道之君)의 성향을 나타낸다. 또한 고군(孤君)이 되어 타인으로부터 배척당하고 신임을 잃게 되는 상황으로도 나타난다. 자신이 최고인양 대접받고 싶어 하며 거만하게 행동하기도 한다. 그리고 자미는 기호 심리가 강한 면이 있는데 이러한 심리가 때로는 귀가 얇아 자기중심이 없어 보이기도 한다.

자미성의 격국의 고저를 판단하는 데는 궁의 강약여부 이외 문무백관(文武百官

: 좌보·우필, 천괴·천월, 문창·문곡, 삼태·팔좌, 은광·천귀, 태보·봉고, 용지·봉각 등)의 동궁이나 회조여부가 관건이 된다. 그 중 좌보·우필의 공조나 협이 제일 중요하다. 나머지 천괴·천월이나 문창·문곡까지 보면 더 말할 나위 없다. 기타 삼태·팔좌, 은광·천귀, 용지·봉각, 태보·봉고 등 백관조공(百官朝拱)의 제잡성도 자미의 입장에서는 상당한 힘을 갖게 해주는데 록존이나 천마·화록·화권·화과를 보면 더욱 길하다. 그리고 화성과 영성에 대한 저항 능력이 있다.

자미는 제왕의 별이므로 백관의 조공(朝拱)을 필요로 하는 것은 당연하다. 만약 이러한 보좌길성의 회집이 없고 자미가 독좌(獨坐)하면 어진 신하가 없는 것과 같아서 독단독행(獨斷獨行)하기 쉽고 성격이나 행동이 거칠며 세상과 타협하지 못하고 고독한 삶을 살아간다. 이러한 현상은 자미가 오궁에 있을 때 가장 극명하게 나타나고 진술궁도 그러하다. 그리고 자미성은 사묘궁(四墓宮 : 진술축미궁을 말함)을 꺼린다. 특히 천라지망궁(天羅地網宮 : 진궁과 술궁을 말함)을 꺼리는데 길성의 보좌가 없으면 일생 고독하고 회재불우(懷才不遇 : 재주가 있어도 기회를 만나지 못함)하므로 큰 뜻을 펼칠 수가 없다.

또 하나 자미성의 길흉을 판단하는 중요한 기준은, 자미가 좌한 궁을 협하는 양궁의 동태를 살피는 것이다. 이를 흔히 수간삼태(須看三台 : 상태·중태·하태를 말하는데, 가령 자미가 子궁에 거하면 부모궁에 해당하는 丑궁이 상태<上台>가 되고 子궁은 중태<中台>, 형제궁에 해당하는 해궁은 하태<下台>가 된다)라 하는데 자미는 제좌(帝座)이기 때문에 반드시 자미가 좌한 중태(中台)를 협하는 양궁의 동태가 자미성의 전반적인 길흉을 결정짓는 역할을 한다고 보면 된다.

❁ 자미 子·午궁(자미독좌, 대궁 탐랑)

자미가 자·오궁에 있으면 자미가 독좌하고 대궁에 탐랑이 들어간다. 그런데 子궁의 자미는 별의 힘이 평(平)이고, 午궁은 묘(廟)가 되어 정성의 힘이 강하므로 기본적인 정황으로 보면 자궁보다 오궁 좌명이 더 길하다. 자궁에 자미가 좌하고 육길성과 사화성을 보면 자미고유의 장점을 최대한 발휘하게 된다. 이 경우 좌보·우필의 협을 가장 중요시하게 된다. 그런데 아쉬운 것은 자미두수 명반배치의 원칙상 子궁은 좌보·우필 중 하나의 성계만 동궁(同宮)할 수 있으므로 두 성의 협이 될 수가 없다. 이러한 별의 배치구조로 인하여 자궁은 기본적으로 원조가 약하다고 볼 수 있다. 혹 역량을 가지고 있다고 해도 현실적으로 항상 자신의 이상을 펼치기 어려운 경우가 많다. 경우가 이렇기 때문에 자궁의 자미는 보좌길성이나 록존· 사화길성(四化吉星 : 화록·화권·화과를 말함) 등의 회조가 중요한 관건이다. 만약 살기형성(煞忌刑星)의 회조가 지나치면 만사 진퇴가 어렵고 이상만 높으며 좌절이 많게 되고 성격은 흉폭하고 불평불만이 많아 자미성계의 단점만 부각된다. 게다가 도화제성까지 회조하면 자칫 도박이나 주색잡기로 생을 보낸다.

또 하나 중요한 것은 자궁의 자미안명이면 대한의 흐름이 역행하는 것은 비교적 유리하다. 만약 순행하면 두 번째와 네 번째 대한이 공궁(空宮)이 되므로 자미의 역량을 충분히 발휘하기 어렵기 때문이다. 만약 대한이 역행하면서 보좌길성을 만나면 기본적으로는 더 유리하다.

자궁의 자미는 甲·己·庚 년생이 비교적 길하다. 만약 길성의 회조가 있으면 공교육직·연구직 등에 유리하며 록존이나 화록이 회조하면서 한두 개의 살성이 있으면 상업도 길하다.

오궁의 자미는 입묘한다. 12궁 중에서 가장 강한 자리이다. 자궁보다 살성에 대한 제화능력이 강하며 기본적으로 지위와 재부(財富)가 더욱 있다. 주인이 기개(氣槪)가 있고 이상과 뜻이 높으며 영도력을 가지고 있기도 하다. 오궁의 자미는 성격도 강렬하면서 주관이 뚜렷한데 양타·화령을 보면 더욱 그렇다. 그러나 오궁이 비록 입묘(入廟)하는 자리이긴 하지만, 자미가 백관조공을 얻어야 비로소 합격한다. 그리고 화권·화과를 좋아하는데 화권은 영도력을 증가시키고 화과는 명예적인 성취가 있는데 학술연구에 알맞다. 보좌길성이 있는 가운데 살성을 만나면 상업도 좋다(이 경우 삼방사정으로 화록이나 록존을 보면 합격이다).

육길성이나 사화길성의 회조가 없으면서 공망성계를 보면 사상이 종교나 철리적인데 비현실주의적인 발상을 많이 하게 된다. 오궁의 자미가 길성의 회합이 없고 살성을 많이 보면 회재불우(懷才不遇 : 재주가 있어도 때를 만나기 어렵다)하며 시비구설이 많게 되고 타인과 영합 하지 못한다. 또한 독단독행하며 위인이 귀가 얇아 시행착오가 많게 된다. 이러한 상황에서 도화제성을 보면 주색과 기호에 물들기 쉽다. 그러나 천형과 타라를 보면 자제력이 있다. 대한이나 유년 중에서 자미가 독좌한 궁으로 들어갈 경우, 길성의 회조가 있으면 직위가 상승하고 사업가라면 성공할 수 있다. 그러나 살을 보고 지겁·지공·대모 등의 모성(耗星)을 보게 되면 파재(破財)하기 쉽다.

❁ 자미 丑·未궁(자미·파군 동궁, 대궁 천상)

자미가 축미궁에 거하면 파군과 동궁한다. 대궁으로 천상을 보며 두 궁 모두 입묘(入廟)한다. 일반적으로 축궁의 자미·파군조합이 미궁보다 유리하다. 축미궁에서 자미 파군은 두 별 모두 힘이 있으므로 성계의 기본 속성들이 유감없이 발휘된다. 위인이 독립성과 개창력이 있으며 자존심이 강하다. 또한 용맹하고 위권적이며 일을 행함에 있어서 열성과 의욕이 상당하다. 그런데 사람이 과도하게 정직, 솔직하여 입바른 소리를 잘하고 흑백이 분명한데 이러한 기질로 인하여 자칫 물의를 일으키기 쉬운 조합이기도 하다. 이런 경우에는 약간의 도화제성을 보든지 아니면 선천 身궁이 부드러운 성계조합을 이루고 있으면 오히려 강유가 적절하게 조화를 이룰 수 있고 대인관계에 있어서 융통성을 발휘하게 된다. 그렇지 않고 살의 간섭이 지나치면 독단독행이 지나치고 자미는 고군(孤君)이 되는데 사람이 고독하게 되고 침착하지 못하며 자기 멋 대로인 경우가 많다.

축미궁의 자파가 길성이 회집하는 가운데 한두 개의 살을 보면(특히 경양·타라) 무직(武職)이나 의료직종에 유리하며 법조계 등에서도 발할 수 있는 조합이다(무관은 삼방으로 화권을 보면 더욱 좋고, 의료직은 천월(天月)·천형 등의 질병성계를 보면 가능하다). 그러나 선천관록궁의 염정·탐랑 성계가 화기(化忌)를 맞거나 살성의 간섭이 지나치면 사회적으로 두각을 나타내기 어렵고, 소위 전문직종에 종사하기 어려운 격이 된다. 만약 파군이 화록이면 개창력이 더욱 강해지고 물질적인 풍족함을 누린다(이 경우 삼방사정으로 도화제성을 보면 상업이 유리하다). 그러나 자파조합은 관록궁에서 염탐이 회조하므로 약간의 감정적인 곤란함이 발생하기 쉬운데 도화성계까지 회조하고 있다면 자칫 향락적이기 쉽다.

겁공 등의 공망성계를 보면서 살의 간섭이 있거나 또는 화개(華蓋)와 만나면 성정이 고적(孤寂)하고 종교적으로 심취하거나 철리적인 사고를 하게 되는데, 이때에도 영도적인 면을 발휘하여 해당 분야의 지도자를 구상하게 된다. 단 혼인이 늦어지거나 가정적으로 고독하기 쉽다.

자미는 일반적으로 사묘지(四墓地: 진술축미궁을 말함)를 싫어하는데 그중 진술궁을 가장 꺼리고 그 다음으로 축미궁을 꺼린다. 자미가 사묘지에 안명하면 흔히 '위신불충 위자불효(爲臣不忠 爲子不孝)' 또는 '군신불의(君臣不義)'라 하여, 임금과 신하 간에 그리고 부모와 자식 간에 문제가 발생하기 쉽다고 하였다. 이러한 정황은 타협이나 협상보다는 독립적이고 자기위주의 의식구조를 가지기 쉽고 육친의 인연이 무력한 경우라고 보면 된다.

이 조합의 또 다른 특징은 사려심과 이기심이 동시에 있다고 보는데 만약 길성의 회합이 없으면 불량한 성격이나 이기적인 면이 강하게 나타나기 쉽다. 대한이나 유년에서 자파를 만나면 개창력으로 인하여 거구갱신(去舊更新)하는 일이 많다. 길성을 보면 변화가 길하지만 살기형모성을 많이 보면 심사숙고해야 한다.

자미 寅·申궁(자미·천부동궁, 대궁 칠살)

인신궁의 자미·천부는 동궁하며 대궁으로 칠살을 본다. 재백궁에는 무곡이 관록궁에는 염정·천상이 동궁하여 권위와 지도력이 있는 자부염부상 계통을 이루게 된다. 자미는 북두의 주성이고 한나라의 군주로서 제성(帝星)에 해당하고, 천부는 남두주성으로서 역시 영도력을 가지고 있다. 이렇게 남북두주성의 두 별이 동궁하다 보니, 주인의 사상이 청고하고 이상이 높으며 체면을 중요시하고 자존심이 강한 편이다. 보수적인 기질과 권위의식도 동시에 가지고 있다. 또한 이렇게 두 별의 특성이나 역량이 강하다 보니 주성끼리 서로를 견제하기 때문에 심리적으로 항상 갈등이 많은 편이다.

차조합은 대체로 완벽한 성향이며 자존심이 있고 품은 뜻이 원대하다. 인신궁의 자부조합은 주성이 모두 힘이 있고 두 별 모두 강력한 자기 색깔을 가지고 있으므로 주성을 보좌하는 다른 별에 의하여 그 길흉에 많은 차이를 가져온다. 특히 보좌길성이나 사화길성의 회집을 중요하게 여기는데, 만약 보필·괴월·창곡 등의 보좌성계를 보게 되면 자신의 역량을 충분히 과시할 수 있으며 그 영도력에 힘을 받게 된다. 그러나 이러한 보좌성계가 회조하지 않는 가운데 살성이 많으면 사상은 청고하나 독단독행으로 흐르기 쉽고, 이상은 높지만 현실적으로 만족하기 어려운 상황이 전개되기 쉽다. 이러한 상황은 심리적으로 고독하고 개창력에 장애를 가져와서 오히려 세상을 피하려는 성향으로 나타나기도 한다(이 경우 공망성계가 회합하면 사고방식이 더욱 종교나 철리적으로 된다). 또한 일처리나 인간관계에서 쉽게 타협하지 못하는 성격으로 인하여 융통성이 결여되기 쉽다.

자미화권 또는 화과가 되면 자미의 역량이 더 크게 나타나고 개창력과 추진력이 강화된다. 화과를 비롯한 문성을 보면 공·교육직이나 대기업·연구직종 등에 유리하며 장사는 마땅치 않은데 쉽게 결단을 내리지 못하는 성계구조이므로 좋은 시기를 놓치는 우를 범하게 된다(사업을 하더라도 기관 산업이나 기업과 직접적인 관련이 있는 사업이 좋다).

여명(女命) 자부조합은 스케일이 있고 여장부적인 기질이 있기는 하지만 살성을 보면 성격이 강렬하므로 자기수양에 힘써야 한다. 그리고 천요와 기타 살을 보면 위인이 간교하다. 복덕궁에 탐랑이 좌하는데 만약 홍란·천희·천요·함지 등의 도화제성을 보면 정신향수를 배양함이 좋다. 대한이나 유년이 자부명궁이면서 길성이 회집하면 귀인의 조력을 얻고 사업가도 행운이 있게 된다. 그러나 살기형성을 보면 지나친 의욕이나 개창력이 오히려 타격을 입게 되므로 신중하여야 한다.

자미 卯·酉궁(자미·탐랑 동궁, 대궁 공궁)

묘유궁은 자미·탐랑이 동궁한다. 탐랑은 재예의 별로서 여러 방면에 흥미를 가지고 있으며 욕구가 강한별이다. 일반적으로 유궁의 자탐보다 묘궁이 유리한데, 유궁은 두 별이 모두 힘이 없고 묘궁의 자미는 왕지(旺地)이므로 자미의 장점이 더 많이 나타난다.

성격이 원만하고 솔직하며 다정다감한데 남녀모두 처세술이 있다. 양타·화령을 보면 성격이 약간 강렬하고 자기 주관을 가지고 있다. 묘유궁의 자탐은 그 속성이 색(色)과 공(空)으로 크게 대별되는 특징을 가지고 있는데, 이는 자미두수 전설을 다룬 '봉신연의'를 보면 여우같은 달기(탐랑)가 존귀한 백읍(자미)을 유혹하는 과정을 표현하는 경우라고 보면 이해가 빠를 것이다. 만약 자탐이 홍란·천희·천요·함지·목욕 등 도화제성이 회집하면 주로 주색잡기(酒色雜技)로 나타난다. 탐랑이 가지고 있는 물욕·정욕이 더욱 발달하게 되는 것이다. 전서의 '태미부(太微賦)'에 보면 이러한 상황을 '도화범주 위지음(桃花犯主 爲至淫)'이라고 표현할 정도다. 남명은 더욱 문제가 되기 쉬운데, 화기나 공망성계를 보면 이러한 정황이 줄어든다. 특히 탐랑화기가 되면 도화성향이 많이 경감된다. 그런데 묘유궁의 자탐이 도화성계를 본다고 해서 무조건 나쁘다고 보기도 어렵다. 만약 자탐이 도화성계를 보는 가운데 길성이 회조하면 예능(그림·노래·악기·무용·설계·디자인·광고·미용·화원 등)이나 문예방면에서 두각을 나타내게 된다. 혹 뛰어난 변설능력으로 인하여 어학방면에 인재가 많다. 기타 천재(天才)를 보면 손재주가 좋은데, 요리나 수예(手藝)도 능숙하다.

묘유궁의 자탐이 만약 겁공·순공·절공 등 공망성계를 보면 '극거묘유 탈속지승(極居卯酉 脫俗之僧)'이라 하여 탈속승이 된다고 하였다. 소위 사상이 철리적이고 정신세계에 관심이 많다는 말이다. 도화범주와는 완전히 상반되는 상황이다. 상황이 이러하면 물욕, 정욕으로 표현되는 탐랑의 모습은 사라지고 이타적이고 정갈한 이미지로 나타난다. 이 조합이 공망성계와 천형 등을 보면 철학·심리학·종교학·한의학

· 요가 · 명상 · 고전 등에 주로 관심이 많거나 이러한 직업군에 종사하기도 한다. 이 조합은 또한 공교육직이나 공기업 · 대기업 · 연구직 등에 종사하는 경우가 많다. 삼방사정으로 록성이 동회하면 사업으로 성공하기도 한다.

자미 辰 · 戌궁(자미 · 천상 동궁, 대궁 파군)

진술궁에서는 자미 · 천상이 동궁하고 대궁으로 천상을 보면서 자파상(紫破相)조합을 이루게 된다. 두수에서 자미는 진술축미궁을 싫어한다. 특히 진술궁은 천라(天羅) · 지망(地網)궁이 되기 때문에 더욱 그렇다. 이유는 자미가 두 궁에서는 힘이 없으므로(진궁은 자미가 陷地이며 술궁은 閑地이다) 천라지망을 벗어나기 어려운 면이 있기 때문이다. 그래서 황제로서의 역할을 제대로 수행하기 힘들고 재주를 가지고 있어도 펴지 못하는 경우가 많다. 게다가 살성의 간섭이 있으면 황제가 고군(孤君)이 되어 고독하게 되는 궁이다.

자미 · 천상조합은 진궁이 술궁보다 길하다. 진궁에서는 천상이 왕지가 되므로 자미 함지의 결점을 어느 정도 보충할 수 있다. 만약 자미 · 천상이 진술궁에서 보필 · 괴월 · 창곡 등의 백관조공을 보고 삼방으로 록존이 회조하면 천라지망에서 벗어나 명리를 얻을 수 있다. 이 경우 연구직이나 공직 등 문직(文職)이 좋다. 특히 甲 · 己 · 庚 · 癸년생이 유리하다. 다만 공망성과 화기(化忌)를 만나지 않아야 합격이다. 기타 살기가 회합하면 함약한 자미가 제화력을 상실하게 되어 생이 고단하다. 게다가 천형이나 질병성계를 보면 건강 등의 잔질(殘疾)도 유의해야 한다. 주로 심장이나 신장 · 혈압 등이 문제가 되기 쉽다.

진술궁의 자파상은 그 기본 성향이 온화하고 돈후한데, 반면 주관이 극히 뚜렷하고 자존심이 강하다. 자기관리를 잘하고 경쟁심도 있으며 성정이 독단적인 편이다. 살을 보면 더욱 그러하여 무정무의(無情無義)한 표현을 많이 한다. 록존이나 자미화과를 보면 조금 덜하다. 만약 도화성계를 보면 겉으로는 원만하다. 자미화권 역시 쟁권적으로 변하여 독단 독행하는 경우가 많은데, 이러한 성향으로 인하여 진술궁의 자파상조합은 타인으로부터 경계나 배제를 받기도 쉽다. 이 조합은 대체로 표면적으로는 유(柔)한 편이고, 속으로는 강열한 외유내강형의 구조라고 보면 되겠다. 이 조합이 살기형성이 협하거나 회집하면 육친이 무력하고 형극하며 연이 없다.

女命 자상조합은 반드시 감정이나 정신향수에 유의해야 한다. 이성문제로 인하여 파절을 경험하기 쉽고, 혼후에도 부부사이가 냉담한 경우가 많은 조합이다. 대한이나 유년에서 자파상을 만나면 정신적으로든 현실적으로든 주로 변화가 많이 있게 되는데, 삼방사정으로 살기(煞忌)가 많으면 장애가 많아 뜻대로 잘 되지 않는다.

❁ 자미 巳·亥궁(자미·칠살 동궁, 대궁 천부)

사해궁의 자미는 칠살과 동궁하고 대궁으로 천부를 본다. 자미가 제성(帝星)이고 칠살은 숙살(肅殺)의 기운이 강한 장성(將星)인데, 이렇게 두 성이 동궁하니 위강함이 대단하다. 하여 두수에서는 권위적으로 상징되는 대표적인 조합이다. 사상이 독특하고 자기주관이 강하다. 권력욕이나 경쟁심이 있으며 기세가 높고 웅장하다. 자미·칠살이 이렇게 자기 역량이 강하다 보니, 상대를 세심하게 배려하는 데는 부족하다.

자미·칠살은 사회적으로 재물적으로 두각을 나타내려는 심리구조도 강하다. 이 조합의 결점은 기본적으로 자기과시가 심하고 성격이 성급하며 선근후라(先勤後懶 : 처음엔 열심히 하다가 나중에는 나태해진다)하는 경향이 있다. 또한 스케일이 지나치게 크다. 한마디로 큰일 벌이기를 좋아하고 그럴 듯하게 보여야 속이 풀리는 구조이다. 이러한 심리구조는 조합이 길하면 자수성가하는 것으로 나타나지만, 살성과 화기성이 회조하면 생각 없이 지나치게 나아가다 패하고 횡발횡파(橫發橫破)가 많게 된다. 게다가 고극(孤剋)한 격이 되기 쉽다. 다시 말해서 영웅이 초야에 묻혀 있는 것과 같아서 자신의 재주를 펼치기 어려운 경우가 되는 것이다. 이렇듯 자미·칠살 조합은 인생의 변화가 많은 조합이므로 길성과 살성의 향방이 상당히 중요한 변수가 된다.

삼방사정으로 보좌길성과 록존 등을 보면 칠살의 완강한 기운은 권력으로 변화하여 소위 화살위권(化殺爲權 : 살을 화해시켜 권위 있게 만듦)하게 되는데, 이렇게 되면 생에 있어서 두각을 나타낼 수 있고 하루아침에 부귀를 창출한다. 그리고 자미·칠살 조합은 위강한 성향이 있으므로 선천身궁 또는 명궁으로 보좌성과 약간의 도화성계를 보는 것이 좋다. 이렇게 되면 자미·칠살의 강강함은 대체로 원만하게 나타난다. 身궁이 천상이나 무탐조합일 경우 주로 그러하다.

자미·칠살조합은 환경변화에 대하여 두려움이 없으며 개창력이 강하다. 그러므로 사업가가 많은 조합인데 활동력과 개창력이 강하므로 외국과 관계된 사업이나 무역업종 또는 외국기업체에서 근무하는 업종도 길하다. 또한 격이 길한 가운데 약간의 살성을 보면 군경·법률·정치·건축·의사·언론사 등의 직군에서도 많이 볼 수 있는 조합이다. 만약 명신궁이나 복덕궁으로 겁공·절공·순공·화개 등의 공망성계를 보게 되면 사상이 철리적으로 변하게 되는데, 이 경우 현실과 이상 사이에서 방황을 많이 하기도 한다. 이렇게 공망성계를 보게 되면 역학이나 종교·심리학·기공·명상·한의학 등의 분야에도 많은 관심이 많다. 이 조합은 배우자궁으로 천상을 보므로 결혼생활에 크게 문제는 없으나 만일 명궁으로 살성의 회조가 심하면 주로 고독하게 된다. 그리고 丁·丙년생은 함지의 천상을 화기가 형기협인(刑忌夾印 : 거문화기가 천상궁을 타격하는 현상)하므로 배우자연이 그렇게 길하다고 보기 어렵다.

(2) 자미 형제궁

자미가 형제궁이면 형제가 주로 貴하고 형제의 도움을 받는다. 형제 중에서 연장자의 도움이 있는 경우가 많고 형제가 부유하거나 명예가 있다. 또한 사회적으로는 동년배나 선배의 원조가 있다. 형제궁으로 형제의 수를 헤아리는 것은 현대사회에서는 적용하기가 어려운 면도 있지만 형제의 후박(厚薄)이나 다소(多少) 그리고 인연상의 길흉을 구별하는데 제대로 활용할 수 있다. 그리고 형제궁은 형제자매뿐만 아니라 교우관계·선후배·동료·지인 등 광의의 인간관계를 가늠할 수 있는 궁이므로 인생에 있어서 상당한 비중을 차지하는 궁이다.

자미성은 어느 경우이든 백관조공을 보고 록성이 회조하면 길하다고 볼 수 있다. 그렇지 않고 자미가 양타·화령·겁공·천형 등의 살성과 동궁하거나 살성이 삼방사정으로 회조하면 형제 및 주변사람과 화목하지 못하다. 상황이 이러하면 계약이나 거래관계 또는 동업관계 등의 결과도 기대하기 어렵게 된다. 한마디로 인간관계에 있어서 많은 스트레스를 받게 되는 것이다.

자오궁의 자미가 형제궁이면 형제가 주로 3인이며 살기(煞忌)성을 보면 2인이다. 이 조합은 주로 큰형이나 큰누이의 원조를 얻는다. 그러나 자탐이 백관조공을 본 연후에야 비로소 그렇다고 볼 수 있다. 이렇게 정황이 길하면서 록존이나 사화길성이 회조하면 형제가 부귀쌍전(富貴雙全)하고 사회적으로 두각을 나타내는 형제가 있다. 당사자도 물론 사회적으로 교우관계나 친목관계 등의 인간관계에서 좋은데 이성친구의 도움도 기대할 수 있다.

자오궁에서 자미가 고군(孤君)이 되거나 살기성을 보면 무도(無道)의 격이 되어 형제나 친구 간에 고립되기 쉽고 서로 의지하기 어렵게 된다. 대한 유년에서도 문제가 되는데 서로 합작이나 계약 건이 있을 경우에는 그 결과를 장담하기 어렵다.

축미궁의 자파조합은 형제가 주로 3인이다. 겁공을 보면 이복형제가 있거나 서로 떨어져서 살게 된다. 이 조합은 형제궁에서는 기본적으로 불리한 조합인데 형제와 서로 고극(孤剋)하거나 불화(不和)한다. 살기형성(煞忌刑星)을 보면 더욱 문제가 된다. 같은 일을 하는 사람도 서로 당을 짓거나 쟁투가 있게 된다. 선천형제궁이나 대한의 형제궁이 축미궁의 자파상이고 대한이나 유년에서 선천형제궁을 충파하거나 유년의 형제궁이 자파상으로 갈 때 형제나 교우관계 또는 거래·계약·합작관계 등에서 불량한 일이 발생하기 쉽다. 보좌길성을 보면 형제가 명리를 얻는다. 그렇지만 기본적으로 서로 고극한 색채는 면하기 어렵다.

인신궁 자미·천부가 형제궁이면, 형제가 주로 3인이다. 이 경우 당사자의 명궁은 태음이 되는 고로 형제궁의 성계가 더욱 강하다고 본다. 이렇게 되면 형제가 주관이 있고 본인이 장남이라도 동생이 장남역할을 많이 하게 된다. 인궁의 자부가 형제궁이면 더욱 그러한데 하지만 형제로부터 지원을 받는다. 본인이 장남, 장녀가 아니라면 큰누이 큰형의 도움과 사회적으로 선배나 윗사람의 도움을 기대할 수 있다. 합작이나 거래관계에 있어서도 상대의 권한이 더욱 있으며 본인이 측면에서 지원하는 경우가 많다. 살기형성을 보면 서로의 관계가 불리하다.

묘유궁 자미·탐랑은 형제가 주로 3인이고 한지(閑地)에서 살기를 보면 2인이다. 기본적으로 서로 화목하게 지낸다. 묘유궁의 자탐이 보좌길성을 많이 보면 형제가 발달하고 큰형, 큰누이로부터 도움을 받는다. 거래나 합작도 길하다. 형제궁의 삼방사정으로 록존·화록 등이 회조하면서 길성을 보면 형제가 부유하다. 그러나 살기형성을 보면 형제로 인하여 집안이 기울고, 재차 도화제성을 보면서 보좌단성(補佐單星 : 예를 들면 좌보·우필이나 천괴·천월 중 하나의 성계만 좌하고 있을 경우)을 보면 형제가 음천(淫賤)하거나 주색으로 세월을 보내기 쉽다.

사해궁 자미·칠살은 형제가 주로 2인이고 살기를 보면 형제의 수가 귀하다. 자미·칠살은 권위적인 조합이라 만약 보좌길성이 회조하면 형제가 권귀(權貴)하고 믿을 수 있는 친구도 있다. 살기형성을 보면 서로 고독하고 쟁투가 있으며 화목하지 못하다.

(3) 자미 부처궁

자미가 부처궁이면 보편적으로 배우자가 권귀(權貴)하고 중후하다. 자미가 제왕의 기질이 있는 고로 배우자가 통치욕이 있다. 이 경우 여명이 남명에 비하여 유리하다. 남명일 경우 배우자가 기개(氣槪)가 있는 대신 탈부권(奪夫權)하기 쉽다. 하지만 상대는 책임의식이 강하고 리더쉽이 있다. 감정적으로는 서로 냉담한 면이 있지만 그래도 쉽게 파혼하는 경우는 드물다. 남명일 경우 배우자가 사업이나 직업을 가지고 있는 경우가 길하다. 중요한 것은 부처궁의 삼방사정으로 백관조공이 있어야 길하며 보좌단성이나 살기성이 회조하면 관계가 불리하다.

자오궁이 부처궁이면 자미가 독좌한다. 자미가 백관조공의 힘을 얻으면 배우자가 고귀하고 그 지배욕은 양호하게 나타난다. 만약 자미가 살기형성의 영향을 받으면 배우자가 강개(慷慨)해지고 난폭하며 주인을 강압적으로 지배하려는 경우가 많고 고집이 세고 불화한다. 이 경우 질병성계를 보면 배우자의 건강도 문제가 된다. 도화제성을 보면서 보좌단성이 있으면 배우자가 주로 외도가 있다.

축미궁의 자미·파군조합이면 배우자 궁에서는 좋지 않게 본다. 반드시 백관조공을 보는 것이 중요하다. 하지만 자파조합은 비록 삼방사정이 안정이 되어 있을 경우라도 혼전에 파절을 경험하게 되고, 혼인 중이라도 대립이나 극하는 관계가 되어 서로 고독해지기 쉽다. 만혼(晩婚)하는 사례도 많다. 이 조합은 여명에 비하여 남명이 더욱 불리한데, 만약 보좌단성을 보면 부부사이에 삼자개입이 있게 된다. 남명이면 처가 탈부권(奪夫權)하고 남편을 지배하려는 경향이 있다. 이 경우 처가 사회생활을 하는 것이 좋다. 염정화록, 탐랑화록 등을 보면서 도화성계를 만나면 배우자가 외향지심(外向之心)을 가지기 쉽다. 배우자와 나이 차이가 많은 것이 좋은데, 남명은 처가 7~8년 이상 연하가 좋다. 만약 괴월이나 천수가 동도하면 연상의 처도 허다하다.

인신궁 자미·천부가 부처궁이면, 본인의 명궁이 진술궁의 탐랑이 된다. 탐랑이 정도화(正桃花)의 성이므로 남녀 모두 배우자 인연에는 그렇게 유리한 구성은 아니다. 이때는 자미·천부가 반드시 보좌길성을 봐야 해로가 가능하다. 양타·화령을 보면 배우자가 지배욕이 있고 성정이 독단적으로 변하는데, 이로 인해 탐랑은 가정적으로 냉담함을 이겨내지 못하고 기호에 물들거나 외도를 하게 되는 경우가 많다. 록존이 동궁해도 배우자가 개인적이고 이기적이며 역시 지배욕이 증가한다. 이 조합도 남녀 모두 나이 차이가 많은 것이 좋다. 만약 천수(天壽)가 동궁하면 남자는 나이가 많이 어린 처가 길하고, 여명 역시 배우자가 나이가 많은 것이 길하다.

묘유궁 자미·탐랑은 색(色)과 공(空)을 달리 하는 성계이다. 이 경우 배우자의 성향이 물욕(物慾)인지 정욕(情慾)인지 아니면 사상적으로 철리적인지를 구분해야한다. 보좌길성이 동도하면 배우자의 명예가 높고 서로 화합한다. 과문제성이 동도하면 배우자의 학문이 높거나 지명도가 있다.

자탐이 삼방사정으로 화록·록존 등을 보면 배우자는 주로 진재(進財)한다. 그런데 만약 자탐이 양타·화령이 회조하면서 홍란·천희·대모·함지·천요 등의 도화제성이 간섭하면 배우자는 정욕으로 변하는데 이렇게 되면 혼전에 파절을 경험하게 되고, 혼인 후에도 배우자의 기호나 외정으로 인하여 서로의 마음이 항상 고단하고 파동이 많게 된다.

진술궁 자미·천상이 부처궁이면 당사자의 명궁은 칠살이 된다. 칠살 자체가 기본적으로 배우자와 냉정하기 쉬운 별인데, 배우자궁이 진술궁의 자파상이면 군신불의(君臣不義)적인 고독조합으로 변하기 쉽다. 만약 자신의 명궁이나 부처궁으로 살기형성이 회조하면 배우자와 연이 더욱 없게 된다. 이 경우 혼전에 파절을 경험하거나 결혼경험이 있는 사람과 결합하는 것이 좋다. 보좌단성을 보면 더욱 그러하다. 또한 이 조합은 배우자와의 나이차이가 현저한 것이 여러모로 유리하다. 남명은 7~8살 이상 어린 처가 좋고, 여명 역시 7~8세 이상의 연장자가 좋다. 천수를 보면 더욱 그러하다.

사해궁 자미·칠살이 부처궁이면 주인의 명궁은 축미궁의 무탐조합이 차성안궁되어 명궁이 된다. 이 조합은 여명은 비교적 유리하지만 남명은 불리하다. 자미·칠살 조합은 기본적으로 배우자가 권위적이며 견강하다. 남명은 처가 강하고 탈부권하기 쉽다. 대신 생활력과 개창력이 있다. 부처궁의 삼방사정으로 보좌길성을 보면서 보좌단성이 없어야 혼인에 길하다.

(4) 자미 자녀궁

자미가 자녀궁이면 자녀가 뜻이 높고 어른스러우며 수려(秀麗)한데 대신 고집이 있다. 화록·화권·화과를 보면 길하다. 삼방사정으로 백관조공을 얻으면 재관쌍미(財官雙美)한다. 특히 보필·괴월을 보면 자녀가 충후하고 귀자(貴子)를 얻는다.

자미가 자녀궁이면서 본명의 격이 좋으면 아랫사람(후배·제자 등)의 관계도 서로 길하다. 주로 늦게 자녀를 두는 것이 좋다. 자미가 살기형모성(煞忌刑耗星)의 간섭을 받으면 자식뿐만 아니라 후배나 아랫사람과의 관계도 불리하다. 자녀는 특히 장자(長子)가 불리한 경우가 많으며 자녀와 서로 고극(孤剋)하다.

자오궁에 자미독좌하면 탐랑이 대조하는 관계로 처음에는 딸을 낳는 경우가 많다. 자녀의 수는 2인으로 본다. 살기형성을 보면 1~2인 정도인데 유산·낙태가 있거나 난산하게 된다. 자녀의 수도 적다. 만약 보좌길성이 회집하면 자녀가 명리를 이룬다. 록존이 동궁하면 자녀가 약간 이기적이지만 부귀를 누릴 수 있다. 화령을 보면 혼전에 자녀를 둔다. 살기형성의 관여가 있으면 자녀와 고극하고 통제가 어려우며 자기 고집으로 인하여 문제가 된다. 또한 아랫사람이나 후배로부터 속박을 당하든지 서로 형극(刑剋) 하는 일이 있게 된다.

축미궁의 자파는 자녀의 독립심과 개창력이 강하다. 창곡에 도화성을 보면 주로 딸이 많다. 이렇게 되면 혹 외도로 인하여 자녀를 두기도 한다. 창곡·보필이 같이 협하면서 살성과 화기를 보지 않으면 주로 쌍둥이와 관련이 있다. 자파 역시 백관조공을 필요로 하는데 창곡이 협하면 총명하고, 보필이 협하면 자녀로부터 힘을 얻게 된다. 만약 살기형성이 회집하면 자녀와 고독하고 떨어져 살아야 하며 아랫사람이 모두 반발심을 가지게 된다.

인신궁의 자부조합은 자녀가 3인 이상, 보필·괴월을 보면 5인이다. 자부조합은 자녀가 이상이 높고 기개가 있는데 보좌길성을 보면 고향 떠나 발전한다. 록존과 동궁하면서 양타· 화령이 회조하면 외방(外房)자손을 둘 수 있다. 살성이 회집하면 아랫사람의 득도 없다. 그러나 삼방에서 회조하는 무곡이나 염정이 화록이 되거나 천상이 재음협인(財蔭夾印 : 거문이나 거문과 동궁하고 있는 정성이 화록이 되고, 천량과 함께 천상궁을 협하는 상황)하는 상황이라면 자녀가 부귀하다. 하지만 관계는 서로 소원(疏遠)해지기 쉽다. 딸은 덜하다. 동궁한 천부가 사살(四煞)·겁공·순공·절공 등을 보면 공고(空庫), 노고(露庫)가 되어 손재가 많으며 자녀에게 항상 뒷바라지를 해야 한다.

묘유궁의 자탐은 자녀가 2인이다. 살기형성을 보면 1인 또는 2명인데 난산하거나 자녀가 귀하게 된다. 보좌길성을 보면 자녀가 주로 총명호학(聰明好學)하고, 도화성계를 보면 외방자손이 있을 수 있다. 이 성계는 자녀와의 관계가 다른 자미조합에 비하여 좋은 편인데, 만약 탐랑이 화기가 되면 자녀 때문에 집안이 기울게 된다. 그리고 자탐이 도화제성을 보면 자녀가 기호가 있으며 지나치면 주색으로 나타난다. 화령을 보면 후배나 아랫사람으로부터 사기 당하기 쉽다. 탐랑화기면 더욱 그렇다.

진술궁의 자상조합은 자녀가 주로 2인이다. 보필·괴월이 더해지면 3~4인 정도다. 백관조공을 보면 자녀가 명예를 얻고 지위가 높게 된다. 양타·화령을 보면 부자간에 서로 정이 없다. 삼방사정으로 화록이나 록존이 회조하면서 화령을 보면 자녀가 원방(遠方)에서 발전한다. 창곡을 보면 자녀가 총명하고 연구심리가 강하며 도화를 보면서 살기가 회집하면 자녀가 주색에 빠지기 쉽고 아랫사람과의 관계가 역시 불리하다.

사해궁의 자미·칠살조합은 자녀수가 1~2인이다. 보좌길성이 더해지면 3인정도이다. 그릇이 크고 기개가 있으며 주관이 있다. 보좌길성을 보면 원방에서 발전한다. 삼방으로 록존이 비치거나 대궁의 천부가 록존과 동궁하거나 또는 삼방으로 회조하는 무곡·탐랑·염정·파군 등의 성계가 화록이 되면 자녀가 사업으로 부유할 수 있다. 그러나 살기형성을 보게 되면 일생 한번은 유산(流産)이나 낙태 등 출산에 어려움이 있게 되고 또한 자녀가 성장과정에서 사고나 질병으로 형상을 당하게 된다. 또한 서로 극해(剋害)하며 자녀로 인하여 곤우(困憂)가 많다.

(5) 자미 재백궁

자미가 재백궁이면 주로 좋게 표현한다. 그러나 자미는 재성(財星)이 아니고 권귀(權貴)를 주하는 성이므로 처음부터 재물에 편중되지는 않는다. 주로 선귀후부(先貴後富 : 먼저 명예가 있고 뒤에 부유하게 됨)하는데 만약 삼방사정으로 보좌길성 외에 록존이나 화록을 보면 귀인의 원조가 있으며 재원(財源)이 길하고 사업가도 성세가 있게 된다. 양타·화령을 만나면 횡발횡파(橫發橫破)가 많으며 발재(發財)해도 오래가지 못한다. 겁공·대모 등을 만나도 저축하기가 어렵다.

자미·칠살, 자미·파군, 자미·탐랑 등은 갑자기 횡발하는 조합인데 만약 살성이나 화기·공망성계를 보면 역시 횡파한다. 자미가 한두 개의 살을 보고 록마교치를 이루면 개창력이 있고 재원이 순조로워 사업으로 성공한다. 자미화권이 재백궁이면 동시에 무곡화기를 보는데 이 경우 살성의 간섭이 있다면 부유하다고 하기 어렵다. 외부적으로는 풍요하지만 실제는 그렇지 않은 경우가 많다. 자미화과는 명예를 구하는데 길하다. 백관조공을 보면 더욱 권귀함이 있다.

자오궁의 자미는 대궁의 탐랑이 화령과 동궁하면 횡발을 할 수 있다. 대신 록성도 회조해야 합격이다. 보필·괴월을 보면 타인의 조력을 얻고 여러 방면에서 재원을 얻을 수 있다. 이 조합은 살기를 만나지 않으면 재적으로 비교적 유리하다. 그러나 자미가 고군이 되면 재원이 순조롭지 못하고, 살기형모의 회조가 심하면 저축하지 않고 낭비가 심하다. 대궁으로 탐랑화기를 봐도 불리하다.

축미궁의 자파가 재백궁이면 기본적으로 재래재거(財來財去)가 심하다. 자미가 보좌길성을 보면 득재(得財)가 용이하다. 동궁한 파군이 화록이 되면 더욱 길하여 횡발한다. 그러나 파군화록이 도화성계를 보면 뇌물 등 부정한 재물과 관련이 있다. 기타 불안전한 투기성향에 관심을 많이 가지게 된다. 이렇게 파군은 이익이 있고난 이후 반드시 재물을 안정적으로 지키는 자세가 필요하다. 파군화권도 길하지만 금전의 운용능력이 강력하여 투기로 흐르기 쉬운 단점이 있다. 파군화록·화권 모두 낭비벽이 있다. 자파가 양타·화령·겁공 등을 보면 큰일 벌이기만 좋아하고 실익은 없다. 비록 일시적으로 풍요롭다 하더라도 오래가지 못한다. 대궁의 천상이 거문화기로 인하여 형기협인(刑忌夾印) 되면 갑자기 횡파한다.

인신궁의 자미·천부는 재백궁에서는 비교적 유리하다. 천부가 화록이나 록존을 보면서 길성이 회조하면 일생 부유하다. 그러나 록이 없고 살성과 겁공 등을 보면 단지 겉만 화려할 뿐이지 실속이 없고 파재가 따른다. 자부는 자파조합에 비하여 비교적 보수적이고 안정된 상황에서 득재를 한다.

묘유궁의 자탐이 록존이나 화록이 회조하는 가운데 화령을 보면 횡발한다. 백관조공을 보면 더욱 안정된 재를 취득할 수 있고, 만약 겁공을 보면 득재 이후 파재가 따르기 쉽다. 이 조합은 주인의 재예(才藝)로 인하여 득재하는 경우가 많다. 자탐이 재백궁에서 도화를 보면서 겁공이 비치면 기호나 주색 또는 교제 접대로 인하여 돈을 많이 소비한다. 그러나 탐랑이 화록을 보면 교제 접대로 인하여 비로소 득재가 용이할 수 있다.

진술궁의 자미·천상은 보좌길성이 있으면 비교적 안정된 재원을 기대할 수 있다. 그러나 일생 한차례의 투자실수나 파재가 따르기 쉽다. 거문화록이나 천량화록이 천상을 재음협인하면서 길성을 보면 재원이 더욱 순조롭다. 좌보·우필이 동회하면 타인을 도와서 발전함이 이롭다. 예를 들면 대리점이나 도소매업 등이다. 자상이 살기형모성을 보면 파재가 있게 되고 수입보다 지출이 많게 된다. 거문화기가 천상궁을 형기협인하면 역시 파재가 따르는데 이러한 경우 불안전한 투자나 사업은 금물이다.

사해궁의 자살조합은 갑자기 발달하고 갑자기 패하기 쉬운 조합인데, 화록이나 록존을 보면서 백관조공이 되어있으면 재원이 크고 재물로 인하여 화살위권(化殺爲權)한다. 그런데 록존과 동궁하면 재를 수성(守成)할 수 있으나 재로 인하여 의(義)를 상하기 쉽다. 자미·칠살이 록마교치를 보면 타지에서 발전하고 자미화권을 보면 더욱 출생지를 떠나는 것이 좋다. 양타·화령을 보면 서두르다 낭패가 있게 되고 여기에 겁공이 회집하면 파재를 면하기 어렵다.

(6) 자미 질액궁

자미가 질액궁이면 질병에 대하여 방어력이 있으며 일반적으로 재액(災厄)의 정도가 경미한 편이다. 그러나 자미는 음토에 속하는 별이므로 소화계통이나 위통 위산과다(胃酸過多) 위하수(胃下垂)등의 질병과 관련되거나 또는 구토나 설사 등과 관련이 많다. 그리고 자미가 살기를 많이 보면 영양흡수가 잘 되지 않는데, 반대로 보좌길성이 많으면 오히려 과도한 영양을 섭취한다. 이로 인하여 소화기관의 장애가 발생하게 된다. 도화성계를 보면 색욕(色慾)이 증가하여 문제가 되기 쉬운데 여명은 부인병을 주의해야한다.

자오궁과 묘유궁의 자탐조합은 색욕으로 인한 질병을 가지기 쉽고 도화제성을 보면 더욱 그러하다. 천요·함지 등의 도화성을 보면 수음(手淫), 몽정(夢精)등의 증세가 있다. 그리고 주로 기호성 음식이나 복약(服藥), 음주 등으로 인하여 위장장애가 있게 된다. 만약 경양이 회조하면 남자는 남근의 표피가 길고 여자는 외음부의 피부가 길다. 홍란·천희를 보면 월경불순과 자궁이 좋지 못하다.

자파조합은 주로 혈기가 부조화를 이루기 쉬우므로 신경계통에 주의해야하며 호흡기 계통도 약하게 된다. 화령을 보게 되면 더욱 문제가 되는데 남명은 성병, 여명은 부인병이 있을 수 있다. 양타·화령을 보면 수술이나 상처를 입게 되며 말더듬이나 신경장애, 심하면 신경분열을 유의해야 한다.

자미·천부가 질액궁이면 질병에 대하여 비교적 유리한데, 사회적인 문제나 재물적인 문제로 인하여 정신적 불만족이 나타나기 쉽다. 양타·화령·천형 등을 보면 예민해지기 쉬우며 이로 인하여 수면장애가 있게 된다. 무곡화기와 살기형모성(煞忌刑耗星)이 회조하면 소화기관으로 인한 질병이 나타나게 된다.

자미·천상은 주로 신경성질환과 소화기관에 약하고 피부질환도 있을 수 있다. 살기형성이 가해지면 신장결석·담석·방광 등이 좋지 못하다.

자미·칠살은 주로 위장병이 있다. 기타 기가 허(虛)하고 원기가 부족하기 쉬운데 살기형성이 중하면 신체에 상처를 입게 된다.

(7) 자미 천이궁

자미가 천이궁이면 출문(出門)하여 귀인의 조력과 타인의 존경을 받는다. 보필·괴월 등이 회조하면 교제관계가 좋고 이로운 친구가 많다. 만약 선천명궁이 불길하고 자미가 천이궁에서 백관조공을 보고 길하면 이때는 고향 떠나 발전하는 격이다. 천이궁으로 살기형성이 회집하면 고군(孤君)이 되므로 밖에서 오히려 시비구설이 많고 고단하며 손실과 고립의 현상이 생긴다. 또한 사회적으로 좌절을 겪게 되며 재병(災病)도 발생하게 된다. 천이궁에서 문창·문곡화기를 보고 공망성계를 보면 파재나 도둑맞기 쉽다. 살기형성을 보면 더욱 심하다. 자미가 경양과 동궁하면 타인으로부터 압박을 당하고 경쟁을 초래하며 타라와 동궁하면 귀찮은 일이 발생하는데 주로 시비가 있고 타인으로부터 시기질투를 받는다. 도화제성이 있으면 이성과의 감정동요로 인하여 고단한 일이 생긴다.

(8) 자미 노복궁

자미가 노복궁이면 대체로 인간관계가 좋은데, 만약 길성이 회조하면 좋은 친구를 두고 또한 아랫사람으로부터도 도움을 받는다. 그러나 자미는 기본적으로 그 성정이 태강하고 지배를 싫어하는 속성이 있으므로 주로 아랫사람이나 부하직원등을 관리하기가 어려운 면도 발생하게 된다. 정황이 이러한데 자미가 살기형성과 동궁하면 주인의 권위가 침탈당하고 아랫사람이나 친구로부터 오히려 부담을 받고 서로 의지할 수 없게 된다. 주인의 명격이 약하면서 노복궁이 태강하면 오히려 주권을 아랫사람 등 다른 사람에게 빼앗길 수 있다는 것이다. 이는 자미가 한 나라의 군주인 제성(帝星)인 까닭인데, 군주가 노복궁에 거하니 오히려 통치를 하려고 하는 것이다. 자미·칠살이나 자미·파군 조합은 더욱 그러한 면이 있다. 서로 무정무의(無情無義)하고 아랫사람을 다스리기가 힘들다.

자미·천상도 교우궁에서는 약간 불리한 구조인데 이러한 성계들이 보좌길성을 보면 그 결점을 약간 감출 수 있으나 이 역시 명격의 힘이 너무 노복궁으로 치우치는 결과로 되기 때문에 주인보다 아랫사람의 권귀가 지나치게 부각되는 단점이 있게 된다.

자미·천부가 길성을 보면 사회적으로 지위가 있는 사람을 상대하고 원조가 있다. 그러나 살기의 간섭을 받으면 서로 의견이 일치하지 않고 도움이 없다.

자미·탐랑은 교제가 비교적 원활한 편이다. 보좌길성을 보면 도처에서 환영받고 도움을 주는 친구나 아랫사람이 있다. 도화성계와 창곡을 보면 이성친구나 가까운 이성이 연애적인 감정으로 발달할 수 있다. 또는 주변사람과 모임이나 회식 등이 많다. 만약 탐랑화기가 되면 친구나 다른 사람의 이성을 빼앗거나 이성으로 인하여 시비가 발생하게 된다. 타라와 동궁하면 아랫사람이나 친구로부터 시비가 발생한다.

(9) 자미 관록궁

자미가 관록궁이면서 입묘(入廟)하면 길하다. 게다가 보좌길성을 보게 되면 조기에 발전하고 중책을 맡아 영도력을 발휘할 수 있으며 사회적으로 두각을 나타낸다. 록존·화록·천마 등이 회조하면 재경계통에서 발한다. 범 자미가 관록궁에 좌하면 관록이나 사업 등의 성질이 독단적이어서 자신이 직접 지휘하려고 하는 경향이 있는데, 살성과 보좌길성이 동시에 회조하면 사업 등 자유 직종을 하거나 정치나 무역 또는 법률관계의 직종에 종사함이 이롭다. 자미화과는 명대어리(名大於利 : 명예가 이익보다 크다)하므로 학문연구 등 전문직종이나 정계에 종사할 수 있다. 자미화과가 록존과 동궁하면 정치나 대기업, 개인사업도 길하다.

자오궁의 자미독좌일 경우 명궁 또는 재백궁에서 화록이나 록존이 동회하면 사회적으로 명리(名利)를 얻는데 특히 재적으로 유리하다. 자미가 보필·괴월 등 백관성계가 회조하면 사업이나 관록이 원대하다. 살기형모성이 간섭하면 직업이 평범하다. 자미화권일 경우 사업적으로는 이로우나 이성이나 혼인은 불리한데 여명은 더욱 그러하다. 이 경우 부부간에 합작은 금물이다. 자미화과는 명예를 주하는데 길성의 회조가 온전하면 지위가 있게 되고 행정관리나 학술연구에 알맞다. 자미화과가 겁공을 보면 일생 사업이나 직업적으로 한 번의 손실이 있게 된다.

자미·파군은 강한 개창력을 발휘하는데 보좌길성을 보면서 한두 개의 살성을 보면 사업이나 정치에 종사함이 이롭다. 그러나 이 조합은 다성다패(多成多敗)하는 경우가 많다. 천형을 보면 행정이나 법률과 관계된다. 파군화록은 사업이 원대하나 타인으로부터 시기를 불러오므로 경쟁이 있게 된다. 무곡화록·염정화록·탐랑화록을 보면 강한 개창력으로 인하여 富를 누린다. 자미화과면 학문과 명예가 높다. 창곡이 회조하면서 도화성계를 보면 문화·예술분야에 종사함이 마땅하다.

자미·천부 역시 보좌길성을 본 연후에야 사업이든 직장이든 발전한다. 길성이 없으면 평범하다. 록존·화록 등이 회조하면 재경업종에 이롭고, 록마교치(祿馬交馳) 역시 재경이나 사업으로 성공한다. 자미화권이면 성정이 자존심이 강하고 독단독행하기 쉬우므로 서로 의견일치가 잘되지 않는다. 그러나 정치나 사업에는 유리하다. 천형이 동궁하는 가운데 약간의 살을 보면 무직(武職) 또는 권력을 쥐게 된다. 자미화과를 보는 것도 길한데 명예가 높고 타인과 경쟁에서 유리하다. 그리고 비교적 안정된 직업을 가지게 된다.

자미·탐랑은 직업군이 다양한 편이다. 살성이 개입하면 직업의 변화가 많을 수 있는데 약간의 투기성향도 있다. 일반적으로 문화 관련업이나 소비재의 업종이 유리한데, 도화제성을 만나면 광고·예술 등 향수성을 띄는 직종이 좋다. 탐랑이 화록이나 록존과 동궁하면서 화령을 보면 발재하고, 살기형모성을 보면 횡발 후 횡파한다. 특히 지겁·지공을 보면 겉만 화려하고 실속이 없게 된다. 탐랑화기를 보면 기호나 투기로 인하여 실패하고 타인과 합작이나 공동경영도 불리하게 된다. 자탐이 록권과를 보면서 육길성이 회조하면 교제가 조화로운데 정계나 재계에서 발달할 수 있다.

자미·천상은 주로 기업의 경영자나 총책임자가 적당하며 육길성 등 백관이 조공하면 정재계에서도 나타남이 있다. 겁공이 비치고 양타를 보면 공업에 유리하며 전문 기능을 가지고 있다. 과문(科文)제성이 동궁 또는 회조하고 살기를 보면 문예나 자유업종이 좋다. 이외 살의 간섭이 심하면 직업에 안정성이 없으며 명예는 있을지언정 실익이 없다. 거문화록이 협하면 타인의 조력을 얻고 자금여력이 좋으며 사업이 마땅하다. 그러나 거문화기가 협하면 타인으로 인하여 방해가 있고 자금력이 여의치 못하여 시기를 놓치고 패하게 된다.

자미·칠살이 살성을 보고 길성의 원조가 있으면 군경 등 무직(武職)이나 운동방면에 종사하는 것이 좋다. 삼방에서 염정화기를 보면 역시 무관이 이롭다. 그러나 염정화기는 감정대로 일을 하거나 파재가 있게 된다. 자미·칠살 조합은 그 길흉여하를 떠나서 개인 사업을 많이 하는 조합이다. 구속을 싫어하고 화살위권하는 속성 때문이다. 만약 록성을 비롯한 보좌길성이 지원하면 권위와 재물을 모두 얻는다. 자미·칠살이 천재(天才)와 동궁하면서 용지·봉각, 은광·천귀 등을 보면 기예를 발휘하는 직업이 좋다. 자미·칠살이 사업궁이면 조년(早年)에는 사업이 불리하며 중년 이후 비로소 발전이 있다. 또한 자살조합은 관리적인 측면이 강한데 만약 자미화권이 되면 지나치게 독단적으로 흘러 상하 균형을 잃게 된다. 자미화과는 비교적 유리한데 영도력을 증가시키고, 다시 백관조공을 보면 정계에 종사하면 좋다. 록마교치가 되면서 길성이 회조하면 횡발하게 되는데 사업이 다변화하는 경우가 많다.

(10) 자미 전택궁

자미가 전택궁이면 일반적으로 길한데 부모의 조업을 승계하든지 자신이 스스로 개척하여 가업을 구축한다. 자미가 묘왕지이면서 록을 보면 고층의 빌딩이나 건물 또는 산지(山地)를 매입함이 이로우며 주거지도 풍수적으로 고층이나 이와 같은 환경에서 사는 것이 이롭다. 자미가 화권이나 화과가 되어도 부동산의 계약에 길하게 작용한다. 또한 자미가 전택궁에서 길성을 보면 주거지의 변동이나 사업의 개창이 있게 된다. 자미가 화성을 보면서 양타·겁공·형모성 등을 보면 전택이나 부동산으로 인하여 재액이 있다. 특히 문곡화기와 동도하면 문서계약의 위배로 인하여 손실이 있게 된다.

자오궁의 자미가 전택궁이면 주로 고층의 건물이나 높은 지대(산지·구릉·분지 등)에서 생활함이 이롭다. 만약 유년에서 화록과 길성이 회집할 경우에는 땅을 매입하거나 투자를 하면 좋다. 탐랑이 화령을 보면 가택의 매매가 빈번하게 있다.

자미·파군 역시 부동산의 변동이 빈번하다. 길성이 회집하면 비로소 가택과 산업을 지킬 수 있다. 살기형성을 보면 가택으로 인한 파재가 있거나 혹 송사가 발생하게 된다. 만약 천무(天巫)가 있으면서 살기형성을 보면 재산 때문에 시비가 있다. 록존이나 파군화록을 보면 구택(舊宅)과 인연이 있다.

자미·천부는 조업(祖業)이 있고, 살성과 화기를 보지 않으면 비교적 전택이 왕성하며 부동산의 상황이 길하다. 그러나 상대하는 천부가 공고(空庫)나 노고(露庫)가 되면 전택으로 인한 파동이 있게 되고 살기형성까지 간섭하면 산업이나 전택으로 인한 파재가 있게 된다.

자미·탐랑이 도화제성과 동도(同度)하면 전택이 미려하고 호화롭다. 창곡이나 천요, 홍란·천희, 용지·봉각 등이 회조하면 주거지가 화려하거나 아니면 주위생활권이 유흥가나 시가지일 경우가 많다. 그리고 자신이 주거하는 생활공간 주변에 여자가 많게 된다. 탐랑이 화성·영성을 보면 가택의 이동이나 매매가 빈번하다. 화령이 동도하면서 길성을 보면 전택으로 인한 길상이 있으며 산업도 증가한다. 탐랑이 화기가 되면 전택으로 인한 규분이 있거나 아니면 전택의 이동이나 수리 등 변화가 있게 된다.

자미·천상이 보좌길성을 보면 조업이 있고 전택으로 인하여 생재하거나 풍수가 길지인 경우가 많다. 그러나 양타·겁공 등의 살성을 보면 전택으로 인한 규분이 있거나 예상치 못한 전택의 변화가 있게 된다. 재차 형모(刑耗)성을 보게 되면 송사나 시비가 있게 되고, 천무(天巫)를 보면 재산 때문에 시비가 발생한다. 거문화기가 형기협인(刑忌夾印 : 거문이나 거문과 동궁한 정성이 화기가 되어 천상궁을 타격하는 현상)하여도 이와 같은 문제가 발생하게 된다. 파군화록이나 록존이 동도하면 구택이 좋다.

자미·칠살은 전택의 변화가 많은데 백관조공을 보면서 록이 동도하면 전택으로 인하여 득재(得財)한다. 그러나 살기형모성이 관여하면 업을 지키기 어렵고 전택으로 인하여 번민이 있게 된다. 대궁의 천부가 길상이면 상황이 좋게 되고, 천부가 공고(空庫)나 노고(露庫)가 되어 있으면 경영이나 전택의 상황 역시 파동이 따르게 된다.

(11) 자미 복덕궁

자미가 복덕궁이면 주인의 복이 두텁고 홍취가 광범위하며 근면성실하다. 대신 주관있고 독단적이며 흑백의 구분이 분명하다. 이렇게 유연하지 못한 기질로 인하여 규분이 생길 수 있다. 타라를 만나면 예민하고 스스로 고민한다. 기타 살기형모성을 보면 복이 박하며 번뇌가 증가한다. 백관조공을 보면 긍정적이며 온전하다.

자오궁의 자미는 인품이 있으며 주관이 강하다. 자미화권이 되면 이러한 독단성이 더욱 증가한다. 그래서 화권보다 자미화과를 좋아한다. 또한 주변사람보다 기질이 높아 이로 인한 고립이 생기기 쉽다. 보좌길성을 보면 복덕이 두텁다. 살기형성을 보면 고단하게 되고 번민이 많으며 급히 서둘고 애증(愛憎)이 분명하여 곤란함이 증가한다.

자미·파군은 독단독행하고 지시를 받는 것보다 명령하기를 원한다. 자존심도 강하다. 사화길성이나 보좌길성의 회조나 협을 보면 길한데, 주로 개창력이 증가하여 복을 누린다. 살기형성을 보면 심신이 고단하고 심중의 변화가 심하며 타인에게 당하거나 질투가 있게 된다. 또한 현실적으로 불만이 증가하며 성격도 강렬하고 다급한 면이 있다.

자미·천부는 자미화권과 화과 모두 길한데, 화권은 주인의 자존심이 증가한다. 길성이 회집하면 복이 후하고 사상이 맑으며 안정감이 있다. 화록이나 록존을 보면 재적인 만족으로 인하여 심리적으로 더욱 안정되는 경향이 있다. 대신 재적인 기도심리가 있고 이기적이거나 인색한 면이 있다. 화령이 동궁 또는 협하면 사상이 집중되지 않아 이러지도 저러지도 못하거나 아니면 급하게 서두르다 손실이 있게 되어 어쩔 수 없는 상황에 직면하게 된다.

자미·탐랑은 기호가 있으며 정서나 감성적으로 풍부함을 나타낸다. 문창·문곡을 보면 문예의 기질이 있으며 기타 도화제성을 보면 풍류적인 기호로 인하여 자칫 주색잡기로 변모하기 쉽다. 겁공을 보면 영감(靈感)이 발달한다. 탐랑화기는 다급하고 감정의 기복이 있는데, 분망(奔忙)한 편이고 결단력이 약하다. 화령을 보면 성격이나 사상이 적극적으로 된다.

자미·천상은 근면하고 돈후하며 사상이 청고하다. 살을 보면 정신적 번뇌가 많고 그릇이 적으며 고극하게 된다. 화령이 동궁 또는 협하면 투기로 인하여 발재심을 가지게 된다. 동궁하는 천상이 거문화기로 인하여 형기협인이 되면 자존심과 고집이 세고 의심이 많으며 어울리지 못하고 고독하게 된다. 재음협인이 되면 사상이 공익적이라 이타적으로 변하여 남을 도우는 사람이 된다. 대조하는 파군이 화록이 되면 주로 길한데 창조력이 증가한다.

자미·칠살은 주인의 주관이나 자존심이 강하다. 애증의 표현도 분명한데 자미화권을 보면 이러한 사상은 더욱 심하게 나타난다. 자미화과는 권력욕이 증가하는데 지향하는 바가 높아 스스로 번뇌를 초래하기 쉽다. 차 조합은 록존이나 화록을 좋아한다. 만약 삼방으로 파군화록을 보면 부귀하다. 대신 한가하지 못하고 바쁘다. 탐랑화록이 회조하면 교제시 외부적인 모습에 치중하게 되고 살을 보면 주색잡기로 변질되기 쉽다. 탐랑화기는 서로 쟁탈의 마음이 생기게 된다. 기타 살기형성을 보면 주인이 독단독행하고 성급하며 지나친 주관으로 인하여 고립되기 쉽다.

(12) 자미 부모궁

자미가 부모궁에서 입묘하고 길성을 보면 그 사람의 부모가 권귀(權貴)하고 사회적으로 나타남이 있다. 백관조공이 없으면 부모의 성정이 극히 강하고 독단적으로 되기 쉬우며 살기형성을 보면 부모가 더욱 폭군의 모습이 될 수 있다. 또한 부모의 보살핌이나 사랑없이 성장하게 된다. 낙함(落陷)하면 역시 부모의 주관이 극히 강하여 자신과 의견이 일치하기가 어렵다. 자미가 탐랑·천요·홍란·천희 등과 동궁하거나 만나면 부친이 외도하게 된다. 화성을 보면 초년에 부모와 헤어지거나 인연이 적다. 자미가 살기형모성을 보면 윗사람이나 직장상사와의 관계도 좋지 못한데, 주로 윗사람이 위압적이거나 독단적인 언행으로 인하여 관계가 부자연스럽다.

자미·파군이 동궁하면 어릴 적부터 부모의 형극이 있게 되고 부모와 화합하기 힘들다. 살기형성을 보면 형극(刑剋)의 정도가 더 강하고 나아가 윗사람이나 상사와의 관계도 좋지 못하다. 백관조공을 보면 부모가 권귀를 누린다.

자미·천부가 부모궁이면 부모가 온전하고 부모가 부귀한다. 그러나 살기형성의 간섭이 있으면 부모형극이 있게 되고, 만약 보좌단성을 보면서 도화성계가 회조하면 부친의 외도가 있게 된다. 자미화과도 길하다. 하지만 자미화권은 문제가 있게 되는데, 자미화권이 되면 무곡화기를 보게 되므로 부모가 일생 중 중대한 흉화(재물·건강·부부문제 등)을 경험할 수 있다. 이때 살성과 화기를 보면 정황이 더욱 엄중해진다.

자미·탐랑은 일반적으로 부모와의 연이 부족하다. 길성을 보면 부모와의 감정이 비교적 온후하게 된다. 그러나 화령을 보면 부모와 연이 적다. 도화제성을 만나면 주로 부친의 기호가 있는데 외정이 많다. 삼방으로 무곡화기나 염정화기를 봐도 불리한데 부모가 중대한 파동을 경험하고 부모로부터 온전한 보호를 받기 어렵다.

자미·천상은 형극을 주하지는 않으며 부모와의 관계가 서로 양호한 편이다. 그러나 살기형모성을 보면 부모와 서로 형극이 발생하게 된다. 특히 거문화기가 형기협인하면 부모의 건강·사고·재물적인 타격 및 부모와의 연도 불리하게 전개된다. 삼방으로 회조하는 무곡·염정화기도 좋지 못하다.

자미·칠살이 보좌길성을 보면 부모가 권귀를 누린다. 차 조합은 부모가 책임감이 강하고 주관이 있으며 엄격한편이다. 염정화록이나 무곡화록·파군화권·무곡화과 등을 보면 부모에게 발전이 있고 부모나 윗사람으로부터 원조를 많이 받으며 감정이 서로 융합한다. 그러나 살기형성을 보면 부모가 의외의 재화(災禍)가 있게 된다. 살성과 고진이 동궁하면 주로 고극하게 된다. 록성과 길성이 중하면 부모가 명리(名利)를 이룬다.

2) 천기성

(1) 천기의 기본적인 성정

천기(天機)는 오행으로 음목(陰木)이다. 화기(化氣)는 선(善)이며 주사(主司)는 형제다. 천기의 대표적인 성정은 총명, 지혜의 별이다. 임기응변에 능하고 민감하며 계모(計謀)가 많다. 또한 다재다예(多才多藝)하며 식견이 두루 넓고 호학호동(好學好動)하는데, 반면 자칫 박이부정(博而不精 : 넓게 알지만 한 가지 면에서는 정통하지 못함)하는 경향이 있다. 천기가 천재(天才)를 만나면 지능이 더욱 높아진다.

천기의 장점은 임기응변이 있고 민첩하지만 대신 사람이 은중치 못하고 쉽게 나서거나 서두르는 단점이 있다. 살기(煞忌)를 보면 너무 앞서 생각하여 진행하거나 다급하여 불안정한 면이 있다. 아니면 우물쭈물 하다가 결단이 늦어져 오히려 기회를 놓치기 쉽다. 또한 마음의 조바심이 많아 노심초사(勞心焦思)하고 애태우며 잔신경을 많이 쓰며 소심해지기 쉽다. 하지만 매사 일을 행함에 있어 조리가 있고 계획적이며 사람관계에 있어서나 사회적인 환경의 변화에 맞게 적응을 잘한다.

천기는 선변선담(善辨善談)하는데 입묘(入廟)하면서 문창·문곡을 보면 언변의 능력이 더욱 좋다. 보좌길성을 보면서 화록·화권 등이 회조하면 일생 권귀(權貴)를 누린다.

천기를 논할 때 중요한 사항이 있는데 천기는 양타·화령 등 사살(四煞)에 아주 민감하게 작용한다는 것이다. 화기(化忌)나 형모(刑耗)성에도 그 저항력이 약하여 선천이나 유년에서 만나면 파동이 다른 별에 비하여 더 크고 강하게 나타난다. 이렇게 되면 부귀하여도 오래가지 못한다. 천기가 煞의 회집이 많으면 장사보다는 전문업종에 종사함이 이로운데 이렇게 하면 다학무성(多學無成)의 단점을 고칠 수 있다. 그러나 변동이 많게 된다. 그리고 천기는 모신책사(謨臣策士)의 성정이 강하므로 무리를 이끄는 지도자의 역할보다 보좌관이나 참모의 역할이 좋다. 살성을 보면 더욱 그렇다. 천기가 사살(四煞 : 경양·타라·화성·영성을 말함)을 만나면 하격(下格)이 된다.

천기 子·午궁(천기독좌, 대궁 거문)

천기가 자오궁에서는 모두 입묘(入廟)하며 독좌(獨坐)한다. 그래서 자오궁의 천기는 길이든 흉이든 천기 고유의 특징이 가장 많이 나타나는 궁이다. 사람이 총명지재(聰明之材)가 있으며 반응이 민첩하고 분석력과 이해력이 강하여 일을 행함에 있어서 처세가 분명하고 말재주가 있다.

자오궁의 천기는 화권을 좋아하는데 화권이 되면 부동(浮動)한 천기의 성질을 은중하게 변화시키기 때문이다. 육길성·화록·화권 등을 보면서 양타·겁공을 보면 기획이나 설계·디자인·컴퓨터·전기·전자·언론·출판 등의 분야에서 전문기술 인재로 발전한다. 또한 천기가 육길성과 록권과를 보면서 천형·경양이 회조하면 의사나 약사·법조계 또는 전문 기술계통에서 발달한다. 삼방사정으로 도화제성을 보면 예술이나 문화계 또는 대중언론 등 전파계통이 유리하다.

자오궁의 천기는 화령을 싫어하는데 화령이 동도(同度)하거나 회조하면 어릴 적부터 부모와의 연이 불리하고 고극한 일이 많다. 천기가 화기를 맞으면 자신이 가진 재주나 기예로 인하여 오히려 손해보고 남의 입에 오르내리게 된다. 또한 지나치게 예민하여 감정상 불리하며 타인과 불화를 초래한다. 대궁의 거문이 화기를 맞아도 그러하다.

천기 丑·未궁(천기독좌, 대궁 천량)

천기가 축미궁에서는 모두 함지이다. 천기 고유의 지혜와 역량을 표현하기에는 부족함이 많은 궁이다. 좌보·우필이나 문창·문곡을 보면 천기함지의 단점을 보강할 수 있는데, 이렇게 길성이 회집하면 지모(智謀)가 발달하고 선견지명이 있다. 축미궁의 천기는 양타·화령을 싫어하는데 어려서 고극(孤剋)함이 많고 성급하며 몸이 신약하기 쉽다. 주위사람과도 친하게 지내기 어려우며 파절과 시비가 많고 심리적으로 파동이 많게 된다. 이 조합은 명궁의 천기는 함지이지만 삼방사정으로 회조하는 정성은 모두 묘왕지이므로 타인의 원조를 많이 기대해야 하는 상황이다.

축미궁의 천기가 화록을 보면 대궁의 천량은 화권이 되는 고로 좋은 조합을 이룰 수 있는데 전문 기획가나·연구·설계 등의 방면이 이롭다. 천기화기가 되면 지나치게 민감하며 타인을 믿으려 하지 않고 너무 앞서 생각하고 진행하다가 오히려 손해를 보게 된다.

축미궁의 천기가 양타를 보면서 거문화기를 보면 구설(口舌)이 많으므로 중개자·언론·강의 또는 변호사·비평가 등 구설로 득재하는 행업이 좋다. 또한 지공·지겁과 동도하면 그 사람의 독특한 사상이 있는데 길성과 같이 회합하면 사상가·종교가·극작가·발명가·명상가 등 소위 정신세계와 관련한 직종이 좋다. 천기는 사업경영보다 일반적으로 직장생활이 이롭다.

❁ 천기 寅·申궁(천기·태음 동궁, 대궁 공궁)

천기가 인신궁이면 태음과 동궁하게 되는데 申궁이 寅궁보다 길하다. 申궁의 천기는 동궁하는 태음이 비교적 힘이 있으며 태양이 묘지(午)에 들어가므로 길하다. 인신궁의 천기는 태음과 동궁하는데 남명의 경우 사려가 깊고 온화하며 분석적이고 계획적이고 타인을 배려하는 마음이 있다. 태음이 동궁하므로 인하여 여성의 심리와 기호를 잘 이해하기도 한다. 여명은 섬세하고 기교가 있으며 여성미가 있다. 비교적 가사 일을 잘하며 알뜰하다.

인신궁의 천기는 삼방으로 기월동량격(機月同梁格)을 이루고 있어서 공적인 업무에 유리한 격국이다. 보필·괴월 등을 보면서 사화길성을 보면 공교육직이나 연구직·언론사·민영기관 등에서 일하는 것이 좋다. 인신궁의 기월이 창곡을 보면서 천요·홍란·천희·함지·목욕 등 도화성계를 보면 애정문제가 발생하기 쉬운데 남명은 특히 혼인에 불리하게 된다. 보좌길성의 회조가 있으면 방송·연예·문화·광고·디자인 등의 분야에 적합하다. 특히 태음화권이나 태음화과가 되면 금융·회계 등의 재경계열이 좋다.

인신궁의 기월이 살기형성을 보면 주인이 권모술수가 있으며 시비와 연루되고 서로 원망이 많다. 또한 정처없이 떠돌고 생의 변화가 심하게 나타나며 감정파절이 많다. 이 경우 직업도 자신이 직접 경영하기 보다는 직장생활이 이롭다.

태음이 화록이 되면 재물운은 길하지만, 감정이나 정서적으로는 불안하고 신경쇠약에 걸리기 쉽다. 이는 복덕궁의 거문이 화기가 되기 때문이다.

❂ 천기 卯·酉궁(천기·거문 동궁, 대궁 공궁)

천기가 묘유궁이면 거문과 동궁하는데 酉궁보다 卯궁이 비교적 길하다. 이 조합은 동궁하는 거문으로 인하여 기본적으로 시비구설을 면하기 어렵다. 화록이나 록존을 보면서 길성이 회조하면 부귀를 누리고 자수성가하며 전문분야에서 두각을 나타낸다. 그러나 화성·영성을 보면 주로 성급하고 경박하며 서두르다 실수하게 된다.

묘유궁의 기거는 다학다능(多學多能)하며 성정이 민첩하면서 호기심과 기호가 있다. 사물에 대한 이해력과 암기력도 강하다. 또한 언변이 좋고 글재주가 있으며 행동이나 사고방식이 조리정연하다. 고인은 묘유궁의 기거가 록성을 보면서 정황이 좋으면 '필퇴조이자흥(必退祖而自興)'한다고 하였는데, 이는 부모의 음덕보다 자신의 역량으로 성공하는 조합으로 본 것이다. 록존이 동궁하면 사람이 은중하면서 안정적이다. 그리고 이 조합은 육친이 무력(無力)하거나 인연이 약한데, 특히 배우자와 감정적인 파절을 면하기 어렵다. 천요나 도화제성을 보면서 살성이 회조하면 혼인에 중대한 결함이 있게 되는데, 남자는 주로 주색으로 물들거나 간사하고 여자는 음란하다.

기거조합은 일반적으로 공직이나 교육직이 길하고 기획·설계·중개업 등에 유리하다. 살성과 공망성을 보면 사상가나 예술적인 경향도 나타난다. 록을 보면서 길성이 회조하면 사업가로서도 나타남이 있다. 만약 천기화권이 되면서 삼방사정으로 살성을 보면 정치·군인·법조계·의료계 등의 직종과도 관련이 많다.

❁ 천기 辰·戌궁(천기·천량 동궁, 대궁 공궁)

진술궁의 천기는 천량과 동궁한다. 천량은 흉을 막아주고 수(壽)를 주하는 별이다. 하여 진술궁의 기량조합은 비교적 길격을 이룬다. 성정이 온화하고 품격이 고상하며 총명하다. 고예수신(高藝隨身)이라 하여 기예(技藝)와 전문기술이 있으며, 특수한 재능과 선견지명도 있다. 보필이나 창곡을 보면 '문위귀현 무위충량(文爲貴顯 武爲忠良)'이라 하여 문직과 무관모두 발달한다고 하였다.

경양이나 타라를 보면 유년에는 형극이 많고 만년에도 고독한 조합이 된다. 공망성계와 살성을 보면 승도지명(僧徒之命)이 되거나 주로 고독하다. 천기는 살성에 대한 저항력이 약하므로 화령이나 양타 등을 싫어하는데, 만약 육살성을 만나면 천량의 해액하는 힘까지 약해져 어려움이 있게 된다. 천기화기를 보면 더욱 마음이 한결같지 않고 곤우(困憂)가 많다. 丙·丁년생이 길성과 회합하면 재능이 있으며 길하다.

❁ 천기 巳·亥궁(천기독좌, 대궁 태음)

천기가 사해궁에서는 모두 독좌하고 대궁으로 태음을 본다. 천기는 亥궁 안명보다 巳궁이 비교적 길한데, 이유는 해궁의 태음과 재백궁에 해당하는 거문이 묘왕지에 거하기 때문이다. 해궁에 천기가 거하면 대궁의 태음과 재백궁의 거문이 함지에 해당하기 때문에 천기의 장점인 지혜와 감각을 발휘하기 어렵게 되고 저항력이 상실된다.

이 조합은 성정이 온유하며 자상하고 이해력이 있다. 그러나 사해궁의 천기는 일생 감정적인 곤경에 처하기 쉽다. 화령을 보면 유년시절 부모가 불리하고, 형살(刑煞)에 화기까지 회조하면 '호음리종간교중(好飮離宗奸狡重)'이라 하여 마시기 좋아하고 근본이 없으며 심보가 간교하다고 하였다. 여명은 육친과 형극하며 배우자 인연이 좋지 않다. 사해궁의 천기가 보좌길성을 보면 부귀하고 총명한데 주로 공직이나 교육직 등에 이롭고, 화록이나 록존 등이 회조하면 전기·통신·무역·금융·운송 사업 등에 길하다.

(2) 천기 형제궁

천기는 원래 형제를 주하는 별이다. 천기가 형제궁이 거하면 형제간에 우애가 있다. 형제 역시 주로 총명하며 이지적이다. 천기가 입묘하면 형제가 2인 이상이다. 그러나 살성과 천형을 보면 형제가 희소하다. 함지에 살성을 보면 형제간에 우애가 없으며 서로 형극 분리한다. 그리고 천기가 형제궁이면 사회적으로 교우관계에 변화가 많다.

자오궁의 천기가 보좌길성을 보면 형제자매가 많으며 서로 도움이 된다. 교우관계도 많은 편이다. 하지만 지교(知交)를 얻기는 어렵다. 천기가 살기형성을 보면 형제가 많아도 서로 극하고 교우관계도 원만하지 않으며, 주위 사람으로 인하여 곤경에 처하고 손해를 보게 된다. 이런 경우 동업이나 합작·거래 등은 불리하다.

축미궁의 천기는 두 궁 모두 천기가 함약하므로 살성을 보면 형제·교우 모두 불리하다. 살기형성을 보면 형제가 형극을 당하고, 친구나 기타 인간관계로 인하여 시비구설이 많게 된다. 주로 손해보고 서로간에 곤란함이 따르기 쉽다.

인신궁의 천기는 기월이 동궁하는데 보좌길성을 보면 형제가 총명하고 서로가 화평하고 조력이 있다. 록마교치(祿馬交馳)를 이루면 형제나 친구로부터 덕을 입는다. 형제의 개성이 원활하고 밖에서 활동을 많이 한다. 화기를 만나면 형제나 친구간에 음모(陰謀)가 있으며 서로가 부담이다.

묘유궁의 기거는 형제자매가 2인 이상이다. 형제가 역시 총명하고 이지적이다. 화록이나 길성을 보면 형제가 자수성가한다. 그러나 묘유궁의 기거는 사람관계가 초선종악(初善終惡 : 처음은 좋지만 마지막엔 나쁘게 됨)이 되기 쉽다. 시비구설 송사 등이 따른다. 특히 사살과 천형·화기를 보면 시비구설 송사가 따른다. 경우가 이러하면 합작이나 동업·계약 등에 유의해야 한다.

진술궁의 기량이 육길성이나 록존 등을 보면 형제자매가 발전한다. 형제가 학문이나 공직·교육직·연구직·종교 등의 방면에서 인연이 있다. 사살이나 화기가 회조하면 교유관계가 오래가지 못하고 형제와도 소원하다. 또한 동업이나 합작도 불리하다. 기량은 주로 언변에 능숙한데 교우 중에 자기 잘못을 충고해주는 친구가 있다. 천형이 동궁하면 재물이나 유산으로 인한 시비가 있다. 길성과 화록·화과를 보면 학문연구자와 인연이 많다.

사해궁의 천기 형제궁은 일반적으로 불리하다. 비록 살성이 없다고 해도 형제와 교우지간에 등을 돌리고 인맥이 드물다. 대한이나 유년에서 형제궁이 되면 합작이나 계약은 유의해야 한다. 보좌길성을 보면 자신이 지원을 입고 교우관계가 넓다. 그러나 마음을 헤아려주는 이가 드물다.

(3) 천기 부처궁

천기가 부처궁이면 처가 온화하고 선량하다. 여명도 남편이 가정적이고 착실한 편이다. 배우자의 나이는 적을수록 좋다. 여명은 남편의 나이가 많은 것이 길하다. 천기는 일반적으로 태음을 만나면 길하다. 천량과 만나면 폐단이 많은 편이다. 천기 부처궁은 비교적 어린 시기에 연애를 한다.

자오궁의 천기는 부처궁에서는 약간 불리한 조합이다. 배우자가 비록 총명하고 연구심이 강하지만, 연애과정에 곡절이 많고 부처간에 쟁투가 있기 쉽다. 거문화기가 대조하면 상대가 자신의 마음에 들지 않고 겉과 속이 다르다. 천기화기이면 부처간에 각기 다른 마음을 품는다. 만약 화령이 협하면 초혼뿐만 아니라 재혼도 불리하다. 록존이나 보좌길성을 보면 흉을 덜 수 있다.

축미궁의 천기는 대궁에 천량이 있는데 부처궁에서는 불리한 조합이다. 조혼(早婚)하면 이별하기 쉽고 연애좌절이 있다. 사살을 보면 만혼하게 되고 결혼을 하더라도 배우자와 성격이나 기호가 맞지 않아 고민한다. 길성을 보면 해로가 가능하나 그래도 속마음은 냉정하기 쉽다.

인신궁의 천기는 태음과 동궁하여 비교적 아름다운 조합을 이룬다. 남명이 유리한데 얼굴이 예쁘고 수려하며 내조하는 처를 얻는다. 그러나 여명은 남편이 다른 이성의 관심을 끌기 쉽다. 도화제성이 있으면 첩을 두게 된다. 어린 나이에 연애하게 되고 오랜 시간 지속된다. 배우자는 일처리가 조리있고 섬세하며 종교나 학술 그리고 예술적인 재능이 있다.

진술궁의 기량조합은 만혼하기 쉽다. 혼전에 연애좌절을 경험한다. 살을 보면 혼전에 결혼약정이 깨지기 쉽고, 부모가 반대하는 결혼을 많이 한다. 남편은 나이가 6세 이상 많은 것이 좋다. 부인일 경우도 나이가 많이 어린 것이 길한데, 혹 남편이 연하가 되는 경우도 허다한 조합이니 잘 살펴야할 것이다. 살성과 화기를 보면 파절이 있고, 배우자의 건강·사고도 유의해야 한다. 길성을 보면 벗어날 수 있다. 창곡을 보면서 도화성계가 회조하면 외도하게 된다. 살성을 봐도 파절하기 쉽다.

사해궁 천기가 괴월·보필·록존 등을 보면 배우자가 용모가 수려하고 총명하며 해로한다. 그러나 창곡을 보면서 도화성계가 회조하면 외도하게 된다. 살성을 봐도 파절하기 쉽다.

(4) 천기 자녀궁

천기가 입묘하면 자녀가 2인이다. 살성을 보면 자녀수가 적다. 자녀궁의 천기가 양타·화령을 보면 서자(庶子 : 첩에게서 태어난 아들)를 두기도 한다. 만약 살성이 있고 보좌길성이 동궁하면 후처로부터 자식을 얻을 수 있다. 자녀궁 천기는 자녀가 총명하고 기교가 있으며 섬세하고 부모를 잘 따른다. 그러나 약간의 살성만 봐도 자녀가 늦고 자신을 따르는 후배나 아랫사람이 희소하거나 서로의 마음이 한결같지 않다.

자오궁 천기는 자녀가 희소하다. 자녀는 총명하고 기교가 있으며 예의 있다. 다른 사람에게도 잘한다. 하지만 자신을 따르는 후배나 부하 그리고 자녀와의 관계는 좋지 않다. 살성을 보면 서로 마음을 많이 상한다. 이런 경우 자녀는 사업보다 전문인재로 키우는 것이 좋다. 거문이나 천기가 화기를 맞으면 자녀의 성격에 문제가 있게 된다.

축미궁의 천기는 자녀가 한두 명 정도다. 길성을 보면 자녀수가 증가하고, 자녀가 총명호학(聰明好學)하며 명예나 위지나 높다. 살성을 보면 유산, 낙태하기 쉽다. 그리고 자녀의 기호나 성격이 부모와 맞지 않게 된다. 또한 아랫사람이나 후배도 귀하고 수시로 변한다.

인신궁의 기월은 자녀가 2~3인이고 申궁에서 도화제성을 보면 딸이 많다. 자녀의 성품이 온량하고 예의 있으며 효도한다. 살성이나 화기가 회조하면 자녀가 총명하나 신약하고 너무 소심하거나 내성적이기 쉽다.

묘유궁의 기거조합은 주로 자녀수가 적다. 도화제성을 보면 딸이 많다. 이 조합은 자녀가 연구심은 강하나 주로 고독해지기 쉽다. 길성이 회조해도 부모와 자녀 간에 의견이 잘 맞지 않는다. 살성과 화기성이 회조하면 후배나 부하로부터 매도당하는 수가 있다. 특히 화성·영성과 동궁하는 것을 꺼린다. 천기화기면 서로 친근감이 없고, 거문화기는 아랫사람이나 자녀와 시비구설이 발생하게 된다.

진술궁의 기량조합은 자녀가 총명호학하고 친근하며 예의 있다. 길성을 보면 학문과 연구 방면에서 성공한다. 그러나 살기형모성이 중중하면 자녀유산이 있고 자녀 또한 신약하기 쉽다. 그리고 자녀가 성장하면 부모와 인연이 없이 떨어져 지낸다. 후배나 부하직원 등도 같은 상황으로 추단하면 된다. 이 조합 역시 화령 동궁을 싫어하는데 자녀와 인연이 없게 된다. 양타가 동궁하면 이공계열이 좋다.

사해궁의 천기는 해궁보다 사궁이 비교적 좋다. 해궁의 천기는 대궁의 태음이 낙함하므로 장녀나 자녀에게 불리하다. 길성이 회조하면 연구방면에서 발달하고 성격이 원만하고 좋으나, 살성이 회조하면 자녀가 민감하고 섬세하며 신약(身弱)하게 된다. 또한 자녀와 정서적으로 분리되기 쉽다. 사살에 겁공이 회조하면 첩이나 후처로부터 득자(得子)한다고 하였다. 만약 겁공에 천요가 동궁하면 믿었던 아랫사람으로부터 배신당하기 쉽다.

(5) 천기 재백궁

천기가 재백궁이면서 묘왕지면 추진하는 일이 길하여 결과가 좋다. 록존이나 화록 기타 길성을 보면 자신만의 감각과 총명 지혜로 반드시 재물을 얻는다. 함지이면 재물 문제로 심신이 피곤하게 되고 노력한 만큼 보상이 따르지 않으며 파동이 많다. 천기화기면 급하게 서두르거나 앞서다가 계획착오로 파재(破財)한다. 천기화기는 사업보다 직장이나 전문업에 종사함이 좋다.

자오궁의 천기는 거문과 상대하므로 마음고생을 많이 하여 구재(求財)한다. 오궁의 천기가 자궁의 천기에 비하여 비교적 유리하다(오궁의 천기는 회조하는 태음이 왕지임). 거문이나 천기가 화록이 되면서 길성을 보면 재물과 명예가 창성하다. 살성과 동궁하면 기회를 잃거나 실수를 하고 재물운이 불안정하다. 화기를 보면 투자착오를 비롯하여 손재가 따르게 된다. 이런 경우 투기나 창업은 금물이다.

축미궁의 천기는 함지이므로 재백궁에서는 대체로 불리한 경우가 된다. 하여 투기나 사업보다는 직장이 유리하다. 컴퓨터 · 전기 · 전자 · 금융 등 재경계열이나 기획 · 설계 등 특수 기능의 직종에 유리하다. 화과를 보면 높은 지명도로 구재(求財)하고 화록 · 길성 등이 동궁하면 재물운이 길한데 대신 너무 나서지 않는 것이 좋다. 살성과 화기를 보면 재물로 인하여 시비, 송사가 있으며 손재를 면하기 어렵다.

인신궁의 천기는 태음과 동궁한다. 비교적 재적으로 유리한 조합구성이다. 기월이 록존이나 화록을 보면 재물이 풍부한데 사업보다 직장이 길하다. 주로 경영 · 경제 · 재경 등의 직무에 알맞다. 그리고 이 조합이 재백궁이면 생재(生財)수단이 두 곳 이상인 경우가 많다. 가령 자신의 직업 이외 부수입을 올릴 수 있는 다른 수입원이 있다. 태음이나 천기가 화기를 맞으면 투자착오가 있게 되며 경영에도 불리하다. 이 조합은 申궁이 寅궁보다 유리하다.

묘유궁의 천기는 거문과 동궁한다. 거문이나 천기가 화록을 보면 재물이 풍부하다. 록존을 보면 안정적으로 재물이 따른다. 그러나 마음은 항상 곤우가 많고, 타인에게 지출이나 비용이 많이 발생하면서 축재(蓄財)를 한다. 거문화기를 보면 손재가 있게 되고 시비구설이 따른다. 천기화기도 마찬가지이다.

진술궁의 기량조합은 일처리 능력이 조리있고 계획적이다. 길성이 회조하면 귀인이나 윗사람의 도움으로 득재한다. 천기나 천량이 화과를 보면 명리쌍전한다. 화록을 보면 재물은 풍부하지만 항상 마음고생이 따르게 된다. 화기를 만나면 재물로 인한 시비가 발생하고 투자실수도 유의해야 한다.

사해궁의 천기는 태음과 상대하는데 개인적인 경영은 불리하다. 사궁의 천기가 해궁의 천기보다 유리하다. 이 조합은 민간대리점이나 공공기관과 관련된 업종이 유리하다. 천기화록이 천마를 만나면 록마교치(祿馬交馳)를 이루어 발재하게 된다. 이 경우 외국회사나 무역· 유통업·대리점 등이 길하다. 화기나 살성을 보면 생재수단에 변동이 많고 재물운이 순조롭지 않으며 결국 파재하게 된다.

(6) 천기 질액궁

천기가 질액궁이면 질병 침입이 쉬운데 주로 유년(幼年)에 잔병이 많다. 함지의 천기는 더욱 그러하다. 화기나 살성을 만나면 간·담·뇌신경·이농(耳聾)·위장·어지러움·경기(驚氣) 등의 증세가 있으며 수술을 요하는 경우도 허다하다. 여명이라면 월경불순 및 부인병에 유의해야 한다. 천기는 사려 많고 민감한 성격이므로 신경쇠약에 걸릴 수도 있다. 살성을 보면서 괴월·겁공 등이 회합하면 눈병에 유의해야 한다. 천기가 천요·함지·목욕 등의 도화성을 과도하게 보면 내분비계 질병이 나타나기 쉽다.

기거조합이면 주로 소화계통과 혈액순환기계통에 유의해야 한다. 살성과 화기성을 보면 두통이나 신경쇠약증세가 오기 쉽다.

기량조합은 정성이 목극토(木剋土) 하는 성질이 있는 고로, 질액궁에서는 약간은 불리한 조합이다. 사살이나 천형 등을 보면 맹장·위장·유방병 등에 유의해야 한다.

기월이 질액궁이면 간·담을 비롯한 피부병과 신경계통의 질환이 많고, 여명이라면 자궁질환 및 여성 질환에 유의해야 한다. 화기나 살성을 보면 더욱 유의해야 한다.

(7) 천기 천이궁

천기는 활동력과 변화가 많은 별이다. 하여 천기가 천이궁이면 집안에 있는 것보다 외부적인 생활이 이롭다. 출생지를 떠나 외국이나 타지에서 발전하는 것이 유리하다. 천기가 묘왕지이면서 길성이 회조하면 밖에서 귀인의 조력을 입고, 살성이 회집하면 한곳에 오래 있지 못하고 불안정하며 손재, 시비, 구설, 사고 등이 따르게 된다.

기거가 천이궁이면 이향(離鄕)하여 창업함이 이롭다. 특히 묘유궁의 기거동궁 조합이 록성을 보면서 정황이 길하면 자수성가 하는데, 자신의 노력과 주변 사람의 조력으로 성공한다. 기거 조합은 주로 유통·무역·전파·여행업·설계 등이 길하다. 살성이 비치면 외지에서 시비구설과 주변의 압력이 있고, 화기나 천형을 만나면 소송이나 사고에 유의해야 한다.

기량이 천이궁이면 역시 외지에서 발전함이 길하다. 길성을 보면 주변사람의 도움으로 발달한다. 천량이 해액(解厄)의 별이자 음성(蔭星)이기 때문에 천이궁에서 보면 좋게 평가한다. 만약 보필·괴월을 보면 밖에서 귀인의 조력을 얻는다. 살성이 동궁하면 일의 진행이 어렵게 되고 고민이 많다.

기월이 천이궁이면 일반적으로 출문(出門)하여 구재함이 이롭다. 그러나 이 조합은 기본적으로 고생과 번뇌가 동반되어 나타나기 쉽다. 화록이나 록존을 보면 주변 사람으로부터 음덕을 입는다. 태음과 록은 서로 기운이 통하는 별이라 더 길하다. 만약 록마교치를 이루면 이사나 이동하여 많은 재물을 획득한다. 살성과 화기를 보면 손해, 배신, 시비, 속임수 등이 따르게 된다.

(8) 천기 노복궁

천기가 노복궁이면서 묘왕지일 경우 주변에 사람이 많은데, 교제범위가 넓으며 타인으로 인하여 도움을 받는다. 그러나 아랫사람이나 주변 인간관계가 오래 지속되지 못하고 변화가 많다. 낙함하면서 양타·화령이 비치면 친구나 아랫사람으로부터 부담을 받으며, 교제범위가 넓을지라도 서로 원수짓는 경우가 많다. 천형이 비치면 음해(陰害)를 받기도 한다. 화록이 되면서 살성이 같이 동도하면 재물로 인하여 쟁투가 따른다.

기거조합이 노복궁이면 일반적으로 아랫사람이나 주변 사람과 구설이 있기 쉽다. 화록이나 길성이 회조하면 아랫사람이나 주변인이 재물을 많이 얻는다. 동시에 당사자도 그러한 사람들에게 도움을 받는다. 그러나 천기나 거문이 화기를 맞고 살성이 회조하면 시비구설과 음해 등이 있게 되고 서로 오해가 쌓이며, 사람관계로 인하여 상당한 번민이 있게 된다.

천기·천량 조합이 길성과 화록이 동도하면 도움을 주는 아랫사람을 만나거나 교우관계도 비교적 좋다. 괴월이 동도하면서 길성이 비치면 윗사람이나 연장의 친구에게 의지하고 지원을 받는다. 그러나 기량 조합도 사람관계가 지속적이지 못하다. 살기형성이 회조하면 아랫사람으로 인하여 부담을 많이 받고, 심하면 관재구설을 경험하게 된다.

기월조합은 태음이 묘왕지이면서 길성과 화록을 보면 교제력이 있다. 그리고 친구나 아랫사람으로 인하여 득재한다. 그러나 기월이 낙함하면서 살성이 회조하면 친구나 아랫사람으로부터 음해를 조심해야 한다. 또한 인간관계로 인하여 낙심하는 경우가 많다. 기월이 도화성계와 동도하면서 문창·문곡을 만나면 주색으로 친한 친구가 있고, 아랫사람에게 속임을 당하거나 아첨하는 무리가 있다.

(9) 천기 관록궁

천기가 사업궁이 있으면 일생 사업변동이 많은 편이다. 천기는 구속을 싫어하고 자유업종에 관심이 많다. 좌보·우필을 보면 여러 직종을 겸직하거나 동시에 두 가지 이상의 행업을 하는 경우가 많은데 사업적으로는 발전한다. 천기화록이면 사업발전은 있지만, 천기의 불안정한 정황은 변하지 않는다. 록성과 살성이 동시에 동회하면 재래재거(財來財去)가 심하다. 천기화권이면 천기의 부동(浮動)한 성질이 오히려 은중하게 되어 안정적인 성향으로 된다. 천기화과는 계획·관리·설계·중개업 등이 길하고 아니면 손재주나 기예를 요하는 업종이 알맞다. 문성이 보이면 학문연구나 공교육직종에 유리하다. 천기화기가 되면 한 가지 업을 지키지 못하고 변화가 많은데, 이런 경우 사업보다 직장이 유리하다.

자오궁의 기거조합이 관록궁이면서 화록이나 길성이 회조하면 존장(尊長)의 도움을 받으며 직장과 사업적으로 발전하게 된다. 천기가 화록이면 재복선으로 태음화기가 들어오므로 사업적으로 투기의 색채가 있을 수 있다. 오궁의 천기가 자궁의 천기보다 비교적 유리하다. 천기가 오궁이면 삼방으로 회조하는 태음과 천량이 묘왕지에 들어가기 때문이다.

천기가 화기를 맞으면 사업이나 직장에서 고민이 많고 주변으로부터 음해와 인신공격을 받기 쉽다.

축미궁의 기량은 천기가 낙함하므로 약간 불리한 조합이다. 고로 회사나 기업에 전문직으로 종사함이 이롭다. 이 조합은 재경계통·회계·기획·설계 등의 업종에 이롭다. 이 조합은 주변사람이나 상사의 구속을 싫어한다. 화록과 보좌길성을 보면 사업이나 직장 모두 발전한다. 살기형모성이 중하면 사업이나 직장의 변화가 많고, 또한 근무하는 환경이나 사람관계로 인하여 많은 부담을 받게 된다.

인신궁의 기월은 현성사업(現成事業 : 이미 이루어져 있거나 진행되고 있는 업)을 통해 발전하는 것이 좋다. 천기화록이면 투기적인 색채의 업은 하지 않는 것이 좋다. 이유는 동궁한 태음이 화기를 보기 때문이다. 태음화록을 보면서 천기가 화과가 되고 길성이 동도하면 사업이나 직업적으로 발전한다. 주로 윗사람의 음덕을 많이 입는다. 살기형모성이 회집하면 장사나 사업은 금물이다. 만약 대한이나 유년에 이러한 조건들이 형성되면 사업·직장 모두 상당한 손재와 파동이 따른다.

묘유궁의 기거조합은 화록이나 록존이 동도하면서 길성이 회집하면 사업발전이 매우 크다. 이 역시 천기화록보다 거문화록이 유리하다. 천기화록이 되면 반드시 삼방으로 태음이 화기가 되어 회조하기 때문이다(태음이 차성안궁되어 회조함). 이 조합의 특징은 조업을 지키기 어렵고 자수성가하는 조합이다. 조업이 있더라도 반드시 한 번은 파산하고 난 이후 일어선다. 천기가 화기가 되면 사업이나 직장 변동이 많고, 거문화기는 사업장이나 직장에서 구설시비가 따르며 손재도 겸하게 된다. 그리고 태양화기도 싫어하는데 태양이 차성안궁되어 묘유궁으로 회조하기 때문이다.

진술궁의 기량이 록권과 등이 동도하면서 길성이 회조하면 사업이나 직업적으로 상당히 길하다. 조상의 유업을 이어받아 발전하기도 하며 현성사업으로 성공한다. 이 경우 정치적으로 종사할 수도 있다. 보편적으로 기량조합은 관리·행정·고문·외교 등의 행업이 알맞다. 기량은 주변의 구속을 싫어하고 독단적인 면이 있다. 살성이나 화기성이 회집하면 사업적으로 실패가 있고 사람관계가 여의치 않아서 많은 고민을 하게 된다. 만약 기량이 살성을 보면 전문기능으로 종사함이 길하다.

사해궁의 기월조합이 보좌길성을 만나면 조상의 유업을 승계하거나 창업하여 자수성가한다. 살기형모성을 보면 유동성이 증가하여 사업이나 직장 변화가 많고, 그렇지 않으면 직업적으로 안정하지 못하고 파재하는 등 생에 파동이 많다. 특히 화령·겁공을 만나면 사업이나 직업변화가 많다. 천기화기는 보험업이 좋고, 천월(天月)이나 천형을 만나면 의료계통이 길하다. 보편적으로 공직이나 교육·연구직종에 알맞다.

(10) 천기 전택궁

천기가 묘왕지이면서 길성이 회집하면 조업을 승계 받고 아니면 부동산으로 인하여 재물을 모을 수 있다. 낙함하면서 살성이 회집하면 유업을 받기 어렵고 부동산으로 인한 변동이 많다. 그리고 주거지의 상황이 편치 않은데, 이사를 자주 하거나 부동산으로 인하여 파재할 수도 있다. 또한 자신의 주거지나 사무실 주변에서 소음이나 진동 등 복잡한 일들이 발생하기 쉽다. 정황이 이러하면 사업적으로도 불안정하게 된다.

여명이 선천이나 대한 명궁으로 살기형성과 질병성계가 회조하면서 전택궁이 불리하면 자궁 등 반드시 여성질환을 유의해야 하는데, 유산(流産)이나 낙태(落胎) 등의 문제도 같이 나타날 수 있다. 그리고 천기가 전택궁이면서 살성을 보면 풍수지리의 영향도 많이 받는다.

묘궁의 기거는 부모조업을 받을 수 있으며 유궁은 유업을 받기 어렵다. 록존이나 화록을 보면서 상황이 길하면 부동산으로 인하여 득재할 수 있다. 그리고 자신이 몸담고 있는 거주지나 사무실의 환경이 좋다. 그러나 천기나 거문이 화기가 되면 가택이 불안하고 소음이 있거나 집안에 불화가 발생하게 된다. 그리고 부동산으로 인한 시비구설과 손재도 유의해야 한다.

기량조합이 전택궁이면 조업 승계는 가능하지만, 초년은 불리하고 만년에 길하다. 천량이 화록이면 살고 있는 주거지가 호화롭고 회사에서 근속년수도 길다. 기량이 화록을 보면서 길성이 회집하면 부동산투기나 매매로 득재할 수 있다. 살기형성을 만나면 주택이나 사무실의 변화가 많고, 풍수적으로도 문제가 되는 곳으로 이동할 수 있다. 특히 화령을 보면서 기타 살성이 더하면 불조심을 해야 한다.

기월이 전택궁이면 가옥이나 사무실의 변동이 잦다. 인신궁은 더욱 그렇다. 기월이 길성과 록존·화록을 만나면 부동산 매매나 투자로 인하여 득재한다. 만약 태음이 록성과 천마를 동시에 만나 록마교치(祿馬交馳)를 이루면 부동산으로 인하여 횡발하거나 이사나 해외에 진출하여 재물적으로 흥하게 된다. 또한 이런 경우 부동산 업종에 종사하면 길하다. 만약 태음화록이면 가업을 지키거나 흥가창업하고 거주지 환경도 안정적이다. 살기형성을 보면 조업을 지키기 어렵고, 주거지나 근무하는 곳이 불안정하거나 문제가 많게 된다. 또한 실속 없이 변화가 많으며 부동산으로 인한 손재도 발생한다. 여명이라면 부인과질환을 유의해야 한다.

(11) 천기 복덕궁

천기가 복덕궁이면 일반적으로 그 사람의 사상이나 사고방식이 민감하고 잔신경을 많이 쓴다. 입묘하면 문화·학술연구 방면이 길하다. 공망성계나 형요성을 보면 종교나 정신세계·신선술 등에 관심이 많다. 천기가 낙함하면 정서적으로 불안하며 다학불성(多學不成)하고 사고(思考)가 집중되지 않는다. 살성과 만나면 정서불안과 조급함 등이 심하고 심리적으로 상당한 갈등을 하게 된다. 천기성이 함지에서 살성을 보면 정신적 갈등이 심하게 되어 심신이 편안하지 못하다. 심할 경우 우울증 등 정신질환에 시달리게 된다.

기거조합이 복덕궁이면 정서가 공허하기 쉽다. 사살을 보면 예민하고 의심이 많으며 겉만 내세우기도 한다. 길성이 비치면 약간은 안정적이며, 화록이면 원활한 면이 있다. 천기나 거문이 화기가 되면 심리적으로 불안하고 진퇴가 반복되며 시비가 많아지게 되어 심리적 고통이 심하게 된다.

기월이 복덕궁이면 그 사람이 기호와 육감이 강하다. 천기나 태음이 화록이면 사고방식이 원활하고 취미도 광범위하다. 창곡을 만나면 문예(文藝)를 좋아한다. 사람이 모인 곳이나 공공장소에서는 대화를 나누거나 말을 많이 하지만 개인적인 정신세계는 고독하다. 화기와 살성을 보면 정신적 갈등이 심한데 사상이 정도(正道)로 가지 않는다. 또한 민감하며 침착하지 못하다. 화개·천요·천허·문곡 등을 보면 신비주의적이다.

기량 복덕궁은 문예를 즐기고 기호가 있다. 약간의 살성을 보면 당사자의 정서가 항수를 추구한다. 화기와 사살을 보면 내심 불안하고 초조함이 많다. 그리고 편견이 심한데 특히 겁공을 보면 그러하다. 또한 이 경우 주로 재물로 인하여 번뇌가 따르고, 연애좌절이나 기타 육친으로 인하여 고심이 많을 수도 있다. 상황이 이러하면 종교나 철리적인 세계에 안주하면 좋다.

(12) 천기 부모궁

천기가 부모궁이면 주로 父子간의 인연이 없거나 불화한다. 만약 양타·화령·천형 등이 회조하면 부모와 연이 없고 두 부모에게 절한다고 하였다. 또한 이 경우 부모가 일생 건강과 직업이 여의치 않거나 재물적으로 파산하는 경우도 많다. 부친과 모친의 관계가 서로 좋지 못해 형극(刑剋)이 있기도 하다. 낙함(落陷)하면 더 불리하고 부모를 의지하기 어렵다. 그러나 당사자의 독립심은 강해진다. 고인들은 살기성이 중하면 양자로 간다고 하였는데, 이는 그만큼 부모와 인연이 불리하다는 것을 의미하는 것이다.

천기가 길성을 만나면 부모 자식 간에 화합하고 윗사람의 총애를 많이 받는다. 천기가 천요를 비롯한 도화성과 천마를 보면 부모가 주색으로 인하여 가정적인 문제가 발생하기도 한다. 이 경우 남명이라면 데릴사위로 들어가거나 처가를 더 생각하게 된다.

기거조합이 부모궁이면 부모와 인연이 불리하다. 특히 유년(幼年)에 불리한데 부모의 관계도 서로 좋지 않은 경우도 많다. 그리고 부모와 정서적으로 맞지 않고 부모로부터 항상 압박을 받거나 한다. 살성을 보면 더욱 그러하다. 당사자의 명궁으로 화령을 보면 두 부모와 연이 있다. 천기나 거문이 화기를 맞아도 부모와 뜻이 맞지 않고 윗사람과의 관계도 좋지 못하다. 그러나 기거가 보좌길성을 보면서 화록이나 록존이 회조하면 부모가 명예가 있고 윗사람의 총애를 받는다.

기월이 부모궁이면 비교적 극함이 적다. 살성이 없으면 부모의 성정이 온화하고 부모가 자녀에게 관심을 많이 가진다. 그러나 살성과 화기를 만나면 서로 형극하거나 감정적으로 불화하게 된다. 천마와 살성이 동궁하거나 대조(對照)하면 자신의 부모와는 관계가 소원하고 배우자나 첩의 부모와 친근하다.

기량이 부모궁이면서 보좌길성을 보면 부모나 윗사람의 음덕이 있다. 그러나 길성이 회집하지 않으면 조년(早年)에 부모와의 관계가 불리하고 고극하게 된다. 천기화기이면서 살성이 회조하면 역시 부모와의 연이 불리하며 부모의 건강·재물 문제도 동시에 발생하게 된다.

3) 태양성

(1) 태양의 기본적인 성정

태양(太陽)은 오행으로 병화(丙火)이다. 화기(化氣)는 貴이며, 주사(主事)는 관록(官祿)이다. 태양명은 귀기(貴氣)가 있으며 명예나 공익을 주로 한다. 성격이 적극적이며 주관이 뚜렷하고 흑백이 분명하다. 반면 자애롭고 사려심도 있으며 성정이 관후(寬厚)한 편이다. 생활에 활력이 있고 교제범위도 넓다. 사고방식이 개인적이기보다는 타인을 위하는 이타적인 성품이다.

태양은 만물을 비추고 성장시킨다. 하여 태양명은 받는 것보다 나누어 주는 것을 좋아하고 개인적인 사욕(私慾)은 없는 편이다. 그러나 태양이 양타·화령·천형 등을 만나면 자존심과 성격이 강하고 독단적이며 편협된 사고방식을 나타내기도 한다. 하여 인간관계에 있어 흠이 많다. 이렇게 살성이 중하면 고극(孤剋)하기 쉽고 주변에서 항시 시비구설이 많이 따른다. 만약 함지에서 이러한 살성을 만나면 고극뿐만 아니라 자신의 건강 까지 유의해야 한다. 태양은 시이불수(施而不受 : 베풀기만 하고 받지는 못함)의 경향이 있는데, 살성이 중하면 잘하고도 남에게 쓴소리 듣는 형국이다.

대개 태양이 명궁이면 반드시 태양의 묘왕함(廟旺陷)지 여부를 잘 판단하여야 한다. 만약 태양이 낙함하면 육친과의 인연이 없는데, 태양은 남성을 의미하므로 부친

· 남편 · 자식(아들) · 남자형제 등 남성육친과의 인연에 결함이 있게 된다(반면 태음은 여성육친의 의미한다). 태양이 낙함하면서 경양 · 타라 · 화성 · 영성 · 천형 등의 성계가 동궁하거나 회조하면 더욱 흉하다.

태양명궁이면 일생인(日生人 : 낮 시간에 해당하는 것으로, 寅卯辰巳午未시간에 태어난 사람을 의미)인지, 야생인(夜生人 : 밤 시간에 해당하는 것으로, 申酉戌亥子丑시간에 생한 사람의 의미)에 해당하는 지를 잘 구분해야 한다. 명궁이나 기타 궁에서 태양이 입묘(入廟)하면서 낮에 생하였으면 최고로 길하고, 태양이 함지이면서 야생인이면 최고로 불리하다.

태양이 12궁에 있을 때 각각 고유의 명칭이 있는데, 분류하면 아래와 같다. 홍콩 중주파 왕정지 선생의 저서『자미두수강의2 · 성요적 특성』편에 있는 내용 중 일부분을 인용하였으므로 참고하기 바란다.

❖ 子궁 태양…… '천의(天宜)'라고 한다. 위인이 정감이 풍부하고 귀자(貴子)를 얻는다.

❖ 丑궁 태양…… '천유(天幽)'라 한다. 축궁은 태양 · 태음이 동궁하는데 주인의 성정이 홀음 홀양(忽陰忽陽 : 갑자기 음이 되고 양이 됨을 의미)이라 추측하기 어렵다.

❖ 寅궁 태양…… '천상(天桑)'이라 한다. 이는 일출부상(日出扶桑 : 태양이 뽕나무 위로 솟아오름)을 의미한다. 寅시는 동쪽에서 태양이 욱일승천(旭日昇天)하는 때이므로 의인이 복이 厚하고 이름을 알린다.

❖ 卯궁 태양…… '천오(天烏)'라 한다. 위인이 슬기롭고 총명하다. 장부의 기개가 있고 다재다예(多才多藝)하며 부귀하다.

❖ 辰궁 태양…… '천상(天爽)'이라 한다. 일출용문(日出龍門)의 시간으로 주인이 소년에 현달(顯達)하고 권위와 이름을 널리 알린다.

❖ 巳궁 태양…… '유미(幽微)'라 한다. 위인이 뜻이 높고 오기(傲氣)가 있으며, 자신의 재주를 모두 드러낸다. 복이 후하고 권위가 높으며 공명현달한다.

❖ 午궁 태양…… 일려중천(日麗中天)이라 한다. 주인이 복과 재물을 누린다. 뜻이 높고 기상이 있다.

❖ 未궁 태양…… '천휘(天輝)'라 한다. 태양·태음이 동궁하여 같이 빛난다. 주인이 권위 있고 총명하며 호방한 성정이다.

❖ 申궁 태양…… '천암(天暗)'이라 한다. 위인이 다학소성(多學少成 : 두루 알지만 적게 이룬다)하며 매사 우여곡절이 많다.

❖ 酉궁 태양…… '구공(九空)'이라 한다. 위인이 작사(作事)에 형통하지만 유시무종(有時無終 : 시작은 하지만 끝이 흐림)하다. 최고로 꺼리는 것은 살성인데 형벌을 받고 옥에 갇힌다.

❖ 戌궁 태양…… '천추(天樞)'라고 한다. 태양의 광휘(光輝)가 감춰져 있기 때문에 이름을 날리기 어렵다. 그러나 길성을 만나면 능히 富를 이룰 수 있다.

❖ 亥궁 태양…… '천새(天璽)'라고 한다. 해궁의 태양은 일월반배(日月反背)로 오히려 대국(大局)을 이루며 소년에 공훈을 세운다.

태양은 십사정성 중 주성(主星)에 속한다(자미·천부·태양·태음은 주성으로 분류한다). 주성급에 해당하는 성계는 보좌길성을 만나는 것을 가장 좋아한다. 길성이 회합하면 이름을 알리는데, 중요한 것은 태양은 주로 貴함이 먼저이고 富함은 그 다음이다. 그러나 태양이 록존이나 화록 등이 회집하면 명예나 귀함이 있은 후에 재물이 따르게 된다.

함지의 태양은 매우 유의해야 한다. 태양이 함지이면서 경양·타라·화성·영성·천형 등을 만나면 횡발횡파(橫發橫破)가 심하며 貴하나 오래가지 못하고 富해도 길지 못하다. 또한 주로 신경계통의 질병이나 눈병이 오는데 근시(近視)·난시(亂視)·백내장(白內障) 등에 유의해야 한다. 명궁이 태양화기이면 부친이나 남성육친이 불리하며 눈을 상하기 쉽다. 특히 함지에서 살성이 가하면 이러한 경향은 더욱 강하게 나타난다.

여명이 태양이면서 묘왕지이면 총명다학하고 성정이 관후하면서 자상하며 복이 있다. 보좌길성을 만나면 더욱 길하다. 그러나 함지(陷地)이면 만사 진퇴(進退)가 많고 성정이 조급하며 고집이 세다. 태양이 함지이면서 양타·화령과 동궁하면 남성 육친과 인연이 없거나 좋지 않은데, 유년(幼年)에는 부친과의 연이 불리하고, 혼인 후에는 배우자와 인연이 약해 고독한 명이 되기 쉽다. 이렇게 함지에서 살을 보면 성격도 감정적이고 격정적이다. 정황이 이러하면 만혼(晩婚)함이 이롭고 아니면 후처(後妻)가 된다.

태양이 천형을 비롯한 살성에 공망성계까지 보면 정신세계나 종교·역학·문학·예술 등에 인연이 많고 독신생활에 이롭다. 여명 태양이 길성과 살성이 회합하면 성정이 강하지만 한편으로 지조가 굳으며 품위가 있다.

태양은 태음과의 비교 관계를 유심히 살펴보아야 한다. 태양과 태음의 상대성을 몇 가지로 요약하면 다음과 같다.

- 태양은 동적이며 강렬하고, 태음은 정적이며 부드럽다.
- 태양이 주로 명예나 귀함을 추구한다면, 태음은 내실을 기하고 재물을 주하는 星이다. 태양은 귀이불부(貴而不富 : 귀를 주하며 부를 주하지 않음)라는 뜻이 있다.
- 태양은 능동적인 반면 태음은 수동적이다.
- 태양은 이타적인 반면 태음은 개인주의적인 면이 있다.
- 태양이 독단적인 성향이라면 태음은 타협적인 성향이다.

❁ 태양 子·午궁(태양 독좌, 대궁 천량)

자·오궁의 태양은 子궁보다 午궁의 태양명이 더 길하다. 오궁의 태양은 묘지(廟地)이고 삼방에서 회조하는 거문도 힘이 있다. 반면 자궁의 태양은 광휘가 전혀 없는 함지이다. 하여 자궁의 태양은 기본적으로 고생하며 노력을 많이 하여야 한다. 태양이 함지이므로 부모의 역할을 기대하기 어려운 경우가 많아서 유년시절 가정형

편이 좋지 못하거나 주경야독으로 학업을 하기 쉽고, 사회생활을 할 때도 노력에 비하여 직위가 잘 따르지 않으며 일은 많지만 대우는 잘 받지 못한다. 살기형성이 회조하면 부친을 비롯한 남성육친과의 연이 고극하다. 특히 여명은 혼인생활도 항상 문제가 있기 쉽다. 또한 신경질환 및 눈병을 항시 유의하여야 한다.

오궁의 태양은 태양이 가장 힘이 있는 일려중천(日麗中天)하는 때이므로 태양이 가지고 있는 기본속성이 가장 극명하게 드러나는 궁인데, 사람이 호방하고 도량이 넓으며 사려심이 있다. 또한 복무심도 강하여 공공의 일처리에 적합하다. 여명도 비교적 길한데 사람이 교양 있고 정갈하며 절개(節槪)가 있다. 개성이 강한 듯하지만 속내는 정이 많고 부드럽다. 화록이나 록존이 회조하면 사업에도 발전한다. 그러나 오궁의 태양은 그 빛이 너무 강하여 단점도 나타나기 쉬운데, 사람이 직선적이면서 고지식하며 임기응변이 없고 자기중심적인 면이 있다. 천형을 보면 원리원칙에 배타적인 성격이다. 만약 살성이 회조하면 혈압·심장질환·두통 등의 질환에 걸리기 쉽다. 그러나 오궁의 태양은 살성이나 화기를 그렇게 꺼리지 않는다. 이는 상당히 중요한 대목이므로 꼭 인식하고 있어야 한다. 오궁의 태양이 화기가 되면 일종의 건강문제나 고독한 현상은 조금 나타나지만 화기가 중화(中和)되기 때문에 자신이 발전하거나 성장하는 계기가 된다. 자오궁의 태양은 공·교육직종이나 연구직에 알맞고, 기타 언론·출판·민영기업 등에 적합이다.

❁ 태양 丑·未궁(태양·태음 동궁, 대궁 공궁)

축미궁의 태양은 태음과 동궁하게 된다. 축궁의 일월조합은 태양은 함지이지만 태음은 입묘하게 된다. 하여 태양의 장점보다는 태음의 장점(온유, 신중, 규범, 감성, 학문 등)이 더욱 발달하게 된다. 사람이 보수적이면서 신중하고 부드럽다. 그리고 매사 정확하고 사상이 깊으며 유유자적하는 면도 있다. 개인적인 고집이나 자존심은 있지만 남에게 피해를 주지 않으려고 한다. 여명은 축궁에 안명하는 것이 더 길한데 태음이 입묘하기 때문에 여성적인 장점을 더 발휘할 수 있다. 동궁하는 태양으로 인하여 개성이 강하고 사회성을 발휘할 수 있다.

미궁의 일월조합은 태양은 어느 정도 힘이 있는 시기이지만, 태음은 함지이다. 축궁은 태음이 입묘하므로 여명에게 유리하며, 미궁은 태양이 힘이 있으므로 남명에게 유리한 면이 있다. 미궁 역시 사람이 신중하고 보수적이며 원리원칙과 이론에 강하다. 축미궁의 일월이 길성이 회조하면 명예와 재물이 따르고 직책이 높다. 그러나 육살성과 천형 등 살성이 회조하면 사람이 독단적이고 한 가지 일을 지속하지 못하며 육친과도 고독하게 된다. 그리고 비현실적인 성향이 강하여 손실이 많다. 축미궁의 일월조합이 살성과 공망성계를 보면 사람이 탈속적이며 주로 정신세계에 관심이 많다. 일월조합은 격이 어느 정도 갖추어지면 공직이나 교육·연구직·대기업·관리직 등에 알맞고, 장사나 사업은 마땅치 않은 조합이다. 그러나 화록이나 록존이 동궁하거나 삼방에서 록이 회조하면 사업으로 발전하기도 한다.

태양 寅·申궁(태양·거문 동궁, 대궁 공궁)

인신궁의 태양은 거문과 동궁한다. 인궁의 거일조합이 신궁보다 좋은 격을 이룬다. 이는 인궁의 태양은 입묘(入廟)하고 신궁의 태양은 힘이 없기 때문이다(신궁의 태양은 閑地이다). 거문은 원래 암성(暗星)이라 태양의 힘을 필요로 하는 면이 있다. 하여 거문은 태양과 동궁하는 것을 가장 좋게 본다. 그것도 태양이 힘이 있는 인궁에 동궁하는 경우 가장 좋은 격국을 이루게 되는데, 고인은 '거일동궁 관봉삼대(巨日同宮 官封三代)'라 하여 삼대에 걸쳐 벼슬한다고 하였다. 인궁의 거일조합은 사람이 기개(氣槪)가 있으며 포부가 원대하다. 사람이 주관이 뚜렷하면서 정직 신용이 있다. 한 번 마음먹으면 초지일관(初志一貫)한다. 또한 주인이 중후하고 신중하며 교양있고 수양이 잘된 사람이다.

申궁의 거일조합도 성정은 인궁과 유사하다. 그러나 신궁은 태양의 역량이 약하여 일점 흠이 있기 쉬운데 주로 마음고생을 많이 하고 약간의 살성만 회조해도 육친의 인연이 좋지 못하다. 사람은 신중하고 교양 있으며 현실적이면서 신사이다. 그러나 일을 행함에 있어서 처음은 잘하나 나중에는 나태해지기 쉬운데, 이는 인궁의 성향과 약간의 반대현상이다. 또한 신궁 거일은 가진 재주는 있지만 성공하기 어렵다고 하였다. 아니면 늦게 이룬다. 여명은 신궁이 더 좋지 못하다. 만약 육살성이나 화기를 만나면 연애좌절이나 혼인에 중대한 결함이 생기며 고독한 삶을 살게 된다. 하여 신궁의 거일조합은 록이나 길성의 회집이 무엇보다 절실하게 요구된다.

인신궁의 거일조합은 주로 공교육직·대기업·언론·정치·문화 분야 등에 적합하다. 거일조합이 록을 보면 사업가로 성공하며 도화성계가 회집하면 문화·연예(演藝)·오락분야도 적합하다. 화권을 만나면 정치나 방송·언론 등의 요직을 할 수 있다.

태양 卯·酉궁(태양·천량 동궁, 대궁 공궁)

묘유궁의 태양은 천량과 동궁한다. 묘유궁의 양양조합은 묘궁이 유궁보다 더 길하다. 유궁의 태양·천량조합은 두 성계가 모두 함약하다. 그러나 묘궁의 태양·천량은 두 성계 모두 입묘하게 된다. 동시에 해궁의 태음이 입묘하면서 회조하여 정성이 모두 묘왕지를 이루게 되므로 고격을 이루게 된다.

사람이 열정적이며 부드러우면서 기개가 있다. 뜻이 높고 숭고하며 타인을 도우고 정직하다. 길성이 회조하면 인품이 있고 귀하며 재물과 명예가 모두 이롭다. 만약 화록이나 록존이 회조하면서 문창·문곡을 보게 되면 '양양창록격(陽梁昌祿格)'이 되어 고시에 합격하고 부귀쌍전(富貴雙全)하는데 주로 공교육직·연구직·의사·법률가·언론·강연 등 전문 분야에서 발달한다. 그러나 태양의 발산하는 힘이 강한 궁이므로 자칫 급하게 나아가기 쉽고, 살성이 회조하면서 지공·지겁을 보면 타인에게 이용당하거나 육친의 덕이 적다.

묘궁의 태양은 화기를 두려워하지 않는데, 묘궁 태양화기는 주인이 발전하기 위한 격발(激發)력을 향상시켜 오히려 좋은 작용을 하게 된다. 그러나 화기를 보면서 기타 살성이 회조하면 회재불우(懷才不遇 : 재주는 있어도 때를 만나기 어렵다)하고 직업이나 배우자가 안정하지 못하여 파동이 많은 삶을 살게 된다.

유궁의 태양·천량 조합은 두 별이 모두 힘이 없으므로 그 장점을 발휘하기 어렵다. 삼방에서 회조하는 태음도 역시 함지가 되어 자신의 노력이 많이 필요한 조합이다. 하여 사업이나 직장 모두 늦게 발달하는 특징이 있으며, 살성을 보면 중년이 되기 전에 사업이나 직장문제가 있게 되고 또한 연애좌절이 경험하게 된다. 혼인은 만혼(晩婚)하는 것이 좋다. 만약 乙·己·辛·庚년생이 육길성이 더해지면 좋은 격국을 이루게 된다. 공직이나 교육· 연구·의료계 등에 알맞고, 살성이나 겁공이 회조하면 종교·심리연구·기수련·역학·한의학 등 정신시계 분야도 적합하다. 여명이 유궁의 양양조합이면 자신의 능력이 있으며 사회적으로 발달한다. 그러나 살성이 회조하면 배우자 인연이 불리하다.

❂ 태양 辰·戌궁(태양 독좌, 대궁 태음)

태양이 진궁이면 대궁으로 태음이 회조한다. 진궁의 태양은 입묘하며 대궁으로 회조하는 태음 역시 입묘하여 두수에서 길한 격국을 이루게 된다. 하여 진궁의 태양은 일월공명(日月共明)이라 한다. 사람이 총명하고 추진력이 있으며 강유(剛柔)가 조화로운 성격이다. 열정적이면서 정직하며 육길성을 보면 사람이 귀하게 되고 명예가 높다. 여명도 학식·교양이 있으며 길성을 보면 전문직에 종사하며 사회적으로 두각을 나타낸다. 진궁의 태양이 화록이나 록존이 회집하면 사업가로서도 발달한다.

술궁의 태양은 함지이며 대조하는 태음 역시 함지이다. 흔히 일월반배(日月反背)라 한다. 진궁보다 불리한 상황으로 보는데, 주로 부모와 연이 없고 자신의 노력으로 성공하는 조합이다. 록이나 육길성을 만나면 길하며, 살성이 회조하면 이상과 현실이 어긋나고 매사 불리하며 일은 많지만 실속이 없다. 태양이 화기를 맞고 길성이 회조하면 고생 후에 일어서는데 주로 대기만성형이다. 그러나 육친이 고독하고 안질(眼疾)에 걸리기 쉽다. 술궁의 태양은 성격이 강한 편이며 정직하고 신용있다. 고생을 인내하는 정신력도 강하다. 여명은 남성육친의 연이 불리하다. 양타나 천형을 보면 더욱 그러하다. 술궁 태양이 격이 있으면 공직·교육직·연구직·언론·의료계 등에 알맞다.

❁ 태양 巳·亥궁(태양 독좌, 대궁 거문)

사해궁의 태양·거문 조합은 태양이 사궁에 거하면 더 길하다. 해궁은 태양이 함지인데 삼방으로 회조하는 태음 역시 함약하다.

사궁의 태양은 그 빛이 점차 강렬해지는 시기이다. 사람이 기상이 있고 담대하며 열정적이다. 자신감이 있고 신중하면서 근면정직하다. 길성이 회조하면 귀명이며 록성이 회조하면 경영과 사업적으로 발전한기도 한다. 차 조합은 외국 사람이나 외국계 회사와 인연이 많다. 양타·화령을 포함한 살성이 회조하면 고집과 자존심이 강한데, 겉으로는 인정하지만 속내는 그렇지 않다. 사살에 천형 등이 동도하면 사람이 독단적이고 개인주의적 성격을 띤다. 또한 남녀를 막론하고 혼인이 불리한 측면이 있는데, 부부사이가 겉으로는 문제가 없지만 감정적으로 메마르기 쉽다. 그러나 자신의 결점이 노출되는 것을 싫어하는 합리적인 성격이므로 파절은 잘 하지 않는다.

해궁의 태양은 함지에 빠진다. 하여 인생이 고단하기 쉽다. 부모를 비롯한 육친의 덕을 입기에는 부족하고 인연 또한 없는 편이다. 사람은 신중하고 인정이 있다. 또한 사려심이 있고 정직한 성품이다. 만약 화록이나 길성이 회집하면 자신의 노력으로 성공하며 명예와 재물 모두 이룹다. 이렇게 되면 사업도 길하지만 주로 공직·교육직·연구직·언론·언어분야 등에 적합하다. 그러나 해궁의 태양은 약간의 살성만 회조하여도 생의 좌절이 많고, 유년에 부친이 불리하며 자신의 건강까지 유의해야 한다. 양타·화령·천형 등의 살성이 회조하면 성격이 독단적이며 남과 시비가 발생하기 쉽고, 타인을 인정하려 하지 않으며 지배 받기를 싫어한다. 복덕궁으로 천기화기가 되면 사람이 신중하지 못하고 예민하며 잘나가다가 패배하기 쉽다.

(2) 태양 형제궁

태양이 형제궁이면 입묘와 함지에 따라서 형제나 교우간의 인연의 후박과 길흉 등의 관계에서 많은 차이가 난다. 입묘하면 형제수가 주로 3인 이상이며, 입묘하면서 길성이 회집하면 형제가 貴하게 되고 명예가 있다. 형제나 동기간에 지원도 많이 입게 된다. 그러나 태양이 함지이면서 야생인(夜生人)은 형제와 고독 분리되기 쉽고 서로 의지하기 힘들며, 사살(四煞)을 비롯한 천형·화기성이 회집하면 시비가 많고 형제로 인하여 손해를 보거나 상해(傷害)를 입게 된다.

자오궁의 태양은 자궁에 있으면 형제가 무력하고 오궁이면 더 길하다. 자궁의 태양은 함지에 거하게 되어 기본적으로 불리한데 만약 일점 살성이나 화기라도 회조하면 형제와 친구간에 화목하기 어렵고 항상 부담스러움을 느낀다. 그리고 형제가 건강, 직업, 혼인 등이 여의치 않아 파동이 많은 삶을 살게 된다. 그러나 길성과 록권과 등이 회조하면 형제나 친구로부터 지원을 받거나 인간관계도 비교적 원활하게 된다. 그리고 형제가 명리(名利)를 얻는다.

오궁의 태양은 태양이 입묘하는 궁이다. 하여 태양의 장점을 발휘하기 쉽다. 자궁에 비하여 형제의 명예가 높고 재물이 많다. 만약 육길성과 록성·화권·화과 등이 동회하면 형제가 부귀쌍전함은 물론 친구관계 또한 길하고 사회적으로 지위나 명예가 있는 친구가 있다. 그러나 양타·화령을 비롯한 천형 등이 회집하면 관계가 불리하게 되고, 형제가 혹 성공을 하더라도 서로간에 정은 없다.

축미궁의 태양은 태음과 동궁하게 된다. 이 조합은 일반적으로 형제의 수가 5인 이상으로 많은 편인데, 교우관계 또한 넓고 많은 편이다. 보좌길성을 보면 형제간에 화합하고 형제가 명예가 있으며 학문이 높다. 그러나 사살을 비롯한 천형 등의 살성이 회집하면 주로 형극하며 시비 손해가 있다. 특히 축궁에서 태양화기가 되면 형제나 친구로부터 음해를 당하거나 상해를 당한다. 태음화기는 손재를 가져오기 쉽다. 그리고 선천형제궁이나 대한의 형제궁에서 살성과 화기성을 보게 되면 형제와 친구간에 합작이나 동업, 계약, 보증 등은 금물이다. 한 집에 같이 거주하는 것도 마땅하지 않다.

인신궁의 거일조합이 형제궁이면 형제자매가 주로 3인이다. 길성이나 사화길성(四化吉星 : 화록·화권·화과를 의미함)이 회집하면 형제가 학식과 명예가 높다. 형제의 조력을 입지만 그 조력이 많지는 않다. 만약 거일조합이면서 화록이나 화권이 되면 외국 사람과 교제가 많거나 외국인의 지원을 받는데 외국 사람과 인연이 되는 것이 오히려 좋다. 인궁은 교제범위가 넓고 신궁은 평범한 친구가 많다. 만약 사살이나 화기를 보게 되면 형제나 친구간의 인간관계가 초선종악(初善終惡 : 처음은 좋았다가 나중에는 나빠짐)하기 쉽다. 상황이 이러하면 계약이나 동업은 금물이며 형제 역시 파동이 많은 생을 살게 된다.

묘유궁의 태양·천량이 형제궁이면 주로 형제자매가 2인이다. 묘궁은 태양·천량이 모두 입묘하는 궁이다. 하여 묘궁이 유궁에 비하여 더 길하다. 묘유궁 모두 보좌길성이 회집하면 형제가 명예가 높고 형제의 조력이 있으며, 화록이나 록존 등을 보게 되면 형제나 친구가 사업가나 전문인재가 되어 재물적으로도 흥하게 된다. 그러나 태양이 화기를 보면서 사살이 동회하면 형제에게 불리한데, 주로 큰 형이 상해를 입거나 사망할 수 있다. 또한 형제나 친구 간에 형극하게 되고 관계가 항상 불리하다.

진술궁의 태양은 태음과 상대하게 된다. 진궁의 태양은 입묘하는 고로 술궁의 태양보다 유리하다. 하여 기본적으로 진궁의 태양 형제궁은 형제와 화합하고 술궁은 불화함이 많다. 또한 진궁의 태양은 교제범위가 넓다. 진술궁 모두 보좌길성이 회집하면 형제가 명예가 있으며 총명하다. 화록이나 록존이 회조하면 사업적으로도 성공한다. 태양이 화기가 되고 사살·천형 등이 회조하면 형제나 친구와의 관계가 좋지 못하며 합작이나 계약, 거래는 금물이다. 특히 술궁의 태양은 더욱 그러하여 시비구설이 많게 된다.

사해궁의 태양은 거문과 상대하는데 형제자매가 주로 3인이다. 사궁의 태양은 입묘하는데 대조하는 거문 역시 힘이 있으므로 해궁의 태양보다 기본적으로 유리하다. 사궁의 태양은 형제가 명예 관록이 있으며 교제범위가 넓다. 길성을 보면 형제와 친구의 관계가 좋으며 또한 형제로부터 조력을 입는다. 해궁도 그러하다. 만약 사해궁의 태양이 화기를 맞으면 인간관계가 오래가지 못하게 되고 살성까지 회조하면 주로 시비구설이 있게 된다.

(3) 태양 부처궁

태양이 부처궁이면 묘왕리함에 따라서 그 길흉이 상반된다. 일반적인 정황으로 보면 남명이 여명보다 길하다. 그리고 낮에 태어난 사람이 밤에 태어난 사람보다 길하다. 태양이 묘왕지일 경우 주로 배우자의 성정이 견강(堅剛)하고 정직하며 기개가 있다. 만약 보좌길성이나 록존성이 회조하면 남녀 모두 배우자의 음덕이 있고, 배우자가 사회적으로 명망(名望)이 있으며 부귀를 모두 얻는다. 또한 주변사람으로부터 인정받는다. 여명이라면 조혼(早婚)하게 되고 배우자가 귀현(貴顯)하며 음덕이 있다. 그러나 태양이 함지이면 남녀 할 것 없이 모두 배우자의 인연이 불리한데, 특히 여명은 더욱 그러하다. 태양 함지에 양타를 만나면 처음은 좋지만 결국 애정이 식게 되어 인리산재(人離散財 : 사람은 이별하고 재물은 흩어짐)하게 된다. 이러한 정황은 혼인생활도 불리하여 배우자와 생리사별하게 된다. 화기를 봐도 초혼에 실패한다. 경우가 이러하면 배우자의 건강도 유의해야 한다. 태양이 부처궁에서 화령을 보면 처음에는 감정이 뜨겁다가 나중에는 식게 된다. 여명 부처궁에서 태양함지에 살성이 회조하면 조혼(早婚)은 불리하다. 일반적으로 30세 이후에 혼인하는 것이 좋다. 태양이 함지이면서 야생인이면 배우자의 연이 더 불리하다. 여명일 경우 더욱 그러한데 살성과 화기성 등이 회조하면 역시 생리사별하게 되고 도화성계가 회조하면 배우자의 외도가 발생하게 된다.

자오궁의 태양은 자궁에 비하여 오궁이 비교적 길하다. 이유는 오궁은 역시 입묘하는 궁이기 때문이다. 태양이 자궁이면서 보좌길성이나 록존을 보면서 백관조공 등이 회조하게 되면 배우자의 인연이 길하고 배우자가 사회적으로 귀하게 되며 주로 명예를 누린다. 그러나 화기를 보면서 약간의 살성만 회조하면 배우자와 성격이 맞지 않고 주로 생리사별하게 된다. 만약 지공·지겁이 회집하면 만혼하거나 혼인을 해도 서로 결함이 많다. 남명이 子궁의 태양이면서 화기와 살성을 보면 외정문제가 생기는데, 질병성계와 천형 등을 보면 배우자의 건강도 유의해야 한다.

오궁의 태양은 주로 배우자가 귀현(貴顯)하게 되며 배우자의 책임감이 있다. 길성과 록성을 보면 배우자가 부귀공명하게 된다. 배우자의 인연도 길하다. 남명이라면 처의 조력이 있다. 처가 사회적으로 명망이 있으며 처로 인하여 귀함을 얻으며 데릴사위가 된다고 하였다. 그러나 오궁의 태양도 화기를 싫어하는데 만약 화기를 보면 여명일 경우 조혼(早婚)은 문제가 된다. 또한 감정상으로 부부관계가 좋지 못하거나 다른 이성으로부터 추종을 받게 된다. 만약 보좌길성이 회조하는 가운데 화기가 가세하면 그렇게 흉하지 않게 본다. 이 경우 배우자와 고독하기는 쉬운데, 그러나 그 고독은 배우자가 사회적으로 바쁘거나 공부나 직업 때문에 서로 헤어져 있거나 분거(分居)하는 형태다. 남명이 오궁 부처궁에 화기와 살성이 있으면 혼인 후에 감정변화가 생기기 쉽다.

축궁의 일월이 보좌길성에 록권과를 만나면 부부연이 길하며 배우자의 학식과 명예가 높다. 또한 부부 모두 서로의 조력을 입는다. 축궁은 주로 남명이 이롭고(여성을 의미하는 태음이 입묘하기 때문에) 미궁은 여명이 길하다(미궁은 남성을 의미하는 태양이 힘이 있다). 축궁에서 살기형(煞忌刑)성을 보면 부처가 서로 통하지 않으며 생리사별하거나 파재하게 된다. 야생인이면 더욱 불리하다. 화령을 보면 친가와의 인연은 소원하거나 불리하다. 그리고 부부 연령이나 학력차이가 많이 난다. 남명 부처궁이 축궁의 일월이면서 태음화기이면 처의 건강과 감정상으로 불리하기도 하지만 처가와도 불협하기 쉽다. 남녀 모두 야생인이면 더 불리하다.

미궁의 일월조합은 부부가 화합할 수 있다. 보좌길성과 록권과를 보면 배우자의 명예나 학식이 높고 주변사람으로부터 인정받는다. 화기나 살성이 회집하면 역시 부부 불화하거나 생리사별하게 되는데 태음이 화기가 되면 남명은 더 불리하다.

인신궁의 거일은 인궁의 거일조합이 신궁의 거일보다 기본적으로 유리하다. 이 역시 인궁의 태양·거문은 두 별이 모두 묘왕지이기 때문이다. 보좌길성이나 록권과 등이 회조하면 부부화합하고 배우자의 권위와 명예가 높다. 이것은 남명도 마찬가지이다. 천마가 거하면 이족통혼(異族通婚 : 외국인이나 먼 지방 사람과 혼인함)한다. 인신궁의 거일이 만약 살기형성이 회조하면 부처 간에 의견이 맞지 않고 연애과정이 순탄하지 않으며 혼인 후에는 생리사별이 있게 된다. 남명은 처가 탈부권(奪夫

權)하게 된다. 그리고 질병성계인 천월·병부·천형 등이 회조하면 배우자의 사고나 질병을 유의해야 한다.

묘유궁 태양·천량은 묘궁의 양양조합이 입묘하므로 유궁에 비하여 길하다. 두 궁 모두 보좌길성이 회조하면 부부해로하고 배우자의 권위와 명예가 높다. 남명 부처궁이 양양조합이면서 천수(天壽)가 거하고 괴월이 회집하면 처의 연령이 많을 수 있다. 여명 역시 배우자의 나이가 아주 많은 경우가 허다하다. 양양조합이 살성이나 화기를 만나면 부처 간에 해로하기 어렵다. 그렇지 않으면 사업이나 학업적인 문제로 장기간 떨어져 살게 된다. 혼전에 파절을 경험하게 되는데 만혼이 유리하다. 여명이 유궁에 양양조합이면서 태양화기면 부부충파가 많으며 생리사별이 있게 된다. 야생인이면 더욱 불리하다.

진술궁의 태양은 진궁의 태양이 입묘하므로 술궁보다 더 유리하다. 진궁에서 보좌길성을 보면 배우자의 학식과 명예가 높고, 화록이나 록존이 동궁하면 전문인재나 사업가로서 성공하기도 한다. 술궁은 진궁에 비하여 부부인연이 비교적 불리한데, 보좌길성을 보면 부부해로 가능하지만 만약 살기형성을 만나면 생리사별하게 된다. 여명은 더 불리하다. 같은 살성이 회조하여도 진궁은 이별 후에 다시 인연이 되기 쉬우나 술궁은 부부인연이 더 불리하다. 진술궁 모두 삼방에서 회조하는 거문이 화기가 되면 서로 해로하기 어려운데 살성이 동궁하면 더욱 문제가 된다.

사해궁의 태양 역시 사궁의 태양이 입묘하므로 해궁보다 길하다. 이는 남녀 모두 그렇다. 사궁에서 길성이 회조하면 배우자가 활동적이며 인간관계가 좋고 부부사이도 무난하다. 해궁도 역시 유리하다. 다만 배우자가 고생을 하고난 뒤 성취하게 된다. 남명일 경우 배우자로 인하여 부귀해진다. 사해궁의 태양이 살기형성을 만나면 부부사이가 불리하며 연애파절도 경험하게 되는데, 해궁이면 생리사별의 징조가 더 강해진다. 남명일 경우 조혼은 문제가 있다. 여명일 경우 사궁보다 해궁이 더 좋지 않아서 생리사별하게 된다. 만약 남명이면서 명궁에 화령이 있고 부처궁이 태양이면 처가와 가깝게 지내거나 데릴사위가 되는데 친부모와는 소홀하기 쉽다. 여명이 태양 부처궁이면서 야생인이면 비록 길하더라도 허무하게 된다. 만약 도화성계가 비치면 배우자의 외정이 발생하게 된다.

(4) 태양 자녀궁

태양이 자녀궁이면서 입묘하면 자녀가 총명하며 3남 2녀가 있다. 태음과 동궁하면서 정황이 길하면 자녀가 아주 많으며 양타·화령 등을 보면 자녀가 희소하거나 대를 잇기가 어렵다. 태양이 입묘하면서 길성을 만나면 자녀가 총명하고 명예를 얻고 흥가창업(興家創業)한다. 자기 자신을 잘 관리하고 타인의 모범이 된다. 또한 자녀궁은 아랫사람을 의미하는 궁이기도 하므로 후배나 제자·문하생 등의 관계도 좋다. 그러나 태양은 묘왕리함을 떠나서 父子지간에는 그 정을 나누기 어렵고 고독한 경우가 많은데, 이는 태양이 주로 동(動)적이고 독단적이면서 독립적인 성질이 강하기 때문이다. 만약 태양이 자녀궁에서 살기형성(煞忌刑星)을 보면 자녀와 서로 통하기 어렵고 고극하기 쉽다. 함지이면서 야생인(夜生人)이면 더욱 그러하다.

자오궁의 태양·천량조합은 자궁의 태양보다 오궁이 길하다. 자궁의 태양은 함지에 거하기 때문이다. 자오궁의 태양이 만약 보좌길성과 록존이 거하면 자녀가 총명하여 명예가 있고 전문인재로 발전한다. 같은 조건이라면 오궁이 독립성과 명예가 더 높다고 본다. 자궁의 태양이 살성을 보면 자녀와 고독하거나 인연이 없고 화기까지 관여하면 자녀로 인하여 더욱 고민이 증가하는데 주로 장자(長子)가 불리하다. 또한 아랫사람의 관계도 좋지 못하다.

축미궁의 일월조합이 자녀궁이면 자녀와 비교적 화합한다. 후배나 아랫사람의 관계도 좋으며 사람이 많이 따른다. 록권과나 길성을 만나면 자녀가 총명하여 명예를 이루고 전문인재로 성장한다. 재적으로도 부귀하다. 살성과 화기를 보면 장자에게 불리하고 자녀가 신약하며 부모와 자식 간에 깊은 정이 없다. 그리고 아랫사람이나 후배를 도와주고 오히려 욕먹기도 한다. 이러한 정황은 축궁의 일월조합이 더 심하다.

인신궁의 태양·거문조합은 인궁이 신궁에 비하여 유리한 격국을 이룬다. 주로 자녀가 총명하고 부귀한데 길성이 회집하면 더욱 길하다. 괴월을 보면 다른 사람의 추종을 받고 윗사람의 후원이 많다. 보필을 보면 영도력을 발휘하고 인간관계도 좋다. 화록이나 록존이 회조하면 자녀가 부귀하다. 만약 천형이 거하면서 록권과를 보면 자녀가 법조계·언론·의료계·정치 등과 관련이 많다. 천마를 보면 외국과 관계가 있는데 주로 외국어·외국회사·외국인과 인연이 많고, 외국에서 생활하거나 이민을 하기도 한다. 거문화기를 보면 자녀를 비롯한 아랫사람과 구설과 마찰이 많으며 살성까지 동회하면 자녀형극이 있거나 고독하게 된다. 그러나 인궁의 경우에는 신궁에 비하여 그 성질이 그렇게 흉하게 변하지 않는다.

묘유궁의 태양·천량조합은 묘궁이 유궁에 비하여 유리하다. 양양조합이 화록이나 록존이 회조하면서 창곡을 보면 학업적으로 우수하다. 정황이 이러하면 양양창록(陽梁昌祿)을 이루어 자녀가 부귀쌍전(富貴雙全)하게 된다. 후배나 제자 아랫사람과의 관계도 역시 길하다. 그러나 양양조합은 자녀와 주로 고독하기 쉬운 특징이 있는데 유궁의 양양조합이 더욱 심하다. 만약 유궁에서 살기형성을 보면 자녀와 고극하기 쉽고 자녀수가 적으며 자녀의 몸이 신약할 수 있다. 역시 장남이 불리하다.

진술궁의 태양·태음조합은 진궁의 태양이 더 길하다. 진술궁 모두 사화길성이나 괴월·보필 등의 길성이 회집하면 부귀를 얻는다. 또한 타인의 지원을 받고 자녀가 영도력이 있다. 부모와도 화합하고 잘 따른다. 만약 화기나 살성을 만나면 자녀와 고극하기 쉽고, 아랫사람과도 어울리기 어렵다. 술궁의 태양은 더욱 흉하여 자녀와 분리되고 정이 없다. 또한 자녀로 인한 고단함이 증가하고 질병성계가 회조하면 자녀가 고질병이 있거나 신약하다.

사해궁의 태양은 사궁이 역시 유리하다. 사해궁에서 길성이 회조하면 자녀가 총명하며 지도력과 의지력을 가지고 있다. 만약 록존이나 화록을 보면 경영인재나 사업적으로 발전하게 된다. 해궁의 태양은 보좌길성이나 록권과 등이 회조하면 역시 길하지만 약간의 살성만 띄어도 자녀와 불화하거나 형극하게 되어 연이 없다. 해궁에서 살성에 화기까지 보면 장남이 불리하며 자녀의 건강, 재물, 직장, 혼인 등으로 인하여 심리적으로 고민을 많이 하게 된다. 야생인이면 더욱 불리하다.

(5) 태양 재백궁

태양이 입묘하면서 길성이 회조하면 재물적으로 풍족하다. 화록이나 록존을 만나면 더욱 길하다. 그러나 함지의 태양은 항상 불안하다. 게다가 살성이나 화기를 만나면 여지없이 손재를 경험하게 된다. 상황이 이러하면 주식이나 부동산 등의 투기도 금물이다. 태양은 주로 명예나 학문 등을 의미하는 主貴의 별이므로 공교육직·전문직·연구직에 많다.

태양이 재백궁에 있으면 그 재물의 양은 당사자의 사회적 지위에 의하여 결정이 된다. 가령 학문이 길하다면 고학력과 전문기술을 연마해야 하고, 상업적인 직업이라면 회사나 제품의 이미지 제고에 힘써야 한다. 그러나 태양은 묘왕리함을 떠나 재물을 모으기 어려운 특징이 있다. 겁공을 비롯한 살성과 화기성이 회조하면 주로 남에게 헌신하거나 지원해야 하는 경우가 많다.

태양이 함지이면서 살성이 회조할 경우 사업보다 직장이 우선인데, 이때 선천의 배우자궁이 재적으로 길하다면 재물의 운용은 배우자에게 맡기는 것이 유리하다. 재백궁의 태양이 길성과 살성이 같이 있으면 매사 이루는 것 같지만 결국은 허무하고, 겉으로는 화려하나 속으로는 남는 것이 없다. 함지의 태양은 더욱 그러하다.

태양재백궁의 특징 중 하나는 태양은 시이불수(施而不受 : 베풀고도 받지는 못함)하는 속성이 있으므로, 당사자의 재물이 많다고 하더라도 재물의 일정부분은 부모, 형제, 친구 등 육친을 위해 항상 베풀어야 한다는 것이다. 그러면서 본인은 정작 도와주고도 받지 못한다. 이는 태양이 만물을 비추기만 할 뿐 자신은 어떠한 기운을 흡수하지 못하는 것에서 기인하는 것이다. 이러한 속성은 태양이 명궁일 때도 나타난다.

자오궁의 태양은 천량과 상대하는데 자궁보다 오궁이 길하다. 자오궁의 태양이 보좌길성과 록성이 회집하면 부귀하다. 명예나 지위도 높다. 자오궁의 태양·천량도 화록이나 록존을 보면서 창곡까지 회집하면 '양양창록격(陽梁昌祿格)'을 이루어 부귀하게 된다. 명예가 부를 가져오는 것이다. 오궁의 명예와 부가 자궁에 비하여 크다. 자궁의 태양이 살성과 화기를 보면 사업보다 직장이 우선이다. 또한 불안전한 투기나 투자는 금물이다. 만약 길성과 살성을 같이 보면 내실이 없고 결국에는 손해를 본다. 오궁의 태양은 그 피해가 자궁보다 적다.

축미궁의 태양·태음 조합은 일반적으로 그 사람의 재물운이 비교적 체계적이며 순조롭다. 축궁이 미궁에 비하여 유리하다. 이는 재물을 의미하는 태음이 축궁에서 입묘하기 때문이다. 축미궁에서 만약 길성이 거하면서 화록을 보면 명예와 부를 겸하게 된다. 그러나 살성이나 화기를 만나면 주로 자수성가하고 재물적으로 풍후하기 어렵다. 아니면 일생 한 번의 중대한 파재(破財)가 나타난다. 일월조합이 태음화록이면 富가 貴보다 앞서고, 태양 화록이면 貴가 먼저 나타나고 이후 富가 따르게 된다.

인신궁의 거일이 재백궁이면, 인궁이 신궁에 비하여 길하다. 이 역시 인궁의 거일 조합은 두 성계가 모두 입묘하기 때문이다. 길성과 화록·록존 등이 회조하면 부귀가 온전하고 명성을 얻게 된다. 화권·화과·창곡 등이 회조하면 주로 명예가 높거나 귀하게 되고, 록과 천마가 만나 록마교치(祿馬交馳)를 이루면서 길성이 비치면 경영자로서 성공하기도 한다. 재물의 양은 거문화록이 더 유리하다. 태양화록은 치밀한 계산을 못하므로 수익이 있어도 소비가 그만큼 많게 된다. 거일이 살기형성을 만나면 재물로 인하여 시비구설이 있게 되고 투자하여 손재를 당한다. 태양화기는 다른 사람으로 인하여 손재를 당하기 쉽고, 거문화기는 재물로 인한 시비구설이나 관재의 성향이 강하다. 거일 재백궁은 가업을 이어받지 않고 개인적으로 창업하는 경우가 많다.

묘유궁의 태양·천량조합은 묘궁의 태양이 유궁의 태양에 비하여 길하다. 이 역시 묘궁의 태양은 입묘하기 때문이다. 화록이나 록존이 동궁하거나 회조하면서 창곡이 비치면 양양창록을 이루어 사회적으로 지위와 명예가 높다. 주로 처음에 명예를 이루고 후반에 재록이 붙게 된다. 이 조합은 주로 명예나 귀적인 조합이므로 사회적인 지위의 여하에 따라 재물의 대소가 결정된다. 辛干에 해당하는 해에 생했거나 대한이 辛干으로 행할 경우 주로 발달하게 된다. 이는 태양이 화권이 되고 삼방으로 거문화록을 보기 때문이다. 살성과 화기를 만나면 재물손재가 따르고 남에게 빼앗기며 겉만 화려하고 내실은 없다. 유궁의 양양조합이 사궁에서 회조하는 태음이 화기를 맞아도 손재가 따른다.

진술궁의 태양·태음조합은 진궁의 태양이 입묘하므로 술궁의 태양보다 길하다. 보좌길성이 회조하거나 협하면 다른 사람의 지원을 받고 재원이 순조롭다. 그러나 살기형성을 보면 재로 인하여 시비가 있고 손재를 당하게 된다. 술궁의 태양이 살성에 더 민감하다. 그러나 술궁의 태양이 비록 함지이지만 길성을 만나거나 대궁의 태음화록을 보게 되면 기격(奇格)을 형성하여 고생 끝에 이루게 된다. 오궁의 거문이 화록이 되어 회조하여도 길하다.

사해궁의 태양·거문조합 역시 사궁의 태양이 해궁에 비하여 길하다. 사궁은 태양이 입묘하고 해궁은 함지이다. 길성을 보면 명예와 학식이 높으며 록성과 천마가 만나면 주로 경영자로서 입신한다. 또한 출생지를 떠나 타지나 외국에서 발전하기도 한다. 거문화록이 대궁에서 회조하면 밖에서 인정받고 인간관계가 좋은데, 이러한 배경으로 인하여 사회적 지위를 얻게 된다. 살기형성을 보면 재로 인한 시비구설과 손재가 있고 투기나 사업은 금물이다. 해궁의 태양이 파재의 양도 많으며 더 불리하다.

(6) 태양 질액궁

태양이 질액궁이면 주로 혈압·두통·심장·순환기·어지럼증·이명(耳鳴)·혈액순환·눈병(충혈·근시·난시·백내장 등)에 유의해야 한다. 또는 눈이 어두워지거나 침침해진다. 태양이 함지에서 양타 등 살성을 보면 이러한 증상이 더욱 심해진다.

태양·천량조합이 살기형성과 만나면 위에서 논한 질병을 더욱 유의해야 하는데, 두풍(頭風)이나 중풍의 징조도 무시할 수 없다. 양양조합이 살성에 화기를 만나면 특히 순환기계통과 유방암·위암·내분비질환에 유의해야 한다.

일월조합은 음양이 동궁하여 살성이 회집하면 음양의 불협으로 인하여 질병을 유발하게 된다. 하여 주로 신경계질환에 유의해야 한다. 또한 살기형성과 질병성계(천월·병부 등)를 보면 뇌질환 및 안과질환에 걸리기 쉽다. 기타 심장과 파상풍(破傷風)등에 유의해야 한다.

거일조합은 주로 고혈압과 심장병에 유의해야 한다. 그리고 살성을 만나면 혈액순환장애·시력저하·편두통 등에 유의해야 한다. 살기형성과 질병성계 등이 모두 회조하면 심한 경우는 반신불수(半身不隨)가 될 수 있다.

(7) 태양 천이궁

태양의 기본 속성은 動을 좋아하고 靜을 싫어하기 때문에 천이궁에서 비교적 좋게 본다. 천이궁의 태양이 입묘하면서 길성이 모여 있으면 당사자의 사회적 지위가 높고 인정받는다. 밖에서 귀인을 얻고 발전하며 인간관계가 폭이 넓고 원만하다. 만약 낙함하면서 살성을 보면 삶이 항상 불안정하고 고단하며 쓸데없이 바쁘고 실속이 없다. 또한 시비구설과 사고·질병을 유의해야 한다. 태양은 富를 주하는 별이 아닌 고로 천이궁에 태양이면 주로 사회적 지위로 인하여 그 사람의 부귀가 결정된다. 그러나 화록이나 록존이 거하거나 혹 록마교치를 이루는 명격이면 사업하여 성공하기도 한다.

태양·천량조합이 천이궁이면서 길성이 비치면 그 사람은 행동력이 강하고 밖에서 귀인을 얻으며, 학문과 명예가 높고 전문업에서 성취할 수 있다. 창곡을 보면 더욱 그러하다. 록존이나 화록이 동궁하면 타지에서 성공한다. 태양이 화기를 보면서 살성이 비치면 밖에서 시비구설에 풍파가 많다. 함지의 태양은 더 심하다. 혹 길성과 살성이 같이 있으면 학문연구나 전문인재로 종사하는 것이 좋다.

태양·태음조합이 천이궁이면 다른 조합에 비하여 비교적 불리한데, 일월조합은 그 성향이 주로 부동(浮動)한 탓이기 때문이다. 하여 거주지나 삶의 변화가 많게 된다. 길성을 보면 고생 끝에 이루고, 화록이나 록존 등이 거하면 사업으로 성공하기도 한다. 살기형성을 보면 시비구설이 있고 직업이나 인생의 변화가 많으며 고생해도 보람이 없다.

태양·거문조합은 인궁의 거일조합이 더 유리하다. 인신궁의 거일조합 모두 출문(出門)하는 것이 이롭다. 만약 화록이나 길성을 보면 사업가로서 성공하고 화권·화과·창곡 등이 동도하면 명예로 이름을 알린다. 록마교치를 이루어도 상당한 발재(發財)를 하게 된다. 태양 조합 중 태양·거문조합이 사업에 가장 이로운 조합이기도한데 록을 보면 더욱 길하다. 거문화기면 주로 시비구설을 야기시키고, 태양화기는 노력만큼 소득이 없으며 성공하기 어렵다.

(8) 태양 노복궁

태양이 노복궁이면 일반적으로 불리하다. 입묘하면서 길성이 비치면서 백관조공을 보면 주로 귀인을 만나서 사귄다. 또한 아랫사람이나 주변인과 협조하고 도움을 받으며 자신의 말을 잘 따른다. 그러나 낙함하면 무정하다. 살기형성까지 회집하면 아랫사람이나 주변인과 시비구설이 많아지고, 은혜를 베풀어도 끝이 좋지 못하여 결국 서로 원수가 되기도 한다.

태양·천량조합은 비교적 고립의 의미가 있는 조합이다. 하여 평소 인간관계에 유의해야 한다. 그러나 보좌길성이 회조하면 좋은 사람을 많이 사귀고 사교성이 있다. 정직한 친구로부터 조언을 얻기도 한다. 그리고 아랫사람이나 직원·친구 등으로부터 협조를 얻기도 한다. 살기형성을 보면 가까운 사람과 마찰이 많은데 주로 주변사람에게 이용당하거나 서로 원망을 많이 한다. 또한 은혜를 원수로 갚거나 자신을 음해하는 사람으로 인하여 손재나 감정창상을 입기도 한다.

태양·태음조합은 비교적 사교력이 좋은 조합이므로 친구나 주변사람이 많다. 길성이 회집하면서 록을 보면 서로 도움이 된다. 인간관계도 유연하다. 그러나 살성을 보면 인간관계가 오래가지 못하고 오해가 생기며 진실성이 부족하다. 태양이 화기를 맞고 양타를 보면 시비구설이 있고, 태음화기에 양타를 보면 서로 마음이 맞지 않으며 재물적으로 손해를 볼 수 있다. 일월이 함지이면 더욱 부담이 가중된다.

(9) 태양 관록궁

태양이 입묘하면서 사화길성과 육길성 등이 회조하면 지위와 명예가 높으며 따르는 사람도 많다. 그러나 록성이 회조하지 않으면 단지 명예가 높을 뿐 실제 이익은 적다. 만약 화록이나 록존을 보게 되면 사업이 성대하다. 관록궁의 태양은 일처리하는데 있어 사심이 없으며 공명정대하고 추진력이 있다. 하여 어느 분야에서든 인정받고 최고의 위치에 오르게 된다. 태양이 입묘하면 더욱 분명하다.

태양이 함지에서 살성을 만나면 사업이나 직업이 실속이 없고 오래가지 못하며 항상 불안하다. 화기를 보면 더욱 파동이 많다. 태양이 양타·화령을 보면서 길성도 동회하면 그 직업이 동적이고 대중적인 곳에 적당하다. 상황이 이러하면 외교·무역·언론 등의 전파업종에 유리하다.

태양·천량이 관록궁일 경우, 태양이 입묘하면서 길성을 보면 사업적으로 형통하며 순조롭다. 사업이나 직업적으로 정직·신용을 중시한다. 이 조합은 전문업에 유리하며 장사보다는 명예를 기반으로 하는 것이 좋다. 특히 의료계나 법률·교육·금융 등에 알맞다. 양양창록을 형성해도 마찬가지인데 양양조합은 주로 개인의 이익보다는 일정부분 사회에 공헌할 수 있는 색채의 사업이나 직업이 알맞다. 천형을 보면 관리·감독 등의 업무도 길하다. 양타·화령과 길성이 같이 회집하면 건축·기계·전기·컴퓨터·설계 등 이공계열 방면과 관련이 많다. 살기형요성(煞忌刑姚星)을 보면 사업적으로 시비가 많고 법망을 어기는 등 부정한 수단으로 재물을 취하기 쉽다. 만약 태양이 함지에서 살성을 만나면 사업적으로 파재하게 되고, 직장인이라면 직장생활에 만족이 없고 고달프다. 그렇지 않으면 직장 내에서 사람관계가 편하지 않다. 질병성계가 회조하면 직업병을 얻을 수 있다.

일월조합이 길성과 화록을 보면 사업적으로 능히 대성할 수 있다. 전문업뿐만 아니라 장사나 사업도 길하여 명예와 재물이 모두 이롭다. 이 조합은 연구직·행정·

인사·교육·언론·출판·인터넷 등의 전파업종 등에 길하다. 만약 태양의 조건이 좋으면 그 사람은 主貴할 수 있는 공직·교육직 등에 유리하다. 태음의 조건이 좋으면 주로 재경계열·회계 등 금융계열이 유리하다. 일월이 살성을 보면 직업적으로 안정이 없으며 여러 직장을 전전하거나 사업을 하다가 고난이 따른다. 살기형성이 중하면 사업적으로 파재가 따르고 동업이나 협조자로부터 배신당하게 된다. 관록궁에 이렇게 살기형성이 임하면 개인적인 사업보다는 비교적 안정한 직장을 찾는 것이 우선이다. 대한관록궁이 이와 같은 상황일 경우에도 당 대한은 사업이나 투기도 금물이다.

거일조합은 인궁의 거일 동궁조합과 사궁의 태양 관록궁이 길하다. 만약 길성과 록성이 비치면 사업으로 성공한다. 전파·언론·광고 등의 직종에 알맞다. 직장인이라면 주로 외교·법률·교육·의료·언론 방면에 길하다. 거문화록이면 구재(口才)에 유리하고, 거문화권이나 태양화권 등이 있으면서 약간의 살성이 비치면 법률가·정치·언론 등에 길하다. 거일이 화기를 맞고 살성을 보면 시비색채가 강하여 사업적으로 아주 불리하다. 재물과 사람을 같이 잃게 된다. 경우가 이러하면 역시 개인사업보다는 직장이 유리하다. 거일이 화기를 보면 정치에 종사하면 안 된다. 주로 시비와 원망을 초래한다. 태양이 함지이면서 화기와 길성이 동시에 회조하면 일정부분 시비·구설 색채의 직종이 오히려 좋다. 예를 들어 변호사·중개인·중매인·비평가·배우라면 악역을 맡는 것 등이다.

(10) 태양 전택궁

태양은 부동(浮動)의 별이므로 전택궁에 있으면 비교적 좋지 않게 본다. 사업이나 부동산의 변화가 많으며 조업(祖業)을 지키기가 어렵다. 태양이 입묘하면서 보좌길성을 보면, 사업을 이루고 전택(田宅)을 많이 보유하거나 부동산으로 인하여 재산을 증식할 수 있다. 하지만 조상의 가업을 지키기는 어렵다. 태양이 함지이면 가업을 지키기 어려울 뿐만 아니라, 사업이나 부동산 등으로 인하여 파재(破財)하게 된다. 살성과 화기를 보면 더욱 흉하다. 태양이 이렇게 불리한 정황이면 개인사업보다 직장이 유리하다. 주로 학문연구·공교육직·관리행정 등에 종사하여야 한다.

태양·천량이 전택궁이면서 길성을 보면 사업이 길하고 부동산에 투자하는 것도 좋다. 그리고 부동산업종(부동산 중개업·부동산 개발·건축·토목사업·임대업·숙박업 등)에 종사하는 것도 길하다. 양양조합이 함지이거나 살기형성을 보면 공공재산으로 인하여 서로 분쟁이 있을 수 있다. 또한 사업적으로 충격이 있으며 소유하고 있는 집이나 부동산으로 인한 시비 손재가 발생하게 된다. 경우가 이러하면 부동산에 관한 업종이나 부동산 투자는 금물이다.

일월조합이 전택궁이면 전택의 매매나 이사가 빈번하다. 일월동궁은 더욱 그러하다. 일월이 입묘하면서 길성을 보면 조업을 지키거나 부동산을 많이 소유할 수 있고 부동산으로 인한 이익을 얻는다. 태음화록은 재적인 이익을 더 많이 얻는다. 살기형성을 만나면 부동산으로 인한 시비나 손재가 있다. 또한 부동산으로 인한 투기는 금물이다. 특히 함지의 태양이 살기형성을 보면 가족 중 남자육친의 질병이나 사고 등이 발현하기 쉽다. 태음이 이와 같은 조건이면 여자 육친에게 문제가 된다. 또한 태양화기는 사업이나 부동산으로 인한 시비가 발생하고, 태음화기는 주로 손해가 발생하기 쉽다.

태양·거문조합은 인궁의 거일조합이 비교적 길하다. 인신궁의 거일이 길성과 록성이 회조하면 가업을 잇거나 사업으로 성공하고 부동산으로 인한 득재 및 부동산 관련 업종도 길하다. 그리고 출생지를 떠나서 발달하고 외국과 관계된 사업이나 이민도 가능하다.

태양·거문이 상대하면 사궁의 태양이 비교적 길하지만, 사해궁의 거일조합은 전택궁에서는 비교적 불리한 조합이다. 약간의 살성만 보아도 부동산으로 인한 시비구설 또는 손재가 발생하게 된다. 만약 태양이나 거문이 화기가 되면 부동산으로 인한 문제가 있을 뿐만 아니라 가족 중 누군가 질병에 걸릴 가능성이 매우 높다. 태양이나 거문이 함지이면 더욱 그러하다.

(11) 태양 복덕궁

태양이 복덕궁이면 그 사람의 개성이 명랑하고 자존심이 강하다. 그리고 근면하며 자비심도 있다. 성격이나 행동이 정적인 것보다는 동적인 면이 강하다. 복덕궁 태양은 정신적으로 항상 불안정한 면도 있다. 보좌길성이 비치면서 상황이 길하면 성정이 폭넓고 사업적으로 성공한다. 그리고 남에게 베푸는 아량이 있으며 일정한 향수도 갖추고 있다. 그러나 살기형성이 비치면 사람이 안하무인(眼下無人)이며 자존심이 지나치게 강하고 매사 독단적이면서 원칙적이다. 또한 마음이 편치 않으며 우울하거나 민감한 성향으로 변하게 된다. 특히 함지의 태양이 타라를 보면 스스로 번뇌를 자초하고 타인과 오해를 사기 쉽다.

여명 복덕궁에서 태양이 입묘하고 길성이 회집하면 부부 해로한다. 그러나 태양이 낙함하면서 천요·함지·목욕·홍란·천희 등 도화성이 회집하면 음란하기 쉽다. 태양이 화기를 맞으면 이성이나 배우자로 인한 부담이 가중되고, 감정을 조절하지 못해 스스로 고극(孤剋)을 초래하게 된다.

태양·천량조합이 보좌길성이 회집하면 정서적으로 안정하며 사람이 명사의 기질과 풍류가 있으며 표현을 잘 한다. 과문(科文)성을 보면 연구심이 강하고 사고력이 있으며 총명하다. 살성과 형성을 보면 사상이 완고하고 집착하며 불안감이 많아진다. 상황이 이러하면 대중 앞에 나서지 말아야 한다. 지나치게 나서면 시비를 야기시키고 번뇌가 많아진다. 만약 태양이 함지이면서 살성을 보면 나태하거나 요령부리다가 사업이나 재물적인 손재를 가져오게 된다.

태양·태음 조합의 기본적인 특징은 사고방식이 정서적이면서 민첩하다. 만약 보좌길성을 보면 음양의 조화가 이루어져 정신향수와 복을 누릴 수 있다. 또한 연구심이 강하고 총명하다. 살기형성을 보면 마음이 조급하고 편치 않으며 자기비하를 하거나 지나치게 민감하다. 태음화기에 살성을 보면 심지가 약하고 소심하며 추진력이 약하고, 정서적으로 우울한 성향이 있다.

태양·거문은 상황이 좋으면 그 사람의 성정이 개성이 있고 매사 낙관적이다. 재적으로도 풍요하다. 그러나 살성이 비치면 마음이 조급하고 비관적이며 타인과 구설이 많다. 태양화기는 이상(理想)적인 성격으로 되어 현실적이지 못하고, 거문화기이면 소득없이 노력만 많으며 타인으로부터 재물이나 정신적인 압력을 받게 된다. 태양·거문이 낙함하면 더욱 그러하다. 주로 소사(小事)로 인하여 마음이 불안하며 스스로 번뇌를 초래하기도 한다.

(12) 태양 부모궁

태양이 입묘하는가 낙함하는가에 따라서 부모 인연의 후박(厚薄)과 복의 경중에 차이가 난다. 특히 태양·태음은 묘왕리함의 차이로 인하여 해당 궁의 길흉에 민감하게 작용하는 특징이 있다. 태양이 부모궁에서 입묘하고 길성이 비치면 부모와 유정(有情)하고 형극이 없는데, 일생인(日生人)이면 더욱 좋다. 또한 스승이나 윗사람의 지원이나 가피를 입는다. 태양이 함지이면서 살성까지 보면 부모와 연이 두텁지 못한데, 특히 부친의 인연이 불리하다. 부모 역시 어렵거나 불운한 생을 살게 된다. 살기형성이 중하면 더욱 그러한데, 조실부모 하던지 부모와 무정(無情)하게 된다. 만약 유년이나 대한의 부모궁이 이와 같은 조건이라도 부모를 비롯한 상사(上司)나 윗사람과의 관계가 좋지 못하다. 부모궁이 살성을 보는 불리한 상황에서 질병성계(천월·병부·病 등)를 보면 부모의 건강으로 인한 문제가 발생하기 쉽다.

태양·천량이 부모궁이면서 보좌길성이 회조하면 부모나 윗사람과의 관계가 양호하며 일생 윗사람으로부터 조력을 많이 입는다. 묘궁의 양양조합과 태양이 오궁이면 더욱 길하다. 태양이 사살(四煞 : 경양·타라·화성·영성)을 포함한 천형을 보면 부모나 윗사람과의 관계가 좋지 못하다. 주로 의견대립이 있기 쉬운데 부모나 윗사람의 주관이 너무 강하여 항상 문제가 될 수 있다. 그리고 두 부모를 모시거나 멀리 떨어져 살게 된다. 함지이면 더욱 불리하다. 살기형성을 보면 조실부모하던지 인연에 결함이 많다.

태양·태음조합은 부모나 연장자와의 관계가 비교적 양호한 조합이다. 보좌길성이 비치면 부모와의 연이 두텁고 효도한다. 그러나 축궁이나 술궁이 부모궁이면 태양이 함약하므로 부친에게 불리하다. 태음 역시 함약하면 모친과의 연이 불리하다. 살성과 화기를 보면 더욱 그러한데, 조실부모하던지 부모가 곤고한 삶을 살게 된다. 일월조합이 화기와 살성·길성이 동시에 회집하면 윗사람과의 관계가 처음엔 좋다가 나중에는 대립하거나 서로 오해가 있을 수 있다. 일월조합이 부모궁에서 지나치게 길성이 많이 보게 되면 당사자가 오히려 윗사람에게 좋지 못한 감정을 품게 된다.

태양·거문이 부모궁이면 부모궁의 길흉여하를 떠나서 부모와의 관계가 비교적 불리하다. 부모의 조업도 잇기 어려우며 스스로 자수성가해야 한다. 만약 보좌길성과 록성을 보면 부모의 명예가 있고, 록성이 있으면 부모가 사업적으로 발달할 수 있다. 이 경우 당사자의 명천선으로 흉성이 없으면 부모나 윗사람의 은혜를 입을 수 있다. 주로 이족(異族)의 기관이나 외국기업 또는 외국인의 윗사람으로부터 은혜를 입는다. 거일조합이 살성을 보면 부모와 관계가 온전치 못하고, 부친이 집을 떠난다. 거문이나 태양이 화기이면서 살성을 보면 윗사람과 불화(不和)하기 쉽다. 함지이면 더욱 그러하다.

4) 무곡성

(1) 무곡의 기본적인 성정

무곡은 오행으로 음금(陰金)이다. 북두성에 속하며 화기(化氣)는 財이다. 주사(主司)는 재백(財帛)이다. 두수에서 재성(財星)이 세 개가 있는데, 태음·천부·무곡이 財를 主한다. 무곡은 행동력과 추진력으로 財를 득하고, 태음의 구재(求財)는 내부적인 계획이나 투자로 득재(得財)하며, 천부는 이재(理財)능력이 탁월하다. 무곡의 기본적인 성정은 우선 강직하다는 것이다. 맺고 끊음이 확실하며 결단력이 있다. 목소리와 행동에 힘이 있으며 일을 진행함에 있어서 나태하지 않고 한 번 정하면 추진력이 대단하다. 무곡을 일명 장성(將星)이라고 하는데 이러한 속성을 대변하는 것이라고 보면 된다. 이렇게 강렬한 속성은 여명의 경우 탈부권(奪夫權)하는 것으로 나타나는데, 양타·화령을 보면 더욱 그러하다.

무곡이 명궁이나 부처궁에서 양타·화령·천형 등을 만나면 '과수격(寡宿格)'이라 하여 부부가 해로하기 어렵다. 여명이 무곡이면 여장부라고 할 수 있지만 배우자 인연은 그렇게 좋지 못한 것이다.

고인(古人)들은 남명은 무곡이 길하고 여명은 마땅치 않게 여겼는데, 이는 남자는 강하길 원하였고 여명은 유(柔)하길 원했기 때문이다.

무곡이 차갑고 강하긴 하지만 속내는 사람이 인정과 의리가 있고 선량하다. 기본적으로 타인에게 의지하려 하지 않으며, 어려서부터 자신이 알아서 공부하고 계획을 실천하는 편이다. 또한 무곡의 성정이 그렇게 강하고 냉정한 면만 있는 것이 아니다. 만약 록존이 거하면 견강한 색채는 대체로 신중하고 부드러운 성격으로 변한다. 보좌길성까지 회조하면 사람이 속으로는 대담하지만 겉으로는 강렬한 모습이 줄어든다. 소위 외유내강형이 된다.

무곡이 입묘하면서 길성이 회조하면 군·경·의료계·법조계·금융계 등에 진출하는 경우가 많다. 고인은 무곡이 힘이 있고 창곡을 보면 출장입상(出將入相)한다고 하였다. 길성과 화록이 회집하면 사업가로 성공한다.

무곡이 함지면 공예지인(巧藝之人)이라 하여 손재주가 뛰어나거나 장인(匠人)이 되는 것으로 보았다. 경양·타라를 보면 더욱 그러한데, 현대적으로 해석하면 기계·건축·제조업·공업계열 등의 업종으로 보면 될 것이다. 무곡이 대궁의 천이궁이 길하면 무역업이나 유통업도 좋다. 전택궁이 길하면 부동산계열의 업종에 많이 종사하기도 한다.

❁ 무곡 子·午궁(무곡·천부 동궁, 대궁 칠살)

자오궁의 무곡은 천부와 동궁한다. 양궁 모두 두 별이 묘왕지이므로 길격을 이룬다. 무곡·천부조합은 무곡의 성계 중에서 가장 부드러운데, 이는 무곡이 수동적이면서 내향적인 천부와 동궁하기 때문이다. 그래서 고인은 여명에게 마땅한 조합으로 보았다. 사람이 후덕하고 선량하며 온화한 편이다. 무곡·천부는 두 별이 모두 재성(財星)이라 재적으로 부유한 격을 이루기 쉽다. 무곡은 행동으로 구재(求財)하는 반면 천부는 이재(理財)능력이 탁월하다. 이러한 특징으로 인하여 무부조합이 화록이나 록존을 만나고 육길성이 회집하면 고인은 재관쌍미(財官雙美)에 재부지관(財賦之官)이 된다고 하였다. 그만큼 재물이나 명예적으로 유리한 격국이 된다는 뜻이다. 격이 이렇게 좋으면 사업뿐만 아니라 금융·회계·의료계 또는 정·재계의 중요 요원이 되어 성공한다.

무곡은 자궁이 오궁에 비하여 비교적 좋은 격국을 이룬다. 자오궁 모두 甲年이나 己年에 生하면 더욱 길하다. 무부조합이 살성을 보면 일생 고독하기 쉬운데, 어려서는 부모의 인연이 없거나 온전치 못하다. 화기에 살성까지 보면 성격적으로 결함이 나타나기 쉽다. 주로 파괴적이면서 독단적이고 강하여 타인과 많이 부딪히게 된다. 여명이면 배우자위에 군림하려 한다. 만약 복덕궁이나 부처궁이 약간 불리하면 남녀할 것 없이 배우자 연이 좋지 않다. 경우가 이러하면 고독할 뿐만 아니라 재적으로도 불리하여 일시적 손재를 경험하게 된다.

❁ 무곡 丑·未궁(무곡·탐랑 동궁, 대궁 공궁)

무곡은 축미궁에서 탐랑과 동궁한다. 축미궁 모두 두 별이 입묘하므로 무곡·탐랑이 가지고 있는 장점이 발휘되기 쉽다. 무곡은 재성이고 탐랑은 사교성이 있으면서 다재다예(多才多藝)한 별이므로 만약 록이나 길성을 보면 성공한다. 사람이 은중하면서 자애로우며 생각이 깊고 사고(思考)력이 강하다. 하지만 속으로는 계획적이며 강강한 속성이 있다. 화과나 창곡을 보면 주로 문예나 학문·교육·언론 등 연구중심의 방면에서 성공한다. 화록을 보면서 재관궁이 좋으면 사업방면으로 성공한다. 그러나 무탐조합은 비교적 만발(晩發)하는 속성이 있는데, 30세나 40세 이후 발복한다. 하여 선빈후부(先貧後富)하는 조합이라고 하였다. 그러나 이러한 설법은 고인의 논리이므로 정확한 판단은 매 대한의 정황을 보고 결정해야 할 것이다.

무탐조합이 살성과 화기를 만나면 장사나 사업은 불리하다. 고인은 무곡이 살을 보면 기예지인(技藝之人)이라 하였는데 이는 손재주나 기술적인 유형의 직업을 의미한다. 현대적으로 보면 전문기능이라고 볼 수 있다. 주로 전기·전자·기계·설비 등의 공과계열이나 컴퓨터계열·음식업·의사(외과나 치과) 등의 직업군에 연이 많다. 그리고 무탐조합이 살성과 화기를 보면 고독하고 극하는 속성이 강하게 나타난다. 성격도 의지력이 강한 반면 독단적이고 남밑에 있는 것을 싫어하며 스스로 고독을 자초하는 경우가 많다. 하여 유년에는 부모의 연이 없거나 또는 부모 중 한 사람과 인연이 없게 된다. 만년에는 배우자 인연이 불리하여 고독한 삶을 산다. 하여 무곡이 살기형성을 만나면 정신세계(종교·기 수련·한의학·역학·명상·문학·예술·바둑 등)에 관심을 가지거나 종사하는 사람이 유난히 많다.

무곡 寅·申궁(무곡·천상 동궁, 대궁 파군)

무곡은 인신궁에서 천상과 동궁한다. 寅궁의 무곡·천상조합이 申궁보다 비교적 길한 조합이다. 인궁 무상 조합은 삼방에서 회조하는 염정과 자미가 묘왕지를 이루어 회조하기 때문이다. 무상조합은 위인이 겸손하고 품위가 있으며 총명하다. 인간관계도 좋은데 처세가 신중하고 정의감이 있다. 록존이나 길성이 비치면 공직·교육직·언론·정계·의료·기업이나 공사직의 인사·행정 분야 등에서 성공한다.

무상조합이 살기형성을 만나면 심리적으로 공허하기 쉽고 육친과 무정하기 쉬우므로 고독이 증가하게 된다. 성격도 독단적이면서 굴복하기 싫어하고 민감하게 변하게 된다. 한두 개의 질병성계가 회조하면 신체장애나 건강문제도 일생 있게 된다. 정황이 이러하면 부부해로도 어려운데 여명이라면 더욱 그러하다.

무곡 卯·酉궁(무곡·칠살 동궁, 대궁 천부)

묘유궁에서는 무곡·칠살이 동궁한다. 무살조합은 묘궁이 유궁보다 길하다. 무곡이 유궁이면 비록 왕지에 해당하지만, 유궁 자체가 금기(金氣)에 해당하고 무곡·칠살도 숙살(肅殺)의 기운을 띄는 성계이므로 살기(殺氣)의 기운이 강하게 발휘되기 때문에 유궁 안명(安命)은 좋지 않게 보았다. 이러한 요소로 인하여 고인은 유궁의 무살조합을 좋지 않게 평가를 많이 하였는데, 이것은 살의 작용으로 인한 위험이나 부담을 역설한 것이다.

무곡은 정성 중에서 강성이고, 칠살도 일명 대장성(大將星)이라 하여 강성으로 본다. 하여 이 두 성이 동궁하면 사람이 권위와 위엄이 있고 성품이 담대하며 무게가 있다. 목표가 높고 원대하다. 보좌길성을 보면 정·재계나 공직·교육직에서 발달하고 민영기업이나 의료계에서 성공하기도 한다. 록존이나 화록이 거하면 무역·건설·제조업·부동산업종 등에서 사업가로 발달하기도 한다.

무살조합이 살성을 보면 기질이 강하고 감정적이며 안하무인이 된다. 그리고 타인의 통솔을 싫어한다. 화기까지 보면 더욱 그러한데 육친과 고독하기 쉽고, 자신의 건강도 좋지 않다. 주로 호흡기질환과 위장·대장·뇌신경계 질병을 유의해야 한다. 무살이 살성을 많이 보면 재물로 인한 시비구설이 따르기 쉽다. 특히 무살조합이 경양을 보면 인재지도(因財持刀)라 하여 재물 때문에 칼을 든다고 하였다. 무살조합이 재백궁이나 관록궁이라도 마찬가지 상황으로 판단하면 된다. 고인은 무살조합이 살성을 보면 도살업(屠殺業)이나 피를 보는 직업에 종사한다고 하였다. 살성을 보면서 격이 좋으면 수술(의사) 하는 직종이나 군·경·사법기관 등에 종사하기도 한다.

무곡 辰·戌궁(무곡 독좌, 대궁 탐랑)

진술궁의 무탐조합은 두 성계가 모두 입묘하여 길격(吉格)을 이루게 된다. 축미궁의 무탐동궁 조합보다 더 좋게 평가한다. 다만 진술축미궁의 무탐 조합들은 묘고(墓庫)에 거하기 때문에 만발(晩發)하는 특징이 있다. 무곡이 명궁이면서 대궁으로 탐랑이 대조하는 상황이므로 축궁의 무탐 동궁조합과는 그 사람의 성정에 약간 차이가 있다. 기운이 강하고 추진력이 있으며 당당하다. 만약 양타·화령 등의 살성이 거하면 사람이 독단적이고 말투나 행동이 거칠게 되며 상당히 강한 성격으로 변한다. 그러나 록존이나 길성을 보면 처세가 유연하고 겸손하며 예의있다. 길성을 보면 외유내강형이다. 무탐이 육길성을 만나면 유년에는 고생이 있으나 중년이후 성공한다. 주로 공직이나 민영기업 등에 길하다. 만약 庚年干에 생하고 길성이 회집하면 문무(文武) 모두 길하며, 한두 개의 살성이 같이 회조하면 군·경·사법기관이나 의료계에 종사함이 이롭다.

무곡이 화록과 동궁하거나 재관궁으로 록성이 비치면 사업가로 변모하기 쉽다. 진술궁의 무곡은 한두 개의 살성은 크게 두려워하지 않는데, 이유는 진술궁은 천라지망(天羅地網)궁에 속하기 때문에 살성이 오히려 격발(激發)하는 작용을 하거나, 천라지망의 부담에서 벗어나는 역할을 하기 때문이다. 그리하여 진술궁의 무곡은 한두 개의 살성이 있을 때 오히려 힘과 역량을 과시할 수 있다고 한 것이다.

그러나 이 조합은 삼방사정으로 영창타무(鈴昌陀武 : 영성·문창·타라·무곡)의 별이 회조하지 않아야 한다. 만약 이러한 성계들이 삼방사정으로 만나면 '영창타무 한지투하(鈴昌陀武 限至投河)'라 하여 물에 빠져 자살하는 격국이 된다. 그 정도로 흉험한 상황을 연출하게 되므로 삼방사정으로 이러한 성계들이 회조하는지 확인을 잘 해야 할 것이다. 물론 무곡이 다른 궁이나 다른 별과 동궁할 때도 이러한 성계들과 만나는지 확인해야 한다. 진술궁의 무곡이 한두 개의 살성을 꺼리지 않는다고 해도 영성과 타라는 만나지 않아야 한다.

❁ 무곡 巳·亥궁(무곡·파군 동궁, 대궁 천상)

사해궁의 무곡은 파군과 동궁하며 대궁으로 천상을 마주한다. 해궁이 사궁보다 길하다. 사람이 심지가 곧고 개성이 있다. 또한 성격이 너그럽고 솔직하여 시원한 느낌을 준다. 그러나 살성을 보면 독단적이면서 고집이 강하다. 여명은 탈부권(奪夫權)하기 쉽다. 하여 사해궁의 무파상 조합은 여명은 꺼린다. 이는 배우자궁이 자탐조합이 되는 연고이다. 묘유궁의 자탐조합은 그렇지 않아도 도화격이 되기 쉬운데, 만약 자탐이 도화성계(천요·함지·목욕 등)를 보면 배우자의 주색도박 등으로 인하여 부부해로에 많은 문제가 발생한다.

사해궁의 무파상 조합은 일반적으로 장사나 사업은 마땅치 않다. 그러나 록성을 보면서 재관궁이 흉하지 않다면 사업이 가능한데, 유년(幼年)에 고생하고 자수성가는 경우가 많다. 길성을 보면서 화과 등이 회조하면 공교육이나 연구직·대기업 등에 길하다. 록이나 길성이 회조하면서 한 두 개의 살성을 보면 정재계나 의료계열·무역업 또는 스포츠 분야에서도 길하다. 남녀 모두 甲乙戊干의 해에 生하면 좋다. 무파조합은 형제궁이 불리한 편이므로 형제자매를 지원해야 하는 경우가 많다.

(2) 무곡 형제궁

무곡이 형제궁이면서 입묘하면 2인이며, 길성을 보면 형제가 3인 이상이다. 무곡이 낙함하거나 칠살·파군과 동궁하면 형제가 희소(稀少)하다. 무곡 형제궁은 형제자매의 성정이 엄중하고 근면하며 생활력이 강하다. 사회적으로 신용있으며 매사 적극적이다. 그러나 고인들은 무곡 형제궁을 일반적으로 좋지 않게 보았다. 형제가 화목하기 어렵고 약간의 살성만 보아도 형제자매나 친구·동료 간에 충돌이 많다. 만약 화령을 보면 서로 시비구설이 있고 화기에 살성까지 가하면 재물로 인하여 쟁투가 있게 된다. 상황이 이러하면 형제나 주변사람과 돈거래에 유의해야 하고, 합작이나 동업도 삼가야 하며 기타 계약건으로 인한 손재가 따르기 쉬우니 유의해야 한다.

자오궁의 무곡·천부가 형제궁이면서 길성을 보면, 형제나 친구 관계가 화목하고 서로 도움이 된다. 그러나 약간의 살성만 보아도 형제간에 화목하기 어렵고 형제나 친구로부터 부담을 많이 받는다. 기타 대인관계도 겉으로는 친하지만 속으로는 그렇지 않다. 경우가 이러하면 동업이나 합작도 금물이다. 만약 당사자의 명궁에 길성이 거하면 형제궁의 불리함을 극복할 수 있는데, 특히 평배귀인(平背貴人)을 의미하는 좌보·우필을 보면 길하다.

축미궁의 무탐조합은 길성이 회조하면 친구나 형제관계가 좋고 도움도 받을 수 있다. 미궁이 축궁보다 좋다. 살기형성이 회집하면 형제나 친구 관계가 좋지 못한데, 주로 자신이 고생하여 형제를 돕거나 인간관계가 많지 않다. 또는 형제나 친구로 인하여 재적으로 부담을 많이 받는다. 살기형성이 많으면 공동투자나 동업·계약 등은 금물이다.

인신궁의 무곡·천상조합이 록이나 길성이 회집하면 형제나 교우 간에 조력이 있고, 명예나 재물적으로 성공한 형제나 친구가 있다. 보편적으로 무상조합은 친구간에 의리가 있고 서로를 위한다. 그러나 살기형성을 보면 형제나 친구 관계가 소원(疏遠)하고 서로 원망하기 쉽다. 무상조합이 도화별이 많고 살성을 보면 자신의 이성친구나 배우자가 친구로부터 유혹받기 쉽다.

묘유궁의 무곡·칠살이 형제궁이면 형제나 친구의 성정이 엄중하고 권귀(權貴)하다. 만약 보좌길성이 비치면 형제가 명예나 학식이 높고, 화록이나 록존을 보면 사업가로서 성공하기도 한다. 자신의 명궁이 보편적으로 길하고 형제궁이 이처럼 좋으면 형제나 친구로부터 도움을 받는다. 그러나 살성이 있으면 형제 친구간에 의리가 상하고 자신이 피해를 보게 된다. 화기를 보면 인간관계가 더욱 불리하고 재물적으로도 서로 문제가 있게 된다. 또한 형제의 건강도 항시 유의해야 한다.

진술궁의 무곡이 길성을 보면 형제나 친구와 화목한 편이다. 그러나 실질적인 조력은 적다. 화록이나 록존이 거하면서 길성이 회집하면 형제가 부귀쌍전(富貴雙全)한다. 살기형성을 보면 관계가 좋지 않고, 서로간에 마음과 재물적으로 부담만 가중된다. 또한 형제나 친구 때문에 자신의 권리를 잃거나 재물이 나가게 되므로 서로 합작하면 안 된다.

사해궁의 무곡·파군조합이 형제궁이면 일반적으로 형제간에 화목하지 못하다. 설사 보좌길성을 본다 하여도 형제나 친구로부터 큰 도움을 얻기가 어렵다. 형제는 일생 변동이 많고 속박을 싫어한다. 살성을 보면 혼자 고독하기 쉽다. 또한 인간관계에 문제가 많으므로 동업이나 거래는 삼가야 한다. 만약 길성이 있으면 오히려 외국이나 먼 지방의 친구와 사귀면 길하다. 무곡이 경양이나 화성과 만나면 주로 재물 때문에 관재구설이 생긴다.

(3) 무곡 부처궁

무곡이 부처궁이면 고인들은 비교적 좋지 않게 보았다. 특히 무곡이 칠살·파군과 동궁하면 혼인에 중대한 결함이 있다고 하였다. 무곡이 입묘하는 경우 만혼(晩婚)하면 고극(孤剋)을 면할 수 있지만 고독의 성질은 완전히 변하지는 않는다. 무곡 부처궁은 남명이 여명보다 좋다. 남명일 경우 비록 배우자가 탈부권(奪夫權)하는 경향은 있지만, 처의 조력이 있고 처가 생활력이 강하고 책임감이 있다. 화과나 창곡을 만나면 처가 총명하며 학문과 명예를 얻을 수 있고, 록존이 동궁하면 교양있고 현숙하며 능력 있는 처를 만난다. 하지만 무곡이 살기형요성이 중하면 남녀모두 만혼해도 부부관계가 고독하고 배우자가 유명무실(有名無實)하다. 특히 여명이 이러한 상황이면 재혼하거나 부부생활에 만족이 없다. 여명 부처궁 무곡이 화록이면 배우자가 사업으로 성공할 수 있고, 화권이면 정재계의 요직을 맡는다. 화과는 명예적으로 유리하다.

자오궁의 무곡·천부가 부처궁이면 비교적 안정한 조합인데, 재물적으로 유리한 조합이다. 그래도 록존이나 화록을 만나야 비로소 해로할 수 있다. 이렇게 록성을 보면 배우자가 능력있으며 재물적으로 길하다. 사화길성과 창곡 등을 보면 배우자의 학식과 명예가 높다. 남명 부처궁이 무곡화록일 경우 처가 오히려 남편보다 더욱 능력을 발휘하여 남편이 의기소침할 수 있다. 화령을 보면 부부해로 하기 어렵고 남명은 처가살이 할 수 있다. 살기형성을 보면 연애좌절을 면하기 어려우며 혼인 후에도 부부해로에 장애가 많아 재혼할 가능성이 높다. 여명이 무곡화기이면서 살성을 보면 남편의 건강과 외도문제가 주요 사안이 된다. 이 조합의 특징 중 하나는 여명일 경우 유부남과 인연이 될 가능성이 높다는 것이다. 만약 괴월·보필 등 보좌길성이 있으면 남녀 모두 가정 있는 사람과 인연이 많다.

축미궁의 무탐조합은 조년(早年)에 연애를 하게 된다. 배우자가 집에 있는 것보다 외부적인 활동을 많이 한다. 화록이나 길성을 보면 배우자가 재적으로 부유하며 사회적으로 능력을 가진다. 화과나 창곡 등의 문성(文星)을 보면 배우자가 지혜롭고 학문이 높으며 명예를 누린다. 살성을 보면 배우자의 정서가 불안정하거나 변화가 많아 고단하게 된다. 화령을 보면 연애 과정이나 혼인 생활이 갑자기 뜨거웠다가 곧 식어버린다. 살성과 도화성계가 비치면 배우자가 외도하게 된다. 천형이나 양타를 보면 역시 부부해로 어렵다. 무곡이나 탐랑화기면 배우자가 항상 건강 및 손재가 따르기 쉽다. 살성을 만나면 더욱 심하다. 무탐 조합이 살기형성을 많이 보면 배우자가 신앙생활이나 정신세계에 관심이 많다.

인신궁의 무곡·천상은 배우자의 인격이나 교양은 높지만 부처궁에서는 불안전한 면이 있다. 괴월이나 보필 등 길성이 회집해야 비로소 길하다. 록성이나 보좌길성이 있으면 배우자가 학문연구가 높고 능력이 있다. 화권이나 살성이 있으면 배우자가 권위적이고 상대를 통치하려고 한다. 살기형성을 보면 부부해로 어렵고 배우자 건강 역시 문제가 되기도 한다. 도화성과 보좌단성(補佐單星)을 보면 혼전에 가정 있는 사람과 연애하기 쉽다. 살성이 가중되면 문제가 더욱 커지게 된다. 무탐이 배우자궁이면 배우자와 연령차이가 많은 경우가 있다. 나이가 같으면 오히려 불리하다. 그리고 무탐 배우자궁은 동학(同學), 동사(同事)라 하여 자신과 관련한 단체나 직장 내에서 인연을 맺는 경우가 많다.

묘유궁의 무곡·칠살은 무곡과 동궁하는 조합 중 가장 불리한 경우에 해당하는데, 유궁이 더 불리하다. 하여 무살 조합이 부처궁이면 만혼하는 것이 좋다. 배우자의 성정이 완고하며 자상함이 부족하다. 남명일 경우 약간의 살성만 동궁해도 부인이 탈부권(奪夫權)한다. 부처궁이 무살이면 자신의 명궁은 탐랑이 되는데, 탐랑은 유연하고 타협적인데 비하여 부처궁의 무살은 강하므로 남녀 모두 상대 배우자가 자신을 통치할 가능성이 높다. 하지만 자신의 복덕궁은 강렬한 색채의 자파상 조합이 자리하게 되므로 서로 간에 감정대립이나 성격적인 충돌이 많게 된다. 배우자 궁의 무살조합이 만약 살성을 만나지 않고 보좌길성과 록성이 있으면 부부해로가 가능하다. 하지만 마음은 항상 냉정하기 쉽다. 무살조합은 연애과정이 복잡하고 변화가 많으며 결국 좌절을 경험하게 된다. 살성까지 거하면 남에게 이성을 빼앗기게 된다. 살기형성이 심하면 배우자의 사고·질병에 항상 유의해야 한다.

진술궁의 무곡은 독좌하며 대궁으로 탐랑을 본다. 부처궁에서는 비교적 고극함이 적은 조합이다. 진궁의 무곡이 술궁보다 길하다. 역시 만혼하는 것이 좋다. 보좌길성을 보면 배우자가 총명하고 명예가 높다. 록성을 보면 배우자가 재적으로 길하다. 살기형성을 보면 생리사별하게 되는데, 배우자의 건강과 손재(損財) 모두 유의해야 한다. 대궁의 탐랑이 화령을 보면 순간 감정이 앞서고 열애(熱愛)하지만 결국 감정좌절을 하게 된다. 도화제성이 있으면 배우자가 외도하게 된다. 기타 앞에서 설명한 무곡 부처궁의 기본 정황을 참고하라.

사해궁의 무곡은 파군과 동궁하는데 부처궁에서는 가장 불리한 조합이다. 하여 고인들은 좋지 않게 평가하였다. 배우자 성정이 완고하고 조급하며 독단적이다. 약간의 살성만 보아도 혼인이 불리하며 심하면 생리사별하게 된다. 반드시 만혼해야 하며 혼전에 연애좌절을 경험하게 된다. 만약 보좌길성을 보면 배우자가 총명하지만 자신을 통치하려고 한다. 사궁이 해궁보다 길하다. 록성과 길성이 회집하면 배우자가 능력있고 재물적으로 길하다. 무파조합이 삼방사정으로 영창타무격(鈴昌陀武格 : 무곡이 삼방사정으로 영성·문창·타라를 만나서 형성되는 흉격)을 이루면 반드시 혼인을 파하고 배우자 형극을 면하기 어렵다. 살기형성이 강하면 생리사별하게 된다. 혹 한 집에 거할 지라도 서로 냉정하다. 도화성계가 회집하면 외도가 문제가 된다. 이 조합은 대한의 정황을 면밀히 관찰하여 판단해야 할 것이다.

(4) 무곡 자녀궁

무곡이 자녀궁이면 자녀의 수가 적다. 살성을 보면 더욱 그러한데 자신을 따르는 후배도 적다. 그리고 무곡은 딸에게 유리하고 아들에게는 불리한 조합이다. 고인은 무곡 자녀궁이면 후처나 첩에게서 자식을 얻는다고 하였으며 결혼해도 자녀가 희소(稀少)하다고 하였다. 하지만 살성이 회집해야 비로소 이러한 조건에 합당하다고 할 것이다. 무곡이 입묘하며 길성이 회조하면 자녀가 많다(3명 이상). 또한 자녀가 총명하고 명예가 높다. 그리고 자녀나 후배에게 도움을 얻는다. 록성이 회조하면 자녀가 경영인이나 사업가로서 발달하게 된다. 무곡 자녀궁은 자녀의 성격이 독립적이며 강하다. 또한 자녀가 결단력이 있으며 실천하는 성격이 있다. 그러나 함지의 무곡은 성격이 격렬하고 고집이 강하다. 무곡·파군과 무곡·칠살 조합은 자녀와 화목하기 어렵다. 무곡 탐랑조합은 늦게 자녀를 두기도 한다. 주로 40세 이상이다.

무곡이 화령을 보면 자녀와 대립하기 쉽고 불화한다. 화기까지 보면 자녀가 다병(多病)하거나 출세하기 어렵고 재물 뿐만 아니라 자녀의 혼인도 불리할 수 있다. 무곡이 이렇게 사살(四煞)이나 화기를 보면 무자(無子)인데, 혹 자식이 있더라도 모두 형극하기 때문에 대를 잇기 어렵다. 여명은 유산(流産)이나 낙태를 경험하게 된다.

자오궁의 무곡·천부는 자녀가 2인이고 보좌길성이 비치면 더 많다. 살이 비치면 1인이다. 자녀가 신중하고 품격이 있다. 길성이 비치면 총명다재하며 명예가 있다. 록과 길성이 회집하면 자녀가 명예나 재물 모두 이롭다. 록존이 동궁하면 안정하지만 자녀나 후배가 인색하거나 이기적이기 쉽다. 살기형성이 있으면 자녀와 성격적으로 마찰이 있게 되며 자녀의 성정이 강강하여 문제가 있다. 또한 자녀 건강도 유의해야 한다.

축미궁의 무탐은 주로 자녀를 늦게 얻는다. 고인들은 40세 이후에 득자(得子)한다고 하였는데, 꼭 40세가 아니라도 그만큼 자식을 늦게 둔다는 뜻이다. 화령을 보면 거의 적중한다. 만약 조년(早年)에 득자하면 반드시 헤어지게 되거나 형극이 있게 된다. 이 조합은 자녀의 성정이 신중하면서 생각이 깊다. 보좌길성을 보면 자녀가 현명하고 명예가 있다. 그리고 자녀와 유정(有情)한 편이다. 살성을 보면 자녀와 감정상 교류가 되질 않아 고독한데, 후배나 제자와의 관계도 처음은 길하다가 결국 좋지 않게 된다. 또한 부모와 헤어져 살게 된다. 고인들은 무탐조합이 살성을 보고 도화제성을 만나면 첩이나 후처로부터 생자(生子)하고 본처에게는 생녀(生女)한다고 하였다.

인신궁의 무곡·천상조합이 보좌길성을 보면 자녀가 현명하고 명예가 높다. 록성을 보면 자녀가 재적으로 풍부하다. 살기형성을 보면 자녀와 무정(無情)하게 되고, 자녀의 건강도 여의치 않다. 그리고 후배나 제자 등의 인간관계도 좋지 않다. 살성이 비치면서 도화제성을 만나면 혼외(婚外) 생자(生子)한다.

묘유궁의 무곡·칠살이 자녀궁이면 자녀수가 적은데 1명만 득한다. 보좌길성을 보면 자녀가 독립심이 강하고 자녀와 관계는 평범하다. 하지만 무살조합은 자녀와 일정부분 거리감이 항상 존재한다. 살기형성을 보면 자녀와 고극하고, 자녀 역시 사고나 건강으로 인하여 문제가 있게 된다. 후배나 제자 등을 믿고 의지하기도 힘들다. 은혜를 원수로 갚기도 한다. 도화제성이 있으면 딸이 많고 아들이 귀할 수 있다.

진술궁의 무곡이 보좌길성을 보면 자녀수가 3명 이상이다. 먼저 딸을 낳는 것이 좋다. 그렇지 않으면 장자(長子)가 유년에 건강하지 못하다. 살을 보면 자녀가 귀하다. 상황이 길하면 자녀가 총명 다재하여 학문과 명예가 높다. 록을 만나면 재록이 풍부하다. 살기형성을 보면 자녀와 고극하게 되고 자녀는 부모의 간섭을 받지 않으려고 한다. 그리고 자녀가 신약하기 쉽다. 화령을 보면서 겁공·천요 등 도화제성이 회집하면 자녀가 사치하거나 낭비하여 손재(損財)한다. 대궁으로 탐랑화록을 보면서 도화성계를 보면 첩이나 후처로부터 자녀를 얻는다.

사해궁의 무곡·파군은 자녀궁에서는 불리한 조합이다. 기본적으로 자녀와 후배 등과 대립하기 쉽다. 자녀의 성격이 강하고 독립적이며 모험심이 있다. 길성을 보면 자녀가 2명 이상 이며 살성을 보면 자녀가 귀한데, 1명 이상이면 반드시 한 명은 형극(刑剋) 함이 있다. 살성을 보면 첩이나 후처로부터 생자한다. 또한 신체적으로 장애가 있거나 유년(幼年)에 사고를 당하기 쉽다.

(5) 무곡 재백궁

무곡은 재성(財星)이므로 재백궁에서는 좋게 본다. 구재(求財)에 있어 행동력이 강하고 적극적이다. 무곡이 재백궁이면 주로 조상의 유업을 받지 않고 자수성가한다. 입묘하면서 록성과 길성을 보면 재록이 풍부하고 대부(大富)의 명이 된다. 당사자의 성정 역시 재물을 관리하는 능력이 뛰어나다. 하지만 길성이 약하면 그만큼 노력을 아끼지 않아야 하고 재물의 양도 적다. 살성을 보면서 길성이 같이 회합하면 공상계(工商界)에서 발달한다. 무곡은 화령을 가장 싫어하는데, 만약 화령을 보면 재물로 인하여 일생 고단함이 많고 관재구설이 따른다. 무곡화기는 돈의 회전이 곤란하게 되거나, 다른 곳에 투기 투자하여 손재하게 된다. 무곡이 양타를 보면서 용지·봉각의 잡성을 만나면 금속관련 공예(工藝)나 설계를 한다. 이 경우 격이 좋으면 의사가 된다. 재백궁에서 무곡이 살기형성을 보면 일단 사업이나 투자는 하지 않는 것이 좋다.

무곡이 삼방사정으로 영창타무(鈴昌陀武 : 무곡이 삼방사정으로 영성·문창·타라를 만나는 상황)를 만나면 가장 흉한데, 재물로 인하여 큰 재화(災禍)가 따르게 된다. 대한 재백궁의 정황이 이와 같은 격국을 이루어도 마찬가지다. 무곡은 항상 인재피겁(因財被劫 : 돈 때문에 피해를 입다. 무곡이 화령을 보는 상황)이나 상명인재(喪命因財 : 돈 때문에 목숨을 잃음. 무곡이 양타에 화령을 보는 상황) 그리고 영창타무(鈴昌陀武)가 되지 않는지 잘 살펴봐야 한다. 이러한 조건이 되면 일생 재물로 인하여 고단한 삶을 살게 되고 재물로 인하여 관재구설 및 사고까지 당할 수 있다.

자오궁의 무곡·천부조합이 재백궁이면서 무곡화록이나 록존 그리고 길성이 회집하면 반드시 거부(巨富)가 된다. 무곡과 천부 모두 재성(財星)이므로 재적으로 부유하기 쉽다. 약간의 길성만 회조하여도 일생 재적으로 길하다. 화과나 창곡을 보면 학문과 명예를 얻는다. 록성과 길성이 회집하면 경제와 금융계열에 유리하다. 무부조합은 화성·영성을 제외하면 약간의 살성이 회조하여도 그렇게 나쁘지 않게 본다. 하지만 무곡화기가 되면 가장 불리하여 재물로 인하여 일생 궁핍하게 된다. 상황이 이러하면 사업이나 투기는 금물이다.

축미궁의 무곡·탐랑 조합은 주로 만발하는 조합이다. 탐랑이 동궁하므로 이 조합은 화령을 만나면 횡발(橫發) 격국을 이루기도 한다. 무곡이 비록 화성·영성을 싫어하지만 무탐조합은 나쁘지 않게 본다. 대신 록성이 거하거나 대궁으로 회조해야 비로소 횡발격이라 할 수 있다. 그러나 살성과 천형·천요를 보면 횡발횡파가 심하고 결국 재물을 지키기 어렵다. 무곡화기이면 최고로 불리한데, 일생 궁핍하거나 항상 재물이 부족하다. 무곡이나 탐랑이 화록이 되면서 도화성계를 보면 도박이나 투기 또는 부정한 방법으로 득재(得財)하게 된다. 반대로 도화제성을 보면서 살성을 보면 도박이나 주색(酒色)으로 파재한다.

인신궁의 무곡·천상조합은 인궁이 신궁에 비하여 길하다. 록성과 보좌길성을 보면 재원(財源)이 순탄하고 전문기능이나 명예로 인하여 재물을 형성한다. 살성을 보면 재물관리를 잘하지 못한다. 만약 辛干生이나 辛干으로 대한이 진행될 경우, 천상을 협하고 있는 거문이 화록이 되어 천상궁을 재음협인(財蔭夾印)하고 태양은 화권이 되는데, 상황이 이러하면 발재(發財)한다. 주로 먼 지방이나 외국인 또는 외국기업과 인연이 좋다. 무상조합이 살기형성을 보면 일생 재물 손재가 많고 주변사람으로 인하여 손재하기 쉽다. 과문제성(科文諸星: 화과나 문창·문곡을 의미함)을 보면 예술·문학 방면으로 길하다. 만약 록마교치(祿馬交馳)를 이루면 이향배정(離鄕背井)하여 성공한다. 무곡화기나 거문화기를 보면 손재하게 되는데 주로 사기(詐欺) 당한다.

묘유궁의 무곡·칠살이 재백궁이면서 길성을 보면 재물에 대한 기대가 높고 투자액도 크며 그 사람의 소비규모도 비교적 크다. 상황이 길하면 주로 자수성가한다. 록성을 보면 사업가로 발달하거나 재경계열에서 성공한다. 록성과 살성을 같이 보면 이공계열이나 제조업·건축·토목·무역업 등에서 발달한다. 무살조합은 투기는 좋지 못하다. 살기형성이 중하면 투기나 사업은 더욱 금물이다. 혹 득재 후에 반드시 파재(破財)하기 때문이다. 양타와 화령을 보면 재물 때문에 다투거나 손재가 있다. 무곡이 화기를 만나면 재원(財源)이 순탄하지 않고 자신의 잘못으로 파재한다.

진술궁의 무곡이 독좌한다. 무곡이 보좌길성과 한두 개의 살성과 만나면 이공계 방면(건축·기계·설계·컴퓨터 등)에서 발달한다. 화록을 보면 사업가로 성공하기도 한다. 록존을 보면 금융·회계 등의 재경계열이나 학문연구에 주력한다. 대궁의 탐랑이 화령과 동궁하면 재물적으로 부격(富格)을 이루는데, 만약 록성을 만나면 더욱 길하다. 무곡이 살기형성을 보면 앞서거나 서두르다 파재하고, 재원이 순조롭지 못하여 항상 고단하게 된다. 정황이 이러하면 사업·투기·계약관계 등이 모두 불리하다.

사해궁의 무곡·파군은 재백궁에서는 일반적으로 불리한 성계로 본다. 록성과 길성을 만나면 비로소 곤란함을 극복하고 부유하다. 살성과 화기를 보면 사업·투기는 금물이다. 상황이 이러하면 반드시 직장생활을 하는 것이 유리하다. 삼방으로 회조하는 탐랑이 화기를 만나면 파군이 화록이 되어 재백궁으로 회조하는데, 이 경우 재물적으로 갑자기 수익을 얻게 된다. 만약 무파가 록마교치(祿馬交馳)를 이루면 무역·건설·부동산이나 외국과 관련한 사업으로 큰 수익을 얻는다. 무파가 재백궁이면 당사자의 투자규모나 거래자금이 크지만 접대는 소홀하기 쉽다. 즉 비용은 아끼고 지나치게 수익만 생각하는 경향이 있다.

(6) 무곡 질액궁

무곡은 오행으로 음금(陰金)에 속한다. 하여 호흡기질환에 유의해야 한다. 살성이 동궁하면 어려서 잔병치레하기 쉽고, 수족(手足)과 머리 얼굴 등에 상처가 나거나 다치게 된다. 만약 화령과 천마가 만나면 해소병·토혈(吐血)·폐병(肺病) 등에 걸리거나 코피가 자주 난다. 살기형성이 중중하면 폐암(肺癌)의 위험도 있다. 기타 무곡이 살성을 만나면 목소리가 자주 쉬거나 기관지염·대장병(大腸病) 등도 유의해야 한다.

무곡·천부가 동궁하면 질액(疾厄)적으로 가볍다. 그러나 살성을 보면 간(肝)·담(膽) 질환에 유의해야 한다. 무곡화기에 살성을 만나면 위장병과 폐병을 조심해야 한다.

무곡·탐랑이 동궁하면서 살성을 보면 수족(手足)을 다치거나 상하기 쉽다. 살기형성을 보면 호흡기·비뇨(泌尿)·생식기(生殖器)·안질(眼疾)에 유의해야 한다. 또한 간암·간경화 등 간질환에 걸리게 된다.

무곡·천상이 동궁하면서 살성을 보면 수족(手足)을 다치거나 얼굴에 상처 나기 쉽다. 그리고 피부병과 골통(骨痛)·암질(暗疾)·소장(小腸) 질환에 유의해야 한다. 대궁의 파군이 화록이 되면서 천형 등의 살성을 보면 성형수술한다.

무곡·칠살이 동궁하면 일반적으로 호흡기질환에 유의해야 한다. 살성을 보면 수족이 다치거나 상하고, 각종 종양(腫瘍)과 혈암(血癌)에 유의해야 한다. 또한 몸에 상처가 나기 쉽다.

무곡·파군이 질액궁이면 주로 치통(齒痛)과 치아와 관련한 질병에 유의해야 한다. 또한 목질(目疾)과 뇌신경계 질병에 걸리기 쉽다. 煞忌성을 보면서 음살·천허 등이 비치면 종양·혈암(血癌)에 유의해야 한다.

(7) 무곡 천이궁

무곡이 천이궁이면 일반적으로 출문(出門)이나 이사 또는 장거리 여행 등에 불리하다. 그러나 무곡은 행동력과 역마적인 속성이 강한 성이므로 천이궁에 거하면 활동적이고 이주를 많이 하게 된다. 만약 함지에서 살성을 보면 타지에 이주한 이후 반드시 고생하거나 생활이 여의치 않다.

무곡이 길성과 록성을 보면 노력하여 이루게 되고 인간관계가 넓고 다양하다. 하지만 파동을 겪은 후에 이룬다. 함지의 무곡이 살성을 보면 바쁘기만 하고 실속없이 떠돈다. 살기형성이 중중하면 손해가 있고 시비구설을 불러온다. 또한 밖에서 교통사고·낙상(落傷)등 사고 당하기 쉽다. 살성과 질병성계인 천월(天月)을 보면 타향에서 전염병에 유의해야 한다.

무곡·천부가 천이궁이면 대체로 유리한데, 주로 출문(出門)하여 사업이나 경영자로 성공한다. 만약 명궁이 길하고 천이궁이 좋으면 주변 사람들의 음덕을 입고 인간관계가 좋다. 살성을 보면 소인(小人)의 음모(陰謀)와 시비구설을 주의해야 한다. 살성과 화기를 만나면 손재뿐만 아니라 감정을 상하고 교통사고도 유의해야 한다.

무곡·탐랑이 천이궁이면 주로 타지에서 발달한다. 그러나 처음에는 고생하고 나중에 성공한다. 보좌길성이 있으면 주변의 지원을 얻으며, 이성(異性)의 힘을 입기도 한다. 천이궁에서 화령을 보면 불리한데, 탐랑이 천이궁에서 화령을 보는 것은 주로 시비구설을 의미하기 때문이다. 록성이나 길성을 보면 명리쌍전(名利雙全)한다.

무곡·천상조합은 천이궁에서 비교적 유리한 조합인데, 길성이 회집하면 명예와 재물이 많다. 그러나 사살(四煞)과 천형 등을 보면 객지에서 고생하고 시비가 많으며 한 곳에 머무르지 못하고 떠돈다. 또는 소인의 음해로 인하여 화를 당하고, 사고나 건강 문제도 발생하게 된다. 무곡화기를 보면 아는 사람으로 인하여 손해보고 관재구설에 휩싸이게 된다.

무곡·칠살은 밖에서 활동력이 강하고 인간관계가 넓다. 하지만 기본적으로 고생 후 일어서며 심신이 항상 고단한 편이다. 상황이 길하면 강력한 활동력과 사람관계로 인하여 성공한다. 이 조합은 고향 떠나 일찍 발달하기도 한다. 살기형성을 보면 사람이 독단적이고 지나치게 밀고 나가다가 실패하게 된다. 또한 사고·건강도 항시 유의해야 한다. 특히 천형이나 관부(官府)·주서(奏書) 등을 만나면 관재를 겪는다.

무곡·파군은 상황이 길하면 타향에서 전문기술이나 예술로 성공한다. 하지만 무파조합 역시 처음엔 고생하고 나중에 발달하게 되는데 마음속으로는 항상 심신이 불안정하다. 무곡이나 파군이 화록이 되고 천마를 만나면 무역·광고·건설·해외업무 등의 직업군에서 성공한다. 정황이 이러하면 또한 사람이 활동적이면서 대인관계가 넓다.

(8) 무곡 노복궁

무곡이 노복궁이면 일반적으로 친구나 아랫사람 등 인간관계가 많지 않고 관계도 불리한 편이다. 단 무곡·천부와 무곡·탐랑 조합은 인간관계가 다른 조합에 비하여 유리하다. 만약 무곡이 보좌길성을 보면 친구나 아랫사람·직원 등의 조력을 입고 관계도 서로 원만하게 된다. 살기형성이 중하면 인간관계가 고독하고 서로 시비가 많으며 아랫사람은 따르지 않고 결국 좋지않게 헤어지게 된다. 살기성이 회집하면 가까운 사람과 동업이나 합작이나 돈거래 등은 하지 않는 것이 좋다. 살성과 도화제성을 만나면 주색(酒色)의 친구가 많으며 주색으로 인하여 손재가 따르게 된다. 만약 화기와 천요(天姚)·음살(陰煞)·천무(天巫) 등이 동궁하면 다른 사람에게 속거나 친구로 인해 파재한다.

무곡·천부가 노복궁이면 비교적 친구나 아랫사람이 많으며 서로 관계가 양호한 편이다. 만약 화록과 길성이 비치면 친구나 아랫사람으로 인하여 재물을 얻고 인간관계도 길하다. 그러나 록존은 인색하고 원활한 속성이 없으므로 화록에 비하면 불리하다. 무곡이 화기를 맞으면 불리한데 주로 친구나 아랫사람으로부터 매도당하거나 속기 쉽다. 또한 이러한 과정에서 손재가 따르게 된다. 동궁한 천부는 지공·지겁을 싫어하는데 만약 겁공이 있으면 역시 손재가 있게 되고 사람관계도 좋지 않다.

무곡·탐랑이 동궁하면 인간관계가 양호한 편이다. 만약 보좌길성이 있으면 서로 돕고, 친구나 아랫사람 역시 사회적으로 안정한 삶을 산다. 만약 살성과 도화성계가 동도하면 주로 주색친구나 많거나 도박하는 사람이 있게 된다. 살기형성이 심하면 친구나 아랫사람으로부터 침탈(侵奪)당하거나 유혹에서 벗어나지 못하여 파재하기도 한다. 특히 탐랑화기면 친구나 아랫사람·직원 등과 시비가 생기고, 아랫사람이 자신의 권위에 도전하거나 침탈하기도 한다. 화령을 보면 인간관계가 처음에는 쉽게 친하다가 나중엔 서로 멀어지게 되며 심하면 흉하게 끝을 맺는다.

무곡·천상조합이 보좌길성을 만나면 친구나 아랫사람이 유능하고 인격적이다. 관계도 서로 양호하다. 거문화록이 천상궁을 재음협인(財蔭夾印)하면 친구나 아랫사람이 능력을 발휘하여 당사자에게 도움이 된다. 살성을 보면 서로 무정하고 시비구설이 많다. 무곡화기가 되거나 삼방으로 회조하는 염정이 화기가 되면 역시 사람관계가 좋지 않고, 손재와 아울러 아랫사람의 침탈을 당하게 된다.

무곡·칠살이 노복궁이면 기본적으로 불리한 성계이다. 친구나 아랫사람 등 인간관계가 많지 않다. 그리고 상대가 간섭을 싫어하고 배반당하기 쉽다. 만약 보좌길성이나 록권과 등의 길성이 보면 사람관계는 적을 지라도 서로 도움이 된다. 그러나 살성을 보면 주변사람으로 인하여 고단하게 되며 시비구설을 겪게 된다. 겁공에 무곡화기를 보면 친구나 아랫사람으로부터 부담을 많이 받고 손재도 있게 된다. 혹 믿었던 사람으로부터 배반당한다. 록존이 동궁해도 좋지 않은데, 자기 자신만 생각하고 은혜를 원수로 갚기도 한다.

무곡·파군 역시 노복궁에서는 불리하다. 친구나 아랫사람이 처음에는 잘하다가 나중에는 멀어지고 겉과 속이 다르다. 길성을 보면 서로 도움은 되지만 오래가기 어렵다. 살성을 만나면 아랫사람에게 이용당하며, 화기까지 보면 인간관계 뿐만 아니라 재물도 손재를 가져온다. 살기형성이 많으면 관재를 유의해야 한다.

(9) 무곡 관록궁

무곡이 관록궁이면 고인들은 무직(武職)에 종사함이 길하다고 보았다. 무곡이 그만큼 용맹하고 결단력과 추진력을 나타내는 별이기 때문이다. 현대사회에서는 무곡이 길성을 보면서 살성이나 천형 등이 있으면 무관(武官)이나 법조계·건설·의료계·제조업·공예(工藝) 등에 길하고, 록권과를 비롯한 길성이 비치면 재경계열이나 금융업에 인연이 많다. 특히 화록이나 록존을 보면 더욱 그러하다.

고인이 이르기를 무곡이 한궁(閑宮)에서 양타·화령 등의 살성을 보면 다수예(多手藝)한다고 하였다. 현대적으로 보면 공예를 비롯한 의사·설계사·컴퓨터 등의 업종과 관련이 많다. 그리고 무곡은 재성(財星)이므로 재물을 담당하거나 관리하는 업종에도 길하다. 특히 무곡이 묘왕지에서 괴월·보필을 보면, 재물을 관리하는 재부지관(財賦之官)이 된다고 하였다.

무곡은 양타·화령을 특히 싫어한다. 만약 사살(四煞)을 보면 직장이나 사업으로 인하여 반드시 파재가 있고 배우자와 상극할 수도 있다(관록궁은 부처궁의 대궁이므로 살기형성이 되면 부처궁에 어떠한 영향을 미치는지 판단을 잘 해야 한다). 직장인이라면 직장에서 시비곤우가 많은데, 구조조정 등으로 인하여 퇴직하기도 한다. 그렇지 않으면 직장 내의 업무가 힘들거나 인간관계가 여의치 않아서 고민하게 된다. 하여 선천관록궁이나 대한관록궁이 이와 같이 불리한 정황이면 사업이나 투기보다는 직장 생활이 우선이다. 무곡화기일 경우 사업하는 사람은 항상 자금사정이 여의치 않아서 고민하게 된다.

무곡은 창곡을 싫어하는데 창곡은 무곡의 행동력과 판단력에 장애를 가져올 수 있다. 하여 결정을 내리지 못하게 되므로 좋은 기회를 놓치는 우를 범한다. 그러나 길성이 동궁하면 이러한 문제는 해결된다.

무곡·천부가 관록궁이면 자궁이 오궁보다 좋다. 직장이나 사업을 위하여 열심히 일한다. 상황이 길하면 금융계열이나 회계 등 자금관리를 주로 하는 직종에 종사할 수 있다. 사화길성과 보좌길성이 회집하면 더욱 길하고, 사업적으로 발전할 수 있으며 직장인이라면 최고의 지위에 오르게 된다. 살성을 보면 설계·예술·제조업·컴퓨터방면 등 과학기술을 응용하는 직종이 길하다.

무곡·탐랑이 관록궁이면 사업이나 장사에 유리하다. 화록이 비치면 더욱 그러하다. 특히 탐랑화록이면서 화령과 보좌길성이 있으면 거부가 된다. 무곡화록에 탐랑화권이면 재경(財經)업종이 길하다. 무탐동궁은 다른 사람과 합작의 형태가 좋다. 그리고 업종이 한 가지가 아니라 겸업이나 두 가지 이상의 업종을 할 수 있다. 무탐이 도화성계를 보면 장식과 화려함을 위주로 하는 업종이 좋다. 만약 명궁의 염정이 화기가 되면 사업실패가 따르기 쉬우니 유의해야 한다. 탐랑화기는 앞서다 실패하고 한가하지 못하며, 무곡화기는 사업에 우여곡절이 많고 진퇴가 불안정하다. 무탐이 살기형성을 보면 사업이나 투기보다 직장이 우선이다.

인신궁의 무곡·천상이 관록궁이면 주로 문무(文武)를 겸비한다. 외부적인 활동이나 행동력을 요구하는 것을 武적인 요소의 업무로 볼 수 있고, 내근이나 연구중심의 일은 文적인 요소로 본다. 무상조합이 살성이나 천마 등이 있으면 武적인 업무가 알맞고, 창곡을 포함한길성과 록존 등을 보면서 살성이 없으면 文적인 업무가 알맞다. 무상조합은 대체로 공기업이나 교육·연구·언론·인사·행정 등의 업무에 길하고, 도화제성을 보면 예술업종도 가하다. 재음협인(財蔭夾印)이 되면 재경부분이 좋고, 형기협인(刑忌夾印)이 되면 장사는 마땅하지 않다.

무곡·칠살은 사업의 기복이 심한 편이다. 길성이 비치면 자수성가한다. 보좌길성과 한 두 개의 살성을 보면 군·경·사법기관 등에 종사함이 이롭고, 록존이나 화록이 비치면서 한두 개의 살을 보면 건축·토목·무역·기계·제조·설비 업종 등과 관련이 많다. 무곡화기나 살성이 과하면 사업파재가 따르게 되므로 반드시 투기나 창업은 주의해야 한다. 대한의 정황이 이러해도 문제가 되므로 당 대한은 사업이나 투자는 금물이다. 그리고 무살조합이 관록궁에서 살기형성이 중하면 배우자의 투기나 사업도 반드시 사단이 생길 수 있으므로 신중한 판단을 요한다.

(10) 무곡 전택궁

무곡이 전택궁이면 비교적 길하게 본다. 무곡은 거주지를 포함한 사무실·사업장 등 부동산의 매매나 이동 등 변화가 많은데, 정황이 길하면 부동산이나 사업변화의 과정에서 재산 증식이 있게 된다. 무곡이 묘왕지이면서 록권과에 길성이 비치면 자신이 거주하는 부동산을 비롯한 사무실 등의 환경이 좋고, 또한 부동산 투자나 부동산을 매개로 하는 업종에 종사하면 더욱 길하다. 그리고 정황이 이렇게 길하면 조업(祖業)을 이어받기도 한다. 하지만 전택궁에 너무 길성이 회집하면 당사자의 삼방사정이 불리할 수 있으므로 신중한 판단을 요한다. 삼방사정이 보편적으로 길하면 전택궁의 유리한 정황을 모두 수렴할 수 있게 된다.

무곡이 화령을 보면서 천허·대모 등의 잡성을 보면 화재나 전기화재 등을 유의해야 한다. 무곡이 살기형모성의 회집이 중하면 부동산으로 인한 손재가 있을 수 있고, 거주지나 사무실 등으로 인하여 파동이 많게 된다. 그리고 가족 중에 살상(殺傷)을 유의해야 하며 심하면 육친이 사망할 수 도 있다. 또한 무곡이 살기의 간섭이 중하면 사업적인 손재와 파동이 같이 발현할 수 있다. 만약 형제궁이 천형과 양타 등의 살성을 보면서 전택궁이 좋지 못하면 부동산이나 유산(遺産)으로 인한 시비가 생기게 된다.

무곡·천부가 전택궁이면서 보좌길성을 보면 가업을 이어받을 수 있다. 혹 가업이 없더라도 자수성가한다. 또한 부동산으로 인한 길상이 많이 나타나게 되는데, 주로 부동산으로 인한 투자나 매매운이 길하게 된다. 특히 화록이나 록존이 동궁하면 가택이나 사업장소의 풍수적인 요소가 길하여 재운이 상승하게 된다. 부동산 매매로 인한 이익도 많다. 살기형성을 보면 부동산으로 인한 손재나 매매·이사 등으로 인한 문제가 나타나게 된다.

무곡·탐랑 조합은 중년이후 산업(産業)이 발전하게 된다. 화령이 동궁하면서 록성을 보면 조상의 유업이 증가하던지 그렇지 않으면 자신의 노력으로 사업이 발전하게 된다. 그리고 자신이 소유하고 있는 부동산의 수익이 많게 된다. 살기형성을 보면 사업적으로 파재를 경험하거나 부동산으로 인한 손재가 있게 된다. 화령을 보면서 살기의 간섭이 강하면 횡발횡파(橫發橫破)하는데 이 경우 부동산 투자나 매매는 신중해야 한다.

무곡·천상은 먼저는 어렵고 중년 이후 사업이 발전한다. 보좌길성을 보면 가업을 승계받을 수 있다. 그리고 가정이 화목하고 거주지나 기타 부동산으로 인한 안정감과 수익을 얻을 수 있다. 천상을 협하고 있는 거문이나 천동이 화록이 되면 재음협인(財蔭夾印)이 되는데, 전택궁이 이러하면 부동산으로 인한 재물적인 수익이 많거나 부동산 업종에 종사하면 이롭다. 그러나 거문화기나 천동화기가 되면 형기협인(刑忌夾印)이 되어 부동산이나 사업적인 문제로 인하여 시비송사에 휘말리게 된다. 살성이 동궁하면 더욱 심하다.

무곡·칠살이 전택궁이면 조업(祖業)을 이어받기 어렵다. 혹 조업을 승계받더라도 처음엔 곤란하고 만년에 자수성가하는 형식이다. 록성이나 보좌길성을 보면 부동산으로 인한 재운이 상승하게 되는데, 이 경우 부동산 업종에 종사함이 길하다. 살기형성을 보면 집에 있기 싫어하며 한 곳에 머무르지 않는다. 혹 부동산 투자로 인하여 손재를 경험하게 된다. 대한의 전택궁이 무곡·칠살이면 부동산 매매나 이사가 많고, 유년전택궁이 무살 조합이면 이주할 가능성이 매우 높다.

무곡·파군 전택궁은 기본적으로 전택이나 사무실 등의 매매나 이주가 잦다. 록성이나 길성을 보면 부동산을 이곳저곳에 많이 소유하게 되고 그것으로 인한 수익도 많게 된다. 대궁의 천상이 록성을 만나면서 길하면 자수성가한다. 무파 조합은 주로 구택(舊宅)으로 이사하거나 거주하게 된다. 무파조합이 살기형성을 보면 부동산의 매매나 이주가 어렵고 지연이 되며 결과적으로 손해를 보게 된다.

(11) 무곡 복덕궁

무곡이 복덕궁이면 비교적 길하게 보는데 주인이 향수와 복을 누릴 수 있다. 대신 입묘해야 합격이다. 복덕궁의 무곡은 성정과 자존심이 강하고 주관이 뚜렷하며 일생 다망(多忙)하다. 주로 조년(早年)에 다망하고 중만년 이후에 성격적인 안정을 얻게 된다. 중요한 것은 무곡은 재성(財星)이므로 물질적인 만족이 기초가 되어야만 비로소 그 복을 누릴 수 있다는 것이다. 무곡이 화록이나 록존과 동궁하든지 아니면 탐랑과 동궁하면 이러한 의미는 더욱 강해진다.

보좌길성을 보면 복을 누리고 자신의 정서적인 생활을 충분히 즐길 수 있다. 화록이나 록존이 보이면 재물적인 충족을 많이 원하며 그것이 따라주지 않으면 정신적인 만족도 떨어진다. 무곡이 겁공이나 천형을 보면 종교나 정신세계에 관심이 많다. 창곡을 보면 어떠한 일이나 연구에 몰두하며, 학문이나 책을 많이 접하고 그것으로 인한 만족을 즐긴다. 무곡이 살기형성이 회집하면 지나치게 물질주의가 되거나 재적 기도심이 강하다. 이렇게 되면 인색하기 쉽다. 또한 정서상의 좌절이나 고단함이 많아지고, 사람도 신중하지 못하여 주위사람과 시비가 많게 된다.

무곡·천부가 복덕궁이면서 길성을 보면 사람이 신중하고 품위가 있으며 복덕을 누린다. 화록이나 록성을 보면 재적으로 관심을 많이 가지게 되며 사업을 많이 한다. 또한 자기관리를 잘하고 노력하는 형이다. 살성과 화기를 보면 성정이 주관적인 반면, 현실적으로 우물쭈물하여 결단력이 약하다. 특히 화령을 보면 몸은 고달프고 마음은 편치 않다.

무곡·탐랑이 복덕궁이면 주로 물질적인 만족을 추구한다. 하여 물질적인 만족이 이루어져야 비로소 정신적인 향수를 누릴 수 있다. 도화제성을 보면 사람이 낭만적이고 고상하다. 록성이 동궁하면 재적인 만족을 추구하는데 성정이 현실적인 반면 비현실적인 부분이 공존한다. 살성을 보면 공상적이고 종교나 정신세계와 관련이 깊다. 그러나 화령과 도화제성을 만나면 쾌락을 추구한다. 화기를 보면 정서적으로 불안하며 재물이 있어도 물질적으로 항상 공허하다는 생각을 가지게 된다.

무곡·천상조합이 길성을 보면 정신적인 만족이 있고 교양 있으며 포용력이 있다. 그러나 살성을 보면 사람이 예민해지고 독단적이다. 지공·지겁을 만나면 지나치게 공상적이거나 비현실적이다. 또한 행동보다 말이 앞서기 쉽다. 화기를 만나면 재물로 인하여 항상 심신이 고단하다.

무곡·칠살이 복덕궁이면 일반적으로 불리하다. 주로 심신이 바쁘고 불안하며 매사 반복, 진퇴(進退)가 많다. 살성을 만나면 사람이 독단적이며 일처리가 급하여 중심이 없어 보인다. 화기를 만나면 서두르다 낭패 당하고 결국 손해본다. 만약 보좌길성을 만나면 열심히 노력하여 이루고 추진력이 있다. 록성을 보면 재물적인 관심을 가지는데 주로 사업을 한다.

무곡·파군이 복덕궁이면 역시 불리한데 근심은 많고 기쁜 일은 적다. 살성을 보면 더욱 정신적으로 불리하고 향수를 누리기 어렵다. 특히 타라와 화기를 만나면 불안·초조·우울하기 쉽고 진퇴가 일정하지 않다. 살성을 보면 성격적으로도 강하고 급하여 타인과 충돌이 많다. 이렇게 되면 재물적으로도 불리하지만 배우자와의 관계도 여의치 않은 경우가 허다하다.

(12) 무곡 부모궁

무곡은 기본적으로 고극(孤剋)의 성질을 가지고 있는 별이므로 부모궁에 있으면 불리하다. 기본적인 정형 하에서 무곡·칠살 조합과 무곡·파군 조합이 형극의 요소가 가장 강하다. 만약 무곡이 살성과 화기를 보면 부모연이 아주 불리한데, 주로 유년(幼年)에 부모와 이별하던지 부모가 중대한 질병이나 사고 등으로 인하여 문제가 된다. 그리고 부모의 재정적인 부분도 어렵고 힘들어 가정적으로 한미(寒微)하기 쉽다. 상황이 이러하면 윗사람이나 상사(上司)와의 관계도 여의치 않다. 천형을 비롯한 사살(四煞)을 보면 일단 부모와의 인연이 불리하게 된다. 이렇게 살성이 중하면 일찍 부모를 떠나 자립하는 것이 오히려 길하다. 무곡이 살성과 천형 등을 보면 부모의 성격이 강하고 강제적인데 이러한 성격으로 인하여 자녀와 대립하게 된다.

무곡이 보좌길성이나 록권과을 보면 형극을 면할 수 있다. 또한 부모가 사회적으로 지위와 명예를 누리고 두각을 나타내게 된다. 록성을 보면 부모의 경제력이 있다. 하지만 무곡은 기본적인 고극의 색채가 있으므로, 혹 정황이 좋아 형극은 면한다고 해도 부모의 총애나 사랑을 받기는 어렵다.

무곡·천부가 부모궁이면 비교적 좋게 본다. 보좌길성을 보면 부모와 사이가 유정(有情)한 편이며 부모는 명예가 있다. 록성을 보면 부모가 경제력이 있으며 근면하다. 만약 살성을 보면 부모와의 관계가 소원(疏遠)한 편이지만, 그래도 다른 조합에 비하여 형극의 요소는 적다. 살성과 화기를 동시에 만나면 항상 부모의 질병과 재물 문제가 따르기 쉽다. 경우가 이러하면 윗사람으로부터 지원을 받기도 어렵다. 만약 삼방에서 회조하는 염정이 화기를 맞거나 천상이 형기협인(刑忌夾印)이 되면 오히려 부모나 상사와의 관계에서 문제가 발생하게 된다.

무곡·탐랑이 부모궁이면 부모와 조년(早年)에 화목하기 어렵다. 보좌길성을 보면 부모가 사회적으로 명망이 있으며 부모와의 관계도 비교적 좋다. 화록을 보면 부모의 경제력이 있다. 무탐이 화령을 보면 사회적으로 윗사람과의 관계가 쉽게 변화한다. 탐랑화록에 화령이 있으면 부모나 윗사람으로부터 지원이나 제휴를 받아 길하다. 그러나 다른 살성이나 화기가 관여하면 처음엔 길하지만 나중엔 관계가 나쁘게 된다. 무곡화기는 부모가 재물적으로 횡파(橫波)하게 된다. 살기형성이 중하면 부모의 건강문제도 유의해야 한다.

무곡·천상이 부모궁이면서 길성을 보면 부모가 사회적으로 명망이 있으며 부모와 형극이 없는 편이다. 무상조합이 재음협인(財蔭夾印)이 되면 대게 부모나 윗사람의 음덕을 입는다. 그러나 형기협인(刑忌夾印)이 되면 부모와 윗사람과의 관계가 불리한데, 특히 상사나 윗사람으로부터 시기나 질투를 받게 된다. 화령이나 양타가 관여하면 부모나 윗사람과 사이가 원만하지 않고 오해나 시비가 생긴다.

무곡·칠살 부모궁은 기본적으로 형극의 요소가 강하다. 살기(煞忌)를 보면 더 심한데, 이런 경우에는 부모와의 관계뿐만 아니라 부모가 재물문제 건강문제 등도 같이 나타나게 된다. 무살조합이 보좌길성을 보면 부모의 명예는 있지만 부자간의 관계가 좋다고 말할 수 없다. 화기를 보면 부모가 사업이나 투자 등으로 인하여 중대한 파재(破財)가 있게 된다. 무살조합이 살성이나 천형 등을 보면 부모가 권위적이며 강제적인 성격으로 인하여 자녀와 대립이 많다.

무곡·파군 부모궁 역시 형극의 요소가 강한 조합이다. 보좌길성이나 록성을 만나면 부모가 권위와 명예가 있고 활동력도 강하다. 재물적으로도 부유하다. 하지만 약간의 살성만 보아도 부모연이 불리하고 성격차이가 많게 된다. 살기형성을 중하면 부모와 윗사람과 갈등이 심하다. 또한 부모의 건강과 재물손재 등이 동시에 발현하기 쉽다.

5) 천동성

(1) 천동의 기본적인 성정

천동(天同)은 오행이 임수(壬水)이다. 화기(化氣)는 福이며 주사(主事)는 복덕(福德)이다. 두수에서 천동을 복성으로 부르는 이유는 천동은 전화위복(轉禍爲福)의 의미가 담겨 있기 때문이다. 천동은 불리한 정황을 길하게 변화시키고 반전시키는 역량을 가지고 있다. 하여 고인들은 천동을 봉흉화길(逢凶化吉 : 흉을 만나도 길하게 변화시킴)의 별로서 인식하였다. 그러나 천동은 성계의 속성이 부드럽고 정서적인 면이 강하기 때문에 한두 개의 살성을 만나는 것을 오히려 좋게 본다. 특히 양타·화령이나 천형은 천동의 나태하고 게으른 속성을 견제하여 오히려 격발(激發)능력을 가지게 한다. 하지만 천동이 기본적으로 록이나 길성을 얻은 가운데 한두 개의 살성을 볼 경우 격발이 가능하게 된다.

천동의 가장 큰 특징은 主정신이다. 성정이 향수적이며 정서적이다. 처세도 유연하고 다정하며 인관관계가 좋다. 또한 마음이 겸손하고 온화하며 감정이 풍부하고 정직하면서 솔직한 편이다. 그러나 천동은 자기중심이나 주관이 약하고 마음이 심약하여 쉽게 상처를 받거나 안주하려고 한다. 주위의 분위기에 따라가는 수동적인 성격으로 인하여 남에게 속거나 마음을 상하기도 한다. 그리고 매사 일의 추진력이 약한 것이 흠이다. 사상이 이상적이며 현실적이지 못하다. 자신 앞에 강한 장애물이 나타나면 쉽게 좌절하거나 마음을 바꾸는 단점도 있다. 이러한 속성은 큰일을 하거나 많은 사람을 이끌 수 있는 지도자로서는 그 역량이 부족함을 의미하기도 한다. 하지만 천동이 한두 개의 살성을 만나면 오히려 추진력과 박력이 있고 사람이 기개(氣概)가 있다.

천동좌명인의 또 다른 특징은 문예(文藝)를 좋아하고 생활 속에서 정서적인 안정과 향수를 중시한다는 것이다. 고인들은 여명은 천동을 좋아한다고 하였다. 천동이 처세가 유연하고 수동적인 성격으로 인해서 그렇게 평가하였다고 본다. 그러나 천동·태음 조합이나 천동·천량 조합은 수미이음(雖美而淫 : 비록 좋지만 음란하다)이라 하여 불리하게 보았다. 이는 이성에게 쉽게 마음이 동하거나 분위기에 약하다는 것을 의미한다. 천동이 비록 정신이나 감성을 중요시하는 별이지만 재물에 관심이 없지는 않다. 다만 고생하여 돈을 축적하는 것보다 편안하게 성취하려고 하는 심리적인 요소로 인하여 재물 앞에 순간 마음이 흔들리기 쉬운 별이기도 하다. 천요나 도화성계가 회집하면 더욱 그러하다.

동월이나 동량조합은 얼굴이 순수하고 청아한 편인데 미상이 많아 남성의 관심을 많이 끄는 매력이 있다.

천동이 보좌길성이나 사화길성을 보면 주로 정서상으로 편안하고 학문적인 성취도가 높다. 그러나 살성을 보면 일종의 격발력이 생기는데, 천동과 관련한 중요한 격국 중에 마두대검(馬頭帶劍)과 건궁반배(乾宮反背)격이 있다. 이는 천동이 살성과 만나서 형성되는 격국이며 주로 길격으로 분류한다. 마두대검은 천동이 오궁에서 경양과 동궁하는 것이고, 건궁반배는 천동이 술궁에 거하고 진궁에서 거문화록과 문창화기가 동궁하는 것을 말한다. 두 격국 모두 명리(名利)를 이루는 조합이다.

⊛ 천동 子·午궁(천동·태음 동궁, 대궁 공궁)

자오궁의 천동은 태음과 동궁한다. 자궁은 태음이 입묘하므로 길하고 오궁은 태음이 함지에 해당하므로 자궁에 비하여 불리하다. 태음과 천동은 모두 감정과 정서적인 조합이다. 하여 사람이 온유하고 감수성이 풍부하며 비교적 유연한 사고방식의 소유자이다. 말이나 행동도 다정하면서 유머감각이 있고 분위기를 잘 맞춘다. 그러나 양타·화령·천형 등의 살성을 보면 성격이 다급하고 강하면서 고집과 자존심이 있다. 하지만 동월은 살성을 보더라도 기본적으로 인간관계와 처세술이 좋고 유연한 편이다.

오궁의 동월은 태음이 낙함하기 때문에 정서적으로 더 불리한 경향이 있다. 동월은 감성적인 조합이므로 도화성과 살성을 보면 감정창상에 빠지게 된다. 남녀 모두 이성문제로 인하여 실연(失戀)이 있고, 혼인 후에도 제3자의 개입으로 외도하는 경우가 많다.

자오궁의 동월조합은 두수에서 크게 두 가지의 특징을 가지고 있다. 먼저 오궁의 동월조합이 경양을 보면 유연한 분위기의 동월이 상당히 강렬하면서 권위적인 색채로 변한다. 고인은 이를 '마두대전 위진변강(馬頭帶箭 威鎭邊疆 : 전장의 선두에서서 변방의 오랑케를 위엄으로 진압한다)'이라 하여 위강한 조합으로 보았다. 이를 마두대검격(馬頭帶劍格)이라 하기도 하는데 두수에서는 길격(吉格)이다. 단 본격이 되기 위해서는 록권과를 비롯한 보좌길성을 봐야 한다. 오궁의 동월이 이처럼 경양을 보면 사람이 힘과 권위가 있고 꿈과 야망이 원대하다. 성격이 시원하고 솔직하며 위엄이 있다. 그리고 자궁의 동월이 보좌길성이나 사화길성을 만나면 '수징계악격(水澄桂萼格 : 공적이고 청렴함을 요하는 직책에 있으면서 나라에 이바지하는 사람을 의미)'이 되기도 한다. 수징계악과 마두대검은 그 성정이나 행동 등이 서로 상반된다고 보면 된다.

자오궁의 동월이 보좌길성을 보면 학자·교사· 연구자·공직·금융직·의료계·상담가 등의 직업과 인연이 많다. 살성을 보면서 도화성계가 회집하면 예술계·디자인

·미용·방송·영화·사진·화장품·문예 등과 관련한 업종에도 많다. 그러나 오궁의 동월이 경양과 동궁하면 마두대전이 되어 주로 힘과 권위가 있는 업종에 종사를 많이 하는데, 특히 록존이나 화록을 보면 주로 사업가로서 발달한다. 무역·정계·건축·토목·제조업·해운업 등과 관련이 많다.

❁ 천동 丑·未궁(천동·거문 동궁, 대궁 공궁)

축미궁에는 거문·천동이 동궁한다. 축미궁 모두 두 성계가 함약(陷弱)하여 성계가 가지고 있는 장점보다 단점이 부각되기 쉽다. 축궁의 거동이 미궁보다 더 길하다. 이유는 축궁의 거동은 재백궁으로 태양·천량을 끌어다 쓰는데 두 성계가 모두 입묘하는 상태로 차성안궁(借星安宮)하기 때문이다. 미궁의 거동조합은 함지의 태양·천량을 끌어다 쓴다.

천동은 복성(福星)이며 정서상으로 편안하고 즐거움을 추구하는 특징이 있다. 그런데 거문은 어둡고 침울한 암성(暗星)의 특징이 있으므로 두 성계가 동궁하면 정신향수에 결함을 나타내기 쉽다. 하여 낙천적이지 못한 거문이 천동이 가지고 있는 복성(福星)의 특징을 발휘하기 어렵게 만든다. 천동과 관련한 조합 중 가장 어두운 조합이 바로 축미궁의 거동조합이다.

거동조합은 남녀를 막론하고 육친의 연이 좋지 않으며 유년(幼年)에 불운(不運)하고, 시비 구설에 휘말리기 쉽다. 하여 속으로 늘 말 못할 고민이 많은 삶을 살게 되는 조합이기도 하다. 이 조합이 부처궁이나 복덕궁이라도 좋지 않다.

거동이 만약 보좌길성을 보면 이렇게 불리한 정황을 벗어날 수 있고 사회적으로 성취가 높다. 乙·丙·辛干의 해에 生하거나 또는 대한의 정황이 이와 같고 길성을 만나면 명예와 록을 모두 얻는다. 그러나 살성을 보면 성격적으로 암울하고 타인과 어울리기 싫어하며 고단한 삶을 살게 된다. 살기형성과 질병성계를 보면 건강문제도 있게 된다. 천동이 살성에 화기를 맞으면 정신적으로 허무하고 심지(心志)가 약하여 고통을 감내(堪耐)하기 어렵다. 거문화기이면 주변사람과 어울리기 힘들고 육친의 연이 박한데 특히 배우자연이 불리하다.

차조합의 성정은 침착하고 과묵하며 속내를 알기 힘들다. 좋게 보면 생각이 많고 신중하며 무게가 있다. 나쁘게 보면 사람이 다정하지 못하고 답답하며 거만하게 보이기도 한다. 만약 살기형성을 보면 말이 많고 독단적이며 자존심이 강하거나 완고하여 타인과 부딪히기 쉽다. 그러나 육길성을 보면서 도화성계 등을 만나면 사람이 낙천적이며 표현을 잘하고 대인관계가 좋다. 거동조합이 정황이 길하면 교육·문화·대중 전파계·금융·회계·의료계 등에 길하다. 살성이 있으면 종교·정신세계·역학 등의 방면에 관련이 많다.

❁ 천동 寅·申궁(천동·천량 동궁, 대궁 공궁)

인신궁에서는 천동·천량이 동궁한다. 인궁의 동량이 신궁보다 길하다. 이유는 인궁의 천량은 입묘하여 해액(解厄)의 역량이 있고, 또한 삼방에서 회조하는 태음과 천기가 묘왕지이다. 신궁의 천량은 함지이며 태음도 함약한 상태로 들어온다. 하여 신궁의 동량은 어려움을 해소하는 기운이 약하다.

천동은 복성(福星)이며 천량은 음성(蔭星)으로서 두 별이 동궁하면 역경과 어려움을 해소하는 역량이 있다. 성정도 사상이 청고하고 맑으며 처세가 유연하다. 말이나 행동이 온화하고 안으로는 세밀하며 외부적으로는 소박하다. 사상이 발달하고 예술과 문학에 조예가 깊으며 사고방식이 현실적인 반면 이상적이기도 하다.

이 조합은 집에 머무는 것보다 밖에서 활동하는 것이 좋다. 행락(行樂)을 즐기고 사교성이 있으며 낭만적인 여행을 하기도 한다. 하지만 천동은 주로 정서적이고 천량은 원칙을 주로 하기 때문에 이 두 별이 동궁하면 사상이나 행동에 모순이 생기기도 한다. 또한 동량은 혼인생활에도 불리한 조합인데 동량이 기본적으로 감성적이고 향수적인 한량의 기질이 문제가 되기 쉽다. 게다가 배우자궁에 거문이 거하므로 남녀 모두 부부연이 아름답지 못한 경우가 많다.

동량이 살기형성을 보면 마음이 초조하고 감수성이 예민해지며 정서적으로 불안하여 번뇌와 고민이 상당히 많게 된다. 특히 배우자 인연이 고극하게 되는데, 이성과 비록 인연이 있다 해도 상대와 정상적으로 결합하기는 어렵다. 도화제성을 보면 비정상적인 연애가 발생한다. 여명이 동량이면 복과 음덕을 받지만 본인은 그것을 잘 느끼지 못하고 오히려 스스로 번뇌를 자초하는 경향이 있다.

천동이나 천량화록을 보면 사업이나 재물적으로는 길하지만 한차례 진퇴를 반복한 다음 진전이 된다. 또한 감정적으로 창상을 겪거나 고단함이 증가하는데 주로 괴로운 연애가 있게 된다. 이 경우 여명은 더 불리하다. 만약 인신궁의 동량이 천마를 보면 도화를 범하기 쉽다. 도화제성이 가하면 더욱 문제가 된다.

인신궁의 동량조합은 두수에서 전형적인 '기월동량격(機月同梁格)'을 이룬다. 보좌길성을 보면 고인이 말한 '기월동량작리인(機月同梁作吏人 : 기월동량조합은 하급관리직에 적합함)'의 직업적인 특징을 나타낸다. 하지만 동량이 무조건 하급관리직에 속한다고 보면 안 된다. 현대사회에서는 기월동량이 격이 좋으면 대기업이나 관공직에서 최고의 직위에 오르기도 한다. 다만 동량의 성격적인 특징이 수장(首長)이 되는 것보다 좌우에서 보필하고 관리하는 것이 더 어울리는 조합이라고 보면 되겠다.

동량조합의 직업은 주로 공교육직·연구직·의료계·출판·언론·문화예술 방면과 관련이 많다. 살성과 도화성계가 회집하면 사람이 기예(技藝)가 발달하여 문화·예술방면에 인연이 많은데, 주로 광고·사진·웨딩사업·유흥업·연예인·노래방 등의 업종에 많이 종사 한다. 동량의 이러한 정서는 사교와 오락·문화 방면에 어울리는 특성으로 많이 나타난다. 천요와 천형·겁공 등이 동도하면 사상이 철리적이고 구속을 싫어하여 개인 사업을 많이 한다. 그리고 록성이 동궁하거나 삼방으로 록성이 회조해도 개인사업으로 발달한다.

❂ 천동 卯·酉궁(천동 독좌, 대궁 태음)

묘유궁의 천동은 태음과 상대한다. 이 조합의 기본적인 속성은 동월이 동궁하는 것과 유사하다. 천동은 정서적이면서 유연하고 대궁의 태음 역시 언행이 부드럽고 유연한 별이다. 전반적으로 보면 성정이 단정하면서 맑고 감수성이 강하다. 그리고 대인관계도 좋고 다정한 편이며 수동적인 성격이다. 교양미가 있고 얼굴에 그늘이 없으며 상대를 헤아릴 줄 안다. 여명은 미인형이고 남명은 동안인데 남녀 모두 수려한 상이다. 그러나 보수적인 면도 가끔 있다. 묘유궁의 천동은 자신만의 취미생활이 있고 한가함을 찾아서 향수를 누리려고 한다.

이 조합은 정신적인 만족과 물질적인 만족을 다 원하는 조합이기도 하다. 하여 보좌길성과 록성을 보면 안팎이 윤택하고 유유자적한 삶을 살게 된다. 그러나 살성을 보면 고집이 강한데, 겉으로는 원만하지만 속으로는 늘 심리적 불만이 있다. 또한 민감하여 주변사람과 적대감이 생기기 쉽고 경쟁적인 심리도 강해진다.

이 조합은 남녀 모두 이성의 관심을 많이 끄는데, 특히 여명이 화령·창곡·화과를 비롯한 도화성계를 보면 타인의 관심을 더욱 많이 받는다.

천동화록은 재물과 향수적인 면을 증가시키고, 화권은 유연한 천동을 추진력과 과단성 있는 성정으로 만든다. 하여 록권을 보면 사업적인 방면이 길하다. 화과는 명예를 중시하는 형이다. 화기는 감정적인 좌절을 경험하게 되며 재욕(財慾)이나 이성을 절제하지 못하여 물질적인 손해와 심리적인 불리함을 증가 시킨다.

묘유궁의 천동이 보좌길성을 보면서 상황이 길하면 문화·교육·언론·예능 방면에서 발달한다. 길성과 도화를 보면 연예·오락·광고·방송·디자인·예술·사진·웨딩사업 등의 방면에 종사를 많이 한다. 도화성계와 살성이 중하면 감정상 불리하다. 그리고 쉽게 재물을 얻으려고 하는 심리가 작용하는데, 주로 식음료·주점·오락방면 등과 관련이 많다. 乙·辛年에 生하고 길성이 동도하면 부귀를 누린다. 대한 역시 乙·辛干의 대한으로 행하면 좋다.

천동 辰·戌궁(천동 독좌, 대궁 거문)

복성(福星) 천동이 대궁으로 암성(暗星)인 거문의 영향으로 정신적인 고단함을 면하기 어렵다. 만약 길성을 만나지 않으면 일생 시비구설이 많다. 이 조합은 축미궁의 거동 동궁 조합과 그 성정이 유사하다. 하지만 축미궁의 거동보다 사람이 더 밝고 정서적인데, 강유(剛柔)가 적절한 조합이라 할 수 있다. 또한 이 조합은 사람이 긍정적이며 언행이 유연한 편이다. 하지만 진술궁 천동은 내심 자존심과 주관이 강하다. 이러한 성정을 보이는 이유는 두 가지가 있는데, 우선 대궁으로 경쟁심 강하고 배타적인 거문이 상대하는 것과, 복덕궁에 주관 있고 강성에 속하는 태양이 거하므로 더욱 이러한 심리를 나타내는 것이다. 하여 이 조합은 타인과 합작하면 좋지 않다.

이 조합이 보좌길성을 보면 교육·언론·공직·대기업·전파업계·여행업·미용분야 등에 길하고, 도화성계를 보면 재예(才藝)가 있으므로 예술적인 소질을 요하는 분야가 좋다. 록성을 보면 재적기도심이 증가하여 장사나 사업을 많이 한다. 살성이 중하면 심리적으로 늘 불만이나 불안감이 많아 우울해지기 쉬운 조합이다. 또한 타인과 오해를 사기 쉽고 혼인도 불리하다.

丁年生일 경우 삼방사정으로 태음화록·천동화권·천기화과·거문화기가 회합한다. 정황이 이러하면 정치나 법률계·언론계·교육·문화·또는 대기업 등에 근무하면 좋은데, 처음엔 비록 곤란을 겪지만 후에 반드시 부귀를 얻게 된다.

두수에서 건궁반배(乾宮反背)의 길격(吉格)이 있다. 진술궁의 거동조합을 의미하는데, 본격이 성격이 되기 위해서는 천동이 술궁에 거하는 가운데 辛年生이면 합격이다. 이렇게 되면 진궁의 거문이 화록이 되고 동시에 문창은 화기가 된다. 또한 丙年이나 丁年生은 천동화록과 천동화권을 각각 만나게 되는데, 전서(全書)에 이르기를 이렇게 되면 이달(利達)한다고 하였다. 庚年生도 길하지만 단 복불내구(福不耐久)라 하여 그 복이 오래가지 못한다고 하였다.

천동 巳·亥궁(천동 독좌, 대궁 천량)

천동이 사해궁에 거하면 반드시 대궁으로 천량을 보게 된다. 하여 기본적인 성정은 동량이 동궁할 때와 거의 같다. 천동은 일반적으로 해궁을 좋아하고 그 다음은 사궁을 좋아한다. 천동은 복성이며 천량은 음성으로서 두 별이 사해궁에서 마주하면 어려움을 해액(解厄)하는 역량이 있다. 사람이 정서적이고 사상이 청고하다. 상이 맑고 깨끗하며 처세도 유연하다. 말이나 행동도 전반적으로 온화하고 소박하며 유머가 있다.

이 조합 역시 사상이 발달하고 예술과 문학적이며, 사고방식이 현실적인 반면 이상적이기도 하다. 사해궁의 천동은 비교적 향락(享樂)을 좋아하고 생활적인 향수를 누리려고 한다. 보좌길성을 보면 전문인재로 발달하는데, 주로 공교육직·문예·기업의 관리직·언론이나 출판 분야·컴퓨터 계열 등에서 종사를 많이 한다.

이 조합은 오히려 한 두 개의 살성을 보는 것을 좋아한다. 이유는 게으르고 나태한 속성의 천동을 살성이 관여하여 격발하게 하기 때문이다. 이때 살성은 일의 추진력과 성취를 높이는 역할을 하게 되는 것이다. 그러나 살성도 과하면 천동이 감당하지 못하므로 문제가 된다. 만약 살기형성이 중하면 심리적으로 불안하고 초조하여 번뇌가 증가하고, 현실적으로는 좌절을 경험하게 된다. 심하면 신체장애을 입는다.

천동이 도화성계를 보면 행락(行樂)을 즐기고 사교성이 있다. 심하면 주색으로 간다. 살성이 많으면 혼자 있기를 좋아하고 인정이 없으며 자신의 입장만 생각하게 된다. 그리고 사람은 좋지만 자신을 잘 드러내지 않는다. 혹 혼자 여행을 하기도 한다. 살기형성을 과하게 보면 혼인 생활에도 불리하다.

여명이 사해궁의 천동이면 성정은 대체로 앞에서 논한 바와 같다. 용모가 수려하고 타인으로부터 귀여움을 많이 받는데, 살성과 도화가 비치면 이성으로부터 관심을 많이 받는다. 이로 인하여 늘 감정적인 고뇌와 혼란이 많게 된다. 하여 혼인 후에는 반드시 자신의 수양에 힘써야 비로소 이혼(離婚) 등의 감정창상을 면할 수 있다.

(2) 천동 형제궁

천동이 형제궁이면 일반적인 정형은 길하다. 입묘(入廟)하면서 길성이 있으면 형제자매가 많고, 함지(陷地)에 살성(煞星)을 보면 형제가 적다. 천동의 성질은 정서를 주하므로 인간적인 친밀감을 느낄 수 있는 형제나 친구가 있고, 형제가 성격적으로도 온유하다. 그러나 살기형(煞忌刑)성을 보면 형제나 친구와 불화(不和)한다. 또한 형제가 불운한 삶을 살게 된다. 이렇게 살성이 중하면 서로 떨어져 사는 것이 좋다. 천동 형제궁에서 만약 동료관계나 합작사업 등을 관찰할 때는 형제나 상대가 유약하고 무력한 편인데, 비록 정신적으로는 화합하나 재물적인 조력은 그다지 많지 않다.

자오궁의 동월이 형제궁이면서 상황이 좋으면 형제자매가 많다. 형제가 인물이 수려하고 성품은 온량하며 재능이 풍부하다. 만약 길성을 보면 교육이나 연구·관리행정직 등의 전문인재가 된다. 살기(煞忌)를 보면 집안의 큰형이 불운하거나 건강하지 못하다. 또한 친구나 형제의 조력을 입기 힘들고, 오히려 부담을 많이 받게 된다. 이런 경우 합작이나 계약은 금물이다. 심하면 형제 중에 신체장애가 있을 수 있다.

축미궁의 거동조합은 형제궁에서는 비교적 불리한 성계이다. 흉성을 만나지 않으면 형제가 2~3인이다. 이 조합은 형제 및 주변인들과 시비가 있거나 고립이 된다. 록성을 보면 재물로 인하여 분쟁이 일어날 소지가 높다. 살성을 보면 형제의 삶이 고단하게 되고 형제를 비롯한 인간관계가 좋지 않은데, 항상 시비구설에 연루될 가능성이 높고 손재도 경험하게 된다. 만약 거동조합이 보좌길성을 보면 일시적인 조력은 있을 수 있으나 장기간의 합작이나 공동투자 등은 하지 않는 것이 좋다.

인신궁의 동량이 형제궁이면 형제자매가 주로 2~3인이다. 형제의 성품이 온후하고 관대하며 비교적 활동적이다. 보좌길성이 회집하면 비록 관계가 순탄하지만 오래가지 못하기 때문에 학문이나 정신적인 교류가 길하다. 이 조합은 약간의 살성만 회조해도 형제와 소원(疏遠)해지기 쉽다. 살성을 보면 겉으로는 화합하지만 속으로는 내심 개인주의적이고 나쁜 생각을 가진다. 이런 경우 합작이나 계약은 금물이다. 이 조합이 창곡이나 천요·괴월을 보고 보필이 없으면 주로 배다른 형제가 있을 수 있다. 살성이 중하면 형제는 드물고 자매만 있는 경우가 많다.

묘유궁의 동월조합이 형제궁이면 묘궁은 4~5인이고 유궁은 그보다 적다. 이 조합은 처음에 누이가 있는 뒤에 남동생이 있으면 좋다. 길성을 보면 교우관계가 많고 화목하다. 그러나 실질적인 조력은 적다. 살성을 보면 형제와 소원(疏遠)하고 성격이 맞지 않으며 주색(酒色)과 향락(享樂)을 즐기는 친구가 많다. 살기형성이 심하면 형제와 떨어져 살아야 하고 주변인과 공동투자나 거래관계는 금물이다.

진술궁의 천동은 대궁으로 거문을 본다. 거동이 동궁하는 정황과 유사하다. 이 조합은 약간의 살성만 회조해도 형제나 친구간에 다정하지 못하고 결점이 많은데, 형제의 인연이 약하며 서로가 부담이다. 보좌길성을 보면 형제가 많거나 교우관계가 넓다. 만약 합작할 상황이면 자신이 직접 관리 감독하는 것이 이롭다.

사해궁의 천동은 천량과 상대한다. 형제가 많은 편인데 일반적으로 형제보다 자매가 많다. 길성을 보면 형제가 총명하며 명예가 높고 인간관계도 좋다. 그러나 약간의 살성만 보아도 관계가 여의치 않은데, 겉으로는 친하지만 속은 그렇지 않다. 이 조합은 인간관계에 있어서 이성이나 배우자 때문에 형제나 친구와 서로 불화할 경우도 있다. 살성을 보는 가운데 만약 합작이나 거래를 한다면 서로 결국 좋지 않게 끝나므로 유의해야 한다.

(3) 천동 부처궁

천동이 부처궁이면 이성관계가 비교적 순탄하며 배우자의 용모나 성격이 단정하고 온화하다. 남명은 처의 내조가 있다. 그러나 천동은 연애과정 중 다른 사람의 개입이 있거나 혼후 감정변화가 생기기 쉽다. 하여 남녀 모두 늦게 결혼하는 것이 이롭다.

천동이 복성(福星)이긴 하지만 자수성가의 의미가 있는데 이는 현재의 사업을 정리하거나 없앤 다음 스스로 흥하는 속성이 있다는 것을 의미한다. 이러한 속성을 부처궁으로 연결해 보면 처음 인연이나 연애 또는 혼인은 문제가 될 소지가 많다는 것과 통한다. 한 두 개의 살성만 보아도 이러한 의미는 더 강해진다. 하여 천동 부처궁은 만혼이 길한데 그렇지 않으면 삼처지명(三妻之命)이라 하였다. 남자는 자신보다 나이가 많이 어린 배우자가 좋다. 여명도 남자가 8살 이상의 연장자와 결혼하면 재혼하는 것을 면할 수 있다.

보좌길성을 보면 배우자가 정감이 있고 교양 있으며 부부해로 할 수 있다. 그러나 길성이 있다고 해도 만약 도화성계가 있게 되면 남녀모두 외향지심(外向之心)을 피하기 어렵다. 살기형성(煞忌刑星)을 보면 더욱 부부해로가 어렵다. 주로 외도하거나 성격적으로 맞지 않는다. 그리고 겉으로는 친하지만 속은 항상 냉정하다. 또한 살성이 중하면 배우자의 건강이나 사고도 유의해야 한다. 여명 역시 살기형성을 보면 불리한데 첩이나 후처가 마땅하다고 하였다. 그렇지 않으면 유명무실(有名無實)한 배우자를 만나게 되거나 이혼하여 재가(再嫁)한다.

자오궁의 동월이 부처궁이면서 길성이 있으면 주로 처가 아름답고 교양 있으며 내조의 공이 있다. 여명도 배우자가 학식과 풍취(風趣)가 있고 멋스러운 사람을 만난다. 그러나 과문제성(科文諸星)과 도화성계를 보면 배우자가 이성으로부터 관심을 많이 받는다. 천동화록이나 보좌단성(輔佐單星)을 보면 외도가 있기 쉽다. 살기형성이 중하면 연애과정이 복잡하고 결혼하여도 생리사별(生利死別)하여 해로하기 어렵다. 태음화기는 재혼(再婚)이 오히려 길하고 천동화기는 재혼도 불리하다.

축미궁의 거동조합은 배우자 궁에서는 기본적으로 불리한 조합이다. 혼전에 파절을 경험하게 된다. 거동조합이 보좌길성을 보면 비로소 부부해로 가능하다. 다만 길성들이 짝성으로 삼방사정에서 회조해야만 가능하고 보좌단성을 보면 역시 좋지 않다. 거문화기를 보면 항상 구설과 고단함이 많다. 또는 기혼자(旣婚者)와 인연이 되는 등 괴이한 인연으로 만나게 되어 고생하게 되는데, 삼각관계나 짝사랑도 하기 쉽다. 천동화기는 정서적으로 서로 맞지 않고 제3자의 개입이 있게 된다. 살성이 중하면 생리사별한다.

인신궁의 동량조합은 조년(早年)에 연애를 하지만 기본적으로 연애좌절과 혼인에 결함이 많다. 주로 배우자가 외부활동적이고 인간관계도 넓고 좋다. 만약 정황이 길하면 부부해로 가능한데, 배우자가 우아하고 학식있으며 삶의 홍취도 즐길 줄 안다. 그러나 보좌단성이나 도화제성을 보면 항상 제 3자의 개입이 있게 되어 재혼하게 된다. 살기형성이 있으면 부부사이가 냉정하고 겉과 속이 다르다. 심하면 생리사별한다. 남명이 동량 부처궁이면 나이가 많이 어린 사람이 좋다. 살기형요가 중하면 이혼하기 쉬운데, 재혼 후에 미모의 처를 얻게 된다. 여명은 나이가 아주 많은 사람이 좋으며 재혼하여 재물이 많은 남자를 만나게 된다.

묘유궁의 천동 독좌는 대궁으로 태음을 본다. 자오궁의 동월조합과 그 성질이 유사하다. 길성을 보면 부부해로 하는데, 배우자가 용모가 준수하고 교양있으며 주변 사람과 인간관계가 좋다. 살기형성이 중하면 두 번 이상 혼인하며 배우자와 기호나 성격이 맞지 않는다. 도화성과 살성을 보면 배우자의 건강뿐만 아니라 항상 외도가 문제가 된다.

진술궁의 천동 조합은 거문과 상대한다. 축미궁의 거동조합과 그 성질이 유사하다. 주로 연애과정이 복잡하고 혼인 후에도 정서적으로 서로 문제가 있다. 길성이 짝성으로 회조하여야 합격이다. 살기형성이 심하면 부부해로 어렵다. 만약 천동이 도화제성(桃花諸星)이나 화과·문창·문곡 등의 과문제성(科文諸星)을 보면서 반배격(反背格)이 되면 재혼이 초혼보다 낫다.

사해궁의 천동은 천량과 상대한다. 인신궁의 동량조합과 그 성질이 유사하다. 같은 조건이라면 해궁의 천동이 사궁의 천동보다 유리하다. 보좌길성이 짝성으로 회집하면 부부인연이 길하다. 그러나 살기형성이 중하면 생리사별한다. 살성과 도화성을 보면 외도가 주요 사안이 된다. 만약 록마교치가 되거나 화령을 보면 배우자의 사업이나 직업적인 문제로 인하여 많이 떨어져 지내게 된다.

(4) 천동 자녀궁

천동이 입묘하면 자녀가 많다. 첫 자녀가 딸이면 좋다. 천동은 감정이 짙은 별이므로 자녀궁에 있으면 자녀와 감정적으로 화합하고 후배나 아랫사람과의 관계도 유연하다. 단 자녀가 의지와 추진력이 약하여 연약하기 쉽다. 보좌길성을 보면 자녀가 총명하고 외향적이며 사람관계도 좋아 주변의 도움을 받는다. 사회적으로도 귀함을 누린다. 화록이나 록존을 보면 자녀가 자수성가한다. 그러나 살성을 보면 자녀와 불화하고 고극하다. 자녀의 건강도 신약한데 자녀로 인하여 고단한 삶을 살게 된다. 천동화기가 되고 천월을 비롯한 살성들을 보면 신경정신과적인 문제나 저능아·자폐증 등을 유의해야 한다.

천동이 보좌단성을 보면 배다른 자녀가 있거나 양자를 받아들이는 경우가 있다. 천요를 보면 자녀가 총명하고 재예(才藝)가 뛰어난데, 살성이 동궁하면 동탕(動蕩)하거나 주색(酒色)으로 갈까 염려된다.

자오궁과 묘유궁의 동월조합은 그 성정이 서로 유사하다. 이 조합들은 일반적으로 딸이 많다. 그렇지 않으면 먼저 딸을 낳는다. 보좌길성을 보면 자녀가 총명, 수려하며 이지적이다. 사회적으로도 교육·연구직·언론·대기업 등의 전문직에 종사한다. 천요(天姚)나 용지(龍池)·천재(天才)등을 보면 예술·문학 등에서 발달한다. 그러나 살성이 중하면 총명하지만 정서적으로 문제가 있게 되고 자녀와 화합하기도 어렵다. 화령을 보면 총명함이 지나쳐 민감하거나 하여 문제가 된다. 살기형성이 심하면 사산(死産)이나 유산(流産)의 경험이 있게 되고 자녀가 신약할까 두렵다.

축미궁의 거동조합은 자녀가 생각이 깊고 신중하지만 자녀와 고독하기 쉽다. 보좌길성을 보면 자녀가 총명하고 사회적으로 두각을 나타낸다. 길성을 보면 자녀수가 많고, 도화성계가 중하면 딸이 많다. 이 조합은 한두 개의 살성을 보면 격발(激發)하여 오히려 좋게 본다. 다만 록성이나 길성이 비치는 경우에만 그렇게 추단할 수 있다. 살성과 도화성계가 비치면 자녀가 비록 총명하고 재예가 풍부하지만 의지력이 부족할 수 있다. 또한 딸은 실족(失足)하거나 연애좌절이나 혼인이 복잡하게 된다. 거문이 화기가 되면 자녀와 반목, 불화하고 자녀의 삶도 파동이 심하다. 그리고 자신의 제자나 아랫사람과의 관계도 고단하게 된다.

인신궁의 동량조합은 먼저 딸을 낳은 후에 아들을 출산하는 것이 이롭다. 자녀의 성격이 유연하고 사람관계도 좋으며 총명하다. 단 연약하기 쉽다. 보좌길성과 록성을 보면 자녀가 사회적으로 전문직에 종사하며 부귀를 누릴 수 있다. 창곡을 비롯한 과문제성(科文諸星)을 보면 학업적으로 우수하고 대인관계도 좋다. 상황이 이렇게 길하면 공교육직·연구직·의료계 등의 전문직에 종사한다. 살기형성(煞忌刑星)이 중중하면 자녀와 정서적으로 맞지 않다. 또한 자녀가 신체적으로 신약하고 성격적으로 민감하여 항상 문제가 된다. 천요나 천재 (天才)등을 보면 재예가 발달하는데 주로 예술 방면도 길하다. 다만 자녀가 연애과정이 복잡하거나 혼인 후에 외정으로 인한 가정사를 유의해야 한다.

진술궁의 천동은 거문이 상대한다. 자오궁의 거동 동궁조합과 그 성질이 유사하다. 이 조합은 자녀수가 2~3인이다. 살성을 보면 자녀가 귀하다. 보좌길성을 보면 자녀와 화합하고 자녀 역시 총명하다. 창곡이나 도화성계를 보면 자녀가 재예가 발달하고 감성이 풍부하다. 록존을 보면 자녀가 신중하고 부귀한다. 화록을 보면 자수성가한다. 살기형성을 보면 자녀와 불화하고 자녀로 인하여 고민이 많게 된다. 살성과 질병성계가 중하면 자녀가 건강이 신약하고 심하면 사고가 나거나 신체장애가 될 수 있다.

사해궁의 천동은 천량과 상대한다. 인신궁의 동량이 동궁하는 것과 그 성질이 유사하다. 이 조합은 먼저 딸을 낳는 것이 좋다. 자녀가 주로 3인이다. 보좌길성을 보면 자녀가 자수성가한다. 길성이 회집하면 자녀와 화합하고 아랫사람과의 관계도 길하다. 록존을 보면 자녀가 부귀를 누리고, 화록을 보면 자녀가 활달하고 고향 떠나 성공하며 대인관계가 좋다. 살기형성이 중하면 자녀가 귀하고 자녀와 떨어져 살거나 한다. 또한 성격적으로 맞지 않다. 사해궁의 천동이 삼방에서 회조하는 거문화기를 보면 서로 고극(孤剋)하게 된다. 또한 태양화기나 태음화기가 회조하여도 자녀를 극한다.

(5) 천동 재백궁

천동이 재백궁이면 비교적 좋게 본다. 만약 입묘하면서 길성이 비치면 자수성가한다. 천동·태음과 천동·천량 조합이 록을 보면 천동 조합 중 가장 재물이 순탄하다. 보좌길성을 보면 공교육이나 연구직 등의 전문인재로 등용되어 재물을 득한다. 천동은 욕심이 많거나 근면성실한 별이 아니므로 재물에 대하여 집착을 많이 하지 않는다. 다만 필요한 재물의 양이 된다고 생각하면 그 상태를 수성(守成)하려고 한다. 하여 천동 재백궁은 富하다고 말하기보다는 정신적으로 편안하고 즐길 수 있을 만큼의 재물을 의미한다. 다만 록성이 천마를 만나 록마교치(祿馬交馳)를 이루면 재원(財源)이 많다. 천동화기는 일생 재래재거(財來財去)가 심하고 투기나 사업 등으로 인하여 파재(破財)를 경험하게 된다. 살기형성이 중중하면 사업이나 투기는 금물이다. 대한의 정황이 이러하여도 불리하므로 당 대한의 상황을 잘 보고 판단해야 한다. 천동이 과문제성(科文諸星)을 보면 우아하거나 향수적인 일을 주로 하고, 천요 등 도화성계가 비치면 이성생재(異性生財 : 이성이 주요 고객이 되거나 이성으로 인하여 재물을 득하게 되는 직업)가 좋다.

자오궁의 동월이 재백궁이면 천동의 여러 성계 중에서 재원(財源)이 가장 유리한 조합이다. 보좌길성을 보면 사회적으로 지위가 있고 자수성가하는데 재물적으로 길하다. 특히 오궁의 동월이 경양과 동궁하고 록성을 만나면 대재(大財)를 얻게 된다. 동월조합이 길하면 부동산으로 인한 재운(財運)도 좋다. 천동이나 태음이 화기를 맞으면 재물이 흩어지고 재물로 인한 규분이 일어난다. 살기형성이 중하면 투자실수를 하게 되고 재물을 지키기 어렵다. 선천이나 대한의 상황이 이러하면 개인사업 등 투자나 투기적인 모습은 금물이다.

축미궁의 거동조합은 기본적으로 재물로 인하여 시비구설이 생기기 쉽다. 하여 구재(口才)의 속성으로 가면 길한데, 주로 상담가·중계업·교육자·방송·변호사·의사·전파업종 등 말을 많이 하는 직업이 좋다. 거문화기를 보면 특히 그러하다. 천형을 보면 법률관계에 종사함이 이롭다. 보좌길성과 록성을 보면 재원이 순조롭고 전문인재가 되거나 투기하여 이익을 얻는다. 살기형성이 중하면 투기나 투자하여 손해보거나 주변사람으로 인하여 파재하게 된다. 심하면 재물로 인하여 관재소송을 겪는다. 도화성계가 동궁하면 주색으로 손재한다.

인신궁의 동량조합이 재백궁이면 사업심이 강하고 보좌길성을 보면 전문인재로 성공한다. 록성과 천마가 만나 록마교치(祿馬交馳)를 이루면 재원(財源)이 강하고 순조로운데, 외지에서 성공하기도 한다. 천량화록이 되고 화령·천요 등을 보면 주로 분에 넘치는 재물을 탐하게 된다. 동량이 창곡·천재·용지·봉각 등을 보면 기예(技藝)로 생재(生財)한다. 동량조합이 창곡·천요 등의 도화성계와 만나면 재물이 주로 이성(異性)으로부터 온다.

묘유궁 천동·태음조합은 자오궁의 동월 동궁과 그 성향이 유사하다. 이 조합은 주로 자수성가한다. 보좌길성을 보면 교육·연구·언론·공직 등에서 발달하고, 도화성계를 보면 예술업종에서 발달한다. 천동화록이면 자신의 노력으로 富를 이룬다. 삼방에서 거문화기를 보면 말로서 구재(求財)하는 것이 좋다. 살성과 화기가 있으면 파재하는 등 財로 인하여 화가 따른다. 천동이 살성과 도화성계를 보면 주색으로 파재하기 쉽다. 복덕궁으로 도화성계를 보아도 마찬가지다.

진술궁의 천동은 거문과 상대한다. 기본성질은 재물로 인하여 노심초사가 많다. 만약 보좌길성이나 록성을 만나면 재원이 순조롭고 전문인재로 성공한다. 길성과 도화성계를 보면 이성생재(異性生財)하거나 예술업종에서 종사한다. 살성이 많으면 재원이 순탄하지 않고 항상 부족하게 된다. 화기에 살성을 보면 손재하고 여기에 천형이 가하면 관재소송에 유의해야 한다. 대궁의 거문이 화기가 되면 재물로 인하여 시비구설에 연루되고 결국 손재하는데, 재물 때문에 심리적으로 상당한 번뇌를 초래한다. 이 조합은 개인사업보다 직장을 다니거나 봉사나 희생을 요하는 업종이 길하다.

사해궁의 천동은 천량과 상대한다. 기본성질은 동량이 동궁하는 것과 유사하다. 이 조합은 재물이 왕하진 않은데, 약간의 살성만 보아도 파재하거나 재원이 순조롭지 못하다. 만약 길성과 록성을 보면 재물이 순조롭다. 록마교치(祿馬交馳)를 이루면 재물이 왕하다. 창곡과 화과(化科)를 보면 교육·연구 등의 전문인재로 성공한다. 살기(煞忌)가 중중하면 투기나 투자하여 손재하고 천형이 가하면 관재를 유의해야 한다. 천동의 삼방으로 거문화기가 회조하면 역시 재물손재와 재로 인하여 시비구설에 휩싸이게 된다. 이 조합이 제길성(諸吉星)을 보면 중년 이후 성공한다.

(6) 천동 질액궁

천동이 입묘하면서 길성의 보좌가 있으면 질병에 대한 저항력이 강하다. 그러나 만약 살기형성을 보고 불리하면 신장·방광·임질·요도·탈장·음허(陰虛)부족 등에 걸리기 쉽다. 여명은 자궁질환 등 부인과질병에 특히 유의해야 한다. 천동은 오행으로 음수(陰水)에 속하기 때문에 이러한 질병에 노출될 확률이 높은 것이다. 또한 천동이 살성과 천허(天虛)·봉각(鳳閣)·천월(天月) 등의 질병성계를 보면 한열풍사(寒熱風邪)나 설사 등 복통이 있다.

동월조합이 질액궁이면서 불리하면 주로 빈혈·소화불량·중이염(中耳炎)·수종(水腫)·각기병(脚氣病)·사지무력·습기질환(濕氣疾患)등에 유의해야 한다. 만약 살기형성이 중중하면 반신불수가 되거나 눈병·신경쇠약에 걸리게 된다.

거동조합이 질액궁이면서 불리하면 목이나 구강(口腔)·식도에 문제가 있을 수 있다. 언어장애와 골막이 퇴화하는 증세 그리고 수족(手足)의 신경에 문제가 있을 수도 있다. 살기형성이 심하면 골병(骨病)이나 소아마비 증세도 유의해야 한다.

동량조합은 주로 혈액순환이 잘 되지 않아 신체의 신진대사에 장애가 있게 된다. 살성이 심하면 심장병·혈관질환·콩팥질환 등에 유의해야 한다. 여명은 부인과 질환을 비롯한 암질(暗疾)에 유의해야 하고, 남명 역시 생식기에 문제가 있기 쉽다.

(7) 천동 천이궁

천동은 복성이라 천이궁에 있으면 밖에서 귀인을 만나고 복을 얻게 된다. 하여 외지나 타향에서 생활하던지 이향(離鄕)하는 것이 길하다. 천동은 천이궁에서 천량을 만나면 가장 좋은 조합을 이룬다. 천동화록은 발재(發財)가 강하지 않고 단지 정신적으로 향수를 즐길 수 있는 정도의 재물이다. 그러나 삼방에서 록존이 회조하거나 천동이 록마교치(祿馬交馳)를 이루면 외지에서 성공한다. 보좌길성을 보면 사회적응력이 강하고 주변에서 도와주는 사람이 많으며 인간관계도 유정(有情)하다. 천동화기는 실패하기 쉽고 스스로의 탐욕이 화를 부르게 된다. 천동이 낙함하고 살기형성을 보면 밖에서 시비구설과 고난이 많고 손재가 발생한다. 사고가 발생하거나 건강도 문제된다. 지공·지겁과 대모를 보면서 기타 살성이 회집하면 밖에서 물건이나 돈을 잃게 된다. 천동이 도화제성과 살성·화기를 보면 이성문제로 심신이 괴롭다.

천동·태음조합이 천이궁이면 주로 이향(離鄕)하거나 밖에서 활동하여 富를 이룬다. 하지만 이 조합은 기본적으로 고생을 면하기 어렵다. 정황이 길하면 당사자의 인간관계가 좋다. 보좌길성을 보면 사회적으로 성공하는데 이성(異性)으로 인한 지원도 있다. 태음이 낙함하면 천이궁에서 불리하다. 낙함하면서 살성을 보게 되면 투기나 투자는 금물이다. 또한 사업적으로 어렵거나 시비구설에 휩싸이기 쉽다.

천동·거문 조합은 타향이나 외국으로 나가 자수성가하는 경우가 많다. 그렇지만 고생 끝에 성공하게 된다. 거동조합이 살기형성을 보면 고향을 떠나거나 외국에 가서 사는 것은 오히려 불리하다. 길성이 회집하면서 록이나 화권을 보면 성공한다. 그러나 거동 조합은 기본적으로 번뇌가 따르기 쉬운 조합이다. 거동조합이 천요를 비롯한 도화성계와 창곡을 보면 이성으로 인한 감정상의 문제가 있게 된다. 이때 살성이 중하면 손재와 구설에 휩싸이게 된다.

천동·천량 조합은 기본적으로 출문(出門)하여 발달함이 이롭다. 괴월이나 보필을 보면 주로 밖에서 귀인을 만나고 윗사람의 음덕을 입으며 인간관계가 좋다. 록존이나 화록을 보면 자수성가한다. 록마교치를(祿馬交馳)를 이루어도 발복한다. 천동화기를 보면 구설(口舌)이 발생하고 기대했던 일이 실패하거나 심신이 고단하게 된다. 천요를 비롯한 도화제성을 보면 인간관계는 좋지만 이성문제가 생기고 소인의 음해(陰害)를 유의해야 한다. 도화제성과 살성이 중중하면 감정좌절과 손재 및 건강문제가 있게 된다.

(8) 천동 노복궁

천동이 노복궁이면 인간관계가 비교적 양호하며 교제범위도 넓고 다양하다. 길성을 보면 주변사람으로 인한 덕을 입고 성격적으로 잘 통한다. 화과나 창곡 등의 과문제성을 보면 학문적으로 통하는 사람과 인연이 많다. 천동은 주로 태음이나 천량과 만나면 길하다. 거문을 보면 친근감이 없고 서로 오해가 생길 수 있다. 천동화록에 길성을 보면 재물이나 정신적으로 도움을 주는 친구를 얻게 되고, 천동화기가 되면 정서적으로 통하기 어렵고 조력도 부족하다. 살성이 중하면 끝이 좋지 못하다. 천동이 만약 경양이나 타라와 동궁하면 중년이후 이로운 친구를 얻게 된다. 화령과 동궁하면 조력이 오래가지 않고 서로 외면하게 쉽다.

천동·태음조합이면 주로 도움을 주는 친구를 사귀거나 아랫사람과의 관계도 길하다. 보좌길성을 보면 더욱 좋다. 그러나 동월이 함약하면서 살기형성을 보면 인간관계로 인하여 항상 심신이 불편하다. 또한 아랫사람의 침해를 받기 쉽고 손재와 송사도 유의해야 한다.

천동·거문조합은 비록 살성이 회조하지 않아도 서로 관계가 서먹하고 오해가 생기기 쉽다. 하여 사람관계가 적고 고적(孤寂)한 조합이다. 천동·거문이 동궁(同宮)하는 조합이 서로 대조하는 조합보다 불리하다. 만약 살기형성이 중중하면 시비와 원망을 초래하고 재물 손재도 유의해야 한다. 겁공·천요·음살·비렴 등을 보면 주변사람으로 인하여 손재수가 생긴다. 상황이 이렇게 불리할 경우 주변사람과 동업·계약 등은 금물이다.

천동·천량이 노복궁이면 인간관계가 비교적 원만하고 자신의 잘못을 지적해 줄 수 있는 친구를 만난다. 아랫사람도 책임감이 있고 정서적으로 통한다. 만약 동량조합이 화록을 보면 재물로 인하여 서로 오해가 생기기 쉬운데, 살기형성까지 가하면 친구나 사람관계가 좋지 않을 뿐만 아니라 재물 때문에 구설시비가 발생하거나 자신이 오히려 손실을 보게 된다. 록마교치가 되면 친구나 아랫사람과 같이 머무르기 어렵고 자신이 항상 고향을 떠나게 된다. 하여 친구나 아랫사람 때문에 자신의 일이 바쁘게 된다.

(9) 천동 관록궁

천동이 관록궁이면 일반적으로 자수성가한다. 자유업종을 좋아하며 고향 떠나 발전하는 것이 좋다. 보좌길성과 록권과를 보면 사업이나 직업적으로 성공한다. 화과나 창곡 등 과문(科文)성을 보면 공교육직·연구직·의료직·언론·외국어·언어(言語)분야·금융직 등에서 발달한다. 도화제성을 보면 예능계열이나 미적인 속성의 직업과 관련된다. 주로 디자인·화장·미용·의류업·설계·인테리어·장식업 등이다. 겁공을 만나도 재예(才藝)로 발달한다. 화록을 보면 길한데 부동산업이나 숙박업도 길하다.

천동이 낙함하거나 살성을 보면 사업은 불리하며 직장생활이 유리하다. 살성이 중하면 사업가는 성패가 다단하고, 직장인이라면 직장에 불만이 많거나 사람관계에서 불협이 많다. 화기를 보면 더욱 흉험하게 된다.

진술축미궁의 천동화기는 일찍 일을 하는 것이 길하다. 직장인보다 창업이 좋은데 진술축미궁의 천동화기는 천동화록보다 득재가 더 빠르고 좋은 특징이 있다. 다만 보좌길성의 지원이 있어야 합격이다.

자오묘유궁의 동월조합이 관록궁이면서 길하면 사업이나 직장에서 성공한다. 화록이나 록존을 보면 더욱 길하다. 동월조합이 상황이 좋으면 주로 창업보다 조업을 승계하거나 이미 이루어진 사업을 이어받는 것이 더 안전하다. 과문제성(科文諸星)을 보면 문화·예술성의 직종이나 공교육직·연구직 등의 전문 직종에서 발달한다. 동월이 살성을 보면 사업이나 직장의 변화가 많고 지키기 어렵다. 화기를 보면 파재가 따르게 되므로 사업은 금물이다. 오궁의 동월이 경양을 보면 마두대검격(馬頭帶劍格)이 되어 사업적으로 성공한다. 단 화록이나 록존을 만나야 한다. 태음화기는 조업(祖業)을 지키기 어렵다. 천동화기는 사업이나 직장이 항상 불안하며 살성이 가하면 사업은 손재하고 직장생활도 불만이 많거나 퇴사하게 된다.

진술축미궁의 거문·천동 조합이 관록궁이면 비교적 불리하다. 축미궁의 거동 동궁조합이 더 불리하다. 거동조합이 보좌길성을 보면 대기업·언론·공교육직·연구직·중개업·광고·의료계 등에서 발달한다. 록성과 화권을 보면 사회적으로 명예와 권위가 있는데, 다만 거동조합은 그 정황이 길해도 사업보다 직장생활을 하는 것이 좋다. 특히 낙함(落陷)하면 더욱 그러하다. 거동조합이 살성이 회조하면 사업이나 직장에서 시비구설이 많고, 결국 어려움에 처하게 된다. 또한 일을 진행할 때 의지력이 부족하다. 거동이 길성과 살성이 동시에 비치면 처음에 고생하고 이후에 발달한다. 천동화기는 길성에 의해 격발(激發)되기도 하지만 기본적으로 심리적인 고단함과 물질적인 손해를 경험하게 된다.

인신사해궁의 천동·천량 조합이 관록궁이면 학문연구나 공직·교육·연구 방면의 직종관 관련이 많다. 창곡·화과 등의 과문성(科文星)을 보면 더욱 그러하다. 화록이나 록존을 보면서 상황이 좋으면 개인 사업에서 성공하고, 대기업·공직 등도 길하다. 동량조합이 록성과 화성·영성 그리고 천마 등이 비치면 사교성을 요하거나 동(動)적인 직업(무역·유통·운수업·여행업·상담 업종 등)이 길하다. 살성과 길성이 같이 회조하면 의료직·세관·우체국·사회복지분야에서 종사하는 것이 좋다. 도화성과 창곡이 비치면 문예(文藝)방면이 좋다. 이 조합이 길하면 주로 중년 이후 귀인의 조력을 많이 입는다. 동량조합은 자신이 최전방에 나서기보다 막료인사(幕僚人士)가 되는 것이 좋다. 동량이 살성이 중하면 여러 가지 직업을 전전하게 되고 많이 돌아다니지만 실속이 없게 된다.

(10) 천동 전택궁

천동이 전택궁이면 자수성가한다. 천동 전택궁은 조상의 조업(祖業)이 없거나 어이받기 어렵다. 화록이나 록존 등이 동궁하면서 정황이 길하면 富를 이루게 되는데, 거주지나 사무실의 환경이 좋은 곳에 위치하거나 정신적으로 편안하다. 그리고 부동산으로 인한 재운(財運)도 좋게 된다. 살성이 중하면 가업을 지키기 어렵고 사업적으로 규분이 일어나게 된다. 만약 천동화기이면서 길성이 보좌하면 부동산업종이나 건축·토목·숙박업 등이 좋다. 그러한 화기에 살성이 가하면 사업적으로 타격이 있거나 부동산으로 인한 구설·손재가 있게 된다.

천동은 정서를 주하는 별인고로, 전택궁에 거하면 자신의 거주지나 근무하는 곳이 모두 정신적인 안정과 편안함을 추구한다. 만약 길성이 비치면 자신의 직업이나 사업이 학문연구·문예·향수적인 색채를 띠는 것이 좋다.

동월조합이 전택궁이면 조업을 승계받기 어렵고 자수성가한다. 록성이나 길성이 비치면 부동산을 많이 보유하게 되고 부동산으로 인하여 富를 축적할 수 있다. 천동화기는 주거지나 사무실의 환경이 좋지 않거나 하여 정서적으로 불안하다. 때로는 교통이 불편하여 고생한다. 태음화기는 부동산 투자에 유의해야 한다. 살성이 중해도 부동산으로 인한 고심과 손재가 있다. 음살(陰煞)이나 천형·천곡·천허 등이 동궁하면 자신이 거주하는 곳이 과거 묘지이거나 사당(祠堂)등 음기(陰氣)가 강한 곳일 수 있다. 동월은 주택이 조용하고 안정함을 원한다. 주변에 연못이나 과수원·양어장(養魚場) 등이 있으면 길하다. 거주하는 곳에 꽃과 과일나무를 많이 심거나 배치하는 것이 좋다.

거동조합은 전택궁에서는 불리한 성계조합이다. 조상이 물려준 전택이나 가업을 지키기 어렵다. 이 조합은 약간의 살성만 보아도 사업을 해서는 안 된다. 살기형성이 중하면 주거지를 비롯한 부동산으로 인한 시비구설이 있게 된다. 주로 자신의 거주지나 사무실 등이 마음에 들지 않거나 또는 자신이 살고 있는 주변사람이나 환경으로 인하여 심리적인 스트레스를 많이 받게 된다. 또한 사업으로 인한 구설·관재 등도 발생하기 쉽다. 정황이 이러하면 부동산에 투자해서는 안 된다. 록성이나 길성이 지원하면 비교적 무난한데, 특히 록성이 비치면 부동산에 투자하여 이익을 얻는다. 거동이 동궁할 경우에는 거문화록이 더 길하다.

천동·천량 조합이 전택궁이면 역시 조업이나 전택을 이어받기 어렵고 자수성가한다. 동량은 동적이고 표탕(飄蕩)한 조합이므로 한 곳에 정착하기 어렵고, 살성이 관여하면 일을 꾸준하게 하지 못하여 생의 변화가 많다. 하여 사업이나 주거지를 포함한 사무실 등의 이동이 빈번하다. 동량 조합은 유동적이면서 귀인의 조력과 관련한 조합이므로 부동산관련업(중개업·매매업·건축업·토목업·주택관리업 등)에 종사하는 것이 좋다. 동량은 동궁하는 것보다 서로 상대하는 것이 길하다. 인신궁의 동량이 록성을 보면 부동산이나 사업적으로 가장 길하다. 동량이 천마나 록성을 보면 역마성향의 행업이 길하고, 과문제성을 보면 내근(內勤)이나 한 곳에서 연구하는 직업이 좋다.

(11) 천동 복덕궁

천동은 복성으로서 복덕궁에 거하면 가장 길하다. 천동이 정서와 안정을 주로 하는 별이므로 주인이 향수(享受)와 안락(安樂)을 누릴 수 있다. 성격도 감성이 섬세하고 유연하며 긍정적이다. 천동의 향복(享福)은 물질로 인한 만족보다는 정신적으로 안정된 심리적 만족을 원한다. 무곡이 복덕궁이면 물질적인 만족을 중시하고, 자미가 복덕궁이면 권위나 명리(名利)를 누릴 수 있어야 비로소 만족하는 경향이 있다. 그러나 천동은 향수적이고 정서적인 안락을 원한다. 한마디로 생활정취(生活情趣)를 좋아하는 성이므로 무곡이나 자미와는 개념이 차이가 난다. 그러나 천동이 록존이나 화록을 보면 재물적인 만족을 같이 원한다. 천동이 보좌길성을 보면 정신생활이 풍족하며 여유를 누릴 수 있다. 그러나 보좌길성과 지공·지겁 등을 보면 나태해지기 쉬운데 세상에 안주하려고 한다. 창곡을 비롯한 과문제성(科文諸星)이 비치면 학문을 좋아하고 문예(文藝)를 즐긴다.

만약 천동화기가 되면 대단히 불리한데, 주로 심리적인 부담이나 압박을 받게 된다. 하여 불안초조가 있게 된다. 그러나 천동화기에 과문성(科文星) 등의 길성이 같이 회조하면 예민하지만 총명호학한다.

천동은 타라와 영성을 가장 싫어한다. 타라·영성을 보면 스스로 번뇌를 자초한다. 화기에 타라·영성·천형·음살·천곡·천허 등의 성계들이 회조하면 번뇌가 더욱 증가하는데, 세상과 담을 쌓고 혼자 지내거나 매사 불만족을 느끼며 허무한 생각을 많이 하게 된다. 심하면 정신착란·우울·대인기피증·정박아·자폐증 등의 증상이 오기도 한다. 심하면 자살충동으로 세상을 등지려 한다.

천동이 살기형성을 보면서 천요 등 도화제성과 있으면 이성이나 부부문제로 인한 고뇌가 있기 쉽고, 록존이 있으면서 흉하면 재물로 인한 번뇌가 따른다. 다만 천동이 살기형성을 보면 이러한 요소가 아니더라도 본질적인 문제가 내재되어 있다고 보면 될 것이다. 하여 천동이 화기를 보거나 살성이 중하면 정신세계나 종교적인 방면에 귀의하는 것이 도움이 되고 문예나 향수를 즐기고 추구하는 방향으로 나가야 한다.

천동·태음이 복덕궁이면 일반적으로 심신의 안락을 누릴 수 있다. 보좌길성을 보면 학문과 예술을 좋아하고 여유가 있으며 성격이 편안하고 이성(異性) 인연도 좋다. 화록이나 록존과 동궁해도 일생 안녕(安寧)하게 된다. 동월이 화령·양타를 보면 마음이 일정하지 않고 깊이가 없으며 일처리가 흐리다. 동월이 화령과 천요를 보면 이성이나 배우자 때문에 고민한다. 그렇지 않으면 동성연애한다. 태음화기에 살성을 보면 겉으로는 편안한듯하지만 속으로는 늘 불안초조하다. 천동·태음이 화기가 되고 살성이 중중하면 정신적인 번뇌와 고통이 따른다. 심하면 정신착란·정박아·우울증 등의 정신질환에 시달리게 된다.

천동·거문이 복덕궁이면 비교적 불리한 조합이다. 이 조합은 거문의 어두운 속성으로 인하여 심리적으로 불안하거나 어두운 면이 있게 된다. 반드시 살성이 없어야 합격이다. 길성을 보면 인격이 고상하고 품격이 있으며 자신의 수양에 힘쓴다. 천동화록은 오히려 정신적인 교란을 가져올 수 있고, 거문화록이면 정신적인 만족이나 성질을 온화하게 한다. 만약 거동이 화기에 살성을 보면 괴로운 연애나 부부문제로 인하여 번뇌를 초래할 수 있다. 천동화기는 고통으로 인하여 깨달음과 정신적인 성숙을 가져올 수 있지만 거문화기는 그 고뇌가 더 심하며 이러한 고통을 헤쳐 나가기가 어렵다.

천동·천량조합이 복덕궁이면 일반적으로 안락(安樂)할 수 있다. 보좌길성을 보면 학문과 문예를 좋아하고 생활의 정취와 여유를 가진다. 그러나 동량은 길성이 너무 집중되면 오히려 편안함만 추구하여 독립성이 적다. 천량화록은 결단력이 약하여 머뭇거리게 된다. 만약 천마와 화령을 만나면 삶이 정처 없고 불안하다. 겁공이나 천요를 보면 유유자적하지만 진취적이지 못하고 방탕할 수 있다. 살기형성이 중하면 일생 정신적으로 허무하고 세상과 분리되기 쉽다. 또한 이성이나 부부문제로 인하여 고충을 겪게 된다.

(12) 천동 부모궁

천동은 주로 감정을 의미하는 별이므로 천동이 부모궁이면 부자간에 관계가 좋다. 단 입묘해야 합격이다. 함약하더라도 길성의 지원이 있으면 좋다. 천동이 보좌길성과 록성을 보면 부모가 명리(名利)가 있고 자녀와 화목하다. 낙함하면 서로 의견이 맞지 않거나 정이 소홀하다. 천동이 거문이나 천량과 동궁하거나 만나면 기본적으로 결점이 있다. 거문은 부모와 세대차이가 있고, 천량은 부모가 혼인의 좌절을 겪을 수 있다. 천동화기에 살성이 중하면 부모의 건강과 재물문제로 파동을 겪는다. 또한 부모와 기본적으로 형극(刑剋)하게 되므로 인연이 적다. 혹 조실부모(早失父母)할 수도 있다. 이 경우 부모와 떨어져 살면 좋다. 또한 윗사람과의 관계도 불리하다. 천동이 창곡과 도화제성을 보면 부친이 외도한다. 아니면 첩이나 후처 소생이 되기도 한다. 천동이 괴월·보필 등 짝성이 동회하면서 만약 단성(單星)이 부모궁에 거하면 주로 부모가 두 번 혼인할 수 있다.

천동·태음이 부모궁이면 비교적 길하게 본다. 만약 길성이 비치면 부모가 명리쌍전(名利雙全)하고, 부자간에도 화합하며 부모로부터 조력을 많이 입는다. 만약 살기형성을 보면 부모와 인연이 없거나 의견이 맞지 않다. 윗사람과도 형극하고 서로 불화(不和)한다. 오궁의 동월이 경양을 보면서 록성이나 길성을 만나 마두대검격(馬頭帶劍格)을 형성하고 있으면 부모가 명리(名利)가 있다.

천동·거문은 일반적으로 부자(父子)가 불화하거나 대립한다. 또한 정서적으로 세대차이가 많이 난다. 만약 화기를 보면 더욱 불리하여 서로 형극하고 인연이 좋지 못하다. 윗사람과의 관계 역시 그러하다. 거동조합이 화령이 동궁하거나 보좌단성(輔佐單星)을 보면 유년(幼年)에 두 부모와 인연이 있다. 살성과 도화제성이 중중하면 주로 첩이나 후처소생이 된다고 하였다. 진술궁의 거동이 대궁으로 거문화기가 되어 들어오는 것도 상당히 불리하다. 주로 부자지간이나 윗사람과의 관계가 여의치 않고 감정대립이 있다. 거동조합이 록성이나 길성을 보게 되면 부모가 명리를 누린다. 이 경우 자신의 명궁에 살기형성이 없으면 부모와 인연이 길하고 유산을 상속받게 된다.

천동·천량조합은 부모와의 형극을 주하지 않는다. 주로 가정환경이나 부모의 인연이 양호하다. 보좌길성을 보면 부모와 윗사람으로부터 음덕을 입는다. 그러나 동량조합이 살성이 비치면 부모와 고극하기도 하지만 부모가 파혼하는 등 혼인에 중대한 좌절이 있게 된다. 이를 경험한 이후 비로소 부모가 백두해로(白頭偕老) 할 수 있다. 동량이 도화제성이 중하면 부친이 외도하게 된다. 천마를 보면 부모가 고향을 떠나고 자신과도 떨어져 살게 된다.

6) 염정성

(1) 염정의 기본적인 성정

염정(廉貞)은 오행이 음화(陰火)이다. 화기(化氣)는 수(囚)·살(殺)이며 주사(主事)는 관록(官祿)이다. 먼저 염정은 다른 정성(正星)에 비해 별의 특징이나 성정이 상당히 복잡한 편이다. 하여 염정을 알기 위해서는 염정이 어떠한 성계와 동궁하느냐에 따라서 많은 변화가 나타나므로 잘 판단해야 한다.

염정의 기본성질은 감정(感情)이다. 염정이 길성을 보면 명예와 재물을 모두 얻게 되고 인간관계도 감정융합이 잘 된다. 그러나 악살을 보면 감정파열이 심하게 나타나며 심리적으로 상당한 번뇌를 자초한다. 특히 여명 염정이 살성이나 화기를 만나면 감정적인 창상(創傷)이 심한데, 주로 생에 있어서 혼인문제와 자신의 건강문제 등이 다른 성에 비하여 더욱 심각하게 나타난다.

염정이 가진 기본적인 특징을 더 쉽게 알기 위해서는 염정이 내포하고 있는 수(囚)와 살(殺)의 의미를 헤아려 보면 염정의 성정을 어느 정도 알 수 있다. 수(囚)는 가둔다는 의미이다. 염정이 외부적으로는 실수 없고 완벽해 보이지만 자신을 강제하고 구속하는 심리가 강한데, 이러한 심리는 다른 사람을 대할 때나 일처리에 대해서도 반대급부로 많이 나타난다. 완벽한 염정은 주변 사람관계를 비롯한 물건의 위치나 정리 그리고 일처리까지 무엇이든 완벽하고 자기식대로 하려고 하는 버릇이 있다. 이러한 모든 것이 자신의 기호와 맞지 않으면 상당히 싫어하고 자신의 생각대로 진행하려 한다. 하여 염정은 다른 사람을 쉽게 믿지 못하고 모든 일을 자신이 하지 않으면 적성이 풀리지 않는 특징이 있다. 염정이 주변사람을 피곤하게 하거나 집착하는 속성이 있는데 바로 이러한 심리가 수(囚)가 가지고 있는 속성과 유사하다고 본다.

그리고 살(殺)이 의미하는 속성을 보면, 뭔가 살기(殺氣)와 함께 분위기가 강렬하다는 느낌을 준다. 이러한 기운으로 인하여 염정은 성격이 민감하고 강렬하면서도 파열적인 속성이 있기도 하다. 그러나 염정이 사살(四煞)이나 천형 그리고 화기(化忌)를 봐야 더욱 이러한 속성을 드러낸다. 이처럼 염정이 살기형성(煞忌刑星)을 보면 사람이 상당히 예민하고 감정적이며 격렬하게 변하는 속성이 있다. 그야말로 살기가 강하게 느껴질 때가 많다. 하지만 살기형성이 없고 창곡을 비롯한 록존 등의 길성을 보면 침착하면서 부드럽고 단정한 속성으로 변한다.

고인은 염정에 대하여 상당히 좋지 않게 평가하였다. 십사정성 중 염정은 악성(惡星)으로 분류했다. 전서(全書)의 일부분을 옮겨 보면 '염정은 건드리면 화를 풀지 못하고, 만나면 상서롭지 못하다. 그리고 주인의 마음이 이리와 같고 성질이 제멋대로이며 예의를 벗어나는 일을 한다'라고 하는 구절이 있다. 물론 염정이 이처럼 예민하고 감정적으로 격한 성질이 있는 것이 사실이다. 그러나 염정이 사살이나 천형·화기 등을 보면 이러한 성질은 더욱 분명해진다. 특히 양타·화령·천형 등을 만나면 비로소 이러한 면이 드러난다.

염정이 외부적으로는 유연하고 완벽해 보이는 별이지만 속으로는 감정적이고 자신을 구속하며 강박관념도 강하다. 또한 독단적이며 내심 자존심과 경쟁심리가 상당히 강하다. 이러한 성격은 인간관계에서 실수가 없고 자기관리를 잘하는 성향으로 나타나기도 한다. 하지만 염정이 이처럼 완벽하면서 심리적으로 복잡다단한 성질을 나타내므로 살기형성을 보면 더욱 강렬하고 민감한 성격으로 변한다고 보면 된다.

염정이 악성(惡星)의 의미만 있는 것은 아니다. 염정만이 가지고 있는 장점도 있는데, 결백하며 예의 있고 일처리가 분명하며 타인에게 실수를 하지 않으려고 한다. 하여 나타나는 태도는 단정하고 깔끔하며 신사적이다. 인간관계도 비교적 깨끗하고 유연하다. 고고하면서 도도한 면도 있는데 이는 자신의 품위를 잃지 않으려고 하는 것에서 기인한다. 이러한 특징이 과장되면 남자는 왕자병으로 보일 수 있고, 여명은 공주병으로 비칠 수도 있다. 또한 항상 표현을 다정하고 신중하게 하는 편이다. 그리고 유머감각도 있고 어린 아이처럼 천진난만한 구석도 있다.

십사정성 중에서 탐랑은 정도화(正桃花 : 십사장성 중 도화의 색채가 가장 강함)이고 염정은 차도화(次桃花)이다. 이는 염정의 색채나 정서가 우아하면서 향수적인 모습이 있다는 것을 의미한다. 하여 염정이 좌명하면 예술이나 문학 등에 관심이 많은 편이다. 인신사해궁의 염정·탐랑 조합이 특히 그러하다.

염정의 또 다른 특징은 조직이나 단체를 중시하고 관리를 잘한다는 것이다. 자신이 속한 집단에 대하여 적극적이며 그 속에서 안주하려 한다. 이러한 사고방식은 가족이나 자신과 알고 지내는 사람과 교류를 잘 하는 것으로 나타난다. 그러나 사고방식이나 생활의 변화를 적극적으로 하지 않는 단점도 있다. 그런데 염정이 살성을 보면 단체나 가족적인 중심에서 벗어나 오히려 혼자 있기를 좋아하고 고독을 즐기는 속성으로 변하기도 한다. 이러한 속성은 종교나 예술·문학·정신세계 등에 많은 관심을 가지는 형태로 나타난다.

염정은 화록을 좋아하고 화기는 좋아하지 않는다. 화록이 되면 부귀하지만 화기가 되면 주로 혈광지재(血光之災 : 피를 보거나 피를 토하는 질병이나 사고를 의미, 주로 교통사고나 실족<失足> 등을 의미한다고 보면 된다)와 농혈지재(膿血之災 : 피나 피고름으로 인한 건강문제 등을 말하는데, 주로 결핵·늑막염·화농성 질환·피부 질환·血癌 등을 의미한다)가 있다. 인간적으로는 감정의 상해(傷害)도 있게 된다. 여명이 명운(命運)에서 혈광지재 격을 이룰 경우 자녀생산을 하면 오히려 화를 면할 수 있다. 염정화기는 부모연도 여의치 않아 고극한데, 혹 조실부모(早失父母)할 수도 있다.

염정조합 중 염정·파군 조합과 염정·천상, 염정·탐랑 조합이 화기와 살성에 가장 민감하게 작용한다. 이러한 조합은 사고·질병·육친문제 등 여러 부분에서 더 불리한 조합이다. 정황이 심각하면 자살(自殺)하려는 마음도 생긴다.

염정조합 중 가장 길한 조합은, 염정이 미궁이나 인신궁에 거하면서 화록이나 록존 그리고 길성이 비치면 고격(高格)을 이룬다. 이를 염정청백격(廉貞淸白格)이라 한다. 특히 염정·칠살이 미궁에서 록성이나 보좌길성을 보면 웅수조원격(雄宿朝垣格)이라 하여 두수에서는 최고의 길격으로 본다. 그리고 진술궁의 염정이 천부와 동궁해도 길격으로 분류한다. 나머지 염정·파군 조합이나 염정·탐랑 조합은 염정의 감정적인 성향과 충돌하거나 색채가 맞지 않아서 문제가 되기 쉬운 조합이다.

❁ 염정 子·午궁(염정·천상 동궁, 대궁 파군)

자오궁의 염정은 천상과 동궁한다. 이 조합은 비교적 좋게 본다. 염정은 오행으로 火이며 천상은 水이다. 천상 수성(水星)이 火를 극하여 염정의 惡을 제어한다고 보는 것이다. 이 조합은 사람이 성실하고 처세가 유연하며 성격적으로 좋다. 묘유궁의 염정·파군조합의 성급한 기질과는 다르다. 염정이 자기관리를 잘하고 천상 역시 처세가 부드럽고 신용과 믿음이 있는데, 이 두 성계가 만나면 사회적으로 인간관계가 좋은 편이다. 그리고 비교적 수동적이며 처신을 유연하게 잘 한다.

사람이 문예와 향수를 즐길 줄 알고 멋과 품격을 유지하려 한다. 그러나 염상조합이 살이나 화기를 보면 감정적으로 격해지기 쉽고 잘난 척하며 자신의 목소리를 높여 남에게 지기 싫어한다. 또한 성격이나 행동을 절제하지 못하여 타인으로부터 비방을 듣게 된다. 그리고 독단적인 사고방식과 경솔한 행동으로 시비구설에 오르내리기 쉽다. 이렇게 살기형성이 중하면 건강도 여의치 못하며 심리적인 갈등도 심하다. 육친관계도 소원(疏遠)해지기 쉽다. 자학(自虐)하거나 심하면 자살(自殺)하려는 심리도 나타난다. 이런 경우 종교나·수행 등의 정신세계와 가까워지는 것이 좋다. 그리해야 감정좌절의 고뇌에서 벗어날 수 있기 때문이다. 또한 염상조합이 살기형성이 중중하면 폭발폭패(暴發暴敗)하기 쉬워 재물적으로 파동이 많다. 자오묘유궁의 염상·천상 조합과 염정·파군 조합이 특히 이러한 문제점을 안고 있으니 매 대한의 정황을 잘 살펴야 한다.

염상조합이 보좌길성을 보면 공직을 비롯한 학문연구나 교육직·행정관리직·언론계·의료계 등에서 길하다. 도화제성을 보면 디자인·미용·설계 등 예술적인 감각을 요하는 직종에서 길하다. 화록이나 록존을 보면 부귀할 수 있는데 사업방면에서도 길하다. 천상은 재음협인(財蔭夾印 : 거문화록이 천상궁으로 협하는 상황)과 대궁의 파군화록도 상당히 좋아한다. 이 경우 모두 부귀한 조합이 된다.

❁ 염정 丑·未궁(염정·칠살 동궁, 대궁 천부)

축미궁의 염정·칠살은 동궁한다. 미궁의 염정·칠살 동궁을 더 좋게 본다. 칠살은 대장성(大將星)으로 위엄과 기백이 있는 별이다. 염정 역시 자기주관이 있고 관리행정능력이 뛰어나다. 염정은 이처럼 강한 면이 있는데, 기백이 있는 칠살과 동궁하면 염정의 양강한 면이 더 증가한다. 하여 염살조합은 사람이 권위와 무게가 있으며 지도력이 있다. 행동도 주관있고 목표의식도 뚜렷하며 한 가지 일을행하면 주저하지 않는다. 그리고 칠살은 염정의 도화(桃花)를 잘 관리하여 경망스럽지 않게 한다. 이 조합은 정신과 물질방면을 모두 중히 여기며 사람관리나 이재(理財)도 능하다. 하지만 이 조합은 주로 유년에 불운하거나 고생 끝에 이루게 된다. 이 조합이 길격으로 되기 위해서는 보좌길성과 록성이 회조하여야만 한다. 염살 조합이 상황이 길하면 두수에서는 저명한 길격인 '웅수조원격(雄宿朝垣格)'과 '염정청백격(廉貞淸白格)'을 이루고, 록성이 동도(同度)하면 적부지인(積富之人)이라 하여 부격(富格)이 된다.

염정·칠살조합이 길하면 대기업이나 국가기관의 수장이 된다. 창곡이나 화과 등 문성(文星)을 보면 학문연구에서 두각을 나타낸다. 한두 개의 살성을 보면서 길성을 보면 정계나 재계·의료계 등 사회적으로 권위가 있거나 지도자로서 성공한다. 만약 록성이 동회하면 개인사업 방면에서 성공한다. 염살조합은 문직(文職)보다 기본적으로 무직(武職)에 더 가깝다. 살성을 보면 더 그러하다.

축미궁의 염살은 기본적으로 좋은 조건을 갖추고 있지만, 살성에도 민감하게 반응하는 특징이 있다. 특히 경양·타라를 싫어한다. 만약 양타를 보면 구설시비와 말할 수 없는 고뇌가 있게 된다. 염살이 사살(四煞 : 경양·타라·화성·영성)을 보면 성격이 강폭하고 다급하며 타인과 대립하게 된다. 이렇게 살기형성이 중하면 인생에 있어서 장애와 좌절을 많이 겪게 된다. 타향이나 밖에서 객사(客死)하거나 사고를 당하며 관재소송에 휘말린다. 또한 유년시절부터 신체적으로 사고를 당하여 상처가 많으며 일생 건강도 신약(身弱)하기 쉽다. 특히 염정화기에 천형을 비롯한 사살(四煞)이 회집하면 압상(壓傷)이나 수상(獸傷 : 짐승으로 인한 신체손상을 의미하는데, 현대적으로 보면 교통사고를 유의해야 한다)으로 인한 신체손상 뿐만 아니라 신경쇠약을 비롯한 정신질환이나 음주로 인한 질환에 걸리기 쉽다. 염살조합이 이렇게 살성이 중중하면 '노상매시격(路上埋屍格)'이 되어 흉하게 본다.

이 조합이 살기형성이 중하면 건달이나 폭력배가 되기도 한다. 살기가 강한 두성계를 주체하지 못하여 생기는 현상이다. 이런 경우 운동이나 여가활동으로 살기(殺氣)를 다스리는 것이 현명할 것이다.

❁ 염정 寅·申궁(염정 독좌, 대궁 탐랑)

염정은 인신궁에서 독좌하고 대궁으로 탐랑이 대조한다. 인신궁 모두 염정이 입묘(入廟)한다. 하여 염정이 가지고 있는 기본적인 특징이 가장 많이 나타나는 가운데 또한 염정의 장점을 발휘하기 쉬운 조합이다. 특히 申궁의 염정이 길성과 록성을 보면서 상황이 좋으면 '웅수조원격(雄宿朝垣格)'과 '염정청백격(廉貞淸白格)'을 이루는데, 이러한 격은 두수에서 최고의 상격(上格)에 속한다.

이 조합의 기본적인 성정은 염정 고유의 성정을 거의 포함하고 있다. 사람이 기교 있고 처세와 행동이 유연하며 단정한 느낌을 준다. 예의 있고 신사적이며 사교성이 있다. 멋과 향수를 알고 문예적이다. 그런데 창곡이나 도화성계를 약간만 보아도 주색으로 가기 쉽다. 물론 안으로는 고고하며 자존심과 경쟁심이 강하다. 다만 염정이 이렇게 유연한 성정이 되기 위해서는 보좌길성을 봐야 한다.

염정이 사살(四煞)을 비롯한 천형 등과 만나면 성격에 차이가 많이 난다. 양타를 보면 자기주관이 지나치게 강하고 다른 사람과 시비가 많고 고독하게 된다. 화령을 보면 성격이 화끈한 편인데 대신 이러한 성격이 민감하고 격정적으로 변하여 살기(殺氣)가 강할 수 있다. 한마디로 이성적이지 못하고 순간 강렬한 기질로 변하기 쉬운 것이다. 살기형성이 중중하면 고극(孤剋)·격렬·민감·자존심·경쟁심·독단독행(獨斷獨行) 등의 성향이 더욱 강하게 나타난다.

여명이 염정이면 사람이 단정하고 교양과 품격이 있다. 록성을 보면 가정도 돌보면서 자신의 능력도 발휘한다. 하지만 살기형성이 중중하면 앞에서 논한 성격이 그대로 나타나고, 번뇌가 많고 육친인연도 무력하다.

화록을 보면서 창곡이 회조하면 사람이 기호가 많고 호소력이 있으며 자신이 가진 행동이나 언변을 유감없이 발휘한다. 화록이나 록존을 보면 사업에서도 발달한다. 천요를 보면 더욱 기질을 발휘하는데 도화성계가 회조하면 문예나 창작·예능방면·디자인계열·장식계열·강의 방면에 길하다. 특히 화록이나 록존을 보면 행정이나 재경분야 등의 관리업무에 종사할 수 있는데, 만약 장사를 한다면 미적인 감각을 요하는 직군이 길하다. 창곡을 보면 서화(書畵)와 관련되고 기타 예술품이나 골동품 등과 관련한 업종과 인연이 많다.

염정은 문무(文武)를 겸할 수 있는 별인데, 창곡을 비롯한 화과를 보면 문직(文

職)에 좋다. 주로 학문연구나 강의·공직·행정관리·인사관리 등의 업종에 알맞다. 보좌길성과 살성을 같이 보면 군·경·사법기관이나 운동·신체수련 방면에 좋고, 겁공을 보면 종교나 정신세계에 관심이 많다. 특히 복덕궁의 파군을 보므로 새로운 세계나 학문 등에 대하여 늘 탐구하고 도전하고 싶어 한다.

이 조합은 대궁의 탐랑이 화성이나 영성을 만나는 것을 좋아하는데, 화탐격(火貪格)과 영탐격(鈴貪格)이 되기 때문이다. 이 경우 탐랑이 록성과 동도(同度)하면 횡발(橫發)한다.

염정 卯·酉궁(염정·파군 동궁, 대궁 천상)

염정은 묘유궁에서 파군과 동궁한다. 파군은 대장성(大將星)으로 추진력과 기세가 있으며 도량을 갖추고 있는 星이다. 논리적이고 완벽하며 유연한 성향의 염정이 이렇게 파군과 동궁하면 상당한 추진력과 격발(激發)력을 가지게 된다. 하여 묘유궁의 염파조합은 사람이 포부가 있고 세상에 품은 뜻과 이상이 크며 자수성가하는 조합으로 본다. 이 조합은 인내력이 있으며 활동적이고 시원한 면이 있다. 여명 역시 단정하면서 이목구비가 뚜렷하며 여장부의 기세가 있다. 일처리도 조리 있고 추진력과 담력이 있다.

길성이나 록성을 보면 사업이나 무리를 이끄는 지도자 상이 된다. 그러나 이 조합은 결혼에 문제가 있을 가능성이 높고 만혼(晩婚)하는 것이 유리하다. 살성을 보면 더욱 그러하다. 이 조합이 보좌길성을 보면 대기업근무·외교관·무역·해외업무·언론·금융 등의 직군에 좋고, 삼방사정으로 록성이 회조하면 남녀모두 사업이나 기업경영자로서 발달한다. 주로 정계·건설·토목·해외무역·부동산·교육사업·전파사업 등의 방면에서 성공한다. 사살(四煞)을 비롯한 화권·천형 등이 동회하면 군경·사법기관과 관계가 많다. 혹 운동이나 레포츠 분야에서 발달하기도 한다.

묘유궁의 염파조합은 살기형성에 유난히 민감하고 약한데, 만약 살기형성이 중중하면 건강이 신약할 뿐만 아니라, 사람의 성격도 이성적이지 못하고 폭발적이며 격렬하게 변한다. 또한 독단독행하고 배우자를 비롯한 육친 연도 없으며 재적으로도 횡발횡파하기 쉽다. 특히 丙年생이나 丙干으로 대한이 진행하면 횡발 후에 횡파를 주의해야 한다. 그래서 이 조합은 재래재거(財來財去)가 심하여 운세의 영향을 많이 받는 고로 대한의 정황을 신중히 분석하여야 한다.

이 조합은 기본적으로 다른 조합에 비하여 불리한 특징이 있는데, 그 중에 신체적으로 신약(身弱)한 단점이 있다는 것이다. 혹 외부적으로 건강하더라도 고질병이 있다. 묘유궁의 염파가 살기형성이 중하면 복거수상(覆車獸傷)이라 하여 사고나 살상(殺傷)이 나기 쉬운 조합이라고 하였다. 그리고 사회적으로 富를 달성 하더라도 복덕(福德)을 모두 누리기에는 부족한 흠이 있는데, 주로 배우자로 인한 문제가 가장 많다하여 이 조합이 약간의 살성만 회조하면 더욱 치명적인데 자신의 건강뿐만 아니라 육친이 무연(無緣)하기 쉽다. 특히 화령을 싫어한다. 만약 화령을 보면 횡발한 이후에 횡파하게 된다. 만약 명궁의 염정이 화록이면 재적으로는 길하지만 질액궁의 태양이 화기가 되어 목질(目疾)을 염려해야 한다.

❁ 염정 辰·戌궁(염정·천부 동궁, 대궁 칠살)

염정은 진술궁에서 천부와 동궁하고 대궁으로 칠살을 본다. 염정은 체계적이고 분석적인 반면 정신향수가 감정적이다. 대신 천부는 이성적이며 신중하고 관리행정 능력이 있다. 하여 이 두 별이 만나면 비교적 양호한 격을 이루게 된다. 사람이 후중하고 예의있으며 안정감과 믿음이 있다. 비록 흉성을 한두 개보더라도 다른 조합에 비해 그 흉이 가볍다. 그러나 남녀 모두 조혼(早婚)에 불리하다. 혼 후에도 일정한 별리(別離)가 있기 쉬운데, 이유는 파군이 배우자궁에 해당하기 때문이다. 파군은 부처궁에서는 선성(善星)이 아니며 특히 인신궁의 파군은 함약하므로 파군의 약점이 도출되기 쉽다.

염정·천부조합은 술궁이 진궁에 비하여 좋다. 술궁에서는 일월이 입묘한 상태에서 협하기 때문에 염부조합이 그만큼 힘을 받게 된다.

염부조합이 보좌길성을 보면 요금우차부(腰金遇且富)라 하여 부귀쌍전하는 명으로 보았다. 경우가 이러하면 공교육직과 대기업·연구 직종에 알맞고, 기타 언론·언어분야·외교분야·의료계열 등에서 발달한다. 염부조합은 보필·괴월의 협이나 회조를 좋아한다. 화록이나 록존을 보면 이상과 포부가 큰데, 재경계열이나 자기 사업을 경영하여 부를 축적한다. 염정이 화록이 되거나 록존이 동궁하면 재적으로 길하지만 사람이 소심(小心)해지기 쉽다. 너무 한 곳에 안주(安住)하거나 근신하는 성향으로 인하여 개창력이 부족하게 된다. 그러나 대궁의 칠살이 한두 개의 살성을 보면 오히려 추진력이 생긴다. 염부가 창곡을 보면 학문과 관련한 업종이 좋고 언변도 좋은데 말에 기교가 있다. 천부화과는 문예방면에 길하다.

염부조합이 살성을 보면 사람이 다급하고 독단적인 성격으로 변한다. 살성과 화기가 중중하면 삶에 파동이 많고, 직업과 재물 그리고 혼인문제 등 제반분야가 순탄하지 않게 된다. 특히 지공·지겁이 협하거나 삼방에서 회조하면 불리하다. 이는 재고(財庫)인 천부가 겁공을 유난히 싫어하기 때문이다.

여명은 이 조합을 길흉이 동시에 존재한다고 보았다. 길성을 보면 사람이 품위있고 사회성도 강하며 가정적으로 완전하며 현숙하다. 그러나 연애좌절을 경험하기 쉽다. 혼인 후에도 감정좌절이 있기 쉬우므로 만혼하는 것이 좋다. 염부조합이 살성과 길성이 같이 회집하면 이로공명(異路功名)하기 쉬운데 만약 창곡이 있으면 주로 학문연구가 중심이 되는 것이 좋다. 아니면 종교·교육 관련업·상담업 등이 길하다.

❁ 염정 巳·亥궁(염정·탐랑 동궁, 대궁 공궁)

사해궁의 염정·탐랑은 동궁한다. 이 조합은 사해궁 모두 성계가 낙함(落陷)하는 고로 일반적으로 불리한 조합이다. 그리고 당사자의 성정이나 질액(疾厄) 등이 선천격국의 길흉여하에 따라 차이가 많이 나고, 운세의 길흉이나 인생의 파동도 심하게 나타나므로 추론시 주의를 해야 할 조합이다.

사람이 성정이 다정다감하고 예의있으며 처세가 유연하여 대인관계가 좋다. 심약한 듯하면서 사람을 끄는 매력이 있다. 그러나 겉으로는 원만하지만 속으로는 항상 자존심과 자기주관을 가지고 있고 경쟁심도 강하다. 육친과는 연이 약하고 소원(疏遠)하기 쉽다.

탐랑은 십사정정 중 정도화(正桃花)이고 염정은 차도화(次桃花)에 속한다. 그야말로 낭만이나 분위기에 젖기 쉽고, 잘못되면 기호에 탐닉하거나 주색잡기 등 정욕(情慾)으로 갈 가능성이 가장 농후한 조합이다. 염탐이 동궁하면 그 사람은 기호가 많고 기예(技藝)가 발달하며 예술적인 심미안(審美眼)을 가지게 된다. 보좌길성을 보면 이러한 기예는 디자인·예술계열·설계·장식분야 등에서 발달하고, 과문제성(科文諸星)을 보면 기예(技藝)가 있고 학문연구·교육자·상담가 등의 업종에서 길하다. 보좌길성을 보면서 한두 개의 살성을 보면 군(軍)·정계·의료계에서 발전한다.

염탐이 문성(文星)을 좋아하지만 같은 궁에 창곡이 동궁하는 것을 싫어한다. 이렇게 되면 사람이 겉으로만 화려하고 내실이 없거나 나약하게 변한다.

염정화록을 보면 재적으로는 길하다. 그리고 염정화록은 그 사람의 기예(技藝)나 언변(言辯)을 향상시킨다. 또한 감정적인 정서가 더욱 발달하게 된다. 하지만 염정화록은 감정적으로 일을 처리하거나 자기 기호에 빠지기 쉬운 단점이 있다. 그리고 남녀 모두 감정좌절에 빠지기 쉽다.

염탐조합은 약간의 도화성계만 회조하면 미술이나 음악을 비롯한 디자인·설계·연극·영화·광고 분야 등에서 길하다. 여명이라면 화장품·의류·디자인·미용·요리·화원(花園) 등 손재주나 미적인 소질을 요하는 업종에서 길하다.

사해궁의 염탐은 재물관리에 소홀한 경향이 있는데, 기호적인 성향으로 비용지출이 많을 수 있다.

이 조합은 염정화록보다 탐랑화록을 좋아한다. 탐랑화록이면 재적으로 길한데, 그 사람의 대인관계가 좋고 모임이나 주색(酒色)의 접대가 많다. 이러한 특징으로 인하여 생재(生財)하기도 한다. 탐랑은 기본적으로 사람관계가 유연한데, 구결에 '호시소혜(好施小惠 : 작은 은혜를 베풀기 좋아한다)·화적위우(化敵爲友 : 적을 친구로 만든다)'라는 말이 있다. 이는 탐랑이 그만큼 사교적이고 처세가 유연하다는 것을 의미한다. 탐랑 조합 중 염탐동궁 조합이 이러한 특징이 가장 강한 편이다.

탐랑은 화성·영성을 제일 좋아한다. 탐랑이 화령을 보면서 록성과 동도하면 화탐격(化貪格)·영탐격(鈴貪格)이 되어 횡발하는 조합이 된다.

정·차도화인 염탐조합이 살성과 도화제성을 많이 보면 문제가 되는데, 사람이 겉치레가 심하거나 방탕하기 쉽고 인내심과 추진력이 결여된다. 고인은 이 조합에 대하여 이르길, 염탐이 도화성계를 비롯한 살기형성을 보면 '남랑탕 여다음(男浪蕩 女多淫 : 남자는 방탕하고 여자는 음란하다)·불습예의(不習禮義 : 예를 어지럽히는 행동)'라 하였다.

사해궁의 염탐은 두 성계가 함약하여 살기형요성에 민감하게 작용한다. 만약 탐랑이 창곡과 만나고 살기(煞忌)성을 보면 작사전도(作事顚倒)에 분골쇄시(粉骨碎屍)가 된다고 하였다. 그만큼 살성에 대한 저항력이 약하다는 것이다.

염탐조합이 화기에 살성이 중하면 기본적으로 건강이 신약(身弱)하여 항상 문제가 있다. 화령이나 양타를 보면 감정창상이 있고, 성격 또한 격렬하고 민감해지며 일생 분파를 많이 겪는다. 또한 겉으로는 겸손하고 수긍하지만 속으로는 독단독행이며 자존심과 우월감에 빠지기 쉽다. 사해궁의 염탐은 특히 혼인에 불리하여 배우자 인연이 없다. 그리고 만약 살기형성이 중하면 피하고 싶어도 끊을 수 없는 인연이 발생하게 된다. 또한 재물손재도 자주 따르게 된다.

염탐이 살기형성이 중하면 예술이나 문예방면이 좋고, 종교나 수행 등의 정신세계에 종사하는 것이 길하다.

탐랑은 화기를 두려워하지 않는 별이다. 이유는 재백궁의 파군이 화록을 보기 때문이다. 탐랑화기는 오히려 일의 추진력을 발휘하고, 도화적인 기호를 억제하여 재적으로 길하게 작용하는 역할을 한다. 대신 대인관계에 있어서 접대가 많아 고단하게 되고 일의 진행과정이 복잡다단하게 전개될 수 있다. 탐랑화기에 살성이 더하면 자신의 건강도 문제가 많은데, 심하면 수술한다.

(2) 염정 형제궁

염정이 형제궁이면서 입묘하면 형제가 2인 이상이고 낙함하면 희소하며 형제가 있어도 불화(不和)하기 쉽다. 염정이 입묘하면 형제간에 우애가 있고 감정적으로 융합한다. 그러나 교우관계가 넓지는 않다. 보좌길성을 보면 형제가 명예가 높고, 주위의 친구나 선후배도 명예가 있는 사람과 인연이 많다. 이렇게 정황이 길하면 교제관계가 많고 정서적으로 통하는 사람을 많이 만난다. 그러나 살성을 보면 형제와 불화하고 서로 형극(刑剋)하며 떨어져 산다. 살기형성이 중하면 형제와 인연이 좋지 않을 뿐만 아니라 형제가 불운한 삶을 살게 된다. 정황이 이러하면 당사가가 형제를 돌보거나 재물적인 지원을 해야 한다. 혹 장남이 아니라도 장남 역할을 할 수 있다. 또한 사회적으로는 인간관계로 인하여 많은 시련을 겪게 된다. 무릇 염정이 형제궁이면서 살성을 보면 형제나 교우 관계는 항상 담담하고 여유 있는 관계가 좋다.

자오궁의 염정·천상 조합이 형제궁이면 주로 형제자매와 우애가 있고 서로 화합한다. 만약 길성을 보면 형제가 학식과 명예가 높으며 정직하고 신용이 있다. 록성을 보면 경제적으로 부유한 형제가 있으며 당사자는 형제로부터 도움을 받는다.

살기형성을 많이 보면 형제 중에 신체장애가 있기 쉽다. 또한 형제가 재물손재와 혼인이 여의치 않다. 그리고 형제를 비롯한 인간관계 역시 불리한데 상대방이 배신하고 서로 원수가 된다. 이 조합이 살기형성을 보면 친하면 친할수록 더욱 원수가 되기 쉽다. 살성과 길성을 동시에 보게 되면 자신과 친하고 위하는 사람이 있는 반면, 서로 분쟁하고 정서적으로 통하지 않는 사람도 존재한다.

축미궁의 염정·칠살조합은 형제가 명예와 권위가 있다. 만약 보좌길성을 보면 더욱 출세하고 서로 화합한다. 록성을 보면 형제가 부유하고 당사자는 형제나 친구로부터 지원을 받을 수 있다. 형제궁으로 괴월이나 보필이 회조하면 더욱 좋다.

살성을 보면 형제나 친구와 불화하고 서로 경쟁상대가 되기 쉽다. 살기형성이 중중하면 형제가 신체적으로 허약하거나 출문(出門)하여 사고가 있기 쉽고, 재물과 혼인문제 등이 있게 된다. 정황이 이러하면 형제로 인하여 자신의 삶이 일생 고단하다.

이렇게 살기형요성이 중하면 형제나 친구 간에 합작이나 돈거래 등의 계약관계도 금물이다.

인신궁의 염정은 독좌하며 탐랑이 대조한다. 길성을 보면 형제가 부귀하고 비교적 화합한다. 그러나 인신궁의 염정은 감정적인 화합은 하지만 실제적인 조력은 입기 어렵다. 염정이 약간의 살성만 보아도 다른 사람과 깊이있게 사귀는 것은 좋지 않다. 살성이 중중하면 형제와 친구 간에 인정이 없고 서로 시기질투하며 정서적으로 통하지도 않는다. 또한 친구나 형제에게 좋지 않은 감정을 품게 된다. 형제로 인하여 고단한 인생을 살게 되기도 한다. 다른 사람과 동업이나 계약도 신중하여야 한다. 살성을 보면 잘 해주어도 배신당하거나 오히려 욕먹는다.

묘유궁의 염정·파군은 형제궁에서는 비교적 불리한 조합이다. 만약 길성이 온전하게 회집하면 형제나 친구와 화합할 수 있다. 록성을 보면 형제나 부유하다. 그러나 이 조합은 약간의 살성만 보아도 감정적으로 흐르고 서로 반목(反目) 갈등하게 된다. 화령을 보면 형제나 친구간에 원수가 된다. 이 조합이 도화성계나 보좌단성(輔佐單星)을 보면 배다른 형제가 있거나 인간관계에 있어서 분쟁에 휘말리기 쉽다. 살기형성이 중중하면 형제가 단명하거나 건강에 중대한 결함이 있고 형제의 삶도 불운하다. 또한 형제나 친구와 재물 문제로 인하여 고통이 있게 된다.

진술궁의 염정·천부 조합은 형제와 융합한다. 보좌길성을 보면 형제나 친구 간에 서로 의지하고 믿음이 있다. 형제 역시 관록이 있거나 지위와 명예가 있다. 인간관계도 비교적 넓고 좋다. 그러나 지공·지겁과 동도하면 형제로 인하여 재물손재가 있다. 살기형성이 중중하면 형제가 사업이나 투기를 하면 안 된다. 그리고 형제나 친구와 합작이나 공동투자는 하지 않아야 한다. 염부조합이 도화제성을 많이 보는 가운데, 자신의 명궁에 살성이 거하면 가까운 사람의 배우자와 남모르는 연애가 있을 수 있다.

사해궁의 염정·탐랑이 형제궁이면 형제나 친구와 시비나 원망이 생기기 쉽다. 만약 보좌길성을 보면 형제나 친구가 성격이 낙관적이고 기호가 있으며 인간관계도 비교적 양호하게 흐른다. 그러나 살성을 보면 서로 불화한다. 이 경우 인간관계는 많지만 진정으로 자신과 통하는 사람을 만나기 어렵다. 탐랑화기는 자신과 가깝게 지내는 사람과 경쟁상대가 되거나 이용당하기 쉽다. 염정화기는 정서적으로 맞지 않고 시기질투가 많게 된다. 염탐조합이 살성이 중하면 형제가 건강·재물·배우자 문제 등으로 인하여 일생 고단한 삶을 살게 되고 자신도 형제나 친구로 인하여 부담을 많이 받게 된다. 그리고 공동투자나 계약은 신중하여야 한다.

(3) 염정 부처궁

염정은 배우자 궁에서는 선성(善星)이 아니다. 염정은 십사정성 중에서 차도화(此桃花)이며 이성보다 감성이 앞서는 별이다. 이러한 속성은 배우자 궁에서는 불리한 요소로 작용한다. 농후한 감정색채와 정신향수적인 성향으로 인하여 냉정하지 못하고 감정적으로 쉽게 흔들리며 의지가 박약할 수 있다. 염정은 생리(生離)가 사별(死別)보다 많다.

만약 염정이 보좌길성을 보면 배우자가 품격이 있으며 명예가 높다. 또한 배우자가 단정하고 처세가 유연하며 매사 신중하고 품위를 유지한다. 하지만 일점 도화성계나 창곡을 보면 외향지심(外向之心)을 품게 되어 제3자의 개입이 있게 된다.

염정이 살성을 보면 배우자와 불화하고 형극이 있게 된다. 고인은 세 번이나 혼인한다고 하였다. 특히 사살(四煞)을 보면 부부가 서로 별거하거나 심하면 이혼한다. 염정화기는 더욱 불리한데 생리사별의 징조가 강하다. 모두 배우자의 외조가 주요 사안이 되고 경우에 따라서는 사별도 있다.

여명이 살성이 중하면 배우자를 극하고 첩이나 후처가 된다고 하였다. 이는 원래 배우자의 사랑을 받기 어렵기 때문이다.

남명이 이렇게 불리하면 배우자 극은 물론, 흔히 첩이나 다른 이성을 더욱 아끼고 가까이 하게 된다. 그리고 헤어지고 난 이후 얻는 부인이 더 아름답다. 도화성계가 동도하면 당사자뿐만 아니라 처도 외도한다.

염정 부처궁일 경우 남명은 나이가 많이 어린 배우자가 좋다. 주로 6년 이상의 나이차이가 있으면 좋다. 여명 역시 나이가 많은 연상의 남편과 혼인하는 것이 좋다.

여명은 6년 이상이거나 경우에 따라서는 10년 이상 나이가 많을수록 길하다.

자오궁의 염정·천상이 부처궁이면 파군과 상대하는데 부처궁에서는 길흉이 같이 존재한다. 좋은 측면에서 보면 배우자가 예의 있고 단정하며 처세가 유연하다. 불리한 것은 배우자의 개성과 자기주관이 강하여 피차간에 일정한 거리감이 존재한다. 만약 보좌길성을 보면 부부해로 하게 되며 배우자가 관록과 명예가 있다. 화록이 있으면 배우자가 사회적인 능력이 있고 사람관계가 좋다. 록존이 동궁해도 부귀를 얻는다.

살성을 보면 배우자와 고극을 피하기 어렵고 배우자의 질병도 문제가 된다. 보좌단성을 보면 외정이 있게 되고 그로 인하여 재혼하기 쉽다. 도화를 보면 더욱 그러하다. 염정화기는 서로 간에 기질이 맞지 않고 남명은 외도하여 첩을 아끼고, 여명일 경우 남편에게 사랑받지 못하거나 배우자의 질병을 유의해야 한다.

자오궁의 염상은 배우자와의 연령 차이가 많을수록 길한데, 남명은 나이가 많이 어린 배우자가 좋고, 여명은 나이가 아주 많은 남자가 좋다(주로 10년 이상이면 더 길하다).

축미궁의 염정·칠살이 부처궁이면서 길성이나 사화길성(四化吉星 : 화록·화권·화과)을 보면 부부해로 하고 배우자가 부귀를 모두 얻는다. 만약 길성과 도화제성이 회조하면 일찍 연애하고, 살성을 보면 연애좌절을 경험하게 되는데 만혼이 길하다. 도화제성이나 살성이 중하면 배우자로 인하여 구설시비가 많고 배우자가 외도하게 된다.

살성이 중하면 배우자의 사고 건강이 문제가 된다. 또한 배우자의 자존심이나 기질이 너무 강하여 마찰이 많게 된다. 이러한 성향으로 인하여 서로 형극한다. 보좌단성을 봐도 외도의 경향이 있다. 겁공을 비롯한 살성과 화기가 회조하면 배우자연이 불리할 뿐만 아니라 배우자가 재적으로 중대한 손실을 입게 된다.

인신궁의 염정은 탐랑과 상대한다. 이 조합은 살성이 없으면 부부해로 하는 조합이다. 그러나 정서적으로 서로 기호의 차이가 있다. 보좌길성을 보면 해로하며 배우자가 명예가 있다. 성정도 부드러운 듯 고고하며 낭만적이다. 화록을 보면 표현을 잘하고 사람관계가 좋아서 성공한다. 그러나 약간의 살성이나 도화제성이 회조하면 외도로 인하여 문제가 된다.

남명일 경우 처가 아름답지만 다른 이성으로부터 지나친 관심을 받거나 처가 음란할 수 있다. 여명 역시 남편이 다른 이성으로부터 많은 관심을 받는다.

염정이 화령을 보면 갑자기 열애(熱愛) 하지만 감정이 빨리 중단된다. 여명 부처궁에 염정이 살기형성을 보면 재혼하거나 첩이 된다. 이 조합은 가정있는 사람과 연애하기 쉬운 조합이다. 도화나 살성을 보면 더욱 그러한데, 자신도 모르는 사이에 분위기에 빠지게 된다.

묘유궁의 염정·파군은 부처궁에서는 불리하다. 연애과정에서 두 사람과 동시에 인연이 되기 쉽다. 만약 길성을 보면 배우자가 능이 있고, 록성을 보면 재적으로 풍후하다. 이 경우 부부해로 할 수 있다. 그러나 해로하는 가운데 항상 부부불화하기 쉬운 조합이다. 그리고 이 조합은 직업이나 다른 일로 인하여 일정 기간 서로 분가(分家)하는 경우가 많다.

염파조합은 약간의 살성만 회조하여도 부부해로가 어려운데, 만약 사살이나 천형·화기 등이 동도하면 배우자의 성정이 강하고 격렬하여 서로 마찰이 심하게 된다. 살기형성이 중하면 부부형극은 기본이며 배우자의 건강이 항상 문제가 된다. 또한 재물적으로 중대한 손실을 경험한다.

진술궁의 염정·천부조합은 부처궁에서는 비교적 온전한 조합이다. 만약 살성이 없다면 연애과정이 순탄하고 곡절이 적다. 길성이 회집하면 부부해로하며 배우자가 사회적으로 명예가 높고 전문인재로서 발달한다. 화록이나 록존을 보면 배우자가 부귀를 모두 얻게 된다.

염부 조합이 만약 살성이나 보좌단성이 동도하면 제3자의 개입이 있다. 도화성을 보면 더욱 그러한데, 주로 가정 있는 사람과 인연이 되는 경우가 허다하다.

염부조합이 염정화기나 삼방에서 회조하는 무곡화기를 보면서 살성까지 가하면 부부해로가 어렵다. 남명은 재혼한 처가 더 능력이 있거나 아름답다. 그러나 이 조합은 이혼 후에도 전처(前妻)와 인연을 완전히 끊기가 어렵다. 육살(六煞)을 비롯한 화기를 보면 부부 형극은 물론 배우자의 질병과 손재를 유의해야 한다. 이 경우 배우자의 사업이나 투기는 신중해야 한다.

사해궁의 염정·탐랑조합은 부처궁에서는 불리한 조합이다. 주로 외도하게 된다. 이 조합은 조년(早年)에 이성과 인연이 있고, 연애과정이나 혼 후에도 항상 제3자의 개입이나 삼각관계에 놓이기 쉽다. 이 조합은 창곡이 동도하는 것을 좋아하지 않는다. 대신 록존을 보면 격국이 약간 안정하여 해로할 수 있다. 길성을 보면 부부연이 대체로 길하다. 그러나 정서적으로 통하기 어렵고 겉과 속이 다르다.

보좌길성 중 하나는 명궁에 하나는 부처궁에 있으면 두 번 결혼한다. 도화제성을 보면 배우자가 정감있고 기예(技藝)가 발달하며 인간관계도 좋다. 하지만 다른 이성의 관심을 많이 받게 된다. 물론 이러한 정황도 외도하기 쉬운 경우가 된다.

사해궁의 염탐이 록성이나 화령을 보면 배우자가 재적으로 횡발하기 쉽다. 그러나 배우자와 일정기간 떨어져 지내는 경우가 많다.

살기형성이 중하면 부부형극은 물론 배우자의 건강과 직장문제 그리고 사업적인 파재(破財)등 거의 모든 부분에서 강한 충격이 있게 된다.

(4) 염정 자녀궁

염정이 자녀궁이면 일반적으로 좋게 본다. 염정이 감정과 정서적인 조합이라서 자녀와 화합하거나 서로 통할 수 있다. 만약 보좌길성을 보면 자녀가 덕망이 있고 명예가 높다. 화록을 보면 자녀가 활달하고 사람관계도 좋다. 록존이 동궁하면서 길성이 가하면 부귀를 모두 갖춘다. 아랫사람이나 제자와의 관계도 길하다.

살성을 보면 자녀수가 적고, 자녀로 인하여 고민이 많다. 화기와 살성·형성의 회조가 심하면 자녀의 몸이 약하고 사고당하기 쉬우며 신체적으로 결함이 있게 된다. 또한 자녀와 화합하기 어렵고 정서적으로 맞지 않는다. 염정화기에 삼방으로 살성이 회조하면 자녀와 대립하게 되고 서로 형극(刑剋)하게 된다. 살기형성이 중하면 아랫사람이나 직원 등의 인간관계도 순탄하지 못하고 파동이 많다. 염정·파군과 염정·탐랑 조합이 비교적 불리하다.

자오궁의 염정·천상은 자녀수가 주로 2인이고 보좌길성을 보면 증가한다. 이 조합이 길성을 보면 학식과 명예가 높고 자녀와 서로 화합한다. 록성을 보거나 재음협인(財蔭夾印)이 되며 자녀가 부귀하다.

살성을 보면 자녀가 신약하다. 살기형성이 중중하면 자녀와 형극한다. 그리고 자녀의 건강문제와 재물·혼인문제 등 생에 파동이 많다. 또한 자녀와 고극(孤剋)한데, 주로 인연이 박하다. 혹 양자와 인연이 되기도 한다. 도화제성이 중하면 첩이나 후처로부터 자녀를 얻는다.

축미궁의 염정·칠살은 자녀가 많지 않다. 보좌길성을 보면 2인 이상이다. 이 조합은 자녀의 개성이나 성격이 강직하고 자립심이 있다. 만약 길성을 보면 재목(材木)이 되는데 명예와 재물 모두 좋다. 록성을 보면 자수성가하여 富를 이룬다.

사살(四煞)을 보면 자녀와 인연이 박하고 서로 불화하기 쉽다. 화기를 보면 父子간에 형극하고 서로 마주하기를 꺼린다. 살기형성이 중하면 자녀 형극은 물론 자녀가 어릴 적부터 많이 다치거나 상처가 많다. 또한 후배나 아랫사람이 은혜를 원수로 갚는다.

인신궁의 염정독좌는 자녀와 감정적으로 융합한다. 이 조합은 딸을 먼저 낳는 것이 좋다. 천요를 비롯한 도화성계를 보면 딸이 많다. 보좌길성을 보면 자녀와 화합하고 자녀가 부귀를 이룬다. 만약 록마를 보면 자녀가 집을 떠나 발전하는데, 주로 학업이나 직장문제로 떨어져 지내게 된다.

살기형성이 중하면 자녀와 불화하는데, 자녀가 반발하거나 정서가 맞지 않아 서로 고극하게 된다. 또한 자녀에게 강압적이기 쉽다. 후배나 아랫사람과의 관계도 서로 파동이 많다. 기타 앞에서 논한 '염정 자녀궁'의 기본적인 특징을 참고하라.

묘유궁의 염정·파군 조합은 자녀궁에서는 불리한 성계조합이다. 만약 보좌길성을 보면서 정황이 길하면 어느 정도 자녀와 융합하고 자녀가 명예와 재물적으로 길하다. 이 조합이 살성을 보면 자녀와 형극하고 자녀의 성격이 강하여 반발심리가 있고 속박을 싫어한다. 또한 장자(長子)가 불리하여 형극이 있기 쉽다.

살기형성이 심하면 자녀가 신약하거나 신체장애가 된다. 화기를 보면서 보좌길성이 가하면 대기만성이 되며 먼저 어렵지만 이후에 성공한다. 록성과 길성이 가하면 재록이 풍부한데 주로 자녀가 사업가로서 성공하게 된다.

진술궁의 염정·천부 조합은 자녀궁에서는 길한 조합이다. 주로 3자를 얻는데 길성이 회집하면 자녀가 더 많다. 도화성계가 많으면 딸이 많다. 이 조합이 보좌길성을 보면 자녀가 학식과 명예가 높아 재목(材木)이 된다. 록성을 보면 자녀가 재적으로 풍후하다.

살기형모성을 보면 자녀와 극하고 자녀가 신약(身弱)하다. 또한 자녀의 혼인에 문제가 있기도 하다. 기타 살을 보면서 염정화기나 삼방으로 무곡화기 등이 회조하면 역시 자녀가 신약하고 신체장애가 있을 수 있다. 후배나 아랫사람과의 사이도 서로 원망하고 소원(疏遠)하게 된다.

사해궁의 염정·탐랑은 자녀가 적다. 주로 1자가 있는데 길성이 동도하면 2인이다. 먼저 딸을 낳고 아들을 보는 것이 좋다. 이 조합이 보좌길성을 보면 자녀가 총명하고 학문과 기예가 높다. 도화성과 살성을 보면 자녀가 총명하고 처세가 유연하여 인간관계가 좋지만, 소심하고 연약한데 자칫 기호나 풍류에 빠지기 쉽다.

염탐이 화록이 되면 자녀가 재적으로 길하나 고생을 면치 못한다. 화기가 되면 자녀와 감정 융합이 어렵고 자녀에게 언행(言行)을 강압적으로 하기 쉽다. 살기형성이 중하면 자녀 형극은 물론 자녀가 신약하고 사고·유산(流産)을 유의해야 한다. 심하면 신체결함이 있게 된다. 아랫사람과의 사이도 서로 원망하고 은혜를 알지 못한다.

(5) 염정 재백궁

염정이 재백궁이면 일반적으로 선성(善星)이 아니다. 염정은 살성이나 사화성(四化星)등에 민감하게 작용하는 특징 때문에 재백궁에서는 신중히 판단을 해야 한다. 만약 보좌길성을 보면 전문인재가 된다. 과문(科文)제성을 보면 학식과 명예로 득재(得財) 한다. 염정화록이나 록존이 거하면 富를 축적한다. 염정이 재백궁이면 재물에 대하여 근검절약하고 신중하지만 살성이 동도하면 소비적이거나 자기 취향에 맞는 일이면 전후를 생각지 않고 돈을 쓴다. 염정이 록성을 보면서 도화제성이 가하면 기호적인 곳에 돈을 많이 쓰고 사치하거나 겉이 화려한데 실속은 적다.

염정이 천형을 보면 재물 때문에 시비 송사가 있다. 살성이 가하면 더욱 흉한데 손재가 크고 항시 시비와 관재가 따르며 재물 때문에 사람도 잃게 된다. 염정화기는 재물로 인하여 서로 원망하고 의를 상하게 된다. 화기에 겁공·대모 등을 보면 사기(詐欺)당하거나 도둑맞는다.

자오궁의 염정·천상 조합은 재백궁에서는 좋다. 이 조합이 길성을 보면 재물이 안정되고 귀인의 조력을 받는다. 록성이 동도하거나 거문화록이 재음협인(財蔭夾印)하면 재록이 풍부한데 주로 사업이나 장사하는 경우가 많다. 염상조합은 교제를 잘하고 대인관계가 유연하기 때문에 경영도 무난한 조합이다.

살성이 중하면 재적으로 불리하며 돈이 들어와도 항상 지출이 많다. 염정화기는 재물로 인하여 번뇌가 많고 투기실수나 사업적으로 손재하게 된다. 또한 교제 접대로 인하여 비용지출이 많거나 거래관계에서 손해본다. 살기형성이 중하면 재물로 인하여 시비관재가 있을 수 있다.

축미궁의 염정·칠살 조합은 주로 사업적으로 흥하기 쉬운데, 丑궁보다 未궁이 더 길하다. 이 조합이 길성과 화록을 보면 사업적으로 성공하며 투기나 투자로 인하여 대재(大財)를 얻는다. 보좌길성을 보면 계약관계가 좋게 되고 귀인의 조력이 있으며 재적으로 안정하다. 만약 지공·지겁과 천요를 보면 사기(詐欺)당하거나 음인으로 인하여 손해 본다. 창곡이 동도하면 동정심으로 인하여 손해 보기 쉽다. 이 조합이 화기를 맞고 살성이 중중하면 절대로 사업이나 투기해서는 안 된다. 크게 얻은 만큼 크게 잃게 된다. 또한 이재(理財)에 서툴다.

인신궁의 염정은 대궁으로 탐랑이 대조한다. 이 조합은 재물을 관리하는 능력이 있는데, 행정이나 재경(財經)업무에 적합하다. 화록이나 길성을 보면 재원(財源)이 무성하다. 만약 화령이 동궁하면 불리한데 주로 황발횡파한다. 화령협도 마찬가지이다. 이 때 대궁의 탐랑이 화령을 보면서 길성과 록성을 보면 오히려 길하다. 만약 록마교치(祿馬交馳)를 이루면 횡발한다. 탐랑화록이 대조(對照)하면 재적 기도심(企圖心)이 강하다. 화기나 살성이 중하면 손재와 시비 송사에 유의해야 한다. 만약 록존이 거하면서 동시에 화기나 살성이 중중하면 횡발 후에 횡파하기 쉽다. 또한 정 때문에 손재하거나 사기당하기 쉽다. 기타 앞에서 논한 '염정 재백궁'의 기본 성질을 참고하라.

묘유궁의 염정·파군 조합이 재백궁이면 재원(財源)이 온전치 않다. 약간의 살성만 회조하여도 재래재거(財來財去)가 심하다. 이 조합은 주로 사업적으로 발달하기 쉬운데 화록이나 록존을 보면서 길성이 회조하면 대재(大財)를 얻는다. 명궁의 무곡이나 탐랑이 회조하여도 길하다. 그러나 파군화록은 일점 문제가 있는데, 파군이 화록이면 삼방으로 탐랑이 화기가 되어 회조하므로 파재를 경험하기 쉽다. 겁공을 보면 재원이 순탄치 않다. 기타 살성과 화기성이 중중하면 승패가 다단하고 결국 파재(破財)하게 된다. 관재구설도 따르기 쉽다. 이 조합은 증권이나 부동산 등 투기성향이 있는 곳에 관심이 많다. 그러나 약간의 살성만 회집하여도 투기에는 불리한 조합이 된다. 이렇게 살기형성이 왕하면 사업보다 직장이 우선이다.

진술궁의 염정·천부 조합은 재백궁에서는 기본적으로 길하다. 이재(理財)를 잘하고 귀인의 원조도 받는다. 록성과 길성을 보면 직장·사업 모두 유리하다. 명예와 재물 모두 성취할 수 있다. 그러나 살성을 보면 불리한데 특히 천부는 겁공을 비롯한 살성에 민감한 편이기 때문에 잘못하면 공고(空庫)나 노고(露庫)가 되어 파재하고 재물을 지키기 어렵다. 염정화기나 살성이 있으면 투기나 사업은 금물이다. 염부조합이 이렇게 살성이 중하면 자신뿐만 아니라 부모나 배우자의 잘못으로 인하여 파재하기 쉽다.

사해궁의 염정·탐랑 조합은 재원이 순탄치 않고 파동이 많은 편이다. 만약 록성이나 길성을 보면 의외로 대재(大財)를 얻는다. 록성을 보면서 화령이 동도하면 더욱 길하다. 하지만 항상 일정 부분 손재가 따르게 된다. 살성이 중하면 횡발하지만 결국 횡파하게 된다. 도화제성(桃花諸星)을 보면 디자인·설계·미술·광고 등 예술적인 곳에 종사하는 것이 좋다. 그러나 기호로 인하여 손재하기도 한다. 염정화기는 재물이 순탄치 않고 파재가 따르므로 사업이나 투기는 좋지 않다. 천천히 한 계단씩 올라가야 한다. 탐랑화기는 재물을 얻는데 힘들고 몸과 마음이 고생을 면치 못하는데, 다른 직장이나 사업으로 새롭게 출발하게 된다. 이 조합이 길성이나 록성을 보면 횡발의식이 강하여 사업이나 투기적으로 변하기 쉽다. 염탐 조합은 기호나 주색(酒色)으로 손재하기 쉬우므로 항상 유의해야 한다.

(6) 염정 질액궁

염정은 오행이 음화(陰火)이다. 하여 주로 심장(心臟)질환에 유의해야 한다. 또한 순환기(循環器)질환·뇌신경계 질병에 걸리기도 한다. 염정은 血을 의미하고 있는 성이므로 주로 결핵·혈병·늑막염·암창·종양 등의 질환에 특히 걸리기 쉽다. 그리고 두통·빈혈·혈변·각혈(咯血)·실안(失眼) 등과 관련이 많다. 여명은 월경불순에 자궁질환 등의 부인병에 관련된다. 염정화기에 살성이 중하면 혈광(血光)의 재화(災禍)를 입는다고 하였다. 심하면 위에 같은 질환이 암으로 가거나 악성질환이 된다.

염정은 차도화(次桃花)이다. 남녀 모두 성(性)기관으로 인한 질병이 있을 수 있다. 수음(手淫)·유정(遺精 : 성교 없이 정액을 방출하는 것)·임질(淋疾)·매독(梅毒) 등의 성병도 유의해야 한다.

자오궁의 염정·천상은 질액궁에서는 비교적 길하다. 그러나 살성이 동도하면 소화기질병·신(腎) 자궁 계 질병·당뇨병·결석(結石) 등의 질병이 있다. 도화제성을 보면 남녀 모두 性기관으로 인한 질환에 유의해야 하는데, 남명은 주로 유정(遺精)하고 여명은 부인병에 유의해야 한다.

축미궁의 염정·칠살 조합은 폐병(肺病)·축농증 등의 코 질환과 해소·각혈(咯血)·혈변(血便) 등에 유의해야 한다. 그리고 눈병(백내장·녹내장·난시 등)으로 인한 질환에 걸리기 쉽다. 이 조합이 살기형성이 중하면 사고(事故)로 다치거나 장암(腸癌)에 유의해야 한다.

인신궁의 염정은 독좌한다. 앞에서 설명한 '염정 질액궁'의 기본 성질 부분을 참고하라.

묘유궁의 염정·파군 조합은 주로 신장(腎臟)·자궁 계 질환·방광결석 등 주로 생식기 질환에 걸리기 쉽다. 이 조합이 살기형성이 중하면 특히 사고(事故)당하기 쉬운데 얼굴이나 몸에 상처가 많다.

진술궁의 염정·천부가 질액궁이면 질병에 대한 저항력이 있고 비교적 유리하다. 만약 살성이 비치면 주로 소화기계통의 질환에 유의해야 한다. 그리고 심장병·혈액병·뇌혈관 질환도 걸리기 쉽다.

사해궁의 염정·탐랑 조합은 주로 비뇨기·생식기 등의 질환에 걸리기 쉽다. 여명은 생리불순과 통증이 심하고 자궁질환에 유의해야 한다. 수음(手淫)·유정(遺精)·임질·매독 등도 유의해야 한다. 살기형성이 중하면 남녀 모두 생식기로 인한 암을 유의해야 하고, 요통(腰痛)과 빈혈·결핵 등의 혈병(血病)도 걸리기 쉽다.

(7) 염정 천이궁

염정이 천이궁이면 주로 출생지나 본가(本家)를 떠나서 발전하는 것이 좋다. 만약 명궁이 천이궁보다 약하거나 불리하면 더욱 이향배정(離鄕背井)하는 것이 좋다. 염정화록이면 출외(出外)하여 득재(得財)하기 쉬운데, 교제 접대가 많은 가운데 성공한다. 보좌길성을 얻으면 자신과 정서적으로 맞는 사람들과 인연이 많고 만약 창곡이나 화과를 보면 전문인재가 되거나 명예가 높다.

화기가 되면 밖에서 사고당하거나 시비 언쟁이 많고 매사 좌절이 따른다. 감정적인 창상을 경험하고 번뇌가 심하다. 살성에 천월(天月) 질병성계를 보면 주로 밖에서 질병에 걸리기 쉽다. 살기형성이 중중하면 시비구설과 손재가 있고 사고(事故)당하게 된다. 겁공에 화기를 만나면 사기(詐欺)당할 수 있다. 도화성계를 보면 주색으로 화를 부른다. 고인은 염정이 함지에서 살기형성이 중하면 타향에서 객사(客死)한다고 보았다. 잘 살펴 판단해야 할 것이다.

자오궁의 염정·천상은 기본적으로 처세가 유연하고 사교적이다. 보좌길성을 보면 사람관계가 많고 귀인을 만나 발전한다. 화록이나 록존이 거하면 재원(財源)이 순조로운데, 주로 사업으로 성공하기도 한다. 거문화록이 재음협인(財蔭夾印)하여도 귀인의 도움을 받고 재물적으로 길하다.

살성이 중하면 밖에서 고생하고 고단하게 되며 손재(損財)와 사고(事故)를 당한다. 화기에 살성이 중중하면 손재·질병·사고·감정좌절 등이 심하게 된다.

축미궁의 염정·칠살이 천이궁이면 출외(出外)하여 생활의 변화가 많으며 활동적이다. 보좌길성과 록성을 보면 재외(在外)에서 부귀를 모두 이룬다. 이렇게 록성과 길성을 많이 보면 자수성가하며 주로 사업으로 성공한다. 염정화기에 살성이 있으면 출문하여 사고를 당하거나 질병에 걸리게 된다. 사업적으로도 충격을 받게 된다. 살성에 도화제성이 있으면 주색으로 화를 입는다. 염살조합이 살기형성이 중하면 출외하여 사고를 당하기 쉬우므로 이사나 여행 등에 특히 유의해야 한다. 대한이나 유년의 정황이 이러해도 마찬가지이다.

인신궁의 염정은 앞에서 논한 '염정 천이궁'의 기본 성질 편을 참고하라.

묘유궁의 염정·파군 조합은 그 사람의 생활이나 사회적인 활동이 역동적이다. 그러나 기본적으로 파동이 많은 삶을 살게 된다. 만약 길성을 보면 먼저 힘들다가 이후에 성공한다. 록성과 길성이 회집하면 자수성가하는데, 그 사람의 기질이 대외활동적이며 교제·접대를 많이 한다. 그러나 살성을 보면 너무 서두르다 실패하고 타인과 시비송사를 겪는다. 살기형성이 중하면 사고·질병·사기·파재 등 그 충격파가 크게 나타나는 조합이다. 육친 인연도 고극하다.

진술궁의 염정·천부 조합은 천이궁에서는 비교적 안정된 조합이다. 만약 길성을 보면 명예가 높고 자신을 따르는 사람이 많다. 록성을 보면 재록(財祿)이 풍부하고 교제가 넓다. 살성을 보면 매사 잔신경을 많이 쓴다. 혹 겁공이 협하거나 동도(同度)하면 어렵게 성공한 이후 갑자기 파재한다. 화기에 살성이 중하면 이사나 여행 등 출문(出門)에 유의해야 하고, 손재·사기·질병 등 제반사항에서 파동이 많다.

사해궁의 염정·탐랑은 길흉간의 차이가 극명하게 나타난다. 만약 길성을 보면 교제, 접대를 잘하고 유연한 인간관계로 인하여 부와 명예를 누릴 수 있다. 하지만 인간관계가 심후(深厚)하진 않다. 록성을 보면 활동적이며 타인과의 교류로 인하여 발전한다. 만약 화성이나 영성이 동궁하면서 록성을 보면 재외(在外)에서 횡발한다. 염정화기는 출문하여 고단하게 되는데, 주로 손재·사고·질병과 주색으로 인한 화를 유의해야 한다. 도화제성을 보면 더욱 주색이 문제가 되고 살기형성이 가하면 반드시 주색으로 인하여 화를 당한다. 탐랑화기는 자신이 가진 재주를 펼치기 어렵고 가까운 사람이 배신하거나 경쟁자가 된다. 도화성과 길성이 같이 동도하면 이성으로 인한 조력을 입는다. 살기형성이 중중하면 질병이나 신체장애는 물론 번뇌가 심하고 사고·손재가 따르며 육친의 연도 무력하다.

(8) 염정 노복궁

염정이 노복궁이면 주로 친구나 아랫사람과 교제가 많고 인연이 좋다. 그러나 조력의 정도는 다른 성에 비하여 약하다. 염정의 교제나 인간관계는 표면적이기 쉬운데 깊이있는 교제는 많지 않다. 만약 보좌길성을 보면 친구나 아랫사람으로 인하여 생재(生財)할 수 있고, 창곡이나 화과를 보면 학문적으로 가까운 사람이 많다. 록성을 보면 친구나 아랫사람의 조력을 얻어 발재(發財)할 수 있다. 또한 그 사람과 동업이나 동종의 직장을 가지면 상대가 도움이 된다.

염정이 낙함하면서 살성을 보면 주변사람과의 사이가 좋지 않거나 인간관계가 적다. 염정이 양타를 보면 주로 감정적인 곤우가 서로 있게 되고, 살기형성이 중하면 손재가 발생하며 상대로 인하여 항상 부담을 받고 시비구설이 따른다. 살성과 도화제성이 동도하면 주변사람의 유혹으로 인하여 도박이나 주색을 가까이 하게 된다. 이 과정에서 구설 시비와 손재가 있게 된다.

자오궁의 염정·천상이 록성을 보면 아랫사람이나 친구로부터 원조를 받는다. 길성을 보면 사람관계는 좋지만 물질적인 조력은 적다. 화기나 살성을 보면 주변사람으로 인하여 부담을 받고 원망을 듣는다. 이 경우 주로 정신적으로 통하지 않고 상대가 물질적인 손해를 입힐 수도 있다. 그리고 아랫사람이 반발하거나 잘 따르지 않는다.

축미궁의 염정·칠살은 아랫사람이 주관이 강하고 뚜렷하다. 주로 친구나 아랫사람과 감정이 맞지 않다. 만약 보좌길성을 보면 서로 관계가 좋다. 록성을 보면 상대로 인하여 자신이 도움을 받는다. 살성이 중하면 아랫사람이나 친구와 맞지 않고 서로 시기한다. 살기형성이 중하면 아랫사람이나 친구로부터 손재·시비·송사 등 문제가 많고 원수가 된다. 자신의 자리까지 침탈당할 수 있다.

인신궁은 염정이 독좌한다. 앞에서 설명한 '염정 노복궁'의 기본 정황을 참고하라.

묘유궁의 염정·파군은 노복궁에서는 불리한 조합이다. 그러나 염파조합이 길성과 록성을 보면 친구나 아랫사람으로부터 조력을 입을 수 있으며, 주변사람으로 인하여 인간관계도 넓어지게 된다. 만약 살성을 보면 아랫사람이나 친구로부터 배신당하거나 구설이 있게 된다. 화기와 살성이 중하면 아랫사람은 복종하지 않고 뒤에서 욕하며 심하면 손재를 비롯하여 관재로 갈 수 있다. 염파조합이 이렇게 살기형성이 중하면 친구나 아랫사람 때문에 고민하게 되는데, 감정적으로 결합이 어려울 뿐만 아니라 일생 상대를 도와야 될 경우도 있다.

진술궁의 염정·천부는 친구나 아랫사람과 친분이 있고 유정(有情)하다. 길성을 보면 아랫사람이 신의가 있고 성실하다. 보좌길성을 보면 아랫사람이 영민하여 자신이 도움을 받고 학문이나 연구 중심의 인맥이 두텁다. 록성을 보면 친구나 아랫사람의 조력으로 생재(生財)한다. 화기나 살성을 보면 잘해주어도 친구나 아랫사람이 의리를 배반한다.

사해궁의 염정·탐랑은 친구나 아랫사람의 관계가 양호하고 교제도 넓다. 보좌길성을 보면 서로 도움이 된다. 그러나 교제는 넓고 많지만 물질적인 조력은 강하지 않다. 염탐이 창곡을 보면서 천형 등 살성을 보면 친구나 아랫사람으로부터 부담을 많이 받는다. 또한 소인이 아첨하게 되고 자신은 배신당하기 쉽다. 도화제성을 보면 도박이나 주색의 친구가 많다. 여기에 살성과 화기성이 가하면 그것으로 인하여 파재하고 배신당하기도 한다. 이 조합은 친구나 아랫사람과의 관계가 충동적이기 쉬우므로 진중한 자세의 인간관계가 좋다.

(9) 염정 관록궁

고인은 염정을 무직(武職)으로 보았다. 염정이 입묘하면서 길하면 무직(武職)에서 발현한다. 그러나 살성이 비치면 공예(工藝)나 기술계열이다. 만약 염정화기에 보좌길성이 회조해도 무직과 관계가 있다. 현대적인 관점에서 보자면 군·경·사법기관·의사·운동선수나 정치 지도자 등과 관계가 많다.

염정이 문성(文星)을 만나면 학문연구나 교육·언론·관리행정 등과 관계된다. 만약 록성이 거하거나 대궁에서 회조하면 개인사업 등 자유업종에 종사를 많이 한다.

고인은 염정을 주로 무직(武職)으로 보았지만, 그러나 직업군으로 볼 때 문무(文武)를 모두 아우르는 특징이 있다. 보좌길성과 록성 위주로 구성되어 있으면 주로 문직(文職)에 가깝고, 천형을 비롯한 사살을 보면 주로 무직(武職)에 가깝다. 이때 살성이 중하지 않아야 하고 반드시 보좌길성의 지원이 있어야 무직에서 발달한다. 전체적인 동태를 살펴보고 최종 판단을 해야 할 것이다.

염정은 자기표현이 정갈하고 겉모습도 화려한 듯 깔끔하다. 기본적으로 차도화의 특징이 있다. 염정의 이러한 성향에 도화성이 가하면, 주로 주류(酒類)업 등의 유흥업·예식장·광고·영화관련업 등도 관련이 많다. 도화성계와 천재(天才)·용지·봉각 등을 만나면 디자인·설계·도예(陶藝)·공연(公演)·장식관련업 등 주로 기예를 요하는 업종에서 발달한다.

자오궁의 염정·천상은 자유스러운 것을 좋아하는 특성이 있다. 직업적으로 보면 구속을 싫어한다. 그렇지만 염상조합은 다른 사람과 합작을 할 가능성이 매우 높다. 하여 선천형제궁의 길흉을 따져 그 가부를 결정해야 한다. 염상이 보좌길성이나 정향이 길하면 주로 공직·교육직·대기업의 관리행정 등의 직군에 길하다. 염상조합은 정치색이 있고 관리 감독을 잘하는 성인데, 괴월이나 보필이 온전하면 정계에서 발전하기도 한다. 약간의 살성을 보면 군·경·세관(稅官)·공업계열·제조업·장사를 하기도 한다.

염상조합이 록성을 보거나 재음협인(財蔭夾印)이 되면 귀인의 도움을 얻고 재적으로 부유하다. 염상이 록성과 보좌길성을 보면 재권(財權)을 장악한다. 살성이 중하면 직업적으로 파동이 많고 한 가지 직업을 계속할 수 없다. 살기형성이 중하면 실업자가 된다. 염정화기나 형기협인(刑忌夾印)이 되면 주로 위험하거나 혈광(血光)의 업종이 오히려 길하다. 예를 들면 수술·보안 업·치안업·형사 등이다.

축미궁의 염정·칠살은 기본적으로 무직(武職)에 적합한 조합이다. 상황이 길하면 군·경·법률·의사·치안 업·정치 등에 모두 이롭다. 록성을 만나면서 괴월·보필이 동도하면 주로 사업하여 부자가 된다. 선천명궁에 살성이 있는 경우 문직(文職)보다 공업계열의 직군이 오히려 길하다. 염살조합이 창곡을 비롯한 도화제성·용지·봉각 등을 만나면 기술인재가 된다. 음식성계인 천주(天廚)를 보면 음식업에 종사할 수 있다.

염살 조합이 살성이 중하면 직업의 변동이 심하고 성패가 많다. 염살이 살성에 화기를 보면 반드시 한두 차례 직업이나 사업적으로 파동이 따르게 되고 손재가 크다. 이 때 명궁의 정황이 불리하면 만년 실업자가 되고 건달이 된다. 염살이 관록궁에서 살기형성이 중하면 직업병을 얻는다.

인신궁의 염정은 탐랑과 상대한다. 창곡이나 화과 등 문성을 보면 주로 전문연구직이나 교육·언론·금융직 등에 적합하다. 만약 명궁의 정황이 한두 개의 살성을 보면서 길하면 정치를 할 수 있다. 인신궁의 염정은 투기적인 색채가 있는데, 만약 겁공을 비롯한 살성을 보면 투기나 장사하면 안 된다. 록성이나 길성을 보면 사업으로 성공하기도 한다. 기타 앞에서 논한 '염정 관록궁'의 기본 설명을 참고하라.

묘유궁의 염정·파군은 관록궁에서는 비교적 불리한 성계다. 만약 길성이 회조하면 대기업이나 정부의 주요 요직에서 발달한다. 그러나 염파조합은 타인의 구속이나 제약을 받기 싫어하므로 개인적인 창업이나 자유업종이 많다. 화권이나 록성을 만나면 주로 장사나 사업으로 성공한다. 단 파군화록은 힘든 가운데 일어서는데 반드시 한 차례의 좌절을 경험하게 된다. 염정화기에 도화성을 포함한 살성이 회집하면 부정한 수단으로 득재(得財)하기 쉽다. 또한 직장의 변화가 많고, 재원(財源)을 마련하는 수단이 한 개 이상이다.

염파 조합은 활동 범위가 넓은 성인데, 주로 자신의 직업에서 교제 접대가 많다. 만약 선천이나 대한의 형제궁이 길하면 귀인을 만나거나 좋은 인간관계로 인하여 성공한다.

살기형성이 중하면 일생 사업이나 장사하면 안 된다. 그리고 여러 직업을 전전하게 된다. 혹 직장을 다녀도 항상 시비구설이 따르거나 직장 내에서 인간관계가 좋지 않아서 고민이 많다. 주로 상사와 대립하거나 갈등이 있다. 길성과 살성이 같이 동도하면 혈광(血光)의 업종이나 험한 업종이 길하다. 주로 수술·재활치료·보안업·군경·세관·운동 등의 방면이다.

진술궁의 염정·천부는 보수적이고 신중한 성계조합인 고로, 주로 무직(武職)보다 문직(文職)에서 길하다. 보좌길성을 보면 학문과 명예가 높다. 록성이 회조하면 부격(富格)이 된다. 록성과 보좌길성을 보면 금융이나 재경(財經)업무에 종사함이 이롭다. 록을 보면 상업과 관련이 있는데 주로 개인 사업을 많이 하게 된다.

살성이 중하면 사업이나 투자는 금물이다. 염정화기 역시 불리한데 주로 사업으로 인하여 파재(破財)하거나 시비송사가 있으며 일생 직장의 변화가 많고 안정되지 못하다. 만약 직장을 다니면 중간에 그만 두게 된다.

사해궁의 염정·탐랑이 관록궁이면 주로 기예(技藝)를 요하거나 예술적인 요소의 직업에 종사함이 이롭다. 만약 록성을 보면서 정황이 길하면 개인 사업으로 성공한다. 록성이 없으면 겉은 화려하나 실속이 없다. 염탐조합은 교제 접대를 잘하는데 사업방면에서 보자면 대인관계를 잘하여 성공하는 경우가 많다. 하여 업종도 서비스업종이나 접대를 위주로 하는 업종이 길하다. 예를 들면 오락·예술·의류·장식업종·소비성 업종 등이다. 도화를 보면 더욱 그러한데 음식점이나 주류와 관련한 업종도 많다.

염탐이 살성을 보면 불안전한 사업이나 투기는 금물이다. 주로 공예(工藝)나 기예(技藝)를 요하는 업종이 길하다. 탐랑화기를 보면 일생 직업의 변화는 많지만 지키기 어렵다. 염정화기는 더욱 불리하다. 살기형모성이 중중하면 소탐대실(小貪大失)하고 욕심이 화를 부른다. 투기나 사업 모두 금물이다. 염탐조합의 불리함은 대궁의 부처궁까지 영향을 주어 부부형극을 면하기 어렵다.

(10) 염정 전택궁

염정이 전택궁이면 비교적 불리하다. 염정은 조업(祖業)을 지키기 어려운 星이다. 부동산 거래에 있어서 손해를 보거나 불안하기 쉽고, 주거지를 비롯한 사무실·공장 등 양택(陽宅)의 환경이나 제반조건이 여의치 않아 정신적인 고단함이 따르기도 한다. 만약 살성이 중하면 자신이 거주하고 있는 곳과 사무실 등 부동산으로 인하여 고민이 많게 되는데, 주로 매매가 잘되지 않거나 거주지의 환경이 불쾌하거나 기타 부동산으로 인한 손재를 경험할 수 있다. 가족과 멀리 떨어지거나 출퇴근이나 이동하는데 부담이 많은 경우도 있다.

염정화기는 혈광(血光)을 주하므로 건강 측면에서 문제가 되기도 한다. 특히 여명은 부인과 질병에 유의해야 한다. 그러나 대한이나 유년의 상황이 길하고 홍란·천희가 동도하면 자녀출산의 경사가 있을 수 있다. 만약 상문·백호를 보는 가운데 살성이 중하면 집안에 상사(喪事)가 있다. 또한 염정화기는 풍수(風水)적으로 주의해야 한다.

전택궁은 자녀궁과 마주하므로 전택궁이 흉험할 경우 자녀와의 마찰이나 형극 여부도 면밀히 살펴보아야 한다.

염정이 길성을 보면 부동산으로 인하여 이익을 보거나 정서적으로 편안함을 누린다. 염정화록이면 전택으로 인한 이익이 있거나 직장이나 사업적인 부분에서 수익이 증대된다.

과문제성(科文諸星)을 보면 자신이 거주하는 곳이나 사무실이 학문연구 중심의 양택이면 좋다. 도화제성을 보면 전택이 화려하고 많이 꾸미게 된다.

염정화기가 파군이나 칠살과 동궁하는 가운데 양타를 보면 가장 흉험한 조합이 된다. 이 경우 혈광(血光)의 의미가 있어 불리하다. 그러나 수술이나 치료를 요하는 외과나 산부인과 의사·인명구조요원·치안업 등에 종사하면 길하다. 또는 음식점·정육점·생선가게 등의 업종에 종사하면 불리한 정황을 화해(和解)할 수 있다.

자오궁의 염정·천상이 전택궁이면 조업이 없거나 지키기 어렵다. 길성에 도화성이나 용지·봉각·홍란·천희 등을 보면 전택이 화려하고 마음에 안정을 준다. 록성을 보면 혹 부동산 투자로 인한 이익이 있다. 이 조합이 길하면 중년에 전택을 얻거나 안정이 된다.

살기형성이 중하면 부동산으로 인한 손재·매매문제·자녀 형극 등을 유의해야 하고, 빈번한 이주로 인하여 번뇌가 많게 된다.

축미궁의 염정·칠살은 조업을 지키기가 어렵다. 만약 살성을 보면 자신이 조업을 없앤 다. 보좌길성을 보면 자수성가하는데 부동산 매매나 계약적으로 유리하다. 거주지·사무실 등의 조건이나 환경도 좋다. 만약 록성을 보면 부동산으로 인하여 이익이 있거나 부동산을 많이 소유하게 된다. 사업가는 경영적으로 길하다. 부동산관련 업종(부동산 중계 업·건설 업·토목 업·부동산 개발 업 등)이라면 더욱 유리하다.

살기형성이 중하면 전택으로 인한 손재·시비송사에 유의해야 한다. 살성을 포함한 사망성계(상문·백호·조객 등)와 질병성계 등이 회조하면 자녀에게 형극이 있거나 집안에 상사(喪事)가 발생할 수 있다.

인신궁의 염정 독좌는 탐랑과 대조한다. 앞서 설명한 '염정 전택궁'의 기본 정황과 염정·탐랑 동궁 조합을 참고하라.

묘유궁의 염정·파군 조합은 전택궁에서는 불리한 조합이다. 조업이 없거나 있어도 지키기 어렵다. 만약 길성을 보면 자신의 노력으로 흥가(興家)한다. 록성과 길성이 동도하면 부동산으로 인하여 수익이 많게 된다. 염파조합은 주거지나 사무실의 이주(移住)가 잦다. 록성을 보면 부동산을 많이 소유하게 된다. 이 경우 부동산관련 업종에 종사하면 더 유리하다.

살기형성이 중중하면 부동산으로 인한 손재·구설·송사 등에 유의해야 한다. 상문·백호·조객 등이 회집하면 집안에 상사(喪事)를 유의해야 한다. 자녀궁이 불리하면 자녀의 질액(疾厄)이나 형극이 있을 수 있다.

진술궁의 염정·천부 조합은 전택궁에서는 길한 조합이다. 보좌길성을 보면 조업을 잇거나 부동산 등 유산(遺産)을 받을 수 있다. 혹 이러한 것이 없어도 자신이 스스로 이룬다. 염부조합이 정황이 길하면 부동산의 매매나 계약 과정에서 유리하고 수익을 얻게 된다. 부동산 관련업종에 종사하면 더욱 길하다.

살기형성이 중하면 이사나 부동산의 매매에 주의를 해야 한다. 매매과정에서 손해를 보거나 여러 가지 시비구설에 휩싸이게 된다.

사해궁의 염정·탐랑 조합은 주로 조업이 없거나 산업(産業)을 지키기 어렵다. 록성을 보면서 화성·영성이 동도하면 부동산으로 인한 수입이 많거나 산업이 증대한다. 살성이 중하면 거주지나 사무실 등의 환경이나 조건이 여의치 않아서 번뇌가 따른다. 또한 매매나 계약 과정에서 손재나 구설이 있게 된다.

염정화기를 보면 부동산으로 인한 손재를 비롯하여 자신이 거주하는 곳의 환경이나 분위기가 정서적으로 맞지 않아 고단하게 된다.

살기형성이 중하고 질병성계를 보면 자녀의 사고나 건강·유산(流産)을 유의해야 한다. 여명일 경우 부인과질병에 걸리기 쉽다. 또한 전택이 풍수적으로 문제가 있을 가능성이 높다. 염탐조합이 홍란·천희 등 도화성계를 보면 집을 꾸미고 치장하기를 좋아한다.

염탐 조합이 살성이 중한 가운데 도화제성이 회집하면 주색이나 불량한 기호로 인하여 파재(破財)하게 된다.

(11) 염정 복덕궁

염정이 복덕궁이면 정신적인 소모가 많다. 그리고 정신향수나 즐거움을 추구하려는 심리가 강하다. 또한 염정은 부유해도 지나치게 사려가 많아 스스로 심신(心身)을 고단하게 만든다. 이러한 성향은 모두 완벽하고 섬세한 염정의 기본성정에서 기인하는 것이다. 고인은 염정이 복덕궁이면 망록(忙碌 : 분주하고 바쁨)한다고 하였는데 염정·탐랑 조합과 염정·파군 조합이 가장 심하다.

보좌길성을 만나면 심리적 안정을 누릴 수 있는데, 주로 문예를 좋아하고 예술적인 감각이 있으며 고상하면서 우아한 정취를 즐긴다. 염정화록에 정황이 좋으면 그림·악기·영화·바둑 등에 취미가 있으며 유머 감각이 있다. 염정화록에 도화제성이 동도하면 사상이 풍월 적이면서 우아한 분위기를 즐긴다.

염정이 타라나 영성을 만나면 마음이 심약(心弱)해지고 작은 일로 고민하고 불안해한다. 사살(四煞)을 만나면 신경이 예민해지고 감정의 기복이 심하다. 또한 다른 사람으로 인하여 항상 정신적인 고통을 받게 되고 상대와 곤란함이 있게 된다.

염정화기를 만나면 심리적으로 까다롭고 예민하여 신경과민이 된다. 이 경우 우울한 경향이 있으며 사람이 잘 놀라고 수면장애도 있다. 화기에 도화제성(桃花諸星)이 동도하면 연애감정을 주체하기 어려운데 주로 외도하거나 변태성욕이 있다. 염정이 살기형성이 중중하면 이성적이지 못한 판단으로 인하여 스스로 화를 초래하고 이성이나 배우자로 인한 감정좌절이 있다. 또한 심리적 공황상태나 우울증·대인기피증·피해망상·자살충동 등을 유의해야 한다.

자오궁의 염정·천상조합이 복덕궁이면 성격이 낙관적이고 명랑하다. 문창·문곡을 보면 총명하다. 보좌길성을 만나면 성격이 원만하고 문예(文藝)를 좋아하며 연구심이 강하다. 창곡에 도화성계를 보면 사상이 우아하고 예술적이다.

록성을 만나거나 거문화록이 재음협인(財蔭夾印)하면 성격이 원만하고 창의력이 있다. 살성이 중하면 신경과민이 되고 우울해지며 스스로 압박감을 가지게 된다. 이렇게 살기를 만나면 감정기복이 있으며 다른 사람이 이해못할 말과 행동을 곧잘 한다.

축미궁의 염정·칠살은 사상이 적극적이고 진취적이다. 하지만 약간의 살성만 보아도 심신(心身)이 편치 못하고 불안정하게 된다. 그리고 타인을 비판하거나 범사(凡事)를 비관적으로 생각하게 된다. 살기형성이 중하면 사람이 독선적이고 성격이 강렬하여 주변사람과 어울리기 힘들다. 또 사고(思考)가 단순해지기 때문에 쉽게 자신의 단점이 노출되기 쉽다. 과문제성(科文諸星)이나 길성을 만나면 정신적인 안정을 기할 수 있다. 록성을 보면 재물에 관심을 가지게 되며 재물의 많고 적음이 정신적 만족의 잣대가 된다.

인신궁의 염정·탐랑 조합은 앞서 설명한 '염정 복덕궁'의 기본성정 부분과 염탐동궁 조합의 특징을 참고하라.

묘유궁의 염정·파군 조합은 주로 분주하고 마음이 편치 않다. 만약 염파가 보좌길성을 보면 고생해도 결국 이루게 된다. 그리고 정서적인 평형을 유지할 수 있다. 염파조합은 동적인 조합인데 사람이 생각에 그치지 않고 행동력이 있다. 따라서 염파 복덕궁은 신중하게 생각만 하면서 가만있으면 불안정하고 분주하게 움직이면 오히려 평정심을 찾는 경향이 있다. 하여 묘유궁의 염파는 정황이 길하면 바쁜 가운데 자신을 발견하고 성취하게 된다.

염정화기를 만나면 신경이 날카롭고 충동적이다. 하여 급하게 일처리를 하거나 성질을 부려서 후회한다. 살기형성이 중하면 성격이 강렬하면서 독단적이며 앞뒤를 고려하지 않는 성격이 된다. 이렇게 되면 다른 사람을 피곤하게 한다. 그리고 한 번 좌절감이 생기면 쉽게 우울해지는데, 심하면 세상을 등지려고 하는 심리가 있다.

진술궁의 염정·천부는 복덕궁에서는 비교적 은중한 편이다. 그러나 몸은 편안하지만 마음은 항상 바쁘다. 길성을 보면 정서적인 편안함을 누릴 수 있다. 염부조합이 천부화과를 보면 겉은 유연하지만 내심 자존심이 강하다. 살성이 중하면 성정이 급하고 불안정하며 비관적이기 쉽다. 염부조합이 염정화기에 사살(四煞)을 비롯한 천요를 보면 공상이 많고 현실적이지 못하다. 또한 비관적이거나 매사 불만족하게 된다.

사해궁의 염정·탐랑 조합은 다정하고 사교적이지만 마음은 심약(心弱)하고 불안정하며 작은 일에도 지나치게 잔신경을 많이 쏟는다. 살성이 중하면 예민하고 성정이 강렬하면서 다급하다. 특히 화성과 천형을 만나거나 정성(正星)이 화기가 되면 더욱 그러하다. 이렇게 되면 신경과민이 있게 된다. 살성과 화기를 보면 성격이 조급하고 괴팍한 성격으로 변하게 된다. 과문제성을 보면 정신적인 향수를 중시하는데 만약 록존이 동궁하면 염탐조합의 예민함과 불안정한 성정을 안정시킨다. 도화제성이 동도하면 풍류나 주색으로 흐르기 쉽다. 염탐이 사살(四煞)을 보면서 록성을 만나면 물질적인 향수를 중시한다.

(12) 염정 부모궁

염정은 부모궁에서는 불리한 성이다. 부모와 인연이 후하지 못하고 부모의 음덕을 입기 어렵다. 그리고 감정상으로 서로 원만하지 못하다. 염정이 낙함(落陷)하면 더 불리하다.

염정이 보좌길성이나 록성이 회집하면 부모가 명예와 재물이 있고 서로 화평(和平)할 수 있다. 그러나 자신의 명궁이 불리하면 꼭 그렇다고 단정하기 어렵다. 명천선으로 살성이 회조하면 다시 소원(疏遠)해지게 된다.

살성이 중하면 부모와 형극하고 서로 감정적으로 대립하거나 맞지 않다. 사회적으로 윗사람과의 관계도 원만하지 않거나 덕을 입지 못한다. 염정이 창곡과 살성 그리고 천요(天姚)를 비롯한 도화제성을 보면 주로 부친이 외도한다. 그렇지 않으면 두 부모를 모시고 후처(後妻)나 첩의 소생이 된다. 염정이 악살과 화기를 만나면 서로 감정융합이 어렵고 부모의 운로가 순탄하지 않아 가정적으로 한미(寒微)하거나 어둡게 된다. 이 경우 부모가 이혼하거나 재물적으로 중대한 파재가 있을 수 있으며, 또한 건강이 여의치 않아서 조실부모할 수도 있다.

보좌단성(輔佐單星)을 보거나 창곡이 거하면서 화기를 맞아도 부친이 외도하는데 첩이나 후처 소생이 된다.

염정이 천마를 보면서 천허(天虛)와 록성을 보면 주로 유년(幼年)에 부모와 떨어져 살게 된다.

자오궁의 염정·천상이 부모궁이면 주로 부모와 정서적으로 융합하며 가정환경이 양호하다. 만약 길성을 보면 부모의 명예가 높고, 록성이 동도하면 부모가 재적으로 길하며 음덕을 입는다. 살성을 보면 고극(孤剋)하고 부모의 건강이 문제 된다. 화기에 살성이 중해도 역시 그러한데 부모의 형극은 물론 건강·손재 등이 따르게 된다. 사회적으로는 윗사람과의 관계도 불리하다.

축미궁의 염정·칠살이 부모궁이면 주로 형상(刑傷)을 면하기 어렵다. 이 조합이 살을 보면 부모와 융합하기 어렵고 관계가 소원(疏遠)하다. 살기형성이 중하면 부모 형극은 더욱 심한데 부모와 뜻이 맞지 않고, 부모의 교육관이 강제적이기 쉽다. 또한 부모가 일생 중대한 손재를 경험하고 건강·사고로 인하여 항상 문제가 된다. 이렇게 살기형성이 중하면 부모를 떠나 일찍 독립하는 것이 좋다.

보좌길성을 보면 인연이 비교적 유리한데 부모가 명예가 있거나 다른 사람의 추종을 받는다. 록성을 보면 부모의 재물이 풍후하다. 이 경우 자신의 명궁의 정황이 길하면 조업을 이어 받거나 부모의 음덕을 입는다. 하지만 정황이 길하다고 해도 당사자는 부모를 떠나 독립적인 삶을 사는 것이 길하다.

인신궁의 염정·탐랑 조합은 앞에서 설명한 '염정 부모궁'의 기본 성정과 사해궁의 염탐동궁 조합을 참고하라.

묘유궁의 염정·파군 조합은 부모궁에서는 불리한 조합이다. 주로 부모와 뜻이 맞지 않고 부모의 주관이 강하여 마찰이 많다. 화기를 보면 부모와 인연이 없으며 부모의 성정이 독단적이어서 서로 대립이 심하다. 살기형성이 중중하면 부모의 형극은 물론 두 부모를 모시거나 부모가 이혼하거나 일찍 부모를 여윈다. 또한 재물손재와 부모의 건강·사고·구설 등 제반부분에서 모두 고단한 삶을 살게 된다. 윗사람과의 관계도 불리하고 음덕을 입기가 어렵다.

염파조합이 화록을 보면 부모가 사회적으로 열정적이며 재물이 풍부하다. 길성이 회집하면 학문과 명예가 있으며 부모와 감정이 대체로 좋다. 하지만 염파조합은 기본적으로 고극(孤剋)의 성질이 있기 때문에 일찍 자립하여 사는 것이 좋다.

진술궁의 염정·천부 조합은 부모궁에서는 좋은 별인데, 부모나 윗사람의 음덕을 입는다.만약 보좌길성을 보면 부모가 명예가 높고 서로 감정이 융합한다. 화록이나 록존을 보면 부모가 재적으로 길하다.

겁공을 포함한 살성을 보면 부모와 불화하거나 음덕을 입지 못한다. 살기형성이 중하면 부모 형극은 물론 부모의 건강·손재 등 제반사항이 불리하다. 당사자의 선천 명천선이 불리하면 부모와 윗사람의 관계도 여의치 못하다.

사해궁의 염정·탐랑 조합은 부모궁에서는 불리한 성계이다. 주로 부모의 형상(刑傷)이 있다. 살성이나 화기성을 보면 형극함이 심하고 부모의 건강·손재 등이 있게 된다. 도화제성을 만나면 부모가 이혼하기 쉬운데, 주로 부친의 외도로 인하여 문제가 된다. 화성이나 영성이 록성과 동도하면 부모의 재물이 일시에 풍부해진다.

염탐 조합이 보좌길성을 보면 부모 재예(才藝)가 있으며 감정이 서로 융합한다. 록존이나 화록이 동도해도 비교적 길하다. 하지만 부모와의 인연이 그렇게 돈후하지는 않다.

7) 천부성

(1) 천부의 기본적인 성정

천부(天富)는 오행이 양토(陽土)이다. 천부는 남두성(南斗星)의 주성(主星)이다. 북두의 주성인 자미(紫微)와 더불어 영도(領導)의 星이다. 천부의 주사(主事)는 재고(財庫 : 재물의 창고)이다. 재물창고는 튼튼하고 잘 보관이 되어야 하듯이 천부 좌명인의 성정은 재고(財庫)가 의미하고 있는 특성을 많이 가지고 있다. 성정이 충후(忠厚)하고 신중하며 관용(寬容)이 있다. 책임감이 있고 善하며 정서적으로 안정한 星이다. 언행이 유연하며 느긋한 여유가 있다. 또한 사람이 품격과 교양이 있다. 단점이라면 너무 신중하게 생각하여 기회를 놓치거나 추진력이 약할 수 있다. 사람이 수동적이며 처세를 잘하는 대신 느리고 답답한 구석이 있다.

천부가 좌명하고 보좌길성을 보면 군신경회(君臣慶會)라 하여 명예와 재물을 모두 얻는다. 천부가 만약 록성과 동궁하면 부격(富格)이 되는데 사업가라면 부자가 된다. 천부가 천이궁이나 재백궁·관록궁 등에서 이렇게 길격을 이루어도 부자가 된다.

천부는 대궁으로 항상 칠살을 보기 때문에 칠살이 거하는 궁의 정황으로 그 기본 성정이 많이 변화한다. 특히 사해궁에서는 대궁으로 자미가 칠살과 동궁하여 권위적인 조합을 이루는데, 이렇게 되면 명궁의 천부는 다른 조합에 비하여 강한 권력과 추진력을 발휘하게 된다.

묘유궁의 천부는 대궁으로 무곡·칠살을 보게 되는데, 이 조합은 경영자나 교육·금융·경제 등에서 권위를 누릴 수 있는 조합이다. 묘유궁의 무부살 조합은 사해궁의 자부살 조합보다 그 권력이나 힘은 약하다.

천부는 안정을 좋아하고 정서적인 향수를 누리는 것을 원하는 성이다. 하여 살성을 보면 그 저항력이 많이 약해진다. 천부가 살성을 보면 성격이 민감해지고 자존심이 지고무상이다. 그리고 천부가 살성에 천요를 만나면 신중하고 후덕한 성질이 간사(奸邪)하고 요령 부리며 권모술수로 변한다. 천부는 지공·지겁을 가장 싫어한다. 재고(財庫)인 천부가 겁공을 보면 공고(空庫)가 되고, 겁공에 사살(四煞)까지 회집하면 노고(露庫 : 창고가 드러나 재물이 없어짐)가 되어 재물적으로 빈명(貧命)이 되거나 파동이 많은 삶을 살게 된다. 이처럼 천부가 공고(空庫)나 노고(露庫)가 되면 교묘한 수단이나 부정한 방법으로 득재(得財)하거나 재물을 취하려고 한다.

천부성을 판단함에 있어서 꼭 짚고 넘어갈 것이 있다. 천부가 좌명하면 관록궁으로 항상 천상이 배치된다. 주성인 천부는 천상의 상황에 따라서 격국이나 길흉의 고저가 현저하다는 것이다. 만약 천부궁이 길하고 천상이 거하고 있는 궁이 흉험하면 군주(君主)인 천부는 힘과 역량을 그 만큼 발휘하기 어렵다는 것이다. 반면 천부궁이 불리하고 천상궁이 길하면 어진 신하의 힘으로 나라를 구제하는 것으로 판단할 수 있다. 물론 두 궁이 모두 힘이 있다면 더 말할 나위 없는 것이다. '봉부간상(逢府看相 : 천부가 명궁이거나 운으로 진행할 때 천상상궁을 같이 살피라는 뜻)'이나 '봉상간부(逢相看府 : 천상이 명궁이면 천부궁을 살피라는 뜻)'등의 구결은 바로 이러한 중요성을 의미하고 있는 것이다.

천부와 자미가 남북두의 주성이지만 두 星의 기본성질은 많은 차이가 있다. 두 星이 가지고 있는 성계의 속성을 비교하여 정리해 보면 다음과 같다.

- 자미가 陽이고 남성적이라면 천부는 陰이고 여성적이다.
- 자미가 능동적이라면 천부는 수동적이다.
- 자미가 권위적이라면 천부는 자비롭고 후덕한 속성이다.

- 자미는 추진력과 지도력이 있으며 독단적인 반면, 천부는 안정적으로 추진하고 계획성이 강하고 내적인 결속력을 중시한다.
- 자미가 적극적이라면 천부는 신중하고 소극적이다.
- 자미가 명예나 신분을 중요시 하는 반면, 천부는 재물과 실리(實利)를 중시 한다.

❁ 천부 子·午 궁(무곡·천부 동궁, 대궁 칠살)

천부는 자오궁에서는 무곡과 동궁하고 칠살이 대조한다. 무곡편 중 자오궁의 무곡·천부 동궁 부분을 참고하라.

❁ 천부 丑·未궁(천부 독좌, 대궁 염정·칠살 동궁)

축미궁의 천부는 독좌한다. 대궁은 염정·칠살이 동궁하게 된다. 축궁보다 미궁의 천부가 더 길하다. 축미궁 모두 태양·태음이 협하는데 미궁의 천부는 입묘한 태양이 오궁에서 협하여 주성인 천부의 역량을 더 강화시킨다. 축궁은 태양·태음이 모두 함약한 상태에서 협하여 천부의 입장에서 보면 불리한 것이다. 또한 미궁의 천부는 해궁으로 천상을 보는데 천상을 협하는 거문과 천량이 묘왕지가 되어 길하다.

천부는 축미궁에서 모두 입묘(入廟)한다. 하여 천부가 가지고 있는 기본 속성이 강하게 나타난다. 그렇지만 축미궁 모두 천부의 역량을 다하기에는 약간 아쉬운 점이 있다. 이유는 봉부간상(逢府看相 : 천부가 좌명하면 반드시 천상궁을 살펴 길흉의 대강을 판단하라는 뜻)이라 했는바, 회조하는 천상이 함약하기 때문이다.

중요한 것은 천부가 명궁이면 록성의 동도 여부가 최대 관건이 된다. 재고(財庫)인 천부는 록성을 만나느냐 그렇지 않느냐에 따라 기본 격국의 고저가 결정된다. 그 다음 천상궁의 동태를 살펴야 하는 것이다. 물론 보좌길성까지 보면 더욱 고격이 된다.

이 조합은 성정이 후덕하며 관용이 있다. 또한 신중하고 보수적이며 품위가 있다. 만약 보좌길성을 보면 공직·교육직·대기업·재경(財經)분야·기업 행정가 등의 직군에서 길하다. 록성을 보면 경영적인 능력이 탁월하며 사업적으로 성공하기도 한다. 문제는 이 조합은 선천 재백궁과 관록궁의 성계들이 함약하여 충분한 힘을 실어 주지 못한다는 것이다. 운로가 조금만 불리해도 파재(破財)하기 쉬운 경우가 된다. 이렇게 되면 안정적인 전문 직업에 종사하는 것이 유리하다. 개인 사업을 할 수 있는 상황은 선천의 삼방사정으로 록성과 보좌길성이 회조하는 가운데 대한의 운로가 길하면 비로소 사업을 권할 수 있다.

축미궁의 천부가 지공·지겁이 협하거나 회조하면 상당히 문제가 된다. 재물적으로 손재는 물론 사람의 성정도 공허하고 육친의 인연도 아름답지 못하다. 살기형성이 중하면 성정이 민감하고 자존심이 강하다. 그리고 일생 불안정한 삶을 살게 되고 천부의 장점도 상실하게 되는데, 주로 권모술수가 있다. 천요를 보면 사람이 간사하고 음모(陰謀)를 꾸민다.

여명은 축미궁의 천부를 길하게 본다. 사람이 은중하고 교양과 품위를 유지한다. 길하면 사회적으로 능력이 있고 영도(領導)적인 입지에 서게 된다. 단 이 조합은 혼인에 약간 불리한데, 주로 배우자와 뜻이 맞지 않거나 배우자를 자기 뜻대로 하기를 좋아한다. 배우자의 성정이 수동적이면 이러한 단점은 해소될 수 있다.

❀ 천부 寅·申궁(자미·천부 동궁, 대궁 칠살)

인신궁의 천부는 자미와 동궁하며 칠살이 대조(對照)한다. 자미편 중 인신궁의 자미·천부 동궁 부분을 참고하라.

❀ 천부 卯·酉궁(천부 독좌, 대궁 무곡·칠살)

이 조합은 천부가 독좌하고 대궁으로 무곡·칠살이 동궁한다. 유궁의 천부가 더 길하다. 유궁 천부는 비록 함지이지만 축궁의 천상이 입묘하게 된다. 한 편 묘궁의 천상은 대궁의 무곡이 입묘하지만 미궁의 천상이 한지(閑地)에 거하여 약간 불리하다. 이처럼 천부와 천상은 두수에서 짝성 이상의 의미를 가지고 있기 때문에 천부와 천상의 전체적인 길흉을 판단함에 있어서 중요시해야 하는 부분이다.

이 조합은 주인이 사려가 있고 신중하며 품격이 있다. 하지만 성정이 너그러운 반면 독립성과 추진력이 약하여 약간 답답한 느낌을 준다. 이 조합이 보좌길성을 보면 전문인재가 되고 명예가 높다. 록성과 동도하면 부귀를 모두 얻는다. 하지만 이 조합은 선천재백궁으로 함약한 염탐조합이 차성안궁되어 들어오므로 재물적인 관리나 투자 등에 주의를 요한다. 만약 천부가 겁공을 비롯한 살성을 보면 불안정한 투자나 사업은 금물이다. 재백궁의 염탐이나 관록궁의 천상이 살성이나 화기의 간섭을 받아도 손재(損財)가 발생하므로 문제가 많게 된다.

묘유궁의 천부가 공망성계나 살성을 보면 경쟁심이 떨어지고 정서적으로 불안 초조함이 많다. 이렇게 살기형성이 중하면 천부의 장점이 없어지게 되는데, 주로 다른 사람을 시기하고 원망한다. 또한 공손하지 못하고 다른 사람을 비하하는 언행을 하기 쉽다. 천요나 음살(陰煞)을 보면 권모술수를 부린다.

여명은 묘유궁에서 천부를 보면 인품 있고 보수적이며 안정을 지향한다. 가정적이며 내조의 공을 발휘하여 혼인 생활에서는 좋은 편이다. 단 살성을 보면 자존심이 강하고 겉으로는 인정하지만 속으로는 남에게 지지 않으려고 한다. 혼인도 불리하여 재혼하기 쉽다. 이 조합은 자녀를 늦게 얻기도 한다. 기타 앞에서 논한 천부의 기본적인 성정 부분을 참고하라.

❁ 천부 辰·戌궁(염정·천부 동궁, 대궁 칠살)

진술궁의 천부는 염정과 동궁하며 칠살이 대조한다. 염정편 중 진술궁의 염정·천부 동궁 부분을 참고하라.

❁ 천부 巳·亥궁(천부 독좌, 대궁 자미·칠살)

사해궁의 천부는 독좌하며 자미·칠살이 대조한다. 해궁이 사궁에 비하여 길하다. 해궁의 천부는 묘왕지이며 사궁의 천부는 힘이 없다. 그리고 해궁 천부는 묘궁으로 천상을 보는데, 천상궁을 협하는 협궁(寅궁과 辰궁을 의미)의 성계가 모두 묘왕지에 해당하여 천상의 역할을 그만큼 기대할 수가 있다. 유궁의 천상은 협하는 태양이 함약하다.

천부는 보수적이며 안정적인 것을 원하는데 비해 대궁의 자미·칠살은 권위적이며 개창력이 강한 조합이다. 하여 사해궁의 천부는 대궁의 영향을 가장 많이 받는 조합이다. 대궁 자미·칠살의 영향으로 권위나 강한 색채의 성정을 나타내기도 한다. 만약 대궁의 자미·칠살 궁으로 살성이나 천형을 보면 신중·안정·보수 성향의 천부가 독단·권위·개창력 등의 성향을 보이기도 한다.

사해궁의 천부가 보좌길성을 보면 공교육직·연구직·재경(財經)계열·상담직종 등에서 발달한다. 천부가 길성을 보면서 록성이 동궁하거나 재음협인(財蔭夾印)하고 있는 천상을 보면 부귀쌍전(富貴雙全)한다. 이렇게 정황이 좋으면 주변사람의 도움으로 발전하게 된다. 창곡과 화과·천재·용지·봉각 등의 성계가 회조하면 문예(文藝) 등 예술적인 소질을 가지고 있다. 천부가 지공·지겁을 보면 재물이 따르지 않고 일생 재래재거(財來財去)가 심하다. 그리고 사상이 虛하여 철리적이며 생이 고독하기 쉽다. 기타 앞에서 설명한 천부의 기본적인 성정 부분을 참고하라.

(2) 천부 형제궁

천부가 형제궁이면 일반적으로 형제가 많다. 형제의 성품이 온화하고 관대(寬大)하다. 또한 믿을 만한 형제가 있고 당사자의 인간관계도 비교적 양호하다. 정황이 길하면 형제나 친구 등으로부터 정신과 물질적인 조력을 입는다. 보좌길성을 보면 형제가 다재다예(多才多藝)하고 명예가 있다.

지공·지겁을 비롯한 살기형성이 중하면 공고(空庫)·노고(露庫)가 되는데 정황이 이렇게 불리하면 형제나 친구와 형극불화하고 정신과 물질적으로 부담을 받는다. 살기형성이 중하면 형제자매의 수도 적어진다. 천부가 천요·천허·음살(陰煞)·대모(大耗) 등이 회집하면 형제나 친구가 간교하거나 권모술수를 쓴다. 천부가 형제궁에서 염정화기나 무곡화기를 보면 불리한데 형제나 친구 간에 형극, 시비가 생기고 서로 배신하게 된다. 재적인 피해를 입기도 한다. 천부가 불리하면 형제나 친구와 동업이나 합작은 금지해야 한다.

자오궁의 무곡·천부는 칠살이 대조한다. 무곡편 중 자오궁의 무곡·천부 형제궁 부분을 참고하라.

축미궁의 천부는 독좌하며 염정·칠살이 대조한다. 이 조합은 형제자매나 대인관계가 관계가 좋고 유연하다. 만약 보좌길성을 보면 형제나 친구가 명리(名利)를 얻는다. 록성이 동도하면 형제자매 중 재적으로 풍후한 사람이 있다. 이 경우 자신의 명격(命格)이 좋으면 형제나 친구로부터 조력을 입는다. 살기형성이 중하면 서로 형극하고 심하면 구설과 손재를 면하기 어렵다. 천상궁이 불리해도 마찬가지이다. 기타 앞에서 논한 천부 형제궁의 기본성정부분을 참고하라

인신궁의 천부는 자미와 동궁하며 칠살이 대조한다. 자미편 중 인신궁의 자미·천부 형제궁 부분을 참고하라.

묘유궁의 천부는 독좌하며 대궁으로 무곡·칠살이 동궁한다. 묘궁의 천부가 형제궁이면 자신의 명궁에는 태음이 함지에 거한다. 하여 묘궁 천부는 당사자가 형제나 친구에게 의지를 하는 편이다. 그러나 유궁의 천부가 형제궁이면 당사자의 명궁은 술궁의 태음인데 이 경우 태음이 입묘(入廟)하므로 당사자의 역량을 그만큼 발휘할 수 있다. 하여 묘궁의 천부는 본인이 오히려 형제나 친구를 지원하거나 돌봐야 하는 일이 많다.

묘유궁의 천부가 보좌길성을 보면 형제나 친구 사이가 원만하고 서로 조력을 한다. 살성이 중하면 형극하고 시비구설과 손재가 있게 된다. 기타 앞에서 설명한 천부 형제궁의 기본성정 부분을 참고하라.

진술궁의 천부는 염정과 동궁하며 칠살이 대조한다. 염정 편 중 진술궁의 염정·천부 형제궁 부분을 참고하라.

사해궁의 천부는 독좌하며 대궁으로 자미·칠살이 동궁한다. 형제와 친구관계가 비교적 좋은데, 만약 보좌길성을 보면 형제가 명예가 높고 주변에 귀인이 많이 따른

다. 화록이나 록존이 동도하면 형제가 재적으로 풍후(豊厚)한데 주로 전문직이나 사업으로 성공한다. 살성이 중하면 서로 기호나 성정이 맞지 않고 부담이 가중 된다. 그리고 형제가 일생 고단한 인생을 살게 되는데, 주로 재물과 배우자 문제가 그 중심이 된다. 기타 앞에서 설명한 천부 형제궁의 기본성정 부분을 참고하라.

(3) 천부 부처궁

천부는 부처궁에서 선성(善星)에 해당한다. 남명이라면 현명하고 지혜로운 처를 얻고, 여명은 가정적이며 능력과 인정 있는 남편을 만난다. 보좌길성을 보면 더욱 길하다. 남녀 모두 배우자의 명예나 재물이 안정적이고 백두해로 한다.

사살(四煞)을 비롯한 천형을 만나면 서로 반목 갈등하게 된다. 여명이라면 남편이 자신에게 홀대하며 첩을 얻거나 첩을 더 사랑한다. 하지만 천부는 이렇게 불리한 정황에 노출되더라도 부부간의 관계가 극단적으로 가는 경우가 드물다. 이유는 천부는 수동적이며 보수와 안정을 위주로 하는 특성이 있기 때문이다. 이러한 배경으로 인하여 천부는 비록 서로 문제가 있는 상황이라도 쉽게 단절 되지는 않는 것이다. 혹 이혼하더라도 어떤 원인이나 상황 때문에 종종 만나게 되는 경우가 있다.

부처궁에 천부가 거하면 주로 당사자가 외향지심(外向之心)을 가지게 된다. 이유는 천부가 부처궁이면 탐랑이 명궁에 자리하기 때문이다. 탐랑은 두수에서 정도화(正桃花)의 별인데 만약 명궁의 색채가 약간의 도화성향과 살성이 회집하면 부부연이 대부분 불안정하게 흐른다.

자오궁의 천부는 무곡과 동궁하며 칠살이 대조한다. 무곡편 중 자오궁의 무곡·천부 부처궁 부분을 참고하라.

축미궁의 천부는 독좌하며 대궁으로 염정·칠살이 동궁한다. 축미궁 모두 천부가 입묘(入廟)한다. 하여 천부 고유의 장점을 발휘할 수 있는 상황이다. 보좌길성을 보면 배우자가 후덕하고 자비로우며 믿음직하다. 그러나 보좌단성을 보면서 한두 개의 살성이 동도하면 자신이 바람피우기 쉽다. 천부가 공로고(空露庫)면 배우자로 인하여 손재가 따른다. 여기에 도화제성이 동도하면 자신의 주색으로 인하여 가세(家勢)가 기운다.

축미궁의 천부가 부처궁이면 자미·탐랑이 명궁이 되는바, 묘유궁의 자탐은 도화격(桃花格)이 되기 쉬운 고로 유의해야 한다. 만약 명궁으로 약간의 도화 성향이 되어 있으면 주로 자신이 외도한다. 기타 앞에서 논한 천부 부처궁의 기본성정 부분을 참고하라.

인신궁에서는 자미·천부가 동궁하며 칠살이 대조한다. 자미편 중 인신궁의 자미·천부 부처궁 부분을 참고하라.

묘유궁의 천부는 독좌하며 대궁으로 무곡·칠살이 동궁한다. 보좌길성과 록성을 만나면 배우자가 재능과 능력이 있으며 재적으로 길하다. 그러나 이 조합은 천부가 지공·지겁을 만나지 않고 천상궁이 형기협인(刑忌夾印)의 간섭을 받지 않아야 비로소 혼인에 결함이 없다. 묘유궁의 천부가 부처궁이면 자신의 명궁은 염정·탐랑 조합을 이루게 된다. 명궁 염탐조합은 그 기본 성정이 도화격(桃花格)으로 흐를 가능성이 농후하므로 혼인에 있어서문제가 될 소지가 매우 높다. 만약 명궁의 염탐이 살성이나 도화성계와 회합하면 외도하게 되는데 첩을 더 위한다. 이 경우 여명이라도 외도로 인하여 고단하거나 첩이나 후처가 된다. 묘유궁의 천부가 살성과 도화성을 보면 주로 기혼자와 연애한다. 기타 앞에서 설명한 천부 부처궁의 기본성정 부분을 참고하라.

진술궁에서는 천부·염정이 동궁하며 칠살이 대조한다. 염정편 중 진술궁의 염정·천부 부처궁 부분을 참고하라.

사해궁에서는 천부가 독좌하며 대궁으로 자미·칠살이 동궁한다. 이 조합은 묘유궁의 천부독좌보다 더 좋게 본다. 천부와 대궁 자미·칠살 궁으로 보좌길성이 회집하면 배우자가 총명하고 인물이 수려하다. 또한 명예가 높고 능력 있으며 부부사이도 비교적 아름답다. 만약 록존이나 화록을 보면 배우자가 재적으로도 풍부하다.

천부가 살성을 보면 서로 고독한 관계가 된다. 남명일 경우 배우자에게 정감을 느끼기 어렵다. 살기형(煞忌刑)이 중하면 배우자의 건강이 문제가 된다. 또한 배우자가 자존심이 강하고 완고하게 되어 부부사이가 냉정하기 쉽다. 이 경우 남명이면 주로 외도하게 되는데, 첩을 아끼고 처에게는 냉담하다. 그러나 본처와도 쉽게 파혼하지는 않는다. 사해궁의 천부가 재음협인(財蔭夾印)하는 천상을 만나면 부처간에 서로 조력이 있으며, 형기협인(刑忌夾印)이면 배우자의 건강문제와 재물손재가 따르기 쉽다.

(4) 천부 자녀궁

천부가 자녀궁에 거하면 일반적으로 길하게 본다. 자녀궁의 천부는 주로 자녀가 많다. 천부가 독좌하면 자녀가 3~5인이다. 도화제성(桃花諸星)을 보면 딸이 많다. 정황이 길하면 자녀수가 더 많은 편이다. 천부가 자녀궁이면 자녀의 감정이 온후하며 효의(孝義)가 있고 성실하다. 부모와의 형극도 적다. 보좌길성을 보면 자녀가 총명하고 호학(好學)하며 사회적으로 지위와 명예가 높다.

겁공을 포함한 천형과 살성이 동도하면 자녀가 신약(身弱)하여 항상 건강에 문제가 있으며 성인이 되면 재물문제로 고단하다. 천부가 록존과 동궁하면 자녀 출산할 때 첫아이는 산기를 지나서 출생한다. 천상이 재음협인(財蔭夾印) 하거나 타라와 동궁해도 그렇다. 그러나 화령이 관여하면 달을 채우지 못하고 출산한다. 천부가 살기형성(煞忌刑星)이 중중하면 자녀의 건강문제 뿐만 아니라 자녀의 성정이 고집과 자존심이 강하다. 하여 자녀와 감정이 맞지 않아 주로 고민하게 된다. 천부가 록마(祿馬)를 만나면 자녀와 떨어져 사는 것을 오히려 좋게 본다. 이렇게 되면 자녀와 자신이 발전하는 계기가 된다.

자오궁의 천부는 무곡과 동궁하며 칠살이 대조한다. 무곡편 중 자오궁의 무곡·천부 자녀궁 부분을 참고하라.

축미궁의 천부는 독좌하며 대궁으로 염정·칠살이 동궁한다. 보좌길성(輔佐吉星)을 보면 자녀가 총명하고 학문과 명예를 얻으며 서로 화합한다. 사살(四煞)을 보면 자녀가 신약하며 구속을 싫어한다. 천형과 동도(同度)하면 자녀가 민감하고 독단적이며 정서적으로 불화하기 쉽다. 대궁의 염정이 화기를 맞으면 출산할 때 주로 수술을 요하거나 난산한다. 기타 앞에서 설명한 천부 자녀궁의 기본 성정 부분을 참고하라.

인신궁에서는 자미·천부가 동궁하며 칠살이 대조한다. 자미편 중 인신궁의 자미·천부 자녀궁 부분을 참고하라.

묘유궁의 천부는 독좌하며 대궁으로 무곡·칠살이 동궁한다. 보좌길성을 보면 자녀와 화합하고 자녀가 명예를 이룬다. 또한 후배나 아랫사람과의 관계도 좋고 서로 음덕을 입는다. 록존이 동도(同度)하거나대궁의 무곡이 화록을 보면 자녀가 무역이나 재경(財經) 계열에서 발달한다. 지공·지겁이 협하거나 동도하면서 살성이 중하면 자녀가 건강이 여의치 않으며 재적으로 파재가 따른다. 천상이 형기협인(刑忌夾印)이 되어도 마찬가지이다. 기타 천부가 자녀궁일 때의 기본성정 부분을 참고하라.

진술궁에서는 염정·천부가 동궁하며 칠살이 대조한다. 염정 편 중 진술궁의 염정·천부 자녀궁 부분을 참고하라.

사해궁의 천부는 독좌하며 대궁으로 자미·칠살이 동궁한다. 만약 보좌길성을 보면 자녀가 이름이 높고 독립적이며 서로 화합한다. 대궁의 자미가 화권이 되거나 록성을 만나면 자녀가 영도력이 있고 지위가 높으며 사업가로서 성공하기도 한다. 록성과 천마가 만나 록마교치(祿馬交馳)를 이루면 외국기업이나 외교(外交)와 인연이 많고 해외에서 성공한다.

사살(四煞)을 보면 자녀가 신약(身弱)하기 쉽고, 성정은 강강(强剛)하고 독단적이며 자존심이 강하다. 이 경우 자녀와 서로 떨어져 사는 것이 서로 좋다. 기타 앞에서 논한 천부 자녀궁의 기본 성정 부분을 참고하라.

(5) 천부 재백궁

천부의 주사(主事)는 재백(財帛)이다. 하여 재백궁에 있으면 묘왕리함을 불문하고 기본적으로 좋게 본다. 하지만 재백궁의 천부는 재물에 대한 이재(理財)능력이 있을 뿐, 富하다고 보기는 어렵다. 반드시 화록이나 록존을 본 연후에야 비로소 부유하다고 본다. 단 록존이 동궁하면 먼저 고생하고 뒤에 득재(得財)한다. 천부가 재백궁이면 명궁이 반드시 천상이 되는데, 만약 천상궁이 재음협인(財蔭夾印)되어도 길하다.

천부는 주로 근신하고 신중한 성향의 별이라서 재백궁에 있으면 재물을 수재(守財)하는데 유리하다. 돈을 쓰는데 있어서 안정적이고 계획적으로 쓴다. 록존이 동궁하면 더욱 신중하고 조심스럽다. 천부가 보좌길성을 보면 재원(財源)이 순조롭고 재물에 대한 관리능력이 있다.

천부가 지공·지겁이 동도하거나 협하면 재적으로 상당히 불리하다. 투기나 투자·사업은 금물이며 직장 생활이 좋다. 기타 살기성이 중하면 더욱 흉하게 된다. 공고(空庫)나 노고(露庫)가 되면서 음살·천요·타라·화기 등이 회집하면 재물 손재가 있게 되는데, 주로 남에게 속거나 사기당한다.

자오궁의 무곡·천부는 동궁하며 칠살이 대조한다. 무곡편 중 자오궁의 무곡·천부 재백궁 부분을 참고하라.

축미궁의 천부는 독좌하며 대궁으로 염정·칠살이 동궁한다. 이 조합이 길성을 보면 사 업보다는 공·교육직·연구· 행정·재경(財經)분야 등에 종사하면 길하다. 록성을 보면 더욱 그러한데 재권(財權)을 장악한다. 다만 명궁의 천상이 재음협인이나 록성이 회조하면 개인 사업도 가하다.

천부가 겁공을 비롯한 살성을 보면 재물로 인하여 파동을 겪는다. 비록 재물관리를 잘 한다고 해도 타인에게 속거나 비용이 발생하여 본의 아니게 손재(損財)하게 된다. 대궁의 염정이 화기를 맞으면 재물로 인하여 고통이 많은데 주로 손재하게 된다. 기타 앞에서 설명한 천부 재백궁일 때의 기본 성정 부분을 참고하라.

인신궁의 천부는 자미와 동궁하며 칠살이 대조한다. 자미편 중 인신궁의 자미·천부 동궁 재백궁 부분을 참고하라.

묘유궁의 천부는 독좌하며 대궁으로 무곡·칠살이 동궁한다. 이 조합이 보좌길성과 록성을 보면 사업경영과 관련이 많다. 창곡이나 화과를 만나면 전문인재가 되는데 직장생활이 길하다. 대궁의 무곡이 역시 財를 主하는 성이므로 이 조합이 길하면 재경분야나 사업경영 부분에서 더욱 힘을 발하게 된다. 대궁의 무곡화록이나 천상이 재음협인(財蔭夾印)이 되어도 재원이 길하다. 이 조합 역시 겁공과 살성을 두려워한다. 대궁의 무곡이 화기가 되어도 재물 때문에 생에 파동이 많다. 기타 앞에서 설명한 천부 재백궁의 기본 성정을 참고하라.

진술궁에서는 염정·천부가 동궁한다. 염정편 중 진술궁의 염정·천부 재백궁 부분을 참고하라.

사해궁의 천부는 독좌하며 대궁으로 자미·칠살이 동궁한다. 길성과 록존을 만나면 재원(財源)이 순조롭고 개인 사업으로 성공하기도 한다. 특히 대궁의 자미가 화권이 되면서 록성이 회조하면 재권(財權)을 잡는데 재물에 대한 꿈과 규모가 크다. 이 경우 금융이나 재무관련 업종에 종사하면 길하다. 사해궁의 천부가 만약 록마교치(祿馬交馳)가 되면 재물이 가장 풍부하며 직업적으로도 길하다. 주로 국제적인 금융이나 이와 유사한 기관에 종사할 수 있으며 최고의 자리에 오르게 된다.

이 조합 역시 겁공을 싫어한다. 겁공에 살성이 가하면 재래재거(財來財去)가 심하며 만약 화기성이 보이면 파재가 더욱 강하게 나타난다. 또한 형기협인(刑忌夾印)하는 천상을 만나도 불리하다. 사해궁의 천부는 재물에 대한 애착심이 강하다. 그러나 겁공이 동궁하면 재물관리를 못한다. 록존이 동궁하면 주로 인색하다. 그러나 살성을 보면 자기 잘못으로 인하여 스스로 손재하기 쉽다. 기타 앞에서 논한 천부 재백궁의 기본 성정 부분을 참고하라.

(6) 천부 질액궁

천부의 오행은 양토(陽土)이다. 따라서 천부가 질액궁이면 비위병(脾胃病) 등 소화질환에 걸리기 쉽다. 살성이 중하면 위하수(胃下垂)와 담병(膽病)·구강질환 등에 유의해야 하고, 염정이나 무곡성이 화기(化忌)가 되어 회조하면 위출혈이나 피부질환에도 주의해야 한다. 그러나 천부는 질병에 대한 저항력이 있으며 길성을 보면 비록 질환이 있을 지라도 치료가 된다.

(7) 천부 천이궁

천부가 천이궁이면 일반적으로 출외(出外)하여 복을 얻고 귀인을 만나며 지위와 명예를 누린다. 길성을 보면 인간관계가 좋으며 음덕을 입는다. 과문제성(科文諸星)을 보면 학문이 높고 명예를 누린다. 록성과 동궁하면 고향 떠나 발달하는데 해외에서 성공하게 된다. 천부가 록성을 보는 가운데 길성이 더하면 흥가창업(興家創業)한다. 그러나 천부가 천이궁일 때의 길흉은 명궁의 정황을 보고 비로소 결정해야 한다. 천부가 천이궁이면 명궁은 반드시 칠살이 거하게 되는데, 칠살은 주로 독립적이고 주동적인 성이므로 천이궁의 정황을 따라 가는 것보다 명궁의 색채를 더 중요시 하는 형태라고 보면 된다. 그리고 천상궁의 동태를 주의깊게 관찰하여야 하는데, 만약 천상궁이 재음협인(財蔭夾印)이 되어 회조하여도 천부의 입장에서는 재물적으로 길하게 본다.

천부가 천이궁에서 겁공을 보면 밖에서 고생하게 되는데 주로 손재(損財)가 많다. 기타 살성이 가하면 더욱 불리한데, 주로 소인(小人)의 방해나 시비가 있고 손재도 따른다. 그리고 일이 진행되는 가운데 주변의 압력이나 침해를 받게 된다. 살성과 천월·병부 등의 질병성계를 보면 밖에서 사고를 당하거나 질병에 걸린다. 천부가 경양·천형을 만나면 투기로 손해 보거나 재물 때문에 관재구설이 있게 된다. 동궁하는 무곡·염정이 화기가 되거나 회조하는 천상이 형기협인(刑忌夾印) 되면 역시 구설·손재·질병 등이 따르게 되는데, 이 때 살성이 가하면 상황이 더욱 엄중하다.

자오궁의 천부는 무곡과 동궁하며 칠살이 대조한다. 무곡편 중 자오궁의 무곡·천부 천이궁 부분을 참고하라.

축미궁과 묘유궁 그리고 사해궁의 천부는 독좌하며, 대궁으로 각각 염정·칠살과 무곡·칠살 그리고 자미·칠살이 동궁하게 된다. 축미·묘유·사해궁 모두 보좌길성을 보면 출문하여 귀인의 조력을 얻고 명예도 높다. 록성을 만나면 사업경영이나 해외에서 성공한다. 기타 앞에서 설명한 천부 천이궁의 기본성정 부분을 참고하라.

인신궁의 천부는 자미와 동궁하며 칠살이 대조한다. 이 조합은 천이궁에서 자신의 역량을 발휘하기 쉬운 조합이다. 만약 보좌길성을 만나면 사람이 많이 따르고 귀인을 만난다. 사람이 영도력이 있으며 지위가 높다. 록존이나 록성이 회집하면 개인사업으로 성공하기도 한다. 길성과 록성을 모두 보면 부귀를 누린다.

겁공이 협하거나 회집하면 재물문제가 따르게 된다. 살기형성이 중하면 밖에서 시비·손재·질병·관재 등 제반사항에서 모두 유의해야 한다. 상황이 이렇게 불리하면 출문(出門)하거나 해외에 나가는 것보다 자신이 태어난 곳에 정착하여 사는 것이 이롭다. 그리고 무역이나 유통·운수·해외업무 등 역마성향이 강한 업종은 불리하다. 자미·천부 조합이 이렇게 살기형성을 보면 윗사람의 충고나 조언을 귀중하게 듣고 행동해야만 그 흉함을 최소화할 수 있다.

묘유궁의 천부는 독좌하며 대궁으로 무곡·칠살이 동궁한다. 앞에서 논한 천부 천이궁의 기본정황을 참고하라.

진술궁의 천부는 염정과 동궁하며 칠살이 대조한다. 이 조합도 역시 천이궁에서는 비교적 길하게 본다. 정황이 길하면 주변에 사람이 따르고 지명도가 높으며 지도력을 발휘하게 된다. 만약 과문제성(科文諸星)을 보면 학문과 명예가 높다. 염정화록이나 록존이 동도하거나 재음협인(財蔭夾印)하는 천상이 회조하면 부귀를 모두 얻는다. 염정화록은 성실하고 유연한 인간관계로 인하여 富를 얻는다.

염정화기가 되면 감정창상과 아울러 재물적인 손재도 동시에 따르게 된다. 살성이 중중하면 사고·질병·손재·구설 등 제반사항이 불리하게 된다. 천이궁이 이처럼 불리하면 불안정한 투기나 사업보다는 안정적인 직장이 우선이다. 만약 살성과 도화제성(桃花諸星)을 만나면 사람관계는 유연하고 좋지만 주색이나 풍월(風月)적인 속성을 가지게 되어 자신이 발달하는데 함정이 될 수 있다.

사해궁의 천부는 독좌하여 대궁으로 자미·칠살이 동궁한다. 앞에서 논한 천부 천이궁의 기본정황을 참고하라.

(8) 천부 노복궁

천부가 노복궁이면 주로 교우관계나 인간관계가 넓고 양호하다. 친구나 아랫사람이 대부분 언행이 신중하고 후중하며 믿음직스럽다. 록성이나 길성이 회집하면 친구나 아랫사람의 조력을 얻게 되고 관계도 서로 좋은 편이다. 만약 자신이 경영자라면 아랫사람이나 직원이 잘 따르고 협조하여 사업을 성공시킨다. 길성과 도화성계가 회집하면 이성(異性)으로 인한 조력을 입을 수도 있다. 천부가 창곡이나 화과 등의 과문(科文)성을 보면 친구나 아랫사람이 총명하며 자신에게 조언을 한다.

천부가 공겁을 비롯한 살성을 만나면 주변사람 때문에 손실을 당하거나 속거나 한다. 이 경우 합작이나 계약·거래 등의 관계는 특히 유의해야 하는데, 대한노복궁의 정황이 이러해도 마찬가지이다.

묘유궁의 천부조합이 일반적으로 가장 폐단이 있기 쉽다. 이 조합이 살기형성(煞忌刑星)을 만나면 인간관계나 재물 등 제반 분야에서 모두 불리하다.

교우궁의 천부가 록존과 동궁하면 당사자의 천이궁은 반드시 경양이 거하게 된다. 이 때 정성(正星)이 함지가 되면 당사자는 밖에서 고단하고 시비·건강·손재를 경험하게 된다. 그리고 노복궁에 록존이 거하면 자신은 노력해도 이익은 주변사람이 얻는 경우가 많다. 이 경우 욕심을 가지면 인간관계도 멀어지게 되므로 마음을 비우는 것이 중요하다.

천부가 노복궁이면 천상궁의 동태를 살펴야 한다. 만약 천상이 낙함하고 살성이 동도하거나 형기협인(刑忌夾印)의 상황이 되면 친구나 아랫사람으로부터 손해를 입고 서로 인정을 상하게 된다.

(9) 천부 관록궁

천부가 관록궁이면 일반적으로 사업이나 직장이 안정적이며 순조롭게 발전할 수 있다. 천부가 입묘하면서 보좌길성을 보면 부모의 조업(祖業)을 승계할 수 있다. 그렇지 않으면 공교육직이나 전문직·대기업 등의 직종에서 명예와 지위를 얻는다. 천부가 록성(祿星)을 보면서 정황이 길하면 사업도 가하다. 만약 록성과 천마가 만나 록마교치(祿馬交馳)를 이루면 부격(富格)이 된다. 록존이나 화록의 지원이 없으면 직장이 좋다.

천부가 관록궁이면 사업이나 직장을 크게 변화하지 않는 것이 좋다. 대한의 정황이 이러해도 마찬가지인데, 지금까지 진행해온 바탕에서 발전하는 것이 길하며, 획기적인 변화나 전직(轉職)은 불리하다. 그러나 록존이나 화록이 가하면 변화의 폭이 커도 좋다.

천부가 함지면 사업이나 직업적으로 너무 신중하고 안정 위주로 생각하기 쉬워 발전에 장애가 된다. 함지의 천부가 과문제성(科文諸星)을 보면 학문이나 명예를 추구하는 것이 좋다.

공겁을 비롯한 살성을 보면 투기나 투자 등은 금물이며 안정적인 직장이 유리하다. 살성이 중하면 직업이 불안정한데 사업으로 손재하게 된다. 학생은 학업적으로 순탄하지 않아서 고민을 한다. 회조하는 천상궁이 살성과 화기의 간섭을 받아도 직업적으로 불안정하거나 손재가 있다. 천부가 천요와 화기성을 만나면 직장이나 사업적으로 손재가 따르는데 주로 사기와 배신당한다. 또한 직업의 변화는 많지만 실속이 없다.

자오궁의 천부는 무곡과 동궁하며 칠살이 대조한다. 무곡편 중 자오궁의 무곡·천부 관록궁 부분을 참고하라.

축미궁의 천부는 독좌하며 대궁으로 염정·칠살이 동궁한다. 창곡과 화과를 보면 학문연구나 교육 중심의 직업이 길하다. 기타 보좌길성을 보면 공직·연구직·대기업 등에서 인사·행정을 담당하는 것이 좋다. 록성이 동도하면 개인 사업을 비롯한 금융 등의 재경(財經)계열에 적합하다. 부동산이나 건축업종에 종사하는 사람도 많다. 축미궁의 천부가 사해궁의 천상이 재음협인되거나 재백궁으로 록존이 회조하여도 부격(富格)이 된다.

이 조합은 명궁(酉)으로 자미·탐랑 조합이 차성안궁되어 거하게 된다. 그리고 재백궁으로 천상이 관록궁으로는 천부가 회조한다. 만약 戊干·辛干에 생한 사람은 '부상조원격(府相朝元格)'을 이루어 부귀쌍전(富貴雙全)한다.

축미궁의 천부가 사살(四煞)을 비롯한 천형을 만나면 사업으로 파재하거나 시비송사를 유의해야 한다. 직장인이라면 직업적으로 고단한데, 주로 물질이나 심리적인 만족감이 없고 주변사람의 침해를 받게 된다. 기타 천상궁이 형기협인(刑忌夾印)되고 살기형성이 중중하면 직업적으로 평탄하지 않다. 이 경우 불안전한 투자나 개인사업은 유의해야 한다. 대한의 정황이 이러해도 마찬가지다.

인신궁의 천부는 자미와 동궁하며 칠살이 대조(對照)한다. 자미편 중 인신궁의 자미·천부 관록궁 부분을 참고하라.

묘유궁의 천부는 독좌하며 대궁으로 무곡·칠살이 동궁한다. 대궁의 무곡이 화록을 보면 재록(財祿)이 풍부한데, 주로 재경(財經)계의 수장이 되거나 사업으로 흥왕한다. 이 조합 역시 살기형성을 보면 직업적으로 파동이 심하게 되는 바, 불안전한 투기나 사업은 금물이다. 천상이 형기협인(刑忌夾印)하는 경우도 불리하다.

묘유궁의 천부가 관록궁이면 당사자의 명궁은 사해궁이 되면서 명궁으로 염정·탐랑이 차성안궁(借星安宮)된다. 사해궁의 염탐조합은 두수에서 기본적으로 불리한 성계조합이다. 하여 명궁으로 사살(四煞)이나 화기(化忌)가 동도하면 삶에 파동이 많게 되므로 안정적인 직업을 얻는 것이 중요하다. 개인 사업이나 투자는 대한의 정황을 면밀히 분석하여 결정해야 할 것이다. 기타 앞에서 설명한 천부 관록궁의 기본성정 부분을 참고하라.

진술궁의 천부는 염정과 동궁하며 칠살이 대조한다. 이 조합은 관록궁에서는 기본적으로 좋은 조합이다. 염정 편 중 진술궁의 염정·천부 관록궁 부분을 참고하라.

사해궁의 천부는 독좌하며 대궁으로 자미·칠살이 동궁한다. 보좌길성을 보면 직위를 얻고 직업적으로 안정적이다. 이 조합은 특히 보필과 괴월을 좋아한다. 만약 보필·괴월을 얻고 록성이 회집하면 재물과 명예가 모두 길하다. 천상이 재음협인(財蔭夾印)하는 경우도 마찬가지다. 대궁의 자미가 화권이 되면 주인이 권귀를 얻고 지도력을 겸비한다. 그러나 살성이 중하면 오히려 고립된다.

사해궁의 천부가 겁공을 보면 일은 많지만 정작 실속이 없다. 사업가라면 겉만 화려하고 내실을 기하기 어렵다. 명궁이나 천상궁이 불리하면 더욱 문제가 된다. 이 경우 안정적인 직장이 우선이다. 사해궁의 천부가 천요를 비롯한 도화성계를 보면 횡재를 꿈꾼다. 만약 정황이 길하면 투기나 횡발성향이 강한 업종(부동산·유흥업·사채 등)에 투자하여 득재한다. 기타 앞에서 논한 천부 관록궁의 기본성정 부분을 참고하라.

(10) 천부 전택궁

천부가 전택궁이면 비교적 길하다. 보좌길성을 보면 가업을 승계받거나 아니면 부모가 물려준 부동산이 있다. 과문제성(科文諸星)을 보면 자신이 거주하는 곳이 안정적이다. 이 경우 직업이 학문연구나 교육을 중심으로 하는 업종이면 더욱 길하다. 만약 보필·괴월 등의 길성을 보는 가운데 록존이나 화록이 회조하면 부동산으로 인하여 이익이 있다. 이렇게 록성이 회집하면 부동산과 관련한 업종(부동산 중개업·건설업·숙박업·고시원·건물 관리업 등)에 종사하면 더 유리하다.

천부가 겁공과 살을 보면 조업(祖業) 지키기 어렵고 부모의 유산을 받기 힘들다. 혹 조업을 승계받더라도 파산을 경험하게 된다. 이렇게 살성이 중하면 자신이 거주하는 주거지나 사무실·공장 등으로 인하여 손재나 시비가 따르기 쉽고, 타인의 압력이 있거나 피할 수 없는 사정으로 인하여 주거지나 사무실 등을 옮기기도 한다. 만약 유년(幼年)에서 대한전택궁이 이처럼 불리하면 주로 부모가 파재하기 쉽다. 또한 자신이 복무하는 직장에서 규분이 발생하거나 근무하는 환경이 좋지 못하다. 사살(四煞)을 비롯한 천요·음살 등이 회집하면 전택이 풍수적인 영향으로 인하여 문제가 된다. 천부가 화성과 동궁하면서 겁공·대모 등을 만나면 화재의 우려가 있다.

(11) 천부 복덕궁

천부는 안정과 보수 등의 특성으로 인하여 복덕궁에 거하면 비교적 좋게 본다.

위인이 생각이 깊고 신중하며 자애(慈愛)롭다. 창곡을 보면 학문과 문예를 좋아하고 연구심이 강하며 배려심이 있다.

보필·괴월을 보면 성격이 원만하고 이해심이 있으며 관용과 양보하는 마음을 가진다. 천요를 보면서 정황이 길하면 기예(技藝)가 발달하여 예술적인 소질이 있으며 생활의 향수를 즐긴다.

록존이 동궁하면 사람이 침착하고 안정감이 있는 반면, 주로 재물에 대한 관념이 발달하여 재적인 기도심(企圖心)이 많게 된다.

천부가 화령을 보면 심리적으로 불안하고 노심초사(勞心焦思)한다. 타라와 동궁하면 번뇌가 많은데 주로 근심걱정을 많이 하고 그릇이 작다. 경양이 동궁하면 자존심이 강하다. 겁공이 동도하면 사람이 비현실적이며 쓸데없는 일에 괜히 정신을 쏟고 관심을 갖는다.

천부가 천요와 동궁하면서 한두 개의 살성이 회조하면 다재다예(多才多藝)하지만 음탕하거나 호색(好色)하기 쉽다. 경양과 천형이 동궁하면 그 사람의 기백과 자존심이 강하지만 스스로 질책하거나 강박관념에 사로잡힐 수 있다. 이 경우 보좌길성이 같이 회집하면 자신의 언행을 당당하게 하며 정신적으로도 평안을 유지할 수 있다.

사해궁의 천부는 진취적이며 자신의 주관이 비교적 뚜렷하다. 록을 보면 영도력이 있으며 도량이 넓다.

(12) 천부 부모궁

천부가 부모궁이면 일반적으로 길하게 평가한다. 부모의 성품이 온화하며 안정적이다. 만약 입묘하면서 보좌길성을 보면 부모가 사회적 지위가 있거나 명예를 누리며 서로 화평(和平)하게 지낸다.

천부가 록존과 동궁하면 부모의 재력이 있거나 직업적으로 안정하다. 이 경우 록존에 천무(天巫)가 있으면 부모가 조상으로부터 유산(遺産)을 많이 받는다. 그리고 천부가 록존을 만나면 자신의 재물을 부모가 직접 관리하거나 권리를 행사하려고 한다.

천부가 부모궁에서 양타를 보면 父子간에 불화하고 서로 정서적으로 맞지 않다. 화령을 보면 주로 생리(生離)하게 되며 부모 때문에 심리적으로 고단하게 된다. 기타 살성이 중중하면 부모 온정을 받기 어렵고 서로 인연이 없으며 부모의 삶도 파동이 많게 된다. 이 경우 부모와 불화하는 것 이외에 부모의 건강과 재적으로도 중대한 고비가 있다. 또한 부모는 조상으로부터 물려받은 유산이나 재산을 탕진하게 된다. 사회적으로는 윗사람의 음덕을 입기 어렵고 윗사람 때문에 자신의 재산을 손재(損財)하며 서로 부딪히게 된다.

만약 천부와 록존이 동궁하면서 동시에 살기형성이 동도하면 부자간에 참상(參商)이 있고 재물 문제로 인하여 서로 고민하게 된다.

천부가 겁공과 동도하면서 도화제성(桃花諸星)을 보면 부친의 외도가 주요 사안이 된다. 특히 천요가 부모궁에 거하고 문창·문곡 중에서 하나만 단견(單見)하면 더욱 그러하다. 이 경우 두 부모와 인연이 있게 된다. 천요를 보면서 괴월이나 보필 중 하나를 만나도 마찬가지다.

천부가 동궁하거나 대조하는 별 중에서 염정이나 무곡이 화기를 맞아도 역시 부모의 직업이나 재물이 불리하고 서로 불화한다. 살성에 질병성계가 가하면 부모의 건강도 문제가 된다.

8) 태음성

(1) 태음의 기본적인 성정

태음의 오행은 음수(陰水)이다. 태음은 십사정성 중에서 태양과 함께 중천성(中天星)에 해당한다. 화기(化氣)는 富이며 주사(主事)는 재백(財帛)과 전택(田宅)이다.

먼저 태음성을 파악하려면 태양성과의 관계를 많이 관찰해야 한다. 태양과 태음은 그 성정이나 기질 등이 서로 상이(相異)하므로 태양성과 항상 비교하여 살피는 것이 공부에 도움이 될 것이다.

태음의 기본적인 성정을 판단하기 위해서는 자연계에서 달(月)이 함축하고 있는 의미를 먼저 떠올리면 이해가 빠르다. 언사(言事)가 온유(溫柔)하고 정감 있으며 감정이 정결하면서 풍부하다. 정서적으로 안정하고 인자하며 낭만적인 면이 있다. 친화력과 사려심이 있으며, 내적으로 문학과 예술적인 소질을 겸비하고 있거나 좋아한다. 또한 정직하면서 결백하고 단정한데 기본적으로 처세가 유연한 성이다. 남명 역시 대체로 이러한 성정을 지니고 있는데 가정적이면서 총명하다.

태음이 좌명하면 남녀 모두 이성(異性)에게 호감을 많이 받는다. 입묘(入廟)하면서 야생인(夜生人)이면 더욱 그러하다. 만약 창곡과 도화성계를 보면 박학(博學)하고 총명하지만 이성접근이 많은데 혼인 후에는 외도하기 쉽다. 살성이 중하면 사람이 다급하고 민감하며 고독해지기 쉽다. 정서적으로도 불안·우울 등의 성향이 강하고 사고방식이나 행동이 모략(謀略)적이거나 음흉하게 된다.

태음은 십사정성 중 자미·천부·태양과 더불어 주성(主星)에 속한다. 하여 육길성을 포함한 백관조공(百官朝拱)을 좋아한다. 만약 보좌길성을 보면 사회적으로 지위와 명예를 얻는다. 창곡을 비롯한 과문제성(科文諸星)을 보면 학문이 높고 연구직·공교육직·행정·금융·언론·의료계 등에서 발전한다. 만약 창곡에 천요 등의 도화성계가 회집하면 주로 문예(文藝)적인 성향이 강하여 문학이나 예술적인 소질을 요하는 직종에 종사한다. 태음은 록존을 비롯한 화록·화권·화과를 좋아한다. 특히 태음은 화록이나 록존 등 록성을 가장 좋아하는데, 만약 록을 보면 재물이 풍부해져 부격(富格)이 된다. 이는 태음이 富나 財를 主하는 성이기 때문이다.

태음은 여성 성계에 해당하는데 두수에서는 여성육친(母親·祖母·여자형제·여식 등)을 의미한다(태양은 남성육친을 의미한다). 남녀 모두 태음의 입묘(入廟)·낙함(落陷)여부와 살기형성의 동도(同度)여하를 본 후 모친을 비롯한 처의 길흉들을 살핀다. 만약 태음이 낙함하면 당사자는 여성 육친과 연이 불리하다. 태음화기를 비롯한 사살(四煞)·천형 등 살성이 중하면 더욱 문제가 된다. 이 경우 초년에 모친의 형극(刑剋)이 있으며 여자 형제에게 사단이 발생하고, 혼 후에는 처와 자녀(딸)와의 연이 불리하거나 서로 형극하게 된다. 여명은 여성육친 뿐만 아니라 자기 자신이 불리한데, 주로 건강이나 혼인에 문제가 많게 된다. 만약 태음이 자신의 명궁이 아니라도 함지에 거하면서 살성을 보면 주로 여성육친과 인연에 문제가 발생한다. 남명의 부처궁이 이러한 정황이라면 당연히 처와 인연이 불리하다. 만약 자녀궁이 이러하다면 자녀 중에서 딸과의 인연이 문제가 되거나 형극이 발생한다. 이런 경우 록권과나 보좌길성을 보면 화살(化煞)하여 평이한 상황으로 된다.

태음성의 길흉여하를 판단하기 위해 꼭 인식하고 있어야할 중요한 사항이 몇 가지 있다. 당사자의 생시(生時)와 태음이 어느 궁에 좌하는 가의 여부, 그리고 상현(上弦)·하현(下弦) 중 어느 시기에 생했는지 등이다.

첫째, 당사자의 생시와 태음이 거하는 궁의 여부이다. 명궁에 태음이 좌명하고 야생인(夜生人 : 밤 시간에 해당하는 것으로, 申酉戌亥子丑 시간에 태어난 사람)이면 일단 유리하고, 일생인(日生人 : 낮 시간에 해당하는 것으로, 寅卯辰巳午未 시간에 태어난 사람)이면 불리하다. 야생인의 시간은 달이 떠올라 월광(月光)을 발하는 시간이므로 길하게 본다. 한마디로 태음이 가지고 있는 긍정적인 부분을 최대한 발휘할 수 있는 것이다(반대로 태양에게는 불리한 조건일 수도 있다). 또한 태음이 이러한 궁(申酉戌亥子丑)에 거하면 입묘(入廟)하여 태음의 힘을 가강시키므로 좋게 본다.

둘째, 태음 좌명인은 당사자가 생한 日이 중요하다. 태음은 상현생인(上弦生人 : 음력 1일에서 15일 사이에 태어난 사람)과 하현생인(下弦生人 : 음력 16일부터 30일 사이에 태어난 사람)으로 나눈다. 상현은 달이 점차 빛을 발하고 차오르는 시기이므로 길하게 보며, 하현은 달의 힘과 빛이 점점 약해지는 시기이기 때문에 불리하다. 만약 일반적인 조건으로 본다면 태음 좌명인이 상현시기에 생하고 야생인이면서 힘이 있는 궁에 거하면 가장 길하게 본다(태양은 이와 반대의 개념으로 이해하면 된다). 기타 태양과 태음의 비교 설명은 태양성 편을 참고하라.

태음도 태양의 경우처럼 12궁 궁마다 거할 때의 고유 명칭이 있으며 각 구절마다 특별한 의미를 함축하고 있다. 아래 내용은 홍콩 왕정지선생의 저서 중 『자미두수강의2(성요적 특성)』중에서 인용하였다.

❖ 子궁 태음 …… '천희(天姬)'라고 한다. 여명은 영화롭고 남명은 부귀하다. 좋은 인연이 많으며 사려 깊고 꾀가 있다.

❖ 丑궁 태음 …… '천고(天庫)'라고 한다. 축궁은 태양과 태음이 서로 동궁하는데, 성격이 호방하고 시원하며 벼슬이 높고 재물은 풍부다.

❖ 寅궁 태음 …… '천매(天昧)'라고 한다. 인궁은 태양은 솟고, 달은 빛을 잃는 궁이다. 위인의 성격이 우물쭈물하고 진퇴를 결단하지 못한다.

❖ 卯궁 태음 …… '반배(反背)'라고 한다. 길성을 만나면 오히려 대부(大富)한다.

❖ 辰궁 태음 …… '천상(天常)'이라 한다. 金에 속하는 성과 만나는 것을 좋아한다. 만약 화록·화권·화과를 만나면 위인이 우두머리가 되고 군경(軍警)의 대권(大權)을 장악하며 이름을 사해(四海)에 알리는데, 이것은 음(陰)의 정(精)이 입토(入土)한 격이기 때문이다.

❖ 巳궁 태음 …… '천휴(天休)' 또는 '실전(失殿)'이라 한다. 주로 눈병이 있고 혹 근시나 난시가 있다. 남편이 유명무실(有名無實)하고 항상 떨어져 지내며, 남편이 남에게는 잘하지만 집에서는 그렇지 않다. 만약 화록·화권·화과를 보면 오히려 부귀하고 향수를 누린다.

❖ 午궁 태음 …… '천의(天衣)' 혹은 '한월(寒月)'이라 한다. 정감이 풍부하고 환상이 많으며 다정하다. 원배우자와는 불리하며, 혹 원래 배우자로 인하여 자격(刺激)을 당한다.

❖ 未궁 태음 －'천규(天圭)'라고 한다. 미궁은 일월이 동궁하는데, 성정이 정직하고 시원하다. 홀음홀양(忽陰忽陽 : 순간 陰이 되었다가 순간 陽이 됨)하는 성정이라 변화가 많은데, 모성(母星)은 불리하다.

❖ 申궁 태음 …… '천황(天潢)'이라고 한다. 위인이 복과 재물이 많고 사업이 위대하다. 임기응변과 권모술수가 있다. 환상이 풍부하며 웅심(雄心)이 있다.

❖ 酉궁 태음 …… '천상(天祥)'이라 하며 주로 富貴한다.

❖ 戌궁 태음…… '천조(天助)'라고 하며 '월조한담격(月照寒潭格)'이다. 이는 정확히 옥토(玉兎 : 달을 의미함)가 빛을 발휘하는 시기로서 상격(上格)이다.

❖ 亥궁 태음…… '월랑천문(月朗天門)'이라 하는데, 주로 대부(大富)하며 의외의 재물을 얻는다. 또는 '조천격(朝天格)'이라 하는데 꾀가 많고 계략을 잘한다.

❁ 태음 子·午궁(천동·태음 동궁, 대궁 공궁)

자오궁의 태음은 천동과 동궁하며 대궁은 공궁(空宮)이다. 천동편 중 자오궁의 동월조합 부분을 참고하라.

❁ 태음 丑·未궁(태양·태음 동궁, 대궁 공궁)

태음은 축미궁에서 태양과 동궁하며 대궁은 공궁이다. 태양편 중 축미궁의 태양·태음 동궁 조합을 참고하라.

❁ 태음 寅·申궁(천기·태음 동궁, 대궁 공궁)

인신궁에서는 태음이 천기와 동궁하며 대궁은 공궁이다. 천기편 중 인신궁의 천기·태음 동궁 조합을 참고하라.

❁ 태음 卯·酉궁(태음독좌, 대궁 천동)

묘유궁의 태음은 독좌하며 천동이 대조하여 동월 조합을 이룬다. 먼저 태음이 묘궁이면 빛을 소멸하는 궁이다. 하여 남녀를 막론하고 모두 부모에게 불리한 조건이 된다. 만약 양타·화령을 비롯한 약간의 살성(煞星)이 가하면 부모의 연이 없고 부모가 삶에 파동이 있거나 한다. 자신도 유년(幼年)에 육친과 인연이 없거나(특히 여성육친이 불리하다) 건강이 여의치 않다. 살기형성(煞忌刑星)이 중중하면 일생 삶이 평탄치 않은데 주로 재물과 건강문제가 주요 사안이 되고 이성과 배우자로 인한 감정창상을 당하게 된다.

창곡을 비롯한 과문제성을 보면 명예가 높고 학문연구가 중심이다. 보좌길성을 보면 주로 연구직·공직·교육직·금융·행정가·사회복지·언론·문화사업 등에서 발달한다. 만약 도화제성(桃花諸星)을 보면 사람이 처세가 기교 있고 유연하며 이성에게 인기가 있다. 상황이 길하면 문예(文藝)나 디자인·방송·영화·광고·사진·도예(陶藝)·의류 등 예술성향의 업종에서 발달하게 된다. 이 조합이 록존을 만나면 재물이나 직업이 더욱 안정되어 길한데, 록존은 태음함지의 불리한 점을 제화(制化)시킨다. 기타 태음이 의미하고 있는 특징은 앞에서 설명한 태음의 기본적인 성정부분을 참고하라.

유궁의 태음은 입묘(入廟)하는 궁이다. 태음이 가지고 있는 장점을 발휘할 수 있는 조건이다. 이 조합의 성정이나 직업 등의 부분은 앞에서 설명한 부분들과 대동소이 하다. 다만 유궁의 태음은 묘궁에 비하여 부모와 연이 유리하고 자신의 명예나 재물·향수 등 제반조건이 더 안정적이며 평안하다.

사람이 총명하고 단정하며 온화하다. 감수성과 배려심이 있는데 기본적으로 처세가 유연하다. 여명이라면 상부교자(相夫教子)한다. 그러나 사살(四煞)을 보면 육친과 무연(無緣)하게 되고 특히 혼인에 불리한 조합이 된다.

유궁은 도화궁(桃花宮)이다. 하여 태음이 유궁이면 남녀를 막론하고 일생 이성접근이 많게 된다. 도화성계를 보면 더욱 그러한데, 만약 도화에 살성이 가하면 이성으로 인한 감정창상이 있게 되고 혼 후에는 배우자 형극이 있게 된다.

이 조합은 丙·辛·癸年生이면 길하다. 대한도 丙·辛간으로 진행하면 아주 길하게 본다. 기타 앞에서 설명한 태음의 기본적인 성정부분을 참고하라.

태음 辰·戌궁(태음 독좌, 대궁 태양)

진술궁의 태음은 독좌하며 대궁으로 태양을 본다. 진궁은 태음이 함지(陷地)이며 술궁은 입묘하게 된다. 하여 진궁의 태음이 술궁에 비하여 기본적으로 불리한 조건이다. 그러나 진궁의 태음이 보좌길성과 록권과를 보면 명예가 높고 타인의 존경을 받는다. 록존이나 화록을 보면서 삼방사정의 정황이 길하면 부격(富格)이 된다. 그러나 진궁의 태음은 함지에 해당하므로 기본적인 불리함을 면하기 어렵다. 여성육친(모친·여자형제·여식 등)의 연이 불리하거나 형극이 있고, 자기 자신도 초년에 고생하거나 불안전 하다. 만약 살기형성이 중하면 이러한 정황은 더 엄중해진다.

진궁의 태음이 살성을 꺼리지만 한두 개의 살성은 길하게 작용하기도 한다. 특히 경양이나 타라를 보면서 록권과를 비롯한 보좌길성이 동도하면 '음정입토격(陰精入土格)'이 되어 부귀를 얻을 수 있다. 이는 진궁이 천라(天羅)궁에 해당하는데 살성을 보면 오히려 격발하여 천라에서 벗어나는 역할을 하게 되므로 발하게 되는 것이다. 다만 이 경우 여성육친과의 형극은 면하기 어렵다.

술궁의 태음은 왕지(旺地)에 거하게 되는데 실제로는 입묘(入廟)와 같다. 하여 태음의 장점을 발휘할 수 있다. 보좌길성을 보면 명예가 높고 재물도 따른다. 만약 록성과 동궁하거나 회조하면 재록이 풍부하다. 문창·문곡을 비롯한 과문제성(科文諸星)을 보면 공교육직·연구직·금융·언론·어학(語學) 등에서 발달한다. 창곡과 도화제성(桃花諸星)이 회집하면 문화·예술 방면에서 길하다. 丙·丁·癸年 生이나 대한이 이와 같은 천간으로 진행하면 부귀하다.

술궁의 태음은 주로 조혼(早婚)이 많다. 남명은 이성(異性) 접근이 많으며, 여명은 가정적이고 현숙하며 예의를 지킨다.

입묘(入廟)한 태양·태음은 기본적으로 살성에 대한 저항력을 가지고 있다. 그러나 태음이 육살성을 비롯한 화기의 간섭이 중중하면 역시 불리하다. 만약 살성이 중하면 함지의 태음과 마찬가지 조건이 되는데, 여성육친의 인연이 불리하고 근심이 많아지며 일생 파동이 많은 삶을 살게 된다. 이러한 상황에서 만약 선천身궁으로 살성이 가하여 불리하면 건강 문제가 여의치 않다. 그리고 복덕궁에 거하는 거문이 살기형성을 보면 감정창상을 면하기 어렵고 심리적으로 고단함이 많다. 기타 태음의 성정이나 직업 등은 앞에서 논한 태음의 기본적인 성정부분을 참고하라.

태음 巳·亥궁(태음 독좌, 대궁 천기)

사해궁의 태음은 독좌하며 천기가 대조한다. 巳궁의 태음은 함지에 해당하므로 기본적인정황이 불리하다. 본 조합은 대궁의 천기도 함약한데 재백궁(丑)으로 차성안궁(借星安宮)되는 거문·천동과 관록궁의 태양·천량 조합 모두 약궁에 거한다. 따라서 사궁의 태음은 약간의 살성만 관여해도 배우자를 비롯한 육친의 형극이 있기 쉽고 건강·재물 등으로 인한 문제가 발현하게 된다. 보좌길성을 보면 격국이 약간 안정이 된다. 그렇지만 묘왕지의 태음에 비하여 기본적으로 모든 면에서 불리하다. 사화길성을 비롯한 보좌길성이 회집하면 자신의 노력으로 성공하는데 이 조합은 사업보다 직장을 가지는 것이 유리하다. 만약 살성이 회조하면 더욱 그러하다.

여명이 사궁의 태음이면 주로 배우자가 자신의 이상형이 아니며 남명 역시 풍류에 표탕(飄蕩)함이 많다.

사해궁의 태음이 살성과 도화제성을 보면 음모(陰謀)가 많고 계략(計略)을 잘하며 주색이나 풍류로 세월을 보낸다.

해궁의 태음은 입묘하며 재백궁과 관록궁의 성계들이 묘왕지로서 힘이 있다. 하여 해궁의 태음은 두수에서 길격(吉格)을 형성하게 된다. 만약 보좌길성을 비롯한 록성을 보면 월랑천문격(月郎天門格)이 되어 명리를 얻는다. 이렇게 정황이 길하면 공직·교육직·연구직·문화계·예술계·출판·언론 등의 직종에서 발전한다. 록성이 회조하면 재물이 풍족한데 주로 사업으로 성공한다. 그러나 파동이 따르게 된다.

남명일 경우 사람이 우아하고 총명하며 인정이 있다. 보필·괴월을 보면 귀인을 많이 만난다. 창곡과 도화성계를 보면 자칭 풍류객이 되고 이성접근이 많으며 가정을 잘 돌보지 않는다. 여기에 살성이 가하면 감정창상이 있게 되고 혼 후에는 외도하게 된다. 남녀 모두 乙·丙·丁·癸年 생인 사람은 명리(名利)를 얻는다.

여명이 태음 해궁이면 역시 최고로 길한데, 남명에 비하여 오히려 사회적으로 더 발달하거나 명망을 얻을 수 있다. 만약 길성과 록성이 회조하면 직장 뿐 만 아니라 사업으로 성공하여 부와 명예를 모두 얻는다. 하지만 여명이 해궁 태음이면 감정창상은 면하기 어렵다. 그렇지만 끝내 가정을 지키는 경우가 많다.

해궁의 태음은 육살성을 꺼리지 않다. 하지만 한두 개의 살성은 불리하지 않으나 살성이 중하면 이 역시 문제가 된다.

해궁 태음의 가장 큰 특징 중 하나는, 살성을 꺼리지 않는 것외에 태음이 화기(化忌)를 맞아도 문제가 되지 않는다는 것이다. 만약 태음이 화기가 되고 다른 살성을 만나지 않으면 변경(變景)이라 하여 오히려 좋게 본다. 이때의 태음화기는 그 사람이 성장하는 과정에서 약간의 파동은 있지만 그렇게 흉하진 않고 무난히 그 고생을 감내하면서 이겨내고 결국 성공하는 것으로 보는 것이다. 기타 태음의 성정이나 상황은 앞에서 설명한 태음의 기본적인 성정부분을 참고하라.

(2) 태음 형제궁

태음이 형제궁이면 비교적 길하게 본다. 그러나 태음의 묘왕평함(廟旺平陷)에 따라서 그 길흉의 차이가 현저하므로 유의해서 살펴야 할 것이다. 태음 형제궁은 형제자매가 인물이 청수(淸秀)하고 성정이 섬세하면서 자비심이 있다. 만약 록권과를 비롯한 보좌길성을 보면 형제가 총명다재(聰明多才)하며 부와 귀를 모두 얻게 된다. 형제와 친구 등의 인간관계도 서로 도움을 얻고 유정(有情)하다. 태음이 만약 입묘하면서 야생인(夜生人)이라면 부와 귀의 정도가 더욱 강하고 크게 나타난다. 그러나 형제궁의 태음이 비록 입묘해도 일생인(日生人)이라면 역시 서로 불화하게 된다. 이 경우 살성을 보면 더욱 불리하고 반드시 길성이 회집해야만 서로 화합할 수 있다.

태음이 사살(四煞)을 보면 서로 형극하고 인연이 없다. 겁공을 만나도 역시 그러한데, 주로 형제가 고극(孤剋)하거나 재적으로 문제가 된다. 만약 태음이 함지에 거하고 주생인(晝生人)이면서 살기형성이 동도하면 더욱 문제가 많은데, 주로 형제와 형극하고 형제의 삶이 재물·건강·육친 등의 문제로 인하여 파동이 많으며 심하면 요절(夭折)하는 형제가 있다. 그리고 형제나 친구로부터 일생 부담을 받는다.

함지의 태음이 경양·타라를 보면 인리산재(人離散財 : 사람은 이별하고 재물은 흩어짐)가 되고 화성·영성을 보면 십악격(十惡格)이 된다고 하였다. 이는 함지의 태음이 그만큼 살기형성에 민감하게 작용하고 그 결과가 좋지 않다는 뜻이다. 형제궁이 이러한 흉격을 하고 있으면 당연히 인간관계를 비롯한 주변사람들의 운로가 여의치 않게 된다. 이 경우 형제나 친구 간에 동업이나 합작·거래 등은 삼가해야 한다.

태음화기가 형제궁이면서 화기를 보면 불리한데 보필·괴월 등의 길성이 지원하면 서로 부담은 있지만 잘 해결될 수 있다.

해궁의 태음이 화기를 보면 불리하지 않다. 만약 남명일 경우 누이나 여성과 합작사업을 하면 오히려 길하다.

(3) 태음 부처궁

태음이 부처궁이면 일반적으로 불리하지 않으나, 태음이 입묘하는지 함지에 거하는지 여부가 중요하다. 그리고 야생인(夜生人)과 주생인(晝生人)의 여하에 따라 그 길흉에 차이가 많다.

만약 태음이 보좌길성을 보면 배우자가 총명하고 수려하며 해로(偕老)한다. 과문제성(科文諸星)을 보면 배우자가 총명하며 학문이 높고 명예를 누린다. 화록이나 록존이 거하면 배우자가 다재(多才)하고 재적으로 능력이 있다. 남명일 경우 처가 현숙하고 아름다우며 사람관계가 좋고 내조의 공을 얻는다. 여명일 경우 남편이 나이가 많고 처세가 유정하며 온화한데 주로 가정적으로 안락(安樂)하다. 만약 태음이 입묘하면서 밤에 태어났다면 이러한 정황은 더욱 길하게 나타난다.

일반적으로 태음 부처궁에서 남명은 나이가 어린 배우자가 좋고 여명은 나이가 많은 남편을 만나야 서로 길하다.

태음·천동 조합이 화령이나 천형을 보면 처의 얼굴이 아름답다. 대신 제3자의 개입으로 연애좌절과 가정풍파를 경험하게 된다. 태음이 창곡과 동도해도 처가 아름답다.

태음이 양타나 화령을 보면 주로 고독하던지 이별한다. 함지의 태음이 살기형성이 중하면서 낮에 생했다면 배우자 인연이 더욱 불리하다. 도화제성과 살성이 어울리면 외도한다. 태음화기에 살성이 가하면 여명일 경우 남편이 의심이 많고, 남명은 처가 다병(多病)하여 고극하게 된다. 함지일 경우 더욱 문제가 된다.

자오궁의 태음은 천동과 동궁한다. 천동편 중 자오궁의 천동·태음 부처궁 부분을 참고하라.

축미궁의 태음은 태양과 동궁한다. 태양편 중 축미궁의 태양·태음 부처궁 부분을 참고하라.

인신궁에서는 천기와 동궁한다. 천기편 중 인신궁의 천기·태음 부처궁 부분을 참고하라.

묘유궁에서는 태음이 독좌하며 대궁으로 천동을 만난다. 酉궁의 태음은 입묘(入廟)하고 卯궁의 태음은 낙함(落陷)한다. 따라서 유궁 부처궁이 길하다. 묘유궁 모두 보좌길성과 록성이 회집하면 배우자연이 길하고 배우자가 명리(名利)를 얻는다.

묘궁의 태음은 사살(四煞)에 대한 저항력이 약하다. 만약 양타·화령을 만나면 배우자 인연이 불리하고 서로 형극·이별하게 된다. 천형과 질병성계를 보면 사고나 질병으로 고극(孤剋)하게 된다. 묘유궁 모두 살기형성이 중하면 연애좌절을 경험하게 되는데, 혼 후에도 부부화합이 어렵다. 만약 도화성이 동도하게 되면 주로 배우자가 외도하게 된다.

여명이 묘궁 부처궁이면서 살성이 중하면 남편은 개인사업보다는 직장을 가지는 것이 길하다.

유궁 태음이 대궁으로 천동화기를 보면서 천요·함지 등 도화성과 음살·고진·과숙과 동도하면 동성연애와 관련이 있다. 보좌단성(輔佐單星)을 보면 더욱 그러하다. 기타 앞에서 설명한 태음부처궁의 기본성정을 참고하라.

진술궁의 태음은 독좌하며 태양이 대조한다. 이 조합은 일반적으로 부부해로하는데, 진궁보다 술궁이 유리하다. 술궁의 태음은 입묘하며 진궁의 태음은 낙함하므로 불리하다.

진술궁의 태음이 길성과 록권과를 만나면 배우자는 학식과 명예가 있다. 또한 서로 화합한다. 만약 약간의 살성이 동도하면 선곤후평(先困後平 : 처음은 어렵지만 후에 성공함)한다. 그러나 진술궁의 태음이 길성(吉星)의 지원이 없고 사살(四煞)을 비롯한 화기(化忌)를 보면 서로 형극이 있게 된다. 이 경우 진궁의 태음이 더욱 심하다. 도화성계를 보면 주로 배우자의 외도가 문제가 된다. 진궁의 태음이 회조하는 태양화기를 보면 조혼(早婚)은 불리한데 특히 여명은 더욱 그러하다.

사해궁의 태음은 독좌하며 천기와 상대한다. 사궁이 해궁에 비하여 상당히 불리하다. 만약 사궁의 태음이 살기형성(煞忌刑星)을 보면 배우자와 생리사별(生離死別)을 면하기 어렵다. 그리고 배우자로 인한 재물문제가 자주 발생하게 된다. 정황이 이러하면 배우자의 주변사람으로 인하여 자신이 고단한 생을 살기도 한다.

사궁 태음이 문창·문곡이 동도(同度)하면 배우자가 외도한다. 사궁의 태음은 반드시 보좌길성의 지원이 있어야 비로소 안정하게 된다. 하지만 기본적으로 배우자와의 형극(刑剋)은 면하기 어렵다.

해궁의 태음이 창곡을 비롯한 과문(科文)성을 보면 배우자가 명리(名利)를 얻는다. 록성이 동도하면 재물적으로 풍후하다. 남명일 경우 처가의 도움을 받거나 처가 능력이 있다. 만약 태음화기가 되어도 불리하지 않은데 배우자가 오히려 자신의 사업을 돕거나 협조하게 되며 배우자 역시 사회적으로 능력을 발휘하게 된다.

해궁의 태음이 천형을 비롯한 사살을 보면 부부해로에 장애가 많은데, 주로 배우자의 외도와 건강이 주요 사안이 된다. 천요를 비롯한 도화성계가 회집하면 더욱 그렇다.

사해궁의 태음은 나이차이가 많이 나는 배우자와 혼인함이 길하다. 남명은 주로 6년 이상 연하가 좋고 여명은 주로 6년 이상의 연상이 좋다.

(4) 태음 자녀궁

태음이 자녀궁이면 고인은 선화후과(先花後果)라 하여 먼저 딸을 낳고 후에 아들을 낳는다고 하였다. 하지만 현대적인 관점에서 보면 꼭 딸이 먼저라고 보기는 어렵다. 태음이 입묘하면서 길하면 자녀가 3인 이상이고, 태음 함지에 살성을 보면 그보다 작다.

태음이 자녀궁에 있으면서 길성이 회집하면 자녀가 총명하고 명예가 높다. 또한 언행이 정직하고 유하며 윗사람을 잘 따른다. 이 경우 후배나 아랫사람과의 관계도 좋다. 록성과 길성을 보면 자녀가 경제적으로 부유하다.

태음이 살기형성이 중하면 자녀와 형극(刑剋)하는데 주로 장남과 장녀가 불리하다. 그리고 자녀의 건강이 신약하다. 또한 자녀가 직업이나 혼인문제 등으로 고민하게 된다. 정황이 이렇게 불리하면 자녀 때문에 일생 고단한 일을 많이 겪게 된다. 태음이 약궁에 거하면서 낮에 태어나고 하현일(下弦日)생이면 더욱 불리하다.

함지의 태음이 살성과 도화제성이 동도하면 주로 첩으로부터 자녀를 얻거나 부정포태(不正胞胎)한다. 그리고 함지의 태음이 록존과 동궁하면 아들과 연인이 많은데 자녀수가 적다. 이 경우 살성이 중중하면 첩이나 후처로부터 자식을 얻거나 인연이 된다.

태음이 도화제성이 중하면 딸이 많다. 낙함하면서 양타·화령을 보면 역시 딸이 많고 아들이 없거나 적다.

여명일 경우 태음함지에 살기형성이 가하면 자녀 유산(流産)이나 낙태가 있게 되는데, 자신의 명신궁으로 살성이 가하면 여성 질환(신장·자궁병 등)에 유의해야 한다. 대한자녀궁이 이러해도 당 대한에 자녀 형극이 있거나 자신의 질병이 문제가 된다.

자오궁의 태음·천동 조합은 동궁한다. 천동편 중 자오궁의 태음·천동 자녀궁 부분을 참고하라.

축미궁의 태음·태양 조합은 동궁한다. 태양편 중 축미궁의 태양·태음 자녀궁 부분을 참고하라.

인신궁의 태음은 천기와 동궁한다. 천기편 중 인신궁의 천기·태음 자녀궁 부분을 참고하라.

묘유궁의 태음은 독좌하며 천동이 마주한다. 유궁의 태음이 묘궁에 비하여 길하다. 묘궁의 태음은 살성에 대한 저항력이 약하여 자녀가 유약(柔弱)하기 쉽다. 묘유궁의 태음 조합은 자녀가 유순하고 정서적이며 자녀와 화합한다. 만약 보좌길성을 보면 주로 자녀가 총명하며 공직·교육직·연구직·문예·예술 등의 방면에서 성공한다. 록성이 비치면 경제적으로 부유하다.

살성과 도화제성이 비치면 자녀가 얼굴이 동안이고 미인인데, 이성으로부터 유혹을 받기 쉽다. 이 경우 살기형성이 중하면 감정창상을 면하기 어렵고 신체적으로도 허약하다.

대궁의 천동이 화기를 맞고 여기에 살성과 천형·음살(陰煞)·대모(大耗) 그리고 천월(天月)을 비롯한 질병성계가 중하면 자녀가 정신적으로 문제가 되거나 저능아가 될 수 있다.

진술궁의 태음은 태양과 상대한다. 술궁의 태음은 입묘하므로 기본적으로 유리하다. 진궁의 태음은 사살(四煞)을 비롯한 살성에 대한 저항력이 약하다.

진술궁의 태음이 창곡을 비롯한 화과·천재·용지·봉각 등 과문제성(科文諸星)을 보면 자녀가 총명하여 학문과 명예가 높다. 만약 록성까지 가하면 명리쌍전(名利雙全)한다.

진술궁의 태음이 살성이 중하고 삼방으로 회집하는 문창이나 문곡이 화기를 맞으면 자녀가 신약하거나 음주를 많이 한다. 심하면 독(毒)을 마신다. 삼방에서 회조하는 천동이나 천기가 화기를 맞아도 자녀 인연이 불리하다. 이 경우 태음이 살성과 동궁하면 자녀 형극이 더욱 중하게 된다.

사해궁의 태음은 천기와 상대한다. 해궁의 태음이 기본적으로 유리하다. 사궁의 태음은 주로 자녀와 고극(孤剋)하기 쉽다. 만약 살성을 보면 자녀가 몸이 신약하고 직업과 재물·혼인 등이 온전치 못하다. 여기에 도화제성을 보면 자녀가 연애좌절이 있고 혼 후에는 외도로 인하여 배우자와 불화한다. 또한 당사자도 외도하게 된다.

사해궁의 태음이 보좌길성과 록성을 보면 명예가 높고 사회적으로 성공한다. 삼방으로 회조하는 태양·천량이 길하면 역시 부귀를 누릴 수 있다. 그러나 사해궁의 태음이 살기형성이 중한 가운데 질병성계와 음살·천곡·천허·대모 등의 성계를 만나면 자녀가 신약한데 주로 자녀가 독(毒)을 마시거나 술을 많이 한다.

해궁의 태음화기는 꺼리지 않는다. 자녀가 대기만성 한다. 딸을 먼저 낳는 것이 좋다. 만약 아들일 경우 질병이 있거나 서로 고독하기 쉽다.

(5) 태음 재백궁

태음은 財를 주하므로 재백궁에 거하는 것을 가장 좋아한다. 길흉의 정도는 묘함지(廟陷地)에 따라서 크게 차이가 난다. 만약 입묘하면 재물적으로 더 유리하며 득재(得財) 과정이 순탄하고 재물의 양도 그 만큼 증가하게 된다. 야생인(夜生人)이면 더 길하다.

태음이 입묘하면서 보좌길성과 록존·화록 등이 회집하면 대부(大富)의 명이다. 경우가 이러하면 비록 태음이 함지에 거해도 재산이 많다. 그러나 함지의 태음이 길성과 살성이 동시에 회집하면 다성다패(多成多敗)하는데 그만큼 파동이 많은 가운데 이룬다.

태음이 창곡을 비롯한 과문(科文)성을 보면 주로 연구나 학문·교육 등의 전문 직종에 종사하기 쉬운데, 재산의 축적 과정이 비교적 보수적이다. 괴월·보필과 화록이 동도하면 재산 증식 과정이 실리적이고 과단성이 있다. 이 경우 사업가로서 성공하는 경우가 많다. 반면 록존이 동궁하면 투기나 위험성이 높은 방법보다는 저축이나 적금 등 비교적 안정적인 방법으로 재물을 관리한다.

태음화권은 재물의 증가로 인하여 권위를 누리거나 권위가 있고 난 후에 재물이 증가한다. 태음화과는 분석적이고 체계적으로 이재(理財)를 잘한다.

태양은 貴를 주하므로 먼저 사회적 지위가 있은 후에 재물이 따르고, 태음은 富를 주하므로 먼저 재물이 안정되고 난 이후 비로소 사회적 지위를 얻거나 관심을 가진다.

태음화기에 겁공을 비롯한 대모(大耗)를 만나면 남에게 속거나 도둑맞는다. 태음이 양타를 보면 인리산재(人離散財)가 되어 사람과 재물 모두 인연이 없어진다. 화령을 만나도 불리하다. 함지의 태음은 양타·화령을 더욱 싫어하여 손재(損財)나 투자실수를 면하기 어렵다. 태음이 살성과 도화제성을 보면 주색·도박이나 타인의 유혹으로 파재(破財)하기 쉽다.

태음화록이 살성을 보면서 문곡화기를 만나면 도둑맞거나 사기를 당하기 쉬운데 주로 손재가 있다.

천부가 수재(守財)에 능하다면, 태음은 재물은 운용하는데 있어서 보다 능동적이고 창의력이 있다. 그러나 무곡의 결단력과 과단성에 비하면 태음은 비교적 계획적이고 치밀한 면이 강하다.

자오궁의 태음은 천동과 동궁한다. 천동편 중 자오궁의 태음·천동 재백궁 부분을 참고하라.

축미궁에서는 일월이 동궁한다. 태양편 중 축미궁의 태양·태음 재백궁 부분을 참고하라.

인신궁에서는 천기와 동궁한다. 천기편 중 인신궁의 천기·태음 재백궁 부분을 참고하라.

묘유궁의 태음은 독좌하며 천동이 대조(對照)한다. 유궁의 태음은 입묘하고 묘궁의 태음은 함지이다. 따라서 유궁의 태음이 유리하다. 묘유궁 모두 보좌길성을 얻으면 재적으로 안정하며 자수성가한다. 그러나 이 조합은 재적으로 지나치게 이상적이거나 환상적이어서 자신의 역량을 망각하기 쉽다. 만약 양타·화령을 보면 재물이 쉽게 들어오고 쉽게 나가며 재물 때문에 원수짓는다. 묘궁의 태음은 더욱 흉하다. 겁공을 만나면 자신은 고생하고 다른 사람에게 빼앗기는 형국이 된다. 살기(煞忌)성에 천형을 만나면 재물 때문에 관재시비가 있다. 살성에 도화성계까지 가하면 주색·도박 등으로 손재하기 쉽다.

화과나 창곡 등 과문제성(科文諸星)을 보면 득재(得財) 과정이 학문이나 연구가 중심이 되거나 재경(財經)계열과 관련이 많다. 화록을 보면 개인사업의 경향을 가진다. 태음화록에 화령을 보면 재적인 기도심이 증가하여 투기적인 색채를 가지게 된다. 기타 앞에서 설명한 태음 재백궁의 기본설명과 동월조합이 재백궁일 때의 정황을 참고하라.

진술궁의 태음은 독좌하며 대궁으로 태양이 마주한다. 술궁의 태음은 입묘하며 진궁의 태음은 함지이다. 따라서 술궁 태음이 좋다. 진궁일 경우 보좌길성이나 록성의 지원이 없으면 재적으로 평탄하지 않다. 만약 살성이 중하면 재물로 인하여 시비·손재·투자실수를 면하기 어렵다. 그러나 진궁에서 보좌길성과 록성을 보면 일월반배(日月反背)가 되어 대부(大富)가 된다. 살성과 길성이 같이 동도하면 처음엔 곤란하고 후에 발달하는데 한 번의 충격을 경험한 이후 성세(聲勢)가 있다.

진술궁 모두 길성과 록성을 좋아하는데, 만약 태음화록이면 주로 富하고 후에 貴하다. 태양화록을 보면 먼저 貴함을 얻고 후에 富하다. 이 경우 기업이나 공직 등에서 명예를 얻은 이후 나중에 창업하는 것이 길하다.

재백궁의 태음은 회조하는 다른 성계가 화록이 되어도 길하다. 천동화록이 회조하면 자수성가한다. 천기화록이면 아이디어나 발명·투기 등으로 성공한다. 그러나 천동화기나 태양화기 등이 회조하면 재물로 인하여 시비구설이 발생하게 된다. 기타 앞에서 논한 태음 재백궁일 때의 기본정황을 참고하라.

사해궁의 태음은 독좌하며 천기가 대조한다. 해궁의 태음은 입묘(入廟)하면서 길격을 형성하고 사궁의 태음은 함지이다. 하여 해궁이 사궁보다 길하다. 사궁의 태음은 반드시 길성이나 록성을 만나야 재록이 성하게 된다. 만약 길성이 없으면 재물로 인하여 파동이 많고 고생하거나 손재가 따른다. 살기형성이 중하면 재물로 인하여 구설·손재·관재 등을 면하기 어렵다. 이런 경우 직장생활이 유리하며 투기나 불안전한 투자는 금물이다. 이는 해궁의 태음도 마찬가지이다.

해궁의 태음이 정황이 길하면 재록이 풍부한데, 주로 지위나 명예로 인하여 득재(得財)하는 특징이 있다. 과문제성(科文諸星)을 보면 더욱 그러하다. 해궁의 태음이 비록 화록이나 록존이 동궁한다 해도 사업보다는 직장이 유리하다. 그러나 명궁의 태양·천량이 록성과 동도하면 개인 사업을 하는 경향이 많다. 기타 앞에서 설명한 태음이 재백궁일 때의 기본 정황을 참고하라.

(6) 태음 질액궁

태음이 질액궁이면 주로 비뇨기·생식기 그리고 허리와 하복부질환에 걸리기 쉽다. 태음은 음수(陰水)에 속하므로 생식기와 주로 관련되는데 만약 살기형성이 중하면 자궁병·냉증(冷症)·생리불순·조루(早漏)·다뇨(多尿)·당뇨(糖尿)·수종(水腫)·신경성 발기불능 등에 걸리기 쉽다. 또한 복통과 장포만을 비롯한 이명(耳鳴)·시력감퇴 등도 유의해야 한다.

자오묘유궁의 동월 조합은 위장(胃臟)과 비장(脾臟)·생식기 질환에 더욱 유의해야 한다. 이유는 태음의 오행이 水인데 천동 역시 오행이 水인 고로 水가 태과하여 문제가 되기 쉽다. 또한 동월조합은 안병(眼病)에 역시 유의해야 한다. 기타 천동편 질액궁 중 동월조합 부분을 참고하라.

진술축미궁의 태양·태음 조합은, 태양 편 중 일월조합이 질액궁일 때의 정황을 참고하라.

인신사해는 태음이 천기와 만나 기월조합을 이룬다. 이 조합은 부인과 질병을 유의해야 한다. 남자의 경우 성기능 저하와 관련이 많다. 살기형성이 중하면 생식기 질환을 비롯한 목질(目疾)·간(肝)·신경쇠약이나 신경과민 등 주로 신경성질환에 유의해야 한다. 기타 천기편 중 기월조합이 질액궁일 때의 정황을 참고하라.

(7) 태음 천이궁

태음이 천이궁이면 다른 사람과 경쟁관계는 바람직하지 않다. 타협과 양보 등 유연한 관계가 좋다. 이는 태음이 주로 정(靜)하고 장(藏)하는 성이므로 이러한 인간관계가 더욱 바람직하다는 것이다. 태음이 천이궁이면 일반적으로 고향을 멀리 떠나 발전하는 것이 좋다.

입묘하면 인연이 많고 교제가 넓고 활발하다. 함지이면 밖에서 시비나 음모(陰謀)에 시달리기 쉽다. 특히 양타나 화령을 보면 그러하다. 이런 경우 타인에 의지하여 일어서야 하는데 수동적인 자세가 좋다.

태음이 보좌길성을 보면 인간관계가 넓고 좋으며 타인의 존중과 신임을 받는다. 길성과 록성이 동도하면 고향 떠나거나 외국으로 가서 발전하게 된다. 록존이나 태음화록이 되면서 천마를 만나 록마교치(祿馬交馳)를 이루면 국제무역이나 유통업·운수업·여행업 등으로 성공하는데, 주로 개인사업과 관련이 많다.

과문제성이 동도하면 명예를 얻는데, 주로 집을 떠나 공부하거나 아니면 외국에 유학(留學)한다. 보필·괴월을 보면 밖에서 주변사람의 음덕을 입는다. 창곡을 비롯한 도화제성을 보면 인간관계가 넓다. 그리고 주로 이성(異性)이나 여성으로 부터 관심과 도움을 받는다. 그러나 살성이 중하면 이성문제로 나타나는데, 혼 후에는 외도로 인하여 번뇌가 따르고 손해를 보게 된다. 태음이 살기형성이 중하면 밖에서 시비구설과 손재가 있는데, 비록 분주하게 움직이지만 소득이 없고 타인으로부터 피해를 입게 된다. 태음화기에 겁공이 동도하면 타 지역에 투자를 해서는 안 된다. 함지의 태음이나 낮에 생한 사람은 더욱 불리하게 전개된다.

자오묘유궁의 태음은 천동과 동궁하거나 마주한다. 이 조합이 록을 보면서 정황이 길하면, 고향 떠나 발재(發財)하는데 주로 자수성가한다. 특히 오궁의 동월조합이 경양을 보면서 록성과 길성이 동도하면 '마두대검격(馬頭帶劍格)'을 이루게 되어 대부(大富)가 된다. 천동이나 태음화기가 되면 고생해도 이루는 것이 없고 진행하다가 좌절을 경험하게 된다. 살성이 중하면 더욱 불리하다. 기타 천동 편 중 동월조합이 천이궁일 때의 부분을 참고하라.

진술축미궁의 태양·태음 조합이 천이궁이면 주로 이동과 변화가 많다. 축미궁의 일월이 천이궁이면서 보좌길성을 보면 학문과 명예로 안주한다. 록성을 보면 원방구재(遠方求財)하기에 이롭다. 축미궁의 일월은 주거지의 변화가 많고 역마적인 속성이 강하다. 그리고 술궁태음은 입묘하므로 진궁의 태음에 비하여 기본적으로 유리하다. 기타 앞에서 설명한 태음천이궁의 기본 정황과, 태양편 중 일월조합이 천이궁일 때의 부분을 참고하라.

인신사해궁에서는 태음이 천기와 동궁하거나 서로 마주한다. 만약 기월이 동궁하면 이동이 많고 분주하게 활동한다. 인신궁의 기월은 살성에 민감한데 양타·화령·천형 등을 보면 밖에서 고생해도 보람이 없고 인간관계가 소란하며 시비구설과 손재를 경험한다. 천월·병부 등 질병성계를 보면 사고나 건강이 문제가 된다. 기월조합이 천기화기가 되면 다잡은 기회를 놓치거나 생각만 하다가 오히려 기회를 놓치거나 한다. 기타 앞에서 설명한 태음 천이궁의 기본정황과, 천기 편 중 기월조합이 천이궁일 때의 정황을 참고하라.

(8) 태음 노복궁

태음이 입묘하면서 야생인(夜生人)이면 교제가 넓고 많으며 타인의 조력을 입게 된다. 만약 낙함(落陷)하면서 일생인(日生人)이면 기본적으로 불리한데 서로 관계가 유익하지 않고 곤란하며 손해를 본다. 태음화록이면 친구나 아랫사람으로 인하여 이익을 얻거나 그 사람의 도움으로 구재(求財)한다.

태음이 과문제성(科文諸星)을 보면 친구나 아랫사람이 총명하고 명예가 있다. 이 경우 자신의 문하생도 많으며 문하생이나 지인(知人)이 명리(名利)를 얻는다. 괴월·보필을 보면 친구나 아랫사람으로부터 지원을 받고 협조하게 된다.

태음이 양타·화령을 비롯한 살기형성이 중하면 주로 아랫사람이나 친구·형제 때문에 일생 부담을 받거나 서로 불화하며 손해를 끼친다. 살성에 음살·천요 등이 동도하면 주변사람이 배반하거나 모함(謀陷)을 한다. 또는 사기(詐欺)를 당하게 된다.

태음이 독좌하면서 입묘하면 친구나 아랫사람과의 관계가 유정하고 도움을 받는다. 함지에 거하면 손해를 주는 사람을 만난다.

태음이 길성을 보는 가운데 살기형성도 회집하면 처음엔 잘하지만 나중에 불협하거나 서로 원망하기 쉽다. 함지의 태음은 더 불리하다. 만약 일월조합이면 사람관계가 변화가 많고 종잡을 수 없는데 살성이 가하면 결국 우정과 신의를 잃게 된다.

(9) 태음 관록궁

태음은 富를 주하며 貴주로 하지 않는다. 따라서 사업궁에 거하면 재물적으로 유리하게 본다. 그러나 태음이 창곡을 비롯한 과문제성을 보면 주로 공직·연구직·교육직·기획부서·문화사업·공중복무업·문예·언론 등에 종사함이 길하다. 관리직종에 종사하면 약간 불리하다. 태음이 길성과 도화성계를 보면 문화·예술 방면에서 발달한다. 만약 록존이나 화록을 보면서 권과가 회조하면 개인 사업방면에서 유리하다.

범 태음이 관록궁에서 보좌길성을 보면 사회적 지위와 명예가 높으며 다수의 지지를 얻는다. 태음이 입묘하면서 기월동량격을 이루고 만약 태음화록·천동화권·천기화과가 되면 군·경·법률·정계 등에 종사할 수 있다. 다만 한두 개의 살성은 이러한 업종과 관련이 있지만 살성이 중중하면 오히려 문제가 된다.

태음이 관록궁에서 사살을 비롯한 화기와 천형 등의 회집이 심하면 직장문제로 파란이 많으며 일생 사업이나 직장이 불안정하기 쉽다. 이 경우 대한의 정황이 약간만 불리해도 직장에서 번뇌가 많은데 중하면 파직(罷職)을 당하기도 한다. 사업가는 파재(破財)가 있게 된다. 태음이 보좌길성을 보는 가운데 살성이 같이 동도하면 불안전한 사업이나 투자는 금물이다. 이런 경우 안정적인 형태의 직업이 길하다.

자오묘유궁의 태음은 천동과 동궁하거나 대조한다. 자궁과 유궁에서는 태음이 입묘(入廟)하는 고로 오궁과 묘궁에 비하여 길하다. 다만 오궁의 동월조합일 경우 경양이 동궁하면서 록성과 길성이 동도하면 마두대검격이 되어 부귀쌍전(富貴雙全)한다. 기타 천동 편 중 자오묘유궁의 동월조합이 관록궁일 때의 부분을 참고하라.

축미궁에서는 태양과 동궁하고, 진술궁에서는 태양과 마주한다. 축궁과 술궁에서는 태음이 입묘하는 고로 미궁과 진궁에 비하여 기본적으로 유리하다. 일월조합이 태양화기를 보면 외적인 일보다 내무(內務)적인 업무가 좋다. 만약 태양화록이면 선귀후부(先貴後富 : 먼저 귀함을 얻고 후에 재물이 따름)하며 태음화록이면 재물이 명예나 귀보다 중요한 작용을 하게 된다. 기타 태양 편 중 진술축미궁의 일월조합이 관록궁일 때의 부분을 참고하라.

인신궁에서는 천기·태음이 동궁한다. 천기 편 중 인신궁의 기월이 관록궁일 때의 부분을 참고하라.

사해궁의 태음은 독좌하며 대궁으로 천기가 회조한다. 해궁의 태음이 사궁에 비하여 상당히 유리하다. 사궁의 태음은 함지에 거하게 되어 불리한데, 만약 사살을 비롯한 화기를 보면 일생 직업적으로 파동이 많고 한 가지 직업을 영위하기 어렵다. 사업을 하면 좌절이 많고 파재를 경험하게 된다. 이렇게 살성이 중하면 개인사업보다는 안정적인 직장이 우선이다. 이 경우 대한의 정황을 정확히 보고 사업이나 투자를 결정해야 한다.

사궁에 태음은 보좌길성이나 록성의 지원이 없으면 기본적으로 사업이 불리하다. 사해궁의 태음이 살성과 길성이 동시에 동도하게 되면 주로 전기·전자·컴퓨터·통신·설계·광고 등의 업종에 길하다. 과문제성을 보면 더욱 그러하며 이러한 분야에서 연구하거나 교육을 할 수 있다. 기타 천기편 중 기월조합이 관록궁일 때의 부분을 참고하라.

(10) 태음 전택궁

태음은 주로 富하는 성이기 때문에 전택궁에 거하면 길하게 본다. 태음이 입묘하고 야생인(夜生人)이면서 보좌길성을 보면 조업을 이어 받거나 사업을 이루고 전택으로 인하여 득재(得財)한다. 함지의 태음은 기본적으로 불리한데, 주로 사업적으로 문제가 되거나 주거지를 비롯한 부동산으로 인하여 고민이 많고 손재를 경험하게 된다.

태음이 입묘(入廟)하면서 길하면 주택이나 사무실의 환경이 좋고 편안하며, 낙함(落陷)하면서 살성이 비치면 부동산으로 인하여 번뇌가 많다. 태음이 살기형성이 중중하면 주거지와 사무실 등 부동산 때문에 시비구설이 많거나 매매 등으로 손재를 당하게 된다. 만약 여명일 경우 명궁이나 身궁이 불리한데 전택궁으로 살기가 중하면 부인과 질환을 비롯한 유산·낙태 등에 유의해야 한다. 함지의 태음이 전택궁에서 화기나 천형 등 살성이 중하면 주로 여성육친과의 연이 불리하게 된다.

대한이나 유년의 전택궁으로 태음이 낙함하면서 살기형성이 중하면 주로 사업이나 부동산으로 인하여 손재나 시비가 있다. 이 경우 부동산에 투자하면 안 된다. 여명이 태음화기에 살성과 도화성계가 전택궁으로 들어가면 이성이나 배우자 문제로 인하여 감정좌절이 있다.

자오묘유궁에서는 동월 조합을 이룬다. 이 조합이 길성을 보면 주로 거주지나 사무실이 심리적으로 편안하고 안정감이 있다. 록성을 보면 부동산에 투자하여 이익을 있는데 동월이 동궁하는 자오궁에서는 더욱 길하다. 살기가 중하면 부동산으로 인한 번뇌가 많고, 손해를 보게 된다. 기타 앞에서 설명한 태음 전택궁의 기본 정황과, 천동 편 중 동월조합이 전택궁일 때의 부분을 참고하라.

진술축미궁의 태음은 태양과 조합을 이룬다. 일월조합이 보좌길성이 동도하면 주거지나 사무실의 환경이 비교적 좋다. 과문제성(科文諸星)이 동도하면 연구나 교육 등 학문중심의 방면에서 길하다. 일월조합이 록성과 길성을 보면 부동산으로 득재(得財)하거나 부동산업종에 종사하면 길하다. 살기형성이 중하면 부동산으로 인하여 시비구설과 손재 그리고 사업적으로 파동을 겪게 된다. 여명일 경우 부인과 질환과 유산(流産)을 유의해야 한다. 기타 앞에서 설명한 태음전택궁의 기본정황과, 태양 편 중 일월조합이 전택궁일 때의 기본정황을 참고하라.

인신사해궁에서는 태음과 천기가 동궁하거나 대조하여 기월조합을 이룬다. 앞에서 설명한 태음 전택궁의 기본적인 길흉과, 천기 편 중 기월조합이 전택궁일 때의 정황을 참고하라.

(11) 태음 복덕궁

태음은 정서적이고 향수적인 성이므로 복덕궁에 거하면 심리적으로 편안하고 조용한 분위기를 좋아한다. 태음 복덕궁은 사상이 감성적이고 이상적이므로 외부적인 경쟁심은 없다. 만약 태음이 입묘하면서 길성을 보면 취미가 고상하고 정서적으로 안정하다. 성격도 한결같으며 낙관적이다. 겁공과 천형을 보면 사상이 공허하며 탈속(脫俗)적이다. 양타·화령을 만나면 심리적으로 불안하고 민감하게 변하게 되는데 스스로 번뇌를 자초하기 쉽다. 태음이 창곡과 도화성계를 보면 기호가 있으며 감수성이 풍부하고 문예(文藝)에 관심이 많다.

태음이 함지에서 살기형성이 중중하면 우울증·대인기피증·자폐증 등의 증상에 유의해야 한다. 천동과 동궁하면서 살성과 화기를 맞으면 가장 불리한데, 주로 지능이 낮거나 심리적으로 민감하거나 우울하기 쉽다.

천동·태음 조합이 복덕궁이면 그 사람의 성정이 정서적이며 안정과 평화를 원한다. 보좌길성을 보면 문예(文藝)에 관심이 많고 성격이 원만하다. 또한 정서가 평안하고 고상하며 스스로 즐거움을 찾고 정신향수를 누린다.

묘궁의 태음은 낙함하여 심리적으로 고단하기 쉬운데, 만약 살성과 화기가 동도하면 성격이 초조하거나 민감하며 정서적으로 불안하다. 동월조합은 성계의 특징이 정서적인 조합에 해당하므로 살기형성을 가장 꺼린다. 만약 살기형성이 중하면 지능저하나 우울증·대인기피증 등의 질환에 유의해야 한다. 기타 천동 편 중 동월조합이 복덕궁일 때의 부분을 참고하라.

태양·태음 조합은 축미궁에서는 동궁하며 질술궁에서는 서로 대조한다. 축미궁에서 보좌길성을 보면 사람이 총명하고 학구적이며 임기응변을 잘한다. 그러나 살성이 가하면 심리적으로 안정하지 못하여 불안하게 된다. 타라와 영성을 보면 번뇌가 증가한다.

진궁의 태음은 낙함하므로 록존이나 길성의 지원이 있어야 비로소 심리적인 평안을 얻는다. 천형을 비롯한 살성을 보면 사상이 탈속적이며 고독하다. 술궁의 태음은 정서적으로 은중하고 속이 깊다. 그러나 진술궁의 태음이 살성을 보면 총명한 반면 사람이 계략(計略)적이고 임기응변이 강하다. 기타 태양 편 중 태양·태음 조합이 복덕궁일 때의 부분을 참고하라.

인신사해궁에서는 태음이 천기와 조합을 이룬다. 인신궁의 기월은 사람이 총명·호학하며 정서적으로 민첩하고 사고력이 뛰어나다. 만약 창곡을 비롯한 과문제성을 보면 학문이 높고 창의력이 있다.

사궁의 태음은 함약(陷弱)하여 심리적으로 불안하기 쉬운데, 반드시 보좌길성의 지원이 있어야 비로소 안정하다. 해궁의 태음은 비교적 정서적으로 안정하고 스스로 복을 찾아서 누릴 수 있다. 기월조합이 함약하면서 살성을 보면 감수성이 예민해지고 불안한 심리를 가지게 된다. 타라·영성 등과 동고하면 자기불만이 많아지고 우울하기 쉽다. 화성·천형·경양 등과 동고하면 성격이 급하고 너무 앞서 생각하는 성격으로 인하여 스스로 번뇌를 자초한다. 기타 천기 편 중 기월조합이 복덕궁일 때의 부분을 참고하라.

(12) 태음 부모궁

태음이 부모궁에 있으며 형극을 주로하지 않으며 부모 자식 간에 서로 화합한다. 만약 태음이 입묘하면 비록 한두 개의 살성을 보더라도 부모와 대립하지는 않는다. 다만 생리(生離)가 있을 뿐이다. 태음이 입묘하고 보좌길성을 보면 부모와 화합하고 가정이 화목하다. 과문제성이 회집하면 부모가 명예가 있고 다른 사람에게 칭송을 받는다. 록성과 동궁하면 부모가 선대로부터 유산(遺産)을 받거나 재산이 있으며 사회적인 능력을 발휘한다.

함지의 태음은 모친(母親)에게 불리하다. 특히 양타·화령을 보면 더욱 모친과의 연이 불리하게 된다. 이처럼 함지의 태음이 살기형이 중중하면 조실부모 하거나 부모형극이 있게 된다. 또는 유년(幼年)에 부모가 이혼(離婚)하는 경우도 허다하다.

태음이 낙함하고 살성과 천월·병부·천형 등 질병성계를 보면 모친이 질액적으로 문제가 되어 인연이 없다. 혹 부모의 지원이나 보살핌을 적게 받는다.

천요를 비롯한 도화성계와 천형이 동도하면 모친이 이혼하거나 재가(再嫁)하는 경우도 있는데, 이 경우 자신은 부친을 따라가게 된다.

태음화기에 살성이 중하면 부모와 인연이 불리하기도 하지만 윗사람이나 상사(上司)와 불화하기도 한다.

태음이 천마·천허와 동도하면서 살성이 없으면 부모와 헤어지거나 서로 다른 곳에서 거주한다. 만약 화령·양타의 성계가 가하면 부모와 불화하거나 서로 떨어져 살게 된다.

자오묘유궁에서는 태음·천동이 동궁하거나 서로 대조한다. 앞에서 논한 천동복덕궁의 기본정황과 천동편 중 동월조합이 부모궁일 때의 부분을 참고하라.

진술축미궁에서는 태음·태양이 동궁하거나 서로 마주한다. 앞에서 설명한 천동복덕궁의 기본정황과 태양편 중 일월조합이 복덕궁일 때의 부분을 참고하라.

인신사해궁에서는 태음·천기가 동궁하거나 서로 마주한다. 천동복덕궁의 기본정황과 천기편 중 기월조합이 복덕궁일 때의 부분을 참고하라.

9) 탐랑성

(1) 탐랑의 기본적인 성정

탐랑(貪狼)은 오행이 갑목(甲木)이며 북두의 제一星이다. 화기(化氣)는 도화(桃花)이며 주사(主事)는 화복(禍福)이다.

한자(漢字)로 '탐할 탐(貪)'에 '이리 랑(狼)'이다. 한자(漢字)가 의미하고 있는 특징만 잘 이해해도 탐랑에 대한 성정을 거의 알 수 있다. 탐한다는 뜻은 탐랑이 사물에 대하여 소유욕과 관심이 많다는 것을 의미한다. 실제로 탐랑은 십사정성 중에서 물욕(物慾)·정욕(情慾)을 대표하는 별이다. 탐랑이 좌명하면 사람이 모든 분야에 관심과 기호가 많고 재적인 기도심도 강하다. '이리 랑'이 의미하는 것은 탐랑을 표현할 때 가장 잘 어울릴 수 있는 뜻이기도 하다. 이리라는 동물을 평가할 때 흔히 꾀가 많고 요상하고 사납기도 한 동물로 여긴다. 또한 이리는 타인을 홀릴 수 있는 비상한 재주를 가지고 있다고도 하는데, 사람으로 비유하면 주로 비인간적인 면으로 표현을 많이 하기도 한다. 고인이 탐랑에 관하여 좋지 않은 표현을 많이 하였는데, 주로 이러한 성정으로 인하여 좋지 않게 보았을 것이다. 실제 탐랑이 좌명하면 사람이 재주와 기교가 있으며 처세가 유연하고 움직이기 좋아하여 여러 분야에서 통하는 팔방미인형이다.

탐랑의 원래 호감(好感)형인 데다가 언행이 유연하여 기본적으로 사교·접대를 잘한다. 하여 십사정성 중에서는 사교력과 친화력이 제일 좋다. 또한 취미와 기호가 다양하여 잘 배우고 잘 응용한다. 또한 신비로운 분야에 대하여 관심도 많다. 탐랑은 개성이 원만하고 상황에 대처하는 능력도 탁월하다. 탐랑의 이러한 속성으로 잔꾀나 요령형이 되기도 한다. 또는 자기를 포장하거나 겉치레를 잘하는 것으로 보이기도 한다.

탐랑은 기본적으로 진술축미궁을 좋아하고 자오묘유궁을 싫어한다. 이유는 탐랑의 화기(化氣)가 도화(桃花)인데, 자오묘유궁도 도화지에 해당하여 주색잡기 등 도화로 인한 문제가 증폭되어 화를 입게 되기 때문이다. 그리고 이러한 궁에 거하면 정욕(情慾)뿐만 아니라 물욕(物慾)도 더욱 심해져 파동이 생기므로 불길하게 보는 것이다.

탐랑은 일처리나 사고방식이 성급한 면도 있는데, 경양이나 화성을 보면 더욱 그러하다. 그러나 탐랑이 명궁이면서 身궁이 자미·천부가 되거나 또는 타라·영성 등과 만나면 급하지 않고 약간 느긋한 성향으로 변한다. 또한 탐랑은 사물이나 음식·취미·인간관계·학문 등에 집착이 강한 별이기도 하다.

한마디로 탐랑은 다재다예(多才多藝)한데, 문예를 즐기고 좋아할 뿐만 아니라 심미안(審美眼)을 가지고 있다. 말주변도 있어 타인을 감화시키며 주목을 받기도 한다. 그러나 탐랑 자체의 내적인 속성은 여리고 감성적이며 심약(心弱)한 면이 있다. 대인관계가 유연하고 좋지만 무리를 이끌 수 있는 강직한 면이 없기에 분위기나 인정으로 화합하거나 결속력을 가지게 된다.

탐랑에 관한 구결 중 '호시소혜 화적위우(好施小惠 化敵爲友 : 작은 은혜를 베풀기 좋아하고, 적을 친구로 만든다)'라는 구결이 있는데 탐랑의 임기응변을 엿볼 수 있는 구결이다.

탐랑은 기본적으로 기호와 향수가 강한데 자미두수에서는 14정성 중에서 정도화

(正桃花)의 별이다. 그 만큼 도화적인 속성이 강하다는 뜻이다. 탐랑이 보좌길성을 보면서 정황이 길하면 이러한 도화는 문예적인 소질을 발휘하여 이름을 알린다. 특히 예능으로 발달하거나 관심을 가지게 된다. 탐랑이 천요를 비롯한 홍란·천희·목욕·함지 등의 도화제성이 동도하면서 정황이 길하면 예능계열(디자인·설계·광고·음악·미술·사진·영상·보석·의류·화장품·화원 등)이나 문학·창작 등에서 뛰어나다. 그러나 살성이 동도하면서 도화성계가 동시에 회집하면 주색잡기에 방탕하기 쉽고, 여명은 실족(失足)하거나 화류계의 직업을 가질 수 있다.

탐랑은 록권과(祿權科)를 좋아한다. 만약 록성과 동궁하면 부격(富格)을 이루기 쉽다. 록을 보면개인 사업에 관심이 많은데, 주로 투기성향의 사업에 관심을 가지기도 한다. 화록은 주로 富하며 화권·화과는 주로 貴하다.

탐랑이 살기형성이 중하면 탈속(脫俗)적이기도 한데, 주로 문학·고전·역학·종교 등 정신세계와 관련한 직업을 가지기도 한다.

탐랑은 육살성 중에서 화성·영성과 만나는 것을 제일 좋아한다. 탐랑이 화성을 만나면 화탐격(火貪格)이 되고 영성과 만나면 영탐격(鈴貪格)이 되어 재적으로 횡발하기 쉽다. 이는 탐랑이 오행으로 갑목(甲木)인데 화성 병화(丙火)를 만나면 일종의 목화통명(木火通明)을 이루는 이치와 같다고 본다. 이 경우 록성이 동궁하면 재적으로 강한 횡발을 할 수 있다. 그러나 탐랑이 화령을 좋아하지만 탐랑화기가 되면 횡발 후 횡파하기 쉽다.

탐랑은 또한 지공·지겁을 꺼리지 않는다. 공겁을 보면 당사자의 성정이 생각이 깊고 성실하게 변하기 때문이다. 탐랑이 공겁을 보면서 길하면 기예(技藝)로서 발달한다.

탐랑은 천형을 보면 오히려 좋아하는데 성격이 민감하지만 사람이 단정하며 총명하고 자율적인 성향으로 변한다.

탐랑이 육살(六煞) 중에서 가장 꺼리는 것은 타라와 경양이다. 탐랑이 亥子궁에서 양타를 보면 범수도화(泛水桃化)라고 하며, 寅궁에서 타라와 동궁하면 풍류채장(風流採杖)이라 한다. 이는 도화가 지나쳐 주색잡기로 인하여 문제가 발생하게 되는 격이다. 그러나 午궁의 탐랑이 경양과 동궁하면 마두대검(馬頭帶劍)이 되어 길하다.

탐랑은 문창·문곡을 좋아하지 않는다. 탐랑이 문창·문곡과 동도하면 탐창(貪昌)·탐곡(貪曲)이라 하여 위인이 다허소실(多虛小實)하다고 하였는데, 만약 살성을 보면 일생 사고나 잔질(殘疾)로 고생한다고 하였다. 그리고 탐랑이 창곡을 보면 작사전도(作事顚倒 : 일의 진행사가 도중에 뒤집어엎어짐)에 분골쇄시(粉骨碎屍)라 하였는데, 모두 탐랑과 창곡이 동도할 때 일어날 수 있는 현상이다. 이 경우 탐랑화기나 되거나 창곡이 화기가 되면 더욱 흉하다. 탐랑이 창곡을 꺼리는 이유는, 창곡은 학문이나 명예와 관련한 별인데 탐랑은 이와 대립되는 도화성에 해당하는 성이므로 두 성계가 만나면 서로 이질감이 나타나기 때문이다. 그리고 탐랑이 창곡을 보면서 기타 도화제성을 만나면 학문성의 창곡이 오히려 도화성계로 되어 범수도화(泛水桃花)의 정황이 된다. 이렇게 되면 당사자가 진행하는 일들이나 건강 등이 순탄하지 않게 되는 것이다.

고인이 이르길, 탐랑에 대하여 '탐거왕궁 종신서절(貪居旺宮 終身鼠竊 : 탐랑이 왕지에 거하면 종신 쥐처럼 훔치는 사람이 된다)'이라는 구절이 있다. 탐랑이 왕궁이면 물욕·정욕이 그만큼 강해진다는 의미이기도 한데, 소위 탐거왕궁(貪居旺宮)은 다음과 같은 조건일 때를 의미한다. 申子辰년생 子궁탐랑, 寅午戌년생 午궁탐랑, 亥卯未년생 卯궁탐랑, 巳酉丑년생 丑궁탐랑일 때 이와 같이 표현한다.

탐랑이 수명(守命)할 경우 身궁이 칠살이나 파군이면 좋지 않다. 일생 파란이 많은데 주로 부탕(浮蕩)하여 주색도박에 빠지게 쉬우며 기호가 불량하다. 재적으로도 재래재거(財來財去)가 심하다. 살성과 도화성계가 회집하면 더욱 흉하다. 반드시 보좌길성의 지원이 있어야 한다.

❁ 탐랑 子·午궁(탐랑 독좌, 대궁 자미)

이 조합은 탐랑이 독좌하므로 탐랑성이 가지고 있는 기본 성정이 많이 나타난다. 대궁으로는 자미가 회조하여 자탐조합을 이룬다. 자궁의 탐랑은 대궁 자미의 영향을 많이 받는다. 이는 대궁의 자미가 왕지(旺地)에 거하기 때문이다. 오궁의 탐랑은 대궁 자미가 평지(平地)에 거하여 자미의 영향을 적게 받는다.

탐랑은 기본적으로 도화의 성이다. 그런데 자오묘유궁에 안명하면 더욱 도화격국이 된다. 이는 자오묘유궁 자체가 도화지(桃花地)이기 때문이다. 하여 두수에서 자오묘유궁의 자탐조합은 대표적인 도화격국으로 분류하게 된다. 만약 천요를 비롯한 기타 도화제성이 동궁하면 더욱 이러한 명격을 이루게 된다.

그런데 자오궁의 탐랑은 묘유궁의 자탐 동궁조합에 비하여 부탕(浮蕩)한 성질이 비교적 적게 나타난다. 사람이 문예를 좋아하고 처세가 유연하기는 하나, 생각이나 사상이 종교나 철리적인 면이 있다. 그러나 자궁의 탐랑이 경양과 동궁하면 범수도화(泛水桃花)가 되어 주색도박에 유의해야 한다. 하지만 오궁의 탐랑이 경양과 동궁하면 오히려 길하여 '마두대검격(馬頭帶劍格)'이 된다. 오궁의 탐랑을 목화통명(木火通明)이라고 하기도 한다.

자오궁의 탐랑이 보좌길성을 보면 사람이 학문이 있고 문예적이며 명예가 있다. 록성을 보면 부유하게 되는데, 이 때 화성·영성을 만나면 재적으로 더욱 길하여 횡발한다. 록성과 살성이 같이 동도하면 상업이나 기술계열에 종사한다.

자오궁의 탐랑이 창곡을 비롯한 도화성계를 보면 문화·예술방면(디자인·연기·화원·화장품·광고·미용·보석·사진·장식계열 등)에 종사한다. 과문제성(科文諸星)이 동도하면 언론·교육·연구 방면에 관련된다.

탐랑화권은 길하지만 대신 살성을 많이 만나면 자신의 취미생활이나 접대 등으로 인하여 실익이 없고, 심하면 손재나 파재하는 경우가 허다하다.

탐랑은 화기를 꺼리지 않는데, 재백궁의 파군이 반드시 화록이 되기 때문이다. 탐랑이 화기가 되면 비록 교제나 접대로 인하여 한없이 바쁘기는 하지만 재적으로는 성공하는 경우가 많다. 하지만 자신의 건강문제가 있기 쉽다. 한두 개의 살성이 가하면 건강측면으로 더욱 문제가 많다.

만약 申子辰년생이 子궁에 안명하거나, 寅午戌년생이 午궁에 안명하면 '탐랑입왕향(貪狼入旺向)'이라 하여 물욕·정욕이 증가하고 감정창상이 있다. 이렇게 되면 사람이 소탐대실(小貪大失)하게 되므로 인격적인 수양이 필요하다. 기타 앞에서 설명한 탐랑의 기본적인 성정편을 참고하라.

⊛ 탐랑 丑·未궁(무곡·탐랑 동궁, 대궁 공궁)

축미궁에서는 탐랑이 무곡과 동궁하며 대궁은 공궁이다. 무곡편 중 축미궁의 무탐조합 부분을 참고하라.

⊛ 탐랑 寅·申궁(탐랑 독좌, 대궁 염정)

인신궁에서는 탐랑이 독좌하며 염정이 대조하여 염탐조합을 형성한다. 인신궁의 탐랑은 대궁 염정이 입묘하고 삼방의 성계들이 힘이 있으므로 사해궁의 염탐 동궁조합보다 안정적인 격국을 이루게 된다.

사람이 다정하고 언행이 유연하며 주변 상황에 대처하는 능력이 있다. 여러 가지 사물이나 학문에 관하여 관심과 기호가 있으며 문예와 향수를 즐길 줄 안다. 이 조합이 과문제성(科文諸星)을 보면 조년(早年)에 공명현달(公明顯達)하며 학문과 명예가 높은데, 창곡을 비롯한 도화성계가 회조하면 예능계열이나 문학·언론·교육 등의 분야에서 발달한다. 화록이나 록존이 동도하면 재적 기도심을 가지게 되는데 이 경우 사업적으로 발달하기도 한다. 다만 창곡만 보는 것은 좋지 못한데 매사 다허소실(多虛小實)하게 된다. 만약 창곡이 동도할 경우 삼방사정으로 반드시 보필·괴월을 비롯한 화권·화과의 지원이 있어야 합격이다.

인신궁의 탐랑이 록성과 화성이 동궁하거나 대조하면 화탐격(火貪格)을 형성하여 횡발한다. 영성은 영탐격(鈴貪格)이 되지만 그 힘은 화성에 비하여 약하다. 만약 화탐격에 천마까지 동도하면 록마교치(祿馬交馳)를 이루어 재적으로 더욱 대길하다.

인신궁의 탐랑이 사살을 비롯한 살기형성이 중하면 뜻을 얻기 어렵고 요행을 바라며 바쁘기만 할 뿐 실속이 없다. 살성과 천요를 비롯한 도화성계가 동도하면 주색도박에 빠지고 생각이 허황되며 사람이 간교해지거나 좋지 못한 일로 이리저리 휩싸이게 된다. 만약 천형과 경양 등 형성(刑星)이 가하면 법과 의리를 어기다가 관재를 당하게 된다.

인궁의 탐랑은 특히 타라를 싫어한다. 고인이 인궁에서 타라를 보면 풍류채장(風流綵杖)이라 하였는데, 주로 주색으로 인해 화를 초래한다.

인신궁의 탐랑은 화기를 싫어하지 않는다. 탐랑이 화기면 재백궁의 파군이 반드시 화록이 되기 때문이다. 파군은 화록을 좋아한다. 그리고 탐랑이 화기(化忌)가 되면 도화(桃花)가 재예(才藝)로 변하거나 행동력으로 발달하게 된다.

염정이 화기가 되어 회조하면 유년에 다병(多病)하거나 일생 고난이 많은데, 이처럼 천이궁이 불리할 경우 역마성의 행업은 불리하다. 이 경우 대한이 불리하면 이사를 비롯하여 먼 곳에 이주하는 것은 불리하다.

인신궁의 탐랑이 화권이 되면 여명은 만혼(晩婚)이 좋다. 남명일 경우 배우자가 능력 있거나 처가 재물을 관리함이 이롭다.

❁ 탐랑 卯·酉궁(자미·탐랑 동궁, 대궁 공궁)

탐랑은 묘유궁에서 자미와 동궁하며 대궁은 공궁이다. 앞에서 논한 탐랑의 기본성정과 자미편 중 묘유궁의 자미·탐랑 조합을 참고하라.

❁ 탐랑 辰·戌궁(탐랑 독좌, 대궁 무곡)

탐랑은 진술궁에서는 독좌하며 대궁으로 무곡이 회조한다. 탐랑은 진술축미궁에서는 무탐조합을 형성하지만, 진술궁에서는 탐랑이 독좌하고 축미궁에서는 무곡과 동궁한다. 따라서 진술궁의 탐랑은 탐랑이 가지고 있는 기본 성정이 더 강하게 나타난다.

진술궁의 탐랑은 사람이 유순하고 기본적으로 처세가 유연하며 선하다. 또한 총명하고 탐구심이 강하여 여러 방면으로 기호가 있고 문예적인 성향도 가지고 있다.

화과를 비롯한 창곡·괴월이 동궁하거나 협하면 주로 학문연구와 교육·언론 등에 적합하다. 창곡과 도화성계가 회집하면 주로 예술계열에 관계가 많은데, 디자인·설계·미용·화장품·광고·장식계열 등의 직종에 관련이 많다. 양타를 보면 공업기술계열이나 제조업·건설·토목 등과 관련이 많다. 만약 천형이나 양타를 보면서 보좌길성과 록성을 보면 의료계열이나 해외무역·유통 등의 직업에 관련되는데, 주로 개인 사업가가 많다.

탐랑이 겁공을 비롯한 살성이 중하고 복덕궁이나 身궁으로 창곡 등 학문성계가 들어오면 주로 종교·역학·기수련·명상·고전 등 정신세계에 관심이 많거나 사상이 탈속적이다. 그러나 살기형성이 중하면 건강이 신약하여 일생 문제가 많다.

대궁의 무곡은 재성(財星)이므로 화록이나 록성이 동도하면 더욱 길하다. 만약 탐랑이 화성과 동궁하여 화탐격을 이루고 록성이 동궁하면 재적으로 부유하다.

진술궁의 탐랑은 화기를 싫어하지 않는데, 탐랑화기가 되면 도화(桃花)적인 성향이 化하여 재예(才藝)로 나타나기 때문이다. 탐랑화기는 당사자의 기호를 절제하는 역할을 하기도 하는데, 주로 운동 방면으로 자신의 기호를 나타내기도 한다. 다만 화기가 되면 수많은 교제나 접대로 자신이 힘이 들거나 노력을 많이 해야 한다.

여명이 진술궁의 탐랑이면 비교적 불리하다. 주로 배우자 문제로 고민이 많다. 반드시 연장(年長)의 사람과 혼인해야 해로 한다. 하지만 내심 고통은 면하기 어렵다. 명궁이나 부처궁으로 살기형성이 중하면 더욱 흉하다. 기타 앞에서 논한 탐랑의 기본성정을 참고하라.

❁ 탐랑 巳·亥궁(염정·탐랑 동궁, 대궁 공궁)

탐랑은 사해궁에서 염정과 동궁하여 염탐조합을 이룬다. 앞에서 설명한 탐랑의 기본성정과, 염정편 중 사해궁의 염탐동궁 부분을 참고하라.

(2) 탐랑 형제궁

탐랑이 형제궁이면 일반적으로 형제와 화목하고, 교우관계를 비롯한 그 사람의 교제범위가 넓고 많다. 탐랑이 입묘하고 길성이 가하면 형제가 다정하고 처세술이 있으며 사회적으로 성공한다. 그리고 형제나 친구 등 인간관계가 좋고 화목하다.

탐랑이 형제궁에서 화권·화과를 비롯한 과문제성이 동도하면 주로 명예자나 학문적인 방면의 친구가 많고, 록존이나 화록 등이 동도하면 주로 사업하는 사람과 인연이 많다. 이 두 가지 경우 모두 형제나 친구 등으로부터 도움을 얻거나 서로 화합한다.

탐랑이 낙함하면 형제자매와 인연이 약하다. 특히 사해궁의 염정·탐랑 조합은 가장 불리한 조합이 된다. 사해궁의 염탐이 살성과 천요를 보고 보좌성(輔佐星 : 괴월·보필·창곡을 의미) 중 하나만 형제궁에 거하게 되면 이복(異腹)형제가 있을 수 있다. 그렇지 않으면 친구나 동료·동학(同學) 등 인간관계에서 서로 인정이 없고 다른 마음을 가지게 된다.

탐랑이 살기형성이 중하게 회집하면 형제를 비롯한 친구나 동료 등 모두 인연이 없고 서로 시기하거나 원망한다. 이 경우 형제와 서로 분가(分家)하는 것이 좋으며 또한 형제나 친구와 합작이나 공동으로 하는 사업은 금물이다.

탐랑이 형제궁이면서 화령과 동도하고 길성을 보면 주로 형제나 친구 등 주변사람의 도움이 있고 서로 이익이 있다. 그러나 살기형성이 중하면 갑자기 부담이 생기거나 좋지 않게 되는데 이러한 현상은 사전에 조짐을 알기 어렵다.

자오궁의 탐랑은 형제궁에서는 비교적 길하다. 그러나 거문·천동 조합이 당사자의 명궁이므로 인간관계가 많거나 광범위하다고 보기는 어렵다. 거동은 기본적으로 인간관계가 고독하기 쉬운 조합이기 때문이다. 하지만 탐랑이 보좌길성을 보면 형제나 친구와 서로 화합하며 길하다. 길성과 록성이 동궁하면 형제나 친구의 지원을 받는다. 살기형성이 중하면 형제와 고독하고 서로 맞지 않으며 대인관계가 원만하지 않다. 기타 앞에서 설명한 탐랑 형제궁의 기본정황을 참고하라.

축미궁의 탐랑은 무곡과 동궁하여 무탐조합을 이룬다. 앞에서 설명한 탐랑 형제궁의 기본정황과 무곡편 중 축미궁의 무탐조합 형제궁 부분을 참고하라.

인신궁의 탐랑은 독좌하며 염정이 대조한다. 보좌 길성을 보면 형제가 부귀하고 서로 화합한다. 만약 탐랑이 화탐격이 되면서 록성이 동도하면 형제가 부귀하다. 록성과 천마가 만나 록마교치(祿馬交馳)를 이루어도 형제가 부유하다.

살성이 중하면 형제가 파동이 많은 삶을 살게 되고 또한 서로 불화한다. 사회적으로 대인관계도 좋지 못하여 서로 시기질투하며 손해를 입게 된다. 형제궁이 이처럼 불리하면 형제로 인하여 당사자가 고단한 인생을 살게 되기도 한다. 이런 경우 다른 사람과 동업이나 계약관계도 신중해야 한다. 대궁의 염정이 화기를 맞아도 서로 고극하거나 불화한다. 기타 앞에서 논한 탐랑 형제궁의 기본정황을 참고하라.

묘유궁의 탐랑은 자미와 동궁한다. 앞에서 설명한 탐랑 형제궁의 기본정황과 자미편 중묘유궁의 자미·탐랑 형제궁 부분을 참고하라.

진술궁의 탐랑은 독좌하며 무곡이 대조한다. 이 조합은 형제궁에서 비교적 길하다. 보좌길성을 보면 형제와 화목하고 서로 도움이 된다. 록성과 화령이 동도하면 화탐격(火貪格)을 이루어 형제가 부귀하다. 대궁의 무곡이 록성과 동궁해도 부유하다.

살성이 중하면 형제나 친구와 고극하고 연분이 없다. 형제의 삶도 파동이 많을 뿐만 아니라 형제로 인하여 고단하게 된다. 탐랑화기나 대궁의 무곡이 화기를 맞아도 형제나 친구의 관계가 불리하다. 살성과 천형까지 가하면 더욱 문제가 많다. 기타 앞에서 설명한 탐랑 형제궁의 기본정황을 보고 길흉여하를 판단하라.

사해궁의 탐랑은 염정과 동궁한다. 이 조합은 탐랑 형제궁 중에서는 가장 불리한 조합이다. 앞에서 논한 탐랑 형제궁일 때의 기본 정황과 염정편 중 사해궁의 염탐 형제궁 부분을 참고하라.

(3) 탐랑 부처궁

탐랑이 부처궁이면 남녀를 막론하고 일반적으로 불리하게 본다. 탐랑의 기본성정 자체가 도화적인 성향에 호동(好動)성이 강한 성이므로 배우자궁에 거하는 것을 불안전하게 보는 것이다. 살성이 없더라도 혼전에 이성과 여러 번 장애가 있거나 파절을 경험하며 혼 후에도 배우자 관계가 좋지 않다. 만약 양타·화령·천형 등 살성이 중하면 서로 고독하고 정이 없는데 배우자와 생리사별(生離死別)을 면하기 어렵다. 천요를 비롯한 도화제성이 가하면 배우자가 외도하는데, 주로 첩을 더 총애하고 처를 멸시한다. 이렇게 살기성과 도화성을 보면 삼처지명(三妻之命)이라 하였다. 살기형성이 중하면 혼전에 파절을 경험하는 것이 혼인 후에 극을 면할 수 있다. 그렇지 않으면 반드시 만혼(晩婚)하는 것이 유리하다.

여명이 부처궁에 탐랑이 있을 경우 남편이 외도하면 오히려 극을 면하기도 한다. 살성이 중하면 후처나 첩이되기 쉽고, 그렇지 않으면 나이가 많은 연장자와 혼인해야 비로소 극을 면할 수 있다. 도화성을 보면 배우자는 항상 외도의 암시가 있다. 남명 부처궁에 탐랑이 거하고 도화성계가 있으면 자신이 외도한다.

여명이 탐랑 부처궁에서 타라나 영성이 동도하고 보좌길성과 도화성계를 보면 자신이 외도하게 된다. 이 경우 유부남과 인연이 되는 경우가 허다하다.

부처궁에서 탐랑이 화기(化忌)가 되면 배우자의 도화가 오히려 적게 나타난다. 탐랑화기는 탈애(奪愛)의 속성이 있는데, 만약 부처궁에서 화기가 되면 비록 혼전에 파절이 있지만 혼 후에는 불리하지 않다. 다만 배우자의 건강이 염려가 된다.

지공·지겁이 동도해도 도화의 성향을 감소시키는데, 이 경우 배우자의 사상이 진중(鎭重)하고 태도가 정숙하다.

천형이 동궁하면 배우자가 총명하고 단정하며 탐랑의 도화적인 부분을 감소시킨다. 그러나 부부사이가 유정(有情)하다고는 보기 어렵다. 이 경우 다른 살성이 가하면 역시 파혼하기 쉽다. 이로 미루어 보면 탐랑은 천형이나 겁공·탐랑화기와 동궁하는 것을 오히려 좋게 보는 경향이 있으므로 추단시 유의해야 할 것이다.

탐랑이 화성이나 영성과 동궁하면 연애과정이 빠르게 진행되는데 처음엔 뜨겁게 좋아하다가 오래가지 않아서 식게 된다.

탐랑이 살기형성이 중하면서 천월·병부 등 질병성계가 회집하면 배우자의 건강이 문제가 된다. 탐랑이 경양과 동궁하면 배우자의 성정이 유연한 반면 자존심이 강하고, 타라와 동궁하면 배우자의 얼굴이 험하거나 호감을 받기 어렵다.

자오궁의 탐랑은 독좌하며 자미가 대조한다. 탐랑이 보좌길성을 보면 비교적 서로 화합하는데, 배우자는 기예(技藝)가 있고 사회적으로 명망을 얻는다. 과문제성(科文諸星)을 보면 주로 배우자의 학식과 명예가 높다. 그러나 여명은 자오궁의 탐랑을 불리하게 보는데, 주로 혼전에 파절이 있고 혼 후에는 배우자가 외도한다. 탐랑은 천형·겁공 등과 동궁하는 것을 좋아한다. 탐랑이 보좌단성을 보면 삼자개입이 있게 된다. 도화성계가 회집하면 더욱 불리한데, 주로 가정있는 사람과 연이 있다. 만약 범수도화(泛水桃花 : 자궁의 탐랑이 경양과 동궁할 경우)가 되면 더욱 불리하다. 기타 길흉은 앞에서 논한 탐랑 부처궁의 기본정황 부분을 참고하라.

축미궁의 탐랑은 무곡과 동궁하게 된다. 앞에서 설명한 탐랑 부처궁의 기본정황과 무곡 편중 축미궁의 무탐조합 부처궁 부분을 참고하라.

인신궁에서는 탐랑은 독좌하며 염정이 대조한다. 길성과 문성(文星)을 보면서 정황이 길하면 배우자의 지명도가 있다. 이 경우 부부사이도 비교적 유정하고 화합하는데, 하지만 남명일 경우 외도하기 쉽다. 이 조합은 여명일 경우에는 기본적으로 불리한데, 만약 자신의 명궁으로 살기형성이 중하지 않으면 비로소 부부해로할 수 있다. 록마교치를 이루면 배우자가 능력이 있고 재적으로 성공한다.

살성이 중하면 역시 부부해로가 어렵고 남자는 다른 여자를 추구하게 된다. 화기(化忌)와 살성 그리고 질병성계가 중하면 배우자의 건강이 염려가 된다. 도화성계가 동도하면 외도가 발생하게 되는데, 주로 가정있는 사람과 인연이 많다. 대궁의 염정이 화기가 되어도 불리한데, 주로 재혼하거나 서로 고독하다. 도화성계까지 가하면 연애나 혼인이 더욱 복잡하게 진행된다. 기타 앞에서 논한 탐랑 부처궁의 기본 정황을 참고하라.

묘유궁의 탐랑은 자미와 동궁한다. 탐랑 부처궁의 기본 정황과 자미편 중 묘유궁의 자탐조합이 부처궁 부분을 참고하라.

진술궁의 탐랑은 독좌하며 무곡이 대조한다. 진술궁은 천라지망(天羅地網)궁에 해당하여 도화의 의미가 감소한다. 비록 한두 개의 살을 보더라도 중대한 결함으로 판단하지 않는다. 다만 혼전에 연애좌절을 경험하게 된다. 하여 진술궁의 탐랑은 탐랑조합 중에서 비교적 길하다. 보좌길성과 록성을 보면 부부화합하고 배우자가 명예와 재록(財祿)이 있다. 만약 보좌단성(輔佐單星)을 보면서 살성이 동도하면 연애좌절이 있거나 혼 후에 곡절이 있다. 이 경우 여명이 더 불리한데, 주로 배우자가 외도한다. 도화제성이 동궁하면 더욱 심하다. 진술궁의 탐랑이 화탐·영탐이 되면 부부해로한다. 다만 다른 살성이나 화기를 만나면 불리하다. 기타 앞에서 설명한 탐랑 부처궁일 때의 기본정황을 참고하라.

사해궁의 탐랑은 염정과 동궁한다. 일반적으로 이 조합은 부처궁에서 가장 결함이 많은 조합이다. 앞에서 설명한 탐랑 부처궁의 기본 정황과 염정편 중 사해궁의 염탐 부처궁 참고하라.

(4) 탐랑 자녀궁

탐랑이 자녀궁이면서 입묘(入廟)하면 비교적 길하고 함약(陷弱)하면 보편적으로 불리하다. 탐랑이 보좌길성을 보면 자녀가 총명다재하며 서로 화합한다. 과문제성(科文諸星)을 보면 자녀가 총명하고 명예나 학문이 높다. 이 경우 아랫사람이나 제자복도 있다. 탐랑화록이면 자녀가 임기응변이 있고 사교성이 뛰어나다. 그러나 교만하거나 사치하기 쉽다. 도화성계를 보면 자녀가 사교적이고 기예가 뛰어난데, 살성이 가하면 사치하고 의지가 박약하며 우유부단하다. 그리고 자녀가 이성(異性)이나 배우자문제가 순탄치 않다.

탐랑이 사살(四煞)을 보면 자녀가 적다. 이렇게 살성이 중하면 자녀와 불화하거나 서로 의견이 맞지 않다. 천형을 보면 자녀가 총명·단정하지만 서로 기질이 맞지 않으며 자녀가 병약하기 쉽다. 만약 자녀궁의 탐랑이 살기형성이 중하면 자녀와 서로 극하고 불화하는데 자녀로 인하여 고단하게 된다. 사회적으로 후배나 아랫사람·제자 등의 정황도 같은 맥락으로 이해하면 된다.

자녀궁 탐랑이 살성에 도화제성까지 가하면, 고인(古人)은 본처에게는 아들이 없고 딸만 있으며 첩이나 후처로부터 아들을 얻는다고 하였다. 이 구절이 모두 맞는 말이라고 하기는 어려우나 현실적으로 외도하는 것으로 보면 된다. 아랫사람이나 직원으로 보면 처음에는 서로 정감이 있지만 오래가지 못하는 것으로 보면 된다.

탐랑화기가 되면서 살성이 있으면 역시 첩으로부터 자녀를 얻는다고 하였다. 또 탐랑이 자녀궁에서 도화제성과 좌보·우필 중 단성(單星)을 보면 데릴사위가 있다고 하였다. 이 경우 입묘하면 데릴사위와 서자(庶子)가 화목한데 함지이면 서로 불화한다. 탐랑이 화령과 동궁하면 주로 자녀와 화합하는 가운데 서로 냉담하기도 하다.

자오궁의 탐랑은 자녀수가 3~4인이다. 범수도화(泛水桃花)가 되거나 도화제성을 보면 딸이 많다. 보좌길성을 보면 자녀와 융합하고 자녀가 총명 준수하다. 살성에 천요를 보면 비록 사교성이 있고 영민하지만 사치하거나 요령을 부린다. 여식은 유년에 실족(失足)하기 쉽다. 기타 앞에서 설명한 탐랑 자녀궁의 기본 정황을 보고 길흉을 정하라.

축미궁의 탐랑은 무곡과 동궁한다. 앞에서 설명한 탐랑 자녀궁의 기본정황과 무곡편 중 축미궁의 무탐조합 자녀궁 부분을 참고하라.

인신궁의 탐랑은 독좌화며 염정이 대조한다. 이 조합은 자녀가 2~3인이다. 정황이 길하면 자녀수가 증가한다. 록존이나 보좌길성을 보면 총명하고 문예에 관심이 많으며 과문제성(科文諸星)을 보면 자녀가 명예가 높다. 록마교치(祿馬交馳)가 되면서 길성을 보면 자녀가 재록이 풍부하고 아랫사람이나 제자 등 자신을 따르는 사람이 많고 서로 도움이 된다.

사살(四煞)을 비롯한 천형을 보면 자녀가 유약(柔弱)하고 불화하게 된다. 탐랑화기가 되거나 대궁의 염정이 화기를 맞으면 역시 자녀와 감정 융합이 어렵다. 여기에 살성까지 가하면 자녀가 병약하고 서로 극하는데, 자녀로 인하여 일생 고단한 일이 많다. 이 경우 아랫사람이나 제자 등의 인간관계도 같은 식으로 추단한다. 살성에 천요 등 도화성계가 가하면 자녀가 사치하거나 수단을 부리며 의지가 박약(薄弱)하다. 그리고 주색(酒色)으로 흐르기 쉽고 혼인이 불리하다. 기타 앞에서 설명한 탐랑 자녀궁의 기본정황을 참고하라.

묘유궁의 탐랑은 자미와 동궁한다. 앞에서 설명한 탐랑 자녀궁의 기본정황과 자미편 중 묘유궁의 자탐조합 자녀궁 부분을 참고하라.

진술궁의 탐랑은 독좌하며 무곡이 대조한다. 이 조합은 자녀궁에서는 비교적 좋게 본다. 보좌길성을 보면 자녀가 부귀를 얻고 서로 화목하다. 록성과 길성이 비치면 자녀가 자립심이 있고 자수성가 한다.

사살을 보면 자녀 형극이 있고 서로 불화한다. 탐랑화기나 대궁의 무곡이 화기가 되면서 살성이 회집해도 자녀와 인연이 없고 자녀에게 형극이 있게 된다. 이때 질병성계가 동도하면 자녀에게 재병(災病)이 있게 된다. 진술궁에서 탐랑이 보좌성과 천요를 보면 이복자녀와 인연이 있다. 대궁의 무곡이 화록이 되면서 살성도 중하게 들어오면 만년(晚年)에 자녀와 인연이 없다. 기타 앞에서 논한 탐랑 자녀궁의 기본 정황을 참고하라.

사해궁의 탐랑은 염정과 동궁한다. 탐랑 자녀궁의 기본 정황과 염정 편 중 사해궁의 염탐조합 자녀궁 부분을 참고하라.

(5) 탐랑 재백궁

탐랑은 물욕(物欲)의 별이다. 하여 재백궁에서는 비교적 좋게 판단한다. 탐랑이 재백궁이면 재물에 대하여 금전운용을 잘 발휘하므로 축재(蓄財)하는데 이롭다. 또한 이해타산도 밝아 재적으로 부유해지기 쉽다. 그렇지만 재물을 잘 지키기 어려운 단점도 있다. 탐랑은 재물에 대하여 투기나 공격적인 성향을 나타내므로 정황이 좋으면 대발하지만 불리하면 곧 무너진다.

탐랑이 화성·영성과 동궁하면 화탐격(火貪格)·영탐격(鈴貪格)이 되어 재적으로 길하다. 게다가 록성과 동도하면 횡발격이 되어 대재(大財)를 이룬다. 화권이나 화과를 만나도 길하다. 화권은 투기성과 변동성을 증가시켜 재물 운용이 전투적이다. 화과는 약간 보수적인 득재 수단을 의미하는데 주로 계약상의 이익과 저축으로 인한 수익을 말한다.

탐랑이 인신사해궁에 거하면서 록마교치를 이루고 게다가 화탐·영탐격이 이루어지면 재적으로 가장 부격(富格)을 이룬다. 사해궁의 염탐조합은 다만 일점 횡발횡파가 반복하기 쉽다. 중요한 것은 화탐격이라고 하더라도 다른 살성이나 화기가 회집하면 횡발 이후 횡파하기 쉬우므로 매 대한의 정황을 잘 분석하여 길흉여하를 판단해야 할 것이다.

탐랑이 화탐·영탐격을 이루고 록성이 비치면서 동시에 살성과 천형 등이 비치면 의외의 재를 얻기도 한다(주로 보험·주식·부동산 등의 투기성향으로 인한 수익이 있거나, 그렇지 않으면 각종 손해배상의 수익이 있다).

탐랑이 록성과 길성이 동도하고 도화제성(桃花諸星)이 거하면 주로 이성생재(異性生財)하거나 이성 상대의 직업으로 인하여 득재한다. 만약 상황이 불리하면 이성으로 인하여 파재하기도 한다.

양타를 보면 재물적으로 손해가 있거나 재물 때문에 시비구설이 있다. 여기에 화령·천형·대모 등이 가하면 더욱 파재를 면하기 어렵다. 중하면 관재를 겪게 된다. 정황에 따라서는 주색이나 도박 등으로 인하여 손재가 오기도 한다. 만약 살성에 도화제성이 동도하면 이러한 정황은 더욱 확실하다.

탐랑과 창곡이 동도하면서 도화제성을 만나도 주색으로 손재하게 된다. 여기에 살기형성이 가하면 주색도박·투기 등으로 인하여 가세(家勢)가 기운다. 탐랑이 사살에 천요·음살 등이 동도하면 주로 사기당하기 쉽다. 질병성계와 살성이 동도하면 질병으로 인하여 비용이 많다. 탐랑화기에 화령·천요 등이 동도하고 록성을 보면 부정한 수단으로 득재한다.

탐랑화기는 투자 실수하기 쉬운데 만약 살성이 가하면 사업이나 돈거래가 잘못되어 손재하게 된다.

자오궁의 탐랑은 자미와 상대한다. 보좌길성과 록권과 등을 보면 재원이 순조롭고 부유하다. 대궁의 자미가 화권이 되어도 재적으로 길하다. 자궁의 탐랑이 경양과 동궁하여 범수도화(泛水桃花)가 되고 정황이 길하면 서비스업을 비롯한 이성(異性)을 대상으로 하는 직업에 종사하거나 또한 그러한 사업을 하는 것이 좋다. 이 경우 살기형성이 가하면 주색도박으로 인하여 파재한다. 탐랑이 화권이나 화과가 되면서 보필·괴월이 비치면 사업보다는 직장이 유리하다. 기타 앞에서 논한 탐랑 재백궁의 기본 정황을 참고하라.

축미궁의 탐랑은 무곡과 동궁한다. 앞에서 논한 탐랑 재백궁의 기본 정황과 무곡편 중 축미궁의 무탐조합 재백궁 부분을 참고하라.

인신궁의 탐랑은 독좌하고 염정이 대조한다. 탐랑이 길성을 보면 재원(財源)이 순탄하다. 화탐격을 이루면서 록마교치가 되면 대재(大財)를 얻게 된다. 대궁의 염정화록이 되어도 길하다. 염정화기가 되면 부정한 수단으로 득재하게 된다. 이 경우 정황이 길하면 혈광(血光)의 의미를 띠는 업종에 종사함이 이롭다(주로 수술이나 치료를 의미 또는 정육점 등 혈광의 의미를 띤 업종일 수 있음).

인신궁의 염탐조합이 록을 보는 동시에 음살·천요 등이 동도하면 법망을 어기거나 부정한 수단으로 축재한다. 창곡을 비롯한 천요 등 도화성계가 회집하면 이성생재(異性生財) 하기 쉬운데, 직업으로 보면 주로 예술계열이나 디자인·광고·장식계열·미용계열·주점·음료와·주류사업 등을 말한다.

인궁의 탐랑이 타라를 보면 풍류채장(風流綵杖)격이 되는데, 이때 정황이 길하면 예능계열의 직업으로 득재하고, 흉하면 주색도박·투기로 인하여 손재한다. 인신궁의 탐랑이 화기가 되면 투기나 사업은 불리하다. 살성과 형성이 가하면 더욱 흉하다. 기타 앞에서 설명한 탐랑 재백궁의 기본 정황을 참고하라.

묘유궁의 탐랑은 자미와 동궁한다. 앞에서 논한 탐랑 재백궁의 기본 정황과 자미편 중 묘유궁의 자탐조합 재백궁 부분을 참고하라.

진술궁의 탐랑은 독좌하며 무곡이 대조한다. 보좌길성을 보면서 화탐격(火貪格)·영탐격(鈴貪格)이 되면 부격(富格)이 된다. 이 경우 탐랑화록이나 대궁의 무곡이 화록이 되면 더욱 길하다. 탐랑과 무곡이 화권·화과를 만나도 길하다. 탐랑이 화탐격 등 횡발격을 이루어도 살성이 같이 동궁하면 횡파하기 쉬우므로 대한의 상황을 보고 그 진퇴를 결정해야 한다. 기타 길흉여하는 앞에서 설명한 탐랑 재백궁의 기본 정황부분을 참고하라.

사해궁의 염탐조합은 재백궁에서는 기본적으로 불리한 조합이다. 이 조합은 살기형성에 민감하므로 재백궁에서는 신중히 판단해야 할 것이다. 앞에서 논한 탐랑 재백궁의 기본 정황과 염정 편 중 사해궁의 염탐조합 재백궁 부분을 참고하라.

(6) 탐랑 질액궁

탐랑은 오행으로 양목(陽木)에 해당한다. 따라서 기본적으로 간·담 병에 걸리기 쉽다. 그리고 위장·비뇨기 질환 등 생식기질환에 유의해야 한다. 여명은 자궁질환과 요통(腰痛)·생리통·월경불순 등 부인과 질환에 유의해야한다. 사살(四煞)이 동도하면 치루·빈혈·두통 등이 있다. 범 탐랑이 살기형성을 보면 내분비(內分泌)계통의 질환이 있다.

자미와 동궁하거나 상대하면 주로 생식기 질환이나 색욕(色慾)으로 인하여 문제가 된다. 특히 子궁의 탐랑이 범수도화(泛水桃花)격이 되면서 살기형성이 중하면 생식기 질환을 비롯한 간·담·요통 등에 걸리기 쉽고 성교불능의 질환에 걸릴 수도 있다.

염정·탐랑이 동궁하거나 상대하면 주로 간·담·어지럼증·빈혈·증상에 유의해야 한다. 살성이 중하면 시력저하나 혈종(血腫)에 걸리기 쉽다. 여명 염탐이 화기와 살성이 동도하면 자궁병에 유의해야 하며 남명일 경우 몽정(夢精)·성교불능 등 생식기 질환에 걸리기 쉽다. 기타 각 장에서 논한 질액궁 부분에서 탐랑과 조합을 이루는 성계들을 참고하여 판단하라.

(7) 탐랑 천이궁

탐랑은 교제와 접대를 가장 잘하는 성이다. 물욕·정욕의 색채가 강한 탐랑은 사교성을 발휘함으로서 이러한 것을 취할 수 있는 것이다. 하여 탐랑이 천이궁이면 일반적으로 사회활동이 활발하고 인간관계가 넓고 많은 편이다.

탐랑이 보좌길성과 록성을 보면 밖에서 귀인을 만나고 접대가 많다. 이 경우 만약 과문제성(科文諸星)이 많으면 문예적인 모임이나 교제가 많고, 도화제성이 있으면 취미나 기호를 통한 모임이나 주색(酒色)의 교제가 많다. 겁공을 비롯한 공망성계와 양타·화개(華蓋)를 보면 종교나 수행 등 정신세계와 관련한 교제가 많다.

탐랑이 길성과 록성이 동도하면 출생지를 떠나 타향이나 타국에서 성공한다. 탐랑이 화록이나 화권이면 교제가 많고 넓다. 탐랑이 화탐격이면서 록성과 동도하면 주로 횡발한다. 이 때 좌보·우필 등이 협하거나 회조하면 귀인의 음덕을 많이 입는다.

탐랑이 화성이나 영성만 동궁하면 바쁘기만 할 뿐 실속이 없다. 경양·타라를 보면 밖에서 시비구설에 휘말리거나 교제·접대로 인하여 손재하는데, 도움이 되는 사람을 만나기 어렵다.

탐랑화기가 되면서 살성과 형성이 중중하면 출문(出門)하여 시비구설이 많고 가까운 사람과 서로 경쟁관계가 된다. 겁공이 동도하면 손재를 면하기 어렵다. 탐랑이 천이궁에서 살성과 도화제성이 중하면 반드시 주색으로 인하여 화가 발생하고 손재도 따른다.

탐랑이 낙함하면서 도화제성과 살성이 동도하면 색으로 인한 문제뿐만 아니라 소인(小人)의 침해를 받는다. 탐랑화기에 살성과 천형이 가하면 이성이나 배우자 문제가 발생하기 쉬운데, 주로 다른 사람에게 사랑을 빼앗기게 되거나 아니면 자신이 문제를 일으키게 된다. 또한 탐랑화기는 지나친 접대로 인하여 번뇌가 증가하고 건강을 해치게 된다.

자오궁의 탐랑은 명궁이 자미가 되는데, 보좌길성을 보면 인간관계가 넓고 서로 도움이 된다. 특히 보필·괴월이 협하거나 회조하면 길하다. 과문제성을 보면 학문연구나 문예적인 교제가 많다. 탐랑화기가 되면 교제는 있지만 서로 도움이 되지 않고 실속이 없다. 살성이 가하면 서로 시기하거나 원망하고 소란하다. 범수도화(泛水桃花)가 되면 주색으로 인하여 화를 야기한다. 이 경우 겁공을 비롯한 살기성이 가하면 손재와 구설에 휘말리기 쉬운데 주로 밖에서 흉사가 많다. 기타 앞에서 논한 탐랑 천이궁의 기본정황을 참고하여 길흉을 판단하라.

축미궁의 탐랑은 무곡과 동궁한다. 앞에서 논한 탐랑 천이궁의 기본정황과 무곡편 중 무탐조합 천이궁 부분을 참고하라.

인신궁의 탐랑은 독좌하며 염정이 대조한다. 보필·괴월 등 길성이 회집하면 인간관계가 넓고 도움을 받는다. 록마교치(祿馬交馳)를 이루면서 록성이 동궁하면 사람이 활동적이고 사교성이 있는데 주로 타인의 지원과 협조로 성공한다.

도화성계가 동궁하면 주색이나 자신의 기호로 인한 접대가 많다. 한두 개의 살성이 동도하면 주색으로 인한 화를 면하기 어렵다. 기타 앞에서 논한 탐랑 천이궁의 기본정황을 참고하여 그 길흉을 판단하라.

묘유궁의 탐랑은 자미와 동궁한다. 앞에서 논한 탐랑 천이궁의 기본정황과 자미편 중 자탐조합 천이궁 부분을 참고하라.

진술궁의 탐랑은 독좌하며 무곡이 대조한다. 진술궁의 탐랑은 천이궁에서 비교적 길한데, 탐랑이 가진 친화력으로 인하여 사업이나 직업적으로 성공한다. 보필·괴월을 보면 밖에서 귀인의 영접이 많고 지원을 받는다. 살기형성이 중하면 밖에서 시비구설이 많고 오히려 피해를 입게 된다. 탐랑화기에 살성이 가하면 바쁘기만 할 뿐 실속은 없고, 중하면 자신의 건강을 해치게 된다. 천요를 비롯한 도화제성이 동도하면 주색으로 인한 접대가 많은데, 살성이 가하면 주색으로 인하여 화를 초래한다. 도화제성과 록성이 같이 동도하면 그 사람의 사교적인 수단이 주로 주색이나 취미생활과 관련되는데, 정황이 길하면 이러한 방법으로 득재(得財)를 하게 된다. 기타 앞에서 논한 탐랑 천이궁의 기본정황을 참고하라.

사해궁의 탐랑은 염정과 동궁한다. 탐랑 천이궁의 기본정황과 염정편 중 사해궁의 염탐조합 천이궁 부분을 참고하라.

(8) 탐랑 노복궁

탐랑은 기본적으로 사교성이 있는 성이다. 하여 노복궁에 거하면 아랫사람을 비롯한 주변사람과 교제가 넓고 많다. 탐랑이 입묘하면서 정황이 길하면 친구나 아랫사람과 관계가 좋고 많다. 그러나 자신에게 큰 힘이 되지는 못한다. 만약 자신의 명궁이나 천이궁으로 괴월·보필 등이 협하거나 회조하면서 노복궁으로 제길성이 비치면 조력을 입는다. 그리고 노복궁의 정황이 길하면서 은광(恩光)·천무(天巫)·천복(天福) 등이 동도하면 친구나 아랫사람으로부터 조력을 입는다.

일반적으로 탐랑 노복궁은 자신의 기호나 취미와 관련한 부분과 인연이 많은데, 그림·음악·서화(書畵) 등 주로 문예적인 분야이다. 겁공을 비롯한 공망성과 화개(華蓋)를 만나면 종교나 수행·정신세계 등과 관련하여 교제가 많다.

탐랑이 화령을 만나 화탐·영탐격을 이루면 아랫사람이나 친구가 돌연히 증가하게 된다. 만약 이러한 정황에서 록성이 동도하면 친구나 아랫사람이 재적으로 성공하게 된다. 그러나 주로 자신이 도움을 주는 편이며 상대로부터 도움을 받기는 어렵다.

탐랑이 도화제성과 동궁하면 좋지 않은데 주색도박의 친구가 많다. 이러한 요소로 인하여 손재도 있게 된다. 재차 살기형성이 가하면 처음엔 잘 지내다가 나중에 서로 원망하고 시비구설에 연루되기 쉽다.

탐랑화기가 되거나 사살(四煞)이 동도하면 아랫사람에게 자신의 권리를 빼앗기거나 침탈당하게 된다.

자오궁의 탐랑은 독좌하는데, 주로 연장(年長)의 친구를 많이 사귄다. 보좌길성을 보면 아랫사람이나 친구관계가 서로 도움이 된다. 만약 탐랑이 양타를 만나 범수도화(泛水桃花)가 되거나 기타 도화성계가 회집하면 주색의 친구가 많으며 주변사람과 구설이 발생한다. 여기에 살성이 가하면 서로 시비와 원망이 있으며 손해를 입게 된다. 기타 앞에서 논한 탐랑 노복궁의 기본 정황을 참고하라.

축미궁의 무탐조합은 앞에서 논한 탐랑 노복궁의 기본 정황과 무곡 편 중 무탐조합 노복궁 부분을 참고하라.

인신궁의 탐랑은 독좌하며 염정이 대조한다. 이 조합은 경양·타라를 싫어한다. 특히 인궁에서 타라를 보면 풍류채장(風流綵杖)이 되어 주색도박의 친구가 있다. 기타 살성이 가하면 인간관계가 다허소실(多虛小實)하게 된다. 화기와 살성이 중하면 아랫사람이나 친구나 자신의 자리나 권리를 침탈하게 된다. 기타 앞에서 논한 탐랑 노복궁의 기본 정황을 참고하라.

묘유궁의 탐랑은 자미와 동궁한다. 앞에서 설명한 탐랑 노복궁의 기본 정황과 자미 편 중자탐조합 노복궁 부분을 참고하라.

진술궁의 탐랑은 독좌하며 무곡이 대조한다. 보좌길성을 보면 아랫사람이나 친구로부터 조력을 얻는다. 과문제성(科文諸星)이 있으면 주로 학문연구나 문예적으로 관련한 교제가 많다. 만약 길성이 없고 살성이 중하면 아랫사람이나 친구를 의지하기 어렵고 자신의 권리를 빼앗기게 된다. 또한 아랫사람이 인색(吝嗇)하다. 살기형성과 도화제성이 동도하면 아랫사람이나 주변 사람에게 이용당하기 쉽다. 기타 앞에서 논한 탐랑 노복궁의 기본 정황을 참고하라.

사해궁의 탐랑은 염정과 동궁한다. 앞에서 논한 탐랑 노복궁의 기본 정황과 염정 편 중 염탐조합 노복궁 부분을 참고하라.

(9) 탐랑 관록궁

탐랑이 관록궁이면 주로 사교성을 발휘하여 사업이 성장하게 된다. 하지만 탐랑 관록궁은 사업의 변화가 많거나 기복이 심한 편이다. 만약 록성이나 화권·화과를 보면서 보좌길성이 회집하면 사업적으로 부를 이룬다. 직장을 다닌다 해도 명예와 재물이 모두 이롭고 안정적이다.

탐랑이 화령과 만나 화탐·영탐격을 이루면 사업적으로 성공한다. 여기에 록성과 보좌길성이 가하면 횡발하게 된다. 하지만 화탐·영탐격이라 해도 록성이 없고 살성이나 화기(化忌)가 동도하게 되면 횡파하기도 한다.

탐랑이 창곡이나 화과 등 문성(文星)을 보면 공직이나 공기업을 비롯한 대기업에 적합하다. 창곡에 도화성계를 보면 문예나 장식·오락·설계 등 기예를 요하는 업종에 종사할 수 있다. 또는 이성과의 접촉이 많은 업종에 종사하는 것이 좋다.

탐랑이 보좌길성에 양타·화령 등을 보면 전문기술이나 공업계열의 업종에 좋다. 탐랑화권에 정황이 길하면 운동이나 춤 등의 업종과 관련이 많다.

탐랑이 한 두 개의 살을 보고 보필·괴월이 비치면서 삼태·팔좌, 태보·봉고, 은광·천귀 등의 성계가 회조하면 정치나 언론 등에 종사할 수 있다.

탐랑은 음식과 관련한 성이기도 하다. 만약 탐랑이 화성이나 영성과 동궁하는 가운데 천주(天廚)와 만나면 음식관련업에 종사하기도 한다.

탐랑화기가되면 사업적으로 경쟁과 투쟁이 있을 수 있다. 살성이 가하면 관재구설이 있게 되고 다른 사람의 침탈을 당하거나 음해(陰害)를 입게 된다.

자오궁의 탐랑은 자미가 대조하는데, 이 조합은 주로 독단적인 사업을 많이 한다. 록성을 비롯한 화권·화과·보좌길성 등이 동도하면 재적으로 부유하다. 창곡을 비롯한 도화제성이 비치면 예술과 관련한 업종이 길하며 이성상대의 업종도 좋다. 록권과를 비롯한 보좌길성이 회조하면 대기업에서 근무하거나 전문인재로 발달한다. 여기에 천형을 비롯한 살성이 회조하면 정계에 종사할 수 있다. 자오궁의 탐랑이 천형과 동궁하면서 정황이 길하면 법조계나 의료계와 관련이 많다. 기타 앞에서 설명한 탐랑 관록궁의 기본정황을 참고하라.

축미궁의 무곡·탐랑 조합은 앞에서 논한 탐랑 관록궁의 기본정황과 무곡편 중 무탐조합 관록궁 부분을 참고하라.

인신궁의 탐랑은 창조력이 있으므로 유행을 앞서가는 사업을 하는 것이 좋다. 화탐·영탐격이 되면서 록성이 동도하면 록마교치(祿馬交馳)를 이루어 대재(大財)를 얻는다. 인신궁의 탐랑은 양타를 싫어한다. 만약 양타를 보면 사업이나 직업적으로 변화만 많고 실속은 없다. 여기에 화령·천형·화기 등이 가하면 일생 직업적으로 파동이 많으며 한 가지 일을 계속 하기 어렵다. 이 경우 사업보다 안정적인 직장이 우선이다.

인신궁의 탐랑은 다른 사람과 공동투자나 동업하는 경향이 많은데, 양타·천형·화기 등이 회집하면 오래가지 못한다. 인신궁에서 탐랑이 화기를 맞거나 대궁 염정이 화기를 맞아도 직업이나 사업이 불안정하다. 여기에 살성이 중하면 직장을 얻기 어렵고, 혹 직장을 다닌다고 해도 중도에 탈락한다. 사업가는 더 치명적이다. 기타 앞에서 논한 탐랑 관록궁의 기본정황을 참고하라.

묘유궁의 탐랑은 자미와 동궁한다. 앞에서 논한 탐랑 관록궁의 기본정황과 자미편 중 자탐조합 관록궁 부분을 참고하라.

진술궁의 탐랑은 독좌하며 무곡이 상대한다. 이 조합이 길을 보면서 한두 개의 살성이 있으면 정치에 종사할 수 있다. 사화길성(四化吉星)과 보좌길성(輔佐吉星)을 보면서 천형이 거하면 의료계나 정계·군경(軍警) 등과 관계가 많다. 록존이나 화록이 동도하면 재부지관(財賦之官)이 된다고 하였는데, 주로 세무·금융·회계·증권 등 재경계열에 적합하다. 진술궁의 탐랑이 양타 등 살성을 보면 주로 상업에 종사한다.

탐랑이 창곡을 비롯한 도화성계를 보면 기예(技藝)를 요하는 직군이나 예술적인 업종에 종사함이 길하다.

탐랑이 화록을 보거나 대궁의 무곡이 화록이 되면 재적으로 풍후하다. 여기에 화권·화과를 비롯한 보좌길성이 동도하면 직업적으로 명예와 부를 모두 얻는다. 반대로 탐랑화기나 대궁의 무곡이 화기가 되면 직업적으로 파동이 많다. 살성이 가하면 손재를 면하기 어렵고 직장인은 자신의 의지와 상관없이 퇴직하거나 심리적으로 갈등을 많이 겪게 된다. 기타 앞에서 설명한 탐랑 관록궁의 기본 정황을 참고하라.

사해궁의 탐랑은 염정과 동궁한다. 앞에서 논한 탐랑 관록궁의 기본 정황과 염정편 중 염탐조합 관록궁 부분을 참고하라.

(10) 탐랑 전택궁

탐랑이 전택궁이면 거주지나 사무실 등 전택(田宅)의 변화와 이동이 많다. 입묘하면서 사화길성 및 보좌길성을 보면 조업을 받거나 사업을 일으킨다. 또한 부동산으로 인한 득재(得財)도 있게 된다. 만약 탐랑이 화탐·영탐격을 이루고 록마교치격이 되면 부동산으로 인하여 대재(大財)를 얻는다. 정황이 이러하면 부동산 업종에 종사하는 것도 가하다. 그러나 탐랑 전택궁은 산모(散耗)의 성질이 강하다. 함지에 살성을 보면 더욱 그러하다. 탐랑이 화령을 보면 거주지를 비롯한 사무실 등 부동산 변화가 많다. 만약 정황이 길하면 변화과정에서 이익이 있지만, 살성이 중하면 부동산으로 인한 시비구설과 손재를 면하기 어렵다. 함지의 탐랑이면 이러한 문제는 더욱 엄중하다.

여명이 탐랑 전택궁에 천월(天月) 등 질병성계가 거하면서 살기형성이 중하면 유산(流産)·낙태 및 자궁병에 유의해야 한다. 당사자의 명신궁에 살성이 중하면 더욱 문제가 된다.

대한이나 유년의 전택궁으로 화탐·영탐격이 되거나 탐랑화기가 되면 전택의 변화가 있게 된다. 예를 들면 이사를 하게 되거나 건물신축을 할 수 있다. 그렇지 않으면 수리를 하거나 집안의 분위기를 바꾸게 된다. 탐랑화록이 되어도 전택의 변화가 많다. 화탐·영탐격을 이루는 가운데 다른 살성이 중하면 전택의 변화가 많은데, 이 경우 갑자기 얻었다가 갑자기 잃게 된다.

화탐·영탐이 되면서 록존이 회조하면 집이 구택(舊宅)이면서 크고 화려한 곳에서 살면 좋다. 도화제성이 있으면 집이나 사무실을 꾸미거나 단장하기를 좋아한다.

탐랑이 유년 전택궁에서 화탐·영탐을 이루고 대모(大耗)를 보는 가운데 살기형성이 중하면 화재를 조심해야 한다.

탐랑과 조합을 이루는 정성 중에서 염정이나 무곡이 화기가 되면 불리한데, 주로 부동산으로 인한 손재나 거주지가 자신과 맞지 않아 고민이 많게 된다. 살기형성이 가하면 더욱 흉하다.

탐랑이 전택궁이면 주로 풍수(風水)의 영향을 민감하게 받는다. 하여 주거지를 비롯한 공장·사무실 등을 매매할 때는 반드시 유의해야 한다.

(11) 탐랑 복덕궁

탐랑이 복덕궁이면 물욕·정욕에 치우치기 쉽고 방종(放縱)하게 된다. 또한 종일 한가하지 못하고 분주한데 살성이 중하면 정서적으로 번뇌가 증가한다.

록성이나 화탐·영탐을 이루면 주로 도박이나 투기 등 물욕에 치우지고, 도화성계 및 살성을 보면 주로 주색(酒色)으로 흐른다. 탐랑화록이나 화권을 보면서 화탐·영탐이 되면 재적기도심이 증가하게 된다.

탐랑이 화탐·영탐을 이루고 록성이 동도하면 재적으로 물욕을 가지게 되는데, 이때 만약 살기형성이 같이 동도하게 되면 투기·도박·이성문제 등으로 인하여 결국 손재를 하거나 정신적으로 고통이 증가하게 된다.

정도화(正桃花)인 탐랑이 만약 창곡을 비롯한 천요 등 도화제성을 보면 사상이 문예적이면서 고고하며 풍류를 즐긴다. 그러나 다른 살성이 가하면 주색잡기로 나타난다. 정황이 이러하면 당사자가 특별한 재예(才藝)를 발휘하게 되므로 주로 이성에게 관심을 끌며 이성과 관련한 직종에 종사함이 좋다.

탐랑이 도화성계와 동궁하고 겁공 등 살성이 가하면 주로 이성문제로 인하여 정신적인 소모가 있고, 재적으로도 손재를 면하기 어렵다. 염탐이나 자탐조합을 이루면 더욱 그러하다.

탐랑이 화기가 되거나 화성·영성과 동궁하면 성격이 격렬하고 급하다. 천형이 동궁하면 당사자의 도화적인 성향을 완화하여 자율적인 면을 가지게 된다.

탐랑화기는 일없이 바쁘고 실속이 없다. 또한 교제나 접대 등으로 인하여 심신이 괴롭고 피곤한데 정작 결말은 좋지 않다.

탐랑이 사살(四煞)을 비롯한 살기형성이 중하면 감정기복이 심하고 예민해지는데, 일생 감정적으로 번뇌가 따르고 곤란함을 겪게 된다.

탐랑이 겁공을 비롯한 공망성계와 천형·화개(華蓋) 등이 동도하면 사상이 철리적이다. 이 경우 종교나 수행 등 정신세계에 관심이 많다.

탐랑이 범수도화(泛水桃花)나 풍류채장(風流綵杖)격이 되면 주로 호색(好色)한다. 이 경우 기예를 요하는 직업이나 도화색채를 띤 업종에 종사함이 길하다.

자오궁의 탐랑이 보좌길성을 보면 정서적으로 안정된 편이고 향수를 누릴 수 있다. 창곡이나 화과 등 문성(文星)이 동도하면 학문연구나 문예를 좋아한다. 하여 주로 명예를 추구하게 된다. 만약 경양이나 타라가 동궁하면 범수도화가 되므로, 주로 주색잡기로 문제가 된다. 기타 앞에서 논한 탐랑 복덕궁의 기본 정황을 보고 그 길흉여하를 판단하라.

축미궁의 탐랑은 무곡과 동궁한다. 앞에서 논한 탐랑 복덕궁의 기본 정황과 무곡편 중 무탐조합 복덕궁 부분을 참고하라.

인신궁의 탐랑은 독좌하며 염정이 대조한다. 이 조합은 기본적으로 사상이 풍부하고 감각이 살아있다. 만약 보좌길성을 보면 정서적으로 안정하며 향수를 누릴 수 있다. 록성과 길성이 동도하면 감성이 발달하고 사교와 접대가 많다. 그러나 반대로 살기형성이 중하면 번뇌가 따르고 고독해지며 매사 고생하고도 실익이 없다. 기타 앞에서 논한 탐랑 복덕궁의 기본 정황을 참고하라.

묘유궁의 탐랑은 자미와 동궁한다. 앞에서 논한 탐랑 복덕궁의 기본 정황과 자미편 중 자탐조합 복덕궁 부분을 참고하라.

진술궁의 탐랑은 독좌하며 무곡이 상대한다. 이 조합이 화록이나 록존이 동도하면 주로 물욕을 많이 나타낸다. 만약 화령이 동궁하거나 대궁에서 대조(對照)하면 그 사람의 성정이 투기나 도박의 성향을 띠기도 한다. 탐랑화기나 대궁의 무곡이 화기를 보면 심리적으로 불안하고 서두르게 된다. 재차 살성이 중하면 성격이 강렬해지고 다급하다. 기타 앞에서 논한 탐랑 복덕궁의 기본 정황을 참고하라.

사해궁의 탐랑은 염정과 동궁한다. 앞에서 논한 탐랑 복덕궁의 기본 정황과 염정편 중 염탐조합 복덕궁 부분을 참고하라.

(12) 탐랑 부모궁

탐랑이 부모궁이면서 함지에 거하면 대체로 불리하다. 탐랑이 반드시 입묘해야 비로소 흉상을 면하게 된다. 탐랑이 동도하면 기본적으로는 부자(父子)간에 화목하지만 자신의 이기심으로 인하여 가끔 곤란함이 있게 된다. 탐랑화기는 조년(早年)에 부모와 연이 부족하다. 재차 살성과 형성을 보면 형극이 심하다. 이 경우 부모의 삶도 파동이 많으며, 질병성계가 회조하면 경제적인 문제뿐만 아니라 부모의 건강도 문제가 되어 조실부모하기도 한다. 함지의 탐랑은 더욱 흉하다.

탐랑이 천마와 동궁하면서 역마지(寅申巳亥궁을 말함)에 거하면 주로 부모의 직업 등으로 인하여 떨어져 있거나한다.

탐랑이 도화성계와 동도하면 부모가 외도한다. 이 때 살성이 중하면 부모와 형극을 면하기 어려운데 두 부모와 인연이 되는 경우가 많다. 정황이 이러하면 부모의 혼인상태가 원만하지 않고 항상 사단이 있게 된다. 고인이 이르길, 탐랑이 부모궁에서 도화제성과 살성을 보면 자신이 첩이나 후처소생이 된다고 하였다.

탐랑이 보좌단성(輔佐單星)과 동궁해도 주로 두 부모를 모신다고 하였는데, 살성을 보면 더욱 그러하다.

탐랑이 화성이나 천형과 동궁하면 어릴 때 부모가 직업 등으로 인하여 집을 떠나 있거나 또는 자신이 초년에 다른 곳에서 양육하게 된다.

탐랑이 보좌길성과 록성 등이 동도하면 형극을 주하지 않는다. 다만 서로 분가(分家)하거나 생리(生離)하게 된다. 이 경우 부모의 경제적인 능력이 있다. 화탐·영탐을 이루고 있으면 더욱 길하다.

자오궁의 탐랑은 입묘하므로 부모궁에서는 평이(平易)하다. 만약 보좌길성과 록성이 회집하면 부모가 부귀를 모두 얻는다. 그러나 화령·양타를 보면 부모와 형극하거나 부모와 연이 불리하게 된다. 특히 양타를 보면 도화범주(桃花犯主)격이 되어 부모가 외도하거나 가정적으로 편치 않다. 기타 도화제성을 만나도 마찬가지다. 이렇게 도화성계와 살성이 동도하면 부친이 외도하며 자신은 첩이나 후처소생이 된다. 기타 앞에서 논한 탐랑 부모궁의 기본정황을 참고하라.

축미궁의 탐랑은 무곡과 동궁한다. 앞에서 논한 탐랑 복덕궁의 기본정황과 무곡편 중 무탐조합 부모궁 부분을 참고하라.

인신궁의 탐랑은 독좌하고 염정이 대조한다. 인신궁에서는 탐랑이 입묘하므로 부모궁에서는 평이하다. 만약 보좌길성과 록성이 회조하면 부모와 화합한다. 살성이 중하면 주로 형극한다. 탐랑이 화기가 되고 살성을 비롯한 천형과 대궁의 염정이 화기가 되면 부모와 고극(孤剋)하게 되며 인연이 없다. 도화제성이 회집하면 부친이 외도한다. 여기에 살성이 중하면 부모가 이혼하거나 파동을 면하기 어렵다. 기타 앞에서 논한 탐랑 부모궁의 기본정황을 보고 판단하라.

묘유궁의 탐랑은 자미와 동궁한다. 앞에서 논한 탐랑 부모궁의 기본정황과 자미편 중 자탐조합 부모궁을 참고하라.

진술궁의 탐랑은 독좌하며 무곡과 상대한다. 화록이나 록존을 보면 부모가 재적으로 부유하다. 창곡·화과 등 과문제성이 동도하면 주로 부모가 학문이 높고 명예를 얻게 된다. 무곡화기나 탐랑화기가 되면서 살성이 중하면 부모와 연이 없기도 하지만, 부모의 직업이나 사업이 한순간에 파하게 된다. 기타 제반 길흉여하는 앞에서 논한 탐랑 부모궁의 기본정황을 보고 판단하라.

사해궁의 탐랑은 염정과 동궁한다. 앞에서 논한 탐랑 부모궁의 기본정황과 염정편 중 염탐조합 부모궁 부분을 참고하라.

10) 거문성

(1) 거문의 기본적인 성정

거문(巨門)은 오행으로 음수(陰水)이며 북두(北斗)의 제 二星이다. 화기(化忌)는 암(暗)이며 시비(是非)와 의혹(疑惑)을 主한다.

두수에서 거문은 암성(暗星)이라고 표현한다. 암성이라는 것은 거문 자체가 어둡거나 빛이 없는 것이 아니라, 다른 별이 가지고 있는 광휘(光輝)를 가리거나 다른 사람의 광휘를 잘 가리는 것으로 이해하면 된다. 거문은 이렇게 암(暗)적이고 비관적인 요소로 인하여 고인은 거문성에 대하여 주로 좋지 않게 보았다. 구결에 의하면 거문을 '의시다비 기만천지(疑是多非 欺瞞天地 : 옳은 것을 의심하고 대부분 아니라고 하며 천지를 기만한다)'라고 하였다. 또한 거문은 사람을 사귈 때 초선종악(初善終惡)이라 하여 처음에는 좋다가 나중에는 좋지 않게 끝난다고 하였다.

거문은 비관적이며 융통성이 모자라고 완고한 자기고집이 있다. 또한 처세가 분명하여 다른 사람과 유연한 인간관계를 형성하기 어렵다. 기본 정황이 이러한데, 만약 거문이 화기(化忌)를 맞거나 약간의 살성만 동도해도 인간관계에 있어서 문제가 더 크게 나타난다.

거문이 시비와 구설을 주한다고 하였는데, 어느 궁에 거하느냐 아니면 어느 성과 동궁 하느냐에 따라서 길흉의 차이가 많다. 만약 거문이 함지에 거하고 살성이 회집하면 사람이 회의적이고 비평적이며 의구심이 많다. 또한 남에게 지지 않으려하고 자신의 주관이 강해 다른 사람과 충돌이 많고 구설을 일으키기 쉽다.

중국 명나라의 장편소설『봉신연의(封神演義)』에 보면, 강태공의 악처(惡妻)가 마천금(馬千金)인데, 이 마천금이 바로 거문성으로 의인화(擬人化)되어 나오기도 한다. 그러나 거문이 단점만 있는 것은 아니다. 거문이 입묘하면서 격이 길하면 사람이 경쟁심이 강하고 논리적이며 언변이 있다. 이러한 언변은 정치나 강론·연기·노래·교섭·상담 등에 적합한 것으로 나타나기도 한다. 그리고 사람이 현실적이며 공적인 업무나 일처리를 잘하여 만인의 존경을 받기도 한다.

거문은 입과 관련한 이이다. 하여 말주변이 능한데, 문곡이 가지고 있는 말주변과는 서로 의미가 다르다. 문곡이나 탐랑은 어휘가 화려하면서 능숙하여 주로 재(才)나 도화(桃花)적인 의미가 강한 반면, 거문은 현실적이고 실제적인 언변의 특징이 있다.

거문은 화록이나 화권을 좋아한다. 화록은 그 사람의 구재(口才)능력을 향상시켜 명리(名利)를 얻게 된다. 만약 거문화권이면 언행이 조리가 있고 주관이 뚜렷하여 자신의 의견을 분명히 하는 완고함이 있다. 이러한 특징으로 인하여 다른 사람의 신뢰를 받고 자신은 권위를 얻게 된다. 그러나 살성이 중하면 권위나 고집은 오히려 인간관계에서 화를 부르는 요소로 작용한다.

화록·화권이 되면서 길성이 동도하면 말재주와 활동력이 뛰어나 상대와 교섭하거나 외교·정치·강의·외국어 등에 아주 적합하다.

거문은 천기·천동·태양 등과 조합을 이루는데, 인신궁의 거문·태양 조합과 자오궁의 거문 독좌 대궁 천기 조합이 가장 길격을 이룬다. 축미궁의 거동 조합은 거문 조합 중에서 가장 좋지 않다.

거문이 화록이 되면서 창곡이나 도화제성(桃花諸星)을 보면 연예·문화·오락·사교 방면으로 관심이 많은데 자신이 유명한 연설가나 연예인이 되기도 한다.

거문화권이 되면서 살성과 천형 등이 동도하면 강한 주관을 나타내어 불의를 참지 못하는데, 정황이 이러하면 주로 정치적인 색채가 있거나 다른 사람의 대변인이 되기도 하여 잘못된 것을 바로 잡으려고 한다. 그리고 자존심이나 고집이 세다.

거문은 화기를 꺼린다. 거문자체가 시비구설적인 요소를 함축하고 있는데, 화기가 되면 이러한 문제는 더욱 흉하게 작용한다. 거문화기는 명궁뿐 아니라 모든 궁에서 시비·구설·장애·형극 등의 흉사를 부르며 또는 범사(凡事)를 주저하여 결정하지 못하는 단점이 있다.

거문은 기본적으로 타인의 단점이나 문제점을 잘 보는 직관력이 강하다. 만약 이러한 성격이 길하게 나타나면 타인이 굴복하고 인정하겠지만, 살성이 중하면 이러한 현상은 자칫 시비 거리로 변하여 인간관계에서 많은 문제가 된다.

거문은 사살(四煞)을 싫어한다. 만약 거문이 화성과 경양을 보면, 거화양(巨火羊)이 만나 종신액사(終身縊死 : 목매달아 자살하는 격)한다고 하였다. 화성과 경양이 만나면 丙火인 화성이 庚金인 경양을 제련하여 이살제살(以殺制殺)이 된다고 하였다. 그러나 거문과 만나면 이렇게 흉격이 되므로 유의해야 한다.

거문은 화성·영성이 협하거나 동도해도 불리한데, 고인은 거문이 화령을 보면서 운이 나쁘면 길에서 죽는다고 하였다.

거문이 경양·타라를 만나도 좋지 않다. 고인이 이르길 '거문이 양타를 보면 남녀 모두 사음(邪淫)하다' 그리고 '거문이 타라와 命身궁에서 동궁하면 빈곤하고 신약(身弱)하여 신체장애가 되며 조업(祖業)을 탕진하고 고생한다'라고 하였다. 거문이 함지에 거하면서 사살을 보면 더 흉하다. 이렇게 거문이 살기형성이 중하면 자신을 비관하고 우울한 생각을 많이 하는데, 세상일이나 사람에 대해서 비평을 많이 하는 성격이 되기도 한다. 그리고 좋지 않은 일이나 싫은 사람을 털어버리지 못하고 가슴에 새겨 원망하는 경우가 많다. 또한 살성이 중하면 언행이 거만하거나 너무 느려서 답답한 경우가 많다. 살기형성은 사람을 지나치게 완벽하게 만들어 스스로 번뇌를 자초하게 하기도 한다.

❁ 거문 子·午궁(거문 독좌, 대궁 천기)

자오궁의 거문은 독좌하며 대궁으로 천기를 본다. 자오궁 모두 거문이 왕지(旺地)에 해당하고 대궁의 천기는 입묘(入廟)하여 힘이 있다. 하여 이 조합은 거문이 가지고 있는 장점을 최대한 발휘하기 쉽다. 辛·癸년생이면 가장 길하고, 己년생은 그 다음이다. 이 조합은 사람이 총명다재 하고 민첩하며 처세와 표현이 매끄럽고 깔끔하다.

자오궁의 거문이 록성과 보좌길성을 보면 석중은옥격(石中隱玉格)이 되어 최고로 좋게 본다. 거문화록이나 화권이면 상격(上格)이고, 록존이 동궁하면 차격(次格)이다. 단지 보좌길성만 보면 격이 약간 떨어진다. 화록이나 록존을 보면 사업으로 성공한다. 창곡이나 화과 등 과문(科文)성을 보면 명예로 성공하는데, 주로 법률·의료·언론·강의·상담업 등에서 발달한다. 거문화권이면 권위와 명예로 귀하게 된다. 그러나 이 조합은 길해도 최고의 위치나 자리에 서면 좋지 않다. 만약 최고의 지위에 있게 되면 여러 사람으로부터 시기나 질책을 유발하게 된다. 또한 권력이나 지위 때문에 경쟁하고 다투게 되는데 정작 당사자는 그 자리를 지키기 어렵다. 하여 이 조합은 자신의 재주나 역량을 내세우지 말고 숨기는 것이 지위와 재물을 유지하는 길이 된다.

자오궁의 거문이 길성은 회집하지 않고 육살(六煞)이나 화기를 보면 파격(破格)이 된다. 정황이 이러하면 인생이 복잡하고 시비·언쟁이 많으며 자신의 역량을 발휘하기 어렵다. 질병성계가 있으면 신약(身弱)하여 문제가 된다.

자오궁의 거문은 일반적으로 형제의 덕이 없고 인연도 약하다. 거문이 자오궁이면 사해궁의 염탐조합이 형제궁이 되는데, 사해궁의 염탐은 약궁에 거하게 되어 좋은 격을 구성하기 어렵다. 하여 합작이나 공동투자 계약 등에 항시 유의해야 한다. 기타 앞에서 설명한 거문성의 기본 정황을 보고 그 길흉과 성정을 판단하라.

❂ 거문 丑·未궁(거문·천동 동궁, 대궁 공궁)

축미궁의 거문은 천동과 동궁하게 된다. 거동 조합은 다른 조합에 비하여 여러 가지 불리한 조합이다. 앞에서 논한 거문의 기본성정과 천동편 중 축미궁의 거동조합을 참고하라.

❂ 거문 寅·申궁(거문·태양 동궁, 대궁 공궁)

인신궁의 거문은 태양과 동궁한다. 인신궁의 거일 조합은 두수에서는 상격(上格)이다. 인궁에서는 거문·태양이 입묘하여 최상의 격을 이루며, 申궁은 태양의 힘이 함약(陷弱)하므로 약간 떨어진다. 기타 앞에서 논한 거문성의 기본성정과 태양편 중 인신궁의 거일조합을 참고하라.

❂ 거문 卯·酉궁(천기·거문 동궁, 대궁 공궁)

거문은 묘유궁에서는 천기와 동궁한다. 앞에서 설명한 거문성의 기본성정과 천기편 중 묘유궁의 기거조합 부분을 참고하라.

❂ 거문 辰·戌궁(거문 독좌, 대궁 천동)

진술궁의 거문은 독좌하며 천동이 대조한다. 이 조합은 술궁의 거문이 진궁에 비하여 기본적으로 좋다. 술궁의 거문은 왕지(旺地)에 거하고 오궁의 태양이 입묘하게 된다. 그러나 고인은 진술궁의 거문을 '진술응혐함거문(辰戌應嫌陷巨門)'이라 하여 일반적으로 좋지 않게 보았다. 만약 화기에 살성이 가하면 고독하고 서로 극하며 일생 시비구설이 많다. 천월(天月)등 질병성계가 가하면 건강이 문제가 된다.

진술궁의 거문은 살성을 두려워하지 않는 특징이 있다. 육살(六煞)을 포함한 화기(化忌)도 두려워하지 않는데, 그 중에서 특히 지공·지겁을 좋아한다. 이렇게 살성을 두려워하지 않는 이유는, 원래 진술궁은 천라(天羅)·지망(地網)궁에 해당하여 성이 가지고 있는 장점을 발휘하기 어려운데, 만약 살성을 보게 되면 오히려 천라지망에서 벗어나는 역할을 하므로 좋게 보는 것이다. 물론 살성을 본다는 것은 시비구설이나 손재(損財) 등 일의 진행이 여의치 않은 것은 분명하다. 그러나 결과적으로 보면 유리하게 전개된다. 중요한 것은 겁공을 비롯한 한두 개의 살성만 허용하는 것이다. 그리고 보좌길성의 지원이 어느 정도 있어야 비로소 격발이 가능하다. 거문화기에 한두 개의 살성이 동도해도 길성이 회집하면 또한 길하다고 본다. 만약 살성이 과하면 오히려 파격(破格)이 된다.

진술궁의 거문은 주로 만발(晩發)하는 특징이 있다. 특히 살기형성과 길성을 같이 보면 더욱 그러하다.

진술궁의 거문이 화록과 길성을 같이 보면 명리를 얻는다. 록존과 동궁해도 재물을 누리고 명예가 높다. 창곡·화과 등 과문제성을 보면 공교육직·민영기업·연구직·언론 등에 적합하다. 도화제성이 동도하면 문예(文藝)계에서 발달한다.

만약 丁년생이나 丁干의 대한으로 진행하면 좋다. 그러나 지공·지겁을 만나야 아주 길하게 되는데, 정황이 이러하면 거문의 결점이 감소되어 사업이나 직업적으로 성공한다.

진술궁의 거문이 문창과 동궁하고 있으면서 辛년생일 경우도 길하다. 이 때 문창이 화기가 되지만 거문화록이나 대궁 천동이 화기를 제화(制化)한다고 본다. 이 경우 진궁의 거문이 술궁 거문보다 더 유리하다.

癸년생이면 거문화권이 되는데, 만약 한두 개의 살성을 보면서 길성이 회조하면 길격으로 본다. 진술궁의 거문을 '계신인우반위기(癸辛人遇反爲奇)'라 하였는데, 모두 癸·辛년생이면 길하다는 뜻이다. 기타 앞에서 논한 거문성의 기본성정을 참고하라.

❁ 거문 巳·亥궁(거문 독좌, 대궁 태양)

사해궁의 거문은 태양이 대조한다. 해궁의 거문이 사궁에 비하여 좋다. 해궁의 거문은 왕지(旺地)에 거하는데 사궁에서 대조(對照)하는 태양 역시 입묘하여 길하다. 사궁의 거문은 약궁에 거하면서 대궁의 태양과 부처궁의 태음 모두 함지가 된다.

하여 제반분야에서 불리함을 면하기 어렵다. 살성에 대한 제살능력도 해궁에 비하여 약하다.

사해궁의 거문이 사화길성(四化吉星)과 보필·괴월 등을 보면 부귀쌍전한다. 록성과 천마가 동도하면 록마교치(祿馬交馳)를 이루어 대재(大財)를 얻는다. 과문성을 보면 공교육직·언론·재경분야·인사관리·언어분야·상담분야 등에서 발달한다. 도화제성을 보면 문예나 연예(演藝) 등 예능적인 방면에 종사함이 이롭다. 같은 기준으로 보자면 해궁의 거문이 더 유리하다. 사해궁의 거문이 록성이 발달하면 주로 사업으로 성공하고, 문성(文星)을 보면 주로 명예나 귀함을 얻는다. 특히 해궁의 거문이 록성과 화권을 보면서 정황이 길하면 명진타방(名震他邦)이라 하여 타지에서 이름을 떨친다고 하였다. 그러나 해궁의 거문은 대궁 태양이 입묘하므로 빛의 발산이 너무 강하여 일점 문제가 되기 쉬운데, 사람이 너무 앞서거나 나서기 쉽고 지나치게 재주를 부리다가 오히려 시비와 원망을 듣게 된다. 록존이 동궁하면 사람이 보수적이며 이재(理財)를 잘하고 생활이 검소하다. 화록이나 화권을 보면 개창력이 있고 활동적인데 사회적으로 지위나 富를 얻게 된다.

사해궁의 거문은 사람이 신중하며 생각이 많고 신사적이다. 그러나 내심 자신의 주관과 고집이 있다. 행동이 단정하며 차분하고 논리적인 성향을 가지고 있다. 사고방식이 현실적이고 정확하며 논리적이다. 공공적인 속성으로 인하여 공적인 일처리를 잘한다.

사해궁의 거문은 이성이나 배우자로 인한 번뇌가 많다. 만약 살기형성이 중하면 부부연이 불리한데, 여명은 후처나 첩이 된다고 하였다. 만약 도화제성을 보면 주로 외도하게 된다. 기타 앞에서 설명한 거문성의 기본 성정을 참고하라.

(2) 거문 형제궁

거문 형제궁은 일반적으로 불리하게 본다. 거문의 성정이 시비구설에 원망을 사기 쉬운 속성이 있기 때문에 형제궁에서는 좋지 않게 보는 것이다. 그렇지만 보좌길성과 사화길성 등 정황이 길하면 형제나 주변 사람과의 관계가 좋다. 그렇지만 다른 성에 비하여 형제나 교우지간에 정이 두텁지는 않다.

고인은 거문이 형제궁이면 '골육이 만족하지 못하다'라고 하였는데, 거문은 형제궁에서 약간의 살성만 회조해도 불리하다. 만약 육살을 비롯한 천형·화기 등이 중하면 형제나 친구간에 원망하고 시기하며 부담을 받게 된다. 심하면 관재와 손재를 면하기 어렵다. 경우가 이러하면 다른 사람과 동업하면 안 된다. 거래나 계약관계에서 문제가 발생하게 된다.

거문이 사람을 사귈 때는 '시선종악(始善終惡)'이라 했다. 하여 거문 형제궁은 가벼운 관계가 좋은데 깊게 사귀면 음모와 시비가 일어나기 쉽다. 특히 주색이나 도박의 친구와 사귀지 말고 인간관계에 있어서 크게 기대하지 않는 것이 좋다. 살기형성을 보면 더욱 그러하다. 거문이 겁공·대모 등이 동도하면 형제나 친구 때문에 돈이 나간다. 화기에 살성이 동도하면 기본적으로 손재와 구설이 따른다. 이 경우 형제의 생이 기본적으로 곤고하다. 살기형성과 질병성계가 동회하면 형제가 사고나 질병으로 인하여 일생 큰 고비를 맞게 된다.

자오궁의 거문은 독좌하며 천기가 대조한다. 이 조합은 형제궁에서는 좋지 않다. 겉으로는 좋지만 속으로는 친하기 어렵다. 길성과 보좌성을 보면 형제가 명예와 학문이 높다. 그러나 서로 정이 많지는 않다. 록존이 있으면 형제에게 상속이나 유산(遺産)이 가거나 형제는 부유하지만 자신은 정작 도움을 받기 어렵다. 살성이 중하면 형제나 친구와 불화하기 쉽고 서로 시기와 원망을 초래하게 된다.

축미궁의 거문은 천동과 동궁한다. 앞에서 설명한 거문형제궁의 기본 정황과 천동편 중 거문·천동 형제궁 부분을 참고하라.

인신궁의 거문은 태양과 동궁한다. 거문조합 중에서는 가장 길하다. 인궁은 더욱 유리하다. 만약 보좌길성과 록성이 비치면 형제가 부와 명예를 얻는다. 하지만 형제의 조력을 많이 입지는 못한다. 기타 앞에서 설명한 거문형제궁의 기본 정황과 태양편 중 인신궁의 거일조합 형제궁 부분을 참고하라.

묘유궁의 거문은 천기와 동궁한다. 앞에서 설명한 거문형제궁의 기본 정황과 천기편 중묘유궁의 기거조합 형제궁 부분을 참고하라.

진술궁의 거문은 독좌하며 천동이 대조한다. 이 조합 역시 형제궁에서는 비교적 불리한 조합이다. 보좌길성이 있으면 형제나 친구가 명예가 있으며 인간관계는 평범하다. 그러나 도움을 많이 받지는 못한다. 과문제성(科文諸星)을 보면 형제가 학식이 높고 명예를 얻는다. 살기형성이 중하면 서로 형극하고 불화하며 구설이 따른다. 정황이 이러하면 형제와 떨어져 사는 것이 좋다. 또한 친구나 형제간에 서로 합작하는 것은 좋지 않다. 여명일 경우 남편의 형제자매가 적은 집안과 혼인을 맺는 것이 길하다.

사해궁의 거문은 독좌하며 태양이 대조한다. 해궁의 거문이 기본적으로 유리하다. 사궁의 거문은 함약하고 대궁의 태양 역시 함지에 거하게 되어 기본적으로 형제의 역량이나 힘이 부족하다. 사해궁 모두 보좌길성과 록성이 있으면 형제가 명예와 재적으로 길하다. 록성과 천마가 만나면 형제가 제적으로 부유하다. 거문화록이면 형제나 친구로부터 이익을 얻거나 도움을 받을 수 있다.

(3) 거문 부처궁

거문이 부처궁이면 불리함이 많다. 고인은 거문이 부처궁이면 생리사별을 주하고 오명(汚名)과 실절(失節)을 면치 못한다고 하였다. 물론 살기형성이 회집해야 제대로 인정할 수 있는 말이다. 그렇지만 기본적으로 인간관계에서 불리하기 쉬운 거문이 일생 생사고락을 같이하는 배우자궁에 들어가는 것은 꺼려했던 것은 사실이다.

범 거문이 부처궁이면 천량이 명궁이 되는데, 천량의 기본 속성이 고극(孤剋)과 재란(災亂)을 주하는 면이 있기 때문에 더욱 부부문제가 발생할 가능성이 높다. 이렇게 부처궁을 판단할 때는 자신의 명궁에 거하는 정성이 무엇인가 또는 명궁의 상황이 어떠한가를 기본적으로 염두 해두고 판단해야 한다.

거문이 입묘하면서 보좌길성과 사화길성(四化吉星) 등이 동도하면 비로소 해로할 수 있으며, 배우자는 사회적인 능력을 발휘한다. 그러나 자신의 명궁에 살기형성이 많으면 속으로는 고독하게 된다. 일반적으로 태양·거문 조합이 가장 길하고 거문·천동 조합이 가장 불리하다.

거문은 부처궁에서 타라와 영성이 동궁하는 것을 가장 싫어하는데, 주로 성격과 기호가 서로 맞지 않고 스스로 번뇌를 자초하며 사소한 문제로 다투게 된다. 거문화기 역시 마찬가지이다. 살기형성이 중하면 주로 형극하고 생리사별(生離死別)을 면하기 어렵다. 여명은 후처나 첩이 된다. 거문이 화성·경양을 만나면 종신액사(終身縊死)가 되어 최고로 흉하다. 이 경우 배우자의 형극은 물론 건강과 재물손재 등 제반분야에서 모두 불리하게 된다.

거문의 초선종악(初善終惡) 성향은 부처궁에서도 나타나는데, 만약 거문이 부처궁이 되면서 화성이나 천요가 동궁하면 감정교류가 빠르며 일찍 연애한다. 그러나 정황이 이러하면 끝까지 이어지기 어렵고 한두 번의 연애좌절을 꼭 경험하게 된다. 이와 같이 거문 부처궁은 기본적으로 첫사랑과는 결합할 수 없고 혼전(婚前)에 기혼(既婚)자와 연애하기도 하기 쉬운데, 살기형성을 보면 이처럼 연애관계가 비정상적이며 배우자로 인하여 일생 번뇌를 지우기 어렵다. 천동·거문이 부처궁일 때 더욱 그러하다.

거문이 살기형성이 중하면서 관부(官府)·주서(奏書) 등 관재소송의 성계가 동도하면 배우자가 관재를 당하거나 혹 파혼을 해도 소송으로 이어지게 된다.

여명이 부처궁 거문이면 배우자의 나이가 많은 것이 좋다. 남명도 역시 연상의 배우자가 오히려 길한데, 만약 부처궁에 천괴·천월·천수(天壽) 등이 동도하면 더욱 그러하다. 이러한 조건의 배우자를 만나면 비로소 서로 양보와 이해를 할 수 있다.

자오궁의 거문은 독좌하며 천기가 대조한다. 보필·괴월을 비롯한 사화길성(四化吉星)을 보면 해로한다. 화록이면 배우자가 재적으로 유리하며, 화과나 창곡 등 문성(文星)이 회조하면 배우자가 명예나 학식이 높다. 그런데 자오궁의 거문이 부처궁이면 당사자의 명궁은 동량조합이 된다. 인신궁의 동량은 유탕(遊蕩)하고 한량한 면이 있는데, 만약 도화성계가 회집하면 외도하게 된다. 보좌성이 단견(單見 : 예를 들면 좌보·우필 중 하나는 명궁에 있고 하나는 부처궁에 있는 것)해도 배우자와 연이 없거나 외도를 하는 등 문제가 있다.

사살(四煞)을 비롯한 천형·화기를 보면 배우자와 성격이나 이상이 다르고 결국 형극한다. 여기에 질병성계가 더해지면 배우자는 건강이나 사고로 인하여 극을 당하게 된다. 겁공과 살성이 중하면 배우자가 재물이나 사업적으로 파동이 많다. 기타 앞에서 논한 거문 부처궁의 기본정황을 참고하라.

축미궁의 거문은 천동과 동궁한다. 거동조합은 부처궁에서는 가장 불리한 성계에 속한다. 앞에서 논한 거문 부처궁의 기본정황과 천동편 중 축미궁의 거동조합 부처궁 부분을 참고하라.

인신궁의 거문은 태양과 동궁한다. 인신궁의 거일조합은 거문과 동궁하는 조합 중에서 비교적 길하다. 앞에서 논한 거문부처궁의 기본정황과 태양편 중 인신궁의 거일조합 부처궁을 참고하라.

묘유궁의 거문은 천기와 동궁한다. 앞에서 논한 거문 부처궁의 기본정황과 천기편 중 묘유궁의 기거조합 부처궁 부분을 참고하라.

진술궁의 거문은 독좌하며 천동이 대조한다. 진술궁의 거문은 약궁(弱宮)에 해당하므로 일반적으로 불리하게 본다. 만약 보좌길성과 록권과를 보면 비로소 해로하는데, 배우자는 명예가 있고 재적으로 능력을 겸비한다. 하지만 진술궁의 거문은 살성에 민감하게 작용한다. 사살(四煞)과 천형·화기 등이 회집하면 일생 혼인이 온전치 못하고 서로 기질이 맞지 않으며 배우자로 인하여 시비구설이 많다. 이 경우 배우자의 형제자매와 불화하는 경우도 많다. 기타 앞에서 논한 거문 부처궁의 기본정황을 참고하라.

사해궁의 거문은 독좌하며 태양이 상대한다. 해궁의 거문이 사궁에 비하여 기본적으로 유리하다. 이 조합이 보좌길성(輔佐吉星)을 보면 배우자가 총명하고 사회적으로 능력을 발휘한다. 과문제성(科文諸星)이 회조하면 배우자가 주로 공직·교육직·연구직·대기업 등에 종사한다. 록성이 동도하면 배우자는 재적으로 길한데, 만약 록마교치를 이루면 배우자가 재적으로 능력있으며 부유하다. 그러나 이 조합은 시가

(媤家)나 처가(妻家)와 인연이 없고 불화한다. 살기형성이 중하면 더욱 그러하다. 또한 살기형성이 회집하면 서로 감정결합이 어렵고 혼인에 불리하다. 기타 앞에서 논한 거문 부처궁의 기본정황을 참고하라.

(4) 거문 자녀궁

거문이 자녀궁이면 자녀를 늦게 얻는 것이 좋다. 일반적으로 장자(長子)와 연이 없거나 키우기 어렵다. 특히 양타·화령을 보면 더욱 장자가 불리하다. 그리고 자녀궁의 거문은 선성(善星)이 아니다. 약간의 살기형성(煞忌刑星)만 회조해도 부모 자식 간에 온정이 없거나 세대차이가 있는 등 기질이 맞지 않다. 만약 거문이 보좌길성을 보면 자녀가 총명하고 주변사람의 인정을 받는다. 과문제성이 동도하면 자녀가 총명하며 학문이 높다. 길성과 천요 등 도화성계를 보면 자녀가 다재다예(多才多藝)한데, 주로 예술이나 문예(文藝)로 성공한다. 록성과 길성이 동도하면 자녀가 부귀(富貴)를 겸한다. 화록이나 록존이 동궁하면 자녀가 재적으로 길한 반면 인색하기 쉽다.

거문이 살성과 동도하면 자녀와 분가하거나 떨어져 사는 것이 오히려 길하다. 만약 살기형성모성(煞忌刑耗星)이 중중하면 일생 자녀와 불화하거나 자녀로 인한 재물 손재도 있게 된다. 이 경우 자녀의 직업과 건강·혼사문제 등도 항상 같이 발현하게 된다. 정황이 이러하면 자녀의 운세도 막히게 되어 자녀 스스로 고단한 삶을 살게 된다. 또한 아랫사람이나 후배와 마찰이 심한데 결국 손재나 형극을 당하기 쉽다. 이처럼 거문이 살기형성이 중하면 자녀나 아랫사람에게 정신과 물질적으로 지원을 해도 결과는 좋지 않다. 그리고 자녀궁의 대궁은 전택궁이 마주하므로 만약 자녀궁이 흉하면 전택궁의 문제도 반사적으로 같이 판단해야 한다.

(5) 거문 재백궁

거문이 재백궁이면 주로 시비나 경쟁으로 득재(得財)하는 경우가 많다. 시비구설과 경쟁을 주하는 거문의 특징이 득재 과정에도 나타나는 것이다. 만약 양타·화령·천형을 보면 재물로 인하여 시비구설이 많고 일생 고단하며 중하면 송사(訟事)가 있게 된다. 거문화기는 시비구설과 더욱 관련이 많다. 거문화기에 살성이 동도하면 파재(破財)와 구설·송사 등 재물로 인하여 화를 초래한다. 거문이 낙함하면서 살성이 중하면 더 불리하여 손재와 시비가 따른다.

거문은 양타·화령을 가장 싫어한다. 거문이 만약 경양과 화성을 만나면 거화양 종신액사격(巨火羊 終身縊死格)을 이루어 파재를 면하기 어려운데, 재백궁에서 이러한 흉격을 이루어지면 주로 재물로 인하여 시비와 송사가 따르고, 돈 때문에 몸을 상하거나 중하면 목숨을 잃기도 한다. 거문화기에 천형이 동도해도 재물로 인하여 의를 상하거나 시비송사가 일어난다.

거문은 화록이나 록존을 좋아하는데, 재백궁에 있으면 부유하다. 하지만 약간의 살성만 회조하여도 시비구설이 발생하게 되므로 교만하면 안된다.

거문이 재백궁이면 자신의 재주를 너무 과시하거나 뽐내면 안 되는데, 만약 경솔하거나 처세가 교만하면 남에게 시비나 원망을 사게 된다. 거문이 록성과 동도하면 구재(口才)로 득재(得財)하는 것이 좋은데, 예를 들면 교육자·강사·변호사·기자·상담가·판매상·공연·중개업 등의 업종이 길하다. 거문이 경양·천형과 동도하면서 기타 길성과 동도해도 역시 이와 같은 업종에 종사함이 이롭다. 거문이 록권과를 보면서 보좌길성이 더해지면 부귀를 얻는다.

거문이 역마지(寅申巳亥)에 거하면서 만약 록마교치(祿馬交馳)를 이루고 있으면, 외국기업이나 외국인과 관계된 사업(무역·여행·항공업·외국어 등)이면 길하다. 역마지의 거문이 정황이 길하면 전반적으로 외근직이나 해외업무가 좋다. 또한 사람을 많이 만나는 직종이 좋은데 무역업을 비롯한 도소매업종도 가하다.

자오궁의 거문은 독좌하며 천기가 대조한다. 이 조합이 록성이 동도하면 석중은옥격(石中隱玉格)을 형성하게 되어 재적으로 부유하다. 창곡을 비롯한 과문제성이 회집하면 명예로 득재하는데, 주로 전파업종(방송·강의·언론매체 등)의 직종이 길하다. 그러나 이 조합은 타인의 질시나 공격을 받기 쉬우므로 자신을 지나치게 내세우면 안된다.

천요를 비롯한 도화제성과 음살(陰煞) 등이 동도하면 주색으로 인해 파재와 구설이 따른다. 천무(天巫)가 동궁하면서 천형·경양·화령·거문화기 등이 회집하면 유산이나 재산 때문에 시비경쟁이 있고 중하면 송사한다. 록존과 살기형성이 동시에 거하면 재래재거(財來財去)가 심하고 재물로 인하여 시비구설이 있게 된다. 기타 앞에서 논한 거문재백궁의 기본 정황을 참고하라.

축미궁의 거문은 천동과 동궁한다. 앞에서 논한 거문 재백궁의 기본정황과 천동편 중 축미궁의 거동조합 재백궁을 참고하라.

인신궁의 거문은 태양과 동궁한다. 앞에서 논한 거문 재백궁의 기본정황과 태양편 중 인신궁의 거일조합 재백궁을 참고하라.

묘유궁의 거문은 천기와 동궁한다. 앞에서 논한 거문재백궁의 기본정황과 천기편 중 묘유궁의 기거조합 재백궁을 참고하라.

진술궁의 거문은 독좌하며 천동이 대조한다. 이 조합은 재백궁에서는 기본적으로 불리하다. 재물로 인하여 파동이 많고 시비를 면하기 어렵다. 살성이 중하면 더욱 그러한데, 노력해도 얻기 어렵고 재물은 얻는 과정에서 시비와 원망이 따르게 된다. 살기형성이 중하면 기본적으로 투기나 사업은 자제해야 하며, 안정적인 방법의 구재(求財)를 해야 한다. 록권과를 비롯한 길성이 동도하면 자수성가한다. 이 조합이 거문화기가 되면서 삼방사정이 길하면 오히려 직위와 재물을 얻는다. 하지만 기타 살성이 같이 동도하면 역시 파재를 면하기 어렵다. 기타 앞에서 논한 거문재백궁의 기본 정황을 참고하여 그 길흉여하를 판단하라.

사해궁의 거문은 독좌하며 태양이 대조한다. 이 조합은 구재(口才)에 능하다. 록권과 등 사화길성(四化吉星)과 보좌길성이 동도하면 부귀를 겸하는데, 주로 전파업·언론·강사·법률·상담·외국어·중개업 등에서 길하다. 록존과 천마가 만나 록마교치를 이루면 재물이 풍부한데, 이 경우 외국기업이나 외국과 관련된 직업이 좋다. 도소매업 등 유통업과 관련된 직업이면 더욱 길하다. 살기형성이 중하면 역시 불리한데 재물로 인하여 시비구설을 면하기 어렵다. 이처럼 살기형성이 중하면 투기나 투자 그리고 개인 사업은 하지 않아야 한다. 대한의 정황이 이러해도 마찬가지다. 기타 앞에서 논한 거문재백궁의 기본 정황을 참고하라.

(6) 거문 질액궁

거문이 질액궁이면 기본적으로 위장병이나 소화기질환에 걸리기 쉽다. 장염(腸炎)·위산과다·변비·소화불량·이염(耳炎)·이명(耳鳴) 등의 질환에 유의해야 한다. 그리고 거문은 입을 상징하는 성이다. 하여 설통(舌痛)이나 구강(口腔)병·호흡기·치아 등의 질병에 유의해야 한다.

거문이 살기형성이 중하면 위암이나 폐질환에 걸리기 쉽다. 또한 식도·구강·치아 등의 부위에 암이 발생할 수 있다. 거문이 록존과 동궁하면 주로 위병이며, 천동을 보면 호흡기 질환이 많다.

거문이 태양과 동궁하면 고혈압이나 뇌질환에 걸리기 쉽다. 천기와 동궁하면 간·담 병에 유의해야 한다. 거문·천동 조합은 골병(骨病)·구강·식도 등에 유의해야 한다.

(7) 거문 천이궁

거문은 시비와 구설을 주하므로 인간관계가 불리한 성이다. 하여 천이궁에 거하면 타인과 충돌하거나 대립하기 쉽다. 양타·화령·천형 등이 중하면 더욱 좋지 않은데, 출문(出門)하여 재앙이 많다. 주로 시비구설과 손재·배신 그리고 사고·질병까지 유의해야 한다. 거문화기 역시 구설이 많고 서로 대립하며 고극하게 된다. 특히 거문화기는 일을 행함에 있어 진퇴를 결정하지 못하여 결국 낭패를 당하는 경우가 많다. 함지의 거문이라면 더욱 흉하다. 대한이나 유년의 천이궁이 만약 이러하면 출문하여 사고·건강을 유의해야 한다. 또한 이사·창업·여행 등을 각별히 조심해야 한다.

거문화록이면 활동이 많고 재적으로 부유하다. 거문이 화록이 되면 태양은 화권이 되는데, 만약 태양이 입묘하면서 정황이 길하면 주변사람의 추앙을 받고 성공한다. 그러나 살성이 같이 동도하면 반드시 시비곤우가 따르게 되는데, 성공은 하지만 심리적인 고단함을 면하기 어렵다.

천이궁의 거문이 보필·괴월이 협하거나 동도하면 여러 사람의 지원이나 협조를 얻는다. 거문화권이면 재외(在外)에서 신용과 권위를 가지게 되어 다른 사람의 신임을 얻을 수 있다. 거문이 록존이 동궁하면 근면하며 재적으로 성공한다. 그러나 인색하기 쉬워 다른 사람의 질시를 받을 수 있다. 살성이 동도하면 더욱 그러하다.

거문·천기 조합이 보좌길성을 만나면 그 사람의 지혜와 총명으로 인하여 성공한다. 또한 사람이 따르고 다른 사람의 추대를 받게 된다. 거문이나 천기가 화록이 되면서 정황이 길하면 고향 떠나 발재(發財)하여 성공한다. 그러나 살성이 같이 동도하면 시비곡절이 많은 가운데 어렵게 이룬다. 거문이나 천기가 화기가 되면서 살성이 중하면 타인과 대립하고 인연이 좋지 않은데, 처음엔 좋은듯하지만 결국 시비와 원망을 면하기 어렵다. 기타 앞에서 논한 거문 천이궁 기본정황과 천기 편 중 기거조합 천이궁 부분을 참고하라.

거문·천동 조합이 만약 천동화기면 밖에서 시비와 원망이 따른다. 또한 정서적으로 고단한 일이 많으며 사람관계도 복잡 미묘하게 되거나 구설이 있게 된다. 살기형성이 중하면 더욱 파동이 많다. 천동화록이면 사람이 활동적이며 재적으로 길하다. 그리고 인관관계도 비교적 무난하다. 하지만 감정창상을 당하기 쉽다. 양타·화령이 동도하면 더욱 불리하다. 거동 조합이 록성과 보좌길성의 지원이 있으면 타지에서 자수성가한다. 그러나 살성이 더해지면 분파노록(奔波勞碌)하는 가운데 발달한다. 기타 거문 천이궁의 기본정황과 천동편 중 거동조합 천이궁을 참고하라.

거문·태양조합은 천이궁에서는 비교적 유리한 조합이다. 록성을 보면 타향에서 성공한다. 록마교치가 되면 더욱 부유하다. 화권을 보면 명예가 있고 신중하고 책임감 있는 처세로 인해 다른 사람의 신임을 받는다. 태양이나 거문이 화기(化忌)가 되면 시비구설과 손해를 면하기 어렵고 심하면 사고·건강까지 유의해야 한다. 또한 소인의 시기나 질투를 받게 되고 배신당하기 쉽다. 살성이 동조하면 더욱 불리하다. 기타 앞에서 논한 거문 천이궁의 기본정황과 태양편 중 거일조합 천이궁 부분을 참고하라.

(8) 거문 노복궁

거문이 노복궁이면 주변사람과 구설시비가 발생하기 쉽고 협조를 얻기가 어렵다. 함지에 떨어지면 더욱 그러하다. 고인이 이르길 거문이 노복궁이면 암역(暗逆)한다고 하였는데, 거문이 가지고 있는 기본 속성과 관계가 있는 말이다. 사살(四煞)을 비롯한 천형이 동도하면 인간관계가 초선종악(初善終惡)이 되는데, 친구나 주변사람 때문에 부담이 많으며 결국 서로 시비하고 원망하며 손해 본다. 화기를 만나도 역시 불리한데 친구나 주변사람들이 적고 남에게 압박이나 시기 질투를 많이 받는다. 중하면 관재를 겪거나 배신당한다. 사업이나 기업의 경영자가 노복궁의 정황이 이러하면 직원이나 아랫사람 때문에 고민이 많다.

거문이 노복궁에서 화록을 보면 주로 이로운 친구가 있거나 아랫사람의 도움을 얻는다. 보좌길성이 동도하면 관계가 유정(有情)하다. 록존이 동궁하면 인간관계는 무난하지만 상대가 인색한 경향이 있는데, 이는 자신의 이익을 먼저 생각하기 때문이다.

거문이 살성이 중하고 음살(陰煞)·대모(大耗) 등을 보면 친구나 아랫사람으로부터 속임수를 당하거나 손재하게 된다.

기본 정황으로 보면 거문·태양 조합이 가장 좋은데, 록권과를 보면서 길성이 동도하면 외국인이나 타향에서 다른 사람의 음덕을 입는다. 거일조합은 자신을 위하여 조언을 아끼지 않는 친구가 있다. 그러나 화기나 살성을 보면 시비원망을 초래하게 된다.

천동·거문조합은 겉으로는 원만하지만 속으로는 그렇지 않은 경우가 많으며 서로 마음이 맞지 않다.

천기·거문조합은 아랫사람이나 친구의 조력이 미미하다. 주로 상대가 말만 앞세운다. 또한 겉은 화려하지만 경박하고 정작 자신은 도움을 받기 어렵다.

(9) 거문 관록궁

거문이 입묘하고 록권과를 비롯한 길성이 회집하면 구재(口才)나 전문지식으로 성공하는데 주로 교육자·상담가·의사 그리고 정·재계를 비롯한 사회저명인사가 된다. 화록이나 록존이 동도하면 사업으로 성공한다. 창곡을 비롯한 문성(文星)이 동도하면 학문이나 명예가 높다.

살성과 천형을 보면 직업적으로 고단하고 안정감이 없다. 만약 길성이 같이 동도하면 어려운 가운데 이루지만 살성이 많으면 직장이나 사업처에서 시비구설이 많고 중도에서 탈락하게 된다. 겁공을 비롯한 천형이나 화개(華蓋)를 보면 종교나 정신세계 분야의 인사(人士)가 된다.

살기형성이 중하면 직업적으로 일생 변화가 많고 안정이 없어 불안한데, 이렇게 살성이 중하면 직업적으로 시비구설과 관재소송 등 흉사를 반드시 겪게 된다. 또한 직장에서 받는 심리적 육체적 고단함으로 직업병을 얻기도 한다.

거문이 관록궁에서 록권과를 보면 길하지만 양타·화령을 보면 파동이 생긴다. 특히 양타를 싫어하는데 성패가 다단하고 결국 지키기 어렵다. 함지의 거문은 더욱 흉하게 작용한다.

자오궁의 거문은 독좌하며 천기가 대조한다. 록권을 보면 사업으로 성공할 수 있다. 창곡·화과 등 문성(文星)을 보면 학문연구나 명예가 길하다. 단 이 조합은 어느 분야든지 나서거나 최고의 자리에 오르면 안 된다. 너무 앞서거나 나타나면 타인의 질시를 받게 된다. 살성이 중하면 직업적인 변동이 잦고 불안정하며 결말이 좋지 않다. 사업가라면 파재를 면하기 어렵다. 살성과 록권과 등 길성이 같이 동도하면 한 번의 좌절을 경험한 후 발달하게 된다. 만약 재백궁과 명천선의 정황이 길하면 비록 고단함이 따르지만 후에 이루게 된다. 기타 앞에서 논한 거문 관록궁의 기본

정황을 참고하라.

축미궁의 거문은 천동과 동궁한다. 앞에서 논한 거문 관록궁의 기본정황과 천동편 중 거문·천동 조합 관록궁 부분을 참고하라.

인신궁의 거문은 태양과 동궁한다. 앞에서 논한 거문 관록궁의 기본정황과 태양편 중 거일 조합 관록궁 부분을 참고하라.

묘유궁의 거문은 천기와 동궁한다. 앞에서 논한 거문 관록궁의 기본정황과 천기편 중 기거조합 관록궁 부분을 참고하라.

진술궁의 거문은 독좌하며 천동이 대조한다. 술궁의 거문이 진궁에 비하여 좋다. 이 조합은 거문이 천라지망(天羅地網)에 거하게 되어 먼저 곤란함을 겪은 후에 발달한다. 진술궁의 거문이 록권과를 비롯한 보좌길성이 비치면 재물과 명예를 모두 얻는다. 과문제성(科文諸星)이 동궁하면 주로 학문과 연구직에 많다.

양타·화령을 보면 사업과 직업적으로 안정이 없고 변화가 많으며 중하면 파산한다. 화령이 동도하면서 길성이나 록성의 지원이 있으면 의외의 재물을 얻는다. 살기형성(煞忌刑星)이 중하면 사업은 파산하고 직장은 지키기 어려우며 심신이 고단하게 된다. 거동조합은 기본적으로 향수적인 색채의 직업(요식업·화장품·미용실·노래방·오락방면·디자인과 장식계열 등)과 관련이 많은데, 특히 천요를 비롯한 도화제성을 보면 더욱 그러하다. 기타 앞에서 논한 거문 관록궁의 기본정황을 참고하라.

사해궁의 거문은 독좌하며 태양이 대조한다. 해궁의 거문이 사궁의 거문에 비하여 유리하다. 이 조합은 주로 학문이나 명예·교육·연구직·공직·대기업 등과 관련이 많다. 화록이나 록존을 보면 사업적인 방면에 관련이 많다. 만약 록마교치(祿馬交馳)가 되면 타향에서 성공한다. 사해궁의 거일조합은 선귀후부(先貴後富 : 먼저 貴하고 뒤에 富를 얻음)하는데 창곡이나 화권·화과 등을 보면 명예나 귀를 우선한다. 록권과를 보면서 괴월·보필 등이 동도하면 외지에서 귀인의 도움으로 성공한다.

양타·화령이 동도하면 재래재거(財來財去)가 심하고 사업이 불안정하다. 천형과 살성이 동도하면 직업적으로 구설이 많으며 타인에게 손해를 입거나 관재를 경험하게 된다. 화기(化忌)가 동궁해도 역시 불리한데 주로 손재와 구설을 면하기 어렵다.

(10) 거문 전택궁

고인은 거문 전택궁을 좋지 않게 보았다. 거문의 본신이 암(暗)과 역마적인 성향이 있으므로 전택궁이면 좋지 않게 생각한 것이다. 전택이란 원래 은정(隱定)한 것이 좋기 때문이다. 거문이 록성을 보면 비록 전택의 변화는 많지만 사업이 발전하고 부동산으로 인하여 재를 득하게 된다. 거문이 사화길성(四化吉星)과 보좌길성(輔佐吉星)을 보면 집이나 근무하는 곳에서 길을 얻는데, 부동산으로 인하여 득재(得財)하는 경우도 많다.

거문이 살기형성이 중하면 거주지나 사무실 등 부동산으로 인한 시비구설과 손해 등을 경험하게 된다. 그리고 집안에 상사(喪事)가 있거나 좋지 않은 일이 생긴다. 또한 자신이 거주하는 곳이나 사무실 등에서 주변사람들과 마찰이 있기 쉬운데, 주로 주변 환경이나 분위기가 여의치 않아 심신이 고단하다.

거문이 전택궁이면서 조업(祖業)이 있으면 형제와 갈등이 많다. 만약 살기형성이 중하면 조업이나 유산(遺産) 등으로 인하여 서로 다투거나 송사하게 된다. 거문화기에 화령을 보면 화재를 유의해야 한다.

사살을 비롯한 거문이 화기를 맞으면 거주지나 사업이 불안정하고 자주 옮기게 된다. 또한 사업이나 부동산 투자 등으로 인하여 시비구설이 있고 중하면 송사를 경험하게 된다.

거문이 전택궁이면 풍수적인 영향을 많이 받는다. 만약 살기형성이 중하면 풍수적으로 문제가 있게 되어 명운(命運)에 많은 영향을 끼친다.

대한이나 유년의 전택궁에서 거문이 육살(六煞 : 양타·화령·겁공)을 비롯한 음살(陰煞)·대모(大耗) 등이 거하게 되면 사해(四海)를 떠돌고 집안에 도둑이 들기도 한다.

거문과 천기가 상대하면 사업의 변동이 많다. 또한 사무실이나 주거지의 변화가 많다.

진술궁의 거동 조합은 술궁이 유리하다. 상황이 길하면 집이나 사업장 또는 근무하는 곳의 환경이 좋고 이익을 얻는다.

(11) 거문 복덕궁

거문 복덕궁의 가장 큰 특징은 심리적으로 불안·불만 등이 심하여 정신적인 소비가 많다는 것이다. 거문성의 기본 특징인 암(暗)·시비구설·의혹 등이 정서적으로 영향을 미치는 것이다.

화록·화권이면 근면하고 추진력이 있으며 사업적으로 좋은데, 반면 신경을 많이 쓰고 무슨 일이든 자기 손으로 직접 하려고 한다. 그리고 화록이나 록존을 보면 그 사람의 정서가 재적기도심이 강한 편이다.

거문이 보좌길성을 보면 심리적으로 안정한데, 주로 문예(文藝)나 학술(學術)과 관련이 많다. 겁공·천형·천허(天虛)·화개(華蓋) 등이 동도하면 사상이 깊고 철리적인데 종교나 정신세계·기수련 등에 관심이 많다.

거문화기에 살성을 보면 심리적으로 항상 불안한데, 잔 생각이 너무 많고 예민해지기 쉽다. 또한 불만과 후회가 많으며 노심초사(勞心焦思)한다. 일을 행함에 있어서 진퇴(進退)를 판단하지 못하여 고민하기도 한다. 심하면 우울증·자폐증·공포증 등의 정신질환을 겪게 된다.

거문·천기 조합은 사람이 민감하고 마음이 한결같지 않다. 살기형을 보면 더욱 그러한데 지나치게 생각이 많고 서두르게 된다. 중하면 정신질환에 걸리기 쉽다.

거문·천동 조합은 비교적 좋은 조합이다. 하지만 정서가 명랑하지 못하고 무거운 편이며 답답하다. 살성을 보면 불안·초조함이 많고 지나치게 소심해지거나 민감하다. 천동화록이나 록존이 동궁하면 정신적인 향수를 추구한다.

거문·태양이 동궁하거나 상대하면 범사를 자신이 직접 나서서 하려고 한다. 이러한 성향으로 인하여 주변사람과 마찰이 있거나 원한을 사기 쉽다. 살성을 만나면 쓴소리를 많이 듣거나 시비가 있다. 정황이 길하면 이렇게 불리한 요소를 극복할 수 있다.

(12) 거문 부모궁

거문이 부모궁이면 일반적으로 좋지 않다. 살기형성(煞忌刑星)이 없어야 비로소 형극(刑剋)을 면한다. 거문은 한두 개의 살성만 동궁해도 부모와 극하거나 연이 없다. 특히 양타·화령·천형을 보면 더욱 불리하다. 거문화기 역시 마찬가지이다. 부모궁의 거문이 살성과 동궁하지 않더라도 대궁이나 부모궁의 삼방사정으로 살기형성이 회집하여도 사단이 생긴다.

고인은 거문이 부모궁이면 반드시 양자(養子)로 가야 형극을 면한다고 하였다. 현대적인 관점으로 보면 양자로 들어갈 수도 있겠지만, 기본적으로 부모와 연이 없거나 두 부모를 모시거나 아니면 부모가 생리사별(生離死別)을 하는 것으로 볼 수도 있다. 거문 함지에 살기형성이 중하면 이렇게 불리한 요소는 더욱 강하게 발현된다.

거문화록이나 록존·화권 등이 동궁하면 부모가 능력이 있거나 재물이 많다. 또한 부모와 화목(和睦)하다. 그러나 록을 비롯한 길성과 살기형성이 동시에 비치면 부모가 재산은 풍후하지만 서로 부담이 많고 불화(不和)한다. 거문이 천요 등 도화제성이 회집하면 부모가 주색으로 가는데, 만약 보좌길성을 보면 사상이 고상하고 풍류가 절제되어 가정이 원만하다. 그러나 살기형성이 동도하면 주색으로 인하여 형극을 당하게 된다.

천기·거문 조합이 부모궁이면, 고인은 두 부모와 인연이 있고 불리하게 보았다. 만약 이 조합이 약간의 살성만 동도해도 부모와 연이 없고 극하거나 서로 충파할 가능성이 가장 큰 조합이다. 자신의 학업이나 부모의 일 때문에 분가(分家)하기도 한다. 그러나 정황이 길하면 비교적 화합하는 가운데 고극하지만, 살기형성이 동궁하거나 회조하면 아주 불리하다. 이 경우 부모의 건강도 유의해야 한다. 도화성계가 회집하며 부친의 외도로 인하여 부모가 이별하기도 한다.

천동·거문조합은 부모와 정서적으로 맞지 않거나 세대차이가 있다. 보좌길성을 보면 부모와 화합한다. 록성이나 화권을 보면 부모가 부유하고 서로 화합한다. 그러나 이 조합은 육살(六煞)·천형 등 살성에 대한 저항이 약하여 약간의 살성만 동도해도 부모와 형극이 있다. 혹은 부모가 이혼하거나 질병이 있다. 또한 이 조합은 부모가 물려준 유산이나 조업을 지키지 못하는 특징이 있다.

거문·태양조합은 일반적인 정형으로는 부자(父子)간에 불화하거나 서로 무정(無情)하다. 양타·화령을 보면 다툼이 많고 정서적으로 통하지 않는다. 천형과 양타·화령 등이 동도하면 부모가 엄격하고 독단적인데 부모의 이러한 성정으로 인하여 불화하거나 부담을 많이 가지게 된다.

화록·록존·화권을 보면 형극의 정도가 약하고 부모가 명예와 재물이 있다. 록마교치를 이루면서 살성이 동시에 동도하면 부모의 직업으로 인하여 떨어져 있는 시간이 많다. 길성과 문성(文星)을 보면 부모가 명예와 학식이 높다.

11) 천상성

(1) 천상의 기본적인 성정

천상(天相)은 오행이 양수(陽水)이며 남두(南斗)의 제二星이다. 화기(化氣)는 인(印)이며 주사(主事)는 관록(官祿)이다. 천상은 기본적으로 신용·의리·문서·공정(公正)·복무(服務) 등을 상징한다.

천상을 쉽게 이해하려면 천상의 화기(化氣)인 도장(印)을 생각하면 된다. 인(印)은 문서나 계약 등에 꼭 필요한 도구인데 함부로 사용하거나 남용하는 물건이 아니다. 도장이라는 것이 신중하게 잘 사용하면 좋은 일이 생기지만, 혹 잘못 사용하면 치명적인 문제를 발생시킬 수 있다. 이렇게 중요한 물건을 정직하고 신용 있는 천상이 보관하거나 사용하면 가장 안정적이라는 것이다. 고인은 이러한 성향으로 印과 가장 어울리는 별이 바로 천상이라고 판단했던 것이다.

천상은 관록(官祿)을 주하며 재물보다는 명예나 학식에 더 가까운 별이다. 천상이 좌명하면 사람이 품격과 교양이 있고 자상하며 관용을 베푼다. 이렇게 보편적으로 배려하는 후한 성격의 천상이 명예나 학식을 겸비한 관록에 어울린다고 보는 것이다.

천상은 동정심과 의협심이 강하다. 어렵거나 힘든 사람을 보면 도움을 아끼지 않는다. 또한 법과 의리를 중요시하며 쉽게 마음을 바꾸지 않는 항심(恒心)이 있다. 천기처럼 민감하거나 기지(機智)가 뛰어나지 않지만 박학다능(博學多能)하기도 하다. 언행이 부드럽고 맵시가 있으며 매사 일처리가 조리 있고 섬세하며 계획성이 있다. 인간관계가 좋고 기본적으로 개성이 온화하다.

천상은 약속을 소중히 여긴다. 정직, 신용을 중시하는 천상은 남이 약속을 어기거나 편법을 쓰는 것을 싫어한다. 천상의 상은 부드럽고 학식이나 교양미가 있으며 남녀 모두 호감형의 얼굴에 인상이 좋은 편이다. 천상은 물건을 아끼고 소중히 하는 특징이 있다. 그리고 천상은 심미안(審美眼)이 있는데 문예(文藝)에 관심이 많다.

천상이 도화성계를 보면 사람이 유연하고 총명하며 말재주가 있다. 또한 자기만의 기호가 있는데, 자신이 좋아하는 물건이 있으면 돈을 아끼지 않고 소유하려는 심리도 있다. 천상은 종교와 신앙심이 있으며 수행을 좋아한다. 사살(四煞)을 비롯한 겁공·천허 등을 보면 더욱 그렇다.

천상은 백관조공(百官朝拱)을 좋아하는 별이다. 보필·괴월·창곡 등이 회집하면 권력과 명예를 얻는다. 다만 천상의 권력은 자미나 천부·태양 등에 비하면 강하거나 크지는 않다.

천상은 14정성 중에서 유일하게 염정의 악(惡)을 능히 제하는 성이다. 천상의 오행은 水이며 염정은 火다. 즉 천상은 염정의 살기와 악을 수극화(水剋火)하여 제화(制化)하는 역할을 하는 것으로 보는데, 이러한 정황으로 인하여 격발을 가져오거나 격국을 좋게 한다. 실제로 염정·천상 조합은 기본 격국이 우수한데, 만약 정황이 길하면 부귀를 모두 얻게 된다.

여명 천상은 사람이 현숙하고 교양 있으며 총명하다. 록권과 등이 동도하면 기개(氣槪)가 있고 능력을 발휘하며, 보좌길성을 보면 귀부인의 명으로서 왕부익자(旺夫益子)한다. 그러나 살기형성이 중하면 육친의 연이 없어 고독하고 몸은 신약(身弱)하며 혼인도 여의치 못하다. 정황이 이러하면 종교를 비롯한 정신세계와 관련이 많고 첩이나 후처가 된다.

천상은 앞에서 논한 것처럼 선성(善星)이나 길성(吉星)으로 보는 경우가 많다. 고인들도 천상을 무결점의 성으로 좋게 보았다. 그러나 천상이 다 좋은 면만 있는 것이 아니다. 문제점이나 단점도 있다. 천상의 가장 큰 결점은 자기색깔이 약하다는 것이다. 사람은 좋지만 주관과 심지(心地)가 약해 어떠한 일이나 분위기에 쉽게 휘말리고 이용당하며 빠져 나오지 못한다. 천상이 길성을 보고 정황이 좋으면 자기만의 식견과 주관을 가지게 되지만, 살성을 보면 분위기에 이끌리어 같이 패도(悖道)하고 자신의 주관을 상실하게 된다. 천상이 가선가악(可善可惡 : 능히 선도 되고 악도 된다)의 별이라고 하였는데 그 의미는 길성(吉星)을 보면 한 없이 좋지만 악성(惡星)을 보면 악의 무리로 변한다고 보는 것이다.

천상이 양타·화령·겁공 등이 협하거나 동도하게 되면 생에 좌절이 많고 시비·손재·고독·질병 등 제반분야에서 불리하게 된다. 천상은 특히 화령을 가장 꺼린다. 함지의 천상이 화령을 보면 더욱 불리하다.

천상의 또 다른 특징 중 하나는, 천상은 협궁(夾宮)의 정황에 민감하게 작용한다는 것이다. 자기색깔이 약한 천상은 협궁의 길흉 여하에 따라서 격의 고저가 확연히 차이가 난다. 14정성 중에서 협궁의 영향을 가장 강하게 받는 성이 바로 천상이다. 별의 배치 원칙으로 보면 천상이 명궁일 경우 부모궁에는 천량이 형제궁에는 거문이 항상 있게 된다. 그런데 천상은 거문화록이나 거문화기에 따라서 그 길흉이 극명하게 차이를 보인다. 그리고 거문궁이나 천량궁에 동궁하는 다른 성계들이 화록이나 화기를 맞아도 역시 그 영향력이 크게 나타난다. 만약 형기협인(刑忌夾印 : 거문이 化忌가 되면 천상궁으로 협하여 충파하는 현상. 이때 刑은 천량을 의미하고 忌는 거문화기를 의미한다)이 되면 거문궁 뿐만 아니라 천상궁까지 그 파장이 동등하게 나타나는 것이다. 천량이 거한 궁에 경양이 동궁해도 형기협인과 같은 영향력이 있다. 이 경우 천상궁에 록존이 동궁하게 되는데 경양·타라가 협하여 천상궁을 파괴하게 되는 것이다. 그러나 거문성이 화록이 되면 천상궁을 재음협인(財蔭夾印 : 이때 財는 거문화록을 의미하며 蔭은 천량의 의미한다)하여 재적으로 길하게 본다. 천상은 이렇게 부모궁과 형제궁의 정황에 따라서 길흉이 현저하게 나타나므로 양궁의 동태를 잘 살펴야 할 것이다.

천상은 흑백이 분명한 별인데, 사살(四煞)을 비롯한 화기·천형 등이 동궁하거나 회조하면 성격이 강렬하고 고집과 자존심이 강하며 감정적이거나 투쟁적인 성격으로 변하기 쉽다. 정황이 이러하면 배우자와 형극하고 형제와 고독하기 쉽다.

천상이 화기의 영향을 받거나 천형·양타·화령·겁공·천허 등의 성계들을 보면 공허함을 강하게 느끼는데 중하면 자살한다. 선천이나 대한의 복덕궁이 이러해도 마찬가지이다.

총명다재한 천상이 창곡을 보면 더 재주를 발휘한다. 그러나 화기나 양타를 만나면 총명하나 박복한데 때를 만나기 어려워 자신의 재주를 펼칠 수 없다.

천상이 양타·화령이 동궁하거나 협하면 부모·형제와 인연이 없거나 불리하다. 살기형성이 중하고 형기협인이 되면 더욱 불리한데 심하면 신체장애가 된다. 선천身궁이나 천이궁의 정황이 이러해도 역시 불리하다.

❀ 천상 子·午궁(염정·천상 동궁, 대궁 파군)

자오궁의 천상은 염정과 동궁한다. 앞에서 논한 천상의 기본성정과 염정편 중 자오궁의 염상 조합을 참고하라.

❀ 천상 丑·未궁(천상 독좌, 대궁 자미·파군 동궁)

이 조합은 천상이 독좌하고 대궁으로 강성인 자미·파군이 대조한다. 축궁의 천상이 미궁 천상에 비하여 좋다. 축궁의 천상은 입묘하며 대궁의 자미·파군역시 입묘하게 된다. 그러나 미궁의 천상은 함지에 거하게 되어 불리하다. 하여 축궁의 천상은 사회적으로 두각을 나타내기 쉽고, 성정이 독립적이고 상진심(上進心)이 있다. 운로가 길하면 개인사업도 가능하다. 그러나 미궁의 천상은 직장을 가지고 복무(服務)하는 것이 좋다.

축미궁 모두 보좌길성을 보면 총명다재하다. 학식과 견문이 넓고 전문지식을 가지게 된다. 위인이 사상이 발달하고 문예를 즐길 줄 안다. 창곡·화과 등 문성(文星)을 보면 학문연구나 공교육직·언론·의료계·상담직 등에 알맞다. 만약 록존이 동궁하거나 거문화록이 재음협인(財蔭夾印)하거나 대궁의 파군이 화록이 되면 사업가로서 발달하기도 한다. 복덕궁으로 록성이 들어가도 마찬가지이다.

이 조합은 乙년생이나 辛년생이면 재록이 풍후한데, 보좌길성을 보면 부귀를 모두 얻는다. 대한 역시 乙干이나 辛干으로 진행하면 더욱 길하다.

축미궁의 천상은 살성에 민감하게 작용한다. 육살(六煞)을 비롯한 천형·천요 등이 동회하면 육친이 무력하고 인연이 없으며 형극·시비가 끊이지 않고 자신의 건강도 신약하게 된다. 또한 이렇게 살성이 가하면 혼인과 직장문제 등 생에 있어서 파동이 많게 된다. 이 조합은 특히 배우자와 별리(別離)하기 쉬운데, 배우자와 성격이 맞지 않고 자신이 외도하거나 아니면 상대가 외도하게 된다. 이유는 배우자궁이 사해궁의 염탐조합이 되기 때문이다. 염정·탐랑은 각각 정도화(正桃花)·차도화(次桃花) 도화에 해당하여 이러한 문제를 면하기 어려운 것이다.

화령을 만나면 마음이 심란하고 다급하며 시비가 많다. 여기에 도화성계가 더해지면 酒色으로 망한다. 이 조합이 한두 개의 살성을 보는 가운데 길성도 같이 동도하면 특별한 기예(技藝)가 있다. 천형·겁공·화개 등 살성이 회조하면 종교나 수행 등 정신세계에 관심이 많다. 기타 앞에서 논한 천상의 기본성정을 참고하라.

❁ 천상 寅·申궁(무곡·천상 동궁, 대궁 파군)

천상은 인신궁에서는 무곡과 동궁하며 대궁은 파군이다. 앞에서 논한 천상의 기본

성정과 무곡편 중 인신궁의 무상조합을 참고하라.

❁ 천상 卯·酉궁(천상 독좌, 대궁 염정·파군 동궁)

묘유궁의 천상은 독좌하며 염정·파군이 대조한다. 이 조합은 축미궁의 천상에 비하여 기본격국이 불리하다. 묘유궁의 천상은 함지에 거하기 때문에 격국이 불안정하기 쉽다. 묘유궁 중에서는 묘궁의 천상이 유궁에 비하여 좋다. 묘궁은 재백궁의 천부가 왕지(旺地)에 거하게 되고 태양·태음을 비롯한 14정성의 배치가 거의 묘왕지에 들어가 전체적인 격국을 안정시킨다. 하지만 유궁의 천상은 정성이 함지에 많이 거하게 된다. 이 조합이 만약 乙·辛년생이거나 대한이 乙·辛干으로 진행하면 길하다.

묘유궁의 천상은 위인이 사려 깊고 온화하며 보수적이다. 돈이나 물건관리를 잘하고 정서적으로 발달한다. 하지만 사람이 지나치게 보수근신하고 심약(心弱)한 특징이 있는데, 양타·화령·천형을 보면 개성이 강하고 기상이 있으며 여명은 여걸에 화통한 성격이다.

보좌길성을 보면 다재다학(多才多學)하며 공교육직이나 학문연구·언론·의료계열 등에 알맞다. 만약 甲년생이면 금융이나 재경분야도 적합하다.

묘유궁의 천상은 회조하는 성계의 길흉에 따라서 주로 격의 고저가 정해진다. 대궁의 염정·파군이 화록을 만나거나 거문화록이 재음협인하면 재적으로 길하다. 염정화록이면 이재(理財)능력이 있고, 파군화록이면 개창력이 증가된다. 재백궁의 천부가 록존과 동궁해도 부유하다. 명궁에 록존이 동궁하면서 길성이 회집하면 부귀를 누린다. 천상이 이렇게 록성을 보면 개인사업도 적합하다.

사살(四煞)을 비롯한 천형·천요·화기 등 살기형성이 동도하면 부부연이 없고 육친과 형극하며 생에 파동이 많다. 성격도 차갑고 냉정하며 불같이 급하다. 몸도 신약하여 일생 병치레를 많이 하게 된다. 또한 매사 일을 행함에 있어서 유시무종(有始無終)하다. 만약 사업이나 투기를 하면 파재를 면하기 어렵고 직업의 변동도 잦다. 기타 앞에서 논한 천상의 기본성정을 참고하라.

❁ 천상 辰·戌궁(자미·천상 동궁, 대궁 파군)

천상은 진술궁에서 자미와 동궁하며 파군이 대조한다. 앞에서 논한 천상의 기본성정과 자미편 중 진술궁의 자미·천상 조합을 참고하라.

❁ 천상 巳·亥궁(천상 독좌, 대궁 무곡·파군 동궁)

천상은 사해궁에서 독좌하며 무곡·파군이 대조한다. 위인이 사려 깊고 온화하며 총명하다. 생각이 깊고 자기관리를 잘하며 말솜씨도 있고 처세가 유연하다. 유유자적할 줄 알며 생활의 향수를 즐긴다. 이재(理財)에 능숙하며 작은 것에 구애받지 않는 성격이다.

천상의 본신은 원래 약하지만 대궁 파군·무곡의 영향으로 인하여 사람이 추진력이 있고 외향적이며 목표의식을 뚜렷이 가지게 된다.

보좌길성을 보면서 상황이 길하면 공직이나 문직(文職)에 적합하고 금융·의료·법률·예술가 등의 직업과 관계가 많다. 겁공·천허·화개·천형 등이 동도하면 의사·법률가도 가능하지만 종교나 수행 등 정신세계와 관련된다.

천상이 재음협인이나 록존이 동궁하면 사업적으로 발달할 수 있다. 대궁의 무곡·파군이 화록이 되면 역시 사업으로 발달한다. 만약 록마교치(祿馬交馳)를 이루면 부격(富格)이 된다. 특히 甲戊己辛癸년에 생하거나 대한의 천간이 이렇게 진행해도 재물 적으로 성공한다.

이 조합이 살기형성이 중하면 성정이 다급하고 예민해진다. 항상 서두르다 화를 당하고 또한 타인에게 질책과 압박을 받거나 피해를 입게 된다. 혼인뿐만 아니라 건강 역시 좋지 못하여 일생 질액으로 문제가 있다.

사해궁의 천상은 배우자연이 불리하다. 이유는 묘유궁의 자미·탐랑이 부처궁이 되기 때문이다. 묘유궁의 자탐은 도화범주(桃花泛主)가 되어 배우자와 생리(生離)할 가능성이 크기 때문이다. 명궁이나 배우자 궁으로 살기형성이나 도화성계가 중하면 더욱 그러하다. 특히 여명은 반드시 연상(年上)의 배우자를 만나야 형극의 요소가 적어진다. 남명 역시 연상의 여자를 만나는 것이 좋다.

(2) 천상 형제궁

천상이 형제궁이면 일반적으로 화목하다. 보좌길성을 보면 형제가 총명다재하고 인간관계도 길하며 도움을 얻는다. 천상이 낙함하면 형제나 친구의 조력이 적은데 만약 살성이 가하면 더욱 불리하다.

범 천상이 형제궁이면 형기협인(刑忌夾印)과 재음협인(財蔭夾印)의 관계를 유심히 살펴야 한다. 만약 형기협인이면 형제나 친구로부터 부담을 받고 서로 형극하게 된다. 재음협인이면 형제나 친구로부터 도움을 받고 서로 화합한다.

양타·화령·천형 등 살성이 중하면 형제와 불화하고 의지하기 힘들며 고극을 면치 못한다. 함지의 천상이 살기형성을 보면 더욱 불리하다. 정황이 이러하면 형제의 생이 파동이 많고 험한 세상을 살게 된다. 겁공에 사살(四煞)을 보면 형제와 형극분리 하는데, 혹 양자로 가거나 양자로 들인 형제가 있을 수 있다.

록권과와 길성을 보면 형제가 사회적으로 발달한다. 그러한 살성이 같이 동도하면 비록 형제가 부유하고 명예를 누릴 지라도 자신에게는 도움은 되지 않는다. 그리고 서로 무정하다.

천상과 동궁하는 성계 중 무곡·파군·천상조합, 즉 무파상조합이 형제궁에서는 가장 불리하다. 이 조합이 살을 보면 형제자매와 연이 없고 서로 형극한다. 또한 친구나 주변 사람으로부터 물질이나 정신적인 부담을 많이 받게 된다. 정황이 이러하면 동업이나 돈거래는 특히 유의해야 한다.

(3) 천상 부처궁

고인이 이르길 천상 부처궁은 친상가친(親上加親 : 친척끼리 겹사돈을 맺는 것)

이라 하였다. 물론 현대적인 관점으로 보자면 겹사돈을 맺는다고 단정하기 어렵다. 이를 다르게 해석하자면 친분이 있는 가운데 이루어지거나 가까운 사람의 도움이나 소개로 이루어짐을 의미한다. 주로 동학(同學), 동사(同事) 등 같이 연구하거나 공부하는 곳 또는 직장 내에서 인연이 되는 경우가 많다. 이웃에 살면서 부부가 되기도 한다. 친구나 형제자매가 잘 아는 사람과 결혼하는 경우도 많다. 천상의 연애 감정은 처음부터 발생하지는 않는데 일정한 시간이 흐른 후에 홀연히 감정변화가 생겨 혼인을 하는 경우가 많다.

천상 부처궁은 일반적으로 좋게 보는데, 만약 보좌길성을 보면 배우자가 명예와 학식이 있으며 서로 화평(和平)하다. 배우자의 개성이 온화하고 자상하다. 여명일 경우 배우자는 처가(妻家)에 잘하고, 남명일 경우 처가 시가(媤家)에 잘하는데 현모양처(賢母良妻)로서 화목하다.

재음협인이면 남명은 처나 처가의 조력을 입는데, 처로 인하여 자신의 사업이 발달하기도 한다. 여명은 남편이 능력있다. 형기협인이면 처로 인하여 손재를 당하거나 서로 형극한다.

천상이 부처궁이면 자신의 명궁에 칠살이 거하게 되는데, 여명일 경우 권위적이고 위엄 있는 칠살이 명궁에 해당하므로 억압받기보다는 평등한 관계를 원한다. 칠살이 살성과 동도하면 무릇 배우자를 통치하려 한다.

천상이 살기형성(煞忌刑星)이나 화기(化忌)의 관여가 중하면 배우자와 분리되거나 형극하게 된다. 또한 배우자나 이성으로 인하여 시비구설이 있고, 배우자의 건강도 신약하여 사별(死別)하기도 한다. 함지의 천상은 더욱 불리하다. 겁공을 비롯한 천허·천곡 등이 동도하면 배우자가 유명무실(有名無實)하고 고독하다. 창곡을 보면 배우자가 총명하지만 천요·함지·목욕·홍란·천희 등이 회조하면 배우자가 외도한다. 여명이 천상 부처궁이면 연상(年上)이 마땅하다.

천상은 흔히 부창부수(夫唱婦隨)의 별이라고 보는데, 부부간에 같은 직종에 종사하거나 합작하여 일하는 것이 좋다. 특히 록권과를 보면 더욱 그러하다.

여명일 경우 천상궁으로 록성이 관여하거나 회조하면 왕부익자(旺夫益子)하는데 이 경우 남편의 일이나 사업을 도우거나 관리하면 좋다. 또는 배우자와 합작하면 길하다.

천상은 다른 성계의 힘에 따라서 그 길흉이 많이 좌우된다. 특히 태양·태음의 동태를 잘 관찰해야 하는데, 남명일 경우 태음을 보고 여명일 경우 태양을 봐야 한다. 태양·태음이 낙함하면서 살성을 보면 배우자 인연이 여의치 못하고 감정좌절이 있다. 여명은 후처나 첩이 된다.

(4) 천상 자녀궁

천상이 자녀궁이면 비교적 길하다. 자녀가 총명 준수하며 부모를 잘 따르는데 자녀가 자율(自律)적이다. 후배나 제자의 관계도 좋다.

보좌길성을 보면 자녀가 명예나 학식이 높고 연구심이 있다. 창곡·화과 등 문성(文星)을 보면 자녀가 총명호학(聰明好學)한다.

육살(六煞)을 비롯한 천형·화기를 보면 자녀가 희소하고 서로 형극하며 자녀로 인하여 고단한 삶을 살게 된다. 이렇게 살기형성이 중하면 자녀의 건강도 문제가 된다. 여명일 경우 자궁병에 유의해야 하며 유산(流産)이나 낙태를 경험하게 된다. 사살(四煞)을 비롯한 천형을 보면 자녀와 대립하기 쉬운데 자녀가 구속받기를 싫어한다. 또한 후배나 아랫사람이 반발하기도 한다.

육살(六煞)과 천형 등이 회집하면 자녀와 형극하는데, 만약 좌보·우필을 보면 본처는 아들이 없고 첩이나 후처에게 아들을 얻거나 자녀의 인연이 있다. 도화제성과 살성이 동도해도 역시 마찬가지이다. 이 경우 아이를 입양하기도 한다. 만약 살성이 거하는 가운데 록권과를 비롯한 길성이 같이 동도하면 자녀가 처음에는 어렵고 힘들지만 후에 이룬다.

일반적으로 자미·천상 조합이 가장 길한데, 자녀가 독립심이 강하고 말썽이 적다. 무파상조합은 가장 불리한데, 주로 자녀를 교육하기 힘들고 반발심이 있다. 살성을 보면 더욱 그러하다. 그러나 기본 성정은 온유하다.

재음협인이면 부자간에 화합하고, 형기협인이면 서로 불화하거나 정서적으로 일치하지 않는다. 재음협인이나 록존을 보면서 괴월·보필이 겸하면 자녀가 자신의 노력과 타인의 지원으로 인하여 성공하는데 유산(遺産)을 얻기도 한다.

(5) 천상 재백궁

천상이 재백궁이면 돈을 아끼고 이재(理財)를 잘하며 계획성이 있다. 하지만 천상은 재성(財星)은 아니므로 록성이 회조해야만 비로소 부유하게 된다. 천상의 財는 주로 전문연구나 기술에 의해 득하는 경우가 많다.

화록이나 록존이 동도하면서 보좌길성이 가하면 재원(財源)이 풍부하다. 화록이나 록존이 천상을 쌍록으로 협하는 경우도 마찬가지다. 화록이 재음협인(財蔭夾印)하거나 동궁하면 주로 사업이나 투자로 득재하고, 록존이 동궁하면 직장이나 적금 등 비교적 안정적이고 보수적인 방식으로 득재한다.

천상이 재백궁이면 천부궁의 길흉을 보고 판단한다. 천상이 재백궁이면 천부가 관록궁이 되는데 만약 천상궁이 록성과 길성을 만나면 천부가 재고(財庫)의 역할을 잘 하여 부유하다. 그러나 천부궁이 흉하다면 재물을 지키기 어렵다. 만약 천상궁이 흉할 경우 천부궁이 길하다면 부담을 줄일 수 있다.

천상은 타라와 형기협인(刑忌夾印)을 가장 꺼리는데, 득재하는 과정에서 시비구설이 분분하고 손재를 경험하게 되며 재물 때문에 다른 사람의 시기와 질투를 초래하게 된다. 다시 화령·겁공 등이 비치면 더욱 흉한데 주로 도둑맞거나 남에게 속는다. 또한 자신의 감정을 절제하지 못하여 결국 파재(破財)하기도 한다.

천상이 겁공·화령을 보는 가운데 도화성계가 동도하면 주색으로 손재한다. 천상이 양타·화령·천형·대모(大耗)·음살(陰煞) 등의 성계를 보면 돈 때문에 주로 시비송사가 있다.

천상이 록성과 보좌길성을 보는 가운데 살성이 같이 동도하면 그 길흉여하는 천부궁의 동태를 보고 결정해야 하는데, 이런 경우 대개 처음은 곤란하지만 후에 명리

(名利)를 얻는다.

함지의 천상은 재물을 지키기 어려운데 갑자기 들어왔다가 갑자기 나가기 쉽다. 살성을 보면 더욱 흉하다.

(6) 천상 질액궁

천상은 양수(陽水)에 속한다. 하여 신장(腎臟)과 비뇨기계통의 질환에 걸리기 쉽다. 수종(水腫)·부종(浮腫)·피부병·담병 등에 유의해야 한다.

염파상(廉破相)조합은 신자궁병·난소·요도·당뇨·수정관 질환에 유의해야한다. 살성에 도화성계를 보면 성병에 걸린다.

자파상(紫破相)조합은 신자궁병·요도·이병(耳病) 등에 유의해야 하고, 간혹 피부질환이나 심장질환 뇌신경계 이상으로 인한 문제도 나타난다. 무파상(武破相)조합은 주로 피부질환과 신자궁병·당뇨·간담병 등에 유의해야 한다.

(7) 천상 천이궁

천상이 천이궁이면 일반적으로 좋게 본다. 천이궁에서 괴월이나 보필이 협하거나 동도하게 되면 귀인(貴人)을 만나 도움을 받게 된다. 괴월은 주로 장배귀인(長輩貴人 : 자신보다 나이가 많은 사람이나 윗사람)이며 보필은 평배귀인(平輩貴人 : 자신과 나이가 비슷한 동년배의 사람)이다. 창곡이나 화과 등 文星을 보면 학문연구를 하는 사람이나 명예를 가진 자와 인연이 많다. 만약 대한이나 유년의 천이궁이 이러하면 외국에서 공부하거나 유학하는 것이 좋다.

천상이 재음협인(財蔭夾印)이 되거나 록존이 동궁하면서 보좌길성이 가하면 출문(出門)하여 대재(大財)를 얻는데, 사회활동이 많고 언행이 특출하여 많은 사람의 존경과 협조를 얻게 된다. 무곡·천상 조합과 자미·천상 조합 그리고 입묘한 천상일 경우 더욱 길하다.

천상이 양타·화령·겁공을 보면 시비구설에 연루되고 손해 보며 다른 사람의 모함이나 질시를 받게 된다. 형기협인(刑忌夾印) 또는 화기성(化忌星)과 동궁해도 역시 마찬가지 인데, 살성과 천형·천월(天月) 등이 가하면 더욱 불리하여 손해보고 타인과 형극 한다. 이 경우 명궁을 충파하게 되어 파동이 많다. 천이궁 천상이 이처럼 불리하면 집이나 사무실 등 이사를 잘못하여 문제가 되기도 하는데, 환경변화로 인하여 고단함이 많거나 손해를 입기도 한다. 또한 자신의 질병이나 사고 등을 당하기도 한다.

천상이 창곡과 도화성계를 보면 밖에서 주색의 친구를 많이 사귀게 된다. 살기형성이 가하면 주색으로 파재하고 시비구설을 면하기 어렵다.

(8) 천상 노복궁

천상의 본질이 기본적으로 항심(恒心)과 정의감이 있고 타인을 배려하는 별이기 때문에 일반적으로 친구나 아랫사람과의 관계가 유정하며 잘 따른다. 만약 천상궁으로 괴월·보필이 협하거나 동도하면 친구나 주변사람과 화합하고 도움을 받는다. 천상이 록성과 화권·화과가 동회하면 주로 형제나 친구, 아랫사람의 조력을 받고 그 사람들로 인하여 발달한다. 길성과 록권과 등을 보면 아랫사람이나 친구 등 인간관계가 넓고 충심으로 자신을 따르는 사람이 많다.

양타·화령·천형 등이 중중하면 친구나 아랫사람으로부터 침해를 당하거나 부담을 받게 되고 불화한다. 중하면 시비송사가 있거나 서로 형극한다. 천상이 형기협인(刑忌夾印)되고 살성이 중하면 친구나 주변사람 때문에 손해보고 은혜를 원수로 갚기도 하는데, 결국 좋지 않게 끝난다. 이 경우 사업가라면 직원으로 인한 고민이 많게 되고, 직장인이라면 부하직원 때문에 고민하게 된다. 그리고 이렇게 살성이 중하면 노복(奴僕)에 해당하는 당사자들의 명운(命運)도 좋지 않게 흐른다.

함지의 천상이 살기형성을 보면 친구나 형제, 아랫사람 때문에 자신의 재물이 나가기도 한다.

천상이 살성에 천요·함지·목욕 등 도화제성을 보면 친구나 아랫사람이 겉으로는 잘하지만 속으로는 음모(陰謀)가 있거나 진실되지 못하다.

천상이 록권과와 보좌길성을 보는 가운데 살성과 천형 등이 동회하면 친구나 아랫사람 중 자신에게 잘해주는 사람이 있는 반면 문제가 되는 사람도 있는데, 이 때 당사자의 명궁과 천이궁으로 길성이 회조하면 인간관계가 비교적 유리하게 전개된다.

(9) 천상 관록궁

천상이 관록궁이면 비교적 길하다. 록존을 비롯한 록권과와 보필·괴월이 동회하면 부귀를 모두 얻게 되는데 공직이나 정·재계의 요직을 맡는다. 록성을 보면 개인사업으로 성공하기도 한다. 창곡·화과 등 문성이 동도하면 학문연구나 교육·언론·의료계 등에서 발달한다. 천상 관록궁은 정치적인 색채가 있다. 만약 록권과와 보필·괴월이 협하거나 동도하면서 정황이 길하면 정치무대에서 발전하기도 한다.

천상이 재음협인(財蔭夾印)이 되거나 대궁의 정성이 화록이면 역시 부유한데, 주로 개인 사업이나 개창력이 있는 직업을 가진다. 록존이 동궁하면 직업이 보수적이고 안정적인 경향을 취하게 되는데, 주로 공·교육직이나 대기업·의료직·재경계열 등의 직군에서 발달한다.

천상이 록권과나 록존 등이 동궁하는 가운데 과문제성(科文諸星)이 동회하면 명예와 이익을 모두 얻게 된다. 만약 과문제성이 동궁하면서 록성이 협하거나 대조하면 선귀후부(先貴後富 : 먼저 명예를 얻고 뒤에 재물이 따름)하게 된다.

천상이 관록궁이면 그 사람이 어떤 직업을 가질지는 명궁과 재백궁의 정황을 보고 최종결정해야 한다.

범 천상이 사업궁이면 최고의 위치에 오르는 것은 좋지 않다. 이것은 정황이 길해도 마찬가지인데, 최고의 자리보다 한 단계 낮은 자리를 담임하는 것이 좋다. 만약 운로가 흉하면 반드시 다른 사람의 시비나 공격을 받게 된다. 하여 자신을 너무 과신하거나 내세우지 말고 은중하게 처신해야 한다.

천상이 양타·화령을 보면 직업이나 사업적인 변화가 많고 결국 지키기 어렵다. 형기협인(刑忌夾印)에 천형·살성이 중중하면 일생 직업이 순조롭지 못하고 불안정하다. 또한 사업이나 직장에서 다른 사람과 시비경쟁에 휩싸이고 사업가는 파재를 면하기 어렵다.

천상이 화기에 살성이 중하면 정치에 종사하면 안 되는데, 시비와 재난이 끊이지 않기 때문이다. 또한 다른 사람과 동업이나 합작 등은 하지 않아야 한다.

천상이 관록궁이면 천부궁의 동태를 살펴 명예나 부의 척도를 가늠해야한다. 천부가 재물을 보관하는 창고라면 천상은 열쇠인데, 만약 천부궁이 흉하면 천상도 쓸모가 없어진다.

천상이 무곡이나 염정화록을 보면 재물적으로 부유한데, 사업가·정계·재계·군인·경찰 등에 좋다. 단 살성이 비치면 정치는 불리하다.

천상이 파군화록을 보면 개창력이 있는데, 직업의 변화가 많거나 주업 이외에 제2의 직업을 가지는 경우가 많다.

천상이 도화성계를 보면 요식업이나 주류·화원·화장품·의류·미용 등 도화업종과 관계가 있다. 단 살성이 중하면 불안정하며 하천한 직업을 가진다.

천상이 창곡을 보면 학문연구가 중심이거나 문화·예술인이 된다.

(10) 천상 전택궁

천상이 전택궁이면서 록권과나 록존을 보면 조업(祖業)을 지키거나 사업이 발전한다. 그리고 주거지나 사무실·공장·전답 등 부동산으로 인하여 득재(得財)하기도 한다.

천상이 재음협인이나 록존 등 록성을 보면 부동산으로 인하여 이익이 발생하기 쉬운데, 당사자의 직업도 부동산업종(부동산중개업·건설업·토목업·건축 관리업·숙박업·건물 임대업 등)이면 더욱 길하다.

천상이 보필·괴월·창곡 등을 보면 자신의 사무실이나 거주지는 심리적으로 편안하고 재적으로도 도움이 되는데, 이때 학문연구나 교육 등을 주로 하는 직업군이면 더욱 길하다.

천상이 살성을 보면 집안이 편치 않고 주택이 안녕치 못하다. 또한 부동산으로 인한 고민이 많거나 손해를 본다. 특히 형기협인이나 양타·화령을 보면 부동산으로 인하여 손해를 당함은 물론 주거지나 사무실 등의 환경이 좋지 않아 고민하게 된다. 또한 주변 분위기가 자신과 맞지 않거나 소음·악취 등으로 인하여 문제가 되는데, 타인의 방해를 받거나 주변사람과 시비가 따르기도 한다. 정황이 이러하면 좋은 곳으로 이사한다고 해도 항상 불만과 문제가 발생한다.

형기협인에 사살·천형 등이 가하면 재산 때문에 시비송사가 있을 수 있다. 상문·백호·천곡·천허 등의 성계가 가하면 가정에 상사(喪事)가 있거나 다치는 사람이 있다.

천상이 겁공을 보면서 화령이 협하거나 동도하면 주로 화재가 있다. 또한 물건을 도난당하거나 집안의 물건이 자주 고장 나서 수리하게 된다.

천상은 오행이 양수(陽水)인데, 만약 여명일 경우 전택궁의 천상이 살기형성이 중하면 부인과질환과 관련이 되는데 유산이나 낙태를 경험할 수도 있다. 선천명신궁이나 대한명궁으로 살성과 질병성계를 보면 더욱 그러하다.

천상이 전택궁일 경우 주거지나 사무실은 강·호수·우물 등 물이 보이는 곳이면 길하다. 수목이나 산림이 보이거나 가까이 있는 곳도 좋다.

천상은 풍수에 대하여 상당히 민감하게 작용한다. 만약 살기형성을 보면 풍수적으로 문제가 되는 곳에 거주하기 쉽다.

(11) 천상 복덕궁

천상이 복덕궁이면 위인이 사려 깊고 온유하며 향수를 즐길 줄 안다. 입묘하면 생각이 깊고 사리가 밝으며 동정심과 정의감이 있다. 낙함하면 정서적으로 심약(心弱)하고 내면의 세계는 깊지만 자칫 이상주자가 되기 쉽다.

천상이 록권과를 보면 그 사람의 사상이 풍부하고 성정이 관후하며 담백하다. 또한 배려심이 있는 등 성격이 좋다. 보좌길성을 보면 자기 관리를 잘하고 정서가 평안하며 타인에 대하여 온정적이다.

살성을 보면 성격에 기복이 있고 급하며 성실하지 못한 면이 있다. 그리고 매사 불안정하고 예민하여 노심초사(勞心焦思)한다. 지공·지겁을 보면 공상적인데 생각은 많지만 실천이 약하다.

재음협인이면 정서적으로 활달하고 진취적이다. 형기협인이 되면 걱정이 많고 매사 불안하기 쉽다.

천상 복덕궁은 어느 정성과 조합하느냐에 따라 많은 차이가 있다. 염파상(廉破相) 조합은 성격적으로 다정하고 정의감이 있다. 그리고 감성적으로 발달하여 문예를 즐기고 자신만의 고상한 취미가 있다. 만약 록성을 보면 감성보다 물질이 앞서고 문성(文星)과 공겁을 보면 실리보다 이상이나 명예를   는다. 염정화기는 감정창상을 겪게 된다.

자파상(紫破相)조합은 주관이 뚜렷하고 자존심이 강하다. 표면적으로는 다른 사람에게 잘하고 베푸는 성격이다. 그러나 속으로는 강하고 지기 싫어하며 초지일관하는 성향이 있다.이 조합은 모든 일을 자신이 직접 하려고 하는 경향이 있다. 이러한 성정은 구속이나 압박을 싫어하는 것으로 나타나 군중 속에 고독한 사람이 되기 쉽다. 양타·화령·천형 등 살성을 보면 사람이 편협해지며 성질이 강렬하고 예민하게 된다. 또한 매사 유두무미(有頭無尾)하거나 책임감이 없다. 록권과와 길성을 보면 사상이 고결하고 포부가 크며 실천력이 있다. 자미화과와 문성을 보면 명예욕이 강하다.

무파상(戊破相)조합은 복덕궁의 천상조합 중 일반적으로 가장 불리한 조합이다. 천상이 무곡·파군과 상대하면 일에 소속감과 책임감이 강한데, 자기주장이 결핍되어 다른 사람의 공격이나 침탈을 받기 쉽다. 창곡을 보면 성정은 유하지만 우유부단하거나 주체성이 약하다. 살성을 보면 오히려 의지력과 추진력, 경쟁력 등이 강하게 나타난다. 그러나 살성이 너무 중하면 스스로 고민하고 성격이 감정적으로 변하기 쉽다. 타라를 보면 번뇌를 자초하고, 무곡화기를 보면 재물 때문에 시비구설이 따른다.

(12) 천상 부모궁

천상이 부모궁은 일반적으로 좋게 본다. 부모와 대립하거나 형극이 없는 편이다. 다만 천상이 입묘할 경우에는 유리하고 함지면 도움이 없다. 재음협인(財蔭夾印)이면 부모가 재물적으로 부유하고 장수한다. 보좌길성을 보면 부모와 화합하며 부모가 명리를 모두 얻는다.

형기협인(刑忌夾印)이면 부모가 다병(多病)하고 경제적으로 궁핍하며 서로 불화한다. 여기에 살성과 천형 그리고 천상과 조합을 이루는 무곡·염정 등이 화기를 맞으면 더욱 불리하여 형극 한다. 심하면 조실부모(早失父母)한다. 이 경우 직장상사나 사회적으로 윗사람과의 관계도 여의치 않게 되는데, 주로 윗사람이 자신을 구속하거나 심리적인 부담을 주어 심신이 피곤하다.

천상이 부모궁일 때 특이한 사항은, 두 부모와 인연이 많다는 것이다. 특히 화령이 동궁하거나 협할 때, 또는 괴월·보필·창곡 등이 협하거나 단성(單星)으로 거하게 되면 두 부모를 모시거나 모친이 한 분이 아니다.

천상이 창곡을 비롯한 도화제성(桃花諸星)과 동도하면 두 부모와 인연이 되는데, 주로 부친이 외도한다.

천상은 무곡·파군조합과 동궁하거나 대조하는 것을 가장 싫어한다. 이 조합은 부모와 불화하기 쉬운 조합이다. 무곡화기면 부모가 경제적으로 불리하거나 사고·건강 등이 문제가 된다.

염정·파군과 대조하거나 동궁할 경우 양타·화령·천형 등을 보면 부모와 일찍 형극하거나 떨어져 살게 되며 서로 불화한다. 염정화기 역시 불리한데, 정서적으로 서로 맞지 않거나 부모의 건강이 문제가 된다.

천상이 살기형성을 보고 만약 보좌단성이 거하면 부모가 이혼하기 쉽다. 또한 부모 중 한 쪽이 먼저 돌아가시고 한 쪽이 재혼하게 된다.

12) 천량성

(1) 천량의 기본적인 성정

천량은 오행이 양토(陽土)이며 남두(南斗)의 제 三星에 해당한다. 화기(化氣)는 음(蔭)이며 주사(主事)는 부모와 수(壽)이다.

두수에서 천량은 흔히 노인성(老人星)이라 한다. 말과 행동이 어른스럽고 생각이 많고 깊으며 영도력이 있다. 천량이 좌명하면 어린 아이들도 어른스런 말이나 행동을 곧잘 하여 주변을 놀라게 하기도 한다. 그러나 이러한 노인성의 성정이 단점으로 나타나기도 하는데, 노파심이 많고 간섭을 잘하며 이것저것 잔신경을 많이 쓰기도 한다.

천량은 두루 이해하고 어울리며 다른 사람의 말을 잘 들어주기도 한다. 하지만 고집과 주관이 강하고 매사 추진력도 있는데, 이는 천량이 무관성(武官星)의 기질도 있는 별이기 때문이다.

천량은 수성(壽星)·음성(蔭星)이기도 하지만 형법규율(刑法規律)의 성이기도 하다. 이렇게 천량은 강유가 조합된 복합적인 성향이 있다. 자기주관이 있고 원칙적인 반면, 때로는 의견을 수렴하고 인정을 베푼다. 중요한 것은 천량은 청고한 별이기 때문에 독단적인 면은 가끔 나타나지만 항상 원칙과 기준을 지키고 평형을 유지하려고 노력한다.

천량의 가장 기본적인 성정이라고 하면 시원하고 솔직하며 사심이 없다는 것이다. 그리고 모든 것에 관심이 많다. 천량은 다른 사람의 일에 간섭하거나 말이 많기도 한데, 이는 노인이 되면 노파심이 있는 것과 통한다.

천량이 보좌길성을 보면 사람이 총명하고 온유한 편이다. 그러나 길성만 보면 다부진 면이 없고 나태하거나 게으른 특징이 있다. 양타·화령·천형 등을 보면 오히려 추진력과 과단성이 있다. 만약 살성과 천형 등을 보면 사람이 완고하고 자신의 의견과 주관이 뚜렷하며 독립적인 성정으로 변한다. 그러나 살성이 중하면 사람이 독단적이고 성격이 강렬하며 냉정하여 쉽게 등을 돌린다.

천량이 겁공을 포함한 살성·천형·화개(華蓋)등이 중중하면 고독하기 쉬운데, 정황이 이러하면 종교나 역학·한의학·기공·명상 등 정신세계와 관련한 업종에 종사하거나 관심이 많다. 천량은 기본적으로 고독한 속성이 있는 성인데, 만약 사살(四煞)을 포함한 겁공·천형 등이 회집하면 더욱 고극(孤剋)이 심하다. 또한 삶에 파동이 많고 스스로 노력하여 이뤄야 하며 육친과의 인연도 무정하거나 없다.

천량은 특히 배우자가 유명무실(有名無實)하기 쉬운데, 이유는 천량이 좌명하면 부처궁은 거문이 거하기 때문이다. 거문은 육친궁에서는 선성(善星)이 아니므로 반드시 혼인에 주의해야 한다. 당사자의 명궁으로 살기형성이 중하면 이러한 정황은 더욱 분명해진다.

천량은 풍헌(풍헌 : 풍화<風化>와 헌장<憲章>이라는 뜻으로, 풍습과 도덕적인 규범을 의미)적이면서 명사(名師)의 기질도 있다. 『전서』에 이르길 '천량이 재백궁으로 창곡을 보고 태양을 복덕궁에서 만나면 성명(聲名)이 왕실에서 드러나고 직위가 풍헌에 이른다'라고 하였다. 그러나 천량이 살기형모성(煞忌刑耗星)을 비롯한 도화제성(桃花諸星)을 보면 名士의 기질은 주색이나 방탕으로 변하게 된다. 고인이 이르길 남랑탕 여다음(男浪蕩 女多淫 : 남자는 방탕하고 여자는 음란함)이라 하였는데, 청고하고 깨끗한 천량이 이렇게 변할 수도 있는 것이다. 특히 동량과 동월조합이 문제가 되기 쉽다.

천량은 입묘(入廟)하는 것을 좋아하고 낙함(落陷)하는 것을 싫어한다. 입묘하면 안정하고 해액(解厄)과 음성(蔭星)을 성질이 발휘된다. 그러한 낙함하면 삶이 불안정하고 떠돌며 자신의 역량을 펼치기 어렵다. 고로 천량이 낙함하는 巳亥궁과 申궁을 싫어한다. 만약 함지의 천량이 천마를 보면 유랑(流浪)하고 도화성계를 보면 주색 방탕 하며 화령을 보면 패격(敗格)이 되는데, 고독하고 요절하며 하천하다.

두수에서 천량을 음성(蔭星)이라고 한다. 蔭이라는 것이 원래 다른 사람으로부터 지원을 받거나 음덕을 입는다는 말이다. 천량의 이러한 특징은 흉을 제(制)하여 해액(解厄)을 하는 성으로 인식하였다. 하여 고인은 천량이 봉흉화길(逢凶化吉 : 흉을 만나도 길로 화하게 함)하는 좋은 별로 보았다.

천량은 해액의 성이므로 이러한 특징을 살릴 수 있는 직업군이면 더 길하다. 특히 법조계 등 분쟁을 조정하는 직종에 종사를 많이 한다. 천량이 천형과 화권이 동도하는 가운데 길성을 보면 법조계·의료계·상담업·복지사업 등에 많다. 화과나 문성을 보면 연구직·공직·교육직 등에 많다. 록권과와 길성 그리고 육살이 같이 동도하면 사업가로서 발전하기도 한다.

천량은 전파(傳播)의 성이기도 하다. 만약 도화제성을 보면서 정황이 길하면 방송·연예·인터넷·광고·디자인 등의 분야에서 발달한다.

천량은 감찰이나 감독 등의 직종이나 업무에 많기도 한데, 원래 천량이 청고하고 법과 의리를 존중하며 어떠한 문제점을 잘 지적하여 그것을 올바로 수정하거나 개혁하려는 생각이 많기 때문이다. 한두 개의 살성을 보면서 정황이 길하면 법조계·감독·감찰·의료·상담·언론 등에 길하지만 살성이 중중하면 생이 고독하고 인복이 없으며 불안정하게 된다.

천량은 화록이나 록존 등 록성을 싫어한다. 청고하고 정직한 천량이 록을 만나면 그 본신의 청귀(淸貴)한 이미지가 손상을 받기 때문이다. 이렇게 천량이 록과 가까우면 부정한 일에 개입하거나 비리에 연루되어 재물 때문에 문제가 발생하기도 한다. 천량화록은 불로소득이 발생하거나 갑자기 특혜를 입거나 하여 수익이 발생하지만, 천량의 록은 반드시 번뇌와 파동을 가져오고 다른 사람에게 배제를 당하기 쉽다. 단, 천량이 태양과 동궁하거나 서로 대조할 경우에는 록성을 꺼리지 않는데 이때 반드시 창곡이 동도해야 한다. 고인은 이렇게 천량이 록성과 동궁하는 것을 꺼려했지만 자본주의의 현대적인 관점으로 보면 그렇게 나쁜 면만 있는 것은 아니라고 본다.

천량은 수성(壽星)이라고 하는데, 수(壽)는 장수(長壽)와 나이 차이를 의미하기도 한다. 천량은 먼저 노인성이므로 장수하는 별로 인식하였다. 선천 명궁이나 身궁 질액궁 등에 천량이 들어가면 고인들은 장수한다고 보았다. 단 같은 조건에서 다른 정성(正星)에 비하여 그렇다는 것이다. 그리고 수(壽)는 경륜이 많거나 나이가 많은 것으로 보기도 하는데, 만약 선천배우자궁에 천량이 거하면 배우자와 나이 차이가 많이 난다. 여명일 경우 남편이 8살이나 10살 이상의 연장자와 인연이 많다. 남명 역시 처의 나이가 연상(年上)이 많다. 천수(天壽)나 괴월이 동도하면 더욱 그러하다.

천량은 건강에 대하여 관심이 많은 성이기도 하다. 특히 체질이나 약재에 관심이 많다. 하여 천량을 복약(服藥)의 성으로 보았다. 노인성인 천량이 건강문제에 대하여 관심이 많은 것은 당연한 이치일 것이다. 실제 천량이 좌명하거나 身·복덕궁에 거하면 건강이나 한약재 등의 상식이 풍부하고 관심이 많으며 이러한 방면의 직업을 많이 가지고 있기도 하다.

천량은 태양·태음의 정황에 따라 격국의 고저와 그 길흉에 상당한 영향을 받게 된다. 이는 천량이 태양·태음과 동궁하거나 삼방에서 만나기 때문이다. 하여 태양·태음의 동태를 잘 파악해야 한다.

천량은 태양과 만나는 것을 좋아한다. 특히 인궁의 태양·천량조합이 록과 창곡을 보면 양양창록격(陽梁昌祿格)이 되어 고시에 합격하는 등 명예가 높다. 오궁의 천량 역시 길한데, 권과를 비롯한 길성이 동도하면 관자청현(官資淸顯 : 깨끗한 관리로 드러난다)한다고 하였다.

⊛ 천량 子·午궁(천량 독좌, 대궁 태양)

자오궁의 천량은 모두 입묘한다. 하여 천량이 가지고 있는 기본성정이 그대로 드러난다. 사람이 청고하고 정직하며 과단성이 있다. 언행이 시원하고 솔직하며 사심이 없다. 또한 다른 사람의 잘못이나 장단점을 지적하기도 한다. 그러나 살성과 천형 등이 중하면 일생 고극(孤剋)하고 육친의 연이 없다. 또한 사람이 강개하고 독단적이며 매사 나서고 말이 많다.

자오궁의 천량은 반드시 보필·괴월·문성 등을 본 연후에야 비로소 부귀를 누릴 수 있으며 선귀후부(先貴後富)하는 조합이다.

자오궁의 천량은 창곡이 없어도 지나치게 총명함을 과시하는 편이고 모든 일을 자신이 직접 하려고 하는 성격이 있다. 천량이 원래 나서거나 자신을 표출하기 쉬운 성인데, 대궁 태양의 발산력이 명궁천량에 더욱 영향을 끼쳐 이런 현상이 일어나는 것이다. 이렇게 독단적인 성향으로 인하여 다른 사람으로부터 시비나 원망을 받기 쉽다. 하여 자오궁 천량은 자신을 너무 과시하거나 재주를 부리면 좋지 않다. 하지만 오궁의 천량이 자궁의 천량에 비하여 그 본질이 침착하다. 이는 오궁의 천량은 대궁 태양이 함지에 거하기 때문이다.

자오궁의 천량이 모두 입묘하지만, 오궁의 천량이 더 길하다. 만약 丁·己·辛·癸년생이 보좌길성을 보면서 정황이 길하면 부귀를 모두 얻는다. 오궁의 천량은 태양과 마주하는데 정황이 길하면 영성입묘격(英星入廟格)을 이룬다. 고인이 이르길, 오궁의 천량은 관자청현(官資淸顯)한다고 하였다. 자궁의 천량도 정황이 길하면 이와 같다.

자오궁의 천량은 화권·화과를 좋아한다. 록존이나 화록을 보면 반드시 번뇌와 파동이 따르고 천량의 침착함이 파괴된다. 특히 丁·己 년생은 록존이 오궁에 들어가게 되므로 문제가 된다. 그러나 창곡이 동도하면 양양창록격(陽梁昌祿格)을 이루게 되는데, 차격은 학문연구나 고시(考試)시험 등에 특히 길하며 명리를 모두 얻는다.

자오궁의 천량이 창곡·화과 등 문성과 괴월·보필을 보면 학문연구나 공교육직·대기업·정계·언론사·법률계열·행정관리·감사나 감독 업무 등에 관계가 많다. 삼방사정으로 록성을 보면 무역이나 유통업 등 개인 사업으로 발달한다.

자오궁의 천량은 비교적 그 색채가 고독한데 육친의 연이 없고 서로 의지하기 어렵다. 하여 생이 고단하고 파동이 많은 편이다. 살성이 중하면 종교·기공·명상·역학·한의학·요가 등 정신세계에 종사하거나 관심이 많다.

자오궁의 천량이 도화제성을 보면 사람이 선하고 다정한 반면 호색(好色)하거나 풍류가가 된다. 정황이 길하면 문예(文藝)를 즐기고 예술적인 방면에 종사한다.

❀ 천량 丑·未궁(천량 독좌, 대궁 천기)

축미궁의 천량은 독좌하고 왕지(旺地)에 거하게 되므로 천량 본신의 힘을 발휘할 수 있다. 축궁의 천량이 미궁의 천량에 비하여 기본 격국이 좋다. 축궁의 천량은 재백궁과 관록궁의 일월이 모두 입묘(入廟)하는 상태로 회조하여 일월병명(日月竝明)이 되고, 미궁의 천량은 일월이 함지에 거하게 되어 일월무광(日月無光)이 된다.

축미궁의 천량은 그 성정이 청고하고 정직하며 도량이 있다. 또한 사리가 밝고 주관과 의견이 분명하며 사심이 없다. 자오궁의 천량에 비하여 침착하고 부드러우며 처세가 유연한 편이다. 그러나 살성과 천형 등을 보면 완고하고 독립적이며 매사 일처리가 분명하고 절도력이 있다.

축미궁의 천량이 공망성계를 비롯한 살성·천형 등이 중하면 사람이 고독한데 그 사람의 가치관이 정신세계를 지향한다. 이렇게 정황이 불리하면 육친이 무력하거나 인연이 없다. 특히 배우자와 형극하거나 덕이 없다. 육살·천형 등을 보면 주인의 사고(思考)가 철리적인데, 종교·기공·명상·역학·기수련 등 정신세계에 종사하거나 관심이 많다.

축미궁의 천량은 대조하는 천기가 함지에 거하게 되므로 천기의 장점을 얻기에는 부족하다. 만약 천이궁의 천기가 사살·천형을 비롯한 화기의 간섭을 받게 되면 명궁에 중대한 결함을 주게 된다.

축미궁의 천량이 권과를 비롯한 문성을 만나면 총명지재로서 학문연구·공교육직·법률·의료·언론·정계 등에서 발달한다. 천형을 보면 법조계나 감사·감독권한이 있는 직종에 길하다. 질병성계와 천형·경양 등을 보면서 정황이 좋으면 의료계열도 가하다. 축미궁의 천량이 창곡을 비롯한 도화제성을 보면 문예가 출중한데 예술계열에 좋다. 그러나 다른 살성이 가하면 주색이나 풍류로 떠돈다.

축미궁의 천량이 乙·己 년생이면서 보좌길성이 동회하면 명예와 부를 이루는데, 공직이나 교육직 등 문직(文職)에서 발달한다. 기타 앞에서 논한 천량의 기본성정을 참고하라.

⊛ 천량 寅·申궁(천동·천량 동궁, 대궁 공궁)

인신궁의 천량은 천동과 동궁한다. 앞에서 논한 천량의 기본성정과 천동편 중 인신궁의 동량조합을 참고하라.

⊛ 천량 卯·酉궁(태양·천량 동궁, 대궁 공궁)

천량은 묘유궁에서 태양과 동궁하며 대궁은 공궁이다. 앞에서 논한 천량의 기본성정과 태양편 중 묘유궁의 태양·천량조합을 참고하라.

⊛ 천량 辰·戌궁(천기·천량 동궁, 대궁 공궁)

진술궁의 천량은 천기와 동궁하며 대궁은 공궁이다. 앞에서 논한 천량의 기본성정과 천기편 중 진술궁의 기량조합을 참고하라.

⊛ 천량 巳·亥궁(천량 독좌, 대궁 천동)

천량이 사해궁이면 함지에 해당한다. 범 천량은 입묘할 경우에 해액(解厄)과 제살(制殺)능력을 발휘하지만 함지에 거하면 기대하기 어렵다. 천량은 사해궁과 申궁에서는 함지에 해당하는데 이러한 궁에서는 기본적으로 가장 불리한 조합이다.

사해궁의 천량이 살성과 동도하면 일생 삶이 불안정하고 정착하지 못하며 시비구설이 많다. 타인의 배제를 받거나 원망을 사기도 한다. 특히 화령과 화기(化忌)를 꺼리는데, 감정좌절과 파동을 면하기 어렵다. 육친의 인연도 불리하여 서로 형극한다. 양타가 협하거나 동궁해도 마찬가지다. 살기형성이 중하면 자신의 몸이 신약하여 문제가 많다. 상황이 이렇게 불리하면 장사나 사업은 마땅치 않다.

사해궁의 천량이 화록을 보면 가만히 있지 못하고 밖에서 활동하는 시간이 많다.

록존을 보면 사람이 신중하고 명예와 富가 따른다. 다만 인색하기 쉽고 융통성이 부족하다.

사해궁의 천량이 만약 록성이 동궁하는 가운데 천마를 보면 록마교치(祿馬交馳)를 이루어 재적으로 부유하게 된다. 천마나 화록을 보면 무역·유통업과·외국어·관광업 등과 관계가 많다. 아니면 외국에서 성공하거나 외국계 회사에 취직하여 발전한다. 삼방사정으로 보필·괴월이 비치면 더욱 성세(聲勢)가 있다. 이 조합이 창곡·화과 등 文星을 보면서 보필·괴월이 비치면 주로 문직(文職)인데, 공교육직·연구직·의료·언론·대기업근무·행정가 등의 분야에서 발달한다. 이러한 정황에서 천요 등 도화성계를 보면 예술이나 문학 등 문예(文藝)와 관계가 많다.

사해궁의 천량은 기본적으로 철리적인 정서가 있는데, 만약 겁공을 비롯한 사살(四煞)·천형·천요 등이 비치면 탈속적인 성향이 강하다. 정황이 이러하면 주로 종교나 수행가·한의학·기공·명상·역학 등의 방면에 종사하거나 관심이 많다.

차조합은 사람이 정직하고 예의가 있으며 청고한 품성을 가지고 있다. 정서적으로 발달하고 문예를 즐기며 내면의 세계에 관심이 많기도 하다.

그러나 사해궁의 천량이 사람은 좋고 정직하지만 일처리가 분명치 않고 나태하거나 게으른 경향이 있다. 진행사가 자기의 기분에 따라서 좌우되며 감성과 향수적인 색채로 인하여 추진력과 기백이 부족하다. 이러한 성향은 남에게 이용당하거나 압박을 받기도 한다.

사해궁의 천량이 창곡과 도화제성을 보면 주색·도박으로 흐르게 된다. 사해궁의 동량은 감정이나 향수적인 조합이라 감정좌절을 경험하기 쉬운데, 정황이 이러하면 배우자의 연이 더욱 좋지 못하여 중혼(重婚)하게 된다. 남명은 주로 외도하고, 여명 역시 이성의 유혹을 받거나 자신이 외도하기 쉽다. 고인은 사해궁의 천량을 두고 '남방탕 여다음(男放蕩 女多淫)'이라 하였다.

(2) 천량 형제궁

천량이 입묘하면 비교적 화목하다. 사해궁과 申궁의 천량은 함지에 거하여 형제인연이 불리한데, 살성을 보면 더욱 그러하다. 천량이 보좌길성을 보면 형제와 친구간에 사이가 좋고 도움을 얻는데 물질보다 정신적인 면으로 좋다. 문성이 동궁하면 형제나 친구가 학문이 높으며 명예를 얻는다. 또한 동학(同學)의 친구가 많다. 화록을 보면 형제나 친구가 재적으로 부유한데 보필·괴월이 동도하면 서로 화합하고 도움을 얻는다. 록존이 동궁하면 역시 형제나 친구가 재물이 길하다. 하지만 인색하기 쉽다.

천요를 비롯한 도화제성을 보면 교제가 넓고 많은데, 주로 주색이나 기호가 같은 친구가 많다. 만약 살성이 가하면 교제는 많지만 실제로는 도움이 안 된다. 그리고 친구나 주변 사람이 간교한 생각을 품게 되고 서로 시기 원망한다. 주변사람과 거래계약관계에서 손재가 따르기도 한다.

천량은 고극(孤剋)의 성이며 독립적인 성향이 있다. 하여 형제나 친구가 화목하다 할지라도 서로 합작하는 것은 어울리지 않는 별이다. 살성을 보면 더욱 그러하다.

천량이 살기형성이 중하면 형제나 친구가 형극을 당하게 되고 서로 불화하고 인연이 없다. 그리고 사회적으로 주변사람의 음덕을 입기 어렵다. 정황이 이러하면 형제나 친구 때문에 일생 정신적 고단함과 물질적 손해가 따르게 된다.

(3) 천량 부처궁

범 천량 부처궁이면 주로 처음의 연애나 인연은 실패한다. 천량이 해액(解厄)과 음성(蔭星)이지만 부처궁에 거하면 혼인 전에 파절을 면하기 어렵다. 그러나 혼전(婚前)의 시련은 혼 후에 연분을 더욱 돈독하게 만드는 특징이 있다. 만약 혼전에 파절을 경험하지 않았다면 혼 후에 반드시 사단이 생기게 되는데, 서로 떨어져 살거나 일정한 고독을 겪게 된다. 중하면 이혼하게 된다. 천요·타라 등 살성을 보면 과거 인연을 잊지 못하여 고민한다.

천량이 보좌길성과 동궁하면 배우자가 총명하고 청귀(淸貴)하며 지명도가 있다. 학문과 명예가 높기도 하다. 그리고 안 밖으로 일처리를 잘하며 가정에 충실하다. 록성을 보면 배우자가 능력 있고 재적으로 길하다. 하지만 재물로 인하여 형제나 다른 사람 때문에 인정을 상할 수 있다.

천량이 배우자궁이면 남녀 모두 배우자의 나이가 주로 많다. 남명일 경우 처가 2~3살 많은 것이 좋은데, 만약 천수(天壽)나 천괴·천월·월덕(月德)이 동도하면 나이가 더 많기도 하다. 여명 역시 남편이 8세 이상이 좋고, 아니면 자신보다 2~3세 연하가 좋다. 천수와 괴월·천덕(天德)을 보면 나이가 아주 많으며 창곡을 보면 연하일 가능성이 높다.

천량이 巳亥申궁이면 낙함하는데 이 세 궁은 기본적으로 불리하다. 주로 혼전에 파절하고 혼인 후에도 형극을 면하기 어렵다. 살성과 천형 등이 중하면 생리사별한다. 여명은 후처나 첩이 된다.

천량이 도화제성을 보면 배우자가 주로 외도하거나 주색으로 흐른다. 기타 살성이 가하면 형극이 중한데, 배우자의 건강·재물·형제관계 등도 온전치 못하다. 남명일 경우 자신이 외도한다. 이 때 두 번째 만나는 사람이 더 아름답고 서로 정이 깊다.

자오궁의 천량은 독좌하고 태양이 대조하는데 자궁의 천량이 더 좋다. 오궁의 천량은 배우자가 독단적이거나 지나친 트집이나 간섭이 있다. 이 조합은 자신의 명궁이 공궁이고 대궁의 기월을 차성하는데, 기월은 다정하고 온유하며 가정적이다. 그런데 자오궁의 천량은 그 성질이 강개(慷慨)한 편이다. 하여 여명은 기개(氣概)와 도량있는 남편을 만난다. 남명일 경우처가 권귀(權貴)하고 장부(丈夫)의 기세가 있다. 천량이 보좌단성(輔佐單星)을 보면 삼자개입이 있다. 살성이 가하면 생리사별한다. 사살·천형 등이 동궁하면 배우자가 유명무실(有名無實)하고 형극하게 되는데 유년(流年)의 운로가 흉하면 생리사별한다.

대궁의 태양이나 삼방에서 회조하는 천기·태음·천동이 화기를 맞으면 배우자로부터 심리적 부담을 받는다. 여기에 겁공과 천형이 비치면 배우자가 재적으로 파재하거나 빈곤하다. 천량이 태음화록을 보면서 길성이 동도하면 배우자가 명리(名利)가 있다. 기타 앞에서 논한 천량 부처궁의 기본 정황을 참고하라.

축미궁의 천량은 독좌하며 천기가 대조한다. 축궁의 천량이 더 길하다. 미궁은 일월이 모두 낙함하여 들어온다. 하여 미궁의 천량은 연애좌절을 비롯해 혼인이 불안하다. 축미궁의 천량이 살기형성이 중하면 배우자 형극은 물론 배우자의 재물·건강 등이 모두 여의치 못하다. 여명은 후처나 첩이 된다. 천요가 살성과 만나면 배우자가 외도한다. 축미궁의 천량이 보좌길성을 보면 서로 화합하는데, 배우자가 총명하고 명사의 기질이 있으며 청귀(淸貴)하다. 록성과 동궁하거나 삼방에서 회조하는 태양·태음이 화록을 보면 배우자가 명리를 얻는다. 남명은 연상의 처가 많은데, 만약 천수와 괴월·월덕(月德)이 동궁하면 더욱 그러하다. 여명 역시 남편이 나이가 많다. 천수·괴월·천덕을 보면 더욱 차이가 난다. 기타 앞에서 논한 천량 부처궁의 기본정황을 참고하라.

인신궁의 천량은 천동과 동궁한다. 앞에서 논한 천량 부처궁의 기본정황과 천동편 중 인신궁의 동량조합을 참고하라.

묘유궁의 천량은 태양과 동궁한다. 앞에서 논한 천량 부처궁의 기본정황과 태양편 중 묘유궁의 양양조합을 참고하라.

진술궁의 천량은 천기와 동궁한다. 앞에서 논한 천량 부처궁의 기본정황과 천기편 중 진술궁의 기량조합을 참고하라.

사해궁의 천량은 독좌하며 천동이 대조한다. 천량이 사해궁에서는 함지에 거한다. 하여 기본적으로 불리하기 쉬운데, 남녀 모두 감정곤우가 많다. 혼전에는 연애좌절을 경험하고 혼 후에도 형극이 있다. 사살(四煞)·천형을 보면 생리사별하거나 원치 않는 인연이 되어 사는 경우가 많다. 이런 경우 자신의 책임감이 앞서는 혼인을 하게 된다.

사해궁의 천량이 살성이 중하면 배우자가 신약(身弱)하여 사별하기도 한다. 여명일 경우 남편과 형극함은 물론 시부모나 시가(媤家)식구와 불화하기도 한다. 창곡을 비롯한 도화제성(桃花諸星)을 보면 배우자가 외도한다. 보좌단성(輔佐單星)을 보면 제삼자의 개입이 있다. 대궁의 천동이 화기를 맞아도 고독하거나 형극하게 된다.

사해궁의 천량은 해궁이 좋다. 사궁의 천량은 배우자가 독단적이거나 간섭이 지나칠 수 있는데 살성을 보면 더욱 그러하다.

사해궁의 천량이 길성이 회집하면 아름답고 총명한 처를 만난다. 록성이 동도하면 배우자가 능력이 있다. 천동화록이 대조해도 역시 배우자가 자수성가한다. 기타 앞에서 논한 천량 부처궁의 기본정황을 참고하라

(4) 천량 자녀궁

천량이 자녀궁이면 반드시 천량과 태양의 묘왕리함을 보고 그 길흉을 정한다. 천량이 입묘하면서 보좌길성을 보면 자녀가 총명하고 독립심이 있으며 성격이 선량하다. 이 경우 부모와 화합한다. 태양이 입묘하면 더욱 좋다. 록권과를 보면서 길성이 동도하면 자녀가 부귀를 누리며 부모에게 효도한다. 아랫사람이나 제자의 관계도 길하다.

양타·화령을 보면 자녀와 형극하는데 자녀가 신약하거나 뜻을 펼치기 어렵다. 양타를 보면 주로 질병과 관련이 많고, 화령을 보면 자녀와 분가(分家)하거나 서로 고독하고 정이 없다. 함지의 천량은 더 불리하다. 천형을 보면 자녀가 총명하고 자율적이지만 성격이 민감하고 신약하기 쉽다. 천요를 보면 자녀가 총명하고 부자(父子)지간에 유정(有情)한데, 다만 자녀가 유약하거나 끈기가 부족하다. 혹 외방자손을 두기도 한다.

살기형성(煞忌刑星)이 중중하면 자녀 형극은 물론 자녀로 인하여 일생 번뇌가 많다. 그리고 늦게 득자(得子)하거나 한두 번의 유산이나 낙태를 경험하게 된다.

보좌길성과 살성이 같이 동도하면 자녀가 초년에 고생하지만 자수성가한다. 하지만 자녀가 비록 성공할 지라도 서로 화합하거나 자신에게 유리한 것은 아니다.

천량은 기본적으로 고극(孤剋)의 성질이 있기 때문에 자녀와 유정하지 못하다. 창

곡을 비롯한 육길성과 록권과·도화성계 등이 가하면 비로소 관계가 돈후하다.

천량 자녀궁은 먼저 딸을 많이 낳는다. 만약 살성이 중한 가운데 아들을 먼저 낳으면 형극하기 쉽다.

자오궁의 천량은 자녀가 총명하고 도량이 있지만 지나치게 나서다가 화를 초래한다. 문성(文星)을 포함한 보좌길성을 보면 학문과 명예가 높다.

축미궁의 천량은 자녀수가 많지 않다. 살성이 가하면 자녀나 아랫사람과 형극하고 연이 없다. 살기형모성이 중하면 장자(長子)와 연이 없거나 장자가 형극을 당한다.

사해궁의 천량은 먼저 딸을 낳는 것이 좋다. 사해궁은 천량이 함약하여 불리하다. 양타·화령·천형을 보면 자녀와 형극하고 인연이 없으며 자녀의 건강도 문제가 된다. 이렇게 살성이 중하면 이복(異腹)자식과 연이 있거나 양자를 들인다.

(5) 천량 재백궁

청고하고 정직한 천량은 록성을 싫어한다. 그리고 천량은 재성(財星)도 아니다. 하여 재백궁에 거하는 것은 좋지 않게 본다. 천량 재백궁은 재원(財源)이 순조롭지 않고 재래재거(財來財去)가 심하다. 천량이 록성을 보면 재물이 풍부하고 부유할 수 있으나 서로 경쟁·원망·구설을 면하기 어렵다. 단 명궁이나 재백궁으로 괴월·보필 등이 협하거나 회조하면 비교적 구설이 적고 순조롭게 재를 얻을 수 있다. 만약 살성·천형 그리고 삼방으로 화기가 동회하면 비록 재물을 얻어도 시비구설과 손재가 따르게 된다.

천량화록은 재적기도심을 유발시켜 사업이나 투기적인 수단으로 득재(得財)할 가능성이 높다. 문제는 부정한 수단으로 득재하거나 아니면 그러한 과정에 연루될 수도 있다는 것이다. 이때 보좌길성이 동도하면 득재과정이 순조로운데, 살기형성이 동도하면 재물로 인하여 시비구설·송사 등 파동이 따른다.

천량은 음성(蔭星)이므로 화록이 되면 불로소득의 경향이 있다. 생각지도 않은 돈이 들어올 때도 있는데, 괴월·보필이 협하거나 회조하면 더욱 길하여 윗사람이나 주변사람의 도움으로 생재(生財)하기도 한다.

록존이 동궁하면 재적으로 부유하거나 안정적인데, 역시 인색하거나 돈 때문에 타인의 질시를 받기 쉽다. 하여 천량이 재백궁은 반드시 선귀후부(先貴後富 : 먼저 명예나 이름이 있고 뒤에 부유함)하는 것이 가장 바람직하다. 먼저 재물을 취하거나 쫓으면 시비, 경쟁, 원망이 따른다.

천량이 문성과 동도하면 반드시 공교육직 등 문직(文職)이나 연구직·관리·감독 등 청렴함을 요하는 직업이 좋다.

천량이 창곡을 포함한 천요 등 도화제성을 보면 예술·전파(방송·언론·인터넷·광고 등)의 행업에 종사함이 좋다.

(6) 천량 질액궁

천량이 질액궁이면 질병에 대하여 저항성이 있어 흉이 적은데, 이는 천량이 해액(解厄)을 주하는 성이기 때문이다. 하지만 살기형성이 중하면 문제가 된다. 특히 함지의 천량은 더욱 불리하다. 천량은 오행이 양토(陽土)에 속하여 주로 비위(脾胃)나 소화기능(소화불능·식욕감퇴·위산과다·식체<食滯>·변비 등)의 질환에 걸리게 쉽다. 양타·화령·천형과 동도하면서 질병성계인 천월(天月)을 보면 위장병이나 유방질환에 유의해야 한다. 또한 위장·근육통·골병(骨病)·피부질환도 유의해야 하는데, 모두 만성질환이 되기 쉽다.

(7) 천량 천이궁

음성(蔭星)이자 해액(解厄)의 성인 천량이 천이궁에 거하면 윗사람이나 귀인의 도움을 얻고 타인의 추대를 받는다. 만약 입묘하면서 괴월·보필을 만나면 출문(出門)하여 귀인의 지원과 협조가 있다. 록성이 동궁하면거 길성이 가하면 거상(巨商)이 되는데 재적으로 부유하다. 창곡·권과를 보면 명예를 얻는다.

천량이 록존과 동궁하면 재적으로 길하지만 다른 사람과 경쟁하거나 배제를 받기 쉽다. 화령·공겁이 동회하면 재물 때문에 고민이 많은데 결국 지키기가 어렵다. 천이궁의 천량이 경양·타라를 보면 밖에서 구설시비가 있고 장애가 많아 발달하기 어렵다. 공겁이 협하거나 동도하면 재난이 많은데, 특히 재물적인 손재가 따르기 쉽다. 만약 보좌길성이 보이면 비록 고단하지만 후에 복을 얻는다.

천량이 천요를 비롯한 도화제성을 보면 주색이나 취미로 어울리는 사람이 많다. 만약 살성이 가하면 주색으로 파재하고 구설이 따르며 심신이 고단하다. 그러나 도화성계를 보면서 록권과·창곡·보필·괴월 등이 같이 회집하면 인간관계가 넓고 많으며 지명도가 높아진다. 정황이 이러하면 부귀를 얻는다.

巳亥申궁의 천량은 함지에 해당하여 기본적으로 불리한데, 반드시 권과를 비롯한 육길성의 지원이 필요하다. 만약 살기형성이 중하면 재물손재는 물론, 고향떠나 고생하는데 정착하지 못하고 떠돈다. 천형·천월 등 질병성계가 가하면 사고·건강문제도 유의해야 한다.

천량이 천마와 창곡을 보면 주로 문예(文藝)와 연관된다. 만약 보좌길성이 동도하면 문직(文職)이나 문예로 성공하지만 살성이 중하면 한가하게 세월만 보낸다.

(8) 천량 노복궁

천량이 노복궁이면 일반적으로 친구나 아랫사람이 많지 않다. 하지만 친구나 주변사람의 관계가 나쁘지 않고 도움을 받는다. 만약 록권과를 비롯한 보필·괴월 등 길성을 만나면 친구나 대인관계가 넓고 많다. 정황이 이러하면 서로 좋은데 친구나 아랫사람의 지원과 옹호를 받는다. 또한 사려 깊고 정직한 사람을 만난다.

천량이 천마를 만나면 친구나 사람관계가 지속적이지 못하다. 록성이 동회하면 친구나 아랫사람이 능력이 있고 부유하지만 자신만 생각하기 쉽고 사사로운 마음이 있다. 이 때 사살을 비롯한 겁공·천요·천허 등이 동도하면 상대는 이익을 얻지만 자신은 손해본다.

천량이 육살을 비롯한 천형 등이 중하면 친구나 아랫사람과 불화하고 시비구설이 많다. 공겁을 보면 주로 손해를 보고, 천요·천허·화기 등이 가하면 믿었던 사람이 배신한다.

태양·천량 조합이 보좌길성과 록권과를 보면 친구나 아랫사람이 명예가 있고 귀한 친구를 사귀거나 사회 저명인사와 교류가 많다. 살성이 많으면 사람은 많지만 실속이 없고 구설이 따르게 된다.

기량조합은 친구나 아랫사람이 많지만, 단 오래 지속되지 못하고 자주 바뀐다. 살기형성이 중하면 배신과 음모를 당한다. 정황이 이러하면 물질적인 손해와 정신적인 갈등을 면하기 어렵다.

동량조합은 인궁이 좋다. 신궁은 함약하여 친구나 아랫사람의 조력이 약하다. 동량조합이 보좌길성을 보면 학문이나 취미가 같고 정서적으로 통하는 사람을 만난다. 보필·괴월을 보면 음덕을 입는다. 살성이 중하면 오래 지속되기 어렵다.

(9) 천량 관록궁

천량이 관록궁이면서 길하면 조년(早年)에 명리(名利)가 있는데, 록권과를 비롯한 보좌길성을 보면 직책이 높고 중요한 임무를 맡는다. 또한 섬세하고 공정한 처세로 인하여 여러 사람으로부터 신망과 인정을 받아 부귀를 누린다. 천량이 입묘할 경우 더욱 길하다.

천량이 문성(文星)과 동도하면 주로 문직(文職)이 좋은데, 공교육직·관리행정·연구방면 등의 직종과 관계가 많다. 이는 청귀(淸貴)한 천량의 속성과 알맞다. 보좌길성을 보면서 천형·양타 등 일 이점의 살성을 보면 감독·감찰·의료·법률 등의 업종도 가하다. 또한 이 경우 기계·컴퓨터·화학 등 과학기술 방면과 관련이 있기도 하다.

천량이 양타·화령·천형 등 살성이 중하면 사업이나 직업이 불안정하고 파동이 심하게 된다. 또한 직장이나 사업적으로 시비송사에 연루되는 흉사가 있다.

천량이 태양과 동도하면 공직·교육직·학문연구·전파·공기업·대기업·언론·외국어 등과 관계가 많다. 또한 길성을 보면서 천형이 동도하면 법률계열이 좋고 천월(天月)이 동도하면 의약업이 좋다. 살성은 물론 태양화기를 싫어한다. 살기형성이 중하면 직업과 관련하여 시비와 원망을 초래하고 다른 사람의 배제를 받기 쉽다.

축미궁의 천량·천기조합은 계획·설계·공직·교육직·감사 등의 업무와 관련이 많다. 화권이 회조하면 법조계·감독·감사(監査) 등 권적인 업무가 좋고, 화과 등 문성이 동회하면 교육이나 연구방면이 좋다. 천기화기나 살성이 중하면 직업적으로 구설시비가 많다.

사해궁의 동량은 자신을 내세우거나 나서지 않는 것이 좋다. 록권과를 보면서 길성이 아우르면 사업이나 명예로 성공한다. 거문화록이나 태음화록 등이 회조하면 재적으로 부유하다. 문성(文星)이 많으면 청귀(淸貴)한 방면으로 가는 것이 좋다. 주로 교육·연구·공기업이나 대기업 등에 알맞다. 살성이 중하면 사업은 금물이다. 거문이나 천기·천동·태양 등이 화기를 맞아 회조해도 불리하다.

(10) 천량 전택궁

천량의 음비(蔭庇)의 성계이므로 전택궁에 거하면 조업(祖業)을 잇거나 유산(遺産)을 받는다. 그러나 당사자의 명궁에 살성이 동도하거나 부모궁으로 살성이 회집하면 유산이 없거나 비록 유산이 있더라도 지키기 어렵다.

천량이 보좌길성에 록권과 등이 동회하면 가택이 안정하고 사업이 발달하며 주거지나 사무실 등 부동산으로 인한 길함이 많다. 부동산으로 득재하기도 한다. 다만 천량화록은 재적으로는 길하지만 사회적으로 다른 사람과 경쟁하거나 배제를 당하기 쉽다.

천량이 보필·괴월을 보면 직업이나 사업적으로 귀인의 도움이 많다. 특히 자신이 근무하는 곳이나 거주하는 곳에서 주변 사람의 인정을 받고 도움을 얻는다.

천량이 살기형성이 중하면 가택이 불안정하고, 주거지나 사무실·공장 등 부동산으로 인하여 손재를 당하거나 시비송사에 연루되기도 한다. 또한 가택에 재병(災病)

이 많고 상사(喪事)가 발생할 수 있다.

천량이 회조하는 정성이 화기가 되면 가정이나 사회적으로 손재·시비·원망 등을 초래하게 된다. 특히 태양화기는 꺼리며 함지의 천량은 더 불리하다.

살성에 음살(陰煞)이 동도하면 풍수적으로 불리한 곳이라고 본다. 여명은 부인과 질환이나 유산(流産)에 유의해야 한다. 당사자의 선천이나 대한명궁으로 질병성계를 비롯한 살기형성이 중하면 더욱 그러하다.

(11) 천량 복덕궁

천량은 청고한 성이므로 복덕궁에 거하면 정신생활을 중시한다. 종교나 철학·역학·기수련·명상·고전 등 사상이나 정신세계 등에 관심이 많다. 괴월·보필이 동회하면 성정이 시원하고 청귀(淸貴)하며 사상이 풍부하다. 또한 적극적이고 긍정적인 성격에 여러 사람과 화합한다. 창곡을 보면 문예(文藝)를 즐긴다.

천량이 입묘하면 정서가 편안하고 여유가 있으며 명사(名士)의 풍취가 있다. 함지면 나태하거나 산만하기 쉽고 스스로 화를 초래한다.

천량이 천동과 동궁하면 정서가 안정하고 낙천적이며, 천기와 동궁하면 사려가 많고 심신이 피곤하다. 태양과 만나면 사람이 청귀하고 탈속적인 성정이다. 그런데 이 조합은 나서거나 다른 사람 일에 간섭하기 쉽고 스스로 화를 자초하게 된다. 살기형성이 중하면 언행이 급하고 서두르며 자칫 불량한 기호에 물들기 쉽다.

천량화록은 재적기도심이 강해져 투기적인 성향을 띤다. 천량화권은 자존심이 강하고 화과는 문예 등 학문연구에 치중한다.

천량화록이나 록존이 동궁하면 사상이 비록 돈후(敦厚)하지만 재적으로 치우쳐 인색하고 인정이 없다. 또한 자신의 단점이나 문제점은 감추며 성격이 독선적이다.

천량이 공겁을 보면 사상이 탈속(脫俗)적인데, 천무(天巫)나 화개(華蓋)를 보면 더욱 정신세계에 관심이 많다.

천량이 타라와 동궁하면 성정이 어둡고 우울하며 스스로 화를 자초한다. 영성이 동궁해도마찬가지이다. 경양·화성을 보면 기본적으로 번뇌가 많은데, 조급하거나 불안정하여 노심초사(勞心焦思)하게 된다.

천량이 천형과 겁공을 보면 생각이 깊고 많으며 혼자 있기를 좋아하여 고독을 자초한다. 이러한 성향으로 인하여 철리적인 사고방식을 나타낸다.

천량이 천요와 동궁하면 사람이 풍류를 알고 정서가 풍부하며 문예를 좋아한다. 또한 성정이 긍정적이면서 이상세계에 관심이 많다. 천요를 보면 신비주의적이거나 허구적인 사상이나 학문에 관심을 많이 가진다.

(12) 천량 부모궁

천량은 음덕(蔭德)과 해액(解厄)을 주하므로 부모궁에 거하면 음성(蔭星)의 역할을 하여 길하게 본다. 만약 입묘(入廟)하면서 보좌길성과 록권과 등이 동도하면 서로 화합하고 부모의 유산(遺産)이나 음복(蔭福)을 받는다. 부모 역시 사회적 지위와 명예를 누리며 부귀쌍전한다. 또한 사회적으로도 윗사람의 도움과 추천이 있다. 이렇게 정황이 길한 가운데 천무(天巫)를 보면 부모의 유산을 받거나 가업을 계승할 수 있다.

천량이 낙함하면 부모와 연이 불리하다. 고인이 이르길, 천량 함지에 살성이 가하면 양자로 가거나 남의 집에서 대를 잇는다고 하였다. 이 경우 현대적인 관점으로 보면 조년(早年)에 부모와 떨어져 살면 형극을 면할 수 있다. 그러나 이 경우 부모가 건강·재물 등 제반정황이 불리하고 자신과 불화·형극은 면하기 어렵다. 질병성계가 가하면 사고나 질병으로 조실부모한다.

천량이 천형과 살성이 동도해도 부모와 형극·불화한다. 질병성계가 가하면 건강 등 부모가 재액(災厄)이 많다. 천요가 동궁하면서 살성이 가하면 부모가 외도하거나 첩을 얻는다. 그렇지 않으면 두 부모와 인연이 있다.

영성이 하나는 자신의 명궁에 하나는 부모궁에 거해도 두 부모와 인연이 있는데, 주로 데릴사위가 되거나 처갓집은 봉양하고 자신의 부모와는 인정이 없다.

양타·화령·천마 등이 동회하면 서로 의견이 맞지 않고 형극한다. 또한 부모와 서로 분가(分家)하는데, 이 경우 유년에 부친과 주로 헤어져 있거나 자신이 부모와 떨어져 살게 된다.

천량이 입묘한 태양을 만나면 서로 화합하는데, 길성이 공조하면 부모가 부귀를 누린다. 함지의 태양은 비교적 불리하다. 만약 살성이 가하면 부모의 음덕이 없고 서로 고극을 면하기 어렵다. 서로 세대차이가 많아 소원(疏遠)할 수 있다.

천량이 천기와 동도하면 비교적 불리하다. 만약 보좌길성과 사화길성(四化吉星)이 동회하면 비로소 화합하고 부모가 부귀를 얻는다. 그러나 살기형성이 중하면 부모와 불화하고 음덕이 없으며 고독하고 형극하게 된다.

동량조합은 부모궁에서는 비교적 서로 유정(有情)하다. 길성이 동회하면 부모가 명예가 높고 부자지간에 사이가 좋다. 그러나 살기형성이 중하면 서로 형극하고 의견이 일치하지 않는다. 천요를 비롯한 도화성계와 살성을 보면 부모가 이혼하거나 첩을 두게 된다.

13) 칠살성

(1) 칠살의 기본적인 성정

칠살은 오행이 음금(陰金)이며(음화<陰火>라고 보기도 함) 남두(南斗)의 제 五星에 해당한다. 화기(化氣)는 권(權)이며 주사(主事)는 풍헌(風憲)과 장성(將星)의 의미가 있다.

칠살은 기본적으로 권위와 위엄이 있는 성이다. 그러나 내면적으로 꾀와 지략이 있다. 두수에서 칠살을 대장성(大將星)이라 하는데, 칠살이 가지고 있는 위엄과 기백·영도력 등에 어울리는 뜻이라 하겠다. 또한 칠살은 권력을 관장하고 풍헌(風憲)을 주한다고 하였다. 대체로 칠살이 좌명하면 사람이 근엄하고 신중하며 언행에 힘이 있고 무거운 편이다. 소신과 주관도 뚜렷하다. 칠살이 겉으로 보기엔 소극적이고 내향적으로 보이지만, 기본적으로 완강한 기질을 함축하고 있는 성이다. 눈빛이 강하고 부리부리하며 얼굴은 약간 사각형이며 골격이 작지 않고 언행에 위엄을 느끼게 한다. 만약 육살을 비롯한 천형 등이 중하면 기질이 더 강강하다. 이때는 독단독행(獨斷獨行)하고 힘과 권력을 과시하려 하며, 성정이 강하고 다급하며 굽히기를 싫어한다. 이렇게 살기형성이 중하면 자칫 인간관계에서 충돌이 많아 고독해지고 육친의 인연도 약하다.

칠살이 살성이 중하면 사고·질병도 유의해야 하는데 몸에 상처가 많거나 신체장애가 되기도 한다. 칠살은 경쾌하거나 밝은 모습의 성이 아닌데, 육살살성을 비롯한 천형을 보면 사람이 더욱 위엄 있고 강하게 보인다. 또한 타인의 간섭과 규제를 싫어하고 독립적인 사고와 행동 양식을 가지게 된다. 칠살이 살을 보면 인간관계에서 고독한 상황이 되기 쉬운데, 세속을 떠나고 싶은 욕망도 강하여 정신세계에 종사하거나 실제 탈속을 많이 하기도 한다.

칠살이 양타·천형을 보면 속박을 싫어하고 성정은 예민하면서 완벽하다. 또한 배타적이고 고극한데, 주로 종교나 철학 등 정신세계에 관심이 많고 독립심이 강하여 혼자 행하거나 혼자 있기를 좋아한다.

칠살은 양타·화령을 가장 싫어한다. 비록 격을 갖추었다고 해도 사살이 간섭하면 하격이 된다. 성정이 괴팍하고 위강하여 충파가 많으며 육친과 고극한다. 주로 처자(妻子)와 형극하거나 자녀가 귀하거나 딸만 있거나 한다.

칠살이 천요나 도화성계를 보면 사람이 여유롭고 문예와 예술을 즐길 줄 안다. 그리고 다른 살성에 비하여 친화력이 있고 풍류도 있다. 또한 사람이 총민하고 여러 방면에 관심이 높다. 때론 허상이 많아서 비현실적이기도 하다.

칠살이 창곡을 비롯한 과문제성을 보면 위강한 반면 신중하고 섬세하며 총민한 기질을 보인다. 보좌길성을 보면 지혜와 총명함이 빛나고 이미지도 비교적 밝아 윗사람이나 주변사람에게 총애를 받는다.

칠살은 화록이나 록존을 좋아하는데 만약 록성을 보면 재부(財富)를 얻는다. 여기에 보좌길성이 동도하면 명리(名利)를 모두 얻게 된다.

칠살이 좌명하면 주로 그 사람의 활동범위가 넓고 역마적인 속성이 강하여 산과 바다 등 자연을 좋아한다. 건강관리도 각별하여 운동을 좋아하고 각종 레포츠에 관심을 많이 보이기도 한다. 칠살좌명인이 군인이나 경찰·운동선수가 많은데, 바로 이러한 특성이 내재되어 있기 때문이다. 칠살은 외적으로는 근엄한 면이 있지만, 내적으로는 감정이 풍부하고 풍류를 안다.

칠살과 관계된 고격(高格)은 '칠살조두격(七殺朝斗格 : 칠살이 申궁에 거하고 寅궁의 자미·천부가 대조하는 상황)'과 '칠살앙두격(七殺仰斗格 : 寅궁의 칠살이 申궁의 자미·천부와 마주하는 상황)'이 있다. 고인이 이르길, 칠살조두나 칠살앙두가 되면서 록성을 포함한 길성이 동도하면 작록(爵祿)이 영화롭다고 하였다. '웅수건원격(雄宿乾元格)'도 고격 중의 하나인데, 칠살이 오궁에서 독좌하거나 미궁에서 염정과 동궁하면서 정황이 길한 경우를 말한다. 웅수건원이 되면 권위를 얻고 명리(名利)를 이룬다고 하였다. 또한 미궁의 염정·칠살이 록성과 보좌길성을 보면 적부지인(積富之人)이라 하여 재적으로 길하다.

칠살 子·午궁(칠살 독좌, 대궁 무곡·천부)

칠살은 자오궁에서 왕지다. 고인은 자오궁의 칠살은 고격을 이룬다고 보았다. 午궁이 子궁에 비하여 조금 더 길하다. 자오궁의 칠살은 칠살이 가지고 있는 기본 성격이 그대로 드러나는 궁이다. 성정이 강하고 독립성과 자기 주관이 있다. 언행이 무겁고 근엄한 듯 하지만 비교적 소탈한 면도 있다.

만약 양타·화령·천형 등을 보면 사람이 강개하고 성정이 격렬하며 기세가 등등하다. 이렇게 살기형성이 중하면 독단독행하고 육친과 고극하기 쉽다. 그리고 갑자기 사고를 당하거나 질병으로 고생한다.

자오궁의 칠살이 창곡을 비롯한 과문제성을 보면 문무(文武)를 겸한다. 공직이나 대기업 등에서 수장에 오른다. 한두 개의 살성을 보면서 길성과 회합하면 역시 불리하지 않은데, 주로 대기업·의료직·법조계·정계 등에서 발달한다. 록성이 동도하면 건설업·무역업·유통업 등 개인 사업을 하는 경우가 많다.

육길성과 사화길성을 보면서 대궁의 무곡·천부가 록성과 동궁하면 주변의 음덕을 입고 무직(武職)이나 재경(財經)직 등에서 명리(名利)를 얻는다.

자오궁의 칠살도 웅수건원격을 이루는데, 寅申궁이나 午未궁보다는 떨어진다. 하지만 길성과 록을 만나면 고격이 된다.

❀ 칠살 丑·未궁(염정·칠살 동궁, 대궁 천부)

축미궁의 칠살은 염정과 동궁하며 대궁으로 천부를 본다. 앞에서 논한 칠살의 기본성정과 염정편 중 염정·칠살 동궁 부분을 참고하라.

❀ 칠살 寅·申궁(칠살 독좌, 대궁 자미·천부 동궁)

인신궁의 칠살은 독좌하고 입묘한다. 하여 두수에서는 고격(高格)을 이룬다. 칠살이 寅궁이면 '칠살앙두격(七殺仰斗格)'이라 하고, 申궁의 칠살은 '칠살조두격(七殺朝斗格)'이 되어 길격을 이룬다. 여기서 斗는 자미와 천부를 말하는데, 앙두는 칠살이 寅궁에서 보면 윗궁에 해당하는 申궁의 자미·천부를 보므로 앙두라 하고, 조두는 申궁의 칠살이 아래에 있는 寅궁의 자미·천부를 본다는 의미이다. 두 격국 모두 살성의 간섭이 적고 보좌길성과 사회길성의 지원이 있어야 합격이다. 신궁의 칠살이 인궁에 비하여 길하다. 신궁은 대궁의 자부조합이 입묘하여 정황이 더 견고하다.

인신궁의 칠살이 정황이 길하면 관공직·교육직·의료직·법조계·대기업 등에서 모두 길한데, 한 분야에서 두각을 나타내며 무리를 이끄는 지도자의 기질을 가지고 있다. 특히 인신궁의 칠살은 관리능력과 행정처리 능력이 뛰어나 어떤 업종이든지 간에 중간관리자 이상의 직급을 수행하고 운로가 길하면 공명을 얻고 영수(領袖)가 된다. 천형과 사살 등이 동도하는 가운데 길성이 더해지면 군경·의료·사법기관 등에 인연이 많다.

인신궁의 칠살은 원래 貴를 주하고 富를 주하지는 않는데, 그렇다고 록성을 싫어하지는 않는다. 만약 록성이 동궁하거나 삼방에서 회조하면 재록이 풍부한데 개인 사업의 경향도 많다. 특히 록존을 보면 격이 좋아 부귀를 얻는다.

칠살이 좌명하면 누구나 일생 한두 차례 중대한 파동이 있게 되는데, 주로 육친 고극과 재물문제가 흉상으로 드러나기 쉽다. 이유는 형제궁은 함약한 천기가 거하고, 부처궁은 부부인연에 불리한 파군이 자리하기 때문이다. 만약 살기형성이 중하면 육친고극과 재물파동 그리고 개인의 건강문제까지 심한 충격을 입게 된다. 하여 운로를 정확하게 분석할 필요가 있다.

인신궁의 칠살은 사람이 근엄하고 신중하며 무게가 있고 주관이 강하다. 큰일이 닥쳐도 의연하며 무게가 있는 일일 수록 담대하게 처리한다. 그러나 천형을 비롯한 사살이 중하면 독단적이고 배타적이며 성정이 강렬해지기 쉽다. 그리고 고집이 세고 이상과 꿈이 지나치게 높다. 이러한 성정으로 인하여 형극과 고독을 면치 못한다. 범 칠살이 살성을 만나면 독선적이고 자존심이 강하며 안하무인이 되기 쉬우므로 후천적인 수양이 필요하다.

❁ 칠살 卯·酉궁(무곡·칠살 동궁, 대궁 천부)

묘유궁의 칠살은 무곡과 동궁하며 천부가 대조한다. 앞에서 논한 칠살의 기본성정과 무곡편 중 무곡·칠살 동궁 부분을 참고하라.

❁ 칠살 辰·戌궁(칠살 독좌, 대궁 염정·천부 동궁)

진술궁의 칠살은 독좌한다. 진술궁은 천라지망(天羅地網)에 해당하는데, 칠살은 천라지망궁을 꺼린다. 반드시 한두 번의 고난을 겪고 분발해야 비로소 명리(名利)를 얻을 수 있다. 하지만 진술궁 칠살은 함약하지 않아 자신의 역량을 충분히 발휘할 수 있는 구조이다. 만약 보좌길성과 록권과 등을 보면 문무(文武) 모두 능하다. 과문제성과 괴월·보필을 보면 문예가 있고 학문성취가 높다. 문성과 천요 등이 동도하면 총명한데, 문학과 예술에 조예가 있고 연구심이 강하다. 천형과 사살을 보면서 정황이 길하면 군경·사법·의료직 등에 많다. 진술궁의 칠살은 운동방면에서도 능력을 발휘하기도 한다. 산과 바다 등 자연을 좋아하고 레포츠에 관심도 많다.

진술궁의 칠살이 사살을 비롯한 천형·화기 등이 중하면 생에 파동이 많다. 주로 형제나 배우자 등 육친의 인연이 없다. 사고·질병에 노출될 가능성도 있는데 질병성계를 보면 더욱 징험하다.

진술궁의 칠살은 사람이 호인이고 소탈하며 언행에 무게가 있다. 목표의식이 있고 정신력이 강하며 솔직담백한 성격이다. 옳고 그름이 분명한데, 의리를 저버리거나 인격적이지 못한 것을 보면 인연을 쉽게 끊어 버린다. 이렇게 흑백이 분명한 성격으로 인하여 자칫 인간관계에서 손해를 보기도 한다. 진술궁의 칠살이 기본적으로 독립심이 있는 반면 독단적이고 고집과 자존심이 강하여 함부로 머리를 굽히지 않는다. 만약 살성이 중하면 성정이 더욱 강하게 되어 언행에 살기(殺氣)를 띠기도 하는데, 한 번 화를 내면 세상을 집어 삼킬만하다. 또한 살성이 중하면 타협이 없고 배타적으로 변하게 된다. 하여 남과 어울리기 어려워 고독하게 되는데 스스로 고독을 자초하기도 한다.

❁ 칠살 巳·亥궁(자미·칠살 동궁, 대궁 천부)

사해궁의 칠살은 자미와 동궁하며 천부가 대조한다. 앞에서 논한 칠살의 기본성정과 자미편 중 무곡·칠살 동궁 부분을 참고하라.

(2) 칠살 형제궁

칠살이 형제궁이면, 형제자매의 개성과 성정이 강하고 독립심이 있다. 칠살은 원래 자기주관이 있기 때문에 형제가 규제나 구속을 싫어한다. 하여 칠살이 형제궁이면 대체로 형제나 친구 등 인간관계어서 자신은 수동적인 위치가 되기 쉽다. 축미궁의 염정·칠살 조합이 형제궁에서 유리하지만 그러나 보좌길성이 없으면 이 또한 불리하다.

형제궁의 칠살이 보좌길성을 비롯한 록권과 등이 동도하면 형제나 교우관계에서 만나는 사람들이 권귀(權貴)를 이룬다. 또한 형제가 많고 친구 등 인간관계에서 서로 도움이 된다. 그러나 자신의 명궁으로 살기형성이 중하면 형제가 비록 명리를 얻지만 서로 고독하다.

칠살이 살기형성이 중하면 형제와 인연이 없거나 서로 문제가 많아 불리하다. 정황이 이러하면 형제의 삶도 파동이 많은데, 주로 가정이 온전치 못하고 파재(破財)를 경험하며 재병(災病)으로 고생하기도 한다. 물론 인간관계에 있어서도 온전치 못한데, 주변 사람과 많이 부딪히게 된다. 그리고 이때는 운로의 진행상황을 잘 보고 합작이나 계약 여부를 판단해야 한다.

(3) 칠살 부처궁

칠살 부처궁은 일반적으로 불리하다. 겉으로는 화목하지만 내심 유정(有情)하지 못하고 서로간에 정감이 부족하여 틈이 생기기 쉽다. 만약 사살을 포함한 천형·화기 등이 동도할 경우 연애좌절과 혼인을 파하게 된다. 살성이 없으면 고독하나 극하진 않는데, 다만 운에서 대한 배우자궁이 불리하다면 이 또한 생리사별의 징조다.

남명일 경우 처의 성정이 올곧고 개성이 강하며 옳고 그름의 흑백이 분명하다. 하지만 처가 구속을 싫어하고 탈부권(奪夫權)하기 쉽다. 보좌길성과 록존·화록 등이 동도하면 부부연이 좋고 처가 능력이 있으며 사회적으로 두각을 나타낸다. 양타·화령·천형 등 살성이 가하면 처의 기세가 강하고 서로 뜻이 맞지 않는다. 또 처가 독단적이며 서로 마찰이 많다. 이 경우 대한의 운로가 불리하면 혼인을 파하게 된다.

여명 칠살이 부처궁이면 남명에 비하여 유리하다. 만약 록성과 사화길성·보좌길성이 회조하면 남편이 권귀를 누리며 부부인연도 길하다.

남녀 모두 칠살은 양타·화령·천형 등을 보면 안 된다. 자신의 명궁이 비록 길할지라도 반드시 연애나 부부사이에 중대한 사단이 발생한다. 질병성계가 가세하면 사고·질병도 유의해야 한다. 또한 배우자의 사업이나 투자 등으로 인하여 집안이 기운다.

칠살이 부처궁이면 서로 독립 사업이나 각각 다른 직장을 가지는 것이 좋다. 남명일 경우 더욱 그러한데, 만약 한두 개의 살을 보면 처가 성정이 강강하여 서로 부딪히기 때문이다.

무곡화기·염정화기 등이 동궁하거나 회조해도 부부연이 불리하다. 칠살은 기본적으로 감정상 불리하고 서로 고극(孤剋)하는 속성이 있는데, 이러한 정성이 화기가 되면 더욱 파동을 겪게 된다.

자오궁의 칠살은 남명은 처가 비록 탈부권하지만, 독립심이 있고 성정이 올곧으며 자기중심이 강하다. 무곡화록이나 록존 등이 보이면 처가 재무관리를 잘하고 능력을 발휘한다.

인신궁의 자부살조합은 반드시 만혼하는 것이 이롭다. 첫사랑은 이루어지지 않으며, 배우자와의 연령차도 많은 것이 길하다(남명일 경우 처가 최소 5살 이상 연하, 여명일 경우 남자가 최소 5살 이상 많으면 좋다).

진술궁의 칠살도 천라지망에 빠지므로 화목하지 못하다. 혼전에 파절이 있고 혼후에도 서로 고극하기 쉽다. 만약 보좌길성과 록성이 동도하면 부부연이 길하다. 배우자는 전문능력이 있고 재적으로 부유하다.

(4) 칠살 자녀궁

칠살 자녀궁은 자녀가 독립심과 의지력이 있고 활동적이다. 그러나 칠살은 부모와 세대차이가 있거나 성정이 맞지 않아 서로 무정하기 쉽다. 만약 살성이 중하면 자녀와 대립하거나 극하여 인연이 박하게 된다. 이 경우 자녀가 독립심이 있는 반면 부모의 간섭을 받지 않으려고 하며, 자녀가 친구 등 인간관계에서 불리하다. 살성이 중하면 자녀수가 많지 않다. 또는 주로 늦게 득자(得子)하는데, 먼저 딸을 보고 뒤에 아들이면 길하다.

칠살이 양타·화령·천형 등이 회집하면 자녀와 무정하고 자식의 힘을 얻지 못한다. 화기와 질병성계가 동도하면 자녀가 사고·질병이 따르고 자녀로 인하여 손재를 면하기 어렵다. 이처럼 칠살 자녀궁에 살기형성이 중하면 자녀뿐만 아니라 아랫사람이나 제자 등의 관계도 불리하다. 칠살이 낙함하면 이러한 정황들이 더 불리하게 전개된다. 칠살이 살성이 중하면 자녀와 떨어져 생활하는 것이 오히려 좋다.

칠살이 독좌하면서 살기형모성이 중하면 자녀인연이 없거나 좋지 않은데, 혹 자녀가 없다고 해도 양자(養子)를 들이는 것은 좋지 않다. 자녀가 반발하고 안하무인이 되기 때문이다.

칠살이 입묘하면서 록성과 보좌길성 등이 동회하면 자녀가 유년(幼年)부터 발달하고 강한 인내심과 추진력으로 명리를 이룬다. 자녀와의 관계도 비교적 유정하다.

(5) 칠살 재백궁

칠살 재백궁이면 일생 한두 차례 재물로 인하여 파동을 겪는다. 사살을 포함한 겁공을 보면 투기나 개인 사업은 금물이다. 특히 운이 좋지 않은 때는 자중해야 한다.

칠살이 입묘하면서 록성과 보좌길성을 만나면 재원이 풍족하다. 과문제성이 중심이 되면 학문성취가 높고 교육이나 전문 연구방면에서 발달한다.

칠살 재백궁은 자오궁과 인신궁에서 기본적으로 길하다. 중주파의 가결에 의하면 '인신자오능횡발(寅申子午能橫發) 묘유득재역모마(卯酉得財亦耗磨) 진술이궁위부국(辰戌二宮爲富局) 축미적재사해다(丑未積財巳亥多)'라고 하였다. 이렇게 보면 칠살 재백궁은 기본적으로 모두 富를 이룰 수 있다고 보았다. 다만 묘유궁은 낙함하기 때문에 득재 후 손재하기 쉽다고 하였다. 그러나 묘유궁으로 록성을 보면서 길성이 동회하면 재물 때문에 파동을 겪지만 결국 유리하게 된다.

칠살이 과문제성과 동궁하면 선귀후부(先貴後富)에 해당한다. 그러나 양타·화령·겁공 등이 동조하면 횡발횡파(橫發橫破)하는데 재물을 지키기 어렵다.

칠살 재백궁은 재물에 대한 꿈이나 야망이 있는 편인데, 록성이 동궁하면 횡발하려는 심리가 더 강하다. 록존이 동궁하면 재원은 천천히 안정감있게 성취되고 재물에 대한 운용도 비교적 장기적이면서 안정적이다. 화록이 동도하면 재물의 투자나 투기가 전투적이고 활발하다. 칠살이 살성과 록성이 동시에 겸하면 재적으로 한두 차례 풍파를 겪는데, 대한의 상황을 보고 어느 시기인지 결정한다.

(6) 칠살 질액궁

칠살은 음금에 해당하여 주로 호흡기질환에 유의해야 한다. 간·담 병과 뼈질환도 유의해야 한다. 칠살이 질액궁이면 유년(幼年)에 건강·사고 등 질액에 걸리기 쉽다. 성의 강약 여하를 막론하고 사살·천형·화기 등이 동회하면 사고·질병을 같이 유의해야 한다. 특히 수족을 비롯한 뼈가 다치거나 상하기 쉽다. 칠살은 특히 양타를 싫어한다. 고인이 이르길 '칠살이 질액궁에서 양타를 보면 종신 신체장애가 된다'라고 하였다. 또한 '함지의 칠살이 命身궁이면서 양타를 만나면 재병(災病)이 생기고, 사살이 관여하면 곱추가 된다'라고 하였다. 질액궁의 정황이 이렇다고 하여 모두 신체장애는 아니지만, 만약 身궁이나 명궁으로 살기가 간섭하면 더 불리하게 되는 것이다.

칠살이 염정을 만나면 주로 호흡기 질환인데, 기침·가래·각혈(咯血)·콧병 등에 문제가 많다. 자부살조합이면 위장병·피부병·맹장·혈변 등에 유의해야 한다.

(7) 칠살 천이궁

칠살은 활동적이고 역마적인 속성이 있으므로 천이궁에서 보면 비교적 길하다. 사람이 활동적인데 생활이나 주거지의 변화가 많고 그 범위 또한 크다. 칠살 천이궁은 록성을 포함은 육길·육살성·사화성의 회조 여하에 따라서 그 길흉의 차이가 현저하다.

칠살이 록성과 보좌길성을 보면 대외적인 활동이 많고 귀인을 만나며 영도력을 발휘한다. 만약 록마교치가 되면 富를 이룬다. 화권과 괴월·보필 등이 동궁하면 권귀가 높은데, 타인의 신망을 받아 무리를 이끈다.

묘유궁의 칠살을 제외하고 천이궁에 칠살이 거하면 출문(出門)에 이롭다. 묘유궁의 무살조합은 살성에 민감하게 작용하는데, 만약 살기형모성이 중하면 밖에서 시비구설·손재·사고·질병 등이 따르게 된다. 그러나 록성과 길성을 보면 한차례 지체나 파동은 있지만 무난히 명리(名利)를 얻는다.

천이궁의 칠살이 과문제성과 동궁하면 유년(幼年)에 유학을 하거나 고향을 떠나 학문을 성취하는 것이 이롭다. 록성과 길성이 거하면 원방구재(遠方求財)에 알맞다. 업종도 주로 외국이나 지방과 관련되는데, 여행업·영업부·무역사업·외국기업 등이다.

칠살이 창곡을 보면 그 성질이 맞지 않는데, 주로 재물보다 명예나 학문을 먼저 이루는 것이 길하다.

칠살이 양타를 보면서 정황이 길하면 무직(武職)이나 법률·의료직에 이롭고, 다른 살기형성이 개입하면 사고나 질병·손재 등으로 문제된다. 또한 사람이 고집과 자존심이 강하고 육친의 연이 없다.

칠살이 화령을 보면 역시 고극하고 육친연이 없다. 그러나 록성과 길성이 동회하면 갑자기 발달하기도 한다. 주로 공예나 기술 분야·제조업 분야에 종사한다.

(8) 칠살 노복궁

칠살이 노복궁이면 일반적으로 불리하다. 아랫사람이 구속이나 지배받기를 싫어하기 때문이다. 만약 칠살이 사살이나 천형·화기 등이 동회하면 아랫사람이나 주변사람과 어울리기 힘들고 서로 시기하고 원망한다. 이렇게 살을 보면 인간관계도 적다. 함지의 칠살은 더욱 불리하다.

칠살이 록존과 동궁해도 역시 불리한데, 주로 재물이나 성격 차이로 시끄럽다. 이는 록존이 노복궁에 들어가면 경양·타라가 자신의 천이궁과 관록궁으로 배치되어 부담을 받기 때문이다. 이 경우 주로 후배나 아랫사람이 자신을 침탈한다. 소인의 방해나 위협을 당하기도 한다.

칠살이 양타와 동궁해도 형제나 아랫사람과 관계가 원만하지 않다. 살성과 화권이 동궁하면 아랫사람이 복종하지 않고 오히려 자신을 침범하려 한다.

칠살이 화령을 보면 주변사람이나 아랫사람과 관계가 많거나 갑자기 친해지기도 한다. 그러나 돌연히 변하여 서로 인연이 소홀하게 된다.

범 칠살이 노복궁에서 육살에 화기 등이 중하면 후배나 아랫사람으로 인하여 시비구설·손재·배신 등을 면하기 어렵다. 형제나 직원 등 아랫사람으로 인하여 중대한 좌절을 경험하게 된다. 형제나 아랫사람 역시 화를 당하는 일이 발생한다.

만약 보좌길성이 동회하면 노복과의 연이 비교적 평탄하나 그래도 아랫사람이나 주변사람으로부터의 조력이 많다고 보긴 어렵다.

(9) 칠살 관록궁

칠살은 관리능력과 수행능력이 있는 성이다. 하여 대기업이나 공직 등에서 인사관리나 행정관리에 적합하다. 그러나 칠살은 독립적이고 위권적인 성이므로 개인 사업이나 자유 업종에 종사하는 경우도 많다. 특히 록성을 만나면 더욱 그러하다. 사살과 천형 등이 거해도 개인 사업과 관계가 많다. 그러나 보좌길성과 록성이 동회하는 상황이라면 사업을 권할 수 있지만, 살성만 보면 사업에 파재가 따르므로 오히려 직장을 다니는 것이 유리하다.

만약 록존이 거하면서 길성이 동회하면 공직이나 전문연구직·외국기업·대기업·무역·건설 분야 등에서 부귀를 얻는다. 과문제성이 동궁하면 학문성취가 높아 공교육직·연구직 등에서 발달한다.

칠살이 화권이나 길성이 동도하면서 천형 등 한두 개의 살성이 동회하면 군경·의료·사법기관과 관련이 많다. 그런데 양타를 보면 군경에 종사하지 않아야 한다. 자신이 다치거나 구설이 따르고 일생 파동이 많다. 이 경우 수술을 하는 의료계열이나 건설·제조업분야 등 기계나 기구를 다루거나 판매하는 업종이 가하다. 칠살이 화령과 동궁하면 좋지 않다. 주로 장애가 많고 사고가 생기기 쉽다. 기타 살성이 동회하면 한 직장을 오래 다니기 어렵다.

칠살 사업궁은 일생 한두 차례 중대한 좌절을 경험하기 쉬운데, 이 경우 투기성향으로 가면 절대 안 된다. 만약 투기적인 색채로 가면 투자 규모가 크고 방대하기 때문에 파재가 강하여 다시 일어서기 어렵다.

칠살이 관록궁에서 양타·화령·천형 등을 보면 자신의 능력이나 권한을 너무 내세워 주변사람이나 업무상 마찰이 많다. 하여 범 칠살이 관록궁이면서 살이 중중하면 옆 사람의 충고나 사정도 적절히 수렴하는 태도가 필요하다. 그리고 칠살이 육살에 천형을 만나면 직장이나 사업에서 여의치 않은 변화가 있게 되고, 중하면 관재구설을 면하기 어렵다.

(10) 칠살 전택궁

칠살이 독좌하거나 함지에 거하면 불리하다. 칠살이 록성과 동궁하거나 보좌길성을 얻으면 부동산으로 인한 득재가 있다. 직장이나 사업적으로도 길하다. 역마지(寅申巳亥)에 칠살이 록성을 보면서 정황이 길하면 외국이나 지방으로 출장이 많고, 혹 이민이나 유학 등에 길하다. 칠살이 록성과 길성 그리고 살기형성이 혼합되어 동궁하고 있으면, 조상의 유업을 먼저 파하고 난후 자수성가 할 수 있다. 아니면 일생에 한 번은 재물과 직업적인 파동을 겪은 후 발달한다. 이때 대운의 정황을 보고 어느 시기인지 정한다.

칠살이 사살·천형·화기 등이 중하면 부동산으로 인한 손재나 구설이 따른다. 또 자신이 근무하는 직장이나 사업적으로 시비구설과 손재가 있기도 하다. 만약 첫 대한이나 두 번째 대한의 전택궁이 이렇게 흉하면 집안의 분위기가 좋지 않은데, 주로 부모의 인연이 없거나 부모의 건강문제·이별·손재 등이 있게 된다. 학업적으로 적응을 못해 문제가 되기도 한다. 그리고 풍수적인 부분도 고려해야 하는데, 주로 자신이 주거하는 집과 근무처 등의 분위기가 좋지 않거나 풍수적인 문제가 나타날 수 있다.

칠살이 전택궁에서 살기형성이 중하면 직장을 그만 두거나 이동할 개연성이 높다. 여의치 않게 직장의 변화가 있게 되므로 심리적인 불안감과 파동이 따른다. 그리고 사업적으로 어렵게 된다. 칠살이 화령·타라 등과 동궁하면 불조심을 해야 한다.

(11) 칠살 복덕궁

복덕궁의 칠살이 입묘하면서 길성을 만나면, 성정이 시원하고 활달하며 품은 뜻이 높고 원대하다. 그러나 복덕궁의 칠살은 자신의 이상이 지나치게 높고 자존심이 강하여 인간관계에서 인연이 적막하다. 만약 칠살이 함지에 거하면서 살성이 개입하면 갈등이 많고, 성정이 오히려 소극적이며 기복이 있는 성격이다. 또한 고독하고 독단적인 성향으로 변한다.

칠살이 복덕궁에서 살기형성을 보면 혼인에 불리하다. 여명은 더욱 그러한데, 대한복덕궁의 정황이 이러해도 연애좌절이나 혼인에 장애가 발생한다.

복덕궁의 칠살이 살기형성이 중하면 성정이 다급하고 민감해지는데, 일을 결정할 때 생각이 짧아 경솔하고 성급하게 결정한다. 또한 살성으로 인하여 노심초사하며 불안정한 경향이 있다. 록존이 거하면 신중하고 안정적인 성향을 보인다.

복덕궁의 칠살은 사적인 이익에 편중되는 성향이 있는데, 하여 개인주의적인 성향을 보인다. 칠살이 염정화기를 보면 감정좌절이 있다. 살성이 가하면 더욱 그러하다.

(12) 칠살 부모궁

칠살이 부모궁이면 비교적 불리하다. 부모와 연이 없고 서로 세대차이가 나는 등 무정(無情)하기 쉽다. 주관이 있고 독단적인 칠살의 성향으로 인하여 부모의 교육관이나 언행이 엄격하고 권위적이다. 이러한 성향으로 인하여 부모에게 부담을 가질 수 있다. 록성과 보좌길성이 동회하면 부모가 명리(名利)를 얻는다. 그리고 사회생활을 하면서 윗사람의 지원과 관심을 많이 받고 유능한 사람과 연이 많다. 이 경우 부모와의 인연도 비교적 평이하다.

부모궁의 칠살이 살성을 보면 부모와 연이 고극하게 된다. 성향이 다르고 세대차이도 많은데 서로 타협과 이해심이 부족하다. 만약 살기형성에 질병성계까지 중하면 부모의 건강이 문제가 된다.

자미·칠살이 부모궁이면서 길성이 동조하면 부모가 권귀를 누린다. 그러나 부모가 성격이 강하고 주관적이기 쉽다. 자미화권이면 역시 부모의 성정이 극히 강하다. 만약 살성이 중하면 불화하고 서로 형극한다.

자부살조합이 살성과 보좌단성이 동궁하면 두 부모와 인연이 있다. 천요가 거해도 마찬가지다. 칠살이 도화성계와 살성이 중하면 부모의 외도로 인하여 부모가 서로 이별하게 된다.

부모궁의 칠살이 길성을 보는 가운데 자신의 명궁으로 괴월이나 천덕·월덕을 보면 역시 부모를 비롯한 윗사람의 음덕을 입는다. 칠살이 살기형요성이 중하면 부모뿐만 아니라, 직장상사나 스승과의 인연도 불리하다.

14) 파군성

(1) 파군의 기본적인 성정

파군은 오행이 음수(陰水)이며 북두(北斗)의 제七星에 해당한다. 화기(化氣)는 모(耗)이며 주사(主事)는 손모(損耗)·변동·처자(妻子)이다. 파군성의 단면을 쉽게 알기 위해서는 한자(漢字)를 뜻을 알면 도움이 된다. 파군(破軍)은'깨뜨릴 파'에'군사 군'이다. 뭔가 파격적이고 강하며 주관적인 의미가 함축된 것 같지 않은가. 이것이 바로 파군이 가지고 있는 가장 큰 특성이다.

또한 파군의 의미를 제대로 이해하려면 화기(化氣)나 주사(主事)를 보면 도움이 된다. 먼저 손모(損耗)는'줄어 없어지다, 닳다, 소비되다'라는 뜻이 있다. 파군은 저돌적이고 개창력이 강하여 새로운 일이나 상황에 당황하지 않는다. 이러한 개창력으로 인하여 파군을 파구창신(破舊創新 : 옛것을 부수고 새로운 것을 창조한다)의 성으로 인식하였다. 옛것을 없애므로 耗의 의미와 상통한다고 하겠다. '변동'역시 파군이 가지고 있는 개혁적이고 변화적인 모습을 의미한다.

주사 중에서 처자(妻子)의 의미는 파군의 오행과 관련이 있다. 파군 오행은 음수(陰水)인데, 오행 중 水는 생육이나 출생과 관계가 있다. 그리고 출생이나 생육을 위해서는 처(妻)의 인연이 있어야 하므로 파군은 처자와 관계가 많은 성이다. 또한 음수(陰水)는 성(性)·성교·음란·정(精) 등의 뜻이 함축된 오행인데, 이러한 요소는 인간이 자칫 잘못하면 낭비(일종의 耗)하기 쉬우므로 파군은 손모의 분위기도 있는 것이다.

파군이 좌명하면 삶에 변화가 많고, 성정이 겉으로는 차분한듯하지만 내심 생각이 많고 빠르게 진행하기 때문에 서두르는 특징이 있다. 살성을 보면 더욱 그러하다.

파군이 입묘하면 충후(忠厚)하고 도량이 있으며 선량을 성품을 지녔다. 정직하고 솔직하며 언행이 무게가 있어 근엄하다. 그리고 구속을 싫어하고 영도력을 발휘한다. 낙함하거나 사살을 비롯한 천형·화기 등이 가하면 성정이 대범하고 적극적이긴 하지만, 너무 강렬하고 서두르거나 다급하여 문제가 된다. 또한 독단적으로 변하여 타인의 간섭을 싫어하고 고집과 자존심이 강하게 된다. 이러한 성향으로 인하여 고독하고 극하기 쉽다. 이렇게 살기형성이 중하면 자신이 살상(殺傷)을 입거나 남을 다치게 한다.

함지의 파군이 양타·화령·형요 등을 보면 적극적이고 다급하여 신중하지 못한 면이 있다. 여명은 내심 겁이 많고 소극적인 부분도 있어서 변화가 많다. 고결에 여명이 파군 좌명이면'역희역노(易喜易怒), 홀증홀애(忽憎忽愛)'라 하여 성격에 기복이 많고 일정하지 않다고 하였다. '파군일요성난명(破軍一曜性難明)'도 바로 이러한 뜻을 의미한다. 이 모두 사살에 형요를 보면 더욱 그러하다.

두수에서 파군성이 좌명하거나 身궁에 있으면 일생 한두 가지 요소는 꼭 문제가 있다. 예를 들어 富하면 貴하지 않거나, 貴하면 富가 따르지 않고, 혹 부귀가 있으면 배우자나 자식의 인연이 미약하고 또는 자신이 사고나 질병으로 늘 고생하기도 한다. 살성이 개입하면 이러한 정황은 더 불리하게 작용하게 된다.

파군성이 사살과 천형 등을 보면 성정이 솔직하고 담대하다. 반면 과감하고 급하여 행동이 권위적이고 말을 더듬기도 한다. 또한 살기(殺氣)가 강하여 남과 다투거나 관재구설에 연루되는데, 말보다 행동이 앞서기도 하므로 수양이 필요하다.

파군이 살기형성이 중하면 종교나 수행 등 정신세계에 관심이 많다. 만약 괴월·창곡 등을 보면서 도화성계·화령 등이 가세하면 예술이나 문학 등의 방면에서 발달한다.

파군이 양타를 보면 재화(災禍)를 입는다. 주로 질병이나 사고를 유의해야 하고, 기호가 불량하여 문제가 되기도 한다.

파군은 기본적으로 소신과 주관이 뚜렷한 성이다. 만약 보좌길성과 록성 등이 동조하면 명리를 얻지만, 살성이 중하면 개성과 기질이 강하여 고극하게 되는 것이다.

파군은 록성을 가장 좋아한다. 만약 록존이나 화록을 파군의 개창력과 추진력은 더욱 발휘되어 재적으로 부유하게 된다.

파군화권이 되면 사람이 권위와 기백이 있다. 만약 보좌길성의 지원을 받으면 학문이 높고 권귀를 누린다. 파군이 길격을 이루면 주로 군경·법조계·의사·등에 적합하다. 아니면 기업의 대표가 되거나 사업가로서 성공하기도 한다. 록성과 길성을 보면서 천형을 비롯한 한두 개의 살성을 봐도 역시 이와 같은 업종에서 발달한다. 살성과 천형 등을 보면 혹 운동과 관계된 직종에서 발달하기도 한다. 파군이 원래 파괴력과 행동력이 강한 성이기 때문이다.

파군은 문창·문곡을 가장 싫어한다. 이는 성의 속성상 서로 간에 기질이 맞지 않기 때문이다. 창곡은 문성(文星)이라 보수적이고 안정되고 신중한 반면, 파군은 깨고 부수고 동적인 의미가 강하므로 문성과 만나는 것을 싫어하는 것이다. 구결에 이르길, '중수조동(衆水朝東 : 많은 물이 동쪽으로 휩쓸리듯 생에 파동이 많다는 뜻. 파군과 창곡이 寅卯궁에서 만나면 해당됨. 창곡이 화기가 되면 더욱 흉),'수중작총(水中作塚 : 물속에서 묘를 만드는 것처럼 인생이 어렵고 힘들다는 뜻. 파군이 亥子丑궁에서 문곡화기와 만날 때를 말함)'등의 구결이 있는데, 이러한 불리함은 모두 창곡과 동궁하면서 발생한다. 물론 창곡이 화기를 맞거나 살성의 간섭이 있어야 비로소 흉격이 된다. 또 파군이 창곡과 동궁하면서 창곡이 화기가 되면'일생빈사(一生貧士)'에 '형극다노(刑剋多勞)'한다고 하였다. 이러한 가결들은 모두 파군과 창곡이 서로 상통하기 어렵다는 뜻을 담고 있다. 파군이 함지면 더 불리하다. 그러나 창곡이 동궁하지 않고 대궁이나 재관궁에서 회조하면 대체로 길하다. 특히 창곡이 화과가 되면서 동회하면 더욱 길하다.

파군이 수역(水域 : 해자축궁을 말함)에서 문곡을 만나고 살성과 화기가 개입하면 신체장애가 되거나 고향을 등진다. 때론 정신적인 충격을 입거나 음귀(陰鬼)의 침입을 유의해야 한다.

파군은 겸(兼)·쌍(雙) 등의 의미가 있다. 파군이 창조력과 모험심·상상력·추진력 등이 강한 성이기 때문에 이렇게 복수(複數)적인 뜻도 있는 것이다. 가령 부모궁에 파군이면 두 보모와 인연이 있으며, 부처궁이 파군이면 이성이나 배우자가 두 사람이고, 재백궁이 파군이면 여러 곳에 투자하든지 아니면 수입원이 두 곳 이상이고, 관록궁에 파군이면 두 가지 이상의 직업과 연관이 있다고 본다. 파군화록이면 이러한 정황은 더욱 징험하다.

파군이 좌명하면 삶의 변화도 많지만 취미나 기호도 다양하고, 직업적으로도 두 가지 이상의 직종에 종사하는 사람이 많다. 파군화록과 살기형성이 동회하면 인생의 변화는 더욱 많고, 살성이 중하면 파란 많은 삶을 산다.

명궁이나 身궁이 파군화록이면서 살성이 가하면 남녀 모두 용모에 신경을 쓰는데, 주로 성형을 많이 한다.

❁ 파군 子·午궁(파군 독좌, 대궁 염정·천상)

자오궁의 파군은 독좌하고 대궁으로 염정·천상을 본다. 자오궁 파군은 입묘한다. 하여 파군이 가지고 있는 장점을 발휘하기에 가장 좋다. 추진력과 개창력이 강하고 언행에 권위가 있으며 사고방식이 원대하다. 군자풍인 반면, 주관이 뚜렷하고 경쟁심도 강하다. 도량이 넓고 기백이 있다. 작은 것에 구애받지 않고 베풀며 살아간다.

자오궁의 파군이 정황이 길하면 '영성입묘격(英星入廟格)'의 길격을 이룬다. 고대에는 변방에서 적을 물리치고 군대에서 공을 세우는 격으로 보았다. 현대에는 군경·법조계·정계·사업 등으로 명예나 富를 이루는 조합으로 본다. 대궁의 염상조합이 록성과 동궁해도 길하다. 그러나 대궁의 염정이 화기를 맞거나 거문화기로 인하여 형기협인(刑忌夾印)이 되면 패국이 되기 쉽다.

자오궁의 파군이 경양·화성·천형 등이 동궁하면 성정이 소탈하고 시원한데, 대신 기질이 강하고 독단독행하며 자존심과 고집이 세다. 강렬하고 다급한 성미로 인하여 관재구설을 유의해야 한다. 자오궁의 파군이 타라·영성 등과 동궁하면 사람이 고집과 성격이 강하지만 경양·화성에 비하여 신중하고 무겁다. 그러나 한 번 화가 나면 살기를 품는다.

자오궁 파군이 록존과 동궁하면 사람이 소탈한듯하지만 내심 신중하고 정서적으로 보수적인 경향이 있다.

자오궁의 파군은 창곡을 싫어한다. 특히 자궁의 파군은 문곡과 동궁하는 것을 가장 꺼린다. 문곡화기면 더 흉한데, 구설·손재·사고·질병·고독 등 삶에 좌절과 풍파가 많다.

자오궁의 파군이 보좌길성과 록성이 동회하면 사람이 보수적이고 신중하다. 이 경우 능히영성입묘격이 되어 권귀를 누리는데, 과문제성이 중심이면 학문을 이루고 명예가 높으며 록성을 보면 富를 이룬다. 만약 사살이나 천형 등 한두 개의 살성을 보면 군경·사법·의료·정계·운동 방면에서 명리(名利)를 이룬다.

자오궁의 파군은 문예방면에 특별한 재주나 홍미가 있는데, 만약 육길성과 화령·도화제성 등이 동회하면 문화·예술방면에서 발달한다.

❂ 파군 丑·未궁(자미·파군 동궁, 대궁 천사)

축미궁의 파군은 자미와 동궁하여 자파상 조합을 이룬다. 앞에서 논한 파군의 기본성정과 자미편 중 자미·파군 동궁 부분을 참고하라.

❂ 파군 寅·申궁(파군 독좌, 대궁 무곡·천상 동궁)

인신궁의 파군은 함지에 해당하여 파군의 단점이 노출되기 쉬운 궁이다. 하여 고인도 인신궁의 파군을 전반적으로 불리하게 보았다. 기본성정에서 설명한 대로 인신궁의 파군은 인생에 있어서 한두 가지 요소는 꼭 불행하기 쉬운데, 가령 富하면 貴를 누리기 어렵고, 貴하면 富를 얻기 어렵고, 혹 부귀를 얻으면 배우자나 자식의 인연이 없어 고극하게 된다. 살성을 보면 자신의 질병이 문제된다. 정황이 비록 좋다고 해도 이러한 장애와 파동은 면하기 어렵다.

인신궁의 파군은 성정은 강하고 자존심과 주관이 있으며 정직하다. 생각이 민첩하고 서두르지만 겉으로는 신중한 면을 보인다. 심지가 선량하고 타인을 돕는다. 길성을 보면 사람이 호인이다. 그러나 육살을 비롯한 형요성을 보면 성격이 기복이 심하고 예민하다. 또한 다급하여 서두르다 늘 곤란을 당한다. 자존심과 주관도 강하여 독단독행하며 예속되거나 지배받기를 싫어한다. 이렇게 살기형성이 중하면 안하무인이 되고 배타적으로 변하여 다른 사람과 부딪히기 쉽다.

인신궁의 파군이 소신 있고 강한 성이지만, 겉으로는 배려 형에 남과 잘 어울리고 소탈하면서 시원한 면도 있다. 그러나 속으론 늘 생각이 많고 계책(計策)을 가지고 있다. 공망성과 천형·사살 등 살성이 중하면, 고극하는 속성으로 인하여 일생 고독하거나 육친의 연이 없다.

여명이 살성을 많이 보면 겁이 많고 소심해지기 쉽다. 그리고 성격이 예민하고 감정의 기복도 심하여 늘 불안하다. 고결에 성난명(性難明)이라 하였는데, 바로 여명 파군이 인신궁에서 좌명하면 그렇다는 뜻이다. 살성과 도화성을 보면 예민하지만 사람이 시원하고 솔직하며 감정이 풍부하다. 그리고 주변사람의 환대를 받는데 이성의 유혹도 많다. 문제는 도화제성이 중하면 남녀 모두 외도하기 쉽다. 고결에 이르길 '남다랑탕여다음(男多浪蕩女多淫)'이라 하였다.

인신궁의 파군이 살성이 중하면, 재적으로도 횡발횡파(橫發橫破)한다. 파군이 살성을 보면 서두르고 이성적이지 못하여 순간 감정적으로 판단하기 때문이다.

인신궁의 파군은 자오궁의 파군에 비하여 문예적인 소질과 취향이 있다. 육길성과 도화제성을 보면 기예가 있는데, 말이나 글로서 표현을 잘하여 문학이나 예술방면에서 발달하기도 한다. 육길성에 과문제성을 보면 학문이 높다. 주로 학자·연구자·의료계·법조계 등에서 발달한다. 사살과 천형 등을 보면 군경 등과 관계된다. 정치적인 성향을 띠기도 한다. 한두 개의 도화성계를 보면 문예방면에서 길하다. 화록이나 록존이 동도하면 금융·증권 등 재경계열에 길한데, 주로 개인 사업을 하기도 한다.

❁ 파군 卯·酉궁(염정·파군 동궁, 대궁 천상)

묘유궁의 파군은 염정과 동궁하며 대궁으로 천상이 대조한다. 앞에서 논한 파군의 기본성정과 염정편 중 염정·파군 동궁 부분을 참고하라.

❁ 파군 辰·戌궁(파군독좌, 대궁 자미·천상 동궁)

진술궁의 파군은 독좌하며 대궁으로 자미 천상이 동궁하여 자파상 조합을 이룬다. 진술궁은 파군이 천라지망에 거하게 되므로 반드시 고생을 수반한 이후 이루게 된다. 개창력과 독립심·주관이 뚜렷한 파군이 천라지망에 갇히면 파군의 장점을 발휘하기 어려워 기본적으로 파동을 겪는 것이다. 그러나 천라지망의 구속성으로 인하여 사람이 규율을 지키고 책임감이 강하다. 또한 문예를 즐기고 창의성이 강하다.

화록과 보좌길성·사화길성이 회집하면 학문이 높고 연구심이 강하여 문무(文武) 모두 이롭다. 이 경우 법조계·의사·고위공직·교육자·외교관 등 주로 힘과 권위가 있는 직종에서 발달한다.

진술궁의 파군은 성정이 시원하고 소탈한데, 반면 자존심이 강하고 자기중심이 있으며 흑백이 뚜렷한 성격이다. 눈빛이 예리한듯하면서 강한 편이고, 말투나 행동이 조심스러우면서도 어딘지 모르게 힘과 권위를 느끼게 한다. 파군은 겉으로는 원활하지만 안으로는 주관적이고 자존심을 잃지 않는다.

파군은 양타·화령·천형 등을 싫어한다. 만약 육살에 형요 등이 중하면 성정이 독단적이고 다급하며 지기 싫어하고 지배력이 강하여 남위에 군림하려 한다. 양타·화령·천형 등을 보면 배타적이고 반발심이 강한 성격으로도 나타난다. 이렇게 되면 육친의 인연도 없으며 도움을 받기 어렵다. 또한 다급하고 강렬한 성격으로 인하여 주변사람과 소원(疏遠)해지거나 원한을 사기도 한다. 그리고 일생 사고와 질병이 따른다. 진술궁의 파군이 이렇게 살기형성이 중하면, 말보다 주먹으로 해결하려 하고 세상과 타협을 못하므로 혼자 고독하게 되기도 한다. 이 조합이 공망성계를 비롯한 살성이 간섭하면 종교나 명상·기공·철학·한의학 등 정신세계에 관심이 많은 조합이기도 하다. 진술궁의 파군이 살을 보면 품은 뜻이 높지만 빨리 도달하지 못하여 회재불우(悔才不遇 : 재주는 있어도 때를 만나지 못함)하게 된다.

진술궁의 파군이 창곡과 동궁하는 가운데 기타 제길성의 도움이 없으면 학문과 기예는 있지만 일생 빈한(貧寒)하다. 화령을 보면서 보좌길성과 권과 등이 있으면 비록 파동은 있지만 명예가 높다. 화록과 살성·창곡 등이 같이 동회하면 전문기술이 대단하고, 예술적인 소질을 발휘하기도 한다.

파군은 화록을 좋아한다. 록존이 회조해도 길하다. 이 경우 보좌길성을 보면 재적으로 富를 누린다. 그러나 살성과 도화제성이 같이 회조하면 지나친 욕심으로 타인의 원망과 질타를 받는다.

진술궁의 파군이 길성과 화권을 보면 군경·사법·정계 등에서 발달한다. 이때 한두 개의 살성은 가하지만 살성이 중하면 파동이 많다. 과문제성과 보좌길성을 보면 공교육직·언론·대기업·의료·법조계 등에서 발달하게 된다.

⊛ 파군 巳·亥궁(무곡·파군 동궁, 대궁 천상)

사해궁의 파군은 무곡과 동궁하고 천상이 대조한다. 앞에서 논한 파군의 기본성정과 무곡 편중 무곡·파군 동궁 부분을 참고하라.

(2) 파군 형제궁

파군이 형제궁이면, 일반적으로 불리하다. 형제간에 분거하거나 사이가 좋지 않아 불화하기 쉽다. 특히 자파상 조합과 함지의 파군은 더욱 그러하다. 만약 살기형성이 가하면 형제의 삶이 불안정하고 파동이 많다. 또한 형제와 고독하거나 서로 극한다. 이러한 정황이라면 친구나 가까운 지인과도 반목하고 갈등이 많다. 그리고 살기형성이 중하면 형제나 친구, 지인 등이 구속을 싫어하고 성정이 강강하여 독단독행한다. 자신의 위에 군림하려는 경향도 있다. 물론 다른 사람과 합작이나 거래관계도 여의치 않으므로 주의해야 한다. 만약 대한의 정황이 이러해도 당 대한에서는 문제가 되므로 주의해야 한다.

파군이 입묘하면 형제간에 비록 유정함은 없지만 형제나 친구가 명리(名利)를 얻는다. 보좌길성과 사화길성 등을 보면 형제가 성공하며 사이도 원만하다.

파군이 화록이나 록존과 동궁하고 길성이 동회하면 형제가 재리(財利)가 많다. 그런데 파군이 록성을 보면 자신이 장남이나 장녀의 역할을 하는 경우가 많다.

파군이 형제궁이면 큰 특징이 하나 있는데, 장남이나 장녀에게 반드시 불리한 일이 발생할 가능성이 높다. 주로 형제의 건강이나 혼사문제, 형제의 자녀문제, 재물의 여의치 않은 것 등이다. 그리고 파군 형제궁은 형제와 연령차이가 많이 나기도 한다. 많은 경우 12년 이상이 된다.

(3) 파군 부처궁

부처궁의 파군은 좋은 성이 아니다. 설사 화록이나 길성이 동회할지라도 혼전에 파절을 경험하고 혼후에도 서로 고독 분리되기 쉽다. 하여 파군이 부처궁이면 남녀 모두 일찍 혼인함을 꺼린다. 살성이 가하면 더욱 그러하다. 그러나 대한의 진행과정이 대한부처궁이나 대한명궁의 색채가 고독격이나 외도격이 아니라면 일찍 결혼하는 것이 꼭 불리한 것은 아니다.

파군이 부처궁이면 대개 배우자가 속박을 싫어한다. 그리고 배우자가 자존심과 주관이 강하기 때문에 상대를 부리려고 하는 경향이 있다. 자신도 배우자를 지배하려고 한다. 특히 남명일 경우 처가 남편을 탈부권(奪夫權)한다. 살성을 보면 배우자의 성정이 더 강하여 문제가 된다.

자오궁의 파군은 유정하지는 못하지만 비교적 무난한데, 보좌길성과 록성을 보면 배우자가 부귀를 얻는다. 남명일 경우 처가 비록 고강하지만 처의 조력이 있고 사회적으로 부귀를 얻는다.

인신궁의 파군은 혼전에 파절을 경험하고 유부남과 연애할 수 있다. 남명일 경우 처의 내조가 있고 비교적 현처(賢妻)인데 살성이 가하면 파동이 많다.

파군에 양타·화령·천형을 보면 혼전에도 좌절하지만 혼후에도 불화하여 이혼할 확률이 높다. 아니면 서로 분가하거나 고독하게 된다. 양타·화령의 협을 받아도 역시 이러하다.

파군이 화록이면 배우자가 활동적이고 집에 있는 것을 싫어한다. 특히 남명이 부처궁이 파군화록이면 처가 구속을 싫어하고 직장이나 사회활동이 강한 편이다. 이 경우 배우자의 능력을 발휘할 수 있도록 분위기를 만들어 주는 것이 혼인생활을 원만하게 할 수 있는 비결이다. 그러나 살성이나 도화성이 있으면 처가 외도하거나 자신이 외도하게 된다. 만약 록존이 동궁하면 주로 배우자가 인색하거나 이기적이다.

파군이 부처궁이면 배우자와 연령차이가 많다. 그리고 현실적으로도 연령차이가 많이 나는 것이 좋다. 여명은 반드시 남편의 나이가 아주 많아야 합격이다. 6~8살 이상인 경우가 허다하다. 그런데 남명의 경우 주로 처가 연상인 경우가 많다. 특히 자미·파군이나 염정·파군조합이 그러한데, 천수나 괴월을 보면 더 징험하다.

(4) 파군 자녀궁

파군이 자녀궁이면 주로 자녀에게 불리하다. 특히 장남에게 불리하다. 하여 먼저 딸을 얻는 것이 좋다. 만약 첫째가 아들이면 여러모로 불리한데, 사고나 질병을 겪거나 삶에 파동이 많다. 게다가 살성과 화기성이 동회하면 신체에 결함이 있다. 말을 더듬거나 달을 채우지 못하고 출산하기도 한다. 유산이나 낙태도 있게 된다.

자녀궁의 파군은 자녀와 세대차이가 있고 서로 무정하기 쉽다. 파군 자녀궁은 자녀가 활동력이 강하고 속박을 싫어하며 변화 있는 생활을 좋아한다. 하여 한 곳에 머물러 있기를 싫어한다. 파군 자녀궁은 자녀가 독립심과 추진력은 있지만, 자기 멋대로 하기 쉬운데 살성을 보면 부모의 간섭을 싫어하고 서로 고극하게 된다.

파군이 보좌단성과 도화성이 동회하면 첩이나 후처로부터 자녀를 얻기도 한다. 파군화록이 창곡·도화제성이 동도해도 첩이나 후처로부터 자식을 얻는다. 창곡과 도화제성이 동도하면 데릴사위를 들인다.

파군이 사살을 비롯한 천형·화기 등이 중하면 자녀의 신체결함도 문제지만, 자녀와 불화하고 서로 형극하는데, 자식이 있어도 의지하기 어렵다. 제자나 아랫사람도 이와 같은 방법으로 추단한다.

파군이 록성을 얻고 보좌길성이 동도하면 자녀가 자수성가하여 명리(名利)를 얻는데, 만약 괴월이 동궁하거나 협하면 부자간에 유정하다. 또한 우수한 제자를 배출하기도 한다.

자오궁의 파군이 길성을 보면 자녀수가 3인 또는 그 이상이다. 인신궁과 진술궁은 자녀수가 많지 않다. 살을 보면 더욱 그러하다.

(5) 파군 재백궁

파군이 재백궁이면 이재(理財)에 밝지 못하다. 만약 살성이 가하면 쉽게 벌고 쉽게 나간다. 그리고 투자를 비롯한 재물의 운용이 너무 적극적이고 다급하여 실수한다.

재백궁의 파군은 재물에 대한 투자나 재물의 운용이 독단적인데, 타인의 간섭없이 스스로 기회를 창조하거나 투자한다.

파군 재백궁은 여러 곳에서 재원(財源)이 발생한다. 그리고 여러 번 갱신(更新)이 있은 후 재물을 득한다. 특히 파군화록이나 길성을 보면 그러한데, 직장이나 사업을 하면서 주식·부동산 등에 투자를 한다거나, 또는 사업도 두 가지 이상 겸하게 된다. 직업의 변화가 많기도 하다.

파군이 화령을 보면서 록성과 동도하면 대재(大財)를 얻는데 주로 횡발한다. 그리고 겸업·겸직하기도 한다.

파군이 살기형성이 중하면, 재래재거(財來財去)가 많고 재물을 유지하기 어렵다. 만약 대한의 정황이 이러하면 당 대한은 투기나 사업은 막대한 지장을 초래하여 파산하기 쉽다. 그리고 재물로 인하여 시비관재를 겪기도 한다. 만약 형노선이 불리하면 형제나 주변사람에게 속거나 배신당하고 재물적으로 손해보게 된다.

파군이 재백궁이면 주로 선파후흥(先破後興)한다. 만약 보좌길성을 보면 재원이 순조롭다. 그러나 살성을 보면 파동이 많은데, 겉은 화려하지만 실속이 없다.

파군은 창곡을 싫어한다. 게다가 창곡이 화기가 되거나 살성이 가하면 남에게 속거나 손해보고 사업이나 투자는 파재한다.

자오궁의 파군은 가장 길하다. 파군화록이나 록존 등 록성과 보좌길성이 동도하면 재물이 순조롭고 홍발한다. 대궁의 염정이 화록이면 파군은 화권이 되는데, 이러한 조건도 길하여 재부(財富)를 얻는다. 그러나 살기형성이 중하면 자오궁의 파군도 횡발횡파(橫發橫破)하고 손해가 극심하다. 그리고 먼저 파한 후에 개창하여 안정을 얻기도 한다.

인신궁의 파군은 기본적으로 불리한 조합인데, 사업을 지키기 어렵고 투자나 계약 등에 손해가 따르기 쉽다. 보좌길성과 록성을 본 연후에야 비로소 재원이 길하다. 대궁의 천상이 재음협인(財蔭夾印)이 되고 길성을 만나도 길하다.

진술궁의 파군은 천라지망이라 한차례 풍파를 겪은 후 재원이 따른다. 역시 록성과 보좌길성을 보면 명예와 권위를 얻고 재물이 홍하다. 하지만 육살을 비롯한 형요·화기 등이 가하면 재물 때문에 시비구설을 면하기 어렵고 결국 파재한다.

(6) 파군 질액궁

파군이 질액궁이면 유년(幼年)에 농혈(膿血)의 재(災)가 있다. 그리고 수족을 다치거나 한다. 살성이 가하면 허약하고 부상을 자주 입는다. 경양은 주로 다치거나 수술하고, 타라는 치아에 질환이 있다. 화령과 만나면 갑자기 사고를 당하여 부상을 입는다. 또한 열을 동반한 질병이나 유형성 질병 등에 유의해야 한다. 과거에는 천연두나 마마 등에 쉽다.

파군은 음수(陰水)에 해당하므로 주로 생식기능과 관련한 질환이 있다. 요통(腰痛)·다뇨(多尿)·조루(早漏)·유정(遺精 : 성교 없이 정액을 방출하는 것)·생리불순·월경통·대하증(帶下症) 등 부인과질환에 걸리기 쉽다.

무곡과 동궁하면서 질병성계나 살성을 보면 치과수술을 받거나 눈병이 생긴다. 무곡화기가 되면 생식기관이 문제가 되는데 중하면 암을 일으킨다. 자파가 동궁하면 복통이나 설사를 유의해야 한다.

(7) 파군 천이궁

파군이 천이궁이면 고인들은 좋지 않게 보았다. 바쁘기만 하고 정작 실속이 없으며 무력하다고 하였다. 그러나 파군이 입묘하고 정황이 길하면 현대사회에서는 오히려 유리하게 볼 수 있다. 기본적으로 사회활동이 왕성하고 행동력과 돌파력이 있으며 동적이다.

화록이나 록성을 보면서 길성이 아우르면 사업이나 장사로 성공한다. 무역업·여행업·운수업·해운업·해외나 지방영업 등 외국과 관계된 직업군과 인연이 많다.

파군화권이면서 정황이 길하면 출문하여 권귀(權貴)를 얻는데, 주변사람을 통솔하고 영도력을 발휘한다. 그러나 살성이 동회하면 전문기능이나 공예·수예(手藝) 등에서 발달한다.

파군이 화과와 동궁하거나 과문제성을 보면 지방이나 외국으로 유학하는 것이 바람직하다. 그리고 해외에서 명예를 높이고 성과를 얻는다.

파군이 육살을 비롯한 형요성 등이 중하면 밖에서 시비구설에 연루되고 좋은 인연을 얻지 못하며 파재와 사고·질병이 따른다. 그리고 이사나 사무실 등을 잘못 이동하여 재화(災禍)가 많이 따르므로 이사할 때 주의해야 한다.

천이궁의 파군이 염정화기·문창이나 문곡화기·천상과 동궁하면서 형기협인(刑忌夾印) 등이 되면 역시 불리한데, 관재구설·손재·좌절·사고·질병 등의 재화가 다르게 된다.

(8) 파군 노복궁

파군이 노복궁이면 주로 불리하게 본다. 고인이 이르길 '노복궁의 파군은 서로 원망하고 훼방하며 도망간다'라고 하였다. 물론 이러한 상황이 되기 위해서는 파군이 함약하거나 살기형성을 본 경우이다. 그러한 파군은 비록 상황이 좋다고 해도 아랫사람이 반발하거나 벗어나고 변화가 많아 불안하다.

노복궁의 파군은 친구나 지인과 동업이나 공동투자는 좋지 않다. 반드시 보좌길성과 록성을 본 연후에야 서로 합작하는 것이 길하다.

노복궁의 파군이 보좌길성을 보면 이로운 친구가 있거나 아랫사람의 도움을 얻을 수 있다. 과문제성이 동회하면 친구나 아랫사람이 총명한데, 학문과 관련된 사람과 인연이 많다.

노복궁의 파군이 살기형성이 중중하면 친구나 아랫사람으로 인하여 반드시 화를 당하게 된다. 주로 시기하고 원망하며 반목 갈등이 많다. 은혜를 베풀어도 원망하고 아랫사람으로부터 침탈당하고 속기도 한다. 재적으로 손해를 보기도 하는데, 결국에는 서로 극하게 된다. 물론 노복궁에 해당하는 당사자도 생에 파동이 많게 된다. 함지의 파군은 더욱 흉험하다.

(9) 파군 관록궁

파군이 관록궁이면 입묘여부를 막론하고 사업이나 직업적으로 우여곡절이 많다. 고인도 파군 관록궁을 좋지 않게 평가하였다. 그러나 파군이 록권과를 만나고 길성이 회합하면 무직(武職)에서 발달한다. 화록이나 록존이 동궁하면 사업이나 장사로 성공한다. 파군화록은 겸업(兼業)·겸직(兼職)을 할 수 있다. 그러나 파군 관록궁은 일반적으로 사업은 불리하므로 대한의 길흉을 본 연후에 최종 판단을 해야 할 것이다. 만약 창곡과 화과 등 과문제성이 동궁하면 연구직·교육직·대기업 등에서 길하다. 이 모두 파군이 입묘하면 더 길하게 판단한다.

파군이 길성이 없으면서 살성이 가하면 공업이나 기술로 가는데, 이 경우 사업이나 정치 등에 종사하면 일생 이루지 못하고 허무하다. 혹 명리(名利)를 얻었다고 해도 오래가지 못한다.

파군이 양타를 보면 직업적으로 한가하지 못하고 불안하며 파동이 심하다. 고인이 이르길 '파군이 관록궁에서 양타를 보면 도처에서 구걸(求乞)한다'라고 하였다. 고로 불안전한 사업이나 직업은 더 문제가 되기 쉬우므로 안정적인 직업이 길하다.

화령을 만나면 직업적으로 불안정하고 파동이 심하다. 직장을 자주 옮기는 경우도 있다. 함지의 파군은 더 흉하다.

파군이 천요와 도화제성과 동궁하면 윤리적이지 못하거나 부정한 수단으로 돈을 벌기도 한다.

파군이 화기와 동궁해도 역시 직업적으로 풍파가 많다. 특히 문곡화기를 보면 직장에서 구설이 따르고 손해보게 된다. 또한 직업적으로 불안정하고 간교한 수단으로 재물을 얻기도 한다.

(10) 파군 전택궁

파군이 전택궁에서 입묘하고 정황이 길하면, 부동산으로 인한 이익이 발생하고 자신이 거주하는 집이나 사무실·공장 등의 환경이 좋다. 또한 조업(祖業)을 잇거나 부동산 등의 유산을 받을 수 있다. 록성이 비치면 부동산이 많거나 부동산으로 인하여 발재한다.

파군이 사살을 보면 부동산 때문에 파동이 많은데, 주로 부동산으로 인하여 손해가 발생하거나 부동산 때문에 시비구설이 있다. 전택(田宅)에 수재(水災)가 있기도 한다. 또한 직장에서도 시비구설에 연루되기도 하는데, 학생이라면 학교나 가정환경이 여의치 않아 고민하게 된다.

파군이 육살을 비롯한 살기형요성이 중중하면 주로 부동산 문제가 발생하는데, 부동산으로 인하여 손해보거나 관재구설이 있다. 직업적으로도 불리하다. 직장인이라면 구조조정이나 파면당하기도 한다. 사업가라면 손해보고 파산하기 쉽다. 집이나 사무실 등 이사를 해도 자신이 원하는 곳으로 가기 어렵다. 이렇게 파군이 살성이 중하면 부동산뿐만 아니라 직장과 가정 내에서 문제가 많이 발생하기도 한다. 그리고 부동산 매매나 거주환경이 여의치 않아 고민하기도 한다. 함지의 파군은 주택이 오래 되었거나 파손된 곳이 많다. 살을 보면 더욱 그러하다.

(11) 파군 복덕궁

파군이 복덕궁이면 고민이 많다. 모든 일에 대하여 불안하거나 부족함을 느끼기 쉽다. 입묘하면 결단력이 있고 범사를 자신이 직접 해결하려고 하기 때문에 스스로 고생을 초래한다. 낙함하면 고집이 강한대신 결단력은 약하여 망설임이 있다.

복덕궁의 파군은 성격이 민감하고 자존심이 강한데, 만약 살성을 보면 성격이 욱하고 강렬하게 표현하기도 한다.

화령을 보면 내심 초조하고 다급하며 불안하다. 또한 예민하고 강한 성격으로 된다. 양타와 동궁하면 민감하며 후회와 원망이 많다. 공겁을 보면 공허함을 느끼고 공상이 많으며 실천력이 약하다.

파군이 살기형성이 중중하면 고집과 자존심이 강하고 다급하다. 전반적으로 정서적인 불만감이 있고 예민하게 된다. 때로는 완벽하여 결백증의 성향을 보이기도 하며 다혈질적이고 괴팍한 성격으로 나타나기도 한다. 살성이 중한 가운데 身궁과 동궁하거나 대조하면 자해(自害)를 하거나 중하면 자살하려는 심리도 있다.

(12) 파군 부모궁

부모궁의 파군은 일반적으로 불리하게 본다. 대체로 칠살과 유사한 경향이 있다. 파군이 약간만 살성이 동도해도 서로 소원(疏遠)하고 떨어져 살거나 한다. 파군이 입묘하는 가운데 길성이 동회하면 부모가 권귀를 누리고 서로 극하지 않는다. 그러나 부모를 일찍 떠나 자립함이 좋다. 파군화록에 보좌길성이 동도하면 부모와 유정(有情)함이 있다.

파군 부모궁은 부모와 헤어져 있는 경우가 많은데, 주로 부모의 직업이나 학업적인 이유로 떨어져 사는 경우가 많다.

파군은 양타를 가장 싫어한다. 부자간에 불화하거나 윗사람과의 관계도 여의치 않다. 살기형성이 중하면 부모가 이혼하거나 부모를 일찍 여의는 등 인연이 없을 뿐만 아니라, 유년(幼年)에 좋지 않은 부모의 영향을 받아 성장에 애로가 있기도 하다. 그리고 기본적으로 부모와 마찰이 많기 때문에 일찍 부모를 떠나서 자립하는 것이 좋다. 사회적으로 보면 선배나 상사(上司) 등 윗사람의 관계도 좋지 않다. 윗사람의 지원이나 추천을 받기 어렵다. 파군이 도화제성을 보면 두 어머니와 연이 있는데, 주로 부친이 외도한다.

2. 육길성과 록존·천마

육길성은 천괴·천월, 좌보·우필, 문창·문곡을 말한다. 두수에서 주로 길작용을 하는 성계들이다. 록존·천마는 육길성은 아니지만 좌성(佐星)의 성격이 있고, 또 그 작용력이 주로 길 작용을 하므로 육길성에 포함하여 논하기로 한다.

육길성은 크게 보성(輔星)과 좌성(佐星)으로 나누는데, 이를 흔히 보좌길성이라고 한다. 보성은 천괴·천월, 좌보·우필을 말하며 주로 자신의 노력보다 타인의 원조나 음덕을 입는 성들을 말한다.

좌성은 문창·문곡과 록존·천마를 말한다. 좌성은 타인의 지원보다 자신의 의지나 노력으로 성장하는 성이다. 보성이 타력(他力)에 의한 도움이라면 좌성은 자력(自力)에 의한 결실이라고 보면 되겠다.

1) 천괴·천월

천괴(天魁)·천월(天鉞)은 자신이 生한 年干으로 배치하는 성이다. 두수에서는 귀인성이다. 괴월을 장배귀인(長輩貴人 : 윗사람의 도움을 받음)이라 한다. 하여 괴월은 부모나 선배·스승·상사 등 주로 윗사람으로부터 지원이나 조력을 얻는 성이다. 괴월이 가지고 있는 간단한 특성을 몇 가지 요약하면 다음과 같다.

- 천괴 : 陽火, 天乙貴人, 才名, 직접조력, 총명, 求名, 총애, 발탁, 富貴
- 천월 : 陰火, 玉堂貴人, 才名, 간접조력, 총명, 求名, 총애, 발탁, 富貴

위에서 비교한 바와 같이, 괴월은 주로 타인으로 부터의 음덕을 입는데, 사람이 총명하고 단정하며 구명(求名)이나 구재(求財)에 유리한 성이다. 타인으로부터 신망과 총애를 받는 성이므로 추천되거나 발탁되기도 한다. 이런 요인으로 인하여 다른 사람에 비하여 기회를 많이 얻을 수 있다. 그리고 사회나 국가로 부터 제도적 이익을 얻기도 한다.

천괴는 陽의 귀인이라, 주변의 조력이 직접적이며 밖으로 드러나는 속성이 있고, 천월은 陰의 귀인이라 조력이 간접적이거나 보이지 않게 배후에서 지원하는 형식이다.

괴월은 기본적으로 귀인성이지만, 총명을 주하기도 하여 주로 과명(科名)한다. 육길성 중에서 문창·문곡도 총명하고 과명의 성인데, 창곡은 주로 학문이나 문장이 우수하고 색채가 우아한 반면, 괴월은 총명으로 인하여 발탁을 받거나 인관관계의 양호함으로 인한 음덕을 입는 점이 약간 다르다.

괴월이 명궁과 천이궁 등에 거하면 일생 어려움을 만날 때마다 반드시 주변사람의 도움을 얻게 된다. 기타 괴월의 특성에 대하여 부분적으로 구분지어 논하여 본다.

- 천괴는 주로 정도출신(正途出身)으로 보고, 천월은 이로공명(異路功名)에 가깝다.
- 괴월이 명궁에 들어가면 사람이 총명지혜가 있고, 정신과 상이 맑으며 다른 사람의 마음을 사로잡고 신망을 얻는다. 성정도 소박하며 단정하다.
- 천괴는 화성과 만나면 오히려 불리하다. 이유는 천괴는 陽火인데, 화성도 陽火이므로 양이 지나쳐 음양의 조화가 균형을 상실하기 때문이다. 상황이 이러하면 서두르기 쉽고 아니면 머뭇거리다가 기회를 잃는다. 성정도 결백하고 민감하여 감정의 기복이 있게 된다.
- 천월과 영성이 만나도 불리하다. 천월은 陰火에 해당하고, 영성 또한 陰火인 고로 두 성이 만나면 음이 극에 달하여 역시 문제가 된다. 성정도 우울하고 후회가 많으며 질병도 오랫동안 끌며 진행한다.
- 괴월이 명궁을 협하거나 부모궁에 거하면 주변사람의 조력을 입는다. 주로 윗사람의 조력이 있다.
- 괴월이 천이궁을 협하거나 거하면 사람관계가 좋고, 밖에서 귀인의 조력을 입는다.
- 관록궁에 괴월이면 승진이나 명예를 얻게 된다.
- 복덕궁에서 괴월을 보면 정신이 맑고 자상하며 학문연구에 알맞다.
- 전택궁에 괴월은 부동산으로 인한 득재를 하거나 사업이나 근무처에서 양호한 기회를 얻으며 발탁이나 승진이 된다.
- 괴월 중 하나가 명궁에 거하고 다른 하나가 회조하여도 길하다. 그중 괴월이 협

하는 궁이 기본적으로 길하고, 괴월 중 하나는 명궁에 하나는 천이궁에 있어도 길하다. 괴월이 삼방에서 회집해도 길하다.

- 좌귀향귀(坐貴向貴 : 丑未궁에 괴월이 마주하여 배치되는 것을 말함)가 되면 최고로 길한데, 축미궁이 명궁이면 더 길하다. 축미궁이 삼방사정 중의 한 궁이라도 그 궁은 길하게 본다.
- 괴월이 하나는 명궁에 있고, 다른 하나는 부처궁에 있으면 혼인에 불리하다. 주로 제3자의 개입이 있다.
- 괴월이 명궁과 身궁으로 나누어 있으면 길하다. 身궁이 삼방사정에 해당하면 더 길하다.

괴월 사례 1) 사법고시 합격사례

<table>
<tr>
<td>大破天天祿七紫
馬碎壽巫存殺微
廟 平旺
科
博亡病 5~14 36丁
士身符 【命宮】 建巳
【大福】</td>
<td>大天擎
昌廚羊
平
官將太 37戊
府星歲 【父母】 帶午
【大田】</td>
<td>天天
空鉞
旺
伏攀晦 38己
兵鞍氣 【福德】 浴未
【大官】</td>
<td>大大孤解地天
曲鉞辰神劫馬
廟旺
大歲喪 95~ 39庚
耗驛門 【田宅】 生申
【大奴】</td>
</tr>
<tr>
<td>大鳳寡紅年陀左天天
羊閣宿艷解羅輔梁機
廟廟 旺廟
忌
權祿
力月弔 15~24 35丙
士煞客 【兄弟】 旺辰
【大父】</td>
<td colspan="2" rowspan="2">坤命 : 1978年(戊午) 1月 ○日 ○時
命局 : 土5局, 沙中土
命主 : 武曲
身主 : 火星</td>
<td>紅天破廉
鸞刑軍貞
陷平
病息貫 85~94 40辛
符神索 【官祿】 養酉
【大遷】</td>
</tr>
<tr>
<td>大天天天天三台天
祿德喜官福台輔相
陷
青咸天 25~34 34乙
龍池德 【夫妻】 衰卯
【大命】</td>
<td>天龍天火右
傷池月星弼
廟廟
科
喜華官 75~84 41壬
神蓋符 【奴僕】 胎戌
【大疾】</td>
</tr>
<tr>
<td>大蜚陰地巨太
陀廉煞空門陽
陷 廟旺
小指白 35~44 33甲
耗背虎 【子女】 病寅
【大兄】</td>
<td>大天天文文貪武
耗姚魁昌曲狼曲
旺廟 廟廟廟
祿
將天龍 45~54 32乙
軍煞德 【財帛】 死丑
【大配】</td>
<td>大天天天旬截鈴太天
魁使哭虛空空星陰同
陷廟旺
權
忌
奏災歲 55~64 31甲
書煞破 【疾厄】 墓子
【大子】</td>
<td>月天八天恩封天
德才座貴光誥府
旺
飛劫小 65~74 42癸
廉煞耗 【身 遷移】 絶亥
【大財】</td>
</tr>
</table>

을묘대한(25세~34세) 중 27세(甲申)에 사법고시 시험에 최종 합격하였다. 명예사와 직업의 길흉여하를 보는 대한관록궁(未)에 천월 귀인성이 거하고, 대궁으로 천괴가 마주한다. 관록궁의 입장에서 보면 괴월이 좌귀향귀하니 각종 시험에 유리하다. 게다가 학문성계인 문창·문곡이 입묘하면서 관록궁으로 차성되니 당 대한 중에 합격을 하거나 발탁이 된다.

괴월 사례 2) 다단계 금융사기단에 투자함

<table>
<tr>
<td>大破天旬天封陀太
鉞碎使空廚誥羅陽
陷旺

官指白 74~83 56乙
府背虎 【疾厄】 生巳
【大田】</td>
<td>天紅三解火祿破
德鸞台神星存軍
廟旺廟

博咸天 84~93 57丙
士池德 【財帛】 浴午
【大官】</td>
<td>天寡紅擎文文天
才宿艷羊昌曲機
廟平旺陷
科

力月弔 94~ 58丁
士煞客 【子女】 帶未
【大奴】</td>
<td>大八天地天紫
馬座刑空府微
廟平旺
權

青亡病 59戊
龍身符 【夫妻】 建申
【大遷】</td>
</tr>
<tr>
<td>陰武
煞曲
廟
忌

伏天龍 64~73 55甲
兵煞德【身 遷移】 養辰
【大福】</td>
<td colspan="2" rowspan="2">坤命 : 1957年(戊戌) 12月 ○日 ○時
命局 : 金4局, 釵釧金
命主 : 祿存
身主 : 天同</td>
<td>天天恩台天太
哭貴光輔鉞陰
廟旺
祿

小將太 60己
耗星歲 【兄弟】 旺酉
【大疾】</td>
</tr>
<tr>
<td>大天天截左天
魁傷虛空輔同
陷廟
權
科

大災歲 54~63 54癸
耗煞破 【奴僕】 胎卯
【大父】</td>
<td>大天貪
陀空狼
廟

將攀晦 4~13 61庚
軍鞍氣 【命宮】 衰戌
【大財】</td>
</tr>
<tr>
<td>大月大天天地七
昌德耗官月劫殺
平廟

病劫小 44~53 53壬
符煞耗 【官祿】 絶寅
【大命】</td>
<td>天鳳龍年鈴天
壽閣池解星梁
陷旺
祿

喜華官 34~43 52癸
神蓋符 【田宅】 墓丑
【大兄】</td>
<td>大大天天天廉
曲羊喜姚相貞
廟平

飛息貫 24~33 51壬
廉神索 【福德】 死子
【大配】</td>
<td>大蜚孤天天天天右巨
祿廉辰福巫馬魁弼門
平旺平旺
忌

奏歲喪 14~23 62辛
書驛門 【父母】 病亥
【大子】</td>
</tr>
</table>

임인대한(44세~53세) 대한재백궁(戌)을 보면 대한타라와 천공이 거하니 재물적으로 불리하다. 게다가 辰궁에서 대한무곡화기가 정면으로 충파하니 재백궁은 더 흔들

릴 수밖에 없다. 더 큰 문제는 대한명궁(寅)과 천이궁(申)으로 손재를 주하는 겁공이 마주하고, 구설관재의 별인 천형까지 부담을 준다. 임인대한의 분위기가 재적으로 여의치 않음을 알 수 있다.

차명은 임인대한(44세~53세) 중 다단계 금융사기단에게 속아서 거액을 투자하였는데, 뒤에 문제가 있다는 것을 알고 동생의 도움으로 어렵게 원금을 회수하여 빠져나왔다. 비록 약간의 손해는 있었지만 큰 화를 면할 수 있었던 것은, 대한재백궁(戌)으로 괴월이 협하기 때문이다. 재백궁에 괴월이 거하거나 협하면 귀인의 협조나 도움으로 재물을 얻는다.

2) 좌보·우필

좌보(左輔)·우필(右弼)은 월에서 배치되는 성계이다. 두수에서 보필은 평배귀인(平輩貴人)이라 하여 주로 나이차이가 많지 않은 동년배(친구·형제·선후배·동료·문하생·부하 등)로부터 조력을 얻거나 음덕이 있다. 하여 보필이 명천선을 비롯한 삼방에서 회조하면 주변사람의 도움을 얻고 친화력이 있으며 서로 협조한다.

- 左輔 : 陽土, 친구나 형제의 조력, 안정, 성실, 돈후(敦厚), 명예, 富貴
- 右弼 : 陰土, 친구나 형제의 조력, 안정, 성실, 돈후(敦厚), 명예, 富貴

보필은 음양의 차이를 제외하면, 나머지 의미는 대동소이하다. 『자미두수전서』에 보면 '보필이 명신궁에 거하면 문무(文武)에 능하고 모든 궁에서 복을 내린다'라고 하였다. 또 '행동이나 생김새가 돈후하고 강개(慷慨)하며 풍류를 안다'라고 하였다. 이처럼 보필은 사람이 인자하면서 안정적이고 청고하며 주변사람과의 관계도 비교적 좋고 처세술도 있다. 보필은 낙관적인 성향이라 비관적인 색채를 완화시켜주기도 한다. 그러나 보필이라 할지라도 살기형성을 만나면 부귀를 논하기 어려우며 승도(僧道)나 정신세계에서 청한(淸閑)하게 살아간다. 기타 보필의 특징을 부분적으로 구분하여 논한다.

- 고인들은 보필을 관록의 성으로 보았는데, 좌보는 正으로 우필은 副로 보았다. 그리고 좌보는 정도출신, 우필은 이로공명의 성으로 보았다.
- 홍콩 중주파에서는 좌보를 주귀(主貴)하는 별로 보고, 우필은 주부(主富)한다 하였다. 正·副나 富·貴의 성향을 따질 때 필요한 대목이다.
- 명궁이하 삼방사정이 길하면서 보필이 협하거나 마주하거나 동궁하면 부귀공명를 얻는다. 이때 사화길성을 포함한 제길성이 가하면 더욱 길하다.
- 보필 중 하나가 명궁에 거하고 부모궁에서 화령을 보면 부모 연이 좋지 않은데, 주로 첩이나 후처소생 아니면 양자로 가는 경우가 많다.
- 명궁으로 보필 중 하나만 보면서 살성이나 도화성계를 만나면 부모가 둘이거나 배다른 형제가 있을 수 있다. 혹 서자(庶子)가 되기도 한다.
- 현대사회에서 보면 보필이나 괴월을 보는 것이 창곡을 보는 것보다 좋을 수 있다. 창곡은 총명하고 우아하지만 실속이 없고, 보필이나 괴월은 복덕을 누릴 수 있다.
- 보필과 창곡이 서로 동도(同度)하면서 양타를 만나면 보이지 않는 곳에 점이 있다. 이는 중주파에서 비결로 내려오는 징험한 것인데, 필자의 지인 중에 그 사람의 명반 중에서 형제궁이 이러한 성계로 이루어져 있는데, 실제로 형제 중 한 사람이 등과 팔 부위에 수많은 점들이 있다. 그러나 이러한 사항들을 너무 과시해선 안 될 것이다.
- 보필이 화록이나 록존을 협하면 주로 富하고, 科文성을 협하면 주로 貴하다.
- 좌보는 능동적이고 주동적인 반면, 우필은 수동적이다.
- 부처궁에서 보필 중 하나만 보면 주로 삼자개입이 있다. 우필이 부처궁이면 더욱 그러하다. 또한 명궁과 부처궁에 보필이 나누어 배치되는 경우도 그러한데, 주로 혼인이 아름답지 못하고 연분이 없으며 제3자의 개입이 있거나 한다. 여기에 살기형성이 가하면 더 불리하여 모두 두 번 혼인한다.
- 형제궁에서 보필을 보면 형제수가 증가한다. 또한 주변사람과 화합하고 인간관계가 넓고 많다. 다만 살기형성을 만나지 않아야 한다.
- 보필의 가장 좋은 배치는 어느 궁을 협하는 것이다. 특히 자미·파군·태양·칠살·천부 등의 성은 더욱 그러하다. 보필이 하나는 재백궁에 하나는 관록궁에서 회

조하여도 길하다. 그다음으로 하나는 명궁에 다른 하나는 대궁에서 대조해도 길하다.

- 보필은 양타·화령을 싫어한다. 만약 양타·화령을 만나면 겉으로는 화려해도 실속이 없고 음덕을 입기 어렵다. 여명이라면 소실(小室)의 명이 되기 쉽다.

보필 사례 1) 부부 모두 교육자

<table>
<tr>
<td>蜚破孤旬天天天破武
廉碎辰空福馬鉞軍曲
平旺閑平
祿

奏歲喪 83~92 51丁
書驛門 【財帛】 病巳</td>
<td>天天天天天文太
喜官貴月刑曲陽
陷廟

飛息貫 93~ 52戊
廉神索 【子女】 死午</td>
<td>鳳龍年天
閣池解府
廟

喜華官 53己
神蓋符 【夫妻】 墓未</td>
<td>月大紅恩天陰台文太天
德耗艷光巫煞輔昌陰機
旺平平
科

病劫小 54庚
符煞耗 【兄弟】 絶申</td>
</tr>
<tr>
<td>天天天解封天
空使壽神誥同
平

將攀晦 73~82 50丙
軍鞍氣 【疾厄】 衰辰</td>
<td colspan="2" rowspan="2">坤命 : 1963年(癸卯) 10月 ○日 ○時
命局 : 木3局, 石榴木
命主 : 文曲
身主 : 天同</td>
<td>天地貪紫
虛空狼微
廟平平
忌

大災歲 3~12 55辛
耗煞破 【命宮】 胎酉</td>
</tr>
<tr>
<td>天天
哭魁
廟

小將太 63~72 49乙
耗星歲 【遷移】 旺卯</td>
<td>天巨
姚門
旺
權

伏天龍 13~22 56壬
兵煞德 【父母】 養戌</td>
</tr>
<tr>
<td>天三
傷台

青亡病 53~62 48甲
龍身符 【奴僕】 建寅</td>
<td>寡截擎地右左七廉
宿空羊劫弼輔殺貞
廟陷廟廟廟旺

力月弔 43~52 47乙
士煞客 【身 官祿】 帶丑</td>
<td>天天紅八鈴祿天
德才鸞座星存梁
陷旺廟

博咸天 33~42 46甲
士池德 【田宅】 浴子</td>
<td>天陀火天
廚羅星相
陷平平

官指白 23~32 57癸
府背虎 【福德】 生亥</td>
</tr>
</table>

본명은 고등학교에서 교편을 잡고 있다. 선천 삼방사정으로 괴월·보필이 모두 회조하고 있는데 보필·괴월이 기본적으로 主貴하는 성이다. 명궁의 자탐조합이 보필·괴월을 보면 주로 공교육직이나 연구직에 많다. 본명은 특히 직업을 의미하는 관록궁에 보필이 동궁하고 있으니 공직이나 교육·연구 분야에 적합한 명격이다. 본명

의 남편은 학원사업을 하고 있는데, 선천부처궁(未)으로 文星인 창곡이 협하고 대궁으로 보필이 대조하니 남편 역시 교육이나 연구방면과 관련이 있는 업종이다.

보필 사례 2) 보험왕

破天天八恩天天祿文**天** 碎壽官座光巫姚存昌**府** 大 廟廟平 鉞 科 傅亡病 45~54 48癸 士身符 【官祿】 絶巳 【大父】	天陰擎火地右**太天** 傷煞羊星空弼**陰同** 平廟廟旺陷陷 祿 力將太 55~64 49甲 士星歲 【奴僕】 胎午 【大福】	天天天封**貪武** 空才月誥**狼曲** 廟廟 忌 青擎晦 65~74 50乙 龍鞍氣 【遷移】 養未 【大田】	天孤鈴天左**巨太** 使辰星馬輔**門陽** 旺旺平廟閑 科 小歲喪 75~84 51丙 耗驛門 【疾厄】 生申 【大官】
鳳寡截年陀地 閣宿空解羅劫 廟陷 官月弔 35~44 47壬 府煞客 【田宅】 墓辰 【大命】	乾命 : 1966年(丙午) 5月 ○日 ○時 命局 : 土5局, 壁上土 命主 : 巨門 身主 : 火星		紅三天天文**天** 鸞台貴鉞曲**相** 廟廟陷 將息貫 85~94 52丁 軍神索 【財帛】 浴酉 【大奴】
大天天**破廉** 魁德喜**軍貞** 旺閑 忌 伏咸天 25~34 46辛 兵池德 【福德】 死卯 【大兄】			大龍**天天** 陀池**梁機** 旺廟 權 祿 奏華官 95~ 53戊 書蓋符 【子女】 帶戌 【大遷】
大大蜚紅旬 馬昌廉艷空 大指白 15~24 45庚 耗背虎 【父母】 病寅 【大配】	大天 耗刑 病天龍 5~14 44辛 符煞德 **【命宮】** 衰丑 【大子】	大大天天天天解 曲羊哭虛廚福神 喜災歲 43庚 神煞破 【兄弟】 旺子 【大財】	大月台天**七紫** 祿德輔魁**殺微** 旺平旺 權 飛劫小 54己 廉煞耗 **【身 夫妻】** 建亥 【大疾】

차명은 대기업을 다니다가 35세에 퇴사한 이후 보험회사에 입사하여 성공한 사례다. 임진대한(35세~44세) 중 가장 우수한 실적을 보였다.

대한관록궁(申)의 거일이 좌보화과를 보고 있다. 거일이 보필·괴월·권과 등을 보면 주로 명예사에 유리하다. 특히 좌보화과는 부귀와 영예(榮譽)를 주한다. 이러한 연유로 입사 후 진급도 순조로웠고, 타 보험사에서 서로 스카웃 경쟁이 있을 정도였다. 그리고 대한천이궁(戌)으로 록·권을 보는 가운데 괴월까지 협하니 출문(出門)하여 귀인의 협조를 받는 대한이다. 선천천이궁(未)으로 보필이 협하니 기본적으로 밖에서 인간관계가 좋고 주변의 지원을 얻는 형국이다.

3) 문창·문곡

문창(文昌)·문곡(文曲)은 생시기준으로 배치되는 성이다. 창곡의 가장 큰 특징은 글이나 학문연구와 관계된 문성(文星)이다. 고인은 창곡을 과갑(科甲)이나 문장(文章)을 주하는 별이라 칭하였다. 사람이 청수하고 지혜와 임기응변이 뛰어나며 성격이나 상이 우아하고 수려한 면이 있다. 총명하고 탐구심이 있으며 배우거나 가르치길 좋아한다. 취미가 고상하고 문예적인 소양이 있다. 하여 창곡이 명궁이나 삼방사정에서 회조하면 학문이 높고, 주로 명예에 이롭다. 화과·화권을 비롯한 과문(科文)성이나 괴월·보필의 지원을 받으면 고시에 이롭고 문사(文士)로서 귀현(貴顯)한다. 그리고 창곡은 재예(才藝)가 있으며 말이나 글로써 표현을 잘한다. 그 밖의 창곡의 특성을 알아본다.

- 문창은 오행이 음금(陰金)이고, 문곡은 음수(陰水)이다.
- 문창이 정도출신이라면 문곡은 이로공명에 가깝다.
- 창곡이 사살(四煞)을 비롯한 천형·천요·화기 등을 보게 되면 말만 앞서고, 화려하지만 실속이 없다. 여명이라면 하천하고 첩이 되거나 승도의 명이다.
- 창곡이 도화제성을 만나면 文적인 속성이 도화로 변하여 겉만 화려하고 내실은 없으며 주색을 가까이 하고 사람이 가볍다.
- 문창·문곡은 화기를 싫어한다. 창곡이 화기가 되면 모든 일에 사단이 생기게 된다. 특히 영창타무(鈴昌陀武 : 삼방사정으로 영성·문창·타라·무곡이 만나는 경우)가 되면 한지투하(限至投河)라 하여 가장 흉하다. 이 경우 문창이나 무곡 등이 화기가 되면 더 큰 대란을 겪는다.
- 子궁의 자탐조합이 창곡을 보면 도화의 역량이 증가되어 불리한데, 주로 다허소실(多虛小實)한다.

- 巳亥궁의 염탐조합이 창곡을 만나면 총명이 지나쳐 자신의 재능을 과시하게 된다. 이 경우 다른 사람을 무시하기 쉬운데, 겁공이나 천형·록존을 보면 약간 신중하다.
- 창곡이 괴월·보필·록존 등을 보면 재능으로 인하여 명예와 지명도가 높다. 그러나 살기형성이 중하면 주변으로부터 쓴소리를 듣거나 그 지명도로 인하여 오히려 화를 입는다.
- 총명한 천기가 창곡을 보면 더 총기가 넘치는데, 만약 살성을 보면 자신의 머리만 믿고 자만하거나 아는 척하는 경우가 많고 나서게 된다. 소위 박이부정(博而不精 : 넓게 알지만 깊지는 못함)하는 경우이다.
- 함지의 태음이 문곡을 보면서 살성이 가하면 손재나 실물(失物)수가 있다. 도화성을 보면 사기 당하거나 주색으로 인한 화를 방비해야 한다.
- 태음이나 천기가 문곡을 보면 사람이 잔꾀가 많다. 천요를 보면 가볍고 살성을 보면 아는 척 하기 쉽다.
- 창곡이 복덕궁을 협하거나 거하면 그 사람은 문예적인 기질이 있으며 배우는 것을 좋아 한다.
- 창곡이 부처궁을 협하면 이성이나 부부문제가 발생하기 쉽다. 만약 살성이 가하면 혼인에 불만이 많고 두 번 혼인한다.
- 문곡이 살성을 보면 감정곤우가 있는데, 주로 남녀관계로 인한 고충이다. 하여 이러한 조합이 명궁·복덕궁·부처궁 등에서 보는 것을 꺼린다.
- 창곡이 명궁과 부처궁에 각각 나누어져 있으면 배우자와 기질이 맞지 않다.

창곡 사례 1) 발명가

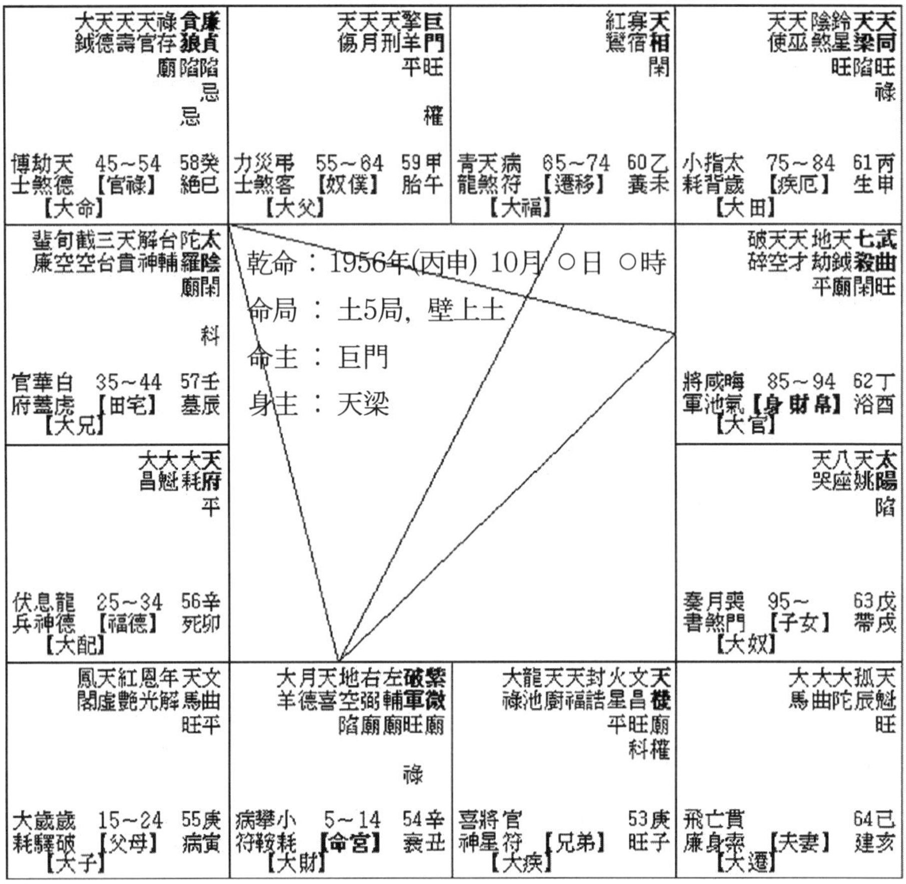

<table>
<tr>
<td>大天天天祿貪廉
鉞德壽官存狼貞
廟陷陷
忌
忌
傅劫天 45~54 58癸
士煞德 【官祿】 絶巳
【大命】</td>
<td>天天天擎巨
傷月刑羊門
平旺
權
力災弔 55~64 59甲
士煞客 【奴僕】 胎午
【大父】</td>
<td>紅寡天
鸞宿相
閑
青天病 65~74 60乙
龍煞符 【遷移】 養未
【大福】</td>
<td>天天陰鈴天天
使巫煞星梁同
旺陷旺
祿
小指太 75~84 61丙
耗背歲 【疾厄】 生申
【大田】</td>
</tr>
<tr>
<td>蜚旬截三天解台陀太
廉空空台貴神輔羅陰
廟閑
科
官華白 35~44 57壬
府蓋虎 【田宅】 墓辰
【大兄】</td>
<td colspan="2" rowspan="2">乾命 : 1956年(丙申) 10月 ○日 ○時
命局 : 土5局, 壁上土
命主 : 巨門
身主 : 天梁</td>
<td>破天天地天七武
碎空才劫鉞殺曲
平廟閑旺
將咸晦 85~94 62丁
軍池氣 【身財帛】 浴酉
【大官】</td>
</tr>
<tr>
<td>大大大天
昌魁耗府
平
伏息龍 25~34 56辛
兵神德 【福德】 死卯
【大配】</td>
<td>天八天太
哭座姚陽
陷
奏月喪 95~ 63戊
書煞門 【子女】 帶戌
【大奴】</td>
</tr>
<tr>
<td>鳳天紅恩年天文
閣虛艶光解馬曲
旺平
大歲歲 15~24 55庚
耗驛破 【父母】 病寅
【大子】</td>
<td>大月天地右左破紫
羊德喜空弼輔軍微
陷廟廟旺廟
祿
病攀小 5~14 54辛
符鞍耗 【命宮】 衰丑
【大財】</td>
<td>大龍天天封火文天
祿池廚福誥星昌機
平旺廟
科權
喜將官 53庚
神星符 【兄弟】 旺子
【大疾】</td>
<td>大大大孤天
馬曲陀辰魁
旺
飛亡貫 64已
廉身索 【夫妻】 建亥
【大遷】</td>
</tr>
</table>

선천명궁에 자미·파군이 동궁하고 있다. 귀인성이자 명예를 주하는 보필과 동궁하니 학문이 높다. 그리고 문성(文星)인 문창·문곡이 명궁을 협하니 더욱 기이한데, 주로 연구와 교육적인 직군에서 발달하기 쉽다. 본명은 이공계 박사학위를 받고 주로 은나노 기술을 응용한 제품을 발명하는 발명가이다. 일생 연구와 발명에 모든 힘을 쏟고 있다. 그런데 선천관록궁(巳)에 염정화기가 거하니 직업적으로 안정하지 못하다. 차명은 누구의 지원이 없이 독자적으로 투자개발을 하는데 늘 재적으로 힘든 상황이다.

창곡 사례 2) 명문대 졸업

<table>
<tr>
<td>大破天天天祿天
昌碎傷巫刑存梁
廟陷

傅亡病 54~63 36丁
士身符 【奴僕】 生巳
【大田】</td>
<td>天天擎七
才廚羊殺
平旺

力將太 64~73 37戊
士星歲 【遷移】 浴午
【大官】</td>
<td>大天天天
鉞空使鉞
旺

青攀晦 74~83 38己
龍鞍氣 【疾厄】 帶未
【大奴】</td>
<td>大孤天廉
馬辰馬貞
旺廟
祿

小歲喪 84~93 39庚
耗驛門 【身 財帛】 建申
【大遷】</td>
</tr>
<tr>
<td>鳳寡紅年解台陀天紫
閣宿艶解神輔羅相微
廟旺陷

官月弔 44~53 35丙
府煞客 【官祿】 養辰
【大福】</td>
<td colspan="2" rowspan="2">乾命 : 1978年(戊午) 9月 ○日 ○時
命局 : 金4局, 海中金
命主 : 貪狼
身主 : 火星</td>
<td>大紅天地
曲鸞姚劫
平

將息貫 94~ 40辛
軍神索 【子女】 旺酉
【大疾】</td>
</tr>
<tr>
<td>大天天天天巨天
羊德喜官福門機
廟旺
忌

伏咸天 34~43 34乙
兵池德 【田宅】 胎卯
【大父】</td>
<td>龍陰破
池煞軍
旺
權

奏華官 41壬
書蓋符 【夫妻】 衰戌
【大財】</td>
</tr>
<tr>
<td>大蜚天天天右文貪
祿廉壽貴月弼曲狼
旺平平
科 祿

大指白 24~33 33甲
耗背虎 【福德】 絶寅
【大命】</td>
<td>大大大八三鈴地天太太
陀魁耗座台星空魁陰陽
陷陷旺廟陷
權
忌

病天龍 14~23 32乙
符煞德 【父母】 墓丑
【大兄】</td>
<td>天天旬截恩封左文天武
哭虛空空光誥輔昌府曲
旺旺廟旺
科

喜災歲 4~13 31甲
神煞破 【命宮】 死子
【大配】</td>
<td>月火天
德星同
平廟

飛劫小 42癸
廉煞耗 【兄弟】 病亥
【大子】</td>
</tr>
</table>

본명은 미국에서 일류대학을 졸업하고 세계적인 기업에서 근무하고 있다. 선천명궁의 무곡·천부가 문창과 좌보와 동궁하니 총명지재요, 처세도 유연하고 귀인의 조력을 얻는다. 복덕궁에 문곡과 우필이 동궁하니 역시 학문성취와 명예사에 유리한데, 재성(財星)인 무곡·천부조합이 이처럼 육길성을 만나면 문무(文武)에서 부귀겸전(富貴兼全)한다. 삼방사정을 비롯한 복덕궁의 창곡으로 인하여 호학(好學)한다.

창곡 사례 3) 문곡화기

大大鳳年陀右文天 曲陀閣解羅弼曲機 陷平廟平 忌 忌 力指太 15~24 25己 士背歲 【兄弟】 建巳 【大命】	大天天祿紫 祿空姚存微 旺廟 博咸晦 5~14 26庚 士池氣 【命宮】 帶午 【大父】	大蜚台擎 羊廉輔羊 廟 官月喪 27辛 府煞門 【父母】 浴未 【大福】	大孤天天天天破 鉞辰廚貴巫鉞軍 廟陷 伏亡貫 28壬 兵身索 【身福德】 生申 【大田】
天寡紅陰火七 喜宿艶煞星殺 閑旺 青天病 25~34 24戊 龍煞符 【夫妻】 旺辰 【大兄】	乾命 : 1989年(己巳) 6月 ○日 ○時 命局 : 土5局, 路傍土 命主 : 破軍 身主 : 天機		大破龍截天左文 昌碎池空官輔昌 陷廟 大將官 95~ 29癸 耗星符 【田宅】 養酉 【大官】
天封天太 月誥梁陽 廟廟 科 科 小災弔 35~44 23丁 耗煞客 【子女】 衰卯 【大配】			月大紅地天廉 德耗鸞空府貞 陷廟旺 病攀小 85~94 30甲 符鞍耗 【官祿】 胎戌 【大奴】
天天天天武 德福刑相曲 廟閑 祿 祿 將劫天 45~54 22丙 軍煞德 【財帛】 病寅 【大子】	天天天八三巨天 使壽哭座台門同 旺陷 奏華白 55~64 21丁 書蓋虎 【疾厄】 死丑 【大財】	大恩解地天貪 魁光神劫魁狼 陷旺旺 權 權 飛息龍 65~74 20丙 廉神德 【遷移】 墓子 【大疾】	大天天天旬鈴天太 馬傷才虛空星馬陰 廟平廟 喜歲歲 75~84 31乙 神驛破 【奴僕】 絶亥 【大遷】

본명은 19세(丁亥)에 미대를 합격하였다. 그러나 점수가 저조하여 소신지원은 실패하고 차선의 대학에 입학하게 되었다. 기사대한(15~24세)은 대한명궁에 선천의 문곡화기가 거하고 있다. 그런데 대한의 문곡화기까지 가세하여 쌍기를 이룬다. 동궁한 타라는 인생에 있어서 좌절·지연을 의미하고, 건강문제나 구설 등으로 나타나기도 한다. 학창시절에 이러한 운을 만나면 시험이나 학교문제 등 명예사가 순탄하지 않게 되어 재수나 삼수를 하기도 한다. 혹 대학에 진학해도 적응하지 못하는 경우가 많다. 巳궁은 선천형제궁이기도 하여, 당 대한 중 친구없이 고독하게 지냈다.

4) 록존·천마

- 祿存 : 陰土, 작록(爵祿), 財, 명예, 안정, 신중, 보수, 총명
- 天馬 : 陽火, 이동, 역마, 변화, 활동력, 신속, 여행

록존(祿存)과 천마(天馬)는 육길성에 포함되는 성은 아니다. 그러나 록존은 그 기본 작용력이 해액(解厄)의 성이고 명예사와 구재(求財)에 유리하며, 전체적으로 보면 당사자의 격국을 안정하게 해주는 역할을 하기도 한다. 이렇게 록존은 기본적으로 길작용을 많이 하므로 길성의 범주에 포함하여 논한다.

천마는 단독으로는 길성이라고 단정하기는 어렵다. 천마는 다른 보좌성이나 살성·사화성 등과 어울려 그 성이 가지고 있는 갖가지 길흉적인 특징을 표면적으로 강화시키거나 나타나게 하는 역할을 많이 한다. 천마는 그 본질이 동적인 성향의 성이므로 행동력과 실천력이 강하고 외국이나 지방 등 집을 떠나 생활하는 사람이 많다. 해외 이주를 하거나 출입이 잦기도 하다. 또한 천마가 명신궁이나 천이궁에 거하면 여행이나 레포츠를 즐기는 사람도 많다. 성정도 적극적이고 활달한 면이 있다.

록존과 천마는 짝성의 범주에 해당하진 않지만, 두 성이 어울리면 록존이 가지고 있는 특징이 강하게 나타난다. 이렇게 록존과 천마가 만나는 것을 록마교치(祿馬交馳 : 록존과 천마가 동궁하거나 서로 마주하는 경우를 말함. 화록과 천마가 만나도 가능)라고 하는데, 록마교치를 이루면 록존이 가지고 있는 재적인 기운이 강하게 발현되어 富를 이룰 수 있다.

록존이 단독으로 거하면 고정적인 수입 등으로 재물을 운용하거나 지킬 수는 있겠지만, 반드시 많은 재물이라고 하기 어렵다. 그러나 천마를 만나면 횡발할 수 있다. 록존은 경양·타라의 살성이 양궁에서 항상 협하고 있기 때문에 록존이 거하고 있는 궁이 살기형성을 보면 문제가 된다. 상황이 이러하면 록존을 호위하던 경양

·타라가 순간 적군으로 변하여 록존궁이 심하게 흔들리거나 파상을 입게 된다. 록존과 천마의 특성을 보면 다음과 같다.

- 록존은 항상 양타가 양궁에서 협하여 그 속성이 보수적이고 신중하다.
- 록존이 살기형성과 동궁하면 양타협기위패국(羊陀夾忌爲敗局)이 되어 록존이 거한 궁이 심각한 타격을 입게 된다.
- 록존이 紫相·日月 등과 동궁하면 권력과 명예가 증가한다. 무곡·천부를 만나면 주로 재적으로 길하다. 천량·천동과 동궁하면 음덕을 많이 입는다.
- 천이궁에 록존이 거하면 원방구재(遠方求財)라 하여 출문(出門)하여 재물을 얻는데, 주로 해외에서 득재한다. 천마를 보면 더욱 길하다.
- 록마교치는 창곡을 만나면 길하다. 그러나 화령을 보면 풍파가 많아 좋지 않은데, 천마는 화령을 만나면 전마(戰馬)가 되기 때문이다.
- 록존과 천마가 쌍으로 만나면 더 길하다. 이를 록중첩(祿重疊)·마중첩(馬重疊)이라 한다. 선천 록존이나 화록이 대한의 록존이나 화록과 만나고, 천마 역시 두 개가 겹치는 것을 말하는데 이렇게 되면 횡발하거나 대재(大財)를 얻는다.
- 火貪이 록존이나 화록을 보면 횡발한다. 그러나 쉽게 나가는 특징이 있다.
- 록존과 화록이 명궁을 협하면 일생 재운이 길하다. 그러나 명천선으로 살기형성이 중하면 사고· 질병이 있거나 기타 손재가 따른다.
- 록존과 화록이 육합(六合 : 자축·인해·묘술·진유·사신·오미)지에서 만나도 길하다. 예를 들어 록존이 寅궁에 있고 화록이 亥궁에 있으면 암합(暗合)을 하게 되는데, 재적으로 길하게 본다.
- 부처궁에 록존이 거하면 여명은 배우자가 재원(財源)이 풍족하다. 남명은 처의 능력이 있거나 내조의 공을 얻는다. 살성이나 화기를 만나지 않아야 합격이다.
- 노복궁의 록존은 본인에게 불리하다. 이렇게 되면 양타가 당사자의 명궁으로 회조하기 때문이다.
- 천마가 자미·천부를 만나면 부여마(扶輿馬)라 하여 길하다.
- 천마가 태양·태음을 만나면 자웅마(雌雄馬)라 하여 길하다.
- 천마가 타라를 보면 절족마(折足馬)가 되어 흉하다. 주로 사고·건강문제가 있게 되고, 파절에 손재·관재 등이 발생하기도 한다.

- 천마가 공망성을 보면 사망마(死亡馬)라 하여 흉하다. 손재와 건강·고독·사고·질병 등이 발생한다.
- 천마가 형살을 보면 부시마(負尸馬)라 하어 흉하다. 사고·건강·구설·손재·고극 등이 발생한다.
- 천마는 반드시 화록이나 록존을 만나야 비로소 재원이 양호하다. 단독으로 있으면 파동이 많다.
- 천마가 양타·화령 등을 보면 손재를 비롯하여, 밖에서 길을 잃거나 사고를 당하기 쉽다. 투자 실수나 직업적으로 문제가 많기도 하다.

록존 사례 1) 무역업으로 성공한 명

<table>
<tr>
<td>天天三祿巨
德官台存門
廟平
博劫天 63~72 58癸
士煞德 【遷移】 病巳</td>
<td>天解擎文天廉
使神羊曲相貞
平陷旺平
忌
力災弔 73~82 59甲
士煞客 【疾厄】 死午</td>
<td>天紅寡天天
才鸞宿貴梁
旺
青天病 83~92 60乙
龍煞符 【財帛】 墓未</td>
<td>台天文七
輔刑昌殺
旺廟
科
小指太 93~ 61丙
耗背歲 【子女】 絶申</td>
</tr>
<tr>
<td>蜚天旬截陰封陀火貪
廉傷空空煞誥羅星狼
廟閑廟
官華白 53~62 57壬
府蓋虎 【奴僕】 衰辰</td>
<td colspan="2" rowspan="2">乾命 : 1956年(丙申) 12月 ○日 ○時
命局 : 木3局, 平地木
命主 : 巨門
身主 : 天梁</td>
<td>破天八恩地天天
碎空座光空鉞同
廟廟平
祿
將咸晦 62丁
軍池氣 【夫妻】 胎酉</td>
</tr>
<tr>
<td>大左太
耗輔陰
陷陷
伏息龍 43~52 56辛
兵神德 【身 官祿】 旺卯</td>
<td>天武
哭曲
廟
奏月喪 63戊
書煞門 【兄弟】 養戌</td>
</tr>
<tr>
<td>鳳天紅年天天天紫
閣虛艶解月馬府微
旺廟廟
大歲歲 33~42 55庚
耗驛破 【田宅】 建寅</td>
<td>月天地天
德喜劫機
陷陷
權
病攀小 23~32 54辛
符鞍耗 【福德】 帶丑</td>
<td>龍天天天鈴破
池廚福姚星軍
陷廟
喜將官 13~22 53庚
神星符 【父母】 浴子</td>
<td>天孤天天右太
壽辰巫魁弼陽
旺平陷
飛亡貫 3~12 64己
廉身索 【命宮】 生亥</td>
</tr>
</table>

차명은 무역업으로 성공한 명이다. 선천천이궁(巳)으로 록존이 거하고 있으니, 주로 외국과 관련한 사업(무역업·여행업·유통업·운수업 등)을 하면 길하다. 선천명궁(亥)의 태양은 함지에 거하여 비록 힘은 없지만, 우필·천괴 등 귀인성과 동궁하니 타인의 조력을 얻는다. 중요한 것은 명궁의 상황보다 천이궁의 록존으로 인하여 길격을 이룬 경우이다. 그리고 寅시에 생하였으므로 명궁 태양이 힘을 발휘할 수 있는 장점도 있다. 거일조합은 기본적으로 명대어리(名大於利 : 명예를 이익보다 크게 생각함)하는 성인데, 차명의 경우처럼 록존을 보게 되면 사업적으로 발달하기도 한다.

록존 사례 2) 길흉을 모두 암시하고 있는 록존

<table>
<tr>
<td>天天孤天天天祿文貪廉
空喜辰官巫刑存昌狼貞
廟廟陷陷
科 忌

博劫晦 2~11 38癸
士煞氣 【命宮】 絶巳</td>
<td>蜚鳳年擎地巨
廉閣解羊空門
平廟旺

力災喪 12~21 39甲
士煞門 【父母】 胎午</td>
<td>天天封火天
壽貴誥星相
閑閑

青天貫 22~31 40乙
龍煞索 【福德】 養未</td>
<td>龍天天
池梁同
陷旺
祿

小指官 32~41 41丙
耗背符 【田宅】 生申</td>
</tr>
<tr>
<td>截解陀地太
空神羅劫陰
廟陷閑

官華太 37壬
府蓋歲 【兄弟】 墓辰</td>
<td colspan="2" rowspan="2">乾命 : 1976年(丙辰) 閏8月 ○日 ○時
命局 : 水2局, 長流水
命主 : 武曲
身主 : 文昌</td>
<td>月天天天文七武
德才姚鉞曲殺曲
廟廟閑旺

將咸小 42~51 42丁
軍池耗 【官祿】 浴酉</td>
</tr>
<tr>
<td>八恩鈴天
座光星府
廟平

伏息病 36辛
兵神符 【身 夫妻】 死卯</td>
<td>天天陰太
傷虛煞陽
陷

奏月歲 52~61 43戊
書煞破 【奴僕】 帶戌</td>
</tr>
<tr>
<td>天紅天天右
哭艶月馬弼
旺旺

大歲弔 92~ 35庚
耗驛客 【子女】 病寅</td>
<td>天破寡破紫
德碎宿軍微
旺廟

病攀天 82~91 34辛
符鞍德 【財帛】 衰丑</td>
<td>天旬天天左天
使空廚福輔機
旺廟
權

喜將白 72~81 33庚
神星虎 【疾厄】 旺子</td>
<td>大紅三台天
耗鸞台輔魁
旺

飛亡龍 62~71 44己
廉身德 【遷移】 建亥</td>
</tr>
</table>

병신대한(32세~41세) 현재 변호사를 하고 있는 명이다. 일반적으로 보면 巳亥궁의 염탐조합은 함지에 빠지게 되므로 불리한 경우가 많고, 고인들도 좋지 않게 평가하였다. 그러나 차명의 경우처럼 록존을 보면 명예나 富를 이룰 수 있다. 문창화과가 동궁하니 호학(好學) 총명할 것이요, 천형은 법과 관계된 별이니 법조계와 인연이 있다. 그리고 천형은 감정적이고 기호에 물들기 쉬운 염탐조합을 규칙과 모범을 준수하는 성향으로 변화시키는 작용을 한다. 하여 사해궁의 염탐은 천형을 싫어하지 않는다. 차명이 명문대를 졸업하고 고시에 합격하여 명리(名利)를 얻은 것도 모두 이러한 이유에 기인한다.

그러나 명궁이 염정화기를 맞아서 문제가 된다. 특히 록존궁이 살성이나 화기를 보면 양타가 협하여 심각한 타격을 준다. 정황이 이러하면 건강·재물·배우자문제 등이 발현할 가능성이 높다. 실제로 차명은 평소 건강이 신약하다고 한다. 현재까지는 운로가 길하여 큰 파동은 없었지만, 앞으로 운로에 있어서 건강과 배우자 문제가 주요 사안이 될 것이다. 록존이 기본적으로 덕이 되지만 부담이 되기도 하는 명격이다.

록존 사례 3) 론존과 화기가 동궁한 명

차명은 선천부처궁(午)에 록존이 거하고 있다. 부처궁으로 록존을 보게 되면 배우자가 명예와 富를 얻는다. 그러나 차명의 경우 문곡화기와 동궁하고 있으니 록존궁이 파손된 상황이다. 소위 양타협기위패국(羊陀夾忌爲敗局)이 된 것이다. 부처궁의 모양이 이러하니 갑술대한(24세~33세) 중 나이 많은 외국남자와 결혼하여 결국 이혼하게 된 것이다.

선천부처궁은 갑술대한의 대한재백궁(午)이 된다. 고로 당 대한은 재적으로 손재나 파동이 있음을 예견할 수 있다. 이러한 연유로 갑술대한은 재적으로 늘 어려운 형편이었는데, 주식에 투자를 했다가 큰돈을 손재하는 일도 있었다. 이처럼 록존궁이 파괴되면 운의 흐름도 방해하여 부담을 많이 주게 된다.

<table>
<tr>
<td>大破天天天陀火七紫
昌碎才巫刑羅星殺微
陷旺平旺
官指白 94~ 33己
府背虎 【子女】 生巳
【大疾】</td>
<td>天紅祿文
德鸞存曲
旺陷
忌
博咸天 34庚
士池德 【夫妻】 浴午
【大財】</td>
<td>大寡擎
鉞宿羊
廟
力月弔 35辛
士煞客 【兄弟】 帶未
【大子】</td>
<td>大天天台天文
馬廚貴輔鉞昌
廟旺
青亡病 4~13 36壬
龍身符 【命宮】 建申
【大配】</td>
</tr>
<tr>
<td>紅解封天天
艷神誥梁機
旺廟
科
伏天龍 84~93 32戊
兵煞德 【財帛】 養辰
【大遷】</td>
<td colspan="2" rowspan="2">坤命 : 1969年(己酉) 9月 ○日 ○時
命局 : 金4局, 劍鋒金
命主 : 廉貞
身主 : 天同</td>
<td>大天天截天天地破廉
曲壽哭空官姚空軍貞
廟陷平
權祿
小將太 14~23 37癸
耗星歲 【父母】 旺酉
【大兄】</td>
</tr>
<tr>
<td>大天天旬三天
羊使虛空台相
陷
大災歲 74~83 31丁
耗煞破 【疾厄】 胎卯
【大奴】</td>
<td>天恩陰
空光煞
將攀晦 24~33 38甲
軍鞍氣 【福德】 衰戌
【大命】</td>
</tr>
<tr>
<td>大月大天天右巨太
祿德耗福月弼門陽
旺廟旺
忌
病劫小 64~73 30丙
符煞耗 【遷移】 絶寅
【大官】</td>
<td>大大天鳳龍年地貪武
陀魁傷閣池解劫狼曲
陷廟廟
權祿
科
喜華官 54~63 41丁
神蓋符 【奴僕】 墓丑
【大田】</td>
<td>天鈴天左太天
喜星魁輔陰同
陷旺旺廟旺
飛息貫 44~53 40丙
廉神索 【身 官祿】 死子
【大福】</td>
<td>蜚孤八天天
廉辰座馬府
平旺
奏歲喪 34~43 39乙
書驛門 【田宅】 病亥
【大父】</td>
</tr>
</table>

천마 사례 1) 재백궁 록마 교치

한의사의 명격이다. 신유대한(34세~43세) 중 경영이 길하여 재적으로 상당한 富를 이루었다.

대한명궁의 천동은 약지에 거하면서 화성과 동궁하니 불리하다. 그런데 대한재백궁(巳)을 보면 대한거문화록이 들어가 천마와 만나게 된다. 이렇게 록성과 천마가 만나면 록마교치(祿馬交馳)가 되어 부격(富格)을 형성하게 된다. 천마가 록성과 만나지 않으면 재적으로 효과를 발휘하지 못하지만 록성을 보면 이처럼 재적으로 길한 것이다. 만약 선천이나 대한의 삼방사정 중에서 록마교치를 이루고 있는 궁이 있으면, 횡발하는 등 재부(財富)를 얻기에 유리하다.

<table>
<tr>
<td>蜚破天孤旬天天天巨
廉碎傷辰空福馬鉞門
平旺平
權
祿
喜歲喪 74~83 51丁
神驛門 【奴僕】 生巳
【大財】</td>
<td>大天天八解陰台天廉
鉞喜官座神煞輔相貞
旺平
飛息貫 64~73 52戊
廉神索 【遷移】 養午
【大子】</td>
<td>天鳳龍年天天
使閣池解刑梁
旺
奏華官 54~63 41己
書蓋符 【疾厄】 胎未
【大配】</td>
<td>大月大紅三七
陀德耗艷台殺
廟
將劫小 44~53 42庚
軍煞耗 【財帛】 絶申
【大兄】</td>
</tr>
<tr>
<td>天文貪
空曲狼
廟廟
忌
科
病攀晦 84~93 50丙
符鞍氣 【官祿】 浴辰
【大疾】</td>
<td colspan="2" rowspan="2">乾命 : 1963年(癸卯) 11月 ○日 ○時
命局 : 金4局, 海中金
命主 : 貪狼
身主 : 天同</td>
<td>大天天火天
祿虛貴星同
陷平
小災歲 34~43 43辛
耗煞破 【子女】 墓酉
【大命】</td>
</tr>
<tr>
<td>天天天恩天太
壽才哭光魁陰
廟陷
科
大將太 94~ 49乙
耗星歲 【田宅】 帶卯
【大遷】</td>
<td>大天鈴文武
羊月星昌曲
廟陷廟
忌
青天龍 24~33 44壬
龍煞德 【夫妻】 死戌
【大父】</td>
</tr>
<tr>
<td>大大天封左天紫
曲魁巫誥輔府微
廟廟廟
伏亡病 48甲
兵身符 【福德】 建寅
【大奴】</td>
<td>寡截擎天
宿空羊機
廟陷
官月弔 47乙
府煞客 【父母】 旺丑
【大官】</td>
<td>大天紅祿右破
昌德鸞存弼軍
旺廟廟
祿
博咸天 4~13 46甲
士池德 【身 命宮】 衰子
【大田】</td>
<td>大天天陀地地太
馬廚姚羅空劫陽
陷陷旺陷
權
力指白 14~23 45癸
士背虎 【兄弟】 病亥
【大福】</td>
</tr>
</table>

천마 사례 2) 절족마로 패국을 이룬 대한

기미대한(25세~34세)을 보면 대한관록궁(亥)에 천마가 거하고 있다. 그런데 타라와 동궁하여 절족마(折足馬)를 이룬다. 직업적으로 여의치 않음을 예견할 수 있다. 더 중요한 것은 대한의 문곡화기까지 가세하여 해궁의 정황을 치명적으로 만든다. 동궁한 천요도 전혀 도움이 되지 않고 오히려 흉을 부추긴다.

이러한 연고로 차명의 남편은 기미대한 중 창업을 하였지만 두 번이나 실패하여 전 재산을 모두 날렸다. 이후 차명의 언니가 운영하는 가게에서 차명 부부가 일을 하게 되었다. 그런데 언니의 사업도 여의치 않아 월급을 제대로 받지 못하였다고 한다. 대한관록궁이 이러하니 어디서 무슨 일을 해도 순탄치 않은 것이다.

大大大龍天天鈴天**巨** 馬曲陀池哭福星鉞**門** 旺旺平 權 奏指官 5~14 41丁 書背符 【命宮】 絶巳 【大配】	月大天天天解陰地**天廉** 德耗才官貴神煞劫**相貞** 大 廟旺平 祿 飛咸小 15~24 30戊 廉池耗 【父母】 胎午 【大兄】	大天天**天** 羊虛刑**梁** 旺 科 喜月歲 25~34 31己 神煞破 【身 福德】 養未 【大命】	大天天紅**七** 鉞壽喜艷**殺** 廟 病亡龍 35~44 32庚 符身德 【田宅】 生申 【大父】
八地**貪** 座空**狼** 陷廟 忌 權 將天貫 40丙 軍煞索 【兄弟】 墓辰 【大子】	坤命 : 1973年(癸丑) 11月 ○日 ○時 命局 : 土5局, 沙中土 命主 : 武曲 身主 : 天相		大蜚鳳年封**天** 昌廉閣解誥**同** 平 大將白 45~54 33辛 耗星虎 【官祿】 浴酉 【大福】
旬天文**太** 空魁昌**陰** 廟平陷 科 小災喪 39乙 耗煞門 【夫妻】 死卯 【大財】			天天寡三恩天火**武** 德傷宿台光月星**曲** 廟廟 祿 伏攀天 55~64 34壬 兵鞍德 【奴僕】 帶戌 【大田】
天紅孤天左**天紫** 空鸞辰巫輔**府微** 廟廟廟 青劫晦 95~ 38甲 龍煞氣 【子女】 病寅 【大疾】	破截台擎**天** 碎空輔羊**機** 廟陷 力華太 85~94 37乙 士蓋歲 【財帛】 衰丑 【大遷】	大天祿右**破** 魁使存弼**軍** 旺廟廟 祿 博息病 75~84 36甲 士神符 【疾厄】 旺子 【大奴】	天天陀天文**太** 廚姚羅馬曲**陽** 陷平旺陷 忌 官歲弔 65~74 35癸 府驛客 【遷移】 建亥 【大官】

대한부처궁(巳)을 보면 거문이 영성과 동궁하면서 겁공의 협공을 당하고 있다. 부처궁이 소위 겁공협명위패국(劫空夾命爲敗局)이 된 것이다. 남편의 사업이 온전할 리 만무하다. 게다가 대궁(亥)으로 절족마를 비롯한 문곡화기가 충파하니 흉이 가중된다. 대한의 정황이 이러하면 차명과 배우자 모두 투기를 비롯한 개인 사업은 금물이다.

3. 육살성과 천형 · 천요

육살성(六煞星)은 경양 · 타라, 화성 · 영성, 지공 · 지겁을 말한다. 이 중에서 양타 · 화령은 특히 사살(四煞)이라 하여 흉의가 강하다. 천형 · 천요는 육살성에 해당하지 않지만 그 속성이 살성의 의미가 강하므로 같이 포함하여 논하기로 한다.

두수에서 육살성은 기본적으로 불리한 작용을 많이 한다. 특히 살성이 협하거나 어느 궁에 살성이 두 개 이상 거하게 되면 그 궁은 기본적으로 문제가 된다. 그러나 경우에 따라서 살성도 좋은 작용을 할 수도 있다. 탐랑이 화령을 보면서 길성이나 록성을 만나면 횡발하고, 염탐이나 천동은 천형을 만나면 길하다. 지공 · 지겁도 길 작용을 하는 경우가 있는데, 만약 명궁과 복덕궁으로 겁공을 보면 사람이 신중하고 생각이 깊으며 사상이 발달하고 성정도 소탈하다. 이처럼 살성도 때로는 격발(激發)하게 하거나 기타 좋은 작용을 할 수 있으므로 주의해서 관찰해야 한다. 그러나 살성이 중중하면 기본적으로 분파가 많다.

두수에서 육살성을 비롯한 천형 · 천요 등은 일의 승패가부나 길흉을 결정하는데 있어 매우 중요한 작용을 한다. 십사정성이 전체적인 틀과 분위기의 대세를 이루는 요소라면, 육길성이나 육살성 등은 그 일의 길흉가부를 결정하는 가장 중요한 역할을 하는 포인트가 되므로 하나라도 간과해선 안 될 것이다.

1) 경양 · 타라

- 경양 : 陽金, 刑, 剋, 고독, 질병, 사고, 구설, 災禍, 성정 강렬, 추진력
- 타라 : 陰金, 忌, 시비구설, 형극, 고독, 사고, 질병, 심리불안, 신중

경양(擎羊) · 타라(陀羅)는 생년(生年)에 의해서 배치되고 항상 록존을 협하는 성

이다. 양타는 그 속성이 서로 많은 차이가 있다. 경양과 타라를 나누어 논하여 보기로 한다.

『전서』에서 이르길 '경양이 命身궁에 거하면 성격이 폭행(暴行)하고 고독하며 친척이나 은인을 배반 한다'라고 하였다. 이러한 속성 자체가 고독하고 형극하는 것을 의미하는 것이다. 또한'경양이 입묘(入廟)하면 성품이 강하고 결단력이 있으며 기모(機謀)와 용기가 있고 권위를 얻고 귀하게 된다'라고 하였다. 이처럼 경양은 그 기본 속성이 강렬하면서 권적이고 형극의 기운을 강하게 함축하고 있다. 하여 명궁이나 身궁으로 경양이 거하면 사람이 용맹하고 위권(威權)적이며 타인의 지시를 받기 싫어하고 자신이 독단적으로 행하길 좋아한다.

경양은 형살(刑煞)의 기운을 함축하고 있으므로, 주로 군경·사법기관이나 외과나 치과의사·공학 분야 등에 적합하다. 그러나 공망성계 및 천형·천요 등이 명천선이나 복덕궁으로 들어가면 종교나 철학·심신수련·심리분야 등 정신세계에 안주하기도 한다.

경양은 화성을 만나면 화양격(火羊格)이 되어 격발하게 된다. 경양은 양금(陽金)이요, 화성은 양화(陽火)인데, 강렬한 불기운인 火가 金을 제련(製鍊)하여 이살제살(以煞制煞)이 된다고 보는 것이다. 그러나 경양은 영성을 만나면 패국(敗局)이 된다. 영성은 음화(陰火)이므로 陽金을 제련하기 어렵다.

경양은 거문·염정·탐랑 등과 만나는 것을 싫어한다. 염정이나 거문을 만나면 시비·고극·질병 등의 색채가 강해지고, 탐랑이 子궁에서 경양을 보면 범수도화(泛水桃花)가 되어 주색을 가까이 하게 된다.

경양이 사묘궁(四墓宮: 辰戌丑未궁을 말함)에 거하면 길하다. 특히 진술궁은 경양이 격발하기에 좋은 궁이다.

경양이 명궁이면 부처궁에는 반드시 타라가 들어가는데, 주로 배우자와 성격이나 기호가 맞지 않아 생리사별할 가능성이 높다.

타라는 그 속성이 기본적으로 어둡고 침침하며 시비구설의 색채가 강한 성이다. 자신의 실수나 잘못이 없다고 해도 일생 시비구설에 많이 연루된다. 그리고 당사자로 인하여 구설의 동기를 제공하는 경우가 많다. 『전서』에 이르길 '타라가 命身궁에 있으면 마음가짐이 부정하고 남몰래 많은 눈물을 흘리며 성정이 강하고 위맹하여 작사(作事)에 진퇴(進退)가 많다. 그리고 횡파하고 떠돌며 정처가 없다'라고 하여 과히 좋지 않게 평가하였다. 실제 명신궁으로 타라를 보면 사람이 비관적이고 우울하며 타인의 말을 잘 믿지 않으려고 한다. 그리고 타라는 주변의식을 많이 하고 스스로를 가두고 피곤하게 하는 성향이 있으며 고집이 대단하다. 또한 좋지 않은 기억을 잊지 못하고 눈치와 직관력이 빠르며 상대의 단점을 잘 보고 비판을 잘한다.

그러나 타라가 가지고 있는 장점도 있는데, 주로 사람이 신중하고 생각이 깊으며 통찰력이 있다. 타인의 행동이나 말에 쉽게 반응하지 않으며 주관이 뚜렷하다. 성품이 진중하고 사리분별을 잘하며 계획이나 계산이 체계적이고 정확하다. 그러나 정성이 함지이거나 다른 살성이 가하면 주관이 없고, 분위기에 휘둘리며 귀가 얇다.

타라 역시 사묘궁(四墓宮)을 좋아하는데, 축미궁이 가장 좋고 진술궁은 지체·좌절이 따른다.

타라는 영성을 만나면 이살제살이 되어 격발할 수 있다. 그러나 화성이나 다른 살성이 개입하면 패국이 된다.

타라가 가장 꺼리는 것은 천마이다. 타라가 천마를 보면 소위 절족마(折足馬)라 하는데, 절족마가 되면 재적으로는 손재를 면하기 어렵고, 육친과는 무정하고 극하며 사고나 질병의 암시도 강하다.

타라는 탐랑과 만나는 것을 꺼린다. 주로 주색으로 인하여 화를 입게 되는데, 만약 寅궁에서 탐랑이 타라와 동궁하면 풍류채장(風流綵杖)이라 하여 좋지 않게 평가한다. 탐랑이 亥궁에서 타라와 동궁하면 범수도화(泛水桃花)가 되어 역시 불리하다.

타라는 칠살 거문과 동궁하는 것도 꺼린다. 칠살과 동궁하면 육친과 인연이 없는데 특히 배우자 연이 불리하다. 타라가 거문과 동궁하면 시비구설의 색채가 더 강해져 일생 시비와 암울한 일이 많고 암질(暗疾)에 걸린다.

타라가 재백궁이나 관록궁에 들어가면 사업이나 장사는 마땅치 않다. 공예나 기술계열, 제조업분야 등에서 남 밑에 종사하는 것이 이롭다.

그 밖의 경양과 타라의 특성들을 살펴보기로 한다.

- 경양·타라가 협하는 궁, 즉 록존이 거하는 궁이 살기형성이 중중하면 양타협기(羊陀夾忌)가 되어 록존궁이 재화(災禍)를 당하게 된다.
- 양타 모두 자존심과 고집이 강하고 성격이 거칠고 극하는 성분이 있으므로 조직생활에는 적합하지 않다.
- 경양은 陽金의 속성으로 인하여 그 성향이 저돌적이고 외부적이며 추진력이 있다. 타라는 陰金의 속성으로 인하여 수동적이고 침착하며 반응이 신중하다.
- 경양의 재화(災禍)는 겉으로 드러나기 쉽고, 타라의 재화는 잘 드러나지 않고 속으로 곪는다.
- 경양은 화성과 기질이 맞고, 타라는 영성과 기질이 맞다. 이렇게 만나면 서로 이살제살(以煞制煞)하여 격발력을 가진다. 그러나 다른 살성이 개입하면 흉하다.
- 경양은 자신이 주관적으로 일을 진행하므로 능동적인 반면, 타라는 타인의 분위기나 동태를 보고 판단하여 반응하는 경우가 많으므로 수동적이다.
- 경양은 명암(明暗)이 분명하고 일처리가 조리 있다. 타라는 신중한 대신에 명암이 확실하지 않고 오래가고 질질 끄는 경향이 있다.
- 경양의 사고나 질병은 겉으로 드러나는 반면, 타라는 잘 드러나지 않고 서서히 진행하는 경우가 많다.
- 경양은 일의 완성을 앞두고 파(破)하는 경향이 있고, 타라는 일의 진행이 오래 동안 지체되는 경우가 많다.
- 여명이 명궁으로 양타를 보면, 성정이 강하여 남편을 업신여기거나 탈부권(奪夫權)하게 된다.
- 명궁에 경양이 좌명하면 부부해로에 문제가 많다. 이유는 부처궁으로 타라가 배치되기 때문이다.

경양 실례 1) 스님 명

天旬封天右天 壽空誥馬弼機 平平平 祿 伏歲弔 59辛 兵驛客 【父母】 生巳	天天紫 廚姚微 廟 科 大息病 60壬 耗神符 【福德】 養午	截文文 空昌曲 平旺 病華太 94~ 61癸 符蓋歲 【田宅】 胎未	天紅孤紅天天地天破 空鸞辰艶福巫空鉞軍 廟廟陷 喜劫晦 84~93 62甲 神煞氣 【官祿】 絶申
天寡天三陰擎七 德宿官台煞羊殺 廟旺 官攀天 4~13 58庚 府鞍德 【命宮】 浴辰	乾命 : 1955年(乙未) 6月 ○日 ○時 命局 : 金4局, 白蠟金 命主 : 廉貞 身主 : 天相		天台左 傷輔輔 陷 飛災喪 74~83 63乙 廉煞門 【奴僕】 墓酉
蜚鳳年天祿天太 廉閣解月存梁陽 旺廟廟 權 博將白 14~23 57己 士星虎 【兄弟】 帶卯			八天廉 座府貞 廟旺 奏天貫 64~73 64丙 書煞索 【身 遷移】 死戌
天天陀地天武 喜刑羅劫相曲 陷平廟閑 力亡龍 24~33 56戊 士身德 【夫妻】 建寅	破天天恩鈴巨天 碎虛貴光星門同 陷旺陷 青月歲 34~43 55己 龍煞破 【子女】 旺丑	月大解火天貪 德耗神星魁狼 平旺旺 小咸小 44~53 54戊 耗池耗 【財帛】 衰子	天天龍天太 使才池哭陰 廟 忌 將指官 54~63 65丁 軍背符 【疾厄】 病亥

스님의 명이다. 결혼 하여 처자식을 두고 30세가 지나서 탈속을 하였다. 명궁에 경양을 본 탓에 유년시절부터 정신세계에 관심이 많았다. 경양은 형극·고독을 주하는 성이므로, 명궁에 경양이 거하면 삶이 고독하거나 파동이 많다. 명궁의 정황을 떠나서 선천부처궁(寅)의 무곡·천상은 육친의 인연에 치명적인 타라·천형·지겁과 동궁하니 차명은 배우자 인연이 좋을 리 만무하다. 그리고 경양이 칠살과 동궁하면 그 기운이 강렬해져 살기(殺氣)를 갖게 된다. 차명의 성정이 위강하고 다급한 면이 있는데, 만약 수양을 쌓지 않으면 말보다 주먹이 앞서기 쉽고 늘 사건·사고가 따르게 된다.

경양 실례 2) 경양·천형이 동궁한 명

<table>
<tr>
<td>大大大大天紅八天文天
馬曲陀耗壽鸞座巫昌同
廟廟
忌
權
大亡龍 82~91 32辛
耗身德 【財帛】 絶巳
【大遷】</td>
<td>大截天火地天武
祿空福星空府曲
廟廟旺旺
權
伏將白 92~ 33壬
兵星虎 【子女】 胎午
【大疾】</td>
<td>大天天寡封陀天太太
羊德才宿誥羅鉞陰陽
廟旺平平
科祿
祿
官攀天 34癸
府鞍德【身 夫妻】養未
【大財】</td>
<td>天解鈴祿天貪
哭神星存馬狼
旺廟旺平
博歲弔 35甲
士驛客 【兄弟】 生申
【大子】</td>
</tr>
<tr>
<td>天天地左破
使虛劫輔軍
陷廟旺
病月歲 72~81 31庚
符煞破 【疾厄】 墓辰
【大奴】</td>
<td colspan="2" rowspan="2">乾命 : 1970年(庚戌) 1月 ○日 ○時
命局 : 水2局, 泉中水
命主 : 文曲
身主 : 文昌</td>
<td>大大三恩天擎文巨天
昌鉞台光刑羊曲門機
陷廟廟旺
忌科
力息病 2~11 36乙
士神符 【命宮】 浴酉
【大配】</td>
</tr>
<tr>
<td>月
德
喜咸小 62~71 30己
神池耗 【遷移】 死卯
【大官】</td>
<td>紅天右天紫
艷月弼相微
廟閑閑
青華太 12~21 37丙
龍蓋歲 【父母】 帶戌
【大兄】</td>
</tr>
<tr>
<td>天龍旬天陰廉
傷池空廚煞貞
廟
飛指官 52~61 29戊
廉背符 【奴僕】 病寅
【大田】</td>
<td>破天天天
碎貴姚魁
旺
奏天貫 42~51 40己
書煞索 【官祿】 衰丑
【大福】</td>
<td>蜚鳳年七
廉閣解殺
旺
將災喪 32~41 39戊
軍煞門 【田宅】 旺子
【大父】</td>
<td>大天天孤天台天
魁空喜辰官輔梁
陷
小劫晦 22~31 38丁
耗煞氣 【福德】 建亥
【大命】</td>
</tr>
</table>

선천명궁인 酉궁의 기거조합은 기본적으로 길격에 해당한다. 고인들은 자수성가하는 대표적인 조합으로 보았다. 그런데 차명의 경우 경양을 만나 부담이 된다. 게다가 천형까지 가세하니 문제다. 경양과 천형 모두 형극을 주하는데, 이렇게 두 성이 만나면 그 흉이 배가 된다. 차명의 성정이 강렬하고 살기가 강하며 감정의 기복을 나타내는 것도 경양·천형이 동궁하는 탓이다.

정해대한(22세~31세)에는 배우자와 이혼하였고, 유난히 자동차 사고를 많이 당했다고 한다. 부부이별은 대한부처궁(酉)으로 거문화기가 충파했기 때문이다. 그렇지 않아도 유궁은 경양·천형으로 인하여 패국을 이루고 있는데, 이렇게 거문화기까지 가세하니 흉화가 더 강해진다. 그리고 정해대한은 유난히 교통사고를 많이 당하였다고 한다. 대한천이궁(巳)으로 천동화기와 겁공이 협하여 타격하니 밖에서 사고를 많이 당하게 된다. 더 중요한 것은 선천명궁으로 대한의 거문화기가 충파하기 때문에 정해대한은 늘 사고나 건강문제가 주요사안이 되는 것이다. 차명의 경우 굳이 대한을 분석하지 않아도 선천명궁의 구조가 고독·사고·질병·손재 등의 암시가 아주 강한 명이다.

타라 사례 1) 남모르는 고충이 많은 명

<table>
<tr>
<td>天天天孤天三天天
空才喜辰廚台貫機
平
大劫晦 82~91 50己
耗煞氣 【官祿】 建巳</td>
<td>蜚天鳳紅年封火文紫
廉傷閣艷解誥星昌微
廟陷廟
病災喪 72~81 51庚
符煞門 【奴僕】 帶午</td>
<td>天地天右左
官空鉞弼輔
平旺廟廟
喜天貫 62~71 52辛
神煞索 【遷移】 浴未</td>
<td>天龍截陰文破
使池空煞曲軍
平陷
權
飛指官 52~61 53壬
廉背符 【疾厄】 生申</td>
</tr>
<tr>
<td>天七
姚殺
旺
伏華太 92~ 49戊
兵蓋歲 【田宅】 旺辰</td>
<td colspan="2" rowspan="2">坤命 : 1964年(甲辰) 4月 ○日 ○時
命局 : 水2局, 潤下水
命主 : 巨門
身主 : 文昌</td>
<td>月天八
德福座
奏咸小 42~51 54癸
書池耗 【身 財帛】 養酉</td>
</tr>
<tr>
<td>恩擎地天太
光羊劫梁陽
陷平廟廟
忌
官息病 48丁
府神符 【福德】 衰卯</td>
<td>天解台天廉
虛神輔府貞
廟旺
祿
將月歲 32~41 55甲
軍煞破 【子女】 胎戌</td>
</tr>
<tr>
<td>天旬天鈴祿天天武
哭空月星存馬相曲
廟廟旺廟閑
科
博歲弔 47丙
士驛客 【父母】 病寅</td>
<td>天破天寡陀天巨天
德碎壽宿羅魁門同
廟旺旺陷
力攀天 2~11 46丁
士鞍德 【命宮】 死丑</td>
<td>天貪
刑狼
旺
青將白 12~21 45丙
龍星虎 【兄弟】 墓子</td>
<td>大紅天太
耗鸞巫陰
廟
小亡龍 22~31 56乙
耗身德 【夫妻】 絶亥</td>
</tr>
</table>

선천명궁(丑)에 거문·천동이 동궁한다. 여명 거동조합은 감정창상을 비롯한 말

못할 고민이 많다고 했는데, 차명은 타라가 가세하여 더욱 그러하다. 거문이 시비구설과 어두운 특징이 있는데 암성(暗星)인 타라와 동궁하니 더 문제가 되는 것이다. 차명의 성정이 외부적으로는 비록 화사하고 유연하지만, 속으로는 늘 인생이 불안하고 우울증 등의 증세도 가지고 있다. 이는 거동조합이 타라와 동궁하여 나타나는 현상이다. 선천복덕궁(卯)도 태양화기·경양·지겁 등으로 인하여 정신향수가 더 불안하고 우울한 분위기다.

계유대한(42세~51세)에는 배우자가 외도하여 우울증세가 더 악화되고 치료를 받을 지경에 이르렀다. 차명의 배우자는 사업을 하고 있는데 끼가 많고 주색·도박 등에 관심이 많아서 일생 부부사이가 여의치 않고 재적으로 재래재거(財來財去)가 심하다.

타라 사례 2) 부모 인연이 없는 명

天截天三恩地地天貪廉 虛空福台光空劫馬狼貞 廟閑平陷陷 將歲歲 24~33 43癸 軍驛破 【夫妻】 生巳	天天天解天巨 壽才廚神鉞門 旺 祿 小息龍 14~23 44甲 耗神德 【兄弟】 養午	天天 哭相 閑 青華白 4~13 45乙 龍蓋虎【身 命宮】胎未	天封天陀天天 德誥刑羅梁同 陷陷旺 力劫天 46丙 士煞德 【父母】 絶申
月大紅陰鈴文太 德耗鸞煞星昌陰 旺旺閑 忌 奏攀小 34~43 42壬 書鞍耗 【子女】 浴辰	乾命 : 1971年(辛亥) 12月 ○日 ○時 命局 : 金4局, 沙中金 命主 : 武曲 身主 : 天機		破紅天八祿七武 碎艷官座存殺曲 旺閑旺 博災弔 47丁 士煞客 【福德】 墓酉
龍旬火左天 池空星輔府 平陷平 飛將官 44~53 41辛 廉星符 【財帛】 帶卯			天寡擎文太 喜宿羊曲陽 廟陷陷 科權 官天病 94~ 48戊 府煞符 【田宅】 死戌
天孤天天 使辰月魁 喜亡貫 54~63 40庚 神身索 【疾厄】 建寅	蜚破紫 廉軍微 旺廟 病月喪 64~73 39辛 符煞門 【遷移】 旺丑	天天台天天 空傷輔姚機 廟 大咸晦 74~83 38庚 耗池氣 【奴僕】 衰子	鳳天年天右 閣貴解巫弼 平 伏指太 84~93 49己 兵背歲 【官祿】 病亥

선천부모궁(申)에 타라·천형이 동궁하고 있다. 육친궁에 타라가 떨어지면 해당 육친과 서로 소원(疏遠)하거나 인연이 없다. 여기에 천형까지 더하니 부모 무덕하고 서로 인연도 없다고 보는 것이다. 이러한 연고로 부친은 차명의 9세(己未)때 사고로 졸하고, 임진대한 현재 모친과 살고 있는데 모친과도 서로 성정이 맞지 않아서 자주 부딪힌다고 한다.

부모궁의 정황이 이러하면 부모와 일찍 분가하는 것이 길하다. 그리고 직장생활 등 사회적으로 보면 윗사람과의 관계도 여의치 않아 수상존장(手上尊長)의 음덕이 적다.

타라 사례 3) 자녀 지체장애

<table>
<tr>
<td>孤三天台天貪廉
辰台貴輔鉞狼貞
旺陷陷
飛亡貫 83~92 52乙
廉身索 【官祿】 病巳</td>
<td>天龍天解陰巨
傷池福神煞門
旺
奏將官 73~82 53丙
書星符 【奴僕】 衰午</td>
<td>月天天天
德喜刑相
閑
將攀小 63~72 54丁
軍鞍耗 【遷移】 旺未</td>
<td>天鳳天年天天天
使閣虛解馬梁同
旺陷旺
祿
小歲歲 53~62 55戊
耗驛破 【疾厄】 建申</td>
</tr>
<tr>
<td>天旬太
哭空陰
閑
喜月喪 93~ 51甲
神煞門 【田宅】 死辰</td>
<td colspan="2" rowspan="2">坤命 : 1962年(壬寅) 11月 ○日 ○時
命局 : 木3局, 桑柘木
命主 : 巨門
身主 : 天梁</td>
<td>破大天八七武
碎耗廚座殺曲
閑旺
忌
青息龍 43~52 56己
龍神德 【財帛】 帶酉</td>
</tr>
<tr>
<td>天天天文天
空才魁曲府
廟旺平
病咸晦 50癸
符池氣 【福德】 墓卯</td>
<td>蜚天天陀地太
廉官月羅劫陽
廟平陷
力華白 33~42 57庚
士蓋虎 【子女】 浴戌</td>
</tr>
<tr>
<td>截天鈴左
空巫星輔
廟廟
科
大指太 49壬
耗背歲 【父母】 絕寅</td>
<td>天紅寡恩封破紫
壽鸞宿光誥軍微
旺廟
權
伏天病 3~12 48癸
兵煞符 【命宮】 胎丑</td>
<td>紅擎火地右天
艷羊星空弼機
陷平平廟廟
官災弔 13~22 47壬
府煞客 【兄弟】 養子</td>
<td>天天祿文
德姚存昌
廟旺
博劫天 23~32 58辛
士煞德 【身 夫妻】 生亥</td>
</tr>
</table>

선천자녀궁(戌)을 보면, 태양이 타라와 동궁하고 있다. 태양이 타라를 만나면 인리산재(人離散財 : 사람은 헤어지고 재물은 흩어짐)가 되어 흉격을 형성하게 된다. 자녀로 인한 고충을 예단할 수 있는 명이다. 차명의 경우처럼 태양이 함지이면 더 흉험하다. 동궁한 지겁도 육친의 인연에 문제가 있다. 중요한 것은 자녀궁에 질병성계인 철월(天月)이 동궁하는 것인데, 이때 타라 · 지겁 · 상문 · 백호 · 천곡 등의 성계도 모두 사고나 질병으로 화하여 문제를 야기 시킨다. 차명의 아들 한명이 정신지체장애를 겪고 있는데, 이는 천월 질병성계를 보기 때문이다. 물론 산재(散財)의 요소도 배제할 수 없다. 재물손재는 차명이 주로 자녀 때문에 비용이 많이 발생함을 예단할 수 있고, 자녀가 재적으로 순탄치 않음을 의미하기도 한다.

2) 화성 · 영성

화성(火星)은 양화(陽火)며, 영성(鈴星)은 음화(陰火)다. 이와 같은 속성을 비유적으로 화명영암(火明鈴暗)이라 한다. 화성과 영성은 오행이 다를 뿐 나머지 특성은 유사하다. 다만 화령도 양타처럼 명암(明暗)과 정동(靜動), 주동(主動), 피동(被動) 등의 구분은 확연히 대비된다.

화성은 기본적으로 형극(刑剋)과 파동(波動) · 재화(災禍) · 질액(疾厄) 등을 주하는 살성이다. 성정이 민감하고 강렬하며 다급하다. 『전서』에 이르길 '화성은 命身궁과 기타 모든 궁에서 꺼린다. 그 성정이 모질고 강하며 출중함이 있다' 그리고 '머리카락이 특이함이 많고(이는 주로 모발이 억세고 거칠거나 곱슬한 경우를 의미) 이빨에 상처가 있다. 승도는 표탕(飄蕩)하고 계율을 어긴다. 女命이 화성이 입묘하면 정결하고, 함지이면 사음(邪淫)하며 남편과 자식을 극하고 하천하며 고생한다'라고 하였다. 이처럼 화성은 제궁에서 모두 꺼리는 성으로 보았다.

화성이 명궁에 거하면 사람이 예민하지만 총명하고 기교가 있으며 적극적인 성격이다. 하지만 성격이 강하고 급하므로 말이 거칠거나 흥분을 잘한다. 그러나 사람이 뒤끝이 없고 마음에 두지 않는다.

화성은 다급한 기질로 인하여 일처리가 확실하고 속전속결인데, 자칫 서두르다 곤란을 당하기 쉽다.

화성은 경양을 보면 화양격(火羊格)이 되어 격발한다. 그러나 다른 살성이 가하면 패국(敗局)이다.

화성이 명궁이나 부모궁에 있으면 부모의 연이 없다. 다른 살성이 가하면 더 불리하다.

화성은 탐랑과 동궁하면 횡발격을 형성하므로 재적으로 길하다. 이 경우 재성을 보면 더욱 발재(發財)하고, 과문(科文)성을 보면 명예를 얻는다.

영성 역시 화성이 가지고 있는 기본특징은 유사하다. 다만 영성은 화성에 비하여 길흉의 위력이 비교적 약하거나 늦게 나타난다. 『전서』에 이르길 '영성이 命身궁에 들어가면 성정이 음침(吟沉)하다. 얼굴 생김이 특이하고 위세가 있으며 성명(聲名)이 있다(영성이 입묘하면서 조건이 좋을 경우를 말함)' 또한 '고단(孤單)하고 조업(祖業)을 버리며 신체장애나 병자가 된다. 승도로서 표탕함이 많고 환속(還俗)하여 정한 곳 없이 지낸다'라고 하였다. 이처럼 영성 역시 화성과 마찬가지로 살성의 성질은 나타나기 마련이다.

영성이 명신궁에 거하면 사람이 고독하고 육친과 연이 적다. 성정이 침울한듯하지만 성렬(性烈)하여 강렬한 면도 있다. 다만 화성의 강렬함보다 다소 약하다.

염살경영(廉殺擎鈴 : 염정·칠살이 경양과 영성을 만나는 경우)이 되면 주로 살상(殺傷)과 횡액을 면치 못한다.

영성 역시 탐랑을 보면서 조건이 좋으면 횡발을 이루기 쉽다. 그러나 화성보다 횡발의 힘이 약하다.

기타 화성과 영성의 특성을 비교해 보면 다음과 같다.

- 화성은 明적이고 영성은 暗적이다. 소위 화명영암(火明鈴暗)을 말한다.
- 화성은 적극적이고 주동적인 반면 영성은 소극적이고 피동적이다.

- 화성의 성질은 강렬하여 겉으로 들어나고 행동력이 강하며, 영성은 강하지만 잘 드러나지 않는다.
- 화성이 띠는 재화(災禍)는 표면상으로 드러나 알 수 있고, 영성의 재화는 당사자만 인식하거나 잘 드러나지 않는다. 만약 질병이라면 화성의 질병은 외상을 비롯한 눈으로 확인할 수 있는 범위이고, 영성은 내부적인 질병과 관계가 있다.
- 화성의 재난은 물질적인 손실을 많고 그 파동이 일시적이며, 영성의 재난은 정신적인 고통을 많이 수반하며 오랫동안 지속된다.
- 화성 영성이 어느 궁을 협하면 그 궁은 인생에서 가장 취약한 궁이 된다. 이를 '화령협명위패국(火鈴夾命爲敗局)'이라 하는데, 12궁에서 모두 불리하다. 만약 화령이 협하는 궁에 다른 살성이 모이면 더 치명적이다.
- 화령협을 싫어하는 星은 주로 천기·거문·염정·천동·천상 등이다.
- 입묘한 태양·태음이나 자미·천부는 화령을 크게 두려워하지 않는다.
- 탐랑은 화령을 좋아한다. 만약 록성을 보면 재적으로 가장 길하다.
- 화령이 명궁과 복덕궁에 나누어져 있으면 일생 파동이 많다. 명궁과 부처궁에 분거해도 배우자연이 순탄치 못하다.
- 여명이 화령이 거하거나 명궁을 협하면 남편을 업신여기고 탈부권(奪夫權)한다.
- 부처궁에서 화령을 보면 갑자기 연애하고 결혼한다.
- 화령이 命身궁에 거하면 말이나 행동에 표현력이 있으며, 여명은 재치가 있고 얼굴이 잘 생겼다.
- 화령이 명궁에 있으면 초년에 고향을 떠나고 부모연이 없다. 다른 살기성이 더하면 양자(養子)로 간다.

화성 사례 1) 화탐격

<table>
<tr>
<td>破祿破武
碎存軍曲
廟閑平
博亡病 22~31 36丁
士身符 【福德】 絶巳</td>
<td>天天天擎太
廚月刑羊陽
平廟
力將太 32~41 37戊
士星歲 【田宅】 胎午</td>
<td>天地天天
空劫鉞府
平旺廟
青攀晦 42~51 38己
龍鞍氣 【身 官祿】 養未</td>
<td>天孤天陰天太天
傷辰巫煞馬陰機
旺平平
權忌
小歲喪 52~61 39庚
耗驛門 【奴僕】 生申</td>
</tr>
<tr>
<td>鳳寡紅三恩年解陀天
閣宿艶台光解神羅同
廟平
官月弔 12~21 35丙
府煞客 【父母】 墓辰</td>
<td colspan="2" rowspan="2">乾命 : 1978年(戊午) 10月 ○日 ○時
命局 : 水2局, 大溪水
命主 : 文曲
身主 : 火星</td>
<td>天紅火貪紫
才鸞星狼微
陷平平
祿
將息貫 62~71 40辛
軍神索 【遷移】 浴酉</td>
</tr>
<tr>
<td>天天天天地
德喜官福空
平
伏咸天 2~11 34乙
兵池德 【命宮】 死卯</td>
<td>天龍八封天巨
使池座誥姚門
旺
奏華官 72~81 41壬
書蓋符 【疾厄】 帶戌</td>
</tr>
<tr>
<td>蜚天台文
廉貴輔昌
陷
大指白 33甲
耗背虎 【兄弟】 病寅</td>
<td>大天天右左七廉
耗壽魁弼輔殺貞
旺廟廟廟旺
科
病天龍 32乙
符煞德 【夫妻】 衰丑</td>
<td>天天旬截文天
哭虛空空曲梁
廟廟
喜災歲 92~ 31甲
神煞破 【子女】 旺子</td>
<td>月鈴天
德星相
廟平
飛劫小 82~91 42癸
廉煞耗 【財帛】 建亥</td>
</tr>
</table>

선천명궁이 공궁(空宮)이며 酉궁의 성계를 차성안궁한다. 유궁은 자탐조합을 이루고 있는데, 화성과 동궁하고 있다. 탐랑은 화령을 좋아하는데 화성을 더 길하게 본다. 특히 탐랑화록이 되면 화탐격(火貪格)이 되는데, 차격은 재적으로 횡발하는 조합이다. 차명의 선천명천선의 구조가 부격(富格)을 이루고 있는 것이다.

차명은 미국에서 명문대 의대를 졸업하고 정사대한(22세~31세) 현재 레지던트로 근무하고 있다. 앞으로 개인 병원을 운영할 구상을 가지고 있는데, 재적으로 기대가 되는 명이다. 성격도 시원하고 처세가 유연하여 대인관계도 좋다. 탐랑이 처세술이 있는 성인데, 화성을 보면 솔직담백하고 풍류를 안다.

화성 사례 2) 전마(戰馬)사례

<table>
<tr>
<td>大大大天鳳三年貪廉
馬曲陀壽閣台解狼貞
陷陷
青指太 92~ 49辛
龍背歲 【子女】 絶巳
【大遷】</td>
<td>大天天鈴左巨
祿空廚星輔門
廟旺旺
忌
小咸晦 50壬
耗池氣 【夫妻】 胎午
【大疾】</td>
<td>大蜚截地天
羊廉空劫相
平閑
將月喪 39癸
軍煞門 【兄弟】 養未
【大財】</td>
<td>孤紅天天右天天
辰艶福鉞弼梁同
廟閑陷旺
權
權
奏亡貫 2~11 40甲
書身索 【命宮】 生申
【大子】</td>
</tr>
<tr>
<td>天寡天天擎太
喜宿官月羊陰
廟閑
忌
祿
力天病 82~91 48庚
士煞符 【財帛】 墓辰
【大奴】</td>
<td colspan="2" rowspan="2">坤命 ： 1965年(乙巳) 3月 ○日 ○時
命局 ： 水2局, 泉中水
命主 ： 廉貞
身主 ： 天機</td>
<td>大大破龍八七武
昌鉞碎池座殺曲
閑旺
飛將官 12~21 41乙
廉星符 【父母】 浴酉
【大配】</td>
</tr>
<tr>
<td>天旬天地祿天
使空姚空存府
平旺平
博災弔 72~81 47己
士煞客 【疾厄】 死卯
【大官】</td>
<td>月大紅天解陰封太
德耗鸞貴神煞誥陽
陷
喜攀小 22~31 42丙
神鞍耗 【福德】 帶戌
【大兄】</td>
</tr>
<tr>
<td>天天台陀文
德巫輔羅昌
陷陷
官劫天 62~71 46戊
府煞德 【遷移】 病寅
【大田】</td>
<td>天天天破紫
傷才哭軍微
旺廟
科
伏華白 52~61 45己
兵蓋虎 【奴僕】 衰丑
【大福】</td>
<td>恩天文天
光魁曲機
旺廟廟
祿
科
大息龍 42~51 44戊
耗神德 【身 官祿】 旺子
【大父】</td>
<td>大天天火天
魁虛刑星馬
平平
病歲歲 32~41 43丁
符驛破 【田宅】 建亥
【大命】</td>
</tr>
</table>

정해대한(32세~41세)은 대한명궁(亥)에 화성이 거하고 있다. 정성이 없는 가운데 화성이 약궁에 거하니 당 대한은 운세의 흐름이 여의치 않음을 알 수 있다. 천형·천요를 포함한 육살성이 이처럼 함지에 거하면 흉이 더 강하게 발현한다. 그런데 차명은 천마·천형 등과 동궁하여 살기(殺氣)가 중중하다. 화성이 천마를 보면 전마(戰馬)가 되고, 천마가 천형 등 살성과 만나면 부시마(負尸馬)라 하였다. 대한명궁의 정황이 상당히 엄중하다.

차명은 정해대한 중 배우자와 이혼하고 재혼을 하게 되었는데, 해궁의 정황이 이러한 파동을 이미 예시하고 있는 것이다. 물론 대한의 거문화기가 선천부처궁(午)을 충파하니 정해대한의 주요사안은 바로 부부문제였던 것이다.

화성 사례 3) 선천명궁 화성

蜚破天孤旬天天天 文天 廉碎使辰空福馬鉞 曲梁 平旺 廟陷 喜歲喪 52~61 51丁 神驛門 【疾厄】 建巳	天天天天七 喜官月刑殺 旺 飛息貫 42~51 52戊 廉神索 【財帛】 帶午	鳳龍八三年台 閣池座台解輔 奏華官 32~41 53己 書蓋符 【子女】 浴未	月大紅天陰廉 德耗艷巫煞貞 廟 將劫小 22~31 54庚 軍煞耗 【夫妻】 生申
天解 天紫 空神 相微 旺陷 病攀晦 62~71 50丙 符鞍氣 【遷移】 旺辰	乾命 : 1963年(癸卯) 10月 ○日 ○時 命局 : 水2局, 大海水 命主 : 祿存 身主 : 天同		天文 虛昌 廟 小災歲 12~21 55辛 耗煞破 【兄弟】 養酉
天天天封天 巨天 傷壽哭誥魁 門機 廟 廟旺 權 大將太 72~81 49乙 耗星歲 【奴僕】 衰卯			天天火地破 貴姚星空軍 廟陷旺 祿 青天龍 2~11 56壬 龍煞德 【命宮】 胎戌
恩貪 光狼 平 忌 伏亡病 82~91 48甲 兵身符 【官祿】 病寅	天寡截擎右 左太太 才宿空羊弼 輔陰陽 廟廟 廟廟陷 科 官月弔 92~ 47乙 府煞客 【田宅】 死丑	天紅地祿天武 德鸞劫存府曲 陷旺廟旺 博咸天 46甲 士池德 【身 福德】 墓子	天陀鈴天 廚羅星同 陷廟廟 力指白 57癸 士背虎 【父母】 絶亥

선천명궁(戌)에 파군화록이 화성과 동궁하고 있다. 파군이 화록이면 개창력이 강하고 일에 추진력이 있다. 그런데 차명의 경우 화성을 만나 성정이 강렬하고 드러나며 다급한 면이 있다. 자파상조합은 화성을 꺼리는데, 반발심이 강하고 배타적인 성향으로 변하여 고극을 자초하기 때문이다. 차명은 다행히 처세가 유연한 천요와 동

궁하여 이러한 결점을 약간 보충하였다.

화성의 기본 성정이 강렬하고 형극(刑剋)하는 속성이 있지만, 길작용을 하면 언행이 소탈하고 총명하며 솔직담백한 일면도 있다. 차명의 경우 전자와 후자의 성정을 모두 가지고 있다. 다만 육친의 연이 없는 자파상 조합이 화성과 동궁하니 차명의 선천명궁 색채가 고극(孤剋)을 주한다. 이러한 연고로 형제나 직원들 때문에 늘 정신적으로 힘들고, 또한 물질적으로 지원을 해야 하는 입장이다.

영성 사례 1) 재백궁 영성, 사업 손재

<table>
<tr>
<td>大鳳天年天天天天
昌閣福解巫姚鉞府
旺平

奏指太 93~ 49丁
書背歲 【子女】 病巳
【大奴】</td>
<td>天天天陰右太天
空官貴煞弼陰同
旺陷陷
科

飛咸晦 50戊
廉池氣 【夫妻】 死午
【大遷】</td>
<td>大蜚旬天貪武
鉞廉空月狼曲
廟廟
忌
科

喜月喪 51己
神煞門 【兄弟】 墓未
【大疾】</td>
<td>孤紅鈴左巨太
辰艷星輔門陽
旺平廟閑
權
忌

病亡貫 3~12 52庚
符身索 【命宮】 絶申
【大財】</td>
</tr>
<tr>
<td>天寡恩台
喜宿光輔

將天病 83~92 60丙
軍煞符【身 財帛】 衰辰
【大官】</td>
<td colspan="2" rowspan="2">坤命 : 1953年(癸巳) 5月 ○日 ○時
命局 : 木3局, 石榴木
命主 : 廉貞
身主 : 天機</td>
<td>大破天龍地天
曲碎壽池劫相
平陷

大將官 13~22 53辛
耗星符 【父母】 胎酉
【大子】</td>
</tr>
<tr>
<td>大天天破廉
羊使魁軍貞
廟旺閑
祿
權祿

小災弔 73~82 59乙
耗煞客 【疾厄】 旺卯
【大田】</td>
<td>月大紅天天
德耗鸞梁機
旺廟

伏攀小 23~32 54壬
兵鞍耗 【福德】 養戌
【大配】</td>
</tr>
<tr>
<td>大大天文
馬祿德曲
平

青劫天 63~72 58甲
龍煞德 【遷移】 建寅
【大福】</td>
<td>天天天截八三天擎火地
傷才哭空座台刑羊星空
大大 廟旺陷
魁陀

力華白 53~62 57乙
士蓋虎 【奴僕】 帶丑
【大父】</td>
<td>解封祿文
神誥存昌
旺旺

博息龍 43~52 56甲
士神德 【官祿】 浴子
【大命】</td>
<td>天天陀天七紫
虛廚羅馬殺微
陷平平旺

官歲歲 33~42 55癸
府驛破 【田宅】 生亥
【大兄】</td>
</tr>
</table>

선천명궁(申)이 거일 조합이다. 비교적 신중하고 무거운 거일조합이 거문화권으로

인하여 자신의 목소리를 내고 언행이 견강(堅剛)할 수 있다. 동궁한 영성으로 인하여 이러한 성정이 더 강렬해지는 분위기다. 실제로 차명은 성정이 호탕하고 목소리에 힘이 있으며 기상이 있다.

갑자대한(43세~52세)이 되면 대한재백궁(申)으로 대한의 태양화기가 떨어진다. 재적으로 손재를 예단할 수 있다. 그리고 동궁한 영성으로 인하여 더 큰 부담을 안게 된다. 만약 태양이 입묘하면 화령을 만나도 부담이 적지만, 이처럼 함지의 태양은 화령을 매우 싫어한다. 51세(癸未)에 후배와 커피전문점을 시작했는데, 손해를 많이 보고 어렵게 가게를 처분하였다.

영성 사례 2) 부처궁 영성

<table>
<tr>
<td>大孤地地天天
祿辰空劫鉞梁
廟閑旺陷
祿
飛亡貫 64~73 40乙
廉身索 【遷移】 生巳
【大子】</td>
<td>大大天龍天三七
曲羊使池福台殺
旺
奏將官 54~63 41丙
書星符 【疾厄】 養午
【大配】</td>
<td>大月天火右左
鉞德喜星弼輔
閑廟廟
科
科
將攀小 44~53 42丁
軍鞍耗 【財帛】 胎未
【大兄】</td>
<td>大鳳天八天年陰封天廉
昌閣虛座貴解煞誥馬貞
旺廟
小歲歲 34~43 43戊
耗驛破 【子女】 絶申
【大命】</td>
</tr>
<tr>
<td>大天天旬天文天紫
陀傷哭空姚昌相微
旺旺陷
權
喜月喪 74~83 39甲
神煞門 【奴僕】 浴辰
【大財】</td>
<td colspan="2" rowspan="2">坤命 : 1962年(壬寅) 4月 ○日 ○時
命局 : 金4局, 釵釧金
命主 : 巨門
身主 : 天梁</td>
<td>破大天鈴
碎耗廚星
陷
青息龍 24~33 44己
龍神德 【夫妻】 墓酉
【大父】</td>
</tr>
<tr>
<td>天天巨天
空魁門機
廟廟旺
忌
病咸晦 84~93 50癸
符池氣 【官祿】 帶卯
【大疾】</td>
<td>蜚天解陀文破
廉官神羅曲軍
廟陷旺
力華白 14~23 45庚
士蓋虎 【兄弟】 死戌
【大福】</td>
</tr>
<tr>
<td>大截恩天貪
馬空光月狼
平
祿
大指太 94~ 49壬
耗背歲 【田宅】 建寅
【大遷】</td>
<td>大天天紅寡太太
魁壽才鸞宿陰陽
廟陷
權
伏天病 48癸
兵煞符 【福德】 旺丑
【大奴】</td>
<td>紅台天擎天武
艶輔刑羊府曲
陷廟旺
忌
官災弔 47壬
府煞客 【父母】 衰子
【大官】</td>
<td>天天祿天
德巫存同
廟廟
博劫天 4~13 46辛
士煞德 【身 命宮】 病亥
【大田】</td>
</tr>
</table>

선천부처궁(酉)에 영성이 거하고 있다. 함지의 영성이라 더 불리하다. 기거가 차성되는데, 천기·거문은 화령에 민감하게 작용한다. 배우자연이 여의치 않음을 알 수 있다.

차명의 배우자는 법대를 졸업하여 사법고시에 10년 이상을 매달렸지만 결국 낙방하고, 무신대한(34세~43세) 중 이혼하기에 이르렀다. 무신대한은 대한 천기화기가 卯궁에 떨어져 선천부처궁을 충파하니 배우자의 합격은 요원하고 결국에는 부부이 별까지 하게 되는 것이다.

3) 지공·지겁

- 地空 : 陰火, 空亡星, 損耗(정신적), 고독, 허무, 무정, 반전통(反傳統)
- 地劫 : 陽火, 空亡星, 損耗(물질적), 고독, 허무, 분리, 반조류(反潮流)

지공(地空)·지겁(地劫)은 육살성 중에서 공망성에 해당한다. 공망의 뜻은 주로 허망하고 무정(無情)하며 무언가 부족한 상황들을 의미한다. 하여 겁공을 보면 주변의 음덕을 입기 어렵고, 일은 지체되고 소득이 없으며 추진력에 장애를 입게 된다. 그러나 겁공을 만난다고 해서 꼭 불리한 것은 아니다. 사람이 생각이 깊고 철리적이며 물질에 집착하지 않고 소탈한 이미지를 지니고 있기도 하다.

고인이 겁공에 대하여 이르길 '두 星이 命身궁에 거하면서 살성을 보면 하천하고 중하면 가축이 홍하지 않는다. 승도는 부정(不正)하고 여명은 첩이 되며 형극, 고독하게 된다'라고 하였다. 물론 재물적인 손해는 말할 것도 없다.

명신궁이나 삼방에서 겁공이 동회해도 전체적인 정황이 길하면 꼭 손재라고 단정할 수 없다. 이런 경우 투자비용이나 소비가 많은 것으로 나타날 수 있다. 또는 일의 진행사가 지체되거나 재적인 문제가 약간 있겠지만, 정황이 좋으면 결국 이것에서 벗어나게 된다.

지공은 주로 정신적인 측면에서 불리하다. 하여 지공이 복덕궁·부모궁·부처궁·자녀궁 등 육친궁에 들어가면 해당 육친과 무정(無情)하거나 인연이 없다. 살성이 가하면 더 불리하다. 만약 명궁이나 복덕궁으로 지공이 들어가면 그 사람이 정서적으로 편향되어 예술이나 문학 아니면 정신세계에 종사하는 경우가 많다. 고인이 지공에 대해 이르길 '작사허공(作事虛空), 불행정도(不行正途), 성패다단(成敗多端)'이라 하여 문제가 많다고 보았다. 그러나 무조건 겁공을 본다고 하여 불리한 것만 있는 것은 아니다. 다른 살성의 개입여부를 보고 최종 판단을 해야 한다.

지겁은 주로 물질적인 측면에서 불리하다. 하여 지겁은 재백궁·관록궁에서 보면 좋지 않다. 지겁의 물질적 손해는 지공에 비하여 강한데, 공겁이 동궁하거나 협을 하면 더욱 불리하게 작용한다. 지겁은 작사소광(作事疏狂)이라 하였는데, 이는 사소한 일에 구애받지 않고 그 뜻이나 사상이 대의적이며 사회조류와 상반된 사고방식을 가지고 있음을 의미한다. 이는 반조류의 형태로 나타나, 정황이 길하면 개인적인 독창성과 추진력으로 오히려 성공함이 많다.

지겁은 진술궁을 꺼리지 않는다. 만약 진술궁에 들어가면 현실적인 경향으로 되어 명리(名利)를 얻기 때문이다. 단 다른 살성이 개입하지 않아야 합격이다.

지겁이 수명하면 주로 공예(工藝)로 가는 것이 길하다. 이는 지겁이 사고(思考)가 높고 창의력과 집중력이 강하기 때문이다.

기타 지공과 지겁의 특성을 비교해 보면 다음과 같다.

- 지공은 정신적인 부분에 타격이 크고, 지겁은 물질적인 부분에서 타격이 크다.
- 지공은 철리적인 분야에 적합하고, 지겁은 공예(工藝)적인 분야에 적합하다.
- 겁공이 명궁을 협하면 일생 남을 도우며 사는데, 주로 자신이 육친을 책임지거나 돌봐야하며 장남이 아니라도 장남의 역할을 한다. 또한 유년에 부모의 도움이 없거나 재액(災厄)이 많이 따른다.
- 공겁이 수명(守命)하거나 협하면 고독한데, 주로 출가하거나 정신세계와 관계가 깊다. 학문도 제도권외의 학문이나 주위를 끌지 못하는 분야가 길하다. 복덕궁에서 공겁을 봐도 이와 같은 경향이 있다.

- 공겁이 복덕궁에 동궁하거나 협하면서 정황이 길하면 특유의 잠재력을 발휘하게 된다.
- 공겁은 협하거나 동궁할 경우 가장 흉하게 작용한다. 특히 재백궁에서는 가장 흉하다.
- 공겁이 명궁과 부처궁에 분거하면 배우자와 성정이 맞지 않아 혼인에 불리하다.
- 천부가 좌명하고 염탐이 복덕궁이면서 공겁이 동궁하면 독특한 사고력으로 발달한다.
- 염탐조합이 공겁을 보면 도화가 예술이나 문학으로 발휘되어 명리를 얻는다.
- 지공이 가지고 있는 작사허공(作事虛空)의 성향은 환상적이거나 이상적인 반면, 지겁의 작사소광(作事疏狂)은 그 성향이 독단적이고 약간 거친 면이 있다.
- 지공이 신중하고 유연한 반면, 지겁은 저돌적이고 독단적이다.
- 공겁이 천기·거문과 동궁하면 허상(虛想)이 많아 비현실적이다. 또한 진퇴가 일정하지 못하여 불안하다.
- 질액궁에서 공겁을 보면서 화령·천형과 동도하면 세균성질환에 주의해야 한다.

선천명궁(寅)의 탐랑이 지겁과 동궁하고 지공이 대조하여 겁공을 모두 보는 명이다. 이렇게 명천선으로 겁공을 보면 일반적으로 불리하게 판단하기 쉽다. 그러나 탐랑이 화권을 얻어 추진력과 활동성이 강해지고, 천이궁(申)으로 천월 귀인성을 만나 출문(出門)하여 귀인의 음덕을 입는다.

공겁 사례 1) 사회적으로 명리를 이룬 여명

차명은 경오대한(46세~55세) 현재 유망 외국기업에서 중역으로 재직하고 있는데, 사회적으로 명리를 얻었다.

선천관록궁(午)을 보면 칠살이 록존과 동궁하고 대궁(子)으로 무곡화록이 마주하니 직업적으로 크게 길한 구조이다. 운세의 흐름까지 길하니 더 유리하다.

차명의 주요 업무는 주로 문화·예술과 관계된 일인데, 도화성향이 강한 염탐조합이 이처럼 겁공을 보면 도화가 예술이나 문학·정신세계 등으로 발현이 많이 된다.

차명의 성정은 활달하고 주관이 있으며 독립심이 강하다. 명궁의 화권은 소신 있는 성격으로 나타나고, 지겁 역시 독창적이고 추진력 있는 성향으로 나타난다. 차명이 새로운 일을 꺼리지 않고 모험심과 창의적인 일을 좋아하는 이유는 겁공과 화권을 보기 때문이다.

<table>
<tr>
<td>天旬封陀天天
虛空誥羅馬梁
陷平陷
科

官歲歲 36~45 55己
府驛破 【田宅】 建巳</td>
<td>祿七
存殺
旺旺

博息龍 46~55 56庚
士神德 【官祿】 旺午</td>
<td>天天天擎右左文文
傷壽哭羊弼輔昌曲
廟廟廟平旺
忌

力華白 56~65 57辛
士蓋虎 【奴僕】 衰未</td>
<td>天天陰地天廉
德廚煞空鉞貞
廟廟廟

青劫天 66~75 58壬
龍煞德 【身遷移】 病申</td>
</tr>
<tr>
<td>月大紅紅天天紫
德耗鸞艷姚相微
旺陷

伏攀小 26~35 54戊
兵鞍耗 【福德】 帶辰</td>
<td colspan="2" rowspan="2">坤命 : 1959年(己亥) 4月 ○日 ○時
命局 : 火6局, 爐中火
命主 : 祿存
身主 : 天機</td>
<td>破天截天台
碎使空官輔

小災弔 76~85 59癸
耗煞客 【疾厄】 死酉</td>
</tr>
<tr>
<td>龍巨天
池門機
廟旺

大將官 16~25 53丁
耗星符 【父母】 浴卯</td>
<td>天寡解破
喜宿神軍
旺

將天病 86~95 60甲
軍煞符 【財帛】 墓戌</td>
</tr>
<tr>
<td>孤天八天地貪
辰福座月劫狼
平平
權

病亡貫 6~15 52丙
符身索 【命宮】 生寅</td>
<td>蜚天鈴太太
廉才星陰陽
陷廟陷

喜月喪 51丁
神煞門 【兄弟】 養丑</td>
<td>天三天火天天武
空台刑星魁府曲
平旺廟旺
祿

飛咸晦 50丙
廉池氣 【夫妻】 胎子</td>
<td>鳳天恩年天天
閣貴光解巫同
廟

奏指太 96~ 61乙
書背歲 【子女】 絶亥</td>
</tr>
</table>

지공·지겁 사례 2) 정신세계를 지향하는 명

선천명궁(午)에 지공을 비롯한 살성이 중중한 명이다. 午궁의 자미가 아무리 힘이 있다고 해도 이렇게 살이 중하면 삶에 파동이 많다. 차명은 명문대 대학원까지 졸업한 재원이다. 그러나 임술대한(46세~55세) 현재까지 일정한 직업 없이 불안한 생활을 하고 있다. 운로도 여의치 않아 더욱 문제다.

<table>
<tr>
<td>大紅祿文天
耗鸞存昌機
廟廟平
忌
博亡龍 56丁
士身德 【兄弟】 建巳</td>
<td>天三天天擎火地紫
廚台月刑羊星空微
平廟廟廟
力將白 6~15 57戊
士星虎 【命宮】 旺午</td>
<td>天寡封天
德宿誥鉞
旺
青攀天 16~25 58己
龍鞍德 【父母】 衰未</td>
<td>天八天陰鈴天破
哭座巫煞星馬軍
旺旺陷
小歲弔 26~35 59庚
耗驛客 【福德】 病申</td>
</tr>
<tr>
<td>天天紅旬解陀地七
才虛艷空神羅劫殺
廟陷旺
官月歲 55丙
府煞破 【身 夫妻】 帶辰</td>
<td colspan="2" rowspan="2">乾命 : 1958年(戊戌) 10月 ○日 ○時
命局 : 火6局, 天上火
命主 : 破軍
身主 : 文昌</td>
<td>恩文
光曲
廟
將息病 36~45 60辛
軍神符 【田宅】 死酉</td>
</tr>
<tr>
<td>月天天天太
德官福梁陽
廟廟
伏咸小 96~ 54乙
兵池耗 【子女】 浴卯</td>
<td>天天廉
姚府貞
廟旺
奏華太 46~55 61壬
書蓋歲 【官祿】 墓戌</td>
</tr>
<tr>
<td>天龍天武
壽池相曲
廟閑
大指官 86~95 53甲
耗背符 【財帛】 生寅</td>
<td>破天天天右左巨天
碎使貴魁弼輔門同
旺廟廟旺陷
科
病天貫 76~85 52乙
符煞索 【疾厄】 養丑</td>
<td>蜚鳳截年貪
廉閣空解狼
旺
祿
喜災喪 66~75 51甲
神煞門 【遷移】 胎子</td>
<td>天天天孤台太
空傷喜辰輔陰
廟
權
飛劫晦 56~65 62癸
廉煞氣 【奴僕】 絶亥</td>
</tr>
</table>

차명의 성정이 탈속적이라 종교나 명상 등 늘 정신세계에 관심이 많다. 사회적인 삶보다는 정신수양에 관심이 많은 것이다. 명궁에 지공을 비롯한 경양·화성·천형 등을 보는데, 이러한 성계들은 모두 고극(孤剋)과 질병·손재 등 재화(災禍)을 주한다. 이렇게 살이 중하면 육친의 연이 없고 사회성을 상실하게 되어 탈속적인 성향을 많이 가진다.

지공·지겁 사례 3) 재백궁 겁공 협

<table>
<tr>
<td>天鳳天年天右文天
壽閣福解鉞弼昌府
旺平廟平
忌
喜指太 92~ 61丁
神背歲 【田宅】 建巳
【大財】</td>
<td>大天天天地太天
鉞空官姚空陰同
廟陷陷
科
飛咸晦 82~91 62戊
廉池氣 【官祿】 帶午
【大子】</td>
<td>蜚天天旬封貪武
廉傷才空誥狼曲
廟廟
忌
奏月喪 72~81 63己
書煞門 【奴僕】 浴未
【大配】</td>
<td>大孤紅天火巨太
陀辰艷巫星門陽
陷廟閑
權
祿權
將亡貫 62~71 64庚
軍身索 【遷移】 生申
【大兄】</td>
</tr>
<tr>
<td>天寡三陰地
喜宿台煞劫
陷
病天病 60丙
符煞符 【福德】 旺辰
【大疾】</td>
<td colspan="2" rowspan="2">乾命 : 1953年(癸巳) 6月 ○日 ○時
命局 : 水2局, 大溪水
命主 : 祿存
身主 : 天機</td>
<td>大破天龍左文天
祿碎使池輔曲相
陷廟陷
科
小將官 52~61 65辛
耗星符 【疾厄】 養酉
【大命】</td>
</tr>
<tr>
<td>天天鈴天破廉
貴月星魁軍貞
廟廟旺閑
祿
大災弔 59乙
耗煞客 【父母】 衰卯
【大遷】</td>
<td>大月大紅八天天
羊德耗鸞座梁機
旺廟
青攀小 42~51 66壬
龍鞍耗 【財帛】 胎戌
【大父】</td>
</tr>
<tr>
<td>大大天天
曲魁德刑
伏劫天 2~11 58甲
兵煞德 【命宮】 病寅
【大奴】</td>
<td>天截擎
哭空羊
廟
官華白 12~21 57乙
府蓋虎 【兄弟】 死丑
【大官】</td>
<td>大解祿
昌神存
旺
博息龍 22~31 56甲
士神德 【身 夫妻】 墓子
【大田】</td>
<td>大天天恩台陀天七紫
馬虛廚光輔羅馬殺微
陷平平旺
力歲歲 32~41 67癸
士驛破 【子女】 絶亥
【大福】</td>
</tr>
</table>

차명은 사업으로 재부(財富)를 얻었다. 그런데 신유대한(52세~61세)이 되면서 거래처가 줄고 가장 많은 거래를 하는 업체마저 도산위기에 빠졌다.

신유대한의 대한명궁(酉)과 천이궁의 정황은 길하다. 그러나 대한재백궁(巳)으로 지공·지겁이 협하고 있는 것을 알 수 있다. 이처럼 겁공이 재백궁을 협하면 재적으로 치명적이다. 재백궁으로 대한의 문창화기까지 가세하니 더욱 불리하여 사업에 상당한 치명상을 입게 된 것이다.

정해년(55세)에는 주식에 투자하여 상당한 손재를 경험하였다. 그리고 신유대한

이후 부동산투자로 인한 손재가 계속되고 있는데, 이유는 巳궁은 선천전택궁에 해당하므로 당 대한은 부동산으로 인한 손재도 주요사안이 된다. 아무튼 대한재백궁의 분위기가 흉험하므로 파재는 면하기 어렵다.

지공·지겁 사례 4) 겁공으로 패궁이 된 부처궁

大大天天孤地地天**貪廉** 馬鉞空喜辰空劫鉞**狼貞** 廟閑旺陷陷 忌 飛劫晦 22~31 49乙 廉煞氣 【夫妻】 建巳 【大福】	蜚鳳旬天年解**巨** 廉閣空福解神**門** 旺 權 奏災喪 12~21 50丙 書煞門 【兄弟】 帶午 【大田】	**天** **相** 閑 將天貫 2~11 51丁 軍煞索 **【身 命宮】** 浴未 【大官】	龍封天火**天天** 池誥刑星**梁同** 陷陷旺 祿 小指官 52戊 耗背符 【父母】 生申 【大奴】
陰鈴文**太** 煞星昌**陰** 旺旺閑 科 喜華太 32~41 48甲 神蓋歲 【子女】 旺辰 【大父】	坤命 : 1952年(癸巳) 12月 ○日 ○時 命局 : 水2局, 天河水 命主 : 武曲 身主 : 文昌		月天天**七武** 德廚貴**殺曲** 閑旺 忌 青咸小 53己 龍池耗 【福德】 養酉 【大遷】
大大三恩天左**天** 昌魁台光魁輔**府** 廟陷平 科 病息病 42~51 59癸 符神符 【財帛】 衰卯 【大命】			天天陀文**太** 虛官羅曲**陽** 廟陷陷 力月歲 92~ 54庚 士煞破 【田宅】 胎戌 【大疾】
天天截天天 使哭空月馬 旺 大歲弔 52~61 58壬 耗驛客 【疾厄】 病寅 【大兄】	大天破寡**破紫** 羊德碎宿**軍微** 旺廟 權 祿 伏攀天 62~71 57癸 兵鞍德 【遷移】 死丑 【大配】	大天紅台天擎**天** 祿傷艷輔姚羊**機** 陷廟 官將白 72~81 56壬 府星虎 【奴僕】 墓子 【大子】	大大大天天紅八天祿右 曲陀耗壽才鸞座巫存弼 廟平 博亡龍 82~91 55辛 士身德 【官祿】 絶亥 【大財】

차명의 계묘대한(42세~51세)을 보면, 대한명궁(卯)은 천부가 좌보화과·천괴 등과 동궁하여 재고(財庫)의 역할을 잘하고 있다. 그렇지만 대궁(酉)으로 선천의 무곡화기가 부담을 주고 있다. 중요한 것은 대한의 탐랑화기가 선천부처궁(巳)을 충파하는 것인데, 巳궁은 그렇지 않아도 지공·지겁이 동궁하여 파란을 예고하고 있는 궁

인데, 이렇게 대한화기가 충파하니 그 흉화는 이루 말할 수 없이 강력하게 발현된다. 필시 배우자의 운로가 여의치 않음을 알 수 있다.

남편은 중견 건설회사를 다녔는데, 차명의 계묘대한 중 퇴사하고 개인창업을 하게 되었다. 무역업과 음식점 등을 겸하여 운영 하였는데, 경영이 잘 되자 주변사람들에게 많은 돈을 끌어 모아 더 크게 확장하였다. 그런데 경기침제로 인하여 결국 모든 사업이 파산하는 지경이 이르렀다. 재욕(財慾)이 더 큰 화를 부른 것이다. 남편은 도저히 재기할 수 없는 상황에 이르러 모든 인연을 끊고 급기야 외국으로 은둔하였다. 이렇게 대한에서 선천부처궁을 충파하면 배우자는 창업·투기·투자·위험한 계약 등은 일체 금지해야 한다.

이후 어려운 가정상황이 되자 차명도 계묘대한 중 장사를 시작하였다. 하지만 그것도 오래가지 못하고 폐업하고 말았는데, 그 과정 중에 손해를 많이 보게 되었다. 대한재백궁(亥)으로 록존이 거하니 재적으로 좋아 보이지만, 巳궁의 성계들이 고스란히 亥궁으로 차성되어 결국 록존이 파괴되는 것이다. 결론적으로 차명의 대한천이궁과 대한재백궁의 분위기가 파재를 강하게 암시하고 있는 것이 문제다.

4) 천형·천요

- 天刑 : 陽火, 孤剋, 刑煞, 자율, 형벌, 疾厄, 배타적, 무정, 극기, 총명
- 天姚 : 陰水, 風流, 桃花, 방종, 文藝, 기호, 친화적, 신비주의

천형·천요는 위에서 간단하게 비교한 바와 같이 그 특징이 아주 다르다. 천형은 그야말로 형극(刑剋)을 대표하는 星이다. 천형이 수명(守命)하면 성정이 완벽하고 냉정한 편이며, 사고방식이 간단명료하다. 이것이 장점으로 나타나면 일처리가 조리있고 확실한 편인데, 단점이라면 기본적으로 배타성을 가지고 있기 때문에 독단적이고 무정(無情)함이 강하다. 천형은 이러한 특성으로 인하여 법률이나 군인·경찰·

의료 등에 어울린다고 하였다.

두수에서 천형·천요는 짝성은 아니지만, 두 성은 삼방에서 꼭 만나게 되어 있다. 이는 감성적이고 향수적인 천요를 천형이 삼방에서 늘 견제하는 분위기로도 읽을 수도 있다.

천형은 살성이므로 유리하게 작용하면 살(煞)을 제화할 수 있는 업종이 길한데, 수술이나 치료와 관계되는 의료계열도 좋다.

천형이 수명하면 기본적으로 고독하거나 고극을 자초하는데, 다른 살성이 가하면 육친의 연이 불리하여 탈속이나 정신세계와 관련이 많다.

천형이 육친궁에 들어가면 해당 육친과 정이 없거나 인연이 두텁지 않다. 다른 살성이 회조하면 더 불리하다.

천형은 자기스스로를 강제하거나 구속하기도 한다. 그러나 타인이 간섭하거나 구속하는 것을 싫어하여 반발심이 있다.

천형은 형살의 성이므로 그 사람의 성정이 살기(殺氣)를 품고 있기도 한데, 이러한 기질 때문에 성격에 기복이 있고 흥분을 잘하기도 한다.

천형이 입묘하면(寅卯酉戌궁은 廟地, 申子辰巳午亥궁은 平地, 丑未궁은 陷地)서 정황이 좋으면 권귀(權貴)를 누린다.

축미궁의 천형은 함지에 해당하여 천형이 가지고 있는 문제점이 강하게 나타나는 궁이다. 질병을 비롯한 신체장애·사고·관재·형극·손재 등이 일어날 가능성이 높다. 그 흉사가 무엇인지는 12궁과 다른 성계와 종합하여 추단해야 한다.

재백궁에 천형이 거하면 재적으로 불리한데, 재물로 인한 구설이나 관재를 유의해야 한다.

태양·천량 등이 입묘한 천형을 만나면 군경·사법기관·감사직·의사 등이 길하다. 그러나 염정·거문 등이 천형을 보면 관재·구설에 연루되기 쉽다.

대한이나 유년의 질액궁에 천형이 거하면서 살성이 중하면 사고·질병·수술수가 있다.

부처궁의 천형은 이성이나 혼사에 특히 불리하다. 분거(分居) 아니면 이혼한다.

다른 살성이 가하면 더 불리하다.

천요는 두수에서 대표적인 도화성이다. 사람이 기품이 있고 우아하며 문예를 즐기고 여러 방면에 기호가 많다. 또한 언변이 있고 총명하며 재치가 있다. 마음이 여리고 자상하며 주변사람과 친화력이 있다. 그러나 천요는 분위기나 감정에 휘말리기 쉬워서 후회하는 일도 많이 한다. 천요는 자기 포장을 잘하고 색채가 화려한데, 주로 나서거나 아는 체하기도 하므로 자칫 가벼워 보이기도 한다. 천요는 특히 혼인에 문제가 많은 성이다. 남명은 주색을 가까이 하거나 자기취향 적으로 발달하고, 여명은 실족(失足)하기 쉽다. 천요가 살성이나 기타 도화성과 염정·탐랑·천동 등을 보면 더욱 감정창상이 많다. 이를 두고 고인들은 풍류음탕지사(風流淫蕩之事)의 성으로 보았다.

천요가 묘왕지(卯酉戌亥궁은 廟地, 申子辰寅巳午는 平地, 丑未는 陷地)에 거하면 학술연구나 문예방면으로 명리(名利)를 얻게 된다.

천요가 함약한 궁에 거하면, 사람이 명랑치 못하고 의심하며 대인관계가 냉정한 면이 있다.

함지의 천요가 악살이 가하면 주색으로 인하여 손재하거나 시비구설이 끊이지 않는다.

천요는 성격이 외향적이고 명랑하며 기모(機謀)가 있다. 장식과 꾸미는 것을 좋아한다. 그런데 허영심이 있고 실속이 적다.

천요는 창곡을 보면 문예가 발달하지만 자칫 도화, 풍류로 흐르기도 한다. 기타 살성이나 도화성을 보면 더욱 문제가 된다.

여명이 천요가 命身궁이면서 다른 살성이나 도화성이 없으면 기예가 발달하고 명리(名利)를 얻는다.

운에서 천요를 만나면 주로 이성교제가 활발하거나 이성으로부터 많은 관심을 받게 된다. 살기형성이 가하면 인연이 뜻대로 되지 않고 마음의 상처를 받는다.

부처궁의 천요는 중혼(重婚)이라 하여 재혼하거나 배우자 연분이 복잡하게 된다. 또한 배우자나 자신이 외도한다.

자녀궁의 천요는 자녀와 정서적으로 통하고 관계가 양호하다. 자녀 역시 총명·수려하며 인기를 얻는다. 제자나 아랫사람과의 관계도 길하다.

재백궁의 천요는 주색·도박·이성문제로 인하여 파재하기 쉽다. 또한 자신이 좋아하는 취미나 기호에 돈을 쓰는데, 재정관리가 냉정하지 못하다.

관록궁의 천요는 자신이 진정 원하거나 좋아하는 직군에 종사하길 원한다. 그렇지 않으면 직업의 변동이 많다.

전택궁의 천요는 집이나 사무실 등을 화려하고 밝게 꾸미길 좋아한다. 그러나 조상의 유업을 얻지 못하고, 여명은 실질적인 도화문제가 발생할 가능성이 있다. 만약 질병성계나 살성이 가하면 여성질환에 유의해야 한다.

천요가 복덕궁이면 공상이 많고 신비주의 내지는 탈속적이다. 만약 정황이 좋으면 이성의 연분이 좋은데 살성이 가하면 혼인에 불리하다. 그리고 복덕궁의 천요는 지나간 사랑을 잊지 못한 채 그리워하며 살기도 한다.

부모궁의 천요는 부모가 외도로 인하여 파혼하거나 서로 분가할 가능성이 높다. 살성이나 도화성이 가하면 더 징험하다.

그 밖에 천형 천요의 특징을 구분하여 논하여 본다.

- 천형이 자율(自律)의 星이라면, 천요는 방종(放縱)의 星이다.
- 천형이 강렬하고 독단적인 반면, 천요는 유연하고 사교적이다.
- 천형이 감정적이고 격정적인 반면, 천요는 서정적이고 감성적이다.
- 천형은 자기 주체성이 강하여 주변상황에 이끌리지 않지만, 천요는 분위기에 동요되기 쉽다.
- 천형의 정서가 배타적이고 경쟁적이라면, 천요는 수렴하고 화합하는 성이다.
- 천형은 군경 사법기관이나 감사·감찰·의료분야에 적합하고, 천요는 문예나 창작 등 심미안(審美眼)을 요하는 직군에 적합하다.
- 천형·천요가 공망성계를 비롯한 살성을 보면 고독하여 탈속이나 정신세계와 관계가 많다.
- 丑未궁의 천형·천요는 두 성이 가지고 있는 흉상이 가장 강하게 나타난다.

천형 사례 1) 무도(武道)인의 명

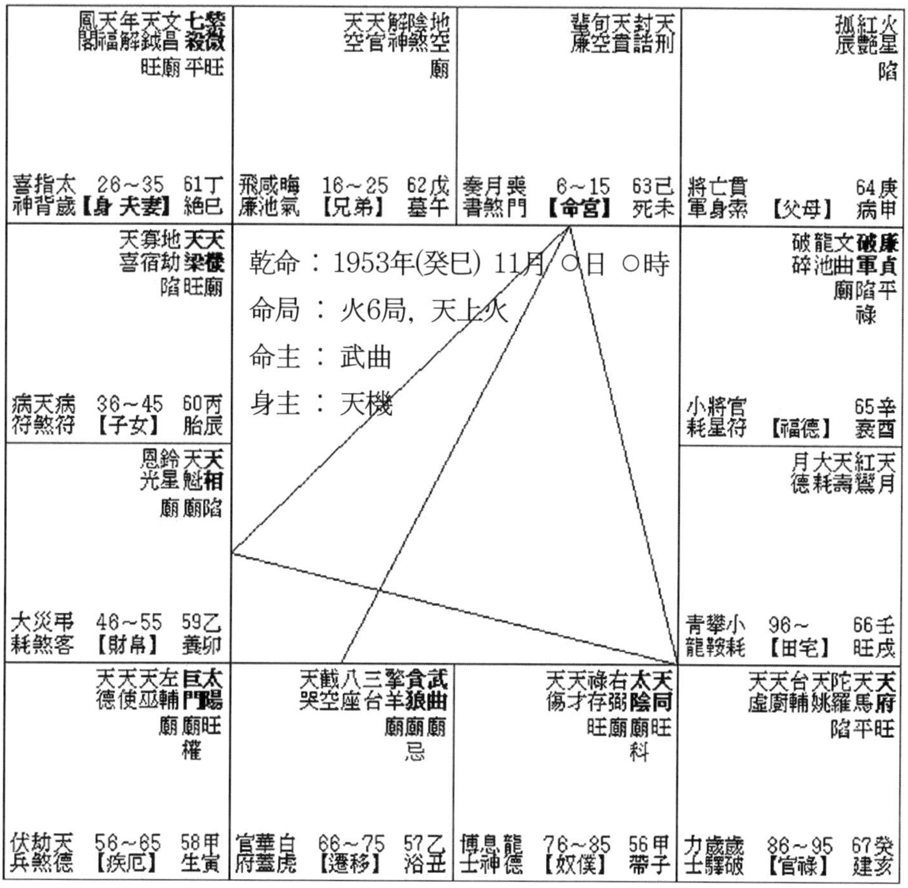

<table>
<tr>
<td>鳳天年天文七紫
閣福解鉞昌殺微
旺廟 平旺
喜指太 26~35 61丁
神背歲【身 夫妻】絶巳</td>
<td>天天解陰地
空官神煞空
廟
飛咸晦 16~25 62戊
廉池氣 【兄弟】 墓午</td>
<td>蜚旬天封天
廉空貴誥刑
奏月喪 6~15 63己
書煞門 【命宮】 死未</td>
<td>孤紅火
辰艷星
陷
將亡貫 64庚
軍身索 【父母】 病申</td>
</tr>
<tr>
<td>天寡地天天
喜宿劫梁機
陷旺廟
病天病 36~45 60丙
符煞符 【子女】 胎辰</td>
<td colspan="2" rowspan="2">乾命 : 1953年(癸巳) 11月 ○日 ○時
命局 : 火6局, 天上火
命主 : 武曲
身主 : 天機</td>
<td>破龍文破廉
碎池曲軍貞
廟陷平
祿
小將官 65辛
耗星符 【福德】 衰酉</td>
</tr>
<tr>
<td>恩鈴天天
光星魁相
廟 廟陷
大災弔 46~55 59乙
耗煞客 【財帛】 養卯</td>
<td>月大天紅天
德耗壽鸞月
青攀小 96~ 66壬
龍鞍耗 【田宅】 旺戌</td>
</tr>
<tr>
<td>天天天左巨太
德使巫輔門陽
廟 廟旺
權
伏劫天 56~65 58甲
兵煞德 【疾厄】 生寅</td>
<td>天截八三擎貪武
哭空座台羊狼曲
廟廟廟
忌
官華白 66~75 57乙
府蓋虎 【遷移】 浴丑</td>
<td>天天祿右太天
傷才存弼陰同
旺廟廟旺
科
博息龍 76~85 56甲
士神德 【奴僕】 帶子</td>
<td>天天台天陀天天
虛廚輔姚羅馬府
陷平旺
力歲歲 86~95 67癸
士驛破 【官祿】 建亥</td>
</tr>
</table>

선천명궁으로 정성이 없어 공궁(空宮)이며 천형이 독좌하고 있다. 소위 '명무정요고요빈(命無正曜孤夭貧)'에 해당하는 격이다. 축미궁의 천형은 함지에 해당하여 더욱 꺼리는데, 천이궁(丑)으로 경양에 화기(化忌)까지 충파하니 그 정황이 엄중하다. 선천명격이 이정도면 분명 삶이 순탄치 않은데, 주로 건강·재물·육친문제 등이 여의치 않게 된다.

차명의 유년에 해당하는 기미대한과 무오대한은 가정환경과 학업문제가 여의치 않아 상당히 어려운 시기를 지내왔다. 삶에 희망이 없어 세상을 등질 생각도 하였고,

정신세계에 관심을 가지기도 하였으며, 술로서 세월을 보내기도 하였다. 천형과 경양으로 인하여 이렇게 극단적인 생각을 많이 하게 된다. 정사대한(26세~35세)도 희망 없는 세월을 보냈다. 그래도 초년에 무예(武藝)를 익힌 것이 나중에는 제자를 양성하고 자신의 삶을 겸양하며 명리(名利)를 얻는데 큰 도움이 되었다. 천형은 규율을 엄격히 지키고 냉정하게 자기관리를 하며 경쟁심이 강한 성이므로 무예나 기타 스포츠 분야 등에도 적합하다. 병진대한이후 다행히 운로가 길하여 명리를 얻을 수 있었다. 다만 천형이 이렇게 함지에 빠지면 명운(命運)이 순탄치 않아 파동이 많은 것은 사실이다.

천형 사례 2) 배우자와 고극한 여명

<table>
<tr>
<td>破旬天八天封天陀
碎空廚座巫誥姚羅
陷
官指白 24~33 57乙
府背虎 【福德】 生巳</td>
<td>天天紅陰火祿右天
德壽鸞煞星存弼機
廟旺旺廟
科
傳咸天 34~43 58丙
士池德 【田宅】 浴午</td>
<td>寡紅天恩天擎文文破紫
宿艷貴光月羊昌曲軍微
廟平旺廟廟
力月弔 44~53 59丁
士煞客 【官祿】 帶未</td>
<td>天地左
傷空輔
廟平
青亡病 54~63 60戊
龍身符 【奴僕】 建申</td>
</tr>
<tr>
<td>太
陽
旺
伏天龍 14~23 56甲
兵煞德 【父母】 養辰</td>
<td colspan="2" rowspan="2">坤命 : 1957年(丁酉) 5月 ○日 ○時
命局 : 金4局, 金箔金
命主 : 文曲
身主 : 天同</td>
<td>天三台天天
哭台輔鉞府
廟陷
小將太 64~73 61己
耗星歲 【身 遷移】 旺酉</td>
</tr>
<tr>
<td>天截七武
虛空殺曲
陷陷
大災歲 4~13 55癸
耗煞破 【命宮】 胎卯</td>
<td>天天太
空使陰
旺
祿
將攀晦 74~83 62庚
軍鞍氣 【疾厄】 衰戌</td>
</tr>
<tr>
<td>月大天地天天
德耗官劫梁同
平廟閑
權
病劫小 54壬
符煞耗 【兄弟】 絶寅</td>
<td>鳳龍年天鈴天
閣池解刑星相
陷廟
喜華官 53癸
神蓋符 【夫妻】 墓丑</td>
<td>天天解巨
才喜神門
旺
忌
飛息貫 94~ 52壬
廉神索 【子女】 死子</td>
<td>蜚孤天天天貪廉
廉辰福馬魁狼貞
平旺陷陷
奏歲喪 84~93 63辛
書驛門 【財帛】 病亥</td>
</tr>
</table>

차명은 선천부처궁(丑)에 천형이 거하고 있다. 부처궁을 비롯한 육친궁에 천형이 들어가면 해당육친과 고극(孤剋)하는 일이 발생한다. 차명의 경우 천형이 영성과 동궁하는 가운데 대궁(未)으로 경양까지 가세하니 배우자연이 더욱 여의치 않다.

차명의 배우자는 한때 승려로 탈속을 하였는데, 이후 환속(還俗)하여 차명과 다시 인연을 맺었다. 그러나 겉으로는 부부지만 서로 기호나 성정이 맞지 않아 항상 고독하게 살고 있다. 그동안 늘 이혼을 생각하고 살았지만 세월이 흐르는 가운데 거의 포기하다시피 살고 있다. 사실 선천부처궁이 이정도면 초혼에 실패하거나 생리사별 가능성은 거의 90%이상이다. 운로가 불리하면 더욱 그러하다.

천형 사례 3) 부친과 인연이 없는 명

<table>
<tr>
<td>天地地天右天
虛空劫馬弼同
廟閑平平廟

青歲歲 46~55 19辛
龍驛破 【官祿】 建巳</td>
<td>天天天天武
傷廚姚府曲
旺旺

小息龍 56~65 20壬
耗神德 【奴僕】 旺午</td>
<td>天截太太
哭空陰陽
平平
忌

將華白 66~75 21癸
軍蓋虎 【遷移】 衰未</td>
<td>天天紅天天封天貪
德使艷福巫誥鉞狼
廟平

奏劫天 76~85 22甲
書煞德 【疾厄】 病申</td>
</tr>
<tr>
<td>大紅天八恩陰擎鈴文破
耗鸞官座光煞羊星昌軍
月 廟旺旺旺
德

力擎小 36~45 18庚
士鞍耗 【田宅】 帶辰</td>
<td colspan="2" rowspan="2">坤命 : 1995年(乙未) 6月 ○日 ○時
命局 : 火6局, 霹靂火
命主 : 巨門
身主 : 天機</td>
<td>破旬左巨天
碎空輔門機
陷廟旺
祿

飛災弔 86~95 23乙
廉煞客 【財帛】 死酉</td>
</tr>
<tr>
<td>龍天火祿
池月星存
平旺

博將官 26~35 17己
士星符 【福德】 浴卯</td>
<td>天寡三天文天紫
喜宿台貴曲相微
陷閑閑
科

喜天病 96~ 24丙
神煞符 【子女】 墓戌</td>
</tr>
<tr>
<td>孤天陀廉
辰刑羅貞
陷廟

官亡貫 16~25 16戊
府身索 【父母】 生寅</td>
<td>蜚
廉

伏月喪 6~15 15己
兵煞門 【身 命宮】 養丑</td>
<td>天天天解台天七
空壽才神輔魁殺
旺旺

大咸晦 14戊
耗池氣 【兄弟】 胎子</td>
<td>鳳年天
閣解梁
陷
權

病指太 25丁
符背歲 【夫妻】 絶亥</td>
</tr>
</table>

선천부모궁(寅)을 보면 천형이 거하고 있다. 필시 부모의 인연에 흠이 있게 된다. 동궁한 타라 역시 육친궁에서는 치명적이다. 고독을 주하는 고진까지 더하여 정황이 더욱 심각하다. 이러한 연고로 첫 대한에 해당하는 기축대한(6세~15세) 중 부모가 이혼하였다. 이후 차명은 모친과 살고 있는데, 선천부모궁이 이렇게 불리하면 부모가 이혼을 하거나·부모의 손재·건강 문제 등이 동시에 발현하기도 한다. 주로 초년에 부모의 연이 없거나 부모에게 좋지 않은 일이 발생하게 된다.

천요 사례 1) 처세술이 좋은 명

<table>
<tr>
<td>天天孤天文七紫
空喜辰鉞曲殺微
旺廟平旺
權
飛劫晦 95~ 62乙
廉煞氣 【子女】 絶巳</td>
<td>蜚鳳旬天三年
廉閣空福台解
喜災喪 63丙
神煞門 【夫妻】 胎午</td>
<td>天台
月輔
病天貫 64丁
符煞索 【兄弟】 養未</td>
<td>龍八天
池座姚
大指官 5~14 65戊
耗背符 【命宮】 生申</td>
</tr>
<tr>
<td>天天天
刑梁機
旺廟
祿
奏華太 85~94 61甲
書蓋歲 【財帛】 墓辰</td>
<td colspan="2" rowspan="2">乾命 : 1952年(壬辰) 8月 ○日 ○時
命局 : 土5局, 大驛土
命主 : 廉貞
身主 : 文昌</td>
<td>月天文破廉
德廚昌軍貞
廟陷平
伏咸小 15~24 66己
兵池耗 【父母】 浴酉</td>
</tr>
<tr>
<td>天恩封火天右天
使光誥星魁弼相
平廟陷陷
將息病 75~84 60癸
軍神符 【疾厄】 死卯</td>
<td>天天陀地
虛官羅空
廟陷
官月歲 25~34 67庚
府煞破 【身福德】 帶戌</td>
</tr>
<tr>
<td>天天截解天巨太
壽哭空神馬門陽
旺廟旺
小歲弔 65~74 59壬
耗驛客 【遷移】 病寅</td>
<td>天破天寡貪武
德碎傷宿狼曲
廟廟
忌
青攀天 55~64 58癸
龍鞍德 【奴僕】 衰丑</td>
<td>天紅陰擎地太天
才艷煞羊劫陰同
陷陷廟旺
力將白 45~54 57壬
士星虎 【官祿】 旺子</td>
<td>大紅天天鈴祿左天
耗鸞貴巫星存輔府
廟廟閑旺
科
博亡龍 35~44 68辛
士身德 【田宅】 建亥</td>
</tr>
</table>

선천명궁에 정성이 없으므로 寅궁의 거일이 차성된다. 원래 거일조합은 언행이 비

교적 신중하고 무거운 편이다. 그런데 명궁에 천요가 독좌하고 있다. 천요는 기본적으로 처세가 유연하고 다정한 별이다. 하여 차명은 성격이 밝고 활달하며 매사 분주하다. 또한 천요와 대궁의 천마가 만나면 활동성이 더 강하게 나타난다. 천요가 좌명하니 표현을 잘하고 언변이 좋다. 하지만 잘난 체하거나 나서는 면도 있다. 차명의 경우 천요로 인하여 거일조합의 성정에 많은 변화가 있다.

차명은 계축대한 현재 무역업을 하고 있는데, 이는 역마성향이 있는 거일조합이 선천 천이궁으로 천마를 보기 때문이다. 거일이 천마를 보면 운동이나 여행 등 출입이 많고, 사업도 원방구재(遠方求財)가 가능한 무역업·해외투자·유통업 등을 많이 한다. 그렇지 않으면 외국과 관계된 일(외국어·외국기업·해외업무·해외출장 등)을 많이 한다.

천요 사례 2) 무용전공

무용을 전공했으며 대학에서 강의를 주로 하고 있다. 명궁의 천동은 기본적으로 문예와 관련이 많은 성이다. 그런데 선천身궁을 보면 천요가 거하고 있다는 것을 알 수 있다. 이처럼 명궁이나 身궁에 천요가 자리하면 기본적으로 문예를 좋아하고 전공하기도 한다. 차명은 몸을 의미하는 身궁에 천요가 거하니 자신의 율동으로 예술을 표현하게 되는 것이며, 대궁(寅)의 천마로 인하여 정적인 예술 보다 동적인 예술을 하게 된 것이다.

<table>
<tr>
<td>月破天台天天
德碎使輔鉞相
旺平
飛劫小 54~63 42乙
廉煞耗 【疾厄】 生巳</td>
<td>天天天天天
哭虛福貴梁
廟
祿
奏災歲 44~53 43丙
書煞破 【財帛】 養午</td>
<td>大天七廉
耗月殺貞
旺廟
將天龍 34~43 44丁
軍煞德 【子女】 胎未</td>
<td>蜚天天
廉壽姚
小指白 24~33 45戊
耗背虎 【身夫妻】 絶申</td>
</tr>
<tr>
<td>龍天巨
池刑門
平
喜華官 64~73 41甲
神蓋符 【遷移】 浴辰</td>
<td colspan="2" rowspan="2">坤命 : 1972年(壬子) 8月 ○日 ○時
命局 : 金4局, 차천금
命主 : 祿存
身主 : 火星</td>
<td>天天天鈴
德喜廚星
陷
青咸天 14~23 46己
龍池德 【兄弟】 墓酉</td>
</tr>
<tr>
<td>天紅三天右文貪紫
傷鸞台魁弼曲狼微
廟陷旺地旺
權
病息貫 74~83 40癸
符神索 【奴僕】 帶卯</td>
<td>天鳳寡天年陀地天
才閣宿官解羅劫同
廟平平
力月弔 4~13 47庚
士煞客 【命宮】 死戌</td>
</tr>
<tr>
<td>孤旬截恩解天太天
辰空空光神馬陰機
旺閑旺
大歲喪 84~93 39壬
耗驛門 【官祿】 建寅</td>
<td>天封火天
空誥星府
旺廟
伏攀晦 94~ 38癸
兵鞍氣 【田宅】 旺丑</td>
<td>紅陰擎地太
艷煞羊空陽
陷平陷
官將太 37壬
府星歲 【福德】 衰子</td>
<td>八天祿左文破武
座巫存輔昌軍曲
廟閑旺平平
科 忌
博亡病 48辛
士身符 【父母】 病亥</td>
</tr>
</table>

천요 사례 3) 천요 대한은 외도주의

차명은 경자대한(54세~63세) 중 외도로 인하여 이혼의 위기가 있었다. 대한명궁(子)은 태양이 거하고 있고, 천요와 동궁하게 된다. 태양은 명예를 주하는 성이다. 주색(酒色)을 주하는 성이 아니다. 그러나 천요와 동궁하게 되어 주색으로 인한 화를 대비해야 한다. 남녀 할 것 없이 대한명궁의 구조가 천요를 비롯한 도화제성이 중하면 그 대한은 외도 등 주색으로 인한 문제가 발현하기 쉽다. 이때 부처궁의 정황이 불길하면 파혼하게 된다. 차명의 경우 대한부처궁(戌)으로 천동화기가 떨어지니 배우자와 더욱 형극하게 된다. 이혼은 면했지만 부부사이가 늘 고극한 것은 사실이다.

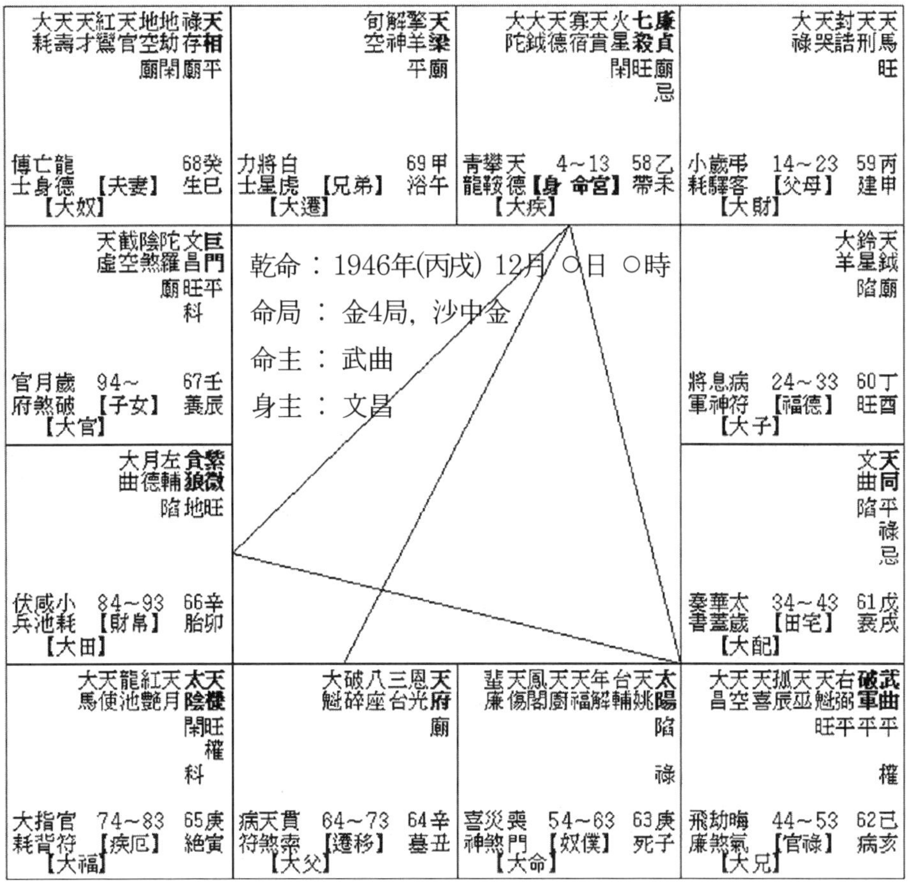

<table>
<tr>
<td>大天天紅天地地祿天
耗壽才鸞官空劫存相
廟閑廟平
傅亡能 68癸
士身德 【夫妻】 生巳
【大奴】</td>
<td>旬解擎天
空神羊梁
平廟
力將白 69甲
士星虎 【兄弟】 浴午
【大遷】</td>
<td>大大天寡天火七廉
陀鉞德宿貴星殺貞
閑旺廟
忌
青攀天 4~13 58乙
龍鞍德【身 命宮】 帶未
【大疾】</td>
<td>大天封天天
祿哭誥刑馬
旺
小歲弔 14~23 59丙
耗驛客 【父母】 建申
【大財】</td>
</tr>
<tr>
<td>天截陰陀文巨
虛空煞羅昌門
廟旺平
科
官月歲 94~ 67壬
府煞破 【子女】 養辰
【大官】</td>
<td colspan="2" rowspan="2">乾命 : 1946年(丙戌) 12月 ○日 ○時
命局 : 金4局, 沙中金
命主 : 武曲
身主 : 文昌</td>
<td>大鈴天
羊星鉞
陷廟
將息病 24~33 60丁
軍神符 【福德】 旺酉
【大子】</td>
</tr>
<tr>
<td>大月左貪紫
曲德輔狼微
陷地旺
伏咸小 84~93 66辛
兵池耗 【財帛】 胎卯
【大田】</td>
<td>文天
曲同
陷平
祿
忌
奏華太 34~43 61戊
書蓋歲 【田宅】 衰戌
【大配】</td>
</tr>
<tr>
<td>大天龍紅天太天
馬使池艷月陰機
閑旺
權
科
大指官 74~83 65庚
耗背符 【疾厄】 絶寅
【大福】</td>
<td>大破八三恩天
魁碎座台光府
廟
病天貫 64~73 64辛
符煞索 【遷移】 墓丑
【大父】</td>
<td>蜚天鳳天天年台天太
廉傷閣廚福解輔姚陽
陷
祿
喜災喪 54~63 63庚
神煞門 【奴僕】 死子
【大命】</td>
<td>大天天孤天天右破武
昌空喜辰巫魁弼軍曲
旺平平平
權
飛劫晦 44~53 62己
廉煞氣 【官祿】 病亥
【大兄】</td>
</tr>
</table>

4. 사화성

사화성(四化星)은 화록(化祿)·화권(化權)·화과(化科)·화기(化忌)를 말한다. 사화성은 십사정성을 비롯한 문창·문곡, 좌보·우필 등의 성계에 붙게 된다. 이렇게 사화성이 어떠한 성에 붙게 되면 원래 그 星이 가지고 있는 기본 특성이 사화성에 의하여 변하게 된다. 四化에서 '化'라는 뜻은 어떠한 성질을 화하게 만들어 변하시킨다는 의미가 있다. 하여 어느 성에 사화가 배치되면 그 성의 색채가 많이 다르게 나타나게 되어 추론의 묘미를 더한다. 물론 성이 가지고 있는 기본 특징은 변하지 않지만, 사화가 배치됨으로서 일의 성패나 길흉가부에 현격한 차이를 나타낸다. 하여 될 수 있으면 사화가 가지고 있는 기본의미와 사화성이 어떠한 星에 배치됨으로서 나타나는 특징을 많이 알고 있어야 한다. 사화성에 대하여 좀 더 구체적으로 논하여 보기로 한다.

1) 화록

- 化祿 : 陰土, 財祿, 福德, 官祿, 有情, 풍요, 활동, 추진력, 생산적

화록(化祿)의 가장 기본적인 특징은 재록이다. 화록은 재물의 양이나 길흉을 가늠할 때 가장 중요한 요소로 작용한다. 하여 화록이 수명(守命)하거나 삼방사정에서 온전하게 자리를 유지하고 있으면 재적으로 부자가 되기 쉽다. 특히 정성 중에서 재성(財星 : 천부·태음·무곡을 말함)과 동궁하거나 만나면 더욱 길하다. 물론 다른 성계도 보좌길성의 도움을 받으면서 화록까지 동도하면 재적으로 부유하다.

화록이 록존과 동궁하거나 마주하면 쌍록(雙祿)이 되어 재물이 더욱 풍부하다. 화록이 천마를 보면 록마교치(祿馬交馳)를 이루어 부자가 되는데 주로 횡발한다. 선천화록과 대한화록이 명궁을 비롯한 삼방사정 궁을 협하여도 역시 재적으로 유리하다. 특히 명궁과 재백궁을 쌍록이 협하면 좋다. 그런데 화록이 무조건 재물이라고 판단

하면 오산이다. 화록의 의미는 재물뿐만 아니라 유정함, 풍부함, 활동적, 생산적 등의 의미도 항상 포함하고 있다. 하여 화록이 육친궁에 배치되면 해당 육친과 인연이 좋거나 유정함을 의미한다. 또는 해당 육친이 사회적으로 성공하기도 한다.

대한이나 유년의 명궁을 포함한 삼방사정으로 화록이 비치면 그 대한은 재적으로 길하다고 본다. 물론 다른 요소들을 모두 수렴하여 판단해야겠지만, 화록이 비치고 길성의 지원이 있다면 당 대한이나 유년은 그만큼 많은 재물을 득하게 된다. 그러면 화록과 관계된 실제사례를 살펴보고, 화록이 각 성계에 배치되어 나타나는 특성들을 좀 더 세밀하게 알아보자.

사례 1) 부귀를 얻는 명

<table>
<tr>
<td>龍天恩陀地地天
池哭光羅空劫相
陷廟閑平

官指官 26~35 65己
府背符 【福德】 建巳</td>
<td>月大祿天
德耗存梁
旺廟
科

博咸小 36~45 66庚
士池耗 【田宅】 旺午</td>
<td>天旬天擎七廉
虛空月羊殺貞
廟旺廟

力月歲 46~55 67辛
士煞破 【官祿】 衰未</td>
<td>天天天封天天
傷喜廚誥姚鉞
廟

青亡龍 56~65 68壬
龍身德 【奴僕】 病申</td>
</tr>
<tr>
<td>天天紅天鈴文巨
壽才艷刑星昌門
旺旺平

伏天貫 16~25 64戊
兵煞索 【父母】 帶辰</td>
<td colspan="2" rowspan="2">坤命 ： 1949年(己丑) 8月 ○日 ○時
命局 ： 火6局, 爐中火
命主 ： 文曲
身主 ： 天相</td>
<td>蜚鳳截天年火
廉閣空官解星
陷

小將白 66~75 69癸
耗星虎 【遷移】 死酉</td>
</tr>
<tr>
<td>右貪紫
弼狼微
陷地旺
權

大災喪 6~15 63丁
耗煞門 【身 命宮】 浴卯</td>
<td>天天寡文天
德使宿曲同
陷平
忌

將攀天 76~85 70甲
軍鞍德 【疾厄】 墓戌</td>
</tr>
<tr>
<td>天紅孤天解太天
空鸞辰福神陰機
閑旺

病劫晦 62丙
符煞氣 【兄弟】 生寅</td>
<td>破八三天
碎座台府
廟

喜華太 61丁
神蓋歲 【夫妻】 養丑</td>
<td>陰台天太
煞輔魁陽
旺陷

飛息病 96~ 60丙
廉神符 【子女】 胎子</td>
<td>天天天左破武
貴巫馬輔軍曲
平閑平平
祿

奏歲弔 86~95 71乙
書驛客 【財帛】 絶亥</td>
</tr>
</table>

임신대한(56세~65세)현재 교수로 재직하고 있다. 감투도 몇 가지 쓰고 있으며 활동력이 강한 성정이다. 재적으로도 풍요하여 부귀쌍전(富貴雙全)하는 명이다.

선천재백궁(亥)이 록마교치격(祿馬交馳格)을 이루어 부격(富格)을 형성하고 있다. 재백궁의 정황이 이러하면 재적으로 횡발하거나 부자가 많다. 만약 어느 대한에서 대한재백궁이 록마교치를 이루면 그 대한에서 발복한다. 명궁에 자탐이 동궁하면서 화권을 보니 명예적으로 길하다. 동궁한 우필은 지위향상과 대인관계에 좋은 성이다.

사례 2) 프로골프선수 박세리

<table>
<tr>
<td>大鳳天年陀七紫
鉞閣廚解羅殺微
陷平旺

官指太 64~73 37乙
府背歲 【遷移】 生巳
【大官】</td>
<td>天天祿
空使存
旺

博咸晦 74~83 38丙
士池氣 【疾厄】 浴午
【大奴】</td>
<td>蜚紅天擎
廉豔月羊
廟

力月喪 84~93 39丁
士煞門【身 財帛】 帶未
【大遷】</td>
<td>孤天鈴
辰姚星
旺

青亡貫 94~ 40戊
龍身索 【子女】 建申
【大疾】</td>
</tr>
<tr>
<td>天天天寡天台天天天
傷才喜宿貴輔刑梁機
旺廟
科

伏天病 54~63 36甲
兵煞符 【奴僕】 養辰
【大田】</td>
<td colspan="2" rowspan="2">坤命 : 1977年(丁巳) 8月 ○日 ○時
命局 : 金4局, 釵釧金
命主 : 巨門
身主 : 天機</td>
<td>破龍地天破廉
碎池劫鉞軍貞
平廟陷平
祿

小將官 41己
耗星符 【夫妻】 旺酉
【大財】</td>
</tr>
<tr>
<td>大大截右天
昌魁空弼相
陷陷

大災弔 44~53 35癸
耗煞客 【官祿】 胎卯
【大福】</td>
<td>月大紅
德耗鸞

將攀小 42庚
軍鞍耗 【兄弟】 衰戌
【大子】</td>
</tr>
<tr>
<td>天天三恩解文巨太
德官台光神曲門陽
平廟旺
忌
權

病劫天 34~43 34壬
符煞德 【田宅】 絶寅
【大父】</td>
<td>大天旬火地貪武
羊哭空星空狼曲
旺陷廟廟
忌

喜華白 24~33 33癸
神蓋虎 【福德】 墓丑
【大命】</td>
<td>大天八陰封文太天
祿壽座煞誥昌陰同
旺廟旺
祿權
科

飛息龍 14~23 32壬
廉神德 【父母】 死子
【大兄】</td>
<td>大大大天天天天天左天
馬曲陀虛福巫馬魁輔府
平旺閑旺

奏歲歲 4~13 43辛
書驛破 【命宮】 病亥
【大配】</td>
</tr>
</table>

미국 LPGA에서 활약하고 있는 박세리 선수의 명반이다. 선천명궁(亥)을 비롯한 삼방사정을 보면 재성이 보이지 않는다. 그러나 계축대한(24세~33세)을 보면 대한재백궁(酉)으로 파군화록을 보게 된다. 재백궁의 파군화록은 아주 길하게 본다. 계축대한의 정황이 재부를 얻기에 알맞다.

대한명궁(丑)으로 탐랑화기가 충파하는 것을 보고 불리하게 판단하면 오산이다. 명궁에 탐랑화기를 맞으면 재백궁으로 반드시 파군화록이 배치되기 때문이다. 이때 명궁의 탐랑화기는 자신을 절제하고 경쟁심을 유발하는 작용을 하게 된다. 차명의 경우 명궁의 탐랑이 화성과 동궁하여 횡발격을 이루고 있는 것을 알 수 있다. 그리고 대한재백궁의 천월(天鉞)은 득재(得財)하는데 길작용을 하게 된다.

(1) 염정화록

염정은 감정이나 정서적인 성으로서 화록이 되면 주로 감성이 풍부하고, 처세가 발달하여 활동성을 증가시킨다. 하여 염정 화록은 반드시 재물의 양이 많다고 볼 수 없다. 그렇지만 화록의 본질은 기본적으로 재물이므로 염정화록이 되면 처세와 친화력으로 명리(名利)를 얻는다.

염정화록이 과문제성과 도화성을 보면 주로 염정의 감정색채를 증가시킨다. 염정이 입묘하면서 보좌성이 지원하면 부귀를 겸한다. 미궁의 염정·칠살 조합과 신궁에서 염정이 화록을 보면 가장 길하다.

염정·탐랑 조합이 화성과 동궁하면 탐랑이 화성을 만나 횡발격(화탐격을 말함)을 이루는데, 이때 염정화록이 배치되면 더욱 재원이 풍부하게 된다. 그러나 공겁을 비롯한 살성이 간섭하면 횡발 후 횡파한다.

염정이 낙함하고 화록을 만나면 비록 득재(得財) 한다고 해도 지키기 어렵거나 불안정하다. 이때 살성이 가하면 재래재거(財來財去)가 빈번하고 財로 인하여 파동이 많다.

염정화록이 복덕궁에 들어가면 물질보다는 향수를 지향하는데, 정서적으로는 발달하지만 반드시 재적으로 왕하다고 보기 어렵다.

염정화록이 육친궁에 들어가면 길하다. 그러나 감정적으로 친화력은 있지만, 그 육친이 부유하다는 것을 의미하지 않는다.

형제궁의 염정화록은 형제나 친구와 합작하거나 공동창업을 할 수 있다. 그러나 재관궁(재백궁과 관록궁)이 불리하다면 자신은 손해보기 쉽다.

(2) 천기화록

천기는 총명, 지혜의 성이다. 하여 화록이 되면 재기(才氣)를 더욱 발휘하게 되는데 두뇌의 민첩성이 증가한다. 천기는 불안정한 부동(浮動)의 속성이 있는데 화록이면 이러한 속성이 더 강하게 나타난다. 또한 천기화록은 감정이나 언행에 변화가 많은 속성으로도 나타난다. 이때 천기화록의 부동(浮動)적인 속성이 길하게 작용하면 기회포착을 잘하고 기획력이 앞선다. 하여 사회의 변화를 잘 감지하여 투자하는 업종에서 득재(得財)한다. 그러나 살성이 동도하면 남보다 앞서지만 실익이 없고 사람이 불안정하며, 재래재거(財來財去)가 많다.

천기는 머리회전이 우수하고 민첩하다. 화록이 되면 기획력을 요하는 업종이나 부서가 알맞다. 그리고 재정적인 재무 분야, 설계나 디자인분야, 투자 금융계열 등에 적합하다.

천기는 여러 분야에 관심이 많고 빨리 적응한다. 하여 천기화록이면 처세술이 발달하고 직업도 본업 이외에 제2의 업종에 관심이 많거나 겸업을 많이 한다.

천기는 잘난 체하거나 나서는 단점이 있기도 한데, 화록이면 이러한 속성이 강하게 발휘된다. 그러나 살성이 간섭하면 지나치게 앞서거나 나서지 않아야 된다. 뒤에서 질타를 받게 된다.

천기는 화령을 가장 싫어한다. 만약 화령이 협하거나 동궁하면 천기화록의 재적인 만족은 잠시일 뿐 파재하기 쉽다. 아니면 재물로 인하여 시비언쟁에 휩쓸리게 된다.

겁공을 만나도 마찬가지다.

(3) 천동화록

천동화록은 비록 화록이라 해도 반드시 재적으로 풍요하다고 보기 어렵다. 천동은 정서와향수를 주로 하는데, 화록이면 그 사람의 감정이나 향수가 발달한다고 본다. 다만 물질은 자신이 필요한 양 만큼 지향하고 지나친 재욕을 부리지 않는다.

천동화록을 대한에서 보게 되면 정서적으로 발달하게 되고 교제의 범위나 관계가 활발하여 재물을 득한다. 만약 도화제성을 보면 교제는 많지만 풍류배가 되어 주색으로 손재하기도 한다.

천동화록이 괴월·보필·권과를 만나면 재적으로 길하고 명성을 얻게 된다. 록존과 동궁하거나 마주하면 재원이 더욱 길하고 오래 간다.

천동화록이 살성이 중하면 재물을 지키기 어렵다. 이런 경우 쉽게 벌고 쉽게 나가는데, 게다가 도화성을 보면 주색잡기로 손재하고 재물과 이성 때문에 감정창상을 입는다.

천동화록이 육친궁이면 해당 육친과 인연이 길하다. 그러나 그 전에 반드시 고극(孤剋)하는 일이 한 번은 있다. 특히 부처궁이 천동화록이면 이성의 인연은 많지만 연애좌절을 경험하고, 혼인을 해도 먼저 생리사별을 한 후 비로소 안정과 만족을 얻을 수 있는 기회가 찾아온다.

(4) 태음화록

태음은 두수에서 재성(財星)에 해당한다. 고로 태음은 화록을 가장 좋아하며 재적으로도길하다. 태음이 입묘하면 더 길하다. 그러나 태음이 함약하거나 살성이 가하면 재물을 지키기 어렵고 투기는 금물이다.

천동화록은 감정좌절을 수반하는 경우가 있지만, 태음화록은 파절을 경험하진 않고 재물의 양이나 득재 과정도 비교적 순탄하다. 그러나 태음이 함지에 거하고 양타·화령을 보면 재물을 지키기 어렵고, 재물로 인하여 구설이나 관재를 겪는다.

태음과 무곡은 모두 재성(財星)이다. 그러나 태음화록과 무곡화록은 그 속성에서 차이가 있다. 태음은 주로 정(靜)하기 때문에 기획이나 계획성이 앞서고 겉으로 잘 드러나지 않고, 무곡은 주로 동(動)하기 때문에 득재의 과정이 활동적이고 경쟁적이며 외부적으로 드러난다.

태음화록이 록존을 만나면 재물이 왕하다. 이 경우 재물이 여러 곳에서도 나올 수 있고, 겸직을 하는 경우도 있다. 명궁·재백궁·관록궁의 태음화록은 더 길하다.

태음이 화록이면 복덕궁의 거문이 화기가 된다. 하여 태음화록은 비록 재물을 얻는다고 해도 정신적인 좌절이나 고민은 피할 수 없다. 이 경우 복덕궁의 거문이 어느 성과 동궁하고 있는지를 잘 살펴서 그것이 감정좌절인지, 손재인지, 건강문제인지를 판단해야 한다.

태음화록이 육친궁에 거하면 해당 육친과 관계가 양호하다. 만약 해당육친궁으로 태음화록과 보좌길성을 보면 사회적으로 명망이 있으며 부귀겸전(富貴兼全)한다.

(5) 탐랑화록

탐랑은 사교적이고 친화력 있으며 접대 등을 잘하는데, 화록이면 이러한 성향이 더욱 발달한다. 사람이 처세술이 좋고 언행이 유연하고 원활하다. 이러한 성향은 곧 득재(得財)를 용이하게 하는 원동력이 된다.

탐랑은 물욕(物慾)·정욕(情慾)의 성이기도 한데, 만약 대한이나 유년의 삼방사정으로 탐랑화록을 보면 물욕이 강해져 자칫 투기나 도박 등 횡발하려는 심리가 나타난다. 그리고 도화성계를 보면 교제는 좋지만 주색이나 기호로 인하여 손재하기도 하는데, 쉽게 버는 대신에 쉽게 나간다.

탐랑은 화령을 만나면 화탐격·영탐격이 되어 의외의 재를 얻거나 재원이 일시에 풍부해진다. 하지만 화탐격이라 해도 탐랑이 화록이 되거나 록존 등이 동궁해야 비로소 재적으로 더 횡발한다. 그러나 양타·겁공·천형·천요 등이 동도하면 횡발 후 횡파가 따르고, 또한 재주가 있어도 때를 만나지 못한다. 살성 중에서 특히 겁공을 꺼린다.

부처궁의 탐랑화록은 좋지 않다. 탐랑이 기본적으로 정도화(正桃花)인데, 만약 부처궁에 화록이면 외도하거나 이성의 인연이 많게 된다. 창곡과 도화성계를 보면 외도할 확률이 더 높고 살성과 동궁하면 주색으로 인하여 이혼하게 된다.

탐랑화록이 질액궁이면서 도화제성을 보면 건강에 불리하다. 주로 간담·위장·여성질환 등에 걸리게 된다.

(6) 무곡화록

두수에서 무곡은 재성(財星)이다. 하여 무곡이 화록이면 재적으로 길하다. 행동력과 추진력이 강한 무곡이 더 탄력을 받아 재부(財富)를 얻게 된다. 다만 무곡이 화록이면 너무 서두르거나 자신의 의지와 힘만 믿고 저돌적으로 나가는 것을 주의해야 한다. 약간의 살성이 가하면 재를 얻는 과정이 복잡하고 구설에 노출되기 쉽다.

무곡화록이 보필·괴월을 얻으면 지도력을 발휘하고 주변에 따르는 사람이 많다. 그러나 살기형모성이 간섭하면 어렵게 재물을 얻고 혹 손재도 피하기 어렵다. 그리고 이 경우 재물은 취할 수 있으나 사회적 지위나 명예는 얻기 어렵다.

여명이 무곡화록이면 강개(慷慨)하고 활동적이며 사회적으로 성공한다. 다만 자신의 노력으로 재를 얻지만 남편의 복은 누리기 어렵다.

입묘한 무곡화록은 양타·화령을 크게 꺼리지 않는다. 다만 약간의 곤란함은 따른다. 그러나 무곡화록은 공겁을 가장 꺼린다. 만약 공겁을 보면서 기타 살성이 가하면 뜻하지 않게 손모가 있게 되고, 財로 인하여 관재구설을 주의해야 한다.

무곡은 문곡을 싫어하는데, 문곡은 무곡의 성실성과 행동력에 장애가 된다. 게다가 문곡화기가 되면 소리는 요란하지만 정작 실속은 없다. 문창은 무곡의 성질을 파괴하지 않으므로 창곡을 잘 구분하여 논해야 한다.

무곡화록이 록존을 보면 대재(大財)를 얻는다. 다만 록존은 신중·보수의 성향이 있으므로 무곡화록의 성격과 충돌할 수 있지만, 재물의 양은 많다. 만약 대한의 명궁이나 재관궁의 정황이 이러하면 당 대한에 강한 발재를 하게 된다.

부처궁에서 무곡화록을 보면 피차간에 감정변화가 온다. 특히 무탐조합과 무곡·파군조합이 그렇다. 도화제성을 보거나 보좌단성(輔佐單星)을 보면 항상 삼자개입을 유의해야 한다.

(7) 태양화록

태양은 貴를 주로하고 富를 주하지 않는다. 하여 태양은 화록이라 해도 반드시 재물의 양이 풍부하다고 보기는 어렵다. 태양화록은 발산(發散)의 성질을 증가시켜 사회적으로 지명도를 얻지만 반드시 富를 얻는다고 하기 어렵다. 보필·괴월·창곡을 본 연후에야 비로소 재원이 순조롭다. 태양화록은 선귀후부(先貴後富 : 먼저 귀하게 되고 뒤에 재물이 따른다)하는 경우가 많다. 주로 명예적인 재물을 말하는 것이다.

태양화록이 명예나 지위의 상승에 따른 득재의 순조로움을 의미하는 반면, 무곡화록은 그 득재과정이 실질적이고 재물의 양도 태양화록에 비하여 강하게 들어오는 경향이 많다.

태양화록은 지나치게 자신을 뽐내거나 내세우다가 고립되기 쉽다. 혹 타인의 질투와 시기를 초래하기도 한다. 살성이 중하면 더 그러하다.

태양화록이 巳·午궁이면 지위증가나 득재는 하지만, 그러나 광휘가 지나쳐 자신만만하고 독단적이며 지나친 언행으로 타인을 교란시킬 수 있다.

지위증가나 득재의 과정이 순조로운 면에서 본다면 차라리 寅·卯궁의 화록이 가장 길하다. 戌·亥궁의 태양은 함지이므로 그 지명도가 국한되어 나타나는 경향이 있다. 그러나 최소한 자신의 분야에서는 지위를 얻을 수 있고 재물도 따른다.

재백궁의 태양화록은 명예나 학문을 이루고 나서 재물이 따른다. 하여 재를 먼저 생각하는 것보다 자신의 분야에서 지명도를 얻거나 학문적인 성취를 우선시하는 것이 옳다.

(8) 거문화록

거문은 암성(暗星)이다. 화록이 되면 거문이 가지고 있는 시비구설 색채도 같이 발현하게 되므로 거문화록이 반드시 좋다고 보기는 어렵다. 그리고 비록 화록이 된다고 해도 반드시 재록이 풍부한 것은 아니기 때문이다.

거문화록이면 자신이 직접 운영하는 것보다 월급을 받거나 남 밑에 있는 것이 더 유리하다. 만약 거문화록이 보좌길성을 보면 시비구설의 색채가 완화되고 타인과 영합하며 구재(求財)에 유리하다.

거문화록이 살기형성이 동도하면 재물 때문이 노심초사하고 번뇌가 따른다. 상황이 이러하면 합작이나 동업 돈거래 등은 특히 유의해야 한다. 거문화록이 살기형성을 보면 인간관계에 문제가 나타나기도 한다. 주로 재물 때문에 일어나는 일이다. 거문화록이 살성을 보면 대부분 시비구설이나 소란한 가운데 득재한다.

거문화록이 육친궁이면 비교적 길하다. 거문이 입묘하거나 보좌길성을 보면 더욱 길한데, 주로 육친으로부터 조력을 얻고 해당육친은 부귀쌍전(富貴雙全)한다.

대한의 거문화록은 천상궁을 재음협인(財蔭夾印)하게 되므로 주의깊게 살펴야 한다. 만약 천상궁이 대한의 삼방사정에 해당하면 재적으로 길하다. 그러나 천상궁이 살기형성이 거하면 재로 인하여 구설이 많거나 손재하게 된다.

(9) 천량화록

천량은 화록을 좋아하지 않는다. 음(蔭)성인 천량이 화록이면 소위 청고(淸高)한 색채가 없어진다고 보는 것이다. 그리고 천량이 가지고 있는 원칙적이고 명사(名師)적인 이미지보다 재물 중심으로 갈 수도 있다고 보는 것이다. 그러나 필자가 경험한 바로는 천량화록이 반드시 명예에 금이 가거나 청고한 이미지가 퇴색하지는 않았다. 다만 살기형성이 중하면 천량화록은 재물과 권력 때문에 시비구설을 야기시키고 인간관계가 고극하게 되는 경우가 많았다. 만약 대한에서 천량화록을 만나고 귀인성이 도우면 주변사람으로 인하여 명예와 재물을 얻는다.

천량의 음(蔭)은 부모나 윗사람으로부터 얻는 부분이 있고, 직업이나 사업 등 사회적으로 얻게 되는 음(蔭)도 있다. 만약 명궁의 화록이면 부모나 사회로부터 음덕을 입고, 관록궁이나 천이궁의 화록이면 직장이나 사업적으로 부귀를 얻게 된다.

천이궁이 천량화록에 상황이 좋으면 외국회사나 외국기업 또는 무역이나 유통업 등과 관련한 업종이면 길하다. 해외나 지방을 자주 출문하는 것도 좋다. 만약 천마를 보면 더욱 역마적인 특성이 강하다. 보좌길성을 보면 밖에서 귀인의 조력을 많이 받아 성공한다.

부모궁이 천량화록이면 자신은 부모의 유산을 받거나 승계한다. 이때 괴월이나 천무를 만나면 여러 형제 중 자신이 유산을 받게 된다. 자녀궁에 천량화록이면 자녀가 자신의 유산을 승계 받는다.

부처궁이나 형제궁의 천량화록은 꺼린다. 주로 재물로 인하여 분쟁을 겪거나 서로를 경계하게 된다.

(10) 파군화록

파군은 화록을 좋아하는 성이다. 변화와 갱신(更新)을 주하는 파군이 화록이면 파구창신(破舊創新 : 옛것을 깨고 새로운 것을 창조함)의 성질은 더욱 강하게 나타난다. 화록으로 인하여 개혁과 추진력이 강해지고 결과도 길하다. 만약 파군이 살성을 같이 본다면 한 차례의 혼란과 파동을 겪은 후 진재(進財)한다.

파군이 개혁과 돌파력은 있지만 서두르고 지키지 못하는 경향이 있다. 하여 동업을 하거나 주변사람의 조언을 적극적으로 수렴하는 것이 좋다. 화록이면 더욱 그러하다.

파군화록은 재적기도심을 증가시킨다. 재물을 얻는 곳도 두 곳 이상이며, 겸업이나 겸직을 하고 직장인이라면 다른 곳에 투자나 투기를 하는 경우가 많다.

대한의 명궁이나 관록궁이 파군화록이면 역시 겸업하거나 이직할 가능성이 높다.

파군화록이 부처궁이면 두 가지 경우가 있다. 먼저 부처궁으로 보좌길성을 보면 배우자는 사회활동적이고 능력이 있으며 부부사이도 흉하지 않다. 그러나 살성이나 도화성계를 보면 배우자가 외도하게 된다. 파군의 겸(兼)·쌍 등의 의미가 이렇게 발현된다.

파군화록이 형제궁이면 인간관계가 많다. 보좌길성이 도우면 동업이나 합작을 하고, 살성이 가하면 사람이 자주 바뀌고 변화가 많다.

2) 화권

• 화권 : 양목(陽木), 권귀, 지위, 명예, 적극적, 강직, 고집, 추진력, 통솔

두수에서 화권은 주로 권위와 지위·명예를 상징한다. 사화성 중에 가장 힘과 권위가 느껴지는 성이다. 하여 화권을 만나면 기본적으로 사람이 주관이 있으며 독립심과 추진력을 가지고 있다. 그러나 양타·화령·천형 등을 보면 심지가 굳은 반면 고집과 자존심이 강하고 지기 싫어한다. 이러한 모습이 길하면 한 분야에서 강한 추진력으로 성공하고 흉하게 나타나면 경쟁심과 자존심이 강하여 타인과 많이 부딪

히고 고극(孤剋)을 자초하게 된다. 화권이 과문제성이나 보좌길성을 보면 지위와 명성은 더욱 길하게 나타난다.

화권에 대한 사례를 살펴보고, 화권이 각 성계에 붙어서 나타나는 특징을 더 구체적으로 알아보기로 한다.

사례 1) 탈부권하는 명

<table>
<tr>
<td>孤天鈴貪廉
辰貴星狼貞
旺陷陷

小亡貫 42~51 64辛
耗身索 【財帛】 建巳</td>
<td>龍旬截天天天文巨
池空空福月刑曲門
陷旺

青將官 32~41 65壬
龍星符 【子女】 帶午</td>
<td>月天恩陀天天
德喜光羅鉞相
廟旺閑

力擎小 22~31 66癸
士鞍耗 【夫妻】 浴未</td>
<td>天年天陰台祿天文天天
虛解巫煞輔存馬昌梁同
鳳 廟旺旺陷旺
閣 忌

博歲歲 12~21 67甲
士驛破 【兄弟】 生申</td>
</tr>
<tr>
<td>天天解封太
使哭神誥陰
閑
科

將月喪 52~61 63庚
軍煞門 【疾厄】 旺辰</td>
<td colspan="2" rowspan="2">坤命 : 1950年(庚寅) 10月 ○日 ○時
命局 : 水2局, 泉中水
命主 : 文曲
身主 : 天梁</td>
<td>破大擎地七武
碎耗羊空殺曲
陷廟閑旺
權

官息龍 2~11 68乙
府神德 【命宮】 養酉</td>
</tr>
<tr>
<td>天天火天
空壽星府
平平

奏咸晦 62~71 62己
書池氣 【遷移】 衰卯</td>
<td>蜚紅天太
廉艶姚陽
陷
祿

伏華白 69丙
兵蓋虎 【父母】 胎戌</td>
</tr>
<tr>
<td>天天
傷廚

飛指太 72~81 61戊
廉背歲 【奴僕】 病寅</td>
<td>紅寡八三地天右左破紫
鸞宿座台劫魁弼輔軍微
陷旺廟廟旺廟

喜天病 82~91 60己
神煞符 【身 官祿】 死丑</td>
<td>天
機
廟

病災弔 92~ 59戊
符煞客 【田宅】 墓子</td>
<td>天天天
德才官

大劫天 70丁
耗煞德 【福德】 絶亥</td>
</tr>
</table>

유궁에 무곡·칠살이 동궁하고 있다. 무부살 조합은 기본적으로 사람이 심지가 굳고 근엄한 편이다. 차명도 기본적으로는 이와 같은 성격이 존재한다. 그러나 차명의 경우 보편적인 무부살 조합에 비하여 기세가 더 강렬하고 언행이 시원시원하며 남

성적인 기백이 있다. 성정이 이렇게 변모하는 이유는 명궁의 무곡이 화권을 보기 때문이다. 명궁에 화권을 보면 전체적으로 성정이 더 강해지는데, 주체성과 자존심도 강하다. 차명의 경우 동궁한 경양과 대궁(卯)의 화성으로 인하여 더욱 그 기세가 강렬하게 된다. 여명이 이러한 성정을 가지면 소위 탈부권(奪夫權)하기 쉬워 부부인연에 결함이 많게 된다.

사례 2) 대기업 취업

<table>
<tr>
<td>大天龍天天恩天七紫
鉞傷池哭福光鉞殺微
旺平旺
權
喜指官 74~83 29丁
神背符 【奴僕】 生巳
【大疾】</td>
<td>月大天三封左文
德耗官台誥輔昌
旺陷
科
飛咸小 64~73 30戊
廉池耗 【遷移】 養午
【大財】</td>
<td>天天天火地
使虛貴星空
閑平
奏月歲 54~63 31己
書煞破 【疾厄】 胎未
【大子】</td>
<td>大天紅八右文
馬喜艷座弼曲
閑平
將亡龍 44~53 32庚
軍身德 【身 財帛】 絶申
【大配】</td>
</tr>
<tr>
<td>天天天
月梁機
旺廟
祿
病天貫 84~93 40丙
符煞索 【官祿】 浴辰
【大遷】</td>
<td colspan="2" rowspan="2">乾命 : 1973年(癸丑) 3月 ○日 ○時
命局 : 金4局, 海中金
命主 : 貪狼
身主 : 天相</td>
<td>蜚天鳳年破廉
廉壽閣解軍貞
陷平
祿
小將白 34~43 33辛
耗星虎 【子女】 墓酉
【大兄】</td>
</tr>
<tr>
<td>大旬天地天天
魁空姚劫魁相
平廟陷
大災喪 94~ 39乙
耗煞門 【田宅】 帶卯
【大奴】</td>
<td>大天寡解陰台
陀德宿神煞輔
青攀天 24~33 34壬
龍鞍德 【夫妻】 死戌
【大命】</td>
</tr>
<tr>
<td>大天紅孤天鈴巨太
昌空鸞辰巫星門陽
廟廟旺
權
伏劫晦 38甲
兵煞氣 【福德】 建寅
【大官】</td>
<td>破天截擎貪武
碎才空羊狼曲
廟廟廟
忌
忌
官華太 37乙
府蓋歲 【父母】 旺丑
【大田】</td>
<td>大大祿太天
曲羊存陰同
旺廟旺
科
博息病 4~13 36甲
士神符 【命宮】 衰子
【大福】</td>
<td>大天天陀天天
祿廚刑羅馬府
陷平旺
力歲弔 14~23 35癸
士驛客 【兄弟】 病亥
【大父】</td>
</tr>
</table>

임술대한(24세~33세)의 대한관록궁(寅)을 보면 거일조합이 선천의 거문화권을 보게 된다. 관록궁의 화권은 명예사에 유리하게 작용하는데, 주로 학업성취나 시험·

취업·승진 등에 길 작용을 하게 된다. 차명이 임술대한 중 무난하게 대기업에 취업할 수 있었던 것도 관록궁의 화권 때문에 가능한 것이다. 특히 寅궁의 거일은 관봉삼대(官封三代)·식록치명(食祿馳名)이라 하여 기본적으로 부귀를 얻을 수 있는 길격에 해당한다. 물론 대한재백궁(午)의 좌보화과나 천이궁(辰)의 천량화록 그리고 대한천이궁을 괴월이 협하는 상황도 당 대한의 품격을 더 상승시키는 역할을 한다. 임술대한 중 해외업무를 담당하여 자주 외국을 드나들었다고 하는데, 이는 대한관록궁이 역마지(寅申巳亥궁은 역마지에 해당됨)이면서 이족성계(異族星係)인 거일조합이 작용한 탓이다. 그런데 당 대한은 선천부모궁(丑)으로 쌍기가 들어가는데, 이러한 연고로 32세(甲申)때 부친이 별세하였다.

(1) 파군화권

파군이 화권이면 개창력과 모험심이 강해진다. 권위적이고 주동적이며 자신감과 의지력을 발휘한다. 만약 보좌길성을 보면 권위와 명예를 얻는다. 그러나 살성이 가하면 독단적인 일면이 있고, 자존심이나 고집이 강하여 자칫 주변사람과 많이 부딪히게 된다. 여명은 탈부권(奪夫權)하기 쉽다. 화권의 개창력은 새로운 환경이나 국면에 대하여 두려워하지 않고 전진한다. 파군화권은 재물 성취보다는 명예를 우선시한다.

파군화권이 보좌길성을 보면서 한두 개의 살성을 보면 주로 무직(武職)에 많은데, 군경·사법기관이나 운동방면에서 발달한다. 또는 힘들거나 모험적인 업종에 많이 종사한다.

부처궁의 파군화권은 불리한데, 주로 형극한다. 남명은 부인이 지배받기 싫어하고 여명은 남편이 가정보다 일이나 사회적인 활동을 더 중시한다. 파군화권이 부처궁이면 이성의 감정도 처음엔 일시적으로 열애하다가 갑자기 변화가 생겨 단절되기 쉽다.

복덕궁의 화권은 사고방식이 독특하고 모험적이다. 그리고 외유내강의 성정이 되기도 하는데, 겉보기에는 유하지만 속으로는 자존심 강하고 주관이 뚜렷하다.

(2) 천량화권

천량은 화권을 좋아한다. 고인은 천량이 화록보다 화권을 좋아한다고 하였는데, 이유는 청고한 천량이 화록을 보면 재적기도심이 증가하지만 화권을 보면 천량이 지니고 있는 청고함이 나타나기 때문이다. 천량화권은 관리·감찰 등의 기능을 발휘하여 권귀를 누리게 된다.

천량은 음성(蔭星)이자 해액(解厄)의 성인데, 만약 화권이면 살에 대한 저항력이 있고 또는 살을 제화(制化)한다. 천량화권이 길성을 보면 사업이나 직업적으로 권위를 누린다.

천량화권이 사살(四煞)을 비롯한 제살성을 만나면 좋지 않다. 화권의 권귀가 독단과 고집으로 변하여 주변사람이나 직업적으로 마찰이 많다. 때로는 너무 강한 소신과 원칙적인 성격으로 인하여 융통성이 없다. 화권이 살성을 보면 자신의 목소리를 높이는 것보다 수렴하는 태도가 필요하다.

천량은 기본적으로 노인성이자 고독한 성이다. 화권도 마찬가지다. 하여 육친궁의 천량화권은 인연에 흠이 있다. 비록 해당 육친은 명예나 권위를 이룰 수 있지만 당사자와는 무정하거나 고독하다.

부처궁의 천량화권은 배우자와의 연령차이가 많다. 남명도 부처궁이 천량화권이면서 괴월을 비롯한 천수가 들어가면 연상의 여자와 연이 있다.

(3) 천기화권

천기는 화록보다 화권을 더 좋아한다. 천기화록이면 총명지혜를 발휘하고 재적으로 길하지만, 재래재거(財來財去)하기 쉽고 부동(浮動)한 면이 증가하여 불안정하다. 그러나 천기화권은 그 기교를 은중하고 안정적으로 발휘하게 하여 명예를 얻는다. 재물적인 부분도 화록 못지않게 길하다.

천기화권은 계획이나 지략, 창의성이 증가된다. 만약 보좌길성을 보면 명예와 학식이 높다. 그러나 천기화권이 살성이 중하면 사람이 불안정하고 민감하며 나서기도 한다.

천기화권이 창곡과 화과 등 과문제성을 보면 총명하고 연구개발·기획·금융·컴퓨터 분야에 종사함이 길하다.

천기는 원래 영도력이 약한데, 화권이 되면 영도력을 발휘할 수 있다. 만약 보좌길성을 보면 권귀(權貴)를 누린다.

천기화권은 사살(四煞 : 양타·화령)을 특히 싫어한다. 만약 양타·화령을 보면 은중하지 못하고 민감하여 사람이 불안정하고 혹 주변에서 질책을 받는다. 재적으로도 손재를 입고 건강도 여의치 못하다.

천기는 생각이 많고 민첩하다. 또한 탐구심이 많아서 호학호동(好學好動)한다. 화권이면 이러한 성정이 더 발휘되어 주로 자신의 분야 외에 관심이 집중되기도 한다. 하여 겸업(兼業)이나 겸직(兼職)을 하는 경우가 많다.

천기는 변사(辯士)의 기질이 있다. 만약 도화제성을 보면 말을 잘하고 표현력이 좋다. 화령을 보면 남 앞에 나서기 좋아하고 자신의 언행으로 인기를 얻는다.

천기가 화권이면 투기적인 성향이 강해진다. 주로 부동산이나 금융·증권 등관 관련된다. 사람관계도 진심보다는 필요에 의해 만나는 경우가 많다. 천기화권이 길성을 보면 투기적인 부분에서 성공하지만, 살성이 중하면 스스로 일을 그르치게 된다.

천기화권이 육친궁이면 길하다. 원래 천기가 가지고 있는 부동(浮動)의 성질을 개선시키기 때문이다. 부처궁에서도 길한데, 만약 살성이 없다면 인연이 길하다.

(4) 천동화권

일반적으로 천동은 화록을 좋아하고 화권은 싫어한다. 화권이면 주로 감정이나 정서상으로 평형을 이루기 어렵고, 화록에 비하여 마음고생을 많이 한다. 약간의 살성이 가해지면 육친과 고독해지기 쉽다.

천동이 화권을 꺼리는 이유는, 안정적이고 감성적인 색채의 천동이 화권이 되므로서 강유가 서로 평형을 이루지 못하고 충돌하는 현상으로 나타나기 때문이다. 그러나 천동화권이 보좌길성이나 록존 등을 보면 부귀와 향수를 모두 누릴 수 있다.

천동화권은 살성에 대하여 민감하게 작용한다. 살기형모성이 중하면 육친의 연이 없고 감정적으로 불안하고 우울한 경향이 강하다. 그리고 스스로 자책하고 타인의 질책이 따르며 시비구설이 많다.

천동화권은 유약한 천동의 기질을 견강하게 하기도 한다. 하여 원칙적이고 주관이 있으며 고집을 부린다. 또한 사람이 분위기에 잘 동요하지 않는데, 화권이 천동을 소신 있고 강하게 만들기 때문이다. 그러나 살성이 동궁하면 사람이 독단적이고 구속을 싫어하며 쉽게 흥분하고 감정적으로 일처리를 한다.

천동화권은 거문화기를 만날 확률이 높다. 만약 거문화기와 동궁하거나 상대하게 되면 정서·향수·재물·육친관계 등이 모두 불리하다. 살성이 가하면 더 흉하다.

(5) 태음화권

태음은 두수에서 재성(財星)이다. 화권이면 직접적으로 재물을 득하는 것 보다 재물을 관리해 주는 것이 이롭다. 즉 재무계획이나 재무관리 분야의 직종에서 종사하면 길하다. 태음화권은 그만큼재정 관리를 체계적으로 잘하기 때문이다. 태음화권은 필연적으로 천기화기를 만나거나 동궁할 확률이 높다. 상황이 이러하면 정서적으로 노심초사하고 신경을 많이 쓰는 직종(예를 들면 상담업·보험업·금융업과 관련된 재무관리업종 등)에 종사하거나 공예(工藝)나 문예(文藝)적인 부분이 좋다.

태음화권은 판단력이 있고 주관이 있는데, 자신의 고집이나 주관을 강하게 나타내진 않지만 내면적인 주체성이 강하다.

함지의 태음이 화권이면 함약한 태음의 단점을 보완한다. 여성육친과의 인연도 비교적 유리하게 전개된다. 그러나 살기형성이 중하면 심리적으로 기복이 있고 마음이 편치 않으며 재물과 육친의 연이 없다. 남명은 처의 연이 없다. 만약 자신의 명궁 이외에 육친궁의 정황이 이러해도 마찬가지이다.

태음이 복덕궁이면 정서적인 부분이 발달하는데, 화권이면 내심 경쟁심과 주관이 강해진다. 그리고 학문연구나 일을 행함에 있어 추진력과 인내력을 발휘한다. 그러나 살기형요성이 중하면 일생 고민이 많고 정서적으로 평형을 유지하기 어렵다.

(6) 탐랑화권

탐랑은 기호가 많고 사교성이 있다. 화권이면 이러한 성정이 더 발휘된다. 그러나 탐랑화권의 교제는 다른 사람을 따르는 것보다 자신이 주동적이다. 성정도 주관과 소신이 있다.

무곡화록과 만나거나 동궁하면 사교성으로 인하여 부귀를 얻는다. 그러나 탐랑화권이 록성을 만나지 못하고 살성이 중하면 재적으로 불리하고 또 주변사람과 겉으로는 화합하지만 속으로는 배타적이거나 고독하게 된다.

탐랑화권과 도화성계가 만나면 재예(才藝)가 뛰어나 예술·오락 등의 분야에 적합하다. 그러나 살성이 가하면 투기나 도박·주색으로 파가(破家)한다.

탐랑화권이 육친궁이면 비교적 유리한데, 만약 다른 성계의 정황이 길하면 인연이 좋고 살성이 중하면 시기와 질투가 따른다.

부처궁의 탐랑화권은 혼전에 연애좌절이 많다. 진술궁의 탐랑은 더욱 그러하다.

(7) 무곡화권

무곡화권은 무곡의 강하고 용맹스런 기운을 더욱 나타나게 한다. 무곡이 화권이면 기백과 강강함으로 인하여 무직(武職)이나 권위적인 직업에 이롭다. 여명은 무곡화권을 꺼린다. 자신의 의견이나 소신을 지나치게 내세우기 때문이다. 이러한 성향은 탈부권(奪夫權)으로 나타나 배우자 인연이 순탄치 않다. 그러나 록존을 보면서 정황이 길하면 처로 인하여 득재(得財)한다. 만약 사살을 비롯한 형요성이 가하면 남녀 모두 불리하다.

무곡화권은 행동력이 앞서고 자신이 직접 일처리 하길 원한다. 만약 살성을 보면 타협을 하지 못하고 유연성이 떨어져 타인과 마찰이 많다.

무곡화권이면서 보좌길성과 과문성을 보면 명예와 학식이 높고 부귀를 얻는다. 다만 무곡화권은 화록보다는 못하여 재물적인 측면에서는 화록보다 왕하지 않다. 록존을 보면 재적으로 길하다.

무곡화권이 육친궁에 있으면 다정함은 없지만 나쁘지 않다. 그러나 무곡은 기본적으로 형극의 기운을 함축하고 있는 성이므로 모두 부분에서 좋다고 하기 어렵다. 살기형요성이 가하면 육친의 연이 순탄하지 않다.

(8) 태양화권

태양은 화권을 좋아한다. 명예와 주귀(主貴)하는 태양의 속성상 화록보다 화권을 더 좋게 보는 것이다. 태양이 화권이면 권귀(權貴)를 이루고 영도력을 발휘한다. 태양이 입묘하면 더 길하다. 만약 함궁에 거하면 유명무실(有名無實)하거나 그 역량이 약해진다. 태양화권이면서 보좌길성까지 가세하면 명예와 재물 모두 이롭다.

거일조합이 태양화권과 거문화록이 되면 이족성계(異族星係)가 되어 외국이나 지방 혹은 외국과 관계된 직업이 길하다. 이런 경우 주로 고향을 떠나 발재(發財)하고 명예를 얻는다.

태양화권은 독립성과 추진력이 증가한다. 태양이 입묘하고 정황이 좋으면 사람이 호방하고 정직하며 지도력이 있다. 그러나 함약하면 영도력이 약해지니 자신을 과시하기 어렵다. 다만 자신이 속한 작은 분야에서 두각을 나타낼 뿐이다.

태양화권이 육살을 비롯한 천형을 보면 언행이 성급하고 지나치게 독단적일 수 있다. 하여 너무 나서거나 명령하지 않아야 한다. 그리고 태양화권이 길하면 독립적이지만 흉하면 고집이나 자존심으로 일처리를 한다. 재물을 취하는 과정도 불안하여 손재하기 쉽다. 상황이 이러하면 파재(破財)와 파절(破折)이 많다.

태양화권은 록존을 좋아한다. 주귀하는 태양이 화권이니 권귀하고, 록존성도 벼슬과 재물을 의미하므로 부귀쌍전한다.

태양화권이 육친궁에서는 비교적 길하다. 그러나 여명일 경우 함지의 태양화권이 살성이 가하면 배우자연이 불리하다. 파혼인지 질병인지는 성계의 상황을 보고 판단해야 한다.

(9) 자미화권

자미는 두수에서 존귀한 황제의 성으로 비유한다. 화권이면 자미의 특성인 권위와 영도력을 더욱 발휘하게 한다. 이는 황제가 권력을 쥐고 있는 것으로 볼 수 있다. 그러나 살기형모성(煞忌刑耗星)이 중하면 이러한 권위나 명예가 오히려 독단과 독선, 강한 자존심 등으로나타나 주변과 마찰이 많다. 또한 이성적이지 못한 판단과 행동을 하기 쉽고, 의심과 투기심이 강해지고 지나치게 경쟁심을 갖게 되어 주변과 어울리기 어렵다.

자미화권의 영도력은 반드시 보좌성을 봐야 그 힘을 제대로 발휘할 수 있다. 그렇지 않고 양타·화령·천형을 보면 자신이 독단적으로 직접 일처리를 하기 때문에 반드시 사단이 생긴다.

자미화권이 명궁이면 재백궁으로 무곡화기를 보게 되므로 이 경우 재적으로 반드시 길하다고 보기 어렵다. 재백궁에 거하고 있는 살성이나 길성의 동태를 보고 길흉여하를 판단해야 한다. 이 경우 명궁에 록존이 거하면 재적으로 불리하지 않으며, 보좌길성까지 동조하면 권귀와 재물을 모두 얻는다.

자미화권이 창곡을 보면 총명하고 지혜가 있다. 그러나 살성이 중하면 그 총명으로 인하여 시기, 질투를 유발하고 지나치게 앞서다가 일을 그르친다.

육친궁의 자미화권은 불리하지는 않다. 그러나 해당육친이 당사자보다 더 주체적이고 권위적일 수 있다. 특히 남명일 경우 부처궁이 자미화권이면 처가 능력있고 자기관리는 잘하는 대신 탈부권(奪夫權)할 수 있으므로 부부관계가 유정(有情)하다고 보기 어렵다. 형제궁이 자미화권이면 타인과 동업이나 합작은 고려해봐야 한다. 상대가 주도적이므로 자신이 위축될 수 있기 때문이다.

(10) 거문화권

거문은 화권을 좋아한다. 화권은 화록에 비하여 재물은 왕하지 않지만 구재(口才)의 의미가 강해지고 권귀를 누릴 수 있다. 그러나 거문성이 함궁이거나 태양이 함궁에 거하면 시비구설의 색채는 면하기 어렵다.

거문은 현실적인 성이지만 화권이면 신중함이 떨어진다. 하여 불안정한데 만약 한두 개의 살성이 가하면 사람이 고집이 세고 투기심으로 인해 파동이 많다.

거문화권이 보좌길성을 만나면 명예가 높고 시비구설을 면한다. 거문화권이 록존이 동도하면 명리(名利)를 얻는다.

거문화권이 살성이 중하면 독단적이고 고집이 세다. 또한 시기심과 경쟁심이 강하여 주변과 마찰이 많다.

거문이 화권이면 태음은 반드시 화과가 되는데, 이때 일월이 입묘하면서 회조하고 길성이 보좌하면 더욱 부귀를 얻는다.

육친궁에서 거문화권은 나쁘지 않다. 해당 육친이 명예나 권위를 얻는다. 다만 살기형요가 비치면 서로 관계가 소원하고 원망한다. 이 경우 특히 부처궁은 불리하다.

형제궁에 거문화권이면 단순히 거문만 있는 것보다 길하다. 보좌길성을 보면 주변동료나 친구가 자신의 장단점을 지적해주기도 한다. 그러나 살성을 보면 시비구설이 빈번하다.

3) 화과

• 화과 : 陽水, 聲名, 主貴, 학문, 명예, 문서, 계약, 희경사

화과는 두수에서 과문(科文)성에 해당한다. 문장과 학문·명예·존귀·계약상의 이익 등을 주한다. 화록이나 화권이 제성(諸星)에 붙으면 星에 따라서 흉한 경우도 가끔 있지만, 화과는 기본적으로 장점이 많은 성이다. 다만 화과는 화록에 비하여 재물이 왕하지는 못하고, 화권에 비하여 힘과 권력을 과시하기에는 부족하다. 하지만 전체적인 분위기를 좋게 만들고 흉을 제화(制化)하는 성질이 있으며 대부분 길하게 작용한다. 문제는 화과는 화기와 만나는 것을 싫어한다는 것이다. 게다가 살성이 가하면 흉사에 연루되거나 자신과 연관된 흉사가 세상에 널리 알려지게 된다.

사례 1) 천이궁 화과

차명은 미국의 유명 대학에서 사회복지학을 전공하였으며, 무자대한(25세~34세) 현재 국내 대학에서 대학원과정을 다니고 있다. 차명의 경우처럼 천이궁(申)으로 화과를 보면 해외유학을 많이 한다. 화과는 학문성이요, 천이궁은 지방이나 해외를 의미하므로 유학을 많이 하는 것이다. 천이궁에 명예와 재물을 주하는 록존까지 동궁하니 유학을 하는 것이 바람직하다고 본다. 그리고 화과와 록존은 부귀를 주하는데, 선천관록궁(午)으로 입묘한 태양이 화록을 보니 차명은 명예와 재물을 모두 얻는 명격이다. 만약 대한의 천이궁으로 화과를 비롯한 문성(文星)이 자리하면 당 대한은 지방이나 해외로 유학을 하거나 출입이 잦다.

天天破武 德巫軍曲 閑平 權 小劫天 95~ 34辛 耗煞德 【田宅】 建巳	截天天台太 空福貴輔陽 廟 祿 青災弔 85~94 35壬 龍煞客 【官祿】 帶午	天紅寡八三陀天天 傷鸞宿座台羅鉞府 廟旺廟 力天病 75~84 36癸 士煞符 【奴僕】 浴未	解祿太天 神存陰機 廟平平 科 博指太 65~74 37甲 士背歲 【遷移】 生申
蜚左文天 廉輔曲同 廟廟平 忌 將華白 33庚 軍蓋虎 【福德】 旺辰	坤命 : 1980年(庚申) 1月 ○日 ○時 命局 : 土5局, 城頭土 命主 : 祿存 身主 : 天梁		破天天天擎貪紫 碎空使刑羊狼微 陷平平 官咸晦 55~64 38乙 府池氣 【疾厄】 養酉
大 耗 奏息龍 32己 書神德 【父母】 衰卯			天天天紅天鈴右文巨 壽才哭艷月星弼昌門 廟廟陷旺 伏月喪 45~54 39丙 兵煞門 【財帛】 胎戌
鳳天天年陰封火天 閣虛廚解煞誥星馬 廟旺 飛歲歲 5~14 31戊 廉驛破 【身 命宮】 病寅	月天天天七廉 德喜姚魁殺貞 旺廟旺 喜攀小 15~24 30己 神鞍耗 【兄弟】 死丑	龍旬恩天 池空光梁 廟 病將官 25~34 29戊 符星符 【夫妻】 墓子	孤天地地天 辰官空劫相 陷旺平 大亡貫 35~44 40丁 耗身索 【子女】 絶亥

사례 2) 부귀를 겸하는 명

차명은 일류대를 졸업하고 갑자대한(22세~31세) 현재 국제세무사를 하고 있다. 명궁의 파군이 문성인 화과와 동궁하니 총명지재(聰明至才)다. 명천선으로 보필이 마주하는데, 보필 역시 명리(名利)를 주하는 별이다. 그리고 주변사람의 지원을 받는 성이기도 하다. 차명의 경우 주로 수평적인 인간관계보다 윗사람의 조력이 많다.

파군성은 무(武)적인 속성이 강하여 문성(文星)에 해당하는 창곡과 동궁하는 것은 싫어하지만, 차명처럼 화과와 동궁하면 문무(文武) 모두 이롭다. 선천관록궁(寅)의 탐랑이 대궁(申)으로 천마를 보니 재록도 풍부할 것이다. 전체적인 격국을 보면 명예와 재물을 모두 얻는 격이다. 다만 선천재백궁이자 身궁인 午궁으로 화령이 협하니 투기를 주의하고 건강문제 역시 소홀히 할 수 없다.

破天八天火祿天 碎使座巫星存梁 旺廟陷 博亡病 72~81 36丁 士身符 【疾厄】 絶巳	天封擎文七 廚誥羊昌殺 平陷旺 力將太 82~91 37戊 士星歲【身 財帛】胎午	天鈴地天 空星空鉞 旺平旺 青攀晦 92~ 38己 龍鞍氣 【子女】 養未	孤解天文廉 辰神馬曲貞 旺平廟 小歲喪 39庚 耗驛門 【夫妻】 生申
天鳳寡紅年陀左天紫 才閣宿艷解羅輔相微 廟廟旺陷 官月弔 62~71 35丙 府煞客 【遷移】 墓辰	乾命 : 1978年(戊午) 1月 ○日 ○時 命局 : 水5局, 大海水 命主 : 祿存 身主 : 火星		紅三天 鸞台刑 將息貫 40辛 軍神索 【兄弟】 浴酉
天天天天天地巨天 德傷喜官福劫門機 平廟旺 忌 伏咸天 52~61 34乙 兵池德 【奴僕】 死卯			龍恩天台右破 池光月輔弼軍 廟旺 科 奏華官 2~11 41壬 書蓋符 【命宮】 帶戌
蜚陰貪 廉煞狼 平 祿 大指白 42~51 33甲 耗背虎 【官祿】 病寅	大天天太太 耗姚魁陰陽 旺廟陷 權 病天龍 32~41 32乙 符煞德 【田宅】 衰丑	天天天旬截天天武 壽哭虛空空貴府曲 廟旺 喜災歲 22~31 31甲 神煞破 【福德】 旺子	月天 德同 廟 飛劫小 12~21 42癸 廉煞耗 【父母】 建亥

(1) 무곡화과

무곡은 재성이다. 그러나 화과는 재물과 관계된 성이 아니다. 하여 무곡이 화과이면 먼저 자신의 지명도를 높여 명예를 얻고 난 뒤에 재물이 따르는 것이 순리이다. 화과와 록존이 동궁하거나 대조하면 명리를 얻는데, 주로 선귀후부(先貴後富)한다.

무곡화과가 다른 과문(科文)제성을 보면 학문과 명예가 높다. 이처럼 무곡화과는 학문이나 자격증 또는 연구개발, 교육 중심의 전문직종이 길하다. 그러나 살성과 형요성이 중하면 비록 총명하고 학식은 있지만 때를 만나기 어렵고, 주변사람과 화합하기 어렵다. 이 경우 자신의 지명도나 명예가 높을수록 오히려 구설과 파동이 많으므로 자신을 낮추는 것이 길하다.

무곡화과가 육친궁이면 비교적 길하다. 배우자궁에서는 비록 무곡이 가지고 있는 무정(無情)함은 있겠지만 화과가 되면 길작용을 많이 한다. 부모궁의 무곡은 원래 형극하기 쉬운 성이지만 화과가 되면 부모와 형극함이 적다.

(2) 자미화과

자미가 화과를 보면 주로 권귀(權貴)를 얻는다. 화권에 비하여 지도력이나 추진력이 강하지 않지만 사람이 고상하고 친근하며 유정하게 처신한다. 자미화과는 문예를 좋아하고 창작을 잘 한다. 만약 창곡을 비롯한 천재·용지·봉각 등의 성을 보면 재예(才藝)가 출중하다.

자미가 보좌길성을 보면 타인의 신망을 얻고, 자신의 기예와 지식을 유감없이 발휘하여 명리(名利)를 얻는다. 록존과 동궁해도 길한데, 주로 명예를 얻고 뒤에 재물이 따른다.

자미화과가 살기형성의 간섭이 중하면 성정이 고독하고 독단적으로 변하게 된다. 또한 자신의 식견이나 지식을 과대하게 평가하는 경향이 있으며 다른 사람위에 군림하려 한다. 나서거나 잘난 체하기도 한다.

명궁의 자미가 화과이면 형제궁에 태음화기를 맞는 경우가 있는데, 이 경우 태음이 함약하면 형제와 친구 간에 정이 없고 도움이 안 된다.

육친궁의 자미화과는 주로 길하다. 보좌길성을 보면 해당 육친이 명예와 학식이 높다. 배우자궁에서도 비교적 길하게 작용하는데, 자미화권에 비하여 유정(有情)하다고 본다.

(3) 문창화과

문창은 과갑(科甲)의 성이다. 하여 화과를 좋아한다. 학문이 높고 능히 명예를 이룬다. 문창화과를 현대적인 관점으로 보자면, 각종 시험이나 승진·출마·문서계약 등에도 길작용을 하게 된다. 문창화과는 이처럼 각종 명예사에 있어서 중요한 작용을 한다.

문창은 양양창록격(陽梁昌祿格)과 관계가 깊다. 태양·천량조합이 문창과 록성(화록이나 록존)과 만나면 고시에 이롭고 명리를 이룬다. 이때 문창화과가 되면 더 길하다.

문창화과가 화권을 만나도 권귀를 누린다. 만약 재성과 만나면 선귀후부(先貴後富)하는데, 자신의 신분상승이나 명예로 인하여 재물이 따르게 된다.

고인들은 문창이 예악(禮樂)을 주한다고 하였다. 예악에는 혼인이나 상(喪)의 의미도 해당한다. 하여 화과가 길작용을 하면 혼인이나 계약상의 희경사가 발생하고, 만약 문창화과가 살기형성과 동도하면 육친의 연이 불리하여 생리사별을 한다고 볼 수도 있다. 또한 육친궁의 문창화과가 살기형성이 중하면 해당 육친이 질액이 있고, 중하면 喪을 당하기도 한다.

부처궁의 문창화과는 배우자가 학문이 높고 총명하다. 그러나 도화성계를 보면 외도하기 쉬우므로 혼인에 불리하다. 살기형성이 중하면 역시 재혼하는데, 질병성계를 보면 사별의 징조가 강하다.

(4) 천기화과

총명하고 지혜로운 천기가 화과를 보면 학문과 연구심이 강하여 문사(文士)나 전문연구방면에서 명리(名利)를 얻는다. 천기화과는 계획적이고 논리적이며 언행이 민첩하다. 임기응변과 이해력도 강하다. 천기화권은 천기가 가지고 있는 부동(浮動)의 성질을 은중하게 하지만, 화과는 단지 천기가 가지고 있는 호학호동(好學好動)의 성질을 증가시킨다.

천기화과가 천재와 과문제성을 보면 학문이나 전문연구 방면에서 더욱 발달한다. 만약 사살을 비롯한 형요성을 보면 자신을 과시하고 나서게 되어 타인의 질책을 받는다. 그리고 심리적으로 노심초사하여 불안한 경향이 있다. 천기화과가 살기형성이 중하면 자신의 실력이나 재주를 너무 내세우지 말아야 한다. 뒤에서 질타를 받기 쉽다.

천기화과는 기본적으로 호학(好學)하는 성질이 있는데, 한 가지를 배우면 몇 가지를 헤아릴 줄 안다. 다만 깊이가 부족한 것이 흠이다. 특히 살성을 보면 자신을 낮추어야 하고 너무 자만해서는 안 된다.

육친궁에서의 천기화과가 보좌길성을 보면 해당 육친과 유정(有情)하다. 그러나 살성이 중하면 해당 육친이 총명호학하지만 당사자와 불화하여 유정하다고 보기는 어렵다. 특히 형제궁의 천기화과가 살기형성이 중하면 형제와 불화하는데 겉으로는 내색을 하지 않아도 속으로는 서로가 시기, 원망한다. 정황이 이러하면 동업이나 공동투자는 금물이다.

(5) 좌보화과 · 우필화과

두수에서 좌보 · 우필은 귀인성이다. 형제나 친구 · 선후배 등 수평적인 인간관계에서 조력이 있다. 좌보는 직접적인 조력을 의미하고 우필은 보이지 않게 음 적으로 조력한다. 만약 보필이 화과가 되면 학문성취나 명예로 자신의 인지도가 높아지고, 이러한 성향으로 인하여 주변에서 사람이 따른다.

재백궁의 보필화과는 학문과 명예가 높을수록 재적으로 길하다. 그리고 매매 등 문서계약에서 이롭다. 재적으로 궁핍하거나 불리한 상황일지라도 주변에서 귀인이 돕는다.

관록궁의 보필화과는 사업가일 경우 주변의 조력으로 득재한다. 일반 직장이라면 승진이나 합격 등 명예사에 유리하다. 보필화과는 자신의 연구심이나 학문이 높을수록 더 길하게 작용한다.

부처궁의 보필화과는 배우자가 총명하며 명예가 있는데, 남명일 경우 처의 조력을 얻고 처가 주변의 인간관계를 유정하게 잘한다.

좌보나 우필화과가 살기형성과 동궁하면, 비록 실력이 있을지라도 자신의 역량을 발휘하기 어렵다. 상황이 이러하면 귀인의 조력도 얻기 어렵다. 보필이 낙함하면 더 불리하다.

(6) 천량화과

청고하고 귀를 주하는 천량은 화과를 좋아한다. 천량화과는 명예나 귀적인 품격을 높이고 천량이 가지고 있는 명사(名士)의 이미지도 더 발휘할 수 있다. 또한 천량화과는 해액(解厄)의 역량도 발휘하게 해준다.

천량화과는 학문연구 뿐만 아니라 청고한 직책에 어울리는데, 주로 관리·감찰·교육 기관 등의 분야에서 길하다. 기타 과문제성이 동도하면 학문연구와 교육방면에서 더 길하게 작용한다. 양양창록격 이면서 천량이 화과를 보면 더욱 명리를 얻는다.

천량화과가 살성이 중하면 유정함이 덜하다. 주로 자신의 의견을 강하게 표현하고 행동도 강하고 거칠다. 정황이 이러하면 너무 나서지 말고 뒤에서 보조를 하는 것이 좋다. 만약 천량화과가 보좌길성과 살성이 모두 동도하면 감독·의료·군경·사법기관 등에 길하다.

천량화과가 되면 문곡은 화기가 된다. 만약 이 두 성계가 동궁하거나 대조하면 천량화과의 길함이 많이 줄어든다. 나서거나 혹 지엽적으로 작은 것만 따지다가 중요한 것을 얻지 못하게 된다.

육친궁의 천량화과가 보좌길성을 보면 길하다. 그러나 약간의 살성만 가해도 불리하다. 부처궁의 천량화과는 남명일 경우 처가 비록 생활력이 있고 성정이 시원하지만 지나치게 간섭하거나 탈부권할 수 있다. 그러나 록성이나 보좌성이 있으면 처의 능력이 출중하다.

(7) 태음화과

태음화과는 태음이 주하는 낭만이나 정서적인 부분을 더 발달하게 한다. 사람이 학문과 예술을 즐기고 향수를 추구한다. 하여 태음화과는 연구직이나 공교육직종에 이롭다. 단 태음화과는 재물을 왕하게 하지는 않는다. 그러나 명예와 학문이 높을수록 재물이 따르게 된다.

태음이 입묘하면서 화과를 만나면 명예와 재물 모두 길하다. 보좌길성이 지원하면 더욱 명망을 얻게 된다.

태음이 낙함하면 화과의 역량도 줄어든다. 이 경우 살성이 가하면 투기나 창업은 금물이다. 안정적인 직업을 찾는 것이 길하다.

육친궁의 태음화과는 묘왕리함에 따라 변수가 많다. 만약 입묘하면 남녀 모두 길하다. 주로 여자 육친에게 유리하게 작용한다. 그러나 낙함하면 여자육친과 관계가 소원(疏遠)하거나 인연이 없다. 이 경우 살기형성이 가하면 더 치명적이다.

형제궁에 태음화과면 형제나 친구 등 주변사람과 사이가 좋다. 그리고 형제나 친구 등 인간관계로 만나는 사람들이 권귀를 가지고 있다

(8) 문곡화과

문곡은 두수에서 과명(科名)의 성이다. 화과 역시 과명의 기본 특성이 있는데, 문곡이 화과를 보면 더 길하다. 만약 보좌길성을 보면 학문과 명예가 높아서 名利를 이룬다. 다른 과문제성을 만나도 과갑(科甲)에 이롭다. 문창이 태양·천량·록성을 보면 양양창록격(陽梁昌祿格)이 되어 과갑을 이룬다고 보았는데, 문곡 역시 양양곡록격(陽梁曲祿格)을 이룬다. 문곡화과면 더 길하게 작용한다.

문창이 정도출신(正途出身)이라면 문곡은 이로공명(異路功名)에 가깝고, 문창이 문과(文科)적인 특성이라면 문곡은 이과(理科)적인 방면에 해당한다.

문곡은 구재(口才)를 주하는 별인데, 화과를 보면 사람이 논리적이고 입담이 좋으며 언사가 매끄러워 타인의 신망을 얻는다.

문곡화과가 겁공을 보면 반응이 신중하고 자신감이 결여되기 쉽다. 살성이 중하면 총명지혜가 있지만 때를 만나기 어렵고, 또한 자신의 재주로 인하여 주변사람들과 시비구설을 야기시키며 명예를 더럽히는 일을 주의해야 한다.

(9) 태음화과

태음은 화과를 좋아한다. 재성인 태음이 화과를 보면 자신의 명예나 학문으로 인하여 진재(進財)한다. 특히 재적인 운용을 잘하며 재물을 구하는데 있어서 계약이나 문서상의 이익을 얻게 된다.

태음화과가 명궁이나 재백궁에 거하면 재원(財源)이 순조로운데, 투자에 이롭다. 또는 자신이 재경금융 분야에 복무하면 지위를 얻게 된다.

태음화과가 낙함하면 그 역량이 약해지므로 투기나 사업보다는 안정적인 직장이 우선이다.

복덕궁의 태음화과가 입묘하면 성정이 온유하고 연구심이 있으며 비교적 낙천적이다.

태음화과가 입묘하면 여자육친에게 이롭다. 만약 낙함하면 화과라 할지라도 여자육친에게 불리하다. 살기형성이 가하면 더 고극하게 된다.

4) 화기

• 화기 : 陽水, 災禍, 孤剋, 疾厄, 구설, 손재, 사고, 관재, 지체, 좌절

두수에서 화기(化忌)성은 재화(災禍)의 별이다. 위에서 논한 것처럼 화기는 인생에 있어서 발생하는 갖가지 좋지 않은 일들과 관계가 많다. 그리고 화기는 주로 그 星이 가지고 있는 기본 특성 중에서 나쁜 면을 더 발휘하게 만든다.

이처럼 화기성은 命과 運에서 가장 꺼리는 성이다. 화기가 때론 좋은 작용을 하는 경우가 몇 가지 있지만, 대부분 불리한 작용을 하기 때문에 명운을 통변할 때 화기의 동태를 예의주시하게 되는 것이다.

사례 1) 건강문제와 부친의 인연이 없는 명

차명은 선천명궁(戌)에 화기를 맞았다. 명궁에 화기는 기본적으로 불리하게 작용하여 파란 많은 삶을 살게 된다. 다만 탐랑화기는 부격(富格)을 형성하여 비교적 좋게 평가한다. 그리고 천동 역시 화기를 맞으면 나태하고 우유부단한 천동이 격발하여 비교적 길하게 본다. 하지만 탐랑화기나 천동화기 모두 다른 살성이 개입하면 이 역시 패국이 된다. 차명의 경우 문창화기도 부담이 많은데 경양·영성까지 가세하니 명운(命運)에 파동이 많음을 알 수 있다.

부친은 첫 대한에 졸하였다. 차명의 명격이 고극(孤剋)하기 쉬우니 부모의 인연이 여의치 않은 것이다. 그리고 차명은 건강이 좋지 않아 항상 약을 달고 사는데, 선천명궁이자 身궁이 이처럼 살성과 화기성이 충파하니 신약(身弱)함을 면하기 어렵다.

경인대한(43세~52세)은 우울증까지 겹쳐 심각한 갱년기 증세를 겪고 있다. 대한천동화기가 정신향수를 관장하는 선천복덕궁(子)을 충하니 정서적으로 심란하고 우

울해지기 쉽다. 선천부처궁(申)으로 타라가 거하니 부부사이도 늘 고독하다. 지난 세월 이혼의 위기를 수없이 넘겼다. 앞으로 신묘대한(53세~62세)은 선천명궁으로 쌍기가 타격하니 건강문제는 각별히 신경써야 할 것이다.

<table>
<tr>
<td>天龍天旬截天天天七紫
使池哭空空福巫刑殺微
平旺
病指官 73~82 53癸
符背符 【疾厄】 病巳
【大田】</td>
<td>月大天台天
德耗廚輔鉞
大咸小 83~92 54甲
耗池耗 【財帛】 死午
【大官】</td>
<td>大大天
陀鉞虛
伏月歲 93~ 55乙
兵煞破 【子女】 墓未
【大奴】</td>
<td>大大天陀
馬祿喜羅
陷
官亡龍 56丙
府身德 【夫妻】 絶申
【大遷】</td>
</tr>
<tr>
<td>天解文天天
貴神曲梁機
廟旺廟
科
喜天貫 63~72 52壬
神煞索 【遷移】 衰辰
【大福】</td>
<td colspan="2" rowspan="2">坤命 : 1961年(辛丑) 9月 ○日 ○時
命局 : 木3局, 平地木
命主 : 祿存
身主 : 天相</td>
<td>大蜚鳳紅天年天祿破廉
羊廉閣艶官解姚存軍貞
旺陷平
博將白 57丁
士星虎 【兄弟】 胎酉
【大疾】</td>
</tr>
<tr>
<td>大天火天
曲傷星相
平陷
飛災喪 53~62 51辛
廉煞門 【奴僕】 旺卯
【大父】</td>
<td>天寡恩陰擎鈴文
德宿光煞羊星昌
廟廟陷
忌
力攀天 3~12 58戊
士鞍德 【身命宮】 養戌
【大財】</td>
</tr>
<tr>
<td>天紅孤天封天右巨太
空鸞辰月誥魁弼門陽
旺廟旺
祿權
祿
奏劫晦 43~52 50庚
書煞氣 【官祿】 建寅
【大命】</td>
<td>大破八三貪武
魁碎座台狼曲
廟廟
權
將華太 33~42 49辛
軍蓋歲 【田宅】 帶丑
【大兄】</td>
<td>左太天
輔陰同
旺廟旺
科忌
小息病 23~32 48庚
耗神符 【福德】 浴子
【大配】</td>
<td>大天天地地天天
昌壽才空劫馬府
陷旺平旺
青歲弔 13~22 59己
龍驛客 【父母】 生亥
【大子】</td>
</tr>
</table>

사례 2) 손재와 이혼

차명의 을해대한(36세~45세)을 보면 대한명궁에 태양화기가 거하고 있다. 화성까지 가세하니 필시 문제가 많은 대한임을 알 수 있다.

차명은 40세(癸未) 이혼하였다. 女命이 태양운으로 진행하면 남성육친과의 인연에 결함이 있게 된다. 차명처럼 태양이 함지이면서 화기에 화성까지 동조하면 더욱 문제가 된다. 게다가 차명은 대한부처궁(酉)의 대궁(卯)으로 태음화기가 경양과 동궁하여 부처궁을 충파하니 배우자 문제가 심각하지 않을 수 없다. 그리고 차명은 당 대한 중 창업을 하였지만 파재하고 경제적으로 곤란하게 되었다. 대한명궁의 정황이 손재·고극·질액 등을 주하는 분위기인데, 사업궁(卯)으로 태음화기가 경양과 만나 인리산재(人離散財)를 이루니 사업이나 장사가 순탄할 수 없다.

<table>
<tr>
<td>大天天孤天天恩巨
馬空喜辰廚貴光門
平

大劫晦 96~ 50己
耗煞氣 【田宅】 絶巳
【大遷】</td>
<td>蜚天鳳紅三年天天天廉
廉才閣艶台解月刑相貞
大 旺平
昌 祿

病災喪 86~95 51庚
符煞門 【官祿】 墓午
【大疾】</td>
<td>天天鈴天天
傷官星鉞梁
旺旺旺
權

喜天貫 76~85 52辛
神煞索 【奴僕】 死未
【大財】</td>
<td>大大龍截八天陰地七
曲鉞池空座巫煞劫殺
廟廟

飛指官 66~75 53壬
廉背符 【身遷移】 病申
【大子】</td>
</tr>
<tr>
<td>大解貪
羊神狼
廟

伏華太 49戊
兵蓋歲 【福德】 胎辰
【大奴】</td>
<td colspan="2" rowspan="2">坤命 : 1964年(甲辰) 10月 ○日 ○時
命局 : 火6局, 爐中火
命主 : 祿存
身主 : 文昌</td>
<td>月天天天
德使福同
平

奏咸小 56~65 54癸
書池耗 【疾厄】 衰酉
【大配】</td>
</tr>
<tr>
<td>大台擎太
祿輔羊陰
陷陷
忌

官息病 48丁
府神符 【父母】 養卯
【大官】</td>
<td>天天武
虛姚曲
廟
科

將月歲 46~55 55甲
軍煞破 【財帛】 旺戌
【大兄】</td>
</tr>
<tr>
<td>大天旬地祿天天紫
陀哭空空存馬府微
陷廟旺廟廟
科

博歲弔 6~15 47丙
士驛客 【命宮】 生寅
【大田】</td>
<td>天破寡陀天右左文文天
德碎宿羅魁弼輔昌曲機
廟旺廟廟廟廟陷
祿

力攀天 16~25 46丁
士鞍德 【兄弟】 浴丑
【大福】</td>
<td>大天破
魁壽軍
廟
權

青將白 26~35 45丙
龍星虎 【夫妻】 帶子
【大父】</td>
<td>大紅封火太
耗鸞誥星陽
平陷
忌

小亡龍 36~45 56乙
耗身德 【子女】 建亥
【大命】</td>
</tr>
</table>

사례 3) 공동투자하여 손재한 대한

차명은 선천재백궁(卯)으로 화기를 맞았다. 이처럼 선천이나 대한재백궁으로 화기가 들어가면 필시 손재가 따르게 된다. 동궁한 경양은 더 치명적으로 작용한다.

갑술대한(35세~44세)을 보면 대한명궁(戌)으로 염정이 쌍록이 되면서 대한의 삼방사정도 전체적으로 길하다. 차명은 사업가인데, 당 대한은 경영이 무난하여 많은 재물을 득하였다. 그런데 대한의 태양화기가 선천재백궁으로 들어가니 필시 당 대한은 손재를 면하기 어렵다.

<table>
<tr>
<td>天天天孤天天封天火天
空壽喜辰廚巫誥刑星機
大 旺平
昌

小劫晦 50己
耗煞氣 【夫妻】 絶巳
【大疾】</td>
<td>蜚鳳紅天恩年紫
廉閣艷貴光解微
廟

將災喪 51庚
軍煞門 【兄弟】 胎午
【大財】</td>
<td>大天天文文
鉞官鉞昌曲
旺平旺

奏天貫 5~14 40辛
書煞索 【命宮】 養未
【大子】</td>
<td>大龍截地破
馬池空空軍
廟陷
權
權

飛指官 15~24 41壬
廉背符 【父母】 生申
【大配】</td>
</tr>
<tr>
<td>解七
神殺
旺

青華太 95~ 49戊
龍蓋歲 【子女】 墓辰
【大遷】</td>
<td colspan="2" rowspan="2">乾命 : 1964年(甲辰) 9月 ○日 ○時
命局 : 土5局, 路傍土
命主 : 武曲
身主 : 文昌</td>
<td>大月天台天
曲德福輔姚

喜咸小 25~34 42癸
神池耗 【福德】 浴酉
【大兄】</td>
</tr>
<tr>
<td>大擎天太
羊羊梁陽
陷廟廟
忌
忌

力息病 85~94 48丁
士神符 【財帛】 死卯
【大奴】</td>
<td>天陰天廉
虛煞府貞
廟旺
祿
祿

病月歲 35~44 43甲
符煞破 【田宅】 帶戌
【大命】</td>
</tr>
<tr>
<td>天旬八天地祿天右天武
哭空座月劫存馬弼相曲
天大 平廟旺旺廟閑
使祿 科
科

博歲弔 75~84 47丙
士驛客 【疾厄】 病寅
【大官】</td>
<td>大大天破寡陀鈴天巨天
陀魁德碎宿羅星魁門同
廟陷旺旺陷

官攀天 65~74 46丁
府鞍德【身 遷移】衰丑
【大田】</td>
<td>天三左貪
傷台輔狼
旺旺

伏將白 55~64 45丙
兵星虎 【奴僕】 旺子
【大福】</td>
<td>大天紅太
耗才鸞陰
廟

大亡龍 45~54 44乙
耗身德 【官祿】 建亥
【大父】</td>
</tr>
</table>

갑술대한 중 차명이 지인들과 부동산에 거액을 투자하였는데, 투자한 부동산에 법적인 문제가 발생하여 상당한 손재가 있었다. 그리고 선배의 권유로 주식에 많은 금액을 투자하였지만 이 역시 상당한 손해를 보고 말았다. 갑술대한은 대한형노선이 문제가 많음을 알 수 있다. 대한형제궁(酉)의 천요는 주변사람과 인연은 많으나 실속이 없고, 괜한 분위기에 동요되어 투기·투자를 하게 된다. 묘유궁선이 쌍화기를

비롯한 경양으로 인하여 패국이 되었기 때문에 이러한 투기나 투자는 모두 실수하거나 손재로 나타나게 된다. 이처럼 형노선이 불리하면 절대로 동업이나 공동투자·돈거래 등은 삼가야 한다.

(1) 태양화기

태양은 그 성정이 공명정대하고 이타적이다. 그러나 화기가 되면 기본 성정은 그대로지만 사람이 독단적이고 언행이 성급하며 경솔하거나 나서게 된다. 만약 살기형성이 중하면 성정이 강하고 맹렬하여 시비와 원망을 초래하게 된다.

태양화기가 좌명하면 시비구설의 색채와 관련된 업종이 길하다. 가령 법률계열이나 중계업 등을 말한다.

입묘한 태양은 화기를 크게 꺼리지 않는다. 단지 약간의 파동이나 고극한 현상은 있을 수 있지만 그것이 큰 걸림돌이 되지는 않는다. 그러나 입묘한 태양이라고 해도 다른 살기형성이 가하면 해당궁에서는 치명적일 수 있다.

함지의 태양화기이면 가장 불리한데, 주로 남자육친과 인연이 없다(태양은 남성을 의미하므로). 재백궁이면 파재가 있고, 관록궁이면 직장이나 사업적으로 궁핍하게 되며, 천이궁이면 밖에서 시비구설이 많고 사고·질병을 유의해야 한다. 기타 궁에서도 모두 흉으로 작용한다. 야생인(夜生人)이면 더 불리하다. 만약 여명이 부처궁으로 태양화기를 보면 연애좌절이있게 되는데, 혼후에도 배우자와 생리사별을 면하기 어렵다.

부모궁의 태양화기 역시 불리한데, 주로 부친과 무정(無情)하거나 인연이 없다. 또한 직장 상사와 불화하거나 윗사람과 대립하게 된다.

(2) 태음화기

태음은 묘왕리함에 따라 그 길흉에 차이가 많다. 태음이 입묘하면서 화기를 보면 단지 약간의 충격이나 곤경은 있지만 크게 불리하지 않다. 특히 亥궁의 태음화기는 처음엔 곤란하지만 결국 길하게 된다.

태음은 재성(財星)이다. 하여 태음이 화기를 맞으면 재적으로 피해를 보기 쉽다. 그리고 태음은 감정과 정서를 주하기도 하는데, 화기를 맞으면 감정적으로 상처를 입게 되고 우울하게 된다. 태음함지는 재물과 정서적으로 모두 불리하다.

태음은 여자육친을 의미한다. 하여 화기를 맞으면 여자육친과 연이 불리하다. 태음이 함지에 일생인(日生人)이면 더 불리하다.

선천이나 대한의 운로에서 함지의 태음화기를 보면, 먼저 여자육친과 고극한데 중하면 생리사별한다. 남명이 부처궁에 태음화기이면 이성과 연애좌절이 많고, 혼후에도 생리사별이 있게 된다. 살성이 가하면 더 흉하다.

형노선에 태음화기이면서 살성과 천요성이 가하면 주변사람으로 인하여 손해보고 배신당하게 된다.

자녀궁이 태음화기이면서 함지이면 여식이 불리한데 여식과 인연이 약하거나 생육에 문제가 있다.

재백궁의 태음화기 역시 재적으로 손재를 경험하게 된다. 태음이 함지이면 더 불길하여 투기나 창업은 금해야 한다.

복덕궁의 태음화기도 좋지 못한데, 감정과 정서를 주하는 태음이 복덕궁에서 불리하게 작용한다. 주로 노심초사하고 의지력이 부족하며 감정창상을 입게 된다. 여명은 더 불리하여 실족(失足)하게 된다.

함지의 태음화기는 모든 궁에서 좋지 않게 작용한다. 게다가 양타·화령을 만나면 더욱 문제가 되는데, 인리산재(人離散財)·십악격(十惡格) 등 각종 흉격으로 변하여 모든 부분에서 충파를 당하게 된다.

(3) 염정화기

염정은 혈(血)을 의미하고 감정과 정신향수와 관계가 있는 성이다. 만약 명궁이나 身궁에 염정화기가 거하면 농혈지재(膿血之災)를 가장 주의해야 한다. 이는 염정이 혈을 의미하기 때문이다. 그리고 염정화기는 정서적인 자극을 하게 되므로 심리적인 감정창상을 면하기 어렵다. 또한 사람이 민감한 성향으로 변하게 되어 감정상의 기복이 많게 된다. 살기형성이 가하면 이러한 정황들이 더 강하게 발현된다.

염정화기가 살성을 보면 사고·질병 뿐만 아니라 육친과 고극하게 쉬운데, 주로 연애좌절이 있고 혼후에도 배우자연이 온전치 못하다.

염정화기가 도화제성을 보면 주색으로 몸을 상하고, 또한 비정상적인 연애로 인하여 좌절하기도 한다. 염정화기는 자신의 감정을 냉정하게 조절하기 어려운데, 주로 분위기에 휩싸여 자신을 망각할 수 있다. 이런 문제는 남녀인연 뿐만 아니라 재적으로도 불리하게 된다.

염정화기의 손재는 육친이나 자신과 가까운 사람으로 인하여 손재하기 쉽다. 이는 염정이 혈연(血緣)을 주하는 특성 때문이다. 전반적으로 보면 염정화기는 감정·정서·혈연관계 등과 관련하여 그 길흉사가 발현하기 때문에 이 점 유의하여야 한다.

육친궁의 염정화기는 가장 흉하다. 해당 육친과 감정적으로 대립되고 서로 마찰이 많게 된다. 만약 해당 육친궁에서 살성과 천형·질병성계 등이 중하면 서로 인연이 없고 고극한 것은 기본이며 해당 육친이 사고나 질병으로 화를 입게 된다.

(4) 거문화기

거문은 암(暗)성이며 시비구설을 주한다. 따라서 거문이 화기가 되면 인간관계에 있어서 시비구설을 면하기 어렵고, 살기형성이 중하면 질병과 관재까지 유의해야한다.

거문화기는 명궁 뿐만 아니라 모든 궁에서 꺼리게 된다. 함지의 거문이 살성을 많이 보면 더 흉하게 작용한다.

거문화기는 자신이 비록 완벽하고 하자가 없어도 타인으로부터 압박을 받거나 서로 시기하게 되는데, 겉으로 보기엔 유정(有情)한 듯해도 속으로는 냉정하고 서로 배척한다.

거문화기가 되면 친한 사람에게는 소원하고 소원한 사람에게는 친하다. 거문화기는 매사 나서지 않아야 하며, 되도록 긍정적인 사고방식을 가지고 타인을 이해하는 폭 넓은 아량이 필요하다.

거문은 암성(暗星)인데, 暗의 의미는 당사자의 인생이 있어서 전반적으로 나타나는 불안전하고 어두운 일을 의미하는바, 그 고통을 스스로 안고 가야하기에 암성의 의미가 있는 것이다. 그중 가장 중요시해야 할 것은 인간관계로 오는 문제가 가장 많다.

명궁이 거문화기면 비록 부처궁이 길할 지라도 부부 인연에 흠이 있다. 부처궁이 거문화기면 연애좌절과 혼후에도 생리사별을 면하기 어렵다.

재백궁의 거문화기는 손재로 인하여 감당하기 어려운 시련이 있는데, 투기나 사업은 금물이다. 겁공과 천요를 보면 남에게 속임을 당하고, 천형과 살을 보면 재물 때문에 관재구설이 발생한다.

형제궁에 거문화기는 서로 감정적으로 대립하고 성격이 맞지 않으며 시기질투하게 된다. 특히 형제나 친구와 합작이나 공동 투자, 계약 등은 금물이다.

부모궁에 거문화기는 부모와 정이 없거나 불화한다. 살성이 중하면 부모를 일찍 여의거나 초년에 부모와 결별한다.

(5) 천기화기

천기가 화기가 되면 천기의 부동(浮動)한 성향이 더 강하게 나타난다. 사람이 민감하고 독단적으로 변하는데, 너무 앞서거나 나서다가 오히려 실패를 자초한다. 만약 사살을 비롯한 천형을 보면 임기응변이나 모사(謀事)가 지나쳐 교활하기 쉽고, 다른 사람이 보기에 불안정하여 믿음을 주지 못한다. 하여 천기화기이면 너무 서두르지 말고 다른 사람의 충고를 듣고 행하는 자세가 필요하다.

천기화기가 살성을 보면 한번 더 생각하고 언행을 삼가야 하는데, 그렇지 않으면 주변에서 쓴 소리를 듣게 되고 중하면 인신공격을 당하게 된다.

천기화기가 살성을 보면 타인과 마찰이 많은데, 이는 주로 자신이 너무 흥분하거나 앞서 생각하는 심리로 인하여 파장이 생긴다. 또는 모든 것을 너무 민감하게 받아들여 다른 사람과 어울리기 어려운 것이다. 여명일 경우 정서가 더 민감하여 이기적이거나 고독하게 된다. 중하면 강박관념을 비롯한 우울증이 있거나 자살하려는 심리가 있다.

육친궁의 천기화기는 불리하다. 해당 육친과 관계가 소원한데, 서로 시기하고 원망하는 심리가 있으며 성격적으로 마찰이 많다. 그리고 어느 육친이든지 처음에는 좋은 관계이지만 나중에는 서로 실망하고 멀어지게 된다.

(6) 문곡화기

문창과 문곡은 문성(文星)이지만 화기가 붙는 성이다. 문곡화기는 주로 동업·계약·문서 등으로 인한 문제가 많다. 만약 대한의 명궁이나 삼방사정으로 문곡화기를 보면 문서·계약·투자 등으로 인한 손재와 좌절을 당하게 된다. 살성이 중하면 충격은 더 크고 관재 구설도 따르게 된다.

천동과 문곡화기가 만나면 자신의 실수로 감정좌절이나 손재를 경험하게 되는 바, 분위기나 감정에 치우쳐 모든 일을 판단하기 쉬우므로 주의해야 한다.

거문과 문곡화기가 만나면 주변사람과 마찰이 많은데, 주로 처음엔 좋게 출발했는데 나중에 서로 시기하고 원망하게 된다. 문론 손재와 고극도 면하기 어렵다.

입묘한 태양이나 태음·자미·칠살 등이 문곡화기를 보면 한두 번의 좌절이나 장애는 있지만 그 파동이 크지는 않다. 만약 길성을 보면 오히려 선곤후평(先困後平)하게 된다.

창곡이 천상궁을 협하면서 문곡화기이면 역시 형기협인(刑忌夾印)의 현상이 나타나는데, 손재나 구설을 면하기 어렵다. 이 때 천상궁에 살성이 거하면 더 흉하다.

문곡화기와 문창이 서로 동궁하거나 대조해도 불리하다. 문서계약·투자·돈거래 등으로 인하여 손재와 좌절을 경험하게 된다.

육친궁에서 문곡화기는 그 성질이 엄중하다. 주로 상복을 입거나 해당 육친이 사고나 질병으로 고생하기도 한다. 이때 약간의 살성만 관여해도 질병뿐만 아니라 감정좌절에 파재도 따르게 된다. 그리고 해당육친과 무정(無情)하다.

(7) 천동화기

천동은 감정과 향수의 성이다. 하여 천동화기는 정서적인 충격이나 심각한 스트레스 그리고 이성으로 인한 감정좌절 등을 면하기 어렵다. 만약 살성이 중하면 감정창상 뿐만 아니라 사고·질병·손재가 따르게 된다.

천동이 복성(福星)이지만 화기를 맞게 되면 그 복을 누릴 수 없거나 항상 장애가 따르게 되므로 심리적인 압박감이 따르고 때로는 정신적으로 공허하게 된다.

천동화기는 좋은 작용을 할 수도 있다. 천동이 화기를 맞으면 나태하고 게으른 천동의 성질이 변하게 되는데, 사람이 주관 있고 초지일관하며 경쟁심을 유발시킨다. 그러나 천동화기가 길성과 동도해야만 성공하여 복을 누릴 수 있다. 만약 화기에 살성이 중하면 실패와 좌절을 면치 못한다.

천동화기는 거문과 만나는 것은 좋지 않다. 감정충파가 더 크기 때문이다. 함지의 태음역시 마찬가지다.

록존과 천동화기가 만나면 재적으로 재래재거(財來財去)가 많은데, 재물이 들어오면 항상 손재도 따르고 늘 재물문제로 불안하다.

천이궁의 천동화기는 밖에서 고생하게 되는데 출장·이사·해외유학 등으로 인하여 처음에는 어렵거나 힘들게 된다. 만약 길성이 거하면 역경을 이겨내고 성공하지만 살성이 거하면 파동이 많다.

천동화기가 천요를 만나면 이성으로 인하여 감정창상 및 손재를 겪게 된다. 그리고 주색·도박으로 인한 손재도 유의해야 한다.

부처궁의 천동화기는 좋지 않다. 연애좌절을 경험하게 되고 혼 후에는 생리사별을 주한다. 천동화기가 부처궁이면 주로 정서적으로 맞지 않거나 한 사람과 계속적인 유정함을 지키기 어렵다. 만약 당사자의 명궁과 천이궁·복덕궁이 길하면 생리사별을 주하지 않는다. 그렇지만 배우자와 일정부분 서로 격리되거나 분리되는 현상은 면할 수 없다. 아니면 배우자의 질병이 있게 된다. 부처궁의 천동화기가 살성이 중하면 일생 배우자연이 좋지 못하여 생리사별하게 된다. 상황이 이러하면 재혼·삼혼하거나 아니면 독신으로 산다.

천동화기가 부모궁이면 부모와 무정하며 고독하다. 만약 천형이나 화령을 보면 부모와 연이 없고, 부모가 이혼하거나 두 부모 중 한사람이 먼저 돌아가신다. 다른 집안에 양자로 가기도 한다.

(8) 문창화기

문창화기는 문곡화기와 마찬가지로 계약이나 합작 등 문서방면으로 문제가 따른다. 하여 계약위반에 주의해야 하고 투기나 투자도 신중해야 한다. 문창은 문성(文星)이다. 하여 수표·어음·보증·담보 등 문서상으로 이루어지는 여러 방면의 계약적인 부분에서 재화(災禍)를 당하기 쉽다. 허가나 면허 등 공문서적인 부분에서도 여러 가지 문제가 나타날 수 있다. 그리고 예술이나 문학 등 작품 활동을 하는 사람도 명예적인 손실이나 피해가 있게 된다.

입묘한 문창이 화기를 맞거나 육길성의 보좌가 있으면 문창화기의 결점이 감소한다. 그러나 살기형성이 중중하면 어느 궁을 막론하고 흉하게 작용한다.

문창화기는 상례(喪禮)를 주하기도 한다. 고로 육친궁의 문창화기는 사고·질병 등이 있기 쉽다.

두수에서 창곡은 문성이면서 화기(化忌)가 존재한다. 그런데 문창이 화기가 되면 문곡이 화과가 된다. 문창은 정도출신의 성향으로 보고 문곡은 이로공명 한다고 보았는데, 문창이 화가가 되면 정도(正途)출신 보다는 문곡화과로 인하여 이로공명에 더 유리하다고 본다.

천이궁에서 문창화기를 보면 이사나 여행일정 등이 연기되거나 취소된다. 록존이 동궁하면 재물손재가 있게 된다.

부처궁의 문창화기는 연애나 혼인에 문제가 발생한다. 천요가 거하면 이성의 연은 많지만 혼인을 유지하기 어렵고, 천형이 거하면 배우자와 성정이 맞지 않고 생리사별한다.

부모궁에서 문창화기와 살성이 동궁하면 부모와 무정하다. 그리고 부모는 손재와 질액을 유의해야 한다. 중하면 상(喪)을 치루게 된다.

형제궁의 문창화기는 친구나 인간관계로 인하여 손해보고 부담을 받는다. 시기, 질투로 관계가 소원한데 중하면 관재구설이 발생한다.

재백궁의 문창화기는 재물손재를 면하기 어려운데, 계약 등 문서로 인하여 관재구설이 따른다. 살성이 가하면 투기나 창업은 더욱 금해야 한다.

(9) 무곡화기

무곡은 화기를 가장 두려워한다. 재물과 감정적인 부분 모두 불리하다. 무곡은 재성(財星)에 해당하므로 먼저 재적인 방면에서 손재를 면하기 어렵다. 투기는 항상 위험이 따르고 사업을 비롯한 문서나 계약상의 문제도 있게 된다. 또한 무곡화기는 재물의 융통이 어렵고 직장인이라면 해고의 위험이 있다. 만약 양타·화령을 보면 이러한 정황은 더욱 엄중하다.

명궁이나 재백궁·관록궁 등에서 무곡화기를 만나면 투기나 불안전한 투자는 금물이다. 직업도 사업보다는 직장에서 월급받는 것이 유리하다. 사살을 비롯한 겁공을 보면 더욱 불리하므로 유의해야 한다.

무곡은 오행이 음금(陰金)이다. 음의 금은 주로 쇠나 날카로운 물건을 의미하기도 한다. 하여 화기가 되면 이기(利器)와 관련한 직업군에 종사하는 것이 좋다. 주로 외과나 치과의사·침술 등과 관련이 많다. 이발사·음식업·도살업 등도 해당된다.

무곡은 영창타무(鈴昌陀武)격국을 가장 두려워한다. 그런데 무곡화기가 되면 더 치명적이다. 어느 궁을 막론하고 무곡화기가 되면서 영창타무격이 형성되면 대흉하다.

무곡화기는 질병이나 사고와 관련이 깊다. 만약 명궁이나 身궁·천이궁 등에 무곡화기를 보면 질병이나 사고를 주의해야 한다. 질병성계와 살성이 중하면 더욱 문제가 된다.

육친궁의 무곡화기는 묘왕리함과 다른 살성과의 동궁 여부를 보고 결정해야 한다. 부처궁에 무곡화기가 입묘하면서 길성을 보면 배우자와 분거(分居)하거나 고독한 현상은 있지만, 그 고독이 반드시 흉함은 아니다. 가령 배우자가 직업이나 공부 등으로 인하여 잠시 헤어져 지낼 수 있다. 그러나 사살을 비롯한 형요성이 가하면 남녀를 막론하고 생리사별을 하게 된다. 함지의 무곡은 더 흉하다.

형제궁의 무곡화기도 입묘하면서 길성이 회집하면 형제가 명리(名利)를 얻는데, 형제가 외과나 치과의사가 있기도 하다. 그러나 사살과 천형 등이 가하면 형제가 사고·질병·손재 등 생에 파동이 많다. 정황이 이러하면 친구나 형제 등과 거래나 계약·공동투자 등은 금물이다.

(10) 탐랑화기

탐랑은 일반적으로 화기에 대한 저항력이 강하다. 요령부리기 쉬운 탐랑이 부지런하고 현실적이며 추진력을 갖게 된다. 인내력이 강해지고 재예(才藝)의 능력도 발휘한다. 또한 주색보다는 운동을 좋아하고 활동적인 취미를 즐기기도 한다. 그러나 탐랑화기는 자신의 건강에 문제가 발생하기 쉽다. 이는 대인관계를 우선시하여 자신의 몸을 혹사시킬 가능성이 있기 때문이다. 살성이 가하면 더 조심해야 한다.

두수에서 탐랑화기를 좋게 보는 이유는 재물의 향방 때문이다. 탐랑이 화기가 되면 반드시 재백궁의 파군이 화록을 보게 된다. 두 성은 삼방에서 늘 만나게 되므로 성요호섭(星曜互涉)의 작용이 있다. 하여 명궁의 탐랑화기는 재백궁으로 파군화록을 보게 되므로 재적으로 길하게 작용한다.

탐랑화기가 록존과 동궁하면 오히려 재적으로 파동이 있게 된다. 상황이 이러하면 양타가 협하여 탐랑화기 궁을 충극하는 현상이 발생한다. 록존궁이 화기를 만나면 양타협기위패국(羊陀夾忌爲敗局)이 된다. 주로 주변사람으로 인하여 손재가 발생하고 자신의 건강도 유의해야 한다. 탐랑화기는 록존이 동궁하지 않는 것이 재적으로 더 순탄하고 파동이 적다.

탐랑화기가 화령과 만나는 경우 그 길흉을 잘 판단해야 한다. 만약 탐랑이 입묘하면서 길성의 보좌를 받으면 횡발하거나 명리(名利)를 얻지만, 함지의 탐랑화기가 화기를 맞고 화령을 보면 손재와 재화(災禍)를 면하기 어렵다.

부처궁의 탐랑화기는 길흉을 단정하기 어렵다. 다만 남명에 비하여 여명이 더 흉하다. 주로 혼전에 감정좌절과 혼후에도 배우자가 외도하거나 서로 분리되기 쉽다. 남명일 경우 부처궁에 탐랑화기를 보면 보좌길성이나 살성의 회조여부를 보고 그 길흉여하를 판단해야 한다. 사살을 비롯한 형요성이 가하면 재혼한다. 남녀 모두 부처궁의 탐랑화기가 창곡을 비롯한 도화성계를 보면 애정문제로 쟁탈이 있는데, 감정좌절을 경험하게 된다.

형제궁이나 노복궁의 탐랑화기는 꺼린다. 주로 주변사람과 마찰이 있게 된다. 혹은 가까운 사람이 배신하거나 자신의 경쟁자가 되기도 한다.

복덕궁의 탐랑화기는 심리적인 기복이 심하고 노심초사한다. 살성이 가하면 성정이 과격하고 정신적인 공허함이 있다.

5. 잡성

두수에서 星을 분류하는 기준은 크게 4가지 정도로 나눌 수 있다. 명운(命運)에서 가장 중심적인 역할을 하는 십사정성이 있고, 정성과 함께 길흉사에 있어 직접적인 작용을 하는 육길성과 육살성, 그리고 일의 성패가부에 결정적인 단초를 제공하는 사화성과 마지막으로 잡성 등으로 대별할 수 있다.

잡성은 명운(命運)의 전체적인 대세에 크게 영향을 주지는 않지만, 어떠한 사안의 길흉여부를 관찰하거나 궁에 내재된 섬세하고 예민한 속성들을 관찰할 때 상당한 효력을 발휘한다. 그런데 잡성도 전체적인 격국의 틀을 흔들거나 길흉 성패여하에 관여하는 경우도 가끔 있다. 잡성 중에도 그 영향력이 강한 몇 가지 성은 상당한 힘을 가지고 있다. 특히 짝성을 이루는 잡성은 더 강력하게 작용하기도 한다. 하여 잡성이라고 무조건 무시하지 말고, 잡성이 의미하고 있는 기본상의를 많이 알아야 섬세하고 기교있는 추론이 가능하다.

1) 백관조공성

백관조공성(百官朝拱星)은 태보(台輔)·봉고(封誥), 삼태(三台)·팔좌(八座), 은광(恩光)·천귀(天貴), 용지(龍池)·봉각(鳳閣) 등 여덟 개의 성을 말한다. 백관조공성은 자미·천부·태양·태음·천량 등의 정성들과 만나면 더 길하다. 백관조공성은 전반적으로 명예와 학문·문예 등 貴를 주한다. 백관조공성은 정성을 보좌하는 성질이 있으므로 어느 정성과 만나는지 잘 확인해야 한다. 백관조공성은 모두 짝성의 형태를 이루는데, 만약 백관조공이 어느 궁을 협하거나 동궁하면 그 영향력이 더 강하게 나타난다. 서로 마주해도 그 의미가 강해진다.

(1) 태보·봉고

태보(台輔)는 主貴의 성이다. 지위와 명예를 향상시키고 한 분야에서 실력을 행사한다. 좌보를 보좌하는 성으로서 좌보와 동궁하면 그 역량이 더 강해진다. 사람이 정직하고 신용이 있으며 의지가 강하다.

봉고(封誥) 역시 主貴의 성이다. 명예를 이루고 인지도가 높다. 우필을 보좌하는 성으로 우필과 동궁하면 그 역량이 더 강하다. 사람이 유연하고 기품이 있으며 문예를 좋아한다. 태보는 정신적인 의미가 더 강하고 봉고는 물질적인 의미가 더 강하다. 태보·봉고는 묘비(墓碑)의 뜻이 있다. 하여 육친궁에서 태보·봉고가 동회하면서 살기형성이 중하면 상례를 대비해야 한다.

(2) 삼태·팔좌

삼태(三台)는 貴를 주하는 성인데 지위와 명예를 고취시킨다. 삼태는 천괴·천월을 만나면 그 역량이 더욱 강해진다. 사람이 정직하고 신용이 있다. 또한 인자하고 사교성이 있다. 그러나 의심이 많다. 삼태·팔좌는 쌍성으로서 반드시 동궁하거나 회합해야만 그 역량이 강해진다.

팔좌(八座)는 主貴의 성이다. 삼태와 마찬가지로 지위와 명예를 고취시킨다. 사람이 심지가 곧은데 마음은 선량하다. 살성을 보면 성정이 조급하고 결단력이 있다. 팔좌는 종교나 정신세계에 관심이 많다. 팔좌 역시 괴월을 만나면 더 길하다. 그리고 삼태와 동궁하거나 만나면 그 역량이 강하게 나타난다.

(3) 은광·천귀

은광(恩光)은 主貴의 성이다. 지위와 명예를 얻고 귀인의 협조를 받는다. 은광은 창곡·괴월·화과 등 과문제성과 만나는 것을 좋아한다. 은광이 과문성을 보면 학문과 시험에 유리하다. 그리로 록성과 육길성을 보면 명예나 지위향상으로 인하여 득재(得財)한다. 은광은 태양을 좋아하고 낙함한 태음은 꺼린다. 은광·천귀는 짝성이지만 단독으로 거해도 그 역량이 있다. 은광은 사람이 섬세하고 기교가 있으며 문예를 좋아한다.

천귀(天貴) 역시 主貴의 성이다. 명예와 지위를 얻고 귀인을 만난다. 천귀가 창곡·괴월을 만나면 그 역량이 더 강해지는데, 주로 학문과 시험에 유리하며 인지도가 높아진다. 천귀는 태음을 좋아하고 낙함한 태양을 싫어한다. 천귀는 사람이 인품과 교양이 있고 후중하다.

은광·천귀 모두 도화제성을 싫어한다. 만약 도화성과 만나면 이성으로부터 관심을 많이 끌고, 사치하거나 낭비하기 쉽다. 만약 살성까지 가하면 주색잡기로 세월을 보낸다.

(4) 용지·봉각

용지(龍池)는 재예(才藝)를 주한다. 용지는 예(藝)의 성향이 강하고, 봉각은 재(才)의 성향이 강하다. 용지는 무(武)에 가깝고, 봉각은 문(文)에 가깝다. 용지는 사람이 총명하고 귀품이 있으며 예술적인 소질이 있다. 용지가 창곡·화과 등 과문제성을 보면 학문이 높고 고시(考試)에 이롭다. 용지·봉각이 축미궁에 동궁할 경우 문무(文武)의 기질을 모두 가지고 있다. 용지·봉각이 약간의 살성을 보면 손재주가 있는데, 주로 그림·표구·조각·수예 등에 재주가 있다. 용지가 칠살과 동궁하면서 질액궁이면 귓병에 유의해야 한다.

봉각(鳳閣)은 才를 주한다. 상황이 길하면 명예와 지위가 상승한다. 봉각은 창곡·화과·괴월 등 과문제성을 좋아하는데, 학문을 좋아하고 지명도를 얻는다. 봉각은 사람이 총명하고 민감하며 언행이 고상하면서 우아한 면이 있다. 장식과 치장을 잘하고 풍류를 안다. 파군이나 칠살이 봉각을 질액궁에서 만나면 안과질환에 유의해야 한다. 용지·봉각이 축미궁을 협하면 사람이 총명하고 재예를 즐긴다.

2) 도화성

제잡성 중 도화성은 홍란(紅鸞)·천희(天喜), 목욕(沐浴), 함지(咸地), 대모(大耗)가 있다. 두수에서 도화성을 대별하여보면, 십사정성 중에서는 탐랑·염정이 대표적인 도화성에 해당한다. 그 다음으로 천요가 있는데, 천요는 두수에서 도화색채가 가장 강한 성이다. 잡성에 해당하는 도화제성도 제각각 그 특성이 약간의 차이가 있지만, 기본적으로는 도화 성향을 함축하고 있다. 명반에서 도화성을 많이 보면 처세가 유연하며 음악·미술 등 예술이나 문예에 관심이 많고, 심미안을 가지고 있다. 도화제성은 정황이 길하면 문예나 예술방면에서 명리(名利)를 얻지만, 살기형성이 중하면 허영심이 강하며 주색잡기나 도박으로 일관하기 쉽다.

(1) 홍란·천희

홍란(紅鸞)은 혼인(婚姻)을 주한다. 홍란·천희는 두수에서 짝성이며 하나가 명궁에 거하면 다른 하나는 반드시 천이궁에 들어간다. 홍란이 혼인을 주하고, 천희는 생육을 주한다. 두 성의 의미가 약간의 차이는 있지만 모두 도화적인 성질을 가지고 있다. 홍란이 유년창곡과 화과를 보면 이성의 연이 있거나 혼인하게 된다. 홍란이 명궁이면 남명의 경우 상이 수려하다. 성격이 유연하고 활달하여 사교성이 있다. 여명이 홍란을 보면 우아하고 아름다우며 요염하다. 천희를 보면 냉정한 듯 요염하다. 홍란이 다른 도화제성을 만나면 주색으로 발전하거나 질병으로 나타날 수 있다.

천희(天喜)는 생육(生育)을 주한다. 자녀궁이나 전택궁에서 천희를 보면서 정황이 길하면 자녀 출산의 징조가 있다. 명궁이나 자전선으로 천희가 거하면서 창곡과 과문제성을 만나면 당년에 자녀를 임신하거나 출산한다. 유년명궁으로 홍란·천희를 보면서 부처궁의 정황이 길하면 혼인을 하거나 자녀임신을 하게 된다. 천희는 사람이 정직하고 심성이 올곧다. 그러나 약간의 살성을 보면 성격이 완벽하고 민감하게 된다. 하지만 천희는 기본적으로 사교성이 좋고 주변사람의 도움을 얻는다. 홍란·

천희는 음악·미술·수예 등 재예를 즐기고 소질이 있다. 홍란·천희가 재백궁이면 재물이 들어오지만 곧 나가게 된다. 천요가 동궁하면 취미나 기호 등으로 돈을 쓰게 된다.

(2) 목욕

목욕(沐浴)은 제잡성 중 도화성에 해당한다. 목욕은 십이운성에서 제 2단계에 해당한다. 출생 후 처음으로 몸을 씻는 과정인데 깨끗하고 성스러움의 의미가 있다. 함지(咸地)가 불량스러운 도화라면 목욕은 깨끗한 의미의 도화다. 목욕은 처세가 유연하고 다정하며 용모가 말끔하다. 목욕이 자오묘유궁에 거하면 도화의 의미가 더 강해진다. 그러나 진술축미궁에 들어가면 도화적인 의미는 크게 감소한다(목욕은 순행하면 자오묘유궁에 거하고 역행하면 진술축미궁에 들어가게 된다). 목욕은 이성과 인연이 많은데, 정황이 길하면 이성으로 인하여 득이 된다. 만약 목욕이 다른 도화제성을 보면서 살성이 가하면 이성으로 인하여 감정좌절을 경험하고 혼인도 여의치 않다. 명궁이나 재백궁이면 주색잡기로 파재하기 쉽다.

(3) 함지

함지(咸地)는 불량한 성질의 도화이며 자오묘유궁에만 들어가게 된다. 함지는 총명하고 재예가 있는데, 이러한 재예로 인하여 이성으로부터 환영을 받는다. 반면 주색잡기를 늘 유의해야 한다. 함지는 성정이 감정적이고 분위기에 휩쓸리기 쉽다. 화려하고 꾸미는 것을 좋아하며 허영심이 있다. 염정·탐랑·천동 등이 함지와 살기형성을 보면 이성의 연이 많다. 중요한 것은 주색으로 인하여 파재하고 시비구설이 따르기 쉬우므로 유의해야한다.

함지가 창곡을 보면서 록존이나 화록 등이 동회하면 주변사람에게 인기가 많은데, 특히 이성으로부터 호감을 얻어 득재한다. 그러나 창곡이 화기를 맞으면 부도덕한 연애를 하거나 서로의 관계가 깨끗하지 못하다. 그리고 감정창상이 따른다. 함지가 천요를 비롯한 다른 도화성과 만나고 살성이 중하면 주색이나 도박으로 탕진하고 가정을 파한다. 여명이라면 실족(失足)하고 불량한 기호에 물들게 쉬우며 주로 윤락(淪落)이나 술과 관련이 많다. 여명이 함지를 보고 보필·괴월 등이 동궁하게 되면 남자에 의지해서 살아간다.

재백궁의 함지는 취미나 기호로 돈을 쓰게 되고, 살성이 가하면 주색·도박으로 탕진한다.

(4) 대모

대모(大耗)는 두 가지가 있다. 여기서는 생년지 기준의 대모를 논한다. 대모는 손모(損耗)를 주하는데, 그 손모는 주로 도화적인 문제로 발생하는 경우가 많다. 대모가 함지를 만나면 주색으로 인하여 손재하거나 재화(災禍)가 따른다. 대모가 천요 등 다른 도화성을 만나면 불량한 도화가 되어 구설과 손재를 면하기 어렵다. 살성이 가하면 더 흉하다. 대모는 염정·탐랑·창곡을 싫어한다. 만약 이러한 성들을 만나고 살성이 가하면 주색으로 파재하기 쉽다. 대모가 육친궁에서 상문·백호·조객 등과 동궁하게 되면 해당육친에게 문제가 있는데 중하면 상(喪)을 당하게 된다. 살성이 가하면 더 흉험하다. 대모는 사람이 활동적이고 외부적이다. 정황이 길하면 도량이 크고 진취적인데, 이러한 성격으로 인하여 득재한다.

3) 제길성

제잡성 중에서 비교적 길한 의미를 가지고 있는 것을 말한다. 그러나 정성을 비롯한 보좌길성과 사화길성 등의 향방을 보고 그 길흉을 판단해야 한다. 잡성이 길한 의미가 있다고 해도 단독으로 그 길상이 강하게 나타나지 않기 때문이다.

(1) 천관

천관(天官)은 貴와 작록(爵祿)·영예(榮譽) 등을 주한다. 천관은 귀를 주하기 때문에 정성 중에서 명예나 貴의 성향이 있는, 태양·자미·천량 등과 동궁하면 더 길하다. 천관이 과문제성과 동궁하면 품격이 높다. 천관이 록존이나 화록과 동궁하면 재록을 얻은 후에 명예가 따른다.

(2) 천복

천복(天福)은 복수(福壽)를 주한다. 천관이 貴를 주한다면 천복은 福을 주한다고 본다. 복을 주하는 천복은 복덕궁에 거하면 좋은데, 정신향수를 즐기고 성정이 원활하며 편안함을 추구한다. 천복은 천동·태음 등 주로 정서적이고 향수적인 성과 동궁하면 더 길하다. 천복이 보필·괴월을 만나면 주변에서 음덕을 많이 입는다. 천복이 과문제성을 보면 명리(名利)를 얻는다.

(3) 천재

천재(天才)는 재예(才藝)를 주한다. 사람이 총명하고 민첩하며 임기응변이 뛰어나다. 다학다능(多學多能)하며 쉽게 익히고 쉽게 활용한다. 천재는 천기를 보면 길한데 총명재지(聰明才智)를 더 발휘한다. 천기의 불안정하고 앞서가는 결점을 보충할 수 있다. 천재는 과문제성을 비롯한 용지·봉각을 좋아한다. 주로 그 사람의 총명과 재능을 발휘케 한다. 천재는 현실적이고 실용적인 성이다. 화개(華蓋)의 이상주의나 철리적인 것과는 상반된다. 천재는 언변에 재간이 있지만 화령·천형·화기 등 살성이 가하면 사람이 날카롭고 오만하기도 하다.

(4) 천수

천수(天壽)는 수명(壽命)을 주한다. 사람이 충후하고 어른스러우며 안정감이 있다. 천동·천량을 만나면 더욱 그러하다. 천수가 원명국에 있으면 무병장수한다. 다만 살기형성의 간섭이 적어야 한다. 천수는 진술축미궁을 좋아한다. 이 네 개의 궁이 질액궁이나 명궁이면 장수하는 조건이 된다.

천수는 연령 차이를 의미하기도 하는데, 만약 부처궁에 천수가 거하면 배우자와 나이차이가 많다. 천량이나 괴월을 보면 더욱 그러한데, 남명일지라도 연상의 여자와 연이 있다. 무파상 조합이거나 자파상조합이 부처궁이면서 천수가 동궁해도 마찬가지다. 형제궁에 천수가 거하면 형제와 연령 차이가 많으며, 연령 차이가 많이 나는 친구나 선후배로부터 조력을 얻기도 한다. 재백궁의 천수는 길한데, 수입이 안정적이고 재물을 지키기에 유리하다. 단살기형성이 없어야 한다.

(5) 천덕

천덕(天德)은 음덕(蔭德)을 주하며 흉을 제화하여 복을 얻는다. 천덕·월덕·용덕은 두수에서 삼덕성(三德星)이라 칭한다. 천덕은 윗사람으로부터 조력이나 음덕을 입는데, 주로 남성에게 조력을 받는다. 천덕이 보필이나 괴월과 동궁하면 길한데, 주변에서 조력을 얻는다. 천덕이 보좌길성과 록성을 보면 유산을 승계받거나 윗사람에게 도움을 받는다.

(6) 월덕

월덕(月德) 역시 음덕을 주하고 흉을 길로 제화한다. 월덕은 조모·모친·장모 등 여성 윗사람으로부터 조력을 받는다. 사회적으로 보면 여성에 해당하는 상사(上司)나 나이 많은 여성에게 조력을 얻는다. 그러나 월덕이 창곡을 비롯한 도화제성을 만나면 이성의 인연이 많고 주색으로 구설이 따르기도 한다.

(7) 용덕

용덕(龍德)은 희경사(喜慶事)를 주한다. 정황이 길하면 승진·합격·표창을 받을 수 있고, 국가나 행정기구로부터 이익을 얻기도 한다.

(8) 천주

천주(天廚)는 음식과 관련한 성이다. 화성과 만나면 요리를 잘하거나 미각이 발달한다. 파군·천동·천부·탐랑 등이 천주와 화성을 만나면 음식을 잘하고 요리와 관계된 직업이 많다. 천주는 봉록(俸祿)을 주하기도 한다. 천주가 좌명하거나 전택궁에 거하면 정부기관이나 기업으로부터 특혜나 보조금을 받기도 한다.

(9) 천무

천무(天巫)는 유산(遺産)과 승천(陞遷)을 주한다. 천무는 재물보다 명예나 貴를 주한다. 만약 길성을 포함한 과문제성과 동궁하면 학문연구에 유리한데, 주로 권위와 명예를 얻는다. 부모궁이 길하고 명궁에 천무가 좌하면서 괴월을 보면 조상의 조업을 잇거나 유산을 상속받는다. 천무는 천량과 천동을 좋아하는데, 주변으로부터 음덕을 많이 입는다.

(10) 해신

해신(解神)은 해액(解厄)의 성이다. 분쟁이나 어려운 일을 해결하는 역할을 한다. 그러나 궁의 조합이 흉하면 해액의 과정이 힘들고 구설과 손재만 따르게 된다. 해신이 질액궁이나 명궁·身궁 등에서 천수와 동궁하면 일생 중대한 질병이 없다. 부처궁이나 명궁에 해신이 천마와 동궁하면 생리사별한다. 살성이 가하면 더 그러하다.

4) 제흉성

제잡성 중에서 비교적 흉작용을 하는 星을 말한다. 그런데 제잡성 중 흉성이라 할지라도 그 역량은 미약한 편인데, 정성의 묘왕리함과 길성과 살성의 동회여부에 따라서 그 흉의가 약간 증감한다고 보면 된다. 하여 먼저 정성과 길성·살성·사화성 등 중요한 성계의 전체적인 동태가 우선이고, 그 다음 제잡성에 속하는 흉성을 참고하면 된다.

(1) 천곡·천허

천곡(天哭)은 주로 형극(刑剋)과 형상(刑傷)·비애(悲哀)를 주한다. 천허는 공허(空虛)와 우려(憂慮)·허무를 주한다. 곡허는 짝성에 해당한다. 자오궁에서는 동궁하고 묘유궁에서는 서로 마주한다. 이 경우 곡허의 역량이 강하게 발현되는데, 만약 궁의 정황이 불리하다면 형극과 우려를 면하기 어렵다.

천곡은 정신적인 면에서 불리하다. 명궁이나 복덕궁에 좌하면서 살성을 보면 고독해지기 쉬운데, 마음이 우울하고 정신적인 고민이 많다. 천곡이 상문·백호·천형 등을 보면 상사(喪事)가 발생하거나 육친과 이별한다.

천허는 물질적으로 불리하다. 만약 명궁이나 재백궁에 거하면서 살성을 보면 재물로 인하여 고통이 따른다. 전택궁이나 관록궁에 천허가 거하고 살성이 가해도 손재가 따른다. 천허가 복덕궁에 거하면 정신세계에 관심이 많아 종교에 심취하거나 수양을 하기도 한다. 세상의 인연을 끊고 탈속을 하는 경우도 있다.

천곡·천허 모두 육친궁에서는 불리하게 작용한다. 주로 해당 육친과 무정하거나 관계가 소원해진다. 살성이 가하면 더 흉하다.

천곡이 좌명하면 상이 고독해 보이고, 성격은 내성적인 듯 담담하며 혼자 연구하고 생각이 많다. 소극적이면서 비관적인인 성향도 있다. 천곡도 천허와 마찬가지로 정신세계에 관심이 많다.

천허가 좌명하면 상이 고한(孤寒)하다. 성격이 침착한 반면 과장되고 소인배 기질이 있어서 가족을 비롯한 주변사람과 어울리기 어렵다.

(2) 음살

음살(陰煞)은 음해(陰害)를 주한다. 음살이 살기형성을 만나면 구설시비가 있는데 주로 소인의 음해를 주의해야 한다. 음살은 제살성이 가지고 있는 어두운 면을 증가시킨다. 타라·영성·천요 등을 만나면 일이 지체되고 주변사람으로 인하여 구설이 있다. 음살이 命身궁에 들어가면 의심하고 시기심이 있다.

음살은 음귀(陰鬼)와 음택(陰宅)과 관련 있는 성이기도 하다. 하여 음살이 命身궁이나 복덕궁에 거하면 영가의 침입으로 빙의(憑依)가 있거나 이상한 꿈을 자주 꾸기도 한다. 중하면 신병(神病)으로 고생한다.

(3) 겁살

겁살(劫煞)은 모손(耗損)을 주한다. 만약 살성이 가하면 일에 지체가 있고, 중하면 관재와 질병이 따른다. 음살을 만나면 질병·사고를 더욱 주의해야 하고, 대모와 만나도 그 흉이 가중된다. 겁살이 천형이나 양타를 보면 관재구설이 있다.

(4) 고신·과수

고신(孤辰)·과수(寡宿)는 짝성에 해당하지만, 고신은 인신사해궁에만 들어가고 과수는 진술축미궁에만 들어가기 때문에 서로 동궁하지는 않고 삼방사정에서 만나게 된다. 고신·과수 모두 고독·형극·분리·무정 등을 의미한다. 고신·과수는 흔히 홀아비살과 과부살에 해당하는 성이다. 하여 고신·과수가 부처궁이면 부부해로에 장애가 있다. 자녀궁이면 자녀와 무정하거나 자녀의 생육에 지장이 있다. 부모궁에 거하면 부모와 정서적으로 통하지 않고 두 부모 중 한 부모와는 인연이 없다.

고신이 복덕궁이면 생각이 깊으며 사상이 독립적이다. 전택궁이면 분가하여 따로 산다.

과수는 무곡과 부처궁에서 만나는 것을 싫어한다. 주로 배우자가 자기중심적인데, 남명이라면 처가 탈부권(奪夫權)한다.

(5) 천월

천월(天月)은 질병이나 사고를 주한다. 두수에서 잡성에 속하지만 그 역량은 상당하고 징험하게 맞는다. 천월이 命身궁이나 질액궁 등에 거하면서 살성이 가하면 고질병이나 유행병 등 모든 질병에 유의해야 한다. 천이궁에서 살기형성이 가하면 밖에서 사고가 나거나 질병에 걸릴 가능성이 높다.

천월은 일의 지체나 결함 등을 의미하기도 한다. 재백궁에서 살성과 만나면 손재가 있는데 질병으로 인한 비용의 지출도 포함된다. 천월이 관록궁에서 살기형성을 만나면 직업적으로 순탄치 않고 손재와 직업병에 유의해야 한다.

(6) 비렴

비렴(蜚廉)은 소인(小人)을 주한다. 소인배로 인한 구설이나 비방을 주의해야 한다. 만약 양타·화령이나 화기 등을 보면 배후에서 시비가 발생하기 쉽다. 중하면 관재를 겪게 된다.

비렴은 벌레나 곤충 등을 의미하기도 하는데, 전택궁에 비렴이 거하면 집이나 사무실에 개미·벌레·쥐·거미 등이 있을 수 있다.

(7) 파쇄

파쇄(破碎)는 손모(損耗)를 주한다. 재물의 손재가 있고 정서적으로 실의(失意)에 빠진다. 특히 파쇄는 정서적으로 영향을 많이 주는데, 사람이 불안정하고 살성을 보면 예민하고 분을 참지 못하며 성격이 열화와 같다. 파쇄가 살성이 중하면 타인과 불협하거나 갑자기 마음이 변한다. 이러한 정황으로 인하여 파쇄는 명궁·복덕궁에 거하는 것을 싫어한다. 재백궁이나 관록궁에서 살성을 만나면 일이 지체되고 도중에 그만두거나 손재를 당한다.

파쇄는 백의살(白衣殺)이라고도 하는데, 운에서 상문·백호·조객을 비롯한 살성이 가하면 상복을 입는다.

(8) 화개

화개(華蓋)는 고독·철리를 주한다. 과문제성을 보면 철학과 문예를 좋아하고 사상이 깊다. 공망성과 천형을 만나면 더욱 그러하다. 화개는 괴월·보필을 좋아하는데, 명궁에서 동궁하거나 협하면 귀인의 조력이 있고 관재구설을 면하기도 한다. 화개가 과문제성과 도화성을 보면 사상이 풍부하고 문장이 수려하며 예술을 좋아한다.

화개는 상사(喪事)와 관련이 있기도 하다. 유년에서 화개를 만나고 살기형성과 상문·백호·조객 등이 가하면 상을 당하기도 한다.

(9) 천상

천상(天傷)은 허모(虛耗)를 주한다. 일이 지체되고 구설이 있다. 만약 살성과 질병성계를 보면 질병이나 사고를 유의해야 한다. 천상이 겁공을 비롯한 살성과 화기성을 만나면 손재가 있다.

(10) 천사

천사(天使)는 재화(災禍)를 주한다. 살기형성을 보면 서로 형극하고 구설이 따른다. 중하면 관재를 겪는다. 질병성계가 가하면 사고, 질병을 주의해야 한다.

5) 장생십이신

장생십이신은 일명 12운성 또는 12포태라고 하기도 한다. 인간이 태어나서 죽을 때까지의 성장과정을 열두 단계로 나누어 그 길흉을 논하는 것이다. 일반적으로 보면 장생(長生)부터 제왕(帝王)까지는 길하게 보고, 쇠(衰)부터 절(絶)까지는 흉하게 보며 태(胎)·양(養)은 중간정도로 본다. 장생십이신이 격국의 고저나 길흉여하에 관여하는 힘은 미약하지만, 때론 긴요하게 사용되기도 하므로 소홀히 해선 안 될 것이다.

(1) 장생

장생(長生)은 인간이 태어나는 시초의 단계로서 생명력을 함축하고 있는 성이다. 하여 장생은 생기·활동·시작·순수 등의 의미를 가지고 있다. 사람이 온화하고 총명하다. 육친궁에서 장생을 보면 해당 육친과 유정(有情)하다.

(2) 목욕

(沐浴)은 생의 제 2단계로서 출생 후 처음으로 몸을 씻는 상황을 의미한다. 친화력이 있고 성정도 유하다. 두수에서 목욕은 도화성계 중의 하나인데, 이는 목욕이 친근감과 다정한 이미지의 성이기도 하지만 도화지에 해당하는 자오묘유궁에 들어가기 때문이다. 그러나 역행하면 진술축미궁에 들어가는데 이때는 도화의 이미지가 많이 줄어든다. 목욕이 창곡을 비롯한 록성과 동도하면 도화적인 이미지로서 득재(得財)하거나 이성으로 생재(生財)할 수 있다. 그러나 다른 도화성과 살성이 중하면 불량한 성질의 도화가 된다. 기타 도화제잡성 중 목욕을 참고하라.

(3) 관대

관대(冠帶)는 인생의 세 번째 단계로서, 20세의 성인이 되어 관례(冠禮)를 행하는 시기이에 해당한다. 관대는 전반적으로 희경사를 의미하고 성장·발달·권귀(權貴) 등을 상징한다. 관대는 모든 궁에서 길하다. 명궁에 좌하면서 보좌길성을 만나면 명예와 권위가 따른다. 재백궁에서는 활동력으로 재물은 득한다. 관록궁에서는 사업발전이 희망적이다.

(4) 임관

임관(臨官)은 12궁 모두 길하다. 성인이 되어 사회적으로 벼슬을 하거나 성공하여 출세함을 의미한다. 임관은 명예·권귀 등을 주한다. 임관이 과문제성을 만나면 명예가 높고, 록성을 보면 명성으로 재물을 얻는다. 임관은 초년에는 불리하지만 중년 이후 자수성가한다.

(5) 제왕

제왕(帝王)은 생에 있어서 다섯 번째의 발전단계로서, 그 생명력이 가장 왕성한 시기에 해당한다. 고로 제왕이 거하는 궁의 정황이 길하면 권위와 명예가 드러나고 영도력을 발휘한다. 사업궁이나 재백궁에서 정황이 길하면 재물을 얻고 명예가 높다. 사람이 호방하고 실천력이 강하며 패기가 있다.

(6) 쇠

쇠(衰)는 생명의 기운이 약해지기 시작하는 단계인데, 만약 살성이 가하면 사람이 무기력하거나 질액(疾厄)이 있다. 육친궁에서 보면 서로 무정하게 되어 관계가 소원해지기 쉽고, 명궁이면 의지력과 투지가 약해진다. 살성을 만나면 더 그러하다.

(7) 병

병(病)은 생명력이 약한 단계이며 질병이나 무력감 등을 의미한다. 만약 제살성이나 질병성계와 만나면 사고·질병에 유의해야 한다. 그러나 정황이 길하면 질병의 흉의는 잘 나타나지 않는다. 病은 질병을 의미하므로 명궁·身궁·질액궁 등에서는 꺼린다. 살기형성이 중하면 더 흉험하다.

(8) 사

사(死)는 병 다음 단계에 해당하는데, 질병을 겪고 나서 사망하는 단계를 의미한다. 하여 死는 사고·질병·고극 등을 의미한다. 死가 살기형성을 보면 사고·질병·관재구설·손재 등에 유의해야 한다. 유년 자녀궁에서 천형·양타·화령·화기 등을 만나면 유산이나 낙태한다. 또는 산액을 겪거나 자녀가 귀하다. 육친궁에 死가 들어가면 해당육친과 연이 약하다.

(9) 묘

묘(墓)는 사람이 사망한 이후 땅속으로 들어가는 입묘(入墓)의 단계를 의미한다. 고로 묘는 고독·휴식·정지 등의 의미가 있다. 명신궁에서는 묘를 싫어한다. 사람이 소극적이고 실천이 약하다. 그러나 재백궁에서는 그렇게 불리하지 않은데, 만약 록성과 만나면 재물을 오랫동안 유지하거나 저축을 하는 의미가 있다.

(10) 절

절(絶)은 장생 12신중에서 가장 불리한 성이다. 정지·단절·고극·소멸 등을 의미한다. 만약 살성이 가하면 더 흉하다. 육친궁에서는 해당육친과 고독·단절을 의미하므로 꺼린다.

(11) 태

태(胎)는 새롭게 생명을 잉태하는 단계이다. 하여 胎는 생명력·생기·희망 등의 의미가 있다. 유년 자녀궁이나 전택궁에 태가 들어가면서 홍란·천희 등을 보면 임신하기도 한다. 태는 정서적인 성이다. 그리고 아직 모태에 있기 때문에 유약한 상태이므로 심약한 면이 있다.

(12) 양

양(養)은 어린 생명체가 자라나고 양육되는 단계다. 하여 양은 생육·보호·평안 등의 의미가 있다. 양은 활동성이 강하고 적극적이다. 그러나 아직 성장의 초기 단계이므로 무모하게 진행하면 안 된다.

6) 장전십이신

장전십이신(將前十二神)은 자신의 생년지나 유년지지의 삼합지를 기준으로 배치하는데, 왕지(子午卯酉)궁에서 시작하여 배치된다. 제잡성에 해당하지만 화개·재살·천살·함지·월살 등은 그 징험도가 있다.

(1) 장성

장성(將星)은 무귀(武貴)를 주한다. 추진력과 활동성을 향상시킨다. 괴월·보필 등이 가하면 권귀가 더욱 강해지고 영도력이 있다. 자미·태양·칠살 등을 만나면 길하다.

(2) 반안

반안(攀鞍)은 공명(功名)을 주한다. 정황이 길하면 승천하거나 명예가 높다. 귀인을 만나기도 한다. 보필·괴월·삼태·팔좌 등을 만나면 지명도가 높아지고 명예를 누린다.

(3) 세역

세역(歲驛)은 이동을 의미한다. 주로 역마적인 속성이 있는데 변화·여행·이사 등과 관계된다. 세역을 보면서 정황이 길하면 새롭게 일을 추진하거나 이사하여 좋은 일이 발생한다. 명궁·재백궁·관록궁 등에서 길성을 보면 재적으로 유리하다.

(4) 식신

식신(息神)은 의기소침하고 무력한 성질이 있다. 겁공을 비롯한 살성을 보면 무기력하고 생기가 없으며 허무함이 많다. 성정이 소극적이라 일을 진행함에 있어서 결말이 약하다.

(5) 화개

화개(華蓋)는 철리·고독·탈속 등을 주한다. 명궁이나 복덕궁으로 화개를 보면 사상이 철리적이고 정신세계에 관심이 많다. 천형을 비롯한 공망성계를 보면 더욱 그러하다. 화개는 재예의 의미도 있다. 과문성이나 도화성계를 만나면 문예와 관련이 많다.

(6) 겁살

겁살(劫煞)은 주로 손재·재난을 의미한다. 살성을 싫어하는데 명궁이나 재관궁으로 겁살이 살성을 만나면 손재와 구설이 따른다.

(7) 재살

재살(災煞)은 재화(災禍)·손재·질병 등을 의미한다. 재살이 질병성계나 살성을 보면 사고나 질병·손재 등을 유의해야 한다. 주변사람으로 인한 손재나 구설도 따르기도 한다. 특히 화령·겁공 등이 동회하면 배신당하거나 손재가 있다.

(8) 천살

천살(天煞)은 형극을 주한다. 천살은 천덕과 상대적인 의미가 있다. 윗사람 중 남성의 인연이 불리하다. 여명은 남편과 부친을 극하여 연이 불리한데, 만약 해당 육친궁에 살성이 가하면 더 흉하다. 남명 역시 부친과의 연이 온전치 못하다. 사회적으로 보면 남자 윗사람과의 관계가 문제가 될 수 있다.

(9) 지배

지배(指背)는 비방·구설·오해 등을 의미한다. 살성이 가하면 배후에서 시비가 일고 소인의 음해(陰害)를 주의해야 한다.

(10) 함지

함지(咸池)는 도화성에 해당한다. 함지가 대모를 만나면 주색으로 파재한다. 기타 도화성과 살성이 가하면 더욱 문제가 된다.

(11) 월살

월살(月煞)은 형극을 주한다. 월살은 월덕과 상대적인 의미가 있다. 윗사람 중 여성과의 인연이 온전치 못하다. 월살이 살성과 동궁하면 조모·모친·처의 인연이 불리하다. 여명이라면 조모·모친·여식과의 연이 온전치 못하다. 그러나 명궁을 비롯한 해당 육친궁의 정황이 전체적으로 길하면 모두 불리하다고 말할 수 없다.

(12) 망신

망신(亡神)은 손재·낭비 등을 주한다. 망신이 살성을 만나면 의외의 손재를 당하기 쉽다. 또는 낭비가 심하거나 비용이 많이 발생하기도 한다.

7) 박사십이신

박사십이신(博士十二神)은 자신의 명반에서 록존이 있는 궁에 들어가며, 박사를 시작으로 하여 순서대로 배치된다. 양남음녀는 순행, 음남양녀는 역행으로 배치한다.

박사십이신 역시 잡성이긴 하지만 박사·청룡·주서·병부·관부 등은 적중률이 있는 편이다.

(1) 박사

박사(博士)는 총명·학문·명예·권귀 등을 뜻한다. 생각이 세밀하고 연구심이 있으며 문예적인 방면에서 길하다. 박사는 천기·자미·태음·태양·천량 등의 성계를 좋아한다. 그리고 화과나 창곡 등을 만나면 학문과 명예가 더욱 높다.

(2) 역사

역사(力士)는 권세·권위 등을 의미한다. 역사는 권(權)을 주하는 星으로서 정황이 길하면 권위를 얻는다. 추진력과 활동성이 강한 성이기도 하다. 그러나 흉성과 어울리면 독단적이고 주변사람과 부딪히기 쉬우므로 마음의 상처를 입기도 한다.

(3) 청룡

청룡(青龍)은 희경사(喜慶事)를 의미하는 성이다. 청룡이 길성을 보면 명예와 재물을 얻는다. 문서계약에 이롭고 식구가 늘기도 한다. 괴월·보필·과문제성 등을 보면 명리를 얻고 승천(陞遷)한다.

(4) 소모

소모(小耗)는 손모(損耗)를 주한다. 소모가 흉성과 만나면 손해·낭비·비용초과·사기(詐欺)등의 피해를 조심해야 한다. 그리고 타인과 합작하거나 거래·계약 등에서 문제가 발생하기 쉽다. 소모는 재백궁·전택궁·관록궁에 거하면 더욱 불리하다. 소모가 길성과 만나면 비록 손재나 낭비는 있지만 피해가 크지 않고 결과는 길하다.

(5) 장군

장군(將軍)은 위무(威武)를 주한다. 좌명하면 성격이 강하고 소신이 있다. 궁의 정황이 길하면 권위를 얻는다. 장군은 창곡을 비롯한 과문제성을 좋아한다. 위강한 성질이 유연한 상황으로 변하여 중용으로 처세하기 때문이다. 또한 과문제성을 보면 권과 귀를 모두 겸할 수 있다. 장군이 살성과 동궁하면 독단독행하기 쉽고 주변과 마찰이 많게 된다.

(6) 주서

주서(奏書)는 복록(福祿)을 주한다. 그리고 문서나 계약적인 일을 주하기도 한다. 좌명하거나 복덕궁·身궁 등에 거하면 글재주가 있다. 화과를 비롯한 창곡·괴월 등을 보면 문장력이 뛰어날 뿐 아니라, 자신의 글이나 문서 등으로 인하여 명리를 얻고 귀인을 만난다. 주서가 천형을 비롯한 사살·화기 등을 만나면 관재구설·계약파기·손재·낙방 등과 관계가 많다.

(7) 비렴

비렴(飛廉)은 고극(孤剋)·형극·구설 등을 주한다. 년지에서 일으키는 비렴과 성질이 유사하다. 살기형성을 보면 관재구설·손해가 있고 인간관계에 유의해야 한다. 육친궁에서 살성과 동궁하면 해당 육친과 관계가 소원하거나 서로 원망한다. 또한 비렴을 보면 놀랄 일이 발생하고 마음이 심란하다.

(8) 희신

희신(喜神)은 희경사(喜慶事)를 주한다. 창곡·화과·괴월·보필 등을 보면 혼인·생자(生子)·승진·합격 등의 영예가 따른다. 도화성을 보면 남녀 감정문제가 있거나 결혼한다. 살성을 보면 구설·지체·지연 등의 의미가 있다. 천희를 보면 더욱 길하다.

(9) 병부

병부(病符)는 질병을 주한다. 살기형성을 비롯한 천월(天鉞)을 보면 사고·질병 등 재화(災禍)를 입는다. 일생 건강이 신약하거나 고질병으로 고생하기도 한다. 병부가 사화길성과 보좌길성을 보면 의사·약사 등 건강과 관련한 분야에 적합하다. 그러나 병부만 가지고 의료계열에 종사한다고 추단하기 어렵다.

(10) 대모

대모(大耗)는 손모(損耗)·실물을 주한다. 대모가 겁공을 비롯한 살성과 화기성을 만나면 손재·구설을 면치 못한다. 특히 명궁과 재백궁·관록궁·천이궁 등에서 불리하다. 대모가 천요를 비롯한 도화제성과 만나면 이성문제가 발현하여 손해와 구설이 따르기 쉽다.

(11) 복병

복병(伏兵)은 시비·음모 등을 주한다. 살기형성이 가하면 관재구설에 유의해야 한다. 천요를 보면 권모술수를 주의해야 하는데 배후에 음모(陰謀)가 있다. 복병은 질병을 의미하기도 한다. 천월(天月)을 포함한 각종 질병성계와 살성이 가하면 질병의 징후가 강하다.

(12) 관부

관부(官府)는 관재구설을 주한다. 관부는 성의 배치원칙상 경양이나 타라와 영원히 동궁하게 되어 있다. 하여 그 색채가 기본적으로 시비구설의 성질로 나타난다. 천형을 비롯한 육살성과 화기와 동도하면 구설, 언쟁이 있고 중하면 송사가 따른다. 관부는 함지의 거문·염정·파군을 싫어한다. 만약 살기형성이 중하면 손재·관재를 더욱 유의해야 한다.

8) 태세십이신

태세십이신(太歲十二神)은 자신의 생년지지나 유년(流年)의 지지에 해당하는 궁에 먼저 태세(太歲)를 배치하고, 그 다음 나머지 별들을 순서대로 붙여나간다. 남녀 모두 순행으로 배치한다. 상문·백호·조객·관부·병부 등은 잘 맞는 편이다.

(1) 태세

태세(太歲)는 세건(歲建)이라고도하는데 화복(禍福)을 주한다. 태세는 년지와 늘 동궁하게 되므로 세건이라고 한다. 태세는 1년 동안의 화복을 관장하는데, 길성과 동궁하면 작사(作事)에 길작용을 하며, 흉성과 동궁하면 시비구설·손재 등 파동이 있다.

(2) 회기

회기(晦氣)는 재액(災厄)을 주한다. 구설·손재·형극·정신적인 손모 등이 따른다. 회기는 용덕과 항상 대조하게 되는데, 회기와 용덕이 거하는 궁의 정황이 길하면 회기의 불안정한 부분은 해소되어 길사가 있게 된다.

(3) 상문

상문(喪門)은 상망(喪亡)·질병·사고·고독의 성이다. 상문은 배치상으로 백호와 항상 마주하고 조객도 삼방에서 만나게 된다. 하여 상문이 명궁·전택궁·부모궁이면 상복을 입을 수 있다. 살기형성을 만나면 더 불리하여 질병·사고가 있고 중하면 상을 당한다. 기타 육친궁에 상문이 거하고 흉성이 동도해도 마찬가지이다.

(4) 관색

관색(貫索)은 관재와 관련이 있다. 만약 흉성과 만나면 시비구설과 관재를 만난다. 일을 진행함에 있어서 지연되거나 손재를 당하기도 한다. 그러나 보좌길성을 보면 약간의 지체는 있지만 결국 길하게 된다.

(5) 관부

관부(官符) 역시 관재의 성이다. 살기형성을 보면 시비구설이 있고 중하면 관재와 손재를 당한다. 그러나 보좌길성과 사화길성 등을 보면 관부는 길하게 작용하기도 한다. 가령 허가나 면허를 벋거나 문서상 이익을 보는 것 등이다.

(6) 소모

소모(小耗)는 손해와 낭비를 의미한다. 살기형성이 중하면 손재가 있고 비용이 증가하며구설이 따르기도 한다. 도화성계를 보면 이성으로 인하여 지출이 많거나 취미기호로 인하여 돈을 쓰게 된다. 도화에 살기형성이 가하면 주색잡기로 파재한다.

(7) 세파

세파(歲破)는 재화(災禍)의 성이다. 세파는 태세와 상대하고 삼방으로 상문·조객이 회조하여 길 작용을 하기 어렵게 되어 있다. 천형·경양을 비롯한 살성을 만나면 구설·관재를 주의해야 한다. 육친궁에 들어가도 불리한데, 살성이 중하면 해당육친과 고극하거나 형극이 있게 된다.

(8) 용덕

용덕(龍德)은 희경사(喜慶事)를 주한다. 용덕은 천덕·월덕과 함께 삼덕성(三德星)에 해당하는 성이다. 육길성을 포함한 권과 등을 보면 명예를 얻는다. 시비구설이나 관재 등을 화해시키기도 한다.

(9) 백호

백호(白虎)는 상(喪)과 질병의 성이다. 상문과 영원히 마주하여 배치된다. 만약 살기형성이 중하면 질병·사고를 유의해야 한다. 명궁이나 육친궁에 백호가 거하고 살성을 만나면 당사자를 비롯한 해당육친의 사고·질병을 유의해야 한다. 중하면 상을 당한다.

(10) 천덕

천덕(天德)은 음덕(蔭德)의 성이다. 주로 남자 윗사람으로부터 지원이나 조력을 얻는다. 보좌길성을 보면 더 길한데, 그 중에서 괴월을 가장 좋아한다. 천덕은 삼합궁으로 월덕을 만나는데, 정황이 길하면 흉을 제화하고 조력을 얻는다.

(11) 조객

조객(弔客)은 효복(孝服)이라 하여 상(喪)을 당한다고 하였다. 조객은 관부와 상대하고 세파와 상문과 삼방에서 만난다. 고로 흉작용을 많이 할 수 밖에 없는 배치이다. 만약 육친궁에서 조객을 보면서 살성이 중하면 해당 육친과 고극하거나 인연이 불리하다. 해당 육친이 질병·사고를 당하기도 한다.

(12) 병부

병부(病符)는 재병(災病)을 주한다. 천월(天月)을 비롯한 질병성계와 살성을 보면 질병에 유의해야 한다. 만약 천이궁이면서 정황이 불리하면 밖에서 사고를 당하기도 한다. 병부가 재백궁이면서 살성과 만나면 질병으로 인하여 돈을 쓴다. 병부가 좌명하거나 身궁이면서 기타 질병성계를 보면 몸이 신약하거나 만성질환에 유의해야 한다.

제3장

본격적인 운 추론법

자미두수 추론에 관한 이론은 크게 삼합법(三合法)과 사화법(四化法)으로 나누어 볼 수 있다. 삼합법은 성계의 특성과 궁의 의미를 연합하여 통변하는 것이 핵심이다. 사화법은 사화(四化 : 화록·화권·화과·화기)의 네 가지 요소를 응용하여 추론하는 방식인데, 이 사화법은 약간 까다롭기는 하지만 일의 승패가부나 어떠한 사안의 발현시기 등을 추단하는데 징험함이 있다. 두수에서 흔히 삼합법을 체(體)로 보고 사화법은 용(用)으로 보기도 하는데, 사화법은 그만큼 운 추론을 역동적으로 분석해 낼 수 있는 특징이 있음을 의미한다. 자미두수 실제 추론과정에서는 삼합법과 사화법 그리고 필자가 자주 응용하는 역추론법 등을 모두 활용하여 추론하므로 어느 하나 소홀히 해선 안 된다.

그리고 삼합법과 사화법을 논하기 이전에 자미두수 명반을 제대로 분석하게 위해서는 무엇보다 각 성계가 가지고 있는 기본 특징을 많이 알고 있어야 한다. 또한 각12궁의 역할이 무엇인지 다시 인식하고 추론을 해야 된다. 이처럼 자미두수 추론의 핵심은 성계의 특성과 궁이 결합하여 모든 정황이 발현된다. 예를 들어, 천형이 부처궁이면 부부생리사별을 주로 하고, 천형이 재백궁이면 재물 때문에 시비구설이나 관재를 겪을 수 있다는 것 등이다. 이와 같이 星이 가지고 있는 기본 특징은 변하지 않지만 어느 궁에 들어가느냐에 따라서 星의 특징이나 색깔이 약간 다르게 표현될 수 있으므로 연구를 많이 해야 할 것이다.

역추론법은 당년에 일어날 수 있는 핵심 사안의 길흉을 분석할 때 유용하다. 그러나 명운(命運)을 추론하는데 너무 추론법이라는 굴레에 얽매이면 안 된다. 인생을 논하는데 냉정하게 틀이 정해진 법이라는 용어가 어디 어울릴법한 말인가? 물론 기본적으로 여러 가지 추론법을 자유자재로 넘나들면서 응용하는 정도는 되어야 할 것이다. 하지만 추론법으로도 설명이 안 되는 부분도 늘 있으므로 때로는 고도의 직관력과 통찰력을 발휘해야 할 때도 있다. 그러나 직관력을 제대로 발휘하기 위해서는 먼저 수많은 사람들을 보고 성계의 특성을 많이 이해하고 암기해야 만이 비로소 수승한 경지에 올라서게 될 것이다.

1. 삼합법

앞에서 논한 바와 같이 삼합법은 본궁과 삼합(三合 : 亥卯未·寅午戌·巳酉丑·申子辰)을 형성하는 궁과 대궁을 중심으로 길흉여하를 판단하는 방법이다. 그러나 기타 삼방사정 이외의 궁에 대하여 궁금한 것이 있으면 그 궁을 중심으로 삼합궁을 바탕으로 추론하면 된다. 예를 들어 당년의 년운을 볼 때, 만약 형제궁에 이상조짐이 발견되면 형제궁이 그 명궁이 되고(이 경우 형제궁을 본궁이라고도 함) 그리고 형제궁을 중심으로 삼방사정을 따져서 전체적인 길흉여하를 판단해야 할 것이다. 삼합법으로 대한이나 매 유년을 추론할 때는 삼방사정에 나타나는 성계의 동향을 보고 전체적인 분위기를 파악하고 길흉 승패여하를 판단하게 된다. 몇 가지 명반을 예로 들어보자.

사례 1) 창업하여 부도남

<table>
<tr>
<td>破天天孤陀地地天貪廉
碎壽才辰羅空劫馬狼貞
蜚大 陷廟閑平陷陷
廉昌 權
祿
力歲喪 96~ 51己
士驛門 【田宅】 絶巳
【大疾】</td>
<td>天祿巨
喜存門
旺旺
博息貫 86~95 52庚
士神索 【官祿】 墓午
【大財】</td>
<td>大天鳳龍年天擎天
鉞傷閣池解姚羊相
廟閑
官華官 76~85 53辛
府蓋符 【奴僕】 死未
【大子】</td>
<td>大月大天封天天天
馬德耗廚誥鉞梁同
廟陷旺
科
伏劫小 66~75 54壬
兵煞耗 【遷移】 病申
【大配】</td>
</tr>
<tr>
<td>天紅八鈴右文太
空艷座星弼昌陰
旺廟旺閑
青攀晦 50戊
龍鞍氣 【福德】 胎辰
【大遷】</td>
<td colspan="2" rowspan="2">乾命 : 1939年(己卯) 7月 ○日 ○時
命局 : 火6局, 爐中火
命主 : 祿存
身主 : 天同</td>
<td>大天天旬截天天七武
曲使虛空空官貴殺曲
閑旺
祿
科
大災歲 56~65 55癸
耗煞破 【疾厄】 衰酉
【大兄】</td>
</tr>
<tr>
<td>大天恩天火天
羊哭光刑星府
平平
小將太 61丁
耗星歲 【父母】 養卯
【大奴】</td>
<td>三左文太
台輔曲陽
廟陷陷
忌
忌
病天龍 46~55 56甲
符煞德 【財帛】 旺戌
【大命】</td>
</tr>
<tr>
<td>大天解天陰
祿福神巫煞
將亡病 6~15 60丙
軍身符 【身 命宮】 生寅
【大官】</td>
<td>大大寡破紫
陀魁宿軍微
旺廟
權
奏月弔 16~25 59丁
書煞客 【兄弟】 浴丑
【大田】</td>
<td>天紅台天天
德鸞輔魁機
旺廟
飛咸天 26~35 58丙
廉池德 【夫妻】 帶子
【大福】</td>
<td>天
月
喜指白 36~45 57乙
神背虎 【子女】 建亥
【大父】</td>
</tr>
</table>

선천관록궁(午)에 명예와 재물을 의미하는 록존이 거하니 직업이 좋다. 게다가 子午궁의 기거 조합은 상황이 좋으면 석중은옥(石中隱玉)이 되어 길격을 형성하게 된다. 그러나 선천재백궁(戌)에 문곡화기가 자리하는 바, 일생 한두 번은 반드시 강한 손재가 따르기 마련이다. 하여 사업이나 불안전한 투기 보다는 직장이 더 길하다.

본명은 대기업을 다니다가 갑술대한(46세~55세)중 퇴직을 하여 사업을 시작하였는데, 얼마가지 않아 전 재산을 모두 파재하였다. 갑술대한은 선천 문곡화기로 인하여 흉이 내재된 궁이다. 게다가 대한의 태양화기까지 가세하여 쌍기가 되니 대한명궁은 흔들리고 선천재백궁까지 깨지는 상황이 되므로 사면초가다. 대한의 정황이 이렇게 불리하면 투기나 창업은 일체 하지 않아야 한다.

사례 2) 유명 연예인의 명운

<table>
<tr>
<td>大大大紅天天天文巨
馬鉞耗鸞巫姚鉞昌門
旺廟平
權
飛亡龍 43~52 32乙
廉身德 【官祿】 病巳
【大福】</td>
<td>天天陰火地右天廉
傷福煞星空弼相貞
廟廟旺旺平
喜將白 53~62 33丙
神星虎 【奴僕】 死午
【大田】</td>
<td>天寡天封天
德宿月誥梁
旺
祿
病攀天 63~72 34丁
符鞍德 【遷移】 墓未
【大官】</td>
<td>天天恩鈴天左七
使哭光星馬輔殺
旺旺平廟
科
大歲弔 73~82 35戊
耗驛客 【疾厄】 絶申
【大奴】</td>
</tr>
<tr>
<td>天地貪
虛劫狼
陷廟
忌
奏月歲 33~42 31甲
書煞破 【田宅】 衰辰
【大父】</td>
<td colspan="2" rowspan="2">乾命 : 1982年(壬戌) 5月 ○日 ○時
命局 : 木3局, 桑柘木
命主 : 巨門
身主 : 文昌</td>
<td>天天文天
壽廚曲同
廟平
伏息病 83~92 36己
兵神符 【財帛】 胎酉
【大遷】</td>
</tr>
<tr>
<td>大大月天太
昌魁德魁陰
廟陷
科
將咸小 23~32 30癸
軍池耗 【福德】 旺卯
【大命】</td>
<td>天陀武
官羅曲
廟廟
忌
官華太 93~ 37庚
府蓋歲 【子女】 養戌
【大疾】</td>
</tr>
<tr>
<td>龍截八天紫
池空座府微
廟廟
權
小指官 13~22 29壬
耗背符 【父母】 建寅
【大兄】</td>
<td>大破天天
羊碎刑機
陷
青天貫 3~12 28癸
龍煞索 【命宮】 帶丑
【大配】</td>
<td>蜚鳳紅旬三天年解擎破
廉閣艶空台貴解神羊軍
大 陷廟
祿
祿
力災喪 27壬
士煞門 【兄弟】 浴子
【大子】</td>
<td>大大天天天孤台祿太
曲陀空才喜辰輔存陽
廟陷
博劫晦 38辛
士煞氣【身夫妻】 生亥
【大財】</td>
</tr>
</table>

본명은 유명한 가수이다. 20세가 지나서 두각을 나타내기 시작하여 지금은 한류스타를 넘어선 세계적인 가수로 발 돋음 하고 있다.

먼저 선천 삼방사정을 살펴보면, 천이궁(未)으로 음성(蔭星)인 천량이 화록이 되어 해외나 지방 등으로 출문(出門)하여 재물을 득하는 명이다. 그리고 귀인성인 좌보·우필이 천이궁을 협하니 밖에서 많은 협조자와 귀인을 만나는 격이다. 명궁의 천기는 총명지재요, 천형은 비록 육친 연이 없는 등 고독하고 예민한 속성은 있지만, 자율적이고 극기심이 강한 별이기도 하다.

본명의 계묘대한(23세~32세)을 삼합법으로 살펴보면, 태음이 비록 약지(弱地)에 거하지만 귀인성인 천괴가 동궁하고 있다. 대한천괴도 卯궁으로 들어가니 쌍귀를 보는 대한이다. 주변의 음덕과 각광을 받는 분위기다. 게다가 대한화과를 만나 식견을 넓히는 데도 더 없이 좋은 분위기다.

대한재백궁(亥)은 록존이 거하여 재적으로 유리하다. 태양은 지명도를 얻는 성인데, 명예나 이름이 높아지면 자연 재물이 따른다. 대한관록궁(未) 역시 천량화록이 보필 협을 받는 가운데 힘이 있으니 대업(大業)을 이루기에 좋은 격으로 구성되어 있다는 것을 알 수 있다. 다만, 대한 탐랑화기가 대한부모궁(辰)으로 들어가 술궁의 무곡화기와 쌍기를 이루니 부모의 건강을 비롯한 재물손재 등은 유의해야 한다. 그리고 진술궁선은 선천 자전선이기도 하므로 자녀 유산을 비롯한 자녀문제도 유의해야한다.

사례 3) 순탄치 않은 대한

본명은 정사대한(32세~41세)의 운로가 여러 가지로 여의치 않았다. 정사대한의 운로를 각 분야별로 분리하여 좀 더 섬세하게 논하여 본다.

• 불안정한 직장

본명은 정사대한 초반까지 회사를 다녔지만 자신의 뜻과 맞지 않아 스스로 퇴사하였다. 이후 취업을 하지 못하여 직업적으로 순탄하지 않았다.

대한관록궁(酉)을 보면 함약한 천상이 의지처가 없다. 그런데 대한의 거문화기가 대한관록궁인 천상궁을 형기협인(刑忌夾印)하므로 직장이 여의치 않음을 알 수 있다. 게다가 申궁과 戌궁의 화기가 대한관록궁을 쌍화기로 협하니 유궁은 그야말로 패국을 이루게 된다. 전택궁도 사업이나 직장의 길흉여하를 판정할 때 중요하게 작용하는데, 대한전택궁(申)으로 거문화기가 충파하니 이 역시 직장문제를 암시하고 있다.

<table>
<tr>
<td>大大天封火祿天
曲陀德誥星存府
旺廟平
博劫天 32~41 46丁
士煞德 【田宅】 絶巳
【大命】</td>
<td>大天擎太天
祿廚羊陰同
平陷陷
權
祿權
力災弔 42~51 47戊
士煞客 【官祿】 胎午
【大父】</td>
<td>天紅寡天右左文文貪武
傷鸞宿鉞弼輔昌曲狼曲
大 旺廟廟平旺廟廟
羊 科 祿
青天病 52~61 48己
龍煞符 【奴僕】 養未
【大福】</td>
<td>陰地巨太
煞空門陽
廟廟閑
忌
小指太 62~71 49庚
耗背歲 【身遷移】 生申
【大田】</td>
</tr>
<tr>
<td>蜚天紅天陀
廉壽艷姚羅
廟
官華白 22~31 45丙
府蓋虎 【福德】 墓辰
【大兄】</td>
<td colspan="2" rowspan="2">乾命 : 1968年(戊申) 4月 ○日 ○時
命局 : 水2局, 大溪水
命主 : 祿存
身主 : 天梁</td>
<td>大大破天天台天
昌鉞碎空使輔相
陷
將咸晦 72~81 50辛
軍池氣 【疾厄】 浴酉
【大官】</td>
</tr>
<tr>
<td>大天天三破廉
耗官福台軍貞
旺閑
伏息龍 12~21 44乙
兵神德 【父母】 死卯
【大配】</td>
<td>天天解天天
才哭神梁機
旺廟
忌
科
奏月喪 82~91 51壬
書煞門 【財帛】 帶戌
【大奴】</td>
</tr>
<tr>
<td>鳳天旬天恩年天地天
閣虛空貴光解月劫馬
平旺
大歲歲 2~11 43甲
耗驛破 【命宮】 病寅
【大子】</td>
<td>月天鈴天
德喜星魁
陷旺
病攀小 42乙
符鞍耗 【兄弟】 衰丑
【大財】</td>
<td>龍截天
池空刑
喜將官 41甲
神星符 【夫妻】 旺子
【大疾】</td>
<td>大大孤八天七紫
馬魁辰座巫殺微
平旺
飛亡貫 92~ 52癸
廉身索 【子女】 建亥
【大遷】</td>
</tr>
</table>

• 부모님 별세

정사대한 중 부모님이 모두 별세하였다.

대한의 거문화기가 酉궁으로 형기협인하여 묘유궁선을 충파한다. 卯궁은 선천부모궁이므로 부모가 질병으로 별세한 것이다.

• 인간관계가 여의치 않음

정사대한은 주변사람과 마찰이 많았다고 한다. 직장을 다닐 때에도 동료와의 마찰이 퇴사하는데 결정적인 이유가 되었다.

본명의 대한형제궁(辰)을 보면 시비구설을 주하는 타라가 거하고 대궁(戌)에서 천기화기가 재차 부담을 준다. 천요와 타라가 동궁하면 겉과 속이 다르고 돌아서서 욕한다. 형노선이 이렇게 불리하면 인간관계에서 오는 심리적 부담이 상당히 크며, 때론 물질적인 손재도 겸하게 된다.

• 부동산문제

본명은 정사대한 중 아파트를 분양받아 입주하였는데, 대출 이자를 제때 납부하지 못하여 부담이 아주 많았다. 결국 집을 팔고 전세를 얻게 되었다.

대한전택궁(申)을 보면 거문화기가 충파하니 주거지를 비롯한 부동산부분이 여의치 않다는 것을 알 수 있다. 게다가 寅申궁선으로 겁공이 마주하는 가운데 천마와 만나 '마우공망 종생분주(馬遇空亡 終生奔走)'를 이루니 부담이 많다. 이처럼 전택궁이 불리하면 부동산투기를 자제하는 등 매매계약을 아주 신중히 해야 한다.

사례 4) 사업과 부동산으로 재벌이 된 명

본명의 경오대한(46세~55세)을 살펴보면, 대한명궁에 록존이 거하고 있으면서 대궁으로 귀인성인 천괴가 대조한다. 록존은 재적으로 길하고 안정감을 준다. 대한관록궁(戌)의 태양은 재성인 대한화록을 맞아 사업적으로 길하다. 대궁(辰)의 태음화과는 계약사에 유리하게 작용한다. 게다가 대한 관록궁으로 보필이 협하니(巳궁의 우필이 亥궁으로 차성되어 酉궁의 우필과 戌궁을 협한다) 관록궁이 더 힘을 얻는다. 상황이 이러하니 사업적으로 이 시기에 성공을 하게 된 것이다. 또한 대한 전택궁(酉)은 선천의 무곡화록과 대한 무곡화권이 거하면서 우필이 있으니 부동산으로 득재(得財)하기도 한 것이다. 전택궁은 부동산의 길흉여하를 보는 곳인데, 전택궁이 길하고 대한의 삼방사정이 좋으면 이처럼 부동산으로 인한 이득을 많이 기대할 수 있다. 그러나 대한 천동화기가 선천부처궁(申)으로 떨어져 배우자가 간암에 걸렸다.

<table>
<tr>
<td>天天龍天陀右貪廉
使壽池哭羅弼狼貞
陷平陷陷
權

力指官　56~65　53己
士背符　【疾厄】　絶巳
【大兄】</td>
<td>月大天祿巨
德耗姚存門
旺旺

博咸小　46~55　54庚
士池耗　【財帛】　墓午
【大命】</td>
<td>大大天旬擎鈴天
陀鉞虛空羊星相
廟旺閑

官月歲　36~45　55辛
府煞破　【子女】　死未
【大父】</td>
<td>大大天天天地天天天
馬祿喜廚巫劫鉞梁同
廟廟陷旺
科
忌

伏亡龍　26~35　56壬
兵身德　【夫妻】　病申
【大福】</td>
</tr>
<tr>
<td>紅陰太
艶煞陰
閑
科

青天貫　66~75　52戊
龍煞索【身 遷移】　胎辰
【大配】</td>
<td colspan="2" rowspan="2">乾命 : 1949年(己丑) 6月 ○日 ○時
命局 : 火6局, 山頭火
命主 : 祿存
身主 : 天相</td>
<td>大蜚鳳截天年左七武
羊廉閣空官解輔殺曲
陷閑旺
祿
權

大將白　16~25　57癸
耗星虎　【兄弟】　衰酉
【大田】</td>
</tr>
<tr>
<td>大天八天台天
曲傷座月輔府
平

小災喪　76~85　51丁
耗煞門　【奴僕】　養卯
【大子】</td>
<td>天寡太
德宿陽
陷
祿

病攀天　6~15　58甲
符鞍德　【命宮】　旺戌
【大官】</td>
</tr>
<tr>
<td>天紅孤天天恩天地
空鸞辰福貴光刑空
陷

將劫晦　86~95　50丙
軍煞氣　【官祿】　生寅
【大財】</td>
<td>大破文文破紫
魁碎昌曲軍微
廟廟旺廟
忌

奏華太　96~　49丁
書蓋歲　【田宅】　浴丑
【大疾】</td>
<td>解火天天
神星魁機
平旺廟

飛息病　48丙
廉神符　【福德】　帶子
【大遷】</td>
<td>大天三封天
昌才台誥馬
平

喜歲弔　47乙
神驛客　【父母】　建亥
【大奴】</td>
</tr>
</table>

2. 사화법

사화법(四化法)은 사화(四化 : 화록·화권·화과·화기)의 움직임을 보고 판단하는 기법이다. 대한이나 유년의 사화가 어떠한 궁에 배치되면 그 궁이 가지고 있는 상의가 비로소 발현되는 것이다. 즉 사화는 어느 궁이 암시하고 있는 정(靜)적인 길흉을 동(動)적으로 발현하게 하는 일종의 촉매제 역할을 한다고 본다. 특히 화록과 화기는 강하게 반응을 하므로 주의깊게 살펴야 한다. 사화추론법의 응용에 대하여 좀더 구체적으로 알아보자.

1) 화록과 인동에 대하여

대한이나 유년의 화록이 어느 궁에 들어가면 그 궁에서 암시하고 있는 어떠한 상황이 비로소 발현되는 것이다. 이러한 상황을 인동(引動)이라고 한다. 즉 화록은 어느 궁에 들어가 재물을 풍부하게 하는 역할을 하기도 하지만(화록은 財성이므로) 다른 한편으로는 그 궁이 암시하고 있는 어떠한 길흉사를 발현시키는 역할을 한다. 사화의 인동 중에서 화록과 화기의 인동력이 가장 강하고 길흉대세에도 가장 많은 영향력을 행사한다. 화록의 인동은 일차인동과 이차인동 으로 크게 나눈다.

(1) 일차 인동

대한이나 유년의 화록이 들어가는 궁을 일차인동이라 하고, 그 궁과 대궁을 합쳐서 일차인동 궁선이라고 한다. 화록의 인동은 궁선을 중요하게 본다. 즉 어느 궁에 화록이 들어가 인동을 할 경우 그 궁만 움직이는 것이 아니고, 대궁에서 암시하고 있는 정황도 촉기시켜 어떠한 사안을 발현케 한다.

사례 1) 부인과 사별한 명

<table>
<tr>
<td>大大大天天天天陀天天
馬曲陀使才廚貴羅馬府
孤天火奏 陷平平
辰喜血書
小劫晦
耗煞氣
力歲弔 54~63 35乙
士驛客 【疾厄】 生巳
【大配】 【流父】</td>
<td>解大解陰祿文太天
神祿神煞存曲陰同
旺陷陷陷
祿權
青災喪 祿權
龍煞門 科忌
博息病 44~53 36丙
士神符 【財帛】 養午
【大兄】 【流福】</td>
<td>勾流流大紅恩天擎貪武
絞陀鉞羊艷光刑羊狼曲
廟廟廟
力天貫
士煞索 權
官華太 34~43 37丁
府蓋歲 【子女】 胎未
【大命】 【流田】</td>
<td>官血流天紅孤台文巨太
符蠱祿空鸞辰輔昌門陽
旺廟閑
忌
博指官 忌
士背符 祿
伏劫晦 24~33 38戊
兵煞氣 【夫妻】 絶申
【大父】 【流官】</td>
</tr>
<tr>
<td>天寡封
德宿誥
將華太
軍蓋歲
青攀天 64~73 34甲
龍鞍德 【遷移】 浴辰
【大子】 【流命】</td>
<td colspan="2" rowspan="2">乾命 : 1967年(丁未) 11月 ○日 ○寅
命局 : 金4局, 釵釧金
命主 : 祿存
身主 : 天相</td>
<td>將流大大天地天天
軍羊昌鉞壽空鉞相
廟廟陷
官咸小
府池耗
大災喪 14~23 39己
耗煞門 【兄弟】 墓酉
【大福】 【流奴】</td>
</tr>
<tr>
<td>流蜚天鳳旬截年破廉
曲廉傷閣空空解軍貞
旺閑
奏息病
書神符
小將白 74~83 45癸
耗星虎 【奴僕】 帶卯
【大財】 【流兄】</td>
<td>飛天天天
財月梁機
旺廟
科
伏月歲 科
兵煞破
病天貫 4~13 40庚
符煞索 【命宮】 死戌
【大田】 【流遷】</td>
</tr>
<tr>
<td>血天流流天天三天左
刃哭馬廚喜官台巫輔
廟
飛歲弔
廉驛客
將亡龍 84~93 44壬
軍身德 【身 官祿】 建寅
【大疾】 【流配】</td>
<td>直券天寡流破天地
符舌虛宿魁碎虛劫
陷
喜攀天
神鞍德
奏月歲 94~ 43癸
書煞破 【田宅】 旺丑
【大遷】 【流子】</td>
<td>月大八鈴右
德耗座星弼
陷廟
病將白
符星虎
飛咸小 42壬
廉池耗 【福德】 衰子
【大奴】 【流財】</td>
<td>紅大龍天天天火天七紫
鸞魁池哭福姚星魁殺微
暴流 平旺平旺
敗昌
大亡龍
耗身德
喜指官 41辛
神背符 【父母】 病亥
【大官】 【流疾】</td>
</tr>
</table>

본명은 34세(庚辰)에 부인이 암으로 사별하였다. 먼저 유년을 추단하기 전에, 정미대한(34세~43세)은 대한의 거문화기가 선천부처궁(申)을 충파하여 당 대한은 부처궁이 상당한 부담을 받게 된다. 그렇지 않아도 선천부처궁은 선천화기가 늘 부담을 주고 있는데, 당 대한에 재차 화기가 들어가니 부부인연이 여의치 않음을 알 수 있다. 대한의 정황이 이러한 가운데, 경진년을 보면 유년화록이 태양이 된다. 그런데 바로 이 태양 화록이 申궁에 들어가 거문의 쌍화기를 인동하게 된 것이다. 이 때 간과해선 안 되는 것이 있다. 申궁은 유년의 관록궁이 되는바, 유년 관록궁으로 화

록이 들어가니 사업이나 직업적으로 좋다고 판단하면 안 되는 것이다. 이 경우에는 유년의 화록이 거문쌍기를 촉기 시켜 내재된 흉사를 발현하는 촉매제 역할을 한다고 보는 것이다.

34세 경진년은 선천부처궁의 흉상을 인동하기도 했지만 유년부처궁(寅)도 역시 쌍기가 차성되어 흉하다는 것을 알 수 있다. 선천과 유년부처궁으로 모두 화기가 충조하니 배우자 문제가 동시에 감응하여 흉사를 면하기 어려운 해가 되는 것이다. 정미대한은 이미 대한명궁(未)의 색채가 고독하고 극하는 성분인 경양·천형이 자리하고 있으니 육친과 연이 없다는 것을 알 수 있다.

사례 2) 형제의 삶이 고단한 명

<table>
<tr>
<td>大天天孤天祿天
昌空喜辰官存府
廟平
傅劫晦 12~21 38癸
士煞氣 【父母】 絶巳
【大兄】</td>
<td>蜚鳳三年封擎火文太天
廉閣台解誥羊星昌陰同
平廟陷陷陷
科 祿
力災喪 22~31 27甲
士煞門 【福德】 胎午
【大命】</td>
<td>大天地貪武
鉞姚空狼曲
平廟廟
科
青天貫 32~41 28乙
龍煞索 【田宅】 養未
【大父】</td>
<td>大天龍八文巨太
馬才池座曲門陽
平廟閑
忌
小指官 42~51 29丙
耗背符 【官祿】 生申
【大福】</td>
</tr>
<tr>
<td>天截陀右
壽空羅弼
廟廟
官華太 2~11 37壬
府蓋歲 【命宮】 墓辰
【大配】</td>
<td rowspan="2" colspan="2">乾命 : 1976年(丙辰) 7月 ○日 ○時
命局 : 水2局, 長流水
命主 : 廉貞
身主 : 文昌</td>
<td>大月天天天
曲德傷鉞相
廟陷
將咸小 52~61 30丁
軍池耗 【奴僕】 浴酉
【大田】</td>
</tr>
<tr>
<td>大天天地破廉
羊貴刑劫軍貞
平旺閑
忌
權祿
伏息病 36辛
兵神符 【兄弟】 死卯
【大子】</td>
<td>天台左天天
虛輔輔梁機
廟旺廟
權
奏月歲 62~71 31戊
書煞破 【遷移】 帶戌
【大官】</td>
</tr>
<tr>
<td>大天紅解天陰鈴天
祿哭艷神巫煞星馬
廟旺
大歲弔 35庚
耗驛客 【夫妻】 病寅
【大財】</td>
<td>大大天破寡恩
陀魁德碎宿光
病攀天 92~ 34辛
符鞍德 【子女】 衰丑
【大疾】</td>
<td>旬天天
空廚福
喜將白 82~91 33庚
神星虎 【身 財帛】 旺子
【大遷】</td>
<td>大天紅天天七紫
耗使鸞月魁殺微
旺平旺
飛亡龍 72~81 32己
廉身德 【疾厄】 建亥
【大奴】</td>
</tr>
</table>

본명 갑오대한(22세~31세)을 보면, 대한의 염정화록이 선천형제궁이자 대한자녀궁으로 들어간다. 이때 선천형제궁으로 화록이 들어가니 형제가 재물을 많이 얻을 것이라고 해석 하면 안 된다. 선천형제궁은 염정화기를 비롯한 천형·지겁 등이 동궁하고 있어, 형제가 파란 많은 삶을 살게 되는 형국이다. 그런데 갑오대한의 대한 염정화록은 일차인동에서 선천형제궁의 흉상을 인동하는 것으로 읽어야 한다. 이러한 연고로 당 대한 중 형제가 이혼하고 가족과 연락도 두절하였다. 그리고 형제궁은 모친의 길흉을 판단할 때도 적용하게 되는 바, 당 대한에 모친이 당뇨병으로 인하여 계속 투병생활을 하였다.

일차인동도 문제지만 본명의 갑오대한 명궁의 성계들도 문제가 많다. 태음이 함지이면서 경양·화성과 동궁하니 십악격(十惡格 : 태음이 함지에서 화령을 보면 악격이 됨)과 인리산재(人離散財 : 함지의 태음이나 태양이 경양·타라를 보면 사람은 이별하고 재물은 흩어지는 격)가 되어 흉상이 강하니 자신도 갑오대한이 대한이 힘들었지만, 주변 사람도 이렇게 파동이 많았던 것이다.

사례 3) 잦은 교통사고

본명의 경오대한(24세~33세)을 보면, 身궁으로 대한이 진행하였다. 대한이 身궁으로 가면 흔히 사고나 건강이 문제가 될 소지가 많다. 살성이나 화기를 만나면 더 그러하다. 본명은 경오대한의 태양화록이 寅궁으로 들어가 선천명천선을 인동한다(천이궁을 인동하면 사고 가능성이 높아진다). 그런데 이때 선천천이궁은 화성·천월이 동궁하고 있는데, 이 두 성계는 사고나 질병을 의미하기도 한다. 게다가 피를 의미하는 홍란·천희 등이 포진하고 있고, 선천명궁은 형극을 의미하는 천형이 거하고 있으니 이는 필시 사고나 건강문제를 암시하고 있는 것이다. 이러한 분위기를 대한의 태양화록이 일차적으로 인동하였으니 당 대한은 사고나 살상을 면하기 어려운 것이다(이 때 대한의 태양화록은 寅궁 뿐만 아니라 申궁까지 모두 인동하게 된다. 寅申궁선의 전체적인 정황을 모두 인동한다고 보는 것이다). 그리고 대한의 천동화기가 대한천이궁에 배치되므로 밖에서 사고가 자주 발생한 것이다.

본명은 이렇게 경오대한에서 암시한 바와 같이 유난히 많은 교통사고를 경험하였고, 그리고 사고현장을 많이 목격하기도 하였다. 특히 26세(甲申)에는 본명의 차가 상대차량과 정면충돌하여 큰 화를 당할 뻔 했다고 한다. 갑신년은 유년화기가 태양화기가 되는데, 유년천이궁에 화기가 들어가니 寅申궁에 잠재하고 있던 사고의 요소들이 모두 발현하는 해이다.

<table>
<tr>
<td>陀天文七紫
羅馬昌殺微
陷平廟平旺

力歲弔 34~43 34己
士驛客 【子女】 生巳
【大兄】</td>
<td>解地祿
神空存
廟旺

博息病 24~33 35庚
士神符【身 夫妻】養午
【大命】</td>
<td>大大封擎
陀鉞誥羊
廟

官華太 14~23 36辛
府蓋歲 【兄弟】 胎未
【大父】</td>
<td>大大天紅孤天天天天
馬祿空鸞辰廚貴刑鉞
廟

伏劫晦 4~13 37壬
兵煞氣 【命宮】 絶申
【大福】</td>
</tr>
<tr>
<td>天寡紅恩陰地天天
德宿艶光煞劫梁機
陷旺廟
科

青攀天 44~53 33戊
龍鞍德 【財帛】 浴辰
【大配】</td>
<td colspan="2" rowspan="2">乾命 : 1979年(庚申) 12月 ○日 ○時
命局 : 金4局, 劍鋒金
命主 : 廉貞
身主 : 天相</td>
<td>大截天文破廉
羊空官曲軍貞
廟陷平
忌

大災喪 38癸
耗煞門 【父母】 墓酉
【大田】</td>
</tr>
<tr>
<td>大蜚天天鳳三年鈴左天
曲廉使才閣台解星輔相
廟陷陷

小將白 54~63 32丁
耗星虎 【疾厄】 帶卯
【大子】</td>
<td>病天貫 39甲
符煞索 【福德】 死戌
【大官】</td>
</tr>
<tr>
<td>天天天火巨太
喜福月星門陽
廟廟旺
祿

將亡龍 64~73 31丙
軍身德 【遷移】 建寅
【大財】</td>
<td>大破天天天旬貪武
魁碎傷壽虛空狼曲
廟廟
權祿
權

奏月歲 74~83 30丁
書煞破 【奴僕】 旺丑
【大疾】</td>
<td>月大天天太天
德耗姚魁陰同
旺廟旺
科忌

飛咸小 84~93 29丙
廉池耗 【官祿】 衰子
【大遷】</td>
<td>大龍天八天台右天
昌池哭座巫輔弼府
平旺

喜指官 94~ 40乙
神背符 【田宅】 病亥
【大奴】</td>
</tr>
</table>

(2) 이차 인동

이차 인동은 두 가지 상황으로 나눌 수 있다. 하나는 화록과 화록이 삼방사정에서 만나서 인동하는 경우가 있고, 그리고 양궁에서 화록이 어느 한 궁을 협하여 그 궁이 이차인동궁이 되는 경우가 있다.

사례 1) 배우자연이 없는 명

<table>
<tr>
<td>天天龍天旬截天封破武
使壽池哭空空福誥軍曲
閑平
權
病指官 73~82 53癸
符背符 【疾厄】 病巳
【大田】</td>
<td>月大天三解火天太
德耗廚台神星鉞陽
廟 廟
權
祿
大咸小 83~92 54甲
耗池耗 【財帛】 死午
【大官】</td>
<td>大大天文文天
陀鉞虛昌曲府
平旺廟
忌科
伏月歲 93~ 55乙
兵煞破 【子女】 墓未
【大奴】</td>
<td>大大天八天陀地太天
馬祿喜座刑羅空陰機
陷廟平平
科
官亡龍 56丙
府身德 【夫妻】 絶申
【大遷】</td>
</tr>
<tr>
<td>陰天
煞同
平
忌
喜天貫 63~72 52壬
神煞索 【身 遷移】 衰辰
【大福】</td>
<td colspan="2" rowspan="2">坤命 : 1961年(辛丑) 12月 ○日 ○時
命局 : 木3局, 平地木
命主 : 祿存
身主 : 天相</td>
<td>鳳紅天天恩年台祿貪紫
閣艷官貴光解輔存狼微
蜚大 旺平平
廉羊
傅將白 57丁
士星虎 【兄弟】 胎酉
【大疾】</td>
</tr>
<tr>
<td>大天左
曲傷輔
陷
飛災喪 53~62 51辛
廉煞門 【奴僕】 旺卯
【大父】</td>
<td>天寡擎巨
德宿羊門
廟旺
祿
力攀天 3~12 58戊
士鞍德 【命宮】 養戌
【大財】</td>
</tr>
<tr>
<td>天紅孤天地天
空鸞辰月劫魁
平
奏劫晦 43~52 50庚
書煞氣 【官祿】 建寅
【大命】</td>
<td>大破鈴七廉
魁碎星殺貞
陷廟旺
將華太 33~42 49辛
軍蓋歲 【田宅】 帶丑
【大兄】</td>
<td>天天
姚梁
廟
小息病 23~32 48庚
耗神符 【福德】 浴子
【大配】</td>
<td>大天天天右天
昌才巫馬弼相
平平平
青歲弔 13~22 59己
龍驛客 【父母】 生亥
【大子】</td>
</tr>
</table>

본명은 배우자 연이 없는 명이다. 한 번 이혼하고 재혼했지만 또 다시 사별하였다.

먼저 경자대한(23세~32세)을 보면, 대한화록이 태양이 되는 바, 午궁이 일차 발생궁이 되고, 子午궁선이 일차 발생궁선이다. 그런데 戌궁의 선천 거문화록과 午궁의 태양화록이 가상의 삼합선(寅午戌 궁을 말함)을 형성하여 寅궁을 이차로 인동시킨다. 이렇게 되면 寅申궁선이 제2의 발생궁선이 된다. 문제는 대한의 이차 발생궁선에서 申궁(申궁은 선천부처궁임)의 흉상(타라·천형·지공 등은 부부연을 고극하게 만든다)을 인동한 것이다. 정황이 이러하면 인신궁의 흉상이 당 대한 중에 발현하게 된다. 이러한 흉상을 인동 하였기에 경자대한에 이혼을 하게 된 것이다. 대한부처궁(戌)에 고극(孤剋)을 의미하는 경양이 거하고, 대궁(辰)으로 천동화기가 대조하니 배우자 연이 더 불리하다.

경인대한(43세~52세)도 마찬가지로 대한화록이 태양이 되어 寅申궁을 2차로 인동한다. 상황이 이러하면 지난 경자대한과 마찬가지로 부부인연에 문제가 있게 된다. 그러나 대한천이궁(申)으로 태음화과와 록마교치(경인대한은 申궁으로 대한록존과 대한천마가 동궁하여 재적으로 길한 록마교치를 이룬다)를 보고 있다. 게다가 대한 삼방으로 거문화록과 태양화록 등 재성(財星)들이 강하게 회집한다. 이러한 연고로 차명은 외국에서 재벌 사업가를 만나게 되었다. 그러나 그 남자는 결국 지병으로 사별하고, 이후 많은 재산을 유산으로 받게 된 것이다. 남편연이 없지만 재물 운은 많은 경우이다.

사례 2) 연탄가스로 부친사망

선천부모궁을 보면 함약한 탐랑이 타라·천형과 동궁하고 있다. 타라·천형은 사고·질병·고극·사망·관재 등을 주하는 바, 부모궁의 정황이 이러하면 부모가 파란 많은 삶을 살게 되고 부모와의 인연도 좋지 않다.

병술대한(36세~45세)은 대한의 일차 인동이 천동화록이다(이때 대한부모궁<亥>을 1차로 인동하여 부모문제가 주요 사안이 됨을 의미한다). 대한 이차 인동은 丑궁이 되고(卯궁의 천기화록과 亥궁의 천동화록이 丑未궁선을 인동함), 축미궁선이 전체적으로 이차 인동궁선이 된다. 그런데 丑궁은 명궁이자 身궁이 되므로 당 대한 중 누군가 사고나 질병이 있음을 의미한다. 또한 축미궁은 대한전택궁도 되므로 전택의 문제(부동산이나 이사문제 등)도 가능하다. 그리고 전택궁은 가정궁이므로 가

大破地地右天 祿碎空劫弼梁 廟閑平陷 權 伏指白　86~95　45辛 兵背虎　【官祿】　絶巳 【大疾】	大大天天紅天天七 曲羊德傷鸞廚姚殺 旺 大咸天　76~85　46壬 耗池德　【奴僕】　墓午 【大財】	寡旬截 宿空空 病月弔　66~75　47癸 符煞客　【遷移】　死未 【大子】	大大天紅天恩天封天廉 馬昌使艷福光巫誥鉞貞 廟廟 忌 喜亡病　56~65　48甲 神身符　【疾厄】　病申 【大配】
大天陰擎鈴文天紫 陀官煞羊星昌相微 廟旺旺旺陷 科 科 官天龍　96~　44庚 府煞德　【田宅】　胎辰 【大遷】	乾命 : 1945年(乙酉) 6月 ○日 ○時 命局 : 火6局, 霹靂火 命主 : 巨門 身主 : 天同		大天火左 鉞哭星輔 陷陷 飛將太　46~55　49乙 廉星歲　【財帛】　衰酉 【大兄】
天天祿巨天 虛月存門機 旺廟旺 祿 權 博災歲　43己 士煞破　【福德】　養卯 【大奴】			天天天文破 空壽才曲軍 陷旺 奏攀晦　36~45　50丙 書鞍氣　【子女】　旺戌 【大命】
月大三天天陀貪 德耗台貴刑羅狼 陷平 力劫小　42戊 士煞耗　【父母】　生寅 【大官】	鳳龍年太太 閣池解陰陽 廟陷 忌 青華官　6~15　41己 龍蓋符【身 命宮】浴丑 【大田】	天八解台天天武 喜座神輔魁府曲 旺廟旺 小息貫　16~25　40戊 耗神索　【兄弟】　帶子 【大福】	大蜚孤天天 魁廉辰馬同 平廟 祿 將歲喪　26~35　51丁 軍驛門　【夫妻】　建亥 【大父】

정에 상사(喪事)가 있을 수 있다(전택궁에 살성이나 화기가 도래하면 자녀 유산·낙태를 비롯한 가정에 누군가 건강·사고 등으로 인하여 상사가 발생하기 쉽다) 더하여 丑궁이 명·신궁이 되니 자신의 건강을 비롯한 가족 중에 사고나 건강문제의 개연성이 더 높게 되는 것이다. 그런데 대한 염정화기는 대궁의 선천부모궁(寅)을 충파하여 당 대한 중 부친이 연탄가스로 사망한 것이다. 대한부처궁(申)으로 염정화기가 들어가니 부부사이도 이혼위기를 몇 번이나 넘겼다고 한다. 화록과 화기의 인

동이 모두 부모와 관계가 많다.

사례 3) 이사를 잘못하여 화를 당함

<table>
<tr>
<td>天截天天天
虛空福馬同
平廟
忌
病歲歲 63~72 43癸
符驛破【身 遷移】病巳
【大田】</td>
<td>天天火天天武
使廚星鉞府曲
廟 旺旺
權
大息龍 73~82 44甲
耗神德 【疾厄】 死午
【大官】</td>
<td>大大天天鈴太太
陀鉞哭姚星陰陽
旺平平
權
科祿
伏華白 83~92 45乙
兵蓋虎 【財帛】 墓未
【大奴】</td>
<td>大大天陀地貪
馬祿德羅劫狼
陷廟平
官劫天 93~ 46丙
府煞德 【子女】 絶申
【大遷】</td>
</tr>
<tr>
<td>月大天天紅右破
德耗傷壽鸞弼軍
廟旺
喜攀小 53~62 42壬
神鞍耗 【奴僕】 衰辰
【大福】</td>
<td colspan="2" rowspan="2">坤命 ： 1971年(辛亥) 7月 ○日 ○時
命局 ： 木3局, 平地木
命主 ： 巨門
身主 ： 天機</td>
<td>大破紅天祿巨天
羊碎艷官存門機
旺廟旺
祿
博災弔 47丁
士煞客 【夫妻】 胎酉
【大疾】</td>
</tr>
<tr>
<td>大龍旬台天
曲池空輔刑
飛將官 43~52 41辛
廉星符 【官祿】 旺卯
【大父】</td>
<td>天天寡擎左天紫
才喜宿羊輔相微
廟廟閑閑
力天病 48戊
士煞符 【兄弟】 養戌
【大財】</td>
</tr>
<tr>
<td>孤八天恩解天陰地天廉
辰座貴光神巫煞空魁貞
陷 廟
奏亡貫 33~42 40庚
書身索 【田宅】 建寅
【大命】</td>
<td>大蜚文文
魁廉昌曲
廟廟
忌科
將月喪 23~32 39辛
軍煞門 【福德】 帶丑
【大兄】</td>
<td>天三七
空台殺
旺
小咸晦 13~22 38庚
耗池氣 【父母】 浴子
【大配】</td>
<td>大鳳年天封天
昌閣解月誥梁
陷
青指太 3~12 49己
龍背歲 【命宮】 生亥
【大子】</td>
</tr>
</table>

경인대한(33세~42세)의 대한명궁(寅)에 염정이 거하고 있다. 염정이 지공과 동궁하지만 천괴의 지원을 얻어 큰 문제가 되지 않는다. 그런데 대한의 이차 인동이 문제가 된다. 未궁의 대한태양화록과 酉궁의 선천거문화록이 申궁을 협하여 寅申궁선을 이차 인동하게 되는데, 申궁은 타라가 대한천마를 만나 절족마(折足馬)가 되었고, 또한 천마가 겁공을 동시에 보게 되어 사망마(死亡馬)가 되는 등 흉세가 강하다. 이렇게 흉의가 강한 申궁을 대한에서 2차로 인동하니 필히 흉사가 발현하게 된다. 인신궁은 명궁이자 천이궁이므로 사고나 질병 그리고 부동산(전택)으로 인한 흉사를

유추할 수 있다. 또한 중요한 것은 대한의 천동화록이 선천의 천이궁이자 身궁인 巳궁을 충파하니 분위기가 더욱 엄중하다.

본명은 경인대한 중 화재로 인하여 사망한 명이다. 선천전택궁(寅)과 대한천택궁(巳)으로 살기형성 및 흉격이 관여하니 주거지 등 부동산으로 인한 재화(災禍)가 발생하게 된다. 이렇게 천이궁과 전택궁이 불리하면 주택이나 사무실·가게 등 양택으로 인한 문제가 발생하기 쉬운데, 주로 이사를 잘못하거나 계약상의 손재, 부동산 투자손실, 부동산으로 인한 시비송사 등이 따르기도 한다. 만약 본명처럼 명궁이나 身궁이 동반되면 이동을 잘못하여 자신이 화를 당하게 된다. 경인대한을 전체적으로 볼 때 대한의 이차인동도 문제지만, 대한천동화기가 재차 身궁이자 선천명천선을 타격하니 신상에 화를 입게 되는 것이다.

(3) 화록과 록존이 만나 인동이 되는 경우

대한이나 유년의 화록이 선천의 록존과 가상의 삼합선을 형성하여 인동되는 경우, 또는 대한화록과 선천록존이 어느 궁을 협하여 인동하는 경우에도 해당 궁선에서 의미하는 길흉사가 발현하기도 한다.

사례 1) 스트레스로 인한 직장 퇴사

차명은 금융업종에서 근무하였다. 그런데 업무적인 부담과 직장 내에서 인간적인 갈등으로 인하여 결국 정묘대한(32세~41세) 중 퇴사를 하였다.

정묘대한을 보면, 대한명천선을 비롯한 재관궁이 그렇게 불리하다고 볼 수 없다. 그런데 대한의 태음화록이 午궁의 선천록존과 인오술 삼합을 이루어 辰戌궁선을 인동하게 된다. 이렇게 되면 辰궁에 있던 거문화기와 화성 등의 흉상이 인동된다. 진궁은 선천관록궁인 고로, 정묘대한 중 직업적인 파동이 있음을 예단할 수 있다. 경우가 이러하니 직장 내에서 마찰이 많고 심리적인 부담을 많이 받은 것이다. 대한복덕궁(巳)이 형노선이 되면서 번뇌를 뜻하는 타라와 고극을 의미하는 화기가 거하니 주변사람과 연대감이 약해지고 마찰이 발생한 것이다. 대한 거문화기가 巳궁으로 형기협인(刑忌夾印)하니 더 불리하다. 병술년(38세)에 퇴사한 이유는, 유년 화록이 천

<table>
<tr>
<td>大大大破天陀文天
馬曲陀碎傷羅曲相
陷廟平
忌
官指白 52~61 44己
府背虎 【奴僕】 絶巳
【大福】</td>
<td>大天紅解祿天
祿德鸞神存梁
旺廟
科
傅咸天 62~71 45庚
士池德 【遷移】 胎午
【大田】</td>
<td>大天寡八三台擎七廉
羊使宿座台輔羊殺貞
廟旺廟
力月弔 72~81 46辛
士煞客 【疾厄】 養未
【大官】</td>
<td>天天天天
廚貴刑鉞
廟
青亡病 82~91 47壬
龍身符 【財帛】 生申
【大奴】</td>
</tr>
<tr>
<td>紅陰火巨
艷煞星門
閑平
忌
伏天龍 42~51 43戊
兵煞德 【官祿】 墓辰
【大父】</td>
<td colspan="2" rowspan="2">坤命 : 1969年(庚戌) 12月 ○日 ○時
命局 : 水2局, 潤下水
命主 : 貪狼
身主 : 天同</td>
<td>大大天天截天文
昌鉞才哭空官昌
廟
小將太 92~ 48癸
耗星歲 【子女】 浴酉
【大遷】</td>
</tr>
<tr>
<td>天旬封左貪紫
虛空誥輔狼微
陷地旺
權
大災歲 32~41 42丁
耗煞破 【田宅】 死卯
【大命】</td>
<td>天地天
空空同
陷平
權
將攀晦 49甲
軍鞍氣 【夫妻】 帶戌
【大疾】</td>
</tr>
<tr>
<td>月大天天太天
德耗福月陰機
閑旺
祿科
病劫小 22~31 41丙
符煞耗 【身 福德】 病寅
【大兄】</td>
<td>鳳龍年天
閣池解府
廟
喜華官 12~21 40丁
神蓋符 【父母】 衰丑
【大配】</td>
<td>天恩天地天太
喜光姚劫魁陽
陷旺陷
飛息貫 2~11 39丙
廉神索 【命宮】 旺子
【大子】</td>
<td>大蜚天孤天鈴天右破武
魁廉壽辰巫星馬弼軍曲
廟平平平平
祿
奏歲喪 50乙
書驛門 【兄弟】 建亥
【大財】</td>
</tr>
</table>

동이 되면서 대궁의 거문화기를 재차 인동하는 해이기 때문이다. 그리고 병술년 유년화기가 염정화기가 되는바, 염정화기는 대한관록궁(未)으로 들어가므로 원치 않는 직업변동이 있게 된 것이다.

사례 2) 계단에 넘어져 전신마비가 됨

<table>
<tr>
<td>大大天鳳天年封天破武
曲陀使閣福解誥鉞軍曲
旺閑平
祿
喜指太 52~61 61丁
神背歲 【疾厄】 建巳
【大命】</td>
<td>大天天三解火太
祿空官台神星陽
廟廟
飛咸晦 42~51 62戊
廉池氣 【財帛】 帶午
【大父】</td>
<td>大蜚旬文文天
羊廉空昌曲府
平旺廟
奏月喪 32~41 63己
書煞門 【子女】 浴未
【大福】</td>
<td>孤紅八天地太天
辰艷座刑空陰機
廟平平
科
祿科
將亡貫 22~31 52庚
軍身索 【夫妻】 生申
【大田】</td>
</tr>
<tr>
<td>天寡陰天
喜宿煞同
平
權
病天病 62~71 60丙
符煞符 【身 遷移】 旺辰
【大兄】</td>
<td colspan="2" rowspan="2">乾命 : 1953年(癸巳) 12月 ○日 ○時
命局 : 水2局, 大海水
命主 : 祿存
身主 : 天機</td>
<td>大大破天龍天恩台貪紫
昌鉞碎壽池貴光輔狼微
平平
忌
小將官 12~21 53辛
耗星符 【兄弟】 養酉
【大官】</td>
</tr>
<tr>
<td>天天天左
傷才魁輔
廟陷
大災弔 72~81 59乙
耗煞客 【奴僕】 衰卯
【大配】</td>
<td>月大紅巨
德耗鸞門
旺
權
忌
青擎小 2~11 54壬
龍鞍耗 【命宮】 胎戌
【大奴】</td>
</tr>
<tr>
<td>天天地
德月劫
平
伏劫天 82~91 58甲
兵煞德 【官祿】 病寅
【大子】</td>
<td>天截擎鈴七廉
哭空羊星殺貞
廟陷廟旺
官華白 92~ 57乙
府蓋虎 【田宅】 死丑
【大財】</td>
<td>天祿天
姚存梁
旺廟
博息龍 56甲
士神德 【福德】 墓子
【大疾】</td>
<td>大大天天天陀天右天
馬魁虛廚巫羅馬弼相
陷平平平
力歲歲 55癸
士驛破 【父母】 絶亥
【大遷】</td>
</tr>
</table>

본명은 54세(丙戌) 양력 4월 지하철 계단에서 넘어져 전신마비가 되었다. 이후 계속 투병 중이지만 회복할 가능성이 희박하다고 한다.

정사대한(52세~61세)을 보면 대한천이궁(亥)에 타라·천마가 만나 절족마(折足馬)를 이루고 있다. 당 대한 중 밖에서 사고가 날 개연성이 높다는 것을 의미한다.

그런데 대한태음화록이 申궁으로 들어가 子궁의 록존과 삼합선을 형성하여 辰戌궁선을 인동하게 된다. 진술궁선은 선천천이궁이자 身궁이기에 밖에서 사고나 건강 문제가 나타나기 쉽고, 戌궁 역시 선천명궁이면서 대한의 거문화기가 명궁에 충격을 가하고 있는 형국이므로, 본명의 사고나 건강이 당 대한의 주요 이슈가 된 것이다.

병술년은 유년화록이 천동이 되어 진술궁선의 흉상을 재차 인동시키므로 당년에 불운이 발생한 것이다.

사례 3) 오토바이사고로 부인 사망

<table>
<tr>
<td>大鳳年陀地地貪廉
祿閣解羅空劫狼貞
陷廟閑陷陷
權
忌

力指太 25~34 85己
士背歲 【夫妻】 建巳
【大奴】</td>
<td>大大天三恩解祿巨
曲羊空台光神存門
旺旺

博咸晦 15~24 86庚
士池氣 【兄弟】 帶午
【大遷】</td>
<td>蜚擎天
廉羊相
廟閑

官月喪 5~14 87辛
府煞門【身 命宮】浴未
【大疾】</td>
<td>大孤天八封天天天天
昌辰廚座誥刑鉞梁同
廟陷旺
科
祿

伏亡貫 88壬
兵身索 【父母】 生申
【大財】</td>
</tr>
<tr>
<td>大天寡紅陰鈴文太
陀喜宿艷煞星昌陰
旺旺閑
科

青天病 35~44 84戊
龍煞符 【子女】 旺辰
【大官】</td>
<td colspan="2" rowspan="2">乾命 : 1929年(己巳) 12月 ○日 ○時
命局 : 土5局, 路傍土
命主 : 武曲
身主 : 天機</td>
<td>大破龍截天火七武
鉞碎池空官星殺曲
陷閑旺
祿

大將官 89癸
耗星符 【福德】 養酉
【大子】</td>
</tr>
<tr>
<td>左天
輔府
陷平

小災弔 45~54 83丁
耗煞客 【財帛】 衰卯
【大田】</td>
<td>月大紅文太
德耗鸞曲陽
陷陷
忌

病攀小 95~ 90甲
符鞍耗 【田宅】 胎戌
【大配】</td>
</tr>
<tr>
<td>大天天天天
馬德使福月

將劫天 55~64 82丙
軍煞德 【疾厄】 病寅
【大福】</td>
<td>天破紫
哭軍微
旺廟

奏華白 65~74 81丁
書蓋虎 【遷移】 死丑
【大父】</td>
<td>天天天天台天天天
傷壽才貴輔姚魁機
旺廟
權

飛息龍 75~84 80丙
廉神德 【奴僕】 墓子
【大命】</td>
<td>大天旬天天右
魁虛空巫馬弼
平平

喜歲歲 85~94 91乙
神驛破 【官祿】 絶亥
【大兄】</td>
</tr>
</table>

병술년(78세) 여름에 본명의 부인이 밖에서 오토바이에 부딪혀 사망하는 일이 발생하였다.

병자대한(75세~84세)은 천동에 대한화록이 붙는다. 천동화록은 午궁의 록존과 未궁을 협하게 된다. 未궁은 선천身궁이자 명궁이며 형극을 뜻하는 경양이 거하고 있다. 정황이 이러하면 당대한은 육친 중에서 누군가 건강·사고 등이 일어날 가능성이 높다. 차명의 대한명궁과 삼방사정은 살기형성의 간섭이 적으므로 본명이 사고가 날 확률은 높지 않다. 혹 건강에 문제가 있더라도 곧 회복할 수 있는 상황이다.

대한의 분위기가 이러한 가운데, 대한 염정화기가 선천부처궁(巳)에 떨어지고(선천부처궁은 절족마를 비롯한 사망마 등 흉상이 강하다) 게다가 대한부처궁(戌)으로 문곡화기와 혈광지재(血光之災)를 의미하는 홍란·천희·병부 등이 중중하니 이는 필시 배우자의 흉상이 가장 강한 것이다.

2) 화권·화과의 인동에 대하여

사화 중에서 화록과 화기의 인동이 가장 강한 작용력을 가지고 있다. 그러나 유년이나 대한의 화권·화과도 궁이 암시하고 있는 어떤 사안을 발현시켜 인동하게 된다. 화록이나 화기가 적극적 인동이라면 화권이나 화과는 소극적 인동 정도로 볼 수 있다. 권·과는 기본적으로 길성에 해당하므로, 길한 분위기를 인동하면 권·과는 더 좋은 작용을 할 것이고, 흉상을 인동하면 길이 반감되거나 흉사가 발현하기도 한다.

화권 인동 사례 1) 부친의 사업파재

차명의 부친은 사업을 하였다. 그러나 차명의 계축대한(36세~45세) 중 경영악화로 인하여 부도가 나고, 이후 절망을 감내하지 못하고 결국 자살로 생을 마감하였다.

대한부모궁(寅)을 보면 거일조합이 선천의 거문화기를 보고 있다. 부모의 운로가 여의치 않음을 알 수 있다. 그런데 대한의 거문화권이 붙어 화기를 촉기시키는 작용을 하게 된다. 寅궁은 화권과 화기가 서로 충돌되는 모순을 가지게 되고, 보좌길성의 지원을 받지 못하는 상황이므로 결국 화기의 기운으로 대세가 기우는 것이다. 寅궁의 천월은 사고나 질병을 의미하고, 인신궁의 홍란·천희는 혈광지재(血光之災)

의 작용을 하며, 12운성 병과 잡성인 복병은 질액(疾厄)을 주한다.

대한의 길흉여하를 보기 전에, 먼저 선천부모궁(巳)을 보면 그 정황이 여의치 않다는 것을 알 수 있다. 자미·칠살은 화살위권(化殺爲權)이 되는 조합인데, 절족마와 동궁하므로 오히려 화살위패(化殺爲敗)가 되고, 또한 사해궁선으로 영성·겁공 등이 동회하여 부모궁은 패국(敗局)을 이룬다. 부모의 흉사가 이미 예고된 상황이다.

<table>
<tr>
<td>大天陀天文七紫
鉞廚羅馬曲殺微
陷平廟平旺
力歲弔 47乙
士驛客 【父母】 絶巳
【大官】</td>
<td>三祿
台存
旺
博息病 48丙
士神符【身 福德】墓午
【大奴】</td>
<td>紅恩台擎右左
艶光輔羊弼輔
廟廟廟
官華太 96~ 49丁
府蓋歲 【田宅】 死未
【大遷】</td>
<td>天紅孤八陰
空鸞辰座煞
伏劫晦 86~95 50戊
兵煞氣 【官祿】 病申
【大疾】</td>
</tr>
<tr>
<td>天寡天天天
德宿姚梁機
旺廟
科
青攀天 6~15 46甲
龍鞍德 【命宮】 胎辰
【大田】</td>
<td colspan="2" rowspan="2">乾命 ： 1967年(丁未) 4月 ○日 ○時
命局 ： 火6局, 覆燈火
命主 ： 廉貞
身主 ： 天相</td>
<td>天天文破廉
傷鉞昌軍貞
廟廟陷平
祿
大災喪 76~85 51己
耗煞門 【奴僕】 衰酉
【大財】</td>
</tr>
<tr>
<td>大大蜚鳳旬截天年封天
昌魁廉閣空空貴解誥相
陷
小將白 16~25 45癸
耗星虎 【兄弟】 養卯
【大福】</td>
<td>解火地
神星空
廟陷
病天貫 66~75 52庚
符煞索 【遷移】 旺戌
【大子】</td>
</tr>
<tr>
<td>天天天巨太
喜官月門陽
廟旺
忌
權
將亡龍 26~35 44壬
軍身德 【夫妻】 生寅
【大父】</td>
<td>大破天天貪武
羊碎壽虛狼曲
廟廟
忌
奏月歲 36~45 43癸
書煞破 【子女】 浴丑
【大命】</td>
<td>大月大天地太天
祿德耗刑劫陰同
陷廟旺
祿權
科
飛咸小 46~55 42壬
廉池耗 【財帛】 帶子
【大兄】</td>
<td>大天天龍天天天鈴天天
陀使才池哭福巫星魁府
大大 廟旺旺
曲馬
喜指官 56~65 53辛
神背符 【疾厄】 建亥
【大配】</td>
</tr>
</table>

화권 인동 사례 2) 길흉이 동시에 작용하는 대한

<table>
<tr>
<td>孤天天
辰鉞相
旺平

飛亡貫 40乙
廉身索 【夫妻】 絶巳
【大疾】</td>
<td>龍天左天
池福輔梁
旺廟
科祿
喜將官 41丙
神星符 【兄弟】 胎午
【大財】</td>
<td>大大月天七廉
陀鉞德喜殺貞
旺廟

病攀小 2~11 42丁
符鞍耗 【命宮】 養未
【大子】</td>
<td>大大鳳天年地天右
馬祿閣虛解劫馬弼
廟旺閑

大歲歲 12~21 43戊
耗驛破 【父母】 生申
【大配】</td>
</tr>
<tr>
<td>天旬八天恩天巨
哭空座貴光月門
平

奏月喪 92~ 39甲
書煞門 【子女】 墓辰
【大遷】</td>
<td colspan="2" rowspan="2">乾命 : 1962年(壬寅) 3月 ○日 ○時
命局 : 水2局, 天河水
命主 : 武曲
身主 : 天梁</td>
<td>大破大天天
羊碎耗才廚

伏息龍 22~31 44己
兵神德 【福德】 浴酉
【大兄】</td>
</tr>
<tr>
<td>大天天台天天貪紫
曲空壽輔姚魁狼微
廟地旺
權
將咸晦 82~91 50癸
軍池氣 【財帛】 死卯
【大奴】</td>
<td>蜚天三解陰陀火天
廉官台神煞羅星同
廟廟平
忌
官華白 32~41 45庚
府蓋虎 【田宅】 帶戌
【大命】</td>
</tr>
<tr>
<td>天截天地太天
使空巫空陰機
陷閑旺
科
小指太 72~81 49壬
耗背歲 【疾厄】 病寅
【大官】</td>
<td>大紅寡文文天
魁鸞宿昌曲府
廟廟廟

青天病 62~71 48癸
龍煞符 【身 遷移】 衰丑
【大田】</td>
<td>天紅擎鈴太
傷艷羊星陽
陷陷陷
祿
力災弔 52~61 47壬
士煞客 【奴僕】 旺子
【大福】</td>
<td>大天封天祿破武
昌德誥刑存軍曲
廟平平
忌
權
博劫天 42~51 46辛
士煞德 【官祿】 建亥
【大父】</td>
</tr>
</table>

대기업 건설회사에 재직하고 있는 명이다. 지난 경술대한(32세~41세)은 다른 사람에 비해 진급이 많이 지연되었고, 회사 업무도 너무 고단하여 육체적으로 힘든 대한이었다. 그러나 틈틈이 시간을 활용하여 기술사 자격을 취득하는 영광도 있었다.

대한명궁(戌)의 구조가 구설·지체를 의미하는 타라가 거하는 가운데, 화성과 천동화기 까지 가세하니 심리적으로나 육체적으로 그렇게 호운(好運)은 아니다. 게다가 대한의 무곡화권이 선천관록궁(亥)의 무곡화기를 인동하여 화기의 작용이 가시화 되는 대한이다. 이렇게 되면 천형과 무곡화기 등 살기성이 동시에 작용하여 어렵고 힘든 직장생활이 진행된다. 화령까지 협하니 한 때는 직장을 퇴사할 생각도 하였던 것이다. 그렇지만 해궁에 동궁하고 있는 록존으로 인하여 신중하고 보수적인 자세를 취하게 된다. 이처럼 해궁의 정황이 불안정한 가운데 겨우 안정감을 유지하고 있는 모습이다.

중요한 것은 대한재백궁(午)과 대한관록궁(寅)으로 화록·화과 등이 거하여 전체적으로 보면 큰 어려움은 면하게 된다. 특히 대한관록궁의 화과는 학문적인 면에서 영예로움을 의미하는바, 당 대한에 기술사자격을 취득하게 된 것이다.

화과 인동 사례 1) 교통사고로 자녀 둘 사망

<table>
<tr>
<td>孤三鈴天
辰台星相
旺平

大亡貫 40辛
耗身索 【兄弟】 病巳
【大財】</td>
<td>大龍旬截天文天
昌池空空福曲梁
陷廟
權
伏將官 3～12 41壬
兵星符 【命宮】 死午
【大子】</td>
<td>月天天陀天七廉
德喜姚羅鉞殺貞
廟旺旺廟

官攀小 13～22 42癸
府鞍耗 【父母】 墓未
【大配】</td>
<td>大大天鳳天年台祿天文
曲鉞才閣虛解輔存馬昌
廟旺旺

博歲歲 23～32 43甲
士驛破 【福德】 絶申
【大兄】</td>
</tr>
<tr>
<td>大天封右巨
羊哭誥弼門
廟平

病月喪 39庚
符煞門 【夫妻】 衰辰
【大疾】</td>
<td colspan="2" rowspan="2">乾命 ： 1950年(庚寅) 7月 ○日 ○時
命局 ： 木3局, 楊柳木
命主 ： 破軍
身主 ： 天梁</td>
<td>破大八擎地
碎耗座羊空
陷廟

力息龍 33～42 44乙
士神德 【田宅】 胎酉
【大命】</td>
</tr>
<tr>
<td>大天天火貪紫
祿空刑星狼微
平 地旺
科
喜咸晦 93～ 38己
神池氣 【子女】 旺卯
【大遷】</td>
<td>蜚紅左天
廉艷輔同
廟平
忌
青華白 43～52 45丙
龍蓋虎 【身 官祿】 養戌
【大父】</td>
</tr>
<tr>
<td>大天恩解天陰太天
陀廚光神巫煞陰機
閑旺
科
忌祿
飛指太 83～92 37戊
廉背歲 【財帛】 建寅
【大奴】</td>
<td>天紅寡地天天
使鸞宿劫魁府
陷旺廟

奏天病 73～82 36己
書煞符 【疾厄】 帶丑
【大官】</td>
<td>大天天太
魁壽貴陽
陷
祿
將災弔 63～72 35戊
軍煞客 【遷移】 浴子
【大田】</td>
<td>大天天天天破武
馬德傷官月軍曲
平平
權
小劫天 53～62 46丁
耗煞德 【奴僕】 生亥
【大福】</td>
</tr>
</table>

본명의 38세(丁卯)에 자녀 둘이 교통사고로 사망하였다. 먼저 을유대한(33세~42세)을 보면, 대한 천량화권이 대한자녀궁(午)을 인동하였다. 그러나 子午궁선은 흉의를 내포한 궁은 아니다. 그런데 대한의 자미화과가 선천자녀궁을 인동한 것이 문제다. 선천자녀궁(卯)은 사고나 질병을 의미하는 화성·천형 그리고 대궁(酉)으로 경양·지겁 등이 회집되므로 살성이 중하다. 정황이 이러하니 자전선은 패국이 되었다. 이러한 분위기를 대한의 화과가 인동한 것이다. 화과가 길성이긴 하지만 살기형성이 중한 궁에 들어가면 이처럼 그 흉상을 촉기 시키는 역할을 하기도 한다. 그리고 대한 자녀궁(午)으로 쌍기가 회조하는 것도 문제다.

38세 정묘년은 화과로 인동 된 궁으로 유년이 진행된다. 그런데 유년의 거문화기가 辰궁으로 들어가 寅궁의 태음화기와 선천자녀궁(卯)을 쌍화기로 협한다. 상황이 이러하니 자녀 에게 흉사가 겹치는 것이다. 화과가 불리하게 작용하면 상례(喪禮)나 흉문(凶聞), 구설 등으로 그 흉이 발생하기도 한다.

화과 인동 사례 2) 손재와 연애 좌절

본명은 을묘대한(25세~34세) 중 지인에게 거액의 돈을 빌려 주었지만 받지 못하고 손재를 당하였다. 대한형제궁(寅)을 보면 선천화과가 거하고 있다. 그런데 대한의 태음화기가 화과를 인동하게 된다. 화과는 문서계약을 주하는 성이기도 한데, 화기가 간섭하여 그 문서계약이 깨진 것이다. 을묘대한이 주변사람으로 인하여 계약이나 문서상에 하자가 있다는 것을 알 수 있다. 경우가 이러하면 주로 형제나 친구 아니면 주변사람 때문에 서운한 일이 발생하게 된다.

대한재백궁(亥)이 절족마(折足馬)가 되니 당 대한은 재물로 인한 손재와 구설이 한두 번 정도는 꼭 있게 된다. 하지만 재백궁이 한편으로는 록마교치(祿馬交馳)를 이루고 있기에 을묘대한의 전체적인 재물의 정황은 그렇게 나쁘지 않았다.

그리고 을묘대한의 대한명궁은 선천의 탐랑화기가 거하고 있다. 그런데 대한의 자미화과가 탐랑화기를 그만 인동하였다. 묘궁은 선천부처궁이므로 배우자나 이성문제가 여의치 않음을 알 수 있다. 탐랑화기가 부처궁이면 탈애(奪愛)가 되어 연애좌절을 경험하거나 배우자와 이별할 가능성이 높다. 하여 당 대한은 연애좌절을 경험하게 되었고, 이후 다시 이성을 만났지만 혼사가 지연되어 을묘대한을 넘겨 혼인하게 되었다.

<table>
<tr>
<td>大龍天天天天天
馬池哭福巫鉞相
旺平
喜指官 5~14 41丁
神背符 【命宮】 建巳
【大福】</td>
<td>大月大天天天
昌德耗才官梁
廟
權
飛咸小 42戊
廉池耗 【父母】 帶午
【大田】</td>
<td>天鈴七廉
虛星殺貞
旺旺廟
奏月歲 31己
書煞破 【福德】 浴未
【大官】</td>
<td>大大天紅解地
曲鉞喜艷神劫
廟
將亡龍 95~ 32庚
軍身德 【田宅】 生申
【大奴】</td>
</tr>
<tr>
<td>大左巨
羊輔門
廟平
權
病天貫 15~24 40丙
符煞索 【兄弟】 旺辰
【大父】</td>
<td colspan="2" rowspan="2">乾命 : 1973年(癸丑) 1月 ○日 ○時
命局 : 土5局, 沙中土
命主 : 武曲
身主 : 天相</td>
<td>蜚鳳天恩年天
廉閣貴光解刑
小將白 85~94 33辛
耗星虎 【官祿】 養酉
【大遷】</td>
</tr>
<tr>
<td>大旬台天貪紫
祿空輔魁狼微
廟地旺
忌
科
大災喪 25~34 39乙
耗煞門 【夫妻】 衰卯
【大命】</td>
<td>天天寡天右天
德傷宿月弼同
廟平
青攀天 75~84 34壬
龍鞍德 【奴僕】 胎戌
【大疾】</td>
</tr>
<tr>
<td>大天紅孤陰地太天
陀空鸞辰煞空陰機
陷閑旺
科
忌祿
伏劫晦 35~44 38甲
兵煞氣 【子女】 病寅
【大兄】</td>
<td>破截八三天擎文文天
碎空座台姚羊昌曲府
廟廟廟廟
官華太 45~54 37乙
府蓋歲 【財帛】 死丑
【大配】</td>
<td>大天天火祿太
魁使壽星存陽
平旺陷
博息病 55~64 36甲
士神符 【疾厄】 墓子
【大子】</td>
<td>天封陀天破武
廚誥羅馬軍曲
陷平平平
祿
力歲弔 65~74 35癸
士驛客 【身遷移】 絶亥
【大財】</td>
</tr>
</table>

3) 화기의 인동

사화 중에서 화기(化忌)는 흉성에 해당한다. 하여 화기는 어느 궁에 떨어져도 환영을 받기 어렵다. 화기가 떨어지는 궁은 기본적으로 인동이 되지만(대부분 흉하게 작용한다), 화기가 어느 궁을 협하여 인동이 되는 경우도 있다. 물론 이 경우도 쌍기가 협하게 되므로 대부분 흉을 면하기 어렵다. 그러나 화기가 때론 길 작용을 하는 경우도 있다. 탐랑화기는 재백궁으로 파군화록을 보므로 나쁘지 않으며, 천동화기는 상황이 좋으면 선곤후이(先困後易 : 먼저 어렵지만 나중에는 길하다)하는 경우도 있다. 입묘한 태양이나 태음이 화기가 되어도 크게 꺼리지 않는 경우가 허다하다.

사례 1) 부모 사업파재와 혼사문제

본명의 임술대한(24세~33세) 중 부친의 사업이 부도가 나고 집인 경제가 바닥이 났다. 게다가 본명은 몇 번의 연애운도 결말이 좋지 않았고, 결혼을 앞두고 혼사가 파하는 일도 있었다.

임술대한은 대한화기가 무곡이 되는데, 선천부모궁(丑)과 대한전택궁이 화기로 인동이 되었다. 고로 부모의 일이 어렵고 힘들게 전개된 것이다. 또한 전택궁은 광의의 집안 상황을 보는 곳이기도 하므로 집안의 분위기가 여러모로 좋지 않다. 그리고 무곡화기는 대한자녀궁(未)으로 차성되므로 당 대한은 자녀 유산이나 낙태 등 자녀와 관련한 흉사도 경험하게 된다. 그런데 중요한 것은 임술대한은 대한천량화록이 선천의 천기화기를 인동하기도 한다는 것이다. 고로 辰戌궁선의 흉상을 당 대한의 화록이 먼저 인동을 하였으니, 관록(직장이나 사업)이나 배우자 문제는 더욱 피할 수 없는 상황이다. 그런데 진술궁선은 천기화기 뿐만 아니라 타라·화성·천형 등이 마주하므로 더 큰 파동이 있게 된다.

본명의 선천부처궁이 이처럼 불리한데, 이러한 정황을 당 대한에서 일차로 인동을 하였으니 당연히 이성이나 배우자 문제는 순탄치 않게 된다.

<table>
<tr>
<td>大破天天封祿左七紫
鉞碎傷月誥存輔殺微
廟平 平旺
科 權
博亡病 74~83 36丁
士身符 【奴僕】 生巳
【大疾】</td>
<td>天天擎鈴
才廚羊星
平廟
官將太 64~73 37戊
府星歲【身 遷移】養午
【大財】</td>
<td>天天天文文
空使鉞昌曲
旺平旺
伏攀晦 54~63 38己
兵鞍氣 【疾厄】 胎未
【大子】</td>
<td>大孤解天地天
馬辰神巫空馬
廟旺
大歲喪 44~53 39庚
耗驛門 【財帛】 絶申
【大配】</td>
</tr>
<tr>
<td>鳳寡紅年陀火天天
閣宿艶解羅星梁機
廟閑旺廟
忌
祿
力月弔 84~93 35丙
士煞客 【官祿】 浴辰
【大遷】</td>
<td colspan="2" rowspan="2">坤命 : 1978年(戊午) 2月 ○日 ○時
命局 : 金4局, 海中金
命主 : 貪狼
身主 : 火星</td>
<td>紅台右破廉
鸞輔弼軍貞
陷陷平
科
病息貫 34~43 40辛
符神索 【子女】 墓酉
【大兄】</td>
</tr>
<tr>
<td>大天天天天八天
魁德喜官福座相
陷
青咸天 94~ 34乙
龍池德 【田宅】 帶卯
【大奴】</td>
<td>大龍天
陀池刑
喜華官 24~33 41壬
神蓋符 【夫妻】 死戌
【大命】</td>
</tr>
<tr>
<td>大蜚天地巨太
昌廉姚劫門陽
平 廟旺
小指白 33甲
耗背虎 【福德】 建寅
【大官】</td>
<td>大天貪武
耗魁狼曲
旺廟廟
祿
忌
將天龍 32乙
軍煞德 【父母】 旺丑
【大田】</td>
<td>天天天旬截天恩陰太天
壽哭虛空空貴光煞陰同
大大 廟旺
羊曲 權
奏災歲 4~13 31甲
書煞破 【命宮】 衰子
【大福】</td>
<td>大月三天
祿德台府
旺
飛劫小 14~23 42癸
廉煞耗 【兄弟】 病亥
【大父】</td>
</tr>
</table>

사례 2) 고독한 명

본명은 정해대한(32세~41세)중 이혼하였다. 선천명천선이 고극(孤剋)하고 파동이 많은 화성·천형·타라 등이 마주하니 여명으로서는 꺼리는 명격이다. 정해대한의 거문화기는 丑未궁선을 일차로 인동하여 타격을 가한다. 丑未궁은 대한재백궁이자 선천형제궁이다. 고로당 대한 중 친구에게 돈을 빌려주고 받지 못하고, 형제에게도 늘 도움을 주어야만 했다. 그런데 未궁의 거문화기는 巳궁의 태음화기와 午궁을 협하여 이차로 인동하게 된다. 선천부처궁을 쌍기가 협하는 상황이 된 것이다. 정황이 이러하니 남편의 외도와 성격차이 등으로 인하여 이혼하게 된 것이다.

<table>
<tr>
<td>大大大鳳天年文太
馬曲陀閣貴解昌陰
廟陷
忌
祿
青指太　92~　　49辛
龍背歲　【子女】　絶巳
【大遷】</td>
<td>大天天解地貪
祿空廚神空狼
廟旺
小咸晦　　　　38壬
耗池氣【身 夫妻】胎午
【大疾】</td>
<td>大蜚截封巨天
羊廉空誥門同
陷陷
忌權
將月喪　　　　39癸
軍煞門　【兄弟】　養未
【大財】</td>
<td>孤紅天天火天天武
辰艶福刑星鉞相曲
陷廟廟平
奏亡貫　2~11　40甲
書身索　【命宮】　生申
【大子】</td>
</tr>
<tr>
<td>天寡天陰擎地天廉
喜宿官煞羊劫府貞
廟陷廟旺
力天病　82~91　48庚
士煞符　【財帛】　墓辰
【大奴】</td>
<td colspan="2" rowspan="2">坤命：1965年(乙巳) 12月 ○日 ○時
命局 ： 水2局, 泉中水
命主 ： 廉貞
身主 ： 天機</td>
<td>大大破龍文天太
昌鉞碎池曲梁陽
廟地閑
權
飛將官　12~21　41乙
廉星符　【父母】　浴酉
【大配】</td>
</tr>
<tr>
<td>天旬鈴祿左
使空星存輔
廟旺陷
博災弔　72~81　47己
士煞客　【疾厄】　死卯
【大官】</td>
<td>月大紅七
德耗鸞殺
廟
喜攀小　22~31　42丙
神鞍耗　【福德】　帶戌
【大兄】</td>
</tr>
<tr>
<td>天八天陀破
德座月羅軍
陷陷
官劫天　62~71　46戊
府煞德　【遷移】　病寅
【大田】</td>
<td>天天天恩
傷才哭光
伏華白　52~61　45己
兵蓋虎　【奴僕】　衰丑
【大福】</td>
<td>三天天紫
台姚魁微
旺平
科
大息龍　42~51　44戊
耗神德　【官祿】　旺子
【大父】</td>
<td>大天天天台天右天
魁壽虛巫輔馬弼機
平平平
祿
科
病歲歲　32~41　43丁
符驛破　【田宅】　建亥
【大命】</td>
</tr>
</table>

4) 거문화록과 거문화기의 인동

자미두수 성계의 배치법상 거문·천상·천량은 차례로 배치된다. 그런데 거문화록이 되거나 거문화기가 되면 천상이 거하는 궁을 인동하게 된다. 거문화록이 되면 당연히 거문궁은 1차로 인동이 된다. 그 다음 거문화록은 천상궁까지 인동한다. 거문이 화록이 되면 천상궁을 재음협인(財蔭夾印 : 여기서'財'는 거문화록을 말하고 '蔭'은 천량을 한다. 재음협인하면 천상궁도 기본적으로 길하게 작용하게 된다)하여 천상궁을 거문화록이 재차인동하게 되는 것이다. 이때 거문궁과 천상궁의 정황이 흉하다면, 그 흉상을 인동하게 되고 정황이 길하면 더 좋은 결과를 인동하게 되는 것이다.

거문화기 역시 거문궁을 화기로서 1차인동하고, 천상궁을 형기협인(刑忌夾印 : 거문이 화기가 되면 천량은'刑'적인 속성으로 나타나 천상궁을 협하여 형기협인 한다)하여 천상궁까지 타격하게 된다. 이렇게 거문은 화록이나 화기가 되므로서 천상궁까지 관여하는 속성이 있으므로 추론과정에서 중요하게 살펴야 한다.

거문화록 인동 사례 1) 남편의 사업이 번창하다

<table>
<tr>
<td>大天孤火天右貪廉
馬才辰星鉞弼狼貞
旺旺平陷陷

飛亡貫 52乙
廉身索 【福德】 生巳
【大遷】</td>
<td>大龍天封天文巨
鉞池福誥姚昌門
陷旺
忌祿
奏將官 94~ 53丙
書星符 【田宅】 養午
【大疾】</td>
<td>月天恩鈴地天
德喜光星空相
旺平閑

將攀小 84~93 54丁
軍鞍耗 【官祿】 胎未
【大財】</td>
<td>大天鳳天年天天文天天
陀傷閣虛解巫馬曲梁同
旺平陷旺
祿
科
小歲歲 74~83 55戊
耗驛破 【奴僕】 絶申
【大子】</td>
</tr>
<tr>
<td>天旬陰太
哭空煞陰
閑

喜月喪 51甲
神煞門 【父母】 浴辰
【大奴】</td>
<td colspan="2" rowspan="2">坤命 : 1952年(壬辰) 6月 ○日 ○時
命局 : 金4局, 金箔金
命主 : 文曲
身主 : 文昌</td>
<td>大破大天天左七武
祿碎耗廚貴輔殺曲
陷閑旺
科 忌

青息龍 64~73 56己
龍神德 【遷移】 墓酉
【大配】</td>
</tr>
<tr>
<td>天八天地天天
空座月劫魁府
平廟平

病咸晦 4~13 50癸
符池氣 【命宮】 帶卯
【大官】</td>
<td>大蜚天天台陀太
羊廉使官輔羅陽
廟陷
權
力華白 54~63 57庚
士蓋虎 【疾厄】 死戌
【大兄】</td>
</tr>
<tr>
<td>大大截天
曲魁空刑

大指太 14~23 49壬
耗背歲 【兄弟】 建寅
【大田】</td>
<td>天紅寡破紫
壽鸞宿軍微
旺廟
權
伏天病 24~33 48癸
兵煞符 【夫妻】 旺丑
【大福】</td>
<td>大紅解擎天
昌艷神羊機
陷廟

官災弔 34~43 47壬
府煞客 【子女】 衰子
【大父】</td>
<td>天三祿
德台存
廟

博劫天 44~53 58辛
士煞德 【身財帛】 病亥
【大命】</td>
</tr>
</table>

본명의 남편은 가구공장을 운영하는데, 신해대한(44세~53세)중 남편이 사업적으로 성공하였다. 신해대한은 선천재백궁으로 대한이 진행한다. 대한명궁이자 선천재백궁에 록존이 거하니 기본적으로 재물 운이 길한 대한이다. 그리고 대한의 거문화록이 대한재백궁(未)을 재음협인하여 재물적인 흐름이 좋다. 게다가 午궁의 거문화록과 申궁의 천량화록이 대한재백궁(未)을 쌍록으로 협하므로 더 길하게 된다. 未궁은 선천부처궁(丑)의 대궁에 해당하므로 배우자가 쌍록을 보는 정황이 되어 남편의 사업이 흥하게 되는 것이다.

거문화록 인동 사례 2) 남편 사업 파재와 이혼 위기

<table>
<tr>
<td>天天天孤天三地地七紫
空使喜辰廚台空劫殺微
大 廟閑平旺
馬
大劫晦 56~65 50己
耗煞氣 【疾厄】 絶巳
【大配】</td>
<td>大蜚鳳紅年左
鉞廉閣艶解輔
旺
病災喪 46~55 51庚
符煞門 【財帛】 墓午
【大兄】</td>
<td>天天
官鉞
旺
喜天貫 36~45 52辛
神煞索 【子女】 死未
【大命】</td>
<td>大龍截天封火右
陀池空貴詰星弼
陷閑
飛指官 26~35 53壬
廉背符 【夫妻】 病申
【大父】</td>
</tr>
<tr>
<td>天鈴文天天
月星昌梁機
旺旺旺廟
忌
伏華太 66~75 49戊
兵蓋歲 【遷移】 胎辰
【大子】</td>
<td colspan="2" rowspan="2">坤命 : 1964年(甲辰) 3月 ○日 ○時
命局 : 火6局, 山頭火
命主 : 祿存
身主 : 文昌</td>
<td>大月天八破廉
祿德福座軍貞
陷平
權祿
奏咸小 16~25 54癸
書池耗 【兄弟】 衰酉
【大福】</td>
</tr>
<tr>
<td>天天擎天
傷姚羊相
陷陷
官息病 76~85 48丁
府神符 【奴僕】 養卯
【大財】</td>
<td>大天解陰文
羊虛神煞曲
陷
科
將月歲 6~15 55甲
軍煞破 【身命宮】 旺戌
【大田】</td>
</tr>
<tr>
<td>天天天旬恩天祿天巨太
壽才哭空光巫存馬門陽
大大 廟旺廟旺
魁曲 忌
祿權
博歲弔 86~95 47丙
士驛客 【官祿】 生寅
【大疾】</td>
<td>天破寡陀天貪武
德碎宿羅魁狼曲
廟旺廟廟
科
力攀天 96~ 46丁
士鞍德 【田宅】 浴丑
【大遷】</td>
<td>大台太天
昌輔陰同
廟旺
青將白 45丙
龍星虎 【福德】 帶子
【大奴】</td>
<td>大紅天天
耗鸞刑府
旺
小亡龍 56乙
耗身德 【父母】 建亥
【大官】</td>
</tr>
</table>

신미대한(36세~45세)을 보면 대한명궁(未)과 천이궁으로 귀인성인 천괴·천월이 좌귀향귀(坐貴向貴)하면서 보필이 양 궁에서 협하니 길하게 보인다. 그런데 대한의 거문화록이 선천의 태양화기를 인동하였다. 이때 寅궁에 있는 록마교치를 인동하였다고 볼 수도 있다. 그러나 화기의 기운이 같이 인동되므로 좋다고 단정하기 어렵고 결과는 흉하기 쉽다.

대한거문화록은 대한재백궁(卯)으로 재음협인하여 卯酉궁선을 인동하기도 하는데, 卯궁은 함지의 천상이 경양·천요·천상 등과 동궁하니 문제가 있다. 게다가 寅궁의 태양화기와 辰궁의 문창화기가 대한재백궁(卯)을 협하고 있는 상황이므로 당 대한은 필시 재물적인 손재를 면하기 어렵다. 대한 거문화록은 바로 卯궁의 이러한 분위기를 재음협인하여 인동한 것이지, 卯궁으로 재물을 붙여준 상황이 아니다. 그리고 본명의 대한부처궁(巳)은 재적으로 치명적인 겁공이 거하는 가운데 대궁(亥)으로 천형까지 대조하니 남편의 사업 파산을 비롯한 이혼위기까지 겪은 것이다.

거문화기 인동 사례 1) 장모 때문에 이혼한 명

본명의 정미대한(26세~35세)을 보면, 대한의 거문화기가 선천자녀궁(寅)이자 대한질액궁으로 들어간다. 자전선을 인동하였으니 집안의 육친문제와 기타 가정사를 예단할 수 있다. 그리고 거문화기는 선천부처궁(卯)으로 형기협인하여 배우자와 불협이 있기 쉽다. 이런 경우 선천부처궁이 비록 길하지만 거문화기의 형기협인으로 인하여 대단한 충격을 받게 되는 것이다. 그리고 거문화기는 대한부모궁(申)으로 차성되니 부모궁도 문제가 된다. 申궁은 그렇지 않아도 육친 인연에 불리한 화성이 거하고 있는 가운데, 대궁의 천마와 만나 전마(戰馬)를 형성하므로 부모 인연이 더 불리한 상황이다. 申궁은 전택궁이기도 하므로 이런 경우 부모와 한집에 살면 오히려 좋지 않다. 이러한 정황으로 인하여 본명은 정미대한 중 이혼하게 되었는데, 이혼한 배경도 장모의 지나친 간섭과 폭언 등으로 인하여 부부사이가 멀어지고 결국 이혼까지 하게 된 것이다.

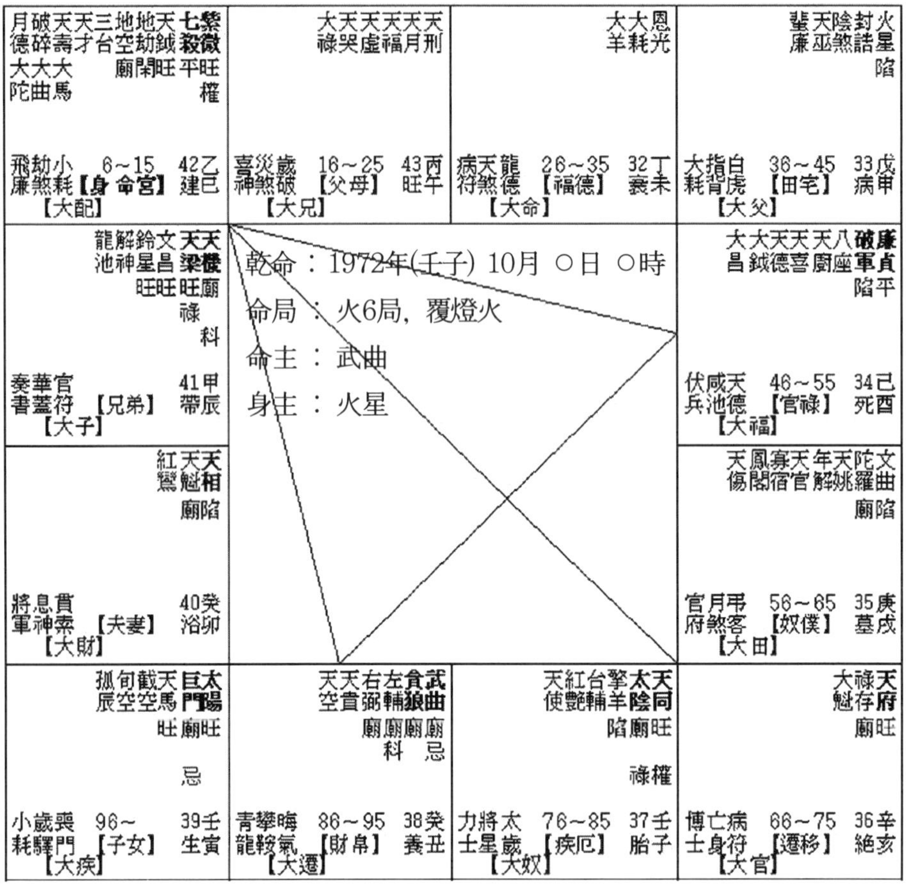

<table>
<tr>
<td>月破天天三地地天七紫
德碎壽才台空劫鉞殺微
大大大　　廟閑旺平旺
陀曲馬　　　　　　權

飛劫小　6~15　42乙
廉煞耗【身 命宮】建巳
【大配】</td>
<td>大天天天天天
祿哭虛福月刑

喜災歲　16~25　43丙
神煞破　【父母】　旺午
【大兄】</td>
<td>大大恩
羊耗光

病天龍　26~35　32丁
符煞德　【福德】　衰未
【大命】</td>
<td>蜚天陰封火
廉巫煞誥星
陷

大指白　36~45　33戊
耗背虎　【田宅】　病申
【大父】</td>
</tr>
<tr>
<td>龍解鈴文天天
池神星昌梁機
旺旺旺廟
祿
科

奏華官　　　41甲
書蓋符　【兄弟】　帶辰
【大子】</td>
<td colspan="2" rowspan="2">乾命 : 1972年(壬子) 10月 ○日 ○時
命局 : 火6局, 覆燈火
命主 : 武曲
身主 : 火星</td>
<td>大大天天天八破廉
昌鉞德喜廚座軍貞
陷平

伏咸天　46~55　34己
兵池德　【官祿】　死酉
【大福】</td>
</tr>
<tr>
<td>紅天天
鸞魁相
廟陷

將息貫　　　40癸
軍神索　【夫妻】　浴卯
【大財】</td>
<td>天鳳寡天年天陀文
傷閣宿官解姚羅曲
廟陷

官月弔　56~65　35庚
府煞客　【奴僕】　墓戌
【大田】</td>
</tr>
<tr>
<td>孤旬截天巨太
辰空空馬門陽
旺廟旺

忌

小歲喪　96~　　39壬
耗驛門　【子女】　生寅
【大疾】</td>
<td>天天右左貪武
空貴弼輔狼曲
廟廟廟廟
科　忌

青攀晦　86~95　38癸
龍鞍氣　【財帛】　養丑
【大遷】</td>
<td>天紅台擎太天
使艶輔羊陰同
陷廟旺

祿權

力將太　76~85　37壬
士星歲　【疾厄】　胎子
【大奴】</td>
<td>大祿天
魁存府
廟旺

博亡病　66~75　36辛
士身符　【遷移】　絶亥
【大官】</td>
</tr>
</table>

거문화기 인동 사례 2) 사업파재

정묘대한(46세~55세)은 대한명궁에 경양이 거하니 운로가 순탄치 않음을 알 수 있다. 게다가 화성·영성까지 卯궁을 협하니 더 흉하다. 화령이 어느 궁을 협하면 그 궁은 화령협명위패국(火鈴夾命爲敗局)이 되어 상당한 충파를 입는다. 대한명궁이 이렇게 불리한데 대한의 거문화기까지 대한재백궁(亥)을 형기협인(刑忌夾印)하니 재적으로 치명적이다. 이러한 연고로 본명은 학원사업을 하다가 당 대한 중 모두 파재하였다. 대한재백궁으로 지공·지겁이 협공을 하고 있으니 더 큰 화를 당하게 된다.

<table>
<tr>
<td>大太大破天天文破武
馬曲陀碎才廚曲軍曲
廟閑平
權科

小亡病　66~75　60己
耗身符　【遷移】　建巳
【大福】</td>
<td>大天紅解陰太
祿使艶神煞陽
廟
忌

將將太　76~85　61庚
軍星歲　【疾厄】　旺午
【大田】</td>
<td>大天天天台天天天
羊空壽官輔刑鉞府
旺廟

奏攀晦　86~95　62辛
書鞍氣　【財帛】　衰未
【大官】</td>
<td>孤截恩天太天
辰空光馬陰機
旺平平
祿科

飛歲喪　96~　63壬
廉驛門　【子女】　病申
【大奴】</td>
</tr>
<tr>
<td>天鳳寡旬天年鈴天
傷閣宿空貴解星同
旺平
權

青月弔　56~65　59戊
龍煞客　【奴僕】　帶辰
【大父】</td>
<td colspan="2" rowspan="2">乾命 : 1954年(甲午) 11月 ○日 ○時
命局 : 火6局, 山頭火
命主 : 巨門
身主 : 火星</td>
<td>大大紅天文貪紫
昌鉞鸞福昌狼微
廟平平

喜息貫　64癸
神神索　【夫妻】　死酉
【大遷】</td>
</tr>
<tr>
<td>天天封擎
德喜誥羊
陷

力咸天　46~55　58丁
士池德　【官祿】　浴卯
【大命】</td>
<td>龍天地巨
池月空門
陷旺
忌

病華官　65甲
符蓋符　【兄弟】　墓戌
【大疾】</td>
</tr>
<tr>
<td>蜚三天火祿左
廉台巫星存輔
廟廟廟

博指白　36~45　57丙
士背虎　【田宅】　生寅
【大兄】</td>
<td>大陀天七廉
耗羅魁殺貞
廟旺廟旺
祿

官天龍　26~35　56丁
府煞德【身 福德】養丑
【大配】</td>
<td>天天八地右天
哭虛座劫弼梁
陷廟廟

伏災歲　16~25　55丙
兵煞破　【父母】　胎子
【大子】</td>
<td>大月天天
魁德姚相
平

大劫小　6~15　66乙
耗煞耗　【命宮】　絶亥
【大財】</td>
</tr>
</table>

3. 역추론법

일반적으로 명학을 추단할 때, 먼저 선천의 격국과 전체적인 길흉여하를 보고, 대운의 흐름을 살 핀 후, 비로소 당년의 길흉여하를 분석하게 된다. 자미두수도 마찬가지로 선천의 격국과 전체적인 분위기와 틀을 파악하고, 각 대한의 흐름을 살핀 후, 해당 유년의 길흉성부 여하를 판단한다. 이렇게 보는 관법이 일반적이고 이를 순리대로 추론하는 순추론이라고 볼 수 있다. 앞에서 논한 추론법들도 사실상 순추론의 일부이다. 역추론법은 이와는 반대로 당년의 길흉사를 먼저 판단한 이후, 역으로 대한의 분위기를 살피고, 다시 선천의 길흉여하까지 거슬러 올라가 살피는 방법을 말한다.

대한을 중심으로 본다면 선천과의 관계를 보고, 유년을 중심으로 본다면 대한과 선친과의 관계성을 보는 것이다. 간단하게 예를 들면, 유년재백궁이 흉하다고 할 경우, 이때 대한 명궁과 재백궁을 포함한 대한의 분위기가 과연 재물의 손재가 중요사안이 되는가를 판단하는 것이다. 만약 대한에서 재물손재의 암시가 크다면 해당 유년에 재적으로 크게 손해를 보게 되고, 대한재백궁이 무난하다면 당년에 큰 손해는 면하는 것으로 본다. 물론 재백궁은 복덕궁의 대궁이 되므로 복덕궁의 길흉여하도 같이 참고해야 한다.

필자가 이렇게 역으로 추론을 하는 이유는 당 년에 발생할 수 있는 사안들을 압축하기에 용이하고, 눈에 쉽게 들어오기 때문이다. 물론 역추론을 완성하기 위해서는 순추론에 대하여 제대로 이해하고 자신감이 있어야 한다. 설명을 들으면 복잡할 수 있으므로 몇 가지 예를 들어 논하기로 한다.

사례 1) 여식의 이혼과 아들의 손재

<table>
<tr>
<td>大龍天天陀太
鉞池哭廚羅陰
陷陷
祿

力指官　6~15　65乙
士背符　【命宮】　絶巳
【大奴】</td>
<td>月大天封祿文貪
德耗才誥存昌狼
旺陷旺

傅咸小　　　66丙
士池耗　【父母】　墓午
【大遷】</td>
<td>天紅八三天擎火地巨天
虛艷座台月羊星空門同
廟閑平陷陷
忌權

官月歲　　　67丁
府煞破　【福德】　死未
【大疾】</td>
<td>天天文天武
喜姚曲相曲
平廟平

忌

伏亡龍　96~　68戊
兵身德　【田宅】　病申
【大財】</td>
</tr>
<tr>
<td>天天廉
刑府貞
廟旺

青天貫　16~25　64甲
龍煞索　【兄弟】　胎辰
【大官】</td>
<td colspan="2" rowspan="2">乾命 ： 1937年(丁丑) 8月 ○日 ○時
命局 ： 火6局，覆燈火
命主 ： 武曲
身主 ： 天相</td>
<td>蜚鳳旬年天天太
廉閣空解鉞梁陽
廟地閑

祿

大將白　86~95　69己
耗星虎　【官祿】　衰酉
【大子】</td>
</tr>
<tr>
<td>大截天地右
魁空貴劫弼
平陷

小災喪　26~35　63癸
耗煞門　【夫妻】　養卯
【大田】</td>
<td>大天天寡台七
陀德傷宿輔殺
廟

病攀天　76~85　70庚
符鞍德　【奴僕】　旺戌
【大配】</td>
</tr>
<tr>
<td>大大天天紅孤天解鈴破
馬昌空壽鸞辰官神星軍
廟陷

將劫晦　36~45　62壬
軍煞氣　【子女】　生寅
【大福】</td>
<td>破恩
碎光

奏華太　46~55　73癸
書蓋歲【身 財帛】浴丑
【大父】</td>
<td>大大天陰紫
曲羊使煞微
平

權

飛息病　56~65　72壬
廉神符　【疾厄】　帶子
【大命】</td>
<td>大天天天天左天
祿福巫馬魁輔機
平旺閑平
科
科

喜歲弔　66~75　71辛
神驛客　【遷移】　建亥
【大兄】</td>
</tr>
</table>

차명은 임자대한(56~65세) 중 62세(戊寅)에 결혼한 여식이 3일 만에 이혼하는 일이 있었다. 62세 무인년의 유년화기는 천기화기가 된다. 해궁은 유년 자녀궁이므로 당년은 자녀에 대한 흉사를 예단할 수 있다. 이 경우 대한과 선천자전선의 상황을 바로 확인해야 하는데, 대한자전선(卯酉궁선)은 문제가 없다. 그런데 선천자전선에 해당하는 申궁에 대한의 무곡화기가 붙어 선천자녀궁(寅)까지 충파하는 것을 알 수 있다. 당 대한이 이렇게 자녀궁의 흉사를 예시하고 있기 때문에, 유년자전선에 충격을 가하는 해에 자녀문제가 발현하게 되는 것이다.

65세(辛巳)에는 아들이 주식을 하여 거액을 파재하는 일이 있었다. 신사년의 유년 자전선은 寅궁이다. 그런데 인신궁선은 선천자전선에 해당하고, 대한에서 이미 충파를 시켰기 때문에 문제를 암시하고 있다. 그런데 유년자전선과 궁선이 겹치게 되어 자녀흉사가 더 발현하게 된다. 서로 기가 일치하는 현상이 나타나는 것이다. 물론 未궁의 유년거문화록이 酉궁의 대한천량화록과 申궁을 협하여 인신궁선을 이차인동 하는 것도 중요한 단서가 된다. 이런 경우 역추론법과 사화인동법을 모두 적용시킬 수 있다.

사례 2) 배우자와 사별

大大天紅祿貪廉 祿耗才鸞存狼貞 廟陷陷 祿 忌 博亡龍 26~35 44丁 士身德 【夫妻】 絶巳 【大父】	大大天三擎左巨 曲羊廚台羊輔門 平旺旺 官將白 16~25 45戊 府星虎 【兄弟】 墓午 【大福】	天寡天天 德宿鉞相 旺閑 伏攀天 6~15 46己 兵鞍德 【命宮】 死未 【大田】	大天八地天右天天 昌哭座劫馬弼梁同 廟旺閑陷旺 科 祿 大歲弔 47庚 耗驛客 【父母】 病申 【大官】
大天紅旬天陀太 陀虛艷空月羅陰 廟閑 權 力月歲 36~45 43丙 士煞破 【子女】 胎辰 【大命】	坤命 : 1958年(戊戌) 3月 ○日 ○時 命局 : 火6局, 天上火 命主 : 武曲 身主 : 文昌		大七武 鉞殺曲 閑旺 病息病 48辛 符神符 【福德】 衰酉 【大奴】
月天天台天天 德官福輔姚府 平 青咸小 46~55 54乙 龍池耗 【財帛】 養卯 【大兄】			解陰火太 神煞星陽 廟陷 喜華太 96~ 49壬 神蓋歲 【田宅】 旺戌 【大遷】
大天龍天地 馬使池巫空 陷 小指官 56~65 53甲 耗背符 【疾厄】 生寅 【大配】	破天文文破紫 碎魁昌曲軍微 旺廟廟旺廟 科 將天貫 66~75 52乙 軍煞索 【身 遷移】 浴丑 【大子】	蜚天鳳截天恩年鈴天 廉傷閣空貴光解星機 陷廟 忌 權 奏災喪 76~85 51甲 書煞門 【奴僕】 帶子 【大財】	大天天天孤封天 魁空壽喜辰誥刑 飛劫晦 86~95 50癸 廉煞氣 【官祿】 建亥 【大疾】

본명의 병진대한(36~45세) 중 41세(戊寅)에 남편의 질병이 더 악화되었다. 무인년은 유년의 천기화기가 子궁에 떨어진다. 子궁은 유년부처궁에 해당한다. 하여 대한이나 선천의 부처궁의 상황을 살펴야 한다. 만약 대한이나 선천부처궁이 큰 이상이 없다면 당년은 배우자 문제가 없거나 미약한 것으로 판단한다. 대한부처궁(寅)은 공궁(空宮)이며 申궁의 천마와 겁공 등이 가세하여 마우공망 종생분주(馬遇空亡 終生奔走)의 흉격을 이룬다. 또한 천마가 공겁을 보면 사망마(死亡馬)가 되어 재물이나 건강에 문제가 있게 된다. 그런데 더 중요한 것은 대한의 염정화기가 선천부처궁(巳)에 들어가므로 배우자와 생리사별을 예단할 수 있다. 게다가 巳궁은 염정화기가 됨과 동시에 좌우의 양타가 협하여 패국(敗局)을 만들어 버린다. 이처럼 대한의 화록과 화기가 부처궁과 밀접한 관계가 있으므로, 유년 부처궁이 흉하면 당년에 바로 배우자 문제가 발현하게 되는 것이다.

그런데 子궁은 대한재백궁이기도 하다. 이때 유년재백궁과 선천재백궁의 정황을 살펴 재물의 길흉여하도 판단해야 한다. 유년재백궁(戌)은 함지의 태양이 화성과 동궁하여 불리하다. 선천재백궁(卯)은 사궁의 염정화기가 해궁으로 차성되어 간접적으로 묘궁으로 비치므로 역시 좋다고 하기 어렵다. 하여 당년에 배우자의 질병치료와 형제에게 돈을 융통해 주는 등 재물을 많이 소비한 해가 되었다.

42세(己卯)는 결국 배우자가 질병으로 사망하였다. 기묘년 역시 유년의 문곡화기가 유년 부처궁(丑)에 들어가므로 배우자문제를 우선 예단할 수 있는 것이다. 차명의 배우자가 기묘년을 넘겼다고 해도 경진년에 또 다시 유년부처궁(寅)으로 천동화기가 들어가므로 문제가 되었을 것이다.

사례 3) 부친별세

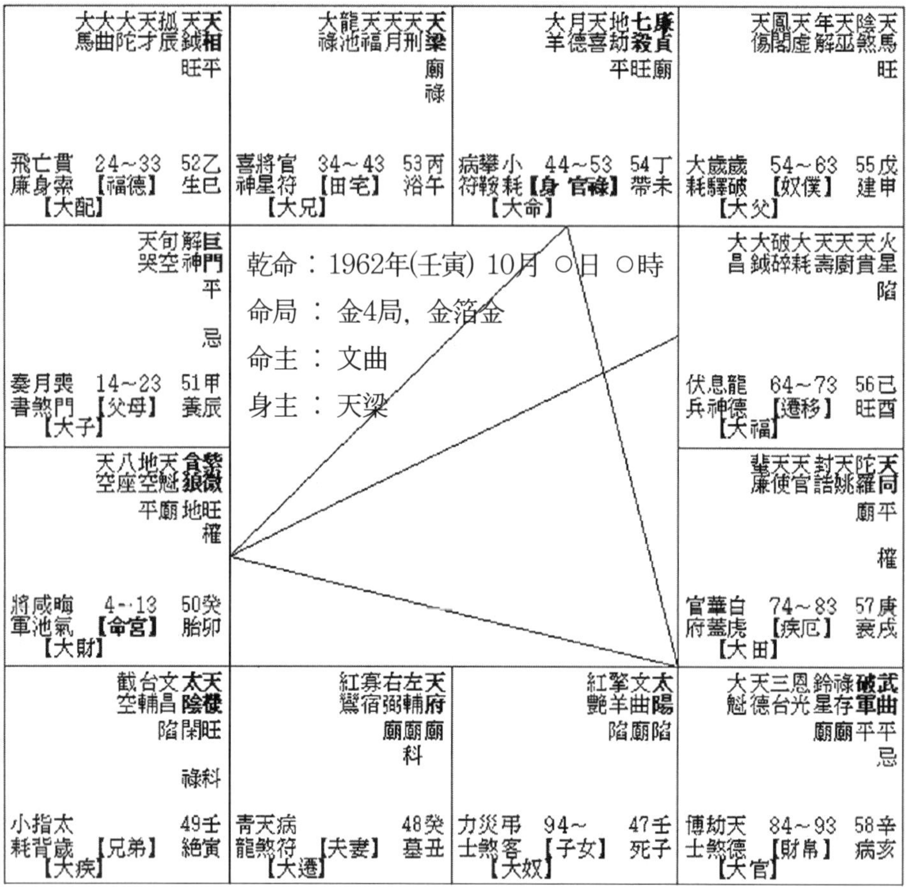

<table>
<tr><td>大大大天孤天天
馬曲陀才辰鉞相
旺平
飛亡貫 24~33 52乙
廉身索 【福德】 生巳
【大配】</td><td>大龍天天天天
祿池福月刑梁
廟
祿
喜將官 34~43 53丙
神星符 【田宅】 浴午
【大兄】</td><td>太月天地七廉
羊德喜劫殺貞
平旺廟
病攀小 44~53 54丁
符鞍耗【身 官祿】帶未
【大命】</td><td>天鳳天年天陰天
傷閣虛解巫煞馬
旺
大歲歲 54~63 55戊
耗驛破 【奴僕】 建申
【大父】</td></tr>
<tr><td>天旬解巨
哭空神門
平
忌
奏月喪 14~23 51甲
書煞門 【父母】 養辰
【大子】</td><td colspan="2" rowspan="2">乾命：1962年(壬寅) 10月 ○日 ○時
命局 ： 金4局，金箔金
命主 ： 文曲
身主 ： 天梁</td><td>大大破大天天天火
昌鉞碎耗壽廚貴星
陷
伏息龍 64~73 56己
兵神德 【遷移】 旺酉
【大福】</td></tr>
<tr><td>天八地天貪紫
空座空魁狼微
平廟地旺
權
將咸晦 4~13 50癸
軍池氣 【命宮】 胎卯
【大財】</td><td>蜚天天封天陀天
廉使官誥姚羅同
廟平
權
官華白 74~83 57庚
府蓋虎 【疾厄】 衰戌
【大田】</td></tr>
<tr><td>截台文太天
空輔昌陰機
陷閑旺
祿科
小指太 49壬
耗背歲 【兄弟】 絶寅
【大疾】</td><td>紅寡右左天
鸞宿弼輔府
廟廟廟
科
青天病 48癸
龍煞符 【夫妻】 墓丑
【大遷】</td><td>紅擎文太
艶羊曲陽
陷廟陷
力災弔 94~ 47壬
士煞客 【子女】 死子
【大奴】</td><td>大天三恩鈴祿破武
魁德台光星存軍曲
廟廟平平
忌
博劫天 84~93 58辛
士煞德 【財帛】 病亥
【大官】</td></tr>
</table>

차명은 47세(戊子)에 부친이 졸하였다. 47세는 정미대한(44~53세)중에 해당한다. 대한의 거문화기가 선천부모궁(辰)에 떨어져 당 대한은 부모에게 흉사가 있음을 예단할 수 있다. 그런데 무자년의 유년천기화기는 寅궁에 떨어져 申궁의 대한부모궁을 충파하게 된다. 하여 당년에 부친상을 당하게 된 것이다. 유년부모궁(丑)이 비록 문제가 없다고 하지만, 이 경우는 대한과 선천의 부질선이 서로 동기감응하여 부친상이 발현된 것이다. 또한 寅궁은 유년복덕궁에 해당하는데 유년의 천기화기가 떨어진다. 본명이 심리적으로 스트레스가 많음을 예단할 수 있다. 그리고 인신궁선이 대

한부질선이기도 하므로 부친이 심리적인 불안함이나 우울증 등을 겪을 수도 있다. 결국 부친의 별세도 우울증이 그 원인이 되어 졸하게 되었다.

사례 4) 재물손재와 인간관계 문제

<table>
<tr>
<td>大大大大紅太
馬曲陀耗鸞陰
陷
科
祿
大亡龍 92~ 44辛
耗身德 【子女】 絶巳
【大遷】</td>
<td>大天截天左貪
祿才空福輔狼
旺旺
伏將白 45壬
兵星虎 【夫妻】 胎午
【大疾】</td>
<td>大天寡陀地天巨天
羊德宿羅劫鉞門同
廟平旺陷陷
忌
忌權
官攀天 46癸
府鞍德 【兄弟】 養未
【大財】</td>
<td>天祿天右天武
哭存馬弼相曲
廟旺閑廟平
權
博歲弔 2~11 47甲
士驛客 【命宮】 生申
【大子】</td>
</tr>
<tr>
<td>天三天天廉
虛台月府貞
廟旺
病月歲 82~91 43庚
符煞破 【財帛】 墓辰
【大奴】</td>
<td colspan="2" rowspan="2">乾命 : 1970年(庚戌) 3月 ○日 ○時
命局 : 水2局, 泉中水
命主 : 廉貞
身主 : 文昌</td>
<td>大大天擎火天太
昌鉞貴羊星梁陽
陷陷地閑
祿
力息病 12~21 48乙
士神符 【父母】 浴酉
【大配】</td>
</tr>
<tr>
<td>月天天地
德使姚空
平
喜咸小 72~81 42己
神池耗 【疾厄】 死卯
【大官】</td>
<td>天紅八解陰封七
壽艷座神煞誥殺
廟
青華太 22~31 49丙
龍蓋歲 【福德】 帶戌
【大兄】</td>
</tr>
<tr>
<td>龍旬天天台文破
池空廚巫輔昌軍
陷陷
飛指官 62~71 41戊
廉背符 【遷移】 病寅
【大田】</td>
<td>破天天
碎傷魁
旺
奏天貫 52~61 40己
書煞索 【奴僕】 衰丑
【大福】</td>
<td>蜚鳳年文紫
廉閣解曲微
廟平
將災喪 42~51 39戊
軍煞門 【身 官祿】 旺子
【大父】</td>
<td>大天天孤天恩天鈴天
魁空喜辰官光刑星機
廟平
科
小劫晦 32~41 50丁
耗煞氣 【田宅】 建亥
【大命】</td>
</tr>
</table>

차명은 34세(癸未)에 파동이 많은 한 해였다. 당년에 주식으로 많은 손해를 보았고, 친구에게 많은 돈을 빌려주었는데 소식도 없이 종적을 감춰버리기도 하였다.

계미년의 유년탐랑화기는 유년형제궁(午)에 떨어진다. 형제나 친구 때문에 문제가 되는 해이다. 대한형제궁(戌)이 문제가 없는 것 같지만, 화령이 협하고 있어 많이 불리하다. 게다가 선천형제궁이자 대한재백궁에 해당하는 未궁에 천동화기에 타라

·지겁 등이 가세하여 흉한데, 대한거문화기까지 더하니 당 대한은 재물파재와 인간관계로 인한 고민을 면하기 어렵다. 더 중요한 것은 34세 계미년은 이렇게 흉상을 내포하고 있는 未궁으로 유년명궁이 진행하니 당 년은 역추론이나 인동여하를 떠나서 재물손재와 사람관계로 인한 고민은 기본적으로 발생하게 된다.

37세(丙戌)도 주변사람 때문에 손재를 당하였다. 병술년은 유년염정화기가 辰궁에 떨어져 戌궁으로 회조한다. 술궁은 다름 아닌 형제궁이며 화령이 협하고 있어 당 대한은 늘 불안한 궁이다. 유년에서 대한형노선을 충파하므로 유년형노선과 선천형노선을 바로 살펴야 한다. 유년형노선(卯酉궁선)은 큰 하자가 없지만, 선천형노선은 당연히 문제가 되므로 당년에도 역시 인간관계가 소란스러웠고 재물손재까지 당하게 된 것이다.

제4장 실증사례

이번 장에서는 실제사례를 중심으로 다루어 보도록 한다. 인생만사 새옹지마(塞翁之馬)라 했던가! 살다보면 누구나 갖가지 사연들이 많고 예측하기 어려운 것이 미래사이다. 하여 이 장에서는 필자가 그 동안 상담을 하면서 가장 많이 접하고, 질의가 많았던 부분을 따로 정리하여 보았다. 그리고 각 사안들이 발현되기 위해 어떠한 조건들이 구성되어야 하는지 살펴본다. 또한 통변요령도 어느 정도 밝혀 놓았으므로 아무쪼록 참고가 되었으면 하는 바람이다.

명운(命運)의 추론에서 어떤 사안이 발현되기 위해서는 그 사안과 관계된 몇 가지 기본조건이 충족되었을 경우에 비로소 그 일이 발현되는 것을 알 수 있다. 다만 이러한 조건이 충족되지 않아도 발현하는 경우가 있다. 추론에 관한 논리가 부족하다면 나머지 부분은 독자가 더 연구증진하길 바란다.

다시 강조하고 싶은 것은 선천이나 대한 그리고 유년의 길흉성부를 추단하기 위해서는 성계와 궁의 특성을 제대로 인식하고 있어야 한다는 것이다. 그 다음으로 각 추론법을 응용하여 당 대한이나 해당 유년의 길흉여하를 판단해야 한다. 추론법도 여러 가지를 응용해야만 답이 나오는 경우도 있고, 단순하게 한 가지만 응용해도 답을 얻을 수 있으므로 어느 것이 정답이라고 말하기 어렵다. 실제 사례를 보면서 알아보도록 하자.

1. 재물 운이 좋은 사례

아래 조건에 해당하면 기본적으로 재물의 기운이 좋다고 볼 수 있다. 그러나 이러한 조건들은 기본적인 사항에 해당할 뿐이며 모든 조건을 수렴했다고 볼 수 없다. 실제 명반을 보면 아래서 논한 사항들 이외에 여러 가지 정황과 법칙들이 서로 얽혀서 득재, 손재가 나타나기도 하므로 다음 사항은 기본 조건 정도로 알고 있으면 된다. 다시 말하면 아래 조건에 해당하지 않는 경우에도 재물 운이 좋을 가능성은 얼마든지 있을 수 있다.

1) 대한이나 유년의 격국이 길하고 길성을 만나면 재적으로 길하다.
2) 록성과 사화길성·보좌길성 등이 삼방사정으로 동회하거나 협하면 재적으로 길하다.
3) 쌍록이 명궁을 포함한 삼방사정의 궁을 협하면 재적으로 길하다.
4) 화기가 비록 삼방사정에 거한다 해도, 대한이나 유년의 격국이 길하고 다른 곳에서 사화길성과 보좌길성을 보면 화를 면한다.
5) 대한이나 유년이 록마교치나 화탐격·영탐격 등 횡발격을 이루면 재적으로 길하다.
6) 두수에서 길격을 이루는 격국들이 록성이나 길성과 동궁하면 재적으로 더 길하다.
7) 대한화록이 선천재백궁을 비롯한 삼방사정에 들어가도 당 대한에서 재물을 얻는다.
8) 살기형요성이 중중하고 아울러 록성과 보좌길성이 같이 동도하면 재물로 인하여 파동이 많다. 결국 재적으로 길흉을 판단하기 위해서는 다른 요소들도 같이 참고해야 한다.
9) 유년화록이 록성을 비롯한 재적으로 길한 상황을 인동과정에서 인동하면 해당 유년에 재물운이 길하다.

※ 위에서 논한 조건들이 겹치면 재물운이 더 길하다고 본다.

사례 1) 전자부품 제조업으로 성공

大天孤天天文**天** 鉞使辰貴鉞曲**梁** 旺廟陷 祿 飛亡貫 74~83 40乙 廉身索 【疾厄】 生巳 【大官】	龍天天天**七** 池福月刑**殺** 旺 喜將官 84~93 41丙 神星符 【財帛】 浴午 【大奴】	月天台 德喜輔 病攀小 94~ 42丁 符鞍耗 【子女】 帶未 【大遷】	鳳天年天陰天**廉** 閣虛解巫煞馬**貞** 旺廟 大歲歲 43戊 耗驛破 【夫妻】 建申 【大疾】
天旬解鈴**天紫** 哭空神星**相微** 旺旺陷 權 奏月喪 64~73 51甲 書煞門 【遷移】 養辰 【大田】	乾命 : 1962年(壬寅) 10月 ○日 ○時 命局 : 金4局, 釵釧金 命主 : 祿存 身主 : 天梁		破大天恩文 碎耗廚光昌 廟 伏息龍 44己 兵神德 【兄弟】 旺酉 【大財】
大大天天封天**巨天** 昌魁空傷誥魁**門機** 廟廟旺 權 將咸晦 54~63 50癸 軍池氣 【奴僕】 胎卯 【大福】			蜚天天陀地**破** 廉官姚羅空**軍** 廟陷旺 祿 官華白 4~13 45庚 府蓋虎 **【命宮】** 衰戌 【大子】
天截三火**貪** 壽空台星**狼** 廟平 忌 小指太 44~53 49壬 耗背歲 【官祿】 絕寅 【大父】	大紅寡右左**太太** 羊鸞宿弼輔**陰陽** 廟廟廟陷 科 科 青天病 34~43 48癸 龍煞符 【田宅】 墓丑 【大命】	大天紅八擎地**天武** 祿才艷座羊劫**府曲** 陷陷廟旺 忌 力災弔 24~33 47壬 士煞客 **【身 福德】** 死子 【大兄】	大大大天祿**天** 馬曲陀德存**同** 廟廟 博劫天 14~23 46辛 士煞德 【父母】 病亥 【大配】

차명은 계축대한 두관(頭關)에 해당하는 34세 이후 전자부품제조 판매업에 투신하여 몇 백억의 재산가로 성공한 명이다.

丑궁의 일월이 보필을 대동하니 힘이 실린다. 좌보화과·태음화과 등 쌍화과는 문서 계약이나 거래에 유리한 역할을 한다.

대한재백궁(酉)은 묘궁의 기거조합이 거문화권에 길성인 천괴를 대동하고 유궁으로 차성되어 재백궁이 홍가하는 조합으로 된다. 재백궁의 괴월이 사화길성을 보면 귀인의 도움으로 재물을 얻게 된다. 그리고 申궁의 천마와 戌궁의 파군화록이 酉궁을 협하여 록마교치를 이루어 재적으로 힘을 얻는다. 물론 이렇게 협하여 록마교치가 되는 것은 제대로 된 록마교치에 비하여 그 역량은 미비하다. 그러나 재백궁을 록마교치가 협하면 다른 궁에 비하여 보편적으로 길하게 작용한다.

중요한 것은 대한관록궁(巳)의 정황이 대재(大財)를 얻기에 적합한 조건이다. 巳궁에 천량 음성(蔭星)이 선천화록을 보니 사업적으로 흥왕할 것이고, 대궁(亥)으로 선천록존이 대한천마와 만나 록마교치를 이루어 대한관록궁으로 대조하니 관록궁의 입장에서는 천군만마를 얻은 격이다.

그런데 차명은 지난 임자대한(24세~33세)에는 많이 힘들었다. 임자대한은 선천무곡화기가 버티고 있고 무곡이 가장 싫어하는 경양과 영성·천형 등이 회집하니 그 부담은 말로 표현하기 어렵다. 무곡이 양타·화령 등을 보면 상명인재(喪命因財), 인재지도(因財持刀)라 하여 돈 때문에 목숨 잃고 돈 때문에 칼을 든다고 하였다. 이런 이유로 차명은 임자대한에 직장이 온전치 않았고 사업도 두 번 실패하였다. 게다가 간·대장 등이 좋지 않아 입원치료 하였고 결국에는 암 선고를 받고 장기치료를 하는 등 생에 있어 가장 힘든 대한이었다. 대한명천선의 격국이 질병·사고와 관계가 많은데, 선천 身궁으로 운로가 행하니 사고·질병 등 몸과 관계된 흉사는 면하기 어려웠던 것이다. 하여 몸이 형벌을 받은 것이다. 천월은 기본적으로 질병성계요, 천형·경양·화기·死·조객 등도 모두 질병성계로 화하여 대한명천선을 파괴하였다.

사례 2) 병원운영으로 성공한 명

내과 개인병원을 운영하고 있는 명이다. 차명은 신사대한(42세~51세)부터 병원경영이 상당히 좋았는데, 환자가 늘 넘쳐나서 업무에 시달릴 정도였다.

대한명궁에서 가장 먼저 눈에 들어오는 것은 바로 록마교치(祿馬交馳)이다. 두수의 여러 격국이나 정황 중에서 록마교치가 가장 재적으로 횡발하거나 富를 창출하

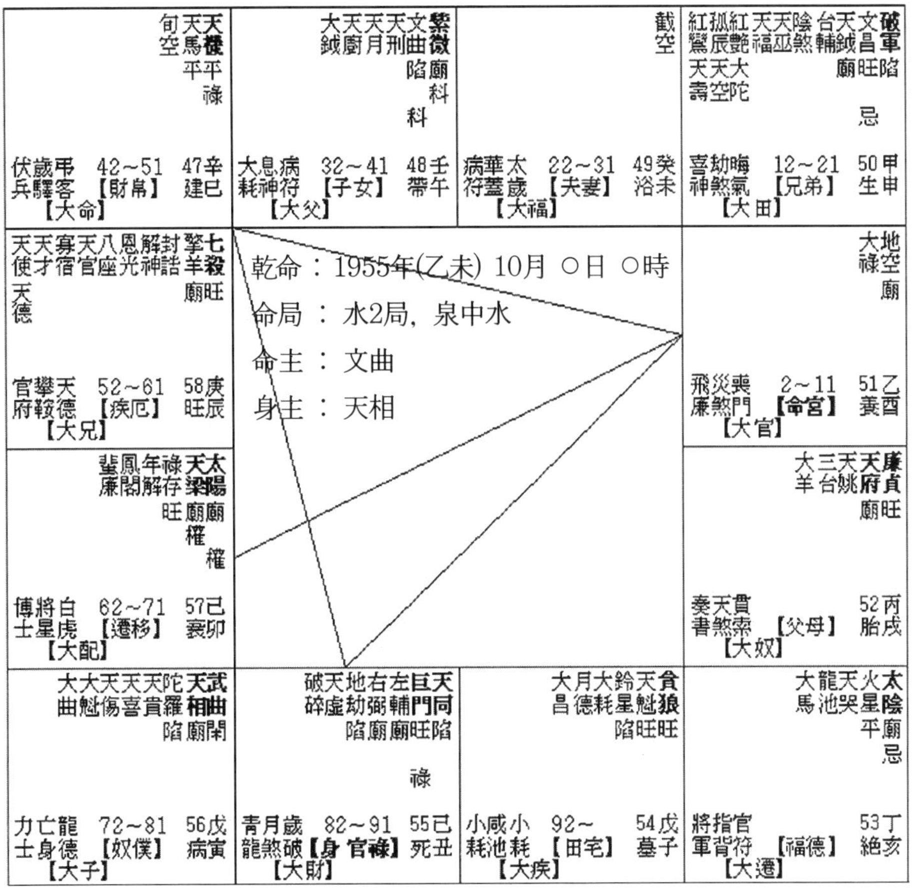

<table>
<tr>
<td>旬天天
空馬機
平平
祿
伏歲弔 42~51 47辛
兵驛客 【財帛】 建巳
【大命】</td>
<td>大天天天文紫
鉞廚月刑曲微
陷廟
科
科
大息病 32~41 48壬
耗神符 【子女】 帶午
【大父】</td>
<td>截
空
病華太 22~31 49癸
符蓋歲 【夫妻】 浴未
【大福】</td>
<td>紅孤紅天天陰台天文破
鸞辰艶福巫煞輔鉞昌軍
天天大 廟旺陷
壽空陀
忌
喜劫晦 12~21 50甲
神煞氣 【兄弟】 生申
【大田】</td>
</tr>
<tr>
<td>天天寡天八恩解封擎七
使才宿官座光神誥羊殺
天 廟旺
德
官攀天 52~61 58庚
府鞍德 【疾厄】 旺辰
【大兄】</td>
<td colspan="2" rowspan="2">乾命 : 1955年(乙未) 10月 ○日 ○時
命局 : 水2局, 泉中水
命主 : 文曲
身主 : 天相</td>
<td>大地
祿空
廟
飛災喪 2~11 51乙
廉煞門 【命宮】 養酉
【大官】</td>
</tr>
<tr>
<td>蜚鳳年祿天太
廉閣解存梁陽
旺廟廟
權
權
博將白 62~71 57己
士星虎 【遷移】 衰卯
【大配】</td>
<td>大三天天廉
羊台姚府貞
廟旺
奏天貫 52丙
書煞索 【父母】 胎戌
【大奴】</td>
</tr>
<tr>
<td>大大天天天陀天武
曲魁傷喜貴羅相曲
陷廟閑
力亡龍 72~81 56戊
士身德 【奴僕】 病寅
【大子】</td>
<td>破天地右左巨天
碎虛劫弼輔門同
陷廟廟旺陷
祿
青月歲 82~91 55己
龍煞破【身 官祿】 死丑
【大財】</td>
<td>大月大鈴天貪
昌德耗星魁狼
陷旺旺
小咸小 92~ 54戊
耗池耗 【田宅】 墓子
【大疾】</td>
<td>大龍天火太
馬池哭星陰
平廟
忌
將指官 53丁
軍背符 【福德】 絶亥
【大遷】</td>
</tr>
</table>

기 좋다는 것은 이미 언급하였다. 巳궁은 선천 재백궁이기도 하니 차명은 기본적으로 횡발 하기에 좋은 명으로 生한 것이다. 대한이 이처럼 길상을 내포하고 있는 선천재백궁으로 진행하니 신사대한은 기본적으로 재물운이 좋다고 볼 수 있다. 대궁의 태음이 화성과 동궁하면서 화기를 보게 되어 약간의 손재는 발생하겠지만, 입묘한 태음은 화기에 강하여 큰 손재는 면한다.

대한재백궁(丑)에 보필이 거하니 귀인의 조력으로 득재(得財)하기에 이롭다. 대한 거문화록이 자리하니 더없이 길하다. 물론 재적으로 불리한 지겁·파쇄 등이 동궁하지만, 이것으로 인하여 재백궁이 큰 충격을 입지는 않는다. 일종의 지엽적인 손해나 비용발생 정도로 보면 된다.

대한관록궁(酉)은 지공이 거하여 일견 불리하게 볼 수 있으나, 묘궁의 양양조합이 록존에 쌍권을 대동하여 차성되니 길하게 판단한다.

그런데 호사다마라 했던가, 대한의 문창화기가 선천형제궁을 타격한다. 하여 당 대한 중형의 사업이 파산하고 건강문제까지 겹쳐 고단했다. 그리고 申궁은 대한의 자전선이 되는바, 차명의 자녀가 몸이 신약하여 맘고생이 많았다. 또한 申궁은 부동산을 의미하는 전택궁이기도 한데, 차명 소유의 부동산을 형이 진 빚을 갚느라 헐값에 매매를 하는 일도 있었다. 하지만 신사대한은 대한 명궁과 기타 삼방사정의 정황이 워낙 길하므로 차명의 병원경영은 가장 번창한 것이다.

사례 3) 유명한 여강사

차명은 무진대한(44세~53세) 중 방송강의로 유명해진 사람이다. 가정이나 사회에서의 여성의 역할 등 주로 여성에 관한 문제를 주제로 강의를 많이 하였다.

무진대한을 보면 대한천이궁(戌)으로 파군화권이 대조하니, 사회적으로 권위를 얻고 활동이 많음을 알 수 있다. 고인은 천이궁의 파군을 좋지 않게 보았는데, 차명의 경우는 파군이 왕지에 거하고 화권이 되어 추진력과 사회 활동력, 지도력 등으로 자신을 돋보일 수 있는 기운이 있다고 본다. 명천선으로 용지·봉각이 마주하니 권귀(權貴)와 명예·인기 등을 실감할 수 있다.

대한재백궁(子)은 입묘한 무곡·천부가 조합을 이루고 재예(才藝)와 학문·명예를 주하는 화과가 거하니 차명의 지식으로 인한 재물 득재라 볼 수 있다. 동궁한 좌보 역시 財를 얻는데 귀인의 지원이나 도움이 있음을 의미한다.

대한관록궁(申)은 재적으로 가장 횡발하기 좋은 록마교치를 이루고 있다. 게다가 관록궁의 대궁으로 선천록존과 대한의 탐랑화록을 마주하니 관록궁이 대단히 길하다. 대한천마가 寅궁에 들어가 록중첩(祿重疊)·마중첩(馬重疊)의 효과까지 발휘하니 당 대한의 재물 운은 그야말로 최상이다.

大破天天天鈴**天** 祿碎廚巫刑星**梁** 旺陷 大亡病　34~43　60己 耗身符　【子女】　生巳 【大父】	大大天紅天文**七** 曲羊壽艷貴曲**殺** 陷旺 病將太　24~33　49庚 符星歲　【夫妻】　養午 【大福】	大天天天 鉞空官鉞 旺 喜攀晦　14~23　50辛 神鞍氣　【兄弟】　胎未 【大田】	大孤截恩台天文**廉** 昌辰空光輔馬昌**貞** 旺旺廟 祿 飛歲喪　4~13　51壬 廉驛門　**【命宮】**　絶申 【大官】
大鳳寡旬年解封**天紫** 陀閣宿空解神誥**相微** 旺陷 伏月弔　44~53　59戊 兵煞客　【財帛】　浴辰 【大命】	坤命 : 1954年(甲午) 9月 ○日 ○時 命局 : 金4局, 劍鋒金 命主 : 廉貞 身主 : 火星		紅天天地 鸞福姚空 廟 奏息貫　52癸 書神索　【父母】　墓酉 【大奴】
天天天擎火**巨天** 德使喜羊星**門機** 陷平廟旺 忌 官咸天　54~63　58丁 府池德　【疾厄】　帶卯 【大兄】			龍陰**破** 池煞**軍** 旺 權 將華官　53甲 軍蓋符　【福德】　死戌 【大遷】
大蜚天天祿右**貪** 馬廉才月存弼**狼** 廟旺平 科祿 博指白　64~73　57丙 士背虎　【遷移】　建寅 【大配】	大大天八三陀地天**太太** 魁耗傷座台羅劫魁**陰陽** 廟陷旺廟陷 忌 權 力天龍　74~83　56丁 士煞德　【奴僕】　旺丑 【大子】	天天左**天武** 哭虛輔**府曲** 旺廟旺 科 青災歲　84~93　55丙 龍煞破　**【身 官祿】**　衰子 【大財】	月**天** 德**同** 廟 小劫小　94~　54乙 耗煞耗　【田宅】　病亥 【大疾】

차명이 언론이나 방송에서 인기를 얻기 시작한 시기가 44세 전후해서인데, 대한의 삼방사정의 정황이 득재하기에 가장 알맞은 조건이라는 것을 알 수 있다.

그런데 차명은 기사대한(34~43세)은 생에 있어서 가장 힘든 시기였다. 함약한 천량이 영성·천형 악살을 만나고 대한재백궁(丑)으로 태양화기에 타라·지겁 등이 가세하여 인리산재(人離散財)가 되니 사면초가다. 게다가 대한관록궁(酉)은 공궁(空宮)에 지공·천요가 버티고 있으니 외화내빈(外華內貧)이다. 묘궁의 거문이 화성·경양과 만나 종신액사(終身縊死)가 되어 유궁으로 차성되는데, 유궁은 대한관록궁이므로 사업이나 직업적으로 순탄할리 만무하다. 난중지란(難中之亂)이 바로 이런 형국인가 보다. 기사대한의 대한화기가 문곡화기가 되는데, 선천부처궁에 떨어진다.

고로 기사대한 중 남편의 사업실패가 있었고, 이후 부부가 같이 장사를 하였는데 그것도 뜻대로 되지 않았다.

2. 재물 운이 나쁜 사례

재물적인 문제가 나타나기 위해서는 우선 살성과 화기성의 동태를 잘 살펴야 한다. 물론 두수에서 살성이나 화기성은 命運에 있어서 전 방위적으로 불리한 상황을 연출하므로 재물문제 하나만 흉하다고 단정하기는 어렵다. 하지만 흉성은 기본적으로 손재의 속성을 포함하고 있는 경우가 많다. 간단하게 논하자면 선천·대한 그리고 유년의 삼방사정 내에 살기형요성이 들어가면 일단 손재는 의심해 봐야 한다. 만약 살기형요성이 중중하면 더 불리하다. 그리고 아래 열거한 손재의 조건은 일부분에 지나지 않으므로 참고하기 바란다. 손재가 나타나기 위해서는 아래 조건 이외에 다른 상황들도 있을 수 있기 때문이다.

1) 대한이나 유년의 격국이 흉하고 흉성을 만나면 재적으로 불리하다.
2) 육살성이 삼방사정에 거하거나 삼방사정 궁을 협하면 재적으로 흉하다.
3) 쌍기가 명궁을 포함한 삼방사정의 궁을 협하면 재적으로 불리하다.
4) 지공·지겁이 명궁을 포함한 삼방사정에 해당하는 궁을 협하면 재적으로 불리하다.
5) 유년에서 대한이나 선천의 삼방사정의 흉상을 인동하면 재물 적으로 파동이 발생한다.
6) 대한화록이 선천 삼방사정에 해당하는 궁 중에서 흉을 내재하고 있는 궁을 인동하면 당 대한에 재물문제가 발현한다. 특히 재백궁과 관록궁의 흉을 인동하면 더 불리하다.
7) 유년의 화록이 대한삼방사정에 해당하는 궁 중에서 흉을 내재하고 있는 궁을 인동하면 당년에 재물문제가 있기 쉽다.
8) 대한화기가 선천 삼방사정궁으로 들어가면 손재한다. 그리고 대한화기가 대한재백궁을 비롯한 대한삼방사정으로 들어가면 당 대한 중 손재한다.
9) 유년화기가 대한재백궁을 비롯한 대한삼방사정으로 들어가면 당 년에 손재수가 있다. 유년화기가 유년 삼방사정궁으로 들어가면 당 년에 재물문제가 나타난다.

사례 1) 사업파재 및 처의 질병

<table>
<tr><td>大大天龍天八台陀巨
曲陀使池哭座輔羅門
陷平
力指官 56~65 65己
士背符 【疾厄】 絶巳
【大命】</td><td>大月大祿天廉
祿德耗存相貞
旺旺平
博咸小 46~55 66庚
士池耗 【財帛】 墓午
【大父】</td><td>大天旬天擎天
羊虛空月羊梁
廟旺
科
科
官月歲 36~45 67辛
府煞破 【子女】 死未
【大福】</td><td>大天天恩天天七
鉞喜廚光姚鉞殺
廟廟
伏亡龍 26~35 68壬
兵身德 【身夫妻】 病申
【大田】</td></tr>
<tr><td>紅天貪
艷刑狼
廟
權
權
青天貫 66~75 64戊
龍煞索 【遷移】 胎辰
【大兄】</td><td colspan="2" rowspan="2">乾命 : 1949年(己丑) 8月 ○日 ○時
命局 : 火6局, 山頭火
命主 : 祿存
身主 : 天相</td><td>大蜚天鳳截天三年鈴天
昌廉壽閣空官台解星同
陷平
大將白 16~25 69癸
耗星虎 【兄弟】 衰酉
【大官】</td></tr>
<tr><td>天右文太
傷弼曲陰
陷旺陷
忌
忌
小災喪 76~85 63丁
耗煞門 【奴僕】 養卯
【大配】</td><td>天寡地武
德宿劫曲
平廟
祿
祿
病攀天 6~15 70甲
符鞍德 【命宮】 旺戌
【大奴】</td></tr>
<tr><td>天紅孤天解火天紫
空鸞辰福神星府微
廟廟廟
將劫晦 86~95 62丙
軍煞氣 【官祿】 生寅
【大子】</td><td>破封天
碎誥機
陷
奏華太 96~ 61丁
書蓋歲 【田宅】 浴丑
【大財】</td><td>大天陰地天破
魁貴煞空魁軍
平旺廟
飛息病 60丙
廉神符 【福德】 帶子
【大疾】</td><td>大天天天左文太
馬才巫馬輔昌陽
平閑旺陷
喜歲弔 71乙
神驛客 【父母】 建亥
【大遷】</td></tr>
</table>

차명은 기사대한(56세~65세) 중 경영하던 사업이 부도가 났다. 이후 대출자금으로 빚을 내어 부인과 음식점을 하였는데 이마저도 문을 닫고 말았다.

기사대한의 대한명궁은 함약한 거문이 타라와 동궁하니 당 대한의 분위기가 한마디로 암울하다. 타라는 암(暗)이요 거문도 어두운 별이다. 두 별이 함지에서 만나니 대한명궁의 분위기가 더욱 처량하다. 대한천이궁(亥)의 천마는 겁공이 협하여 종생분주(終生奔走)하고 있다. 천마는 사궁의 타라와 만나 절족마(折足馬)를 이루기도 한다. 한마디로 대한명천선이 어디 의지할 곳이라고는 하나도 없는 사면초가의 형국이다.

대한재백궁(丑)은 함지의 천기가 파쇄와 동궁하여 자신도 돌볼 겨를이 없는 상황이다. 대한관록궁(酉) 역시 천동이 약지에 거하면서 영성과 동궁하고 있다. 게다가 대궁으로 문곡쌍기까지 비치니 당 대한의 삼방사정에 해당하는 궁 모두가 가히 흉상의 결정판이다.

을유년(57세)에는 부인이 갑자기 하혈을 하고 입원하는 일이 있었다. 대한부처궁(卯)이 쌍화기를 맞았기 때문에 당 대한은 배우자와 생리사별의 징조가 강하다. 을유년은 유년천이궁으로 대한부처궁의 쌍기가 대조하니 살기(殺氣)가 강한 유년이다. 그런데 유년화기가 태음화기가 되므로 묘궁의 입장에서 보면 3개의 화기가 득세하게 되어 대한부처궁을 강하게 충파한다. 사별을 면한 것만 해도 천만다행일 정도다.

사례 2) 사업으로 퇴직금 모두 파재

<table>
<tr>
<td>太大天天天恩陀天天
曲陀壽虛廚光羅馬相
陷平平
力歲歲 94~ 67乙
士驛破 【田宅】 生巳
【大財】</td>
<td>大祿左文天
祿存輔曲梁
旺旺陷廟
忌科
博息龍 84~93 68丙
士神德 【身 官祿】 養午
【大子】</td>
<td>大天天紅旬擎七廉
羊傷哭艷空羊殺貞
廟旺廟
官華白 74~83 69丁
府蓋虎 【奴僕】 胎未
【大配】</td>
<td>大天台右文
鉞德輔弼昌
閑旺
伏劫天 64~73 70戊
兵煞德 【遷移】 絶申
【大兄】</td>
</tr>
<tr>
<td>月大紅三天封巨
德耗鸞台月誥門
平
忌
青攀小 66甲
龍鞍耗 【福德】 浴辰
【大疾】</td>
<td colspan="2" rowspan="2">乾命 : 1947年(丁亥) 3月 ○日 ○時
命局 : 金4局, 金箔金
命主 : 祿存
身主 : 天機</td>
<td>大破天地天
昌碎使空鉞
廟廟
大災弔 54~63 71己
耗煞客 【疾厄】 墓酉
【大命】</td>
</tr>
<tr>
<td>龍截天天貪紫
池空貴姚狼微
地旺
權
小將官 65癸
耗星符 【父母】 帶卯
【大遷】</td>
<td>天寡八解陰天
喜宿座神煞同
平
權
病天病 44~53 72庚
符煞符 【財帛】 死戌
【大父】</td>
</tr>
<tr>
<td>孤天天太天
辰官巫陰機
閑旺
祿科
將亡貫 4~13 64壬
軍身索 【命宮】 建寅
【大奴】</td>
<td>蜚天地天
廉才劫府
陷廟
奏月喪 14~23 63癸
書煞門 【兄弟】 旺丑
【大官】</td>
<td>大天鈴太
魁空星陽
陷陷
飛咸晦 24~33 62壬
廉池氣 【夫妻】 衰子
【大田】</td>
<td>大鳳天年天火天破武
馬閣福解刑星魁軍曲
平旺平平
祿
喜指太 34~43 73辛
神背歲 【子女】 病亥
【大福】</td>
</tr>
</table>

차명은 고위공직으로 퇴직하였다. 그런데 기유대한(54세~63세) 중에 퇴직금으로 창업하여 모두 파재하고 갑작스럽게 찾아온 위암으로 결국 사망하였다.

기유대한의 대한명궁은 재적으로 불리한 지공·천사·파쇄 등이 동궁하고 있다. 비록 천월 귀인성이 자리하지만 상황을 변화시키기엔 역부족이다. 대한재백궁(巳)은 가장 문제가 많은데, 타라·천마가 동궁하여 절족마를 이루고 있으니 재물 문제가 순탄치 않다. 더 중요한 것은 재한재백궁으로 쌍기가 협하여 더 이상 기대할 수 없게 만들어 놓았다. 대한관록궁(丑)의 천부가 비록 입묘하지만 지겁이 동궁하니 이 또한 믿을 것이 못된다. 기유대한의 정황이 이러하니 여러 가지로 흉을 면하기 어렵다.

그리고 차명이 57세(癸未)되는 해 갑자기 찾아온 위암으로 결국 졸하게 되었는데, 이는 대한의 문곡화기가 선천 身궁으로 들어가 몸을 충파하였기 때문이다. 身궁은 문곡화기가 됨과 동시에 경양·타라가 적으로 돌변하여 午궁을 패국으로 만들어 버린다. 이처럼 록존이 거하는 궁에 흉살이 강하거나 화기를 맞으면 그 피해는 더 강하게 나타나는 법이다.

사례 3) 주식손재

차명은 기사대한(44세~53세) 중 주식투기로 전 재산을 파하였다. 이후 신용불량자가 되고 나중에는 가족들에게도 소식을 끊은 채 오랜 세월을 잠적하기도 하였다.

기사대한을 추론하기 이전에 먼저 차명의 선천재백궁(巳)을 보면 문제가 많다는 것을 알 수 있다. 함약한 천기가 타라·천형과 동궁하니 재물손재는 기본이요, 돈 때문에 관재까지 발생할 수 있다. 천형은 형벌이며 타라 역시 관재구설을 주한다. 게다가 문곡화기가 가세하니 대흉하다. 상황이 이러한데 기사대한의 명궁이 선천재백궁으로 진행하므로 44세 이후 차명의 인생은 두 말할 필요가 없다. 게다가 기사대한의 대한화기가 문곡화기가 되어 巳궁은 쌍기가 된다. 목숨을 유지하고 있는 것도 천만 다행일 정도의 대한이다.

상황이 이 정도면 10년 동안은 투기, 투자는 물론 모든 돈거래는 무조건 금지해야 한다. 직업이라면 사업보다는 월급을 받는 것이 좋고, 투기보다는 보장이 되고 안정적인 저축이나 장기적인 적금 등이 우선이다. 그런데 차명은 기사대한 중반까지는 주식투기로 제법 돈을 만졌다. 그런데 기사대한 후반부에 해당하는 51세부터 53세에 해당하는 3년 동안에 전 재산을 날린 것이다. 당 대한의 초중반이 비록 좋다고 해도 44세 부터는 일체 투기, 투자는 금지해야 한다. 이유는 한번 단 맛을 보면 결국 그로 인하여 화를 입기 때문이다.

<table>
<tr>
<td>大龍天八恩天天陀文天
陀池哭座光巫刑羅曲機
大 陷廟平
曲 忌
忌
力指官 44~53 53己
士背符 【財帛】 生巳
【大命】</td>
<td>大月大祿紫
祿德耗存微
旺廟
博咸小 34~43 54庚
士池耗 【子女】 養午
【大父】</td>
<td>大天旬台擎
羊虛空輔羊
廟
官月歲 24~33 55辛
府煞破 【夫妻】 胎未
【大福】</td>
<td>大天天天破
鉞喜廚鉞軍
廟陷
伏亡龍 14~23 56壬
兵身德 【兄弟】 絶申
【大田】</td>
</tr>
<tr>
<td>天紅解火七
使艷神星殺
閑旺
青天貫 54~63 52戊
龍煞索 【疾厄】 浴辰
【大兄】</td>
<td colspan="2" rowspan="2">乾命 : 1949年(己丑) 9月 ○日 ○時
命局 : 金4局, 劍鋒金
命主 : 文曲
身主 : 天相</td>
<td>大蜚鳳截天三年天文
昌廉閣空官台解姚昌
廟
大將白 4~13 57癸
耗星虎 【命宮】 墓酉
【大官】</td>
</tr>
<tr>
<td>封天太
誥梁陽
廟廟
科
科
小災喪 64~73 51丁
耗煞門 【遷移】 帶卯
【大配】</td>
<td>天天寡陰地天廉
德才宿煞空府貞
陷廟旺
病攀天 58甲
符鞍德 【父母】 死戌
【大奴】</td>
</tr>
<tr>
<td>天天紅孤天天右天武
空傷鸞辰福月弼相曲
旺廟閑
祿
祿
將劫晦 74~83 62丙
軍煞氣 【奴僕】 建寅
【大子】</td>
<td>破天巨天
碎貴門同
旺陷
奏華太 84~93 61丁
書蓋歲 【官祿】 旺丑
【大財】</td>
<td>大天地天左貪
魁壽劫魁輔狼
陷旺旺旺
權
權
飛息病 94~ 60丙
廉神符 【田宅】 衰子
【大疾】</td>
<td>大鈴天太
馬星馬陰
廟平廟
喜歲弔 59乙
神驛客 【身福德】 病亥
【大遷】</td>
</tr>
</table>

사례 4) 사업파재

<table>
<tr>
<td>大天天旬封天天
鉞使才空誥馬相
平平
伏歲弔 55~64 59辛
兵驛客 【疾厄】 建巳
【大兄】</td>
<td>天解天
廚神梁
廟
權
祿
大息病 45~54 60壬
耗神符 【財帛】 帶午
【大命】</td>
<td>截文文七廉
空昌曲殺貞
平旺旺廟
病華太 35~44 61癸
符蓋歲 【子女】 浴未
【大父】</td>
<td>大天紅孤紅天天地天
馬空鸞辰艶福刑空鉞
廟廟
喜劫晦 25~34 62甲
神煞氣 【夫妻】 生申
【大福】</td>
</tr>
<tr>
<td>天寡天陰擎巨
德宿官煞羊門
廟平
官攀天 65~74 58庚
府鞍德 【身 遷移】 旺辰
【大配】</td>
<td colspan="2" rowspan="2">乾命 : 1955年(乙未) 12月 ○日 ○時
命局 : 土5局, 屋上土
命主 : 祿存
身主 : 天相</td>
<td>台
輔
飛災喪 15~24 63乙
廉煞門 【兄弟】 養酉
【大田】</td>
</tr>
<tr>
<td>蜚天鳳天恩年祿左貪紫
廉傷閣貴光解存輔狼微
大 旺陷地旺
魁 科
科 權
博將白 75~84 57己
士星虎 【奴僕】 衰卯
【大子】</td>
<td>大天
陀同
平
奏天貫 5~14 64丙
書煞索 【命宮】 胎戌
【大官】</td>
</tr>
<tr>
<td>大天八天陀地太天
昌喜座月羅劫陰機
陷平閑旺
忌祿
力亡龍 85~94 56戊
士身德 【官祿】 病寅
【大財】</td>
<td>破天鈴天
碎虛星府
陷廟
青月歲 95~ 55己
龍煞破 【田宅】 死丑
【大疾】</td>
<td>大大月大三天火天太
曲羊德耗台姚星魁陽
平旺陷
小咸小 54戊
耗池耗 【福德】 墓子
【大遷】</td>
<td>大天龍天天右破武
祿壽池哭巫弼軍曲
平平平
忌
將指官 65丁
軍背符 【父母】 絶亥
【大奴】</td>
</tr>
</table>

차명은 임오대한(45세~54세) 중 직장을 다니다가 구조조정으로 퇴사한 이후 부인과 같이 창업을 하였다. 그러나 경영이 좋지 않아 거의 전 재산을 파재하였다.

직업궁에 해당하는 선천관록궁(寅)을 보면, 태음화기에 타라·지겁이 동궁하여 일생 한번이상은 직업문제로 파동이 있음을 암시하고 있다. 관록궁이 이러하면 다른 사람에 비하여 명예퇴직이나 구조조정 명단에 가장 먼저 포함될 확률이 높다.

그런데 임오대한의 대한명궁을 보면 화권·화록성이 있고 대궁으로 천괴가 지원하니 얼핏 길하게 보인다. 그러나 대한재백궁(寅)이 재적으로 가장 불리한 화기·타라·지겁 등이 동궁하니 흉세가 더 강하다. 대한재백궁의 대궁(申)으로 지공·천형까지 가세하니 재백궁의 입장에서는 가장 불리한 상황이다. 대한천이궁(子)도 비록 천괴가 지원한다고 해도 함지의 태양이 화성·천요와 동궁하니 불리하다. 대한관록궁(戌) 역시 약지의 천동이 대한타라와 동궁하여 문제다.

다행이 차명은 임오대한 중 자격증을 취득하여 다시 직업을 갖게 되었다. 대한명궁의 천량은 음성(蔭星)이자 해액(解厄)의 성인데, 명예사에 유리한 화권을 보니 자격증을 취득한 것이다. 대한 천량화록 역시 재성이므로 재적으로 마지막 희망은 바라볼 수 있는 상황이다.

대한의 정황이 이러하면 시설비나 권리비 등 초기 투자자금이 많이 드는 사업이나 장사 보다는 그래도 직장이 더 길하다는 것을 많이 경험하게 된다. 주식 등 투기는 더 흉하다.

3. 건강·사고 사례

건강문제나 사고가 발생하기 위해서는 먼저 두 가지 요소가 충족되어야 한다.

첫째 명궁·천이궁·身궁·질액궁 등을 화록이나 화기가 대한이나 유년에서 인동을 해야 한다. 또는 대한이나 유년의 명궁이 이러한 궁으로 진행해야 한다.

두 번째 명천선·身궁·질액궁 등에 질병성계를 포함한 살기형요성이 들어가 이러한 궁을 충파해야 한다. 그리고 건강 사고와 관계가 많은 궁과 관계가 많은 성들이 중첩되면 더 징험하다.

- 건강 사고와 관계가 많은 궁 : 명궁·천이궁·질액궁·복덕궁·身궁
- 건강 사고와 관계가 많은 성 : 경양·타라·화성·영성·천형·천요·화기(化忌)·천월(天月)·병부 등 잡성에 속하는 각종 질병성계

사례 1) 자궁암 수술

차명은 46세(癸未)에 자궁암 진단을 받고 수술을 하였다.

먼저 선천명궁을 살펴보자, 칠살이 비록 입묘하지만 화성·천요·病 등과 동궁하니 질액적으로 안전하다고 할 수 없다. 선천천이궁의 천마는 화성과 만나 전마(戰馬)가 되어 명궁에 부담을 준다. 선천身궁 역시 문제가 많은데, 타라·영성이 동궁하여 身궁을 충파한다. 타라·영성이 비록 이살제살(以煞制煞)이라고 하지만 身궁의 입장에서 보면 화를 면하기 어렵다. 대궁으로 천형·지공까지 대조하니, 과거라면 단명(短命)하는 명격이다.

임술대한(42세~51세)이 되면 대한천이궁이 선천身궁이 된다. 대한명궁이나 대한천이궁이 身궁이면 당 대한은 특별히 건강·사고에 신경을 많이 써야 한다. 그런데 임술대한은 대한의 무곡화기가 身궁으로 들어가 辰궁이 강하게 충격을 입는다. 대

한명궁(戌)에 천형·지공도 부담이 되는데 천이궁이자 身궁이 이렇게 살기가 중하니, 당 대한에 자궁암 선고를 받은 것이다. 대한의 천량화록이 대한자전선을 인동하니 여성질환과 관계된 질병이라는 것도 알 수 있다. 여명에서 전택궁은 임신이나 신·자궁병 등 부인과질병 여하를 판단할 때 참고하는 궁이다.

<table>
<tr>
<td>大大紅天祿左文太
鉞耗鸞月存輔曲陽
廟平廟旺
科
傅亡龍 92~ 56丁
士身德 【田宅】 建巳
【大疾】</td>
<td>天天擎破
廚貴羊軍
平廟
官將白 82~91 57戊
府星虎 【官祿】 帶午
【大財】</td>
<td>天天寡八三台天天
德傷宿座台輔鉞機
旺陷
忌
伏攀天 72~81 58己
兵鞍德 【奴僕】 浴未
【大子】</td>
<td>大天解天天天紫
馬哭神巫馬府微
旺平旺
權
大歲弔 62~71 59庚
耗驛客 【遷移】 生申
【大配】</td>
</tr>
<tr>
<td>天紅旬陀鈴武
虛艷空羅星曲
廟旺廟
忌
力月歲 55丙
士煞破【身 福德】 旺辰
【大遷】</td>
<td colspan="2" rowspan="2">坤命 : 1958年(戊戌) 2月 ○日 ○時
命局 : 水2局, 大溪水
命主 : 祿存
身主 : 文昌</td>
<td>天右文太
使弼昌陰
陷廟旺
科 權
病息病 52~61 60辛
符神符 【疾厄】 養酉
【大兄】</td>
</tr>
<tr>
<td>大月天天封天
魁德官福誥同
廟
青咸小 54乙
龍池耗 【父母】 衰卯
【大奴】</td>
<td>大恩天地貪
陀光刑空狼
陷廟
祿
喜華太 42~51 61壬
神蓋歲 【財帛】 胎戌
【大命】</td>
</tr>
<tr>
<td>大天龍天火七
昌壽池姚星殺
廟廟
小指官 2~11 53甲
耗背符 【命宮】 病寅
【大官】</td>
<td>破天天
碎魁梁
旺旺
祿
將天貫 12~21 52乙
軍煞索 【兄弟】 死丑
【大田】</td>
<td>大蜚天鳳截年陰地天廉
羊廉才閣空解煞劫相貞
大 陷廟平
曲
奏災喪 22~31 51甲
書煞門 【夫妻】 墓子
【大福】</td>
<td>大天天孤巨
祿空喜辰門
旺
飛劫晦 32~41 62癸
廉煞氣 【子女】 絶亥
【大父】</td>
</tr>
</table>

46세(癸未)는 대한에서 인동한 궁으로 유년이 진행하니 암시하고 있는 흉상이 발현하기 쉬운데, 유년의 탐랑화기가 재차 진술궁을 충파하니 당년에 문제가 된 것이다. 차명처럼 대한의 정황이 이러하면 임술대한 초기부터 늘 부인과질병을 의심하고 미리 검진을 해야 한다.

사례 2) 심장마비로 사망

<table>
<tr>
<td>大大大鳳天年天封天天
馬曲陀閣福解巫誥鉞機
旺平
喜指太 62~71 61丁
神背歲【身 遷移】 建巳
【大配】</td>
<td>大天天天火紫
祿空使官星微
廟廟
飛咸晦 52~61 50戊
廉池氣 【疾厄】 帶午
【大兄】</td>
<td>大蜚旬文文
羊廉空昌曲
平旺
忌
奏月喪 42~51 51己
書煞門 【財帛】 浴未
【大命】</td>
<td>大孤紅解地破
鉞辰艷神空軍
廟陷
祿
將亡貫 32~41 52庚
軍身索 【子女】 生申
【大父】</td>
</tr>
<tr>
<td>天天天寡天恩左七
傷才喜宿貴光輔殺
廟旺
病天病 72~81 60丙
符煞符 【奴僕】 旺辰
【大子】</td>
<td colspan="2" rowspan="2">乾命 : 1953年(癸巳) 1月 ○日 ○時
命局 : 水2局, 大海水
命主 : 巨門
身主 : 天機</td>
<td>大破龍台天
昌碎池輔刑
小將官 22~31 53辛
耗星符 【夫妻】 養酉
【大福】</td>
</tr>
<tr>
<td>天天太
魁梁陽
廟廟廟
科
大災弔 82~91 59乙
耗煞客 【官祿】 衰卯
【大財】</td>
<td>月大天紅天右天廉
德耗壽鸞月弼府貞
廟廟旺
青攀小 12~21 54壬
龍鞍耗 【兄弟】 胎戌
【大田】</td>
</tr>
<tr>
<td>天三陰地天武
德台煞劫相曲
平廟閑
祿
伏劫天 92~ 58甲
兵煞德 【田宅】 病寅
【大疾】</td>
<td>天截天擎鈴巨天
哭空姚羊星門同
廟陷旺陷
權
官華白 57乙
府蓋虎 【福德】 死丑
【大遷】</td>
<td>大八祿貪
魁座存狼
旺旺
忌
權
博息龍 56甲
士神德 【父母】 墓子
【大奴】</td>
<td>天天陀天太
虛廚羅馬陰
陷平廟
科
力歲歲 2~11 55癸
士驛破 【命宮】 絶亥
【大官】</td>
</tr>
</table>

기미대한(42세~51세)에 심장마비로 급사한 명이다. 회사에 출근하여 근무 중 갑자기 심장마비를 일으켜 사망하였다.

먼저 선천명격을 분석해 보면, 명궁의 태음이 비록 입묘하면서 화과를 얻었지만 타라·천마가 만나 절족마(折足馬)가 되었다. 절족마는 말이 다리가 부러진 형국을 의미하는 바, 그야말로 사고나 질병과 관계가 많은 것이다. 그리고 선천천이궁이 身궁이 되는데, 이렇게 천이궁이 身궁이 되면 밖에서 사고가 나거나 질병에 걸리기 쉽다.

기미대한의 대한명궁은 창곡 길성이 동궁하지만, 대한의 문곡화기를 맞았으므로 대한명궁이 재물문제를 비롯한 질액적인 문제가 노출된 상황이다. 그런데 가장 중요한 것은 바로 대한천이궁(丑)의 정황이다. 축궁의 거문은 경양·영성과 만나 종신액사격(終身縊死格 : 목매달아 자살하는 격)을 구성하고 있다는 것이다. 거문은 이처럼 경양·화성·영성을 만나면 가장 치명적인 흉격을 형성한다. 차명이 비록 목매자살하진 않았지만 당 대한 중 밖에서 흉사를 당하게 된다는 것은 주지의 사실이다. 그리고 대한의 무곡화록이 대한질액궁을 인동하니 사고나 건강의 개연성을 강하게 암시하고 있다.

사례 3) 다리 인대 파열

<table>
<tr>
<td>大龍天天地地天七紫
昌池哭福空劫鉞殺微
廟閑旺平旺

喜指官 5~14 41丁
神背符【身 命宮】建巳
【大田】</td>
<td>月大天天天天天
德耗壽才官月刑

飛咸小 42戊
廉池耗 【父母】 帶午
【大官】</td>
<td>大天
鉞虛

奏月歲 43己
書煞破 【福德】 浴未
【大奴】</td>
<td>大天紅天天陰封
馬喜艷貴巫煞誥

將亡龍 95~ 44庚
軍身德 【田宅】 生申
【大遷】</td>
</tr>
<tr>
<td>解鈴文天天
神星昌梁機
旺旺旺廟

病天貫 15~24 40丙
符煞索 【兄弟】 旺辰
【大福】</td>
<td colspan="2" rowspan="2">乾命 : 1973年(癸丑) 10月 ○日 ○時
命局 : 土5局, 沙中土
命主 : 武曲
身主 : 天相</td>
<td>大蜚鳳年火破廉
曲廉閣解星軍貞
陷陷平
祿
權祿

小將白 85~94 45辛
耗星虎 【官祿】 養酉
【大疾】</td>
</tr>
<tr>
<td>大旬天天
羊空魁相
廟陷

大災喪 25~34 39乙
耗煞門 【夫妻】 衰卯
【大父】</td>
<td>天天寡天文
德傷宿姚曲
陷

青攀天 75~84 46壬
龍鞍德 【奴僕】 胎戌
【大財】</td>
</tr>
<tr>
<td>大天紅孤八恩巨太
祿空鸞辰座光門陽
廟旺
權
忌

伏劫晦 35~44 38甲
兵煞氣 【子女】 病寅
【大命】</td>
<td>大大破截擎右左貪武
陀魁碎空羊弼輔狼曲
廟廟廟廟廟
忌
科

官華太 45~54 37乙
府蓋歲 【財帛】 死丑
【大兄】</td>
<td>天三台祿太天
使台輔存陰同
旺廟旺
科

博息病 55~64 36甲
士神符 【疾厄】 墓子
【大配】</td>
<td>天陀天天
廚羅馬府
陷平旺

力歲弔 65~74 47癸
士驛客 【遷移】 絶亥
【大子】</td>
</tr>
</table>

차명은 35세(丁亥)에 차에서 내리다가 다리를 잘못 헛디뎌 발목이 부러져 인대가 파열되는 일이 있었다.

선천천이궁이 절족마가 되므로 늘 사고를 주의해야 되는 명이다. 그리고 명궁과 身궁이 동궁하면서 겁공을 보고 있는데, 겁공이 천마와 동궁하거나 상대하면 사망마(死亡馬)라 하여 흉하게 본다.

갑인대한(35세~44세)이 되면 대한의 태양화기가 대한명궁에 타격을 가한다. 寅궁의 거일조합이 비록 힘이 있지만, 차명은 선천명천선이 기본적으로 사고나 질병의 개연성이 많은 관계로 항상 문제성을 안고 있다. 고로 이러한 명격이 대한의 명천선으로 살기형성이 중하면 당 대한 중 사고나 질병에 노출되기 쉬운 것이다.

정해년은 절족마 유년이다. 대한명궁이 화기의 부담을 안고 있고, 유년이 절족마가 되므로 특히 주의해야 될 해이다. 그런데 유년의 거문화기가 대한명궁으로 들어가 쌍화기가 되므로 더욱 문제가 된다. 대한천이궁(申)은 공궁이므로 쌍화기가 천이궁으로 차성되므로 출행하여 사고를 당하게 된다. 당 대한은 늘 사고에 주의해야 될 운이다.

사례 4) 골절상

차명은 11세(辛巳)되는 해에 놀이터에서 놀다가 팔이 부러져 1년 이상 깁스를 하였다. 선천명궁에 질액과 형극을 의미하는 경양·천형이 거하고 있으니 초년에 질액적으로 불리한 일이 발생하기 쉬운 명격이다. 그런데 무술대한의 천기화기가 질액궁(巳)에 떨어지니 당 대한 중 사고나 질병 등의 흉상을 면하기 어렵다. 질액궁은 애초에 선천 문창화기가 거하고 있어 부담이 있는 궁인데 천기화기까지 가세하여 쌍화기가 되니 그 위험성을 더 부채질한다. 게다가 사고 질병을 의미하는 천월(天月)·병·천사 등의 잡성도 가세하니 더욱 흉하다. 또한 겁공이 사궁을 협하여 천마와 만나면 사망마가 되기도 한다. 명천선으로 살성이 중하고 질액궁을 타격하면 이 역시 건강문제가 발생하게 되는 사례이다.

大天天截天天天左文天 祿使才空福月馬輔昌機 平平廟平 忌 忌 將歲弔 53~62 11癸 軍驛客 【疾厄】 病巳 【大疾】	大大天恩地天紫 曲羊廚光空鉞微 廟 廟 小息病 43~52 12甲 耗神符 【財帛】 衰午 【大財】	大八三封 鉞座台誥 青華太 33~42 13乙 龍蓋歲 【子女】 旺未 【大子】	大大天紅孤解天陀破 馬昌空鸞辰神巫羅軍 陷陷 力劫晦 23~32 14丙 士煞氣【身夫妻】建申 【大配】
大天寡地七 陀德宿劫殺 陷旺 奏攀天 63~72 10壬 書鞍德 【遷移】 死辰 【大遷】	乾命 : 1991年(辛未) 2月 ○日 ○時 命局 : 木3局, 平地木 命主 : 祿存 身主 : 天相		紅天祿右文 艷官存弼曲 旺陷廟 科 科 博災喪 13~22 15丁 士煞門 【兄弟】 帶酉 【大兄】
蜚天天鳳年鈴天太 廉傷壽閣解星梁陽 廟廟廟 權 飛將白 73~82 21辛 廉星虎 【奴僕】 墓卯 【大奴】			天天擎天廉 貴刑羊府貞 廟廟旺 官天貫 3~12 16戊 府煞索 【命宮】 浴戌 【大命】
天天火天天武 喜姚星魁相曲 廟 廟閑 喜亡龍 83~92 20庚 神身德 【官祿】 絶寅 【大官】	大破天巨天 魁碎虛門同 旺陷 祿 病月歲 93~ 19辛 符煞破 【田宅】 胎丑 【大田】	月大陰貪 德耗煞狼 旺 祿 大咸小 18庚 耗池耗 【福德】 養子 【大福】	龍天旬台太 池哭空輔陰 廟 權 伏指官 17己 兵背符 【父母】 生亥 【大父】

신사년은 대한에서 흉상을 암시하고 있는 바로 그 궁이다. 삼합법이나 인동여하를 떠나 당년은 기본적으로 질액적인 문제가 있기 쉽다. 그런데 유년의 문창화기가 재차 巳궁을 충파하여 3개의 화기가 득세하니 당년에 사고가 난 것이다.

4. 부부 운 길흉 사례

배우자나 이성문제의 길흉여하를 보기 위해서는 우선 자신의 명천선의 구조와 부처궁의 향배를 잘 판단해야 한다. 미혼인 경우 이성간의 길흉여하 역시 부처궁을 보고 판단한다.

1) 선천이나 대한의 명천선으로 살기형요성이 중하면 고독하거나 배우자 연이 없다. 이 경우 부처궁에 하자가 없으면 다른 육친과 연이 적거나 없다.
2) 부처궁으로 사살을 비롯한 천형이 거하면 배우자 연이 고독하다.
3) 천요를 비롯한 도화제성이 부처궁으로 들어가면 주로 외도한다.
4) 선천이나 대한의 명천선으로 천요를 비롯한 도화제성이 비치면 외도한다. 이때 부처궁으로 煞忌가 거하면 생리사별하게 된다.
5) 괴월·보필 중 하나는 명궁에 있고 하나가 부처궁에 거하면 이별하게 된다.(예를 들면, 명궁에 천괴가 거하고 부처궁에 천월이 자리할 경우)
6) 부처궁에 살성과 질병성계가 중하면 배우자가 사고나 질병으로 인하여 문제가 된다.
7) 경양이 명궁에 거하고 타라가 부처궁에 거해도 서로 고극한다.
8) 14정성 중에서 탐랑·염정·파군·거문·칠살 등이 부처궁에 거하면 일반적으로 불리하게 작용한다. 이러한 정성들이 살기형성이 가하면 더 치명적으로 작용할 수 있다. 무곡과 함지의 태양·태음도 약간의 살성만 가해도 불리하다. 기타 배우자궁의 정성이 함지에 거하면서 살성이 가하면 더 불리하게 작용한다.

※ 위의 조건들이 2~3개 정도 겹치면 부부연이 더 불리하다. 그리고 부부연이 좋은 경우도 있는데 위에서 논한 반대의 조건이라 보면 된다. 주로 자신의 명천선이나 부처궁으로 길성을 보면서 정성에 결함이 없어야 한다. 그리고 배우자 궁으로 기본적으로 보좌길성이나 사화길성을 보면 일단 배우자 연이 순탄할 가능성이 높다. 살기형성의 간섭이 없거나 만약 있다고 해도 미약해야 한다. 이때 보좌길성을 보면서

약간의 살성은 허용할 수 있다. 하지만 선천부처궁이 아무리 길하다고 해도 운에서 문제가 되기도 하므로 주의해서 살펴야 한다.

사례 1) 처복이 있는 명

<table>
<tr>
<td>大紅天祿
耗鸞官存
廟
博亡龍 12~21 68癸
士身德 【父母】 絶巳</td>
<td>天旬解陰擎天
壽空神煞羊機
平廟
權
力將白 22~31 69甲
士星虎 【福德】 胎午</td>
<td>天寡天地破紫
德宿刑劫軍微
平廟廟
青攀天 32~41 70乙
龍鞍德 【田宅】 養未</td>
<td>天天
哭馬
旺
小歲弔 42~51 71丙
耗驛客 【身官祿】 生申</td>
</tr>
<tr>
<td>天截陀太
虛空羅陽
廟旺
官月歲 2~11 67壬
府煞破 【命宮】 墓辰</td>
<td colspan="2" rowspan="2">乾命 : 1946年(丙戌) 11月 ○日 ○時
命局 : 水2局, 長流水
命主 : 廉貞
身主 : 文昌</td>
<td>天火天天
傷星鉞府
陷廟陷
將息病 52~61 72丁
軍神符 【奴僕】 浴酉</td>
</tr>
<tr>
<td>月地七武
德空殺曲
平陷陷
伏咸小 66辛
兵池耗 【兄弟】 死卯</td>
<td>天天封太
貴月誥陰
旺
奏華太 62~71 73戊
書蓋歲 【遷移】 帶戌</td>
</tr>
<tr>
<td>天龍紅天台左文天天
才池艶巫輔輔昌梁同
廟陷廟閑
科 祿
大指官 65庚
耗背符 【夫妻】 病寅</td>
<td>破八三天
碎座台相
廟
病天貫 92~ 64辛
符煞索 【子女】 衰丑</td>
<td>蜚鳳天天恩年右文巨
廉閣廚福光解弼曲門
廟廟旺
喜災喪 82~91 63庚
神煞門 【財帛】 旺子</td>
<td>天天天孤天鈴天貪廉
空使喜辰姚星魁狼貞
廟旺陷陷
忌
飛劫晦 72~81 74己
廉煞氣 【疾厄】 建亥</td>
</tr>
</table>

차명은 비교적 이른 나이에 의류사업을 하였지만 그렇게 잘된 적이 없었다. 부인 역시 의류사업을 따로 하였는데, 처의 사업은 일취월장하고 항상 수익이 좋았다. 차명이 사업으로 손재하면 부인이 뒤에서 늘 받쳐주고 지원을 해주었다. 한마디로 처덕이 있는 명이다.

명궁에 고지식하고 원리원칙을 따지는 태양이 거하니 장사나 사업에 어울리는 성정이 아니다. 동궁한 타라는 고집과 구설을 야기시키는 성이므로 융통성을 발휘하기 어려운 단점이 있다.

그런데 선천부처궁은 동량조합을 이룬다. 寅申궁의 동량은 살성이나 형요성 등이 관여하지 않으면 배우자연이 비교적 좋다. 차명의 경우 천동화록에 문창화과를 보면서 좌보와 동궁하니, 배우자궁이 재적으로 길하며 사회적으로 능력을 발휘하기 좋은 상황이다. 申궁의 천마가 천동화록과 만나 록마교치를 이루어 처의 이재(理財)능력이나 재물적인 상황은 더 길하다. 부처궁을 비롯한 부처궁의 삼방사정으로 살성이 약하니 처의 음덕을 입고 해로할 명이다.

사례 2) 선천부처궁이 길하여 파혼을 면함

<table>
<tr>
<td>天天旬天天陀天七紫
才虛空巫刑羅馬殺微
陷平平旺

官歲歲 55己
府驛破 【兄弟】 絶巳</td>
<td>封祿文
誥存昌
旺陷

博息龍 5~14 56庚
士神德 【命宮】 胎午</td>
<td>天八三擎地
哭座台羊空
廟平

力華白 15~24 57辛
士蓋虎 【父母】 養未</td>
<td>天天天文
德廚鉞曲
廟平
忌

青劫天 25~34 58壬
龍煞德 【福德】 生申</td>
</tr>
<tr>
<td>月大紅紅解天天
德耗鸞艶神梁機
旺廟
科

伏攀小 54戊
兵鞍耗 【夫妻】 墓辰</td>
<td colspan="2" rowspan="2">坤命 : 1959年(己亥) 9月 ○日 ○時
命局 : 土5局, 路傍土
命主 : 破軍
身主 : 天機</td>
<td>破截天天破廉
碎空官姚軍貞
陷平

小災弔 35~44 59癸
耗煞客 【田宅】 浴酉</td>
</tr>
<tr>
<td>龍地天
池劫相
平陷

大將官 95~ 53丁
耗星符 【子女】 死卯</td>
<td>天寡陰台
喜宿煞輔

將天病 45~54 60甲
軍煞符 【官祿】 帶戌</td>
</tr>
<tr>
<td>孤天天天鈴右巨太
辰福貴月星弼門陽
廟旺廟旺

病亡貫 85~94 52丙
符身索 【身 財帛】 病寅</td>
<td>蜚天天火貪武
廉使壽星狼曲
旺廟廟
權祿

喜月喪 75~84 51丁
神煞門 【疾厄】 衰丑</td>
<td>天恩天左太天
空光魁輔陰同
旺旺廟旺

飛咸晦 65~74 50丙
廉池氣 【遷移】 旺子</td>
<td>天鳳年天
傷閣解府
旺

奏指太 55~64 61乙
書背歲 【奴僕】 建亥</td>
</tr>
</table>

차명은 공직에 있다가 결혼 후 직장을 그만두고 전업주부이다. 배우자는 제조업 분야에서 사업을 하고 있다. 부부사이는 지금까지 무난하였고 크게 다툰 적도 별로 없었다고 한다.

선천부처궁을 논하기 전에 먼저 차명의 선천명궁과 삼방사정을 보면, 록존을 비롯한 길성이 회조하여 안정감이 있는 것을 알 수 있다. 자신의 명궁이하 삼방사정이 길하다는 것은 인생이 그만큼 안정적이고 파동이 적다는 것을 의미한다. 혹 파동이 있다 해도 돌파할 수 있는 명격이다.

부처궁은 기량조합이다. 진술궁의 기량조합은 남녀 모두 부부연이 비교적 길하다. 단 사살이나 형요성·화기 등이 관여하지 않아야 한다. 특히 양타는 싫어한다. 차명의 경우 천량화과에 악살이 관여하지 않으므로 배우자연이 두텁다는 것을 알 수 있다.

지난 계유대한(35세~44세) 중 대한부처궁(未)으로 경양·지공이 거하고 있는 가운데, 대한의 탐랑화기가 丑궁에 입하여 未궁으로 차성되어 대한부처궁이 흉상을 드러낸다. 이러한 연고로 계유대한 중 남편의 사업이 부도위기에 처한 적이 있었다. 만약 선천명격이나 선천부처궁이 좋지 않았다면 계유대한 중 남편의 파재뿐만 아니라 생리사별의 확률도 높아진다. 未궁은 부모궁도 되므로 계유대한 중 차명의 모친이 지병으로 고생을 많이 하였다.

사례 3) 결혼하는 해

차명은 33세(丙戌) 결혼하였다.

유년명궁(戌)의 대궁으로 쌍화과를 보니 혼인이나 계약사·명예사 등에 유리하다. 유년부처궁(申)도 자부조합이 흉성이 없으며, 유년부처궁의 삼방사정으로 쌍과·쌍록·록존 등이 동회하므로 혼인을 해도 가하다. 하지만 당 대한의 태양화기가 巳궁으로 떨어져 선천부처궁(亥)을 타격하니 혼 후에 부부사이가 문제가 있기 쉽다. 선천부처궁은 천요·문창·은광 등 도화성이 중하니 배우자의 외도와 음주 등을 주의해야 한다. 그리고 巳궁은 부처궁의 천이궁에 해당하므로 남편에게 사고나 질병문제도 발생하기 쉬운 대한이다.

大孤天台**太** 昌辰廚輔**陽** 旺 忌 忌 大亡貫 82~91 40己 耗身索 【官祿】 建巳 【大疾】	天龍紅解陰**破** 傷池艶神煞**軍** 廟 權 權 病將官 72~81 41庚 符星符 【奴僕】 帶午 【大財】	大月天天天天**天** 鉞德喜官刑鉞**機** 旺陷 喜攀小 62~71 42辛 神鞍耗 【遷移】 浴未 【大子】	大天鳳天截年天**天紫** 馬使閣虛空解馬**府微** 旺平旺 飛歲歲 52~61 43壬 廉驛破 【疾厄】 生申 【大配】
天**武** 哭**曲** 廟 科 科 伏月喪 92~ 39戊 兵煞門 【田宅】 旺辰 【大遷】	坤命 : 1974年(甲寅) 11月 ○日 ○時 命局 : 水2局, 潤下水 命主 : 巨門 身主 : 天梁		大破大天**太** 曲碎耗福**陰** 旺 奏息龍 42~51 44癸 書神德 【財帛】 養酉 【大兄】
大天天三天擎文**天** 羊空才台貴羊曲**同** 陷旺廟 官咸晦 38丁 府池氣 【福德】 衰卯 【大奴】			蜚天地**貪** 廉月劫**狼** 平廟 將華白 32~41 45甲 軍蓋虎 【子女】 胎戌 【大命】
大天鈴祿左**七** 祿巫星存輔**殺** 廟廟廟廟 博指太 37丙 士背歲 【父母】 病寅 【大官】	大大天紅寡封陀天**天** 陀魁壽鸞宿誥羅魁**梁** 廟旺旺 力天病 2~11 36丁 士煞符 **【命宮】** 死丑 【大田】	旬火地右**天廉** 空星空弼**相貞** 平平廟廟平 祿 祿 青災弔 12~21 35丙 龍煞客 【兄弟】 墓子 【大福】	天八恩天文**巨** 德座光姚昌**門** 旺旺 小劫天 22~31 46乙 耗煞德 **【身 夫妻】** 絶亥 【大父】

사례 4) 결혼하는 해

차명은 34세(丙戌)에 혼인하였다.

유년부처궁(申)으로 대한의 자미화과가 대조하니 혼인에 유리하다. 그리고 을묘대한(25세~34세)의 대한부처궁(丑)으로 함지의 천기가 경양과 동궁하여 이성이나 부부연이 불리하다. 하지만 보필이 협하고 천기화록에 대궁으로 천량화권이 대조하므로 당 대한 중에 혼인 할 수 있는 상황이다. 중요한 것은 대한의 태음화기가 대한명궁이자 선천부처궁인 卯궁을 충파하니 연애나 혼사가 순탄하다고 보기는 어렵다. 그리고 남명이 함지의 태음 운으로 진행하면 여성육친과 인연이 없거나 약하게 된다. 이러한 연유로 차명은 을묘대한 중 이성파절을 한 번 경험한 이후 을묘대한 말관에 해당하는 나이에 겨우 혼사를 치루는 형국이 되었다.

<table>
<tr>
<td>大龍天天鈴天巨
馬池哭福星鉞門
旺旺平
權

喜指官　5~14　29丁
神背符　【命宮】　建巳
【大福】</td>
<td>大天天三恩解陰地天廉
耗才官台光神煞劫相貞
月大　廟旺平
德昌

飛咸小　30戊
廉池耗　【父母】　帶午
【大田】</td>
<td>天天天
虛刑梁
旺
權

奏月歲　31己
書煞破【身 福德】浴未
【大官】</td>
<td>大大天天紅八七
曲鉞壽喜艷座殺
廟

將亡龍　95~　32庚
軍身德　【田宅】　生申
【大奴】</td>
</tr>
<tr>
<td>大地貪
羊空狼
陷廟
忌

病天貫　15~24　40丙
符煞索　【兄弟】　旺辰
【大父】</td>
<td colspan="2" rowspan="2">乾命 : 1973年(癸丑) 11月 ○日 ○時
命局 : 土5局, 沙中土
命主 : 武曲
身主 : 天相</td>
<td>蜚鳳年封天
廉閣解誥同
平

小將白　85~94　33辛
耗星虎　【官祿】　養酉
【大遷】</td>
</tr>
<tr>
<td>大旬天文太
祿空魁昌陰
廟平陷
科
忌

大災喪　25~34　39乙
耗煞門　【夫妻】　衰卯
【大命】</td>
<td>天天寡天火武
德傷宿月星曲
廟廟

青攀天　75~84　34壬
龍鞍德　【奴僕】　胎戌
【大疾】</td>
</tr>
<tr>
<td>大天紅孤天天左天紫
陀空鸞辰貴巫輔府微
廟廟廟
科

伏劫晦　35~44　38甲
兵煞氣　【子女】　病寅
【大兄】</td>
<td>破截台擎天
碎空輔羊機
廟陷
祿

官華太　45~54　37乙
府蓋歲　【財帛】　死丑
【大配】</td>
<td>大天祿右破
魁使存弼軍
旺廟廟
祿

博息病　55~64　36甲
士神符　【疾厄】　墓子
【大子】</td>
<td>天天陀天文太
廚姚羅馬曲陽
陷平旺陷

力歲弔　65~74　35癸
士驛客　【遷移】　絶亥
【大財】</td>
</tr>
</table>

그리고 차명은 사례3)의 배우자이다. 사례3)의 운로를 논할 때 갑술대한(32~41세)에는배우자 문제가 발생한다고 하였다. 차명의 대운으로 보면 갑인대한(35~44세)에 해당하는 대한인데, 갑인대한은 대한화기가 태양화기가 된다. 그런데 태양화기가 선천천이궁으로 떨어져 부담을 준다. 차명의 선천천이궁은 타라·천마가 만나 절족마를 이루고 있으므로 사고·질병을 면하기 어려운 상황이기 때문에 더 문제가 된다. 게다가 천요가 천마를 만나면 주색으로 화를 입는다고 하였다. 차명의 갑인대

한이 사례3)에서 논한 부분과 일치 하는 상황이다.

◈ 선천부처궁을 보면 배우자의 명궁이나 身궁을 알 수 있다.

우리가 부부나 이성의 인연을 논할 때 먼저 궁합을 의뢰하는 경우가 많다. 그러나 궁합의 길흉여하를 떠나 지금 만나고 있거나 같이 살고 있는 배우자가 과연 나와 선천적으로 연분이 있는지를 알 수가 있다. 이를 분석하기 위해서는 자신의 명반에서 선천부처궁의 정성이 무엇인지를 먼저 알아야 한다. 경험에 의하면 상대의 명궁과 身궁이 당사자의 선천부처궁의 정성과 어느 정도 일치하는 경우가 많았다. 만약 이것이 서로 다르게 되면 부부연이 약할 소지가 있고, 또한 서로의 기질이 맞지 않을 수도 있다.

예를 들면, 자신의 선천부처궁의 정성이 동량이라 할 경우, 상대방의 명궁이나 身궁이 기월동량격을 이루고 있으면 일단 인연이 있는 것으로 판단한다. 그러나 상대의 명궁이나 身궁이 자미·파군·칠살·무곡 등의 강성으로 이루어져 있으면 일단 연이 없거나 약한 것으로 본다.

사례3)의 명과 사례4)의 명이 혼인을 하여 부부가 되었으므로, 이 두 사람을 가지고 살펴보자.

먼저, 사례3)의 선천부처궁이 거일조합을 이루고 있다. 배우자인 사례4)의 명궁이 거일조합이다. 반대로 사례4)의 부처궁은 묘유궁의 동월이며, 전체적으로 보면 기월동량격을 이루고 있다. 하여 배우자인 사례3)을 보면 선천명궁과 삼방사정이 기월동량을 이루고 있음을 알 수 있다. 이처럼 부부의 연은 이미 어느 정도 정해져 있다는 것을 알게 된다.

아래 배우자인연을 가늠할 수 있는 몇 가지 요소를 논하였으므로 참고하기 바란다.

- 부처궁이 기월동량이면, 상대의 명궁이나 身궁이 기월동량일 가능성이 높다.
- 부처궁이 살파랑이면, 상대의 명궁이나 身궁이 살파랑이나 자부염무상조합일 가능성이 높다.
- 부처궁이 자부염무상이면, 상대의 명궁이나 身궁이 자부염무상일 가능성이 크다. 살파랑일 가능성도 있다.
- 부처궁이 거일이면, 상대의 명궁이나 身궁이 거일이나 자부염무상일 가능성이 높다.
- 부처궁의 정성이 부드럽고 낙천적인 색채이면, 상대의 명궁 역시 이러한 조합일 가능성이 높다.
- 부처궁의 정성이 강하고 완고한 색채이면, 상대의 명궁 역시 이러한 조합을 이루고 있다.
- 부처궁이 기월동량인 명격은 상대의 명궁이 무곡·파군·칠살·자미 등과는 연이 없거나 약하다.
- 부처궁이 무곡·파군·칠살·자미이면 상대의 명궁이 기월동량을 이루고 있는 사람과는 연이 없거나 약하다.

사례 5) 속아서 결혼한 사례

차명은 갑인대한(25세~34세) 중 혼인하여 31세(戊寅)에 결국 이혼하였다. 사유는 남편에게 이용당하고 속은 결혼을 하였다는 것이다.

선명명궁의 거문이 타라·천형·지겁·비렴 등 살성이 중하니 삶에 파동이 많은 명이다. 정황이 이러하면 비록 부처궁에 하자가 없다고 해도 감정좌절은 면하기 어렵다. 그런데 선천부처궁에 천기화기가 충파하고 있고, 대궁으로 천요가 대조하니 초혼은 실패할 가능성이 매우 높다. 기월이 천요와 살기성을 보면 사람이 과장되고 잘난 척하기 쉽다. 또한 사람이 가볍고 도덕적이지 못한 언행을 하기도 한다.

갑인대한은 천기화기로 인하여 많은 곡절을 암시하고 있다. 그런데 대한의 태양화기가 대한부처궁(子)으로 떨어져 부부인연에 심각한 문제를 예고하고 있다. 子궁의 태양은 함지인데 경양·타라·천형·겁공 등이 동회하니 인리산재(人離散財)가 바로 이런 형국이다.

<table>
<tr>
<td>大天天祿文天
昌德貴存昌相
廟廟平

博劫天 34丁
士煞德 【父母】 建巳
【大田】</td>
<td>天八擎地天
廚座羊空梁
平廟廟

官災弔 35戊
府煞客 【福德】 帶午
【大官】</td>
<td>大紅寡天封火天七廉
鉞鸞宿月誥星鉞殺貞
閑旺旺廟
祿
伏天病 95~ 36己
兵煞符 【田宅】 浴未
【大奴】</td>
<td>大三天
馬台姚

大指太 85~94 37庚
耗背歲 【官祿】 生申
【大遷】</td>
</tr>
<tr>
<td>蜚紅天陀地巨
廉艶刑羅劫門
廟陷平

力華白 5~14 33丙
士蓋虎 【命宮】 旺辰
【大福】</td>
<td colspan="2" rowspan="2">坤命 : 1968年(戊申) 8月 ○日 ○時
命局 : 土5局, 沙中土
命主 : 廉貞
身主 : 天梁</td>
<td>大破天天文
曲碎空傷曲
廟

病咸晦 75~84 38辛
符池氣 【奴僕】 養酉
【大疾】</td>
</tr>
<tr>
<td>大大天天鈴右貪紫
羊耗官福星弼狼微
廟陷地旺
科祿

青息龍 15~24 44乙
龍神德 【兄弟】 衰卯
【大父】</td>
<td>天天天
壽哭同
平

喜月喪 65~74 39壬
神煞門 【遷移】 胎戌
【大財】</td>
</tr>
<tr>
<td>大鳳天旬年解天太天
祿閣虛空解神馬陰機
旺閑旺
權忌

小歲歲 25~34 43甲
耗驛破 【身 夫妻】 病寅
【大命】</td>
<td>大大月天恩天天
陀魁德喜光魁府
旺廟

將攀小 35~44 42乙
軍鞍耗 【子女】 死丑
【大兄】</td>
<td>天龍截陰太
才池空煞陽
陷
忌

奏將官 45~54 41甲
書星符 【財帛】 墓子
【大配】</td>
<td>天孤天台左破武
使辰巫輔輔軍曲
閑平平
權科

飛亡貫 55~64 40癸
廉身索 【疾厄】 絶亥
【大子】</td>
</tr>
</table>

파혼을 한 31세(戊寅) 유년명궁은 대한에서 파동을 암시하고 있는 궁이다. 그런데 유년부처궁(子)으로 태양화기를 보고 있다. 대한과 유년의 12궁이 이렇게 겹치면서 흉하면 당년에 예고된 흉사가 발현될 가능성이 높다. 게다가 유년의 천기화기가 선천부처궁이자 대한명궁을 재차 타격하니 당년에 파혼 한 것이다.

사례 6) 배우자와 사별

<table>
<tr>
<td>大旬天地地天
祿空巫空劫馬
廟閑平
青歲弔 92~ 48辛
龍驛客 【子女】 絶巳
【大奴】</td>
<td>大大天天
曲羊廚機
廟
祿
忌
小息病 49壬
耗神符 【夫妻】 胎午
【大遷】</td>
<td>大截破紫
鉞空軍微
廟廟
科
將華太 50癸
軍蓋歲 【兄弟】 養未
【大疾】</td>
<td>大天紅孤紅天天解封天
昌空鸞辰艶福貴神誥鉞
廟
奏劫晦 2~11 51甲
書煞氣 【身命宮】 生申
【大財】</td>
</tr>
<tr>
<td>大天寡天擎鈴左文太
陀德宿官羊星輔昌陽
廟旺廟旺旺
力攀天 82~91 59庚
士鞍德 【財帛】 墓辰
【大官】</td>
<td colspan="2" rowspan="2">坤命 : 1955年(甲午) 1月 ○日 ○時
命局 : 水2局, 泉中水
命主 : 廉貞
身主 : 天相</td>
<td>天天
刑府
陷
飛災喪 12~21 52乙
廉煞門 【父母】 浴酉
【大子】</td>
</tr>
<tr>
<td>天天天鳳三年火祿七武
使壽才閣台解星存殺曲
蜚廉 平旺陷陷
博將白 72~81 58己
士星虎 【疾厄】 死卯
【大田】</td>
<td>天右文太
月弼曲陰
廟陷旺
忌
科 權
喜天貫 22~31 53丙
神煞索 【福德】 帶戌
【大配】</td>
</tr>
<tr>
<td>大天恩陰陀天天
馬喜光煞羅梁同
陷廟閑
權
官亡龍 62~71 57戊
府身德 【遷移】 病寅
【大福】</td>
<td>大破天天天天
魁碎傷虛姚相
廟
伏月歲 52~61 56己
兵煞破 【奴僕】 衰丑
【大父】</td>
<td>月大台天巨
德耗輔魁門
旺旺
大咸小 42~51 55戊
耗池耗 【官祿】 旺子
【大命】</td>
<td>龍天八貪廉
池哭座狼貞
陷陷
祿
病指官 32~41 54丁
符背符 【田宅】 建亥
【大兄】</td>
</tr>
</table>

차명은 42세(丙子)에 남편과 사별하였다. 남편이 밖에서 잠을 자다가 갑자기 심장마비를 일으켜 사망하였다.

차명의 선천부처궁(午)과 대궁에 해당하는 子궁은 특별한 문제가 없다. 戌궁의 태음화기가 午궁으로 회조하지만 이정도 상황은 누구나 있을 수 있다. 그런데 무자대한(42세~51세)이 되면 대한부처궁(戌)으로 태음화기와 질병성계인 천월을 보게 된다. 배우자의 질액이 의심되는 대목이다. 대한의 태음화권과 우필화과가 버티고 있지만, 오히려 태음화기를 인동시킨 상황이다. 중요한 것은 대한의 천기화기가 선천부처궁으로 떨어지는 것인데, 午궁은 대한경양이 거하고 있으므로 천기화기의 충격은 더 크게 작용한다.

차명의 부부사이는 비교적 원만하였다고 한다. 이는 선천부처궁이 특별한 흉살이 없고 석중은옥격(石中隱玉格)을 이루고 있기 때문이다. 그러나 대한에서 화기가 타격을 하여 문제가 된 것이다. 이처럼 선천부처궁이 아무리 길하다고 해도 대한의 정황에 따라서 생리사별할 수 있는 개연성은 얼마든지 있으므로 심찰해야할 것이다.

사례7) 부부 별거

<table>
<tr>
<td>大天天天孤天天天文巨
陀空才喜辰廚巫姚昌門
大 廟平
曲

小劫晦 42~51 50己
耗煞氣 【官祿】 絶巳
【大命】</td>
<td>天鳳紅恩年陰地右天廉
傷閣艷光解煞空弼相貞
蜚大 廟旺旺平
廉祿 祿

將災喪 52~61 51庚
軍煞門 【奴僕】 胎午
【大父】</td>
<td>大天天封火天天
羊官月誥星鉞梁
閑旺旺
科

奏天貫 62~71 52辛
書煞索 【遷移】 養未
【大福】</td>
<td>大天龍截左七
鉞使池空輔殺
平廟

飛指官 72~81 53壬
廉背符 【疾厄】 生申
【大田】</td>
</tr>
<tr>
<td>八地貪
座劫狼
陷廟
權

青華太 32~41 49戊
龍蓋歲 【田宅】 墓辰
【大兄】</td>
<td colspan="2" rowspan="2">乾命 : 1964年(甲辰) 5月 ○日 ○時
命局 : 水2局, 潤下水
命主 : 巨門
身主 : 門昌</td>
<td>大月天文天
昌德福曲同
廟平
忌

喜咸小 82~91 54癸
神池耗 【財帛】 浴酉
【大官】</td>
</tr>
<tr>
<td>天擎鈴太
壽羊星陰
陷廟陷

力息病 22~31 48丁
士神符 【福德】 死卯
【大配】</td>
<td>天三天武
虛台貫曲
廟
科
祿

病月歲 92~ 55甲
符煞破 【子女】 帶戌
【大奴】</td>
</tr>
<tr>
<td>天旬祿天天紫
哭空存馬府微
廟旺廟廟

博歲弔 12~21 47丙
士驛客 【父母】 病寅
【大子】</td>
<td>天破寡天陀天天
德碎宿刑羅魁機
廟旺陷

官攀天 2~11 46丁
府鞍德 【命宮】 衰丑
【大財】</td>
<td>大解破
魁神軍
廟
權

伏將白 45丙
兵星虎 【兄弟】 旺子
【大疾】</td>
<td>大大紅台太
馬耗鸞輔陽
陷
忌

大亡龍 56乙
耗身德 【身夫妻】 建亥
【大遷】</td>
</tr>
</table>

차명은 기사대한(42세~51세) 초반부터 처와 별거하고 있다. 별거사유는 평소 서

로 성격이 맞지 않고 마찰이 많은데다가 차명의 사업이 도산하여 결국 별거하기에 이른 것이다.

선천명궁(丑)의 천기가 함지에 거하면서 타라·천형·화성 등의 살성이 중하여 파란이 많을 명이다. 상황이 이러한데 선천부처궁(亥)의 태양은 함지에서 선천화기를 맞고 있으니 배우자연을 기대할 상황이 아니다.

기사대한(42세~51세)은 거문이 천요와 동궁하면서 겁공이 협하니 겉만 화려하고 실속이 없는 운이다. 대한천이궁(亥)도 믿을 수 없게 되었다. 대한재백궁(丑) 역시 손재를 면하기 어렵다. 사업의 향배를 보는 대한관록궁(酉)은 대한의 문곡화기가 충파하니 당 대한은 어디하나 의지할 곳이 없는 것이다.

대한부처궁(卯)은 함지의 태음이 경양·영성과 동궁하면서 문곡화기가 대조하니 부부연이 온전할리 만무하다. 그렇지 않아도 선천명궁과 부처궁의 정황이 이미 파절을 예고하고 있는데, 대한의 분위기가 이러하니 당 대한에 재물과 육친의 인연 등 모든 것이 흩어지는 형국이다.

사례8) 독신 남

50세(戊子)현재 아직 결혼을 하지 않은 명이다. 자신이 꼭 독신주의자는 아니지만 이성의 인연이 잘 되지 않고, 혹 만나서 사귄다 해도 오래가지 못한다고 한다.

子궁의 파군이 삼방사정으로 양타·겁공·화성 등 살성이 중하니 일명 고극한 명이다. 그런데 선천부처궁(戌)의 무곡이 영성과 동궁하면서 양타·겁공·형요성 등 살성이 중하게 동회하고 있다. 부처궁의 무곡이 이처럼 영성이나 양타를 보면 과수격(寡守格)이 되어 고독하기 쉽다.

차명은 고급 중국음식점을 운영하고 있다. 그런데 병진대한(44세~53세)들어서 파킨슨병으로 계속 치료중이다. 선천명궁으로 살성이 중하게 동회하니 질액적으로 불리한데, 병진대한은 대한의 염정화기가 선천천이궁으로 들어가 선천명궁을 타격한다. 사고나 질병을 암시하는 부분이다. 선천 身궁 역시 천형이 거하니 몸이 형벌을 받은 형국이고, 화령·경양·지공·천요 등이 동회하니 그만큼 질병과 관계가 많다.

<table>
<tr><td>大天紅恩祿右巨
耗傷鸞光存弼門
廟平平
科
博亡龍 54~63 56丁
士身德 【奴僕】 生巳</td><td>天天擎地天廉
廚姚羊劫相貞
平廟旺平
力將白 64~73 57戊
士星虎 【遷移】 浴午</td><td>天天寡天天
德使宿鉞梁
旺旺
青攀天 74~83 58己
龍鞍德 【疾厄】 帶未</td><td>天天火天七
哭巫星馬殺
陷旺廟
小歲弔 84~93 59庚
耗驛客 【財帛】 建申</td></tr>
<tr><td>天紅旬陰陀地貪
虛艷空煞羅空狼
廟陷廟
祿
官月歲 44~53 55丙
府煞破 【官祿】 養辰</td><td colspan="2" rowspan="2">乾命 : 1958年(戊戌) 6月 ○日 ○時
命局 : 金4局, 海中金
命主 : 貪狼
身主 : 門昌</td><td>封左天
誥輔同
陷平
將息病 94~ 60辛
軍神符 【子女】 旺酉</td></tr>
<tr><td>月天天天文太
德官福月昌陰
平陷
權
伏咸小 34~43 54乙
兵池耗 【田宅】 胎卯</td><td>天鈴武
才星曲
廟廟
奏華太 61壬
書蓋歲 【夫妻】 衰戌</td></tr>
<tr><td>龍八天天紫
池座刑府微
廟廟
大指官 24~33 53甲
耗背符 【身 福德】 絶寅</td><td>破天台天天
碎貴輔魁機
旺陷
忌
病天貫 14~23 52乙
符煞索 【父母】 墓丑</td><td>蜚天鳳截三年解破
廉壽閣空台解神軍
廟
喜災喪 4~13 51甲
神煞門 【命宮】 死子</td><td>天天孤文太
空喜辰曲陽
旺陷
飛劫晦 62癸
廉煞氣 【兄弟】 病亥</td></tr>
</table>

사례9) 부부 별거

차명은 경진대한(36세~45세) 중 남편과 별거하게 되었는데, 44세(무자) 현재 8년째 별거 중이다. 별거 사유는 남편의 사업이 모두 파산하여 남편 스스로 처자식을 뒤로하고 사라져 버렸다고 한다. 연락도 거의 없다고 한다.

선천부처궁(亥)을 보면 록마교치가 되어 재물적으로 길하다는 것을 알 수 있다. 그러나 대궁(巳)의 태음이 함지에 화기를 맞고 겁공까지 더하니 부처궁이 얼핏 길한 듯 보이지만 항상 흉의를 감추고 있다.

鳳三天年地地右**太** 閣台貴解空劫弼**陰** 廟閑平陷 忌 科 青指太 46~55 49辛 龍背歲 【官祿】 建巳 【大父】	天天天天天天**貪** 空傷壽才廚姚**狼** 旺 小咸晦 56~65 50壬 耗池氣 【奴僕】 旺午 【大福】	大大蜚截**巨天** 陀鉞廉空**門同** 陷陷 忌 將月喪 66~75 51癸 軍煞門 【遷移】 衰未 【大田】	大天孤紅天天封天**天武** 祿使辰艷福巫誥鉞**相曲** 廟廟平 權 奏亡貫 76~85 52甲 書身索 【疾厄】 病申 【大官】
天寡天陰擎鈴文**天廉** 喜宿官煞羊星昌**府貞** 廟旺旺廟旺 力天病 36~45 48庚 士煞符 【田宅】 帶辰 【大命】	坤命 : 1965年(乙巳) 9月 ○日 ○時 命局 : 火6局, 霹靂火 命主 : 巨門 身主 : 天機		大破龍八火左**天太** 羊碎池座星輔**梁陽** 陷陷地閑 權 祿 飛將官 86~95 53乙 廉星符 【財帛】 死酉 【大奴】
大旬天**祿** 曲空月**存** 旺 博災弔 26~35 47己 士煞客 【福德】 浴卯 【大兄】			月大紅文**七** 德耗鸞曲**殺** 陷廟 喜攀小 96~ 54丙 神鞍耗 【子女】 墓戌 【大遷】
大天天陀**破** 馬德刑羅**軍** 陷陷 官劫天 16~25 46戊 府煞德 【父母】 生寅 【大配】	大天 魁哭 伏華白 6~15 45己 兵蓋虎【身 命宮】養丑 【大子】	解台天**紫** 神輔魁**微** 旺平 科 大息龍 44戊 耗神德 【兄弟】 胎子 【大財】	大天恩天**天** 昌虛光馬**機** 平平 祿 病歲歲 55丁 符驛破 【夫妻】 絶亥 【大疾】

경진대한은 염부살조합을 이룬다. 창곡이 마주하고 괴월이 재관궁에서 비치므로 그렇게 불리한 상황이 아니라고 볼 수 있다. 그러나 염정이 가장 싫어하는 경양· 영성과 동궁하여 당 대한은 기본적으로 삶의 곡절이 많다. 중요한 것은 차명의 삼방사정이 아니라, 대한부처궁(寅)의 상황이다. 함지의 파군이 타라·천형과 동궁하니 배우자가 재물과 건강 모두 문제가 되기 쉽다. 물론 부부가 고독하게 되는 상황이기도 하다. 대한천마가 인궁에 배치되는데, 타라와 만나 절족마를 이루어 더 강하게 충파하는 형국이다.

5. 부모·형제의 길흉 사례

부모와 형제의 길흉여하를 판단하기 위해서는 우선 부모궁과 대궁인 질액궁 그리고 형제궁과 형제궁의 대궁에 해당하는 노복궁의 정황을 살펴야 한다. 그 다음 자신의 명궁과 천이궁 등 삼방사정의 동태를 파악해야 한다. 중요한 것은 선천의 부모, 형제궁만 판단하지 말고 대한과 유년의 부모, 형제궁까지 모두 보고 판단해야 한다.

사례 1) 부친 별세

大大天旬陀天**貪廉** 曲陀虛空羅馬**狼貞** 陷平陷陷 權 權 官歲歲 42~51 55己 府驛破 【官祿】 絶巳 【大命】	大天天天祿**巨** 祿傷月刑存**門** 旺旺 博息龍 52~61 56庚 士神德 【奴僕】 胎午 【大父】	大天擎火**天** 羊哭羊星**相** 廟閑閑 力華白 62~71 57辛 士蓋虎 【遷移】 養未 【大福】	天天天天天陰鈴天**天天** 德使壽廚巫煞星鉞**梁同** 大 旺廟陷旺 鉞 科 科 青劫天 72~81 58壬 龍煞德 【疾厄】 生申 【大田】
月大紅紅解台**太** 德耗鸞艷神輔**陰** 閑 伏攀小 32~41 54戊 兵鞍耗 【田宅】 墓辰 【大兄】	坤命 : 1959年(己亥) 10月 ○日 ○時 命局 : 水2局, 潤下水 命主 : 巨門 身主 : 天機		大破截天地**七武** 昌碎空官劫**殺曲** 平閑旺 祿 祿 小災弔 82~91 59癸 耗煞客 **【身 財帛】** 浴酉 【大官】
龍**天** 池**府** 平 大將官 22~31 53丁 耗星符 【福德】 死卯 【大配】			天寡天**太** 喜宿姚**陽** 陷 將天病 92~ 60甲 軍煞符 【子女】 帶戌 【大奴】
孤天文 辰福曲 平 忌 忌 病亡貫 12~21 52丙 符身索 【父母】 病寅 【大子】	蜚八三天地右左**破紫** 廉座台貴空弼輔**軍微** 陷廟廟旺廟 喜月喪 2~11 51丁 神煞門 **【命宮】** 衰丑 【大財】	大天天封天文**天** 魁空才誥魁昌**機** 旺旺廟 飛咸晦 50丙 廉池氣 【兄弟】 旺子 【大疾】	大鳳恩年 馬閣光解 奏指太 61乙 書背歲 【夫妻】 建亥 【大遷】

기사대한(42세~51세) 중 부친이 지병으로 별세하였다. 대한 문곡화기가 선천부모궁으로 떨어진다. 그렇지 않아도 선천부모궁은 화기를 맞고 있어 부담이 있는데, 대한화기가 가세하여 쌍기가 되니, 당 대한은 부모의 운로가 주요 사안이 된다. 정황이 이러하면 당 대한은 부모의 삶이 전체적으로 여의치 않다. 대한부모궁(午) 역시 형극을 의미하는 천형과 질병성계인 천월·천상 등이 거하니 부친상을 입은 것이다.

차명은 부모 복이 없었다고 하는데, 선천부모궁을 보면 부모 복이 온전할 상황이 아니다. 그리고 차명은 자파상 조합에 양타·화성·지겁 등 살성이 중한데, 자파상 조합이 살성이 중하면 위신불충 위자불효(爲臣不忠 爲子不孝)가 되어 기본적으로 부모와 형제 등 육친의 복을 입기 어렵고, 인연 또한 소홀한 것이다.

47세(乙酉) 부친상을 당했는데, 유년의 천기화록이 子午궁선을 인동하였다. 午궁은 부모궁이고 천형·천월·천상 등의 흉상을 인동한 것이다. 그리고 유년 태음화기가 辰궁에 떨어진다. 진궁은 유년부모궁(戌)의 대궁에 해당하므로 당년에 부모가 별세한 것이다.

사례 2) 부모질병과 윗사람과의 마찰

차명은 신축대한(42세~51세) 중 부친이 수술을 하였고, 모친도 갑자기 찾아온 질병으로 입원치료를 하는 일이 있었다. 그런데 차명은 신축대한 중 회사 윗사람과도 의견이 맞지 않아 늘 불협이 있었는데, 이러한 연유로 부서 이동을 하는 일도 있었다.

신축대한은 선천부모궁으로 문창화기가 떨어져 쌍기가 되었다. 부모가 화를 면하기 어렵다는 것은 쉽게 알 수 있다. 그리고 부모궁은 윗사람과의 관계를 판단할 때도 참고하는 궁이다. 만약 선천이나 대한·유년의 부모궁에 살기형성이 중하면 부모의 길흉여하를 보고 사회적으로 관계를 맺고 있는 윗사람과의 관계도 반드시 참고해야 한다. 이 경우 나이차이가 많지 않거나 수평적인 인간관계로 형성이 되는 관계라면 형노선을 보고 판단해야 한다.

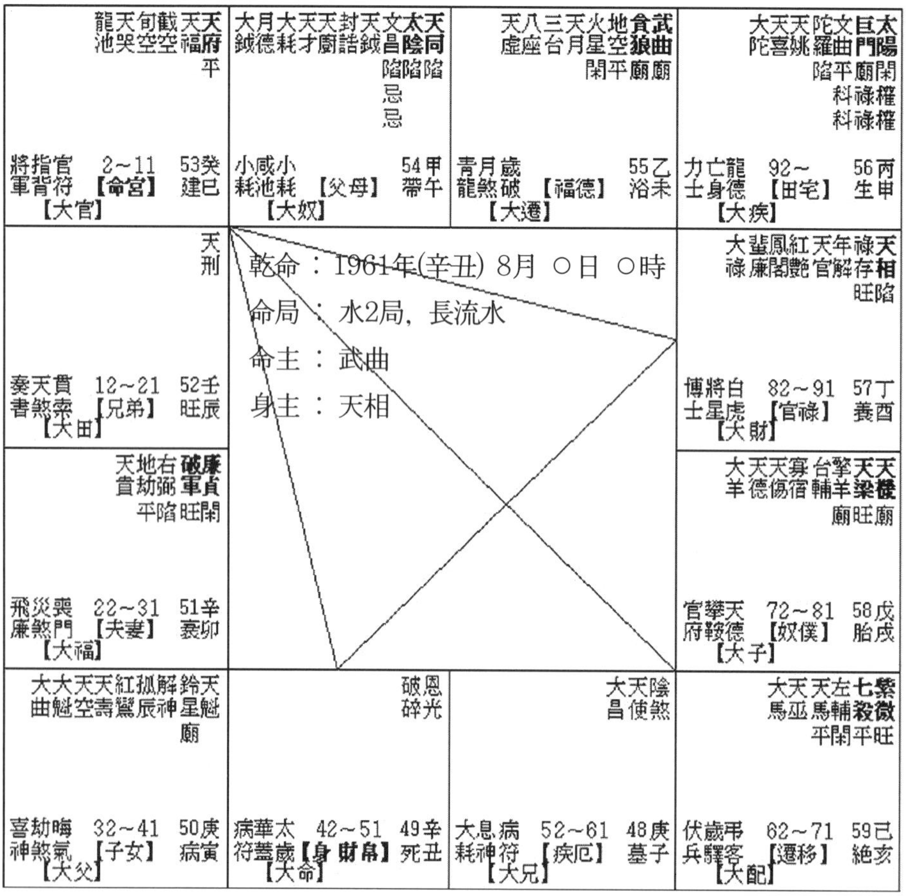

<table>
<tr>
<td>龍天旬截天天
池哭空空福府
平
將指官 2~11 53癸
軍背符 【命宮】 建巳
【大官】</td>
<td>大月大天天封天文太天
鉞德耗才廚誥鉞昌陰同
陷陷陷
忌
忌
小咸小 54甲
耗池耗 【父母】 帶午
【大奴】</td>
<td>天八三天火地貪武
虛座台月星空狼曲
閑平廟廟
青月歲 55乙
龍煞破 【福德】 浴未
【大遷】</td>
<td>大天天陀文巨太
陀喜姚羅曲門陽
陷平廟閑
科祿權
科祿權
力亡龍 92~ 56丙
士身德 【田宅】 生申
【大疾】</td>
</tr>
<tr>
<td>天
刑
奏天貫 12~21 52壬
書煞索 【兄弟】 旺辰
【大田】</td>
<td colspan="2" rowspan="2">乾命 : 1961年(辛丑) 8月 ○日 ○時
命局 : 水2局, 長流水
命主 : 武曲
身主 : 天相</td>
<td>大蜚鳳紅天年祿天
祿廉閣艷官解存相
旺陷
博將白 82~91 57丁
士星虎 【官祿】 養酉
【大財】</td>
</tr>
<tr>
<td>天地右破廉
貴劫弼軍貞
平陷旺閑
飛災喪 22~31 51辛
廉煞門 【夫妻】 衰卯
【大福】</td>
<td>大天天寡台擎天天
羊德傷宿輔羊梁機
廟旺廟
官攀天 72~81 58戊
府鞍德 【奴僕】 胎戌
【大子】</td>
</tr>
<tr>
<td>大大天天紅孤解鈴天
曲魁空壽鸞辰神星魁
廟
喜劫晦 32~41 50庚
神煞氣 【子女】 病寅
【大父】</td>
<td>破恩
碎光
病華太 42~51 49辛
符蓋歲 【身 財帛】 死丑
【大命】</td>
<td>大天陰
昌使煞
大息病 52~61 48庚
耗神符 【疾厄】 墓子
【大兄】</td>
<td>大天天左七紫
馬巫馬輔殺微
平閑平旺
伏歲弔 62~71 59己
兵驛客 【遷移】 絶亥
【大配】</td>
</tr>
</table>

모친이 45세(乙酉)에 급성질환으로 입원을 하여 병술년까지 치료를 하였다. 을유년은 유년 태음화기가 午궁에 떨어져 3개의 화기가 득세하게 된다. 이렇게 되면 자오궁선은 을유년에 당상한 충파를 당하게 된다. 午궁의 화기는 子궁으로 차성되어 형제궁을 충파하게 되는데, 형제궁은 모친을 의미하기도 하므로 당년에 모친의 질병이 발생한 것이다.

사례 3) 부모 이혼

<table>
<tr>
<td>大大大紅天巨
馬鉞耗鸞鉞門
旺平
權
飛亡龍 32乙
廉身德 【父母】 絶巳
【大福】</td>
<td>天天解陰天廉
壽福神煞相貞
旺平
奏將白 21丙
書星虎 【福德】 墓午
【大田】</td>
<td>天寡天天地天
德宿貴刑劫梁
平旺
祿
將攀天 96~ 22丁
軍鞍德 【田宅】 死未
【大官】</td>
<td>天天七
哭馬殺
旺廟
小歲弔 86~95 23戊
耗驛客 【身官祿】 病申
【大奴】</td>
</tr>
<tr>
<td>天八貪
虛座狼
廟
忌
喜月歲 6~15 31甲
神煞破 【命宮】 胎辰
【大父】</td>
<td colspan="2" rowspan="2">坤命：1982年(壬戌) 11月 ○日 ○時
命局：火6局，覆燈火
命主：廉貞
身主：文昌</td>
<td>天天恩火天
傷廚光星同
陷平
青息病 76~85 24己
龍神符 【奴僕】 衰酉
【大遷】</td>
</tr>
<tr>
<td>大大月地天太
昌魁德空魁陰
平廟陷
科
病咸小 16~25 30癸
符池耗 【兄弟】 養卯
【大命】</td>
<td>天三天封陀武
官台月誥羅曲
廟廟
忌
力華太 66~75 25庚
士蓋歲 【遷移】 旺戌
【大疾】</td>
</tr>
<tr>
<td>天龍截天台左文天紫
才池空巫輔輔昌府微
廟陷廟廟
科 權
大指官 26~35 29壬
耗背符 【夫妻】 生寅
【大兄】</td>
<td>大破天
羊碎機
陷
伏天貫 36~45 28癸
兵煞索 【子女】 浴丑
【大配】</td>
<td>大蜚鳳紅旬年擎右文破
祿廉閣艷空解羊弼曲軍
陷廟廟廟
祿
官災喪 46~55 27壬
府煞門 【財帛】 帶子
【大子】</td>
<td>大大天天天孤天鈴祿太
曲陀空使喜辰姚星存陽
廟廟陷
博劫晦 56~65 26辛
士煞氣 【疾厄】 建亥
【大財】</td>
</tr>
</table>

차명의 계묘대한(16세~25세) 중 부모가 서로 이혼하였다. 이후 차명은 부친과 지내고 있다.

선천부모궁(巳)은 불리하지 않다. 그런데 대궁으로 영성·천요가 동궁하고 양타가 협하는 상황이다. 상황이 이러하면 부모가 파동을 면하기 어렵다. 게다가 부모궁의 자사화(自四化)가 태음화기가 되어 형제궁을 타격한다. 형제궁은 모친과 관계되기도 하므로 부친이 모친을 극하는 형국이다. 그리고 거일 조합이 살성에 천요를 보면 생에 풍파가 많고 외도하기 쉽다.

계묘대한은 대한의 탐랑화기가 대한부모궁(辰)으로 떨어진다. 탐랑화기는 탈애(奪愛)라고 하여 사랑을 빼앗긴다고 하였다. 부모인연이 없다는 뜻이다. 게다가 戌궁의 무곡화기·타라·화령(戌궁으로 화령이 협 한다)이 辰궁에 부담을 주니 부질선이 완전히 충파를 당하였다.

차명은 첫 대한부터 부모사이가 원만하지 않았다고 하는데, 갑진대한(6세~15세)은 대한의 태양화기가 亥궁으로 떨어져 '양타협기위패국(羊陀夾忌爲敗局)'을 만들어 부모궁(巳)을 극하니 그 정황이 엄중하다.

사례 4) 부친상

<table>
<tr>
<td>大月破天天天文天
祿德碎廚巫姚昌府
廟平
科
小劫小 42~51 18己
耗煞耗 【官祿】 絶巳
【大田】</td>
<td>大天天天紅陰地右太天
羊傷哭虛艷煞空弼陰同
大 廟旺陷陷
曲
祿
將災歲 52~61 19庚
軍煞破 【奴僕】 胎午
【大官】</td>
<td>大天天封火天貪武
耗官月誥星鉞狼曲
閑旺廟廟
科
奏天龍 62~71 20辛
書煞德 【遷移】 養未
【大奴】</td>
<td>大大蜚天截左巨太
馬昌廉使空輔門陽
平廟閑
忌
飛指白 72~81 21壬
廉背虎 【疾厄】 生申
【大遷】</td>
</tr>
<tr>
<td>大龍三天地
陀池台貴劫
陷
青華官 32~41 17戊
龍蓋符 【田宅】 墓辰
【大福】</td>
<td colspan="2" rowspan="2">乾命 : 1984年(甲子) 5月 ○日 ○時
命局 : 水2局, 潤下水
命主 : 巨門
身主 : 火星</td>
<td>大天天天文天
鉞德喜福曲相
廟陷
喜咸天 82~91 22癸
神池德 【財帛】 浴酉
【大疾】</td>
</tr>
<tr>
<td>紅擎鈴破廉
鸞羊星軍貞
陷廟旺閑
權祿
忌
力息貫 22~31 28丁
士神索 【福德】 死卯
【大父】</td>
<td>鳳寡旬八年天天
閣宿空座解梁機
旺廟
權
病月弔 92~ 23甲
符煞客 【子女】 帶戌
【大財】</td>
</tr>
<tr>
<td>孤祿天
辰存馬
廟旺
博歲喪 12~21 27丙
士驛門 【父母】 病寅
【大命】</td>
<td>天天天陀天
空才刑羅魁
廟旺
官攀晦 2~11 26丁
府鞍氣 【命宮】 衰丑
【大兄】</td>
<td>恩解
光神
伏將太 25丙
兵星歲 【兄弟】 旺子
【大配】</td>
<td>大天台七紫
魁壽輔殺微
平旺
大亡病 24乙
耗身符 【身 夫妻】 建亥
【大子】</td>
</tr>
</table>

병인대한(12세~21세)중 부친이 밖에서 심장마비를 일으켜 갑자기 졸하였다.

병인대한은 대한 염정화기가 대한부모궁(卯)으로 들어간다. 부모의 흉사를 추단할 수 있는 상황이다. 게다가 경양·영성·死 등이 동궁하고 있으니 부친이 질액(疾厄)적으로 화를 면하기 어렵다. 홍란·천희가 출산이나 생육을 주하기도 하지만, 살성이나 화기와 같이 있으면 사고·질병 등 혈광지재(血光之災)를 의미하기도 한다.

그리고 차명의 선천부모궁은 대궁의 태양화기가 차성되어 천마와 만나게 된다. 천마가 이처럼 화기성이나 살성과 만나면, 출문(出門)하여 사고나 질병을 얻는다. 상문·백호·천사·비렴 등도 모두 화를 재촉하는 잡성들이다.

15세(戊寅)에 부친이 졸하였는데, 유년부모궁(卯)과 대한부모궁이 겹친다. 이렇게 궁이나 궁선이 겹치면 암시된 흉사가 그 해에 발현하는 경우가 허다하다.

사례 5) 부모 사업 파재

차명의 병오대한(35세~44세) 중 부모의 사업이 파하게 되었다. 선천부모궁을 보니 그 정황이 비교적 길하다.

병오대한이 보면, 차명의 대한명궁이하 대한의 삼방사정은 정황이 길한 편이다. 대한재백궁(寅)으로 거문화기·천형 등이 차성되어 약간의 부담은 되지만, 나머지 궁들이 방어할 수 있는 정도다. 문제는 대한부모궁(未)이다. 未궁은 무탐조합이 경양·지공이 동궁하여 문제를 암시하고 있다. 대궁의 화성도 부담으로 작용한다. 무곡은 양타·화령을 보면 상명인재(喪命因財)라 하여 재물 때문에 목숨을 잃는다고 할 정도다. 그런데 이보다 더 중요한 것은 卯궁의 대한 염정화기가 대한부모궁으로 회조한다는 것이다. 未궁을 본궁으로 놓고 보면 卯궁은 재백궁이 된다. 부친이 재물 때문에 고단하게 된다는 의미이다. 이 경우 만약 未궁이 보좌길성이나 록성을 보면 사업이 힘들다고 해도 회복할 여력이 있지만, 이러한 정황에서는 어렵다.

무곡이나 염정이 명궁이면서 두 정성 중 하나가 화기를 맞고 살성이 중하면 재여수구격(財與囚仇格)이 되어 패국이 된다. 차명의 대한부모궁이 바로 재여수구를 이루는 것이다.

<table>
<tr>
<td>大天陀 天天
祿廚羅 馬府
陷平平

力歲弔 45~54 47乙
士驛客【身 財帛】建巳
【大兄】</td>
<td>大大恩解封祿文太天
曲羊光神誥存昌陰同
旺陷陷陷
祿權
科 祿

博息病 35~44 48丙
士神符 【子女】 帶午
【大命】</td>
<td>紅擎地貪武
艷羊空狼曲
廟平廟廟

官華太 25~34 49丁
府蓋歲 【夫妻】 浴未
【大父】</td>
<td>大大天紅孤天天文巨太
馬昌空鸞辰貴刑曲門陽
平廟閑
忌

伏劫晦 15~24 50戊
兵煞氣 【兄弟】 生申
【大福】</td>
</tr>
<tr>
<td>大天天天寡三陰
陀德使才宿台煞

青攀天 55~64 46甲
龍鞍德 【疾厄】 旺辰
【大配】</td>
<td colspan="2" rowspan="2">乾命 : 1967年(丁未) 12月 ○日 ○時
命局 : 土5局, 大驛土
命主 : 文曲
身主 : 天相</td>
<td>大天天
鉞鉞相
廟陷

大災喪 5~14 51己
耗煞門 【命宮】 養酉
【大田】</td>
</tr>
<tr>
<td>蜚鳳旬截年地左破廉
廉閣空空解劫輔軍貞
平陷旺閑
忌

小將白 65~74 45癸
耗星虎 【遷移】 衰卯
【大子】</td>
<td>八台天天
座輔梁機
旺廟
科
權

病天貫 52庚
符煞索 【父母】 胎戌
【大官】</td>
</tr>
<tr>
<td>天天天 天鈴
傷喜官 月星
廟

將亡龍 75~84 44壬
軍身德 【奴僕】 病寅
【大財】</td>
<td>破天火
碎虛星
旺

奏月歲 85~94 43癸
書煞破 【官祿】 死丑
【大疾】</td>
<td>月大天天
德耗壽姚

飛咸小 95~ 42壬
廉池耗 【田宅】 墓子
【大遷】</td>
<td>大龍天天天天右七紫
魁池哭福巫魁弼殺微
旺平平旺

喜指官 53辛
神背符 【福德】 絶亥
【大奴】</td>
</tr>
</table>

사례 6) 형제가 부귀를 누리는 명

정축대한 현재 대기업을 다니고 있는 명이다. 차명의 형제들도 사업가·학자 등으로 모두 명리(名利)를 얻었고 명망이 있다. 차명은 대인관계가 좋고 명예나 지위를 가진 사람들이 주변에 많다.

선천형제궁(申)을 보면 입묘한 염정이 화록을 보고 있다. 未申궁의 염정이 정황이 길하면 웅수건원격(雄宿乾垣格)이라 하여 길하게 본다. 동궁한 용지(龍池)는 지위나 명예사에 유리하다. 대궁(寅)은 탐랑이 우필과 동궁한 가운데 록마교치를 이루고 있어 재적으로 크게 유리하다. 전체적으로 보면 형제궁의 삼방사정이 길하다는 것을 알 수 있다. 차명의 형제나 주변사람들이 모두 명리를 얻을 수 있는 구조이다. 형제궁이 이렇게 길격을 이루면 대인관계도 비교적 좋다. 차명 선천명궁은 도화성계에 해당하는 문창·천요·함지 등이 거하니 처세술이 있다는 것을 알 수 있다. 물론 이렇게 도화기 중하면 주색이나 여란(女亂)은 면하기 어렵다.

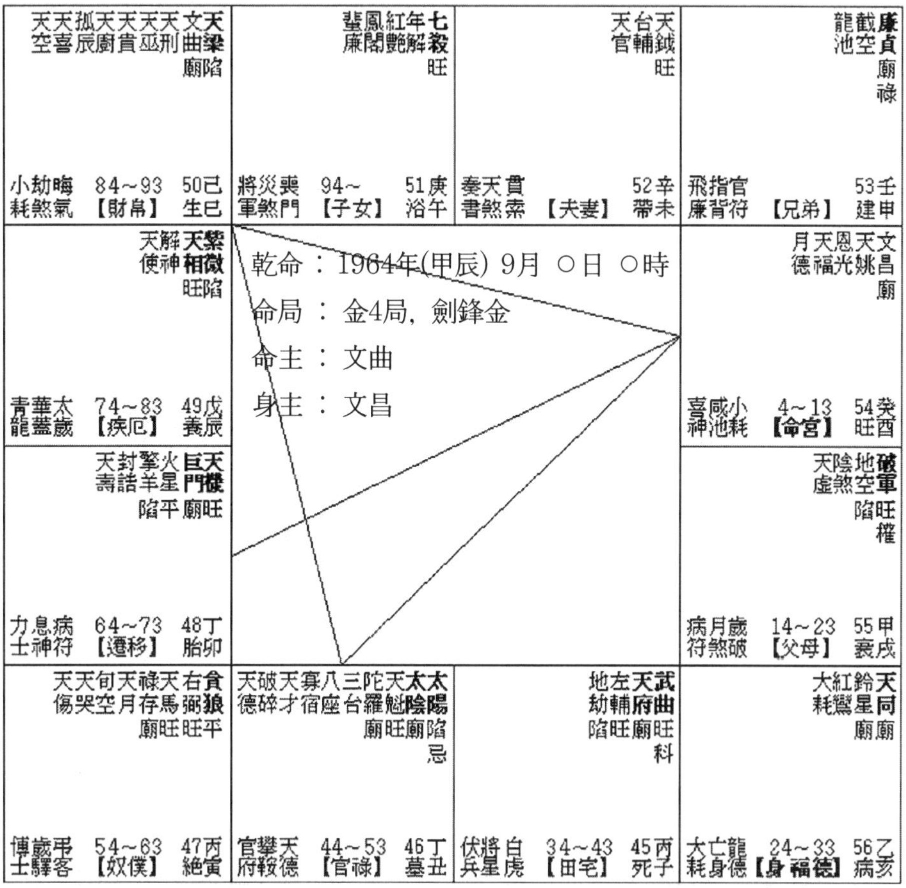

<table>
<tr>
<td>天天孤天天天天文天
空喜辰廚貴巫刑曲梁
廟陷

小劫晦 84~93 50己
耗煞氣 【財帛】 生巳</td>
<td>蜚鳳紅年七
廉閣艶解殺
旺

將災喪 94~ 51庚
軍煞門 【子女】 浴午</td>
<td>天台天
官輔鉞
旺

奏天貫 52辛
書煞索 【夫妻】 帶未</td>
<td>龍截廉
池空貞
廟
祿

飛指官 53壬
廉背符 【兄弟】 建申</td>
</tr>
<tr>
<td>天解天紫
使神相微
旺陷

青華太 74~83 49戊
龍蓋歲 【疾厄】 養辰</td>
<td colspan="2" rowspan="2">乾命 : 1964年(甲辰) 9月 ○日 ○時
命局 : 金4局, 劍鋒金
命主 : 文曲
身主 : 文昌</td>
<td>月天恩天文
德福光姚昌
廟

喜咸小 4~13 54癸
神池耗 【命宮】 旺酉</td>
</tr>
<tr>
<td>天封擎火巨天
壽誥羊星門機
陷平廟旺

力息病 64~73 48丁
士神符 【遷移】 胎卯</td>
<td>天陰地破
虛煞空軍
陷旺
權

病月歲 14~23 55甲
符煞破 【父母】 衰戌</td>
</tr>
<tr>
<td>天天旬天祿天右貪
傷哭空月存馬弼狼
廟旺旺平

博歲弔 54~63 47丙
士驛客 【奴僕】 絶寅</td>
<td>天破天寡八三陀天太太
德碎才宿座台羅魁陰陽
廟旺廟陷
忌

官攀天 44~53 46丁
府鞍德 【官祿】 墓丑</td>
<td>地左天武
劫輔府曲
陷旺廟旺
科

伏將白 34~43 45丙
兵星虎 【田宅】 死子</td>
<td>大紅鈴天
耗鸞星同
廟廟

大亡龍 24~33 56乙
耗身德 【身福德】 病亥</td>
</tr>
</table>

참고로 차명은 31세(甲戌)에 부인과 이혼하였다. 선천부처궁(未)으로 태양화기와 타라가 차성되어 인리산재(人離散財)를 이루니 배우자 생리사별 하게 된다. 그런데 을해대한(24세~33세)이 되면 대한의 태음화기가 선천부처궁으로 차성된다. 이 때 선천태양화기와 쌍기를 이루니 당 대한은 부부연이 없음을 알 수 있다.

사례 7) 귀인의 협조로 사업 성공

大天天陀火天左**巨** 昌廚月羅星馬輔**門** 陷旺平平平 忌 力歲弔 22~31 47乙 士驛客 【夫妻】 建巳 【大父】	天三鈴祿**天廉** 壽台星存**相貞** 廟旺旺平 祿 博息病 12~21 36丙 士神符 【兄弟】 帶午 【大福】	大紅擎地**天** 鉞艶羊劫**梁** 廟平旺 官華太 2~11 37丁 府蓋歲 **【命宮】** 浴未 【大田】	天紅孤八解天**七** 空鸞辰座神巫**殺** 廟 伏劫晦 38戊 兵煞氣 【父母】 生申 【大官】
天寡**貪** 德宿**狼** 廟 青攀天 32~41 46甲 龍鞍德 【子女】 旺辰 【大命】	乾命 : 1967年(丁未) 2月 ○日 ○時 命局 : 水2局, 天河水 命主 : 武曲 身主 : 天相		大天右**天** 曲鉞弼**同** 廟陷平 權 大災喪 39己 耗煞門 【福德】 養酉 【大奴】
大蜚鳳旬截年地**太** 羊廉閣空空解空**陰** 平陷 祿 小將白 42~51 45癸 耗星虎 【財帛】 衰卯 【大兄】			封天**武** 誥刑**曲** 廟 科 病天貫 92~ 40庚 符煞索 【田宅】 胎戌 【大遷】
天天天天恩台天文**天紫** 使才喜官光輔姚昌**府微** 大大 陷廟廟 祿馬 將亡龍 52~61 44壬 軍身德 【疾厄】 病寅 【大配】	大大破天**天** 陀魁碎虛**機** 陷 科 奏月歲 62~71 43癸 書煞破 【遷移】 死丑 【大子】	月大天天陰文**破** 德耗傷貴煞曲**軍** 廟廟 權 飛咸小 72~81 42壬 廉池耗 【奴僕】 墓子 【大財】	龍天天天**太** 池哭福魁**陽** 旺陷 忌 喜指官 82~91 41辛 神背符 **【身 官祿】** 絶亥 【大疾】

차명은 생수사업을 하고 있다. 제조 및 유통을 하고 있는데 비교적 이른 시기에 해당업종에서 성공한 사례이다. 특히 갑진대한(32세~41세)에는 주변사람의 지원과 음덕으로 어려운 시기를 많이 극복 하였다.

먼저 차명의 선천형노선을 보면 염정·천상이 록존과 거하니 정황이 길하다. 子午궁의 염상조합이 형제궁이면서 살이 없으면, 친구나 형제 등 주변사람과 감정적으로 융합하고 도움을 얻는다. 차명의 경우 午궁의 삼방사정도 불리하기 않아 주변사람들이 역량이 있다는 것을 알 수 있다. 물론 동궁한 영성으로 인하여 직원이나 거래처 등 주변사람 때문에 마음 상하게 하는 일도 있다. 동궁한 천수는 가까운 사람들이 나이차이가 있거나, 사람관계가 오랫동안 유지될 수 있는 역할을 하기도 한다.

갑진대한이 되면 대한의 염정화록이 선천형제궁으로 들어간다. 감정성계인 염정이 화록이 되므로 인간관계의 폭이 넓어지고 또한 많아진다는 것을 알 수 있다. 대한형제궁(卯)은 함지의 태음이 비록 지공과 동궁하지만 선천화록에 대궁으로 천동화권·우필·천월 등이 대조하니 비교적 길하다. 이처럼 선천과 대한의 형노선으로 사회길성과 보좌길성이 배치되면 당 대한은 형제나 친구 등 주변사람들이 명리(名利)를 얻게 된다. 그리고 자신의 대한명천선의 구조가 대인관계에 적합한 성계이면서 살성이 가하지 않으면 인간관계가 좋고 도움을 얻는다. 차명의 경우 대한명궁의 탐랑은 처세를 잘하고 사교술이 있으므로 당 대한에 대인관계가 좋았고 주변 귀인들의 협조를 많이 받았다는 것을 알 수 있다.

앞으로 계묘대한(42세~51세)은 대한의 삼방사정이 길하고, 대한형노선(寅)이 길하다는 것을 알 수 있다. 선천형노선으로 파군화록 가세하니, 계묘대한도 인간관계가 좋아 길운이 전개될 것이다. 물론 차명의 대한삼방사정도 길하여 상당한 역량을 발휘할 수 있는 대한이다.

사례 8) 주변 사람으로 인한 손재와 퇴직

<table>
<tr>
<td>旬天天天文天
空巫姚馬昌相
平廟平
伏歲弔 86~95 59辛
兵驛客 【官祿】 絶巳
【大財】</td>
<td>大天天天陰地右天
昌傷壽廚煞空弼梁
廟旺廟
權
權
大息病 76~85 60壬
耗神符 【奴僕】 墓午
【大子】</td>
<td>截八三天天封七廉
空座台貴月誥殺貞
旺廟
病華太 66~75 61癸
符蓋歲 【遷移】 死未
【大配】</td>
<td>大天天天紅孤紅天天左
鉞空使才鸞辰艶福鉞輔
大 廟平
曲
喜劫晦 56~65 62甲
神煞氣 【疾厄】 病申
【大兄】</td>
</tr>
<tr>
<td>大天寡天擎地巨
羊德宿官羊劫門
廟陷平
官攀天 96~ 58庚
府鞍德 【田宅】 胎辰
【大疾】</td>
<td colspan="2" rowspan="2">乾命 : 1955年(乙未) 5月 ○日 ○時
命局 : 火6局, 霹靂火
命主 : 巨門
身主 : 天相</td>
<td>文
曲
廟
飛災喪 46~55 63乙
廉煞門 【財帛】 衰酉
【大命】</td>
</tr>
<tr>
<td>大蜚鳳恩年鈴祿貪紫
祿廉閣光解星存狼微
廟旺地旺
科
科
博將白 57己
士星虎 【福德】 養卯
【大遷】</td>
<td>天
同
平
奏天貫 36~45 64丙
書煞索 【子女】 旺戌
【大父】</td>
</tr>
<tr>
<td>大天陀火太天
陀喜羅星陰機
陷廟閑旺
忌祿
忌祿
力亡龍 56戊
士身德 【父母】 生寅
【大奴】</td>
<td>破天天天
碎虛刑府
廟
青月歲 6~15 55己
龍煞破 【命宮】 浴丑
【大官】</td>
<td>大月大解天太
魁德耗神魁陽
旺陷
小咸小 16~25 54戊
耗池耗 【兄弟】 帶子
【大田】</td>
<td>大龍天台破武
馬池哭輔軍曲
平平
將指官 26~35 65丁
軍背符 【身夫妻】 建亥
【大福】</td>
</tr>
</table>

차명은 대기업 출판사를 25년 이상 근무하였다. 그런데 을유대한(46세~55세)이 되자 직장 내의 동료와 마찰이 많아졌고, 거래처와 갈등도 계속 되어 결국 회사를 퇴사하기에 이르렀다. 이처럼 형제나 친구·동료 등 주변사람으로 인한 정신적인 갈등이나 문제 등은 형노선과 밀접한 관계가 있다. 물론 자신의 명궁으로 살기형성이 많으면 더 흉하게 작용한다.

차명의 경우 선천형제궁(子)은 태양이 비록 함궁에 떨어졌지만 천괴와 동궁하고 대궁으로 천량화권·우필이 대조하니 그렇게 불리한 상황은 아니다. 그러나 을유대한(46세~55세)이 되면 대한형노선(寅申)으로 태음쌍기와 타라·화성 등이 활동하게 된다. 태음이 약궁에서 쌍화기가 되니 충격은 더 강하다. 화성과 타라는 이살제살(以殺制殺)이 되지 않으므로 같이 만나서는 안 된다. 정황이 이러하니 을유대한은 주변사람과의 파동은 면하기 어렵다. 윗사람과 부하직원과의 마찰 그리고 차명 형제의 불운 등 이 모든 사안들이 을유대한에 집중 되었다.

차명은 퇴직 후 학원 사업을 하게 되었다. 그런데 아래층에서 학원사업에 가 될 수 있는 일종의 혐오시설이 입주하는 바람에 차명이 피해를 보게 되었다. 건물주에게 피해보상을 요구하였지만 그마저도 제대로 되지 않아 결국 차명이 손해를 감수하고 나오게 되었다. 이렇게 형노선의 흉상은 자신과 관계된 모든 인간관계에서 시비구설이나 손해 등으로 나타날 개연성이 높다. 물론 형제나 주변사람 등 형노선에 해당하는 당사자의 운로도 불운한 경우가 많다.

사례 9) 형제 때문에 손재

병신대한(32세~41세)의 대한명궁(申)은 함지의 파군이 타라·문창화기와 동궁하여 정황이 엄중하다. 파군은 창곡을 싫어하는데 특히 창곡이 동궁하면서 화기를 맞으면, 일생빈사(一生貧士)에 형극다노(刑剋多勞)한다고 하였다. 재적으로 좋지 않고, 육친과 형극하며 고생을 많이 한다는 격이다. 차명의 병신대한의 명궁의 정황이 바로 이렇다. 그런데 대한염정화기가 선천노복궁(戌)으로 떨어져 선천형제궁(辰)을 충파하게 된다. 형노선이 타격을 받으니 당 대한은 형제를 비롯한 주변사람의 운로가 불안하게 전개되는 것을 알 수 있다. 그리고 그 형제나 주변사람으로 인하여 차명이 고민하게 되는 일이 발생하게 된다.

대한명궁의 정황이 파동을 면하기 어려운 가운데, 대한의 천동화록이 대한형노선(丑未)을 인동하니 당 대한은 형제 및 주변사람과 관계된 일이 이슈가 된다는 것을 알 수 있다.

병신대한 중 차명의 오빠가 친구에게 보증을 서게 되었는데, 그 친구가 파산하는 바람에 거액의 빚을 지게 되었다. 그 돈을 차명이 모두 대신 갚아주었고 졸지에 차명의 재산은 하나도 남지 않게 되었다. 차명의 오빠는 금융업종에 종사하였는데, 구조조정으로 직장을 퇴사하게 되었다. 이후 오랫동안 실직을 하게 되었고, 그나마 나중에 들어간 직장도 조건이 좋지 않아 늘 불만이 많았다.

<table>
<tr>
<td>大天截天天右天
祿虛空福馬弼機
平平平
權
病歲歲 2~11 43癸
符驛破 【命宮】 絶巳
【大子】</td>
<td>大大天三天天文紫
曲羊廚台姚鉞曲微
陷廟
科
大息龍 12~21 44甲
耗神德 【父母】 胎午
【大配】</td>
<td>天
哭
伏華白 22~31 45乙
兵蓋虎 【福德】 養未
【大兄】</td>
<td>大天天八天台陀文破
昌德壽座巫輔羅昌軍
陷旺陷
忌
科
官劫天 32~41 46丙
府煞德 【田宅】 生申
【大命】</td>
</tr>
<tr>
<td>大月大天紅恩陰封七
陀德耗才鸞光煞誥殺
旺
喜攀小 42壬
神鞍耗 【兄弟】 墓辰
【大財】</td>
<td colspan="2" rowspan="2">坤命 : 1971年(辛亥) 6月 ○日 ○時
命局 : 水2局, 長流水
命主 : 武曲
身主 : 天機</td>
<td>大破紅天地祿左
鉞碎艷官空存輔
廟旺陷
博災弔 42~51 47丁
士煞客 【身 官祿】 浴酉
【大父】</td>
</tr>
<tr>
<td>龍旬天天太
池空月梁陽
廟廟
權
飛將官 41辛
廉星符 【夫妻】 死卯
【大疾】</td>
<td>天天寡擎天廉
傷喜宿羊府貞
廟廟旺
忌
力天病 52~61 48戊
士煞符 【奴僕】 帶戌
【大福】</td>
</tr>
<tr>
<td>大孤天天天天武
馬辰貴刑魁相曲
廟閑
奏亡貫 92~ 40庚
書身索 【子女】 病寅
【大遷】</td>
<td>蜚地巨天
廉劫門同
陷旺陷
祿
祿
將月喪 82~91 39辛
軍煞門 【財帛】 衰丑
【大奴】</td>
<td>天天解鈴貪
空使神星狼
陷旺
小咸晦 72~81 38庚
耗池氣 【疾厄】 旺子
【大官】</td>
<td>大鳳年火太
魁閣解星陰
平廟
青指太 62~71 49己
龍背歲 【遷移】 建亥
【大田】</td>
</tr>
</table>

그런데 차명은 학원에서 강사를 하면서 제법 인기를 얻고 있는데, 35세(乙酉)정도에 개인적으로 창업을 구상하고 있었다. 필자는 극구 반대하였다. 이유는 대한명궁이 재적으로 불리한데다가 선천재백궁(辰)으로 염정화기가 대조하는 상황이다. 이런 분위기에서는 창업이나 투기·투자는 금물이다.

사례 10) 형제 심장마비로 사망

<table>
<tr>
<td>大破天天天火祿七紫
鉞碎官巫姚星存殺微
旺廟平旺
權
博亡病 33~42 36癸
士身符 【田宅】 病巳
【大父】</td>
<td>陰封擎右文
煞誥羊弼昌
平旺陷
科
力將太 43~52 37甲
士星歲 【官祿】 死午
【大福】</td>
<td>天天天鈴地
空傷月星空
旺平
青攀晦 53~62 38乙
龍鞍氣 【奴僕】 墓未
【大田】</td>
<td>天孤恩天左文
才辰光馬輔曲
旺平平
科
小歲喪 63~72 39丙
耗驛門 【遷移】 絶申
【大官】</td>
</tr>
<tr>
<td>天鳳寡截年陀天天
壽閣宿空解羅梁機
廟旺廟
權
祿
官月弔 23~32 35壬
府煞客 【福德】 衰辰
【大命】</td>
<td colspan="2" rowspan="2">乾命 : 1966年 5月 ○日 ○時
命局 : 木3局, 松柏木
命主 : 祿存
身主 : 火星</td>
<td>天紅天破廉
使鸞鉞軍貞
廟陷平
忌
將息貫 73~82 40丁
軍神索 【疾厄】 胎酉
【大奴】</td>
</tr>
<tr>
<td>大天天八地天
魁德喜座劫相
平陷
伏咸天 13~22 34辛
兵池德 【父母】 旺卯
【大兄】</td>
<td>大龍天台
陀池貴輔
奏華官 83~92 41戊
書蓋符 【身財帛】 養戌
【大遷】</td>
</tr>
<tr>
<td>大大蜚紅旬巨太
馬昌廉艶空門陽
廟旺
大指白 3~12 33庚
耗背虎 【命宮】 建寅
【大配】</td>
<td>大天貪武
耗刑狼曲
廟廟
忌
病天龍 32辛
符煞德 【兄弟】 帶丑
【大子】</td>
<td>大大天天天天解太天
曲羊哭虛廚福神陰同
廟旺
祿
喜災歲 43庚
神煞破 【夫妻】 浴子
【大財】</td>
<td>大月三天天
祿德台魁府
旺旺
飛劫小 93~ 42己
廉煞耗 【子女】 生亥
【大疾】</td>
</tr>
</table>

차명의 28세(癸酉)에 큰형에 길가다가 갑자기 심장마비를 일으켜 사망하였다. 형은 평소 특별한 지병은 없었고 건강을 자부하였다고 한다.

차명의 선천형노선을 보면 그 정황이 엄중하다는 것을 알 수 있다. 丑궁의 무탐조합이 천형과 동궁하고 있다. 丑未궁의 천형은 함지에 해당하여 흉살의 기운을 유감없이 발휘하기 때문에 매우 꺼린다. 동궁한 병부는 질병성계요, 대궁(未)의 천월(天月) 역시 대표적인 질병성계이다. 물론 영성과 천상(天傷) 등도 질액적으로 불리한 작용을 하게 된다. 이러한 경우 형제가 재물적인 문제보다는 사고나 질병의 위험성을 더 강하게 표출하고 있다고 보면 된다.

이렇게 선천형노선이 사고·질병의 흉의를 항상 내포하고 있는 가운데, 임진대한(23세~32세)이 되면 대한의 무곡화기가 선천형제궁에 떨어지므로 형제나 친구 등이 그야말로 치명적인 일을 당하게 된다. 대한형제궁(卯)도 불리하긴 마찬가지인데, 함지의 천상이 지겁과 동궁하는 가운데 염정화기가 대조하여 부담이 가중된다. 28세(癸酉)가 되면, 유년의 파군화록이 선천염정화기를 인동하였다. 대한형노선의 흉상을 유년에서 인동한 것이다. 고로 당년은 형제나 친구 등 주변사람에게 문제가 발생하기 쉽다. 게다가 유년 탐랑화기가 丑궁으로 들어가 선천형제궁을 파괴한다. 이때 무곡화기와 만나 쌍화기가 되므로 丑未궁선은 그 정황이 더욱 심각하다. 형제가 화를 면하기 어려운 해이다.

사례 11) 주변사람들과 마찰 및 형제의 손재와 이혼

차명은 건축 사업을 하고 있는데 몇 사람과 동업형식으로 하고 있다. 그런데 신묘대한(34세~43세)대한 중 동업관계에 있는 사람들과 마찰이 심하여 혼자 독립할 생각을 많이 하였지만 그것도 뜻대로 되지 않았다. 직원과 거래처도 문제가 많아 주변사람 때문에 늘 고민이 많았다. 친구를 포함한 주변사람에게 많은 돈을 빌려주었지만 그것도 잘 못되어 차명이 큰 피해를 입었다.

신묘대한의 대한명궁(卯)은 입묘한 양양조합이 태양쌍권을 얻어 힘이 실린다. 대궁(酉)은 거래와 계약에 유리한 문곡이 쌍화과를 얻고, 선천록존과 대한록존이 동궁하니 득재에 유리하다. 대한관록궁(未)은 공궁이지만 거문쌍록과 보필이 차성되어 길하다. 비록 주변사람과 거래처 등으로 인하여 많은 고민이 있었지만, 대한 삼방사정의 정황이 부실하지 않은 관계로 득재는 하였던 것이다. 문제는 대한의 문창화기가 선천형제궁(巳)으로 떨어져 쌍기가 되어 큰 부담을 준다는 것이다. 이렇게 형제궁이 충파를 당하면 형제나 친구·동료 등과 문제가 되는데, 주로 시비구설·손재·고독·형극 등이 따르게 된다. 주변사람과 동업이나 돈 거래·보증 등도 문제가 발생하기 쉽다. 그리고 괜한 오해가 생기기 쉬우므로 서로간에 언행을 삼가야 한다.

그런데 신묘대한에는 결혼한 여자형제들이 경제적으로 모두 어려웠고, 누이 중 한 명은 남편이 질병으로 사망하는 일도 있었다. 차명의 선천형제궁은 약지의 천기가 선천화기를 맞은 가운데, 겁공이 협하니 일말의 희망을 찾아보기가 어렵다. 형제궁이 일명 겁공협명위패국(劫空夾命爲敗局)의 정황이 된 것이다. 일생 형제 무덕하겠고, 형제들의 삶이 편고하다는 것을 알 수 있다.

<table>
<tr>
<td>大天龍天旬截天天文天
馬壽池哭空空福貴昌機
廟平
忌
忌
將指官 14~23 41癸
軍背符 【兄弟】 生巳
【大福】</td>
<td>大月大天天天地天紫
鉞德耗廚月刑空鉞微
廟 廟
小咸小 4~13 42甲
耗池耗 【命宮】 養午
【大田】</td>
<td>天天封
才虛誥
青月歲 43乙
龍煞破 【父母】 胎未
【大官】</td>
<td>大天天陰陀火破
陀喜巫煞羅星軍
陷陷陷
力亡龍 44丙
士身德 【福德】 絶申
【大奴】</td>
</tr>
<tr>
<td>八解地七
座神劫殺
陷旺
奏天貫 24~33 52壬
書煞索【身 夫妻】浴辰
【大父】</td>
<td colspan="2" rowspan="2">乾命：1961年(辛丑) 10月 ○日 ○時
命局：金4局, 沙中金
命主：破軍
身主：天相</td>
<td>大蜚鳳紅天年祿文
祿廉閣艷官解存曲
旺廟
科
科
博將白 94~ 45丁
士星虎 【田宅】 墓酉
【大遷】</td>
</tr>
<tr>
<td>鈴天太
星梁陽
廟廟廟
權
權
飛災喪 34~43 51辛
廉煞門 【子女】 帶卯
【大命】</td>
<td>大天寡三天擎天廉
羊德宿台姚羊府貞
廟廟旺
官攀天 84~93 46戊
府鞍德 【官祿】 死戌
【大疾】</td>
</tr>
<tr>
<td>大大天紅孤天天武
曲魁空鸞辰魁相曲
廟閑
喜劫晦 44~53 50庚
神煞氣 【財帛】 建寅
【大兄】</td>
<td>破天恩右左巨天
碎使光弼輔門同
廟廟旺陷
祿
祿
病華太 54~63 49辛
符蓋歲 【疾厄】 旺丑
【大配】</td>
<td>大貪
昌狼
旺
大息病 64~73 48庚
耗神符 【遷移】 衰子
【大子】</td>
<td>天台天太
傷輔馬陰
平廟
伏歲弔 74~83 47己
兵驛客 【奴僕】 病亥
【大財】</td>
</tr>
</table>

6. 자녀 운 길흉 사례

자녀와 관계된 궁은 자녀궁과 전택궁이다. 문론 자녀궁과 삼방을 이루는 노복궁과 부모궁도 참고를 해야 하지만, 기본적으로 보면 자전선의 정황으로 자녀사의 길흉여하를 판단한다. 아랫사람이나 제자·후배 등도 자전선을 보고 판단하는데, 다만 나이차이가 현격하게 많이 날 경우 자전선을 보고, 나이차이가 많지 않거나 수평적인 연대감을 형성할 경우에는 형노선을 보고 판단한다.

중요한 것은 선천·대한·유년의 자전선으로 길성이 비치는지, 아니면 흉성이 비치는지를 보고 그 길흉여하를 판단한다. 자녀 출산이나 유산(流産)을 비롯한 자녀에게 일어나는 길흉사의 전반적인 발생조건을 정리해 보면 다음과 같다.

1) 유년의 명궁이 선천이나 대한자전선으로 진행하면 자녀사와 관계가 많다. 이때 대한의 사화가 거하고 있으면 더욱 자녀사와 관련이 많게 된다.
2) 유년 화록이 선천·대한·유년의 자전선을 인동할 것. 이때 길상을 인동하면 자녀 출산, 자녀의 명예사 등 자녀에게 희경사가 있고, 흉상을 인동하면 자녀 운이 불리하다.
3) 유년사화가 대한자전선이나 유년자선으로 들어가면 자녀사가 발생한다.
4) 유년명궁이나 유년자전선으로 홍란·천희를 보면 자녀 임신이나 출산과 관계가 많다.
5) 유년명궁이나 유년자전선이 천요를 비롯한 사화길성이 비치면 임신·출산과 관계된다. 그러나 흉성이 비치면 자녀에게 흉사가 발생하게 된다.
6) 유년이나 대한자전선이 길하면 자녀에게 주로 희경사가 있고, 유년과 대한의 자전선이 흉하면 주로 자녀에게 불리한 일이 많다. 그 전에 당사자의 선천자녀궁의 전체적인 길흉 여하는 항상 인식하고 있어야 한다.

사례 1) 자녀출산

<table>
<tr>
<td>大大孤天天天鈴天
曲陀辰廚巫刑星相
旺平
大亡貫 34~43 40己
耗身索 【子女】 生巳
【大命】</td>
<td>大龍紅文天
祿池艷曲梁
陷廟
忌科
病將官 24~33 41庚
符星符 【夫妻】 養午
【大父】</td>
<td>大月天天八三天七廉
羊德喜官座台鉞殺貞
旺旺廟
祿
喜攀小 14~23 42辛
神鞍耗 【兄弟】 胎未
【大福】</td>
<td>大鳳天截年台天文
鉞閣虛空解輔馬昌
旺旺
飛歲歲 4~13 43壬
廉驛破 【命宮】 絶申
【大田】</td>
</tr>
<tr>
<td>天解封巨
哭神誥門
平
伏月喪 44~53 39戊
兵煞門 【財帛】 浴辰
【大兄】</td>
<td colspan="2" rowspan="2">坤命 ： 1974年(甲寅) 9月 ○日 ○時
命局 ： 金4局, 劍鋒金
命主 ： 廉貞
身主 ： 天梁</td>
<td>大破大天天地
昌碎耗福姚空
廟
奏息龍 44癸
書神德 【父母】 墓酉
【大官】</td>
</tr>
<tr>
<td>天天擎火貪紫
空使羊星狼微
陷平地旺
權
官咸晦 54~63 38丁
府池氣 【疾厄】 帶卯
【大配】</td>
<td>蜚天陰天
廉才煞同
平
將華白 45甲
軍蓋虎 【福德】 死戌
【大奴】</td>
</tr>
<tr>
<td>天恩天祿右太天
壽光月存弼陰機
廟旺閑旺
博指太 64~73 37丙
士背歲 【遷移】 建寅
【大子】</td>
<td>天紅寡陀地天天
傷鸞宿羅劫魁府
廟陷旺廟
力天病 74~83 36丁
士煞符 【奴僕】 旺丑
【大財】</td>
<td>大旬天左太
魁空貴輔陽
旺陷
忌
青災弔 84~93 35丙
龍煞客 【身 官祿】 衰子
【大疾】</td>
<td>大天破武
馬德軍曲
平平
權科
祿
小劫天 94~ 46乙
耗煞德 【田宅】 病亥
【大遷】</td>
</tr>
</table>

차명은 34세(丁亥) 득남(得男)하였다.

유년명궁(亥)이 선천자전선으로 진행하고 있는 가운데, 대한의 무곡화록이 선천의 무곡화과와 파군화권을 인동한 상황이므로 자녀출산이나 자녀 명예사 등 자녀의 희경사를 예단할 수 있다. 대한자전선이(寅申)이 불리하지 않으므로 당 대한은 유산이나 낙태의 우려는 적다고 본다. 중요한 것은 유년자전선이 대한자전선과 겹치니 자녀사가 더욱 유력해지는 해이다. 유년의 태음화록이 재차 寅申궁을 인동하므로 자녀출산을 한 것이다.

그런데 선천자녀궁(巳)의 정황이 약간 불리하다. 함지의 천상이 영성·천형·고진 등 고독하고 인연이 없는 성계가 동궁하니 문제가 된다. 이것을 대한의 무곡화록이 인동을 한 상황이므로, 당 대한 중 유년의 정황이 나쁘면 그 해에 유산이나 낙태의 우려도 있다. 그리고 巳궁의 영성·천형은 고독한 역할을 하기도 하므로 자녀가 희소하고, 또 자녀가 신약(身弱)할 가능성도 매우 높다. 종합해 보면 자녀는 건강·사고를 늘 유의해야 하고 성인이 되면 배우자 문제가 있기 쉽다.

사례 2) 자녀출산

<table>
<tr>
<td>大大大天截天天天天天
馬曲陀虛空福巫姚馬同
平廟

將歲歲 93~ 43癸
軍驛破 【田宅】 病巳
【大遷】</td>
<td>大天陰封天右文天武
祿廚煞誥鉞弼昌府曲
旺陷旺旺
忌
祿
小息龍 83~92 44甲
耗神德 【官祿】 衰午
【大疾】</td>
<td>大天天恩天地太太
羊傷哭光月空陰陽
平平平
權

青華白 73~82 45乙
龍蓋虎 【奴僕】 旺未
【大財】</td>
<td>大天陀左文貪
鉞德羅輔曲狼
陷平平平
科
忌權
力劫天 63~72 46丙
士煞德 【遷移】 建申
【大子】</td>
</tr>
<tr>
<td>月大紅八破
德耗鸞座軍
旺

奏攀小 42壬
書鞍耗 【福德】 死辰
【大奴】</td>
<td colspan="2" rowspan="2">乾命：1971年(辛亥) 5月 ○日 ○時
命局：木3局, 松柏木
命主：祿存
身主：天機</td>
<td>大破天天紅天天祿巨天
昌碎使壽艷官貴存門機
旺廟旺
祿

博災弔 53~62 47丁
士煞客 【疾厄】 帶酉
【大配】</td>
</tr>
<tr>
<td>龍旬地
池空劫
平

飛將官 41辛
廉星符 【父母】 墓卯
【大官】</td>
<td>天寡三台擎天紫
喜宿台輔羊相微
廟閑閑

官天病 43~52 48戊
府煞符 【身財帛】 浴戌
【大兄】</td>
</tr>
<tr>
<td>孤鈴天廉
辰星魁貞
廟 廟

喜亡貫 3~12 40庚
神身索 【命宮】 絶寅
【大田】</td>
<td>蜚天天火
廉才刑星
旺

病月喪 13~22 39辛
符煞門 【兄弟】 胎丑
【大福】</td>
<td>大天解七
魁空神殺
旺

大咸晦 23~32 38庚
耗池氣 【夫妻】 養子
【大父】</td>
<td>鳳年天
閣解梁
陷
科
伏指太 33~42 49己
兵背歲 【子女】 生亥
【大命】</td>
</tr>
</table>

차명은 사례1)의 배우자이다. 37세(丁亥)에 부인이 득남을 하게 되었는데, 차명의

유년운도 과연 자녀출산과 관계가 있는지 알아보자.

37세 유년명궁이 대한명궁이자 선천자녀궁이다. 그런데 대한의 천량화과를 얻었으니 유년명궁의 체가 기본적으로 자녀희경사를 의미하고 있다. 유년자전선(寅申)이 대한자전선과 겹치는 가운데 탐랑화권·좌보·문곡화과·대한천월 등이 동궁하니 당년은 자녀출산 등 자녀에게 길운이 비친다. 문제는 申궁에 문곡화기와 타라가 동궁하는 것인데, 이러한 연유로 배우자가 기해대한 중 임신이 잘 되지 않았고, 한번은 자연유산을 경험하였으며 정해년 출산 당시에도 임신중독을 겪고 난산(難産)을 하게 되었다. 문곡화기에 타라 등으로 인하여 출산이나 양육 과정이 여의치 않다는 뜻이다.

사례 3) 자녀 모두 현출

<table>
<tr>
<td>蜚破孤陀天文貪廉
廉碎辰羅馬昌狼貞
陷平廟陷陷
權
力歲喪 75巳
士驛門 【福德】 絶巳</td>
<td>天天地祿巨
才喜空存門
廟旺旺
博息貫 96~ 76庚
士神索 【田宅】 墓午</td>
<td>鳳龍年封天擎天
閣池解誥姚羊相
廟閑
官華官 86~95 77辛
府蓋符 【官祿】 死未</td>
<td>月大天天天天天天
德耗傷廚貴鉞梁同
廟陷旺
科
伏劫小 76~85 78壬
兵煞耗 【奴僕】 病申</td>
</tr>
<tr>
<td>天天紅八恩地右太
空壽艶座光劫弼陰
陷廟閑
青攀晦 74戊
龍鞍氣 【父母】 胎辰</td>
<td rowspan="2" colspan="2">乾命 : 1939年(己卯) 7月 ○日 ○時
命局 : 火6局, 爐中火
命主 : 文曲
身主 : 天同</td>
<td>天旬截天文七武
虛空空官曲殺曲
廟閑旺
忌 祿
大災歲 66~75 79癸
耗煞破 【遷移】 衰酉</td>
</tr>
<tr>
<td>天天鈴天
哭刑星府
廟平
小將太 6~15 73丁
耗星歲 【命宮】 養卯</td>
<td>天三左太
使台輔陽
廟陷
病天龍 56~65 80甲
符煞德 【疾厄】 旺戌</td>
</tr>
<tr>
<td>天解天陰火
福神巫煞星
廟
將亡病 16~25 72丙
軍身符 【兄弟】 生寅</td>
<td>寡破紫
宿軍微
旺廟
奏月弔 26~35 71丁
書煞客【身 夫妻】浴丑</td>
<td>天紅天天
德鸞魁機
旺廟
飛咸天 36~45 70丙
廉池德 【子女】 帶子</td>
<td>天台
月輔
喜指白 46~55 81乙
神背虎 【財帛】 建亥</td>
</tr>
</table>

차명은 아들 딸 모두 명문대를 졸업하고 교수와 연구원으로 좋은 직장을 다니고 있다.

차명의 선천 12궁 중에서 우선 자전선의 정황이 길하다는 것을 알 수 있다. 子궁의 천기가 거문과 상대하는데, 子午궁의 기거조합이 보좌길성을 비롯한 록성·사화길성 등이 비치면 길격을 형성하게 된다. 차명의 자녀궁은 천기가 천괴와 동궁하고, 대궁의 거문은 록존과 동궁하여 자녀가 명리(名利)를 얻는 구조이다. 午궁에 거하고 있는 천재(天才)·박사(博士) 등은 비록 잡성이지만 재기(才氣)를 발휘하는 별이다. 천기와 만나면 더욱 총명호학(聰明好學)한다. 申궁의 동량도 천량화과·천월 귀인성이 동궁하고, 辰궁도 태음이 비록 약궁이지만 우필과 동궁하면서 자녀궁으로 동회하고 있다. 선천자녀궁의 삼방사정이 명리(名利)를 얻는 구조이다.

사례 4) 자녀 고시 합격

갑신년(55세) 차명의 여식이 사법시험에 최종 합격하였다.

선천자녀궁(辰)은 무곡에 화권이 붙는다. 위권(威權)적이고 결단력 있는 무곡에 화권이 가하니 더욱 권위적인 모습이다. 동궁한 천형은 기본적으로 법과 관계가 있다. 자녀가 군경·사법기관·의료 등의 직군에 종사할 가능성이 높다고 보는 것이다. 자녀궁의 삼방사정도 길한데, 특히 자녀의 관록궁에 해당하는 申궁의 정황이 길하다. 申궁은 록마교치를 이루고, 문창이 동궁하고 있다. 학식이 높고 재리(財利)를 얻기에 아주 좋은 구조이다. 선천 자녀궁과 삼방사정의 구조가 사회적으로 권위와 명예를 얻을 수 있는 조건이 된다.

무자대한(53세~62세)은 대한자녀궁(酉)의 태음이 명예나 계약에 유리한 권과(權科)를 동시에 보고 있는 가운데, 대궁(卯)으로 대한의 우필화과가 비친다. 대한자녀궁의 삼방에 해당하는 巳궁과 丑궁의 정황도 길하다. 더 중요한 것은 무자대한의 대한탐랑화록이 선천자녀궁의 화권을 인동하니 당 대한은 자녀가 명리를 얻는 것이다. 차명의 다른 자녀들도 모두 무난히 학업을 마치고 좋은 직장에 취업을 하였다.

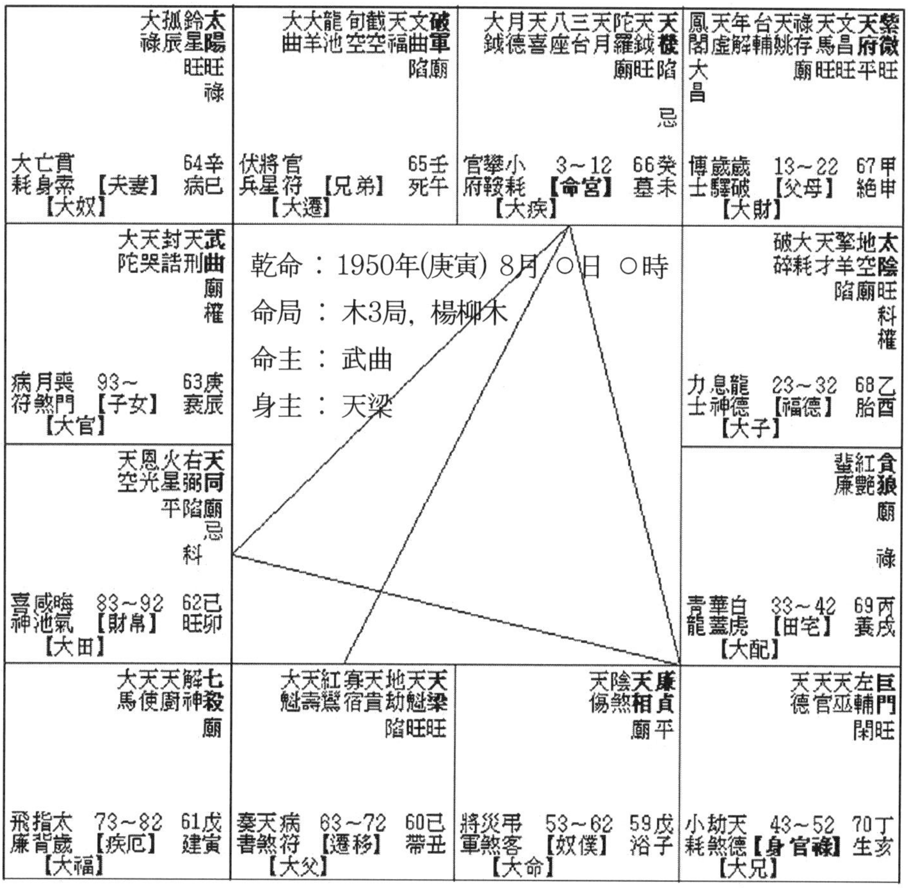

<table>
<tr>
<td>大孤鈴太
祿辰星陽
旺旺
祿
大亡貫 64辛
耗身索 【夫妻】 病巳
【大奴】</td>
<td>大大龍旬截天文破
曲羊池空空福曲軍
陷廟
伏將官 65壬
兵星符 【兄弟】 死午
【大遷】</td>
<td>大月天八三天陀天天
鉞德喜座台月羅鉞機
廟旺陷
忌
官攀小 3~12 66癸
府鞍耗 【命宮】 墓未
【大疾】</td>
<td>鳳天年台天祿天文天紫
閣虛解輔姚存馬昌府微
大 廟旺旺平旺
昌
博歲歲 13~22 67甲
士驛破 【父母】 絶申
【大財】</td>
</tr>
<tr>
<td>大天封天武
陀哭誥刑曲
廟
權
病月喪 93~ 63庚
符煞門 【子女】 衰辰
【大官】</td>
<td colspan="2" rowspan="2">乾命 : 1950年(庚寅) 8月 ○日 ○時
命局 : 木3局, 楊柳木
命主 : 武曲
身主 : 天梁</td>
<td>破大天擎地太
碎耗才羊空陰
陷廟旺
科
權
力息龍 23~32 68乙
士神德 【福德】 胎酉
【大子】</td>
</tr>
<tr>
<td>天恩火右天
空光星弼同
平陷廟
忌
科
喜咸晦 83~92 62己
神池氣 【財帛】 旺卯
【大田】</td>
<td>蜚紅貪
廉艷狼
廟
祿
青華白 33~42 69丙
龍蓋虎 【田宅】 養戌
【大配】</td>
</tr>
<tr>
<td>大天天解七
馬使廚神殺
廟
飛指太 73~82 61戊
廉背歲 【疾厄】 建寅
【大福】</td>
<td>大天紅寡天地天天
魁壽鸞宿貴劫魁梁
陷旺旺
奏天病 63~72 60己
書煞符 【遷移】 帶丑
【大父】</td>
<td>天陰天廉
傷煞相貞
廟平
將災弔 53~62 59戊
軍煞客 【奴僕】 浴子
【大命】</td>
<td>天天天左巨
德官巫輔門
閑旺
小劫天 43~52 70丁
耗煞德 【身官祿】 生亥
【大兄】</td>
</tr>
</table>

사례 5) 자녀 때문에 부부 재결합

차명은 경오대한(34세~43세) 중 배우자와 이혼하게 되었는데, 자녀 때문에 다시 재결합 하였다. 처는 자녀를 너무 아끼고 사랑하는데 차명도 역시 마찬가지다. 이러한 연유로 두 사람의 감정은 접어두고, 자녀를 위하여 다시 재결합을 결정하였다고 한다.

차명의 선천자녀궁(午)은 자미가 거하고 있다. 午궁의 자미는 12궁 중 가장 힘이 강하다. 만약 록존이나 사화길성·보좌길성이 도우면 길격이 되어 부귀쌍전한다. 차명의 자녀궁이 바로 록존이 동궁하면서 삼방사정으로 화록·화권·천괴·좌보 등의 길성이 동회하는 형국이다. 자녀궁이 이처럼 길하므로 자녀에 대한 기대와 사랑이 많을 수밖에 없다.

그런데 차명의 선천부처궁(未)은 치명적이다. 부처궁의 경양은 고극(孤剋)을 의미하고, 천요는 중혼(重婚)이라 하여 여러 번 결혼한다고 하였다. 외도하는 경우도 많다. 과수는 비록 잡성이지만 부처궁에서는 전혀 도움이 안 된다. 그리고 축미궁의 거동조합은 일생 말 못할 고민을 안고 사는데, 주로 배우자나 이성문제로 고민이 많다. 차명의 경우 거동조합이 경양·천요를 보게 되므로 더 불리하다.

<table>
<tr>
<td>破台陀天
碎輔羅機
陷平

力指白　44~53　45己
士背虎　【財帛】　生巳
【大兄】</td>
<td>天天紅八祿紫
德才鸞座存微
旺廟

博咸天　34~43　46庚
士池德　【子女】　養午
【大命】</td>
<td>大大寡天擎
陀鉞宿姚羊
廟

官月弔　24~33　47辛
府煞客【身 夫妻】胎未
【大父】</td>
<td>大大天三恩天破
馬祿廚台光鉞軍
廟陷

伏亡病　14~23　48壬
兵身符　【兄弟】　絶申
【大福】</td>
</tr>
<tr>
<td>天天紅右七
使壽艶弼殺
廟旺

青天龍　54~63　44戊
龍煞德　【疾厄】　浴辰
【大配】</td>
<td colspan="2" rowspan="2">乾命 ： 1969年 7月 ○日 ○時
命局 ： 金4局, 劍鋒金
命主 ： 文曲
身主 ： 天同</td>
<td>大天截天鈴
羊哭空官星
陷

大將太　4~13　49癸
耗星歲　【命宮】　墓酉
【大田】</td>
</tr>
<tr>
<td>大天旬天文天太
曲虛空刑曲梁陽
旺廟廟
忌科
祿

小災歲　64~73　43丁
耗煞破　【遷移】　帶卯
【大子】</td>
<td>天地左天廉
空劫輔府貞
平廟廟旺

病攀晦　50甲
符鞍氣　【父母】　死戌
【大官】</td>
</tr>
<tr>
<td>月大天天解天陰火天武
德耗傷福神巫煞星相曲
廟廟閑
祿
權

將劫小　74~83　42丙
軍煞耗　【奴僕】　建寅
【大財】</td>
<td>大鳳龍年封巨天
魁閣池解誥門同
旺陷
忌

奏華官　84~93　41丁
書蓋符　【官祿】　旺丑
【大疾】</td>
<td>天天地天貪
喜貴空魁狼
平旺旺
權

飛息貫　94~　40丙
廉神索　【田宅】　衰子
【大遷】</td>
<td>大蜚孤天天文太
昌廉辰月馬昌陰
平旺廟
科

喜歲喪　51乙
神驛門　【福德】　病亥
【大奴】</td>
</tr>
</table>

선천명궁과 삼방사정도 삶에 파동이 많을 수밖에 없는 구조인데, 명궁에 영성·천곡·절공이 좌하니 어둡고 힘든 경험이 많겠고, 천이궁(卯)이 문곡화기에 천형까지

가세하니 더 파동이 많은 인생이 된다.

경오대한(34세~43세)이 되면 대한의 천동화기가 丑궁으로 들어가 선천부처궁(未)으로 비치게 되므로 당 대한은 부부생리사별은 기본적으로 예단할 수 있다. 선천명궁과 부처궁이 문제가 많은 상황에서 재차 대한화기가 충파하면 그 길흉은 걷잡을 수 없는 것이다.

필자가 경험한 바에 의하면, 만약 부부이혼을 할 경우 선천이나 대한의 자녀궁이 길한 사람이 자녀를 양육하게 된다. 그리고 자녀 또한 자신을 따르게 된다. 차명의 경우 부인의 자전선도 길상이라 이렇게 자녀를 위하여 재결합할 수 있었던 것이다.

사례 6) 자녀 지체 장애

<table>
<tr>
<td>大孤天天天
祿辰廚巫梁
陷
大亡貫 3~12 41己
耗身索 【命宮】 病巳
【大田】</td>
<td>大大龍紅七
曲羊池艷殺
旺
病將官 42庚
符星符 【父母】 衰午
【大官】</td>
<td>月天天天天
德才喜官鉞
旺
喜攀小 43辛
神鞍耗 【福德】 旺未
【大奴】</td>
<td>大大鳳天截年解地天廉
馬昌閣虛空解神劫馬貞
廟旺廟
祿
忌
飛歲歲 93~ 44壬
廉驛破 【田宅】 建申
【大遷】</td>
</tr>
<tr>
<td>大天左天紫
陀哭輔相微
廟旺陷
伏月喪 13~22 40戊
兵煞門 【兄弟】 死辰
【大福】</td>
<td colspan="2" rowspan="2">坤命 : 1974年(癸丑) 1月 ○日 ○時
命局 : 木3局, 大林木
命主 : 武曲
身主 : 天梁</td>
<td>大破大天天
鉞碎耗福刑
奏息龍 83~92 45癸
書神德 【官祿】 帶酉
【大疾】</td>
</tr>
<tr>
<td>天台擎巨天
空輔羊門機
陷廟旺
權
官咸晦 23~32 39丁
府池氣 【夫妻】 墓卯
【大父】</td>
<td>蜚天天恩天火右破
廉傷貴光月星弼軍
廟廟旺
權
將華白 73~82 46甲
軍蓋虎 【奴僕】 浴戌
【大財】</td>
</tr>
<tr>
<td>三陰地祿貪
台煞空存狼
陷廟平
博指太 33~42 38丙
士背歲 【子女】 絶寅
【大命】</td>
<td>天紅寡天陀天文文太太
壽鸞宿姚羅魁昌曲陰陽
廟旺廟廟廟陷
忌
科
力天病 43~52 37丁
士煞符 【財帛】 胎丑
【大兄】</td>
<td>天旬八鈴天武
使空座星府曲
陷廟旺
科
青災弔 53~62 36丙
龍煞客 【疾厄】 養子
【大配】</td>
<td>大天封天
魁德誥同
廟
祿
小劫天 63~72 47乙
耗煞德 【身 遷移】 生亥
【大子】</td>
</tr>
</table>

33세(丙戌) 아들을 출산하였다. 그런데 다운증후군이라고 한다. 대체 무슨 이유로 이런 일이 발생하는지 알아본다.

우선 차명의 선천자녀궁을 살펴보자. 寅궁의 탐랑이 록존과 동궁하고 있다. 얼핏 보면 그렇게 흉상은 아니다. 하지만 록존궁이 화기가 되거나 양타·화령·겁공·형요 등 살기형성이 중하면 양타가 협하여 패국(敗局)으로 몰고 간다. 차명의 경우 자전선으로 지공·지겁이 마주하는 가운데 천마를 만나므로 사망마(死亡馬)가 된다는 것도 알 수 있다. 선천자녀궁의 분위기가 문제성을 안고 있다.

차명의 33세는 병인대한 두관(頭關)에 해당한다. 그런데 대한의 염정화기가 선천전택궁이자 대한천이궁인 申궁에 떨어지게 된다. 그와 동시에 선천자녀궁(寅)도 충격을 입게 된다. 선천자전선의 상황이 이미 흉을 예고하고 있는데, 재차 화기가 충파하니 당 대한은 자녀사가 여의치 않게 된다. 대한자녀궁(亥)은 입묘한 천동이 거하고 있는데 큰 문제가 없어 보인다. 그러나 화령이 亥궁을 협하는 것을 유념해야 한다. 화성·영성이 어느 궁을 협하면 '화령협명위패국(火鈴夾命爲敗局)'이 되어 협 당하는 궁은 패국이 된다. 차명의 선천자전선과 대한자전선이 이렇게 흉격이 중하다.

병술년(33세)은 유년화록이 천동이 되는바, 대한자전선과 선천명천선을 인동하였다. 하여 당년은 자녀사와 자신의 신상에 대한 일을 암시하고 있다. 그런데 유년의 염정화기가 재차 寅申궁을 타격하니 자녀에게 불리한 일이 발생한 것이다.

정묘대한(23세~32세) 중 유산(流産)도 많았다고 하는데, 이는 卯궁의 대한거문화기와 丑궁의 태양화기가 자녀궁(寅)을 쌍기 협하기 때문이다. 그렇지 않아도 인신궁은 사망마라는 흉격이 형성되어 있는데, 쌍기가 협하니 자녀가 빛을 보지 못하고 유산하게 되는 것이다.

사례 7) 자녀가 폭행 당함

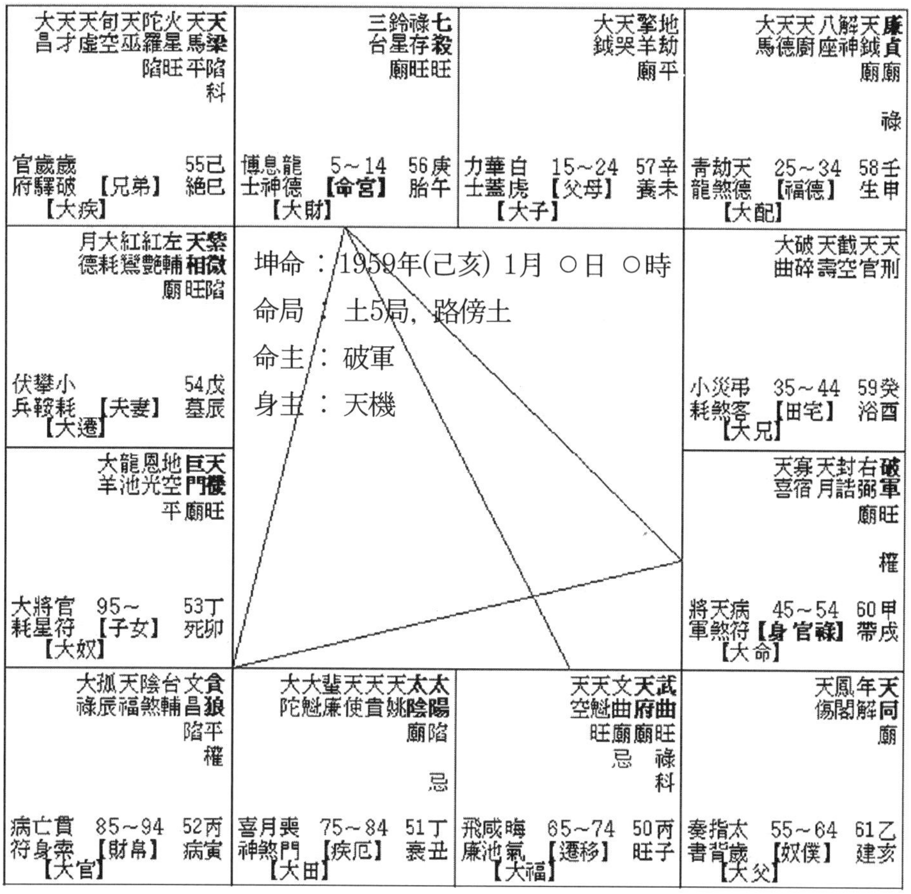

<table>
<tr>
<td>大天天旬天陀火天天
昌才虛空巫羅星馬梁
陷旺平陷
科

官歲歲 55己
府驛破 【兄弟】 絶巳
【大疾】</td>
<td>三鈴祿七
台星存殺
廟旺旺

傅息龍 5~14 56庚
士神德 【命宮】 胎午
【大財】</td>
<td>大天擎地
鉞哭羊劫
廟平

力華白 15~24 57辛
士蓋虎 【父母】 養未
【大子】</td>
<td>大天天八解天廉
馬德廚座神鉞貞
廟廟
祿

青劫天 25~34 58壬
龍煞德 【福德】 生申
【大配】</td>
</tr>
<tr>
<td>月大紅紅左天紫
德耗鸞艶輔相微
廟旺陷

伏攀小 54戊
兵鞍耗 【夫妻】 墓辰
【大遷】</td>
<td colspan="2" rowspan="2">坤命 : 1959年(己亥) 1月 ○日 ○時
命局 : 土5局, 路傍土
命主 : 破軍
身主 : 天機</td>
<td>大破天截天天
曲碎壽空官刑

小災弔 35~44 59癸
耗煞客 【田宅】 浴酉
【大兄】</td>
</tr>
<tr>
<td>大龍恩地巨天
羊池光空門機
平廟旺

大將官 95~ 53丁
耗星符 【子女】 死卯
【大奴】</td>
<td>天寡天封右破
喜宿月誥弼軍
廟旺
權

將天病 45~54 60甲
軍煞符 【身官祿】 帶戌
【大命】</td>
</tr>
<tr>
<td>大孤天陰台文貪
祿辰福煞輔昌狼
陷平
權

病亡貫 85~94 52丙
符身索 【財帛】 病寅
【大官】</td>
<td>大大蜚天天天太太
陀魁廉使貴姚陰陽
廟陷
忌

喜月喪 75~84 51丁
神煞門 【疾厄】 衰丑
【大田】</td>
<td>天天文天武
空魁曲府曲
旺廟廟旺
忌 祿
科

飛咸晦 65~74 50丙
廉池氣 【遷移】 旺子
【大福】</td>
<td>天鳳年天
傷閣解同
廟

奏指太 55~64 61乙
書背歲 【奴僕】 建亥
【大父】</td>
</tr>
</table>

46세(甲申)에 아들이 밖에서 여러 명으로부터 폭행을 당하였다. 이때 턱뼈가 부러져 1년 정도 치료를 하였다.

먼저 선천자녀궁과 대한자녀궁의 정황을 먼저 살펴보면, 선천자녀궁(卯)은 기거조합이 지공과 동궁하고 있다. 지공이 살성이긴 하지만 사고나 질병을 주하지 않는다. 그런데 대궁(酉)에 천형이 거하고 있다는 것을 유념해야 한다. 酉궁의 천형은 입묘하여 길하다고 하지만, 이처럼 정성이 없는 가운데 살성을 보면 사고나 질병 등으로 형극을 당하는 일이 많다. 그리고 유궁은 자녀궁의 천이궁에 해당하므로 자녀가 밖에서 사고를 경험할 개연성이 높다. 묘유궁선에 자리한 死·파쇄·조객·재살 등의 잡성 들도 흉상을 부채질 하고 있다.

갑술대한(45세~54세)의 대한자녀궁(未)은 사고나 질병과 관계가 많은 경양이 거하고, 지겁·천곡·상문·백호·천요 등의 흉살이 가세하여 질액적으로 상당히 문제가 있음을 알 수 있다. 게다가 대한의 태양화기가 대한자녀궁으로 차성되므로 당 대한은 자녀가 화를 면하기 어렵다.

갑신년(46세)은 유년의 태양화기가 재차 대한자녀궁을 타격하니 그 충격이 더 강해진다. 이때 유년자녀궁(巳)이 대한질액궁과 만나, 당년은 사고나 질병이 있음을 예단할 수 있다. 절족마에 전마(戰馬)의 형국이 되니 더욱 불리하다.

사례 8) 유산·낙태가 많은 대한

차명은 신해대한(25세~34세) 중 자녀유산(流産)과 낙태가 유난히 많았다. 대한자녀궁(申)으로 대한의 문창화기가 떨어지니 당 대한은 자녀사가 불리하다는 것을 알 수 있다. 그리고 대한명궁(亥)의 분위기도 선천의 거문화기가 거하는 가운데, 천이궁(巳)으로 타라·화성 등의 살성이 대조하여 문제가 많다. 亥궁에 천마가 자리하고 있는데, 천마가 화기나 살성을 보면 부시마(負尸馬)가 되고, 타라와 만나면 절족마(折足馬)가 되며 화령을 보면 전마(戰馬)가 된다. 차명의 대한명천선의 구조가 바로 이러하니 당 대한은 질액적으로 문제가 되는 것이다. 또한 삶이 고단하고 순탄치 않은 여러 가지 일이 발생하게 된다.

실제 차명은 신해대한 중 자녀유산·낙태뿐만 아니라, 남편이 유통업을 하다가 모두 파재하였고, 시가의 형제들도 직업적으로 안정감이 없고 모두 힘든 세월을 보냈다.

<table>
<tr>
<td>大鳳天恩年陀火太
馬閣廚光解羅星陽
陷旺旺
權
官指太 85~94 37乙
府背歲 【財帛】 絶巳
【大遷】</td>
<td>大天天天天祿文破
鉞空壽月刑存曲軍
旺陷廟
科
博咸晦 95~ 38丙
士池氣 【子女】 胎午
【大疾】</td>
<td>蜚紅擎天
廉艶羊機
廟陷
科
力月喪 39丁
士煞門 【夫妻】 養未
【大財】</td>
<td>大孤天陰台文天紫
陀辰巫煞輔昌府微
旺平旺
忌
青亡貫 40戊
龍身索 【兄弟】 生申
【大子】</td>
</tr>
<tr>
<td>天天寡解封武
使喜宿神誥曲
廟
伏天病 75~84 36甲
兵煞符 【疾厄】 墓辰
【大奴】</td>
<td colspan="2" rowspan="2">坤命 : 1977年(丁巳) 10月 ○日 ○時
命局 : 土5局, 大驛土
命主 : 文曲
身主 : 天機</td>
<td>大破龍地天太
祿碎池空鉞陰
廟廟旺
祿
小將官 5~14 41己
耗星符 【命宮】 浴酉
【大配】</td>
</tr>
<tr>
<td>截八天天
空座貴同
廟
權
大災弔 65~74 35癸
耗煞客 【遷移】 死卯
【大官】</td>
<td>大月大紅天貪
羊德耗鸞姚狼
廟
將攀小 15~24 42庚
軍鞍耗 【父母】 帶戌
【大兄】</td>
</tr>
<tr>
<td>大大天天天天七
曲魁德傷才官殺
廟
病劫天 55~64 34壬
符煞德 【奴僕】 病寅
【大田】</td>
<td>天旬地右左天
哭空劫弼輔梁
陷廟廟旺
喜華白 45~54 33癸
神蓋虎【身 官祿】衰丑
【大福】</td>
<td>大鈴天廉
昌星相貞
陷廟平
飛息龍 35~44 32壬
廉神德 【田宅】 旺子
【大父】</td>
<td>天天三天天巨
虛福台馬魁門
平旺旺
忌
祿
奏歲歲 25~34 43辛
書驛破 【福德】 建亥
【大命】</td>
</tr>
</table>

7. 명예사(시험 · 승진 · 취업 · 선거 등)

각종 시험이나 승진여하·선거의 당락·취업 등은 주로 개인적인 명예사에 관련되는 부분이다. 두수에서 이들 명예사에 해당하는 사안들의 길흉여하는 다음 조건들에 의해 많이 결정 난다.

- 명예사와 관계가 많은 궁 : 명궁·천이궁· 관록궁·재백궁·부모궁
- 명예사와 관계가 많은 성 : 화과·화권·괴월·보필·창곡·용지·봉각·태보·봉고·삼태·팔좌·은광·천귀, 기타 대한이나 유년의 삼방사정이 길격에 해당하는 구조를이루고 있으면 당 대한이나 당 년에 길사가 있다.

1) 명예사를 얻기 위해서는 선천과 대한·유년의 삼방사정으로 록권과를 비롯한 괴월·보필·창곡 등의 회집여부가 중요한 관건이 된다. 그리고 이러한 성계들이 삼방사정을 협하는 것도 길하게 본다. 특히 화권·화과·괴월·보필 등은 명예사에 직접적으로 작용하는 성계이다.
2) 대한이나 유년의 명천선과 관록궁으로 사화길성과 보좌길성이 회집하거나 협하면 명예사에 유리하다.
3) 대한이 선천삼방사정의 길상(명예 적으로 유리한 길상을 의미)을 인동하거나, 유년이 대한이나 선천의 길상을 인동하면 명예사에 유리하다.
4) 유년의 사화길성이 대한이나 유년의 삼방사정에 떨어지면 길하다.
5) 유년이나 대한의 부모궁으로 사화길성이나 보좌길성이 배치되면 길하다. 그리고 유년의 화록이 이러한 길상을 인동하면 더 확실하다.
6) 관록궁과 명천선은 명예사의 길흉에 더 강한 작용을 하는 궁이다.
7) 명예사와 관계가 많은 궁과 관계가 많은 성이 겹치면 더 유리한 작용을 한다.
8) 두수의 길격에 해당하는 궁으로 대한이나 유년이 진행하면 당 대한이나 유년에 길사가 있다.

사례 1) 행시합격

<table>
<tr>
<td>大破祿天
馬碎存相
廟平
傅亡病 5~14 36丁
士身符【身 命宮】建巳
【大福】</td>
<td>大天恩台擎天
昌廚光輔羊梁
平廟
權
官將太 37戊
府星歲 【父母】 帶午
【大田】</td>
<td>天天右左七廉
空鉞弼輔殺貞
旺廟廟旺廟
科
伏攀晦 38己
兵鞍氣 【福德】 浴未
【大官】</td>
<td>大大孤陰天
曲鉞辰煞馬
旺
大歲喪 95~ 39庚
耗驛門 【田宅】 生申
【大奴】</td>
</tr>
<tr>
<td>大鳳寡紅三年天陀文巨
羊閣宿艷台解姚羅曲門
廟廟平
力月弔 15~24 35丙
士煞客 【兄弟】 旺辰
【大父】</td>
<td colspan="2" rowspan="2">坤命 : 1978年(戊午) 4月 ○日 ○時
命局 : 土5局, 沙中土
命主 : 武曲
身主 : 火星</td>
<td>紅
鸞
病息貫 85~94 40辛
符神索 【官祿】 養酉
【大遷】</td>
</tr>
<tr>
<td>大天天天天鈴貪紫
祿德喜官福星狼微
廟地旺
祿
科
青咸天 25~34 34乙
龍池德 【夫妻】 衰卯
【大命】</td>
<td>天龍八解文天
傷池座神昌同
陷平
喜華官 75~84 41壬
神蓋符 【奴僕】 胎戌
【大疾】</td>
</tr>
<tr>
<td>大蜚天封太天
陀廉月誥陰機
閑旺
權忌
忌祿
小指白 35~44 33甲
耗背虎 【子女】 病寅
【大兄】</td>
<td>大火天天
耗星魁府
旺旺廟
將天龍 45~54 32乙
軍煞德 【財帛】 死丑
【大配】</td>
<td>大天天天旬截天天太
魁使哭虛空空貴刑陽
陷
奏災歲 55~64 31甲
書煞破 【疾厄】 墓子
【大子】</td>
<td>月天天天地地破武
德壽才巫空劫軍曲
陷旺平平
飛劫小 65~74 42癸
廉煞耗 【遷移】 絶亥
【大財】</td>
</tr>
</table>

차명은 25세(壬午) 행정고시에 합격하였다. 먼저 을묘대한(25세~34세)의 상황을 살펴보자. 대한명궁(卯)의 자탐조합이 선천의 탐랑화록과 명예사에 유리한 자미화권을 얻었다. 대한재백궁(亥)의 무파조합이 겁공과 동궁하니 일견 불리해 보이지만, 재백궁의 겁공이 명예적으로 치명적인 역할은 하지 못한다. 대한관록궁(未)의 염살조합은 보필·천월과 동궁하는 가운데 우필화과를 본다. 축미궁의 염정·칠살 조합이 사화길성과 보좌길성을 얻으면 '웅수건원격(雄宿乾垣格)'이라 하여 두수에서는 최고의 길격(吉格)에 해당한다. 게다가 축미궁의 괴월은 '관원우차고천탁(官員遇此

高遷擢 : 관원이 괴월을 보면 높은 곳으로 발탁된다)'이라 하여 승진이나 합격의 영광이 따른다. 차명의 대한관록궁이 이러한 격국을 이루고 있으니 충분히 고시에 합격할 수 있었던 것이다.

25세 유년명궁(午)은 대한의 천량화권이 거하고 있다. 권귀(權貴)를 얻기에 좋은 해이다. 유년의 천량화록이 재차 천량화권을 인동하여 더욱 길하다. 유년의 자미화권은 卯궁에 떨어져 대한명천선의 품격을 더 높여준다. 유년의 좌보화과는 대한관록궁인 未궁에 떨어져 길격을 살려주는 동시에 명예를 얻게 하는 요소가 된다. 그리고 관록궁은 직업궁인 고로 당년에 좋은 직업을 얻을 수 있는 상황을 연출한 것이다.

사례 2) 대기업 취업

기사대한(25세~34세)은 대한명궁(巳)의 천상이 절족마에 부시마(負尸馬) 등을 형성하고 있어 명궁의 역할이 아쉽다. 심리적으로 육체적으로 고단하기 쉽다. 그러나 대한천이궁이자 선천관록궁(亥)에 쌍록이 떨어져 희망적이다. 亥궁에 대한천마가 배치되어 록마교치를 이루는데, 이는 직업이나 재물적으로 길상을 의미하는 요소이다. 대한관록궁(酉)은 천요가 독좌하지만 卯궁의 자탐이 탐랑쌍권을 얻어 酉궁으로 차성안궁된다. 고로 대한관록궁의 입장에서는 명예나 권위를 얻을 수 있는 상황이다.

대한명궁의 정황은 비록 불리하지만 기타 궁과 성계의 배치가 충분한 힘을 발휘하고 있는 것이다. 그리고 대한부모궁(午)이 유난히 길격을 이루고 있다는 것을 알 수 있다. 부모궁은 시험이나 면접 등에 중요한 역할을 하는 궁이다.

30세(戊子)에 수백 대 일의 경쟁률을 뚫고 대기업에 합격하였다. 유년명궁(子)과 유년천이궁의 정황이 길하다. 그리고 유년의 탐랑화록이 卯궁으로 들어가 탐랑쌍권을 인동하였다. 卯酉궁선은 대한부관선인 고로, 직업적으로 길상을 인동한 것이다.

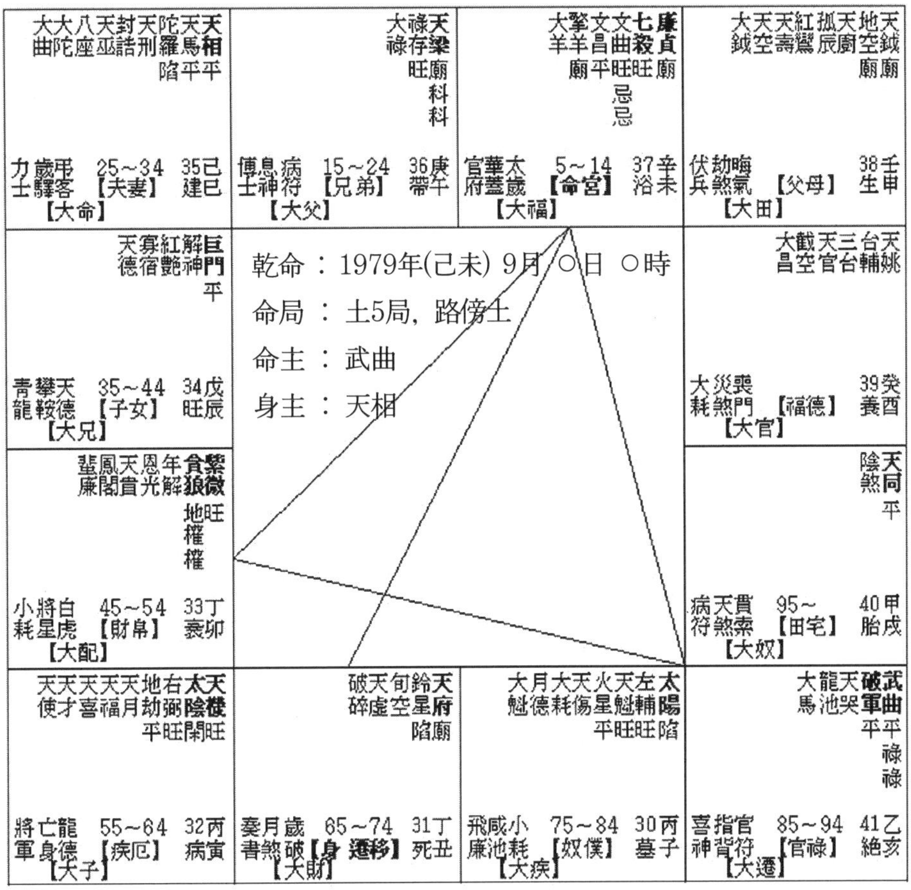

<table>
<tr>
<td>大大八天封天陀天天
曲陀座巫誥刑羅馬相
陷平平

力歲弔 25~34 35己
士驛客 【夫妻】 建巳
【大命】</td>
<td>大祿天
祿存梁
旺廟
科
科

傅息病 15~24 36庚
士神符 【兄弟】 帶午
【大父】</td>
<td>大擎文文七廉
羊羊昌曲殺貞
廟平旺旺廟
忌
忌

官華太 5~14 37辛
府蓋歲 【命宮】 浴未
【大福】</td>
<td>大天天紅孤天地天
鉞空壽鸞辰廚空鉞
廟廟

伏劫晦 38壬
兵煞氣 【父母】 生申
【大田】</td>
</tr>
<tr>
<td>天寡紅解巨
德宿艶神門
平

青攀天 35~44 34戊
龍鞍德 【子女】 旺辰
【大兄】</td>
<td colspan="2" rowspan="2">乾命 : 1979年(己未) 9月 ○日 ○時
命局 : 土5局, 路傍土
命主 : 武曲
身主 : 天相</td>
<td>大截天三台天
昌空官台輔姚

大災喪 39癸
耗煞門 【福德】 養酉
【大官】</td>
</tr>
<tr>
<td>蜚鳳天恩年貪紫
廉閣貴光解狼微
地旺
權
權

小將白 45~54 33丁
耗星虎 【財帛】 衰卯
【大配】</td>
<td>陰天
煞同
平

病天貫 95~ 40甲
符煞索 【田宅】 胎戌
【大奴】</td>
</tr>
<tr>
<td>天天天天天地右太天
使才喜福月劫弼陰機
平旺閑旺

將亡龍 55~64 32丙
軍身德 【疾厄】 病寅
【大子】</td>
<td>破天旬鈴天
碎虛空星府
陷廟

奏月歲 65~74 31丁
書煞破 【身 遷移】 死丑
【大財】</td>
<td>大月大天火天左太
魁德耗傷星魁輔陽
平旺旺陷

飛咸小 75~84 30丙
廉池耗 【奴僕】 墓子
【大疾】</td>
<td>大龍天破武
馬池哭軍曲
平平
祿
祿

喜指官 85~94 41乙
神背符 【官祿】 絶亥
【大遷】</td>
</tr>
</table>

사례 3) 교원임용교시 합격

차명은 정유대한(23세~32세) 중 31세(丙戌)에 교원임용고시에 합격하였다. 대한명궁(酉)은 무곡·칠살이 동궁하는 가운데 선천 천월이 거하고 있다. 천월은 시험·승진 등 명예사에 유리한 星이다. 그런데 대한 천월과 대한의 문창까지 酉궁에 들어가므로 학문연구나 명예사에 더 유리한 작용을 하게 된다.

시험에 합격한 병술년은 유년명궁(戌)으로 선천과 대한의 괴월이 협하여 귀인의 음덕과 영예를 얻을 수 있는 구조이다. 그리고 유년의 천동화록은 申궁의 천동화록과 화권을 인동하므로 명리(名利)를 얻게 된다. 중요한 것은 申궁의 동량이 유년관록궁(寅)으로 차성안궁되어 寅궁에 있는 문곡·팔좌·천귀 등과 만나 시험합격과 아울러 취업을 하게 되는 것이다. 이처럼 관록궁이 길하면 승진·시험 등에 유리하다.

그런데 대한관록궁(丑)은 자미·파군이 지공·과수·파쇄 등과 동궁하여 불안정한 것도 사실이다. 게다가 午궁의 거문화기가 未궁으로 형기협인(刑忌夾印)하여 축미궁선을 충파하여 더 큰 부담을 준다. 이러한 연고로 차명은 대학을 졸업한 이후 재차 교육대학을 다시 입학하게 되었고, 비교적 늦게 공부하여 합격한 것이다. 이처럼 자파상조합이 불안정하면 한 가지 일을 지키기 어렵고 큰 변화가 오게 된다.

축미궁선은 대한부처궁(未)과 관련된 궁이기도 하다. 이러한 연고로 당 대한은 남자친구가 계속 고시에 낙방하였고 차명의 집안에서 교제를 많이 반대하기도 하였다.

<table>
<tr>
<td>大大天天孤天祿貪廉
曲陀空喜辰官存狼貞
廟陷陷
忌
博劫晦 63~72 38癸
士煞氣 【遷移】 病巳
【大財】</td>
<td>大蜚天鳳年擎巨
祿廉使閣解羊門
平旺
忌
官災喪 53~62 39甲
府煞門 【疾厄】 衰午
【大子】</td>
<td>大天天
羊月相
閑
伏天貫 43~52 28乙
兵煞索【身 財帛】旺未
【大配】</td>
<td>龍天鈴天天
池姚星梁同
旺陷旺
祿
權
大指官 33~42 29丙
耗背符 【子女】 建申
【大兄】</td>
</tr>
<tr>
<td>天截台天陀太
傷空輔刑羅陰
廟閑
祿
力華太 73~82 37壬
士蓋歲 【奴僕】 死辰
【大疾】</td>
<td colspan="2" rowspan="2">坤命 : 1976年(丙辰) 8月 ○日 ○時
命局 : 木3局, 平地木
命主 : 巨門
身主 : 文昌</td>
<td>大大月地天七武
昌鉞德劫鉞殺曲
平廟閑旺
病咸小 23~32 30丁
符池耗 【夫妻】 帶酉
【大命】</td>
</tr>
<tr>
<td>天右天
才弼府
陷平
青息病 83~92 36辛
龍神符 【官祿】 墓卯
【大遷】</td>
<td>天太
虛陽
陷
喜月歲 13~22 31戊
神煞破 【兄弟】 浴戌
【大父】</td>
</tr>
<tr>
<td>天紅八天解天文
哭艷座貴神馬曲
旺平
小歲弔 93~ 35庚
耗驛客 【田宅】 絶寅
【大奴】</td>
<td>天破寡地破紫
德碎宿空軍微
陷旺廟
將攀天 34辛
軍鞍德 【福德】 胎丑
【大官】</td>
<td>旬天天三恩陰封火文天
空廚福台光煞誥星昌機
平旺廟
科權
科
奏將白 33庚
書星虎 【父母】 養子
【大田】</td>
<td>大大大天紅天天左
馬魁耗壽鸞巫魁輔
旺閑
飛亡龍 3~12 32己
廉身德 【命宮】 生亥
【大福】</td>
</tr>
</table>

사례 4) 고속승진

<table>
<tr>
<td>大鳳天八年天天天七紫
祿閣福座解巫姚鉞殺微
旺平旺
喜指太 33~42 61丁
神背歲 【子女】 病巳
【大父】</td>
<td>大太天天陰右
曲羊空官煞弼
旺
飛咸晦 23~32 50戊
廉池氣 【夫妻】 衰午
【大福】</td>
<td>蜚旬天
廉空月
奏月喪 13~22 51己
書煞門 【兄弟】 旺未
【大田】</td>
<td>大孤紅鈴左
昌辰艷星輔
旺平
將亡貫 3~12 52庚
軍身索 【命宮】 建申
【大官】</td>
</tr>
<tr>
<td>大天寡台天天
陀喜宿輔梁機
旺廟
權
病天病 43~52 60丙
符煞符 【身 財帛】 死辰
【大命】</td>
<td colspan="2" rowspan="2">乾命 : 1953年(癸巳) 5月 ○日 ○時
命局 : 木3局, 石榴木
命主 : 廉貞
身主 : 天機</td>
<td>大破天龍三地破廉
鉞碎壽池台劫軍貞
平陷平
祿
忌
小將官 53辛
耗星符 【父母】 帶酉
【大奴】</td>
</tr>
<tr>
<td>天天天
使魁相
廟陷
大災弔 53~62 59乙
耗煞客 【疾厄】 墓卯
【大兄】</td>
<td>月大紅
德耗鸞
青攀小 54壬
龍鞍耗 【福德】 浴戌
【大遷】</td>
</tr>
<tr>
<td>大天天文巨太
馬德貴曲門陽
平廟旺
權
伏劫天 63~72 58甲
兵煞德 【遷移】 絶寅
【大配】</td>
<td>天天天截天擎火地貪武
傷才哭空刑羊星空狼曲
廟旺陷廟廟
忌
官華白 73~82 57乙
府蓋虎 【奴僕】 胎丑
【大子】</td>
<td>恩解封祿文太天
光神誥存昌陰同
旺旺廟旺
科
科 祿
博息龍 83~92 56甲
士神德 【官祿】 養子
【大財】</td>
<td>大天天陀天天
魁虛廚羅馬府
陷平旺
力歲歲 93~ 55癸
士驛破 【田宅】 生亥
【大疾】</td>
</tr>
</table>

차명은 공기업의 고위직에 근무하고 있는 명이다. 비교적 빠르게 승진한 케이스인데, 특히 지난 병진대한(43세~52세) 중 고속으로 승진하여 고위직에 올랐다.

대한명궁(辰)의 기량조합이 천기화권을 보므로 당 대한은 권귀(權貴)를 얻기에 이롭다. 괴월까지 협하니 천군만마를 얻은 형국이다. 대한재백궁(子)도 아주 길한데, 동월이 선천의 화과를 보는 있는 가운데 대한화록과 화과도 동시에 보므로 완벽한 지원군을 얻었다. 子궁은 선천관록궁이라는 것도 유념해야 한다. 여기에 대한의 천동화록이 작록(爵祿)에 해당하는 록존과 영예(榮譽)를 주하는 태음화과 등을 인동한 것도 결정적인 포인트다.

대한관록궁(申)은 비록 영성이 좌하고 있지만 명예를 주하는 좌보가 거하고 있고, 寅궁의 거일이 거문화권과 문창성을 대동하고 申궁으로 차성되어 길하다. 寅궁의 거일조합이 정황이 길하면, 식록치명(食祿馳名 : 재물과 이름을 얻음)에 선명후리(先名後利 : 먼저 이름을 얻고 뒤에 재물이 따름)한다고 하였다. 寅궁은 차명의 선천이궁이므로 기본적으로 길격을 이루고 있는 명이다. 선천관록궁(子) 역시 동월이 수징계악격(水澄桂萼格)을 이루고 있으니 권귀를 얻는다.

51세(癸未)도 승진한 해인데, 유년명궁(未)이하 삼방사정으로 살기형성이 중중하니 그렇게 순탄한 유년이라고 보기 어렵다. 이러한 연고 때문인지 년초에 승진이 거의 결정된 상황에서 한번 번복이 되기도 하였다. 하지만 그 해 겨울에 결국 승진을 하였다. 유년거문화권이 寅궁에 떨어지고, 유년거문화권을 얻은 거일 조합이 대한관록궁이자 유년부모궁에 해당하는 申궁으로 차성되기 때문에 좋은 결과를 얻을 수 있었던 것이다. 유년태음화과 역시 선천관록궁이자 대한재백궁인 子궁에 떨어지게 되어 힘을 실어준 것도 중요한 단서가 된다.

대한의 염정화기가 선천부질선이자 대한형노선을 충파하여, 당 대한 중 누이가 암으로 졸하고, 부친이 갑작스런 질병으로 입원하는 등 잔질(殘疾)이 많았다.

사례 5) 교장 승진

차명은 56세(戊子) 교장으로 승진하였다. 56세 유년명궁은 선천관록궁에 해당하는 데 대한의 천량화권이 배치되어 당 대한은 승진에 하자가 없다. 벼슬과 재물을 주하는 록존과 대한천괴가 동궁하므로 선천관록궁 입장에서는 길사가 아닐 수 없다. 유년이 이렇게 길상을 암시하고 있는 궁으로 진행하니 당년은 그 만큼 명리를 얻기에 유리한 상황이다. 그리고 유년의 탐랑화록이 선천부모궁(酉)의 자미화과를 인동하니 문서나 계약적으로 유리한 해이다. 유년의 우필화과는 유년관록궁이자 대한전택궁인 辰궁에 떨어져 힘을 더하고 있다.

을축대한(53세~62세)의 전체적인 정황도 그렇게 불리하지 않다. 특히 대한관록궁(巳)의 파군화록이 천월 귀인성과 동궁하니 유리하고, 팔좌·봉각·천복 등은 비록 잡성에 해당하지만 지위를 얻는데 도움이 된다.

鳳天八年天破武 閣福座解鉞軍曲 旺閑平 祿 奏指太　93~　61丁 書背歲【子女】病巳 【大官】	大天天台太 昌空官輔陽 廟 飛咸晦　62戊 廉池氣【夫妻】死午 【大奴】	蜚旬天天 廉空姚府 廟 喜月喪　63己 神煞門【兄弟】墓未 【大遷】	大大孤紅恩太天 曲鉞辰艷光陰機 平平 科 忌祿 病亡貫　3~12　64庚 符身索【身命宮】絶申 【大疾】
大天寡右文天 羊喜宿弼曲同 廟廟平 將天病　83~92　60丙 軍煞符【財帛】衰辰 【大田】	坤命 : 1953年(癸巳) 7月 ○日 ○時 命局 : 木3局, 石榴木 命主 : 廉貞 身主 : 天機		破龍三貪紫 碎池台狼微 平平 忌 科 大將官　13~22　65辛 耗星符【父母】胎酉 【大財】
大天天火天 祿使刑星魁 平廟 小災弔　73~82　59乙 耗煞客【疾厄】旺卯 【大福】			月大紅鈴左文巨 德耗鸞星輔昌門 廟廟陷旺 權 伏攀小　23~32　66壬 兵鞍耗【福德】養戌 【大子】
大天天解天陰封 陀德貴神巫煞誥 青劫天　63~72　58甲 龍煞德【遷移】建寅 【大父】	天天天天截擎七廉 傷壽才哭空羊殺貞 廟廟旺 力華白　53~62　57乙 士蓋虎【奴僕】帶丑 【大命】	大祿天 魁存梁 旺廟 權 博息龍　43~52　56甲 士神德【官祿】浴子 【大兄】	大天天天陀地地天天 馬虛廚月羅空劫馬相 陷陷旺平平 官歲歲　33~42　67癸 府驛破【田宅】生亥 【大配】

사례 6) 명문대 합격

차명은 19세(壬申)에는 대학시험에 낙방하였다. 임신년 유년의 천량화록이 대한천이궁(巳)의 천량화권을 인동하여 일견 유리해 보이지만, 무곡화기가 유년관록궁이자 대한부모궁인 子궁에 떨어지므로 합격은 다소 문제가 있어 보인다. 그러나 정황이 이정도 라고 하면, 소신지원은 무리가 있어도 하향지원은 가능한 해이다. 차명도 만약 하향지원을 했더라면 합격하는 점수였다고 한다.

<table>
<tr>
<td>大天孤天天天天
馬使辰廚巫姚梁
陷
權
小亡貫 76~85 28己
耗身索 【疾厄】 建巳
【大遷】</td>
<td>大龍紅陰右七
昌池艷煞弼殺
旺旺
將將官 86~95 29庚
軍星符 【財帛】 旺午
【大疾】</td>
<td>月天天天地天
德喜官月劫鉞
平旺
奏攀小 96~ 30辛
書鞍耗 【子女】 衰未
【大財】</td>
<td>大大鳳天截年天左廉
曲鉞閣虛空解馬輔貞
旺平廟
祿
飛歲歲 31壬
廉驛破 【夫妻】 病申
【大子】</td>
</tr>
<tr>
<td>大天天恩天紫
羊壽哭光相微
旺陷
科
青月喪 66~75 27戊
龍煞門 【遷移】 帶辰
【大奴】</td>
<td colspan="2" rowspan="2">乾命 : 1974年(甲寅) 5月 ○日 ○時
命局 : 火6局, 山頭火
命主 : 祿存
身主 : 天梁</td>
<td>破大天火
碎耗福星
陷
喜息龍 32癸
神神德 【兄弟】 死酉
【大配】</td>
</tr>
<tr>
<td>大天天八擎地巨天
祿空傷座羊空門機
陷平廟旺
祿
力咸晦 56~65 26丁
士池氣 【奴僕】 浴卯
【大官】</td>
<td>蜚封破
廉誥軍
旺
權
病華白 6~15 33甲
符蓋虎 【命宮】 墓戌
【大兄】</td>
</tr>
<tr>
<td>大天台祿文貪
陀貴輔存昌狼
廟陷平
博指太 46~55 25丙
士背歲 【身 官祿】 生寅
【大田】</td>
<td>紅寡天陀天太太
鸞宿刑羅魁陰陽
廟旺廟陷
忌
忌
官天病 36~45 36丁
府煞符 【田宅】 養丑
【大福】</td>
<td>大天旬解文天武
魁才空神曲府曲
廟廟旺
科
伏災弔 26~35 35丙
兵煞客 【福德】 胎子
【大父】</td>
<td>天三鈴天
德台星同
廟廟
大劫天 16~25 34乙
耗煞德 【父母】 絶亥
【大命】</td>
</tr>
</table>

20세(癸酉)에 원하던 서울대 법대에 합격하였다. 유년명궁(酉)이 비록 화성이 거하지만, 대궁의 대한관록궁의 천기화록이 대조하여 기회을 얻은 해이다. 유년 파군화록이 유년부질선이자 선천천이궁인 辰궁에 배치되어 길하다. 부모궁과 명천선은 명예사에 직접적으로 작용하는 궁선이다. 그리고 유년 거문화권이 대한관록궁이자 유년천이궁인 卯궁에 들어가므로 권귀(權貴)를 얻는 유년이라고 본다. 또한 유년 태음화과는 유년관록궁(丑)에 거하게 되는데, 정황이 이러하면 선천과 대한·유년의 관록궁으로 명예와 관련한 성계를 얻게 되어 시험이나 승진 등에 유리하다. 그리고 유년 삼방사정으로 명예사에 유리한 성계들이 동회하는 것을 알 수 있다. 하여 당년

에 합격한 것이다.

사례 7) 노무현 전대통령

<table>
<tr>
<td>大大紅天火 祿天
祿耗鸞官星 存梁
旺 廟陷
博亡龍 2~11 56癸
士身德 【命宮】 絶巳
【大疾】</td>
<td>大大旬封擎文七
曲羊空誥羊昌殺
平陷旺
科
力將白 12~21 57甲
士星虎 【父母】 胎午
【大財】</td>
<td>大天寡天鈴地
鉞德宿 月星空
旺平
青攀天 22~31 58乙
龍鞍德 【福德】 養未
【大子】</td>
<td>大大天天天文廉
馬昌哭姚馬曲貞
旺平廟
忌
小歲弔 32~41 59丙
耗驛客 【田宅】 生申
【大配】</td>
</tr>
<tr>
<td>大天截三天陀天紫
陀虛空台刑羅相微
廟旺陷
官月歲 67壬
府煞破 【兄弟】 墓辰
【大遷】</td>
<td colspan="2" rowspan="2">乾命 ： 1946年(丙戌) 8月 ○日 ○時
命局 ： 水2局, 長流水
命主 ： 武曲
身主 ： 文昌</td>
<td>天
鉞
廟
將息病 42~51 60丁
軍神符 【官祿】 浴酉
【大兄】</td>
</tr>
<tr>
<td>月天地右巨天
德才劫弼門機
平陷廟旺
權
科 忌
伏咸小 66辛
兵池耗 【夫妻】 死卯
【大奴】</td>
<td>天八恩台破
傷座光輔軍
旺
奏華太 52~61 61戊
書蓋歲 【奴僕】 帶戌
【大命】</td>
</tr>
<tr>
<td>龍紅解貪
池艷神狼
平
祿
大指官 92~ 65庚
耗背符 【子女】 病寅
【大官】</td>
<td>大破太太
魁碎陰陽
廟陷
權
病天貫 82~91 64辛
符煞索【身 財帛】衰丑
【大田】</td>
<td>蜚天鳳天天天年陰天武
廉使閣廚福貴解煞府曲
廟旺
喜災喪 72~81 63庚
神煞門 【疾厄】 旺子
【大福】</td>
<td>天天天孤天天左天
空壽喜辰巫魁輔同
旺閑廟
祿
飛劫晦 62~71 62己
廉煞氣 【遷移】 建亥
【大父】</td>
</tr>
</table>

- 30세(乙卯) 사법시험 합격

30세는 을미대한(22세~31세)에 해당한다. 을미대한의 대한명궁이 비록 영성·지공 등 살성이 중한 가운데, 대한의 태음화기가 대한천이궁이자 身궁·선천재백궁인 丑궁을 충파하니 결코 순탄한 과정의 대한은 아니다. 그러나 문창·문곡이 대한명궁을 협하니 학문적인 연구증진에 적합하다. 대한재백궁(卯)은 기거조합이 천기화권·우필·대한천기화록 등을 얻어 길격을 형성하고 있다. 대한관록궁(亥)은 천동화록

·좌보·천괴 등의 길성이 지원하므로 당 대한은 비록 인생의 파동은 있겠지만 결국 명리(名利)를 얻는 대한이라고 본다.

• 53세(戊寅) 제15대 국회의원 보궐선거 당선

53세는 대한관록궁이면서 대한탐랑화록을 보고 있다. 관록궁은 명예사를 보는 궁이므로 당 년은 길사가 예상된다. 그런데 탐랑화록은 申궁의 염정화기를 인동하였기 때문에 한 번 파동을 면하기 어렵다. 하여 보궐선거에서 당선된 것이다. 그리고 유년의 태음화권은 丑궁으로 배치되는데, 丑궁은 이미 대한의 태음화권이 들어가 쌍권이 되는 궁이다. 축궁은 선천재백궁에 해당하므로 재물운의 길사도 예단할 수 있다. 무인년의 유년화과는 우필화과가 되는데, 선천관록궁(酉)으로 차성되어 권귀를 얻게 된 것이다. 물론 卯궁의 천기가 쌍기가 되므로 순탄한 유년이라고 단정하기는 어렵다.

• 55세(庚辰) 제16대 국회의원 낙선

유년명궁(辰)이 자파상조합에 타라·천형 등 살성이 동궁하니 유년의 운로가 파동이 많음을 암시하고 있다. 유년관록궁(申)의 염정화기가 천요와 동궁하여 명예적으로 약간 불리한 상황이다. 유년천동화기가 대한부모궁을 타격하여 문서·계약상으로 문제를 안고 있다. 천동화기는 유년부모궁(巳)에 부담을 주므로 더욱 불안한 유년인다. 부모궁은 문서·계약 등을 주하기도 하므로 부모궁의 향배를 잘 살펴야 한다. 卯궁의 대한 천기화기가 酉궁으로 차성되어 亥궁의 천동화기와 유년천이궁(戌)을 협하여 더욱 충격이 크다. 자파상이 살기형성이 중하면 위신불충 위자불효(爲臣不忠 爲子不孝)조합이 된다.

• 57세(壬午) 제16대 대통령 당선

유년명궁(午)에 경양이 좌하고 화령이 협하여 순항하기는 어려운 유년이다. 그러나 왕지의 칠살이 명예사에 유리한 문창화과와 동궁하니 기대가 된다. 유년재백궁(寅)은 평이(平易)한데, 유년관록궁(戌)의 파군이 천괴·천월과 좌보·우필의 협(卯

궁의 우필이 酉궁으로 차성되어 亥궁의 좌보와 戌궁을 협한다)을 받아 천군만마를 만난 격이다. 사실 戌궁은 무술대한(52세~61세)의 대한명궁에 해당하는데, 이처럼 명궁으로 보좌길성이 협하면 강력한 지원군을 얻은 형국이라 길하게 평가한다. 무술대한의 정황이 대업를 도모하기에 적합한 상황이라고 본다. 특히 정치인 이라면 괴월·보필 등의 보좌길성은 표심과 바로 직결되므로 중요하게 작용한다. 정계에 뜻을 두고 있는 사람이라면 괴월과 보필의 향배를 예의주시 해야 할 것이다.

사례 8) 대입수능 낙방

<table>
<tr>
<td>大陀鈴天破武
馬羅星馬軍曲
陷旺平閑平
祿
官歲弔 3~12 35己
府驛客 【命宮】 病巳
【大配】</td>
<td>大解陰地祿太
鉞神煞劫存陽
廟旺廟
權
博息病 13~22 36庚
士神符 【父母】 死午
【大兄】</td>
<td>天擎天
刑羊府
廟廟
力華太 23~32 37辛
士蓋歲【身 福德】墓未
【大命】</td>
<td>大天紅孤天天太天
陀空鸞辰廚鉞陰機
廟平平
青劫晦 33~42 38壬
龍煞氣 【田宅】 絶申
【大父】</td>
</tr>
<tr>
<td>天寡紅火地天
德宿艶星空同
閑陷平
伏攀天 34戊
兵鞍德 【兄弟】 衰辰
【大子】</td>
<td colspan="2" rowspan="2">坤命 : 1979年(己未) 11月 ○日 ○時
命局 : 木3局, 大林木
命主 : 武曲
身主 : 天相</td>
<td>大截天封貪紫
祿空官誥狼微
平平
權
小災喪 43~52 39癸
耗煞門 【官祿】 胎酉
【大福】</td>
</tr>
<tr>
<td>蜚鳳三恩年文
廉閣台光解昌
平
忌
大將白 33丁
耗星虎 【夫妻】 旺卯
【大財】</td>
<td>大天天巨
羊傷月門
旺
祿
將天貫 53~62 40甲
軍煞索 【奴僕】 養戌
【大田】</td>
</tr>
<tr>
<td>大大天天天天左
曲魁壽喜福巫輔
廟
病亡龍 93~ 32丙
符身德 【子女】 建寅
【大疾】</td>
<td>破天旬台七廉
碎虛空輔殺貞
廟旺
喜月歲 83~92 31丁
神煞破 【財帛】 帶丑
【大遷】</td>
<td>大月大天天天右天
昌德耗使才魁弼梁
旺廟廟
科
飛咸小 73~82 30丙
廉池耗 【疾厄】 浴子
【大奴】</td>
<td>龍天八天天文天
池哭座貴姚曲相
旺平
忌
科
奏指官 63~72 41乙
書背符 【遷移】 生亥
【大官】</td>
</tr>
</table>

차명은 19세(丁丑) 대학수능에서 소신지원은 낙방하고 결국 하향지원을 하여 합

격하였다. 평소에는 명문대를 갈 수 있는 성적이었다고 한다.

먼저 경오대한(13세~22세)을 살펴보면, 午궁의 태양이 입묘하면서 록존과 동궁하니 명리를 얻을 수 있는 대한이다. 대궁(子)으로 科와 우필·천괴 등이 마주하니 당 대한이 수능시험에 그렇게 불리한 상황이 아니다. 대한재백궁(寅)도 좌보가 거하는 가운데 대궁(申)에서 천괴·태음화과 등이 차성되니 길하다. 그런데 왜 당 대한에 소신지원을 하여 낙방한 것일까? 그것은 辰궁의 대한천동화기가 戌궁의 대한관록궁을 충파하였기 때문이다.

19세(丁丑)는 유년화기가 거문화기가 되어 대한관록궁을 쌍기로 부담을 주게 된다. 관록궁은 명예사와 관련된 대표적인 궁이기 때문에 화기의 충파을 입으면 시험이나 승진 등이 여의치 않다. 그러나 차명은 한 단계 하향지원하여 결국 합격하였다. 대한 삼방사정의 격국이 사화길성과 보좌길성 등이 동회하여 길하므로 크게 문제가 되는 대한은 아니다. 그리고 정축년 태음화록 발생이 申궁의 화과를 인동하여 출발이 좋고, 유년삼방사정의 정황도 그렇게 불리하지는 않다. 고로 비록 소신지원은 약간 아쉽지만, 하향지원으로 합격을 하는 해라고 본다.

사례 9) 고사낙방과 이혼

차명은 경진대한(33세~42세) 중 사법고시를 응시했지만 계속 낙방의 고배를 마셨다. 장기간 고시준비에 매달리느라 가정도 소홀하게 되고, 부부마찰은 날로 심해져 결국 파혼까지 하게 되었다.

선천명궁(未)은 보필이 동궁하는 가운데 자미화과가 대조하여 명예를 얻을 수 있는 구조이다. 선천재백궁(卯)도 천부가 록존과 동궁하니 운이 길하면 충분히 부귀를 누릴 수 있는 명격이다.

그런데 경진대한이 되면, 대한 천동화기가 대한관록궁(申)으로 떨어져 관록을 얻기엔 문제가 된다. 대한재백궁(子)이 비록 어느 정도 역할을 하고 있지만, 명예사는 재백궁보다 관록궁의 향배가 더 우선이다. 대한명궁(辰)에 대한 태음화과를 얻어 당 대한은 학문과 명예를 이루고 싶은 소신은 더 강해진다. 하지만 辰궁은 함지의 태음이 경양·천요를 만나 인리산재(人離散財)를 이루어 재적으로 불리하고, 배우자의 인연도 금이 가는 것이다. 대한의 삼방사정의 구조가 이러하면 유년의 정황이 아무리 좋아도 고시합격을 하기엔 다소 무리가 있다.

鳳年貪廉 閣解狼貞 陷陷 伏指太 23~32 49辛 兵背歲 【夫妻】 病巳 【大父】	天天巨 空廚門 旺 大咸晦 13~22 50壬 耗池氣 【兄弟】 衰午 【大福】	大大蜚截右左天 陀鉞廉空弼輔相 廟廟閑 病月喪 3~12 39癸 符煞門 【命宮】 旺未 【大田】	大天孤紅天陰鈴天天天 祿壽辰艷福煞星鉞梁同 旺廟陷旺 權 忌 喜亡貫 40甲 神身索 【父母】 建申 【大官】
天寡天八天台天擎太 喜宿官座貴輔姚羊陰 廟閑 忌 科 官天病 33~42 48庚 府煞符 【子女】 死辰 【大命】	乾命 : 1965年(乙巳) 4月 ○日 ○時 命局 : 木3局, 楊柳木 命主 : 武曲 身主 : 天機		大破龍地七武 羊碎池劫殺曲 平閑旺 權 飛將官 41乙 廉星符 【福德】 帶酉 【大奴】
大旬祿天 曲空存府 旺平 博災弔 43~52 47己 士煞客 【身 財帛】 墓卯 【大兄】			月大紅三解太 德耗鸞台神陽 陷 祿 奏攀小 93~ 42丙 書鞍耗 【田宅】 浴戌 【大遷】
大天天恩天陀文 馬德使光月羅曲 陷平 力劫天 53~62 46戊 士煞德 【疾厄】 絶寅 【大配】	大天火地破紫 魁哭星空軍微 旺陷旺廟 科 青華白 63~72 45己 龍蓋虎 【遷移】 胎丑 【大子】	天天封天天文天 傷才誥刑魁昌機 旺旺廟 祿 小息龍 73~82 44戊 耗神德 【奴僕】 養子 【大財】	大天天天 昌虛巫馬 平 將歲歲 83~92 43丁 軍驛破 【官祿】 生亥 【大疾】

대한배우자궁(寅)이 시비구설을 주하는 타라가 좌하는 가운데, 대궁(申)의 천동화기와 영성이 차성되어 부부해로가 어려운 대한이다. 게다가 대한명궁의 태음이 함지에 해당하여 여성육친과 연이 없고, 동궁한 경양은 육친의 연을 더 고극하게 만든다.

8. 이사·매매 사례

이사나 매매는 주로 부동산의 매매나 거래와 관계가 많으므로 같이 묶어서 보면 도움이 된다. 이사·매매와 관계된 궁과 성을 알아보고, 이사·매매가 이루어지는 기본조건 등에 대하여 살펴보기로 한다. 이사 여하는 기본적으로 전택궁과 천이궁의 영향을 가장 많이 받는다.

- 이사·매매와 관계가 많은 궁 : 전택궁·천이궁·명궁·재백궁·관록궁
- 이사·매매와 관계가 많은 성 : 사화성·괴월·보필·창곡·살파랑성계

1) 대한이나 유년(流年) 사화가 천이궁이나 전택궁을 인동하면 이사·매매수가 있다.
2) 유년명궁이 대한이나 선천명천선으로 진행하면 이동수가 가능하다. 이때 대한의 사화나 유년사화가 유년명천선에 들어가면 있으면 더욱 그러하다.
3) 유년명궁에 칠살·파군·탐랑이 거하면서 대한이나 유년의 사화성이 동회하면 이동수가 있다.
4) 유년의 화록이나 화기가 관록궁을 움직이면 직장이나 사업처의 변화를 의미하기도 한다. 이 때 부동산의 매매나 거래도 발생할 가능성이 있다.
5) 유년명천선과 유년자전선·유년재복선 등으로 이사·매매와 관계가 많은 성이 거하고 있으면 당 년에 이동수가 있다.
6) 이사·매매와 관계가 많은 궁과, 관계가 많은 성이 겹치면 더 징험하다.

※ 위에서 논한 조건들이 겹치면 이사·매매수가 더 강하다.

사례 1) 매매실수로 손재

<table>
<tr>
<td>破天孤旬天八封天天天
碎使辰空福座誥馬鉞同
蜚 平旺廟
廉
奏歲喪 72~81 39丁
書驛門 【疾厄】 絶巳
【大官】</td>
<td>大天天解天武
昌喜官神府曲
旺旺
飛息貫 82~91 40戊
廉神索 【財帛】 胎午
【大奴】</td>
<td>天鳳龍年文文太太
壽閣池解昌曲陰陽
平旺平平
科
忌
喜華官 92~ 41己
神蓋符 【子女】 養未
【大遷】</td>
<td>大大月大紅天地貪
曲鉞德耗艶刑空狼
廟平
忌
病劫小 42庚
符煞耗 【夫妻】 生申
【大疾】</td>
</tr>
<tr>
<td>大天陰破
羊空煞軍
旺
祿
將攀晦 62~71 50丙
軍鞍氣【身 遷移】 墓辰
【大田】</td>
<td colspan="2" rowspan="2">坤命 : 1963年(癸卯) 12月 ○日 ○時
命局 : 水2局, 大海水
命主 : 祿存
身主 : 天同</td>
<td>天三台巨天
虛台輔門機
廟旺
權
祿
大災歲 43辛
耗煞破 【兄弟】 浴酉
【大財】</td>
</tr>
<tr>
<td>大天天天左
祿傷哭魁輔
廟陷
小將太 52~61 49乙
耗星歲 【奴僕】 死卯
【大福】</td>
<td>天紫
相微
閑閑
科
伏天龍 2~11 44壬
兵煞德 【命宮】 帶戌
【大子】</td>
</tr>
<tr>
<td>大天地廉
陀月劫貞
平廟
青亡病 42~51 48甲
龍身符 【官祿】 病寅
【大父】</td>
<td>天寡截擎鈴
才宿空羊星
廟陷
力月弔 32~41 47乙
士煞客 【田宅】 衰丑
【大命】</td>
<td>大天紅天恩天火祿七
魁德鸞貴光姚星存殺
平旺旺
傳咸天 22~31 46甲
士池德 【福德】 旺子
【大兄】</td>
<td>大天天陀右天
馬廚巫羅弼梁
陷平陷
權
官指白 12~21 45癸
府背虎 【父母】 建亥
【大配】</td>
</tr>
</table>

차명은 41세(癸未) 자신의 아파트를 매도하였다. 그런데 집을 팔고 난 이후 주변의 집값이 천정부지로 올라 거의 한 달여 만에 1억 원 가까이 손해를 보고, 결국 다른 곳으로 이사를 하는 일이 있었다.

유년명궁(未)이 대한천이궁으로 진행하니 역마나 이동을 암시한다. 또한 일월조합이 未궁이면 갑작스런 변화가 많은 성계이므로 필시 이동수가 강하다고 본다. 선천화과에 대한화기가 좌하고 있으니 더 그러하다. 한 마디로 명선천의 체가 강한 이동이나 역마를 암시하고 있는 유년이다. 정황이 이러한데 유년 파군화록이 대한전택궁이자 유년자선선인 진술궁선을 일차로 인동하니 부동산계약이나 이사를 하지 않을 수 없는 분위기다. 자파상조합은 창조와 개혁의 조합이라 당 년에 거주지의 변화를 하지 않으면 안 되는 해이다.

중요한 것은 대한의 태음화기가 선천전택궁(丑)을 충파하니 당 대한은 필시 부동산으로 인한 화를 면하기 어렵다. 축궁은 그렇지 않아도 경양·영성이 동궁하여 문제를 암시하고 있고 있는 궁이다. 대한의 정황이 이러한데, 유년이 未궁으로 진행하면 축미궁의 정황상 당 년에 부동산으로 인한 고민이 있게 된다.

차명은 을축대한(32세~41세) 중 자주 이사를 하였는데, 이유는 대한명궁이자 선천전택궁인 丑궁에 경양·영성이 거하니 가만히 있지 못하고 잦은 이사를 하게 된다. 천이궁(未)에서 화기가 충하니 이사하거나 출문(出門)해도 불길하다. 더 중요한 사실은 대한자전선(辰戌)의 분위기인데, 대한전택궁(辰)으로 파군이 거하고 있다. 파군은 쌍·겸 등 복수적인 의미가 있고, 또한 변화와 개혁을 의미하는 성이다. 하여 전택궁의 파군이면 이사를 자주 하거가 부동산 투기를 많이 할 개연성이 높다. 차명의 경우 파군화록에 자파상조합을 이루니 더욱 한 곳에 오래 머물 수 있는 대한이 아니다.

사례 2) 이사와 창업을 한 해

차명은 36세(丙戌) 이사를 하였고, 그 해 제과점을 창업하였다.

36세 유년명궁의 체가 대한자전선이므로 부동산 계약이나 이사, 자녀사 등의 일이 발생하기 쉬운 해이다. 그런데 유년 천동화록이 丑궁으로 들어가 거문쌍록을 일차로 인동하였다. 丑궁은 선천전택궁이자 대한명천선이다. 고로 부동산의 변화는 필연적이고, 제과점을 창업하는 것도 전택궁과 관계가 있는 궁이므로 이사와 창업을 동시에 하게 된 것이다.

丑궁은 쌍록과 보필이 동궁하여 길상을 암시하고 있으니 반복적인 계약수가 있는 것이다. 그리고 유년명궁이 대한자전선으로 진행하면서 유년자전선이 丑未궁선이 되는데, 축미궁은 선천의 자전선이기도 하다. 이렇게 궁선이 중첩하여 겹치면 그 궁선에 해당하는 사안이 당년에 반드시 발생하게 된다.

<table>
<tr>
<td>天天截天天 文天
使虛空福馬 曲機
平 廟平
科
科
病歲歲 73~82 43癸
符驛破 【疾厄】 病巳
【大官】</td>
<td>大天天天 天天紫
鉞廚貴月 刑鉞微
廟
大息龍 83~92 44甲
耗神德 【財帛】 死午
【大奴】</td>
<td>天台
哭輔
伏華白 93~ 45乙
兵蓋虎 【子女】 墓未
【大遷】</td>
<td>大天 天陰陀破
陀德 巫煞羅軍
陷陷
官劫天 46丙
府煞德 【夫妻】 絶申
【大疾】</td>
</tr>
<tr>
<td>月大紅 解七
德耗鸞 神殺
旺
喜攀小 63~72 42壬
神鞍耗 【遷移】 衰辰
【大田】</td>
<td colspan="2" rowspan="2">坤命 ： 1971年(辛亥) 10月 ○日 ○時
命局 ： 木3局, 平地木
命主 ： 祿存
身主 ： 天機</td>
<td>大破天 紅天祿文
祿碎才 艶官存昌
旺廟
忌
忌
博災弔 47丁
士煞客 【兄弟】 胎酉
【大財】</td>
</tr>
<tr>
<td>天龍旬三封 天太
傷池空台誥 梁陽
廟廟
權
權
飛將官 53~62 41辛
廉星符 【奴僕】 旺卯
【大福】</td>
<td>大天寡 恩天擎 火地天廉
羊喜宿 光姚羊 星空府貞
廟 廟陷廟旺
力天病 3~12 48戊
士煞符 【命宮】 養戌
【大子】</td>
</tr>
<tr>
<td>大大孤天 天武
曲魁辰鉞 相曲
廟閑
奏亡貫 43~52 40庚
書身索 【官祿】 建寅
【大父】</td>
<td>蜚右 左巨天
廉弼 輔門同
廟 廟旺陷
祿
祿
將月喪 33~42 39辛
軍煞門 【田宅】 帶丑
【大命】</td>
<td>大天地貪
昌空劫狼
陷旺
小咸晦 23~32 38庚
耗池氣 【身 福德】 浴子
【大兄】</td>
<td>大天鳳 八年鈴太
馬壽閣 座解星陰
廟廟
青指太 13~22 49己
龍背歲 【父母】 生亥
【大配】</td>
</tr>
</table>

그런데 차명의 대한재백궁(酉)이 문창쌍화기를 맞아 당 대한은 창업을 하기에는 다소 문제가 있다. 차명이 동업여하를 문의하였는데, 酉궁은 선천형제궁이므로 주변 사람과 계약이나 동업은 금지하라고 하였다. 대한형노선(子午)의 정황도 좋지 않다. 이런 경우 자신이 거주하는 집은 문제가 되지 않지만, 창업이나 투자는 문제가 되므로 유의해야 한다. 재백궁이 이처럼 쌍기를 맞으면 이유여하를 떠나서 반드시 손재를 경험하게 된다. 특히 록존궁이 화기를 맞으면 손재는 불을 보듯 뻔하다.

사례 3) 이사와 공장을 이전한 해

<table>
<tr>
<td>大月破天
鉞德碎梁
陷
祿
大劫小 35~44 54辛
耗煞耗 【田宅】 絶巳
【大兄】</td>
<td>天天天截天八左文七
壽哭虛空福座輔曲殺
旺陷旺
科
伏災歲 45~54 55壬
兵煞破【身 官祿】 胎午
【大命】</td>
<td>大天天陀天
耗傷貴羅鉞
廟旺
官天龍 55~64 56癸
府煞德 【奴僕】 養未
【大父】</td>
<td>大蜚三台祿右文廉
馬廉台輔存弼昌貞
廟閑旺廟
博指白 65~74 57甲
士背虎 【遷移】 生申
【大福】</td>
</tr>
<tr>
<td>龍旬天封火天紫
池空月誥星相微
閑旺陷
權
病華官 25~34 53庚
符蓋符 【福德】 墓辰
【大配】</td>
<td colspan="2" rowspan="2">乾命 : 1960年(庚子) 3月 ○日 ○時
命局 : 土5局, 城頭土
命主 : 祿存
身主 : 火星</td>
<td>天天天恩擎地
德使喜光羊空
陷廟
力咸天 75~84 58乙
士池德 【疾厄】 浴酉
【大田】</td>
</tr>
<tr>
<td>大紅天巨天
魁鸞姚門機
廟旺
喜息貫 15~24 52己
神神索 【父母】 死卯
【大子】</td>
<td>大鳳寡紅年解陰破
陀閣宿艷解神煞軍
旺
青月弔 85~94 59丙
龍煞客 【財帛】 帶戌
【大官】</td>
</tr>
<tr>
<td>大天孤天天天貪
昌才辰廚巫馬狼
旺平
飛歲喪 5~14 51戊
廉驛門 【命宮】 病寅
【大財】</td>
<td>天地天太太
空劫魁陰陽
陷旺廟陷
科祿
奏攀晦 50己
書鞍氣 【兄弟】 衰丑
【大疾】</td>
<td>大大鈴天武
曲羊星府曲
陷廟旺
權
忌
將將太 49戊
軍星歲 【夫妻】 旺子
【大遷】</td>
<td>大天天天
祿官刑同
廟
忌
小亡病 95~ 60丁
耗身符 【子女】 建亥
【大奴】</td>
</tr>
</table>

차명은 48세(丁亥)에 집을 이사하였으며 그 해 공장도 이전하였다.

亥궁은 선천자전선이에 대한형노선이므로 인간관계의 문제나 자녀사 그리고 이동수 등이 주요 사안이다. 하지만 결정적인 것은 대한천량화록이 巳궁에 들어가 巳亥궁선을 이미 인동한 상황이기 때문에 당 년에 자녀사나 이사문제 등이 발현하게 되는 것이다. 유년 체가 이동을 암시하는 가운데, 유년 태음화록은 축미궁을 인동한다. 未궁은 대한부모궁인 고로 문서 계약수를 인동한 것이다. 중요한 것은 유년의 2차인동 또한 자전선이 된다는 것이다(丑궁의 태음화록과 巳궁의 천량화록이 酉궁과 삼합을 형성하여 卯酉궁선을 2차로 인동한다). 그리고 유년거문화기가 대한자전선이자 유년관록궁인 卯궁에 떨어져 집 이사와 공장이전까지 하게 되었다.

차명의 임오대한(45세~54세)의 대한관록궁(戌)은 파군이 거하고 있다. 파군은 개혁과 파구창신(破舊創新)을 주하는 성이므로 당 대한 중 사업처의 변화나 이전이 있게 된다. 진술궁이 자파상조합을 이루면서 자미화권·화성 등을 보게 되므로 더 그러하다.

그런데 대한천량화록이 선천자전선에 해당하는 亥궁의 천동화기를 인동하여 뭔가 문제가 발생하게 된다. 이러한 연고로 차명은 자녀와 늘 부딪히고 마찰이 많다고 한다. 亥궁은 선천자녀궁에 해당하는데 감정성계인 천동이 화기를 맞고 고극하는 천형과 동궁하니 자녀와 융합이 어려운 것이다.

사례 4) 강한 이사운

차명은 병술대한(44세~53세) 두관에 해당하는 44세 부터 그렇게 이사를 하고 싶었는데, 배우자가 원치 않는 바람에 미루다가 결국 45세 이사를 하게 되었다.

대한전택궁(酉)을 보면 천동이 대한화록을 맞았다. 이는 당 대한에 정서적으로 이사를 원한다는 뜻이고, 동궁한 화성은 변화를 더욱 부추기는 역할을 한다. 필자의 경험상 전택궁으로 화록이 들어가면서 살성이 동궁하면 이사를 하고 나서 마음의 평정을 찾는 것을 많이 보았다.

44세(乙酉)는 차명이 이사를 하려고 무진 애를 써보았지만, 남편이 원치 않아 속을 많이 태웠다. 44세 유년이 되면 대한전택궁으로 진행하여 이동수를 암시하게 되는데, 대한화록이 이미 인동을 하고 있는 궁이므로 필시 이사를 원하거나 부동산계약과 관계된 일이 발생하게 된다. 게다가 유년천기화록이 선천전택궁의 천기화권을 인동하니 이사 운이 더욱 강하게 발동된 것이다. 이러한 유년에 이사를 하지 못했으니 당사자의 마음은 얼마나 답답했겠는가. 그런데 유년태음화기가 卯궁에 떨어져 유년명궁이자 대한전택궁인 酉궁을 충파하니 생각보다 이사문제가 여의치 않다는 것을 알 수 있다.

45세(丙戌) 초반에 결국 이사를 하게 되었다. 병술년은 유년천동화록이 대한전택궁(酉)의 천동화록을 재차 인동하는 가운데, 유년천기화권이 유년자전선이자 선천자전선인 丑未궁선을 인동하니 강한 이동수가 발현한 것이다. 그리고 병술년은 선천과 대한·유년의 자전선에 해당하는 궁선들이 모두 사화길성의 지원을 얻고 있다는 것을 알 수 있다.

<table>
<tr>
<td>大天孤天天天巨
祿使辰巫姚鉞門
旺平

飛亡貫 54~63 52乙
廉身索 【疾厄】 生巳
【大兄】</td>
<td>大大龍天陰右天廉
曲羊池福煞弼相貞
旺旺平
忌
奏將官 44~53 53丙
書星符 【財帛】 養午
【大命】</td>
<td>月天天地天
德喜月劫梁
平旺
祿
將攀小 34~43 54丁
軍鞍耗 【子女】 胎未
【大父】</td>
<td>大大鳳天年天左七
馬昌閣虛解馬輔殺
旺平廟
科
小歲歲 24~33 55戊
耗驛破 【夫妻】 絶申
【大福】</td>
</tr>
<tr>
<td>大天天旬恩貪
陀壽哭空光狼
廟

喜月喪 64~73 51甲
神煞門 【遷移】 浴辰
【大配】</td>
<td colspan="2" rowspan="2">坤命 : 1962年(壬寅) 5月 ○日 ○時
命局 : 金4局, 釵釧金
命主 : 祿存
身主 : 天梁</td>
<td>大破大天火天
鉞碎耗廚星同
陷平
祿
青息龍 14~23 56己
龍神德 【兄弟】 墓酉
【大田】</td>
</tr>
<tr>
<td>天天八地天太
空傷座空魁陰
平廟陷

病咸晦 74~83 50癸
符池氣 【奴僕】 帶卯
【大子】</td>
<td>蜚天封陀武
廉官誥羅曲
廟廟
忌
力華白 4~13 57庚
士蓋虎 【命宮】 死戌
【大官】</td>
</tr>
<tr>
<td>截天台文天紫
空貴輔昌府微
陷廟廟
權
科
大指太 84~93 49壬
耗背歲 【身 官祿】 建寅
【大財】</td>
<td>紅寡天天
鸞宿刑機
陷
權
伏天病 94~ 48癸
兵煞符 【田宅】 旺丑
【大疾】</td>
<td>天紅解擎文破
才艷神羊曲軍
陷廟廟

官災弔 47壬
府煞客 【福德】 衰子
【大遷】</td>
<td>大天三鈴祿太
魁德台星存陽
廟廟陷

博劫天 58辛
士煞德 【父母】 病亥
【大奴】</td>
</tr>
</table>

9. 직업문제(퇴직 · 이직 · 창업 등)

퇴직이나 창업 등 직업적인 변동은 이사·매매와 유사한 점이 많다. 그러나 직업적인 변화는 주로 관록궁의 향방이 중요하고, 그 다음으로 전택궁과 명천선의 정황을 본다.

- 퇴직 · 이직 · 창업과 관계가 많은 궁 : 관록궁 · 전택궁 · 천이궁 · 재백궁
- 퇴직 · 이직 · 창업과 관계가 많은 성 : 사화성 · 괴월 · 보필 · 육살성 · 천형 · 천요 · 정성 중 살파랑 조합 · 자파상조합 등

1) 유년명궁이 명천선 · 부관선 · 자전선에 해당하는 궁으로 진행하면 직업변화의 가능성이 있다. 만약 이러한 궁선으로 선천 · 대한 · 유년의 사화성이 집중되면 더 그러하다.
2) 유년화록을 비롯한 유년사화성이 부관선 · 자전선을 인동하면 직업변화의 가능성이 있다. 천이궁을 인동해도 이사를 비롯한 직업의 변화가 있다.
3) 직업변화와 관계가 많은 궁과 성이 만나면 직업적인 변화가 더 높다.
4) 관록궁이나 전택궁으로 살기형성이 중하면 직장을 퇴직하거나 직업의 변화가 있다.
5) 명천선으로 살기형성이 중하면 직업적인 파동과 변화가 있다.

※ 위에서 논한 조건들이 2~3개 정도 겹치면 더 확률이 높다.

사례 1) 한의원 개원

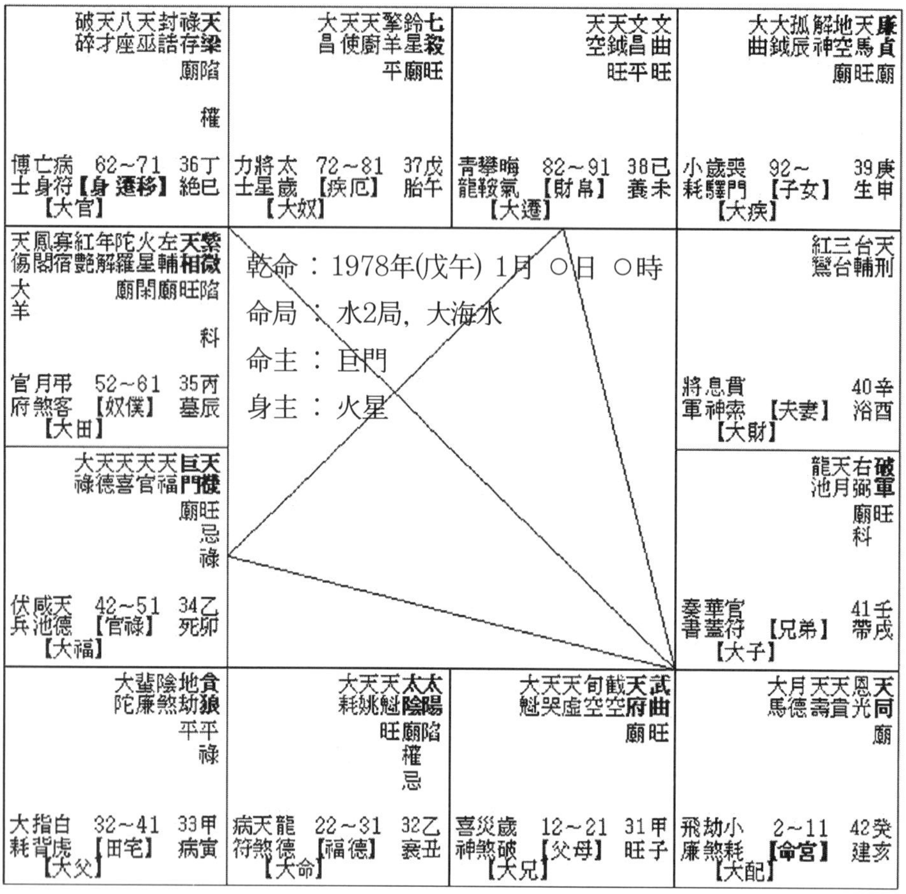

破天八天封祿天 碎才座巫誥存梁 廟陷 權 博亡病 62~71 36丁 士身符【身 遷移】絶巳 【大官】	大天天擎鈴七 昌使廚羊星殺 平廟旺 力將太 72~81 37戊 士星歲 【疾厄】 胎午 【大奴】	天天文文 空鉞昌曲 旺平旺 青攀晦 82~91 38己 龍鞍氣 【財帛】 養未 【大遷】	大大孤解地天廉 曲鉞辰神空馬貞 廟旺廟 小歲喪 92~ 39庚 耗驛門 【子女】 生申 【大疾】
天鳳寡紅年陀火左天紫 傷閣宿艷解羅星輔相微 大 廟閑廟旺陷 羊 科 官月弔 52~61 35丙 府煞客 【奴僕】 墓辰 【大田】	乾命 : 1978年(戊午) 1月 ○日 ○時 命局 : 水2局, 大海水 命主 : 巨門 身主 : 火星		紅三台天 鸞台輔刑 將息貫 40辛 軍神索 【夫妻】 浴酉 【大財】
大天天天天巨天 祿德喜官福門機 廟旺 忌 祿 伏咸天 42~51 34乙 兵池德 【官祿】 死卯 【大福】			龍天右破 池月弼軍 廟旺 科 奏華官 41壬 書蓋符 【兄弟】 帶戌 【大子】
大蜚陰地貪 陀廉煞劫狼 平平 祿 大指白 32~41 33甲 耗背虎 【田宅】 病寅 【大父】	大天天太太 耗姚魁陰陽 旺廟陷 權 忌 病天龍 22~31 32乙 符煞德 【福德】 衰丑 【大命】	大天天旬截天武 魁哭虛空空府曲 廟旺 喜災歲 12~21 31甲 神煞破 【父母】 旺子 【大兄】	大月天天恩天 馬德壽貴光同 廟 飛劫小 2~11 42癸 廉煞耗 【命宮】 建亥 【大配】

28세(乙酉) 한의원을 개원하였다. 28세가 되면 유년천이궁(卯)으로 대한화록이 비친다. 직업적인 변화나 이사수를 가늠할 수 있다. 그런데 묘궁은 선천관록궁이므로 직업적인 변화에 더 중심을 둔다. 더구나 묘궁은 선천화기를 대한화록이 인동한 궁으로서 필연적으로 어떤 변화가 있게 된다. 중요한 것은 유년천기화록 발생이 재차 卯궁으로 들어가 이러한 기운을 더 촉기시켰다. 유년의 천량화권이 대한관록궁(巳)에 들어가 대한천량화권과 만나게 되므로 강한 직업변화를 의미한다. 유년태음화기가 유년관록궁이자 대한명천선을 인동하여 역시 이동수를 의미한다.

그런데 차명의 한의원 개원은 순조로운 상황은 아니었다. 자금여력이 부족하여 은행빚을 많이 져야만 했다. 약간 어려운 상황에서 출발한 것이다.

을축대한(22세~31세)은 대한명궁(丑)에 화기가 충파하여 부담이 되는 대한이다. 그리고 선천관록궁(卯)은 천기화기가 되는데, 대한화록이 화기를 인동하게 되므로 부담을 안고 출발하는 상황이 된 것이다. 이처럼 선천이나 대한의 관록궁이 어떠한 문제를 암시하고 있으면 사업이나 직업적으로 그렇게 순탄하지 않고 파동을 겪는다. 차명은 다행히 대한명천선으로 괴월이 좌귀향귀(坐貴向貴)하는 가운데, 대한관록궁(巳)의 정황이 길하여 큰 어려움은 면하게 될 것이다.

사례 2) 퇴사 후 창업

<table>
<tr>
<td>流孤流流大破陀巨
曲辰馬陀馬碎羅門
陷平
力歲喪
士驛門
力指白 82~91 33己
士背虎【身 官祿】 建巳
【大遷】【流福】</td>
<td>天流大天天紅鈴祿天廉
喜祿昌德傷鸞星存相貞
勾 廟旺旺平
絞
博息貫
士神索
博咸天 72~81 34庚
士池德 【奴僕】 帶午
【大疾】【流田】</td>
<td>官血解流寡天擎地天
符蟲神羊宿月羊劫梁
廟平旺
科
官華官 權
府蓋符 科
官月弔 62~71 35辛
府煞客 【遷移】 浴未
【大財】【流官】</td>
<td>奏流流大大天天天天七
書廚鉞曲鉞使廚姚鉞殺
廟廟
伏劫小
兵煞耗
伏亡病 52~61 36壬
兵身符 【疾厄】 生申
【大子】【流奴】</td>
</tr>
<tr>
<td>直火大紅天貪
符血羊艷刑狼
廟
權
青攀晦
龍鞍氣 權
青天龍 92~ 32戊
龍煞德 【田宅】 旺辰
【大奴】【流父】</td>
<td colspan="2" rowspan="2">乾命 : 1969年(己酉) 8月 ○日 ○時
命局 : 水2局, 潤下水
命主 : 巨門
身主 : 天同</td>
<td>流天截天天
昌哭空官同
平
大災歲
耗煞破
大將太 42~51 37癸
耗星歲 【財帛】 養酉
【大配】【流遷】</td>
</tr>
<tr>
<td>天天大天旬地右太
虛哭祿虛空空弼陰
平陷陷
小將太 忌
耗星歲
小災歲 31丁
耗煞破 【福德】 衰卯
【大官】【流命】</td>
<td>暴天天封武
敗空才誥曲
廟
祿
病天龍
符煞德 祿
病攀晦 32~41 38甲
符鞍氣 【子女】 胎戌
【大兄】【流疾】</td>
</tr>
<tr>
<td>大天天八恩解台文天紫
耗壽福座光神輔昌府微
月大 陷廟廟
德陀
將亡病 科
軍身符
將劫小 42丙
軍煞耗 【父母】 病寅
【大田】【流兄】</td>
<td>血飛寡鳳龍年天
刃財宿閣池解機
陷
奏月弔 祿
書煞客
奏華官 2~11 41丁
書蓋符 【命宮】 死丑
【大福】【流配】</td>
<td>紅流大天三天陰天文破
鸞魁魁喜台貴煞魁曲軍
券將 旺廟廟
舌軍 忌
飛咸天
廉池德 忌
飛息貫 12~21 40丙
廉神索 【兄弟】 墓子
【大父】【流子】</td>
<td>蜚孤天火天左太
廉辰巫星馬輔陽
平平閑陷
喜指白
神背虎
喜歲喪 22~31 39乙
神驛門 【夫妻】 絶亥
【大命】【流財】</td>
</tr>
</table>

차명은 다니던 직장을 그만두고 31세(己卯)에 여행사를 창업하였다. 그러나 경영이 순조롭지 못하여 고민이 많다.

차명의 선천관록궁(巳)을 보면 암성(暗星)인 거문이 타라와 동궁하니 직업자리가 순탄치 않다. 정황이 이러하면 일생 한 직장을 지키기 어렵고 직업에 대한 불만이나 회의가 많다. 대궁(亥)으로 화성·천마가 만나 전마(戰馬)가 되어 회조하고, 천마는 巳궁의 타라와 만나 절족마를 이루니 사업을 크게 기대할 상황이 아니다. 대한관록궁(卯)도 문제인데, 함지의 태음이 화기를 맞아 깨졌다. 정황이 이러하니 차명은 을해대한(22세~31세) 중 직업적으로 항상 불안하고 만족하지 못한 상태로 직장을 다녔던 것이다. 대한명궁(亥)과 천이궁(巳)의 분위기도 파동이 많음을 암시하고 있다. 대한관록궁을 비롯한 명천선의 상황이 이렇게 살기형성이 중하면 직장에 적응을 못하고 나와 창업을 많이 하는데, 분위기가 이럴수록 무리한 창업이나 투기보다는 안정된 직업을 찾는 것이 정답이다.

31세(己卯)는 유년 명궁이 대한관록궁이다. 그런데 묘궁은 대한화기가 충파하고 있으니 당 년에 직장을 그만두고 싶은 심리는 더욱 강하게 작용한다. 그리고 유년무곡화록이 유년부질선이자 선천자전선인 진술궁을 일차로 인동하여 부동산 계약 등 매매수가 있게 된다. 유년문곡화기는 유년자전선이자 대한부질선인 자오궁선을 인동하여 결과적으로 부동산(여행사 사무실)을 계약하고 새로운 출발을 하게 되는 것이다. 대한의 삼방사정이나 유년의 정황이 창업을 하지 않아야 되는 시점인데 창업을 하였다.

사례 3) 창업

<table>
<tr>
<td>大龍天旬截天天
馬池哭空空福梁
陷
權
病指官 23~32 53癸
符背符 【福德】 病巳
【大配】</td>
<td>大月大天解陰天七
昌德耗廚神煞鉞殺
旺
大咸小 33~42 54甲
耗池耗 【田宅】 死午
【大兄】</td>
<td>天天鈴
虛刑星
旺
伏月歲 43~52 55乙
兵煞破 【官祿】 墓未
【大命】</td>
<td>大大天天天恩陀地廉
曲鉞傷喜貴光羅劫貞
陷廟廟
官亡龍 53~62 56丙
府身德 【奴僕】 絕申
【大父】</td>
</tr>
<tr>
<td>大天八天紫
羊才座相微
旺陷
科
喜天貫 13~22 52壬
神煞索 【父母】 衰辰
【大子】</td>
<td rowspan="2" colspan="2">坤命 : 1961年(辛丑) 11月 ○日 ○時
命局 : 木3局, 松柏木
命主 : 文曲
身主 : 天相</td>
<td>蜚鳳紅天年祿
廉閣艷官解存
旺
博將白 63~72 57丁
士星虎 【身 遷移】 胎酉
【大福】</td>
</tr>
<tr>
<td>大台巨天
祿輔門機
廟旺
祿
祿
飛災喪 3~12 51辛
廉煞門 【命宮】 旺卯
【大財】</td>
<td>天天天寡三天擎破
德使壽宿台月羊軍
廟旺
力攀天 73~82 58戊
士鞍德 【疾厄】 養戌
【大田】</td>
</tr>
<tr>
<td>大天紅孤天地天左貪
陀空鸞辰巫空魁輔狼
陷 廟平
奏劫晦 50庚
書煞氣 【兄弟】 建寅
【大疾】</td>
<td>破文文太太
碎昌曲陰陽
廟廟廟陷
忌科 權
忌
將華太 49辛
軍蓋歲 【夫妻】 帶丑
【大遷】</td>
<td>大火右天武
魁星弼府曲
平廟廟旺
小息病 93~ 48庚
耗神符 【子女】 浴子
【大奴】</td>
<td>封天天天
誥姚馬同
平廟
青歲弔 83~92 59己
龍驛客 【財帛】 生亥
【大官】</td>
</tr>
</table>

차명은 48세(戊子)세 주유소를 창업 하였다.

유년관록궁(辰)으로 대한자미화과가 거하는 가운데, 유년명궁(子)에 유년우필화과 등 매매나 계약과 관계된 과성(科星)을 보니 창업이 가능하다. 중요한 것은 유년명궁이 선천자전선인 가운데 유년자전선(卯酉)으로 쌍록을 보니, 당 년은 부동산 매매나 계약·이사 등이 주요 사안이 된다.

을미대한(43세~52세)은 대한재백궁(卯)으로 쌍록과 록존 등 재성이 중중하니, 당 대한은 재적으로 길하다. 대한재백궁으로 록성이 중하면 재적기도심이 증가한다. 그런데 대한명궁(未)이하 천이궁(丑)의 상황이 여의치 않다. 천형·영성·천허 등은 고독과 시비구설·질병 등을 주하고, 丑궁의 쌍화기 역시 큰 부담으로 작용하게 된다. 명천선의 정황이 이 정도면 부부문제·손재·관재·사고·건강·구설 등 거의 모든 부분에서 주의를 요한다. 이러한 연유 때문인지 차명은 배우자와 별거 중이고, 가까운 지인에게 거액의 돈을 빌려주었는데 받지 못하고 있다고 한다. 그리고 未궁은 선천관록궁인데, 관록궁으로 천형·영성·화기 등이 부담을 주면 사업적으로 관재를 유의해야 한다.

차명은 앞으로 을미대한이 다할 때 까지는 부부문제·사고·건강뿐만 아니라, 관재구설을 면하기 어려우므로 각별히 유념해야 한다. 다행히 대한재백궁은 길하므로 소란한 가운데 재물은 얻게 될 것이다.

사례 4) 퇴직과 불안정한 직장

차명은 병술대한(36세~45세) 중 다니던 직장을 퇴사하였다. 이후 다른 곳에 재취업을 했지만 오래있지 못하고 다시 나오게 되었다. 당 대한은 이렇게 직장을 몇 번이나 옮겨 다녔다고 한다.

대한명궁(戌)이 함지의 태양이다. 그런데 보좌길성의 지원이 없으므로 불안정하다. 대한천이궁(辰) 역시 함지의 태음이 경양·천요와 동궁하니 대한명천선의 정황이 아주 불리하다. 그런데 대한관록궁(寅)마저 타라·영성이 동궁하니 직업적인 불안정이나 파동은 이미 예고된 것이다. 그나마 대한재백궁(午)의 거문이 문성(文星)인 문창과 화과를 만나 약간 소통이 되고 있다. 이러한 연고로 차명이 당 대한 중 자격증을 많이 취득하게 되었다. 명궁의 태양은 貴를 주하는 성이고 선귀후부(先貴後富)가 마땅한데, 경우가 이러하면 자격증을 취득한 이후 직업적인 안정을 찾는다고 본다.

37세(辛巳) 다니던 직장을 퇴사하였다. 巳궁은 선천관록궁이다. 그런데 대한염정화기가 충파하고 있어 유년의 체가 기본적으로 문제가 있다는 것을 알 수 있다. 유년 명궁이 이와 같은 조건이면 그 해에 직업적으로 상당한 파동이 발생하는데, 차명의 경우 유년문창화기가 午궁에 떨어져 辰궁의 태음화기와 함께 巳궁을 협하여 더 흉험한 것이다. 이렇게 되면 3개 의 화기가 모두 관록궁에 집중되어 심하게 타격을 받는다. 이런 연고로 당 년에 회사 경영이 여의치 않아 결국 퇴사를 하였다.

39세(癸未)도 역시 직장을 나오게 되었다. 유년탐랑화기가 선천관록궁을 재차 충파하는 가운데, 유년관록궁인 亥궁으로 차성되어 문제가 된 것이다. 선천과 유년의 관록궁이 중첩하여 불리한 작용을 한 것이다.

<table>
<tr>
<td>大鳳恩年貪廉
祿閣光解狼貞
陷陷
忌
伏指太 86~95 49辛
兵背歲 【官祿】 絶巳
【大疾】</td>
<td>大大天天天天封文巨
曲羊空傷才廚誥昌門
陷旺
科
大咸晦 76~85 50壬
耗池氣 【奴僕】 墓午
【大財】</td>
<td>蜚截八三天火地右左天
廉空座台貴星空弼輔相
閑平廟廟閑
病月喪 66~75 51癸
符煞門 【遷移】 死未
【大子】</td>
<td>大天孤紅天陰天文天天
昌使辰艷福煞鉞曲梁同
大馬 廟平陷旺
權
祿
喜亡貫 56~65 52甲
神身索 【疾厄】 病申
【大配】</td>
</tr>
<tr>
<td>大天寡天天擎太
陀喜宿官姚羊陰
廟閑
忌
官天病 96~ 48庚
府煞符 【田宅】 胎辰
【大遷】</td>
<td colspan="2" rowspan="2">乾命 : 1965年(乙巳) 4月 ○日 ○時
命局 : 火6局, 霹靂火
命主 : 巨門
身主 : 天機</td>
<td>大破龍七武
鉞碎池殺曲
閑旺
飛將官 46~55 53乙
廉星符 【身 財帛】 衰酉
【大兄】</td>
</tr>
<tr>
<td>旬地祿天
空劫存府
平旺平
博災弔 47己
士煞客 【福德】 養卯
【大奴】</td>
<td>月大紅解台太
德耗鸞神輔陽
陷
奏攀小 36~45 54丙
書鞍耗 【子女】 旺戌
【大命】</td>
</tr>
<tr>
<td>天天天陀鈴
德壽月羅星
陷廟
力劫天 46戊
士煞德 【父母】 生寅
【大官】</td>
<td>天破紫
哭軍微
旺廟
科
青華白 6~15 45己
龍蓋虎 【命宮】 浴丑
【大田】</td>
<td>天天天
刑魁機
旺廟
祿
權
小息龍 16~25 44戊
耗神德 【兄弟】 帶子
【大福】</td>
<td>大天天天
魁虛巫馬
平
將歲歲 26~35 55丁
軍驛破 【夫妻】 建亥
【大父】</td>
</tr>
</table>

사례 5) 직장변화

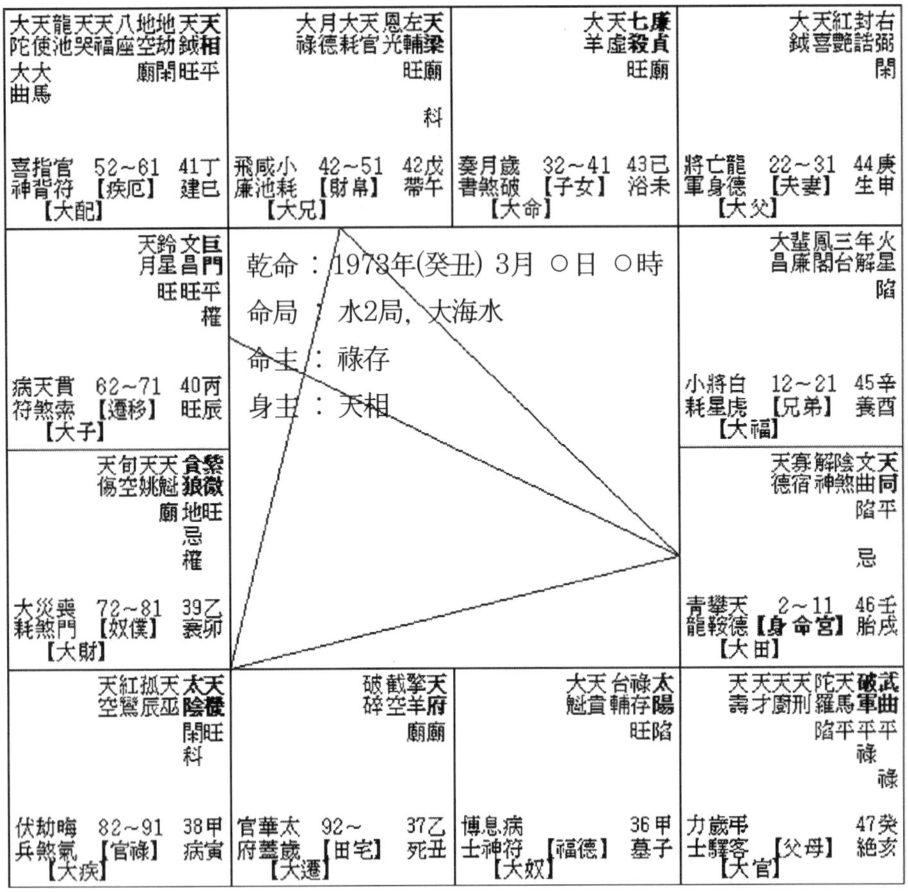

<table>
<tr>
<td>大天龍天天八地地天天
陀使池哭福座空劫鉞相
大大 廟閑旺平
曲馬
喜指官 52~61 41丁
神背符 【疾厄】 建巳
【大配】</td>
<td>大月大天恩左天
祿德耗官光輔梁
旺廟
科
飛咸小 42~51 42戊
廉池耗 【財帛】 帶午
【大兄】</td>
<td>大天七廉
羊虛殺貞
旺廟
奏月歲 32~41 43己
書煞破 【子女】 浴未
【大命】</td>
<td>大天紅封右
鉞喜艷誥弼
閑
將亡龍 22~31 44庚
軍身德 【夫妻】 生申
【大父】</td>
</tr>
<tr>
<td>天鈴文巨
月星昌門
旺旺平
權
病天貫 62~71 40丙
符煞索 【遷移】 旺辰
【大子】</td>
<td colspan="2" rowspan="2">乾命 : 1973年(癸丑) 3月 ○日 ○時
命局 : 水2局, 大海水
命主 : 祿存
身主 : 天相</td>
<td>大蜚鳳三年火
昌廉閣台解星
陷
小將白 12~21 45辛
耗星虎 【兄弟】 養酉
【大福】</td>
</tr>
<tr>
<td>天旬天天貪紫
傷空姚魁狼微
廟地旺
忌
權
大災喪 72~81 39乙
耗煞門 【奴僕】 衰卯
【大財】</td>
<td>天寡解陰文天
德宿神煞曲同
陷平
忌
青攀天 2~11 46壬
龍鞍德 【身命宮】 胎戌
【大田】</td>
</tr>
<tr>
<td>天紅孤天太天
空鸞辰巫陰機
閑旺
科
伏劫晦 82~91 38甲
兵煞氣 【官祿】 病寅
【大疾】</td>
<td>破截擎天
碎空羊府
廟廟
官華太 92~ 37乙
府蓋歲 【田宅】 死丑
【大遷】</td>
<td>大天台祿太
魁貴輔存陽
旺陷
博息病 36甲
士神符 【福德】 墓子
【大奴】</td>
<td>天天天天陀天破武
壽才廚刑羅馬軍曲
陷平平平
祿
祿
力歲弔 47癸
士驛客 【父母】 絶亥
【大官】</td>
</tr>
</table>

35세(정해) 다니던 직장을 그만두고 금융업계로 전직(轉職)하였다.

기미대한(32세~41세)의 대한관록궁(亥)은 쌍록이 천마와 만나 록마교치를 이루어 재적으로 상당히 길하다. 그러나 천마는 타라·천형과 만나 절족마(折足馬)와 부시마(負尸馬)가 되는 등 길흉이 팽팽하다. 하지만 살성의 부담은 있을지언정 쌍록에 록마교치의 부격(富格)을 이루고 있어 그 결과는 길하다.

절족마와 천형·타라 등은 현 직장의 회의나 불만족 등으로 나타나 이직하기 쉽고, 관록궁의 파군화록은 파구창신(破舊創新)하게 되므로 새로운 직업이나 사업 등을 원하게 된다. 파군은 쌍·겸의 의미가 있으므로 겸업을 하기도 한다.

35세는 유년명궁(亥)이 대한에서 강력한 변화를 내포하고 있는 궁으로 진행하여 기본적으로 직업변화가 있을 가능성이 높다. 그런데 유년태음화록이 선천부관선을 일차로 인동하여 유년명천선의 부관선과 궁의 중첩효과가 나타나 더욱 변동이 있게 된다. 유년거문화기는 선천천이궁이자 대한자전선을 인동하니 이 또한 이동수를 의미한다. 이처럼 전택궁으로 대한이나 유년의 사화가 관여하면 이사뿐만 아니라 사업이나 직업변화도 같이 참고 해야 한다. 특히 화록과 화기는 더 강력하게 작용한다.

10. 관재·구설 사례

일반적으로 시비구설이나 관재는 그 맥락을 같이 한다고 본다. 시비구설이 중하면 관재로 갈 수 있는데, 평범하게 시비로 끝날 수 있는 상황이라고 해도 상대가 누구인지, 그리고 사안에 따라서 법적으로 가는 경우도 있다고 본다.

- **관재·구설과 관계가 많은 궁** …… 관재구설은 삼방사정 뿐만 아니라 12궁 모두 관계가 될 수 있다. 물론 삼방사정에 해당하는 궁들이 충파가 심하면 관재를 겪을 가능성이 기본적으로 높다고 본다. 하지만 12궁 중 특별히 나쁜 궁이 있다면 그 궁과 관련된 일로서 관재를 겪기도 한다. 가령 자신의 삼방사정은 평이하지만, 형제궁이 특별히 나쁘다고 할 경우, 주변사람과 관재에 휘말릴 수 있는 것이다. 만약 전택궁으로 천형·경양을 비롯한 살성과 화기성이 중하면 자신의 거주지가 여의치 않거나 부동산으로 인하여 시비, 송사가 있을 수도 있다. 그리고 전택궁으로 살성이 중하면 옥살이 하는 것으로 통변하기도 하므로 잘 판단해야 한다.
- **관재·구설과 관계가 많은 성** …… 천형·경양은 기본적으로 刑을 주하므로 관재와 관계가 많다. 화기 역시 강력한 관재구설의 성이다. 기타 육살성과 천요를 포함한 관부·주서 등의 잡성도 해당한다.

차명은 무인대한(43세~52세) 중 대마초사건에 연루되어 법적으로 구속되었다. 사업에 계속 실패하는 등 삶이 어렵고 힘들어 대마초를 가까이 하게 되었다고 한다.

대한명궁(寅)에 타라·지겁이 동궁하고 대궁으로 지공·천요가 마주하니 대한의 체가 희망이 없어 보인다. 타라와 공겁이 명궁이나 복덕궁에 들어가면 사람이 어둡고 침체된다. 그리고 불만이나 비관적인 심리를 부추긴다. 申궁의 천요가 살성과 만나면 지나친 주색이나 담배, 도박 등으로 인하여 건강을 상실하기 쉽다. 차명의 경우처럼 대마초 등 마약으로 인한 환각적인 생활과 가까워 질 소지도 있다.

사례 1) 대마초로 관재 발생

<table>
<tr>
<td>大旬封天天
祿空誥馬府
平平
伏歲弔 13~22 59辛
兵驛客 【兄弟】 病巳
【大田】</td>
<td>大大天八太天
曲羊廚座陰同
陷陷
忌
權
大息病 3~12 60壬
耗神符 【命宮】 衰午
【大官】</td>
<td>大天截天文文貪武
鉞壽空月昌曲狼曲
平旺廟廟
祿
病華太 49癸
符蓋歲 【父母】 旺未
【大奴】</td>
<td>紅孤紅天三天地天巨太
鸞辰艷福台姚空鉞門陽
天大大 廟廟廟閑
空昌馬
喜劫晦 50甲
神煞氣 【福德】 建申
【大遷】</td>
</tr>
<tr>
<td>大天寡天天擎
陀德宿官刑羊
廟
官攀天 23~32 58庚
府鞍德 【夫妻】 死辰
【大福】</td>
<td colspan="2" rowspan="2">乾命 : 1955年(乙未) 8月 ○日 ○時
命局 : 木3局, 楊柳木
命主 : 破軍
身主 : 天相</td>
<td>台天
輔相
陷
飛災喪 93~ 51乙
廉煞門 【田宅】 帶酉
【大疾】</td>
</tr>
<tr>
<td>蜚鳳天恩年祿右破廉
廉閣貴光解存弼軍貞
旺陷旺閑
科
博將白 33~42 57己
士星虎 【子女】 墓卯
【大父】</td>
<td>天天
梁機
旺廟
權祿
忌
奏天貫 83~92 52丙
書煞索 【官祿】 浴戌
【大財】</td>
</tr>
<tr>
<td>天解陀地
喜神羅劫
陷平
力亡龍 43~52 56戊
士身德 【財帛】 絶寅
【大命】</td>
<td>大破天天天鈴
魁碎使才虛星
陷
青月歲 53~62 55己
龍煞破 【疾厄】 胎丑
【大兄】</td>
<td>月大陰火天
德耗煞星魁
平旺
小咸小 63~72 54戊
耗池耗 【身 遷移】 養子
【大配】</td>
<td>天龍天天左七紫
傷池哭巫輔殺微
閑平旺
科
將指官 73~82 53丁
軍背符 【奴僕】 生亥
【大子】</td>
</tr>
</table>

대한재백궁(戌)은 기량이 화록·화권을 보고 있어 길상이다. 그러나 대한천기화기가 충파하니 가재운(假財運 : 재적으로 길한 듯하지만, 실질적으로는 이익이 없는 운)이 되었다. 대한관록궁(午) 역시 태음이 화기를 맞은 상황이므로 불안하기는 마찬가지다. 이처럼 대한의 삼방사정이 무력하니 어찌 파동이 없겠는가.

52세(丙戌) 적발되어 법적으로 처벌을 받았는데, 유년명궁은 대한화기가 부담을 주고 있는 가운데, 대궁(辰)으로 형벌을 주하는 경양·천형까지 더하니 관재가 발동한 것이다. 유년천동화록이 대한관록궁의 태음화기를 인동하여 당 년에 사업도 파하였다.

사례 2) 곗돈 횡령으로 관재 발생

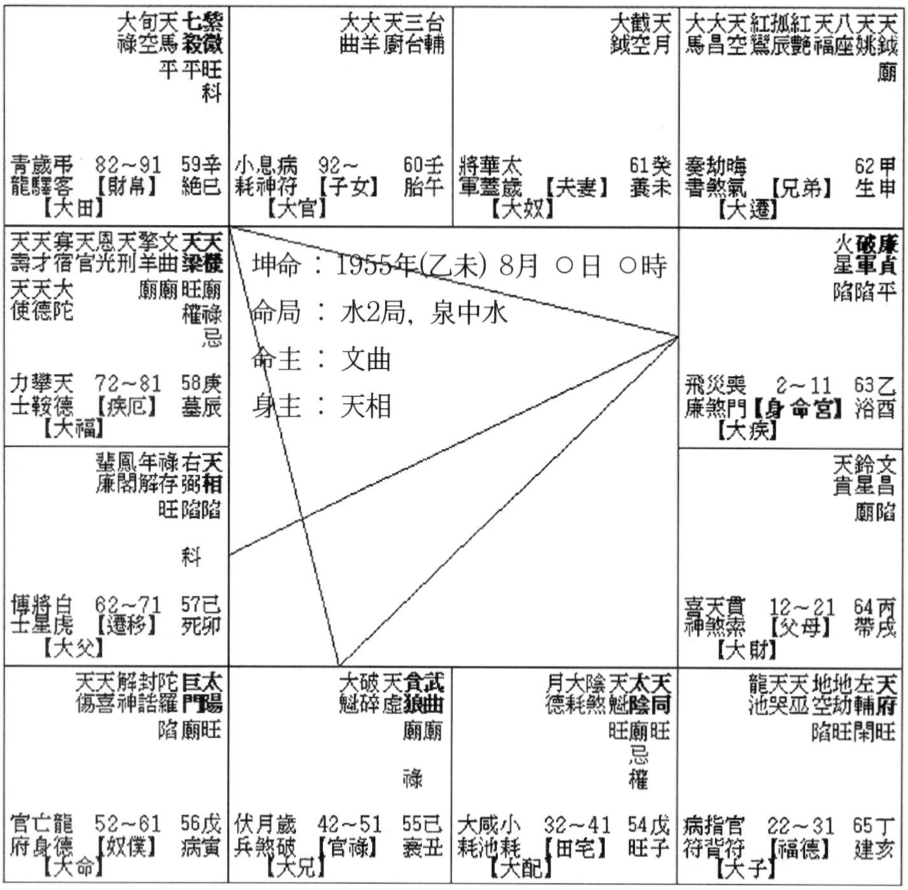

<table>
<tr>
<td>大旬天七紫
祿空馬殺微
平平旺
科
青歲弔 82~91 59辛
龍驛客 【財帛】 絶巳
【大田】</td>
<td>大大天三台
曲羊廚台輔
小息病 92~ 60壬
耗神符 【子女】 胎午
【大官】</td>
<td>大截天
鉞空月
將華太 61癸
軍蓋歲 【夫妻】 養未
【大奴】</td>
<td>大大天紅孤紅天八天天
馬昌空鸞辰艶福座姚鉞
廟
奏劫晦 62甲
書煞氣 【兄弟】 生申
【大遷】</td>
</tr>
<tr>
<td>天天寡天恩天擎文天天
壽才宿官光刑羊曲梁機
天天大 廟廟旺廟
使德陀 權祿
忌
力攀天 72~81 58庚
士鞍德 【疾厄】 墓辰
【大福】</td>
<td colspan="2" rowspan="2">坤命 : 1955年(乙未) 8月 ○日 ○時
命局 : 水2局, 泉中水
命主 : 文曲
身主 : 天相</td>
<td>火破廉
星軍貞
陷陷平
飛災喪 2~11 63乙
廉煞門 【身命宮】 浴酉
【大疾】</td>
</tr>
<tr>
<td>蜚鳳年祿右天
廉閣解存弼相
旺陷陷
科
博將白 62~71 57己
士星虎 【遷移】 死卯
【大父】</td>
<td>天鈴文
貴星昌
廟陷
喜天貫 12~21 64丙
神煞索 【父母】 帶戌
【大財】</td>
</tr>
<tr>
<td>天天解封陀巨太
傷喜神誥羅門陽
陷廟旺
官亡龍 52~61 56戊
府身德 【奴僕】 病寅
【大命】</td>
<td>大破天貪武
魁碎虛狼曲
廟廟
祿
伏月歲 42~51 55己
兵煞破 【官祿】 衰丑
【大兄】</td>
<td>月大陰天太天
德耗煞魁陰同
旺廟旺
忌
權
大咸小 32~41 54戊
耗池耗 【田宅】 旺子
【大配】</td>
<td>龍天天地地左天
池哭巫空劫輔府
陷旺閑旺
病指官 22~31 65丁
符背符 【福德】 建亥
【大子】</td>
</tr>
</table>

차명은 53세(丁亥) 수십 명의 곗돈을 가지고 잠적하여 수배 중이다. 그 동안 계주(契主)를 하면서 신용과 의리를 보여 왔다고 한다.

무인대한(52세~61세)의 대한명궁에 거문과 타라가 좌하고 있다. 거문·타라 모두 시비구설을 주하는 성인데 이렇게 거문·타라가 만나면 시비구설에 많이 연루된다. 중하면 관재를 겪기도 한다.

대한재백궁(戌)은 영성이 거하고 있는데, 협으로 화성·겁공 등이 부담을 주고 있다. 더 중요한 것은 대궁(辰)에서 刑을 주하는 천형·경양·화기 등이 무리를 이루어 재백궁을 충파하니 돈 때문에 관재구설이 발생하는 것이다.

대한관록궁(午)의 동월도 선천화기가 차성되어 불리한데, 대한의 정황이 사례1)번과 유사한 점을 발견할 수 있다.

사례 3) 지인과 관재 발생

<table>
<tr>
<td>大大大紅三天天天破武
曲陀耗鸞台巫姚鉞軍曲
旺閑平
忌
祿
飛亡龍 64~73 32乙
廉身德 【遷移】 生巳
【大財】</td>
<td>大天天陰地右太
祿使福煞劫弼陽
廟旺廟
奏將白 54~63 33丙
書星虎 【疾厄】 養午
【大子】</td>
<td>大天寡天天天
羊德宿貴月府
廟
將攀天 44~53 34丁
軍鞍德 【財帛】 胎未
【大配】</td>
<td>大天火天左太天
鉞哭星馬輔陰機
陷旺平平平
科
小歲弔 34~43 35戊
耗驛客 【子女】 絶申
【大兄】</td>
</tr>
<tr>
<td>天天地天
傷虛空同
陷平
喜月歲 74~83 31甲
神煞破 【奴僕】 浴辰
【大疾】</td>
<td colspan="2" rowspan="2">坤命 : 1982年(壬戌) 5月 ○日 ○時
命局 : 金4局, 釵釧金
命主 : 巨門
身主 : 文昌</td>
<td>大天天八封貪紫
昌才廚座誥狼微
平平
權
權
青息病 24~33 36己
龍神符 【夫妻】 墓酉
【大命】</td>
</tr>
<tr>
<td>月天文
德魁昌
廟平
病咸小 84~93 30癸
符池耗 【官祿】 帶卯
【大遷】</td>
<td>天陀鈴巨
官羅星門
廟廟旺
力華太 14~23 37庚
士蓋歲 【兄弟】 死戌
【大父】</td>
</tr>
<tr>
<td>龍截
池空
大指官 94~ 29壬
耗背符 【田宅】 建寅
【大奴】</td>
<td>破台天七廉
碎輔刑殺貞
廟旺
伏天貫 28癸
兵煞索 【身 福德】 旺丑
【大官】</td>
<td>大蜚鳳紅旬年解擎天
魁廉閣艷空解神羊梁
陷廟
祿
科
官災喪 27壬
府煞門 【父母】 衰子
【大田】</td>
<td>大天天天孤恩祿文天
馬空壽喜辰光存曲相
廟旺平
忌
博劫晦 4~13 38辛
士煞氣 【命宮】 病亥
【大福】</td>
</tr>
</table>

기유대한(24세~33세) 중 잘 아는 지인에게 투자처를 소개해 주었는데, 그만 투자금액을 거의 파재했다고 한다. 그런데 그 지인은 차명에게 손해배상청구를 하는 바람에 관재가 발생하였다.

기유대한의 대한명천선(卯酉)은 하자가 없다. 다만 화령이 대한명궁(酉)을 협하여 주변사람으로 인한 소란스러운 일은 발생한다고 본다. 그런데 대한재백궁(巳)에 선천무곡화기가 거하고 재적으로 치명적인 겁공까지 협하니 재백궁이 패국(敗局)이 되었다. 반드시 재물손재가 있거나 재물 때문에 화를 입는 일이 발생하는 대한이다. 대궁(亥)으로 대한문곡화기까지 대조하니 재적으로 더욱 흉하다. 대한재백궁의 정황이 이러하면 욕심은 금물인데, 주로 창업이나 투기는 금지해야 한다. 그리고 주변사람에게 보증을 서거나 계약관계 등이 문제가 되어 손재로 연결되기도 한다. 하여 재물운용을 아주 신중하고 안정적으로 해야 될 대한이다.

차명이 소송에서 유리한 입장이라고 하지만, 변호사 수임료 등 소송에 들어간 비용이 적지 않았다고 하니 당 대한의 재복선의 분위기가 그대로 발현되었다.

차명 선천재백궁(未)으로 천형이 대조하는데, 재백궁으로 사살(四煞)을 비롯한 천형·화기 등이 비치면 재물 때문에 관재가 발생할 확률이 높다.

사례 4) 뇌물수수로 관재발동

차명은 공기업에서 고위직으로 근무하고 있다. 그런데 55세(戊子) 뇌물수수와 관련하여 관재가 발생하였는데, 약간 억울함은 있지만 차명이 관리하는 부분에서 발생한 일이므로 관재를 면하기 어려웠다.

정축대한(54세~63세) 대한명궁(丑)에 타라·지겁이 동궁하여 심신이 고단한 일이 많음을 알 수 있다. 대모·천상 등 잡성도 도움이 안 되고, 丑궁의 관부·천살 등은 관재구설을 주하는 잡성이다. 중요한 것은 대한관록궁(巳)의 정황인데 관재와 형극을 주하는 천형과 영성이 동궁하니 흉하다. 관록궁이 이러하면 직장에서 소란스러운 일이 발생하게 되고 직장을 그만두거나 중하면 관재구설이 발생하게 된다.

대한재백궁(酉)도 함지의 천상이 지공·천요과 동궁하여 도움이 못된다. 대한이 살성과 형요성을 많이 보는 가운데, 선천명궁으로 쌍화기가 충파하니 더욱 불리하다. 선천명천선이 대한의 삼방사정이 아닐지라도, 대한에서 이처럼 선천명궁을 타격하면 질액·손재·관재구설 등 삶에 있어서 전반적으로 흉사가 발현하게 된다.

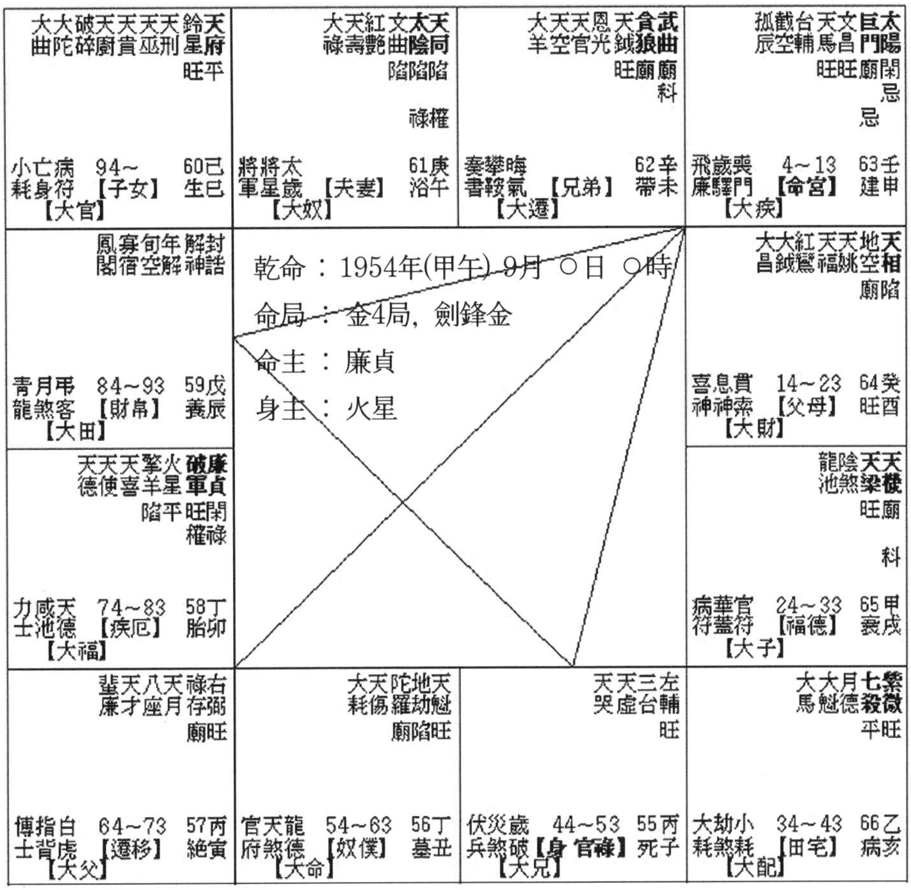

<table>
<tr>
<td>大大破天天天天鈴天
曲陀碎廚貴巫刑星府
旺平

小亡病 94~ 60己
耗身符 【子女】 生巳
【大官】</td>
<td>大天紅文太天
祿壽艷曲陰同
陷陷陷
祿權

將將太 61庚
軍星歲 【夫妻】 浴午
【大奴】</td>
<td>大天天恩天貪武
羊空官光鉞狼曲
旺廟廟
科

奏攀晦 62辛
書鞍氣 【兄弟】 帶未
【大遷】</td>
<td>孤截台天文巨太
辰空輔馬昌門陽
旺旺廟閑
忌
忌

飛歲喪 4~13 63壬
廉驛門 【命宮】 建申
【大疾】</td>
</tr>
<tr>
<td>鳳寡旬年解封
閣宿空解神誥

青月弔 84~93 59戊
龍煞客 【財帛】 養辰
【大田】</td>
<td colspan="2" rowspan="2">乾命 : 1954年(甲午) 9月 ○日 ○時
命局 : 金4局, 劍鋒金
命主 : 廉貞
身主 : 火星</td>
<td>大大紅天天地天
昌鉞鸞福姚空相
廟陷

喜息貫 14~23 64癸
神神索 【父母】 旺酉
【大財】</td>
</tr>
<tr>
<td>天天天擎火破廉
德使喜羊星軍貞
陷平旺閑
權祿

力咸天 74~83 58丁
士池德 【疾厄】 胎卯
【大福】</td>
<td>龍陰天天
池煞梁機
旺廟
科

病華官 24~33 65甲
符蓋符 【福德】 衰戌
【大子】</td>
</tr>
<tr>
<td>蜚天八天祿右
廉才座月存弼
廟旺

博指白 64~73 57丙
士背虎 【遷移】 絶寅
【大父】</td>
<td>大天陀地天
耗傷羅劫魁
廟陷旺

官天龍 54~63 56丁
府煞德 【奴僕】 墓丑
【大命】</td>
<td>天天三左
哭虛台輔
旺

伏災歲 44~53 55丙
兵煞破 【身 官祿】 死子
【大兄】</td>
<td>大大月七紫
馬魁德殺微
平旺

大劫小 34~43 66乙
耗煞耗 【田宅】 病亥
【大配】</td>
</tr>
</table>

차명은 다행이 무혐의 처리되어 구속은 면하게 되었고 다시 업무에 복귀하였다. 이는 대한명궁으로 비록 보필이 협하고, 축미궁으로 괴월이 좌귀향귀하는 가운데 무곡화과가 대조하므로 큰 흉은 면할 수 있었던 것이다. 하지만 정축대한이 끝날 때까지 남은 기간 더욱 유의해야할 것이다. 선천명궁이자 대한부질선으로 쌍기가 발동하므로 차명 건강문제도 매우 유의해야 될 대한이다.

사례 5) 자녀 관재 발생

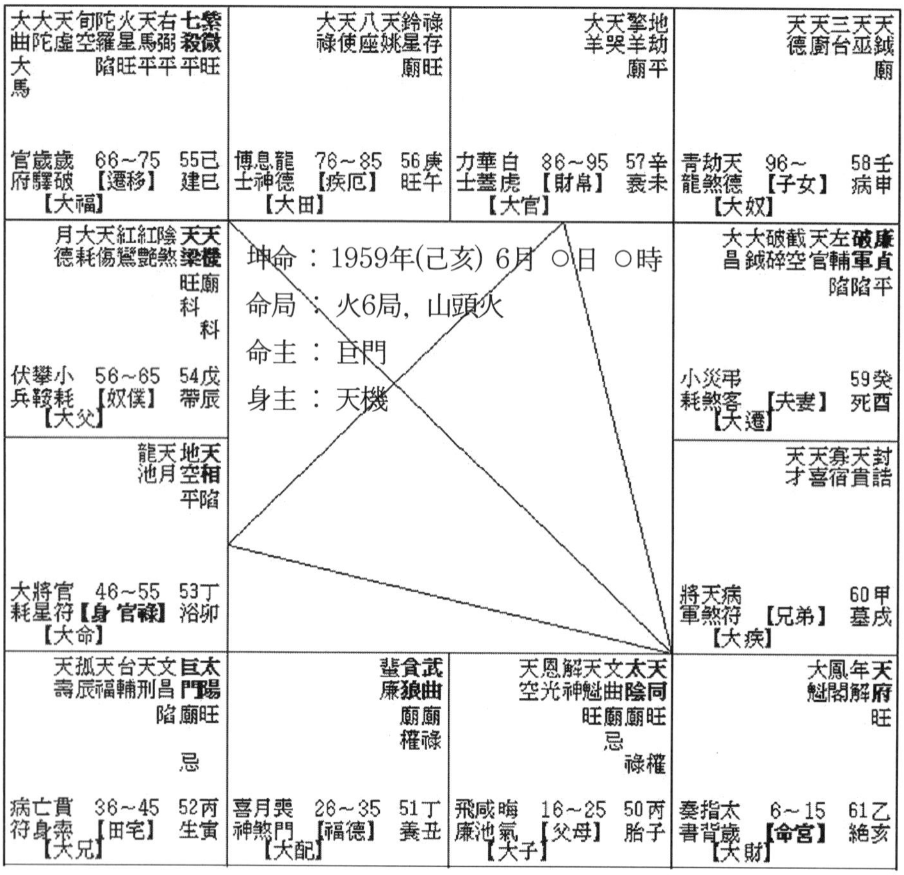

<table>
<tr>
<td>大大天旬陀火天右七紫
曲陀虛空羅星馬弼殺微
大　陷旺平平平旺
馬
官歲歲　66~75　55己
府驛破　【遷移】　建巳
【大福】</td>
<td>大天八天鈴祿
祿使座姚星存
廟旺
博息龍　76~85　56庚
士神德　【疾厄】　旺午
【大田】</td>
<td>大天擎地
羊哭羊劫
廟平
力華白　86~95　57辛
士蓋虎　【財帛】　衰未
【大官】</td>
<td>天天三天天
德廚台巫鉞
廟
青劫天　96~　58壬
龍煞德　【子女】　病申
【大奴】</td>
</tr>
<tr>
<td>月大天紅紅陰天天
德耗傷鸞艷煞梁機
旺廟
科
科
伏攀小　56~65　54戊
兵鞍耗　【奴僕】　帶辰
【大父】</td>
<td colspan="2" rowspan="2">坤命 : 1959年(己亥) 6月 ○日 ○時
命局 : 火6局, 山頭火
命主 : 巨門
身主 : 天機</td>
<td>大大破截天左破廉
昌鉞碎空官輔軍貞
陷陷平
小災弔　59癸
耗煞客　【夫妻】　死酉
【大遷】</td>
</tr>
<tr>
<td>龍天地天
池月空相
平陷
大將官　46~55　53丁
耗星符【身 官祿】浴卯
【大命】</td>
<td>天天寡天封
才喜宿貴誥
將天病　60甲
軍煞符　【兄弟】　墓戌
【大疾】</td>
</tr>
<tr>
<td>天孤天台天文巨太
壽辰福輔刑昌門陽
陷廟旺
忌
病亡貫　36~45　52丙
符身索　【田宅】　生寅
【大兄】</td>
<td>蜚貪武
廉狼曲
廟廟
權祿
喜月喪　26~35　51丁
神煞門　【福德】　養丑
【大配】</td>
<td>天恩解天文太天
空光神魁曲陰同
旺廟廟旺
忌
祿權
飛咸晦　16~25　50丙
廉池氣　【父母】　胎子
【大子】</td>
<td>大鳳年天
魁閣解府
旺
奏指太　6~15　61乙
書背歲　【命宮】　絶亥
【大財】</td>
</tr>
</table>

차명의 49세(丁亥)에 미성년자인 아들에게 폭행사건의 관재가 발생했다. 다름 아닌 아들 친구들이 여학생을 성추행했다고 하는데, 차명의 아들도 같은 혐의를 받은 것이다. 실제적으로는 차명의 아들은 가담하지 않았다고 한다. 결국 피해자와 서로 합의하여 죄는 면하였다.

차명 정묘대한(46세~55세)은 대한천동화록이 대한자녀궁(子)의 문곡화기를 인동한다. 자녀에게 흉사가 있음을 암시한다. 그와 동시에 子午궁선의 함지·천요·문곡·은광 등 도화성계를 인동하니 그 흉사는 주색이나 이성문제로 인한 일이 주요 사안이 되는 것이다. 더 중요한 것은 대한의 거문화기가 寅궁에 떨어져 선천자녀궁(申)을 충파한다는 것이다. 寅궁의 천형은 관재구설의 성인데, 거문화기로 인하여 관재나 시비구설은 더욱 면하기 어렵다.

49세(丁亥)는 유년거문화기가 선천자전선이자 유년자전선인 寅申궁을 재차 충파하니 당년에 자녀흉사가 발현하게 된 것이다.

제5장 격국

자미두수의 여러 격국(格局)에 대하여 살펴본다. 격국은 명운(命運)의 길흉화복을 단적으로 판단할 수 있는 중요한 이론적 근거가 된다. 『전서(全書)』의 명격론(命格論)에서는 부격(富格)과 귀격(貴格)을 비롯한 천격(賤格)·잡격(雜格) 등 여러 가지 격국에 대하여 논하고 있다. 그런데 격국을 논하는데 있어 그 내용과 정황이 너무 단순하거나 또는 너무 지엽적이기도 하고 보편성을 잃고 논하는 경우도 많다. 하여 실제로 통변할 때 별 도움이 되지 않는 격국도 많다. 격국은 모름지기 명격의 고저나 길흉성부를 판단할 때 중심을 잡고 통변에 도움이 되어야 하는데 그렇지 않은 경우가 있는 것이다. 하여 본 장에서는 실제 통변상에 있어서 필요하거나 작용력이 있다고 생각되는 격국을 위주로 알아보기로 한다.

그리고 선천이나 대한의 삼방사정이 만약 길격에 해당하면 기본적으로 길 작용이 많다. 그러나 선천이나 대한의 정황이 흉격에 해당하면 삶에 파동이 많다. 중요한 것은 길격이든 흉격이든 록성을 비롯한 보좌길성과 살성의 여하에 따라 길흉의 작용이 상이하게 나타날 수 있으므로 전체적인 상황을 보고 최종 판단은 해야 할 것이다. 예를 들면 선천의 격국이 아무리 길격에 해당해도 살기형성이 중하면 효과를 발휘할 수 없으며, 반대로 선천이나 대한의 격국이 비록 길격의 범주에 해당하지는 않지만 록성 및 보좌길성이 도우면 충분히 부귀를 누릴 수 있는 것이다. 격국이 필요하고 중요한 부분도 있지만 격국의 틀에 너무 연연하면 안 되는 이유가 바로 여기에 있다.

1. 부상조원격

부상조원격(府相朝垣格)은 명궁으로 천부·천상이 동회하는 경우이며 두수에서 길격에 해당한다. 부상조원격 중에서 가장 길격을 이루는 배치는 다음과 같다.

진술궁으로 무곡이 좌명하고 삼방에서 천부·천상이 회조하는 경우, 자오궁의 자미가 삼방으로 천부·천상이 회조하는 경우, 이 두 가지의 정황이 가장 길격을 형성한다. 특히 오궁의 자미는 극향리명격(極嚮離明格)이라 하기도 하는데 부귀를 모두 얻는다고 하였다.

부상조원이나 극향리명으로 성격(成格) 되기 위해서는 육길성을 포함한 록존·사화길성 등의 지원이 필요하다. 이렇게 정황이 길하면 명리쌍전(名利雙全)한다. 만약 록존과 문성을 만나면 명예를 먼저 이루고 난 이후 富가 따르며, 화록이나 록존 등 재성(財星)이 중하면 재적으로 富를 이루기 쉽다.

2. 자부동궁격

자부동궁격(紫府同宮格)은 寅궁이나 申궁에서 자미·천부가 동궁하는 경우를 말한다. 자미는 貴를 주하고 추진력과 창조력이 있는 반면, 천부는 재성(財星)이므로 富를 주하고 신중한 면이 있어 두 성이 만나면 부귀쌍전(富貴雙全)하기에 좋은 격국이 된다. 사람이 담대하면서 신중하고 영도력이 있으며 인품이 높다. 그러나 길격이 되기 위해서는 보필·괴월을 비롯한 록성과 사화길성의 도움이 필요하다. 만약 살기형성이 중하면 패국이 된다.

그리고 자미·천부 모두 지고무상(至高無上)한 기질이 있는 성인데, 한 궁에 주성이 두 개가 동궁하면 피차간에 기질이 맞지 않거나 견제하는 등 자칫 모순에 빠질 수 있는 조합이 되기도 한다. 하여 고인은 인신궁의 자부조합을 또한 경계한 것이다. 십사정성 중 자미·천부는 주성에 해당하는 성이므로 보좌길성의 지원이 더욱 필요한 것이다.

3. 무탐동행격

무탐동행격(武貪同行格)은 축미궁의 무탐조합을 말한다. 고인이 축미궁의 무탐에 대하여 이르길, '반드시 관에서 반열에 오르며 문사(文士)는 현달(顯達)하고, 무신(武臣)은 용맹한 기질로 적을 진압한다'라고 하였다. 실제 축미궁의 무탐이 어느 정도 격을 이루면 권귀(權貴)를 얻는 경우가 많다. 사람이 언행이 소탈하고 진솔하며 문예를 즐기고 인품이 높다. 록성과 보좌길성을 보면 문무(文武)모두 이롭다.

무탐동행격은 만발(晩發)하는 속성이 있다. 소위 선빈후부(先貧後富)하는 조합으로 유명하다. 초년의 운로가 비교적 여의치 않고, 중년이후 발달하는 경우가 많다. 대한의 명궁이 무탐으로 진행하면 상반기 5년보다 하반기 5년의 운로가 더 유리한 경우가 많다. 그러나 무탐이 반드시 만발하거나 상하의 개념으로 판단해선 안 된다. 대한과 유년의 정황을 보고 최종 판단을 해야 할 것이다.

무곡은 재성이며 탐랑 역시 물욕(物慾)의 성이므로 차조합은 화록이나 록존을 보면 길하다. 戊·己년생은 화록을 보게 되므로 합격이다. 그리고 록존이 삼방사정 궁에 떨어져도 길하다. 무탐이 창곡·화과 등 문성(文星)을 위주로 보면 학문을 이루고 주로 귀명(貴命)이 된다. 만약 보좌길성을 보는 가운데 양타·화령·천형 등이 비치면 무직(武職)이나 의료계 등에 종사한다. 이때 길성이 없고 살기형성이 중하면 신체장애 등 인생이 순탄하지 않다. 공망성계가 가하면 종교·심신수련 등 정신세계와 관계가 많다.

4. 칠살조두격

칠살조두격(七殺朝斗格)이란 칠살이 寅궁에 수명하고 申궁에서 자미·천부가 대조하는 상황을 말한다. 차격은 주로 권력과 관계가 깊은 격국이다. 만약 칠살이 申궁에 거하면서 寅궁의 자미·천부를 보면 칠살앙두격(七殺仰斗格)이라 한다. 두 격국의 기본 성질은 그렇게 차이가 나지 않는다. 인신궁의 칠살은 언행에 소신이 있으며, 강한 정신력과 추진력을 가지고 있다. 양타·천형·화령 등 살이 중하면 권위가 독단적이고 배타적인 성정으로 나타나기도 한다. 그러나 보좌길성을 만나면 군·경·사법·정치·의료계 등에서 발달하게 된다.

칠살은 자미와 만나는 것을 좋아한다. 인신궁에서 서로 마주하는 것도 길하게 평가한다. 자미는 칠살의 살기(殺氣)를 화하여 권력을 증대시키기고, 천부는 칠살의 위권을 화하여 재적으로 길하게 한다. 이렇게 대궁의 자미·천부가 富와 貴를 향상시키므로 칠살의 입장에서는 그만큼 부귀를 누릴 수 있는 격이 된다. 문성(文星)과 보필·괴월 등을 만나면 주로 명예가 높다. 록성과 보좌길성을 보면 더욱 부귀쌍전하게 된다.

5. 영성입묘격

영성입묘격(英星入廟格)은 파군이 子궁이나 午궁에 안명하는 경우이다. 본격은 주로 귀격(貴格)에 해당하며 권위를 이룬다. 자오궁의 파군은 입묘하므로 파군이 가지고 있는 장점을 발휘하기에 좋다. 그리고 삼방사정으로 동회하는 정성들이 모두 묘왕지에 해당하므로 더욱 길하다. 두수에서 파군은 영성(英星)이라 칭한다. 하여 본격은 무관(武官)에 가장 어울리는 격이기도 하다. 현대적인 관점으로 보면 군·경·법조계·운동방면 등에서 발달한다. 만약 재성이 관여하면 사업가나 금융계열과 관계가 많다. 창곡·화과·보필·괴월 등 문성(文星)을 보면 학문이 높고 한 분야에서 두각을 나타낸다.

자오궁의 파군이 보좌길성을 보면 성정이 소탈하고 강유(剛柔)가 조화를 이루어 인간관계가 좋다. 파군화권이면 권위적인 성정으로 변한다. 자오궁의 파군은 기본적으로 권적인 성정을 가지고 있고 또한 주체성과 추진력, 경쟁심 등이 강하다. 이러한 성정으로 인하여 대업(大業)을 이루기에 알맞다. 고인이 이르길 "자오궁의 파군은 권위를 얻고 오랫동안 복을 누리며, 부하를 통솔하고 적을 진압한다"라고 하였다. 만약 살성이 중중하면 재래재거(財來財去)가 심하고 삶에 파동이 많다. 또한 성질이 괴팍하고 다급하며 참을성이 없다. 육친의 연도 불리하여 일생 고독하게 지낸다.

6. 수성입묘격

수성입묘격(壽星入廟格)은 천량이 午궁에서 보좌길성과 사화길성을 보면 해당한다. 본격은 주로 귀격(貴格)에 해당한다. 두수에서 천량은 수성(壽星)이자 음성(蔭星)·해액(解厄)을 주한다. 게다가 오궁의 천량은 입묘하므로 천량의 장점을 발휘하기에 좋은데, 이렇게 정성이 입묘하면 기본적으로 길격을 형성하기 쉽다. 본격은 창곡·화과 등 문성을 만나면 가장 길하다. 이처럼 정황이 길하면 학문과 직위가 높고 명리(名利)를 얻는다. 록존을 보면 역시 선귀후부(先貴後富)한다. 子궁 역시 수성입묘격에 해당하지만 고인은 특별히 오궁의 천량을 관자청현(官資淸顯)이라 하여 정격(正格)으로 보았다. 천량이 양타·화령 등 살성의 관여가 중하면 분파노록(奔波勞碌)하며 파격(破格)이다. 특히 양타와 子궁의 태양화기를 꺼린다.

7. 웅수조원격

웅수조원격(雄宿朝垣格)은 염정이 未궁이나 申궁에 거하는 것을 말한다. 염정을 웅수(雄宿)이라 칭하기도 하는데, 미신궁에서는 염정이 입묘하는 고로 염정의 장점을 발휘할 수 있는 조건이다. 고인은 미·신궁의 염정이 살성의 개입이 없으면, 부귀성양파원명(富貴聲揚播遠名)이라 하여 부귀하고 널리 이름을 알린다고 하였다. 특히 미궁의 염정은 칠살과 동궁하는데, 이때 염정의 음화(陰火)는 칠살의 음금(陰金)을 제련하여 그 능력을 발휘하게 하는 작용을 하는 것이다. 申궁의 염정은 독좌하는데, 따로 염정문무격(廉貞文武格)이라 하여 문사(文士)로서 귀현하는 격이라고 보았다. 대신 문성(文星)을 보아야 합격이다.

두수에서 염정은 문무(文武)를 모두 겸하는 특성이 있다. 만약 창곡·화과를 비롯한 용지·봉각 등 문성이 중하면 주로 문사(文士)로서 귀현(貴顯)하고, 양타·천형 등 한 두 개의 살을 보면서 정황이 길하면 무사(武士)로서 귀현한다. 이 경우 법조계나 의료방면에서 명리를 얻기도 한다. 겁공을 비롯한 살성이 중하면 격이 떨어지는데, 이 경우 사상이 철리적이며 정신세계와 관련이 많다.

8. 마두대검격

마두대검격(馬頭帶劍格)은 午궁에 경양이 수명하는 경우이다. 경양은 기본적으로 흉성에 해당한다. 전서에서는 "경양은 절대로 오궁을 꺼린다. 만약 운에서 만나면 재앙이 심한데, 처자(妻子)를 형극하고 직업 없이 쉬게 되며 질병이 있고 중년에는 요절한다"라고 할 정도다. 하지만 오궁의 火가 경양의 오행인 金을 제련하여 그릇을 만들 수 있기에 또한 길격이 될 수 있는 것이다. 이렇게 강하고 횡폭한 경양을 제대로 다스리면 위진변강(威鎭邊疆)한다고 하였다.

본격은 성정이 강하고 권위적이며 추진력이 있다. 이러한 기상으로 인하여 만인을 다스리고 명예가 높거나 대재(大財)를 득하기도 한다. 다만 마두대검이 되기 위해서는 다음의 조건에 해당하여야 정격(正格)이 된다.

첫째, 오궁에 경양이 수명하고 丙·戊년간에 생한 경우 정격이다. 丙간은 대궁 천동에 화록이 붙고, 戊간은 巳궁에 록존이 배치되고, 丑궁의 탐랑화록이 未궁으로 차성되어 午궁을 쌍록이 협하게 된다.

둘째, 탐랑과 경양이 午궁에 동궁하는 경우인데 역시 丙·戊년생이면 정격이다. 丙년은 巳궁에 록존이 들어가고 未궁에 천동화록이 되어 午궁을 쌍록이 협한다. 戊년생은 탐랑화록이 되므로 길하다.

9. 거일동궁격

거일동궁격(巨日同宮格)은 寅궁에서 거문·태양이 동궁하는 것을 말한다. 申궁 역시 태양·거문이 동궁하지만 申궁에서는 태양이 약지에 해당한다. 소위 일락서산(日落西山)하는 궁이라 그 격이 寅궁에 비할 바가 아니다. 본격은 학문과 명예를 주하는데, 고인들은 관봉삼대(官封三代)라 하여 귀명(貴命)으로 보았다. 특히 구재(口才)에 유리한 격이기도 한데, 이는 거문이 변설(辯舌)과 비평에 능하고, 태양은 공명정대한 인품과 정확한 논리성으로 인하여 남에게 설득력 있는 설명이나 말을 잘하기 때문이다.

거문성은 암성(暗星)이며 시비구설을 주하기도 한다. 그러나 인궁에서 태양과 동궁하면 거문의 暗적인 요소가 제화되어 권귀를 얻는다. 본격은 기본적으로 학문이 높고 기개가 있다. 또한 사람이 인품과 예의가 있다. 문성(文星)이 중하면 주로 학문연구나 공·교육직종에서 발달한다. 살성이나 천마를 보면 해외와 관련이 많아 유학이나 이민을 하고, 외국회사·외국어 등을 하기도 한다. 록성을 보면 사업으로 성공하는 경우도 많다. 화권을 비롯한 사화길성·보좌길성을 보는 가운데 양타나 화령

·천형 등이 한두 개 비치면 정치·언론 등의 분야에서 두각을 나타내기도 한다.

10. 일조뇌문격

일조뇌문격(日照雷門格)은 卯궁에서 태양이 수명하는 것을 말한다. 卯궁의 태양은 寅궁과 마찬가지로 태양이 욱일초승(旭日初昇)하는 궁이므로 장점이 있다. 태양이 寅궁이면 거일동궁격의 귀격이 되지만, 묘궁 역시 태양·천량이 동궁하여 귀격을 이룬다. 그리고 두 성 모두 입묘한다. 만약 보좌길성과 사화길성을 보면, 일생 부귀를 누리고 소년에 급제하며 문무(文武)모두 이로운 격국이다.

11. 월랑천문격

월랑천문격(月朗天門格)은 태음이 亥궁에 수명하고 卯궁의 태양·천량이 동회하는 것을 말한다. 해궁의 태음은 입묘하는데, 만약 야생인(夜生人)이면 더 유리하다. 창곡·화과를 만나면 문예(文藝)를 즐기고 총명하며 학문이 높다. 록성을 보면 명예와 재물을 모두 얻는다. 본격은 묘궁의 태양·천량이 동회하는데, 앞서 논한 바와 같이 묘궁의 태양·천량은 일조뇌문(日照雷門)의 길격을 구성하고 있는 고로, 본격은 두 개의 길격을 모두 얻게 되는 셈이다. 하여 보좌길성을 비롯한 사화길성을 보면 반드시 권귀(權貴)를 얻을 수 있다. 그러나 본격이 가장 두려워하는 것은 육살성과 화기이다. 만약 일조뇌문이나 월랑천문이 육살성·화기 등이 중하면 파격이 된다.

12. 양양창록격

양양창록격(陽梁昌祿格)은 그 특성이 일조뇌문격과 거의 유사하다. 다만 양양창록이 되기 위해서는 동궁하는 태양·천량이 반드시 문창과 화록을 만나야 하는데,

문창과 동궁하면서 태음화록이나 천량화록이면 가장 길하다. 화록이 없고 록존을 만나도 성격(成格)이 된다. 문창을 보지 않고 문곡을 만나도 격을 이루는데, 다만 문곡은 이로공명(異路功名)하기 때문에 문창에 비하여 고인들은 낮게 평가하였다.

양양창록격은 학문성취에 유리하여 반드시 고시(考試)에 합격한다는 격이다. 현대적인 관점에서 해석하자면 고시를 비롯한 학문연구에 유리한 격국이다. 그러나 본격은 재물적으로 성공하는 사람도 많다. 다만 기본적으로 학식이 높고 전문인재가 많은 특징이 있다.

13. 단지계지격

단지계지격(丹墀桂墀格)은 태양·태음과 관계가 있는 격인데, 두 가지 경우로 나누어 볼 수 있다.

첫째, 태양이 辰궁에 거하고 태음이 戌궁에 거하면서 辰궁이나 戌궁이 명궁이 되는 경우 둘째, 태양이 巳궁에 거하고 태음이 酉궁에 거하면서 巳궁이나 酉궁이 명궁이 되는 경우이다.

태양은 貴를 주하는 성인데, 입묘하면 기본적으로 길격을 형성하게 된다. 태음은 富를 주하는데 역시 입묘하면 격이 높다. 고인은 입묘한 태양을 단지(丹墀)라 하였고, 입묘한 태음은 계지(桂墀)라 하였는데, 이는 과명(科名)을 이루고 벼슬이 높음을 의미한다. 고로 본격은 구명(求名)에 크게 유리하다. 문성(文星)을 비롯한 길성을 보면 학문이 높아 명예를 이루고, 만약 록성이 동도하면 재적으로도 길하다.

14. 일월병명격

일월병명격(日月並明格)은 태양·태음이 축미궁에서 동궁하는 경우를 말한다. 태양·태음은 성의 속성이 서로 상이한데, 이처럼 일월이 동궁하면 음양과 강약·부귀 등의 조화를 이루게 되어 장점을 발휘하기 쉬운 것이다. 본격은 기본적으로 貴를 주한다. 만약 권과를 비롯한 문성(文星)이 동도하면 문무(文武)모두 이롭다. 록성이 동궁하거나 회조하면 구재(求財)에 유리하다. 그런데 축미궁의 일월은 정성이 함지가 되기도 하므로 살성을 보면 불리하다. 未궁의 일월은 태양은 비록 힘이 있지만 태음이 함지에 해당하고, 관록궁의 천량 역시 함약하다. 丑궁의 일월은 태음은 입묘하는 반면 태양은 함지이며, 관록궁의 천량 역시 함지에 해당한다. 고로 본격은 살성에 민감하게 작용하는 격이기도 하다. 만약 양타·화령·화기·형요성 등 살기형요성이 중하면 파격이 된다.

15. 일월회명격

일월회명격(日月會明격) 태양·태음이 재백궁과 관록궁에 배치되는 것을 말한다. 본격은 두 가지 조건이 있다.

첫째, 丑궁이 명궁이면서 巳궁에서 태음이 酉궁에서 태양·천량이 동회하는 경우. 그리고 未궁이 명궁이면서 卯궁에서 태양·천량이 亥궁에서 태음이 회조하는 경우이다. 두 가지 상황 중에서 未궁이 명궁이면 더 길하다. 이유는 재백궁(卯)의 태양·천량과 관록궁(亥)의 태음이 모두 입묘하면서 동시에 서로 길격을 형성하여 회조하기 때문이다.

본격은 명궁은 공궁(空宮)이 되고 대궁의 거문·천동을 차성하게 된다. 고인은 축미궁의 거동을 감정적으로 불리하고 육친의 연이 무력(無力)하기 쉬운 조합으로 비교적 좋지 않게 표현하였다. 그러나 재백궁과 관록궁의 상황이 좋아 부귀를 얻을 수 있는 것이다. 다만 본격이 성격(成格)이 되기 위해서는 보좌길성을 비롯한 사화길성의 지원이 필요하다. 그러나 축미궁의 거동은 실지(失地)에 해당하므로 살기형성이 관여하면 삶의 파동이 많다.

16. 기월동량격

기월동량격(機月同梁格)은 천기·태음·천동·천량이 명궁이거나 삼방사정으로 회조하는 것을 말한다. 기월동량은 삼방사정에서 만나는 성계들인데, 그 특성이 주로 총명호학(聰明好學)하고 재지(才智)와 임기응변이 있는 성계들이다.

고인은 본격을 두고 기월동량작리인(機月同梁作吏人)이라 하여 관직에서 벼슬을 하는 조합으로 보았는데, 리인(吏人)은 옛날의 하급관리직을 말한다. 그러나 현대적인 관점으로 보면 본격이 하급관리에 해당하는 직종이라고 단정하기 어렵다. 다만 성계의 특성이 영도력이나 지배력을 요하는 직군보다는 수동적이고 좌우에서 보필할 수 있는 성정이기에 지시를 받는 관리직에 어울린다는 뜻이다.

현대사회는 과거와 달라서 본격이 성격(成格)이 되면 명예와 권력이 높은데, 기관장이나 기업의 총수 등 최고경영자도 많다. 본격은 기본적으로 공직·교육직·연구직 등 문사(文士)가 많으며 기획·재경(財經)·컴퓨터방면·의료계·법률계 등 주로 두뇌활동이 많은 전문 직종에 종사하기도 한다.

17. 석중은옥격

석중은옥격(石中隱玉格)은 자오궁의 거문을 말한다. 대궁으로 천기를 보는데, 자오궁의 거문은 왕지(旺地)에 해당하고 대궁 천기는 입묘(入廟)한다. 석중은옥이란 돌 속에 숨겨진 옥을 의미하는데, 성격(成格)이 되면 그만큼 진가를 발휘하여 부귀겸전(富貴兼全)하는 조합이다. 본격은 두뇌회전이 빠르고 임기응변이 있으며 사람이 총명하고 민감하다. 그런데 자기재주를 지나치게 내세우거나 앞서가는 특징이 있으므로 타인의 반발이나 질시를 받기도 한다. 하여 고인은 본격을 두고, 나서지 말고 최고의 자리에 오르면 안된다고 하였다. 그 만큼 주변의 반발을 사기 쉽다는 뜻이다. 창곡·화과 등 문성을 보면 학문이 높고, 록성을 보면 재록이 많다. 석중은옥은 록성과 權·科를 가장 좋아한다. 가장 꺼리는 것은 양타·화령·화기·천형 등이다. 만약 양타·화령·천형 등이 중하면 파격이다.

석중은옥을 상격부터 하격까지 구분하여 나누어 보면 다음과 같다.

1) 상격 …… 辛년생, 거문에 화록이 붙고 관록궁에 태양이 화권이다. 혹 대궁에 문곡이 거하면 문곡화과가 되어 최상격을 이룬다.

2) 상격 …… 癸년생, 거문에 화권이 붙고 子궁으로 록존이 들어간다. 자오궁 모두 상격에 해당한다.

3) 중격 …… 丁년생, 午궁 거문은 록존이 배치된다. 子궁 거문은 대궁에 록존이 배치된다. 자오궁 모두 대궁천기는 화과가 되고 천동화권이 차성되어 회조한다. 비록 거문이 화기를 맞지만 중격 정도로 본다. 다만 살성이 개입하지 않아야 합격이다.

4) 중격 …… 己년생, 午궁에 록존이 들어가고 천량화과는 차성되어 회조한다. 중격으로 본다.

5) 하격 …… 丙년생과 壬년생은 자오궁으로 경양이 개입하여 불리하다. 비록 천동화록(丙년생)과 천량화록(壬년생)이 차성되어 회조하지만 성격(成格)이 못 된다.

6) 파격 …… 戊년생, 午궁의 거문일 경우 경양과 동궁하는 동시에 대궁으로 천기화기가 충파한다. 파격에 해당한다.

18. 삼기가회격

삼기가회격(三奇加會格)은 명궁을 비롯한 나머지 궁으로 화록·화권·화과의 사화길성이 모두 회조하는 것을 말한다. 삼기(三奇)란 바로 화록·화권·화과를 말한다. 본격이 성격이 되면 어느 조합을 막론하고 명예와 富·권위를 얻는다. 다만 명예 중심인지 재물중심인지는 선천격국의 정황이나 운의 흐름을 참고하여 판단해야 할 것이다. 보편적으로 본격은 부귀를 모두 얻는 길격이다.

본격은 명궁에 화록이 거하고 재관궁이나 천이궁으로 權科가 회조하면 가장 길하다. 명궁에 화권이 거하면서 재백궁으로 화록, 관록궁으로 화과가 회조해도 역시 길하다. 하지만 명궁에 화과라고 하여 불리한 것은 아니다. 중요한 것은 명궁에 록권과 중 하나가 거하고 나머지 궁에서 사화길성이 따로 분리되어 회조해야 합격이다. 만약 삼방사정 중 어느 한 궁으로 록권과가 집중되면 격이 떨어진다. 이렇게 한 궁으로 집중되면 운의 흐름이 원활하지 않고, 나머지 궁은 그만큼 결함이 발생하는 것이다.

19. 금찬광휘격

금찬광휘격(金燦光輝格)은 午궁의 태양을 의미한다. 오궁의 태양을 일려중천(日麗中天)이라 하는데, 태양이 가장 강한 빛을 발하는 궁이다. 하여 태양이 가지고 있는 장점을 발휘할 수 있다. 그러나 오궁의 태양은 그 광휘가 지나쳐 오히려 불리한 경우도 많다. 사람이 지나치게 자기 주관이 강하며 독단적이고 융통성이 없다. 이러한 단점을 보완하기 위해서는 보좌길성이나 사화길성의 지원이 있어야 한다. 만약 육길성을 비롯한 록존·사화길성 등이 중하면 호방한 기세와 넓은 도량으로 부귀를 얻는다. 만약 살기형성이 중하면 파격이다.

20. 탐화상봉격

탐화상봉격(貪火相逢格)은 탐랑과 더불어 화성이 동궁하거나 혹 삼방사정에서 회조하는 것을 말한다. 화탐격(火貪格)이라 하기도 한다. 탐랑은 기본적으로 화성을 좋아하는 정성 중 하나이다. 이유는 탐랑의 오행인 양목(陽木)이 화성 오행인 양화(陽火)를 생하기 때문이다. 이렇게 탐랑과 화성이 만나면 木生火하여 탐랑이 가지고 있는 물욕(物慾)의 성질이 극대화 되어 재적으로 좋은 일이 발생한다. 특히 진술축미궁에서 화탐격이 이루어지면 가장 길하다. 탐랑이 영성과 만나면 영탐격(鈴貪格)에 해당하는데, 화탐격에 비하여 그 역량이 약하다.

본격이 성격되기 위해서는 탐랑·화성이 동궁하거나 서로 마주하는 것이 가장 좋다. 만약 탐랑이나 화성이 명궁이면서 나머지 하나가 재관궁에서 회조하면 그 역량이 떨어진다. 하지만 화탐격이 가지고 있는 기본성질은 발휘한다. 본격이 재적으로 유리한 조합이지만 반드시 화록이나 록존이 동도해야 합격이다. 이렇게 록성을 보면 의외의 재를 얻거나 횡발한다. 權科를 보면 명예나 권위를 얻을 수 있겠지만 반드시 재적으로 유리하다고 단정하기는 어렵다.

21. 쌍록조원격·록합원앙격

쌍록조원격(雙祿朝垣格)은 명궁에는 록성이 없으며 재백궁과 관록궁에서 록존과 화록이 나란히 회조하는 것을 말한다. 만약 화록이 수명하고 록존이 삼방에서 회조하거나, 록존이 수명하고 화록이 회조하면 이는 록합원앙격(祿合鴛鴦格)이라 칭한다. 두 격국 모두 재적으로 아주 길하다. 현대 자본주의 사회에서는 가장 이상적인 격이기도 하다. 만약 과문제성이 동도하면 명리(名利)를 모두 이룬다. 화록이 명궁이면 재적기도심이 증가하고, 록존이 명궁이면 주로 선귀후부(先貴後富)하는데 학문과 명예도 높다.

22. 귀성공명격

귀성공명격(貴星拱命格)은 명궁으로 천괴·천월이 동궁하거나 삼방사정에서 회조하는 것을 말한다. 귀성(貴星)은 바로 괴월을 의미하므로 이와 같은 이름을 사용하게 된 것이다. 괴월은 기본적으로 귀인성에 해당하는데, 주로 부모나 윗사람의 조력을 입는다. 또한 국가나 사회적인 혜택이나 지원을 입기도 한다. 괴월은 총명지혜가 있는데, 이러한 특성으로 인하여 고시(考試)등 구명(求名)에 유리한 성이기도 하다. 고로 명궁으로 괴월이 동회하면 그 만큼 길격을 이루게 된다.

본격은 축미궁의 괴월을 가장 좋아한다. 축미궁의 괴월은 입묘하는 동시에 괴월이 마주하기 때문에 그만큼 역량을 발휘하게 된다. 괴월이 협하여도 귀성협명격(貴星夾命格)이라 하여 길격으로 본다. 그리고 괴월 중 하나가 명궁이 거하고 나머지 하나가 회조하거나, 괴월이 천이궁이나 재관궁에서 회조하는 것도 귀성공명격에 해당한다. 다만 그 역량이 약간 떨어질 뿐이다.

23. 좌우공명격

좌우공명격(左右拱命格)은 명궁으로 좌보·우필이 동궁하거나 회조하는 것을 말한다. 보필 역시 귀인성에 해당하는데, 사람이 총명 수려하고 대인관계도 좋아 명예와 재부(財富)를 얻는데 길 작용을 하게 된다. 보필이 동궁하거나 협하거나 마주하는 경우가 가장 길하다. 다만, 보필 중 하나가 명궁이 거하고 있고 나머지 하나가 회조하거나, 보필이 명궁을 제외한 천이궁이나 재관궁에서 회조하면 그 역량이 약간 떨어진다. 보필은 명예나 재물을 얻는데 있어 보조적인 역할을 하므로 다른 길성이 더해지면 보필이 가지고 있는 장점이 더 발휘되기 마련이다.

24. 문성공명격

문성공명격(文星拱命格)은 문창·문곡이 명궁에 동궁하거나 회조하는 상황을 말한다. 창곡은 문성에 해당한다. 고로 명궁으로 동회하면 그만큼 학문과 명예가 높다.

특히 축미궁에서 창곡이 동궁하는 상황을 가장 길하게 본다. 만약 생시가 卯시면 未궁에 창곡이 동궁하고, 酉시생이면 丑궁에 창곡이 동궁하게 된다. 이렇게 축미궁의 창곡을 따로 문계문화격(文桂文華格)이라 부르기도 한다. 창곡은 문성이므로 主貴하는 성이다. 만약 록성을 만나면 부귀를 모두 얻을 수 있는데, 주로 선귀후부(先貴後富)하는 경우가 많다.

25. 수징계악격

자궁의 동월을 수징계악격(水澄桂萼格)이라 하는데, 주로 공적이고 청렴함을 요하는 직책에 있으면서 나라에 이바지하는 사람이라는 뜻이 있다. 사람이 총명다재하며 심성이 결백하고 온유하다. 다만 본격으로 성격(成格)이 되기 위해서는 록권과를 비롯한 보좌길성의 지원이 필요하다. 본격은 명예나 학문 등 主貴하는 격국이다. 오궁의 동월은 태음이 함약하여 성격이 되기 어렵다. 수징계악격과 마두대검격은 그 성정이나 언행이 서로 상반된다고 보면 된다.

26. 록마교치격

록마교치격(祿馬交馳格)은 록성이 천마와 만나는 것을 말한다. 본격은 재적으로 횡발하는 저명한 격국이다. 천마는 星이 가지고 있는 기본 특성을 드러나게 해주는 촉매제 역할을 한다. 하여 財를 주하는 록성과 만나면 득재(得財)가 용이하게 되는 것이다.

천마가 화록이나 록존과 동궁하거나 서로 마주하면 가장 길하다. 만약 록존이나 화록이 명궁에 거하고 천마가 재관궁에서 회조하면 그 역량이 다소 약하다. 명궁을 제외한 천이궁이나 재관궁에서 록마교치가 이루어져도 역시 횡발하게 된다. 록존과 천마가 만나면 비교적 신중하고 안정적인 득재(得財)로서 하여 富를 이루고, 화록과 천마가 만나면 전투적이고 투기적인 성향으로 횡발하는 경우가 많다.

록마교치에 길성이 가하면 더 이익이 많지만, 만약 살기형성이 관여하면 횡발한 이후 횡파가 따르기도 한다. 전체적인 정황을 보고 득실여부를 따져야 할 것이다.

27. 명무정요격

명무정요격(命無正曜格)은 명궁에 정성(正星)이 없는 경우를 말한다. 명궁은 12궁 중 당사자의 명격의 고저와 총체적인 길흉여하를 판단하는 가장 중심이 되는 궁이다. 그런데 정성이 없으면 살성의 관여나 흉을 제화시킬 능력이 빈약하기 때문에 명운(命運)에 있어서 그만큼 불리하게 작용한다고 보는 것이다. 고인들은 명무정요고요빈(命無正曜孤夭貧)이라 하여 명궁에 정성이 없으면 고독하고 요절하고 가난하다고 했을 정도다. 그러나 명궁에 정성이 없다고 하여 무조건 고요빈(孤夭貧)의 현상이 일어나는 것은 아니다. 가령 명궁이 정성이 없는 가운데 살기형요성이 간섭해야 비로소 이와 같은 흉사가 발생한다고 보는 것이다. 만약 명궁이 무정성이면서 보좌길성이나 사화길성 등을 보면 굳이 명무정요의 흉격이라 말하기 어렵다.

28. 재여수구격

재여수구격(財與囚仇格)은 재물적으로 가장 치명적인 격국에 속한다. 여기서 '財'는 무곡을 의미하고 '囚'는 염정을 말한다. 무곡이 명궁이면서 재백궁의 염정이 身궁이 되는 동시에 화기가 되어야 정격이다. 하지만 염정이 身궁이 아니라도 화기를 맞으면 재여수구에 해당하고, 또한 무곡이 화기가 되어도 역시 재여수구에 해당한다. 그리고 본격은 운에서도 적용이 가능한데, 가령 염정이 명궁이 되면서 관록궁의 무곡을 보면서 두 성 중 하나가 화기를 맞을 때, 또는 무곡이 명궁이고 재백궁 염정이나 무곡이 화기를 맞을 때도 역시 동격으로 볼 수 있다. 『전서』에 보면 본격은 빈천국(貧賤局)에 해당하는데, 재물적으로 치명적인 손해를 당하는 대표적인 격국이다. 무곡이나 염정 모두 화기에 민감한 성인데, 특히 무곡은 財성에 해당하므로 화기를 보면 재적으로 불리하다. 염정 역시 감정창상과 함께 파재·관재·구설 등이 따르게 된다.

29. 영창타무격

영창타무격(鈴昌陀武格)은 영성·문창·타라·무곡이 삼방사정에서 만나 흉격을 이루는 것을 말한다. 영성은 타라와 만나면 서로 제화되어 길격으로 보는데, 무곡과 문창이 가세하면 이렇게 흉격이 된다. 『전서』골수부(骨髓賦)에서 이르길, '영창라무 한지투하(鈴昌羅武 限至投河)'라 하여 영창타무가 만나는 운에는 수액(水厄)을 당한다고 하였다. 수액이라 하여 꼭 물에 빠진다고 단정하기 보다는, 손재·질병·사고·구설·관재 등 삶에 파동이 많다고 이해하면 될 것이다.

본격은 진술궁의 무곡이 영성·문창·타라와 만나고 辛·壬년생일 경우 가장 흉하다. 만약 문창을 보지 않고 문곡을 만나도 일종의 흉격이 된다. 특히 己년생은 문곡화기가 되므로 문제가 된다. 본격은 굳이 진술궁이 아니라고 해도 무곡이 삼방사정으로 이러한 성들과 만나게 되면 정격은 아니지만 일종의 영창타무격을 이루게 된다. 영창타무가 제대로 흉격이 되려면 무곡이나 문창이 화기를 맞거나 기타 악살이 가해지면 더욱 흉하다.

30. 노상매시격

노상매시격(路上埋屍格)은 교통사고나 객사(客死)·질병 등과 관련된 흉격이다. 주로 축미궁의 염정·칠살이 동궁하면서 염정화기나 기타 살성이 중하면 노상매시라 하는데, 길에 시체를 묻는다는 뜻이므로 사고나 질병 등을 의미하는 경우가 많다.

기타 손재·관재를 비롯한 육친과 고극(孤剋)하는 등 흉사가 발현되기도 한다. 축미궁의 염살조합이 정황이 길하면 웅수조원격(雄宿朝垣格)이 되기도 하지만, 이처럼 살기형성이 중하면 노상매시의 흉격이 되기도 하므로 정황을 잘 살펴 그 길흉을 판단해야 할 것이다.

참고문헌

『왕초보 자미두수 상·하』김선호 著, 동학사

『실전자미두수 1·2』 김선호 著, 대유학당

『실증 사주와 자미두수』 공성윤·장정림 共著, 미래학회

『深谷秘訣 1~5卷』 심곡 김치선생 著, 필사본

『자미두수전서 상·하』 陳希夷 著, 김선호 譯註, 대유학당

『알기 쉽게 풀어쓴 자미두수』 박종원 著, 동학사

『封神演義』 안능무 著, 솔출판사

『紫微斗數全書』 陳希夷 著, 武陵出版有限公司

『十八飛星策天紫微斗數全集』 陳希夷 著, 集文書局

『中國方術考』 李零 著, 東方出版社

『中州派紫微斗數 初級講義』 王亭之 著, 紫微文化服務社有限公司

『中州派紫微斗數 深造講義 上·下』 王亭之 著, 紫微文化服務社有限公司

『斗數四書 1~4卷』 王亭之 著, 博益出版集團有限公司

『安星法及推斷實例』 王亭之 著, 紫微斗數學會有限公司

『王亭之談星』 王亭之 著, 博益文庫

『紫微斗數講義2(星曜的特性)』 陸斌兆 編著·王亭之 補註, 時報出版社

『紫微隨筆 1~4卷』 鐘義明 著, 武陵出版有限公司

『紫微新探』 文其名 著, 香港周刊出版社

『紫微斗數開運全集 1~3卷』 慧耕 著, 禾馬文化事業有限公司

『紫微斗數斷事168局』 黃卯 著, 聚賢館文化有限公司

『斗數新觀念』 吳東樵 著, 時報出版社

『飛星紫微斗數闡秘』 鮑黎明 著, 武陵出版有限公司

『斗數宣微』 觀雲主人 著, 集文書局

『淸朝木刻 陣希夷 紫微斗數全集現代評註』 陳希夷 著·了無居士 評註, 集文書局

『明天他們將做什麽』 了無居士 著, 時報出版社

『斗數疑雜100問答 古典篇』 了無居士 著, 時報出版社

『斗數疑雜100問答 現代篇』 了無居士 著, 時報出版社

『斗數宣微現代評註 上·下』觀雲主人 原著·了無居士 評註, 集文書局

『紫微閒話』紫微楊 著, 香港周刋出版社

『斗數乾坤』劉緯武 著, 武陵出版有限公司

『課堂講記』陣雪濤 著, 武陵出版有限公司

『夫妻宮秘傳眞訣』陣雪濤 著, 武陵出版有限公司

『紫微明鏡 上篇·下篇·外篇』陣雪濤 著, 武陵出版有限公司

『安星訣與性情秘法』陣雪濤 著, 武陵出版有限公司

『紫微斗數開發潛能 1~2卷』慧心齊主 著, 時報出版社

『紫微斗數新詮』慧心齊主 著, 時報出版社

『紫微斗數四化實證』郭文嘉 著, 武陵出版有限公司

『紫微斗數流年速斷法』王士文 著, 武陵出版有限公司

『紫微斗數命譜考證』洪陵 著, 武陵出版有限公司

『紫微斗數實例分析』潘子漁 著, 武陵出版有限公司

『紫微斗數看人生』潘子漁 著, 武陵出版有限公司

『紫微斗數印證』潘子漁 著, 武陵出版有限公司

『紫微斗數看病』潘子漁 著, 武陵出版有限公司

『斗數論命』紫雲 著, 時報出版社

『斗數論求財』紫雲 著, 時報出版社

『斗數論婚姻』紫雲 著, 時報出版社

『斗數論事業』紫雲 著, 時報出版社

『從斗數看人生』紫雲 著, 時報出版社

『斗數 論田宅』紫雲 著, 時報出版社

『斗數 看人間關係』紫雲 著, 時報出版社

『斗數 論疾病』紫雲 著, 時報出版社

『從斗數 談父母情』紫雲 著, 時報出版社

『斗數論名人』紫雲 著, 天相出版社

❀ 저자약력

장 정 림(張正林)

아호 / 벽 겸(碧謙)

- 現 한국자미두수학회장
- 前 동방대학원대학교 외래교수
- 前 조선대학교 사회교육원 교수

- 한국전통과학아카데미(www.ktsa.co.kr) 자미두수반 강의
- 미래문제연구소(www.jangmyeong.co.kr) 대표시샵 및 자미두수반 육임반 강의
- MeTV-skylife(www.metv.co.kr) 자미두수 방송강의(16회)
- 서울대학교·한신대학교 자미두수 특강 다수
- 역학 전문지 『월간역학』(www.abg.co.kr) 실전자미두수 연재
- 월간 『SUCCESS 파트너』(www.sp4u.co.kr) 인테리어풍수와 관상학 연재
- 대한시설물유지관리협회지『시설물저널』 국운 및 역학관련 글 연재
- 코리아스피크에이전시(www.koreaspeakers.net) 전문 강사
- 동양역리학회(동양역리학술원) 자문위원
- 미래문제연구소(www.mire2000.co.kr) 자문위원
- 에스크퓨처닷컴(www.askfuture.com) 필진
- 『월간중앙』, 『중앙일보』, 『뉴스메이크』, 『광주매일』등 언론매체에 역학 관련 소개 및 국운예측 등 인터뷰 다수
- 자미두수를 중심으로 한 역학 사이트 운영(www.jamisaju.com)
- 현재 『수생목 오행연구소』를 운영하고 있으며, 자미두수학을 비롯한 자평 명리학·기문둔갑·풍수학·육임학·구성학·관상학 등 제반역학을 연구 중. 200백여 명 이상의 후학을 배출하였으며, 현재 대학과 사회단체·기업체 등에서 음양오행 관련 초청특강 및 전문가 과정의 역학강의를 하고 있음.

❖ 상담실(수생목 오행연구소) ❖

서울 광진구 화양동 7-3 한림타워 717호

❖ 전 화 ❖

02) 931-5310 / 019-350-4662

자미두수 이론과 실제

2009년 3월 15일 인 쇄
2009년 3월 20일 발 행

저 자 장 정 림

발행인 (寅製) 진 욱 상

발행처 백산출판사
서울시 성북구 정릉3동 653-40
등 록 : 1974. 1. 9. 제 1-72호
전 화 : 914-1621, 917-6240
FAX : 912-4438
http://www.baek-san.com
edit@baek-san.com

값 50,000원
ISBN 978-89-6183-183-3 93150